SOZIALKUNDE

für die Oberstufe des Gymnasiums

Herausgegeben von: Klaus Engelhart

Autoren: Rainer Kohlhaas, Eckard Kurz,
Stephan Kurz-Gieseler,
Hans-Dieter Rückeshäuser, Josef Schreiber,
Wolfgang Schwehm und Klaus Engelhart

Bestell-Nr. 35980 0

Verlag Ferdinand Schöningh

Website
www.schoeningh.de

E-Mail
info@schoeningh.de

Gedruckt auf umweltfreundlichem, chlorfrei gebleichtem Papier.

(Verlag Ferdinand Schöningh, Jühenplatz 1, D-33098 Paderborn)

Printed in Germany. Gesamtherstellung: Ferdinand Schöningh.

Druck 6 5 4 Jahr 03 02 01

ISBN 3-506-35980-0

Dieses Werk folgt der reformierten Rechtschreibung und Zeichensetzung. Ausnahmen bilden Texte, bei denen künstlerische, philologische oder lizenzrechtliche Gründe einer Änderung entgegenstehen.

Inhaltsverzeichnis

Methodenschulung im Buch – ein Überblick

Umgang mit Texten

Erfassen der zentralen Aussagen: **II/1.5 (S. 69ff.)**
Erschließen der Argumentation: **II/1.5,** VI/2.1 **(S. 70f.)**
Erschließen und Aufbereiten: **IX/3. Exkurs (S. 438f.)**
Text in Schaubild umsetzen: **VI/3.1 (S. 336ff.)**
Anfertigen einer Mindmap: **VI/2.2** (Einführung); II/1.3 **(S. 304f.)**

Umgang mit Statistiken: II/1.3, II/1.5 (S. 54ff., S. 71ff.)

Umgang mit Grafiken und Schaubildern: II/1.1, II/1.3 (S. 44ff., S. 54ff.)

Umgang mit Fotos/Bildern

Analyse/Interpretation: **VI/2.4 Exkurs** (Einführung); II/1.6, VI/3.3, VII/1 **(S. 312f.)**

Umgang mit Karikaturen: I/2.4 (S. 23)

Karikaturenrallye: **X/3. (S. 474ff.)**

Assoziatives Zeichnen: X/1. (S. 462)

Plakate und Spruchbänder: VI/1. (S. 288ff.)

Wahlplakate und Wahlslogans: V/3.2 (S. 241ff.)

Umgang mit Collagen: V/1., XI/2.1 **(S. 216ff.)**

Durchführung einer Befragung: II/1.3, **II/1.6 (S. 79f.)**

Rollendiskussion: V/7., VIII/2.1 **(S. 284ff.)**

Rollenspiel: I/1., III/2.1 (S. 11, S. 128f.)

Planspiel: III/1.1 (S. 114ff.)

Erkundung

im Buch: **I/4., II/1.2, II/1.6,** VI/2.3
bei Behörden vor Ort: **I/3.2 (S. 34)**
im Haus der Geschichte (Vorbereitung mit CD Rom): **VI/2.4 (S. 317)**

Projektartiges Arbeiten mit dem Buch: II/1.6, **II/4., VI/2.4,** VIII/2. **(S. 100ff., S. 310ff.)**

Fachübergreifendes Arbeiten mit

Geschichte: II/1.-3., **VI/2., VII, VIII/2., IX, X (S. 290ff., S. 349ff., S. 405ff., S. 425ff., S. 461ff.)**
Erdkunde: **V/7., XI (S. 284, S. 293ff.)**
Deutsch, Religion/Ethik: **II/1.4 (S. 62)**
Bildende Kunst: V/3.2., **VI/3.3 (S. 344ff.)**
Bildende Kunst, Deutsch: **V/3.2 (S. 238ff.)**
Biologie, Religion/Ethik: **II/4. (S. 100ff.)**

Zukunftswerkstatt: XI/1.

Sozialwissenschaftliches Arbeiten/
sozialwissenschaftliche Modellbildung: II/1.5 Exkurs, III/3.7, V/4., V/5.2 **(S. 68ff., S. 152ff.)**

Politik als Unterrichtsgegenstand: Information – Analyse – Urteilsbildung

1. Was ist Politik? – ein Rollenspiel

► *Eine Situation in einer Schulklasse*

Material 1

Wir stellen uns eine Situation in einer Schulklasse vor, 23 Schüler:

Der Englischlehrer hat für kommenden Montagmorgen seit längerem einvernehmlich mit der Klasse eine Klassenarbeit vorgesehen. Jetzt melden sieben der Schüler Bedenken an und wollen eine Mehrheit dafür gewinnen, dass der Termin geändert wird. Als Mitglieder eines Sportvereins haben sie kurzfristig Gelegenheit bekommen über das Wochenende zu einer großen Wettkampfveranstaltung zu fahren.
In Pausengesprächen ist keine Einigung zu erzielen. Ein Teil der anderen Schüler beteiligt sich nur am Rande an der Diskussion, einige schließen sich der Sportlergruppe an, eine Gruppe von sechs Schülern, unter ihnen der Klassensprecher, argumentiert mit Nachdruck gegen die Verlegung der Arbeit: es werde in der Woche auch noch eine Mathematikarbeit folgen; die Schwächeren zumal seien froh, wenn die Englischarbeit dann geschrieben sei. Der Klassensprecher weigert sich die Sache dem Lehrer vorzutragen, solange nicht die Mehrheit dafür sei: Sein Stellvertreter, Mitglied der Sportgruppe, stärkster Rivale des Sprechers in der Klassengunst, bringt den Wunsch am Sprecher vorbei vor; ein anderer wendet sich an den Sportlehrer, der zugleich Mitglied des Sportvereins ist.
Der Englischlehrer, unentschlossen, wie er sich verhalten soll, zieht sich zunächst aus der Affäre, indem er einen Mehrheitsbeschluss der Klasse erbittet. Am Nachmittag überlegt er, ob es nicht doch richtiger gewesen wäre, ein Machtwort zu sprechen. Aber welches? Er selbst würde am liebsten bei Montag bleiben, weil er hinterher Zeit hat zum Korrigieren. Andererseits scheint ihm der Wunsch der Sportler nicht unbillig und es sind sympathische Kerle darunter. Auch der Sportkollege hat ihn schon angesprochen. Freilich müsste er sich bei einer Verlegung der Arbeit neu mit anderen Kollegen einigen. Schließlich hat der Klassensprecher, der so penetrant formales Recht verfechten kann, schon durchblicken lassen, wenn die Arbeit gegen den Willen der Mehrheit verschoben werde, gehe er zum Direktor.

Aufgaben

1. *Spielen Sie die Situation in Verlauf und Regelung durch, evtl. mit verschiedenen Varianten, auch als Rollenspiel! Beobachten Sie dabei das Rollenverhalten der verschiedenen Akteure!*
2. *Prüfen Sie, inwieweit die „verallgemeinerbaren Erkenntnisse" auch für die beschriebene Situation in der Schulklasse gelten! (→ 2.6, S. 30 f)*

▶ Schlüsselfragen (Kategorien) des Politischen – oder: politische Analyse und Urteilsbildung

Unabhängig davon, welche Verhaltensweisen beobachtbar waren und welche Lösungen gefunden wurden, liefert uns die Analyse des Beispiels eine Reihe von Kategorien des Politischen:

Die *Situation* ist als *Konflikt* zu charakterisieren, der aus den unterschiedlichen Interessen und Absichten der Betroffenen resultiert. Es gibt keine rein sachliche Lösung, denn der Rückgriff etwa auf die Sacherfordernisse des Schulunterrichts erlaubt mehrere Entscheidungen, deren jede die beteiligten Interessen in unterschiedlichem Maße beachtet.

Da eine *verbindliche Regelung* gefunden werden muss, versucht jeder Betroffene möglichst viel vom eigenen Interesse in sie einzubringen. Dabei muss das Interesse nicht in jedem Fall durch den unmittelbaren eigenen Vorteil in der Streitfrage definiert sein; es können durchaus weitere *Motive* wie die Erhaltung einer Freundschaft, Sympathiegewinn beim Vorgesetzten, Zustandekommen einer Einigung wirksam sein.

Im Prozess der *Willensbildung* hat jeder ein gewisses Maß an Einfluss, *Macht,* aber die Machtpotenziale können unterschiedlich sein je nach Ansehen, Überzeugungskraft, Verbindungen, Abhängigkeiten; einige können delegierte Macht, der Lehrer kann *Amtsautorität* in die Waagschale werfen. Man agiert in Gruppen und versucht evtl. durch *Kompromiss* eine *Koalition* zu bilden. In der *Diskussion* um die *Entscheidung* spielen *Verfahrensregeln* eine Rolle; kommt keine volle Einigung zustande, dann scheint der Mehrheitsentscheid nach der Diskussion am ehesten allen zumutbar.

In Schlüsselfragen umgewandelt helfen die Kategorien des Politischen Themen und Gegenstände des Politikunterrichts zu bearbeiten, d.h. sie dienen der politischen Analyse und Urteilsbildung.

Ziele und Vorgehensweisen sind im Lehrplan grundlegend beschrieben:

Material 2

Teilthema 1:
Politik als Unterrichtsgegenstand
(6 – 8 Std.)

Lernziele	**Inhaltsaspekte**
Die Schülerinnen und Schüler sollen	
– an einem Fallbeispiel kategoriale politische Analyse und Urteilsbildung einüben,	* Am Beispiel sollen wichtige *Kategorien* des Politischen erschlossen und verdeutlicht werden (Mögliche Beispiele: Altersversorgung; Asylbewerber; Reform des § 218 StGB):
indem sie	
– das politische Problem als eine politische Aufgabe beschreiben und erschließen	*Problem, Aufgabe, Beteiligte, Betroffene, Rechtslage, Institutionen, Prozeduren*
– Standpunkte (Meinungen, Aussagen) zum Problem kennen und analysieren	*Interessen, historische Bedingtheit, Interpretationsmöglichkeiten, ideologische Sichtweise*
– Regelungsvorschläge auf ihre sachliche Eignung und Durchsetzbarkeit hin untersuchen und beurteilen	*Funktionszusammenhänge, Wirksamkeit, Machtverhältnisse, Durchsetzungsmöglichkeit*
– eine eigene begründete politische Urteilsbildung versuchen	*mögliche Kompromisse* *mögliche Alternativen*

und dabei	
– erkennen, dass der Urteilsbildung gründliche Informationen und Auseinandersetzung mit Sachverhalten und Positionen vorausgehen muss	Kategorien des Politischen als Leitfragen zur Analyse Ebenen politischen Denkens (Fragen nach dem „Ist“, nach dem „Möglichen“, nach dem „Gesollten“)
– verstehen, dass angestrebte politische Lösungen im Ziel und in der Durchsetzung an grundlegenden Werten orientiert sein müssen	Menschenwürde, Freiheit, Gerechtigkeit, Friede, Zumutbarkeit, Rechtmäßigkeit, Verantwortbarkeit

** Die Kategorien des Politischen sind hier in einer gewissen Vollständigkeit ausgewiesen: „Zielhorizont“ des Oberstufenunterrichts. Beim „Einstiegs“-Thema können jedoch nicht alle Kategorien eingeführt bzw. in gleicher Intensität bearbeitet werden!*

(Ministerium für Bildung und Kultur Rheinland-Pfalz (Hg.): Lehrplanentwurf Gemeinschaftskunde – Sozialkunde (Jahrgangsstufe 11, Teilthema 1), Mainz 1994, S. 24)

Aufgaben

3. *Wandeln Sie die Kategorien des Politischen in Schlüsselfragen um!*
4. *Analysieren Sie problembeschreibende Texte (Zeitungstexte) mithilfe der Schlüsselfragen ! (Beispiele auf S. 218 – M 3, 231 ff – M 12, 251 – v. Weizsäcker, ...)*

Das Buch weist drei Themen aus, die sich als erste Fallanalyse eignen und die je unterschiedlich gestaltet sind:

- **Rentenfinanzierung** – umfassendes Beispiel: Entscheidungsprozess der Rentenreform ’92 und Materialien für die aktuelle Diskussion **(→ 2.)**
- **Steuerpolitik** – aspekthafter: familienpolitische Bewertung der Steuerreform 1986-90 und Materialien zur aktuellen Diskussion **(→ 3.)**
- **Reform des § 218 StGB** – projektorientiert: Materialien zur Analyse des Entscheidungsprozesses 1991-95 und zur Werteproblematik **(→ II/4.)**

In der Handreichung zum Lehrplan für die Jahrgangsstufe 11 (PZ-Information 9/95, Bad Kreuznach 1995) finden sich darüber hinaus Materialien für eine Behandlung der **Asylthematik** als Planspiel.

► *Stichwort: Politik im weiteren bzw. im engeren Sinne – oder: polity/policy/politics*

An unserem Schulklassen-Beispiel lassen sich zwei weitere Fragen beantworten:

1. Was unterscheidet soziales Handeln und politisches Handeln?

Wir verstehen unter Politik eine spezifische Weise sozialen Handelns, man könnte auch sagen menschlicher *Interaktion;* Interaktion verstanden als Handeln, dass durch gegenseitige Abhängigkeit bedingt ist und auf diese Abhängigkeit hin erfolgt. Nicht alle Interaktion, nicht jedes soziale Handeln ist Politik. Als Besonderheiten, die aus sozialem Handeln *Politik* machen, werden genannt: der ausdrückliche Bezug auf konflikthafte Situationen, das Streben nach Macht, die Führung von Menschen, das Ordnen und Zuordnen von Gruppen, das Verhandeln, das verbindliche Entscheiden.

Es ist aber ein erheblicher Unterschied, ob das Zusammenleben in einer Familie, in einer Jugendgruppe, in einer Schulklasse, in einem Betrieb geregelt wird oder ob Parteien, Regierung und Opposition im Parlament über ein Gesetz oder gar über eine Verfassung streiten. Der Unterschied liegt nicht nur im Quantitativen, im kleineren oder größeren Bereich, in der geringeren oder größeren Zahl der Betroffenen. Der Unterschied liegt offenkundig darin, dass Parteien, Parlament und Regierung Regelungen für die *Gesamtheit einer Gesellschaft* erstreben und festlegen und ebendies ihr Zweck ist; man kann auch sagen, ihr spezifischer Zweck sei es Politik zu machen.

Der Zweck einer Schulklasse und Schule dagegen ist Ausbildung und Erziehung durch Unterricht, der Zweck einer Jugendgruppe vielleicht gemeinsames Spiel oder Gedankenaustausch, der Zweck eines Betriebes Güterproduktion. Dennoch kommt auch in diesen sozialen Gebilden, gleichsam nebenher (sekundär) Politik vor, nämlich Regelung des Zusammenlebens. Auch hier gibt es Streit um diese Regelung und in diesem Streit spielen ebenfalls Gruppierungen, Interessen, Macht und Überzeugungen eine Rolle. In beiden Fällen bedarf es offensichtlich zur *Konfliktregelung* der Fähigkeit, die *Situation* richtig zu erfassen, im rechten Augenblick einen Kompromiss zu formulieren und eine Mehrheit zu finden.

Wir unterscheiden daher hier *zwei Begriffe von Politik,* einen weiteren und einen engeren. **Politik im weiteren Sinne** nennen wir alles Handeln, in welchem Menschen unter gegenseitiger Respektierung um die gemeinsame *Bewältigung konflikthafter Situationen* ringen, um die Vermittlung und Vereinbarung unterschiedlicher, möglicherweise auch gegensätzlicher Interessen und Absichten. Die Bedingung *gegenseitiger Respektierung* ist wichtig, weil sie die politische Interaktion zu einer spezifisch *menschlichen,* zu einer *vernünftigen* macht.

Politik im engeren Sinne wird aus diesem Handeln, wenn es sich auf die verbindliche *Ordnung des Zusammenlebens einer ganzen Gesellschaft* richtet. Durch die Errichtung einer solchen Ordnung wird eine Gesellschaft erst zu einer handlungsfähigen Einheit, sie wird politischer Verband (neuzeitlich ausgedrückt **„Staat"**).

2. Worum geht es in der Politik?

Man kann Gemeinsamkeiten und Unterschiede zwischen Politik im weiteren und im engeren Sinne auch verdeutlichen, wenn man die Unterscheidungen zu Hilfe nimmt, die in der englischen Sprache gemacht werden. Sie kennt keinen umfassenden Politikbegriff, sondern unterscheidet zwischen **polity** (politische Ordnung), **policy** (politische Ziele und Inhalte), **politics** (politisches Handeln). Politik im weiteren Sinne reduziert sich fast völlig auf Letzteres, nämlich auf das Bemühen eine bestimmte Situation zu meistern. In der Politik im engeren Sinn gewinnen die beiden anderen Dimensionen ein erhebliches Gewicht; ohne sie ist politisches Handeln hier nicht möglich. Die nachstehende schematische Übersicht kann das verdeutlichen. (→ S. 216)

Dimensionen des Politikbegriffes

Dimension	Erscheinungsformen	Merkmale	Bezeichnung
Form	– Verfassung – Normen – Institutionen	– Organisation – Verfahrensregelungen – *Ordnung*	polity
Inhalt	– Aufgaben und Ziele – politische Programme	– Problemlösung – Aufgabenerfüllung – Wert- und Zielorientierung – *Gestaltung*	policy
Prozess	– Interessen – Konflikte – Kampf	– Macht – Konsens – *Durchsetzung*	politics

(Carl Böhret u.a. 1988, S. 7; zit. nach: Bernhard Sutor, Politik – Ein Studienbuch zur politischen Bildung, Paderborn (Schöningh) 1994, S. 33 f.)

2. Rentenfinanzierung – ein politisches Problem

2.1 Rente im Jahr 2035 – ein politisches Problem der 80er-Jahre

Material 1

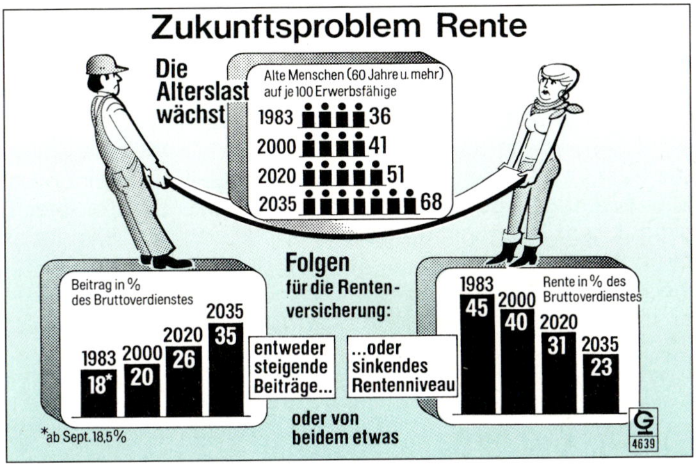

Material 2

Mittelfristig alles o.k., Junge. – Aber den trägst du, wenn du groß bist!

Aufgaben

1. *Stellen Sie aus Grafik und Karikatur die Informationen zum Thema zusammen!*
2. *Legen Sie dar, wie der Karikaturist das Problem darstellt und bewertet!*
3. *Formulieren Sie Fragen, die sich anhand von Grafik und Karikatur aufdrängen!*

Situation 1983:
Die 1983 18-Jährigen werden im Laufe ihres Arbeitslebens nach und nach eine Verdopplung ihrer Rentenversicherungsbeiträge hinnehmen oder am Ende ihres Arbeitslebens mit einer halbierten Rente auskommen müssen, wenn die bestehenden Regelungen für die gesetzliche Rentenversicherung der Arbeitnehmer unverändert bleiben: Der **Geburtenrückgang** führt zur **Überalterung der Gesellschaft** (→ II/1) und gefährdet den Generationenvertrag.
Ob drastisch *steigende Beiträge* oder dramatisch *sinkende Renten* oder von beidem etwas in Kauf genommen oder ob gar ein ganz *anderes System der Alterssicherung* an die Stelle des bisherigen gesetzt werden soll, kann nicht mit dem Rechenstift und von Experten allein entschieden werden: es ist *eine* **politische Frage.**
Hier müssen unterschiedliche *Standpunkte* und *Interessen* (Beteiligte und Betroffene) bedacht, *Positionen* untersucht und bewertet, *Verfahren* und *Zuständigkeiten* beachtet, *Zielvorstellungen* und *Wertmaßstäbe* eruiert und in die Entscheidung mit einbezogen und insgesamt eine *Regelung* bzw. *Lösung* angestrebt werden, die sich an *grundlegenden Werten* – wie *Menschenwürde* und *soziale Gerechtigkeit* – sowie der *Zumutbarkeit* und *Verantwortbarkeit* orientieren. Und weil eine **politische Entscheidung** alle betrifft und bindet, kann sie nur von den dazu *legitimierten Institutionen* getroffen werden (→ S. 12 f, M 2).

Wer die politische Diskussion verstehen, seine Meinung einbringen und sich ein eigenes begründetes Urteil bilden will, muss zunächst die Sachlage näher erkunden (Rentenversicherung – Rentenfinanzierung – Ursachen der Krise) um dann Lösungsvorschläge zu untersuchen und zu bewerten.

2.2 Grundinformation: Rente

▶ *Der Generationenvertrag: Gesetzliche Rentenversicherung*

Material 3

Der Grundgedanke des Generationenvertrags lässt sich so veranschaulichen:

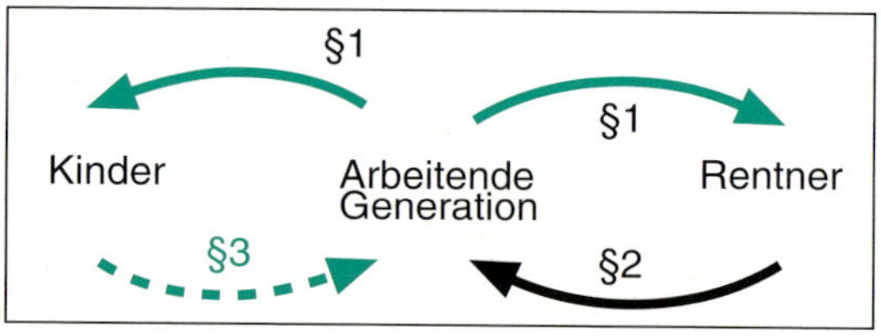

§ 1: Die arbeitende Generation ist verpflichtet die nicht mehr arbeitende Generation – und auch die noch nicht arbeitende – mitzuversorgen.

§ 2: Die nicht mehr arbeitende Generation hat einen Rechtsanspruch auf Versorgung im Alter erworben, weil sie früher den § 1 des Vertrages erfüllt hat.

§ 3: Die noch nicht arbeitende Generation ist verpflichtet den § 1 des Vertrages fortzuführen.

- Rente ist „Lohn für Lebensarbeit“.
- Die Altersvorsorge der Arbeiter und Angestellten ist als Versicherung organisiert: *Versicherungsprinzip* (→ S. 20, M 8).
- Der Staat verpflichtet durch Gesetz alle abhängig Beschäftigten Mitglieder der Versichertengemeinschaft zu sein: *Versicherungszwang.*
- Der Staat garantiert das Fortbestehen dieser Versicherung und ist verpflichtet einen Zuschuss zu gewähren, wenn das Beitragsaufkommen nicht mehr ausreicht um die Leistungen zu finanzieren: *Bundesgarantie.*
- Die jeweiligen Ausgaben werden aus den laufenden Beitragszahlungen bestritten: *Umlageverfahren.*

● Die Höhe der Beitragszahlungen richtet sich nach der jeweiligen Gesamthöhe der Leistungen: *Leistungsbezogenheit.*

● Der Ehegatte und noch nicht erwerbstätige Kinder sind ohne eigene oder zusätzliche Beitragszahlungen mitversichert: *Solidarprinzip.*

▶ *Der Rententopf: Rentenfinanzierung*

Material 4

Beitragszahlungen:
Für jeden Versicherten ist ein bestimmter Beitrag zu entrichten, im Jahr 1983 sind das 18,7% des Bruttolohnes bzw. Bruttogehaltes; Beitragsbemessungsgrenze im Jahr 1983 DM 6.300,–.

Leistungen für:
Versicherte (Altersrente, Invalidenrente, Erwerbsunfähigkeitsrente) und deren Hinterbliebene (Witwen, Witwer, Waisen);
sonstige Leistungen (Rehabilitationsmaßnahmen, ...)

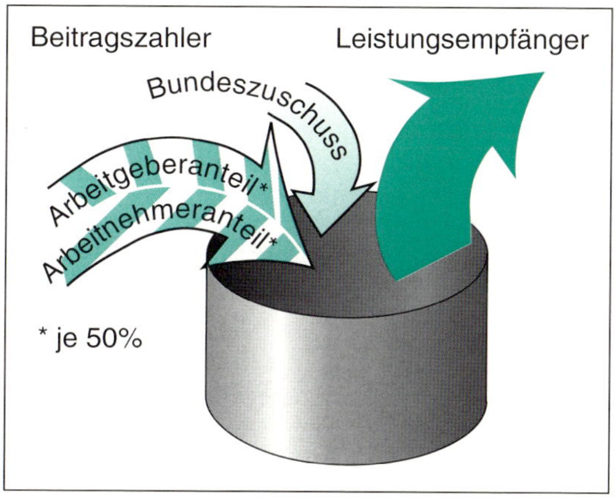

▶ *Rentenformel: Berechnung der Höhe der Rente*

Material 5

Die Rentenberechnungsformel:

$$\frac{PB \times AB}{100} \times \frac{Vj \times St}{100} = \text{jährliche Rente}$$

Vier Bezugsgrößen gehen in die Rentenberechnung ein und bestimmen die Höhe der Rente:
PB = Prozentsatz der persönlichen Bemessungsgrundlage;
AB = Allgemeine Bemessungsgrundlage;
Vj = Versicherungsdauer;
St = Steigerungsrate.

● Die Rente bemisst sich nach Höhe und Dauer der Beiträge und ist damit *leistungsbezogen.*

● Die einmal festgesetzte Rente bleibt nicht in der errechneten Höhe, sondern wird jährlich entsprechend der sich verändernden allgemeinen Bemessungsgrundlage angepasst: *dynamische Rente.*

● Die Hinterbliebenenrente der Witwe bzw. des Witwers beträgt 60 % der Altersrente. Eigene Einkünfte werden ab einer bestimmten Höhe angerechnet.

Beispiel der Berechnung einer Altersrente:
Otto Normalverdiener ist am 1.12.1988 in Rente gegangen. Für seinen Rentenanspruch ergab sich:
PB: 98 %; Vj: 40,25 Jahre. Die AB für 1988 betrug DM 29.814,-; St (Altersrente): 1,5 % pro Jahr.
Ab 1.7.1989 wurde die Allgemeine Bemessungsgrundlage auf DM 30.709,- erhöht. Otto Normalverdiener erhält nun monatlich DM 1.514,14 Rente.

Rentenberechnung für 1988:

$$\frac{98 \times 29814}{100} \times \frac{40{,}25 \times 1{,}5}{100} = \text{DM } 17.640{,}20 \text{ jährliche Rente} = \text{DM } 1.470{,}01 \text{ monatliche Rente}$$

► *Rentenhöhe: Höhe und Verteilung der Renten*

Material 6

Diese Schichtung der Renten darf nicht als ein statistisches Röntgenbild von der Einkommenssituation der Rentner missverstanden werden. Denn viele Rentner beziehen Geld aus mehreren Quellen – Zweitrente, Betriebsrente, Vermögenseinkommen – oder haben einen Ehepartner mit eigenem Einkommen. Aber wo die Rente die einzige Einkommensquelle ist, bedeutet das nicht selten ein Leben an oder unter der Armutsgrenze; das gilt besonders für allein stehende Frauen und Witwen.

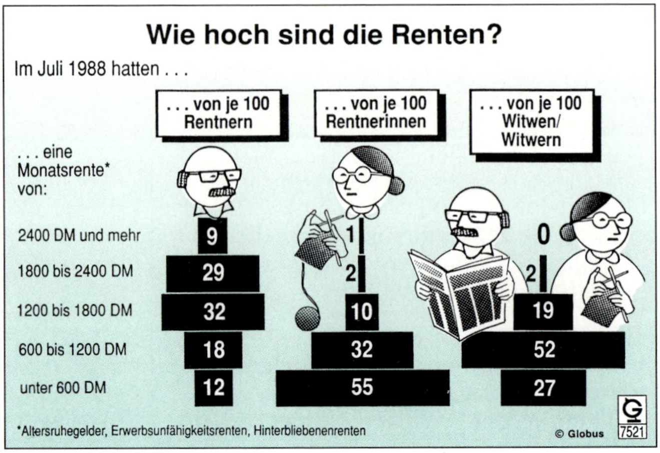

(Globus, statistische Angaben: Rentenanpassungsbericht 1988)

Aufgaben

4. *Fassen Sie die vorstehenden Informationen in eigenen Worten knapp zusammen!*
5. *Zeigen Sie auf, wie bei der Alterssicherung – und im Netz der sozialen Sicherung insgesamt – (→ 4.) die Prinzipien Leistung und Solidarität miteinander verbunden sind!*

2.3 Das Rentenreformgesetz 1992 – ein „Jahrhundertwerk"?

► *Ursachen der Krise*

Spätestens seit Anfang der 80er-Jahre zeigten von Versicherungsträgern, von Arbeitgeberorganisationen und Gewerkschaften, von Parteien und Regierungsstellen erstellte Langzeitberechnungen, dass die Rentenfinanzierung auf mittlere Sicht vor dem Zusammenbruch steht. Gesellschaftliche und wirtschaftliche Entwicklungen und politische Entscheidungen, die zu einer Ausweitung der Leistungen führten, bedrohten die Altersversorgung.

Material 7

Zeittafel
Entwicklung der Rentenversicherung:

1957
„Dynamisierung" der Renten = regelmäßige Anpassung der Renten an die allgemeine Lohnentwicklung zur Sicherung des Lebensstandards und Teilhabe an seiner Entwicklung; Alterssicherung für Landwirte ohne volle Beitragsnachzahlung.

1968

Versicherungspflichtgrenze für Angestellte abgeschafft; Ausdehnung der Gesetzlichen Rentenversicherung (GRV) auf alle Angestellten.

1972

„Flexible Altersgrenze": Versicherte können auf Wunsch schon mit 63 Jahren, Schwerbehinderte, Berufs- und Erwerbsunfähige mit 60 Jahren ohne finanzielle Nachteile in Rente gehen. Öffnung der Rentenversicherung für nicht erwerbstätige Hausfrauen und für Selbstständige.

1978-1981

Rentenerhöhung um ein halbes Jahr verschoben; Bruttoanpassung der Renten zeitweise ausgesetzt.

1983

Rentenerhöhung um ein halbes Jahr verschoben; schrittweise Einführung eines Krankenversicherungsbeitrages der Rentner.

1984

Vorruhestandsgesetz: finanzielle Belastung der GRV durch „Vorzeitige Altersrente".

1986

Reform der Hinterbliebenenrenten: Nach einem Urteil des Bundesverfassungsgerichts wird die Benachteiligung von Frauen bei der Hinterbliebenenrente beseitigt; finanzielle Belastung der GRV; Anrechnung von Kindererziehungsjahren in der GRV.

Gesellschaftliche, wirtschaftliche und politische Entwicklungen:

- Geburtenrückgang – „Pillenknick": Zwischen 1968 und 1974 halbierte sich die Zahl der jährlichen Geburten von 1,2 Millionen auf 600.000 und bewegt sich seither in dieser Größenordnung: Bevölkerungsabnahme (→ II/1.1).
- Wirtschaftswachstum: Die Wachstumsrate der Wirtschaft ist in den 80er-Jahren deutlich zurückgegangen (→ III/3.2):
- Arbeitslosigkeit: Zwischen 1980 und 1983 stieg die Zahl der Arbeitslosen von 900.000 auf über 2 Millionen und ist seitdem noch erheblich gestiegen (→ IV/1).
- Politische Fragen, die Auswirkungen auf die Rentenfinanzierung haben, sind hinzugekommen.
- Abbau der Benachteiligung von Frauen (→ II/3.).
- Familienlastenausgleich (→ 3.2).
- Sicherung der Altersversorgung besonders benachteiligter Gruppen.
- Harmonisierung des Altersversorgungssystems (Beamtenversorgung).
- Gesamtsystem des „Netzes der sozialen Sicherung", seine Ausgestaltung, seine Finanzierung und Finanzierbarkeit (→ 4.).

Aufgaben

6. *Prüfen Sie, wie die Maßnahmen und Entwicklungen sich auf Einnahmen und Ausgaben der Rentenversicherung auswirkten!*
7. *Stellen Sie die Ursachen für die Krise der Rentenfinanzierung zusammen. Versuchen Sie gesellschaftliche, wirtschaftliche und politische Gründe zu unterscheiden!*

▶ *Suche nach Lösungen*

Die Rentenversicherung hatte sich zur **Volksversicherung"** entwickelt; aber: Ausweitung der Leistungen der Rentenversicherung („dynamische Rente"), steigende Lebenserwartung und früherer Renteneintritt einerseits und beträchtliche Einnahmeausfälle durch die Entwicklungen auf dem Arbeitsmarkt (Arbeitslosigkeit, Kurzarbeit, geringe Wachstums- und Lohnsteigerungsraten) andererseits sowie die mittelfristige Perspektive, dass wegen des Geburtenrückganges immer weniger Arbeitnehmer für immer mehr Rentner sorgen müssen – das sind die Rahmendaten, anhand derer Mitte der 80er-Jahre Fachwissenschaftler und Kommissionen, Verbände und Parteien **Reformkonzepte** vorlegen, denen verschiedene *Finanzierungsprinzipien* und unterschiedliche *sozialpolitische Vorstellungen* zugrunde liegen und die sich auf *vier Lösungsansätze* zurückführen lassen:

- Reform des bestehenden Rentenversicherungssystems (Beibehaltung der Grundzüge der Rentenversicherung; Sanierung der Finanzen der Rentenversicherung durch höhere Einnahmen und geringere Ausgaben auf mittlere Sicht).

- Einführung einer Maschinensteuer bzw. einer Wertschöpfungsabgabe zur Erschließung neuer Einnahmequellen des bestehenden Rentenversicherungssystems.
- Einführung einer aus Steuermitteln finanzierten staatlichen Grundrente (Grundsicherung), die der Einzelne durch private Vorsorge (private Zusatzversicherungen) ergänzen soll.
- Weitgehende Privatisierung des Rentenversicherungssystems (mittels der ausgezahlten Rentenversicherungsbeiträge soll der Einzelne seine Altersversorgung selbst durch Versicherungen oder Kapitalanlagen sichern).

Material 8

Finanzierungsprinzipien (Grundprinzipien sozialer Sicherung)

	Versicherungsprinzip	Versorgungsprinzip	Fürsorgeprinzip
Sicherungsvoraussetzung	Mitgliedschaft in Versicherung	speziell eingeräumter Rechtsanspruch	individuelle Notlage
Leistungsanspruch	bei Eintritt des Versicherungsfalls	bei Vorliegen gesetzlich bestimmter Merkmale	bei Bedürftigkeit
Leistungshöhe	standardisiert nach Art des Versicherungsfalls	standardisiert nach Art des Versorgungsfalls	individualisiert nach Art und Umfang der Bedürftigkeit
Gegenleistung	ja, Versicherungsbeiträge	ja, nichtfinanzielle Sonderopfer (-leistungen) für Gemeinschaft	nein
Bedürftigkeitsprüfung	nein	nein	ja
Gliederung wichtiger Sicherungszweige nach dem überwiegenden Grundprinzip	Sozialversicherung – gesetzliche Rentenversicherung – gesetzliche Krankenversicherung – gesetzliche Unfallversicherung – Arbeitslosenversicherung (Arbeitslosengeld)	– Kriegsopferversorgung – soziale Entschädigung bei Impfschäden – Beamtenversorgung – Kindergeld (ohne Einkommensgrenzen)*	– Sozialhilfe – Jugendhilfe – Resozialisierung – Wohngeld – Kindergeld (bei Einkommensgrenzen)*

* nur mit Einschränkungen klassifizierbar

(H. Albeck, in: Informationen zur politischen Bildung, Heft 215, S. 27)

Material 9

Prinzipien der Sozialpolitik

Individualprinzip (Sicherung/Vorsorge, Aufgabe des einzelnen Individuums)	–	Sozialprinzip (Sicherung/Vorsorge, Aufgabe der Gesamtgesellschaft)
Subsidiaritätsprinzip (Selbsthilfe hat Vorrang, Hilfe zur Selbsthilfe)	–	Solidaritätsprinzip (obligatorische gegenseitige Hilfe)
Kausalprinzip (Leistungen nach Schadensursache und -höhe)	–	Finalprinzip (Leistungen am individuellen Bedarf orientiert)

(H. Albeck, in: Informationen zur politischen Bildung, Heft 215)

Aufgaben

8. *Prüfen Sie, nach welchen sozialpolitischen und Finanzierungsprinzipien das bestehende Rentenversicherungssystem gestaltet ist!*
9. *Erörtern Sie, welchen Prinzipien die vier Lösungsansätze verpflichtet sind!*

▶ *Rentenreform 1992*

Am 9. November 1989 hat der Bundestag mit großer Mehrheit ein **Rentenreformgesetz** beschlossen, das am 1.1.1992 in Kraft trat. Das Gesetz gehört zu den wenigen großen Reformgesetzen, die über die Parteigrenzen hinweg einvernehmlich ausgearbeitet wurden, weil jede künftige Regierung mit diesem Gesetz und seinen Auswirkungen leben muss. Nach harten innenpolitischen Kontroversen und zähen Verhandlungen, in denen mehrmals Änderungen am Entwurf vorgenommen wurden, einigte sich die CDU/CSU/F.D.P.-Koalition mit der SPD auf eine gemeinsame Gesetzesvorlage. Nur die Fraktion der GRÜNEN, die für eine staatliche Grundsicherung plädierte, lehnte das Gesetz ab.

Material 10

Der Referentenentwurf zur Rentenreform '92

Die wichtigsten Neuerungen des nunmehr vorgelegten Referentenentwurfs liegen in mehreren Bereichen:

① *Im Bereich der Renten- und Beitragsanpassung:*

- Übergang von der Bruttoanpassung zur Nettoanpassung der Bestandsrenten, sodass sich nunmehr erhöhte Steuer- und Sozialbeitragsbelastungen eines durchschnittlichen Arbeitnehmers in geringeren Rentensteigerungen niederschlagen und damit eine weitgehende Parallelität zwischen der Entwicklung der Nettoarbeitseinkommen und der Nettorenteneinkommen zustande kommt.
- Eine automatisierte, jährliche Beitragsanpassung, sofern sich ein Defizit der Rentenversicherung abzeichnet bzw. die Liquiditätsreserve unter eine Monatsausgabe zu sinken droht.
- Eine einmalige Erhöhung des Staatszuschusses und dann eine laufende Steigerung, die sich aus zwei Komponenten zusammensetzt; einem Prozentsatz, der dem Anstieg der Bruttoarbeitsentgelte entspricht, und einem weiteren Prozentsatz, der dem prozentualen Anstieg des Beitragssatzes zur Rentenversicherung entspricht.

Die drei maßgeblichen Elemente „Beitragssatz", „Nettorentenniveau" und „Bundeszuschuss" (neuerdings „Bundesbeitrag") sollen auf diese Weise selbstregulierend miteinander verbunden werden, sodass sich aufgrund der eindeutigen Anpassungsregeln eine Stärkung des Vertrauens in die langfristige Stabilität der Rentenversicherung ergibt.

② *Im Bereich der Rentenaltersgrenzen:*

- Die vorgezogene Rentenaltersgrenze von 60 Jahren für Frauen und Altersrenten wegen Arbeitslosigkeit wird von 1995 bis 2005 stufenweise auf 65 Jahre erhöht.
- Die Altersrente von 63 für flexibles Altersruhegeld wird von 1995 bis 1999 stufenweise auf 65 Jahre erhöht.
- Vorgezogene Renten werden nur noch mit Abschlägen (3,6 % pro vorgezogenem Jahr), aufgeschobene Renten mit Zuschlägen (6 % pro Aufschubsjahr) gewährt. Teilrenten von 1/3, 1/2 oder 2/3 der zustehenden Vollrente werden neu eingeführt, sodass ein gleitender Übergang in den Ruhestand mit Teilzeitarbeit möglich wird. Diese Änderungen führen letztlich zu einer Verlängerung der Lebensarbeitszeit und zu beachtlichen Einsparungen der Rentenversicherung, da die bisherigen Regelungen den vor dem 65. Lebensjahr in Rente gehenden Personen versicherungsmathematisch nicht vertretbare Vorteile brachten und zu einer Senkung des durchschnittlichen Renteneintrittsalters auf 59 Jahre geführt hatten.

③ *Im Bereich der Gleichstellung der Frauen:*

- Anrechnung von insgesamt drei (statt bisher einem) Kindererziehungsjahren in der Rentenversicherung für alle nach 1985 geborenen Kinder.

- Zeiten der Kindererziehung werden künftig bis zu 10 Jahren als „Berücksichtigungszeit“ im Hinblick auf die beitragsfreie Aufrechterhaltung eines Anspruchs auf Erwerbsunfähigkeitsrente, die Erfüllung der 35-jährigen Wartezeit für flexibles Altersruhegeld und Fristen für die Anrechnung von Ausfallzeiten berücksichtigt.
- Zeiten der Pflege von Pflegebedürftigen sollen ab 1992 in gleicher Weise wie „Berücksichtigungszeiten“ für Kindererziehung behandelt werden. Außerdem können künftig freiwillige Beiträge von unentgeltlich tätigen Pflegepersonen auf Antrag wie Pflichtbeiträge behandelt werden und damit einen Anspruch auf eine Erwerbsunfähigkeitsrente aufrechterhalten.
- Schließlich können die im Rahmen der bis 1968 möglichen sog. Heiratserstattung ausgezahlten Beiträge wieder eingezahlt werden, um den Rentenanspruch wieder aufleben zu lassen.

Diese Änderungen werden zu einer deutlichen Ausweitung der Rentenanwartschaften von Frauen führen, selbst wenn sie nur einen Teil ihres Lebens erwerbstätig waren, sofern sie Kinder erzogen oder Pflegeaufgaben übernommen haben.

④ *Im Bereich der Anrechnung von Ausfallzeiten:*

Ohne dass auf Details eingegangen wird, kann gesagt werden, dass eine transparente Gesamtleistungsbewertung statt vieler Einzelregelungen angestrebt wird, wobei im Wesentlichen eine Anrechnung entsprechend dem Gesamtwert der tatsächlich gezahlten Beiträge bzw. der belegten Beitragsjahre im Verhältnis zu den möglichen Beitragsjahren erfolgt. Etwas vereinfacht kann man hierzu feststellen, dass zwar Transparenz geschaffen, aber nach dem Grundsatz „Wer hat, dem wird gegeben“ verfahren wird. Dies stellt ein etwas merkwürdiges Reformelement für eine soziale Rentenversicherung dar.

(Richard Hauser: Personelle Einkommensverteilung und Rentenreform, in: Gegenwartskunde, Heft 1/1989, S. 30ff.)

Material 11

„Keine Angst! Es wird nur renoviert.“

Aufgaben

10. *Ordnen Sie die Elemente der Reform entsprechend ihrer Wirkung zu:*
   - *Beitragszahler*
   - *Leistungsempfänger*
   - *Bundeszuschuss.*
11. *Veranschaulichen Sie die Wirkung der Maßnahmen am „Rententopf“! Zeichnen Sie dazu das Schaubild (S. 16, Material 3) neu!*
12. *Vergleichen Sie die Auswirkungen des Gesetzes für einen Rentner, einen älteren Arbeitnehmer und einen Berufsanfänger!*
13. *Diskutieren Sie die Ausgewogenheit des Gesetzes! Welche der in Material 9 genannten sozialpolitischen Prinzipien werden gestärkt, welche treten in den Hintergrund? Stellen Sie das Gesetz in den Gesamtrahmen der Sozialpolitik (→ 4.)!*
14. *Diskutieren Sie, ob die in der Karikatur geübte Kritik noch aufrechterhalten werden kann!*

2.4 Exkurs: Umgang mit Karikaturen

Beim Umgang mit Karikaturen empfiehlt es sich,

1. zunächst genau zu beschreiben, was zu sehen – und zu lesen – ist;

2. sich zu verdeutlichen, was damit ausgedrückt werden soll;

3. danach die Aussage des Karikaturisten mit eigenen Worten zu formulieren, das heißt „*Nachricht*" und „*Kommentar*" zu unterscheiden um dann

4. zur Aussage der Karikatur Stellung zu nehmen.

Für die Karikatur – **Material 11** – könnte das so aussehen:

1. Die Karikatur zeigt ein weithin verfallenes Haus, dessen Fassade noch einigermaßen intakt ist und gerade renoviert wird. Eine Gruppe von Menschen unterschiedlichen Alters betrachtet skeptisch das Gebäude; der Sozialminister Blüm beruhigt die Bürger mit den Worten: „Keine Angst, es wird nur renoviert."

2. Das Rentensystem (Hausaufschrift) ist als „Bruchbude" kurz vor dem endgültigen und vollständigen Zusammenbrechen dargestellt. Halbwegs intakt ist nur noch die Fassade (Risse sind erkennbar). Der tatsächliche Zustand des Rentenhauses wird „verschleiert": Vorhänge an den Fenstern; ein Arbeiter streicht die Tür des Hauses – offensichtlich im Auftrag des Ministers – symbolträchtig „rosa" an. Die Bürger blicken zwar skeptisch, können von ihrem Standort aus aber den tatsächlichen Zustand des Hauses nicht erkennen, durchschauen den wahren Zustand der Rentenfinanzierung nicht und sind den beschönigenden Ministerworten hilflos ausgeliefert.

3. Die Aussage des Karikaturisten lässt sich so zusammenfassen: Minister Blüm täuscht die Öffentlichkeit über den tatsächlichen Zustand des Systems der Rentenfinanzierung, das eigentlich nicht mehr „renovierungsfähig" ist.

4. Man kann dem Karikaturisten zustimmen, wenn man darauf abhebt, dass
- die Politiker sich wenig Mühe geben den Bürgern das System der Rentenfinanzierung verständlich zu erklären;
- auch der jetzt beschlossenen Rentenreform von vielen Fachleuten nur eine „Lebenszeit" von 10 bis 15 Jahren gegeben wird, und zugleich berücksichtigt, dass
- Minister Blüm seine Reform als „historisch" bezeichnet.

Andererseits kann man dem Karikaturisten entgegenhalten, dass
- das Rentenreformgesetz den von ihm dargestellten Zustand des Rentenhauses geradezu widerlegt;
- er eine bewusste Täuschung unterstellt;
- ein so kompliziertes, gesellschaftlichen, wirtschaftlichen und politischen Entwicklungen unterworfenes „Gebäude" wie die Rentenversicherung immer wieder „fortgeschrieben" werden muss.

2.5 Rente im Jahr 2035 – ein aktuelles politisches Problem

◆ Wenige Jahre nach der Verabschiedung des „Jahrhundertwerks Rentenreform '92" ist die mittelfristige Sicherung der Renten abermals in der Diskussion.
Waren in den letzten Jahren verstärkt Auffassungen in der Öffentlichkeit vertreten worden, das System der Rentenversicherung scheitere an den demografischen Verschiebungen, so bestimmten die im Jahr 1996 einsetzende heftige Rentenkontroverse ganz allein wirtschafts- und arbeitsmarktpolitische Fragen. Mit Globalisierung und Standortwettbewerb beherrschen Themen die politische Öffentlichkeit, die ein deutlich verändertes Debattenklima erzeugt haben, in dem der Sozialstaat als Kostenfaktor offen zur Disposition steht. [...]
Veranlasst wurde die jüngste Rentendebatte durch den explosiv steigenden Trend zur Frühverrentung als Folge einer gezielten Personalentlastungsstrategie insbesondere in der Großindustrie auf Kosten der Rentenversicherung. Von 1993 auf 1994 hatte sich die Zahl der Altersrenten wegen Arbeitslosigkeit beinahe verdoppelt. Die u.a. dadurch mitbedingte Krise der Rentenfinanzen wurde Anfang 1996 offensichtlich.

Strukturelle Ursachen der Finanzkrise waren die Überlastung der Rentenversicherung mit den Aufgaben der Vereinigung der Alterssicherungssysteme beider Teile Deutschlands ohne zusätzliche Steuerfinanzierung sowie die durch Massenarbeitslosigkeit bedingte Minderung der Einnahmen der Rentenkassen bei erhöhten Aufwendungen auf der Ausgaben- und Leistungsseite. Zu heftigen Kontroversen steigerte sich die Rentendebatte, weil sie im Kontext stand

1. des Zusammentreffens eines Höchststandes der Arbeitslosigkeit – die Marke von vier Millionen offiziell registrierten Arbeitslosen wurde Anfang 1996 übertroffen – mit einem Höchststand der Sozialversicherungsbeiträge – hier wurde die 40%-Marke überschritten;

2. einer heißlaufenden Standortdebatte, die sich auch auf die Grundlagen der bundesdeutschen Tarif- und Sozialpolitik zentrierte, und

3. eines Vorstoßes der IG Metall zu einem „Bündnis für Arbeit", das neue Wege zu einer beschäftigungsfördernden Tarifpolitik im Rahmen einer offensiven Gewerkschaftsstrategie beschreiten sollte.◆

(Frank Nullmeier, Der Rentenkonsens – Eine Stütze des Sozialstaates in Gefahr?, in: Gegenwartskunde, Heft 3/1996, S. 338 f.)

Dabei geriet auch der sog. „Rentenkonsens" in Gefahr. Darunter versteht man

- den parteipolitischen Konsens von – vor allem – CDU/CSU und SPD in Rentenfragen;
- das sozialpartnerschaftliche Zusammenarbeiten von Gewerkschaften und Arbeitgeberverbänden in Rentenfragen, abgesichert in den paritätisch besetzten Selbstverwaltungsgremien der Rentenversicherungsträger;
- den Verzicht auf eine nur von der jeweiligen Regierungsmehrheit getragene Rentenpolitik als gängige bundesdeutsche Praxis. (→ S. 233: Parteiendemokratie in der Krise)

Aufgaben

15. Untersuchen Sie selbstständig Fortgang und Ergebnis der Rentendiskussion; dokumentieren und präsentieren Sie Ihre Ergebnisse!

16. Vergleichen Sie die beiden Reformen: Ausgangs-/Problemlage; neue Sachverhalte; Lösungsansätze – gefundene Lösung; Wirkung und Wirksamkeit der Reform.

Material 13a

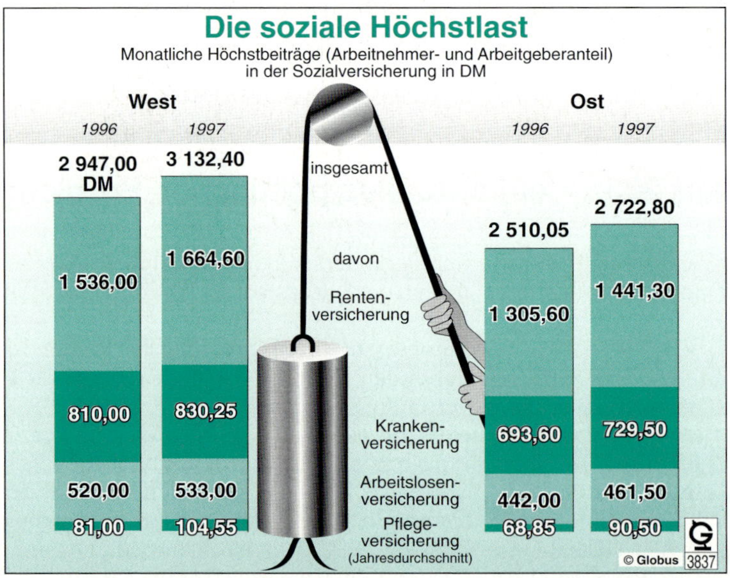

Material 13b

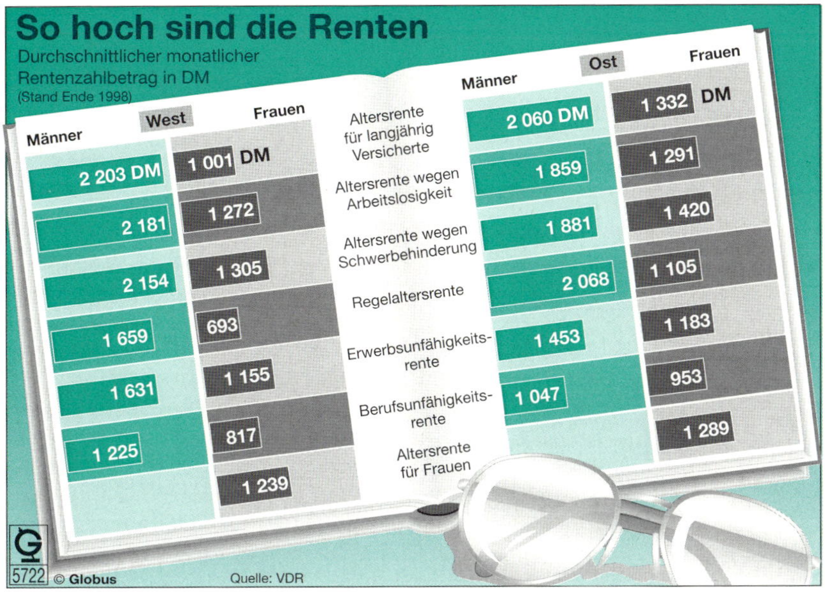

Material 13c

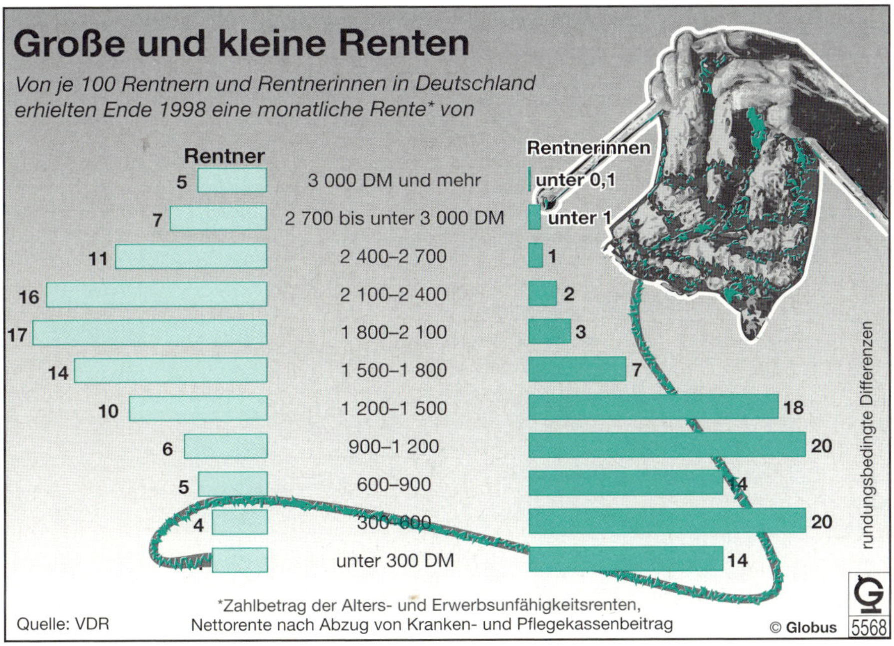

Material 13d

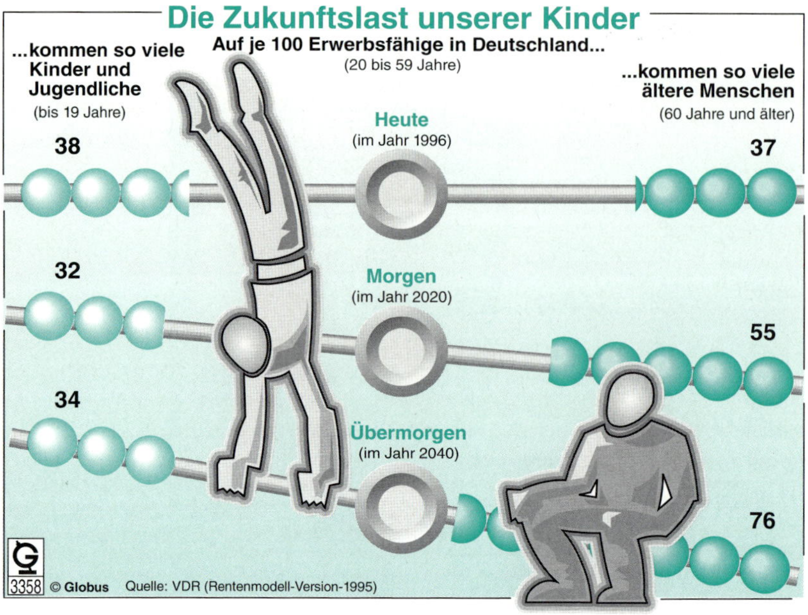

Material 13e

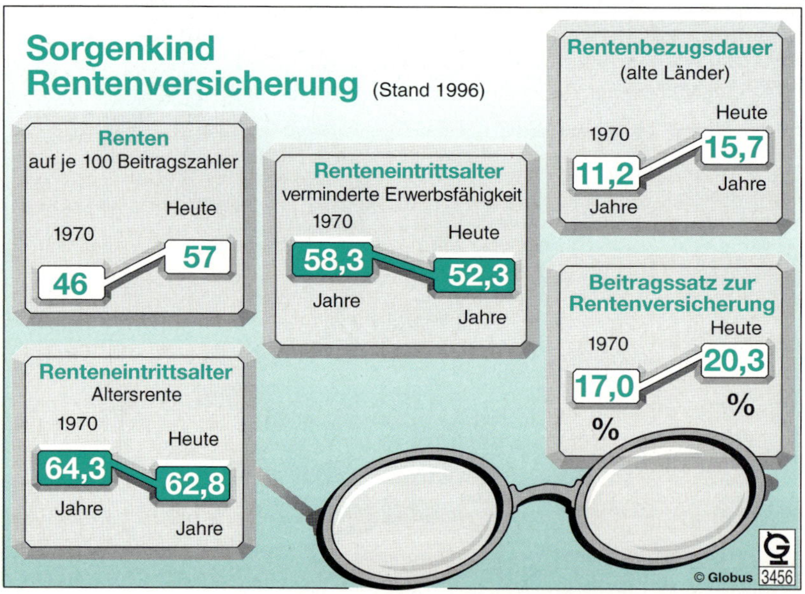

Material 14 (→ S. 334, M 37)

„Rentnerschwemme“ ist das Unwort des Jahres

Experten: Sprachliches Bild vermittelt falschen und inhumanen Eindruck / Rüge für „Umbau des Sozialstaates“

Das „Unwort des Jahres 1996“ heißt „Rentnerschwemme“. Dieses sprachliche Bild vermittle einen falschen und inhumanen Eindruck, sagte Jury-Sprecher Horst Dieter Schlosser gestern in Frankfurt. Es werde unterstellt, es handle sich bei der gestiegenen Zahl von Menschen, die einen Anspruch auf eine angemessene Altersversorgung haben, um eine nicht vorhersehbare Naturkatastrophe, gegen die man sich mit unpopulären Maßnahmen schützen müsse. Ein unabhängiges Gremium aus sechs Sprachwissenschaftlern und -kritikern hatte das „Unwort“ aus fast 1 900 Einsendungen ausgewählt. Die Jury rügte zudem die fünf Begriffe „Flexibilisierung“, „Outsourcing“, „Umbau des Sozialstaats“, „Gesundheitsreform“ und „Sozialhygiene“.

Der Begriff „Flexibilisierung“ umschreibt nach Auffassung der Jury ein betriebswirtschaftliches Steuerungsinstrument, das sprachlich von der positiven Verknüpfung mit individueller Beweglichkeit zehre. In Wirklichkeit stehe aber die Strategie im Vordergrund, den Einzelnen zu Anpassungsleistungen zu bringen. „Outsourcing“ wurde gerügt, weil die Vernichtung von Arbeitsplätzen nicht beim Namen genannt werde. Auch der „Umbau des Sozialstaates“ ziele auf Einschränkungen, obwohl der Begriff aus dem Handwerk entliehen und dort stets mit Verbesserungen verbunden sei. „Sozialhygiene“ erinnere an die NS-„Rassenhygiene“. 1996 war „Diätenanpassung“ zum Unwort gewählt worden, weil damit im Bundestag die Diätenerhöhung beschönigt worden sei. „Ausländerfrei“ war 1991 das erste Unwort, gefolgt von „Ethnische Säuberung“, „Überfremdung“ und „Peanuts“.

(Allgemeine Zeitung Mainz, 29.01.1997)

Material 15

Rentenfinanzen: Riesenvolumen*

Jahr	Einnahmen			Ausgaben			
	insgesamt	davon		insgesamt	davon		
		Beiträge	Bundeszuschuss		Renten	Krankenversicherung der Rentner	Rehabilitation
1957	14 204	9 751	3 410	12 417	10 683	768	521
1960	18 744	13 484	4 100	17 317	14 253	1 264	837
1965	30 695	22 503	5 884	28 169	22 539	2 200	1 724
1970	51 330	42 401	7 159	47 606	38 393	4 650	1 960
1975	94 612	77 272	13 381	94 038	72 831	12 367	3 966
1980	135 036	111 206	21 127	132 134	109 372	12 800	4 276
1985	165 518	137 881	25 139	164 110	141 007	11 089	4 185
1990	212 444	174 916	29 697	202 852	175 874	10 971	5 454
1991	257 274	208 926	38 381	246 091	213 072	14 715	6 252
1992	278 680	225 663	46 446	272 885	236 854	14 303	7 085
1993	288 098	232 407	49 610	272 895	255 687	15 927	8 067
1994	319 493	256 662	58 416	321 482	277 032	17 792	8 928
1995	334 165	270 294	59 545	344 094	295 338	18 977	9 580
1996	351 164	282 616	63 233	358 235	307 075	19 750	10 190

Arbeiter- und Angestelltenversicherung, ohne Knappschaft; Beträge in Millionen Mark
(nach: Wirtschaft und Unterricht, hg. v. IDW/Köln, Nr. 5/Juni 1996, S. 1, aktualisiert)

Material 16

Ein Drittel Fremdlast
Versicherungsfremde Leistungen der Rentenversicherung

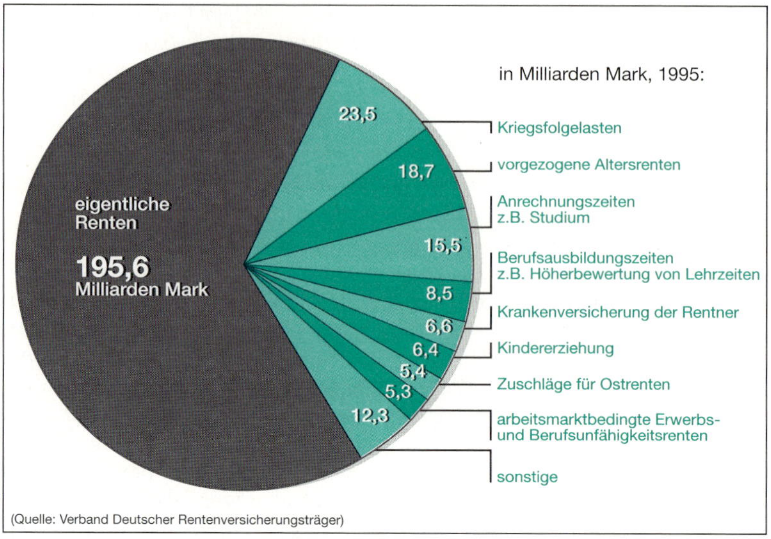

(Quelle: Verband Deutscher Rentenversicherungsträger, aus: Der Spiegel 6/1997, S. 35)

Material 17

Was aus der Rente werden soll
Die Vorschläge der Expertenkommission zur Reform der Rentenversicherung

Die 16 Mitglieder der von der Bundesregierung eingesetzten Kommission „Fortentwicklung der Rentenversicherung“ haben sich bei einer Gegenstimme für die Reform der Rentenversicherung im bestehenden System ausgesprochen. Die Renten sollen lohn- und beitragsbezogen bleiben und im Umlageverfahren finanziert werden. Eine Kapitaldeckung für die Rentenkassen wurde abgelehnt. Die Vorschläge im Einzelnen:

– GERINGFÜGIGE BESCHÄFTIGUNG: 610-Mark-Jobs neben einem Hauptberuf werden ebenso sozialversicherungspflichtig wie Scheinselbstständige. Dies ergäbe jährliche Mehreinnahmen für die Rentenversicherung von 3,2 Milliarden Mark.

– DEMOGRAFISCHE BELASTUNG: Die Belastung durch einen wachsenden Anteil Alter an der Gesamtgesellschaft und die höhere Lebenserwartung soll zu gleichen Teilen auf Rentner und Beitragszahler verteilt werden. Dazu sollen die jährlichen Rentenanpassungen durch Einbeziehung eines demografischen Faktors geringer ausfallen als nach der geltenden Anpassungsformel. Langfristig sinkt dadurch das Standardrentenniveau von derzeit etwa 70 Prozent um fünf Prozentpunkte auf 64 Prozent im Jahr 2030.

Ohne Reform würde das Standardrentenniveau im Jahr 2000 rund 69,6 Prozent, 2010 und 2020 jeweils rund 68,8 Prozent und im Jahr 2030 etwa 69 Prozent betragen. Mit den Reformvorschlägen läge es im Jahr 2000 bei 68,9 Prozent, 2010 bei 65,5 Prozent, 2020 bei 64,6 Prozent und 2030 bei 64 Prozent.

– BEITRAGSSATZ: Würde ohne Reform von jetzt 20,3 Prozent im Jahr 2000 auf 20,4 Prozent steigen, 2010 bei 20,9 Prozent liegen, 2020 bei 22,9 Prozent und 2030 bei 25,9 Prozent. Durch die Vorschläge lauteten die Beitragssätze 19,2 Prozent im Jahr 2000, 18,7 Prozent/2010, 20,3 Prozent/2020 und 22,9 Prozent/2030. Eine Anhebung der Altersgrenzen über 65 Jahre hinaus hält die Kommission nicht für notwendig.

– FAMILIENKASSE: Für Kindererziehungszeiten, die künftige Rentenansprüche begründen, sollen aus einer neu zu gründenden Familienkasse Beiträge gezahlt werden. Dazu müsste die Kasse aus allgemeinen Steuermitteln Geld erhalten und zwar: 17,3 Milliarden Mark im Jahr 2000, 15,6 Milliarden/2010, 16,7 Milliarden/2020 und 16,4 Milliarden/2030. Durch Berufstätigkeit während der Kindererziehung erworbene zusätzliche Beiträge sollen bis zur Höhe der Bemessungsgrenze angerechnet werden.

– ERWERBSUNFÄHIGKEITS- UND BERUFSUNFÄHIGKEITSRENTEN: Werden durch eine zweistufige Erwerbsminderungsrente ersetzt. Nur Versicherte, die aus gesundheitlichen Gründen höchstens drei Stunden täglich erwerbstätig sein können, erhalten eine volle Erwerbsminderungsrente. Wer noch zwischen drei und sechs Stunden arbeiten kann, bekommt eine halbe Invalidenrente. Wer länger als sechs Stunden arbeiten kann, erhält keine Erwerbsminderungsrente mehr.

– ZUSÄTZLICHE ALTERSVORSORGE: Die Kommission schlägt eine Stärkung der Betriebsrenten und der privaten Altersversorgung über Arbeits- und Steuerrecht vor. Die Förderung der Vermögensbildung in Arbeitnehmerhand sollte auf die Altersvorsorge ausgedehnt werden.

– BESTEUERUNG DER ALTERSSICHERUNG: Die Rentenkommission kritisierte die von der Steuerkommission der Regierung vorgeschlagene höhere Besteuerung von Renten. Aus verfassungsrechtlicher Sicht sei sie nicht nötig und sie erschwere die Anpassung der Alterssicherungssysteme an die künftigen Herausforderungen.

(Allgemeine Zeitung Mainz, 29.01.1997, S. 3)

Material 18

Stand Juli 1997
Zur Debatte

- Erste Beratung des von den Fraktionen CDU/CSU und F.D.P. eingebrachten Entwurfs eines **Gesetzes zur Reform der gesetzlichen Rentenversicherung (Rentenreformgesetz 1999)** (Drucksache 13/8011)
- Antrag der Fraktion der SPD: **Strukturreform statt Leistungskürzungen in der Alterssicherung** (Drucksache 13/8032)
- Antrag der Fraktion Bündnis 90/Die Grünen: **Dem Generationsvertrag neu verhandeln** (Drucksache 13/8036)
- Antrag der Gruppe der PDS: **Rentenversicherung stabilisieren und Reform 2000 vorbereiten** (Drucksache 13/8044)

In erster Lesung hat der Bundestag über das von den Fraktionen der CDU/CSU und F.D.P. vorgelegte Rentenreformgesetz 1999 beraten. Mit ihrem Konzept wollen die Fraktionen die Zukunftsfähigkeit des Rentensystems durch eine gerechte Lastenverteilung zwischen Beitragszahler und Rentner sichern. Der Anstieg der Beitragssätze infolge der demografischen Entwicklung soll verringert werden. Vom bewährten System der beitragsfinanzierten Renten wird nicht abgewichen. Es sollen jedoch die Renten gesichert und die Beitragszahler entlastet werden. Mit diesem Ziel sieht der Gesetzentwurf die Einführung einer demografischen Formel, das Zurückdrängen beitragsfreier Zeiten, die versicherungsgerechte Zuordnung der Risiken bei der Erwerbsunfähigkeitsrente, die Weiterentwicklung der Leistungen für Kindererziehung in der Rentenversicherung und eine Umfinanzierung zur Senkung von Lohnnebenkosten vor.

Im Zentrum der unter der Federführung von Bundesarbeitsminister Norbert Blüm erarbeiteteten Rentenreform 1999 steht die Generationengerechtigkeit, die durch die steigende Lebenserwartung und damit längeren Rentenbezugszeiten in Gefahr geraten ist. Mit den Mitteln der Anhebung der Altersgrenze und der demografischen Komponente sollen die finanziellen Folgen der gestiegenen Lebenserwartung gerecht auf Beitragszahler und Rentenbezieher verteilt werden. Das erworbene Rentenvolumen soll dadurch nicht gemindert, sondern auf einen längeren Zeitraum verteilt werden. Die Renten sollen nicht gekürzt werden, aber in Zukunft um durchschnittlich 0,4 Prozent pro Jahr geringer steigen. Der Antrag der SPD-Fraktion zur Reform der Rentenversicherung hält ebenfalls am bewährten System der beitragsfinanzierten Renten fest. Er fordert aber Anpassungen des Systems an die Veränderungen im gesellschaftlichen Umfeld, die sich vom Konzept der Fraktionen von CDU/CSU und F.D.P. unterscheiden: Dazu zählen u.a. versicherungsrechtliche Konsequenzen aus den Veränderungen am Arbeitsmarkt wie die Einbeziehung geringfügig Beschäftigter und aller Selbstständiger in die Rentenversicherungspflicht und die beitragsrechtliche Gleichstellung der Scheinselbstständigen mit Arbeitnehmern. Weiterhin sieht der Entwurf der SPD-Fraktion eine gerechte und systematische Verteilung der Finanzierungsleistungen der Rentenversicherung und Änderungen bei den Altersgrenzen und beim Vorruhestand vor. Für Frauen wird eine eigenständige Alterssicherung

angestrebt. Darüber hinaus soll eine steuerfinanzierte und bedarfsorientierte soziale Grundsicherung im Alter und bei Invalidität das lohnbezogene Rentensystem ergänzen, um Altersarmut zu verhindern. Nach Berechnungen der SPD-Fraktion wird mit ihrer Strukturreform der Beitragssatz kurzfristig (bis 2000) auf unter 18 Prozent gesenkt und bis 2015 unter 20 Prozent gehalten.
Den Gesetzentwurf der Regierungsfraktion kritisiert die SPD-Fraktion als „grundsätzlichen Systemwechsel“ und „reines Rentenkürzungsgesetz“, das keinerlei Antworten auf die Strukturveränderungen der Arbeitswelt enthalte. Sie fordert statt dessen eine langfristig angelegte Strategie zur Erhöhung der Beschäftigung und zur Vergrößerung der Zahl der Beitragszahler.

Auch die Fraktion von Bündnis 90/Die Grünen kritisiert in ihrem Antrag den Gesetzentwurf der Regierungsfraktionen als unzulänglich und fordert strukturelle und umfassende Reformen in der Alterssicherung. Sie hält aber ebenso wie die Fraktionen von CDU/CSU, F.D.P. und SPD am umlagefinanzierten, solidarischen Rentensystem fest. Hinzukommen müssten aber die Absicherung unstetiger Erwerbsverläufe durch die Einführung neuer, pauschalierter Beitragszeiten und Berücksichtigung realistischer Lebens- und Erwerbsverläufe, die Einbeziehung der Ausbildung und lebenslangen Weiterbildung in die Beitragszeiten und die Einführung einer bedarfsorientierten Grundsicherung.

Der Antrag der Gruppe der PDS fordert die Wiederherstellung der rechtlichen Regelungen der Rentenreform 1992 und die Einsetzung einer Kommission zur Ausarbeitung einer zukunftsfähigen Reform der gesetzlichen Rentenversicherung.

(Katrin Adler, in: Das Parlament, Nr. 29 vom 11.7.97, S. 7)

2.6 Verallgemeinerbare Erkenntnisse

Im Folgenden versuchen wir einige allgemeinere Erkenntnisse zu formulieren, die sich bei der Beschäftigung mit Fallbeispielen gewinnen lassen.

- Ob und wie stark uns eine Nachricht über einen politischen Vorgang interessiert, hängt vom Maß unserer persönlichen Betroffenheit ab. Aber unsere subjektiv empfundene **Betroffenheit** ist nicht identisch mit der objektiven Bedeutsamkeit, die ein Vorgang für uns haben kann.

- Einzelereignisse und tagespolitische Vorgänge haben ihre **Vorgeschichte**, die zu kennen für das Verständnis hilfreich, oft sogar notwendig ist.

- Politische Streitfragen enthalten eine Vielfalt von Aspekten und Bezügen; sie sind durch **Komplexität** gekennzeichnet, die eine entsprechende Vielfalt analysierender Fragen erfordert.

- **Politische Probleme** bestehen aus einer Diskrepanz zwischen dem tatsächlichen Zustand öffentlicher Angelegenheiten und den Vorstellungen davon, wie sie eigentlich sein sollten. Häufig zeigen sich in solcher Diskrepanz **Zielkonflikte**, d.h. Konflikte zwischen grundlegenden Zielen, die in der Politik in Konkurrenz zueinander treten.

- Aus politischen Problemen ergeben sich aktuelle **politische Konflikte** infolge unterschiedlicher Interessen und Bewertungen, die in der Suche nach Problemlösungen aufeinander treffen.

- Wenn Problemlösung und Konfliktregelung in offener Auseinandersetzung zwischen Interessengruppen und Meinungsrichtungen gesucht werden sollen mit dem Ziel eines für alle Betroffenen zumutbaren Kompromisses, dann bedarf es dazu eines **rechtlich geordneten Systems von Institutionen, Organen, Regeln und Zuständigkeiten.** Zum Verständnis politischer Vorgänge und Entscheidungen gehört daher die Kenntnis dieser Ordnung.

- Für die Lösung von Problemen und für die Regelung von Konflikten gibt es oft **mehrere Möglichkeiten**, jedoch selten eine ohne Nachteile und ohne neue Fragen. Jede Entscheidung hat ihren Preis, Politik bleibt ständig in Bewegung.

• Die **verbindliche Entscheidung** zuständiger Verfassungsorgane beendet nicht immer den politischen Streit. Dies wird nur der Fall sein, wenn die große Mehrheit der Betroffenen und die wichtigen interessierten Gruppen mit der gefundenen Lösung zufrieden sind. Auch eine im offenen politischen Prozess gefundene Entscheidung ist nicht unbedingt richtig, schon gar nicht kann sie beanspruchen „wahr“ zu sein; sie ist vielmehr nur gültig und bleibt revidierbar.

• Politische Fragen haben auch eine moralische Seite und können zu **Gewissensfragen** werden. Das Letztere ist jedoch die Ausnahme, nicht die Regel (→ II/4).

Aufgaben

17. *Konkretisieren Sie diese verallgemeinernden Aussagen, nachdem Sie Ihr Fallbeispiel bearbeitet haben!*
18. *Erörtern Sie die „Reichweite“ der Formulierungen in den Bereichen Gesellschaft, Wirtschaft, innere Politik, internationale Politik!*
19. *Verfolgen Sie die aktuelle Diskussion über eine Neuregelung der Alterssicherung hinsichtlich der Elemente*
    - *umlagefinanzierte Sicherung*
    - *kapitalgedeckte private Altersversorgung (verpflichtend bzw. freiwillig)*
    - *Betriebsrente*
    - *Grundsicherung (mit bzw. ohne Bedürftigkeitsprüfung).*

Denkanstoß (→ V/1 und VI/2.5)

3. Durch Steuern steuern?

3.1 Die Steuerreform 1986-1990 – familienpolitisch bewertet

◆ Wer Kinder hat, soll weniger Steuern zahlen als der kinderlose Nachbar oder Kollege, der das gleiche Gehalt bezieht. Das gebietet die Steuergerechtigkeit. Bei der Besteuerung von Eltern darf nicht außer Betracht bleiben, dass ihr verfügbares Einkommen durch Unterhaltsaufwendungen für Kinder vermindert wird. ◆

(Steuerreform 1990, hrsg. vom Presse- und Informationsdienst der Bundesregierung, Bonn 2. Aufl. 1989, S. 18)

Steuerpolitik, die bewusste politische Gestaltung von Art, Umfang und Verteilung der Steuern, ist immer auch ein Instrument der Gesellschaftspolitik: Wie ist die Steuerlast auf die verschiedenen Gruppen der Gesellschaft gerecht zu verteilen *(Steuergerechtigkeit)*? Die dreistufige Steuerreform der Jahre 1986 – 1990 ist auch als Beitrag zum *Familienlastenausgleich* verstanden worden.

Alles klar?

In der Statistik (M 1) wird die Gesamtentlastung durch die Steuerreform für verschiedene typische Einkommenssituationen ausgewiesen.

Material 1

Enlastungsbeispiele zur Steuerreform I = ledig, ohne Kinder III/2 = verheiratet, 2 Kinder, Alleinverdiener	Jahreseinkommen[1,2] 1990	Reformtarif 1990 Entlastung im Vergleich zu 1985 in Steuerklasse I		III/2	
	DM	DM	vH[3]	DM	vH[3]
Angelernter Arbeiter[4]	22.500	634	23,2	1.402	100,0
Arbeiterin in der elektrotechn. Industrie	33.646	1.050	18,0	1.930	57,6
Arbeiter in der Lederverarbeitung	37.019	1.374	19,7	2.016	51,1
Durchschnittsverdiener	42.707	1.767	19,9	1.966	40,2
Bankangestellte	47.619	2.424	22,3	2.018	34,1
Industriearbeiter	48.195	2.488	22,4	2.024	33,5
Bergarbeiter	49.401	2.680	23,0	2.010	32,0
Chemiearbeiter	54.049	3.327	24,3	2.110	28,7
Gewerbetreibender[4]	60.000	4.507	28,1	2.424	30,4
Arbeiter in der Mineralölverarbeitung	64.598	4.901	26,4	2.422	23,5
Angestellter	67.291	5.138	26,2	2.482	22,6
Angestellter im Bergbau	76.208	6.367	26,6	3.304	23,6
Handwerker[4]	85.000	8.004	28,3	4.584	28,5
Verkaufsleiter[4]	120.000	10.451	22,5	9.432	29,1
Steuerberater[5]	139.136	11.168	20,0	12.074	30,6
Rechtsanwalt[5]	143.987	11.306	19,3	12.780	30,6
Manager[4]	180.000	12.171	15,5	17.664	28,5
Arzt[5]	221.478	13.404	13,4	21.832	26,9
Fabrikant[4]	650.000	25.734	7,8	35.408	11,4

1 Bei Arbeitnehmern: Bruttojahreslohn nach statistischen Erhebungen für 1986 fortgeschrieben mit 3,5 v.H. jährlich bis 1990
2 Bei Selbstständigen: Einkünfte nach Ergebnissen der Einkommensteuerstatistik 1983 mit 3 v.H. jährlich bis 1990 fortgeschrieben
3 Entlastung in v.H. der bisherigen Steuerschuld
4 Kein statistischer Fall, ausgewähltes Beispiel
5 Wegfall des Freiberufler-Freibetrages berücksichtigt

(Quelle: Aktuelle Beiträge zur Wirtschafts- und Finanzpolitik, Hrsg. Presse- und Informationsamt der Bundesregierung, Nr. 45/1988)

Material 2

Erläuterung:
Der Steuertarif gilt für Lohn- und Einkommensteuer. Beachten Sie die Unterscheidung zwischen Durchschnittssteuersatz und Grenzsteuersatz (Besteuerung der „letzten“ Mark bzw. des Einkommenszuwachses). Verheiratete werden steuerlich begünstigt; ein Steuervorteil ergibt sich dann, wenn nur ein Ehegatte arbeitet oder die Einkommen unterschiedlich hoch sind („Splitting“).

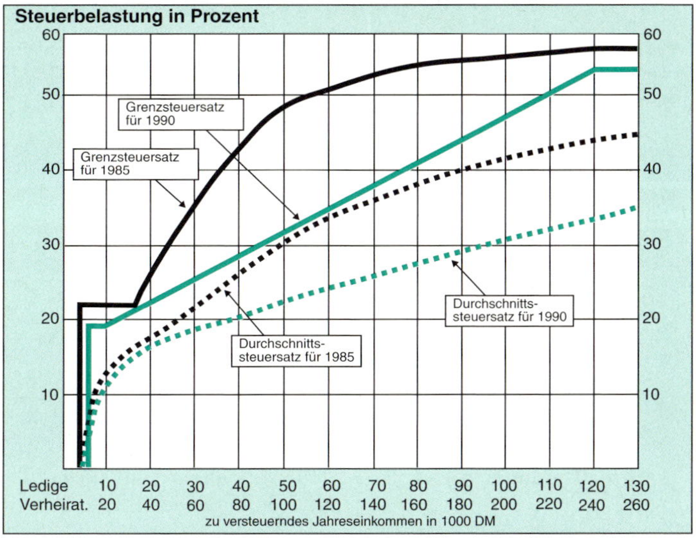

Material 3

„Was ich immer sage: die Ärmsten erlauben sich den größten Luxus.“

Aufgaben

1. *Vergleichen Sie die Differenzbeträge, die sich durch die Steuerreform für einen Ledigen und eine Familie mit 2 Kindern ergeben! Erscheinen Ihnen die Unterschiede hinreichend?*
2. *Erläutern Sie mithilfe der Grundinformation Steuertarif (M 2) die politische Zielsetzung der Steuerreform insgesamt! Kann man von „skandalösen“ 35.000 DM Entlastung sprechen, wenn noch 300.000 DM Steuern zu zahlen sind?*
3. *Zeigen Sie am Steuertarif die Begünstigung von Ehe und Familie durch das sog. Ehegatten-Splitting!*
4. *Bewerten Sie den Familienlastenausgleich (M 4) nach Einbeziehen aller familienpolitischen Maßnahmen neu! Beachten Sie das Sozialstaatsprinzip (→ S. 38 ff)!*
5. *Diskutieren Sie die Einführung eines „Familien-Splittings“, bei dem jedes Familienmitglied berücksichtigt wird !*

3.2 Familienlastenausgleich – eine gesellschaftspolitische Aufgabe

Die folgende Tabelle gibt einen Überblick über die Breite der familienpolitischen Maßnahmen in der Bundesrepublik Deutschland:

Material 4

Familienpolitische Maßnahmen Stand: 1990/91		Gewährung von Einkommenshöhe abhängig	finanzielle Wirkung von Einkommenshöhe abhängig
● im Steuerrecht			
❍ Ehegatten-„Splitting“		nein	ja
❍ Berücksichtigung der Kinder im Steuertarif	Kinderfreibetrag nein	ja	
❍ Ausbildungsfreibetrag	Höhe abhängig von Alter und Wohnort des Kindes	nein	ja
❍ Kinderbetreuungskosten	wenn beide Elternteile berufstätig sind	nein	ja
❍ Baukindergeld	ab dem 2. Kind, pro Kind werden 600,– DM von der Steuerschuld abgezogen	nein	nein
● Kindergeld	für das 1. Kind 50,– DM 2. Kind 130,– DM 3. Kind 220,– DM ab dem 4. Kind je 240,– DM	bei hohem Einkommen Beträge ab dem 2. Kind gemindert	
● Erziehungsurlaub und Erziehungsgeld	bis zu 18 Monaten nach der Geburt des Kindes monatlich 600,– DM	nach 6 Monaten Fortzahlung einkommensabhängig	
● Sozialversicherung			
❍ Versicherungsschutz für Witwe(r) und Waisen		nein	ja
❍ Krankenkasse	nicht erwerbstätiger Ehegatte und Kinder kostenlos mitversichert	nein	nein
❍ Rente	Anrechnung von Erziehungsjahren bei der Rente	nein	ja
● Bafög	Höchstbetrag monatlich 750,– DM	Gewährung und Höhe vom Einkommen der Eltern abhängig	
● Stiftung Mutter und Kind		Gewährung und Höhe von der Bedürftigkeit abhängig	

Aufgabe

6. *Bewerten Sie den Familienlastenausgleich!*

Erkundung vor Ort

Erkunden Sie bei den entsprechenden Stellen, welche Regelungen heute gelten! Vergleichen Sie!

3.3 Von der kommenden „großen Steuerreform"

Material 5

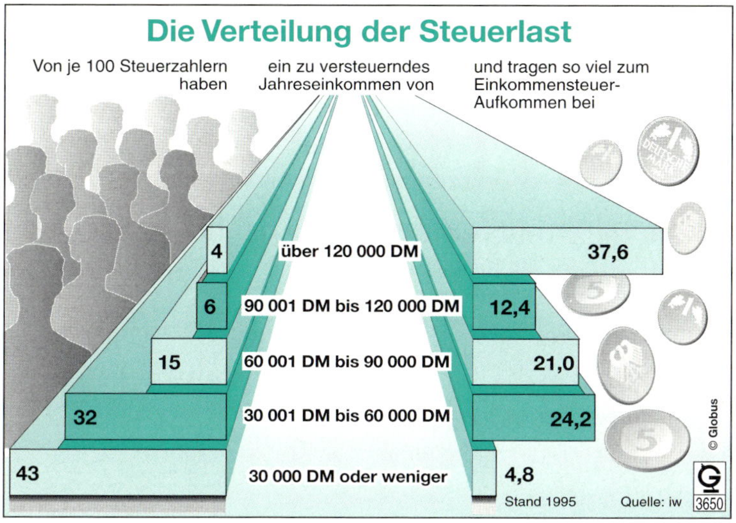

Aufgaben

7. *Stellen Sie fest, wie weit die Reform gediehen ist !*
8. *Analysieren und bewerten Sie die bzw. den Stand der Reform unter Berücksichtigung folgender Gesichtspunkte:*
   - *Ausgangspunkte und Ziele,*
   - *Entlastungen und Gegenfinanzierung,*
   - *Wirkung und Wirksamkeit.*

Material 6

„Keine Sorge, Theo, irgendwie kriegen wir es durch."

(Karikatur in: Allgemeine Zeitung Mainz, 23.04.1997)

Material 7

Schlagzeilen aus der Diskussion der Jahre 1995 und 1996

Entlastung durch Reform des Tarifs

Lineare Progression oder Stufen

Abbau von Steuervergünstigungen und Subventionen

Aufkommensneutral durch Gegenfinanzierung

Mehrwertsteuererhöhung zur Gegenfinanzierung

Steuervereinfachung

Entlastung kleinerer Einkommen

Besteuerung der Renten

Leistungsgerechte Besteuerung

(→ S. 233: Parteiendemokratie in der Krise)

Material 8

Wer den Mittelstandsbauch rund macht, den bestraft das Pferd

Aus der Geschichte der deutschen Steuerreformen: Die heutigen Qualen lassen vermuten, dass die Konzepte früherer Jahrzehnte doch nicht so schlecht waren.

[...] Die Geschichte der Steuerreformen ist auch die Geschichte des Versuchs, die hohen Steuersätze zu senken und dafür die Ausnahmen wieder einzudämmen.

Einen Markstein bildet das Jahr 1958. Damals wurde nicht nur das Ehegattensplitting eingeführt. Der Steuertarif bekam auch seinen für viele Jahre typischen Verlauf. Auf eine Zone mit einem einheitlichen Steuersatz folgte ein gewölbter Tarifverlauf – der Mittelstandsbauch. Als Folge stieg die Besteuerung im unteren und mittleren Bereich steil an. Wer zusätzlich arbeitete oder beruflich aufstieg, den bestrafte der Fiskus. Schon die Inflation ließ die Steuerzahler in die Progression wachsen. Die Steuersätze mussten oft geändert werden. Der Mittelstandsbauch aber hielt lange Zeit jeder Reformdiät stand. Mit dem Stabilitätsgesetz zog 1967 der Glaube an eine vom Staat steuerbare Konjunktur auch in das Steuerrecht ein. Als Folge machten die Steuerzahler mit den Begriffen Steuerzuschlag und Ergänzungsabgabe Bekanntschaft. 1975 wagte SPD-Finanzminister Hans Apel eine größere Tarifreform. Der steuerfreie Grundfreibetrag wurde erhöht, die untere Einheitszone verlängert. Apel hob den Eingangssatz von 19 auf 22 und den Spitzensatz von 53 auf 56 Prozent an. Den Mittelstandsbauch aber machte er noch runder. Der Streit um diese Reform war es, den Apel mit dem berühmten Satz umschrieb: „Ich glaub', mich tritt ein Pferd."

Als Gegenreformator trat 1982 Gerhard Stoltenberg (CDU) an. In drei Schritten speckte er den Tarifbauch 1986, 1988 und 1990 zum linearprogressiven Tarif ab, einer gleichmäßig steigenden Belastung. Dabei wurde auch die Steuerbelastung um insgesamt 50 Milliarden Mark gesenkt. In diesen Jahren entstanden drei Millionen Arbeitsplätze.

Und dann kam die Einheit. Sie brachte nicht nur große finanzielle Forderungen an den Staat, sondern auch eine Flut von Sonderregelungen, Privilegien und den Solidaritätszuschlag. Der erweist sich nun als ebenso widerstandsfähig gegen Reformen wie der Mittel- standsbauch.

(Romanus Otte, in: Allgemeine Zeitung Mainz, 23.01.1997, S. 3)

Im Januar 1997 legt die Steuerreform-Kommission der Bundesregierung ihren Vorschlag vor:

Material 9

Das Stichwort: Steuer-Kommission

Die Steuerreform-Kommission der Bundesregierung berät seit Juli 1996 über die geplante große Reform des Steuersystems. Die 15 Mitglieder kommen aus CDU, CSU und FDP, aus den Ländern und Kommunen, von Wirtschaftsverbänden sowie aus Wissenschaft und Steuerpraxis. Die Leitung hat Finanzminister Theo Waigel (CSU). Die Aufgabe ist sachlich und politisch heikel. Die Kommission soll eine Reform entwerfen, die das komplizierte deutsche Steuerrecht einfacher und doch gerechter macht. Gleichzeitig sollen Bürger und Unternehmen entlastet, die engen Staatshaushalte aber nicht überfordert werden. Für die Union beraten neben Waigel der Fraktionsvorsitzende Wolfgang Schäuble und CSU-Landesgruppenchef Michael Glos. Für die FDP sitzen Fraktionschef Hermann Otto Solms und Wirtschaftsminister Günter Rexrodt am Kommissionstisch. Die Länder sind durch die Finanzminister Erwin Huber (CSU), Gerhard Mayer-Vorfelder (CDU) und Georg Milbradt (CDU) vertreten, die Kommunen durch den Mönchengladbacher Oberstadtdirektor Jochen Semmler.

(Allgemeine Zeitung Mainz, 23.1.1997, S. 2)

Material 10

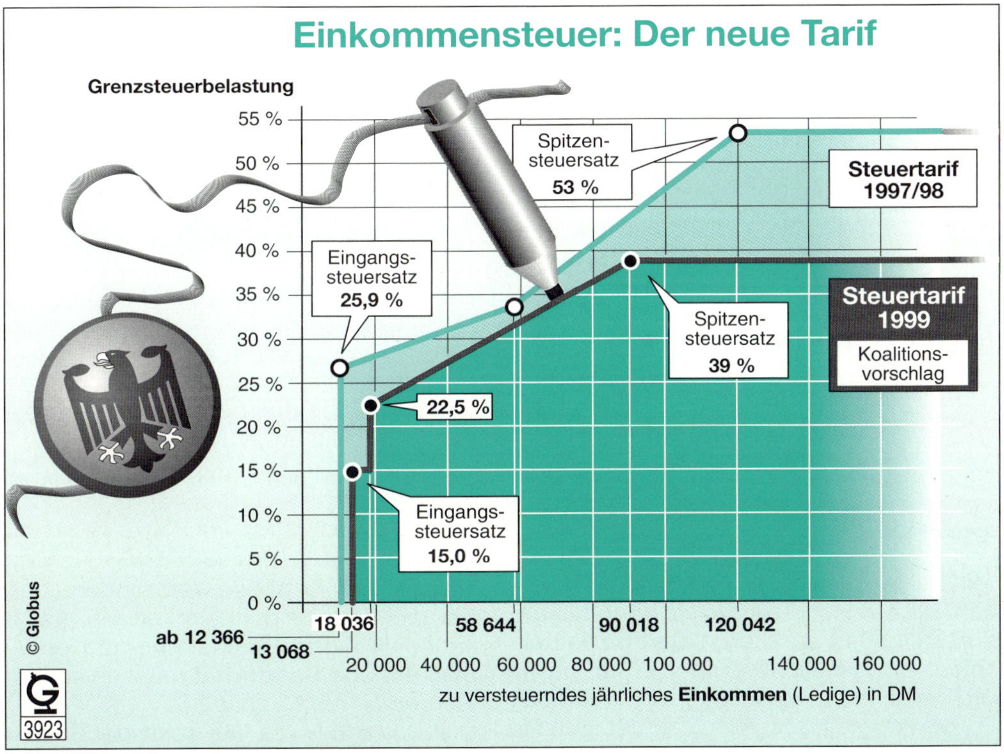

Vorschläge zur Gegenfinanzierung:

- Arbeitnehmer-Pauschbetrag sinkt auf 1 300 DM.
- Besteuerung von Lohnersatzleistungen, Sozialleistungen, Zuschlägen für Sonn-, Feiertags- und Nachtarbeit.
- Geringere Kilometerpauschale für den Arbeitsweg.

4. Grundinformation: Soziales Netz – Sozialpolitik – Sozialstaatlichkeit

► *Soziales Netz*

Material 1

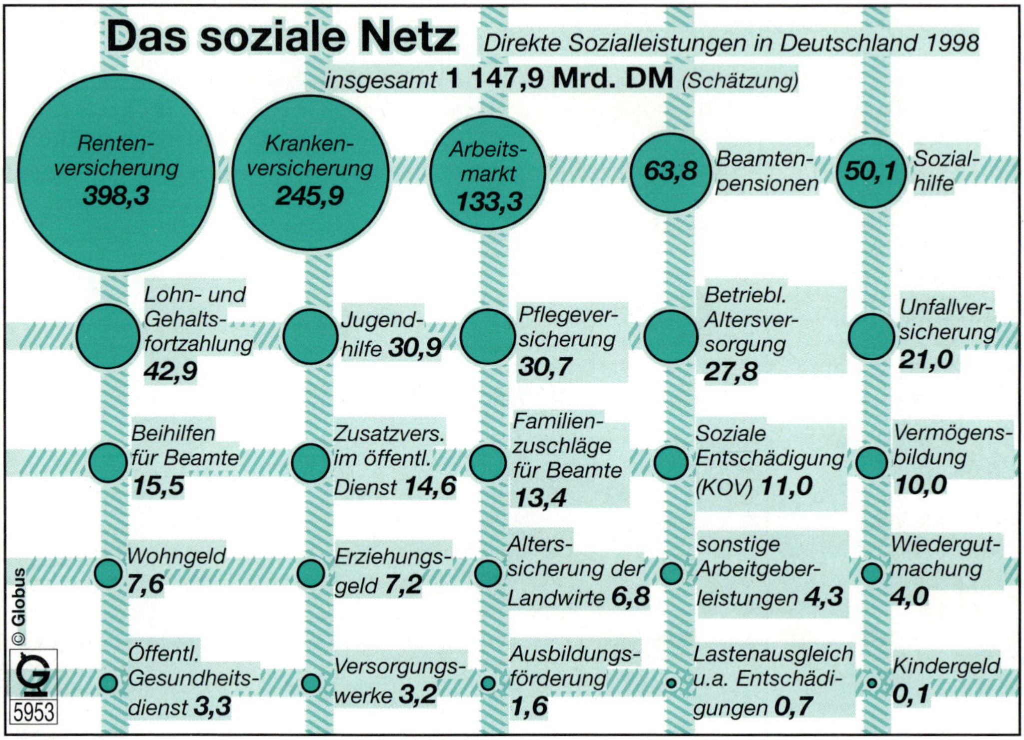

► *Sozialpolitik*

In einer demokratisch verfassten Gesellschaft, die Menschenwürde als obersten gemeinsamen Wert anerkennt, darf Sozialpolitik nicht obrigkeitliche Fürsorge für „arme Leute" und nicht Verteilung von Almosen sein. Sie ist vielmehr Aufgabe der ganzen **Gesellschaft als Solidargemeinschaft**. Wenn daraus nicht Kollektivismus werden soll, dann müssen Lösungen gefunden werden, die die Kräfte und den Leistungswillen der Einzelnen und der Gruppen nicht hemmen, sondern fördern und die zugleich soziale Risiken für alle so weit mindern, dass jeder die Chance hat sein Leben unter menschenwürdigen Bedingungen zu entfalten. **Freiheit** und **Solidarität** müssen verbunden werden (→ VI/2.2 und 2.3).

Die Zeittafel (→ S. 39) zeigt die **Entfaltung des sozialstaatlichen Denkens** im Verlauf der letzten 100 Jahre anhand eines Überblicks über alle Bereiche, in denen heute der Sozialstaatsgedanke wirksam ist. Die Entwicklung ist nicht abgeschlossen (Pflegeversicherung, ...).

Material 2 Entfaltung des sozialstaatlichen Denkens

Sozialpolitischer Bereich	Preußen 1839 bis 1880	Deutsches Reich 1881 bis 1918	Weimarer Republik 1918 bis 1933	Drittes Reich 1933 – 1945	Bundesrepublik Deutschland 1949 bis 1986
Arbeitnehmerschutz	1839 Regulativ über die Beschäftigung jugendlicher Arbeiter in den Fabriken 1845 Allgemeine Gewerbeordnung 1853 Gesetz über Fabrikinspektoren	1891 Arbeiterschutzgesetz 1901 Kinderschutzgesetz	1918 Anordnung über die Regelung der Arbeitszeit gewerblicher Arbeiter 1927 Gesetz über die Beschäftigung vor und nach der Niederkunft	1935 Gesetz über Wochenhilfe 1938 Jugendschutzgesetz	1951 Kündigungsschutzgesetz 1952 Mutterschutzgesetz 1960 Gesetz zum Schutz der arbeitenden Jugend 1963 Bundesurlaubsgesetz 1971 Schüler-, Studenten- und Kindergartenkinder-Unfallversicherung
Sozialversicherung		1883 Gesetz betr. die Krankenversicherung der Arbeiter 1884 Unfallversicherung 1889 Gesetz betr. die Invaliditäts- und Altersversicherung 1911 Reichsversicherungsordnung	1923 Reichsknappschaftsgesetz 1927 Gesetz über Arbeitsvermittlung und Arbeitslosenversicherung	1938 Gesetz über die Altersversorgung für das deutsche Handwerk	1957 Neuregelungsgesetze der Rentenversicherung 1957 Altershilfe für Landwirte 1965-1968 Rentenversicherungsreform 1972 Krankenversicherung für Landwirte 1984 Vorruhestandsgesetz
Arbeitsmarktpolitik			1918 Verordnung über Tarifverträge 1920 Verordnung über die Errichtung eines Reichsamts für Arbeitsvermittlung 1922 Arbeitsnachweisgesetz 1923 Verordnung über das Schlichtungswesen	1933 Gesetz über Treuhänder der Arbeit 1934 Gesetz zur Ordnung der nationalen Arbeit 1934 Gesetz zur Regelung des Arbeitseinsatzes	1949 Tarifvertragsgesetz 1952 Gesetz über die Festsetzung von Mindesarbeitsbedingungen 1969 Arbeitsförderungsgesetz 1985/86 Beschäftigungsförderungsgesetz
Betriebs- und Unternehmensverfassungspolitik		1916 Hilfsdienstgesetz	1920 Betriebsrätegesetz 1922 Gesetz über die Entsendung von Betriebsratsmitgliedern in den Aufsichtsrat		1951 Montanmitbestimmungsgesetz 1952 Betriebsverfassungsgesetz 1955 Personalvertretungsgesetz 1976 Mitbestimmungsgesetz
Fürsorge- und Sozialhilfepolitik			1922 Jugendwohlfahrtsgesetz 1924 Grundsätze über öffentliche Fürsorgeleistungen		1961 Bundessozialhilfegesetz 1961 Gesetz für Jugendwohlfahrt 1974 Schwerbehindertengesetz
Familienpolitik				1935 Verordnung über die Gewährung von Kinderbeihilfen an kinderreiche Familien	1954 Kindergeldgesetz 1979 Mutterschaftsurlaub 1985/86 Erziehungsgeld
Wohnungspolitik					1950 I. Wohnungsbaugesetz 1952 Wohnungsbauprämiengesetz 1964/65 Wohngeldgesetz
Vermögenspolitik					1959 Sparprämiengesetz 1961 Gesetz zur Förderung der Vermögensbildung
Bildungspolitik					1969 Berufsbildungsgesetz 1971 Bundesausbildungsförderungsgesetz 1981 Berufsbildungsförderungsgesetz

Quelle: Lampert, H.: Grundzüge der Sozialpolitik in der Bundesrepublik Deutschland, in: Das Sozialsystem der Bundesrepublik Deutschland – Beiträge zur Arbeitsmarkt- und Berufsforschung (BeitrAB 83), S. 3 (ergänzt).

Nach: H. Albeck, in: Informationen zur politischen Bildung, Heft 215, S. 31

Anmerkung:

In der Zeit der nationalsozialistischen Herrschaft gab es zwar auch eine Gesetzgebung, die dem Bereich zuzuordnen ist. Doch dienten diese Gesetze mehr dem Verfügbarmachen der Menschen für den Staat als sozialpolitischen Zwecken.

► *Sozialstaatsprinzip*

Es geht um die Frage, wie das **Sozialstaatsprinzip des Grundgesetzes** im Rahmen des **freiheitlichen Verfassungsstaates** zu verstehen ist (→ VI/2.1 – S. 300 f. – und 2.3).
Als der Parlamentarische Rat 1948/49 die beiden Formeln vom **sozialen Bundesstaat** und vom **sozialen Rechtsstaat** in das Grundgesetz aufnahm (vgl. Art. 20 und 28 GG), verband er damit keine einheitliche und in jeder Hinsicht klare Vorstellung.
In der Geschichte der Bundesrepublik Deutschland ist über die Bedeutung des Sozialstaatsprinzips in Wissenschaft und Politik immer wieder gestritten worden. In der *wissenschaftlichen* Interpretation der Verfassung kann man, etwas vereinfacht, *drei Positionen* unterscheiden:

- Eine „rechte" Position, die z.B. von Ernst Forsthoff vertreten wird: Der moderne Verfassungsstaat ist Rechtsstaat; Sozialstaatlichkeit ist dem unterzuordnen und kann nur durch Verwaltungshandeln realisiert werden.
- Eine „linke" Position, die von Wolfgang Abendroth und Hans-Hermann Hartwich vertreten wird: Sozialstaatliche Demokratie erfordert eine grundlegende Umgestaltung der bestehenden Wirtschafts- und Gesellschaftsordnung, insbesondere Sozialisierung nach Art. 15 GG, die Eindämmung privater Wirtschaftsmacht, ihre öffentliche Kontrolle und die Ausdehnung der öffentlichen Aufgaben.
- Eine vorherrschende mittlere Position, die in Demokratie, Rechts- und Sozialstaatlichkeit gleichrangige Prinzipien sieht, welche miteinander zu vereinbaren ständige Aufgabe der Politik ist. Diese Position wird von Wissenschaftlern unterschiedlicher politischer Einstellung vertreten.

◆ „Für den Arbeitslosen ist Berufsfreiheit nutzlos. Lernfreiheit und freie Wahl der Ausbildungsstätte helfen nur demjenigen, der finanziell in der Lage ist, die gewünschte Ausbildung zu absolvieren und dem solche Ausbildungsstätten zur Verfügung stehen. Die Garantie des Eigentums hat nur für Eigentümer, die Freiheit der Wohnung nur für diejenigen reale Bedeutung, die eine Wohnung besitzen. Sollen diese und andere Freiheiten mehr sein als Freiheiten ohne Inhalt, so setzen sie auch mehr voraus als ein Verbot staatlicher Eingriffe, nämlich jenes System planender, fördernder und erhaltender Maßnahmen der Wirtschafts- und Sozialpolitik, der Kultur- und Bildungspolitik, der Gesundheits- und Familienpolitik, das den heutigen Sozialstaat kennzeichnet, z.B. in „Grünem Plan", Bausparprämien, Wohnungs- und Kindergeld oder der staatlichen Unterstützung von Berufsausbildung und -fortbildung.
Zugleich findet jedoch das Sozialstaatsprinzip in den Geboten materieller Rechtsstaatlichkeit auch seine Grenze: Eine umfassende staatliche Fürsorge, die das Gemeinwesen in einen Wohlfahrts- oder Versorgungsstaat verwandeln möchte und selbstverantwortliche Freiheit aufhebt, entspricht nicht mehr dem Prinzip des sozialen Rechtsstaates. Freilich lässt sich die Grenze nicht scharf ziehen. Sie lässt zudem weiten Raum für unterschiedliche Gestaltungen. Die Formel vom sozialen Rechtsstaat enthält daher zwar für den konkretisierenden Gesetzgeber einen verbindlichen Auftrag, aber keine verbindlichen Richtlinien für die Erfüllung dieses Auftrages. – Die Neigung, alles Wünschenswerte in sie hineinzulegen und es auf diese Weise als Verfassungsgebot auszugeben, verkennt die Bedeutung der Formel, gerade auch im Kontext der demokratischen Ordnung des Grundgesetzes. Vielmehr eröffnet das Prinzip den unterschiedlichen sozialen und wirtschaftlichen Kräften die Möglichkeit, über die verfassungsmäßige Beteiligung an der politischen Willensbildung ihre Bewertungsmaßstäbe für die Gestaltung der sozialstaatlichen Ordnung zur Geltung zu bringen." ◆

(K. Hesse: Grundzüge des Verfassungsrechts der Bundesrepublik Deutschland, 11. Aufl. Heidelberg/Karlsruhe 1978, S. 87)

Wenn **Sozialstaatlichkeit** ein **Strukturprinzip des modernen Verfassungsstaates** ist wie das demokratische Prinzip und das Prinzip der Rechtsstaatlichkeit, dann muss man sich freimachen von der Vorstellung, Sozialstaat und Sozialpolitik meinten nur oder auch nur in erster Linie materielle Sozialleistungen; dies meinen sie auch, aber eigentlich nur als Konsequenz. Zuerst und grundlegend hat Sozialstaatlichkeit ordnungspolitische Bedeutung, nämlich als Pflicht des Staates zur Gestaltung einer Wirtschafts- und Sozialordnung, in der die Bürger und ihre Gruppen sich frei entfalten und ihr Leben nach eigenen Vorstellungen gestalten können (→ III/3.5).

Aufgaben

Auftrag für eine „Erkundung im Buch"

1. *Stellen Sie aus dem Bericht die beiden Positionen einander gegenüber: Schlüsselbegriffe und Thesen. Legen Sie eine Mindmap an! (→ VI/2.2)*
2. *Suchen Sie mithilfe des Inhaltsverzeichnisses und des Indexes die Stellen im Buch, auf die Schlüsselbegriffe und Thesen verweisen, und orientieren Sie sich !*

Material 3

Anhörung der Enquete-Kommission „Demografischer Wandel":

Wie wird der Sozialstaat der Zukunft aussehen?

Hohe Arbeitslosigkeit und ein steigender Anteil älterer Menschen stellen den Sozialstaat vor bislang nicht gekannte Herausforderungen. Schnell ist da von Krise und Kollaps die Rede, werden immer neue Besorgnis erregende Zahlen und Finanzierungslücken präsentiert. Grundsätzliche Orientierung verschaffte sich am 23. September (1996) die Bundestags-Enquete-Kommission „Demografischer Wandel", indem sie zwei Experten gegensätzlicher ökonomischer Denkschulen öffentlich anhörte.

Als führender Vertreter der katholischen Soziallehre äußerte sich Prof. Friedhelm Hengsbach (Hochschule St. Georgen), als profilierter Verfechter eines neoliberalen Ansatzes trat Prof. Johann Eekhoff (Universität Köln) an. Strittig war zwischen beiden vieles – von den Erfolgen der Wirtschaftspolitik in den Achtzigerjahren, die nur Eekhoff behauptete, bis zum direkten volkswirtschaftlichen Zusammenhang zwischen Ersparnissen und Konsumverzicht auf der einen Seite und der Investitionstätigkeit auf der anderen Seite, den Hengsbach bestritt. Zu den wenigen ausdrücklich vorgetragenen Gemeinsamkeiten gehörte die Betonung der unersetzlichen Rolle der Erwerbsarbeit, nicht nur zur Sicherung des Lebensunterhalts, sondern auch als Schlüssel gesellschaftlicher Anerkennung und persönlicher Identität.

Als ein „ideologisches Konstrukt" bezeichnete Hengsbach die These, der Sozialstaat gerate unter den starken Druck der niedrigen Löhne auf dem Weltmarkt. Das Stichwort Globalisierung sei eine Waffe im Verteilungskampf zwischen oben und unten. Welthandel im strengen Sinne gäbe es gar nicht, er finde ja zu zwei Dritteln innerhalb der drei großen Wirtschaftsblöcke statt. Die am stärksten verflochtenen Staaten seien gerade die Wohlfahrtsstaaten. Gefährdungen des Sozialstaates in der Bundesrepublik hätten andere Ursachen:

- Der „Gesellschaftsvertrag der Nachkriegszeit" habe auf einem „umweltriskanten Wachstum" beruht, das teilweise als nicht mehr vernünftig erscheint.
- Wirtschaftswachstum bedeutete – wenigstens für Männer – Vollbeschäftigung; Investitionen lösten Arbeitskräftenachfrage aus. Nunmehr löse der rasante technische Fortschritt in der industriellen Produktion diese Verbindung.
- Die „sexistische Arbeitsteilung", Vollerwerbsbeschäftigung des Mannes, Haushalts- und Erziehungstätigkeit der Frau, sei als ehedem selbstverständliche Grundlage des Sozialstaates weggebrochen.

Dazu komme noch eine Steuer- und Finanzpolitik zum Nachteil der Leistungsschwachen mit der Folge massiver Verteilungskonflikte zwischen Beschäftigten und Erwerbslosen.

Der Sozialstaat solle nicht defensiv durch die Kürzungen von Sozialleistungen erhalten werden, sondern offensiv durch die beschäftigungssichernde Erschließung neuer Märkte. Schon die „ökologische Umsteuerung der Marktwirtschaft" stelle da „riesige Aufgaben". Nicht „Reindustrialisierung" sei das Ziel, eher schon eine dienstleistungsintensive „kulturelle Erlebnisgesellschaft". Das Sozialversicherungswesen müsse auch andere Arbeiten als die traditionelle Erwerbsarbeit anerkennen, insofern sei an eine „ergänzende Grundsicherung" zu denken. Zur Finanzierung der sozialen Sicherung müsste auch die unternehmerische Wertschöpfung

herangezogen werden. Lohneinkommen sollten in Investitionen fließen können. Generell warnte Hengsbach vor einer Aushöhlung der gesellschaftlichen „Ressource Solidarität“ durch den „Imperialismus des Marktes“ und setzte sich für eine wesentliche Stärkung des zivilgesellschaftlichen Bereichs, z.B. des Ehrenamtes, ein.
Für Eekhoff war das Thema Globalisierung alles andere als Ideologie. Es müsse eben doch gefragt werden, warum ausländisches Kapital nicht nach Deutschland komme und deutsches Kapital nicht im Lande bleibe. Die mittel- und osteuropäischen Länder seien dabei, gute Bedingungen für Investoren zu schaffen. Der Standort Deutschland könne nicht weiter belastet werden. Natürlich gehe es nicht darum, die hiesigen Löhne auf das Niveau Chinas zu senken – „dazwischen liegt die Produktivität“. Aber angesichts der hohen Arbeitslosigkeit müsse doch gefragt werden, ob die Gesamtbelastung aus den Sozialsystemen noch mit Vollbeschäftigung vereinbar sei. Die Automatik steigender Beitragssätze bei abnehmender Anzahl beitragszahlender Erwerbstätiger steigere im Zuge des demografischen Wandels noch die Belastungen. Dabei seien leider einige Menschen so unsolidarisch, auf grauen und schwarzen Märkten für Arbeit die eigene Belastung reduzieren zu wollen. Ein weiteres Problem unserer Systeme sei ihre Neigung, gegenwärtige Probleme auf zukünftige Generationen zu verlagern. Das gehe nicht ewig, „die Belastungen haben uns schon eingeholt“, die Handlungsspielräume seien schon deutlich beschränkt.
Zur Lösung könne zunächst einmal ein Mehr, nicht etwa ein Weniger an technischem Fortschritt beitragen; unter dem Aspekt der vergleichsweise hohen Produktivität sei er „der Motor des Wohlstands“. Investoren dürften keinesfalls durch weitere Belastungen des Kapitals verschreckt werden. Das Humankapital Ausbildung sei zu stärken. Die Lohnpolitik müsste vor allem im Dienstleistungsbereich wieder Beschäftigungsverhältnisse mit niedrigen Löhnen ermöglichen. Dieser Weg habe in den USA zu einer regen Nachfrage nach Arbeitskräften geführt. Derartige „Marktlöhne“ könnten durch Transferleistungen ergänzt werden. In der Rentenversicherung komme eine stärkere Berücksichtigung der Erziehungszeiten in Betracht und zwar zu Lasten der Kinderlosen sowie eine Heraufsetzung des Zugangsalters. Ein ganz heikler Punkt bei den Renten sei die Aussicht auf zukünftig erheblich höhere Renten im Osten als im Westen.

(Rainer Tenhaef, in: Das Parlament, Nr. 41/1996, S. 2)

Anregung für eine Erkundung

1. *Erstellen Sie eine Grundinformation: Krankenversicherung (→ 2.2)!*
2. *Dokumentieren Sie Probleme und Kontroversen!*

Material 4

Was ist heute

(DIE ZEIT, Nr. 43/17.10.1997)

Gesellschaft

1. Struktur und Wandel der Gesellschaft

1.1 Bevölkerungsentwicklung und Altersaufbau unserer Gesellschaft

Die oben (→ I/2.) untersuchte Thematik Rentenfinanzierung zeigt, dass die **sozialbiologische Grundgliederung** für den *Aufbau* einer Gesellschaft prägend ist; hier stellen sich die Fragen nach

- Gewordensein, Zustand und zukünftiger Entwicklung (Situation und Prognose);
- Struktur und daraus sich ergebenden Problemen (Beschreiben einer Struktur und deren Bewerten, aus dem sich eine Problemstellung erst ergibt).

Material 1

Familien-Vorplanung

Aufgaben

1. *Stellen Sie fest, wie in den Karikaturen die Bevölkerungsentwicklung und deren Folgen dargestellt und bewertet sind!*
2. *Formulieren Sie die sich aufdrängenden Fragen und Probleme!*

▶ *Bevölkerungsentwicklung*

Die Entwicklung einer Bevölkerung wird durch die *Geburtenquote* (generatives Verhalten), die *Lebenserwartung* (Sterberate) und die Bilanz von *Einwanderung und Auswanderung* bestimmt.

Material 2

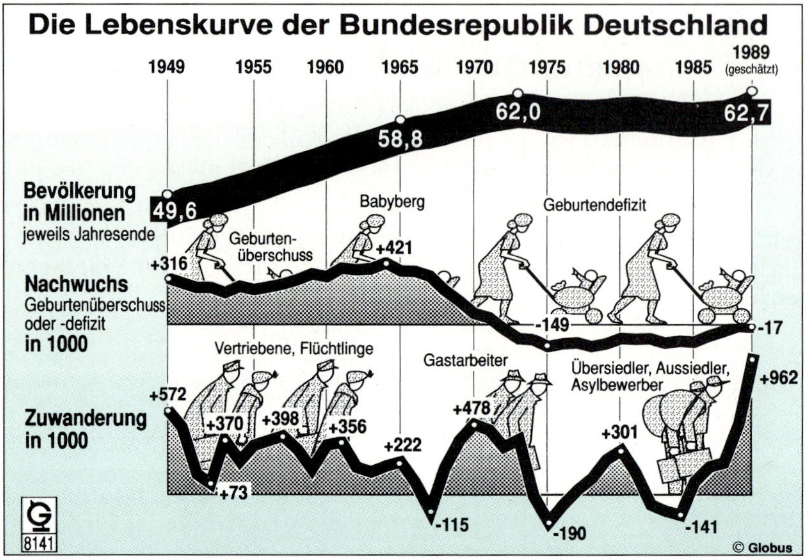

Material 3

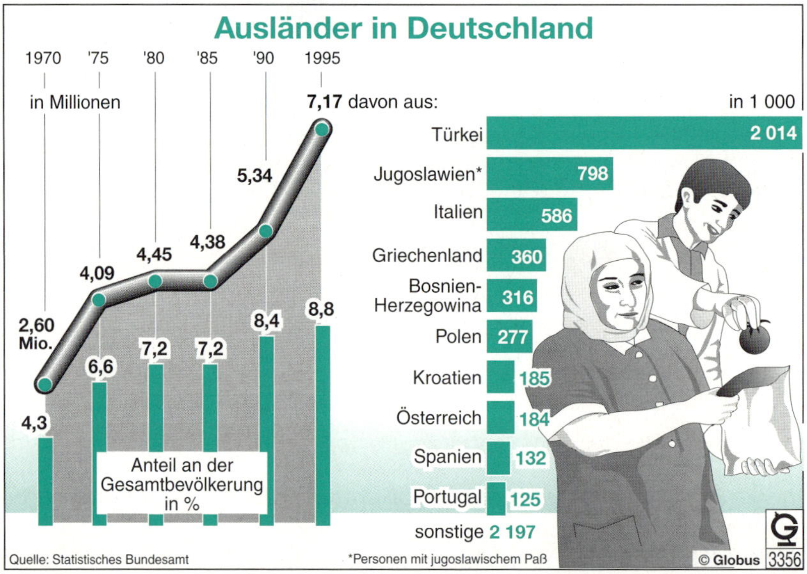

Material 4

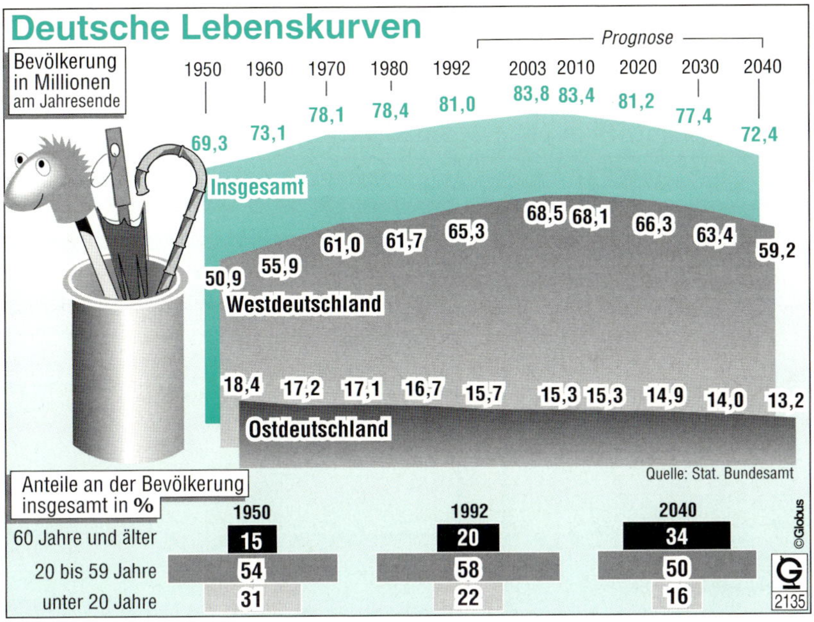

Aufgaben

3. *Beschreiben Sie, wie die Bevölkerung sich seit 1949 entwickelt hat!*
4. *a) Überprüfen Sie in Material 2 die Eignung des Begriffes „Zuwanderung" für den dargestellten Sachverhalt! Welche Formulierung wäre sachlich korrekt?*
   b) Machen Sie deutlich, wie die Beschreibung einer Entwicklung und eine Prognose sich unterscheiden (Thema, Zustandekommen der Zahlen, „Quellenwert")!
5. *Vergleichen Sie die Aussagen der Grafiken mit denen der Karikaturen!*

Anregung

Stichworte zum Thema: Geburtenquote in der Bundesrepublik

- *Erlebnisgesellschaft*
- *Familie heute*
- *Lebensstile und Milieus*
- *Männergesellschaft*
- *Postmoderne Gesellschaft*
- *Schwangerschaftsabbruch*
- *Selbstverständnis und Rolle der Frau im Wandel*
- *Umfrage bei jungen Erwachsenen*
- *Werte und Wertewandel*
- *Wirtschaftliche Sicherheit*

▶ Altersaufbau

Die Bevölkerungsentwicklung schlägt sich im Altersaufbau der Bevölkerung nieder:

Material 5

Altersaufbau der Bevölkerung Deutschlands am 31.12.1994

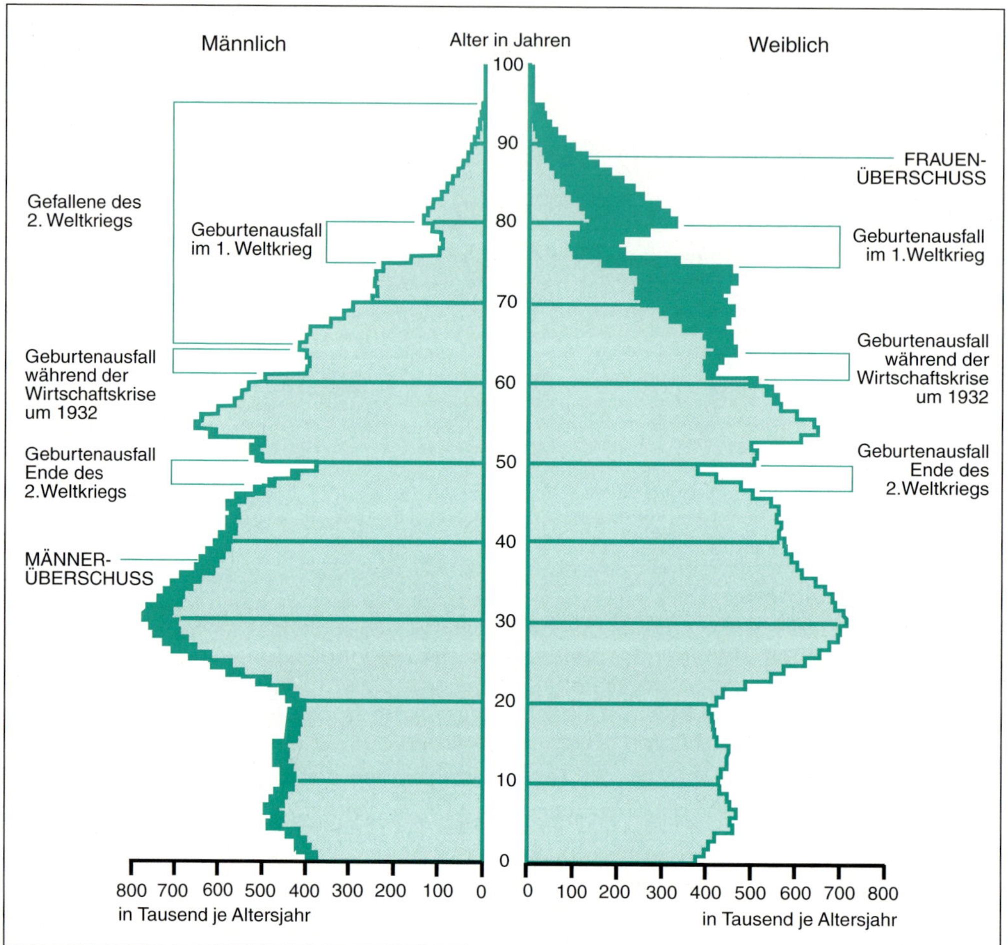

(Quelle: Statistisches Bundesamt/Wiesbaden, Nr. 96-1-0178)

Aufgabe

6. *Fassen Sie die Aussagen zum Altersaufbau unserer Gesellschaft zusammen. Beschreiben Sie, wie die in Material 5 genannten Bestimmungsfaktoren zusammengewirkt haben!*

▶ Prognose und Probleme

Material 6

Der deutsche Lebensbaum krankt

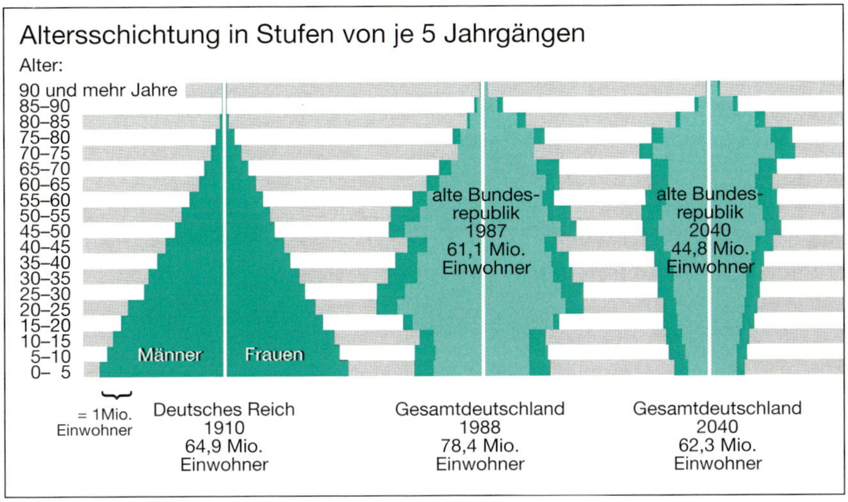

(nach: GLOBUS)

Material 7

Bevölkerungsstruktur

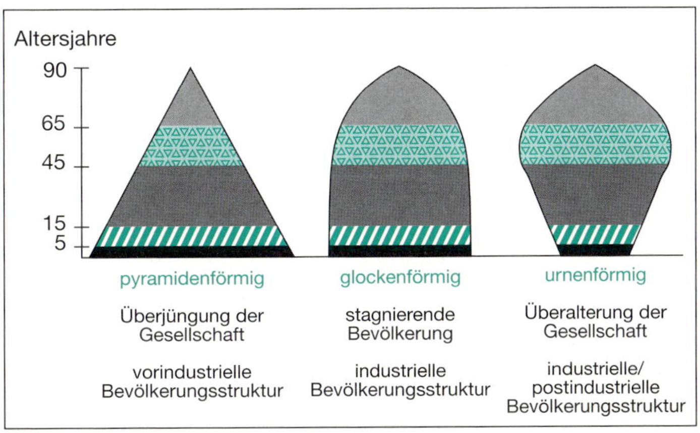

(Quelle: Statistisches Bundesamt/Wiesbaden, Nr. 85 0600)

Die Bevölkerungsentwicklung in der Bundesrepublik weist – auch im geeinten Deutschland – bis ins nächste Jahrhundert hinein einen unvermeidlichen Bevölkerungsrückgang auf. **Überalterung** und **Schrumpfung** bringen eine Reihe sozialer, wirtschaftlicher und gesamtgesellschaftlicher Probleme mit sich, die nur politisch angegangen werden können (→ I/2. und 3.).

Aufgaben

7. *Beschreiben Sie den vorausgesagten Bevölkerungsaufbau! Überlegen Sie, welche Annahmen ihm zugrunde liegen!*
8. *Diskutieren Sie: Welcher Altersaufbau wäre aus heutiger Sicht wünschenswert? Denken Sie dabei an Arbeitsmarkt, Ausbildungssystem und Gesundheitswesen! Welche Abhilfen sind denkbar?*
9. *Stichworte für eine weiter gehende Diskussion: Weltbevölkerung, Begrenztheit der Ressourcen, ökologische Entlastung, Ein-Kind-Familien, Generationenkonflikte!*

1.2 Struktur und Wandel der Gesellschaft in Deutschland – Rückblick und Überblick

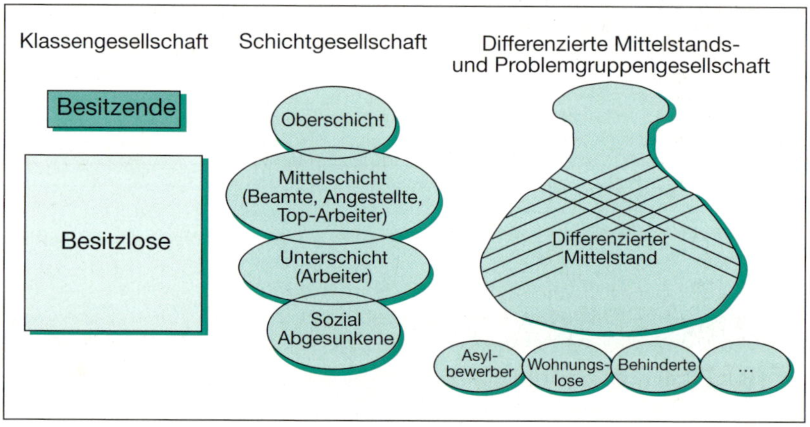

Klassengesellschaft, Schichtgesellschaft, differenzierte Mittelstands- und Problemgruppengesellschaft

(aus: Stefan Hradil, Die Single-Gesellschaft, München (Verlag C. H. Beck) 1995, S. 127)

Wir wissen aus der Geschichte, dass Gesellschaften gegliedert sind, dass sie eine innere **Struktur**, ein „Oben" und ein „Unten" aufweisen, und wir können sicher sein, dass dies auch für unsere Gesellschaft zutrifft. Strukturbildend sind Merkmale dann, wenn die durch sie hervorgerufene **soziale Differenzierung** sich in **sozialer Ungleichheit** ausdrückt, die quantifizierbar ist und dadurch qualifizierbar wird. Das Ergebnis solcher Bewertungsvorgänge, die stets subjektiv und mithin nicht unumstritten sind, bezeichnen wir als **Schichtung** der Gesellschaft.

Welche Merkmale strukturbildend sind, ist in unserer heutigen Industriegesellschaft mit ihren vielfältigen Differenzierungen nicht leicht auszumachen. Der folgende **Rückblick auf die deutsche Sozialgeschichte** kann helfen ein geeignetes Instrumentarium für die Analyse unserer Gesellschaft zu gewinnen.

► *Sozialer Wandel*

Unter sozialem Wandel versteht man die **Veränderung in der Sozialstruktur einer Gesellschaft.**

Für die **deutsche Gesellschaft** haben die Auswirkungen der auf Seite 49 genannten Prozesse – verstärkt durch die **preußischen Reformen** zu Anfang des 19. Jahrhunderts, **Bismarcks Reform- und Sozialgesetzgebung** der 80er-Jahre des letzten Jahrhunderts und die mit der **Revolution von 1848** eingeleitete Demokratisierung der politischen Ordnung – dazu geführt, dass die sozialen Strukturen der ständisch-agrarischen, frühbürgerlichen Gesellschaft überwunden wurden.

Auf der Basis zunehmender Arbeitsteilung und der wachsenden Anerkennung der durch eigene Leistung erworbenen gegenüber den durch Herkunft/Geburt „zugeschriebenen" sozialen Rollen entsteht die **gegenwärtige Schichtungs-Gesellschaft.**

Strukturmerkmale

Stände-Gesellschaft
(etwa 800 – 1800/30)
Zwischen Beginn des fränkischen Feudalismus und Lehnswesens und dem Beginn der Industriellen Revolution in Deutschland.
Hierarchische Gliederung der Gesellschaft in deutlich voneinander unterscheidbare Stände (nach Lebensgewohnheiten, Kleidung, sozialer Lage, Privilegien und Freiheitsrechten) in Mitteleuropa auf der Basis religiöser Vorstellungen legitimiert; Zugehörigkeit durch Geburt („zugeschriebene Rollen", nicht „erworbene"), dadurch Wechsel zwischen den Ständen schwierig.
→ Geringe vertikale Mobilität:
- ländliche Feudalgesellschaft
- Sozialstruktur der mittelalterlichen Stadt

Klassen-Gesellschaft
(1830/50 – 1918) ?
Seit dem Beginn der 80er- Jahre des 19. Jhds.: Reform und Sozialpolitik.
Über die Position in der Sozialstruktur und vertikalen Gliederung der Gesellschaft entscheiden Besitz und Verfügung über gesellschaftlich relevantes Produktionseigentum; der auch vorher gegebene Klassengegensatz wird durch die Revolutionierung der Produktionsfaktoren zum vorherrschenden Strukturmerkmal; Besitzende und Nichtbesitzende stehen sich antagonistisch gegenüber.
→ Sehr geringe vertikale Mobilität (nur Abstiegsprozesse, die die Klassengegensätze verschärfen) (→ 1.5 und VI/3.2)

Schichtungs-Gesellschaft
Anfänge in der Weimarer Republik, verstärkte Herausbildung in Deutschland nach dem 2. Weltkrieg.
Differenzierung und Hierarchisierung von Personen nach mehreren sozialen Merkmalen: Beruf, Einkommen, Bildung, Vermögen etc.; diese Merkmale werden von den Gesellschaftsmitgliedern bewertet, mit sozialem Prestige (sozialer Wertschätzung) versehen und bilden die Grundlage der Einstufung in eine „gesellschaftliche Rangskala" oder Schichtungspyramide; hierbei werden Personen mit etwa „gleichrangigem" sozialen Status in eine Schicht eingeordnet; soziale Positionen sollen nicht nach Herkunft (Geburt) oder Besitz, sondern nach Leistung vergeben werden.
→ Vertikale Mobilität mit deutlicher Durchlässigkeit zwischen den Schichten (→ 1.3 – 1.5)

„Doppel-Revolution"
Industrielle Revolution – Französische Revolution
- Rationalisierung und Individualisierung (der Sozialverhältnisse und sozialen Beziehungen).
- Kapitalisierung der Eigentums- und Besitzverhältnisse (zunächst an Grund und Boden und schließlich des gesamten Produktivkapitals).
- Technisierung der Produktion (und immer weiterer Daseinsbereiche).
- Urbanisierung und Entwicklung der gegenwärtigen Struktur der Kernfamilie (auf der Basis der Trennung von Wohnung und Arbeitsplatz).
- Demokratisierung der politischen Verhältnisse; diese geht einher mit zunehmender Verrechtlichung und Bürokratisierung der sozialen Verhältnisse.
- „Soziale Mobilisierung" durch Erhöhung der horizontalen und der vertikalen Mobilität und „Empathie", d.h. der Fähigkeit neue Rollen zu übernehmen und sich dem sozialen Wandel anzupassen.

(Bernhard Schäfers, Sozialstruktur und Wandel der Bundesrepublik Deutschland, 5. Aufl., Stuttgart 1990, S. 32)

Dritte Industrielle Revolution
Mikrochips und Computer
- Entwicklung zur Dienstleistungs- und Informationsgesellschaft (→ 2.2).
- Neue Ausdifferenzierung der Berufe und der Arbeitswelt (→ 2.1 und 2.3).
- Neue Dimension der sozialen Ungleichheit (→ 1.3).
- Entwicklung zur Wohlstandsgesellschaft und Wohlfahrtsgesellschaft? (→ 1.3 und I/4.).
- Pluralisierung und Individualisierung der Lebensformen (→ 1.4).

Sozialer Wandel

► *Soziale Ungleichheit*

Maßstab für die Bewertung von Gesellschaft ist – zumindest für uns heute – nicht so sehr ihr Grad an innerer sozialer Differenzierung, sondern das in ihrer Sozialstruktur vorzufindende **Ausmaß sozialer Ungleichheit**, mit dem nicht nur unterschiedliche Rangstellungen, sondern eben auch Lebensstandard und Entfaltungschancen verbunden sind.

◆ Die Frage nach den Ursachen der Ungleichheit wurde zugespitzt, als in der Aufklärung und im Zusammenhang der revolutionären Bewegungen des 18. und 19. Jahrhunderts die Frage nach Gleichheit und Freiheit der Menschen deren politische und sozio-ökonomische Grundlagen in den Mittelpunkt rückte. Jean-Jacques Rousseau versuchte eine erste „moderne" Antwort auf die Streitfragen der Akademie von Dijon (Burgund, 1754): „Was ist der Ursprung der Ungleichheit unter den Menschen?" Eine der zentralen Stellen im Diskurs von Rousseau lautet in (eigener) Übersetzung: „In der menschlichen Gesellschaft sind zwei verschiedene Formen der Ungleichheit auszumachen: eine, die ich natürlich oder physisch nenne, weil sie durch die Natur vorgezeichnet ist, und die im Unterschied des Alters, der Gesundheit, der körperlichen Kräfte und der Qualitäten des Geistes und der Seele besteht; – die andere kann man moralische oder politische Ungleichheit nennen, weil sie abhängt von einer Art Konvention und weil sie begründet wird, zumindest ‚autorisiert' wird, durch die Zustimmung der Menschen." In diesen wenigen Sätzen liegen alle nur denkbaren Antworten, die soziale Differenzierung zu erklären bzw. zu legitimieren, [...]

Die moralische und rechtliche Gleichheit aller Menschen: dies war das revolutionäre Prinzip, das die Aufklärung dem ancien régime, der Gesellschaft der Stände, der Privilegien und der von Gott gewollten Ordnungen, entgegenhielt. Der Abbau dieser Privilegien, die Zerschlagung der Stände, Zünfte, Korporationen etc. war das Ziel der Französischen Revolution von 1789 ff. Gleiche unter Gleichen sollten die Gesellschaft bilden und gleich unmittelbar sein zum Staat, der demokratisch legitimierten Ordnungsmacht.◆

(Bernhard Schäfers, Sozialstruktur und Wandel der Bundesrepublik Deutschland, 5. Aufl. Stuttgart 1990, S. 63 f.)

Aufgaben

10. *Informieren Sie sich in Ihrem Geschichtsbuch über die im Text genannten Stichworte*
    - *die mittelalterliche Ständegesellschaft*
    - *die Industrielle Revolution und ihre Auswirkungen in Deutschland*
    - *die Französische Revolution*
    - *die Preußischen Reformen*
    - *die Sozialgesetzgebung Bismarcks*
    - *die Auswirkungen der Revolution von 1848*
11. *Vertiefen Sie Ihre Kenntnisse zur Klassen-Gesellschaft (→ VI/3.2)! Diskutieren Sie die Frage, ob die deutsche Gesellschaft zwischen 1830 und 1918 eine Klassen-Gesellschaft war!*

► *Stichwort Zweidrittelgesellschaft*

Material 8

„Rutsche ins Abseits"

Sechs Jahre nach der Wiedervereinigung steht die soziale Marktwirtschaft vor ihrer womöglich härtesten Bewährungsprobe. Immer mehr Menschen sind auf staatliche Hilfe angewiesen. Mehr als ein Drittel der Bürger lebt unterhalb der Wohlstandsschwelle. Experten beobachten auch im Mittelstand eine „steigende Tendenz zur Armut".

Karin Kaiser kennt ihre Klientel. Seit fast zwanzig Jahren arbeitet die Frankfurter Caritas-Mitarbeiterin in der Sozialhilfe. „Etliche leben schon in der zweiten und dritten Generation von Stütze.“ Das sind die, die sich im Dschungel der Sozialbürokratie auskennen, die wissen, was ihnen zusteht. Zur angestammten Kundschaft gehören Arbeitslose, Alte, Gescheiterte.

Doch seit einiger Zeit suchen auch andere Kunden Rat bei Kaiser: „Plötzlich klopfen Menschen an, die wären früher nie zur Caritas gekommen“ – vor allem junge Familien wie jenes Ehepaar, das mit einem Kind vom 2534-Mark-Netto-Verdienst des Mannes, eines ungelernten Arbeiters, leben muss, aber kaum noch kann. Allein die Wohnung in Frankfurt (drei Zimmer, Küche, Bad) kostet mehr als 1000 Mark warm. Bisher half das monatliche Erziehungsgeld von 600 Mark, das aber fällt bald weg.

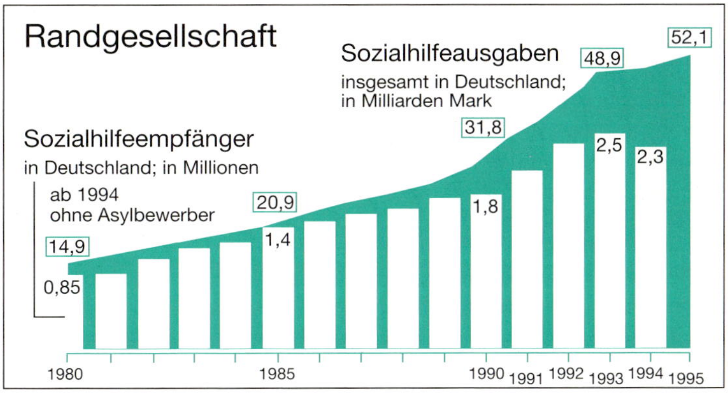

(Der Spiegel, Nr. 44/1996, S. 45)

Eigentlich müsste die Frau dazuverdienen, doch wo bekommt sie eine Stelle und was macht sie mit dem Kind? Kaiser: „Ich kann mich aus meiner bisherigen Berufszeit nicht erinnern, dass ein arbeitender Mensch es so schwer hatte, seine Familie über die Runden zu bringen.“

Ob Wohlfahrtsverbände oder staatliche Ämter – republikweit sehen sich die Sozialarbeiter einer wachsenden Zahl von Menschen gegenüber, die aus eigener Kraft nicht mehr durchkommen. Vor allem seit der Rezession 1993 beobachten die Experten des Deutschen Instituts für Wirtschaftsforschung (DIW) in Berlin, die jährlich rund 13 000 Bundesbürger nach ihrer Haushaltssituation befragen, eine „steigende Tendenz der Armut“.

12,3 Prozent der Bundesbürger im Westen, rund zehn Millionen Menschen, werden bereits in der Armutsstatistik geführt – nach EU-Definition gilt ein Haushalt als arm, der weniger als 50 Prozent des durchschnittlichen Haushaltsnettoeinkommens zur Verfügung hat. In Deutschland sind das für einen Vier-Personenhaushalt monatlich ungefähr 5000 Mark.

Weitere zehn Prozent Niedrigverdiener erreichen gerade mal 60 Prozent des Durchschnitts.

Und es wird noch schlimmer. Die Globalisierung der Märkte, warnen Volkswirtschaftler in einer Studie der BHF-Bank zur Situation des Einzelhandels, führe „zu einem Abschmelzen bei der Mittelschicht“.

Die Sozialhilfekosten für jene Menschen, die sonst in der Gesellschaft untergehen würden, schnellen nach oben. Bei der Regierungsübernahme durch Helmut Kohl 1982 gab es in Westdeutschland rund eine Million Sozialhilfeempfänger. 1993 waren es im Westen schon 2,2 Millionen. Mehr als 50 Milliarden Mark gab der Staat 1995 für laufende Hilfe zum Lebensunterhalt sowie für Sozialhilfe an Behinderte, Kranke und Alte aus.

Unter dem Druck verändert sich das soziale Gesicht der Bundesrepublik.

[...]

(Der SPIEGEL, Nr. 44/1996, S. 45)

Material 9

Falltüren in die Armut

[...] Erstens öffnet sich die Einkommensschere. Zweitens werden immer mehr Gruppen – mindestens vorübergehend – von Armut und Arbeitslosigkeit betroffen. Drittens folgen diese immer weniger den sozialen Stereotypen und sind daher auch immer schwerer identifizierbar und damit als politische Kraft zu organisieren. Nicht nur Arbeitslosigkeit, auch z.B. Scheidung ist eine Falltür in die Armut; viele Frauenleben sind sozusagen „nur einen Mann“ weit von der Armut entfernt (und umgekehrt). Viertens müssen unter Individualisierungsbedingungen die Menschen das, was früher als Klassenschicksal gemeinschaftlich verarbeitet wurde, nun mehr und mehr als individuelles Versagen verkraften. Das statistische Millionenschicksal schlägt um in persönliche Schuld, Konflikte und Neurosen.

Dies alles bedeutet, dass gesellschaftliche als individuelle Krisen erscheinen und immer weniger in ihrer Gesellschaftlichkeit durchschaut und po-

litisch bearbeitet werden. Damit wächst aber die Wahrscheinlichkeit irrationaler Ausbrüche der verschiedensten Art, nicht zuletzt auch in Form von Gewalt gegen alles, was als „fremd“ etikettiert wird. Denn gerade in der individualisierten Gesellschaft entstehen Konfliktlinien entlang sozial identifizierbarer Merkmale: Rasse, Hautfarbe, Geschlecht, ethnische Zugehörigkeit, Alter, Homosexualität, körperliche Behinderung.
Gelingt es an die Ansprüche und Verheißungen des in Gang gekommenen Individualisierungsprozesses anzuknüpfen und die Individuen jenseits von Stand als Klasse als selbstbewusste Subjekte ihrer persönlichen, sozialen und politischen Belange neu zusammenzufassen? Oder werden im Zuge der laufenden Individualisierung die letzten Bastionen sozialer und politischer Praxis weggeschmolzen und die Gesellschaft schlittert von einer Parteien- in eine Staatsverdrossenheit hinüber, die nichts ausschließt, auch nicht, in neuen und schleichenden Formen, eine Modernisierung der Barbarei? [...]

(Ulrich Beck, Vom Verschwinden der Solidarität; in: Süddeutsche Zeitung vom 14./15.02.1993, S. 15)

Aufgaben

12. *Beschreiben und umschreiben Sie „Zweidrittelgesellschaft“!*
13. *Vertiefen Sie einzelne hier aufgeworfene Fragestellungen mithilfe anderer Kapitel und Abschnitte des Buches! Erkunden Sie selbstständig im Buch!*

1.3 Sozialstrukturanalyse unserer Gesellschaft

► *„Merk-Male“ – früher und heute*

Die **Sozialstruktur** unserer Gesellschaft ist deswegen nicht leicht zu erfassen, weil offensichtliche, äußerlich erkennbare und hinreichend eindeutige Merkmale einer Statuszuweisung weithin fehlen.

Material 10

Kleiderordnung – Kiel 1417

Keine Frau darf gekrauste Tücher tragen und nicht mehr als zwei Mäntel haben, die mit Pelzwerk gefüttert sind, und darf auch keinerlei Geschmeide mit teurem Gestein und Perlen an allen ihren Kleidern tragen, wenn ihr Mann an die Stadt nicht mindestens 400 Mark Silber zu versteuern hat. Wenn eine Frau dessen überführt wird, so soll das der Stadt mit 10 Mark Silber gebessert werden. Dieselbe Strafe trifft den Übertreter der weiteren Bestimmungen: Wenn der Mann der Stadt für mindestens 200 Mark Steuern zahlt, so darf seine Frau eine lötige (rein, ungemischt) Mark Silber an allen ihren Kleidern tragen. Die Jungfrauen sollen es in derselben Weise halten [...]
Wenn der Mann der Stadt zwar Steuern zahlt, aber nicht für 100 Mark, so darf seine Frau keinerlei Geschmeide tragen. Insbesondere darf keine Bürgersfrau Pelzwerk oder Seide unten an ihren Kleidern tragen [...]
Insbesondere wird befohlen, dass keine Dienstmagd oder Dienstbotin Spangen, Scharlachtuch oder irgendwelches vergoldetes Geschmeide trägt, welches mehr als 8 Schillinge wert ist. Wer dagegen verstößt, soll des Geschmeides sofort verlustig gehen und sein Dienstherr oder seine Dienstherrin sollen 3 Mark Silber Strafe zahlen oder den Dienstboten innerhalb von 3 Tagen aus dem Brote jagen [...]

(Karl Bolte/Stefan Hradil, Soziale Ungleichheit in der Bundesrepublik Deutschland, 6. Aufl. Opladen 1988, S. 12)

Material 11

Vor 40 Jahren: ein alltäglicher Vorgang

Herr X steht am Fenster seines Hauses und blickt auf die Straße. Da sieht er einen silbernen, großen Mercedes vorfahren, aus dem ein ihm unbekannter, stattlicher und gut angezogener Herr steigt und auf das Haus von X zugeht. In diesem Moment beginnt Herr X zu überlegen, was der Besucher wohl will und „was das wohl überhaupt für einer ist". Mehr oder weniger unbewusst kommt X aufgrund des repräsentativen Autos und der guten Kleidung zu dem Schluss, dass der Besucher eine „höher gestellte Persönlichkeit" sein müsse, und er beginnt sich innerlich auf die Begegnung einzustellen. X wartet aber vergeblich auf das Klingeln. Als es gar zu lange dauert, beginnt X sich nach dem Besucher umzusehen und entdeckt mit leichter Verwunderung, dass dieser um das Haus herum und in den Keller gegangen ist. X betritt auch den Keller und findet dort den Besucher, der mit dem Zollstock einige Messungen vornimmt. Im Hinblick auf seine früheren hochgespannten Erwartungen denkt X in dem Moment: „Ach, es ist ja nur der Installateur, den meine Frau bestellen wollte." X kommt mit dem „Installateur" ins Gespräch und erfährt in dessen Verlauf, dass er es nicht mit einem „gewöhnlichen" Installateur zu tun hat, sondern mit dem Meister, ja, dass der Besucher sogar Innungsmeister und darüber hinaus Mitglied des Gemeinderates ist. Mit jedem neu erkannten Merkmal dieser Art beginnt das Ansehen des Besuchers in den Augen von X wieder zu steigen.

Als X sich der Tatsache bewusst geworden ist, dass sein Besucher auch Gemeinderat ist, setzt bei ihm ein weiterer Denkprozess ein. Von solchen hat er eine ganz bestimmte Vorstellung, und er erwartet daher, dass sich Gemeinderäte in einer ganz bestimmten Weise verhalten. Mehr oder weniger unbewusst beginnt er nun das tatsächliche Verhalten dieses Gemeinderats mit dem zu vergleichen, was er von Gemeinderäten allgemein erwartet. Da der Besucher dabei nicht sehr günstig „abschneidet", sinkt das ihm von X zugeordnete Ansehen wieder etwas.

(Karl Bolte/Stefan Hradil, Soziale Ungleichheit in der Bundesrepublik Deutschland, 6. Aufl. Opladen 1988, S. 191 f.)

Aufgaben

14. *Vergleichen Sie anhand der beiden Materialien 10 und 11, wie in den beiden Gesellschaften Statuszuweisungen vorgenommen werden!*
15. *Überlegen Sie, inwieweit Kleidung, Größe und Marke des Autos, die Wohnungseinrichtung bzw. der Beruf heute noch eine eindeutige Status- und Schichtzuweisung zulassen!*

Statussymbole haben bei uns heute ihre zuweisende Funktion weithin verloren: Ein bestimmtes Auto bzw. Kleidungsstücke bestimmter Art oder Marke können bewusst eingesetztes Statussymbol oder nichts sagend sein. Gleichwohl suchen wir nach **„sozial relevanten Merkmalen"**, wenn wir eine uns unbekannte Person „unter die Lupe nehmen", sie in einem **„grilling process"** auf statusrelevante Merkmale untersuchen: Ob jemand eine Brille trägt bzw. ob er blond- oder schwarzhaarig ist, interessiert uns dabei nicht! – **Merk-Male** wie Herkunft, Einkommen und Vermögen, Bildung und Ausbildung, die berufliche Position und das **Sozialprestige**, das – vornehmlich am Beruf orientierte – Ansehen in der Gesellschaft haben jedoch Bedeutung, weil sie **für die Statuszuweisung immer noch prägend** sind. Dabei lassen sich das „Oben" und „Unten" in der Gesellschaft relativ eindeutig ausmachen; im breiten mittleren Teil der **Gesellschaftspyramide** werden Zuordnungen zunehmend schwieriger, weil die Prestigezuerkennung für Berufe nicht mehr eindeutig ist (z.B. Offizier, Lehrer, Metzger) und ein sozialer Wandel in erheblichem Umfang stattfindet, in dessen Rahmen auch **neue** Merkmale Bedeutung gewinnen.

Eine **Sozialstrukturanalyse** muss daher bei den *„klassischen" Untersuchungsbereichen* beginnen und dann *neuere Forschungsansätze* einbeziehen; dies soll nachfolgend **in fünf Schritten** geschehen:

Die Analyse mündet in Überlegungen zu einer Modellbildung für unsere Gesellschaft.

Das Vorgehen wird im folgenden Überblick veranschaulicht:

SOZIALSTRUKTURANALYSE

5 Aspekte	Was wird untersucht?	Material/ Methode	übergreifendes Material
1. Sozialprestige	berufliche Stellung und soziales Ansehen	Befragung/Vergleich mit Befragungsergebnis	Zwei Fallbeispiele: Herr Stumpf und Herr Groß
2. Lebensstandard und soziale Ungleichheit	Einkommens- und Vermögensverteilung	Schaubild	Zwei Fallbeispiele: Herr Stumpf und Herr Groß
3. Mobilität durch Bildung	soziale Herkunft und Schulbesuch	anspruchsvolles Schaubild	Zwei Fallbeispiele: Herr Stumpf und Herr Groß
4. Soziale Lagen	Bereiche sozialer Ungleichheit	Herr Stumpf und Herr Groß	
5. Soziale Milieus	Lebensstile	Schaubilder mit Text (Milieubeschreibungen)	Zwei Fallbeispiele: Herr Stumpf und Herr Groß

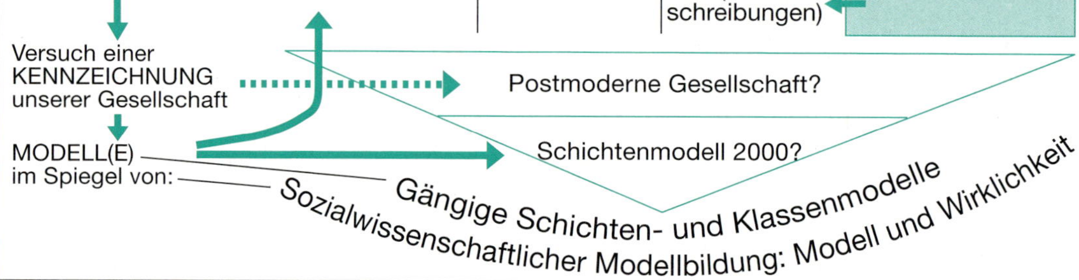

▶ *1. Aspekt: Sozialprestige (berufliche Stellung und soziales Ansehen)*

In allen heutigen westlichen Gesellschaften gilt der Beruf als der „harte Kern" des Prestigegefüges:

Material 12

Das Prestige ausgewählter Berufe 1979/80

1 Arzt
2 Richter
3 Professor
4 Rechtsanwalt
5 Bankdirektor
6 Architekt
7 Diplom-Psychologe
8 Apotheker
9 Studienrat
10 Journalist
11 Lebensmittelchemiker
12 Bauingenieur
13 Volksschullehrerin
14 Krankenschwester
15 Programmierer
16 Industriekaufmann
17 Finanzbuchhalter
18 Bäckermeister
19 Bibliothekarin
20 Bankangestellter
21 Landwirt
22 Polizist
23 Krankenwagenfahrer
24 Sekretärin
25 Kindergärtnerin
26 KFZ-Mechaniker
27 Feinmechaniker
28 Buchdrucker
29 Taxiunternehmer
30 Fotograf
31 Maschinenschlosser
32 Omnibusfahrer
33 Zahnarzthelferin
34 Bahnschaffner
35 Fernfahrer
36 Briefbote
37 Maurer
38 Elektroinstallateur
39 Bauarbeiter
40 Friseur
41 Dreher
42 Eisengießer
43 Textilweber
44 Schuhverkäuferin
45 Landarbeiter
46 Müllwerker
47 Fabrikarbeiterin
48 Lagerarbeiter
49 Hilfsarbeiter
50 Autowäscher

Die an jeweils ca. 2000 repräsentativ ausgewählte Personen gestellte Frage lautete: „Ich möchte jetzt gerne wissen, welches Ansehen diese [...] Berufe heute Ihrer Meinung nach haben; d.h. wie sehr Leute mit diesen Berufen in unserer Gesellschaft heute geachtet werden." (B. Wegener 1984, S. 10)

(Karl Bolte/Stefan Hradil, Soziale Ungleichheit in der Bundesrepublik Deutschland, 6. Aufl. Opladen 1988, S. 213)

Aufgaben

16. Erstellen Sie in Gruppen eine Rangfolge von 12 bis 15 ausgewählten Berufen. (Nehmen Sie Frauen in diesen Berufen hinzu!)

17. Suchen Sie im Gespräch mit ihren Mitschülern zu klären, auf welchen Bewertungsunterschieden abweichende Einordnungen beruhen!

18. Versuchen Sie nahezu gleichrangige Berufe zusammenzufassen! Inwieweit ergibt sich ein eindeutiges vertikal „geschichtetes“ Bild?

19. Vergleichen Sie die Gruppenergebnisse mit dem Ergebnis aus dem Jahr 1980!

Durchführung einer Befragung

→ Siehe auch S. 79 f.

Hinweis: Lassen Sie sich von Ihrer Lehrerin bzw. Ihrem Lehrer methodisch beraten.

1. *Legen Sie Schülerinnen und Schülern einer anderen Klassenstufe eine Liste von 12-15 ausgewählten Berufen anonym vor. Auftrag: Rangordnung der Berufe erstellen!*
2. *Werten Sie das Befragungsergebnis statistisch aus.*
3. *Vergleichen Sie das Befragungsergebnis mit dem von 1979/80.*
4. *Diskutieren Sie, inwieweit man als Befrager und Auswerter außen stehender Beobachter ist!*

► 2. Aspekt: Lebensstandard und soziale Ungleichheit (Einkommens- und Vermögensverteilung)

Die Grafik (Material 13) sucht die gesamte materielle Lage ausgewählter „Gesellschaftsgruppen“ zu erfassen:

Material 13 (Lesehilfen → S. 56!)

Die Zusammensetzung der Gruppierungen in verschiedener materieller Lage nach ausgewählten Gesellschaftsgruppen

(Karl Bolte/Stefan Hradil, Soziale Ungleichheit in der Bundesrepublik Deutschland, Opladen, 6. Aufl. 1988, S. 127, ergänzt und erweitert)

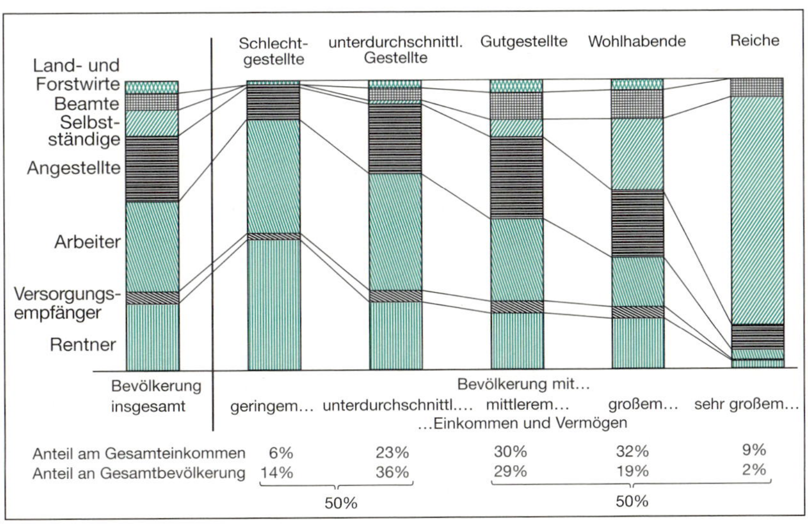

Lesehilfen:

① In der Grafik wird vom „verfügbaren Einkommen" ausgegangen; darunter sind sämtliche Erwerbs- und Vermögenseinkommen zuzüglich der erhaltenen sozialen Leistungen (Renten, Pensionen, Arbeitslosengeld, Kindergeld etc.), jedoch abzüglich der gezahlten direkten Steuern und Sozialbeiträge zu verstehen.

② Zur Bildung der fünf nach dem Lebensstandard abgestuften Gruppen wurde die Bevölkerung entsprechend der Höhe ihres Haushaltseinkommens in zwei Hälften geteilt, die einkommensstärkere in drei Gruppen, die einkommensschwächere in zwei Gruppen.

③ Für die Ein-Personen-Haushalte wurden für das Jahr 1983 folgende Einkommensgrenzen festgelegt:

bis 1004 DM: Schlechtgestellte
bis 1660 DM: unterdurchschnittl. Gestellte
bis 2490 DM: Gutgestellte
bis 4980 DM: Wohlhabende
ab 4981 DM: Reiche

Für jedes weitere Haushaltsmitglied muss das 0,5fache des jeweiligen Ein-Personen-Haushalts zusätzlich erreicht werden.

Aufgaben

20. *Welche Berufsgruppen sind in den einzelnen Lebensstandardgruppen überrepräsentiert bzw. unterrepräsentiert?*
21. *Welche Über- und Unterordnung der Berufsgruppen lässt sich vornehmen?*
22. *Bewerten Sie das Ausmaß an sozialer Ungleichheit!*
23. *Welche Zusammenhänge hat der Wissenschaftler berücksichtigt? Formulieren Sie die Fragen, die er in seinen Vorüberlegungen gestellt hat! Zeigen Sie, dass in die Grafik Vorannahmen eingegangen sind (Berufsgruppen, signifikante Einkommensgrenzen)! (→ Stichwort: Bedingungen sozialwissenschaftlichen Arbeitens; S. 72 f.)*
24. *Diskutieren Sie Vor- und Nachteile der grafischen Aufbereitung des statistischen Materials!*

► *3. Aspekt: Mobilität durch Bildung? (soziale Herkunft und Schulbesuch)*

Material 14

Soziale Herkunft der Studenten

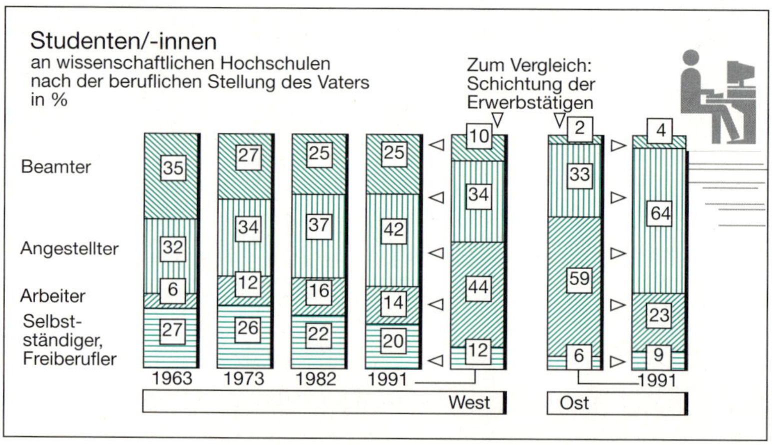

(Daten nach: Erich Schmidt Verlag, Zahlenbilder Nr. 506 540)

Material 15 a

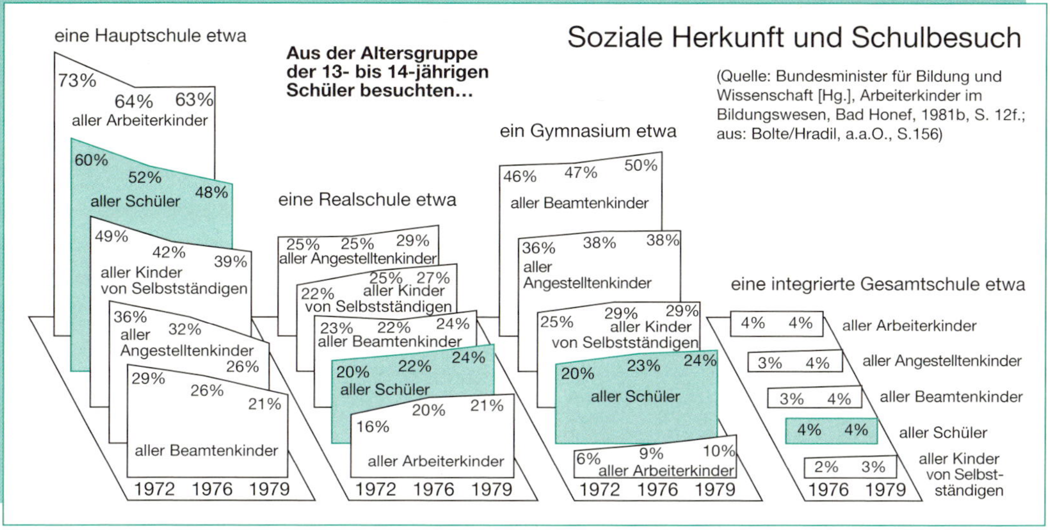

Erläuterungen zu Material 15a:

Quelle: Berechnungen von Bolte/Hradil nach Sonderauswertungen des jeweiligen Mikrozensus durch das Statistische Bundesamt Wiesbaden. Befragte ohne Angaben sowie Kinder von Nichterwerbstätigen sind nicht aufgeführt. Bei der Berechnung der Durchschnittsanteile (grün gefärbte Blöcke) wurden Befragte ohne Angaben nicht berücksichtigt.
Grün gefärbte Blöcke: durchschnittlicher Anteil der Hauptschüler, Realschüler, Gymnasiasten an allen Schülern in dieser Altersgruppe. Gruppen vor diesen Blöcken sind unterdurchschnittlich häufig Schüler der jeweiligen Schulform. Gruppen hinter diesen Blöcken sind überdurchschnittlich häufig Schüler der jeweiligen Schulform.

Material 15 b

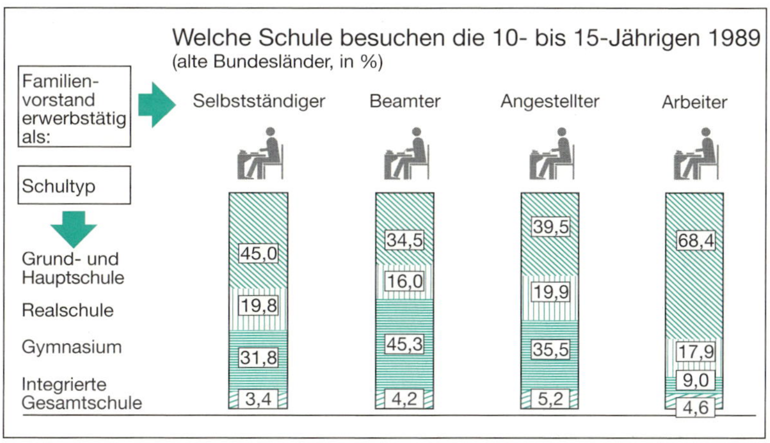

(Daten nach: Statistisches Bundesamt (Hrsg.), Datenreport 1992, S. 86)

Aufgaben

25. *Welche schichtspezifische Verteilung der Bildungschancen lässt sich aus den Grafiken (M 14 u. M 15) entnehmen?*
26. *Inwieweit kann man in der zeitlichen Entwicklung eine Zunahme bzw. Abnahme des Ausmaßes sozialer Ungleichheit erkennen?*
27. *Wie bewerten Sie die Verteilungsunterschiede? Bedenken Sie dabei den Zusammenhang von Schullaufbahn und Berufswahlmöglichkeiten!*

▶ 4. Aspekt: Soziale Lagen (neue Dimensionen sozialer Ungleichheit)

Neben die von Einkommen, Bildung und Ausbildung und Berufsprestige abhängenden Lebensbedingungen sind im Verlauf der **70er-Jahre** andere Bedürfnisse und Ziele getreten, die als Bereiche sozialer Ungleichheit empfunden und verstanden werden. Deren Ausprägung und Zusammenwirken bewirken in einem umfassenden Sinne **unterschiedliche Lebensbedingungen** für den Einzelnen **(soziale Lagen)** und bestimmen seine Chancen allgemein anerkannte Lebensziele zu verwirklichen; **soziale Sicherheit** wird im Kontext des Übergangs von der „Wohlstandsgesellschaft" zur **„Wohlfahrtsgesellschaft"** umfassend verstanden. Als **neue Ungleichheitsfaktoren** gelten:

- *Arbeitsplatzrisiken* (Gefahr von Arbeitslosigkeit und Armut);
- *soziale Absicherung* (Altersversorgung, Zusatzkassen);
- *Arbeitsbedingungen* (Belastungen und Gesundheitsrisiken);
- *Freizeitbedingungen* (Arbeitszeit und Freizeitangebote);
- *Wohn(Umwelt)bedingungen* (Verkehrseinrichtungen und kulturelles Angebot, Stadt-Land-Gefälle, Ballungsraum bzw. strukturschwache Regionen, Wasser- und Luftqualität);
- *soziale Beziehungen* (ausländische Arbeitnehmer);
- *soziale Rollen* (Benachteiligung von Frauen in der Arbeits- und Berufswelt).

Aufgaben

28. *Versuchen Sie die soziale Lage verschiedener Berufsgruppen zu beschreiben: Gymnasiallehrer, Schichtarbeiter, selbstständiger Handwerker, Rentner, Student! Wie eindeutig ist das jeweils möglich?*
29. *Erörtern Sie, inwieweit die neuen Dimensionen sozialer Ungleichheit den Lebensstandard erst ermöglichen oder zu einer Verschärfung der sozialen Gegensätze führen! Überlegen Sie, ob und wie Fehlendes ersetzt werden kann!*

▶ Zwei Fallbeispiele: Herr Stumpf und Herr Groß

Aufgaben

30. *Beschreiben Sie die soziale Lage der beiden Personen!*
31. *Verorten Sie die beiden Personen auch unter allen in 1.3 genannten Aspekten!*
32. *Erstellen Sie zu jeder der beiden Personen eine Mindmap! (Zur Mindmap-Technik s. VI/2.2, S. 303–305).*
33. *Versuchen Sie beide Personen einem der „sozialen Milieus" – 5. Aspekt (→ 1.4, S. 61–63) – zuzuordnen!*

Material 16

Alltägliche Lebensführung und soziale Ungleichheit – zwei Fallbeispiele

[...]
Es handelt sich um zwei Fälle, die sich beim *ersten groben Hinsehen* in wichtigen Dimensionen zu ähneln scheinen: gleich sind Geschlecht, Alter, Einkommen, Familienstand. Es sind zwei westdeutsche Männer, *Herr Stumpf* und *Herr Groß*, beide 33 Jahre alt, beide mit einem Monatseinkommen von ca. DM 3300 netto, beide sind verheiratet und haben Familie – Herr Stumpf eine dreijährige und eine fünfjährige Tochter, Herr Groß eine sechsjährige Tochter. Damit sind allerdings bereits so ziemlich alle Gleichheiten zwischen diesen beiden Männern erschöpfend behandelt.
Beim *zweiten Hinsehen*, geleitet von klassischen analytischen Dimensionen der Ungleichheitsforschung, wird erkennbar, dass Herr Stumpf – im Vergleich zu Herrn Groß – offensichtlich der „underdog" ist. Der gebürtige Niederbayer Herr Stumpf wohnt heute noch in dem kleinen Dorf, in dem er als Sohn einer eher armen bäuerlichen Familie aufgewachsen ist. Ganz selbstverständlich musste er während der ganzen Kindheit auf dem Hof mithelfen, ebenso war seine Schulausbildung mit dem Hauptschulabschluss zu Ende. Danach folgte eine Maurerlehre und zwölf Jahre harte Arbeit in einem kleinen Betrieb im Nachbarort, unterbrochen lediglich durch einen kurzen „Ausflug" über die Grenzen des Dorfes hinweg als Bundeswehrsoldat. Trotz eher bescheidener Ansprüche gelang es Herrn Stumpf nie, mit der Arbeit am Bau genug zu verdienen, sodass er sich insbesondere seit der Familiengründung zur Schwarzarbeit am Abend und am Samstag gezwungen sah. Zudem war die Tätigkeit körperlich sehr belastend. Deshalb beschloss er etwa ein halbes Jahr bevor wir ihn kennen lernten, sich um eine Stelle in einer Papierfabrik zu bewerben.
Hier arbeitet er nun als abhängig beschäftigter angelernter Arbeiter in einem komplizierten rollierenden Voll-Kontischicht-System: Seine Arbeitszeit sieht so aus, dass er z.B. von Montag bis Donnerstag Frühschicht hat, Freitag und Samstag Spätschicht, Sonntag bis Dienstag frei, Mittwoch und Donnerstag wieder Frühschicht, dann vom Freitag bis zum darauf folgenden Donnerstag Nachtschicht, dann Freitag bis Sonntag frei, um dann wieder Montag und Dienstag Spätschicht zu haben. Dieser Rhythmus gilt mit Ausnahme von Weihnachten und Ostern rund ums Jahr. Das Schichtsystem ist so kompliziert, dass Herr Stumpf den Schichtplan braucht, um sich seine Arbeitszeiten, die voll vom Betrieb vorgegeben sind, überhaupt klarmachen zu können.
Zu den belastenden zeitlichen Arbeitsbedingungen kommt ein wenig attraktiver Arbeitsplatz hinzu: Innerhalb der Papierfabrik ist er auch in der betriebsinternen Hierarchie „unten" und hat eine der belastendsten Arbeiten. Herr Stumpf sitzt tagein, tagaus mutterseelenallein bei Neonlicht und immensem Lärm in einer Glaskabine und beobachtet, wie Baumstämme auf einem Förderband an ihm vorbeirollen und entrindet werden. Seine Aufgabe besteht darin zu kontrollieren, ob eventuell noch Rinde am Baumstamm ist und – ca. einmal pro Viertelstunde – eine Klappe per Knopfdruck zu betätigen, damit die nicht voll entrindeten Stämme aussortiert und nochmal entrindet werden.
Ganz anders dagegen der zweite Mann, der selbstständige Akademiker *Herr Groß*. Herr Groß wächst auf als Sohn eines Landarztes in einer großen Familie in der Oberpfalz, darf selbstverständlich das Abitur machen und zieht dann zum Studium nach München. Im Rahmen des Romanistikstudiums verbringt er ein Jahr im Ausland und hat zunächst das Ziel, Lehrer zu werden. Aufgrund der Lehrerschwemme beendet er das Studium aber im Alter von 28 Jahren mit dem Magister-Abschluss, ungefähr zur gleichen Zeit kommt seine Tochter zur Welt. Es folgen sechs Jahre, in denen Herr Groß die unterschiedlichsten Arbeiten übernimmt und dabei viel lernt. Er arbeitet als Übersetzer und Lektor, freiberuflich für Filmgesellschaften und Rundfunkanstalten als Journalist, in der Erwachsenenbildung u.v.a.m. Gelegentlich macht er außerdem sein Hobby – die Musik – zum Beruf, indem er Unterricht erteilt und als Musiker auftritt. Nicht nur die Arbeitsinhalte von Herrn Groß, sondern auch seine Arbeitszeiten sind – verglichen mit Herrn Stumpf – privilegiert: Er hat zwar einige fixe Termine (z.B. Abgabetermine für journalistische Produkte oder Kurstage), ansonsten bleibt es aber völlig ihm selbst überlassen, wann er wie viel Arbeit verrichtet.
Beim ersten Hinsehen handelt es sich also um zwei Personen, beide in wichtigen Dimensionen „gleich": gleich alte Männer, in ähnlichen Familienkonstellationen mit gleich hohem Einkommen. Das zweite Hinsehen – geleitet vom

Blick der „klassischen" Ungleichheitsforschung auf Dimensionen wie Herkunftsmilieu, Bildung, Stadt/Land-Unterschiede, Arbeitsplatzbedingungen, Arbeitszeitregelungen und dergleichen – zeigt erwartungsgemäß, dass die beiden Gleichen so gleich nicht sind: Herr Stumpf hat es „schlechter" getroffen im Leben.

Es lohnt jedoch, aus der Perspektive der alltäglichen Lebensführung *ein drittes Mal hinzusehen.* Aus dem bisher klaren Tableau, aus dem eindeutig hervorgeht, wer im Leben rundum vermeintlich den Kürzeren gezogen hat, wird dann ein *Vexierbild,* also ein verwirrendes Bild, bei dem es nicht nur eine Sichtweise gibt. Das bisher Gesagte vom Underdog Herr Stumpf und dem ihm gegenüber privilegierten Journalisten Herr Groß wird dadurch nicht falsch; es ist aber auch nur die halbe Wahrheit.

Werden die Betroffenen selbst nämlich nach ihrer Lebensführung gefragt, so fällt zunächst einmal auf, dass sich der Schichtarbeiter Herr Stumpf als außerordentlich zufrieden präsentiert – ganz im Gegensatz zu Herrn Groß, der seine Situation mindestens als ambivalent und punktuell als fast unerträglich bezeichnet. Dass es sich hierbei nicht nur um Manifestationen von „falschem Bewusstsein" handelt, wird daran ersichtlich, dass beide sehr gute Sachargumente vorbringen können, warum sie ihre aktuelle Lebenssituation so und nicht anders bewerten.

Herr Stumpf verweist z.B. völlig zu Recht mit Stolz darauf, wie weit er es gebracht hat. Er hat sich – nicht zuletzt dank seiner Eltern, die ihm ein Grundstück zur Verfügung gestellt haben – ein großzügiges Eigenheim mit Garten bauen können, das inzwischen schuldenfrei ist. Das zweite Haus für die Töchter wird bereits geplant. Auf dem Dorf wachsen seine Kinder in einer gesunden Umwelt auf und können sich nach Herzenslust austoben, mit einem Minimum an Betreuungsaufwand für die Eltern. Kinderbetreuung wie überhaupt das Thema Haus- und Familienarbeit sind aber für Herrn Stumpf ohnehin kein Thema. Denn er ist „reich" an zwei entscheidenden „Ressourcen", die Herrn Groß ganz fehlen: Zum einen hat er eine traditionell orientierte Frau geheiratet, die ihre Teilzeitarbeit vor allem zur Abwechslung vom Alltagstrott der Familie verrichtet und die Haus- und Familienarbeit zu 100% als ihre Angelegenheit betrachtet, zum zweiten wohnen die Großeltern nebenan, die jederzeit einspringen, um die Enkel zu beaufsichtigen.

Auch deshalb ist Herr Stumpf vergleichsweise „reich" in einer anderen Dimension: reich an wirklich ungebunderer freier Zeit zur eigenen Verfügung. Wenn er keine Schicht hat, kann er seinen Freizeitinteressen nachgehen, wobei seine ungewöhnlichen Arbeitszeiten ihm durchaus auch manche Möglichkeit eröffnen. Er kann z.B. unter der Woche viel Zeit mit seinen Kindern verbringen und nutzt seine freien Tage, um mit ihnen gemeinsam Ausflüge zu machen. Weil der Posten Miete im Familienbudget entfällt und weil die Lebenshaltungskosten in Niederbayern vergleichsweise niedrig liegen, kommen auch Freizeitaktivitäten infrage, die ziemlich kostspielig sind. Herr Stumpf ist passionierter Sportler, fährt Ski im Winter, Kajak im Sommer, und dafür ist diese Arbeitszeitregelung gut.

Aber nicht nur im Hinblick auf außerberufliche Bedingungen geht es Herrn Stumpf in mancher Hinsicht besser als Herrn Groß. In bestimmten Dimensionen ist auch seine Berufssituation nicht *nur* schlechter. Er hat z.B. einen sicheren Arbeitsplatz und eine gesicherte berufliche, auch eine vergleichsweise sichere ökonomische Perspektive. Er kann zuversichtlich auf seinen Lebensabend schauen, denn zum Eigenheim kommt die staatliche wie eine großzügige betriebliche Altersversorgung hinzu. Die betrieblichen Bedingungen in seiner Firma sind insgesamt – verglichen mit den am Ort vorhandenen Alternativen – überaus gut, sodass er von seinen ehemaligen Kollegen aus dem Bauunternehmen beneidet wird: um den Urlaub, den er im firmeneigenen Ferienhaus im Gebirge verbringen kann, um das gute Betriebsklima und die gute Personalbetreuung, um die betrieblichen Sozialleistungen und um das für die Gegend hervorragende Einkommen, das zur Folge hat, dass er heute nicht mehr Schwarzarbeiten muss u.a.m.

Sein *relativer* sozialer Status im Freundeskreis ist entsprechend hoch: Im Dorf hat es Herr Stumpf weit gebracht. Gemessen an seinen früheren biografischen Erfahrungen, am harten Leben seiner Eltern und auch im Vergleich zu seinen Freunden ist ihm ein deutlicher Sprung nach vorne gelungen. „Es geht mir besser als früher, wir haben alles, was will man mehr", sagt er im Interview.

Ganz anders Herr Groß. Seine Wohnsituation ist beengt: Die Tochter wächst nicht in einem Haus mit Garten am Waldrand auf, sondern an einem belebten Platz in München, wo die Familie Groß mit einer befreundeten Familie in einer 5-Zimmer-Wohnung eine Wohngemeinschaft gegründet hat. Anders käme die Familie bei den Münchener Mieten nie über die Runden: Ihr

Mietanteil in der Wohngemeinschaft liegt bereits bei 1000 DM kalt. Die Wohngemeinschaft ist zugleich die entscheidende Ressource für die Kinderbetreuung. Jeder der vier Erwachsenen hat einen „Kindertag“ pro Woche, an dem er sich nachmittags um die beiden kleinen Mädchen kümmert. Denn zu Herrn Groß' Selbstverständnis gehört, dass er sich aktiv und intensiv um die Betreuung seiner Tochter kümmert. Seine Frau hat zudem selbst studiert und will trotz Familie beruflich am Ball bleiben. Verwandte, die zur Kinderbetreuung einspringen könnten, gibt es hier nicht. Auseinandersetzungen über die angemessene Arbeitsteilung zwischen Mann und Frau sind entsprechend an der Tagesordnung.
Die wirklich ungebundene „freie“ Zeit, die Herrn Groß zur Verfügung steht, ist deshalb begrenzt: Entweder arbeitet er für den Beruf oder er kümmert sich um Kinder und Haushalt. Hinzu kommt aber, dass ein Großteil seiner Zeit vor allem darauf verwendet wird, die Voraussetzungen dafür zu schaffen, dass er überhaupt berufstätig sein kann. Er muss immer hinter den nächsten Aufträgen her sein, ständig Kontakte zu potenziellen Auftraggebern knüpfen und halten, immer mehrere „Eisen“ gleichzeitig im Feuer haben. Beruflich abschalten kann er eigentlich nie. Wie viel er arbeitet und wann er arbeitet, ist zwar theoretisch ihm selbst überlassen, aber er ist noch nicht so gut etabliert, dass er sich leisten könnte, Aufträge abzulehnen. Phasen von zu großer Belastung wechseln sich deshalb mit Phasen ab, in denen er gern mehr Arbeit hätte, die aber auf sich warten lässt. Die Nutzung der Freizeit, sofern vorhanden, ist auch ziemlich eingeschränkt: In München kann man mit diesem Einkommen keine allzu großen Sprünge machen, und wenn Herr Groß mal Zeit hat, kann es gut sein, dass seine Frau gerade beruflich voll eingespannt ist.
Von der Arbeitsplatzsicherheit von Herrn Stumpf kann Herr Groß nur träumen: Er weiß nicht, wovon er in sechs Monaten leben wird. Auch hat er als „Freier“ (als „frei“ für den Rundfunk arbeitender Journalist) bislang noch keinerlei Vorkehrungen für das Alter getroffen. Weder kommen ihm irgendwelche betriebliche Vergünstigungen zugute noch hat er sichere berufliche Perspektiven. Entsprechend schlecht bewertet er seine Lebenssituation, wenn er Bilanz ziehen muss. Sechs Jahre nach dem Examen vergleicht sich Herr Groß mit seinen Studienkollegen und kommt zum Ergebnis, er selbst habe es nicht besonders weit gebracht. Im Gegenteil: gemessen an seinen eigenen Aspirationen muss er sich eingestehen, dass die angestrebte Autonomie als freier Journalist wohl eine Fiktion war. Realität ist dagegen, sowohl arbeitsinhaltlich als gerade auch ökonomisch ständig von der Gunst irgendwelcher Redaktionen abhängig und dabei so knapp bei Kasse zu sein, dass jeder Ausflug zum Tierpark mit der Familie wohl überlegt sein muss.

(Maria S. Rerrich/G. Günter Voß, Vexierbild sozialer Ungleichheit; in: Stefan Hradil (Hg.), Zwischen Bewusstsein und Sein, Opladen 1992, S. 256-261)

1.4 Gesellschaftsmodelle für die Gegenwart?

► 5. Aspekt: Soziale Milieus (Individualisierung der Lebensstile/ „milieuorientierte Schichtungsgesellschaft“)

Die Sozialforschung hat Anfang der **80er-Jahre** den Gedanken aufgegriffen, dass neben „objektiven“ äußeren Lebensbedingungen (sozialen Lagen) auch „subjektive“ innere Einstellungen und Verhaltensweisen herangezogen werden müssen um Personengruppen zu identifizieren, die ähnliche **Lebensumstände, Denk- und Verhaltensmuster** besitzen und denen jeweils gemeinsame **„Lebensstile“** eigen sind.

Material 17 a

Die sozialen Milieus in Deutschland (West) – Soziale Lage und Wertorientierung

(Quelle: Ueltzhöffer/Flaig 1993; zit. nach: Stefan Hradil, Eine Gesellschaft der Egoisten? ...; in: Gegenwartskunde, 2/1996, S. 267–296)

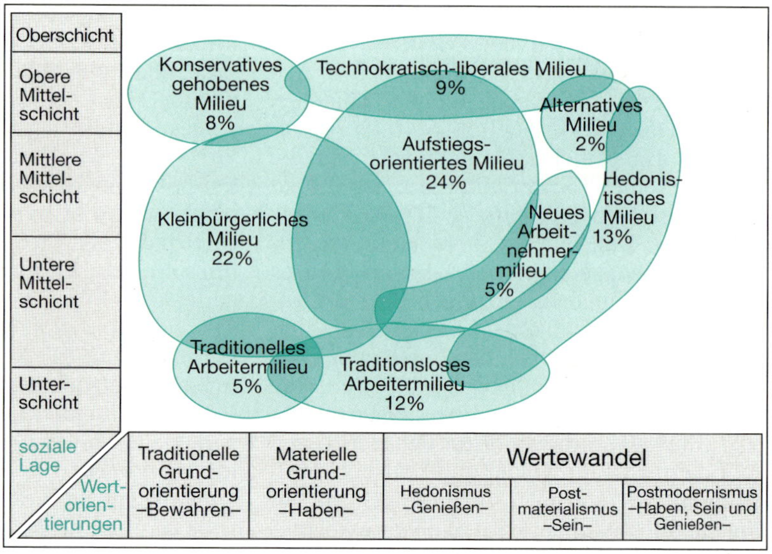

Erläuterung:
Als Koordinatensystem dient einerseits die herkömmliche Schichtabstufung und andererseits das Spektrum vorfindlicher Milieus (= durch jeweils gemeinsame Lebensauffassung und Lebensweise geprägte „subkulturelle Einheiten" innerhalb der Gesellschaft). Ermittelt wurden die Milieus im Rahmen der kommerziellen „Lebensweltforschung"; dabei werden erfasst: *1. Wertorientierungen* (Lebensziele, materielle Werte, postmaterielle Werte, Vorstellungen vom Glück); *2. Alltagsbewusstsein* (Arbeits- und Freizeitmotive, Einstellungen zu Familie und Partnerschaft, Zukunftsvorstellungen, Lebensstile); *3. sozialer Status* (Schulbildung, Beruf, Einkommen).

Material 17 b

Die sozialen Milieus in Deutschland (Ost) – Soziale Lage und Wertorientierung

(Quelle: Ueltzhöffer/Fleig 1993; zit. nach: Stefan Hradil, a.a.O.)

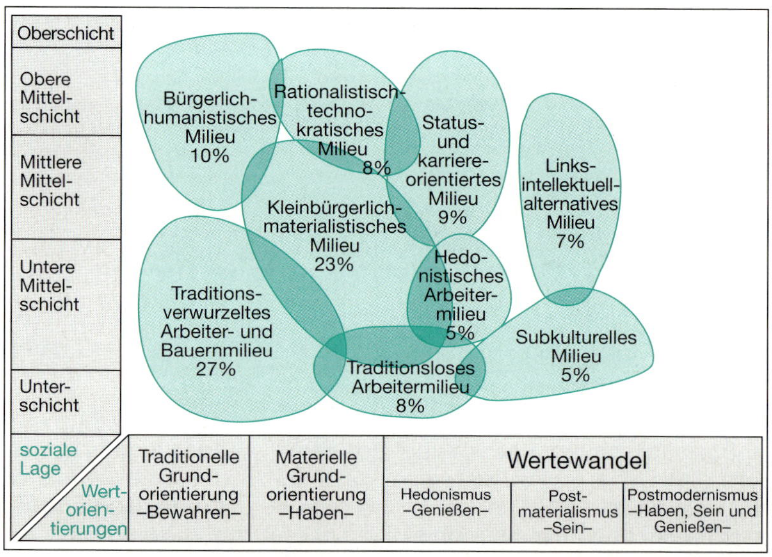

Dabei haben Sozialwissenschaftler acht „Milieus“ herauspräpariert, die durch folgende „Eigenschaften“ gekennzeichnet sind:

Soziales Milieu	Wertorientierungen	Alltagsbewusstsein	Sozialer Status
konservatives gehobenes Milieu	konservative Werte: Glaube, Pflichtbewusstsein, soziale Verantwortlichkeit, Harmonie; Leistung, Selbstverwirklichung im Beruf, Prestige	Klagen über Bindungslosigkeit, Werteverlust; ein geordnetes, harmonisches Familienleben als zentraler Lebensinhalt	hohes Einkommen, materieller Erfolg; hohe Formalbildung
kleinbürgerliches Milieu	Familienharmonie, Konventionalismus; Besitz, materielle Sicherheit, Status, Prestige; traditionelle Autoritarismuswerte: Ehrfurcht, Sauberkeit, Ordnung	man lebt um etwas zu erreichen; wer rastet, der rostet	kleine bis mittlere Einkommensgruppen
traditionelles Arbeitermilieu	sicheres Alter, Arbeitsplatzsicherung; Solidarität, Geselligkeit, Nachbarschaftshilfe; Sparsamkeit, Fleiß	Nähe zu den Gewerkschaften; Streben nach materieller Sicherheit	ein Teil der Facharbeiter; un- und angelernte Arbeiter
traditionsloses Arbeitermilieu	Auflösung allgemein verbindlicher Normen und Werte; Gefühl der Machtlosigkeit; Verlust der traditionellen Arbeiterkultur	Offenheit, Direktheit, körperliche Attraktivität; Konsum, „haben“ ist wichtig; kein „Klassen“-zusammenhalt	geringer sozialer Status; häufiger Arbeitsplatzwechsel
aufstiegsorientiertes Milieu	berufliche Leistung, hoher Lebensstandard, soziale Anpassung; Selbstverwirklichung	intakte Familie(nfassade); Statussymbole	Facharbeiter, Angestellte; Realschulbildung und mehr
technokratisch-liberales Milieu	berufliche Leistung, Erfolg, Selbstverwirklichung; Toleranz, Liberalität	Leistungsorientierung; Zukunftsoptimismus	höhere Angestellte, Beamte, Selbstständige
hedonistisches Milieu	zivilisationskritische Werte; Selbstverwirklichung, Freiheit, Selbstständigkeit, Kreativität; Genuss	Leiden an der Arbeitswelt; Betonung von Individualität und Echtheit; gegen Konventionen, gegen „Spießer“	hoher Anteil jüngerer Leute
alternativ/linkes Milieu	Selbstverwirklichung, Kreativität; Zivilisationskritik; Kommunikation; politisches und soziales Engagement	ausgeprägtes, linkes politisches Bewusstsein; Nähe zu Bürgerinitiativen und Friedensbewegungen	hoher Bildungsstand; niedrige und hohe Einkommen

(zusammengestellt Stefan Hradil, Sozialstrukturanalyse einer fortgeschrittenen Gesellschaft, Opladen 1987, S. 128 ff.)

Material 17 c

Entwicklung der Milieustrukturen der westdeutschen Bevölkerung 1982 bis 1990

Soziale Milieus	**1982 (%)**	**1986 (%)**	**1990 (%)**	
konservatives gehobenes Milieu	8,7	8,6	7,4	
kleinbürgerliches Milieu	28,3	25,6	23,5	–
traditionelles Arbeitermilieu	9,8	8,5	5,4	–
traditionsloses Arbeitermilieu	9,2	10,1	12,8	+
aufstiegsorientiertes Milieu	20,3	23,7	26,7	+
technokratisch-liberales Milieu	9,1	9,7	8,7	
hedonistisches Milieu	10,4	10,7	13,1	+
alternatives Milieu	4,0	3,4	2,3	–
Basis	25.670	52.153	10.000	

13 % Wachstum

+ kontinuierliche Zunahme, – kontinuierliche Abnahme

(Materialien 17 a–c aus: Stefan Hradil, Eine Gesellschaft der Egoisten?, in: Gegenwartskunde H. 2/96, S. 267–296)

Zum Zusammenhang zwischen sozialen Milieus und Parteipräferenzen bei Wahlen: → S. 246–249

Aufgaben

34. Ordnen Sie Herrn Stumpf und Herrn Groß (M 16) Milieus zu!
35. Erklären Sie anschließend den Aufbau der Darstellung von sozialen Milieus!
36. Informieren Sie sich im folgenden Abschnitt 1.5 über Modelle und Modellbildung!
37. Für die neuen Bundesländer sind eigene Milieus ausgewiesen! (→ VI/3.)

► *Stichwort: Postmoderne Gesellschaft*

Die Stabilität der bürgerlichen Gesellschaft im Industriezeitalter verdankte sich bisher ihrer Fähigkeit zu einem permanenten Krisenmanagement, durch das sie in der Regel sowohl wirtschaftliche Einbrüche wie politische Krisensituationen produktiv zu überwinden in der Lage war. Der sich mehr und mehr entfaltenden postindustriellen Gesellschaft, in der wir heute leben, scheint diese Fähigkeit abhanden zu kommen. Stellt sich also zum einen die Frage, warum das der Fall ist, und zum anderen, ob es gelingt, Strategien zu finden, die das drohende Sinn- und Legitimationsdefizit, das unter bestimmten Konstellationen gar in einen Kollaps der Gesellschaft und des Staates einmünden könnte, aufhalten.

Zum Begriff „Postmoderne“:

◆ Der Begriff „Postmoderne“ signalisiert die Existenz eines Zustands, der logisch und/oder chronologisch jenseits des „Modernen“ anzusiedeln ist. Zugleich suggeriert er Ungewissheit über dessen Beschaffenheit [...]

- Die Lebenswege der Menschen fächern sich auf: „Postadoleszenz“, „nachelterliche Gefährtenschaft“, Scheidungen, Berufswechsel etc. entstandardisieren die industriegesellschaftliche „Normalbiografie“.
- Die industriegesellschaftliche „Normalfamilie“ ist nicht länger Standard. Ehedem unübliche Haushalts- und Familienformen werden zusehends „normal“, im empirischen und im normativen Sinne.◆

(Stefan Hradil, Postmoderne Sozialstruktur?; in: P. A. Berger/S. Hradil, Lebenslagen – Lebensläufe – Lebensstile, Göttingen 1990, S. 127 ff. (Soziale Welt, Sonderband 7))

Material 18

Vom Verschwinden der Solidarität

Individualisierung der Gesellschaft heißt Verschärfung sozialer Ungleichheit

[...]

Doch bei allen Ähnlichkeiten zu diesen Themenstellungen des auslaufenden 19. Jahrhunderts werden die Menschen heute nicht aus ständisch-religiösen Gewissheiten in die Welt der Industriegesellschaft „entlassen", sondern aus den Sicherheiten der Industriegesellschaft in die Turbulenzen der Weltkrisengesellschaft. Ihnen wird also das Leben nicht zuletzt mit den unterschiedlichsten, einander widersprechenden globalen und persönlichen Risiken zugemutet.

Die Industriegesellschaft setzt Ressourcen von Natur und Kultur voraus, auf deren Existenz sie aufbaut, deren Bestände aber im Zuge einer sich durchsetzenden Modernisierung aufgebraucht werden. Dies trifft auch auf kulturelle Lebensformen (z.B. Kleinfamilie und Geschlechtsordnung) und soziale Arbeitsvermögen zu (z.B. Hausfrauenarbeit, die zwar nicht als Arbeit anerkannt war, gleichwohl aber die Erwerbsarbeit des Mannes erst ermöglicht hat).

Dieser Verbrauch der kollektiven oder gruppenspezifischen Sinnreservoire (z.B. Glauben, Klassenbewusstsein) der traditionalen Kultur (die mit ihren Lebensstilen und Sicherheitsvorstellungen noch bis weit in das 20. Jahrhundert hinein auch die westlichen Demokratien und Wirtschaftsgesellschaften gestützt hat) führt dazu, dass alle Definitionsleistungen den Individuen zugemutet werden.

Chancen, Gefahren, Ambivalenzen der Biografie, die früher im Familienverband, in der dörflichen Gemeinschaft, im Rückgriff auf ständische Regeln oder soziale Klassen bewältigt werden mochten, müssen nun von den Einzelnen selbst wahrgenommen, interpretiert und bearbeitet werden. Chancen und Lasten der Situationsdefinition und -bewältigung verlagern sich damit auf die Individuen, ohne dass diese aufgrund der hohen Komplexität der gesellschaftlichen Zusammenhänge noch in der Lage sind, die damit unvermeidlichen Entscheidungen fundiert, in Abwägung von Interesse, Moral und Folgen verantwortlich treffen zu können.

Auflösung, Ablösung

„Individualisierung" meint also vieles nicht, von dem viele meinen, dass es meint, damit sie meinen können, dass es gar nichts meint: *nicht* Atomisierung, Vereinzelung, *nicht* Beziehungslosigkeit des freischwebenden Individuums, auch *nicht* (was oft unterstellt wird) Individuation, Emanzipation, Autonomie: das Aufleben des bürgerlichen Individuums nach seinem Ableben. Sondern: erstens die *Auf*lösung, zweitens die *Ab*lösung industriegesellschaftlicher Lebensformen (Klasse, Schicht, Geschlechterrolle, Familie) durch solche, in denen die Individuen ihre Biografie selbst herstellen, inszenieren, zusammenschustern müssen. Die Normalbiografie wird zur Wahlbiografie, zur „Bastelbiografie" (Ronald Hitzler).

Dies gilt nicht nur für die typische Klassen- oder Frauenbiografie, sondern auch für die bürokratisch verordnete Normalbiografie im real existierenden Nichtsozialismus. Diese zerfällt nun, nach dem Absturz in die Moderne, in einen (Scherben-)Haufen von schwer entscheidbaren Entscheidungen. Die Halbierung der Geburten-, Heirats- und Scheidungszahlen in den neuen Bundesländern innerhalb eines (!) Jahres sprechen diese dramatische Sprache.

Individualisierung beruht also keineswegs auf einer freien Entscheidung. Die Menschen sind – um es mit Sartre zu sagen – zur Individualisierung verdammt. Es handelt sich um einen Zwang, einen paradoxen Zwang freilich, zur Selbstherstellung, Selbstgestaltung, Selbstinszenierung, nicht nur der eigenen Biografie, sondern auch ihrer moralischen, sozialen und politischen Bindungen – allerdings: unter sozialstaatlichen Vorgaben wie Ausbildung, Arbeitsmarkt, Arbeits- und Sozialrecht usw. Wo alles in Entscheidungen, die riskant werden, verwandelt wurde, muss von nun an sogar die traditionale Ehe *gewählt* und mit all den in sie eingebauten Widersprüchen als persönliches Risiko begründet und gelebt werden. [...]

(Ulrich Beck, Vom Verschwinden der Solidarität, in: Süddeutsche Zeitung vom 14./15.02.1993, S. 15)

Denkanstoß

Zwei Denkanstöße für die Zusammenarbeit mit den Fächern Deutsch, Religion/Ethik:

- *Auflösung der tradierten Lebensformen?*
- *Ablösung tradierter Lebensformen?*
- *Risikogesellschaft?*
- *Luxus im Wandel?*

Siehe auch im Buch:

→ II/1.2: Wandel der Gesellschaft
→ II/1.3: Soziale Milieus
→ II/1.6: Stichwort: Erlebnisgesellschaft
→ II/2.: Industriegesellschaft im Wandel
→ II/3: Selbstverständnis und Rolle der Frau im Wandel
→ II/4.: Werte und Wertewandel
→ VI/2.4 und VI/2.5

Material 19

Reminiszenzen an den Überfluss – Der alte und der neue Luxus

[...]

Ich vermute also, dass es ganz andere Prioritäten sein werden, um die es bei künftigen Verteilungskämpfen geht. Knapp, selten, teuer und begehrenswert sind im Zeichen des wuchernden Konsums nicht schnelle Automobile und goldene Armbanduhren, Champagnerkisten und Parfüms, Dinge, die an jeder Straßenecke zu haben sind, sondern elementare Lebensvoraussetzungen wie Ruhe, gutes Wasser und genügend Platz. Merkwürdige Verkehrung einer Logik der Wünsche: Der Luxus der Zukunft verabschiedet sich vom Überflüssigen und strebt nach dem Notwendigen, von dem zu befürchten ist, dass es nur noch den Wenigsten zu Gebote stehen wird. Das, worauf es ankommt, hat kein Duty Free Shop zu bieten:

1. *Die Zeit.* Sie ist das wichtigste aller Luxusgüter. Bizarrerweise sind es gerade die Funktionseliten, die über ihre eigene Lebenszeit am wenigsten frei verfügen können.

[...]

Aber auch andere Berufstätige sind an Regelungen gebunden, die ihre Zeitsouveränität auf ein Minimum beschränken. Arbeiter hängen von Maschinenlaufzeiten, Hausfrauen von Ladenschlusszeiten, Eltern von den Verfügungen der Schule ab, und fast alle sind auf Pendelfahrten zu den Spitzenverkehrszeiten angewiesen. Unter solchen Bedingungen lebt luxuriös, wer stets Zeit hat, aber nur für das, womit er sich beschäftigen will, und wer selber darüber entscheiden kann, was er mit seiner Zeit tut, wie viel er tut, wann und wo er es tut.

2. *Die Aufmerksamkeit.* Auch sie ist ein knappes Gut, um deren Verteilung sämtliche Medien erbittert kämpfen. Im Gerangel von Geld und Politik, Sport und Kunst, Technik und Werbung bleibt wenig von ihr übrig. Nur wer sich diesen Zumutungen entzieht und das Rauschen der Kanäle abschaltet, kann selbst darüber entscheiden, was Aufmerksamkeit verdient und

Luxusgut Raum: Sich der Käfighaltung entziehen

was nicht. Unter dem Trommelfeuer arbiträrer Informationen nehmen unsere sinnlichen und kognitiven Fähigkeiten ab; sie wachsen mit der Reduktion auf das und nur das, was sie selber sehen, hören, fühlen und wissen wollen. Auch darin kann man ein Moment von Luxus sehen.

3. *Der Raum.* Was für die Ökonomie der Zeit der Terminkalender, ist für die des Raumes der Stau. Im übertragenen Sinn ist er allgegenwärtig. Steigende Mieten, Wohnungsnot, überfüllte Verkehrsmittel, Gedrängel in den Fußgängerzonen, Freibädern, Diskotheken, Touristenzonen zeigen eine Verdichtung der Lebensverhältnisse an, die an Freiheitsberaubung grenzt. Wer sich dieser Käfighaltung entziehen kann, lebt luxuriös. [...]

[Des Weiteren nennt Enzensberger:
4. *Die Ruhe*
5. *Die Umwelt*
6. *Die Sicherheit*
und zieht dann seine Schlussfolgerung]:

Alles in allem laufen diese Mutmaßungen auf eine Kehrtwendung hinaus, die reich an Ironien ist. Wenn sie etwas für sich haben, dann liegt die Zukunft des Luxus nicht wie bisher in der Vermehrung, sondern in der Verminderung, nicht in der Anhäufung, sondern in der Vermeidung. Der Überfluss tritt in ein neues Stadium ein, indem er sich negiert. Die Antwort auf das Paradox wäre dann ein weiteres Paradox: Minimalismus und Verzicht könnten sich als ebenso selten, aufwendig und begehrt erweisen wie einst die ostentative Verschwendung. [...]

(Hans Magnus Enzensberger, in: zickzack, Suhrkamp 1997, Auszug)

▶ *Schichtenmodell 2000 – „offenes Wohnen im dahrendorfschen Haus“?*

Der Soziologe Rainer Geißler hat 1992 den Versuch unternommen das dahrendorfsche Haus zu „renovieren“ (→ 1.5, S. 72).

Material 20

Soziale Schichtung der westdeutschen Bevölkerung (80er-Jahre)

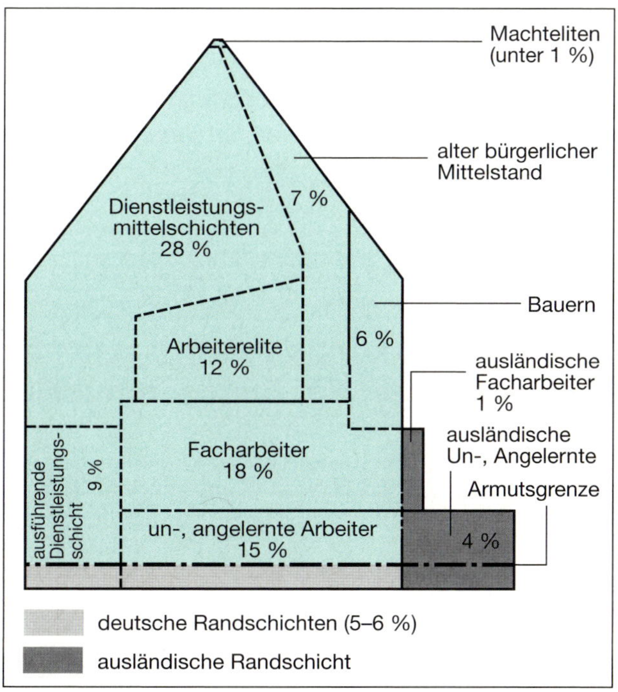

(Rainer Geißler, Die Sozialstruktur Deutschlands ..., Opladen (Westdeutscher Verlag) 2. Aufl. 1996, S. 86)

◆ Die historisch langfristige Tendenz zur „Entschichtung" der Sozialstruktur (vgl. Geißler 1990, 93ff.) hat sich in der Bundesrepublik in den letzten Jahrzehnten fortgesetzt. Die Zusammenhänge von Soziallagen einerseits, Mentalitäten und Verhaltensweisen andererseits haben sich weiter gelockert. Außerdem sind schichttypische Unterschiede an der lebensweltlichen Oberfläche auf den ersten Blick schwerer wahrnehmbar geworden; sie haben sich stärker in die „Tiefenstruktur" der Gesellschaft verlagert, und es bedarf häufig der theoretischen und empirischen Analyse, um sie sichtbar zu machen (Beispiele dazu bei Geißler 1990, S. 96 ff.). Um im Bild des Hauses zu bleiben: die Stockwerke und Zimmer der Residenz sind nicht durch durchgehende Decken und Wände gegeneinander abgeschottet, sondern verstellbare Wände, Raumteiler und halb offene Etagen zeigen viele Durch- und Übergänge an. Die Binnenarchitektur des Hauses ermöglicht heute noch stärker als in den 60er-Jahren „offenes Wohnen" in nicht deutlich voneinander getrennten Etagen und Räumen. Dennoch sind die Menschen weiterhin genötigt oder gewollt, sich vornehmlich in bestimmten Wohnbereichen aufzuhalten. ◆

(Rainer Geißler, Die Sozialstruktur Deutschlands. Zur gesellschaftlichen Entwicklung mit einer Zwischenbilanz zur Vereinigung, Opladen 2. Aufl. 1996, S. 87)

Aufgaben

38. *Beschreiben Sie die Modelle in 1.4: Was an der Gesellschaft wird beobachtet, was gerät besonders in den Blick? Welche Merkmale der Sozialstruktur sind erfasst, welche ausgeblendet? Inwieweit und auf welcher Basis wird quantifiziert bzw. qualifiziert?*
39. *Welche empirischen Belege können aus der Sozialsturkturanalyse für das jeweilige Modell gewonnen werden? Ordnen Sie dazu die Untersuchungsfelder aus → 1.3 gewichtet zu!*
40. *Inwieweit unterscheiden sich die Modelle hinsichtlich ihrer „Reichweite": Zielen Sie auf Beschreibung, Typisierung oder bewertende Interpretation?*
41. *Vergleichen Sie die Modelle mit den drei „klassischen Interpretationen" aus den 60er-Jahren (→ 1.5)! Stellen Sie an Letztere die gleichen Fragen!*
42. *Welches Modell halten Sie für das zutreffendste, für das aussagekräftigste? Suchen Sie ihre Entscheidung zu begründen!*

Hinweis: Hilfestellung können Informationen aus dem folgenden Abschnitt →1.5 bieten!

1.5 Exkurs: Sozialwissenschaftliches Arbeiten – Die Gesellschaft der Bundesrepublik des Jahres 1965 im Modell

Alle Beschreibung, Kennzeichnung und Typisierung der Sozialstruktur einer Gesellschaft zielt auf deren **modellhafte Erfassung**, aus der sich eine **bewertende Kennzeichnung** erst ergeben kann. Auch für unsere Gesellschaft ist das immer wieder versucht worden.

Aufgabe

43. *Verschaffen Sie sich einen Überblick und entwerfen Sie eine Übersicht – wie auf Seite 54 –, die den „roten Faden" des Abschnitts enthält!*

▶ *Eine Beschreibung – drei Interpretationen*

Material 21 Bolte (1966): „Die Zwiebel“

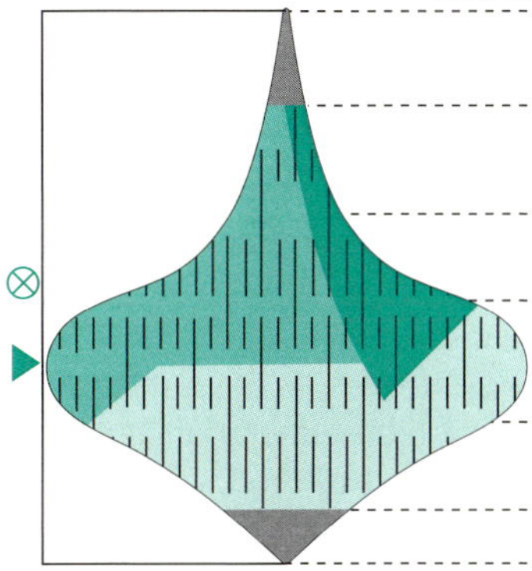

Bezeichnung der Statuszone	Anzahl	
Oberschicht	ca. 2 v. H.	
obere Mitte	ca. 5 v. H.	
mittlere Mitte	ca. 14 v. H.	
untere Mitte	ca. 29	ca. 58 v. H.
unterste Mitte/ oberes Unten	ca. 29	
Unten	ca. 17 v. H.	
Sozial Verachtete	ca. 4 v. H.	

Die Markierungen in der breiten Masse bedeuten:

- Angehörige des so genannten neuen Mittelstands (Beamte, Angestellte)
- Angehörige des so genannten alten Mittelstands (Handwerker, Ärzte, Rechtsanwälte)
- Angehörige der so genannten Arbeiterschaft
- Senkrechte Striche weisen darauf hin, dass nur eine Zone bezeichnet werden kann, innerhalb derer jemand etwa im Statusaufbau liegt
- ⊗ Mittlere Mitte nach den Vorstellungen der Bevölkerung
- ▶ Mitte nach der Verteilung der Bevölkerung. 50% liegen oberhalb bzw. unterhalb im Statusaufbau

Der Prestigeaufbau der deutschen Bevölkerung der Bundesrepublik hat eine Form, die etwa einer Zwiebel ähnlich sieht. 60 v. H. aller Gesellschaftsmitglieder liegen in den breiten – allerdings auch in sich abgestuften – Mittellagen des Prestigeaufbaus, ca. 15 v. H. schließen sich dicht daran nach unten und oben an, und nur ca. 4 v. H. lassen sich nach unten und sogar nur 1 – 2 v. H. nach oben als deutliche Enden des Aufbaus charakterisieren.

(zitiert nach: Bolte/Hradil, a. a. O., S. 218 f. u. S. 220)

Die drei „klassischen Interpretationen“ aus dem Jahr 1965: Schichtenmodelle und Klassenmodell

	„Leitfrage“ und „Antwort“	Befunde und Belege
Schelsky	Welches Ergebnis haben die Veränderungen der deutschen Gesellschaft in den letzten zwei Generationen gebracht? 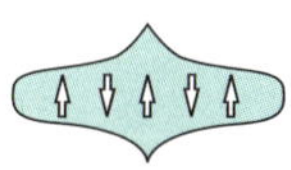 *Nivellierte Mittelstandsgesellschaft*	siehe: Aufgabe 47 auf S. 70
Dahrendorf	Wie durchlässig sind die Schichtgrenzen unserer Gesellschaft, wie groß ist die soziale Mobilität? 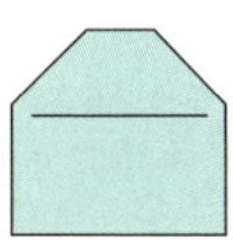 *Halbierte Gesellschaft*	→ Teilung der Gesellschaft durch eine fast undurchdringliche Barriere zwischen Mittelstand und Arbeiterschaft. → Schichtpositionen beiderseits dieser Grenze fast „zugeschrieben“. → Mobilität nur innerhalb des oberen Drittels (Elite, „Dienstklasse“, Mittelstand) bzw. der unteren zwei Drittel („falscher Mittelstand“, Arbeiterschaft und Unterschicht).
Abendroth	Ist ein Klassencharakter der bundesrepublikanischen Gesellschaft nachweisbar? 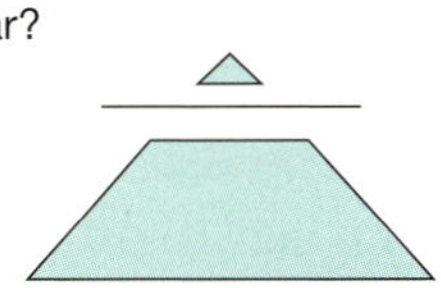 *Antagonistische Klassengesellschaft*	→ Fortbestehen einer Klassengesellschaft; „Schichten“ sind Klassen: → Kleine Schicht, die durch das Eigentum am Produktionsapparat den gesellschaftlichen Arbeitsprozess bestimmt; übergroße Majorität der abhängig Erwerbstätigen, die fremdbestimmt sind, d.h. auf freiwillige Unterwerfung unter fremde Willensmacht sozial angewiesen. → Allenfalls äußere Verdeckung dieses Tatbestandes durch sehr bedingte Angleichung der Konsumgewohnheiten.

Aufgaben

44. *Formulieren Sie den „Blickwinkel" (Leitfrage – Betrachtungsperspektive – Erkenntnisinteresse), aus dem die Autoren die Gesellschaft jeweils betrachten, und den „Maßstab" (Beobachtungen – Feststellungen – etikettierende Bewertung) ihrer jeweiligen Antwort!*
45. *Versuchen Sie „Modell" und „Interpretation" gegeneinander abzugrenzen (→ S. 72 f.)!*

▶ Exkurs: Erschließung von Texten und Argumentationen

Aufgaben

46. *Dahrendorf beschreibt ein „Standbild" der Gesellschaft:*
    - *Belegen Sie die Zusammenfassung im Schaubild durch Unterstreichen im Text!*
    - *Suchen Sie anhand des Textes Schichten ins „Haus" einzutragen!*
47. *Schelsky beschreibt eine „Entwicklung":*
    - *Unterscheiden und unterstreichen Sie im Text: Ausgangspunkt, Triebfedern, Verlauf und Ergebnis der Entwicklung!*
    - *Fassen Sie im Schaubild auf S. 69 unter ‚Befunde und Belege' zusammen!*

Material 22

Dahrendorf: Gesellschaft und Demokratie in Deutschland (München)

Was der Wanderer erfährt, ist, dass die deutsche Gesellschaft in ihrer Schichtstruktur drei Barrieren kennt. Zwei davon sind von mittlerer Größe, daher für die, die an sie herankommen, allenfalls zu überwinden; es sind Barrieren, wie sie jede moderne Gesellschaft kennt. Das ist einmal die Grenze zwischen den Eliten und den angrenzenden Bereichen der Dienstklasse und des Mittelstandes [...] Es gibt aber noch eine dritte Barriere, und diese ist sehr viel weniger leicht überschreitbar. Sie trennt ein Oben von einem Unten, nämlich etwa das obere Drittel, und verläuft vom unteren Ende der Dienstklasse entlang der Linie zwischen Arbeiterschicht und Mittelstand. Auf beiden Seiten dieser Grenze ist soziale Mobilität nicht ungewöhnlich. Was indes die Bewegung der Grenze, damit die Zugehörigkeit zu einer ihrer beiden Seiten angeht, so drängt sich der Schluss auf, dass in dieser Hinsicht die Schichtpositionen der deutschen Gesellschaft nach wie vor tendenziell zugeschrieben sind. Sie fallen dem Einzelnen ohne sein Zutun zu und er kann ihnen nur im außergewöhnlichen Fall entrinnen. In diesem Sinne, den wir gleich noch genauer fassen müssen, ist die deutsche Gesellschaft zerschnitten in ein Oben, das wenig vom Unten, und ein Unten, das wenig vom Oben weiß. Nur psychoanalytische Theorien vermögen halbwegs zu erklären, warum gerade eine so zerspaltene Gesellschaft ihre innere Uneinigkeit systematisch durch Ideologien der Volksgemeinschaft und nationalen Zusammengehörigkeit kompensiert.

(Ralf Dahrendorf, Gesellschaft und Demokratie in Deutschland, München 1965, S. 105)

Material 23

Helmut Schelsky: Gesellschaft im Wandel (Köln)

In der deutschen Gesellschaft der letzten zwei Generationen sind vor allem umfassende und strukturell tief greifende soziale Aufstiegs- und Abstiegsvorgänge zu verzeichnen. Zunächst haben der kollektive Aufstieg der Industriearbeiterschaft und der individuell vor sich gehende, im Erfolg aber ähnlich breite Schichten umfassende Aufstieg der technischen, kaufmännischen und Verwaltungs-Angestellten in den neuen Mittelstand der industriellen Gesellschaft von unten her an der Schließung der großen sozialen Kluft gearbeitet. Mit diesen Aufstiegsprozessen kreuzen sich in etwas jüngerer Zeit breite soziale Abstiegs- und Deklassierungsprozesse, die im Ersten Weltkrieg begannen, in den Jahren nach 1945 in den Heimatvertreibungen und anderen

Arten der Deklassierung und des Besitzverlustes bisher gipfelten und besonders die Schichten des ehemaligen Besitz- und Bildungsbürgertums betroffen haben. Das Zusammenwirken dieser sich begegnenden Richtungen des sozialen Auf- und Abstiegs führte zu einem Abbau der Klassengegensätze, zu einer sozialen Nivellierung der Gesellschaft in einer sehr breiten, verhältnismäßig einheitlichen Gesellschaftsschicht, die ebenso wenig proletarisch wie bürgerlich genannt werden kann. Eine umfassende und sich ständig ausdehnende Sozialpolitik auf der einen und eine strenge, sich in den höheren Einkommensstufen schnell verschärfende Steuerpolitik auf der andere Seite sind zu Dauerfaktoren dieses sozialen Nivellierungsvorganges geworden, der sich heute nur noch wenige und sehr kleine, für die Struktur der Gesellschaft relativ unwichtige Gruppen entziehen können.

Dieser relativen Angleichung der wirtschaftlichen Positionen und der weitgehenden Einheitlichkeit des politischen Status folgt vor allem auch eine Vereinheitlichung der sozialen und kulturellen Verhaltensformen und Daseinswünsche in einem Lebenszuschnitt, den man, gemessen an der alten Schichtenstufung, etwa in der „unteren Mitte" lokalisieren muss [...] Dieser verhältnismäßig einheitliche Lebensstil der nivellierten Mittelstandsgesellschaft – wie ich diese Sozialstruktur einmal vorläufig nennen möchte – wird nämlich keineswegs mehr durch die alten Klassenkennzeichen bestimmt, sondern diese neue „mittelständische" Lebensform erfüllt sich und gewinnt ihr soziales Selbstbewusstsein darin, fast einheitlich an den materiellen und geistigen Gütern des modernen Zivilisationskomforts teilzunehmen [...]

(Helmut Schelsky, Gesellschaftlicher Wandel, in: Auf der Suche nach der Wirklichkeit, Düsseldorf 1965, S. 339 f.)

► *Modelle auf dem Prüfstand: Intergenerationen-Mobilität*

Die drei *Sozialwissenschaftler* **interpretieren dieselbe soziale Wirklichkeit höchst verschieden.** Aufschluss darüber, ob *Schelskys These* von der **Nivellierung**, *Dahrendorfs These* von der **Halbierung** oder *Abendroths These* vom **Klassencharakter** unserer Gesellschaft zutrifft, kann die *Untersuchung der sozialen Herkunft der berufstätigen Bevölkerung* geben.

Material 24 Zusammenhang zwischen Berufsstatus und sozialer Herkunft

Lesebeispiel: 65,1 % der heute Selbstständigen haben einen Vater, der Selbstständiger war.

Beruflicher Status des Befragten[1]	Beruflicher Status des Vaters[2]: Selbstständiger einschl. Mith. Familien-Angeh.	Beamter	Angestellter	Arbeiter insgesamt
Selbstständige insgesamt:	65,1	7,3	8,1	15,7
davon: Landwirte	92,6	0,7	0,9	4,7
Handwerker	56,3	6,4	7,5	25,3
Kaufleute und Fabrikanten	53,8	9,8	13,2	17,5
Freie Berufe	41,9	21,3	16,7	15,9
Übrige	51,4	8,1	12,0	22,8
Beamte insgesamt:	21,2	28,5	16,8	28,3
davon: einfacher u. mittlerer Dienst	21,1	22,3	12,3	37,9
gehobener Dienst	20,5	30,8	22,7	21,4
höherer Dienst	22,7	46,1	22,1	7,1
Angestellte insgesamt:	24,5	14,7	22,7	30,3
davon: einfache u. mittlere Stellung	23,6	13,2	21,8	32,8
gehobene u. leitende Stellung	26,5	19,4	26,3	21,5
Meister	24,5	9,0	17,5	41,2
Arbeiter insgesamt:	23,4	5,1	7,5	54,5
davon: un- und angelernte	26,6	4,2	5,8	53,0
Facharbeiter	20,4	6,1	9,0	55,8
Ohne Angabe	7,5	2,7	4,6	12,0

1 Ohne Auszubildende und Mithelfende im Familienbetrieb.
2 Der Status der Befragten und ihrer Väter wurde durch Selbsteinstufung der Befragten ermittelt.

(Gesellschaftliche Daten 1973, in: Basisdaten-Zahlen zur sozio-ökonomischen Entwicklung der Bundesrepublik Deutschland, Bonn-Bad Godesberg 1974, S. 113, gekürzt)

Material 25

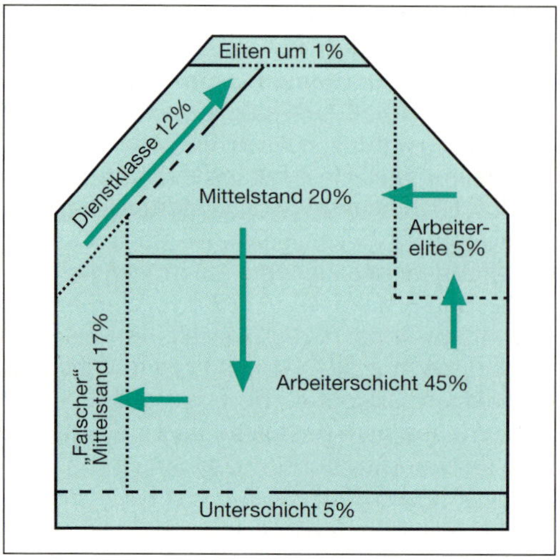

Soziale Schichtung des deutschen Volkes

Zum Zusammenhang zwischen Berufsstatus und Dahrendorfs Schichten:
Dienstklasse:
Beamte und ein Teil der Angestellten in gehobener und leitender Position (z.B. Manager)
„falscher Mittelstand":
einfache und mittlere Angestellte (z.B. Bürokräfte)
Arbeiterelite:
Meister und bestimmte Facharbeiter

(Ralf Dahrendorf, Gesellschaft und Demokratie in Deutschland, München (© R. Piper Verlag) 1965, S. 105)

Aufgaben

48. Belegen Sie die in M 25 eingetragenen Mobilitätströme aus der Statistik M 24!

49. Untersuchen Sie die Statistik auf weitere Mobilitätsströme und tragen Sie diese ins dahrendorfsche „Haus" (M 25) ein!

50. Suchen Sie in der Statistik nach Belegen für Schelskys These! Inwieweit ist Material 24 geeignet Abendroth zu überprüfen?

51. Beurteilen Sie: Inwieweit belegt oder widerlegt die feststellbare Intergenerationen-Mobilität die drei Wissenschaftler?

▶ *Stichwort: Bedingungen sozialwissenschaftlichen Arbeitens*

Zweck dieses Überblicks ist die **„Sensibilisierung"** für wichtige Zusammenhänge und Probleme der Vorgehensweise, **für die Bedingungen (sozial-) wissenschaftlichen Arbeitens:**

① ***Soziale Wirklichkeit – sozialwissenschaftliche Daten und Befunde: → das Methodenproblem***

Weder Einkommensgrenzen noch Schichtgrenzen sind in der sozialen Wirklichkeit so vorhanden. Wo eine Grenze liegt, bestimmt der Forschende durch seine Setzung. **Wissenschaftlich** ist sein Vorgehen dann, wenn er seine Vorgehensweise offen legt und begründet, wenn also andere sie nachvollziehen, ihre Stimmigkeit und „Richtigkeit" nachprüfen können: **intersubjektive Nachprüfbarkeit.**

Beispiel: *Erstellen und Aussagekraft von Statistiken und Grafiken*
Im Material 13 (S. 55) werden „Wohlstandsgruppen" durch Einkommengrenzen festgelegt; die Berechnungsweise ist dokumentiert, klar ist aber auch, dass die DM-Beträge auch (etwas) anders gewählt sein könnten und sich dann andere Gruppenstärken ergäben.
So weit Unterschiede vorhanden sind, liegen sie eher im „Bewerten" als im „Messen". In diesem Verfahren werden die Schichtstrukturen und die Schichtgrenzen vorausgesetzt und vorgegeben. Das Bild, das sich dabei ergibt, ist nicht Ergebnis exakter Analyse, sondern **„informierter Willkür"**; die Prozentzahlen für die einzelnen Schichten beruhen letztlich auf **begründeter Schätzung.**

② ***Modell und Wirklichkeit: → das Prämissenproblem und das Interpretationsproblem***

Sozialwissenschaftliche Modelle, etwa Gesellschaftsmodelle, sind **nicht** identisch mit der sozialen **Wirklichkeit, nicht** deren fotografisches **Abbild, vielmehr** Versuche charakteristische, d.h. „prägende", **Merkmale der Wirklichkeit abstrahierend** zu erfassen. Modelle sind nur dann aussagekräftig, wenn sie hinreichend übersichtlich, einprägsam, prägnant sind.
Modelle sind immer **aspekthaft,** sie heben bestimmte Seiten einer Sache hervor, blenden anderen aus. Diese Auswahl ist das Ergebnis eines **„Vorverständnisses"** der Struktur des Gegenstandes oder eines Erkenntnisinteresses. Die „Frage", die an den Gegenstand der Untersuchung herangetragen wird, bestimmt die „Antwort" wesentlich vor – oder: **Wir erfahren nur, was wir (unter)suchen!**
Modelle enthalten keine Sollensaussagen; in dem Maße jedoch, wie sie ihren Gegenstand nicht nur beschreiben, sondern auch interpretieren, bewerten sie zugleich: **Im ausgewählten Aspekt kann bereits eine Interpretation stecken!**

Aufgaben

52. *Weisen Sie die genannten Bedingungen und Probleme sozialwissenschaftlichen Arbeitens auch an anderen Beispielen im Buch nach!*
53. *Suchen Sie weitere Bedingungen sozialwissenschaftlichen Arbeitens!*

1.6 Jugend im Wandel

▶ *Abiturienten/-innen 1963 – 1973 – 1983 und heute*

Aufgaben

54. *Reifeprüfung 1963 – „offizielles" Foto. Versuchen Sie eine Beschreibung!*
55. *Ergänzen Sie Ihr Ergebnis anhand der „Bildbeschreibungen" für die Jahre 1973 und 1983 (M 27)!*
56. *Formulieren Sie Ihr Ergebnis zu ‚Jugend im Wandel' und setzen Sie die „Bildreihe" für heute fort!*

Material 26

1963

Abiturjahrgang einer Kleinstadt mit ca. 10.000 Einwohnern in Baden-Württemberg.
In der örtlichen Tageszeitung finden sich dieses Bild und dazu die Mitteilung: „Die kirchliche Schulentlassfeier findet am Sonntag statt. Es wird ein Hochamt zelebriert".

Anleitung zur Bildinterpretation

Ein angemessener Zugang wäre, nach der Botschaft zu fragen, die der Fotograf vermitteln will: Was soll die Nachwelt von diesem Augenblick, diesem Ort, diesen Personen erfahren?
Aber reizvoller wäre es, das Foto wie ein Gemälde zu behandeln, das hieße, es in folgenden Stufen zu erschließen:

- *Unbefangenes Betrachten, dabei Registrieren der aufsteigenden Empfindungen.*
- *Notieren der „Stimmung", des „Atmosphärischen" („da ist etwas wie...").*
- *Erfassen des Bildes: „Lektüre" des Bildes in der herkömmlichen Weise ein Bild Schritt für Schritt zu erfassen, von links unten nach rechts oben.*
- *Scheidung der Bedeutungsebenen als Sinn-Ebenen:*
  - *faktische Ebene (wörtlicher Sinn) – etwa: Treppe, schwarz-feierliche Kleidung,...*
  - *symbolische Ebene: zeremoniell geregelt, gefügte Gruppe Symbol für Gemeinschaft...*
  - *allegorische Ebene: Allegorie des „vom Himmel herab zur Erde" – Boden unter den Füßen haben die Alten,...*
  - *ggf. eschatologische Ebene – im gegebenen Fall wichtig, weil es den Charakter „nach-der-Initiation" hat: „vor und nach dem Gericht", der Hinzutretende sieht sich der Schar ...*
- *Funktion des Bildes im persönlichen und gesellschaftlichen Zusammenhang.*

(Den vorstehenden Vorschlag verdanken wir unserem Kollegen Dr. Wolfgang Bickel).

Material 27

1973 Stellen wir uns das Bild einer Abiturklasse des Jahres 1973 vor. Die Mädchen tragen noch die letzten Insignien der glorreichen Sechziger: Mit ihren schwarzen Wimpern, ihren weißen Rollkragenpullis, ihrem Kaugummiblick und ihren knallengen Jeans erzählen sie die Geschichte der sexuellen Revolution. Die Jungen mit ihrem müden, leicht bekifften, immer trotzigen Blick lächeln halb cool, halb verklemmt in die Kamera. Der Lehrer, älter, glatzköpfig, bemüht sich, Haltung zu bewahren, aber es gelingt ihm nicht, die Sache irgendwie unter Kontrolle zu behalten; er ist ein Verlierer, man sieht es deutlich. Nein, nicht jeder seiner Schüler ist auf den Pfad der Rebellion, der großen, weichen Motzigkeit gekommen, die damals die Breitenevolution der Jugendkulturen begründete. Man sieht deutlich die vier, fünf schüchternen Mädchen, die mit noch niemandem geschlafen haben und – da können wir fast sicher sein – den ersten Mann ihres Lebens bald darauf heiraten werden. Man sieht den Crack in Mathe, den sie in der Klasse „Eierkopf" nennen, und die drei, vier Streber um ihn herum, die schon recht gut jenes Aktentaschengesicht draufhaben, das ihre zukünftige Karriere begleiten wird. Aber selbst sie haben viel zu lange Haare. Und einen leichten Stand haben sie auch nicht.

Wer das Sagen hat, wer den kulturellen Ton angibt in den frühen Siebzigern, trägt die Haare bis zum Hintern, ist androgyn, cool, ein Hippie oder Freak, ein Rebell eben, ist anti, macht seinen Eltern Kummer.

Vor zwanzig Jahren konnte man solche Gruppenbilder landauf, landab und selbst in kleineren Städten finden.

1983 Wie aber wirkt das Ensemble zehn Jahre danach, sagen wir 1983? Ein Puzzle. Da sind sie immer noch, unsere coolen Freaks der Alternativ- und Friedensbewegung, die langen Haare sind ein bisschen besser gepflegt, die Insignien klarer, die Buttons eindeutiger, die Jeansjacken sauberer, als wäre das Bild schärfer geworden. Aber auf dem Bild befinden sich plötzlich auch ganz andere Stammesformen. Drei, vier Punks zum Beispiel, einer davon mit prächtigem Irokesenschnitt – und sehen wir da nicht ein kleines ruppiges Mädchen mit einer weißen Ratte auf der Schulter? Ganz vorne stehen drei Typen, die ganz in Schwarz gekleidet sind, wie die existenzialistischen Studenten in den Fünfzigern, und äußerst cool blicken sie ohne das geringste Lächeln oder Grinsen in die Kamera: Wir sind Experten für irgendwelche Popgruppen, die heute niemand mehr kennt. Aber schon in der zweiten Reihe finden sich erstaunlich neue Erscheinungen. Nein, das sind keine verunsicherten Streber mehr, das sind Schüler, die deutlich Karriere machen wollen und dafür auch einen Stil gefunden haben. Ihre blonden, gefönten Haare sind an den Seiten wegrasiert. Ihre breiten Schultern stecken in gut sitzenden Anzugjacken, einer trägt einen **Kaschmirschal**[1] um den Hals. Die genauere Anatomie dieses Gruppenfotos verrät uns auch, dass dieser Trupp keineswegs isoliert ist. Die schönsten Mädchen der Klasse haben sich unauffällig um ihn geschart.

Fazit Diese zwei kulturgeschichtlich wertvollen Bilder zeigen in groben Zügen die Evolution der frühen Wertewandelzeit: Aus einer rebellischen Ära formte sich das Patchwork der Subkulturen, der Stile und Gegenstile, wie wir es im groben auch heute noch kennen. Diese „Subkulturisierung" führte im Verlauf der Achtziger dazu, dass die Maßstäbe für Rebellion und Anpassung allmählich völlig unter die Räder gerieten. Nun waren plötzlich bisweilen sogar Karrieristen rebellisch und Freaks gerieten in den Ruch der Konformität.

Auf diesem Hintergrund können wir das nächste Bild betrachten – das heutige. [...]

(aus: Matthias Horx, Trendbuch 1, Düsseldorf (Econ) 1993/96, S. 119 – 121)

---

1 Kaschmirschal: Die ersten Anzeichen für eine Umdrehung der Revolte-Bewegungsrichtung waren die „Popper". Auch wenn diese Gruppe eher der Phantasie linker *stern*-Redakteure entsprungen sein mag – sie wurden Anfang der Achtziger in den Hamburger Elbvororten ausgemacht –, signalisierte sie doch die Gründlichkeit, mit der linke und alternative Inhalte die Jugendkulturen hierzulande geprägt hatten. Plötzlich konnte man mit konservativen Werten, mit Anpassung provozieren!

► ***Stichwort: Erlebnisgesellschaft***

Material 28

Erstes Bild: Restauration der Industriegesellschaft (zwischen Ende der 40er- und Mitte der 60er-Jahre)

[...] Als der Staub des Zusammenbruchs sich allmählich legte, wurden die Umrisse einer wohl vertrauten Großgruppenformation sichtbar. Die Gesellschaft der entstehenden Bundesrepublik reproduzierte eine Konfiguration sozialer Milieus, die insofern industriegesellschaftliche Züge hatte, als die Stellung im Produktionsprozess zentrales Kriterium der Definition von Milieuzugehörigkeit und Milieugrenzen war. Soziologisch gesehen stand die Nachkriegsgesellschaft dem 19. Jahrhundert näher als dem Jahre 1968.

[...] Durch die Zentrierung des Denkens auf die Stellung im Produktionsprozess wurde die soziale Wahrnehmung mit einer Vielzahl komparativer Kategorien ausgestattet, die Oben und Unten definierten: Einkommen, Weisungsbefugnisse, Qualifikationen, Prestige, Ausstattung mit Gütern. Das Zeichensystem der Besitzgegenstände besaß noch seine soziale Signifikanz. Man konnte aus dem Vorhandensein oder Nichtvorhandensein eines Autos, aus der Kleidung oder der Wohnungsausstattung halbwegs zutreffende Schlüsse auf die Schicht ableiten, welche der andere angehörte.

Die alten milieuindizierenden Zeichen – Lebensstandard, Arbeit, Umgebung – waren noch aussagekräftig. Zum letzten Mal spielte Beziehungsvorgabe, das Hineingeborensein in einen sozialen und räumlichen Kontext, eine wichtige Rolle für die Konstitution sozialer Milieus.

[...] Einige Jahre lang schwelgt die Gesellschaft in der ephemeren Situation des unschuldigen Vergnügens. Nylonstrümpfe, Bohnenkaffee, Zigaretten, das erste Auto, die erste Reise in die Berge, die neue Sitzgarnitur, Himbeereis, Kino, rare Konzertabende im Gemeindesaal, Lichtbildervorträge usw. heben sich als vereinzelte alltagsästhetische Episoden vom Grau der Normalität ab.

Zweites Bild: Kulturkonflikt (zwischen Mitte der 60er- und Ende der 70er-Jahre)

Die traditionelle vertikale Schichtung sozialer Milieus wurde durch eine neue Bedingung der Milieuentstehung unversehens ihrer hierarchischen Eindeutigkeit beraubt. Machtvoll schob sich das Lebensalter in den Vordergrund der sozialen Wahrnehmung. Die jungen Gebildeten – Gymnasiasten und Studenten – waren das Milieu der Stunde. Vor dem Wahrnehmungsraster „jung/alt“ erschienen hergebrachte Positionsbestimmungen von oben und unten als ambivalent, ja vorübergehend auf den Kopf gestellt. Man lernte in kurzer Zeit, dass es Perspektiven gab, aus denen das Establishment alt aussah.

[...] Was nicht, wie etwa Kleidung, Frisur und Ausdrucksweise, von vornherein als Altersgruppensymbol gemeint war, wurde durch altersgruppenspezifische Aneignung oder Ablehnung unversehens dazu: politische Haltungen, Wohn- und Familienformen, Karrieren und Antikarrieren.

[...] Damit wandelte sich auch die Thematik sozialer Auseinandersetzungen. An die Stelle der traditionellen Verteilungskämpfe traten Kulturkonflikte. Stilfragen, Ansichtssachen, Lebensphilosophien wurden subjektiv wichtiger als soziale Gerechtigkeit, Chancengleichheit, Steigerung des Lebensstandards.

[...] Der „Klassenkampf“ wurde nicht von der Arbeiterklasse vorangetragen, sondern von angeblichen intellektuellen Stellvertretern, die das Vokabular des Klassenkampfes in die Symbolkultur ihres Milieus integrierten wie Jeans, freie Sexualität und Marihuana. [...] Auch in den Abwehrgesten der Angegriffenen kam deutlich zum Ausdruck, dass diese Zeit (vor allem das Jahrzehnt zwischen 1965 und 1975) maßgeblich durch einen Kulturkonflikt zwischen soziokulturellen Milieus gekennzeichnet war. [...] Die Einrichtung von Jugend- und Stadtteilzentren, die Förderung von Kleinkunst, die Entwicklung quartiersbezogener Programme war keine Umorientierung, sondern eine Ergänzung der Kulturpolitik. Die Definition des Publikums als Rezipientengemeinschaft wurde erweitert um die Definition des Publikums als Kulturproduzent.

Magische Worte dieser kulturpolitischen Diskussionsphase sind etwa „Kreativität“, „Selbstverwirklichung“, „Autonomie“, „Identität“, „Selbermachen“, „Aktivierung“, „Animation“. Der „Kulturarbeiter“ der Siebziger- und Achtzigerjahre versteht sich als Auslöser kultureller Eigendynamik: Er will Denkanstöße geben, Initiativen in Bewegung bringen, schlummernde Potenziale wecken, aus der Passivität herausreißen, zum Mitmachen stimulieren.

Drittes Bild: Die Erlebnisgesellschaft (ab Anfang der 80er-Jahre)

„Man versorge mich mit Luxus. Auf das Notwendige kann ich verzichten.“ (Oscar Wilde)

[...] So entsprach das Motiv der Aufwärtsmobilität, kennzeichnend für das industriegesellschaftliche Stadium [...], einem hierarchischen Wirklichkeitsmodell; so entsprachen die Distanzierungsgesten im Stadium des Kulturkonflikts [...] einem horizontal-konflikthaften Wirklichkeitsmodell: Unkonventionalität auf der einen und offensiver Traditionalismus auf der anderen Seite. In beiden Fällen wurde die Milieustruktur in ihrer Gesamtheit repräsentiert. Erst in der Erlebnisgesellschaft existieren Geschmacksgruppen nebeneinander, ohne sich in ihrem Denken aufeinander zu beziehen [...]

Der Erlebnismarkt hat sich zu einem beherrschenden Bereich des täglichen Lebens entwickelt. Er bündelt enorme Mengen an Produktionskapazität, Nachfragepotenzial, politischer Energie, gedanklicher Aktivität und Lebenszeit. Längst sind Publikum und Erlebnisanbieter aufeinander eingespielt. Routiniert handhaben die Produzenten die ungeschriebenen Regeln des Erlebnismarketings, wobei sie immer mehr zu Techniken der Suggestion greifen. Nach wie vor ist der Erlebnismarkt eine Wachstumsbranche. Neben den früher dominierenden Wachstumspfad der Expansion (Erweiterung des Produktionsspektrums, Erweiterung der Absatzmengen bei gegebenen Produktarten, Erweiterung der Absatzgebiete) ist der Wachstumspfad der Intensivierung getreten (Steigerung der Erlebnisdichte, Verfeinerung, Qualitätssteigerung).

Routiniert sind auch die Nachfrager geworden. Alles ist ausprobiert, die etablierten Produkte ohnehin, aber auch, so paradox es klingen mag, die innovativen. Das Publikum ist an das Neue gewöhnt. Wenn Abwechslung zum Prinzip erhoben wird, gerät sie unter der Hand zur Wiederholung. Gleichmütig registriert das Publikum den unablässigen Strom der Mutationen von Erlebnisangeboten: Moden und Trends, Informationen, Produktveränderungen, Gags der Erlebnissuggestion, Programminnovationen in den elektronischen Medien, Neuerscheinungen auf dem Musikmarkt und im Zeitschriftenhandel, letzte und allerletzte Entdeckungen im Tourismus, gewagte Neuinszenierungen, revolutionäre Stilbrüche, unerhörte Provokationen usw. [...] Der Erlebniskonsument der Gegenwart pflegt nicht außer sich zu geraten, wenn aber doch, dann dosiert und mit einem Hauch von Selbstironie.

Zum Wandel des Erlebens

Die drei Szenarien der vorangegangenen Abschnitte führen uns in nahezu inkommensurable Sozialwelten. Es fällt schwer, an der Vorstellung gesamtgesellschaftlicher Identität festzuhalten, die im Begriff der „Bundesrepublik Deutschland" mitschwingt. Was ist eigentlich so geblieben, wie es war? Zwischen der spätindustriegesellschaftlichen sozialen Landschaft in der Zeit des Wiederaufbaus und der voll entwickelten Erlebnisgesellschaft am Anfang der Neunzigerjahre liegt eine Distanz, die kaum überbrückbar scheint, obwohl an der sozialen Konstruktion der unterschiedlichen Wirklichkeiten in den verschiedenen Stadien teilweise sogar dieselben Menschen beteiligt waren und sind. Doch angesichts der tief greifenden Wandlungen der Subjekte scheint es kaum noch Sinn zu haben, von „denselben" Menschen zu sprechen. Auch persönliche Identität entpuppt sich, gleich der gesamtgesellschaftlichen, als Fiktion. [...] Unnachahmlich brachte 1989 der Ministerpräsident von Schleswig-Holstein, Björn Engholm, das neue Muster des Kunstgenusses in seiner Werbung für das Schleswig-Holstein-Musikfestival zum Ausdruck: „Drei Übernachtungen, zwei Candlelight-dinners mit schleswig-holsteinischem Essen und zwei hervorragende Konzerte...Musik im Erlebnispackage" (Der Spiegel Nr. 31/1989, S. 136). [...] Es dominiert die Bedeutungsebene des Genusses; verblasst ist die Aura der Gegenkultur (Distinktion) und der Reiz der persönlichen Stellungnahme durch Erleben (Lebensphilosophie) [...]

(aus: Gerhard Schulze, Die Erlebnisgesellschaft – Kultursoziologie der Gegenwart, Frankfurt/New York 6. Aufl. 1996, S. 532 – 549, Auszüge)

Denkanstöße

Sie können

- *die Aussagen überprüfen*
  - *bei sich selbst/Ihren Freunden*
  - *in der Welt der Jugendlichen (s. o.)*
  - *in der Erwachsenenwelt*

→ II/1.4
→ VI/2.4

- *untersuchen:*
  - *Lebenswelten und politisches Selbstverständnis im Wandel*

→ VI/2.4
→ II/1.2 und 1.3

Material 29

Woodstock 1969

Aus einem Bericht über das Festival

Woodstock Nation bedeutet Verweigerung, bedeutet Abkehr, bedeutet Subversion. Woodstock Nation bedeutet den Bruch mit der bestehenden Gesellschaft, mit ihren Gesetzen, Traditionen, Werten und Normen. Woodstock Nation bedeutet, dass einer nicht länger mitmacht, dass er aufhört zu tun, was ihm gesagt wird, und stattdessen so zu leben versucht, wie er selbst es für richtig hält. Woodstock Nation bedeutet den Versuch, Alternativen zum schlechten Bestehenden zu entwickeln und die Veränderung hier und jetzt in Angriff zu nehmen. Woodstock Nation bedeutet, die Lücken und Schwächen des Systems auszunutzen, wo und wann immer sich die Möglichkeit dazu ergibt. Woodstock Nation bedeutet, dass jeder für sich selbst, aber zusammen mit den anderen das System untergräbt, indem er sich all das nimmt, was ihm verweigert, und all das tut, was ihm verboten wird. Woodstock Nation ist ein Vorgriff auf die befreite Gesellschaft, ist der Beginn der Revolution.

(Helmut Salzinger, Rock Power, Frankfurt/M. (Fischer Taschenbuch) 1972, S. 196)

Material 30 Ein Vergleich

15.8.–17.8.
'69

12.8.–14.8.
'94

Woodstock, Writstock, Mudstock, wie auch immer – '94 steht im Zeichen der Revivals. Bands wie Collective Soul, Green Day, die Rollins Band, Metallica, Aerosmith, die Red Hot Chili Peppers oder Nine Inch Nails hielten im August das Banner für „Love & Peace" hoch. Ähnlichkeiten zum Original sind vorhanden. Auch bei den Organisatoren: Mike Lang, 49, John Roberts, 51, und Joel Rosenman.

Jimi Hendrix (bestbezahlter Künstler): **32 000 $**; die meisten Bands 500 $	KÜNSTLER HONORAR:	Big Acts: **350 000 $**
Max Yasgurs Farm (600 acres) bei Bethel, N.Y.	ORT:	Winston farm (840 acres) in Saugerties, N.Y.
2,6 Millionen $ und sechs Monate Vorbereitung	KOSTEN:	30 Millionen $ und fünf Jahre Vorbereitung
500 000 (erwartet: 60 000)	BESUCHER:	350 000 (erwartet: 250 000)
Parkplatzentfernung vor dem Festival: 17 Meilen (Stau); kein Transfer, viele gehen 15 Meilen zu Fuß	DISTANZEN:	Parkplatzentfernung: 30 Meilen; Transfer mit gelben Schulbussen; längste Wartezeit: 12 Stunden
4000-Watt-Anlage	SOUND:	500 Lautsprecher, 200 Mikrofone, 750 000 Watt
18 $	EINTRITT:	135 $
4 $ für einen Acid- oder Mescalin-Trip, 15 $ für eine Unze Marihuana	DROGEN PREISE:	5 $ für einen Joint 25 $ für eine Ecstasy
ca. 10 000 (nicht offiziell)	TRAUUNGEN:	4
2	TOTE:	2
3	GEBURTEN:	2
Nothelikopter bringen 1300 Pfund (Früchte, Konserven und Sandwiches)	ESSEN & TRINKEN:	900 Fressstände, Bezahlung mit Aluminiumgeld
150 Helfer und etwa 700 Polizisten, Sheriffs und State Troopers (346 Polizisten verließen am ersten Tag das Festival), 18 Ärzte und 36 Krankenschwestern für 6000 Patienten	SICHERHEIT & ÄRZTE:	Peace Patrol – 1200 Helfer (in pfirsichfarbenen und grünen T-Shirts), 1200 Ärzte und Krankenschwestern in 13 Erste-Hilfe-Zelten, alle 20 Sekunden kommt ein neuer Patient
600	TOILETTEN:	3000
etwa 15 000 t	MÜLL:	1400 t
erste Schauer in der Nacht von Samstag auf Sonntag	REGEN:	erste Schauer am Samstagnachmittag

(nach: MAX 9/94, S. 119; aus: Politik und Unterricht 2/1996, S. 27 f.)

▶ *Erziehungsziele – Anstoß für eine Befragung*

Ziel: Erziehungsziele von Eltern und Kindern (und Lehrern/innen) – im Vergleich.

Methode: anonyme Befragung der Schüler/innen einer Klassenstufe und ihrer Eltern: durch Fragebogen mit vorgegebenen möglichen und „unmöglichen“ Erziehungszielen, die in eine Rangfolge (Platzziffern) zu bringen sind; dann summarische statistische Auswertung sowie Umsetzung der Ergebnisse in Grafiken – ggf. Präsentation an einem Klassenabend mit den Eltern in der eigenen Klassenstufe oder in einer anderen.

Achtung: **Das Vorhaben ist mit Blick auf Persönlichkeitsrecht und Datenschutz sehr sensibel.** Klären Sie Vorhaben und Vorgehen schrittweise mit Fachlehrer/in, Schulleitung und Elternvertretung ab. Bieten sie jedwede Gewähr für die Anonymität der Befragung, Schülerschaft und Elternschaft dürfen nur summarisch verglichen werden. Der Vergleich der Ergebnisse in der Familie kann nur dort geschehen und **darf nicht** mehr Teil dieser Befragung sein!

Beispiel für einen Fragebogen:

Ziel/Rang	1	2	3	4	5	6	7	8	9	10	11	12	13	14	15
Anstand	3/2	4/5	2/1	4/1	2/4	6/1	3/0	1/2	5/0	1/1	1/0	0/0	1/1	0/0	1/0
eigene Entscheidung	14/8	8/2	3/5	2/0	2/1	1/1	1/0	0/1	0/0	2/0	0/0	0/0	0/0	0/0	1/0
Ordnung	0/0	1/3	1/1	1/1	3/0	3/3	8/0	9/1	3/4	0/4	3/1	1/0	1/0	0/0	0/0
Ruhe	2/0	0/0	0/0	1/1	2/1	1/0	3/2	3/0	2/0	6/5	1/2	5/2	2/4	4/0	2/1
Bereitschaft zu Widerstand	0/1	2/0	0/0	1/5	6/3	1/2	3/1	2/0	6/0	6/2	4/0	3/2	0/1	0/0	0/1
Protest	0/0	0/0	1/0	2/0	0/0	0/0	0/2	1/1	0/3	0/0	3/4	8/3	8/2	8/1	3/2
Sauberkeit	1/0	0/0	0/2	1/0	1/1	3/0	0/2	3/2	2/1	5/2	3/2	3/2	2/1	3/2	7/1
Hilfsbereitschaft	6/4	11/5	6/4	7/2	0/1	3/0	0/2	0/0	0/0	0/0	0/0	0/0	1/0	0/0	0/0
uneingeschränkte Meinungsäußerung	2/0	1/0	4/0	0/1	2/0	2/3	3/1	2/1	3/3	1/0	2/1	1/0	5/3	3/3	3/2
Mut Regeln infrage zu stellen	4/1	6/3	6/2	5/1	5/4	2/3	4/2	0/0	2/0	0/2	0/0	0/0	0/0	0/0	0/0
Bestehen auf dem eigenen Recht	0/0	0/0	0/0	2/2	0/0	3/1	1/0	1/1	2/1	6/0	2/3	4/3	3/1	5/3	5/3
Arbeitseifer	1/1	0/0	3/0	2/0	5/0	3/2	2/4	6/3	5/2	2/0	3/1	1/0	1/3	0/1	0/1
Pflichtgefühl	1/1	1/0	8/1	6/4	4/0	3/1	3/1	2/6	3/1	0/0	1/2	1/1	0/0	1/0	0/0
Gehorsam	0/0	0/0	0/0	0/0	2/0	2/0	1/1	3/0	0/1	2/1	5/1	4/2	3/1	4/4	8/7
Kritik am Lehrer	0/0	0/0	0/2	0/0	0/3	1/1	2/0	1/0	1/2	3/1	5/1	5/3	5/1	6/4	5/0

Die Zahlen sind das Ergebnis einer Befragung bei 54 Gymnasiallehrerinnen und -lehrern in Ausbildung am Mainzer Studienseminar im Juni 1997 (n = 54; davon w = 34, m = 18; Nennung immer w/m).

Vorschlag für den Auftrag an Schüler/innen und Eltern:

Legen Sie durch Ankreuzen die Rangordnung fest. (Bitte jeden Platz nur einmal vergeben!)

Hinweise für die Auswertung:

- Man kann für jedes Ziel eine Verteilungskurve für Schüler/innen und Eltern anfertigen.
- Man kann nach Ursachen/Gründen für die unterschiedliche Wertschätzung eines Zieles in und zwischen den Generationen fragen.
- Man kann bei besonders „schillernden" Zielen fragen, was sie beinhalten.
- Man kann die Ziele nach ihrer Nennung in fünf 3er-Gruppen oder in drei 5er-Gruppen bündeln und dann nach dem Generationenkonflikt fragen.

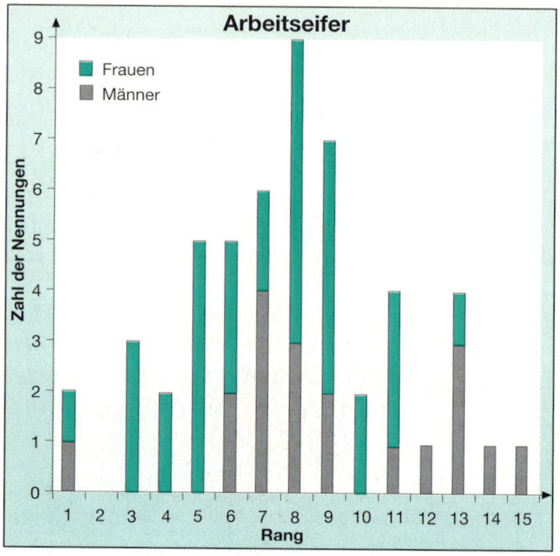

Auswertung der Befragung bei den Lehrer/innen
Rangfolge der Erziehungsziele

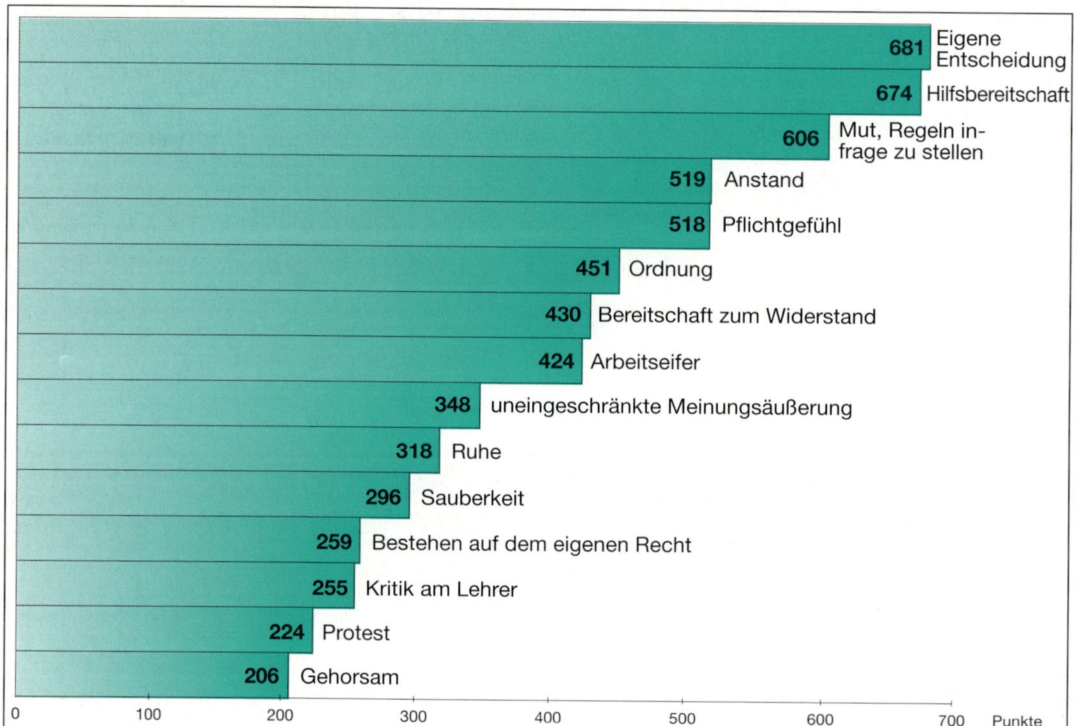

Erläuterung: Jede Stimme für Rang 1 wurde 15fach gewichtet, jede für Rang 2 wurde 14fach gewichtet usw.

2. Industriegesellschaft im Wandel

2.1 Arbeitswelt im Wandel: Veränderung eines Berufsbildes

Arbeits- und Berufswelt prägen zu einem erheblichen Teil Verhalten und Einstellungen in unserer Gesellschaft. Die Einführung neuer Technologien führt häufig zu einer Veränderung der Berufsbilder und Berufstätigkeiten, was Auswirkungen für den Einzelnen und für die Gesellschaft bedeutet. Diese Entwicklung sollen die folgenden Fotografien dokumentieren.

Antike/Mittelalter bis 1500

Schreiber am Schreibpult: Arbeitszeit für Bibel bis zu 1 1/2 Jahre

Renaissance/Neuzeit bis 1840

Der Buchdrucker: Arbeitszeit für Bibel bis zu 20 Arbeitstage

Neuzeit/neueste Zeit bis 1975

Traditionelles Satzverfahren: Arbeitszeit eines Setzers für Druckvorlage einer Zeitungsseite ca. 5 Std.

Gegenwart ab 1975

Neues Computersatzverfahren: Arbeitszeit eines Redakteurs für Konzeption und Eingabe einer Druckvorlage für eine Zeitungsseite ca. 3 1/2Stunden

▶ *Arbeit im Jahr 2010: Maschine – Werkzeug des Menschen? oder: Mensch – Werkzeug der Maschine?*

Material 1

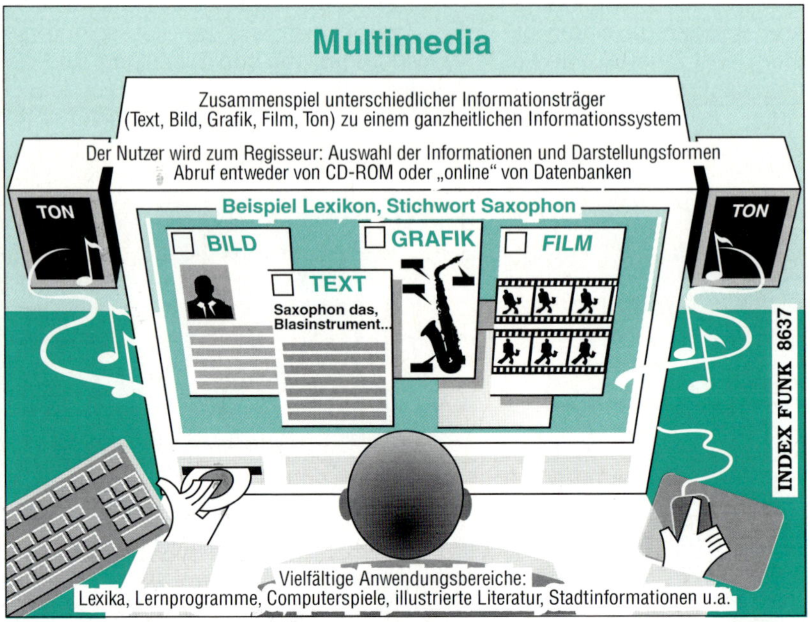

Material 2

Zwei Stunden im Büro der Zukunft...

Abteilungsleiter Verkaufsabteilung

9.00 Arbeitsbeginn

9.05 Gibt Passwort in sein multifunktionales Bürosystem ein, dessen Bildschirm und Bedienungskonsole in seinem Schreibtisch eingelassen sind.

9.07 Sieht in seinem elektronischen Briefkasten nach, welche Nachrichten über Nacht eingetroffen sind und stellt fest, dass lediglich einige unwichtige Mitteilungen von Kollegen, mehrere Rundbriefe und einige Anforderungen der zentralen Abteilung für Personalstatistik vorliegen.

9.15 Sieht in seinem elektronischen Terminkalender und in seinem elektronischen Notizbuch nach, was für heute ansteht: eine Telekonferenz mit seinen Kollegen in Niederlassungen in Hamburg, Düsseldorf und Frankfurt, mit der Erinnerung, dass für diese Konferenz die Verkaufszahlen der letzten Wochen den Partnern überstellt werden sollen.

9.25 Stellt diese über sein Bürosystem zusammen. Wirft bei dieser Gelegenheit einen Blick auf die Verkaufszahlen des Vortags, stellt fest, dass die Filiale in Nürnberg ungewöhnlich hohe Verkaufszahlen meldet – gibt eine Erinnerungsnotiz in sein System ein, dort nachzufragen.

9.45 Sendet sie – über das integrierte Kommunikationsnetz – an die Konferenzpartner sowie noch an einige Zentralabteilungen ab; das kostet ihn einen Knopfdruck – der Verteiler ist vorprogrammiert.

9.51 Anfrage der Geschäftsstelle des kaufmännischen Vorstandes – sein System signalisiert diese durch ein optisches Signal: Aufforderung zur Klärung der aus dem Rahmen fallenden Verkaufszahlen in Nürnberg; ob die Notwendigkeit einer Revision der Plandaten vorliege?

9.53 Gespräch über Bildtelefon mit dem Filialleiter Nürnberg – Klärung der Ursachen.
9.59 Gibt eine kurze Notiz an die Geschäftsstelle „Verkauf“ ein mit der angeforderten Erklärung.
10.11 Konferenzschaltung mit den fünf Sachbearbeitern seiner Abteilung – Nachfrage nach besonderen, aus dem Rahmen fallenden Verkaufswerten des Vortags, die deren Detailanalysen ergeben haben.
10.19 Wird unterbrochen durch eine Mitteilung der Geschäftsstelle „Verkauf“ – wiederum angekündigt durch ein optisches Signal – mit der Anweisung, die Plandaten für den Artikel 13.100 nicht nur für Nürnberg, sondern auch für alle Filialen in Städten zwischen 300.000 und 600.000 Einwohnern um 5 % nach oben zu revidieren.
10.23 Übermittelt – wieder über Konferenzschaltung – die entsprechenden Anweisungen an seine Mitarbeiter.
10.35 Gibt eine kurze Notiz über die Angaben des Filialleiters Nürnberg für die Zentralabteilung „Marktanalyse“ ein.
10.47 Geht zum Kaffeetrinken in das Kommunikationszentrum seiner Hauptabteilung, unterhält sich dort mit zwei Kollegen.
10.57 Begibt sich zum Telekonferenzraum.
11.00 Beginn der Telekonferenz.

(Günter Scharfenberg, Die technologische Revolution, Landeszentrale für politische Bildungsarbeit Berlin, 1987, S. 57)

Material 3

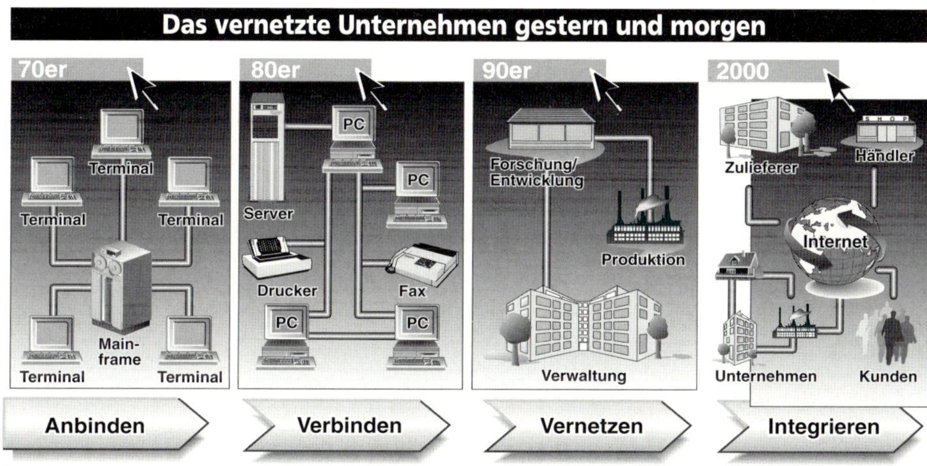

Quelle: Arthur D. Little. Management in vernetzten Unternehmen. Gabler-Verlag, Wiesbaden 1996. © RM / ICON

(© Rheinischer Merkur, 5.4.1996, S. 15 [Mainframe: Großrechner, Terminal, online mit dem Großrechner verbundenes Datensichtgerät])

Mit der Mikroelektronik drang im Laufe der 70er-Jahre eine neue Technologie in zunehmendem Tempo in Fabriken und Büros ein, die zweifellos ähnlich starke Umwälzungen auslösen wird wie die Erfindung der Dampfmaschine im 18. Jahrhundert. Die neuen Informationstechnologien stellen die Schlüsseltechnologie für die Entwicklung der modernen Industriegesellschaft in den nächsten Jahren und Jahrzehnten dar. Die traditionelle Industriegesellschaft wandelt sich zu einer **Informationsgesellschaft** mit weitgehender Automatisierung der Routinevorgänge. Der Computer und die mit ihm kommunizierenden Medien (Stichwort Multimedia, Datenautobahn) werden alle Bereiche unseres alltäglichen Lebens sowohl im Beruf als auch in der Freizeit immer stärker beeinflussen. Diese Fundamentaländerung der Arbeitswelt wird häufig als **3. Phase der Industriellen Revolution** bezeichnet. Der Wandel der Technik und der damit verbundenen Arbeitsorganisation hat umfassende *Veränderungen der wirtschaftlichen, sozialen und politischen Strukturen* zur Folge, deren Konsequenzen **politisch** zu bedenken sind.

Aufgaben

1. *Charakterisieren Sie die Berufstätigkeit und die Berufsbilder zu den verschiedenen Zeitpunkten. Achten Sie dabei auf die Merkmale der Arbeit und die eingesetzten Techniken!*
2. *Stellen Sie die technische Ausstattung des Büros der Zukunft und die Fähigkeiten, die der Arbeitnehmer mitbringen muss, zusammen!*
3. *Versuchen Sie im Rahmen der Betriebserkundung festzustellen, wie viel von der Vision des Jahres 1987 schon Realität ist und wie die Vision heute aussieht!*
4. *Erklären Sie anhand des Schaubildes M 1 den Begriff Multimedia. Erläutern Sie die zukünftige Arbeitsform und zeigen Sie auf, welche Veränderungen für den Einzelnen und für das Unternehmen dadurch hervorgerufen werden!*
5. *Begründen Sie, weshalb man hier von einer „Revolution" sprechen kann!*

2.2. Strukturwandel der Arbeitsgesellschaft – Auf dem Weg zur Dienstleistungs- und Informationsgesellschaft

Material 4

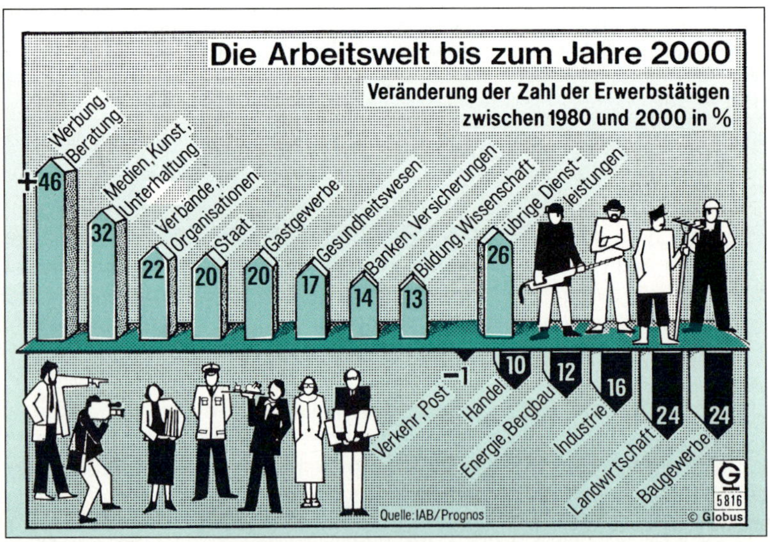

Material 5

Wandlungen der Wirtschaftsstruktur

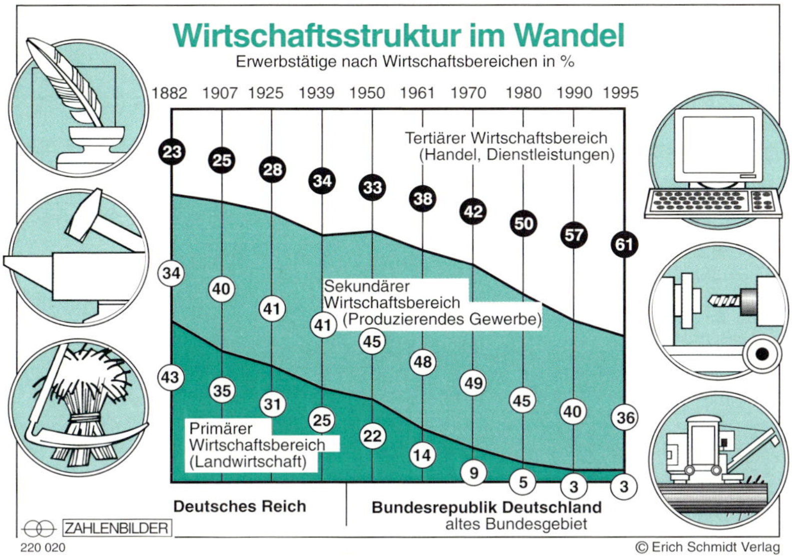

Material 6

Das Vier-„Sektoren"-Modell 1882 – 2010: Anteil der „Sektoren" an der Gesamtzahl der Erwerbstätigen

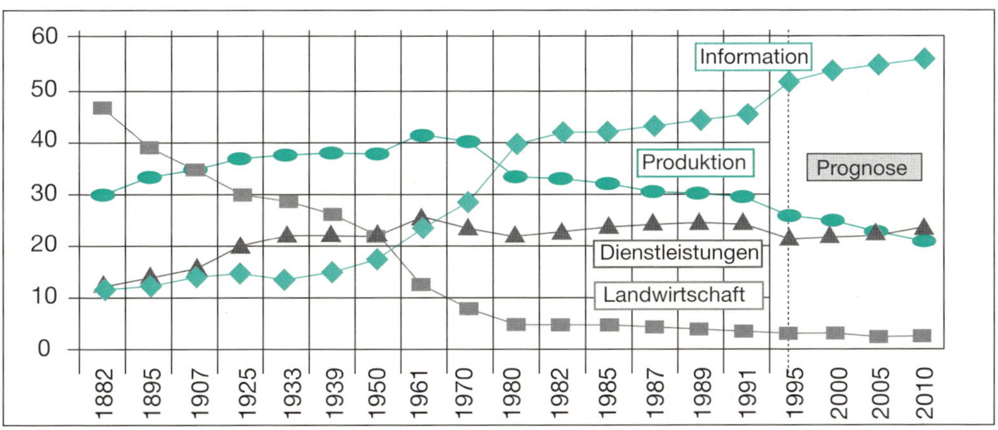

Durch Zuordnung der Erwerbstätigen zu Berufen mit dem Schwerpunkt „Informationstätigkeit" lässt sich aus den drei traditionellen Sektoren Landwirtschaft, Produktion und Dienstleistungen ein vierter Sektor „Information" herauslösen und in seiner Entwicklung gesondert darstellen.

(Grafik: Annette Pflügner; nach: Berechnungen des Instituts für Arbeitsmarkt- und Berufsforschung; aus: Wochenschau 3-4/1996, Multimedia, S. 109)

Material 7

Die Umschichtung der Erwerbsbevölkerung in den einzelnen Wirtschaftsbereichen in Mitteleuropa (nach Fourastie) in stark vereinfachter schematischer Darstellung

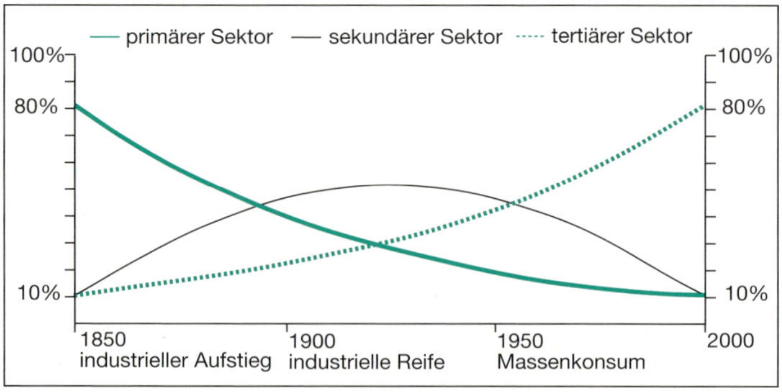

(Franz F. Wurm, Wirtschaft und Gesellschaft heute, 3. Aufl. 1976, S. 226)

Material 8

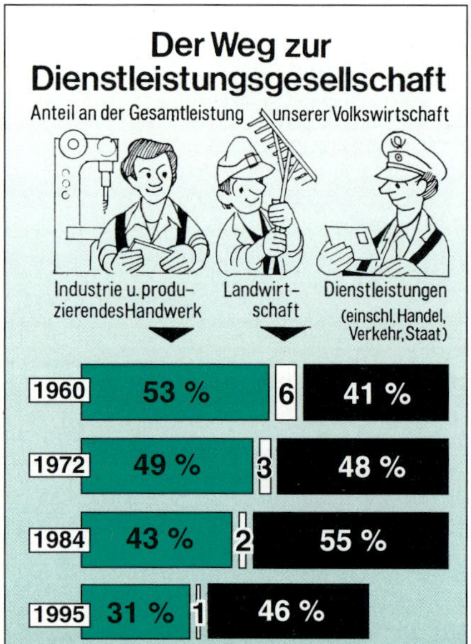

(nach Globus 5798, ergänzt)

Der Prozess der Arbeitsverschiebung ist seit der Industriellen Revolution im Gange. In dieser Entwicklung *verändert* sich *die menschliche Arbeit.* Körperliche Arbeit im produzierenden Gewerbe geht zurück, wird mehr und mehr durch Maschinen ersetzt, die die *Produktivität erheblich steigern,* der *Dienstleistungssektor* weitet sich aus. Wissenschaftler sprechen von der **postindustriellen Phase.**

Aufgaben

6. *Erläutern und begründen Sie die Beschäftigungsentwicklung der Wirtschaftszweige (M 4)! Ordnen Sie die Wirtschaftszweige den drei Wirtschaftssektoren (M 5/6) zu! Welcher Trend ist feststellbar?*
7. *Beschreiben Sie die Tendenz der Entwicklung der Erwerbstätigenzahlen in den drei Wirtschaftssektoren (M 5) und deren wirtschaftliches Gewicht (M 8)!*
8. *Erläutern Sie die Begriffe „Dienstleistungsgesellschaft“ und „Informationsgesellschaft“!*
9. *Vergleichen Sie M 5 mit der Theorie Fourasties. Prüfen und beurteilen Sie, inwieweit die Annahmen Fourasties (M 7) durch die deutsche Entwicklung bestätigt werden!*
10. *Erläutern Sie Vor- und Nachteile des Prozesses der Arbeitsverschiebung!*

2.3 Stichwort: Berufsorientierung und Berufswahl

Die Mikroelektronik hat Produktions- und Informationstechniken entstehen lassen, die die Arbeitswelt einem tief greifendem Wandel unterworfen haben. Die Verwirklichung der Informationsgesellschaft führt zu einem Umbau der Arbeitswelt in Fabriken und Büros. Durch die Automation verschwinden ganze Berufe, andere Berufe entstehen neu. Der Anpassungsprozess erfolgt aber größtenteils durch die Wandlung des bisherigen Berufsbildes.

Diese Entwicklung erzeugt Unsicherheit bei Jugendlichen und stellt sie vor schwerwiegende Fragen: Welche Fähigkeiten werden von mir zukünftig gefordert und wie kann ich mich angesichts der unaufhörlich sich verändernden wirtschaftlichen Entwicklung angemessen auf das Neue vorbereiten? Die Materialien sollen helfen den **komplizierten Entscheidungsprozess** *zu erleichtern.*

► *Der Beruf der Zukunft*

Material 9

Cad-Einsatz[1] in einer Konstruktionsabteilung

An Bedeutung verlieren:
- das manuelle Erstellen vollständiger Zeichnungen;
- das Anfertigen und Ändern von Detailzeichnungen;
- das Suchen von Normteilen;
- die Bemaßung und Beschriftung von Zeichnungen;
- das Ausführen von Berechnungen;
- das Erstellen von Stücklisten.

An Bedeutung gewinnen:
- das Variieren automatisch gefertigter Zeichnungen;
- das Arbeiten am Datenerfassungs- und Eingabegerät sowie Erfassung, Aufbereitung und Eingabe von Daten und Zeichnungserstellung mit Rechnerunterstützung;
- Berechnung von Konstruktionsvarianten.

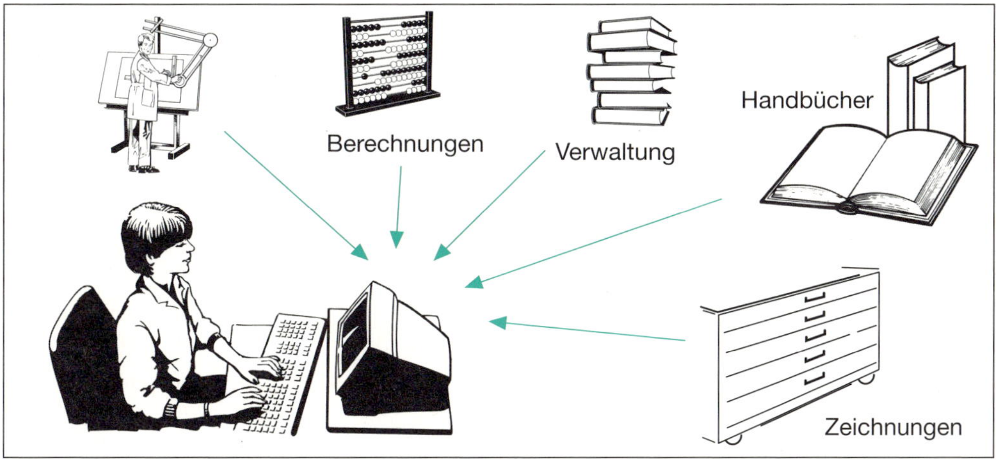

[1] CAD: Computer Aided Design

(Friedrich Wölfl, in: Fritz Blumöhr u.A., Die Gesellschaft der BRD, Bamberg (Verlag C.C. Buchners) 1997, S. 75)

Material 10

Erwerbstätige nach unterschiedlichen Anforderungsprofilen der Tätigkeiten 1985 und 2010 (ohne Auszubildende, Anteile in v. H.)

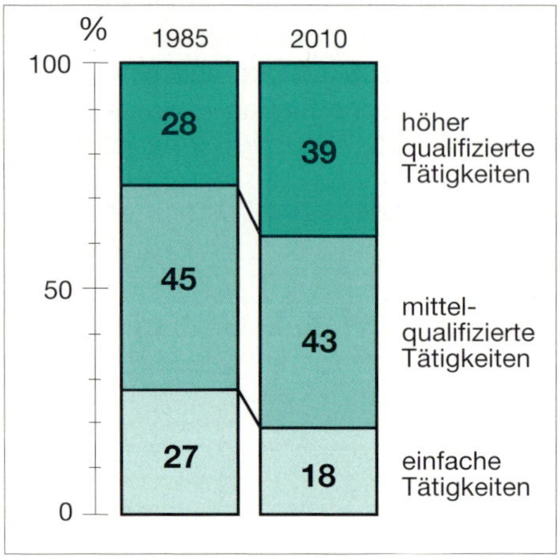

Einfache Tätigkeiten = Hilfstätigkeiten in Produktion, Reinigung, Bewirtung, Lagerhaltung, Transport, einfache Bürotätigkeiten, Verkaufshilfen u. ä.

Mittelqualifizierte Tätigkeiten = Fachtätigkeiten in der Produktion, Maschinen einrichten u. ä. , Reparieren, Fach(ein)käufer, Sachbearbeiter, Assistententätigkeiten in der Forschung und Entwicklung, nichtakademische Betreuung u. ä.

Höher qualifizierte Tätigkeiten = Führungsaufgaben, Organisation und Management, qualifizierte Forschung und Entwicklung, Betreuung, Beratung, Lehren u. ä.

(Abweichen in den Summen durch Runden der Zahlen)

(IAB/Prognos-Projektion 1988/89, mittlere Projektionsvariante; aus: Prognos AG [P. Hofer u.a.], Arbeitslandschaft 2010 nach Umfang und Tätigkeitsprofilen [Beitr. A. B. 131]).

► *Schlüsselqualifikationen für zukünftige Berufsanfänger*

Material 11

Zielbereiche:	**Dazu gehören als wesentliche Einzelqualifikationen u.a.:**
• Arbeitsplanung, Arbeitsplanführung, Ergebniskontrolle	• Systematisches Vorgehen, Selbststeuerung, Organisationsfähigkeit
• Verhalten in der Gruppe, Kontakt zu anderen, Teamarbeit	• Kooperationsfähigkeit, Integrationsfähigkeit, Diskussionsfähigkeit
• Lernverhalten, Auswerten und Weitergeben von Informationen	• Lerntechniken anwenden können, Weiterbildungsbereitschaft, Kreativität
• Eigen- und Mitverantwortung bei der Arbeit	• Entscheidungsfähigkeit, Selbstkritikfähigkeit, Verantwortungsbewusstsein
• Psychische und physische Beanspruchung	• Konzentrationsfähigkeit, Umstellungsfähigkeit

(aus verschiedenen Quellen zusammengestellt, insbesondere aus: Beiträge zur Arbeitsmarkt- und Berufsforschung, BA für Arbeit, Nürnberg 1989)

Material 12

Veränderung der Arbeitsbedingungen durch Mikroelektronik

(G. Schmidtchen, Menschen im Wandel der Technik, Köln (Deutscher Instituts-Verlag) 1986; nach: Betrifft uns, 2/89, ergänzt)

Aufgaben

11. *Beschreiben Sie die notwendigen Veränderungen bei der Berufsausbildung (Lerninhalte und Ausbildungsmethoden, Schulausbildung und Unterrichtsorganisation) im Blick auf die geforderten „Schlüsselqualifikationen“!*
12. *Erörtern Sie die Folgen des Einsatzes der Mikroelektronik für die Anforderungen an den Unternehmer und die Beschäftigten!*
13. *Diskutieren Sie: Inwieweit ist der Strukturwandel ein Erklärungsansatz für die derzeitige Arbeitslosigkeit (→ IV/1., insbesondere S. 163, M 13)?*
14. *Diskutieren Sie, ob durch Multimedia das Problem der Arbeitslosigkeit verringert werden kann!*

Neben dem **Berufswahlunterricht** und den vielfältigen Informationen zur Entwicklung des Arbeitsmarktes von der **Bundesanstalt für Arbeit** und dem **Arbeitsamt** könnte eine **Betriebserkundung** eine sinnvolle Ergänzung und Vertiefung der hier angesprochenen Fragen und Probleme bieten. Bei einer solchen Erkundung sollten Sie feststellen, in welchem Maß die Mikroelektronik im Betrieb schon Einsatz findet und wie Geschäftsleitung und Betriebsrat deren Nutzen und deren Sozialverträglichkeit beurteilen.

3. Selbstverständnis und Rolle der Frau im Wandel

Material 1

Material 2

Material 3

Ein Kalenderspruch:

Frau zu sein ist schwer, man muss denken wie ein Mann, sich geben wie eine Dame, aussehen wie ein junges Mädchen und arbeiten wie ein Pferd.

Renate Schmidt (Stellv. Vorsitzende der SPD-Bundestagsfraktion):

„1968 war bei mir noch das Bedürfnis, Männern zu gefallen, vorherrschend, 1978 der Kampf darum, besser sein zu wollen als die Männer, 1988 der Wunsch, als Frau gut zu sein und zu bestehen.“

(zitiert nach: G. Klemt-Kozinowski/R. Wildemuth (Hg.), Die Hälfte des Himmels – Frauen aus 3 Jahrhunderten, Baden-Baden 1989, S. 261)

Aufgaben

1. *Formulieren Sie die Fragen, die sich aus Karikatur, Kalenderspruch und Zitat ergeben!*
2. *Grenzen Sie die Begriffe Gleichberechtigung, Gleichbehandlung und Gleichstellung gegeneinander ab!*
3. *Einen alternativen Einstieg in die Arbeit mit diesem Kapitel bietet die Methode des assoziativen Zeichnens. Fertigen Sie in Gruppenarbeit ein Wandplakat an, das Stellung und Rolle der Frau in der Gesellschaft darstellt!*

Erst seit Mitte des 19. Jahrhunderts kann man von einer organisierten Frauenbewegung in Deutschland sprechen, die die jahrhundertelange Rechtsbenachteiligung, politische Unmündigkeit und Unterdrückung der Frau in Familie und Gesellschaft bekämpfte. Seitdem schritt die historische Entwicklung immer weiter voran. Die Gleichstellung von Frauen und Männern ist in mehreren Gesetzen verankert; **Art. 3 Abs. 2 des Grundgesetzes** bestimmt: „Männer und Frauen sind gleichberechtigt". Im Zuge der Verfassungsüberarbeitung nach der Deutschen Einheit hat der Gesetzgeber 1994 einen weiteren Satz angefügt: **"Der Staat fördert die tatsächliche Durchsetzung der Gleichberechtigung von Frauen und Männern und wirkt auf die Beseitigung bestehender Nachteile hin."**
Das Grundrecht bezieht sich zunächst nur auf die Rechtsgleichheit von Männern und Frauen vor dem Gesetz. Es ist nicht damit gesagt, in allen wirtschaftlichen und sozialen Belangen, deren Regelungen den freien gesellschaftlichen Kräften überlassen ist, müssten Frauen und Männer *„gleich"* sein, *gleichgestellt* und *gleichbehandelt* (Problem der ‚Drittwirkung' von Grundrechten). Andererseits greift der Staat im Sinne unseres Verständnisses von Rechts- und Sozialstaat zunehmend mit gesetzlichen Regelungen auch in diese Bereiche ein und wo er dies tut, muss er für die Gleichbehandlung von Männern und Frauen sorgen.
Ziel der Verfassungsänderung ist es, der sozialen Gleichheit zur stärkeren Durchsetzung im staatlichen und gesellschaftlichen Bereich zu verhelfen.

3.1 Rechtsstellung und soziale Realität der Frau

▶ *Rechtliche Stellung in der Ehe*

Material 4

Reform des Ehe- und Familienrechts
(1976, in Kraft seit 1977)

Rechtsstellung der Frau

Alte Fassung § 1354 BGB

Dem Manne steht die Entscheidung in allen das gemeinschaftliche eheliche Leben betreffenden Angelegenheiten zu. Er bestimmt insbesondere Wohnort und Wohnung. Die Frau ist nicht verpflichtet, der Entscheidung des Mannes Folge zu leisten, wenn sich die Entscheidung als Missbrauch seines Rechtes darstellt.

Neue Fassung: § 1354 BGB fällt weg

Haushaltsführung

Alte Fassung § 1356 BGB (Stellung der Frau, Mitarbeitspflicht der Ehegatten)

(1) Die Frau führt den Haushalt in eigener Verantwortung. Sie ist berechtigt, erwerbstätig zu sein, soweit dies mit ihren Pflichten in Ehe und Familie vereinbar ist.
(2) Jeder Ehegatte ist verpflichtet, im Beruf oder Geschäft des anderen Ehegatten mitzuarbeiten, soweit dies nach den Verhältnissen, in denen die Ehegatten leben, üblich ist.

Neue Fassung § 1356 BGB (Haushaltsführung und Erwerbstätigkeit)

(1) Die Ehegatten regeln die Haushaltsführung im gegenseitigen Einvernehmen. Ist die Haushaltsführung einem der Ehegatten

überlassen, so leitet dieser den Haushalt in eigener Verantwortung.
(2) Beide Ehegatten sind berechtigt, erwerbstätig zu sein. Bei der Wahl und Ausübung einer Erwerbstätigkeit haben sie auf die Belange des anderen Ehegatten und der Familie die gebotene Rücksicht zu nehmen.

(Wochenschau: Frauen in Europa, Mai/Juni 1985, Heft 3)

Aufgaben

4. *Zeigen Sie, welcher Wandel in der Rechtsstellung von Mann und Frau erkennbar ist! Welches Verständnis von Ehe liegt den verschiedenen Gesetzesfassungen zugrunde?*
5. *Prüfen Sie dabei, wie weit die soziale Wirklichkeit und der Rechtsstatus übereinstimmen.*

▶ *Soziale Benachteiligung in Beruf und/durch Familie*

Material 5

Berufsfelder mit hierarchischer Arbeitsteilung zwischen „männlicher“ und „weiblicher“ Berufsposition

Bezeichnung der hierarchisch gekoppelten Berufspositionen		Der Anteil der Frauen in der oberen Position beträgt:	Der Anteil der Frauen in der unteren Position beträgt:
Arzt/Ärztin	Krankenschwester (bzw. Krankenpfleger)	20,2 %	85,1 %
Arzt/Ärztin	medizinisch-technische/r Assistent/in	20,2 %	93,5 %
Apotheker/in	Apothekenhelfer/in	50,6 %	97,9 %
Anwalt/Anwältin	Anwaltsgehilfe/in	3,0 %	über 75,0 %
Ingenieur/in	Ingenieurassistent/in	0,5 – 5,0 %	100,0 %
Chef/in	Sekretär/in	0 %	95,6 %

(Frauen und Bildung, hg. v. BMin f. Bildung und Wissenschaft, Bonn 1981, S. 27)

Material 6

Material 7

Material 8

Arbeitstag einer Fabrikarbeiterin in den 50er-Jahren

Im Heft Juli/August 1959 der Zeitschrift „Gesichertes Leben“ wird der Arbeitsalltag einer Fabrikarbeiterin so berechnet:

	Morgentoilette und Herrichten des Frühstücks ...	$1\frac{1}{2}$ Stunde
	Täglicher Arbeitsweg, zweimal je 1 Stunde ...	2 Stunden
	Fabrik-Arbeitszeit ...	8 Stunden
	Mittagspause ...	$\frac{1}{2}$ Stunden
	Einkauf am Abend ...	1 Stunde
	Kochen, Abendessen, Abspülen, Aufräumen ...	2 Stunden
	Beschäftigung mit dem Kind ...	1 Stunde
	Näharbeit, Waschen, Flicken ...	1 Stunde
		17 Stunden

Aufgaben

6. *Eine Fortschreibung des Materials M 5 ist im Bundesministerium für Bildung und Wissenschaft nicht vorgenommen worden. Erkunden Sie sich bei Informationsstellen (z.B. Gleichstellungsbeauftragte) im lokalen bzw. regionalen Raum nach entsprechenden Daten!*
7. *Ermitteln Sie durch eine Befragung, wie heute der Arbeitstag einer Berufstätigen aussieht!*
8. *Vergleichen Sie die Ergebnisse! Welche Erwartungen haben Sie?*

3.2 Lebensorientierung: Konturen des Wandels

Material 9

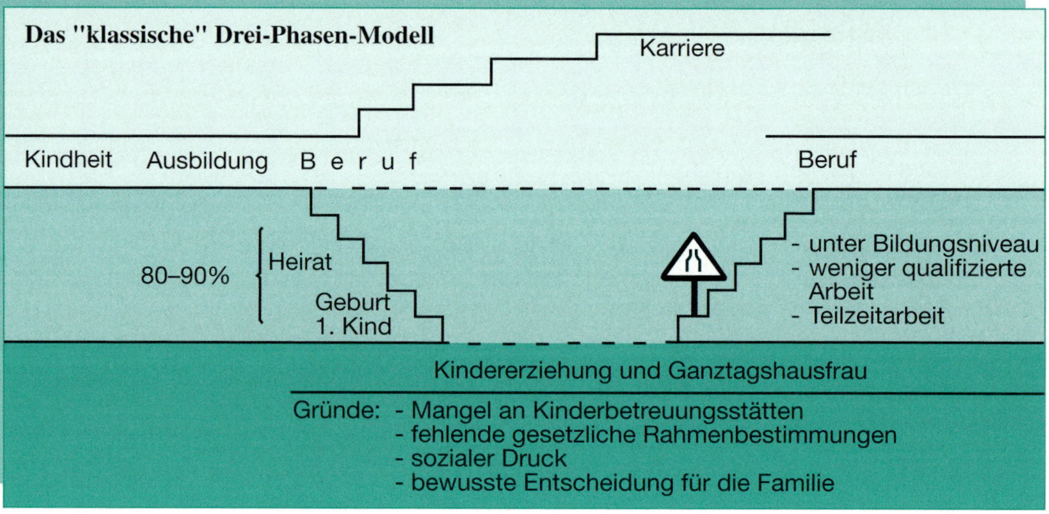

► *Realität und Konzeption eines neuen Rollenverständnisses*

Material 10

In den letzten Jahrzehnten haben in den Lebenszusammenhängen und Lebensläufen von Frauen massive Veränderungen stattgefunden. Das traditionelle Lebensmodell der Ehefrau, Hausfrau und Mutter, das auf die Sorge für andere ausgerichtet war, wird zunehmend abgelöst durch den Anspruch auf eine stärker selbstbestimmte und eigenständige Lebensführung. Familie hat für Frauen ihre Bedeutung als ausschließlicher biografischer Rahmen verloren; Erwerbstätigkeit hat einen festen Stellenwert im Lebenszusammenhang von Frauen erhalten. Gleichzeitig ist Mutterschaft immer noch eine feste Größe in ihrem Leben. Das Grundmuster der Lebensorientierung heutiger Frauengenerationen, die Doppelorientierung auf familiäres und partnerschaftliches Leben einerseits und berufliche Tätigkeit andererseits, prägt heute die weiblichen Lebenszusammenhänge. Auch in der Öffentlichkeit hat sich immer stärker die Vorstellung der partnerschaftlichen Arbeitsteilung in Haushalt und Familie durchgesetzt. [...]
Männer leben heute mit Frauen zusammen, die erwerbstätig sind und auch langfristige berufliche Perspektiven verfolgen, ändern aber ihr Verhalten in der Partnerschaft kaum. Frauen sind immer noch überwiegend verantwortlich und zuständig für die Hausarbeit und, wenn der Maßstab der

Gleichverteilung häuslicher Aufgaben angelegt wird, häufig doppelt und dreifach belastet. Faktisch gibt es bisher kaum Anzeichen für eine tief greifende Veränderung in der Arbeitsteilung von Männern und Frauen, und dies gilt letztlich für alle Altersgruppen, Schichten und Lebensformen.

(Hans Bertram [Hrsg.], Die Familie in Westdeutschland – Stabilität und Wandel familialer Lebensformen, Opladen 1991, S. 160)

Material 11

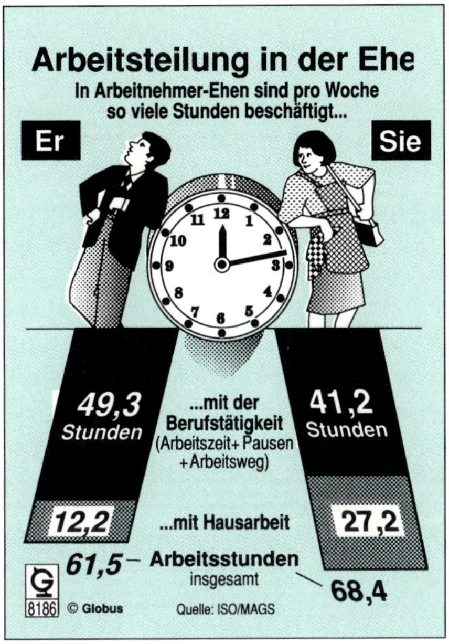

Material 12

Material 13

Die Vorstellungen der Frauen über ihre Lebensgestaltung befinden sich im Wandel. Der Wunsch nach *Eigenständigkeit, Selbstverwirklichung,* sozialen Kontakten und sozialer Absicherung führt oft dazu, dass eine **bewusste Entscheidung für Familie und Beruf** getroffen wird. Berufliche Ausbildung und Erwerbstätigkeit sind Bestandteile des Lebens geworden. In der Regel wird die **fortschreitende Gleichheit** mit einer **Mehrfach- und Überbelastung der berufstätigen Frau** bezahlt. Die Ausprägung neuer Rollenmuster in der Partnerschaft steht erst am Beginn.

Veränderungen in der Einstellung haben noch nicht automatisch Auswirkungen auf das Verhalten der Männer. Umfragen belegen, dass die Bereitschaft der Männer im Haushalt auch mitzuhelfen angestiegen ist, aber die anfallende Arbeit wird überwiegend von Frauen geleistet – egal ob berufstätig oder nicht. Nur wenige Männer übernehmen die Rolle des Hausmannes. Fest geprägte Haltungen aufzubrechen braucht seine Zeit. Die Erkenntnis, dass letztlich beide Seiten gewinnen, setzt sich nur langsam durch. Männer erhalten Freiräume für die Partnerschaft und die Familie und die Frauen haben durch diese neue Form der Arbeitsteilung bessere Chancen ihren Wunsch nach Kindern und beruflichem Erfolg in Einklang zu bringen.

Aufgaben

9. *Stellen Sie aus den verschiedenen Materialien die Informationen über die gegenwärtige Situation zusammen!*
10. *Erörtern Sie, inwieweit es zutreffend ist, nur von „Konturen des Wandels" zu sprechen!*

Denkanstöße

für eine umfassende Beschäftigung mit der Thematik:

11. *Notieren Sie, wie Sie sich Ihr zukünftiges Familienzusammenleben/Ihre Partnerschaftsbeziehung hinsichtlich der gewünschten Aufgabenteilung und Verhaltensweisen vorstellen. Vergleichen Sie Ihre Lebensentwürfe miteinander!*
12. *Welche Überlegungen und „Absprachen" müssen angesichts des neuen Rollenverständnisses der Frau einer Partnerschaft und Familienplanung vorausgehen?*
13. *Lässt sich Ihrer Ansicht nach der beiderseitige Wunsch nach beruflicher Karriere verwirklichen – um welchen „Preis"?*
14. *Welche Folgen können sich durch die „Harmonisierung der Lebensziele beider Partner" für die Kindererziehung ergeben? Stellen Kindertagesstätten und Ganztagsschulen einen angemessenen Ersatz für familiäre Geborgenheit dar?*
15. *Erörtern Sie, ob Teilzeitarbeit eine Entlastung der Probleme darstellen könnte!*
16. *Sehen Sie einen Zusammenhang zwischen dem neuen Selbstverständnis der Frau einerseits und dem Anstieg der Scheidungsrate in den letzten Jahren bzw. einer steigenden Beliebtheit des Single-Daseins als Lebensform andererseits?*
17. *Welche Konsequenzen ergeben sich durch das neue Selbstverständnis der Partner in Bezug auf Familienleben, Kindererziehung und Auflösung der Lebensgemeinschaft?*

3.3 Stichwort: Männergesellschaft

Was heute unter dem Stichwort Männergesellschaft diskutiert wird, ist die unzureichende soziale Verwirklichung der Gleichberechtigung. Rechtlich genießen die Frauen die gleichen Rechte wie Männer, de facto aber herrschen die Männer. Unterrepräsentation der Frauen in den Führungspositionen von Politik, Wirtschaft und Gesellschaft zeigt weiterhin die fortdauernde Benachteiligung. Von der Frauenpolitik wird erwartet, dass sie die Entwicklung zur Gleichheit der Chancen für Frauen in der Arbeitswelt, in der beruflichen Karriere und im öffentlich-politischen Leben fördert und forciert. Dazu gibt es manche Möglichkeiten, die Politik stößt aber auch auf Grenzen und Probleme.

Das Schaubild M 14 verdeutlicht die vielfältigen Aspekte des Begriffes Gleichberechtigung und zeigt, in welchen Bereichen fest geprägte Haltungen noch aufzubrechen sind und wo gezielte Fördermaßnahmen ansetzen können.

Material 14

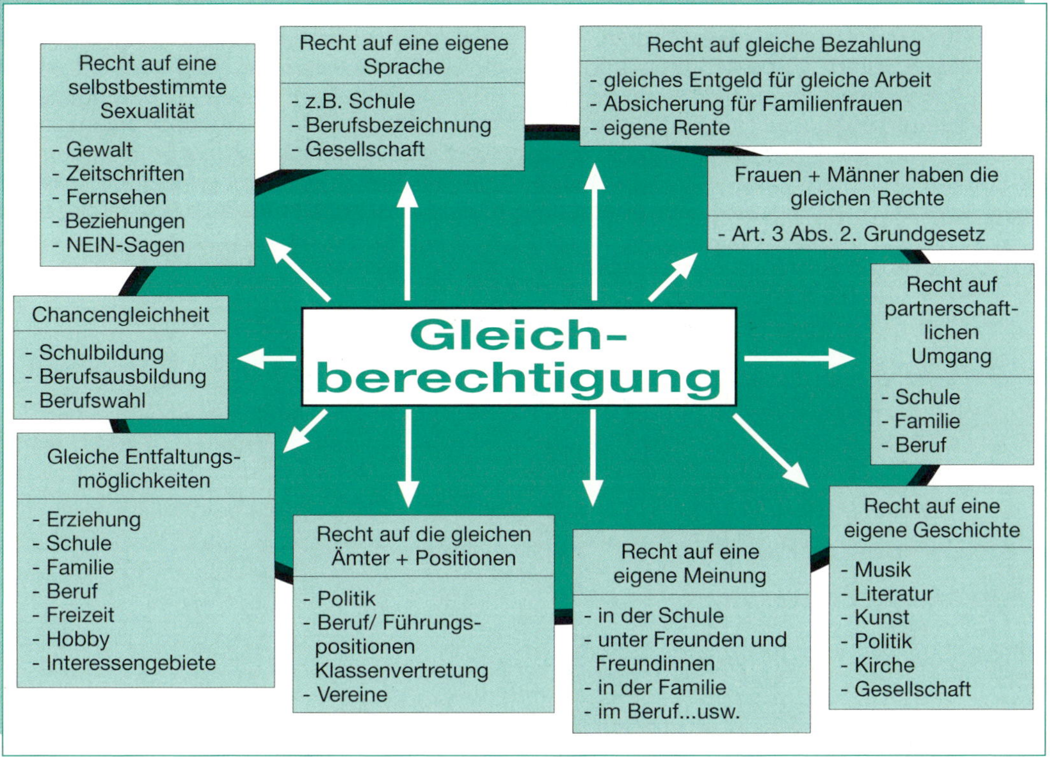

(Jutta Luft, in: Politik und Unterricht, hg. v.d. Landeszentrale für politische Bildung Baden-Württemberg, Heft 3/96, S. 12)

Material 15 a

Hohlspiegel

Aus dem *BMW Magazin* über den 3er-BMW: „Der Mann lässt sich die digitale Motor-Elektronik und die variable Nockenwellensteuerung erklären und bekommt beim Blick in den Motorraum glänzende Augen. Seine Frau interessiert sich besonders für die Lack-Farbtafeln."

Aus den *Nürnberger Nachrichten:* „Psychologen wissen deshalb ziemlich genau, wie etwa ein durchschnittlicher 50-jähriger Mann aus einfachen Verhältnissen oder eine gebildete 35-jährige Frau die Aufgabe lösen. Dieses Mittelmaß entspricht dem Intelligenzquotienten (IQ) 100."

(DER SPIEGEL 44/1996, S. 282)

Material 15 b

► *Frauenförderung durch Quote und/oder Gesetz?*

In den Bundesländern, in vielen Städten, in öffentlich-rechtlichen Körperschaften und Anstalten (z.B. Universitäten) gibt es inzwischen **Frauenbeauftragte,** die auf die Gleichbehandlung von Frauen und auf ihre angemessene Förderung achten sollen. Als Hauptinstrument zur Durchsetzung des Gleichberechtigungspostulats im Alltag dienen die auf der Grundlage von **Gleichstellungsgesetzen** eingerichteten Gleichstellungsstellen. Einige Verbände und vor allem Parteien versuchen es mit einer **Quotenregelung**. Danach soll ein bestimmter Anteil an Frauen in Führungspositionen bzw. in Entscheidungsgremien erreicht werden, evtl. auch durch ihre Bevorzugung, solange dieser Anteil nicht erreicht ist. Das kann freilich zum Konflikt mit dem Gleichheitsgrundsatz führen, der Bevorzugung und Benachteiligung wegen des Geschlechts verbietet.

Material 16

Anteil der Frauen in den politischen Parteien und im Bundestag

		CDU	CSU	FDP	SPD	Grüne	PDS	insgesamt
Parteimitglieder	1970	13,6 %	10 %	15 %	17,3 %	./.		
	1987	22,5 %	14,2 %	24,3 %	25,8 %	36 %		
Bundesvorstand der Partei		17,1 %	12,8 %	13,8 %	17,5 %	30 %		
Bundestag	1983	8 %		12 %	16 %	57 %		9,8 %
	1987	8,5 %		14,6 %	16,1 %	59,5 %		15,4 %
	1990	13,8 %		20,2 %	26,8 %	37,5 %*		20,4 %
	1994	14,3 %		17,0 %	33,7 %	59,2 %*	43,3 %	26,3 %
	1998	18,3 %		20,9 %	35,2 %	57,4 %*	58,3 %	30,9 %

(Zahlen aus verschiedenen Quellen zusammengestellt)

* Bündnis 90/Grüne

Material 17

Material 18

Frauenquote 1988

Wir wollen die Quote, weil es keine Demokratie ohne die gleiche politische Beteiligung von Frauen gibt, aber wir wollen die Quote auch, um eine andere Politik durchzusetzen, eine Politik, in die auch die Lebensperspektive von Frauen einfließt.

(Position der SPD in: Mainzer Allgemeine Zeitung vom 31.10.1988, S. 3)

Frauenquote 1996

Mit großer Mehrheit hat die CDU zum Wochenbeginn auf ihrem Parteitag in Hannover ohne große Aussprache das vor einem Jahr gescheiterte Frauenquorum beschlossen. Andere Parteien verfügen indes schon lange über derartige Frauenquoten. Bereits seit zehn Jahren gilt etwa bei den Grünen, dass Parteiämter auf Bundesebene zu mindestens 50 Prozent mit Frauen besetzt werden müssen. Wahllisten zu Parlamenten müssen abwechselnd aus je einer Frau, der auch der Spitzenplatz zusteht, und je einem Mann bestehen. 1988 hat die SPD die Regelung eingeführt, dass bis zum Jahre 1998 mindestens 40 Prozent aller Parteiämter und Parlamentsmandate Frauen und Männern zustehen. Das soll eine reine Frauenliste, wie sie bei den Grünen zulässig ist, verhindern. In der Satzung der PDS heißt es seit 1991 ähnlich, dass in Vorständen und Wahllisten ein Frauenanteil von mindestens 50 Prozent zu gewährleisten ist. Bei der FDP sind Anläufe, eine Frauenquote einzuführen, bislang gescheitert. Auch die CSU hat keine solche Regelungen.

(Mainzer Allgemeine Zeitung, 23.10.1996, S. 2)

Material 19

Rheinland-pfälzisches Landesgleichstellungsgesetz (LGG) vom 11.7.1995

§ 4
Begriffsbestimmungen

(3) Unterrepräsentanz liegt vor, wenn im Geltungsbereich eines Frauenförderplanes der Frauenanteil innerhalb einer Besoldungs-, Vergütungs- oder Lohngruppe sowie in Funktionen mit Vorgesetzten- oder Leitungsaufgaben weniger als die Hälfte beträgt und nicht aufgabenspezifische Abweichungen begründet sind.

§ 7
Einstellung und Beförderung

(1) Frauen sind bei Einstellung, Beförderung, Höhergruppierung und Aufstieg in die nächsthöhere Laufbahn bei gleichwertiger Eignung, Befähigung und fachlicher Leistung bevorzugt zu berücksichtigen, soweit und solange eine Unterrepräsentanz [...] vorliegt.

(2) Für die Beurteilung von Eignung, Befähigung und fachlicher Leistung (Qualifikation) sind ausschließlich die Anforderungen der zu besetzenden Stelle oder des zu vergebenden Amtes maßgeblich. Diese ergeben sich in der Regel aus der Stellenbeschreibung. Bei der Beurteilung der Qualifikation sind auch Erfahrungen, Kenntnisse und Fähigkeiten zu berücksichtigen, die durch Familienarbeit erworben wurden. Satz 3 gilt nicht, soweit diese Erfahrungen, Kenntnisse und Fähigkeiten für die zu übertragenden Aufgaben ohne Bedeutung sind.

(3) Vorausgegangene Teilzeitbeschäftigungen und Beurlaubungen sowie Verzögerungen beim Abschluss der Ausbildung dürfen nicht zu einer Diskriminierung bei der Auswahlentscheidung führen, wenn sie auf Familienarbeit beruhen. Die dienstrechtlichen Vorschriften bleiben unberührt.

§ 10
Stellenausschreibung

(1) Stellenausschreibungen sind so abzufassen, dass Frauen ausdrücklich angesprochen werden. Soweit zwingende dienstliche Belange nicht entgegenstehen, sind freie oder frei werdende Stellen für Beamtinnen und Beamte, Angestellte, Arbeiterinnen und Arbeiter einschließlich der Funktionen mit Vorgesetzten- oder Leitungsaufgaben auch in Teilzeitform auszuschreiben.

Aufgaben

18. *Beschreiben Sie die Entwicklung des Frauenanteils in den verschiedenen politischen Institutionen (M 16)!*
19. *Stellen Sie die unterschiedlichen Frauenquoten der Parteien gegenüber und prüfen Sie, ob der jeweilige Anteil (M 18) den Zielsetzungen entspricht!*
20. *Diskutieren Sie die Quotenregelung – ein gangbarer Weg, ein notwendiger Weg, ein „Holzweg“?*
21. *Formulieren Sie unter Berücksichtigung von M 19 einen Stellenausschreibungstext für die Leitung eines Jugendtreffs in Ihrer Stadt!*
22. *Erörtern Sie mit der Frauenbeauftragten Ihrer Stadt die Schwierigkeiten bei der Umsetzung des Gleichberechtigungsgesetzes!*

4. Werte und Wertewandel: Schwangerschaftsabbruch (§ 218 StGB) – Ein Projekt

► *Anregungen für das Entwickeln eines Projekts*

① Stichworte, die im Zusammenhang mit dem Thema stehen (alphabetisch geordnet): Aufgabe des Staates, Frist – Indikation, Grenzen der Mehrheitsdemokratie, Letztentscheid, Minimalkonsens einer Gesellschaft, Moral und Politik, Pflichtberatung, Recht des ungeborenen Lebens, Schwangerschaftskonfliktlagen, Selbstbestimmungsrecht der Frau, Selbstverständnis der Frau im Wandel (→ 3), Statistiken zum Schwangerschaftsabbruch, Wann beginnt Leben?, Werte und (Rechts-)Normen, Grenzen des Wertewandels.

② Fachbezogenes Projekt oder Einbeziehen anderer Fächer, etwa Biologie, Religion/Ethik, Deutsch.

③ Analyse und Urteilsbildung zum Sachproblem – oder auch Analyse des politischen Entscheidungsprozesses und seiner fallbezogenen Besonderheiten (→ V/5.2).

④ Analyse der Sachdiskussion und des politischen Entscheidungsprozesses der 90er-Jahre – oder auch Vergleich mit Sachdiskussion und Entscheidungsprozess der 70er-Jahre (Materialien dazu in: Handreichung zur Jahrgangsstufe 12, PZ-Information 5/96, Bad Kreuznach 1996).

Aufgabe

Entwickeln Sie Art und Umfang Ihres Projektes:
- *Zeitansatz und Fragestellungen*
- *Materialien und Arbeitsformen*
- *Darstellung und ggf. Präsentation der Ergebnisse*
- *Notwendige Hilfestellungen, etwa bei verfassungsrechtlichen Fragen*

► *...Materialien für ein Projekt*

Material 1 Grundinformation

Werte und Wertewandel als Gegenstand der Politik

Die **Werte und Wert-Setzungen,** die in diesen grundgesetzlichen Bestimmungen der Artikel 1 und 2 des Grundgesetzes zum Ausdruck kommen, wird niemand bestreiten. Welche für alle **verbindlichen Rechtsnormen** für Schwangerschaftsabbruch sich daraus ergeben, ist jedoch höchst umstritten: Möglicherweise führt eine erste Diskussion zu heftigen Kontroversen im Kurs. Vielleicht vertreten manche ihren Standpunkt unnachgiebig und weisen Gegenargumente als „unwahr“, „unsinnig“, „chauvinistisch“ oder „unmoralisch“ zurück oder es werden verschiedene Begriffe gebraucht: Schwangerschafts*unterbrechung* – Schwangerschafts*abbruch* – *Abtreibung*. Dafür gibt es zwei Ursachen: Einerseits unterliegen auch Wertvorstellungen einem historischen Veränderungsprozess, andererseits haben nicht alle Mitglieder einer Gesellschaft dieselben Wertvorstellungen. **Moralische Normen,** die *Werten entsprechen,* sind nämlich für das *Gewissen des Einzelnen oft „Gebote des unbedingten sittlichen Sollens“,* die für ihn nicht zur Disposition stehen und in denen er sich nicht einem Mehrheitsbeschluss beugen kann (→ VI/2.4). Daraus erwächst ein grundsätzliches **rechtspolitisches Problem:** Nicht alle *moralischen Normen,* die in einer Gesellschaft vorhanden sind, dürfen als *Rechtsnormen* fixiert werden, weil sonst der

Freiheitsraum des Einzelnen weitgehend aufgehoben würde. Andererseits müssen aber die geltenden Rechtsnormen zumindest ein Mindestmaß an Moralität aufweisen, weil auch eine **plurale Gesellschaft** über einen **Grundkonsens an Werten** verfügen muss. Dies gilt umso mehr, **wenn** die **Verfassung** – wie es beim *Grundgesetz* der Fall ist – **verbindliche Wertentscheidungen enthält** (→ VI/2.1–2.3).

Schwangerschaftsabbruch **war und ist** in unserer Gesellschaft ein heftig umstrittenes Thema:

- Bis zur Mitte der *70er-Jahre* war strittig, ob der „alte“ § 218, der nur die medizinische Indikation zuließ, dem heutigen Werteverständnis noch entspricht.
- *Seither* war umstritten, ob die 1976 Gesetz gewordene Indikationen-Lösung noch hinreichend werthaltig ist bzw. ob die Reform weitgehend genug war.
- *Aktualisiert* wurde dieser Streit durch den **Einigungsvertrag,** dessen Art. 31 Abs. 4 den **gesamtdeutschen Gesetzgeber verpflichtet** bis Ende 1992 eine Regelung zu treffen, die

  „den Schutz vorgeburtlichen Lebens und die verfassungskonforme Bewältigung von Konfliktsituationen schwangerer Frauen vor allem durch rechtlich gesicherte Ansprüche für Frauen, insbesondere auf Beratung und soziale Hilfen, besser gewährleistet, als dies in beiden Teilen Deutschlands derzeit der Fall ist“.
- Nunmehr ist umstritten, ob die Gesetzesregelung von 1995 eine für alle zumutbare Regelung darstellt.

Material 2

Beide Positionen – pro und contra – gab es sowohl 1971 als auch 1991.

Material 3

Eine Chronik

Der lange Streit um die Abtreibungsreform

- 3.10.90: Der Einigungsvertrag tritt in Kraft. Der Gesetzgeber wird darin verpflichtet, bis Ende 1992 eine Regelung zu treffen, die den Schutz des vorgeburtlichen Lebens „besser gewährleistet, als dies in beiden Teilen Deutschlands derzeit der Fall ist“. Bis zu diesem Zeitpunkt gilt in Westdeutschland der Paragraph 218 Strafgesetzbuch von 1976, in Ostdeutschland das DDR-Gesetz von 1972 mit einer Fristenregelung innerhalb der ersten zwölf Schwangerschaftswochen.

- 25.6.92: Der Bundestag stimmt nach monatelangen Auseinandersetzungen über sieben Gesetzentwürfe ab (interfraktioneller Gruppenantrag, Entwürfe der Fraktionen der Union, FDP, SPD, Grüne, PDS und der Gruppe der Abtreibungsgegner der Union). Der Gruppenantrag wird in der Nacht zum 26. Juni mit 357 Ja-Stimmen angenommen. Das Gesetz sieht eine Fristenregelung mit Beratungspflicht in den ersten zwölf Schwangerschaftswochen als rechtmäßig vor.

- 10.7.92: Der Bundesrat stimmt dem Schwangeren- und Familienhilfegesetz zu. Nur Bayern lehnt das Gesetz ab.

- 14.7.92: Die bayerische Landesregierung sowie 241 Unionsabgeordnete beantragen beim Bundesverfassungsgericht eine einstweilige Anordnung gegen das In-Kraft-Treten des Gesetzes, bis über angekündigte Normenkontrollklagen gegen die Reform des Paragraphen 218, darunter auch die Normenkontrollklage des bayerischen Staates vom 2.3.90, entschieden ist.

- 28.7.92: Bundespräsident Richard von Weizsäcker unterzeichnet das Gesetz.

- 4.8.92: Die Reform wird im Bundesgesetzblatt veröffentlicht und soll am 5.8. in Kraft treten. Das Bundesverfassungsgericht verhindert dies mit einer einstweiligen Anordnung. Gesetzeskraft haben allerdings sofort die sozialen Hilfen, darunter der Rechtsanspruch auf einen Kindergartenplatz, der von 1996 an gelten soll. Diesen Zeitpunkt aber wird eine Reihe von Bundesländern aus Finanzierungsgründen nicht einhalten.

- 28.5.93: Das Bundesverfassungsgericht verkündet sein Urteil zur Abtreibungsreform. Im Kern billigt es die Fristenregelung mit einer Pflichtberatung. Ein Schwangerschaftsabbruch ist nach dem Karlsruher Richterspruch straflos, aber rechtswidrig; ausgenommen sind die eugenische, kriminologische und medizinische Indikation. Das Urteil enthält ausführliche, schwierig und widersprüchlich zu interpretierende Einzelheiten, beispielsweise zur Beratung, die den Schutz des ungeborenen Lebens zum Ziel haben, aber ergebnisoffen geführt werden soll.

- 16.6.93: Die vom Verfassungsgericht verfügten Übergangsregelungen, die Grundzüge des Urteils zusammenfassen, treten in Kraft. Sie bleiben bis zur Verabschiedung des Gesetzes für ganz Deutschland gültig.

- 26.5.94: Nach monatelangen Auseinandersetzungen zwischen Union, FDP und SPD stimmt der Bundestag erneut über die Reform ab. Streitpunkte sind unter anderem Beratungsziel und Beratungsregelung, neue Strafandrohung gegen Angehörige und Partner bei der Nötigung zum Schwangerschaftsabbruch, die Strafbarkeit der ärztlichen Pflichtverletzung und die Finanzierung von Abtreibungen bei Frauen mit niedrigem Einkommen. Die Koalition bringt ihren Gesetzesentwurf mit nur vier Stimmen Mehrheit bei 264 Ja-Stimmen im Bundestag durch.

- 9.7.94: Der Bundesrat lehnt den Gesetzesentwurf ab.

- 7.9.94: Der Vermittlungsausschuss von Bundestag und Bundesrat kann sich nicht einigen. Die Neuregelung des Paragraphen 218 ist angesichts der Bundestagswahl vom 16. Oktober in dieser Legislaturperiode gescheitert, ein Kompromiss ist nicht mehr möglich.

- 10.2.95: Bei der ersten Lesung von sechs Gesetzentwürfen in der neuen Legislaturperiode zeichnet sich eine parteiübergreifende Mehrheit gegen den Entwurf der CDU/CSU-Fraktion ab. SPD, FDP und Bündnisgrüne bekunden den Willen zum Kompromiss.

- 26.6.95: Die Verhandlungsführer von Union, FDP, und SPD legen ein Kompromisspapier vor. Die Fraktionen stimmen dem neuen, interfraktionellen Gesetzentwurf mehrheitlich zu.

- 29.6.95: Der Bundestag stimmt in zweiter und dritter Lesung über die Abtreibungsreform ab.

(Süddeutsche Zeitung, 29. Juni 1995, S. 8)

Vgl. dazu das Modell/Schema „Phasen des politischen Entscheidungsprozesses“ (→ V/5.2, S. 259)!

Material 4

Schwangerschaftsabbruch als rechtspolitisches Problem

Ebene der Normen und Werte

Verfassungsnormen

Lebensrecht und Selbstbestimmungsrecht der Frau — Art. 2 (1) GG, Art. 2 (2) Satz 1 GG

Lebensrecht des ungeborenen Lebens — Art. 2 (2) Satz 1 GG

generelles Verbot — § 218 StGB (alte Fassung) — generelle Freigabe

Verfassung und Rechtsordnung

- Recht ist orientiert an Zielen, „die notwendige Elemente des sozialen Zusammenlebens in einer Gesellschaft darstellen".
- Die Rechtsordnung legt dabei um der Freiheit des einzelnen willen nur ein „ethisches Minimum" fest, **aber:**
- Als ‚weltanschaulich neutrale', aber ‚wertgebundene' Ordnung verpflichtet das Grundgesetz unabdingbar zum Schutz des menschlichen Lebens: Art. 2 (2) GG.

Ebene des politischen Handelns

→ Jede normative Regelung hat sich „an dem in der gegebenen geistig-gesellschaftlichen Gesamtsituation für den Durchschnittsbürger objektiv Zumutbaren zu orientieren"!

Aufgabe der Politik

→ Jeder Reformvorschlag ist danach zu beurteilen, wieweit er „geeignet erscheint, den gegenwärtigen schlechten Zustand im Hinblick auf den Schutz des werdenden menschlichen Lebens und des Lebens der Mutter zu verbessern oder ihn weiter zu verschlimmern".

Ebene der sozialen Wirklichkeit

Daten zum Schwangerschaftsabbruch in den 60er Jahren

- Schätzung: etwa 200.000 – 400.000 Schwangerschaftsabbrüche pro Jahr, entspricht 25–40% der Lebendgeburten
- bekanntgewordene Abtreibungsfälle nehmen kontinuierlich ab; 1961 : 3.842 → 1969 : 1.005; Bekanntheitsgrad: 0,5–1%, Dunkelziffer: 99–99,5%
- Zahl der gerichtlichen Bestrafungen 1961 : 1.865 → 1966 : 605
- Strafmaß in 90% aller Fälle Geldstrafe bzw. Gefängnisstrafe unter 3 Monaten, zur Bewährung ausgesetzt

Negative rechtspolitische Wirkungen

- Prinzip der Rechtsgeltung wird in Frage gestellt; Abbau der Gesetzesloyalität
- § 218 StGB vermag Abtreibung nicht mehr abzuwehren
- „Zufallsstrafrecht"
  Frauen werden in die Isolierung getrieben, zu Kurpfuschern und Engelmachern mit der Gefahr schwerer gesundheitlicher Schäden für die Schwangeren

(Alle Daten und Zitate nach: E.-W. Böckenförde, „Abschaffung des § 218 StGB?"; in: Stimmen der Zeit, H. 9/1971, S. 147 – 167)

Material 5

Zahl der gemeldeten Abtreibungen in der Bundesrepublik

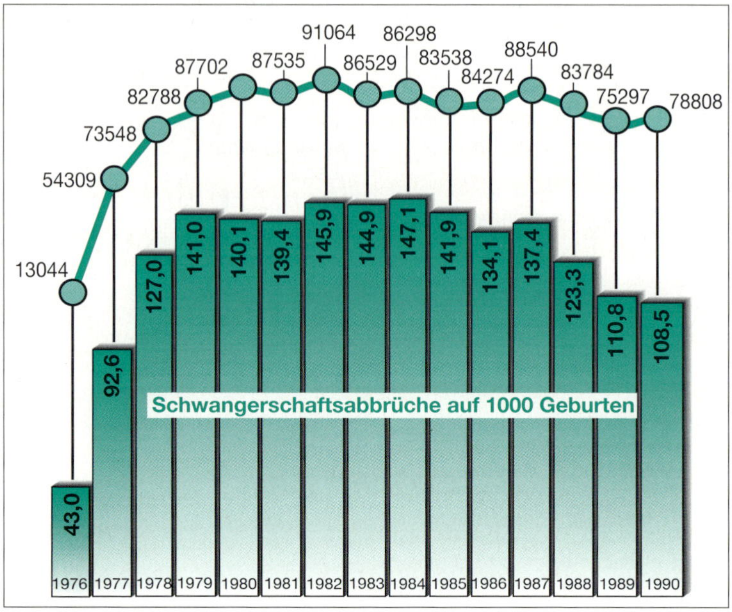

(Spiegel 20/1991, S. 25)

Material 6

Schwangerschaftsabbruch und Abtreibung in der ehemaligen DDR

1950: Gesetz über Mutter- und Kinderschutz (medizinische und eugenische Indikation) allmählich durch Verordnungen „liberalisiert“; ab Mitte der 60er-Jahre kriminologische und soziale Indikation; Einführung der Pille, kostenfrei gegen ärztliches Attest (bis Ende 1990).
1972: Gesetz zur Unterbrechung der Schwangerschaft: Schwangerschaftsabbruch ohne Indikation, nur ärztliche Aufklärungspflicht über mögliche gesundheitliche Folgen.
1976: Sozialpolitische Maßnahmen gegen den „Geburtenknick“: Ab dem 2. Kind kann die Mutter bei vollem Lohn und Garantie des Arbeitsplatzes ein Erziehungsjahr in Anspruch nehmen.

Material 7

Positionen der politischen Parteien im Bundestagswahlkampf 1990

CDU

Das ungeborene Kind ist Mensch von Beginn an und steht unter dem Schutz der Verfassung. Wir treten für einen umfassenden und wirksamen Schutz des ungeborenen Kindes ein. Dies ist durch bloße Strafandrohung nicht zu gewährleisten. Schwangere in Notlagen müssen auch Anspruch auf Beratung und staatliche Hilfe haben. Umfassende Verbesserungen sollen ein Ja zum Kind erleichtern [...]
Wir werden unverzüglich ein neues Gesetz zum Schutz des ungeborenen Kindes vorlegen, mit dem einheitliches und verfassungsgemäßes Recht in ganz Deutschland geschaffen wird. Die Fristenlösung lehnen wir aus ethischen Gründen in Übereinstimmung mit den Werten des Grundgesetzes ab.

CSU

Wir halten am Auftrag des Grundgesetzes, das ungeborene Leben zu schützen, uneingeschränkt fest. Eine Übernahme der in der DDR unter dem Stalinismus eingeführten so genannten Fristenlösung für den Schwangerschaftsabbruch kommt für uns aus christlichem Selbstverständnis und aufgrund des im Grundgesetz für uns unantastbar angelegten Schutzes des werdenden Lebens nicht infrage. Die Fristenlösung ist unvereinbar mit der staatlichen Verpflichtung, die Würde des Menschen zu achten und zu schützen.

SPD

Wir wollen eine Regelung des Schwangerschaftsabbruchs, die werdendes Leben schützt und die die Selbstbestimmung und Eigenverantwortlichkeit der Frau betont. Der Staat wird verpflichtet, durch wirksame soziale Hilfen werdendes Leben zu schützen.

F.D.P.

Die F.D.P. tritt für eine schnellstmögliche gesamtdeutsche Neuregelung der Problematik des Schwangerschaftsabbruches ein [...] Die F.D.P. fordert daher: eine modifizierte Fristenregelung mit obligatorischer Beratung.

Die GRÜNEN / Bündnis '90

Wir stehen für das Selbstbestimmungsrecht von Frauen, das wir auch in einer neuen gesamtdeutschen Verfassung verankert sehen wollen. Wir lehnen strafrechtliche Sanktionen im Zusammenhang mit Abtreibungen ab und treten für die ersatzlose Streichung des bundesdeutschen § 218 ein. Bei der Vereinigung der beiden deutschen Staaten darf es keine Regelung geben, die hinter die derzeitigen Regelungen in der DDR – Fristenlösung ohne Zwangsberatung – zurückfällt. Wir wollen ein gesamtdeutsches Frauenvotum zur Frage des Schwangerschaftsabbruches.

Linke Liste/PDS

Die Linke Liste/PDS tritt für das Selbstbestimmungsrecht der Frau ein. Selbstbestimmungsrecht der Frauen heißt: Frauen entscheiden über ihr Leben, ihren Körper, ihre Arbeit, ihre sozialen Beziehungen und ihre Sexualität. Das ist mehr als bloße Gleichberechtigung oder formale Gleichstellung in einer männer-dominierten Gesellschaft. Das Selbstbestimmungsrecht der Frau ist die Voraussetzung für ein menschenwürdiges Leben.
Die Schlüsselrolle in der frauenfeindlichen Politik des deutschen Staates hat schon immer der Paragraph 218 eingenommen.

(CDU: Wahlprogramm für die Bundestagsahl 1990 – Grundsatzprogramm der Christlich Demokratischen Union Deutschlands; CSU: Entwurf des Wahlprogrammes für die Bundestagswahl 1990 – Grundsatzprogramm der Christlich Sozialen Union; SPD: Der Neue Weg/Regierungsprogramm 1990-1994 – Grundsatzprogramm der Sozialdemokratischen Partei Deutschlands; FDP: Wahlprogramm 90 – Grundsatzprogramm der F.D.P.; Die GRÜNEN: Das Programm zur 1. gesamtdeutschen Wahl 1990; Linke Liste/PDS: Wahlprogramm der Linken Liste / PDS)

Material 8

Schlagzeilen: Die CDU/CSU-FDP-Koalition und die Reform des § 218

Koalitionsstreit um Abtreibung

Adam-Schwaetzer strebt gemeinsamen Entwurf mit SPD an

FDP gegen gemeinsamen Entwurf mit SPD zur Abtreibungs-Reform

Kommt sozialliberales Bündnis beim Abtreibungsrecht zustande?

SPD und FDP suchen Konsens bei § 218

Material 9

Gemeinsame Erklärung der Kirchen

Leitende Gesichtspunkte

- Schwangerschaftsabbruch soll nach Gottes Willen nicht sein. Mit diesem Satz erinnern wir an den unbedingten Anspruch des Gebotes Gottes, das jede vorsätzliche Tötung eines Mitmenschen, also auch die Tötung eines ungeborenen Kindes, ausschließen will.
- Jedes Kind kann im Glauben angenommen werden als ein Geschenk Gottes. Diese Annahme fällt zuweilen sehr schwer. Darum haben für Christen in dem Konflikt, in den eine Schwangerschaft unter Umständen hineinführt, diejenigen Hilfen und Maßnahmen besonderes Gewicht, die der schwangeren Frau, dem Vater des Kindes und den Familien die Annahme des Kindes ermöglichen trotz der Schwierigkeiten, die diese Entscheidung mit sich bringt [...]
- [...] Wenn in ganz besonderen und in anderen Situationen nicht ohne weiteres vergleichbaren Fällen das Leben der Mutter gegen das Leben des Kindes steht und ein Schwangerschaftsabbruch aus medizinischen Gründen angezeigt ist, muss unausweichlich eine Entscheidung getroffen werden, die so oder so das Gewissen belastet. Konfliktlagen von dieser Schärfe können nicht allgemein verbindlich aufgelöst werden.

- Das Reden und Handeln im Schwangerschaftskonflikt kann alle Beteiligten in die Dimension des Schuldigwerdens führen, nicht nur die schwangere Frau. Vorrangig ist die Verpflichtung zur Selbstprüfung bei allen Beteiligten: Wo liegen eigene Versäumnisse beim Schutz des ungeborenen Lebens? Die Bereitschaft zur Erkenntnis eigener Schuld wird durch Anklage und Schuldzuweisung nur verbaut.
- Das Recht auf Selbstbestimmung ist Teil der menschlichen Würde und fordert darum unser Eintreten für eine fortschreitende Befreiung des Menschen aus Unmündigkeit und Fremdbestimmung. Selbstbestimmung findet aber ihre Grenze am Lebensrecht des anderen. Wer sie für sich selbst fordert, muss sie auch dem anderen zuerkennen. Darum kann das Selbstbestimmungsrecht der Frau keine Verfügung über das in ihr heranwachsende Leben begründen.
- Wenn eine Schwangere sich nicht in der Lage sieht, das in ihr heranwachsende Leben anzunehmen, darf ihre Entscheidung, obwohl gegen Gottes Gebot, nicht pauschal und von vornherein als selbstherrliche Verfügung über menschliches Leben verurteilt werden. Die Gründe und Umstände, die zu einem solchen Schritt führen, sind vielmehr Herausforderung zum Gespräch, zum Mitfühlen und zu tatkräftiger Hilfe.
- Sehr häufig trägt die Frau allein die Last einer ungewollten Schwangerschaft, während der Vater des Kindes die Frau im Stich lässt oder in entwürdigender Weise unter Druck setzt. Wer ein Kind zeugt, ist für dessen Zukunft nicht weniger verantwortlich als die schwangere Frau und bei seiner Verantwortung zu behaften.
- So verstehen sich Kirchen und Christen als Anwalt des Lebens und der Menschenwürde gerade auch des ungeborenen Kindes und wissen sich zugleich aufgerufen, mit Rat und Hilfe allen denen beizustehen, die in Bedrängnis geraten sind.

(Kirchenamt der Evangelischen Kirche in Deutschland und Sekretariat der Deutschen Bischofskonferenz (Hg), Gott ist ein Freund des Lebens-Herausforderungen und Aufgaben beim Schutz des Lebens, Trier 1989, S. 68 f.)

Material 10

Schutz des ungeborenen Lebens?

Material 11

	§ 218 StGB **1976**	§ 218 StGB **1992**
Grundsatz	* *Schwangerschaftsabbruch ist strafbar*	*
Ausnahmen Fristenlösung/ Indikationenlösung	* *nicht strafbar, wenn „Indikation nach ärztlicher Erkenntnis" angezeigt ist* → *med., eug., eth. Ind.* → *Notlagen-Indikation (auch soziale Notlage)*	*
Verfahren	* *Beratung und Feststellung der Indikation durch einen Arzt* * *Einwilligung der Frau* * *Krankenkasse trägt Kosten*	*
Letztendscheid	→ *Arzt*	→
Zusatzinformation	*Stiftung Mutter und Kind: ohne Rechtsgarantie auf finanzielle Hilfe*	*Begleitgesetze* – *materielle Hilfen bei sozialer Notlage* – *längerer bezahlter Erziehungsurlaub* – *garantierter Kindergartenplatz*

Neufassung des § 218 StGB vom Juni 1992

Im neuen, umstrittenen Gesetz wurde der Paragraph 218 am Anfang durch einen Satz erweitert und sollte nun lauten:
„(1) Wer eine Schwangerschaft abbricht, wird mit Freiheitsstrafe bis zu drei Jahren oder mit Geldstrafe bestraft. Handlungen, deren Wirkung vor Abschluss der Einnistung des befruchteten Eis in die Gebärmutter eintritt, gelten nicht als Schwangerschaftsabbruch im Sinne dieses Gesetzes."
Neu gefasst wird aber im neuen Gesetz vor allem der Paragraph 218a – 219 befasst sich dann mit der Beratung –, und zwar
„(1) Der Schwangerschaftsabbruch ist nicht rechtswidrig, wenn
1. die Schwangere den Schwangerschaftsabbruch verlangt und dem Arzt durch eine Bescheinigung nach Paragraph 219 Abs. 3 nachgewiesen hat, dass sie sich mindestens drei Tage vor dem Eingriff hat beraten lassen,
2. der Schwangerschaftsabbruch von einem Arzt vorgenommen wird und
3. seit der Empfängnis nicht mehr als zwölf Wochen vergangen sind."

Aufgabe

Ergänzen Sie die Synopse anhand des Gesetzestextes.

Material 12

Leitsätze BVerfG-Urteil vom 28.5.93

Seinem Urteil über das Abtreibungsrecht hat der Zweite Senat des Bundesverfassungsgerichts am Freitag insgesamt 17 Leitsätze vorangestellt. Sie haben unter anderem folgenden Wortlaut:

„1. Das Grundgesetz verpflichtet den Staat, menschliches Leben, auch das ungeborene, zu schützen. Diese Schutzpflicht hat ihren Grund in Artikel 1, Absatz 1 Grundgesetz [...] Menschenwürde kommt schon dem ungeborenen menschlichen Leben zu. Die Rechtsordnung muss die rechtlichen Voraussetzungen seiner Entfaltung im Sinne eines eigenen Lebensrechts des Ungeborenen gewährleisten. Dieses Lebensrecht wird nicht erst durch die Annahme seitens der Mutter begründet.

2. Die Schutzpflicht für das ungeborene Leben ist bezogen auf das einzelne Leben, nicht nur auf menschliches Leben allgemein.

3. Rechtlicher Schutz gebührt dem Ungeborenen auch gegenüber seiner Mutter. Ein solcher Schutz ist nur möglich, wenn der Gesetzgeber ihr einen Schwangerschaftsabbruch grundsätzlich verbietet und ihr damit die grundsätzliche Rechtspflicht auferlegt, das Kind auszutragen. Das grundsätzliche Verbot des Schwangerschaftsabbruchs und die grundsätzliche Pflicht zum Austragen des Kindes sind zwei untrennbar verbundene Elemente des verfassungsrechtlich gebotenen Schutzes.

4. Der Schwangerschaftsabbruch muss für die ganze Dauer der Schwangerschaft grundsätzlich als Unrecht angesehen und demgemäß rechtlich verboten sein. Das Lebensrecht des Ungeborenen darf nicht, wenn auch nur für begrenzte Zeit der freien, rechtlich nicht gebundenen Entscheidung eines Dritten, und sei es selbst der Mutter, überantwortet werden.

6. Der Staat muss zur Erfüllung seiner Schutzpflicht ausreichende Maßnahmen normativer und tatsächlicher Art ergreifen, die dazu führen, dass ein – unter Berücksichtigung entgegenstehender Rechtsgüter – angemessener und als solcher wirksamer Schutz erreicht wird (Untermaßverbot). Dazu bedarf es eines Schutzkonzepts, das Elemente des präventiven wie des repressiven Schutzes miteinander verbindet.

[...]

11. Dem Gesetzgeber ist es verfassungsrechtlich grundsätzlich nicht verwehrt, zu einem Konzept für den Schutz des ungeborenen Lebens überzugehen, das in der Frühphase der Schwangerschaft in Schwangerschaftskonflikten den Schwerpunkt auf die Beratung der schwangeren Frau legt, um sie für das Austragen des Kindes zu gewinnen, und dabei auf eine indikationsbestimmte Strafdrohung und die Feststellung von Indikationstatbeständen durch einen Dritten verzichtet.

12. Ein solches Beratungskonzept erfordert Rahmenbedingungen, die positive Voraussetzungen für ein Handeln der Frau zugunsten des ungeborenen Lebens schaffen. Der Staat trägt für die Durchführung des Beratungsverfahrens die volle Verantwortung.

13. Die staatliche Schutzpflicht erfordert es, dass die im Interesse der Frau notwendige Beteiligung des Arztes zugleich Schutz für das ungeborene Leben bewirkt.

[...]

15. Schwangerschaftsabbrüche, die ohne Feststellung einer Indikation nach der Beratungsregelung vorgenommen werden, dürfen nicht für gerechtfertigt (nicht rechtswidrig) erklärt werden. Es entspricht unverzichtbaren rechtsstaatlichen Grundsätzen, dass einem Ausnahmetatbestand rechtfertigende Wirkung nur dann zukommen kann, wenn das Vorliegen seiner Voraussetzungen unter staatliche Verantwortung festgestellt werden muss.

16. Das Grundgesetz lässt es nicht zu, für die Vornahme eines Schwangerschaftsabbruchs, dessen Rechtmäßigkeit nicht festgestellt wird, einen Anspruch auf Leistungen der gesetzlichen Krankenversicherung zu gewähren. Die Gewährung von Sozialhilfe für nicht mit Strafe bedrohte Schwangerschaftsabbrüche nach der Beratungsregelung in Fällen wirtschaftlicher Bedürftigkeit ist demgegenüber ebenso wenig verfassungsrechtlich zu beanstanden wie die Fortzahlung des Arbeitsentgeltes.

[...]

Material 13

Rechtswidrig, aber nicht strafbar

Der Kompromissentwurf von Union, SPD und FDP zur Neuregelung des Abtreibungsrechts

Die Fraktionen von CDU/CSU, FDP und SPD haben den Kompromissentwurf zur Neuregelung des Abtreibungsrechts gebilligt, heute wird der Bundestag in zweiter und dritter Lesung über die Reform entscheiden. Die Streitpunkte, über die sich die Experten der drei Fraktionen geeinigt haben, behandeln das Beratungsziel, die Strafbarkeit des familiären Umfeldes und die Strafbarkeit bei ärztlicher Pflichtverletzung. Eine embryopathische Indikation wird es nicht mehr geben. Sie geht in der medizinischen Indikation auf, die – wie auch die kriminologische Indikation – nicht rechtswidrig ist. Außerdem wurde für die Finanzierung eines Schwangerschaftsabbruchs bei Frauen mit niedrigem Einkommen eine Regelung gefunden.

Nach Paragraph 218 a Strafgesetzbuch ist Abtreibung rechtswidrig, aber nicht strafbar, wenn „1. die Schwangere den Schwangerschaftsabbruch verlangt und dem Arzt durch eine Bescheinigung [...] nachgewiesen hat, dass sie sich mindestens drei Tage vor dem Eingriff hat beraten lassen, 2. der Schwangerschaftsabbruch von einem Arzt vorgenommen wird und 3. seit der Empfängnis nicht mehr als zwölf Wochen vergangen sind."

Medizinische Indikation: Eine Abtreibung ist nicht rechtswidrig, wenn sie „unter Berücksichtigung der gegenwärtigen und zukünftigen Lebensverhältnisse der Schwangeren nach ärztlicher Erkenntnis angezeigt ist, um eine Gefahr für das Leben oder die Gefahr einer schwerwiegenden Beeinträchtigung des körperlichen oder seelischen Gesundheitszustandes der Schwangeren abzuwenden und die Gefahr nicht auf eine andere für sie zumutbare Weise abgewendet werden kann".

Paragraph 218 c betrifft die ärztlichen Pflichten bei einer Abtreibung: Mit Freiheitsstrafe bis zu einem Jahr oder mit Geldstrafe wird belegt, „wer eine Schwangerschaft abbricht, ohne der Frau Gelegenheit gegeben zu haben, ihm die Gründe für ihr Verlangen nach Abbruch der Schwangerschaft darzulegen". Außerdem muss der Arzt die Frau über die Bedeutung des Eingriffs, über Folgen und Risiken aufklären, und er darf die vorangehende Beratung nicht selber vorgenommen haben.

Paragraph 219 behandelt die Ziele der Beratung: „Die Beratung dient dem Schutz des ungeborenen Lebens. Sie hat sich von dem Bemühen leiten zu lassen, die Frau zur Fortsetzung der Schwangerschaft zu ermutigen und ihr Perspektiven für ein Leben mit dem Kind zu eröffnen; sie soll ihr helfen, eine verantwortliche und gewissenhafte Entscheidung zu treffen. Dabei muss der Frau bewusst sein, dass das Ungeborene in jedem Stadium der Schwangerschaft auch ihr gegenüber ein eigenes Recht auf Leben hat und dass deshalb nach der Rechtsordnung ein Schwangerschaftsabbruch nur in Ausnahmesituationen in Betracht kommen kann, wenn der Frau durch das Austragen eines Kindes eine Belastung erwächst, die so schwer und außergewöhnlich ist, dass sie die zumutbare Opfergrenze übersteigt. Die Beratung soll durch Rat und Hilfe dazu beitragen, die im Zusammenhang mit der Schwangerschaft bestehende Konfliktlage zu bewältigen und einer Notlage abzuhelfen. Das Nähere regelt das Schwangerschaftskonfliktgesetz."

Paragraph 170 des Strafgesetzbuches (Unterhaltsrecht) regelt die Strafbarkeit des familiären Umfeldes: „Wer einer Schwangeren zum Unterhalt verpflichtet ist und ihr diesen Unterhalt in verwerflicher Weise vorenthält und dadurch den Schwangerschaftsabbruch bewirkt, wird mit Freiheitsstrafe bis zu fünf Jahren oder mit Geldstrafe bestraft."

Paragraph 240 des Strafgesetzbuches (Nötigung) wird durch folgenden Satz ergänzt: „Ein besonders schwerer Fall liegt in der Regel vor, wenn der Täter eine Schwangere zum Schwangerschaftsabbruch nötigt."

Im Schwangerschaftskonfliktgesetz, Paragraph 5, wird die Beratung geregelt: „Die nach Paragraph 219 des Strafgesetzbuches notwendige Beratung ist ergebnisoffen zu führen. Sie geht von der Verantwortung der Frau aus. Die Beratung soll ermutigen und Verständnis wecken, nicht belehren oder bevormunden. Die Schwangerschaftskonfliktberatung dient dem Schutz des ungeborenen Lebens."

Im Artikelgesetz wird die Gebührenordnung der Ärzte geändert und die Honorare bei einer Abtreibung, die generell von den Frauen selbst zu zahlen sind, auf das 1,8fache des Gebührensatzes begrenzt. Die Krankenkassen bezahlen nur die rechtmäßigen Schwangerschaftsabbrüche.

Im Fünften Buch des Sozialgesetzbuches wird die Finanzierung für bedürftige Frauen in einem Schwangerschaftskonflikt geregelt: Frauen mit persönlich verfügbaren Einkünften bis zu 1700 Mark bekommen die Kosten von den Ländern erstattet. Die Krankenkassen müssen ihr auf Wunsch eine Bescheinigung über die Kostenübernahme ausstellen und das Verfahren abwickeln. Die Länder erstatten den gesetzlichen Krankenkassen die ihnen durch dieses Gesetz entstehenden Kosten.

(Heidrun Graupner, in: Süddeutsche Zeitung, 29.06.1995, S. 8)

Material 14

Der Kompromiss war überfällig

Wieder einmal ist Sommer, wieder einmal ist es kurz vor den Parlamentsferien, wieder einmal soll der Bundestag über die Abtreibungsreform entscheiden. Von dem großen Wurf, wie es am 25. Juni 1992 hieß, redet niemand mehr. Kompromiss heißt heute das entscheidende Wort für die Reform, die nach mehr als fünf Jahren Diskussion, Streit und Verfassungsgerichtsurteil verabschiedet werden soll. Denn in einem sind sich alle Beteiligten einig: Die Reform soll endlich vom Tisch.

Das Kompromisspapier von Union, FDP und SPD wurde nach einer Nachtsitzung am Montag vorgelegt. Jede der beteiligten Parteien hat eigene Forderungen in dem Papier verankert, jede hat Abstriche machen müssen. Hundert Unionsabgeordnete, sagt der CDU-Parlamentarier und strikte Abtreibungsgegner Hubert Hüppe, werden diesen Entwurf ablehnen. Nicht mittragen wollen ihn auch die Bündnisgrünen. Durch einen vorschnellen Schulterschluss mit der Koalition sei die mögliche Chance vertan worden, eine liberale Lösung zu finden.

Natürlich darf die Frage gestellt werden, ob der Kompromiss über Nacht aus dem Hut gezaubert werden musste, sodass Ungereimtheiten, auch juristischer Art, entstanden sind. Alle Kritik aber kann nur Details betreffen, so wie es seit dem Urteil des Bundesverfassungsgerichts immer nur um einzelne Fragen gehen konnte. Denn mit dem Karlsruher Richterspruch mussten die fundamentalistischen Forderungen, ob von links oder rechts, in die Schubladen gelegt werden.

Viele Ungereimtheiten beruhen auf dem Karlsruher Urteil. Die Verfassungsrichter haben eines klar gesagt: Abtreibung innerhalb der ersten zwölf Schwangerschaftswochen ist nach einer Pflichtberatung straffrei, aber rechtswidrig, die letzte Entscheidung bleibt bei der Frau. Viele Einzelheiten des Karlsruher Urteils aber spiegeln die unterschiedlichen Einstellungen der Richter wider: zum Beispiel bei der Beratung, die ergebnisoffen zu führen ist und den Schutz des ungeborenen Lebens zum Ziel haben muss. Die Richter gaben den Bonner Politikern auf, in manchen Punkten die Quadratur des Kreises zu lösen. Da die Fristenregelung im Grundsatz bestätigt worden ist, wollten zudem viele Unionspolitiker das Strafrecht um die Frau herum recht hoch aufbauen, mit Strafandrohungen, die im Urteil angesprochen werden – gegen Angehörige, gegen Ärzte (die sich erfolgreich dagegen gewehrt haben). Und wer vom Wortlaut des Urteils abweichen wollte, hörte sofort den Warnruf „Karlsruhe", ungeachtet der Tatsache, dass ein neuer Gang zum Verfassungsgericht die Bankrotterklärung jeder souveränen Politik bedeuten würde. Der Warnruf hatte Wirkung, auch das Kompromisspapier enthält wörtliche Zitate aus dem Urteil, die Angriffspunkte vermeiden, vor neuen Interventionen schützen sollen.

Trotz der Ungereimtheiten, trotz der Unzufriedenheit in den Parteien – der parteiübergreifende Kompromiss war überfällig. Er ist die einzige Chance, eine breite Mehrheit des Parlaments für die Reform zu finden, durch die Frauen in einem Schwangerschaftskonflikt ihre Entscheidung in eigener Verantwortung treffen können.

(Heidrun Graupner, in: Süddeutsche Zeitung, 29.06.'1995, S. 8)

Material 15

Eine Reform, an der es nichts zu rütteln gibt

Der neue Paragraph 218: ein akzeptabler Kompromiss, eine faire Debatte

Von den großen Kompromissen, in denen sich die Demokratie bewähre, sprach Inge Wettig-Danielsmeier (SPD) und von der produktiven Gestaltung schwieriger politischer Felder. All das war wahr an diesem Donnerstag: Der Kompromissentwurf für ein neues Abtreibungsrecht von CDU, CSU, FDP und SPD wurde vom Parlament mit einer Mehrheit von fast drei Viertel aller Stimmen angenommen. Die Abtreibungsreform wurde auf eine Basis gestellt, von der zu träumen noch vor wenigen Wochen niemand gewagt hatte. Noch einmal an der Reform zu rütteln, dürfte nach diesem Donnerstag wenig Aussicht auf Erfolg haben.

Die Debatte spiegelte das Abstimmungsergebnis wider: Die große Koalition von CDU, CSU, FDP und SPD warb für ihren Kompromiss ohne allzu viele politische Schlagworte, sehr ernsthaft und bisweilen sehr persönlich. Die Debatte spiegelte Erkenntnisse, ja den Wandel von Einstellungen wider nach der jahrelangen Diskussion, bei Maria Eichhorn (CSU) zum Beispiel, die ihre strenge Linie verlassen hat. Gesetze allein, sagt sie fast wortgleich wie ihre SPD-Kolleginnen, können den Schutz des ungeborenen Le-

bens nicht bewirken. Ein solcher Wandel gilt nicht für alle Abgeordneten. [...]
Im Ganzen aber war es eine faire, eine würdige Debatte über die Abtreibungsreform.
Gesungen wurde in dieser Debatte das auch Hohelied einer Reform, die „Hilfe statt Strafe" verspricht. Die Politikerinnen und Politiker werden sich beim Wort nehmen lassen müssen. Soziale Hilfe, Rechtsanspruch auf Kindergartenplatz, mehr Krippen, mehr Ganztagsschulen – all das wurde auch im Bundestag beschworen. Die sozialen Hilfen zur Abtreibungsreform aber haben schon seit zwei Jahren Gesetzeskraft, sie werden verschoben, den Ländern fehlt das Geld. Doch wenn die Länder die Hilfen allein nicht finanzieren können, dann muss eine andere Lösung gefunden werden. In den großen Kompromissen bewährt sich die Demokratie – nicht nur in der Gesetzfindung, auch bei ihrer Erfüllung.

(Heidrun Graupner, in: Süddeutsche Zeitung, 30.06.1995, S. 4)

Material 16

Grenzen des Normenwandels?

[...] Aber mir erscheint wichtig, noch einmal ein mögliches Missverständnis abzuwehren. Die Rechtsordnung des demokratisch verfassten Staates muss sich grundsätzlich an dem tatsächlich in den Menschen vorhandenen Ethos orientieren – und zwar unabhängig davon, ob diese Orientierung allen normativen Anforderungen entspricht, die von einzelnen Personen oder Gruppen erhoben werden. Das Recht kann nur begrenzt in ein Spannungsverhältnis zum tatsächlich in der Gesellschaft vorhandenen Ethos treten. Andernfalls würde es das Rechtsbewusstsein nicht mehr treffen und würde nicht mehr akzeptiert werden. Deshalb muss die Rechtsordnung einen Wandel des tatsächlich vorhandenen Ethos berücksichtigen. Das Bedürfnis der Reform von Rechtsnormen entsteht vielfach ja gerade deshalb, weil sich das tatsächliche Ethos, so wie es in den Menschen vorhanden ist, gewandelt hat.
Im demokratischen Staat, im Prozess der demokratischen Willensbildung, der auf Mehrheitsentscheidungen angewiesen ist, muss Rechtssetzung immer auf vorhandenes Ethos gestützt sein. Der Staat des Grundgesetzes kann als Staat nicht Träger eines eigenen Ethos sein – das will und soll er auch nicht sein, das will das Grundgesetz nicht. Nur das, was in der Gesellschaft an ethischen Grundhaltungen tatsächlich vorhanden ist, kann in den Rechtssetzungsprozess eingehen, kann als Recht ausgeformt werden [...]
Nun gilt das natürlich auch umgekehrt. Wenn bestimmte ethische Auffassungen in der Gesellschaft nicht mehr vorhanden sind, dann verliert das Recht seine demokratische Legitimation. Der Staat kann ein nicht mehr vorhandenes Ethos nicht zurückholen, und er kann ein nicht mehr vom Konsens der Gesellschaft getragenes Ethos nicht durch Rechtsnorm für verbindlich erklären. Hier ist der Staat an die Grenzen seiner Möglichkeiten gekommen.

(Helmut Schmidt, Ethos und Recht in Staat und Gesellschaft – Vortrag vor der katholischen Akademie in Hamburg am 23.5.1976, hrsg. vom Presse- und Informationsamt der Bundesregierung, Bonn 1976, S. 151 f.)

Material 17a

SZ-Interviews zum Paragraphen 218

„Vorteile für die Frauen"
Stellungnahme der SPD-Politikerin Herta Däubler-Gmelin

Herta Däubler-Gmelin

SZ: Was halten Sie vom Kompromisspapier?

Däubler-Gmelin: Es ist ein typischer Kompromiss, zusätzlich belastet, weil das Bundesverfassungsgericht, das ja die Grundforderung „Hilfe statt Strafe" längst bestätigt hat, für die offenen Punkte ziemlich problematische Vorgaben aufstellte. Der Kompromiss bringt einiges Gute, zum Beispiel vernünftige Hilfe für Frauen bei den Kosten einer Abtreibung, die Streichung der embryopathischen Indikation, die ja als Unterstützung der Diskussion um „lebensunwertes Leben" hätte gewertet werden können.

SZ: Und die Schwachpunkte?

Däubler-Gmelin: Es ist ärgerlich, dass Fortschritte für Frauen offensichtlich damit bezahlt werden mussten, dass Falsches, Ärgerliches oder Unsinniges ins Strafgesetzbuch geschrieben wird. So gehört das Beratungsziel, also die Bandwurmformulierung im neuen Paragraphen 219, nicht ins Strafrecht. Die Fassung des neuen Paragraphen 170 b Absatz 2 ist albern, weil Unterhalt entzogen werden kann oder nicht; aber die Strafbarkeit an die „besonders verwerfliche Weise" zu binden, ist unsinnig. Auch der an sich sympathische Versuch, Leute zu bestrafen, die Schwangere zum Abbruch drängen, ist misslungen; die vorgesehene Ergänzung des Paragraphen 240 ist unpräzise und damit gefährlich.

SZ: Diese Ergänzung des Nötigungsparagraphen hat aber auch die SPD vorgeschlagen.

Däubler-Gmelin: Das nicht, aber auch das ist halt Teil des mühsamen Kompromisses, der sonst mit der Union nicht möglich gewesen wäre. Und – unschuldig daran ist das Urteil des Bundesverfassungsgerichts nicht.

SZ: Was werden Sie mit dem Kompromissgesetz tun?

Däubler-Gmelin: Ich werde den Kompromiss halt so nehmen müssen wie er ist. Auseinander nehmen und in Teilen abstimmen kann man ihn nicht. Und trotz des Ärgers gilt: Die Vorteile für die Frauen sind entscheidend.

SZ: Kann Karlsruhe bei diesem Entwurf noch einmal angerufen werden?

Däubler-Gmelin: Die Frage ist, ob jetzt noch jemand nach Karlsruhe geht. Bisher sieht es nicht so aus – ich fände es auch gut, wenn jetzt endlich Schluss wäre mit dem endlosen Ringen um die Abtreibungsreform.

(Süddeutsche Zeitung, 29.06.1995, S. 8)

Material 17 b

„Messlatte nach unten gehängt"
Bayerns Frauenministerin Stamm (CSU) hält sich bedeckt

Barbara Stamm

SZ: Was halten Sie von dem Kompromisspapier?

Stamm: Ich bin erstaunt, dass es bei den unterschiedlichen Interessen der einzelnen Parteien des deutschen Bundestags zu einer solchen Einigung gekommen ist. Wir als bayerische Staatsregierung haben immer eine klare, einheitliche Auffassung gehabt, einen immer hohen Anspruch, was den Lebensschutz angeht. Aber dass bei den unterschiedlichen Vorstellungen in Bonn dennoch dieser Konsens gefunden wurde, halte ich für außerordentlich gut.

SZ: Sehen Sie negative Punkte?

Stamm: Ich sehe negative Punkte, ich persönlich und natürlich aus der Sicht der Bayerischen Staatsregierung. Dass im Paragraph 219 der Hinweis auf den 218 a nicht mehr gegeben ist, ist ein entscheidender Punkt, denn er betrifft die Belastung der Frau und die Opferbereitschaft der Frau. Ich will das als erste Bewertung sagen, ohne mich endgültig festlegen zu müssen: Da wird die Messlatte doch wieder ein Stück nach unten gehängt. Außerdem fehlt die Mitwirkungspflicht der Frau bei der Beratung. Doch dies fehlte bereits im alten Gesetzentwurf der Koalition, der im Bundesrat gescheitert ist. Ich hätte gerne deutlich herausgestellt, dass die Frau mitwirken muss, wenn sie einen Beratungsschein haben möchte. Und der dritte Punkt ist für mich die ärztliche Pflichtverletzung. Im Urteil steht, dass sich der Arzt vor einem Abbruch vergewissern muss über die Gründe. Im Kompromisspapier heißt es, der Arzt muss der Frau die Gelegenheit dazu geben. Diese Formulierung beinhaltet nicht mehr das, was im Urteil steht. Mit anderen Dingen, etwa mit der Finanzierung, der Strafbarkeit des sozialen Umfelds, wo ich zunächst auch andere Vorstellungen hatte, damit kann ich leben.

SZ: Mit den anderen Punkten nicht?

Stamm: Wie gesagt, ich habe große Probleme, was den Beratungsschein angeht. Das Bundesverfassungsgericht gibt ganz genau vor, dass die Frau mitwirken muss bei der Beratung. Ich denke, da kann man in das Urteil nichts hineininterpretieren, ebenso wenig wie bei der Vorgabe, dass sich der Arzt über die Abbruchgründe vergewissern muss.

SZ: Was werden Sie, was wird die Bayerische Staatsregierung mit dem Kompromissgesetz tun?

Stamm: Die Frage wird sein, und das bleibt dem Ministerrat vorbehalten, was wir als Bayerische Staatsregierung im Bundesrat machen werden. Unsere Situation ist mit Sicherheit etwas anders als in den anderen Bundesländern. Denn wir haben uns selbst einen hohen Maßstab gegeben durch unsere Klage beim Bundesverfassungsgericht. Da muss genau abgewogen werden. Die Staatsregierung hat eine erste Bewertung vorgenommen. Nach dieser Bewertung muss im Ministerrat und von mir als der zuständigen Ministerin der Vorschlag kommen, ob Bayern im Bundesrat zustimmt oder nicht. Das können wir aber jetzt noch nicht sagen.

SZ: Halten Sie einen neuen Gang nach Karlsruhe für möglich?

Stamm: Das steht für mich zum jetzigen Zeitpunkt nicht zur Debatte.

(Süddeutsche Zeitung, 29.06.1995, S. 8)

Material 18

III

Grundlagen des Wirtschaftens

1. Betriebe und Unternehmen

Im folgenden Planspiel können durch Nachspielen der Realität grundlegende Einsichten in wirtschaftliche Problembereiche und Zusammenhänge gewonnen werden.

1.1 Planspiel: Konflikt bei der Rheinglas AG

Material 1

Problembeschreibung

Bei den Mitarbeitern der Rheinglas AG herrscht Unruhe. Vor kurzem ist durchgesickert, dass **der Vorstand** des Unternehmens über tief greifende Veränderungen nachdenkt. Da ist von der Entlassung von 50 Arbeitern in der Abteilung Hohlglasfertigung (Trinkgläser, Flaschen) die Rede, wo aufgrund der osteuropäischen Billigkonkurrenz (geringe Löhne, weniger Umwelt- und Arbeitssicherheitsauflagen) die Auftrags- und Gewinnentwicklung schon seit vier Jahren rückläufig ist (M 3). Verschärfend wirkt sich auch noch der hohe Krankenstand der dort arbeitenden Beschäftigten aus.

Die **Vertrauensleute der Hohlglasfertigung** führen dies allerdings auf die schlechten Arbeitsbedingungen zurück. Sie beklagen die unzureichende Isolation der Schmelzwanne und die mangelhafte Entlüftung der Produktionshalle, was die Temperaturen an den Arbeitsplätzen bis an die Grenze der Belastbarkeit ansteigen lässt. Außerdem verweisen sie auf die hohe Lärmbelastung durch die völlig veralteten Rotationsblas- und Pressblasmaschinen (es wurden schon über 100 Phon gemessen!). Ihre Beschwerden haben die Vertrauensleute bereits an den Betriebsrat weitergeleitet. Die Arbeiter sehen nicht ein für die durch technische Versäumnisse verursachten Krankheitsausfälle bestraft zu werden und fordern die Einstellung von Sicherheitsingenieuren zur Überprüfung und Verbesserung der Arbeitsbedingungen (M 4).

Der **Betriebsrat** ist aber noch von anderer Seite unter Druck geraten. Schon seit längerer Zeit schwelt es bei den Mitarbeitern der Bildschirmfertigung. In dieser Abteilung werden im Pressverfahren Bildschirme für Personalcomputer hergestellt. Die Auftrags- und Gewinnentwicklung hat sich in den vergangenen Jahren stetig verbessert (M 3). Mit ausländischer Konkurrenz ist bei dieser Spezialglasfertigung, die mit hohem technischen Aufwand durchgeführt wird, momentan nicht zu rechnen. Die **Vertrauensleute der Bildschirmfertigung** beklagen, dass die Löhne trotz der wirtschaftlichen Erfolge immer noch um 1,50 DM/h unter dem in der Branche üblichen Niveau liegen (M7). Aus ihrer Sicht erscheint es untragbar, dass noch keine Lohnangleichung erfolgt ist, zumal als Folge der günstigen Auftragslage der Druck am Produktionsband (und damit die Produktivität) erheblich erhöht wurde. Die Vertrauensleute verweisen auf die steigende Zahl der Erkrankungen, die durch erhöhten Stress, Hitze und Lärm verursacht wären (M 6).

Der **Vorstand des Unternehmens** hat die Probleme in den Abteilungen längst erkannt. Es werden mehrere Optionen diskutiert:

– Verbesserte Schutzeinrichtungen vor Lärm und Hitze zur Senkung des Krankenstands von 8 % auf 6 % (Investitionsaufwand für beide Abteilungen: 5 Mio. DM, erhoffter jährlicher Einspareffekt durch geringere Krankheitsausfälle: 0,5 Mio. DM).

– Die Erweiterung der Bildschirmproduktion bei gleichzeitiger Modernisierung (v.a. durch den Einsatz von Robotern). Diese Verknüpfung hat den Vorteil, dass keine zusätzlichen teuren Arbeitskräfte eingestellt werden müssen (Investitionsaufwand: 20 Mio. DM).

– Den Bau einer neuen, hochmodernen Schmelzwanne mit doppelter Kapazität für die erweiterte Bildschirmproduktion (Investitionsaufwand: 20 Mio. DM, jährlicher Einspareffekt durch geringeren Energieaufwand: 1,1 Mio. DM).

– Im Falle einer neuen Schmelzwanne: Umstellung von der Ölbefeuerung auf elektrische Energiezufuhr durch das nahe gelegene Kohlekraftwerk. Bei dieser Maßnahme rechnet man mit höherer Qualität bei der Schmelze (Investitionsaufwand: 1 Mio. DM, jährlicher Einspareffekt: momentan 20 000 DM, in Zukunft abhängig von Preisentwicklung bei den Energielieferanten).

– Abbau von 30 – 50 Arbeitsplätzen in der Hohlglasfertigung durch Einstellen der Flaschenproduktion (Kosten für Abfindungen/Sozialpläne: ca. 12 Mio. DM, jährlicher Einspareffekt durch Verlustabbau: ca. 3 Mio. DM)

Noch ist alles in der Diskussion, noch sind keine Entscheidungen gefallen. Für Spannung ist also in der nächsten Zeit gesorgt!

Material 2

Rollenkarten

Rollenkarte: Betriebsrat (→ S. 123, M 11)

Der Betriebsrat hat vor allem die Aufgabe,

- die Einhaltung von Gesetzen, Tarifverträgen, Betriebsvereinbarungen zu überwachen;
- Regelungen der Arbeitszeit, der Pausen, der Lohnzahlung, der Arbeitsplatzgestaltung und des Arbeitsablaufs mitzubestimmen (SOZIALE MITBESTIMMUNG);
- Beschwerden von Arbeitnehmern beim Arbeitgeber vorzubringen und belegschaftsdienliche Maßnahmen zu beantragen;
- in besonderen Fällen bei Versetzung oder Kündigung Einspruch einzulegen (PERSONELLE MITWIRKUNG);
- ein Mitspracherecht wahrzunehmen bei größeren wirtschaftlichen Entscheidungen (WIRTSCHAFTLICHE MITSPRACHE).

Rollenkarte: Vorstand der Rheinglas AG (→ S. 124, M 13)

Ihr seid dafür verantwortlich, dass der Bestand des Unternehmens auch in Zukunft gesichert ist. Dazu muss die Gewinnentwicklung für die nächsten Jahre im Auge behalten werden. Die Sicherung des Unternehmensbestands bedeutet für euch auch langfristige Sicherung der Arbeitsplätze im harten internationalen Wettbewerb. Ihr könnt nicht alle Pläne auf einmal realisieren, da ihr lediglich über kurzfristig einsetzbare Rücklagen von 40 Mio. DM verfügt. Jede weitere Investition müsste über einen Kredit bei der Stadtbank (Lehrer/in) finanziert werden (Zinsen und Tilgungsraten der Bank beachten!). Die Forderungen der Vertrauensleute haltet ihr zwar in der derzeitigen wirtschaftlichen Situation für überzogen, seid aber jederzeit zu Gesprächen bereit. Nur ein gutes Betriebsklima bringt Motivation und Erfolge.

Rollenkarte:

Vertrauensleute der Hohlglasfertigung

Ihr seid selbst Arbeiter in der Hohlglasfertigung. Eure Kollegen haben euch gewählt, damit ihr die Interessen der Arbeitnehmer dieser Abteilung gegenüber dem Betriebsrat, eurem unmittelbaren Ansprechpartner, vertretet. Ihr erwartet vom Betriebsrat als der Arbeitnehmervertretung des Unternehmens, dass er eure Anliegen dann bei der Geschäftsleitung vorbringt. Ihr solltet aber berücksichtigen, dass der Betriebsrat auch den Arbeitern der Bildschirmproduktion verpflichtet ist, die teilweise andere Interessen haben.

Rollenkarte:

Vertrauensleute der Bildschirmproduktion

Ihr seid selbst Arbeiter in der Bildschirmproduktion. Eure Kollegen haben euch gewählt, damit ihr die Interessen der Arbeitnehmer dieser Abteilung gegenüber dem Betriebsrat, eurem unmittelbaren Ansprechpartner, vertretet. Ihr erwartet vom Betriebsrat als der Arbeitnehmervertretung des Unternehmens, dass er eure Anliegen dann bei der Geschäftsleitung vorbringt. Ihr solltet aber berücksichtigen, dass der Betriebsrat auch den Arbeitern der Hohlglasproduktion verpflichtet ist, die teilweise andere Interessen haben.

Material 3

Die wirtschaftliche Situation der Rheinglas AG

	Hohlglasproduktion (in Mio. DM)				Bildschirmproduktion (in Mio. DM)			
	1994	1995	1996	1997	1994	1995	1996	1997
Umsatz (Verkauf)	60	57	53	53	50	55	60	61
Gewinn	1,5	1,2	0,7	0,5	1,8	2,2	2,5	2,6
Energiekosten	6,0	4,8	4,6	4,8	7,0	7,8	8,8	9,0
Zahl der Mitarbeiter	230	210	200	200	180	180	180	180

Material 4

Rechtsvorschriften

Aus der Gewerbeordnung:

§ 120a: (1) Die Gewerbeunternehmer sind verpflichtet, die Arbeitsräume, Betriebsvorrichtungen, Maschinen und Gerätschaften so einzurichten und zu unterhalten und den Betrieb so zu regeln, dass die Arbeiter gegen Gefahren für Leben und Gesundheit so weit wie möglich geschützt sind, wie es die Natur des Betriebes gestattet.

§ 147: (1) Ordnungswidrig handelt, wer vorsätzlich oder fahrlässig [...] einer vollziehbaren Anordnung [...] zuwiderhandelt [...].
(4) Die Ordnungswidrigkeit kann [...] mit einer Geldbuße bis zu zehntausend Deutsche Mark [...] geahndet werden.

Aus der Arbeitsstättenverordnung:

§ 15 Schutz gegen Lärm: (1) In Arbeitsräumen ist der Schallpegel so niedrig zu halten, wie es nach der Art des Betriebes möglich ist. Der Beurteilungspegel am Arbeitsplatz darf auch unter der Berücksichtigung der von außen einwirkenden Geräusche höchstens betragen:
1. bei überwiegend geistigen Tätigkeiten 55 dB (A) (= Phon),
2. bei einfachen oder überwiegend mechanisierten Bürotätigkeiten und vergleichbaren Tätigkeiten 70 dB (A),
3. bei allen sonstigen Tätigkeiten 85 dB (A); soweit dieser Beurteilungspegel nach der betrieblich möglichen Lärmminderung zumutbarerweise nicht einzuhalten ist, darf er bis zu 5 dB (A) überschritten werden.

Aus dem Arbeitssicherheitsgesetz:

§ 1 Grundsatz: Der Arbeitgeber hat nach Maßgabe dieses Gesetzes Betriebsärzte und Fachkräfte für Arbeitssicherheit zu bestellen. Diese sollen ihn beim Arbeitsschutz und bei der Unfallverhütung unterstützen [...].

§ 20 Ordnungswidrigkeiten: (2) Eine Ordnungswidrigkeit im Sinne dieses Gesetzes kann mit einer Geldbuße bis zu 50 000 Deutsche Mark [...] geahndet werden.

Material 5

Auszüge aus dem Betriebsverfassungsgesetz (zum Betriebsrat)

§ 2: (1) Arbeitgeber und Betriebsrat arbeiten unter Beachtung der geltenden Tarifverträge vertrauensvoll [...] zum Wohl der Arbeitnehmer und des Betriebs zusammen.

§ 87 Mitbestimmungsrechte: (1) Der Betriebsrat hat [...] in folgenden Angelegenheiten mitzubestimmen: [...] 7. Regelungen über die Verhütung von Arbeitsunfällen und Berufskrankheiten sowie über den Gesundheitsschutz im Rahmen der gesetzlichen Vorschriften oder der Unfallverhütungsvorschriften; [...] 11. Festsetzung der Akkord- und Prämiensätze und vergleichbarer leistungsbezogener Entgelte [...].

§ 89 Arbeitsschutz: (1) Der Betriebsrat hat bei der Bekämpfung von Unfall- und Gesundheitsgefahren die für den Arbeitsschutz zuständigen Behörden [...] durch Anregung, Beratung und Auskunft zu unterstützen sowie sich für die Durchführung der Vorschriften über den Arbeitsschutz und die Unfallverhütung im Betrieb einzusetzen [...].

§ 102 Kündigungen: (1) Der Betriebsrat ist vor jeder Kündigung zu hören. Der Arbeitgeber hat ihm die Gründe für die Kündigung mitzuteilen. Eine ohne Anhörung des Betriebsrates ausgesprochene Kündigung ist unwirksam [...] (3) Der Betriebsrat kann [...] der ordentlichen Kündigung widersprechen, wenn 1. der Arbeitgeber bei der Auswahl des zu kündigenden Arbeitnehmers soziale Gesichtspunkte nicht oder nicht ausreichend berücksichtigt hat, [...] 3. der zu kündigende Arbeitnehmer an einem anderen Arbeitsplatz im selben Betrieb oder in einem anderen Betrieb des Unternehmens weiter beschäftigt werden kann, 4. die Weiterbeschäftigung des Arbeitnehmers nach zumutbaren Umschulungs- oder Fortbildungsmaßnahmen möglich ist [...]

Material 6

Arbeitsschutz kann sich lohnen

Das nebenstehende Schaubild zeigt, dass Lärmschwerhörigkeit, Haut- und Atemwegserkrankungen zu den häufigsten Berufskrankheiten zählen. Auch bei der Rheinglas-AG ist das feststellbar: Die Belastungen durch Lärm sind überdurchschnittlich hoch. Daneben lassen Hitze und unzureichende Belüftung die Häufigkeit von Atemwegserkrankungen und Hautallergien in der Produktion ansteigen. Mit einem Krankenstand von 8 % liegt die Rheinglas AG um ca. 2 % über vergleichbaren Unternehmen. Besserer Arbeitsschutz würde sich lohnen: Die Senkung des Krankenstands um ein Prozent erspart jährlich ca. 250 000 DM! Ein neu eingestellter Sicherheitsingenieur kostet dagegen „nur“ 120 000 DM.

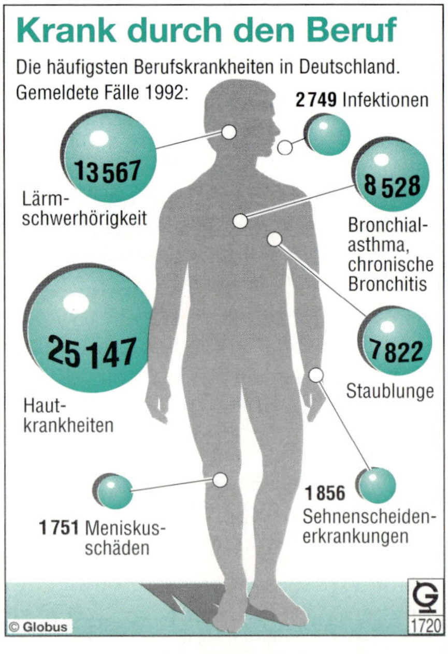

Material 7

Löhne im Vergleich

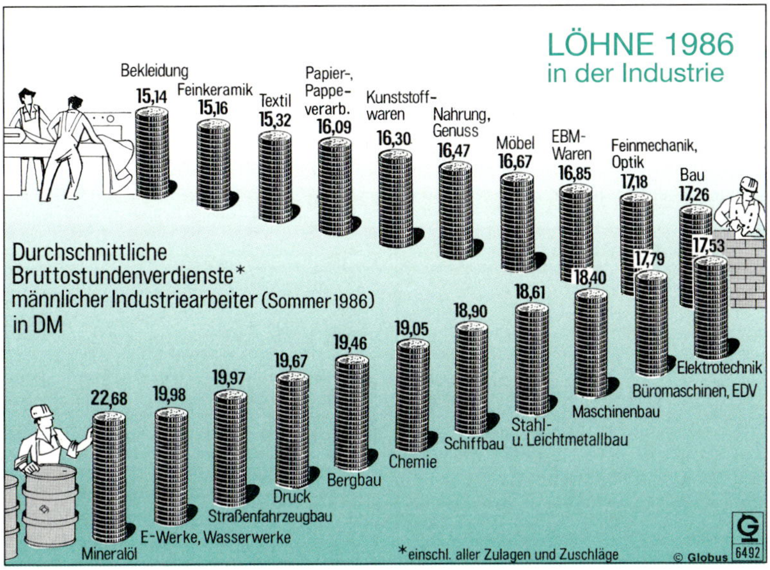

In der Glasindustrie (Keramik/-Feinkeramik) wird vergleichsweise wenig verdient. Bei der Rheinglas-AG liegen die Löhne in der Produktion dazu sogar noch niedriger als im Durchschnitt. Das Unternehmen hält sich hart an die tariflichen Mindestlöhne, denn es liegt in einer strukturschwachen Region mit über 12 % Arbeitslosigkeit! Die Arbeiter in der Produktion würden auf dem regionalen Arbeitsmarkt kaum eine besser bezahlte Arbeit finden, zumal es sich bei den meisten Mitarbeitern nicht um hoch qualifizierte Facharbeiter handelt. Der Vorstand hat bei bisherigen Verhandlungen mit dem Betriebsrat immer wieder darauf hingewiesen, dass auch die Lebenshaltungskosten in der Region niedriger als in den Ballungsgebieten sind.
(Ergänzende Angabe: Der durchschnittliche Bruttojahresverdienst männlicher Industriearbeiter betrug 1986 DM 41.999,– und 1997 DM 60.839,– (West) bzw. DM 44.238,– (Ost).)

Material 8

Rationalisierungsmöglichkeiten

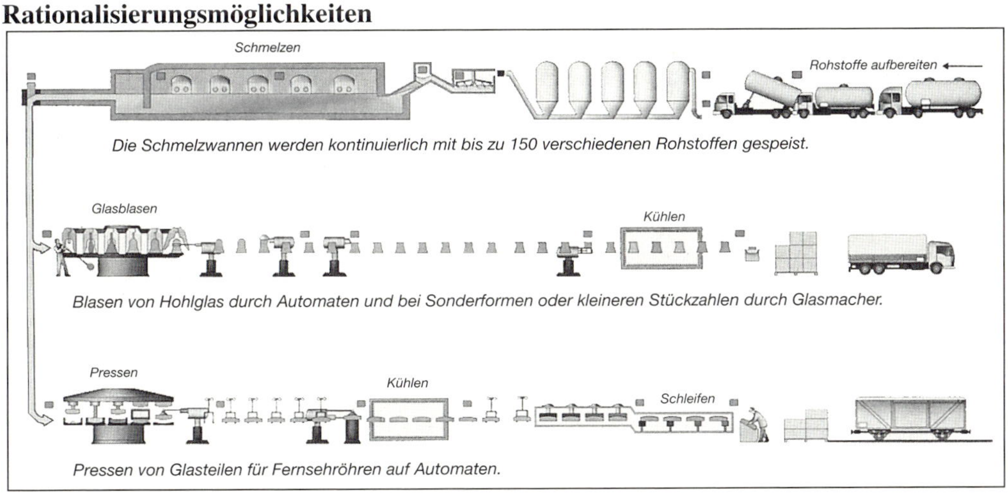

Das obige Schaubild zeigt Produktionsanlagen für Hohlglas- und Bildschirm-/ Bildröhrenfertigung. Bei **Flaschenproduktion** wird flüssiges Glas aus der Schmelzwanne entnommen, zunächst in eine Metallform gepresst, dann maschinell ausgeblasen und schließlich langsam abgekühlt (Pressblasverfahren).

Bei der **Gläserproduktion** wird dagegen der flüssige Glasklumpen in eine rotierende Form gegeben und dabei ausgeblasen (Rotationsblasverfahren). Sehr viel aufwendiger ist die **Bildschirmproduktion.** Ein großer Glasklumpen wird mit hohem Druck in eine Form gepresst und dann in einer langen „Kühlstraße" (wegen erhöhter Qualitätsanforderungen) vorsichtig abgekühlt. Am Ende werden die Bildschirme geschliffen, kontrolliert und verpackt. Bei der Rheinglas-AG werden die glühend heißen Bildschirme noch manuell von der Presse auf das Kühlband gelegt. Diese wegen extremer Hitze sehr harte Arbeit könnte, wie das Schaubild zeigt, auch durch einen Roboter ausgeführt werden. Roboter sind langfristig billiger und arbeiten zuverlässig und ohne Ausfälle.

(Grafik und Text nach: „Schott Stories", hg. von Schott Glaswerke, Mainz)

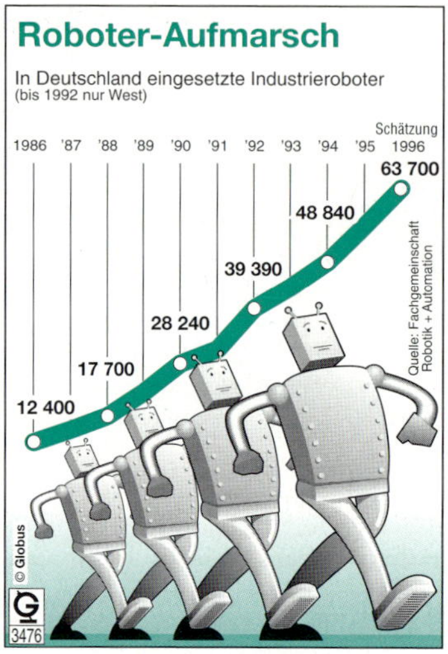

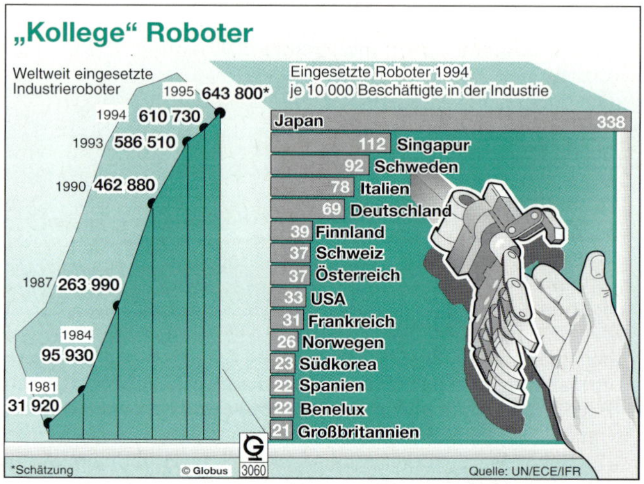

Hinweise zum Planspiel

1. *Lesen Sie sich zunächst sorgfältig den „Fahrplan für Planspiele" (Material 9) durch!*
2. *Rechnen Sie während der Verhandlungsphase mit „Ereigniskarten" des Lehrers/der Lehrerin, die plötzliche Veränderungen der wirtschaftlichen Situation bringen können (z.B. Verschlechterung/Verbesserung der Auftragslage, Dumpingpreise der Konkurrenz etc.).*
3. *Führen Sie in der Entscheidungsphase eine Betriebsversammlung durch (Lehrer/in leitet die Versammlung als Aufsichtsratsvorsitzender)!*

Material 9

Fahrplan für Planspiele

Im Planspiel spielen Schüler politische Entscheidungsprozesse möglichst realitätsnah nach. Bei dieser handlungsorientierten Methode werden neben fachlichen Lernzielen auch grundlegende *kommunikative Fertigkeiten* und *Arbeitsmethoden* eingeübt. Planspiele (er)fordern *Kooperation* der Schüler untereinander. Sie erweitern *Methodenkompetenzen* und ermöglichen selbstbestimmtes Lernen der Schüler.
Der folgende „Fahrplan" bietet einen Überblick über den Ablauf eines Planspiels. Er kann aber auch als Anleitung zur erfolgreichen Durchführung benutzt werden.

	SCHÜLERAKTIVITÄTEN	LEHRER
1. Stunde Haus-aufgabe	**Einführungsphase:** Durchlesen der Situationsbeschreibung, Durcharbeiten der Rollenkarten/Materialien	- teilt ... Material aus ... Spielgruppen ein ... vorhandene Räume zu - klärt Verständnisfragen
2. Stunde	**Strategiebildungsphase:** Schüler erörtern gruppenintern (noch kein Kontakt zu anderen Gruppen) ihre Situation/u.a. folgende Fragen: - Was sind unsere Interessen/Ziele? - Wie wollen/können wir sie durchsetzen? - Mit wem wollen wir verhandeln? - Welche Argumente wollen wir vorbringen? - In welcher Situation befinden sich die anderen Gruppen? - Was werden sie voraussichtlich tun?	- beobachtet
3./4. Stunde	**Verhandlungsphase:** Die Gruppen treten miteinander in Kontakt. Sie - verhandeln - verbünden sich - schreiben Briefe/Eingaben - sammeln Unterschriften - verfassen Proteste - erstellen Plakate/eine Wandzeitung - schließen Verträge - geben Interviews - bereiten Reden vor für die ...	- übernimmt Nebenrolle - gibt Ereignis-karten ein
5. Stunde	**Entscheidungsphase:** In einer abschließenden Konferenz (z. B. Betriebsversammlung, Bürgerversammlung, Parlamentssitzung) stellen die Gruppen ihre Positionen vor und diskutieren die getroffenen Entscheidungen.	- moderiert
6. Stunde	**Reflexionsphase:** - spontane Stellungnahme - Erörterung der Realitätsnähe - Beurteilung der getroffenen Entscheidung(en) - Bewertung der Methode („Was wurde gelernt?“) - Weiteres Vorgehen?	

1.2 Mitbestimmung in Betrieb und Unternehmen: Sind Arbeitnehmerinteressen hinreichend berücksichtigt?

Bei der Wahrnehmung von Arbeitnehmerinteressen gegenüber den Arbeitgebern lassen sich zwei „Schienen" unterscheiden. Die erste „Schiene" ist die überbetriebliche Organisation der Arbeitnehmer in Gewerkschaften im Rahmen der Tarifhoheit (→ III/2.). Die Mitbestimmung findet als zweite „Schiene" innerhalb der einzelnen Betriebe und Unternehmen statt. Dabei ist zu unterscheiden zwischen der **Mitbestimmung im Betrieb**, die sich im Wesentlichen auf Produktionsabläufe und Arbeitsbedingungen beschränkt, und der Mitbestimmung im Unternehmen, wo Arbeitnehmer auch an wirtschaftlichen Entscheidungen mitwirken können.

▶ *Mitbestimmung im Betrieb*

Material 10

Bureau-Ordnung 1853

☛ **Bureau//Ordnung**

zur Beachtung des Personals

Aus einer »Büroordnung« des Jahres 1853

Gottesfurcht, Sauberkeit und Pünktlichkeit sind die Voraussetzungen für ein gutes Geschäft.

Morgens wird im Hauptbüro das Gebet gesprochen. Das gesamte Personal muss dazu anwesend sein.

Die Kleidung muss einfach sein. Das Personal wird sich nicht in hellen Farben bewegen und Strümpfe nur tragen, wenn sie in Ordnung sind. Mäntel und Überschuhe dürfen im Büro nicht getragen werden, ausgenommen Hüte, aber nur bei kaltem Wetter.

Dem Personal steht der Ofen zur Verfügung. Es wird empfohlen, dass jedes Mitglied des Personals täglich bei Kälte 4 Pfund Kohle mitbringt.

Kein Mitglied des Personals darf den Raum ohne Erlaubnis verlassen. Man darf austreten und das Personal darf dafür den Garten unterhalb der zweiten Tür benutzen. Er muss aber in gutem Stand gehalten werden.

Während der Bürostunden darf nicht gesprochen werden.

Die Sucht nach Tabak, Wein oder Alkohol ist eine menschliche Schwäche und dem gesamten Personal verboten.

Das Personal bringt seine eigenen Schreibfedern mit. Ein neuer Anspitzer steht auf Antrag zur Benützung zur Verfügung. Es wird ein Senior bestimmt, der für die Sauberkeit des Hauptbüros und des Privatbüros verantwortlich ist. Alle Jungens und Junioren melden sich bei ihm 40 Minuten vor dem Gebet und bleiben nach Arbeitsschluss zur Verfügung.

Unsere Firma hat die Arbeitsstunden verkürzt. Das Personal braucht jetzt nur noch an den Wochentagen zwischen 7 Uhr vormittags und 7 Uhr nachmittags anwesend zu sein. Der Sonntag dient dem Kirchendienst. Sollte es jedoch erforderlich sein, wird auch am Sonntag gearbeitet.

Nachdem nun die Arbeitsstunden so drastisch vermindert wurden, ist die Einnahme von Nahrung zwischen 11.30 Uhr und Mittag erlaubt. Die Arbeit darf dafür nicht eingestellt werden.

Die Eigentümer betonen hiermit noch einmal die Großzügigkeit der neuen Arbeitsgesetze. Sie erwarten aber eine wesentliche Steigerung der Arbeitsleistung zum Ausgleich für diese fast utopischen Bedingungen.

(Wochenschau 1, Nr. 1 Januar/Februar 1992)

Material 11

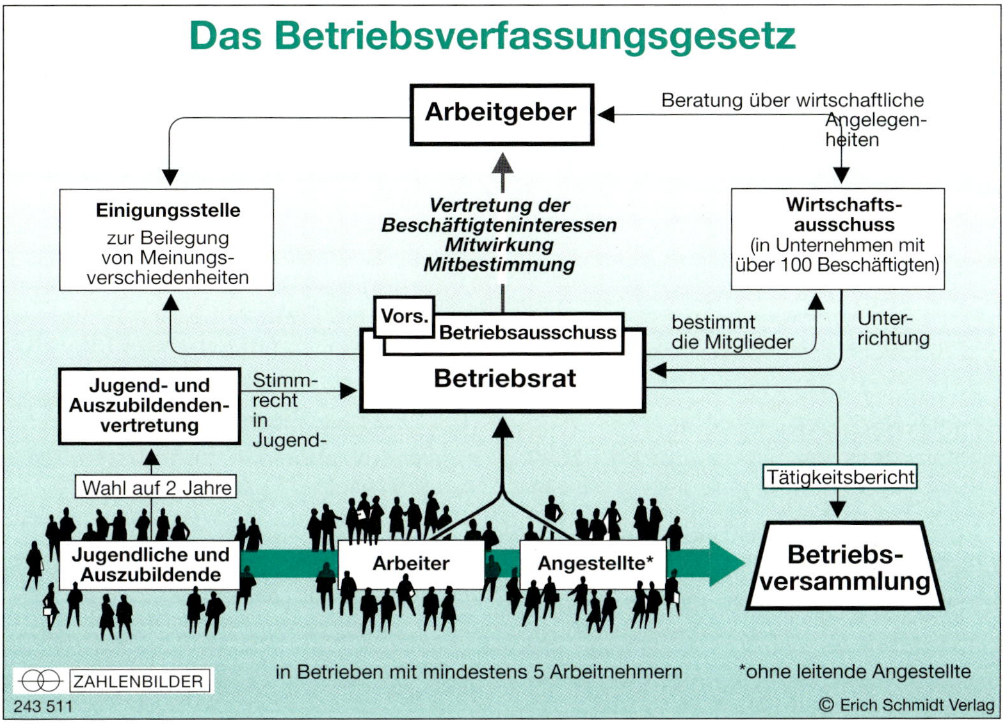

Die Mitbestimmung im Betrieb ist in Deutschland erst seit der Weimarer Republik gesetzlich festgelegt. Vorher bestimmte der Unternehmer allein die Organisation betrieblicher Abläufe und die Arbeitsbedingungen. Noch heute gibt es viele Länder ohne gesetzliche Regelung der Arbeitszeiten und Arbeitsbedingungen. In der Bundesrepublik ist die innerbetriebliche Mitbestimmung im Betriebsverfassungsgesetz von 1952 (Neufassung 1972) festgelegt. Für Klein- und Mittelbetriebe, die als Kapitalgesellschaften geführt werden, regelt es zugleich die unternehmerische Mitbestimmung.

Aufgaben

4. *Vergleichen Sie die Bureau-Ordnung von 1853 mit den gesetzlichen Bestimmungen im Planspiel (M 4 und 5)!*
5. *Begründen Sie die Notwendigkeit von gesetzlichen Regelungen in Betrieben! Argumentieren Sie auch mit Art. 1 – 5 und Art. 14 GG!*
6. *Analysieren Sie die Rechte des Betriebsrates (Material 2: Rollenkarte Betriebsrat)! Was bedeutet die Unterscheidung zwischen Mitbestimmung, Mitwirkung und Mitsprache?*
7. *Ist der Betriebsrat „Gegenspieler“ oder „Partner“ der Geschäftsleitung? Erörtern Sie, ausgehend von Ihren Erfahrungen im Planspiel, Handlungsspielräume und Rolle des Betriebsrats!*

▶ Mitbestimmung in Unternehmen

Material 12

„Quatsch nicht! Das war immer so!“

In modernen Volkswirtschaften ist zu beobachten, dass die Eigentümer und Unternehmerfunktion in mittleren und großen Unternehmen immer mehr auseinander treten. Zwar gibt es im kleineren und mittleren Gewerbe vielfältig noch den Eigentümer-Unternehmer, das heißt der Kapitalbesitzer führt zugleich das Unternehmen. Aber immer mehr Mittel- und Großunternehmen werden heute von angestellten Unternehmern (Managern) geführt, während die Eigentumsrechte bei mehreren oder gar bei vielen Anteilseignern liegen (Gesellschafter, Aktionäre). In diesem „Dreiecksverhältnis“ wird deutlich, dass das **Unternehmerinteresse** sich am Markt zu behaupten und Fortschritte zu machen keineswegs identisch ist mit dem **Eigentümerinteresse** möglichst viel Gewinn aus dem Unternehmen zu ziehen, ebenso wenig mit dem **Arbeitnehmerinteresse** Arbeitsplätze zu sichern und einen möglichst hohen Lohn zu erhalten.

▶ Unternehmensformen

Material 13

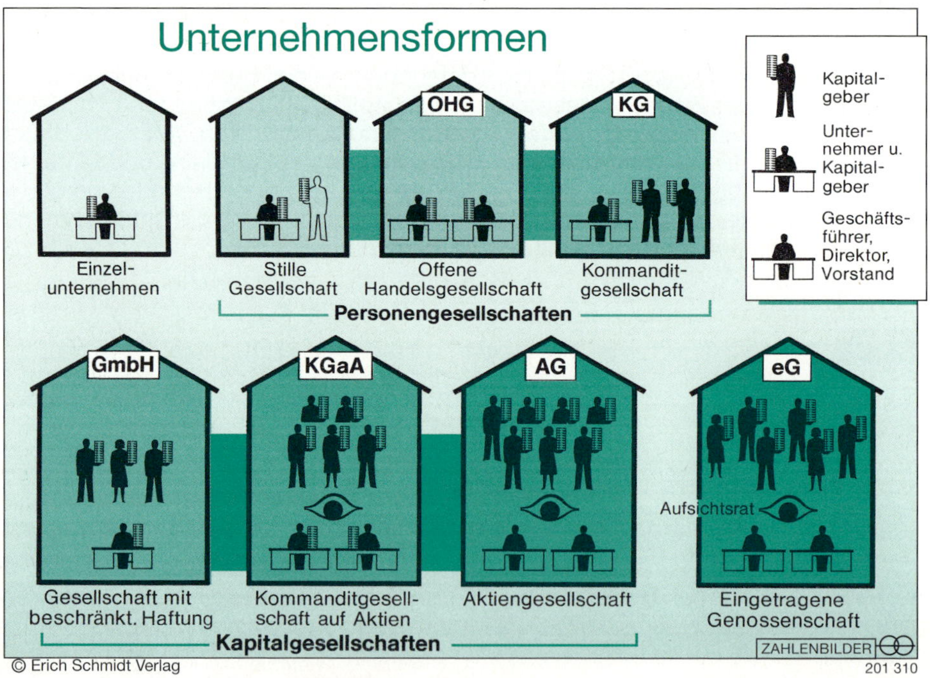

▶ *Paritätische Mitbestimmung*

Die Wahrnehmung von Arbeitnehmerinteressen im Unternehmen erfolgt über die Mitbestimmung bei unternehmerischen Entscheidungen im **Aufsichtsrat.** Dieses aus Anteilseignern und Arbeitnehmern zusammengesetzte leitende Organ hat die Aufgabe den Vorstand (Unternehmensleitung) einzusetzen, die unternehmerischen Entscheidungen des Vorstandes zu kontrollieren und allgemeine Richtlinien für das Unternehmen vorzugeben.
Die Regelungen über die Besetzung des Aufsichtsrats sind aus geschichtlichen Gründen unterschiedlich. Man muss zwischen drei Formen unterscheiden, wie das nachstehende Schaubild (M 14) verdeutlicht.

Material 14

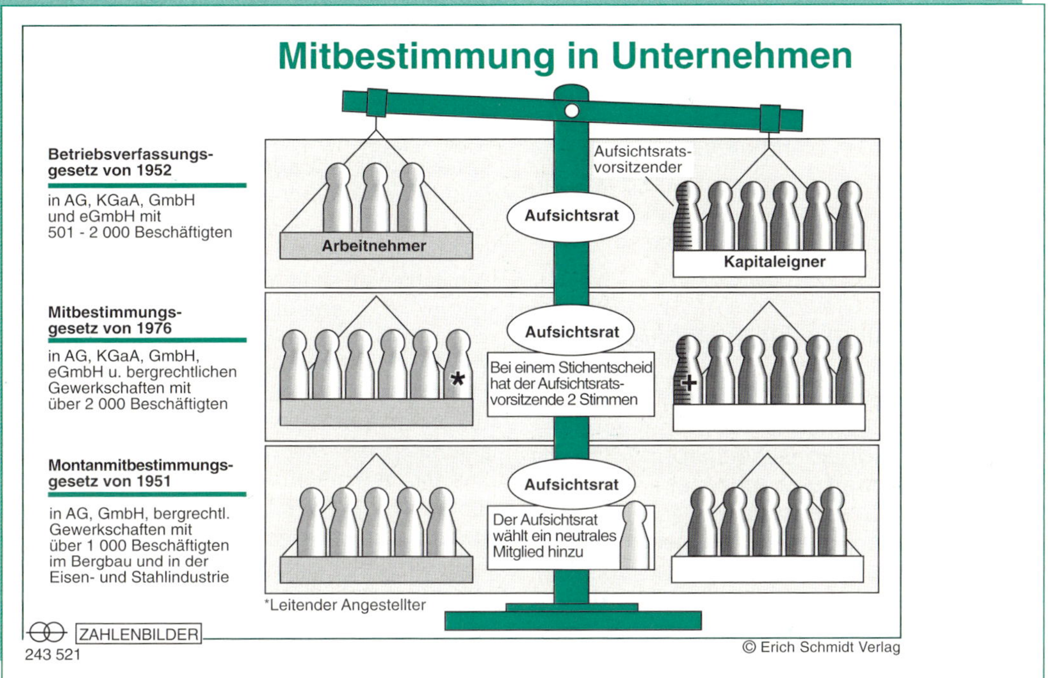

Schon seit der Gründung der Montanunion im Jahre 1951 gibt es für die Unternehmen des Bergbaus und der Eisen- und Stahl erzeugenden Industrie in der Bundesrepublik Deutschland eine Regelung, nach der die Anteilseigner und die Arbeitnehmer in den Aufsichtsräten in gleicher Anzahl vertreten sind. Ein so genanntes neutrales Aufsichtsratsmitglied soll eine Patt-Situation verhindern und die Beschlussfähigkeit des Aufsichtsrats gewährleisten. Eine Urwahl der Arbeitnehmervertreter durch die Belegschaft ist nicht vorgesehen, nur ein – dazu eingeschränktes – Vorschlagsrecht des Betriebsrats. Ein Arbeitsdirektor vertritt die Belange der Arbeitnehmer im Vorstand des Unternehmens.
Es dauerte 25 Jahre, bis nach harten Auseinandersetzungen zwischen den Parteien, am 1.7.1976 ein **Mitbestimmungsgesetz** in Kraft trat, das für alle Unternehmen mit mehr als 2.000 Beschäftigten gilt.
Die Regelungen sind bis heute zwischen beiden Seiten umstritten. Die Gewerkschaften gehen dabei davon aus, dass keine volle paritätische Mitbestimmung festgelegt wurde. Sie sehen in der Parität erst die Voraussetzung für:

- ein neues *Verhältnis zwischen Kapital und Arbeit:* Interessendivergenzen könnten nicht mehr einseitig im Sinne der Kapitaleigner gelöst werden;
- eine *Humanisierung* der Arbeitswelt: die Objektstellung des Arbeitnehmers müsse zur Subjektstellung gewandelt werden;

- *Demokratisierung:* sie dürfe nicht vor den Fabriktoren Halt machen;
- *Machtkontrolle:* Machtkonzentration und überdurchschnittliche Profitraten der Großkonzerne müssten verhindert werden;
- eine neue *Legitimation* der Unternehmensleitungen: nicht mehr vorrangig durch die Kapitaleigentümer, sondern in gleichem Maße durch die Belegschaft.

Die *Gegner* der Parität nennen folgende Argumente:

- Mitbestimmung verstoße gegen *das Grundrecht auf Eigentum;*
- eine *falsch verstandene „Demokratisierung* der Wirtschaft" hebe die grundlegenden Prinzipien der sozialen Marktwirtschaft auf;
- Mitbestimmung *schade der Wirtschaft:* sie lähme unternehmerische Entscheidung und mache das Unternehmen anpassungsunfähig;
- sie hebe das *Gleichgewicht zwischen den Tarifparteien* auf, die Tarifautonomie verliere ihre Grundlage;
- die Mitbestimmung *bringe der Belegschaft keine Vorteile,* der Schutz des Arbeitnehmers sei durch die soziale Gesetzgebung und die Sozialpartnerschaft gewährleistet – sie mache hingegen die *Gewerkschaften zur stärksten Macht im Staat,* die sie zentral gesteuert und ohne öffentliche Kontrolle einsetzen könnten.

Das BVerfG hat am 1. März 1979 die Beschwerde der Arbeitgeber zurückgewiesen, das Mitbestimmungsgesetz verstoße gegen die Eigentumsgarantie des GG und gegen das Prinzip der Gegnerfreiheit im Tarifkonflikt. Das Gericht ist dabei davon ausgegangen, dass das Gesetz keine volle paritätische Mitbestimmung der Arbeitnehmervertreter begründe. Es hat sich ferner an der Prognose des Gesetzgebers orientiert, das Gesetz werde die Kooperation beider Seiten in den Unternehmen fördern.
Hans Schueler kommentiert in der „Zeit" vom 9. März 1979:

„Erstens: Das Grundgesetz enthält keine ‚Wirtschaftsverfassung'. Es ist deshalb weder auf die Marktwirtschaft noch auf ihr Gegenstück [...] festgelegt. Es überlässt die Ordnung des Wirtschaftslebens der Mehrheitsentscheidung des Wählers [...]
Zweitens: Der Satz der Verfassung, wonach ‚Eigentum verpflichtet', gilt umso mehr, je weniger Nutzung und Verfügung darüber allein in der Sphäre des Eigentümers verbleiben. Auf gut Deutsch: Mit seinem Auto und seinem Kühlschrank und seinem Sparkonto mag jeder tun, was er will. Wer aber zu seinem Eigentum die Arbeitsplätze von mehr als zweitausend Menschen zählt, muss sich auch erhebliche, vom Gesetzgeber auferlegte Beschränkungen gefallen lassen [...]
Drittens: Wirtschaftliches Eigentum kann ohne die Mitwirkung der Arbeitnehmer nicht genutzt werden [...] Das Eigeninteresse des in den Aufsichtsrat eines mitbestimmten Unternehmens entsandten Arbeitnehmers an der Sicherung seines Arbeitsplatzes ist prinzipiell nicht geringer als das des Unternehmers oder Anteileigners [...]"

Aufgaben

8. *Analysieren Sie die Unternehmensform des Planspiel-Unternehmens „Rheinglas-AG"! Prüfen Sie, ob das Planspiel alle Interessen (Unternehmer, Eigentümer, Arbeitnehmer) berücksichtigt hat! Klären Sie mithilfe von Material 14, wie sich der Aufsichtsrat der „Rheinglas AG" zusammensetzt!*
9. *Erläutern Sie an Text und Schaubild (Material 14) die Unterschiede zwischen Parität, Fast-Parität und Drittelparität!*
10. *Von welchen Erwartungen und Befürchtungen gehen die Argumente für und gegen die paritätische Mitbestimmung aus? Welche Argumentationsebenen (Ökonomie, Recht, Politik, Sozialethik) sind unterscheidbar?*
11. *Setzen Sie sich mit den Argumenten auseinander, die das BVerfG und der Kommentar von H. Schueler für das Mitbestimmungsgesetz von 1976 anführen!*

2. Überbetrieblich organisierte Interessen: der Tarifkonflikt

2.1 Tarifverhandlungen

▶ *Die Tarifautonomie*

Die Sozialpartner – Arbeitgeber und Arbeitnehmer – haben in der Bundesrepublik Deutschland das Recht im Rahmen der geltenden Gesetze die Arbeitsbedingungen in eigener Verantwortung auszuhandeln.
Die in Art. 9, Abs. 3 des GG garantierte Koalitionsfreiheit ermöglicht es Arbeitnehmern wie Arbeitgebern, sich in Verbänden und Gewerkschaften zusammenzuschließen, die ihre Interessen vertreten.
Gewerkschaften und Arbeitgeberverbände, meist vertreten oder beraten durch ihre Spitzenorganisationen, können mit aller Härte – in Verhandlungen wie durch Arbeitskampfmaßnahmen – ihre Positionen vertreten, aber sie müssen zu einer Einigung kommen. Eine staatliche Intervention in Form einer Zwangsschlichtung gibt es nicht. Das Tarifvertragsgesetz (von 1949, in der Fassung vom 25.8.1969) verleiht ihnen die Tarifautonomie. Ratschläge, die ihnen die Regierung erteilt, müssen sie nicht befolgen; auch einen gesetzlichen Lohn- und Preisstopp hat es in der Bundesrepublik Deutschland nach Aufhebung der Nachkriegsbeschränkungen nicht gegeben. Zu berücksichtigen ist allerdings, dass die Regierung bei Tarifverhandlungen für den öffentlichen Dienst die Rolle des Arbeitgebers spielen muss: Tarifvereinbarungen für den öffentlichen Dienst hatten zeitweise eine Art Signalwirkung für die übrige Wirtschaft.

▶ *Tarifverhandlungen*

Material 1

Wir fordern – wir bieten

Bei der Aushandlung eines neuen Tarifvertrages geht es meist um mehr als nur um die Frage nach dem gerechten Lohn:

Lohn- und Gehaltstarifvertrag	**Manteltarifvertrag**
– meist für ein Jahr gültig – regelt für den betreffenden Wirtschaftszweig Löhne und Gehälter – tarifliche Nebenleistungen	– meist für längere Frist – regelt Arbeitszeit – Lohngruppeneinteilung – Urlaubszeiten – Kündigungsfristen

In den vergangenen Jahren waren unter anderem folgende Themen/Streitfragen Gegenstand der Tarifverhandlungen:

- die Verkürzung der Wochenarbeitszeit auf 35 Stunden pro Woche mit und ohne Lohnausgleich;
- die Anpassung von Löhnen und Gehältern in Ostdeutschland an Westniveau;
- die Lohnfortzahlung im Krankheitsfall;
- zeitlich befristete Beschäftigungsgarantien bei gefährdeten Arbeitsplätzen;
- der Abbau von Überstunden;
- die Flexibilisierung der Arbeitszeit;
- die Bereitstellung von Ausbildungsplätzen.

▶ *Kaufkraft- und Kostenargumentation*

Vereinfacht lassen sich bei den Tarifverhandlungen für Arbeitgeberverbände und Gewerkschaften unterschiedliche **ökonomische Argumentationsketten** erkennen:

Gewerkschaftliche Argumentation (Kaufkraftargument)

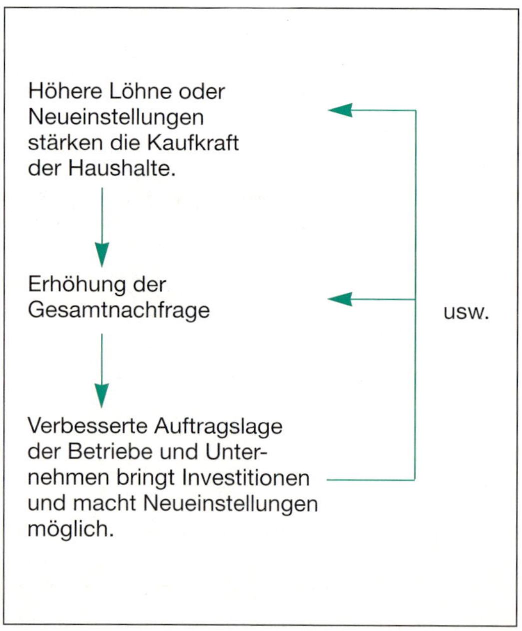

Argumentation der Arbeitgeberverbände (Kostenargument)

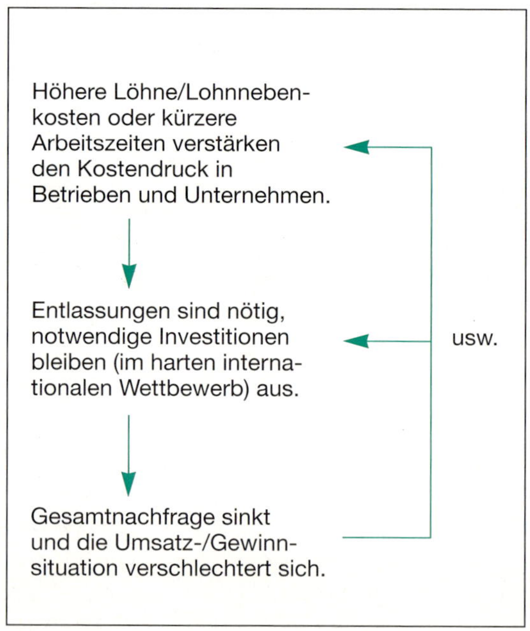

Aufgaben

1. *Informieren Sie sich über die Themen/Steitfragen aktueller Tarifverhandlungen!*
2. *Verorten Sie die Argumentationsketten von Arbeitgebern und Gewerkschaften im Wirtschaftskreislauf (→ 3.7, S. 152 f.)! Wo setzt jeweils die Argumentation an?*
3. *Unterscheiden Sie bei Tarifverhandlungen zwischen betriebswirtschaftlichen und gesamtwirtschaftlichen Argumenten!*
4. *Spielen Sie in der Klasse auf der Grundlage Ihrer Recherchen zu aktuellen Tarifkonflikten eine Tarifverhandlung nach (Rollenspiel)!*

2.2 Arbeitskampf

▶ *Fallbeispiel: Arbeitskampf in der bayerischen Metall- und Elektroindustrie 1994/95*

Ausgangslage:

Forderungen der Gewerkschaft IG Metall:

- Erhöhung der Löhne und Gehälter mit Wirkung ab 1.1.1995 um 6 %
- Erhöhung der Ausbildungsvergütungen mit Wirkung ab 1.1.1995 um DM 100,- brutto

5-Punkte-Katalog des Arbeitgeberverbandes Gesamtmetall:

- Beschäftigungssicherung durch flexible kostengünstige Arbeitszeitverkürzungen in Betrieben
- Reduzierung der Lohnstückkosten im Interesse der Wettbewerbsfähigkeit
- Verschiebung der für den 1.10.95 vorgesehenen 35-Stunden-Woche
- „Kombi-Lohn" für Langzeitarbeitslose (niedrigere Einstiegstarife mit Zuschüssen von der Bundesanstalt für Arbeit)
- Entlastung des industriellen Mittelstands

Chronik der Tarifauseinandersetzung:

25.11.1994	Antrag an den Vorstand der IG Metall (IGM) auf Genehmigung zur Kündigung von Tarifabkommen
30.11.1994	Schreiben der Bezirksleitung der IGM an den Arbeitgeberverband der Bayerischen Metall- und Elektroindustrie (VBM): Kündigung und Forderung zum Neuabschluss der gekündigten Tarifabkommen
07.12.1994	1. Tarifverhandlung
16.01.1995	IGM fordert VBM auf „5-Punkte Katalog" zu konkretisieren, IGM spricht von „Horrorkatalog"
28.01.1995	Ablauf der Friedenspflicht
31.01.1995	2. Tarifverhandlung scheitert
01.02.1995	Warnstreiks in drei Betrieben der bayerischen Metall- und Elektroindustrie
06.02.1995	3. Tarifverhandlung ohne Ergebnis; IGM wirft VBM vor noch kein Angebot unterbreitet zu haben; VBM spricht dagegen von „Verweigerungshaltung" der Gewerkschaften
16.02.1995	Vorstand der IGM erklärt Tarifverhandlungen für gescheitert
22.02.1995	Urabstimmung in den verbandsgebundenen Betrieben der bayerischen Metall- und Elektroindustrie (88,4 % für Streik)
24.02.1995	Beginn des Arbeitskampfes: Schwerpunktstreiks in 21 Betrieben der bayerischen Metall- und Elektroindustrie; VBM berät auf außerordentlicher Sitzung in

	Freising über Aussperrungsmaßnahmen: keine Einigung der Arbeitgeber über Aussperrungen
27.02.1995	IGM verstärkt den Druck: ein weiterer Betrieb wird in den Streik einbezogen
01.03.1995	Zweite Streikwelle: weitere 11 Betriebe werden in den Streik einbezogen
02.03.1995	Sitzung der IGM-Streikleitung: IGM warnt Arbeitgeber vor „Flächenbrand" bei Gegenmaßnahmen; Beratung des VBM: trotz Kontroversen im Arbeitgeberlager „Abwehraussperrungen" ab 08.03. angedroht, Gesprächsbereitschaft und Angebot angekündigt
03.03.1995	IGM setzt dritte Streikwelle – vorerst bis zum 08.03. – und in drei Betrieben den Streik befristet aus
06.03 und 07.03.1995	Tarifgespräch: Vereinbarung eines Gesprächsergebnisses
07.07.1995	Tarifkommissionen beschließen über das Ergebnis des Tarifgesprächs
08.03. und 09.03.1995	Urabstimmung über die Annahme des Gesprächsergebnisses (91 % für die Annahme), Einstellung der Streikmaßnahmen
15.03.1995	Außerordentliche Mitgliederversammlung der VBM stimmt mit einer knappen Mehrheit von 60 % dem vereinbarten Tarifabschluss zu.

Das Verhandlungsergebnis:

- Rückwirkend ab 01.01.1995 bis einschließlich April eine Monatspauschale von je DM 152,50
- Ab Mai 1995: Erhöhung der tariflichen Löhne, Gehälter und Ausbildungsvergütungen um 3,4 %
- Ab November 1995: Erhöhung der tariflichen Löhne, Gehälter und Ausbildungsvergütungen um 3,6 %
- 35-Stunden-Woche, wie vereinbart, ab Oktober 1995
- Zweijährige Laufzeit des Tarifvertrags bis Ende 1996

Material 2

Aufgaben

5. *Tragen Sie mithilfe des Fallbeispiels die folgenden Ereignisse/Phasen eines Arbeitskampfes in der richtigen Reihenfolge in das Material 2 ein:*
   - ***Streik-Ende,** wenn mindestens 25 % der Gewerkschaftsmitglieder in einer neuen Urabstimmung zustimmen*
   - ***Streik,** wenn mindestens 75 % der Gewerkschaftsmitglieder zustimmen*
   - ***Urabstimmung** über Kampfmaßnahmen*
   - ***Aussperrung** als Gegenmaßnahme der Arbeitgeber*
   - ***Schlichtung** durch Unparteiischen möglich*
   - ***Tarifverhandlungen***
   - *Aufnahme **neuer Tarifverhandlungen***
   - ***Scheitern** der Verhandlungen wird erklärt.*
6. *Formulieren Sie die Spielregeln für den Arbeitskampf!*
7. *Diskutieren Sie, ob die Neuregelung des § 116 Arbeitsförderungsgesetz die „Waffengleichheit" zwischen Arbeitgebern und Gewerkschaften im Arbeitskampf beseitigt oder wieder hergestellt hat!*

▶ *Begriffe – Spielregeln – Strategien*

Grundsätzlich versuchen die Gewerkschaften während eines Streiks mit minimalem Einsatz die maximale Streikwirkung zu erzielen **(Minimax-Taktik)** um ihre Streikkasse zu schonen. Durch **Schwerpunktstreiks** bei einzelnen wichtigen Zulieferern könnten zum Beispiel große Teile der Automobilbranche lahm gelegt werden, da dieser Industriezweig heute fast ohne Lagerhaltung (Just-in-time-Produktion) funktioniert.

Diese Strategie der Gewerkschaft kann aber schnell eine Bumerang-Wirkung erzeugen:

Die Arbeitgeber haben nämlich nicht nur das Recht die Arbeitnehmer (immer auch die nicht in der Gewerkschaft organisierten Arbeitnehmer) eines bestreikten Betriebes auszusperren **(„heiße Aussperrung")**. Durch arbeitskampfbedingte Lieferengpässe kann die Produktion bei nicht direkt bestreikten Unternehmen zum Stillstand gebracht werden. Das führt zu **„kalten Aussperrungen"**, wobei die Zahl der durch den Arbeitskampf beschäftigungslos gewordenen Arbeitnehmer sich dann schnell um ein Vielfaches erhöht. Eine solche Eskalation würde die Gewerkschaften empfindlich treffen, denn seit der gesetzlichen **Neuregelung des § 116 Arbeitsförderungsgesetzes (1986)** muss die Bundesanstalt für Arbeit (BfA) kein Arbeitslosengeld mehr an „kalt" ausgesperrte Arbeitnehmer der gleichen Branche (z.B. Metallindustrie) auch außerhalb des Streikgebiets bezahlen. Die Gewerkschaftsstrategie muss seitdem versuchen den Streik so zu führen, dass nicht der Unmut tausender „kalt" ausgesperrter Arbeitnehmer, die ohne Unterstützung auskommen müssen, auf die Gewerkschaft zurückfällt. Sie wird also eher Betriebe bestreiken, wo die **Drittwirkung** der Streikmaßnahmen entweder auf ausländische Unternehmen oder Unternehmen einer anderen Branche (z.B. Chemie) abzielt.

Angesichts seiner hohen betriebswirtschaftlichen und gesamtwirtschaftlichen Kosten und seiner Auswirkungen auf Nichtbeteiligte wird der Arbeitskampf immer wieder als unzeitgemäßes und überflüssiges „Ritual" infrage gestellt (M 3).

Material 3

Rituale

Nichts Neues aus der Verhaltensforschung

2.3 Ausblick: Sozialpartnerschaft – ein Auslaufmodell?

Vor dem Hintergrund steigender Arbeitslosigkeit und einer verschärften Debatte um den „Standort Deutschland“ ist das Modell der Sozialpartnerschaft in der Bundesrepublik in die politische Diskussion geraten. Gleichzeitig beklagen die Gewerkschaften Mitgliederverluste, die Arbeitgeber müssen sich mit Austrittsdrohungen und heftiger Kritik aus dem eigenen Lager auseinander setzen. Ist aus dem einstigen „Vorzeigemodell“ der Sozialpartnerschaft unter veränderten gesellschaftlichen und ökonomischen Vorzeichen ein „Auslaufmodell“ geworden, wie seine Kritiker behaupten? Oder wird es sich als stabil und reformfähig erweisen?

▶ *Kontroverse um den Flächentarifvertrag*

Konkret geht es bei der Kontroverse um die Sozialpartnerschaft unter anderem um die Zukunft des **Flächentarifvertrags.** Die Gegner führen an,

- dass der Flächentarifvertrag ein Fremdkörper in der Marktwirtschaft sei;
- dass es sich bei flächendeckenden Absprachen um ein Tarifkartell handelt;
- dass Spielraum bei der Festlegung von Löhnen nur nach oben möglich ist;
- dass dadurch der Arbeitsmarkt nicht in der Lage ist die Arbeitslosigkeit über Angebot und Nachfrage zu regulieren;
- dass die Löhne insgesamt künstlich auf einem zu hohen Niveau gehalten werden, das im internationalen Wettbewerb auf die Dauer nicht bestehen kann;
- dass er kritische betriebliche Situationen (nach dem Prinzip „Friss oder stirb!“) nicht flexibel berücksichtigt;

- dass es bereits Betriebe gibt, wo mit Zustimmung des Betriebsrats gegen geltendes Tarifrecht untertariflich bzw. länger gearbeitet wird um gefährdete Arbeitsplätze zu erhalten.

Die Verteidiger des Flächentarif verweisen dagegen darauf,
- dass sich der Flächentarifvertrag bis heute als Wesenselement der grundgesetzlich verankerten Tarifautonomie bewährt hat;
- dass er durch seine ausgleichende Wirkung ein Garant für den sozialen Frieden war und ist;
- dass er die einzelnen Betriebe von aufreibenden innerbetrieblichen Verteilungskämpfen entlastet;
- dass er beiden Tarifparteien (auch den Schwächeren) die Chance gibt ihre Interessen solidarisch durchzusetzen;
- dass er die Tarifpartner verpflichtet in sozialer Verantwortung für das Ganze zu handeln;
- dass Arbeitnehmer sich unabhängig von der wirtschaftlichen Situation auf die Regelungen eines Tarifvertrags verlassen können;
- dass er Arbeitgebern für die Laufzeit des Tarifvertrags Planungssicherheit und kalkulierbare Rahmenbedingungen bietet;
- dass er vor allem kleinere Betriebe und Unternehmen vor einer Lohnunterbietungskonkurrenz schützt.

Neben der Abschaffung des Flächentarifvertrags befürchten viele auch die **Aushöhlung der Tarifautonomie durch staatliche Gesetzgebung.** Sie sehen in der Neufassung des § 116 Arbeitsförderungsgesetz (1986) und der gesetzlichen Kürzung der Lohnfortzahlung im Krankheitsfall (1996) Übergriffe des Staates in den Zuständigkeitsbereich der Tarifpartner mit symbolischer Bedeutung. Dementsprechend hart und kompromisslos wurde auch die politische Auseinandersetzung um diese Neuregelungen geführt.

Aufgaben

8. *Informieren Sie sich bei Arbeitgeberverbänden und Gewerkschaften über ihre Einschätzung des Flächentarifvertrags! Führen Sie eine Pro-Contra-Debatte zur Zukunft des Flächentarifvertrags durch!*
9. *Ordnen Sie die oben genannten Argumente verschiedenen Argumentationsebenen (politisch, wirtschaftlich, gesamtwirtschaftlich, verfassungsrechtlich, sozialethisch etc.) zu! Welche Schwerpunkte sind erkennbar?*
10. *Verfolgen Sie die aktuelle Diskussion über die Perspektiven der Sozialpartnerschaft in der Bundesrepublik Deutschland!*

3. Grundbegriffe und Rahmenbedingungen der Marktwirtschaft

Dieser Abschnitt enthält grundlegende volkswirtschaftliche Informationen und erklärt den ordnungspolitischen Rahmen der Sozialen Marktwirtschaft. Er kann somit als **Ergänzung** des vorhergehenden Teils „Betriebe und Unternehmen“ (→ III/1. und 2.) und als **Verständigungsgrundlage** für die nachfolgenden „Herausforderungen der Wirtschaftspolitik“ (→ IV) verstanden und herangezogen werden.

3.1 Der Wirtschaftskreislauf

Um die Vielzahl und die Komplexität wirtschaftlicher Vorgänge in einer Volkswirtschaft zu strukturieren bedient man sich in der modernen Volkswirtschaftslehre der **Idee des Wirtschaftskreislaufs**. Das folgende stark vereinfachte Modell (→ 3.7) bietet einen ersten Überblick über das System der Marktwirtschaft. Es zeigt die wichtigsten **Wirtschaftssubjekte** (Haushalte, Betriebe/Unternehmen, Staat), die über **Geld- und Güterströme** miteinander verbunden sind. Auf den verschiedenen Märkten, treffen Angebot und Nachfrage der Wirtschaftssubjekte aufeinander.

Material 1

Vereinfachter Wirtschaftskreislauf

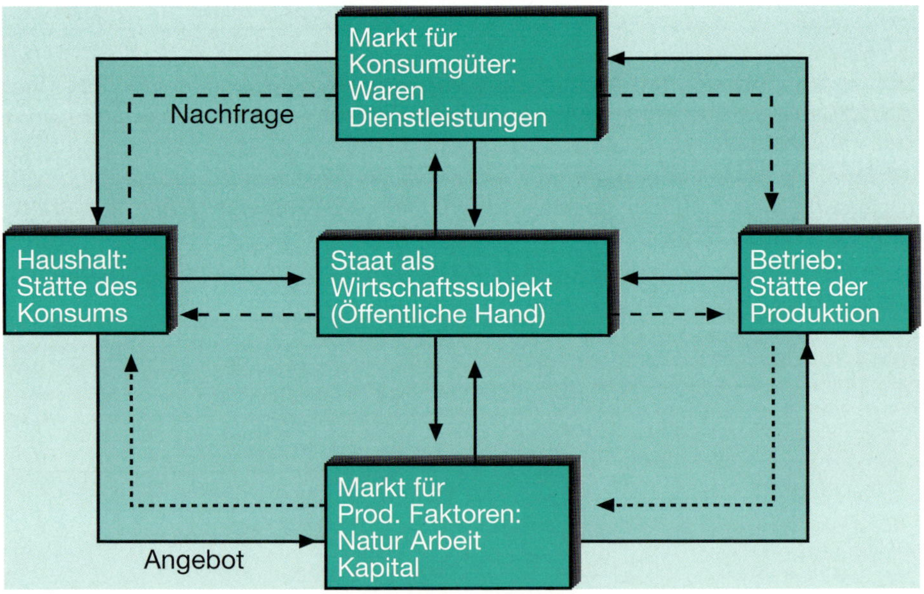

Der **Markt** ist der Ort, an dem Waren und Dienste gekauft und verkauft werden. Anschaulich begegnet uns der Markt heute nur noch ausnahmsweise, etwa als Wochen- oder Jahrmarkt. Generell meinen wir heute mit Markt die Institution, die Anbieter und Nachfrager zusammenführt. In einer modernen Volkswirtschaft geschieht das in vielfältiger Weise in allen Dienstleistungs- und Verkaufsstätten, aber auch überall dort, wo Tauschgeschäfte über moderne Kommunikationsmittel getätigt werden.

▶ Markt und Preisbildung

Die Grundfunktion des Marktes ist es, die Wünsche von Nachfragern und Anbietern zu koordinieren. Der Marktpreis übt dabei für die Marktteilnehmer eine wichtige **Signalwirkung** aus: Der Preis bestimmt Angebot und Nachfrage; Angebot und Nachfrage regeln den Preis.

Material 2 Die Preisbildung am Markt

Entstehung des Warenpreises

(nach Zahlenbilder 200 310, verkürzt)

Die Marktpreise wären mit mathematischer Sicherheit bestimmbar, wenn

- alle Marktteilnehmer die Preise und die Qualität aller Güter überschauen würden (Markttransparenz);
- sich alle Güter vergleichen ließen (Homogenität);
- der Markt für alle Anbieter und Nachfrager zugänglich oder erreichbar wäre;
- es bei den Teilmärkten keine durch z.B. bevorzugte Lagen, unterschiedlichen Service oder Öffnungszeiten verursachte Präferenzen gegenüber der Konkurrenz gäbe.

Ein solch „vollkommener Markt" existiert aber in der Realität nur auf wenigen Märkten, so etwa im Börsenhandel mit Wertpapieren, wo Kursmakler täglich wechselnde Kurse aus Angebot und Nachfrage rechnerisch ermitteln. Unter solchen Bedingungen bildet sich der so genannte **Gleichgewichtspreis**. Wie das funktioniert, soll das folgende Aktien-Beispiel (M 3) zeigen:

Material 3 Angebot, Nachfrage und mengenmäßiger Umsatz von VW-Aktien

Kurs (DM/Stück)	Angebot (Stück)	Nachfrage (Stück)	möglicher Umsatz (Stück)
143	60	120	60
144	65	115	65
145	70	110	70
146	75	105	75
147	80	100	80
148	85	95	85
149	90	90	90
150	95	85	85
151	100	80	80
152	105	75	75
153	110	70	70

Material 4

Angebot-Nachfrage-Schema VW-Aktie

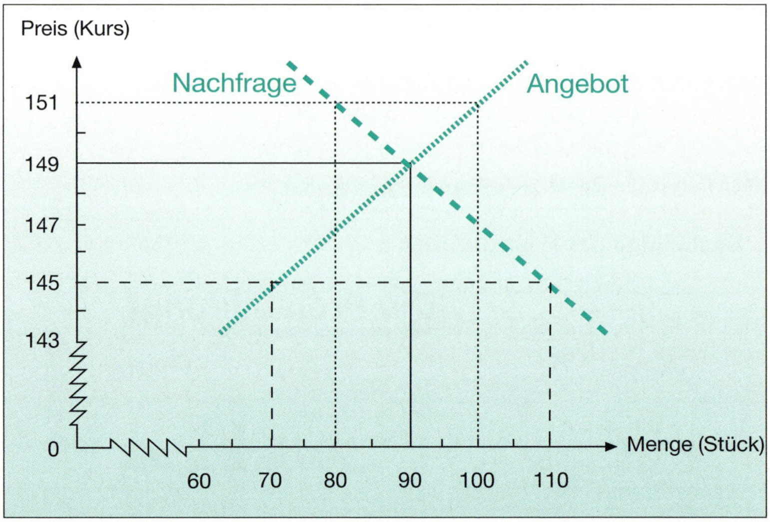

Lesebeispiel:
Zu einem relativ hohen Kurs (Preis) von 151 DM/Stück werden 100 Aktien angeboten. Bei diesem Preis werden aber nur 80 Aktien nachgefragt (vgl. Schnittpunkt mit Nachfragekurve). Bei diesem Kurs besteht also ein **Angebotsüberschuss** von 20 Aktien. Bei einem günstigen Aktienkurs von 145 DM/Stück steigt das Kaufinteresse; es werden 110 Stück nachgefragt. Zu diesem Kurs sind allerdings die Anbieter nur zum Verkauf von 70 Aktien bereit. Da auch nur 70 Aktien verkauft werden, beträgt der **Nachfrageüberschuss** 40 Aktien.

Aufgaben

1. *Beschriften Sie die Geld- und Güterströme im einfachen Wirtschaftskreislauf (Material 1) mit folgenden Begriffen: Angebot, Nachfrage, Steuern/Sozialabgaben, Sozialleistungen, öffentliche Dienste, Subventionen, Kosten, Erlöse, Einkünfte, Ausgaben! Überprüfen Sie Ihr Ergebnis anhand des Wirtschaftskreislaufes auf Seite ...!*
2. *Berechnen Sie den Angebots- bzw. Nachfrageüberschuss bei einem Aktienkurs von 143 DM/Stück und 153 DM/Stück (Material 3). Ermitteln und begründen Sie den Gleichgewichtspreis für die VW-Aktie!*
3. *Erörtern Sie, inwieweit das freie Spiel von Angebot und Nachfrage auf dem Arbeitsmarkt durch Tarifverträge eingeschränkt wird (→ 2.2 und 2.3)!*

3.2 Sozialprodukt und Wachstum: die volkswirtschaftliche Gesamtrechnung

▶ *Berechnungen des Sozialprodukts*

Die Leistungsfähigkeit einer Volkswirtschaft wird über die **volkswirtschaftliche Gesamtrechnung** ermittelt. Ähnlich wie bei der Jahresbilanz eines Unternehmens wird dabei für die ganze Volkswirtschaft das **Sozialprodukt** für ein Jahr berechnet.
Das nachstehende Schaubild (Material 5) zeigt, dass man das Sozialprodukt nach drei verschiedenen Aspekten statistisch erfassen und darstellen kann:

- Die **Entstehungsrechnung** gibt Aufschluss darüber, welchen Beitrag die einzelnen Wirtschaftsbereiche zum Sozialprodukt geleistet haben.
- Die **Verwendungsrechnung** legt offen, welcher Anteil in den privaten bzw. staatlichen Verbrauch floss und wie viel für Investitionen ausgegeben wurde.
- Die **Verteilungsrechnung** gibt Auskunft, an wen die aus der gesamtwirtschaftlichen Leistung erwachsenen Einnahmen verteilt wurden.

Material 5

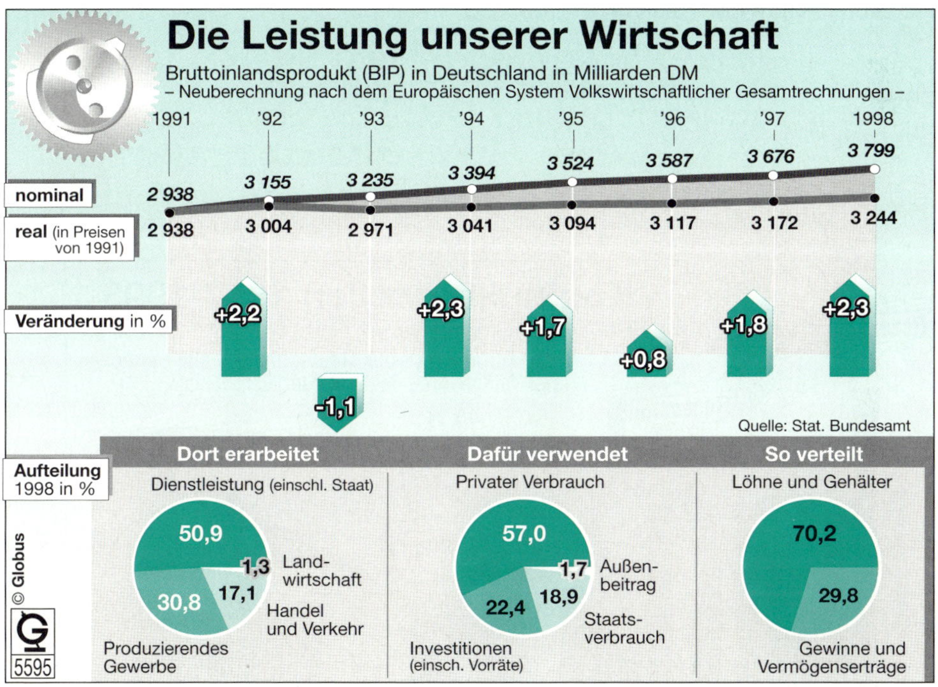

▶ *Bruttosozialprodukt – Bruttoinlandsprodukt – Volkseinkommen*

Das Sozialprodukt ist ein wichtiger **Wirtschaftsindikator**, d.h. von seinem Wert hängen unternehmerische Planungen und wirtschaftspolitische Entscheidungen des Staates und der Wirtschaftsverbände ab. Deshalb ist die Verlässlichkeit der Daten wichtig. Aber bei der Berechnung stößt man auf zahlreiche Schwierigkeiten:

- Güter und Dienstleistungen können nur zu laufenden Marktpreisen bewertet werden. Nominelle Steigerungen müssen also um die Inflationsrate „bereinigt“ werden um die **„reale“ Wertentwicklung** zu bestimmen. Aber höhere Preise entsprechen zum Teil auch höheren Qualitäten, stellen in solchen Fällen also eine echte Wertsteigerung dar.

- Vom Bruttoproduktionswert aller Unternehmen, der in der Regel ihrem Umsatz entspricht, ist, um Doppelzählungen zu vermeiden, der Wert aller Roh- und Betriebsstoffe und Zwischenprodukte abzuziehen, die ins Endprodukt eingegangen sind. Das Ergebnis dieser Subtraktion ist (einschließlich der Mehrwertsteuer) das **Bruttoinlandsprodukt (BIP).**

- Davon zu unterscheiden ist das **Bruttosozialprodukt** (BSP). Im Gegensatz zum geografisch auf das Inland begrenzten Bruttoinlandsprodukt erfasst es die Summe aller Güter und Dienstleistungen, die von Einwohnern mit festem Wohnsitz in der Bundesrepublik produziert werden, gleichgültig ob sie im Ausland oder Inland tätig sind.

- Um den „echten Zugewinn“ an Gütern zu ermitteln muss man den Abnutzungswert der für die Produktion eingesetzten Güter (Maschinen, Gebäude, Transportmittel) abziehen („abschreiben“). Das Ergebnis dieser Subtraktion ergibt das **Nettosozialprodukt.**

- Das **Volkseinkommen** berechnet sich aus allen in einem bestimmten Zeitraum erzielten Erwerbs- und Vermögenseinkommen, vor Steuer- und Sozialabzügen und ohne Transfereinkommen (Renten, Kindergeld Arbeitslosenhilfe etc.).

- Nicht alle wirtschaftlichen Leistungen werden statistisch erfasst. Unberücksichtigt bleibt die Selbstversorgungswirtschaft im privaten Haushalt, ehrenamtliche Tätigkeiten, aber auch die Schwarzarbeit (Schattenwirtschaft).

▶ *Wachstum*

Material 6

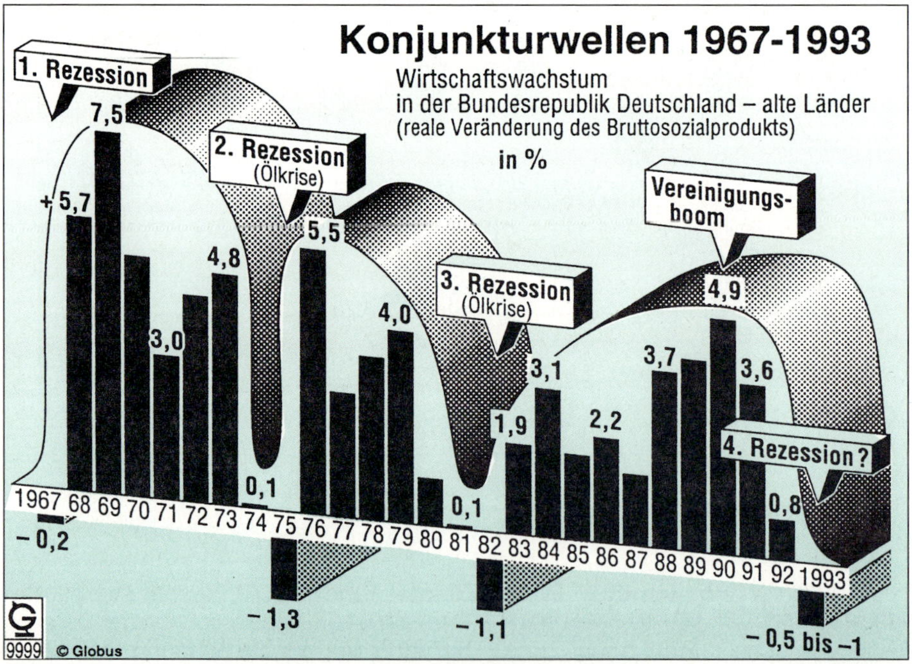

Material 7

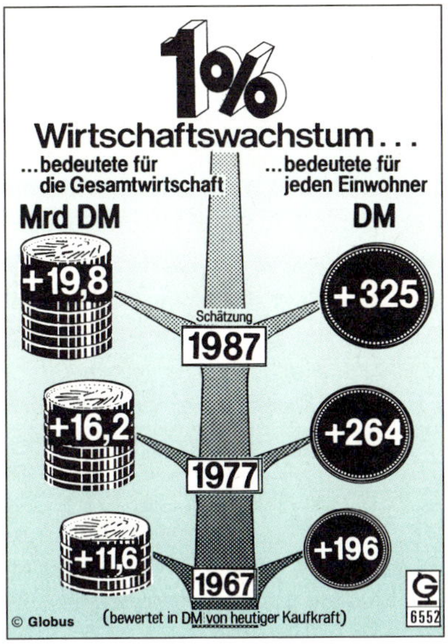

Als wichtigster Wirtschaftsindikator gibt das **Wachstum** die prozentuale Veränderung (Veränderungsrate) des Bruttosozialprodukts gegenüber dem Vorjahr an. Seit der Gründung der Bundesrepublik ist die Wachstumsrate im langfristigen Trend rückläufig (vgl. Material 6). Bei der Bewertung des jeweiligen Wachstums muss allerdings berücksichtigt werden, dass es sich um einen relativen Wert, bezogen auf das jeweilige Bruttosozialprodukt des Vorjahrs, handelt (vgl. Material 7).

Aufgaben

4. Zeigen Sie, an welcher Stelle des Wirtschaftskreislaufs die verschiedenen Berechnungen des Sozialprodukts (Entstehung, Verwendung, Verteilung) vorgenommen wurden! Begründen Sie, warum die verschiedenen Berechnungen für Unternehmen, Regierung, Gewerkschaften und Arbeitnehmerverbände unterschiedlich wichtig sind! Erläutern Sie den Unterschied zwischen dem nominalen und realen Sozialprodukt! Welche Berechnung ist Ihrer Meinung nach aussagekräftiger?
Erklären Sie, warum 1 % Wirtschaftswachstums 1987 in DM ausgedrückt wesentlich mehr „wert" war, als das Wachstum im Jahr 1967!

3.3 Konjunkturzyklen

Betrachtet man Darstellungen verschiedener wirtschaftlicher Indikatoren (z.B. Wachstumsrate, Inflationsrate etc.) über einen längeren Zeitraum, fällt auf, dass sie sich nicht linear, sondern wellenartig, „zyklisch" verändern (vgl. Material 6). Solche **Konjunkturschwankungen** geben Aufschluss über den jeweiligen „Gesundheitszustand" einer Volkswirtschaft. Aus der langjährigen Beobachtung der Konjunkturzyklen lässt sich ein idealtypischer Ablauf beschreiben:

In der **Aufschwungphase** investieren die Unternehmer um in Erwartung günstiger Absatz- und Gewinnaussichten ihre Produkte auf den Markt zu bringen. In der **Hochkonjunktur** (Boom) treiben sich Löhne, Preise und Zinsen für Kredite gegenseitig in die Höhe. Die Konjunktur wird überhitzt und kippt schließlich um. Ist der **Scheitelpunkt** überschritten, beginnen Investitions- und Konsumnachfrage zu stagnieren, der **Abschwung** erfasst zunächst Unternehmen an der Grenze der Rentabilität und auf dem Weg in die **Talsohle (Depression)** nach und nach die ganze Volkswirtschaft. Erst wird verstärkt kurzgearbeitet, dann folgen Entlassungen, Betriebsstillegungen, Konkurse. Die um sich greifende pessimistische Gesamtstimmung schreckt die Unternehmer ab. Je stärker das psychologische Stimmungstief, desto langwieriger das Durchschreiten der Talsohle, die **Rezession.** Schließlich setzt sich ein vorsichtiger Optimismus durch. Die aufgrund der gesunkenen Nachfrage niedrigen Zinsen bieten Anreize zu Investitionen ...

Material 8

Schema eines Konjunkturverlaufs

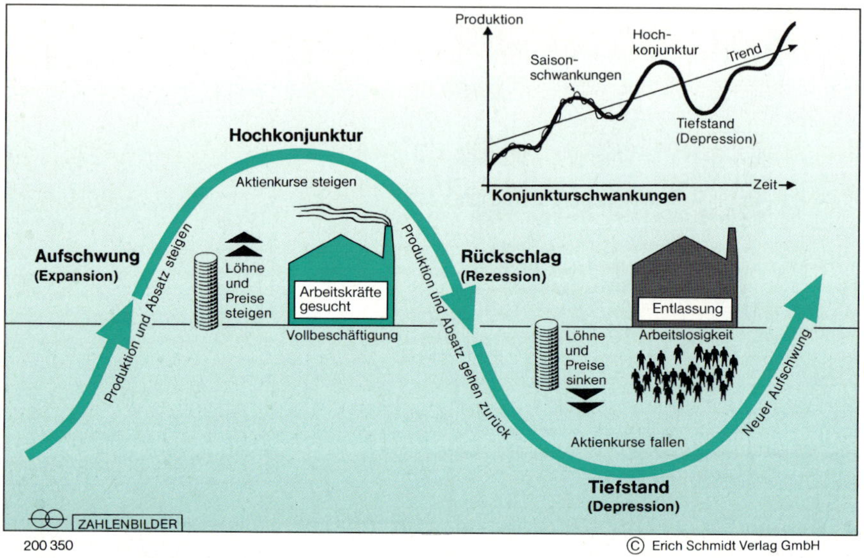

Aufgaben

5. *Beschriften Sie das Schema eines klassischen Konjunkturverlaufs mit den im Text enthaltenen Fachbegriffen!*
6. *Unterscheiden Sie zwischen psychologischen und ökonomischen Faktoren der Konjunkturentwicklung!*

3.4 Wirtschaften im geschlossenen ökologischen System

Das ökonomische System ist ein offenes System. Es steht mit seiner politischen, sozialen und ökologischen Umwelt in einer Wechselbeziehung. Aus seiner ökologischen Umwelt entnimmt das ökonomische System Rohstoffe und Energie. Indem es gleichzeitig umgewandelte Energie und Materie in Form von Abwärme, Schadstoffen, Abfall und Abwasser in die Natur zurückgibt, braucht und verbraucht es die Umweltgüter Boden, Wasser und Luft. Das ökonomische System ist auf diesen Austausch angewiesen um sich zu erhalten, sich weiterzuentwickeln und zu überleben. Die Volkswirtschaft hat diesen Zusammenhang von ökonomischem und ökologischem System schon lange erkannt, ging jedoch davon aus, dass die Umweltgüter in unbegrenztem Umfang verfügbar wären. Umweltverbrauch war deshalb fast zum Nulltarif möglich: Die Umweltgüter haben als freie Güter keinen angemessenen Preis.

Material 9

Wirtschaft als offenes System (alte Sichtweise)

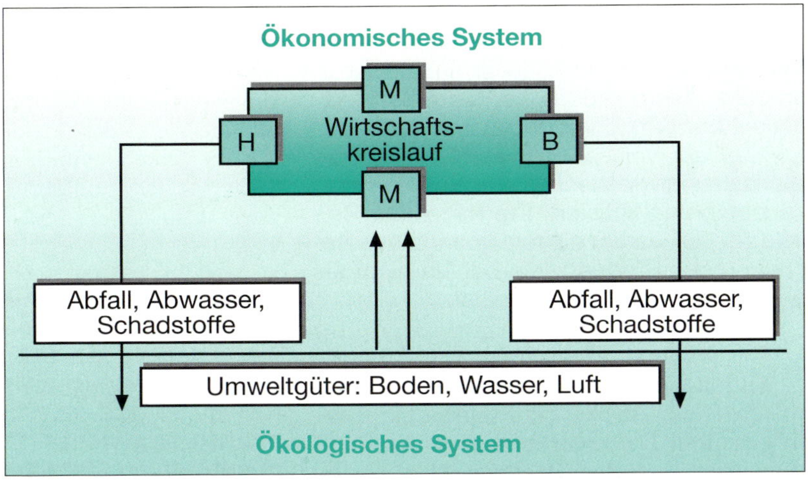

Seit den 70er-Jahren setzt sich in der Volkswirtschaft eine veränderte Sichtweise durch. Der Bericht des Club of Rome zur Lage der Menschheit (1973) hatte das Bewusstsein für die Begrenztheit der Ressourcen und die Grenzen der Belastbarkeit des ökologischen Systems geschärft (→ XI.). Die Erde wird seitdem als geschlossenes ökologisches System betrachtet, das lediglich von der Sonne mit externer Energie versorgt wird („Raumschiff Erde"). Innerhalb dieses geschlossenen Systems sind Umweltgüter knappe Güter, mit deren Verbrauch sorgsam umgegangen werden muss. Abfälle werden dabei zu Wertstoffen, die erneut dem Wirtschaftskreislauf zugeführt werden müssen **(Recycling).** Die Überlebensfähigkeit des ökonomischen Systems hängt nach dieser Sichtweise davon ab, ob es gelingt, die wirtschaftliche Entwicklung so voranzutreiben, dass der Umweltverbrauch zunehmend geringer wird und das ökologische System sich ausreichend erholen kann. Dieses Prinzip der **„nachhaltigen Entwicklung"** ist nicht neu. Es wurde bereits im 19. Jahrhundert von der Forstwirtschaft formuliert und als ökonomisch notwendig anerkannt.

Material 10

Wirtschaften im geschlossenen ökologischen System

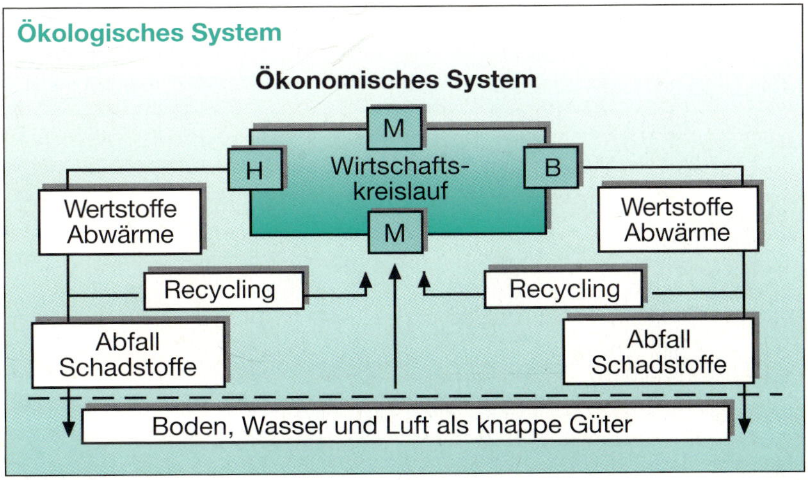

Die veränderte Sichtweise vom Wirtschaften im geschlossenen ökologischen System wirkt sich auch auf die traditionelle **volkswirtschaftliche Gesamtrechnung** aus. Wurde früher argumentiert, je höher das Bruttosozialprodukt, desto größer sei die Leistungsfähigkeit der Wirtschaft und damit der Wohlstand eines Volkes, so wird heute die Gleichsetzung von Wachstumsrate und Wohlstandsmehrung kritisiert. Die folgenden Beispiele zeigen, warum die rein quantitative Berechnung des Bruttosozialprodukts nicht als Wohlstandsindikator geeignet ist:

◆ Das enorme Anwachsen der Automobilflotte in der Bundesrepublik hat zu einem verstärkten Ausbau der Straßen und Parkplätze geführt. Die riesigen Kosten der damit verbundenen Bodenversiegelung gehen positiv in die Berechnung des Bruttosozialprodukts ein. Der Schadstoffausstoß durch das erhöhte Verkehrsaufkommen schädigt die Gesundheit der Menschen, zerstört Gebäude und Natur. Ambulante und stationäre Behandlungen, Medikamente und Kuren, Restaurationsarbeiten an beschädigten Denkmälern und Gebäuden, ja sogar die Kalkbehandlung des vom sauren Regen bedrohten Waldes wird im Bruttosozialprodukt mitberücksichtigt, obwohl die Lebensqualität in einer zerstörten Umwelt sinkt.
Schließlich haben die Verkehrsunfälle drastisch zugenommen. Das Abschleppen der Kraftfahrzeuge, die Bergung von Verkehrstoten und -verletzten sowie deren Pflege im Krankenhaus, die notwendigen Arzneimittel, die Beerdigung der Verkehrstoten, einschließlich der Kranz- und Blumenspenden, gehen als bewertete Leistungen in das Bruttosozialprodukt ein. Zynisch formuliert, steigt das Sozialprodukt umso stärker, je mehr Verkehrsunfälle auftreten; dagegen dürfte die soziale Wohlfahrt sinken.◆

(Nach: Uwe Taenzer, Ökonomie 2, Stuttgart 1985, S. 100)

Wissenschaftliche Untersuchungen verweisen darauf, dass die **defensiven Kosten**, d.h. die Ausgaben zur Behebung der negativen Folgen des wirtschaftlichen Wachstums, einen immer größeren Anteil am Bruttosozialprodukt ausmachen. Die Kritiker einer rein **quantitativen Berechnung** des Sozialprodukts fordern deshalb die Berücksichtigung der defensiven Kosten und eine positive Bewertung von umweltschonendem Wirtschaften in einem **„Ökosozialprodukt"**. Eine volkswirtschaftliche Berechnung nach **qualitativen** Gesichtspunkten stößt allerdings auf erhebliche methodische Probleme und hat sich in Wirtschaft, Politik und Öffentlichkeit als Wirtschaftsindikator noch nicht durchsetzen können. Immerhin gibt es seit 1990 ein vom Statistischen Bundesamt vorgelegtes Konzept einer **„umweltökonomischen Gesamtrechnung"**.

3.5 Die Ordnung der Sozialen Marktwirtschaft

► ***Stichwort: Soziale Marktwirtschaft***

Material 11

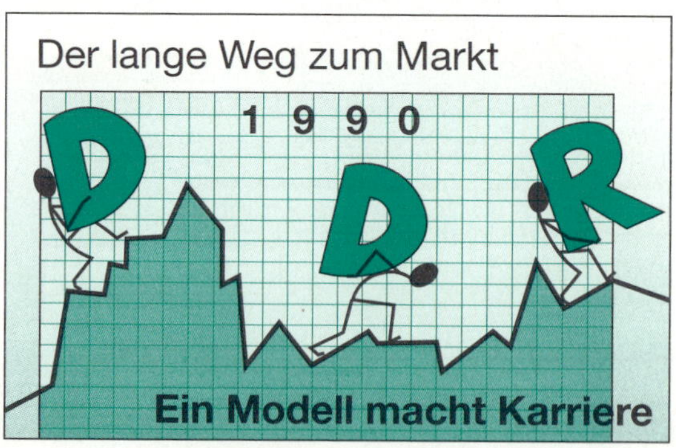

Material 12

März 1990 in Leipzig: Während einer Wahlkampfveranstaltung von Bundeskanzler Kohl schwenkten Demonstranten die Deutschlandflagge, eine rasche Wirtschaftsunion wurde gefordert.

Material 13a

Karl Marx: Das Sein bestimmt das Bewusstsein.

Material 13b

die tageszeitung

SAMSTAG 30.JUNI 1990 — TAZ — ÜBERREGIONAL — DM 1.50

26. WOCHE ■ NR. 3145 ■ JAHRGANG 13 ■ POSTFACH 610229 ■ 1000 BERLIN 61 ■ TELEFON 030/25902-0 ■ DM 1,50 ■ DRS 250 ■ ÖS 16 ■ LIT 2000 ■ HFL 2,75 ■ BFR 2,20 ■ SFR 50

DM-Day: Der Schein bestimmt das Bewußtsein

Die letzten chaotischen Tage der DDR / Am Sonntag Warteschlangen für den Empfang des neuen Geldes, am Montag erste Einkäufe auf Westmark-Basis / BRD-Minister lassen Ostberliner Kollegen Romberg abblitzen: Mehr Mittel gibt's nicht / Stationierungskosten der Roten Armee gesichert / Kapitalistische Konzerne halten sich mit Einstieg zurück / DDR-Regierung geht von 430.000 Arbeitslosen bis zum Jahresende aus / Entlassungen verzögert / Wie heiß wird der Herbst?

Aufgaben

7. *Beschreiben Sie, was die Bilder zum Ausdruck bringen wollen!*
8. *Formulieren Sie Leitfragen, die im Rahmen der Sozialen Marktwirtschaft erörternswert sind!*

Das Leitbild der Wirtschaftsordnung der Bundesrepublik Deutschland ist die **Soziale Marktwirtschaft.** Der Zusammenbruch der „realsozialistischen" osteuropäischen Länder machte die Marktwirtschaft zu einer alternativlosen Form der Wohlstandserzeugung und des Austausches von Gütern und Dienstleistungen. Was sind die Grundlagen und Bedingungen für den Erfolg und die Anziehungskraft des Konzeptes der Sozialen Marktwirtschaft? Ihre Überlegenheit ist wohl in der Fähigkeit und ihrem Bemühen begründet die Verbindung von **wirtschaftlicher Freiheit** und **sozialer Gerechtigkeit** herzustellen. Alfred Müller-Armack, der den Begriff der Sozialen Marktwirtschaft in die Diskussion einführte, stellte stärker als sein Lehrer Eucken den Gedanken der sozialen Gerechtigkeit gleichberechtigt neben den der ökonomischen Freiheit und Effizienz. Er sah die soziale Komponente seines marktwirtschaftlichen Konzepts in erster Linie in der Sicherung eines funktionsfähigen Wettbewerbs auf der Grundlage des Privateigentums und eines funktionsfähigen Konkurrenz-Preissystems. Wettbewerb als Motor des Wirtschaftens führe zu Leistungssteigerung, zu hohen Wachstumsraten der Volkswirtschaft bei gleichzeitiger Sicherung der Geldwertstabilität und damit zur allgemeinen Steigerung der Realeinkommen und zu einer Hebung des Lebensstandards der arbeitenden Bevölkerung und garantiere somit die Entfaltung und Freisetzung der vorhandenen Kräfte bei Unternehmern und Arbeitnehmern. Begleitend allerdings müsse der Staat eingreifen um krasse Eigentums- und Vermögensunterschiede durch Umverteilung (progressive Steuern) einzudämmen, Sozialversicherungssysteme auszubauen, Vermögensbildung zu fördern. Das notwendige Gerüst der Wirtschaftsordnung bleibt die Marktwirtschaft, nur keine sich selbst überlassene liberale Marktwirtschaft, sondern eine bewusst gesteuerte, den Marktmechanismus korrigierende Soziale Marktwirtschaft. Für ihn bedingen Wirtschafts- und Sozialpolitik einander, denn die Sozialpolitik ist mehr als Umverteilung.

Sie schafft ordnungspolitische und gesellschaftliche Voraussetzungen für gutes Wirtschaften. Ohne wirksamen Rechtsschutz und Interessenvertretung der Arbeitnehmer und soziale Sicherung kann die Wirtschaft einer modernen Industriegesellschaft nicht gedeihen.

Material 14

Das Konzept der sozialen Marktwirtschaft

Das nach dem Zweiten Weltkrieg unter maßgeblicher Beteiligung von Müller-Armack entwickelte Leitbild der Sozialen Marktwirtschaft ist wirklichkeitsnäher und betont sozialpolitische Ziele stärker als der Neo- und Ordoliberalismus. Dieses Leitbild wird als Orientierung für einen „dritten Weg" verstanden, der zwischen ungezügeltem Liberalismus und wirtschaftslenkendem, mit Totalitarismus bedrohtem Sozialismus hindurchführt und auf eine Synthese abzielt zwischen rechtsstaatlich gesicherter, insbesondere wirtschaftlicher Freiheit einerseits und den sozialstaatlichen Idealen sozialer Sicherheit und sozialer Gerechtigkeit andererseits.

Konstitutive Elemente der Ordnung, die es erlauben soll, Freiheit, Fortschritt, Gleichheit, Gerechtigkeit und Sicherheit in der von den Gesellschaftsmitgliedern gewünschten Zielgewichtung zu verwirklichen, sind:

1. Eine *marktwirtschaftliche, freiheitliche Ordnung der Wirtschaft,* wo immer die wirtschaftlichen Ziele durch die Koordinierung der Aktivitäten selbstverantwortlich und frei entscheidender Wirtschaftssubjekte auf wettbewerblich geordneten Märkten ohne Verletzung sozialer Ziele erreicht werden können (Marktwirtschaft). Der marktwirtschaftliche Wettbewerb, der dazu führt, „den wirtschaftlichen Fortschritt allen Menschen, im Besonderen in ihrer Funktion als Verbraucher, zugute kommen zu lassen und alle Vorteile, die nicht unmittelbar aus höherer Leistung resultieren, zur Auflösung zu bringen", soll „Wohlstand für alle" schaffen, eine Sozialisierung des Fortschritts bewirken und überdies das persönliche Leistungsstreben wach halten.
2. Im Bereich der *Ordnung der Märkte* (Marktformen, Marktverfassung, Marktzugang), der Unternehmens- und der Betriebsverfassung eine Verbindung von individualrechtlichen Freiheitsverbürgungen, insbesondere des Rechts auf freie Entfaltung der Persönlichkeit, mit sozialrechtlichen Freiheitsbindungen in der Weise, dass Freiheit und soziale Gerechtigkeit nicht bzw. so wenig wie möglich in Konflikt geraten.
3. Die Errichtung eines vollständigen *Systems sozialen Schutzes* auf der Grundlage einer marktwirtschaftlichen Ordnung.
4. Die Errichtung eines Systems der *wirtschaftspolitischen Gewaltenteilung* (zwischen

Gesetzgeber, Regierung und Zentralnotenbank) und des Machtgleichgewichtes im staatlichen Bereich (Aufgabenverteilung zwischen Zentralstaat, Ländern, Kreisen und Gemeinden). Dessen ungeachtet verlangt das Leitbild der Sozialen Marktwirtschaft einen starken Zentralstaat als ordnungspolitische Potenz, die die Wirtschaftsordnung, vor allem die Wettbewerbsordnung, errichtet und ihre Einhaltung garantiert.
Als wesentliche, die Wirtschafts- und Sozialordnung der Bundesrepublik prägende Elemente sind im Bereich der Ordnungsgrundlagen die allgemeine Vertragsfreiheit, das Recht auf Privateigentum auch an Produktionsmitteln, die Gewerbefreiheit, die Freiheit der Berufs- und Arbeitsplatzwahl, die Konsumfreiheit und die Wettbewerbsfreiheit anzusehen, wobei diese Rechte so auszugestalten sind, dass sie weder die Rechte Dritter noch das Sittengesetz verletzen. Sowohl für die Funktionsfähigkeit und Leistungsfähigkeit der Wirtschaft als auch für den sozialen Gehalt der Wirtschaftsordnung kommt der Wettbewerbsordnung, der Geld-, Kredit- und Währungsordnung, der Arbeits- und Sozialordnung und der Finanzverfassung herausragende Bedeutung zu. Die gesetzliche Ausgestaltung dieser Ordnungen wird in sehr hohem Maße den von der ordnungspolitischen Konzeption her geforderten konstitutiven Elementen gerecht.

(Heinz Lampert, Die Soziale Marktwirtschaft in der Bundesrepublik Deutschland – Ursprung/Konzeption/Entwicklung und Probleme, in: Aus Politik und Zeitgeschichte B 17/88 v. 22.4.1988, S. 6)

Aufgaben

Bei einem Besuch von Schülern aus der Partnerschule in den neuen Bundesländern ist auch im Programm vorgesehen eine Diskussion über die Wirtschaftsordnung der Sozialen Marktwirtschaft zu veranstalten. Um sich daran beteiligen zu können gibt Ihnen der Text M 14 eine Hilfestellung.

9. *Erläutern Sie die zeitgeschichtlichen Wurzeln des Leitbildes der Sozialen Marktwirtschaft. Schlagen Sie zur Klärung der Sachfrage die Begriffe im Lexikon nach!*
10. *Stellen Sie den Zusammenhang von Ideen, Zielen und Prinzipien der Sozialen Marktwirtschaft in einem Schaubild dar!*
11. *Erläutern Sie, wie das Spannungsverhältnis zwischen wirtschaftlicher Freiheit und sozialer Gerechtigkeit minimiert werden soll!*
12. *Der Text nennt die Grundlagen der Sozialen Marktwirtschaft und gibt einen Überblick über das Gesamtsystem. Für die Diskussion können Sie sich gezielter und intensiver in den nachfolgenden Abschnitten über die einzelnen Teilordnungen informieren.*

Material 15

Grundgesetz und Wirtschaftsordnung

Das Grundgesetz ist offen hinsichtlich der Wirtschaftsordnung und lässt dem Gesetzgeber freie Hand sie umzugestalten, was aber nicht heißt, das Grundgesetz sei in dieser Frage völlig neutral. Diese Offenheit stößt allerdings auf Grenzen, die durch individuelle Freiheitsrechte gesetzt sind (freie Entfaltung der Persönlichkeit in Art. 2,1 GG, verbunden mit der Vereinigungs- und Berufsfreiheit in Art. 9 und 12 und der Eigentumsgarantie in Art. 14), aus denen die Rechtsprechung des BVerfGE einen „angemessenen Spielraum zur Entfaltung der Unternehmerinitiative“ ableitet. Andererseits ist auch die wirtschaftliche Handlungsfreiheit des Einzelnen eingeschränkt, der Gebrauch des Eigentums soll „dem Wohle der Allgemeinheit dienen“ (Art. 14,2 GG). Enteignungen auf gesetzlicher Grundlage sind – mit Entschädigung – zum Wohle der Allgemeinheit zulässig (Art. 14,3 GG). Die Überführung von Grundstücken oder Schlüsselindustrien in öffentliches Eigentum ist in bestimmten Fällen grundgesetzkonform, nicht aber eine Sozialisierung aller Produktionsmittel generell. Der Gesetzgeber hat allerdings große Zurückhaltung geübt, was die Exekution solcher Möglichkeiten betrifft.

Aufgaben

13. *Stellen Sie mithilfe von M 15 Bestimmungen zusammen, die für die Wirtschaftsordnung bedeutsam sind!*
14. *Erörtern Sie, welche Bestimmungen sprechen eher für ein marktwirtschaftliches System, welche eher für eine zentral gelenkte Wirtschaft!*
(→ IV/1.5)

► *Wettbewerbsordnung*

Der Wettbewerb ist ein Grundpfeiler der marktwirtschaftlichen Ordnung. Wettbewerb am freien Markt soll dafür sorgen, dass das Streben der handelnden Akteure nach ihrem eigenen Vorteil zugleich der optimalen Güterversorgung aller Nachfrager dient. Wettbewerb soll Eigeninteresse und Allgemeininteresse ohne staatlichen Zwang miteinander verbinden. Im Gegensatz zu den Ansichten der Altliberalen haben die Ordoliberalen erkannt, dass eine funktionsfähige Wettbewerbsordnung nicht von selbst entsteht und beständig Harmonie erzeugt, sondern ein sich selbst überlassener Wettbewerb die Tendenz hat sich selbst aufzuheben. Die Erfahrung lehrt nämlich, dass das freie Spiel der Kräfte durch die Anbieter empfindlich gestört werden kann. Die Zahl von Unternehmenszusammenschlüssen hat sich in den letzten Jahren stetig erhöht, darunter solche Elefantenhochzeiten wie Daimler-Benz mit Messerschmidt-Bölkow-Blohm, durch die sich die Markt- und Machtposition führender Unternehmen noch erheblich vergrößert hat. Wenn wenige Unternehmen den Markt beherrschen, können sie die Marktbedingungen diktieren (Vermachtung des Marktes). Deshalb ist zentraler Bestandteil des Konzepts Soziale Marktwirtschaft eine politisch zu gestaltende Wettbewerbsordnung, die zugleich die Chancen durch Leistung zu gewinnen nicht schmälert, andererseits aber den Missbrauch von Marktmacht verhindert.

Material 16

Material 17

Ursachen der Konzentration

Bei Zusammenschlüssen ergeben sich unter anderem Kosteneinsparungen durch die bessere Ausnutzung des Maschinenparks. Die Produktionsprozesse sind heute vielfach so kompliziert und vernetzt und kapitalintensiv geworden, dass sie sich nur in größeren Unternehmenseinheiten durchführen lassen. Dies gilt z.B. für den Einsatz von Fließbändern, teuren Produktionsautomaten, computerintegrierten Maschinensystemen oder für die Entwicklung neuer Produkt- und Verfahrenstechnologie.
Wichtiger sind jedoch die markt- und machtbedingten Gründe: Steigerung des Umsatzes und der Verkaufserlöse durch Massenproduktion, die aber nur in größeren Unternehmen möglich ist. Konzentration in diesem Sinne dient also primär der Optimierung/Rationalisierung der Produktionsabläufe und der Minimierung der Produktionskosten. Ein ebenso verbreitetes Konzentrationsmotiv ist das Streben nach Marktmacht. Je mächtiger ein Unternehmen ist, umso eher kann es die Verkaufs- und Einkaufspreise dahingehend beeinflussen, dass ein möglichst hoher Gewinn dabei herauskommt. Das Machtmotiv kommt allerdings nicht nur im Streben nach Marktmacht zum Ausdruck, sondern auch in der Absicht andere Unternehmen direkt zu beherrschen um deren wirtschaftliche Abhängigkeit zugunsten der eigenen Gewinne auszunutzen.
Ein weiteres Konzentrationsmotiv besteht darin, dass mit wachsender Größe die Produktionspalette erweitert und damit das Risiko gegenüber Markt- und Absatzchancen verringert werden kann. Wenn nämlich eines der Produkte einmal schlecht laufen sollte, so geht es dem Mehrprodukt-Unternehmen nicht gleich an die Substanz.
Ebenfalls risikoorientiert sind jene Aktivitäten, die auf die Erweiterung der Finanz- und Investitionskraft gerichtet sind. Großunternehmen besitzen in der Regel eine hohe Kreditwürdigkeit im In- und Ausland, weil sie ihre Risiken stärker streuen können. Notwendig ist die Finanzstärkung um im internationalen Geschäft gegen andere Konzerne wettbewerbsfähig bleiben zu können.

Material 18

Formen der Konzentration (Kartell und Konzern)

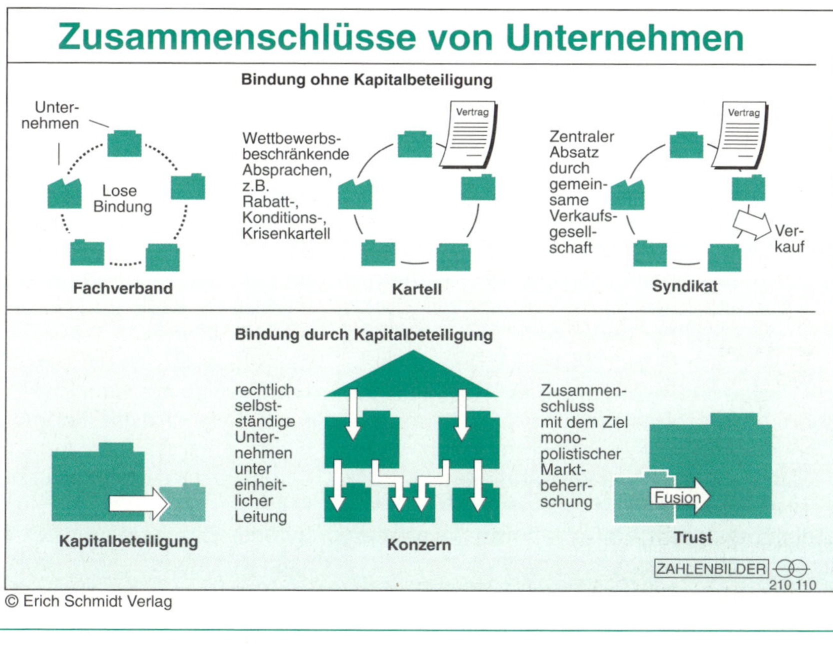

© Erich Schmidt Verlag

Das wichtigste Instrument zur Sicherung und Förderung des Wettbewerbs in der Bundesrepublik ist das Gesetz gegen Wettbewerbsbeschränkungen (GWB) von 1957. Das in Berlin sitzende Bundeskartellamt soll über die Einhaltung der Bestimmungen wachen.
Das GWB soll Beschränkungen des Wettbewerbs entgegenwirken, indem es

- Kartelle und vertikale Preisbindungen untersagt **(Kartellverbot)**;
- den Zusammenschluss von Großunternehmen kontrolliert und in bestimmten Fällen untersagt **(Fusionskontrolle)**;
- den Missbrauch einer marktbeherrschenden Stellung eines Unternehmens (oder weniger großen Unternehmen) kontrolliert und unterbindet **(Missbrauchsaufsicht)**.

Das **Kartellverbot** soll verhindern, dass Unternehmen sich über Preise, Geschäftsbedingungen, Rabattregelungen absprechen und ihr Verhalten am Markt untereinander abstimmen – meist zu Lasten der Verbraucher – und damit den Wettbewerb außer Kraft setzen. Verstöße in Form vertraglich fixierter Absprachen werden mit hohen Geldbußen geahndet; informelle mündliche Abmachungen, so genannte Frühstücks- oder Telefonkartelle, aber werden nur selten entdeckt und sind schwer zu beweisen. Vielerlei Ausnahmen durchlöchern zudem das Kartellverbot. Rationalisierungs-, Krisen- und Exportkartelle sind unter bestimmten Voraussetzungen und mit Genehmigung des Kartellamtes erlaubt; nicht immer sind sie für den Wettbewerb unschädlich.

Unternehmenszusammenschlüsse (Fusionen) sind nicht generell verboten. Es besteht Anzeigepflicht, wenn durch den Zusammenschluss Marktanteile von 20 % erreicht oder überschritten werden – bei entsprechend hohen Umsatzerlösen (zus. + 500 Mill.) und Beschäftigtenzahlen. Die 1980 verabschiedete 4. Novelle zum Kartellgesetz will durch strengere Fusionskontrolle „den Schutz mittelständisch strukturierter Märkte verbessern". Eine Intervention des Kartellamtes wegen „Marktbeherrschung" ist nunmehr schon in einem solchen Falle möglich, wenn ein Unternehmen mit einem jährlichen Umsatz von zwei Milliarden DM und mehr ein kleines mittelständisches Unternehmen erwerben will.
Zu untersagen hat das Kartellamt den Zusammenschluss, wenn er zur Beherrschung des Marktes führt, in der Form, dass die beteiligten Unternehmen keinem wesentlichen Wettbewerb mehr ausgesetzt sind oder ihre Wettbewerber deutlich überragen (22, Abs. 1, Nr. 1 und 2 GWB).

Material 19

Beispiel Fusion Daimler/MBB

Das **Bundeskartellamt** untersagte am 30.4.1989 eine Beteiligung der Daimler-Benz AG am Luft- und Raumfahrtskonzern MBB (Messerschmitt-Bölkow-Blohm) wegen einer marktbeherrschenden Stellung in den Bereichen Wehrtechnik, Luft- und Raumfahrt, LKW-Produktion. Nun steht in einem solchen Fall dem Bundesminister für Wirtschaft das Recht zu auch gegen das Votum der Kartellbehörde eine so genannte Ministerentscheidung zu treffen. Dies geschah auf Antrag der betroffenen Firmen und nachdem die Monopolkommission der Bundesregierung in einem Sondergutachten sich unter bestimmten Auflagen für die Genehmigung der Fusion ausgesprochen hatte. Trotz der Bedenken aus allen Fraktionen des Bundestags genehmigte am 8.9.1989 Bundeswirtschaftsminister Hausmann die Fusion mit der Begründung, der Zusammenschluss führe zu erheblichen gesamtwirtschaftlichen Vorteilen und verwirkliche gewichtige Interessen der Allgemeinheit. So entlaste die schrittweise Überführung von MBB in privatwirtschaftliche Verantwortung den Bundeshaushalt auf längere Sicht von Subventionen im Airbus-Bereich. Die Erschließung technologisch wichtiger Verbundbeziehungen in der Luft- und Raumfahrtindustrie wie auch die Verstärkung der Systemführungskompetenz bei einem finanzstarken nationalen Unternehmen gewähre zudem die Möglichkeit im internationalen Wettbewerb wie bei internationalen Rüstungs- und Raumfahrtkooperationen eine gewichtigere Rolle zu spielen. Die für den Wettbewerb negativen Auswirkungen des Zusammenschlusses im Rüstungs-, Luft- und Raumfahrtbereich machten Entflechtungsauflagen erforderlich (Ausgliederung einer Reihe von wehr- und marinetechnischen Betrieben aus dem Konzern) „um sicherzustellen, dass die infolge des Zusammenschlusses insgesamt auftretende Beschränkung des Wettbewerbs von gesamtwirtschaftlichen Vorteilen aufgewogen wird" (Begründung des Bundesmin. f. Wirtschaft v. 8.9.89).

Aufgaben

15. *Schlagen Sie die Begriffe Kartell, Konzern, Fusion im Lexikon nach!*
16. *Ordnen Sie die in M 17 angeführten Argumente zum Konzentrationsprozess übergeordneten Gesichtspunkten zu! Welche würden Sie mit Blick auf M 16 eher akzeptieren, welche würden Sie ablehnen?*
17. *Diskutieren Sie anhand von M 19, ob sich mit dem Hinweis auf gesamtwirtschaftliche Vorteile der genannten Art eine solche Ausnahmegenehmigung rechtfertigen lässt!*
18. *Diskutieren Sie die Wirksamkeit des Kartellamtes unter dem Aspekt der Globalisierung der Märkte!*

3.6 Ziele der Wirtschaftspolitik

► *Stabilitätsgesetz: Das magische Viereck*

In der Sozialen Marktwirtschaft hat der Staat die Aufgabe im Rahmen der Wirtschaftspolitik das Wirtschaftsleben mit zu gestalten. Die Ziele der staatlichen Wirtschaftspolitik sind in der Bundesrepublik 1967 im „Gesetz zur Förderung der Stabilität und des Wachstums der Wirtschaft" gesetzlich verankert worden. Richtschnur staatlichen Handelns ist danach die Herstellung des **gesamtwirtschaftlichen Gleichgewichts**. Im „Stabilitätsgesetz" werden die zur Realisierung des Anspruchs erforderlichen vier klassischen Ziele der staatlichen Wirtschaftspolitik genannt.

◆ **§ 1 Stabilitätsgesetz von 1967**

„Bund und Länder haben bei ihren wirtschafts- und finanzpolitischen Maßnahmen die Erfordernisse des gesamtwirtschaftlichen Gleichgewichts zu beachten. Die Maßnahmen sind so zu treffen, dass sie im Rahmen der marktwirtschaftlichen Ordnung gleichzeitig zur Stabilität des Preisniveaus, zu einem hohen Beschäftigungsstand und außenwirtschaftlichem Gleichgewicht bei stetigem und angemessenem Wirtschaftswachstum beitragen."◆

Material 20

Das magische Viereck
Angestrebte wirtschafts- und finanzpolitische Ziele

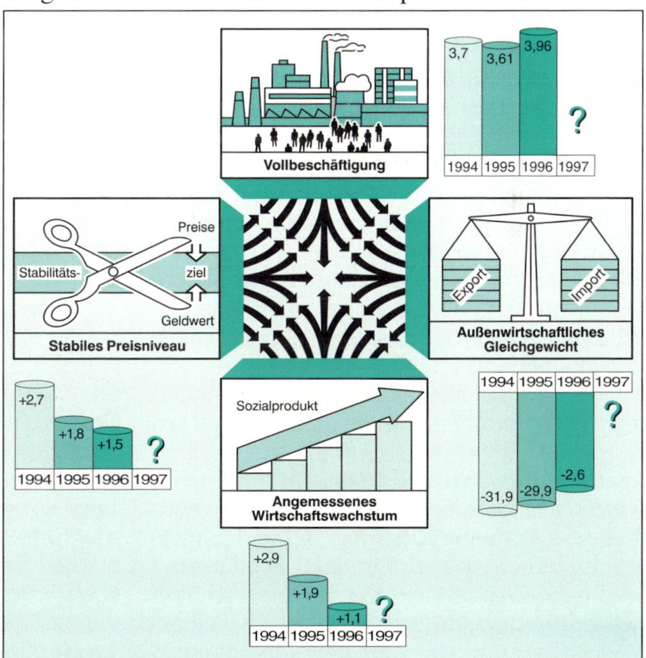

(nach Zahlenbilder 200 510, ergänzt)

Material 21

Das Indikatorproblem

Die Zielbegriffe des magischen Vierecks enthalten Definitionsprobleme. Der häufig benutzte Begriff **Preisstabilität** ist ungenau, weil die Marktpreise gerade durch ihr Schwanken die Veränderungen in Angebot und Nachfrage anzeigen sollen. Zutreffender ist es deshalb, von **Geldwertstabilität** zu sprechen. Aber auch der Maßstab dafür ist umstritten. 1967 definierte die Bundesregierung Geldwertstablität als gegeben bei einer Steigerungsrate des gesamtwirtschaftlichen Preisniveaus von 1 % jährlich. 1974 dagegen bei einer Steigerungsrate von 3 – 4 %. Festgestellt wird die Steigerungsrate durch Ermittlung von Preisindizes für bestimmte Warengruppen, gemessen an einem Basisjahr, dessen Wert gleich 100 gesetzt wird. Als zentraler Wert gilt das Verbraucherpreisniveau, der **Preisindex** für die Lebenshaltung, der mithilfe eines „Warenkorbs“ für unterschiedliche Haushaltstypen und für den Durchschnitt aller privaten Haushalte errechnet wird. Von Zeit zu Zeit muss der Warenkorb neu gewichtet werden, weil sich die Verbrauchergewohnheiten ändern.

Vollbeschäftigung im strengen Wortsinn ist gegeben, wenn in einer Volkswirtschaft alle Arbeitsfähigen und Arbeitswilligen eine zumutbare Beschäftigung finden. Dieser strenge Maßstab wird jedoch im Allgemeinen nicht angelegt. Von den (→ IV/1.2) genannten Formen der Arbeitslosigkeit sind die saisonale und die friktionelle Arbeitslosigkeit wirtschaftspolitisch nicht zu beheben. Von Vollbeschäftigung sprechen die Fachleute in der Regel heute schon bei einer Arbeitslosenquote von 2 – 3 %.

Außenwirtschaftliches Gleichgewicht bedeutet Gleichgewicht der Leistungsbilanz im Austausch von Waren und Dienstleistungen sowie von Kapitalübertragungen zwischen In- und Ausland. Die Handelsbilanz, der Saldo von Güterein- und -ausfuhr, stellt davon nur einen Teil dar.

Angemessenes Wirtschaftswachstum meint reale, nicht nur nominale, also nicht durch Geldentwertung bedingte Zunahme des in Geldziffern ausgedrückten Sozialprodukts in einem bestimmten Zeitraum, also ein Mehr an Gütern und Dienstleistungen. Dieses Ziel ist am wenigsten exakt definierbar, weil die Vorstellungen von Angemessenheit unterschiedlich sind und abhängen von übergeordneten Zielen, denen Wachstum dienen kann: allgemeine Wohlstandssteigerung, Ausbau der sozialen Sicherheit, Einkommensumverteilung, Vermeiden sozialer Konflikte, Finanzierung neuer privater und öffentlicher Investitionen, Umweltschutz, Entwicklungshilfe usw.

(Bernhard Sutor, Politik. Ein Studienbuch zur politischen Bildung, Paderborn (Schöningh) 1994, S. 315f.)

(Zur Problematisierung des Begriffs und des Zieles → IV/2)

Der wirtschaftspolitische Alltag zeigt, dass die im Stabilitätsgesetz geforderte gleichzeitige Erreichung aller vier Ziele in der Realität kaum zu erfüllen ist, weswegen man auch vom „magischem Viereck“ spricht, weil die Zauberkunst eines Magiers erforderlich wäre um die vier Zielsetzungen, die in einem unauflöslichen Zusammenhang stehen, gleichzeitig konfliktfrei zu verwirklichen. Dies bedeutet aber, dass das gesamtwirtschaftliche Gleichgewicht ständig gefährdet ist.

Während zwischen den Zielen Wachstum und Beschäftigung ein positiver Zusammenhang besteht und sie sich sehr oft ergänzen, gilt das Verhältnis Preisstabilität und Vollbeschäftigung als typischer Zielkonflikt. Ein Mehr an Inflation scheint danach mit einem Weniger an Arbeitslosigkeit verbunden zu sein, d.h. Vollbeschäftigung sei nur für den Preis des Geldwertverlustes zu haben.

Das Stabilitätsgesetz setzt keine Rangordnung der anzustrebenden Ziele fest, sondern beschreibt die vier Ziele so, dass grundsätzlich offen bleibt, wann und ab welcher Größenordnung die Ziele als erfüllt gelten können oder nicht. Diese offene Formulierung ist beabsichtigt, damit je nach Situation entschieden werden kann, welche gesamtwirtschaftlichen Ziele jeweils am stärksten gefördert werden sollen. Mehrere Zielwechsel sind in der Bundesrepublik Deutschland erkennbar. Stand bis Mitte der 60er-Jahre das Wachstumsziel im Vordergrund, so wurde anschließend die Forderung nach Preisniveaustabilität stärker betont, während seit Mitte der 70er-Jahre und verstärkt nach der Einheit Deutschlands die Wirtschaftspolitik sich schwerpunktmäßig dem Abbau der Arbeitslosigkeit widmet. Der Stellenwert der wirtschaftspolitischen Ziele kann je nach Interessenstandpunkt politischer Orientierung unterschiedlich ausfallen.

▶ Vom magischen Viereck zum magischen Vieleck

Das Stabilitätsgesetz entstand aus dem Denken der Siebzigerjahre. Der unten stehende Text zeigt mit Blick auf die Bewältigung der Zukunftsprobleme die Entwicklung des „magischen Vierecks" zum „magischen Vieleck".

Material 22

Sicherlich steht die Diskussion um das magische Viereck im Rahmen des gesamtwirtschaftlichen Zielbündels sowohl in der Öffentlichkeit als auch in der Literatur im Vordergrund. Bedauerlich ist jedoch, dass darüber hinaus weitere Zielsetzungen entweder nicht konstatiert bzw. diskutiert werden. Die sozioökonomische Entwicklung in der Bundesrepublik ist aber beim Stabilitätsgesetz von 1967 nicht stehen geblieben und teilweise neue, oder präziser formuliert, neu entdeckte Themen sind in ihrer Vielfalt und den damit verbundenen Auswirkungen in den Blickpunkt der gesellschaftspolitischen Auseinandersetzungen getreten. Lediglich vom magischen Viereck auszugehen, bedeutet, die Zeichen der Zeit zu negieren. Drei weitere Zielkomponenten gehören in der heutigen ökonomischen Diskussion zu den Herausforderungen von Gegenwart und Zukunft. Von der Entstehung sind dies in zeitlicher Reihenfolge:

- gerechtere Einkommensverteilung (seit etwa 1969),
- lebenswerte Umwelt (seit ca. 1972),
- gerechtere Verteilung der vorhandenen Arbeit (seit Beginn der Achtzigerjahre).

Es ist daher wissenschaftlich nicht nur legitim, sondern notwendig, im Rahmen der Diskussion über gesamtwirtschaftliche Zielsetzungen vom magischen Siebeneck auszugehen [...]

Neben dem Ungleichgewicht in der Einkommensverteilung spielt in der wirtschaftspolitischen Diskussion in der Bundesrepublik Deutschland die Frage nach einer lebenswerten Umwelt eine große Rolle. Es wird zunehmend diskutiert, ob stetiges Wirtschaftswachstum überhaupt wünschenswert sein kann, wenn dadurch gleichzeitig die natürlichen Lebensgrundlagen zerstört werden. Spätestens seit der Studie von Dennis L. Meadows und Jay W. Forrester „Die Grenzen des Wachstums" im Jahre 1972 wird dieser Zielkonflikt (Antinomie) von Wirtschaftswachstum und lebenswerter Umwelt international, wenn auch mit wechselnder Intensität diskutiert. Umweltkatastrophen wie [...] Tschernobyl u.a. sprechen hier eine eindeutige Sprache.

Fazit dieser Diskussion in der Bundesrepublik Deutschland ist die Forderung nach einem ökologisch und sozial verantwortbaren Wachstum, denn die Natur wird uns nur einmal geschenkt (Stichwort: ökologischer Umbau der Gesellschaft).

Aufgrund der nun schon seit Jahren hohen Arbeitslosigkeit in der Bundesrepublik Deutschland wird neben der Umweltfrage in erster Linie die Forderung nach einer gerechteren Verteilung der vorhandenen Arbeit diskutiert. Dabei wird einerseits an eine Arbeitszeitverkürzung gedacht (z.B. Wochen-, Jahres- oder Lebensarbeitszeit) und andererseits an eine Flexibilisierung der Arbeitszeit in Form von Nacht- und Schichtarbeit, Sonntagsarbeit, Kurzarbeit, gleitende Arbeitszeit usw.

(Bernd Henning, Die wirtschaftspolitischen Ziele im System der sozialen Marktwirtschaft, in: Verbrauchererziehung und wirtschaftliche Bildung, Heft 3/1989, S. 22)

Aufgaben

19. Vergleichen Sie das herkömmliche magische Viereck mit dem vorgeschlagenen „magischen Siebeneck" (M 22). Versuchen Sie das „magische Siebeneck" zu zeichnen!

20. Verdeutlichen Sie die Probleme, die bei der Operationalisierung der Zielbegriffe entstehen!

*21. Aktualisieren Sie für die folgenden Jahre die Grafik M 20!
Prüfen Sie anhand von M 20, ob und inwieweit die möglichen Zielbeziehungen miteinander vereinbar sind! Benutzen Sie dazu auch die Grafik auf S. 153.*

*22. Kritiker des Stabilitätsgesetzes fordern „stetiges Wachstum" aus dem Zielkatalog zu streichen, weil Wachstum und Wohlfahrt sich zunehmend entkoppeln.
Begründen Sie, ob Sie den Vorschlag unterstützen oder ablehnen? (→ IV/2.4)*

3.7 Wirtschaftskreislauf im Überblick

An der schematischen Darstellung auf Seite 153 kann gezeigt werden, dass es auch in der Wirtschaftsethik um den Zusammenhang von Zielen, Institutionen und Verhaltensweisen geht. Das Schema stellt den Versuch dar das herkömmliche Bild vom Wirtschaftskreislauf so ins Politische auszuweiten, dass das Gesamtsystem unserer heutigen Wirtschafts- und Sozialordnung einschließlich ihrer Ziele und Aufgabenfelder in einer anschaulichen Zusammenfassung sichtbar wird. Der einfache Güter- und Geldkreislauf ist ergänzt durch die Rahmendaten und den Einfluss der staatlichen Wirtschafts- und Sozialpolitik.

Im Innern erscheint der Staat als Summe aller „öffentlichen Hände" in seiner Eigenschaft als Nachfrager und Anbieter von Gütern und Dienstleistungen auf beiden Märkten. Die Position in der Mitte soll neben diesen Beziehungen vor allem das wirtschaftliche Gewicht des Staates zum Ausdruck bringen.

Es wäre jedoch zu wenig, den Staat allein in diesen Funktionen zu zeigen, wenn das Schema über die wirtschaftswissenschaftliche Betrachtungsweise hinaus die Wirtschaftspolitik einbeziehen soll. Deshalb erscheint von außen der Staat als ordnende und regulierende Entscheidungsinstanz der Gesamtgesellschaft, die der Wirtschaft einen Rahmen setzt, den Wirtschaftsprozess beeinflusst, die Ergebnisse der primären Verteilung des Sozialprodukts durch eine Umverteilung korrigiert, strukturelle Voraussetzungen des Wirtschaftens schafft.

Das vordergründige Ziel allen Wirtschaftens, die Versorgung der Menschen mit Gütern und Dienstleistungen, wird durch die an den Eckpunkten stehenden makroökonomischen und sozialen Ziele in vier Aufgabenbereiche zerlegt, die als konstitutive Elemente unserer Sozialen Marktwirtschaft gelten. Diese müssen politisch durch Gestaltung von Recht und Institutionen so umgesetzt werden, dass eine erträgliche Balance der in Spannung zueinander stehenden Ziele gewahrt bleibt. Die Unterscheidungen von Ordnungs- und Prozesspolitik und darunter wieder von Wirtschaftsordnung und Arbeits- und Sozialordnung, von Konjunkturpolitik und Strukturpolitik sind schematischer Art. In der Realität überschneiden und durchdringen sich die Aufgaben und Maßnahmen.

Die vier Pfeile, die in unserem Schema von den Aufgabenbereichen der Wirtschafts- und Sozialpolitik ausgehen, enden gleichsam im freien Raum. Dadurch soll angedeutet sein, dass Politik den Wirtschaftskreislauf, das Spiel von Angebot und Nachfrage auf freien Märkten zwar nicht aufhebt, aber einem Bedingungsfeld politisch gesetzter Daten, Grenzen und Auflagen einordnet.

(vgl. Bernhard Sutor, Politik – Ein Studienbuch zur politischen Bildung, Paderborn (Schöningh) 1994, S. 345 ff.)

Aufgaben

23. Zeichnen Sie den Bankenkreislauf in das Schema ein.

24. Diskutieren Sie, ob in den einzelnen Aufgabenbereichen die Ökologie- und Umweltproblematik hinreichend erkennbar wird. Entwerfen Sie ggf. Verbesserungsvorschläge.

Wirtschaftskreislauf und Wirtschaftspolitik

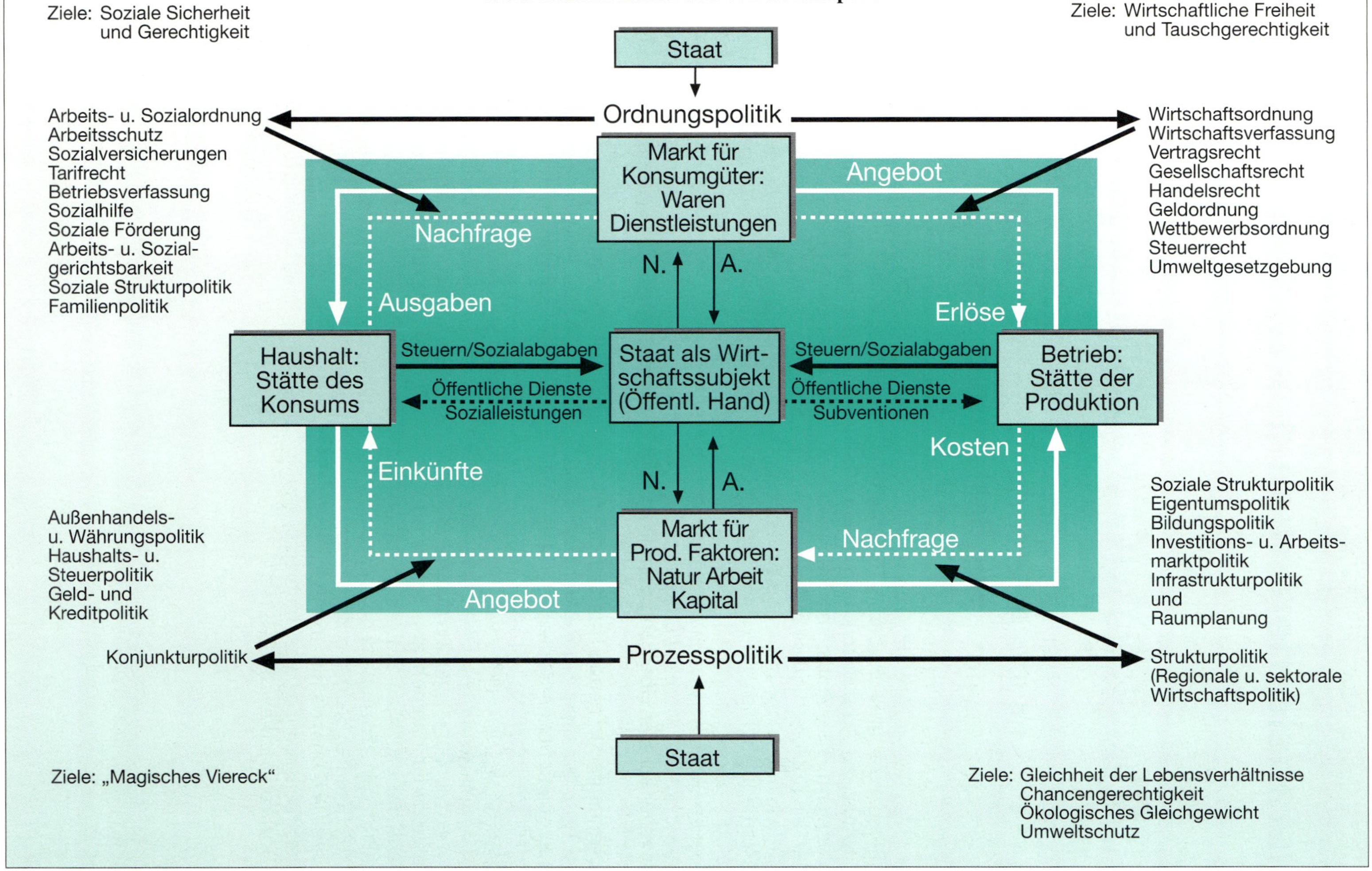

(Bernhard Sutor: Politik – Ein Studienbuch zur politischen Bildung. Paderborn (Schöningh) 1994, S. 347)

Herausforderungen der Wirtschaftspolitik

1. Arbeitslosigkeit – „Kapitalismus ohne Arbeit"?

1.1 Die Arbeitsmarktlage in Deutschland – eine Bestandsaufnahme

„Der Aufschwung geht am Arbeitsmarkt vorbei" – so oder ähnlich lauten Presseartikel zur aktuellen Arbeitsmarktentwicklung in Deutschland. Die Statistiken zeichnen seit Jahren ein düsteres und beängstigendes Bild zur Entwicklung von Arbeit und Arbeitslosigkeit. Immer mehr Menschen sind von der Beschäftigungskrise betroffen. Mit dem Beitritt der neuen Bundesländer hat sich das Problem Arbeitslosigkeit verschärft und ein neues Gesicht erhalten. Der Übergang vom Plan zum Markt hat zu gravierenden Beschäftigungsproblemen in den neuen Bundesländern geführt. Trotz günstiger Konjunkturdaten leben wir mit einem hohen Sockel von etwa 4 Millionen offiziell registrierten Arbeitslosen. Allerdings sagt die offizielle Arbeitsmarktstatistik nur die halbe Wahrheit. Denn mehr als zwei Millionen Menschen werden durch Arbeitsbeschaffungsmaßnahmen abgefedert und damit aus der offiziellen Statistik gehalten. Die Angst um den Arbeitsplatz hat inzwischen alle Schichten der Bevölkerung erfasst.
Müssen wir uns damit abfinden, dass die Sockelarbeitslosigkeit eine Dauererscheinung der Sozialen Marktwirtschaft ist?

Die seit den Siebzigerjahren aufkeimende und verstärkt in den Achtzigerjahren auftretende Beschäftigungskrise stellt sicherlich, wie aktuelle Umfragen belegen, eines der zentralsten und bedrückendsten wirtschaftspolitischen Probleme in Deutschland und in den meisten Staaten der europäischen Union dar. Die einschneidenden Gefahren für unser wirtschaftliches und politisches System sind offensichtlich, weil noch immer Beruf und Erwerbstätigkeit weitgehend den Lebensstandard, die persönlichen Lebenschancen und gesellschaftliche Anerkennung bestimmen. Längere Arbeitslosigkeit – zunehmend auch bei Fachkräften mit hoch qualifizierten Abschlüssen – wirkt sich mindernd auf das Selbstbewusstsein und den Leistungswillen aus, wird von vielen Betroffenen als eine Form gesellschaftlicher Ausgrenzung empfunden, ruft Zukunftsängste hervor, die sozialen Sprengstoff für unsere Gesellschaft darstellen und auf Dauer unsere Demokratie gefährden. Entsprechend intensiv werden die Ursachen dieser Fehlentwicklung sowie die Vor- und Nachteile unterschiedlicher Lösungsansätze zum Abbau der Arbeitslosigkeit erörtert.

Aufgaben

Es gibt grundsätzlich zwei unterschiedliche Vorgehensmöglichkeiten, um die Flut der Informationen durch die angebotenen Schaubilder zu bearbeiten.

- *Unter einer gezielten Fragestellung (vgl. Arbeitsauftrag 1,2 und 6) werden die einzelnen Schaubilder geprüft und zugeordnet. Damit wird eine Schneise in das vorhandene Dickicht geschlagen und eine Strukturierung der Thematik erreicht.*
- *Viele Schaubilder enthalten über die Fakten hinaus Symbole und Hintergrunddarstellungen (vgl. M 6 – M 9), die etwas ausdrücken. Setzen Sie jeweils Sachaussage und Symbolebene zueinander in Beziehung.*

1. *Erstellen Sie ein Profil des „typischen Arbeitslosen"!*
2. *Beschreiben Sie Ausmaß und Entwicklung der Arbeitslosigkeit in Deutschland. Vergleichen Sie alte und neue Bundesländer. Zur Aktualisierung des Materials können Sie sich beim regionalen Arbeitsamt informieren (Besuch beim Arbeitsamt)!*
3. *Definieren Sie mithilfe der Materialien folgende Begriffe:*
   abhängige Erwerbspersonen, stille Reserve, Arbeitslosenquote, registrierte Arbeitslose, Kurzarbeit.
   Warum ist diese Unterscheidung wichtig?
4. *Überprüfen Sie, ob die Arbeitslosigkeit überwiegend ein Qualifizierungsproblem ist!*
5. *Erläutern Sie die Situation von Arbeitslosen und die politische Dimension von Arbeitslosigkeit!*
6. *Erstellen Sie anhand der Materialien einen Arbeitsmarktbericht!*

Material 1a

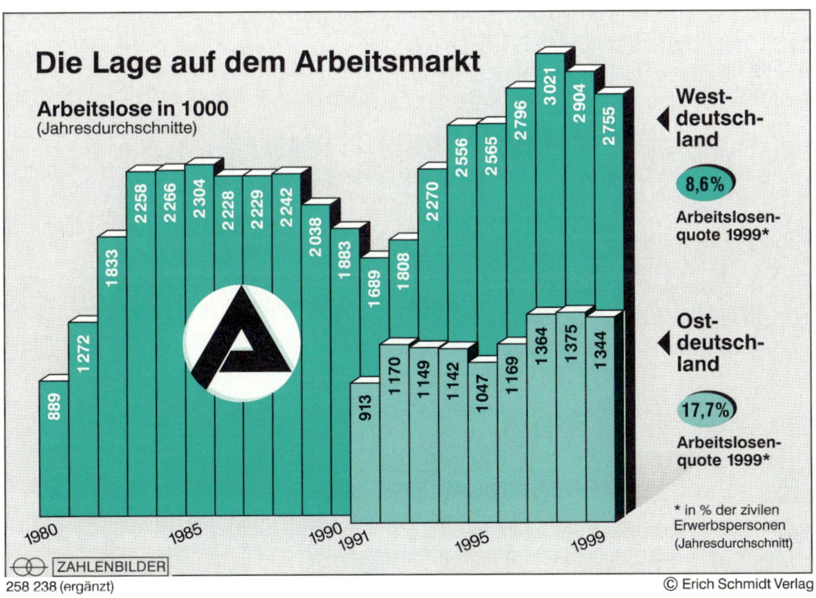

Außerdem:

Kurzarbeiter:	**119 000**
Weiterbildung:	**356 000**
Vorruhestand:	**219 000**
ABM u.a.:	**290 000**

Material 1b

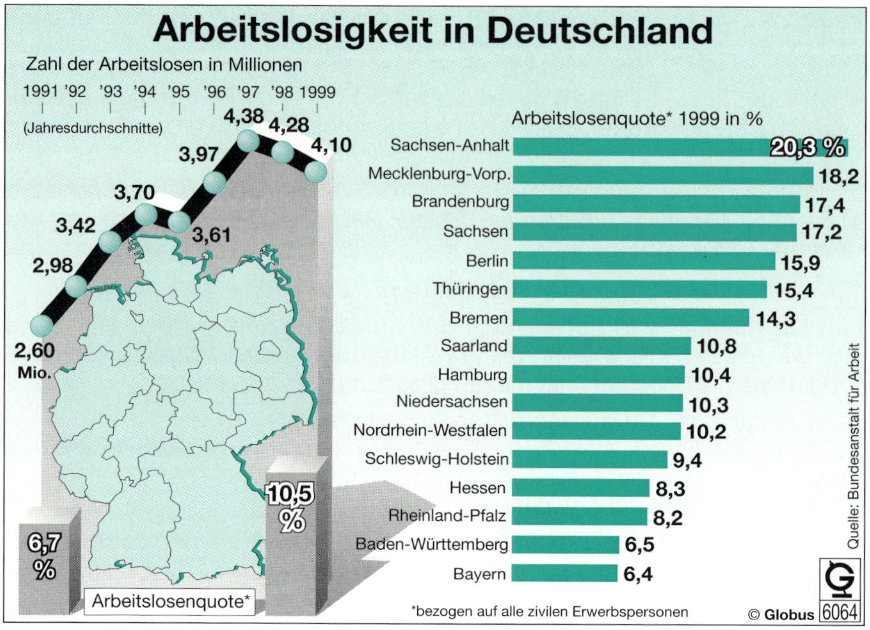

Material 2

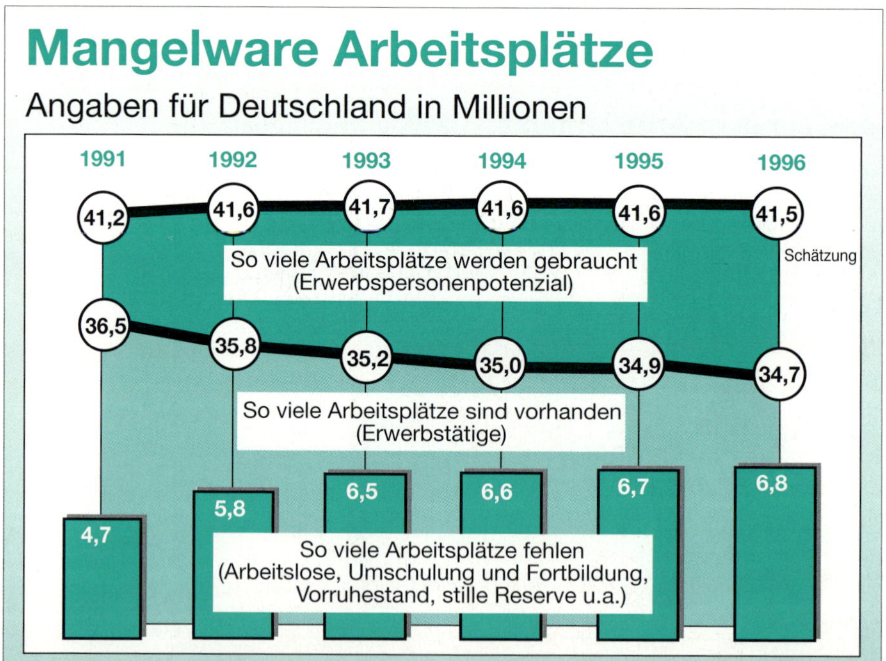

Material 3

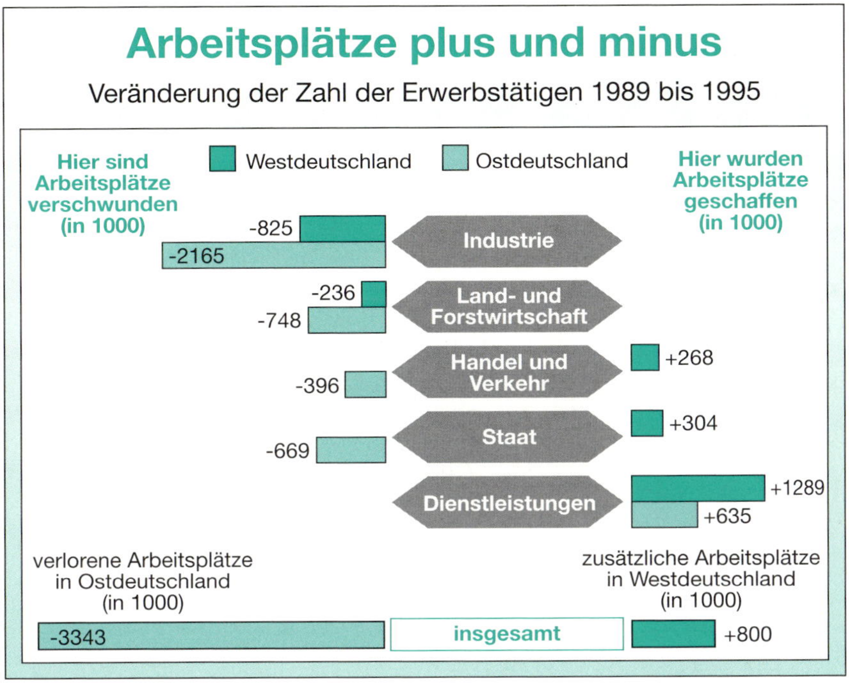

Material 4

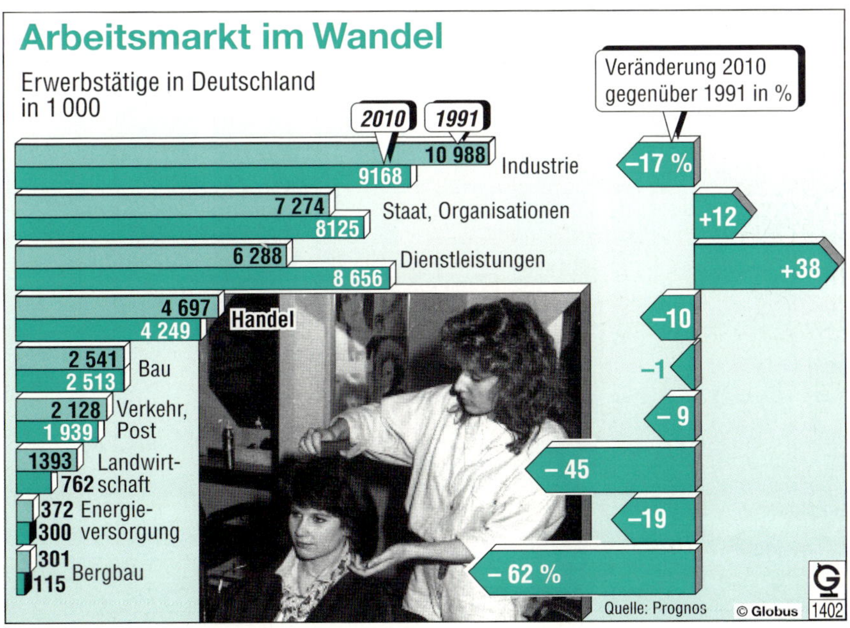

Material 5

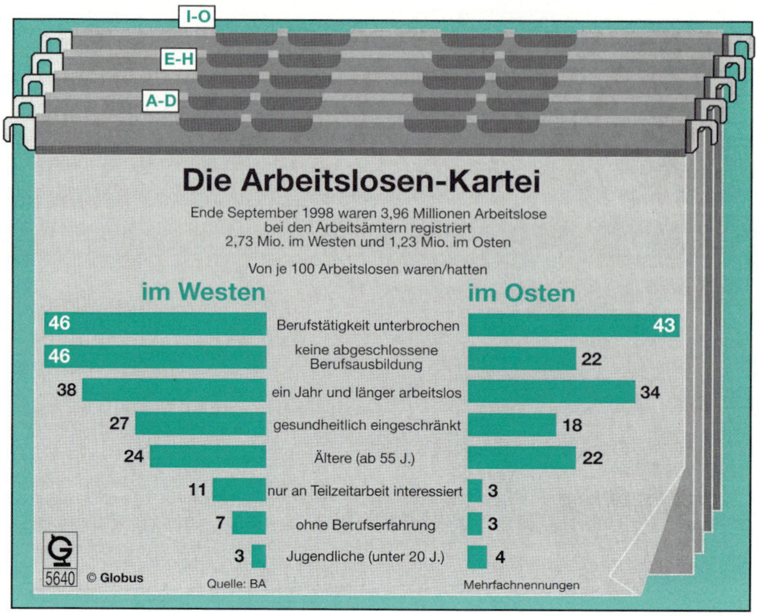

Material 6

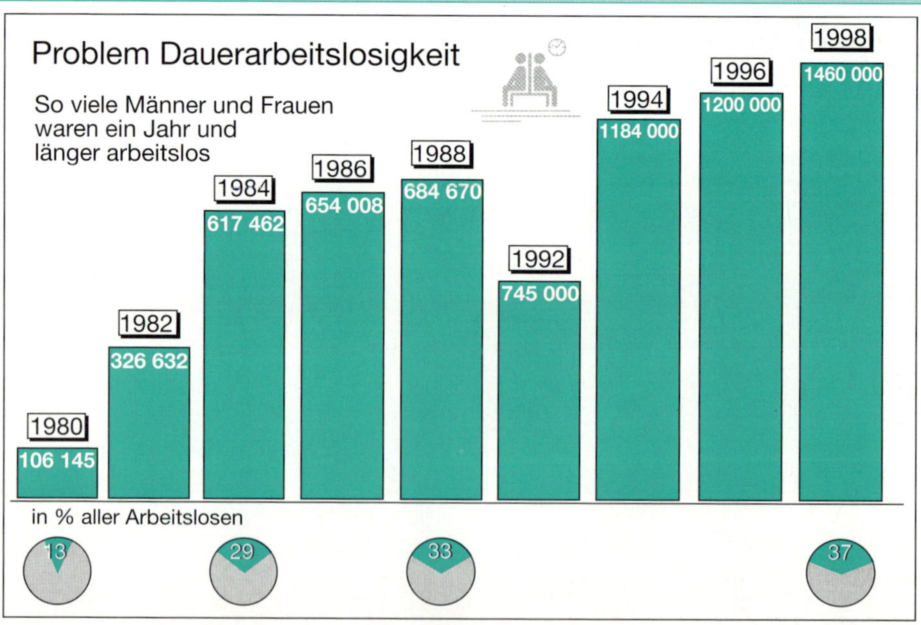

Material 7

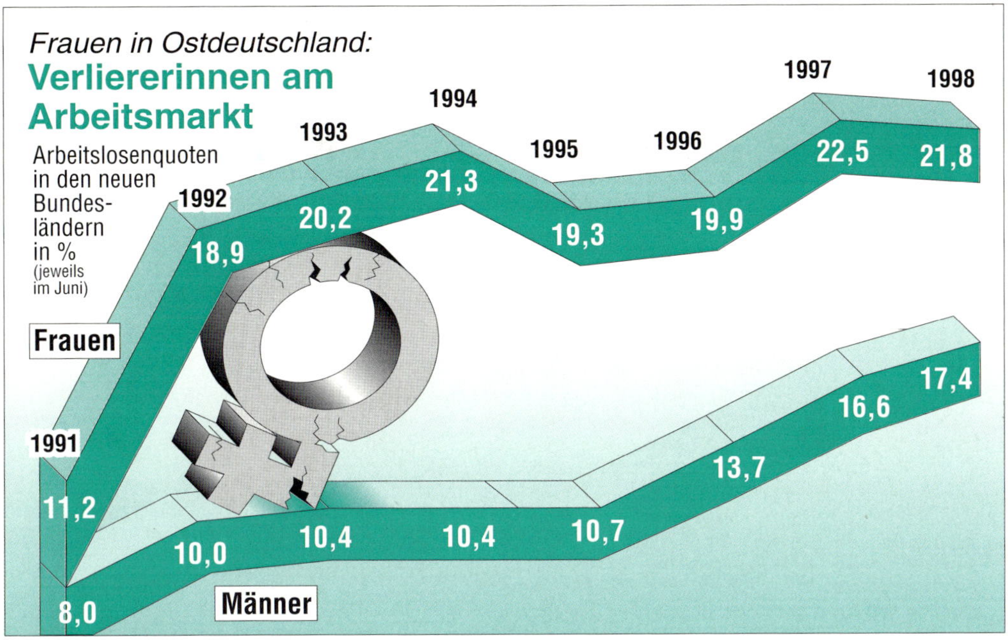

(nach Globus 2042, ergänzt)

Material 8

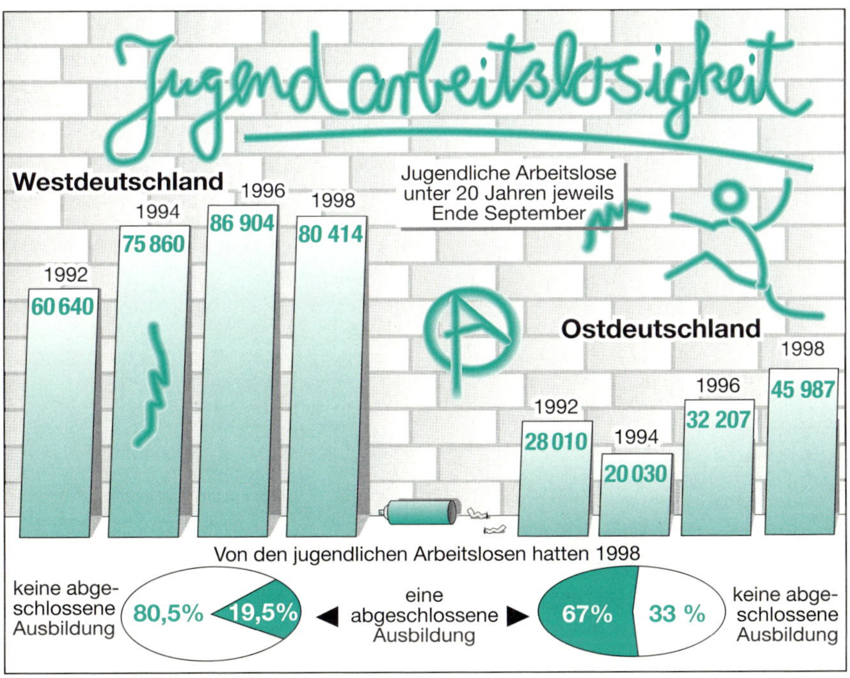

(nach Globus 2767, ergänzt)

Material 9

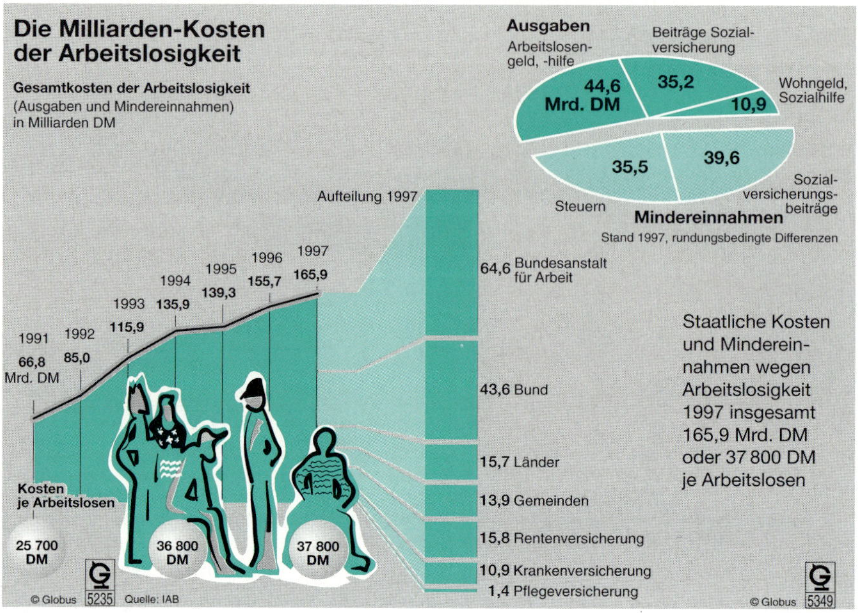

Material 10

Die menschliche Erfahrung mit Arbeitslosigkeit

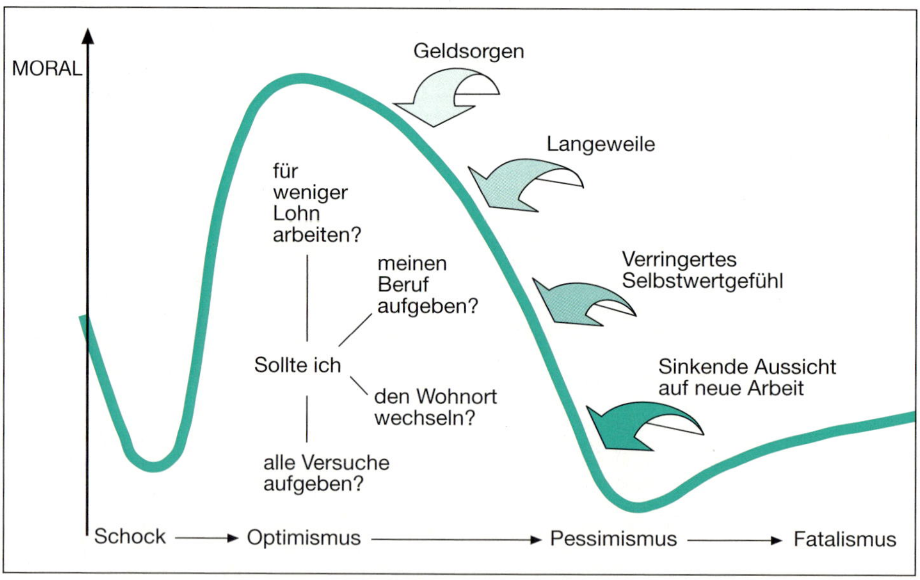

(nach: Überlegungen zu einer vorausschauenden Arbeitsmarktpolitik, Hrsg.: Bundesanstalt für Arbeit, 1978, S. 209. Primärquelle: Departement of Employment Gazette, April 1976)

1.2 Ursachen der Arbeitslosigkeit

Die in vielen Industrieländern herrschende Massenarbeitslosigkeit basiert auf mehreren Ursachen. Die Kenntnis und Analyse der verschiedenen Formen von Arbeitslosigkeit (hauptsächlich konjunkturelle und strukturelle Arbeitslosigkeit) ist Voraussetzung zur wirkungsvollen Bekämpfung der Beschäftigungskrise, denn unterschiedliche Arten von Arbeitslosigkeit erfordern jeweils andere beschäftigungspolitische Maßnahmen.
Der Blick auf die wirtschaftliche Entwicklung der Bundesrepublik gibt Aufschlüsse über den Zusammenhang zwischen Wachstum und Arbeitslosigkeit.
Bis zur Mitte der 60er-Jahre war Arbeitslosigkeit kein Thema in den Schlagzeilen. Hohe Wachstumsraten und steigende Einkommen sicherten die Vollbeschäftigung. Hunderttausende von „Gastarbeitern" füllten die Lücken der offenen Stellen.
Seit Beginn der 70er-Jahre aber änderten sich weltweit die wirtschaftlichen Rahmenbedingungen (Ölkrise, Weltwährungsprobleme, Verschuldung der Entwicklungsländer, Konkurrenz der Schwellenländer) und im empfindlich reagierenden Rahmen der Volkswirtschaft führten die beiden Rezessionen der frühen 70er- und der beginnenden 80er-Jahre zu abrupten Ausschlägen der Arbeitslosigkeit in vorher nicht gekannten Ausmaßen. Erst recht ratlos waren Politiker und Wirtschaftsfachleute, als mit der wirtschaftlichen Erholung seit 1983 der Arbeitsmarkt nicht entlastet wurde. Die Arbeitslosigkeit hielt sich hartnäckig auf einem hohen Niveau. Wachstumsflaute, international schärfer gewordene Konkurrenz, Globalisierung der Märkte und die Lasten der deutschen Einheit zwingen in den 90er-Jahren die Wirtschaft zu einem radikalen Strukturwandel, der die Massenarbeitslosigkeit auf eine neue Höchstmarke von fast 4 Millionen anschwellen lässt.
Nicht die Angst vor Konjunktureinbrüchen kennzeichnet die heutigen Probleme, sondern dass die Wirkungen, die von der konjunkturellen Erholung ausgehen, überlagert werden von Veränderungen struktureller Art. Wirtschaftswachstum führt nicht mehr zwangsläufig zu mehr Arbeitsplätzen, vielmehr benutzen viele Betriebe die wirtschaftliche Entwicklung zu verstärkten Kosten sparenden Rationalisierungsmaßnahmen um die Wettbewerbsfähigkeit zu erhöhen. Dadurch werden starke Umatzsteigerungen erzielt, gleichzeitig erfolgen aber keine neuen Einstellungen.

Material 11

„Gott sei Dank! Die Schuldfrage ist immerhin schon mal geklärt!"
(bearbeitet durch eine Schülergruppe)

Aufgaben

7. *Unterstreichen Sie, welche Ursachen der Arbeitslosigkeit in der Karikatur (M 11) Ihnen plausibel erscheinen, streichen Sie, welche Sie für überholt halten, tragen Sie aktuelle Ursachen ein!*
8. *a) Beschreiben Sie die Wirtschaftsentwicklung der Bundesrepublik (M 12) und gliedern sie Phasen heraus! Erläutern Sie den Zusammenhang zwischen Wachstum und Arbeitslosenquote in den einzelnen Phasen!*

   b) Erklären Sie mithilfe von Material 13 die Ursachen für diese Entwicklung!

   c) Entwerfen Sie für die einzelnen Phasen eine geeignete Wirtschaftspolitik um Vollbeschäftigung herzustellen! Diskutieren Sie die Eignung Ihrer Vorschläge zur Beseitigung der heutigen Arbeitslosigkeit!

Material 12

Entwicklung des Wirtschaftswachstums und der Arbeitslosigkeit

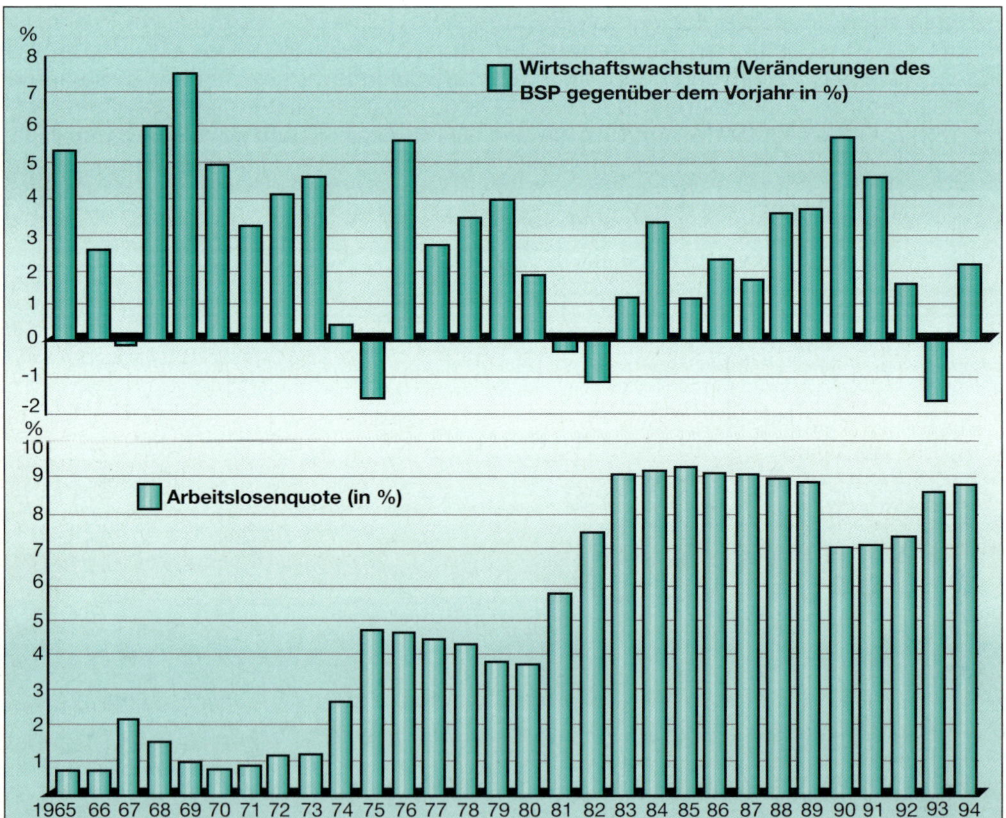

(Datenbasis: Statistisches Bundesamt)

Material 13

Ursachen der Arbeitslosigkeit

Demografische Arbeitslosigkeit	Strukturelle Arbeitslosigkeit	Konjunkturelle Arbeitslosigkeit	Saisonale Arbeitslosigkeit	Friktionelle Arbeitslosigkeit
	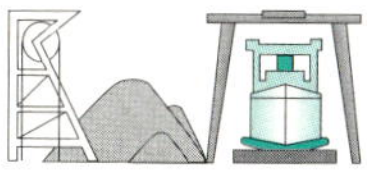	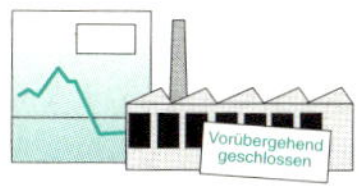	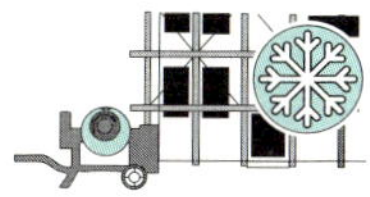	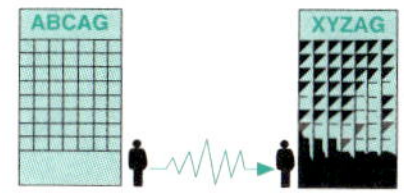
Grund: Anstieg des Erwerbspotenzials durch – geburtenstarke Jahrgänge – Zuwanderung (Aussiedler, Übersiedler) – erhöhte Erwerbsbeteiligung der Frauen	Grund: Rascher technologischer Wandel führt zu umfassender Rationalisierung. Neue Produkte (Kunststoffe) verändern die Nachfrage und führen zur Schrumpfung bisher beherrschender Branchen (vgl. Kohle und Stahl). Schlechtes Management und falsche Unternehmenspolitik sind unfähig, sich dem Strukturwandel anzupassen. Unterschiede zwischen den Merkmalsprofilen der Arbeitslosen und den Anforderungsprofilen der offenen Stellen (Problemgruppen)	Grund: Sie ist Folge zyklischer Schwankungen des Wirtschaftsgeschehens; d.h. bei Rezession sinken Aufträge und die Nachfrage geht zurück, die Kapazitäten werden nicht mehr voll ausgelastet.	Grund: Jahreszeitlich bedingte Ausfallzeiten in bestimmten Gewerbezweigen	Grund: Kurzfristige Übergangsschwierigkeiten, z.B. bei Arbeitsplatzwechsel oder bei räumlicher Verlagerung der Produktion durch Arbeitgeber

(Daten nach: Erich Schmidt Verlag, Zahlenbilder Nr. 258 200

1.3 Kontroversen zur Beschäftigungspolitik

Die anhaltend hohe Massenarbeitslosigkeit lässt immer deutlicher und drängender den Ruf nach überzeugenden Rezepten laut werden. Die Hauptakteure in diesem Kampf sind die Tarifpartner, die Bundesanstalt für Arbeit und die Bundesregierung. Die folgenden Abschnitte widmen sich den Versuchen, wie man Einfluss auf das Arbeitsplatzangebot nehmen kann, und untersuchen Chancen und Risiken der einzelnen Konzepte.

Allerdings gibt es nicht einen Königsweg zur Beseitigung der Arbeitslosigkeit. Es sind vielmehr viele kleine Schritte notwendig, um die Auswirkungen abzumildern und zu einer Besserung der Arbeitsmarktsituation zu gelangen.

Material 14

Umfrage zum Erhalt von Arbeitsplätzen

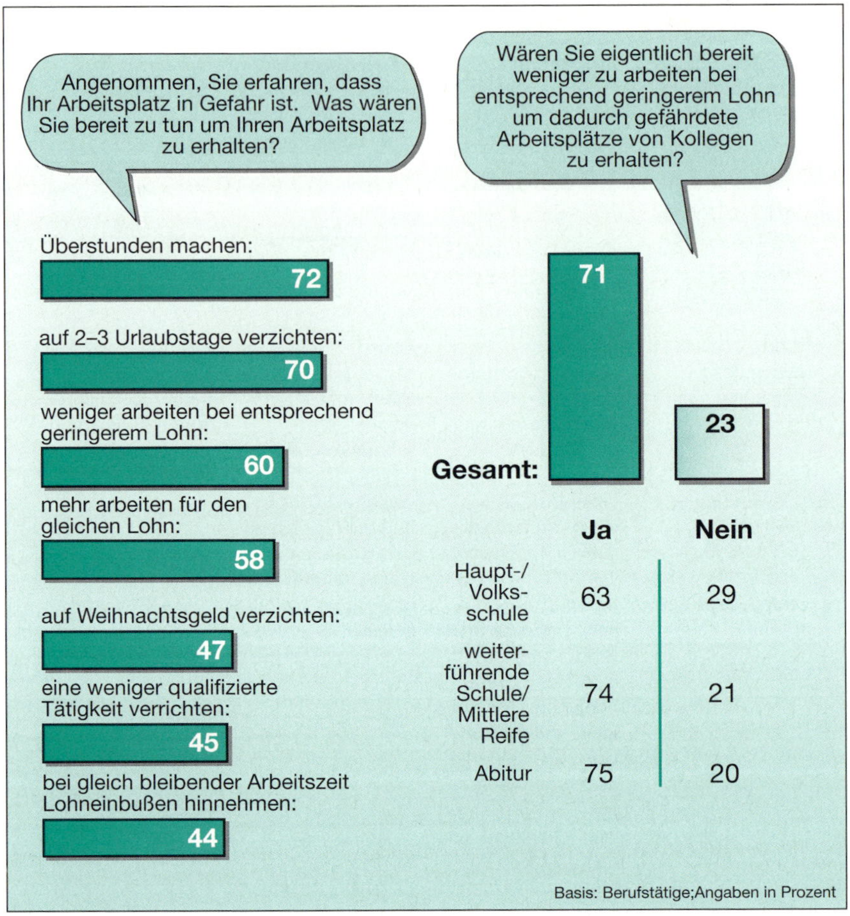

(Riche Penaranda – Hohner, in: DIE ZEIT, 20.09.1996, S. 31 u. S. 32)

Material 15

Auswahl von weiteren Vorschlägen zum Abbau der Arbeitslosigkeit

- Lohnerhöhungen zur Steigerung der Nachfrage
- Flexibilisierung der Arbeitszeit, längere Maschinenlaufzeiten
- Streichen des Arbeitgeberanteils bei den Sozialversicherungen
- Teilzeitarbeit
- Beschäftigung unter Tariflohn (Niedriglohngruppen)
- Arbeitsbeschaffungsmaßnahmen (ABM) erweitern
- Senkung der Unternehmenssteuern
- Kürzung der Sozialhilfe und des Arbeitslosengeldes als Anreiz zu eigener Berufsausübung
- Lockerung des Kündigungsschutzes
- Verlängerung der Lebensarbeitszeit
- Bessere Qualifizierung der Arbeitskräfte
- Befristete Arbeitsverträge
- Nullrunden
- Kombilohn

Aufgaben

9. *Führen Sie eine Umfrage (M 14) in der Klasse durch und vergleichen Sie Ihre Ergebnisse!*
10. *Ordnen Sie die zusammengestellten Instrumente (M 14 und M 15) nach von Ihnen gewählten Gesichtspunkten (Bundesanstalt für Arbeit; tarifpolitisch, staatlich; unternehmer-/arbeitnehmerfreundlich)!*
11. *Diskutieren Sie, welche Empfehlungen Ihnen besonders Erfolg versprechend erscheinen, welche weniger!*
12. *Stellen Sie zu aktuellen Vorschlägen mithilfe von Zeitungsberichten, Fotos und Statistiken ein Wandplakat zusammen!*

▶ *Der Streit um die Lohnpolitik*

Material 16

„Kopf hoch, es geht weiter aufwärts!“

Mehr Arbeitsplätze durch Lohnerhöhung oder Lohnsenkung?

Der Lohn hat zwei verschiedene Aspekte. Zum einen ist der Lohn Einkommen für die Arbeitnehmer und zeigt damit an, wie viel Einkommen aus Arbeit die beschäftigten Arbeitnehmer beziehen und für den Konsum verwenden können. Zum anderen ist er Kostenfaktor für die Unternehmen und in dieser Funktion bestimmt er, wie viele Arbeitskräfte die Unternehmen nachfragen. Zwischen diesen beiden Funktionen des Lohns gibt es einen Konflikt, der in den Tarifverhandlungen eine wichtige Rolle spielt. Dabei klaffen die Auffassungen weit auseinander. Die Gewerkschaften operieren mit der Kaufkrafttheorie, d.h höhere Löhne seien nötig um über steigende Konsumausgaben die drohende Nachfrageschwäche zu überwinden. Die Arbeitgeberverbände argumentieren mit dem Kostenargument, d.h. dass die Lohnsteigerungen über die Produktivitätszuwächse hinausgehen, wodurch die Beschäftigung sinkt.

Material 17

Position des Deutschen Gewerkschaftsbundes

Da die Unternehmer bisher keine neuen Arbeitsplätze zugesagt haben, wie es unser Vorschlag „Bündnis für Arbeit" vorsieht, ist es doch klar, dass die Gewerkschaften jetzt auch ihrerseits keinen Lohnverzicht mehr anbieten. Wenn die Arbeitgeber stur bleiben, sind auch gesamtwirtschaftlich gesehen satte Lohnerhöhungen der einzige Weg zur Stabilisierung der derzeitigen konjunkturellen Situation.

Ein wichtiger Bestimmungsgrund für das wirtschaftliche Wachstum ist eine genügend starke Ausweitung der binnenwirtschaftlichen Nachfrage. Dabei kommt der Steigerung der Massenkaufkraft eine besondere Bedeutung zu. Wo mehr verdient wird, steigt auch die Nachfrage, vor allem im Bereich der schwachen Konsumnachfrage, die in den letzten Jahren deutlich abgenommen hat. Mehr Inlandsnachfrage bedeutet volle Auftragsbücher, mehr Kapazitätsauslastung, Beschäftigung. Auf Lohn kann nur verzichtet werden, wenn mehr Leute verdienen, also im Gegenzug neue Arbeitsplätze geschaffen werden, aber zu diesem „Bündnis für Arbeit" sind ja die Unternehmer nicht bereit. So bleibt derzeit nur ein kräftiger Lohnzuwachs. Er muss höher ausfallen als nur ein Inflationsausgleich, damit die Arbeitnehmer an den in den letzten Jahren gestiegenen Gewinnen der Unternehmen gerecht beteiligt werden.

(zusammengestellt aus mehreren Broschüren des DGB und ergänzt)

Material 18

Position der Deutschen Arbeitgeberverbände

Für die Wiederherstellung eines hohen Beschäftigungsstandes trägt die Lohnpolitik entscheidende Verantwortung. Die hohe Arbeitslosigkeit ist maßgeblich darauf zurückzuführen, dass der Reallohnanstieg [...] den Produktivitätsfortschritt weit übertroffen hat. Während sich Reallohn und Produktivität in den 60er Jahren im Gleichschritt entwickelten, hat sich seit 1973 eine starke Überhöhung des Reallohnes ergeben, der bis heute in den neuen Bundesländern andauert. Die Tatsache, dass die Vollbeschäftigung in der Bundesrepublik genau zu dem Zeitpunkt verloren ging, als sich das Verhältnis der Personalkosten zur volkswirtschaftlichen Leistungskraft nachhaltig verschoben hat, macht deutlich, dass die Entlohnung des Faktors Arbeit in den vergangenen Jahren eine Höhe erreicht hat, die mit dem Ziel eines hohen Beschäftigungsstandes unvereinbar ist. [...] Um künftig die Wettbewerbsfähigkeit der vorhandenen Arbeitsplätze zu sichern sowie die verteilungspolitischen Bedingungen für die Investitionen zu verbessern und so die Schaffung zusätzlicher Arbeitsplätze zu ermöglichen, muss die Lohnpolitik wieder zu einer ausgewogenen Lohn-Produktivitäts-Relation zurückfinden. Zur Wiederherstellung dieses beschäftigungskonformen Gleichgewichts zwischen Personalkosten und Produktivität bedarf es für die nächsten Jahre einer Lohnfindung, die den künftigen Produktivitätsspielraum nicht ausschöpft.

(zusammengestellt aus mehreren Broschüren der Bundesvereinigung der Arbeitgeberverbände)

Material 19

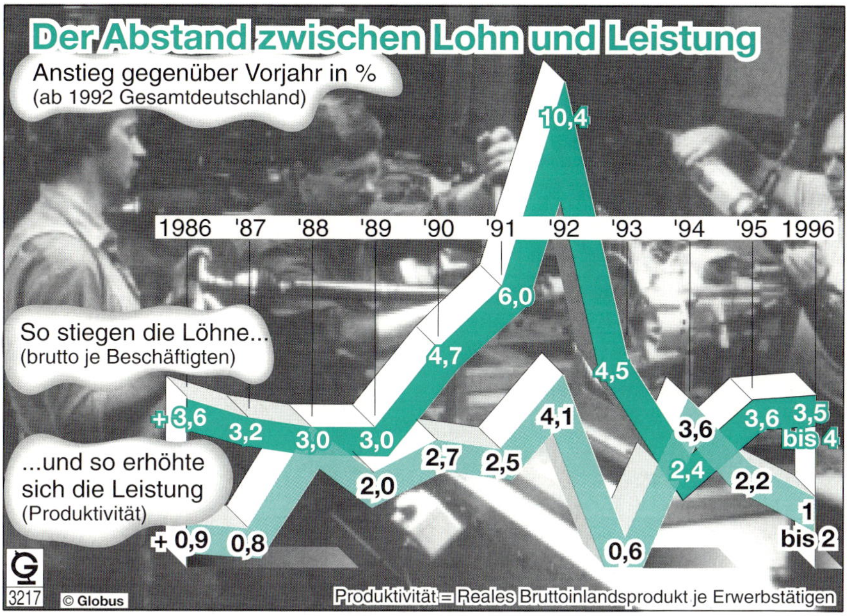

Material 20

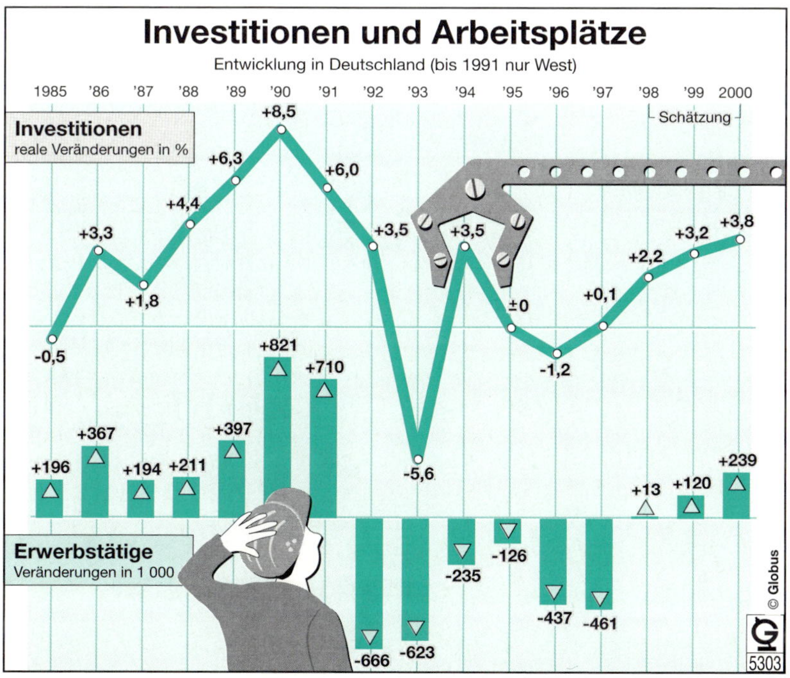

Material 21

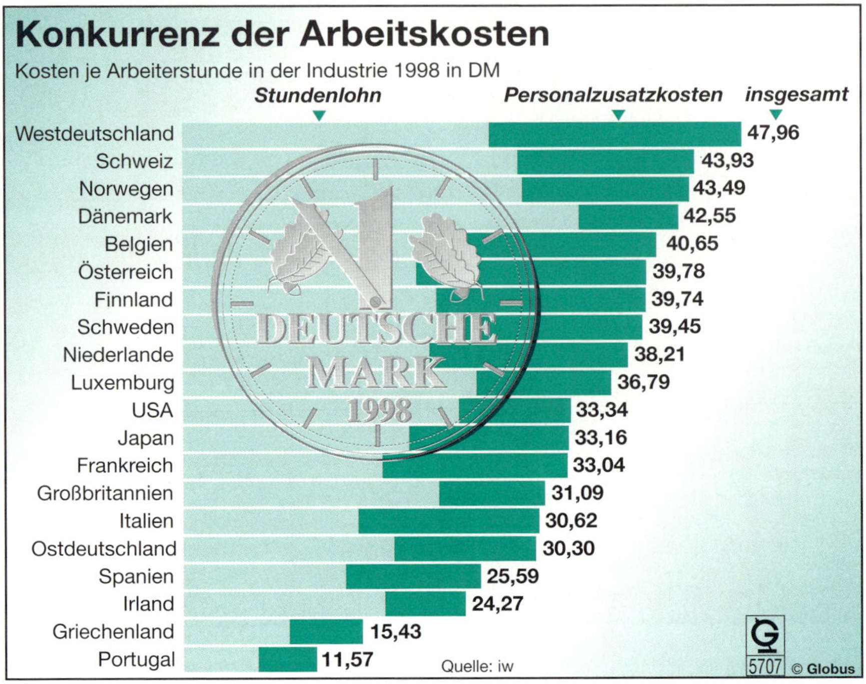

Material 22

Investitionspläne 2000

Von je 100 befragten Industrie-Unternehmen (in Westdeutschland) wollen im Jahr 2000 gegenüber 1999 ihre Investitionen:

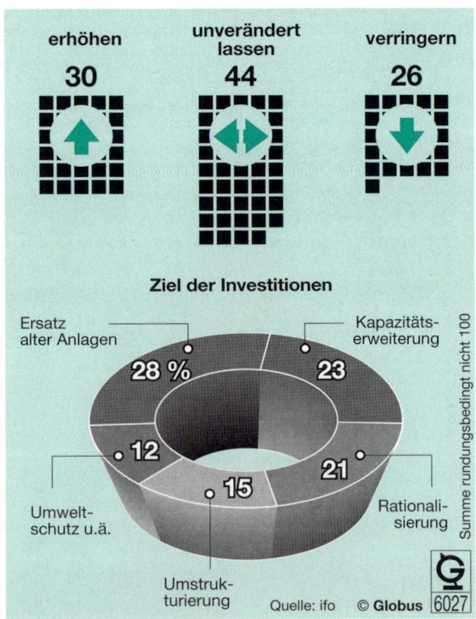

Material 23

Tarifverdienste und privater Verbrauch
Veränderung gegen Vorjahr in %

		Tarifverdienste		Privater Verbrauch
		je Stunde	je Monat	real
Rezession	1974	13,0	12,5	0,6
	1975	9,3	8,5	3,1
Aufschwung	1976/79	5,9	5,8	3,8
Rezession	1981	5,6	5,5	– 0,8
	1982	4,1	4,0	– 1,5
Aufschwung	1983/90	3,8	3,2	2,9

(Quellen: Deutsche Bundesbank/Statistisches Bundesamt)

Material 24

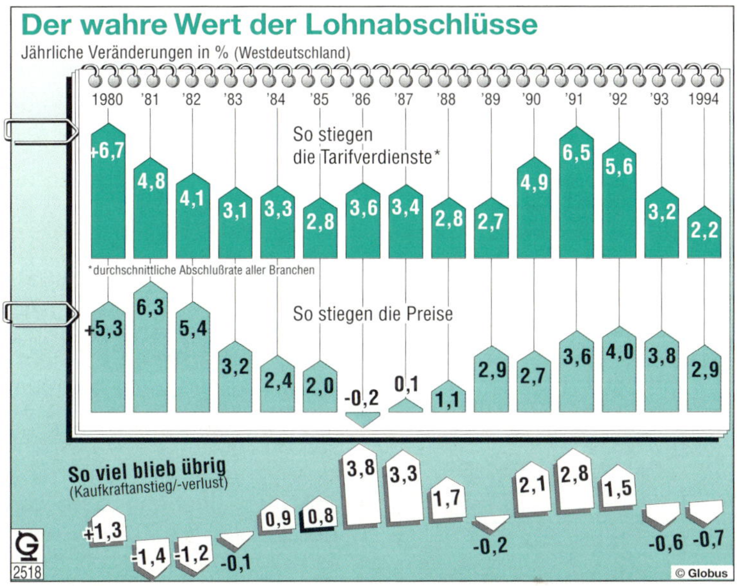

Material 25

Bedeuten mehr Gewinne tatsächlich höhere Investitionen?

Schon heute sind viele Produktionskapazitäten, die mit hohem Investitionsaufwand gebaut wurden, nicht voll ausgelastet. Bei schwindenden Absatzchancen und schrumpfendem Umsatz würden noch mehr Produktionskapazitäten brachgelegt.

Ein Großteil der Gewinne würde stattdessen in Schein-Investitionen fließen, deren Rendite entweder überhaupt nicht von Absatzchancen abhängig ist oder zumindest nicht von inländischen. Das lehrt die Erfahrung der letzten Jahre. Immer größere Teile der Unternehmergewinne werden aus den Betrieben herausgezogen und wandern in Wertpapierdepots oder sonstige Geldanlagemöglichkeiten.

Immer größere Teile von bei uns entstehenden Gewinnen wandern zudem ins Ausland und suchen dort die im Inland fehlenden Absatzchancen.

Bedeuten mehr Investitionen wirklich mehr Arbeitsplätze?
Der Zusammenhang von Investitionen, Produktion und Arbeitsplätzen gilt heute nicht mehr. Wer das Patentrezept der 60er-Jahre heute anwenden will um die Arbeitslosigkeit zu überwinden verschließt die Augen vor dem technischen Wandel und Rationalisierungen: der ist blind für Arbeitsplatzvernichtung und Entlassungen.
Die neuesten Zahlen belegen: Wir schaffen es, bei gleich bleibender Arbeitszeit mit immer weniger Beschäftigten immer mehr zu produzieren. Der schnelle technische Wandel und die modernen Produktionsanlagen machen es möglich. Das ist also die Folge der Investitionen.

Aufgaben

13. *Erarbeiten Sie anhand von M 17 und M 18 die unterschiedlichen Argumentationsketten zur Überwindung der Arbeitslosigkeit! Welche Diagnose wird getroffen, wie sieht die Therapie aus?*
14. *Verdeutlichen und verorten Sie den Wirkungsmechanismus am Wirtschaftskreislauf!*
15. *Weisen Sie die interessenbezogene Sichtweise an den Schaubildern M 19 – 24 nach; ziehen Sie dazu auch die Karikatur M 16 heran!*
    Bereiten Sie sich auf eine Pro-Contra-Diskussion vor, indem Sie aus den Materialien Belege suchen, die Ihre Argumentation stützen oder die der Gegenseite einschränken!
    Wer vertritt eher eine gesamtwirtschaftliche, wer eher eine betriebswirtschaftliche Sichtweise?

► *Mehr Arbeitsplätze durch Verteilung der Arbeitszeit?*

Material 26

Zwei Flugblätter

Wenn die These vom jobless growth zutreffend ist, dass also das absehbare Wirtschaftswachstum, das zunehmend auch an ökologische Grenzen stößt, nicht auch nur annähernd ausreicht um die hohe Massenarbeitslosigkeit nachhaltig abzubauen, ist eine Verteilung der vorhandenen Arbeit auf mehr Köpfe eine gebotene Bewältigungsstrategie.
Seit den 80er-Jahren werden Strategien zur Umverteilung der Arbeit diskutiert, insbesondere bei den Tarifabschlüssen zur Verkürzung der Wochenarbeitszeit (35-Stunden-Woche).
Gibt es weniger Arbeit zu verteilen – oder die gleiche Arbeit auf eine größere Zahl von Arbeitskräften – so müsse die **Arbeitszeit verkürzt** werden um allen einen Arbeitsplatz zu sichern. So lautet die einfache Formel, die von Gewerkschaftsseite vertreten wird.
Der Widerstand der Arbeitgeber richtete sich gegen die Arbeitszeitverkürzung mit vollem Lohnausgleich. Nicht das zeitliche Volumen, so das Gegenargument, sondern vor allem die Kosten seien verantwortlich für

die Beschäftigungslücke. Arbeitszeitverkürzung aber erhöhe die Kosten, selbst wenn sie nicht mit vollem Lohnausgleich, wie die Gewerkschaften dies bisher grundsätzlich forderten, verbunden sei. Zudem ließen sich nicht Erwerbstätige bestimmter Qualifikationen einfach durch Arbeitslose ersetzen. Auf die gewerkschaftliche Forderung nach Arbeitszeitverkürzung reagierten die Arbeitgeber mit Vorschlägen zu einer **Flexibilisierung der Arbeitszeit.** Die Arbeitszeitregelungen sollen eine mit den betrieblichen Erfordernissen abgestimmte Verteilung und Gestaltung der Arbeitszeit ermöglichen. Dies könnte geschehen durch

- Entkopplung der individuellen Arbeitszeit und der Betriebsnutzungszeit;
- längere Maschinenlaufzeiten, zum Teil auch am Wochenende um die Möglichkeit des eingesetzten Kapitals zu verbessern;
- ein „innovatives Arbeitszeitsystem", das eine Fülle von Zeitwahlmöglichkeiten einschließt;
- saisonal schwankende Arbeitszeiten um Schwankungen der Produktionsauslastung auszugleichen.

Durch die veränderten Rahmenbedingungen seit den 90er-Jahren (Konkurrenzfähigkeit des Standortes Deutschland, finanzieller Neuaufbau in den neuen Bundesländern, die Finanzierung des Sozialsystems) haben sich die hartnäckigen Fronten aufgeweicht und ihre Stoßrichtung hat sich verlagert hin zur Verteilung und Gestaltung der Arbeitszeit. Unstrittig ist, dass die Arbeitszeitverkürzung nachweislich bestehende Arbeitsplätze gesichert und neue Beschäftigungsmöglichkeiten geschaffen hat. Unter dem Druck der neuen Situation setzt die Gewerkschaft auf die Formel: **Arbeitszeitverkürzung mit Beschäftigungsgarantie.** Angetrieben durch den vielfachen Wunsch ihrer Mitglieder nach individueller Einteilung der Arbeitszeit haben die Gewerkschaften ihre traditionelle Ablehnung der Arbeitsflexibilisierung aufgegeben. Vielmehr sehen sie in dem individuellen Aspekt nach mehr Arbeitszeitsouveränität ein wesentliches Kriterium für eine zukunftsweisende Arbeitszeitpolitik. Der Erfolg der Arbeitszeitpolitik hängt ab von der optimalen Gestaltung der drei Ziele:

- gesellschaftlich: gerechte Verteilung der vorhandenen Arbeit;
- betriebswirtschaftlich: kostengünstige bzw. kostenneutrale Organisation und Gestaltung;
- individuell: Gewinnung individueller Arbeitszeitsouveränität.

Die unterschiedlichen Arbeitszeitmodelle in der Automobilbranche dokumentieren diese Entwicklung.

Material 27

Das Wolfsburger Modell

In einem Haustarifvertrag einigte sich der Vorstand der Volkswagen AG mit der Belegschaft auf die Einführung der Vier-Tage-Woche mit einer Wochenarbeitszeit von 28,8 Stunden ab 1.1.1994 für die kommenden zwei Jahre, die wegen des Auftragsrückgangs und der hohen Verluste von zwei Milliarden Mark notwendig geworden ist.

Zwar sinken formal die Monatslöhne um zwanzig Prozent. Zugleich wird jedoch die um ein Jahr vorgezogene 35-Stunden-Woche angerechnet (bisher arbeitete man 36 Stunden in der Woche); das dreizehnte Monatsgehalt sowie zwei Drittel des Urlaubsgelds werden auf die Monatslöhne umgelegt. Das Jahreseinkommen eines Facharbeiters der weit verbreiteten Tarifgruppe F sinkt so von fast 58000 auf nunmehr knapp 52000 Mark; durch diese Umschichtung und einige weitere Rechenmanöver erhält er aber wie bisher monatlich 4099 Mark. Das ist nicht nur für die Haushaltsrechnungen der Betroffenen wichtig, sondern etwa auch für das Arbeitslosengeld. Der Vorteil für das Unternehmen: Basis für künftige Tariferhöhungen ist der formal auf 3279 Mark gesunkene Monatslohn. Als Gegenleistung bleibt, so garantiert es VW, 30 000 Kollegen die Arbeitslosigkeit erspart. Zusätzlich besteht für das Unternehmen die Möglichkeit der betriebsbedingten Mehrbeschäftigung (bis 35 Stunden) und nur für Mehrarbeit über 35 Stunden müssen Zuschläge gezahlt werden. Weiterhin hat man sich für ein so genanntes „Blockmodell" entschieden, dass für jüngere Mitarbeiter bis zu 30 Jahren und allein Stehende eine flexible Arbeitszeit vorsieht mit arbeitsfreien, für Qualifizierung zu nutzenden Blockzeiten.

Bundesweites Rätselraten löst die Frage aus, wie

es denn möglich sei, dass VW die Personalkosten um fast zwanzig Prozent senkt, die Beschäftigten aber dennoch nur auf gut 10 Prozent ihres Jahreseinkommens verzichten. Zum einen spart Volkswagen in erheblichem Maße Lohnnebenkosten, die sich in den Einkommen der Arbeitnehmer auch bisher nicht niedergeschlagen haben. Hinzu kommen allerlei Personalkosten, wie etwa Kantinenzuschüsse, die nun sinken. Der Verzicht auf die „Verschickung“, einen Sonderurlaub für Schichtarbeiter, entlastet ebenfalls die Konzernbilanz, ohne dass den Beschäftigten Geld verloren geht. Vor allem liegen den Berechnungen von Betriebsrat und Unternehmen unterschiedliche Vergleichsräume zugrunde. Aus der Sicht der Arbeitnehmer sind die bisher gezahlten Löhne (Stand 31. Oktober 1993) der Maßstab. Der Konzern hingegen orientiert sich an den Personalkosten, die ohne den neuen Vertrag im kommenden Jahr fällig gewesen wären – und die wären unter anderem wegen bereits fest vereinbarter Lohnsteigerungen um einige Prozentpunkte gestiegen.

(Autorentext, auf der Basis mehrerer Zeitungsartikel)

Material 28

Ein Rechenmodell

	Arbeiter mit 40 000 Mark		Angestellter mit 100 000 Mark	
	5-Tage-Woche	4-Tage-Woche[1]	5-Tage-Woche	4-Tage-Woche[1]
Monatsgehalt (brutto)	3 077,00 DM	2 462,00 DM	7 692,30 DM	6 153,80 DM
Lohnsteuer	– 203,66 DM	– 106,16 DM	– 1 300,80 DM	– 883,00 DM
Kirchensteuer	– 16,07 DM	– 7,30 DM	– 114,80 DM	– 77,20 DM
Rentenversicherung	– 269,23 DM	– 216,43 DM	– 630,00 DM	– 538,50 DM
Arbeitslosenversicherung	– 100,00 DM	– 80,02 DM	– 234,00 DM	– 200,00 DM
Krankenversicherung	– 206,16 DM	– 164,95 DM	– 361,80 DM	– 361,80 DM
Monatsgehalt (netto)	2 281,87 DM	1 888,14 DM	5 050,90 DM	4 093,30 DM

[1] Bei 20 % weniger Arbeitszeit und 20 % Lohnkürzung

(nach: FOCUS 1993/45, S. 27)

Material 29

Formen der Arbeitszeitverkürzung

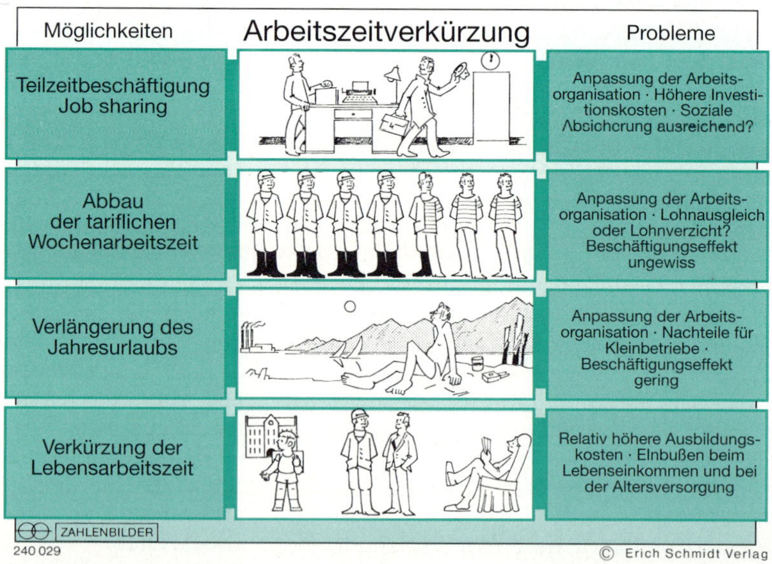

Material 30

Arbeitszeitmodell „schwingende Woche“ BMW-Regensburg

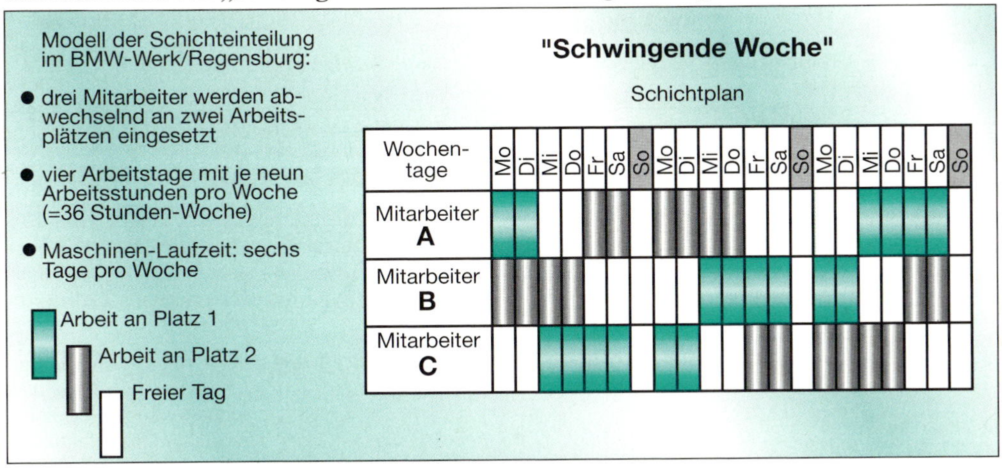

(aus: Fritz Blumöhr u.a., Die Gesellschaft der Bundesrepublik Deutschland, S. 84)

- Fünf Arbeitskräfte teilen sich vier Arbeitsplätze;
- die tägliche Arbeitszeit pro Schicht ist auf 8 Std. 35 Min. ausgedehnt;
- in Regensburg wird auch am Samstag vormittags gearbeitet;
- die wöchentliche Regelbetriebszeit erhöhte sich von 77,5 auf 83,3 Std.;
- Einstieg in die Vier-Tage-Woche;
- die Beschäftigten müssen mit Einführung der 35-Stunden-Woche zu ihren vier Wochenarbeitstagen noch drei (bislang neun) Ausgleichsschichten leisten;
- die großen Freizeitblöcke, die durch die komplizierte Schicht-Logistik möglich sind, gleichen die Nachteile der Arbeit am Samstagvormittag aus;
- alle drei Wochen können die BMW-Arbeiter von Donnerstagmittag bis zum darauf folgenden Mittwoch fast eine ganze Woche entspannen;
- sozusagen als Nebeneffekt konnten durch das flexible Modell etwa 2000 zusätzliche Stellen geschaffen werden.

(Lorbeer/Wiedemeyer, in: Gegenwartskunde 3/1995, S. 375)

Material 31

Formen der flexiblen Arbeitszeitgestaltung

Modellbezeichnung	Kurzbeschreibung	Besonderheiten
1. Schichtarbeit	In der Lage gegenüber der normalen Tagesarbeitszeit versetzte Arbeitszeit, um die Betriebszeiten über 8 Stunden hinaus zu erhöhen, zum Teil auf 24 Stunden täglich. Häufig als 8-Stunden-Schicht, zum Teil mit verlängerter Arbeitszeitdauer, so z.B. als 12-Stunden-Schicht, wie in der chemischen Industrie teilweise praktiziert.	Wird aufgrund technischer und wirtschaftlicher Notwendigkeit praktiziert. Zur generellen Flexibilisierung der Arbeitszeit nicht einsetzbar.
2. Gleitende Arbeitszeit	Freie Wahl von Beginn und Ende der täglichen Arbeitszeit im Rahmen bestimmter Bandbreiten (Gleitzeit: z.B. zwischen 7.00 und 9.00 Uhr Arbeitsbeginn, zwischen 15.30 und 18.30 Uhr Arbeitsende).	Inzwischen in den Verwaltungsbereichen weit verbreitet, in der Produktion nicht ohne weiteres realisierbar.

3. Arbeitszeit à la carte	Von der Normalarbeitszeit abweichende Verteilung der täglichen Arbeitszeit: z.B. 4 x 10 Stunden pro Woche oder 4 x 9 Stunden + 1 x 4 Stunden pro Woche.	Nur für Arbeitsplätze geeignet, die nicht immer zu den üblichen Arbeitszeiten besetzt sein müssen.
4. Gleitender Übergang in den Ruhestand	Verringerte Arbeitszeit für ältere Mitarbeiter.	
5. Job-sharing	Zwei oder mehr Mitarbeiter teilen sich innerhalb einer vorgegebenen Gesamtarbeitszeit ihre Arbeitszeit selbst ein.	Nicht für alle Arbeitsplätze geeignet; Kooperationsbereitschaft der beteiligten Arbeitnehmer erforderlich.
6. KAPOVAZ (Kapazitätsorientierte variable Arbeitszeit)	Die monatliche Normalarbeitszeit ist nach Arbeitsanfall variabel einteilbar. Kurzfristige Verteilung der Arbeitszeit normalerweise durch den Arbeitgeber.	Umstritten, insbesondere wegen des vorher nicht exakt festgelegten Arbeitseinsatzes.
7. Sabbatical (Langzeiturlaub)	Sonderurlaub für mehrere Monate, z.B. zur Weiterbildung.	Wegen der Organisationsprobleme durch die lange Abwesenheit vom Arbeitsplatz nur in Einzelfällen praktizierbar.
8. Saisonarbeit	Fixierung der jährlichen Arbeitszeit auf bestimmte Monate (Jahreszeiten).	Nur für Arbeitnehmer realisierbar, die nicht auf eine ständige Beschäftigung angewiesen sind.
9. Teilzeitarbeit	Geringere als die tariflich festgelegte Arbeitszeit; hinsichtlich Lage und Dauer der Arbeitszeit sind verschiedene Varianten denkbar.	Durch die Vielfalt der möglichen Varianten in vielen Bereichen und für viele Arbeitnehmer realisierbar.

(Quelle: Der Arbeitgeber Nr. 19/35 – 1983, S. 680)

Aufgaben

16. *a) Kennzeichnen Sie Inhalt und Charakter der getroffenen Vereinbarung (M 27 und M 30)!*
b) Verdeutlichen Sie am Wirtschaftskreislauf, wie die Therapie für beide Modelle wirken soll. Wo setzen sie an, welche weiteren Schritte erhofft man sich?
c) Prüfen Sie, welche Sichtweise der Lohnpolitik sich eher durchgesetzt hat!
17. *Beschreiben Sie die Wirkung der Tarifmodelle auf*
a) den Arbeitnehmer
b) den Betrieb
c) den Arbeitsmarkt
c) die Sozialversicherung!
18. *Entwerfen Sie aus der Sicht der Gewerkschaften bzw. der Arbeitgeberverbände eine Stellungnahme zu der getroffenen Vereinbarung!*
19. *Erläutern Sie, weshalb der VW-Vertrag eine Wende in der Tarifpolitik darstellt!*
20. *Erörtern Sie, ob das VW-Modell ein Modell für die Zukunft Deutschlands (andere Unternehmen und Branchen) darstellt oder einen Schritt in die falsche Richtung!*
21. *Erläutern und diskutieren Sie die praktizierten Formen der Arbeitszeitverkürzung und der flexiblen Arbeitszeitgestaltung!*

▶ Arbeitsmarktpolitik – ein Fass ohne Boden?

Besonders die gegenwärtig drastisch hohe Arbeitslosigkeit in den neuen Bundesländern, die durch das Zusammenbrechen vieler Industrieunternehmen ausgelöst wurde, verdeutlicht den Handlungsbedarf und die Notwendigkeit einer staatlichen Beschäftigungspolitik.
Nach dem Arbeitsförderungsgesetz ist die **Bundesanstalt für Arbeit** in Nürnberg und die ihr nachgeordneten Arbeitsämter zuständig für die Arbeitsmarktpolitik. Die Arbeitsmarktpolitik soll einen möglichst reibungslosen Übergang von der Arbeitslosigkeit in die Beschäftigung gewährleisten und somit eine wichtige Brückenfunktion erfüllen. Während die **passive Arbeitspolitik** vornehmlich die finanziellen Belastungen von Arbeitslosigkeit durch Lohnersatzleistungen (Arbeitslosengeld, Arbeitslosenhilfe) mildert, versucht die **aktive Arbeitsmarktpolitik** die Beschäftigungsmöglichkeiten durch gezielte Maßnahmen zur Sicherung und Verbesserung der Beschäftigung und der Berufschancen von Arbeitslosen zu steigern. Für ihre umfangreichen Leistungen benötigt sie die Beiträge, die Arbeitnehmer und Arbeitgeber in die Arbeitslosenversicherung einzahlen, und darüber hinaus staatliche Gelder, aus denen seit 1981 die Arbeitslosenhilfe gezahlt wird. Die sprunghafte Ausweitung ihrer Maßnahmen in den zurückliegenden Jahren als Reaktion auf die mit der Wiedervereinigung auftretenden Beschäftigungsprobleme in den neuen Bundesländern wird einerseits als sozialpolitisch notwendig begrüßt; sie stößt andererseits aber auch auf Ablehnung, und zwar nicht nur wegen der finanziellen Grenzen, sondern auch weil nachhaltigere Erfolge gerade bei der Bekämpfung der Langzeitarbeitslosigkeit erwartet worden waren und aus ordnungspolitischen Gründen, weil Arbeitsbeschaffungsmaßnahmen im Rahmen eines zweiten Arbeitsmarktes eine billigere Konkurrenz gegenüber wirtschaftlichen Unternehmen, vor allem Mittelstand und Handwerk, darstellen könnten.

Material 32

Neufassung 1993 des AFG § 249 h

- Bezuschussung oder Übernahme der gesamten Arbeitskosten zur Beschäftigung bisher Arbeitsloser durch die öffentliche Hand
- Genehmigung der Maßnahmen und Bereitstellung der Finanzmittel durch die Bundesanstalt für Arbeit
- Untertarifliche Bezahlung (90 % des Tariflohns) oder Begrenzung der Arbeitszeit auf 80 % der sonst üblichen Arbeitszeit
- Möglichkeit zur Bezahlung eines 100%igen Tariflohns an schwer vermittelbare Arbeitslose
- Vorrangige Bezuschussung von Arbeiten zur Verbesserung der Umwelt, der sozialen Dienste und der Jugendhilfe
- Träger der Maßnahmen: gemeinnützige Einrichtungen sowie Beschäftigungsgesellschaften
- Befristung der Zuschüsse bis 31. Dezember 1997

Material 33

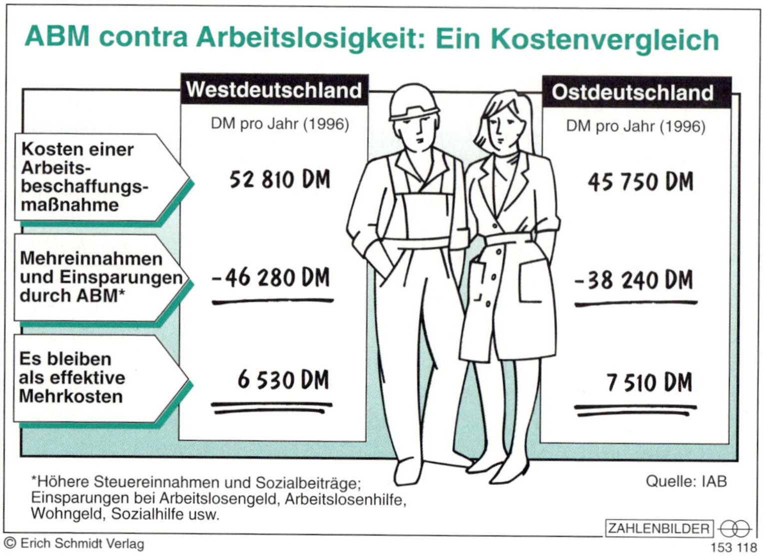

Material 34

Subventionen oder „Job light"

[...] Neu ist die Idee vom zweiten Arbeitsmarkt nicht. Mitte der Siebzigerjahre wurde darunter zunächst ein subventionierter Arbeitsmarkt für beschäftigungslose Behinderte verstanden. Auch die seither kräftig ausgeweiteten Arbeitsbeschaffungsmaßnahmen (ABM) sind Bestandteil eines faktisch längst bestehenden zweiten Arbeitsmarktes.

Die neuesten Forderungen reichen allerdings viel weiter. Für das rasant anwachsende Heer von Dauerarbeitslosen sollen Jobs geschaffen werden, die der erste Arbeitsmarkt nicht herzugeben scheint. Schließlich mangelt es nicht an Arbeit selbst. Sie ist oft nur zu teuer geworden. Was fehlt, ist bezahlbare Arbeit. Hier setzt die wieder belebte Idee vom Zweiten Arbeitsmarkt an [...]

Verlockend klingt der Grundgedanke, die bereits nach Millionen zählenden Dauerarbeitslosen über einen – wie auch immer ausgestalteten – zweiten Arbeitsmarkt wieder in das Erwerbsleben einzugliedern. Umfangreiche ABM-Programme oder andere subventionierte Beschäftigungsmodelle erscheinen auf den ersten Blick sinnvoll, da die angesprochenen Erwerbslosen fürs Arbeiten statt fürs Nichtstun bezahlt werden. Auch der Vorschlag für einen 77,5-Prozent-Lohnmarkt besticht, weil sich auf diesem Niveau zahlreiche Stellen schaffen lassen.

Unklar bleibt in der Diskussion um den zweiten Arbeitsmarkt allerdings schon dessen Abgrenzung. In welchen Tätigkeitsbereichen sollen die Jobs überhaupt angesiedelt werden? Vor allem sollen sie nicht mit den normalen Stellen am ersten Arbeitsmarkt konkurrieren. Ökologische und soziale Beschäftigungen stehen hoch im Kurs. So schlägt Anke Fuchs vor, den sozialen Pflegebereich über einen zweiten Arbeitsmarkt zu stärken. Diesem Gedanken hat die Gewerkschaft ÖTV gleich eine scharfe Absage erteilt. Die erforderlichen Pflegekräfte sollen laut ÖTV gefälligst mit regulären Tarifverträgen dotiert werden.

Welche Abgrenzungsprobleme eine Segmentierung des Arbeitsmarktes hervorruft, zeigt allein die bisherige Praxis mit ABM-Stellen: Der hier längst existierende zweite Arbeitsmarkt führe mit seinen Subventionen zu erheblichen Verwerfungen am ersten Arbeitsmarkt, klagt Himmelreich vom BDA. Noch viel größere Ausmaße nähmen die Störungen an, sollte die Zahl der subventionierten Jobs nach dem Willen von Gewerkschaften drastisch ansteigen.

Hinzu kommt, dass die Zuschüsse – die etwa für ABM-Stellen deutlich höher sind als die Kosten für Arbeitslosenunterstützung – zum großen Teil vom ersten Arbeitsmarkt aufgebracht werden müssen. Dort würden die Arbeitskosten durch die Finanzierung eines voluminösen zweiten Arbeitsmarktes noch mehr in die Höhe getrieben, was letztlich Arbeitsplätze gefährde, warnt Bernhard Jagoda, Präsident der Bundesanstalt für Arbeit. Weitere Interventionen wären dann vorprogrammiert. Am Ende höhlten dirigistische Eingriffe den gesamten Arbeitsmarkt aus. Unverfänglicher mutet die Idee an, dass sich Arbeitgeber und Gewerkschaften untereinander auf spezielle Billigtarife für sonst chancenlose Arbeit Suchende verständigen – und zwar ohne Einmischung des Staates, wie es der Tarifautonomie entspricht. Mit diesem Konzept dürften sich aber die Gewerkschaften schwer tun. Denn deren Strategie war es in den vergangenen Jahren, die unteren Lohngruppen überdurchschnittlich anzuheben. Diese sozial gemeinte Tarifpolitik verkehrte sich jedoch vielfach in ihr Gegenteil: Zahlreiche Stellen gingen verloren, weil sich in den unteren Lohngruppen ein beträchtlicher Rationalisierungsdruck aufbaute. Nur einen zweiten Arbeitsmarkt mit Billiglöhnen für die zuvor tariflich Wegrationalisierten zu schaffen, bedeutet nichts anderes als eine nachträgliche Reparaturaktion.

(Christian Ramthun, in: Rheinischer Merkur, 6.8.93)

Aufgaben

22. *Informieren Sie sich beim zuständigen Arbeitsamt über Aufbau und Organisation der Bundesanstalt für Arbeit, über Größenordnung und Ausmaß der aufgewendeten Leistungen!*
23. *Stellen Sie heraus, wodurch sich die Arbeitsverhältnisse im „ersten" und „zweiten" Arbeitsmarkt unterscheiden!*
24. *Führen Sie ein Streitgespräch zwischen einem Arbeitsplatzbesitzer und einem Arbeitslosen zur dauerhaften Einführung eines „zweiten" Arbeitsmarktes!*
25. *Zeigen Sie Ziele und Grenzen eines „zweiten" Arbeitsmarktes auf (siehe M 34)! Zeigen Sie auf, in welchem Spannungsverhältnis die Anforderungen an Arbeitsbeschaffungsmaßnahmen sich bewegen!*
26. *Umreißen Sie die Gefahren, die durch zu niedrige, aber auch durch zu hohe Ersatzeinkommen für Arbeitslose entstehen können! Welche Abstufungen würden Sie befürworten?*
27. *Diskutieren Sie die Forderung nach Lohnzuschüssen durch die Bundesanstalt für Arbeit für die Lohneinbußen durch die Verkürzung der Arbeitszeit!*

▶ *Bündnis für Arbeit – eine gesellschaftliche Notwendigkeit?*

Die Situation zu Beginn des Jahres 1996 zeigt, dass die Arbeitsplätze in Deutschland einem doppelten Druck ausgesetzt sind. Erstens wird der internationale Wettbewerb härter durch die Globalisierung der Märkte und zweitens ist die menschliche Arbeitskraft einem Kostenwettbewerb mit der Maschine ausgesetzt. Das Ergebnis ist dramatisch: fast 7 Millionen fehlende Arbeitsplätze, zunehmende Armut, gefährliche Überdehnung der sozialen Sicherungssysteme und steigende Staatsverschuldung. Der Ruf nach Alternativen zur traditionellen Beschäftigungspolitik wird immer lauter. Durch den wachsenden Unmut der Arbeiter mit der Gewerkschaftspolitik und den erheblichen Mitgliederschwund fangen die Gewerkschaften an umzusteuern. Die Einsicht hat sich durchgesetzt, dass Lohnhöhe und Beschäftigung voneinander abhängig sind. Mit der Überschrift „Bündnis für Arbeit" unterbreitet die IG Metall einen Vorschlag, der die Tarifpartner und die Bundesregierung im Interesse des sozialen Friedens verpflichten soll um eine wirtschaftlich vernünftige und politisch akzeptable Lösung der Probleme zu ringen und gleichzeitig demonstriert sie ihre Handlungsfähigkeit. In Kanzlerrunden verständigt man sich auf ein „Bündnis für Arbeit und Standortsicherung", mit der Zielsetzung die Zahl der Arbeitslosen bis 2000 zu halbieren. Letztendlich scheitern die guten Reformansätze an den Spielregeln der Sozialen Marktwirtschaft, die den Betrieben kaum Möglichkeiten zu personalpolitischen Gestaltungsräumen lässt.

Material 35

„Also, der Rahmen ist schon mal nicht schlecht!"

Material 36

Vorschlag der IG-Metall

Metallarbeitgeber

(ab 1997, für 3 Jahre)
→ verzichten auf betriebsbedingte Kündigungen;
→ schaffen 300 000 zusätzliche Arbeitsplätze;
→ stellen 30 000 Langzeitarbeitslose zusätzlich ein;
→ bieten jedes Jahr 5 % Ausbildungsplätze mehr an.

Bundesregierung

→ verzichtet darauf, Arbeitslosengeld und Arbeitslosenhilfe zu kürzen;
→ unterlässt es, die Kriterien für den Bezug von Sozialhilfe zu verschlechtern;
→ gewährleistet, dass das Ausbildungsplatzangebot der Nachfrage entspricht;
→ verpflichtet Betriebe, die nicht oder zu wenig ausbilden, zu einer Ausbildungsplatzabgabe.

IG Metall

→ orientiert sich beim Tarifabschluss 1997 (nur) an der Preissteigerungsrate;
→ akzeptiert befristete Einarbeitungsabschläge, wenn Langzeitarbeitslose eingestellt werden.

(nach: IG Metall direkt, Nr. 21/1995, S. 3)

Material 37

... und seine Bewertung

Im „Bündnis für Arbeit“ sieht der Kölner Soziologe [...] Wolfgang Streeck eine neue Chance für den deutschen Korporatismus. Dessen Theorie lautet: Starke Verbände und Gewerkschaften suchen sich im Verein mit dem Staat gemeinsam über ihre wirtschaftlichen und sozialen Regeln zum Nutzen des Standortes zu verständigen. Oder kürzer: Der Markt soll durch das Aushandeln seiner Grundregeln zugleich bezähmt und aktiviert werden. Würden die Deutschen ihre Schwierigkeiten nicht mit Bündnissen lösen oder wären sie dazu nicht mehr in der Lage, käme dies einem Systembruch gleich, befürchtet Streeck im Gespräch mit dieser Zeitung. Eine Kulturrevolution, „französische Verhältnisse“ oder aber eine Lähmung von Wirtschaft und Gesellschaft wären die Folge.

(Rainer Hank, in: FAZ vom 6.2.1996, S. 12)

Material 38

„Bitte mehr Abstand – ihr versaut ja unsere ganze Demo!“

Material 39

Dr. Gunter Schiele, Geschäftsführer der Lucas-Automotive GmbH in Koblenz (Hersteller von Bremsanlagen, 1750 Beschäftigte): „Es ist ja erfreulich, dass die IG Metall erstmals mit ihrem Vorschlag einen direkten Zusammenhang zwischen Höhe der Arbeitskosten und Anzahl der Arbeitsplätze anerkannt hat. Wenn man sich aber ihre Vorschläge genauer anschaut, muss man konstatieren, dass die Apfelblüte, die Herr Zwickel vom Baum dieser Erkenntnis gepflückt hat, noch nicht befruchtet war und erst zu einem Apfel reifen müsste. Niemand kann ernsthaft erwarten, dass die Unternehmen der Metall- und Elektroindustrie 1996 100 000 neue Arbeitsplätze schaffen in der vagen Aussicht, in der nächsten Tarifrunde von der IG Metall dafür eine geringere Forderung präsentiert zu bekommen. Der Trend geht noch eindeutig in Richtung Arbeitsplatzabbau. So sind viele Reduzierungen heute bereits strategisch festgelegt und können nur schwerlich beeinflusst werden. Der Weg muss deshalb umgekehrt beschritten werden: Zuerst müssen die Kosten gesenkt werden, damit die Unternehmen preislich wettbewerbsfähiger werden und mehr Kunden und damit mehr Aufträge gewinnen können. So kann hoffentlich der Abbau der verbleibenden Arbeitsplätze gebremst werden und können in einem zweiten Schritt neue Arbeitsplätze geschaffen werden. Mein Vorschlag: Die Tarifvertragsparteien beschließen Öffnungsklauseln, die es den Betrieben und ihren Mitarbeitern erlauben, betriebsindividuelle ‚Bündnisse für Arbeit' abzuschließen. Beispielsweise könnte es dann möglich sein, befristet vom Tarifvertrag abweichende Arbeitszeitvereinbarungen zu treffen und diesen Beschäftigten im Gegenzug ebenfalls eine für diesen Zeitraum geltende Arbeitsplatzgarantie zu geben."

(MRZ vom 18.6.96, S. 24)

Aufgaben

28. *Interpretieren Sie die Karikatur. Malen Sie das Bild mit Ihnen geeignet erscheinenden Maßnahmen zum Abbau der Arbeitslosigkeit aus! Vergleichen Sie Ihre Vorschläge miteinander!*
29. *Charakterisieren Sie den Inhalt des Vorschlags hinsichtlich der inhaltlichen und strategischen Dimension (unter Einbeziehen von M 38)!*
30. *Untersuchen Sie die Einzelaspekte des Konzepts auf ökonomische Umsetzbarkeit im Rahmen der Sozialen Marktwirtschaft unter Berücksichtigung von M 39!*
31. *Schreiben Sie zum Vorschlag aus der Sicht des Arbeitgeberverbandes Gesamtmetall einen Presseartikel und äußern Sie sich als Politiker auf einer Pressekonferenz zur Thematik!*
32. *Geben Sie die Bewertung des Autors (M 37) zum „Bündnis für Arbeit" wieder. Nehmen Sie zu seiner Behauptung Stellung!*
33. *Informieren Sie sich über den aktuellen Stand der Verhandlungen im Bündnis für Arbeit!*

► *Ausblick: Kapitalismus ohne Arbeit?*

Die Zukunft der Arbeit bleibt für unsere Gesellschaft ein hochbrisantes Problem. Die Beobachtung des tendenziell abnehmenden Arbeitsvolumens wirft die Frage auf, ob wir unsere Vorstellungen von Arbeit nicht revidieren müssen. Wahrscheinlich müssen wir Arbeit wieder breiter verstehen, als es die moderne Industriegesellschaft tut. Zwar wird weiterhin die bezahlte Erwerbsarbeit ein wichtiger Bestandteil unseres Lebens bleiben, dennoch ist die Tendenz eines Wertewandels feststellbar. Sinnvolle Betätigung kann der Mensch auch und besonders in der Beziehung seiner sozialen Beziehungen, in sozialer Hilfe für andere finden, die auch die kreative, selbstbestimmte Beschäftigung ohne Entgelt (u.a. Selbsthilfegruppen) einschließt. Diese Erkenntnis ist deshalb so wichtig, weil damit eine mögliche Antwort gegeben wird auf die zentrale Frage, wie Demokratie jenseits der Sicherheiten der Arbeitsgesellschaft möglich wird.

Material 40

Unsicherheit am Arbeitsmarkt trifft längst nicht mehr nur die „unteren Klassen". Sie ist zum Signum unserer Zeit geworden. Der „Beruf fürs Leben" droht auszusterben. Dass damit eine Wertewelt – die Welt der auf Erwerbsarbeit zentrierten Gesellschaft – untergeht, will niemand wahrhaben.

Der Kapitalismus schafft die Arbeit ab. Arbeitslosigkeit ist kein Randschicksal mehr, sie betrifft potenziell alle – und die Demokratie als Lebensform. Aber der globale Kapitalismus, der die Verantwortung für Beschäftigung und Demokratie abstreift, untergräbt auch seine eigene Legitimität. Bevor ein neuer Marx den Westen wachrüttelt, gilt es, längst fällige Ideen und Modelle für einen veränderten Gesellschaftsvertrag aufzugreifen. Die Zukunft der Demokratie jenseits der Arbeitsgesellschaft muss neu begründet werden.

[...] Was als Heilmittel gilt – die Flexibilisierung der Erwerbsarbeit –, hat die Krankheit Arbeitslosigkeit verdeckt und verschleppt, aber nicht geheilt. Im Gegenteil, alles wächst, die Arbeitslosigkeit und die neue Unübersichtlichkeit von Teilzeitarbeit, ungesicherte Beschäftigungsverhältnisse und die noch stille Arbeitsreserve. Mit anderen Worten: Das Volumen der Erwerbsarbeit schwindet rapide. Wir laufen auf einen Kapitalismus ohne Arbeit zu – und zwar in allen nachindustriellen Ländern der Welt.

Drei Mythen schirmen die öffentliche Debatte gegen die Einsicht in diese Lage ab. Erstens: Alles ist sowieso viel zu kompliziert – der Undurchschaubarkeits-Mythos; zweitens: Der bevorstehende Aufschwung der Dienstleistungsgesellschaft wird die Arbeitsgesellschaft retten – der Dienstleistungs-Mythos; drittens: Wir müssen nur die Lohnkosten in den Keller fahren, dann löst sich das Problem der Arbeitslosigkeit in Luft auf – der Kosten-Mythos.

Dass alles mit allem zusammenhängt (wenn auch schwach) und insofern undurchschaubar ist, gilt sicher auch für die Entwicklungen des Arbeitsmarktes unter Globalisierungszwang. Dies schließt aber Aussagen über säkulare Trends nicht aus.

Die Nachfrage nach Arbeit sinkt, das Angebot an Arbeit steigt (auch durch Globalisierung). Beide Indikatoren für zunehmende Abnahme der Erwerbsarbeit – Arbeitslosigkeit und Nicht-Normarbeit – stehen auf Alarm.

Es geht längst nicht mehr um die Umverteilung von Arbeit, sondern um die Umverteilung von Arbeitslosigkeit – eben auch verdeckt in den neuen Mischformen von Arbeitslosigkeit und Beschäftigung, weil diese offiziell als „(Voll)Beschäftigung" gelten (befristete, geringfügige, Teilzeit-Arbeit usw.).

Politiker, Institutionen, auch wir selbst denken in der fiktiven Begriffswelt der Vollbeschäftigung. Sogar Bausparkassen, Versicherungen treffen ihre Abschlüsse in der Annahme, dass Menschen, die „beschäftigt" sind, ein dauerhaftes Einkommen haben. Das sich rapide ausbreitende Weder-Noch – weder arbeitslos noch sicheres Einkommen – passt nicht in diese Stereotype.

Viele glauben, hoffen und beten, dass die Dienstleistungsgesellschaft uns retten möge vor dem bösen Drachen Arbeitslosigkeit. Das ist der Dienstleistungs-Mythos.

Selbst wenn neue Arbeitsplätze entstehen, können diese im Informationszeitalter leicht überallhin verlagert werden.

Die Schlüsselillusion der laufenden Debatte ist allerdings der Kosten-Mythos. Mehr und mehr Menschen werden angesteckt von der oft schon militant eingeklagten Überzeugung, dass nur eine radikale Absenkung der Arbeitskosten und -löhne aus dem Jammertal der Arbeitslosigkeit herausführe. Hier leuchtet der „amerikanische Weg".

Genau darin zeigt sich das neue Produktivitätsgesetz des globalen Kapitalismus im Informationszeitalter: Immer weniger gut ausgebildete, global austauschbare Menschen können immer mehr Leistungen und Dienste erbringen. Wirtschaftswachstum setzt also nicht mehr den Abbau von Arbeitslosigkeit in Gang, sondern genau umgekehrt den Abbau von Arbeitsplätzen voraus – jobless growth.

Doch niemand täusche sich: Der Nur-noch-Eigentümer-Kapitalismus, der auf nichts als Gewinn zielt und die Beschäftigten, den (Sozial-)Staat und die Demokratie ausgrenzt, hebt seine eigene Legitimität auf. Während die Gewinnspannen global agierender Unternehmer wachsen, entziehen diese den teuren Staaten beides: Arbeitsplätze und Steuerleistungen und bürden die Kosten der Arbeitslosigkeit und der entfalteten Zivilisation den anderen auf. Zwei chronisch Arme – die öffentlichen Hände und die privaten Hände der noch Beschäftigten – sollen allein finanzieren, was gerade auch die Reichen mitgenießen: den „Luxus" der zweiten Moderne – hoch entwickelte Schulen und Universitäten, funktionierende Verkehrssysteme, Landschaftsschutz, sichere Straßen, die Buntheit des urbanen Lebens.

Wenn der globale Kapitalismus in den hoch entwickelten Ländern den Wertekern der Arbeitsgesellschaft auflöst, zerbricht ein historisches Bündnis zwischen Kapitalismus, Sozialstaat und Demokratie. Die Demokratie ist in Europa und den USA als „Arbeits-Demokratie" auf die Welt gekommen – in dem Sinne, dass die Demokratie auf der Beteiligung an Erwerbsarbeit beruht. Der Citizen musste so oder so sein Geld verdienen, um die politischen Freiheitsrechte mit Leben zu füllen. Erwerbsarbeit hat stets nicht nur die private, sondern auch die politische Existenz begründet. Es geht also gar nicht „nur" um Millionen Arbeitslose. Es geht auch nicht nur um den Sozialstaat. Oder um die Verhinderung von Armut. Oder um die Ermöglichung von Gerechtigkeit. Es geht um uns alle. Es geht um die politische Freiheit und Demokratie in Europa.

Die westliche Verbindung von Kapitalismus mit politischen, sozialen und ökonomischen Grundrechten ist nicht etwa eine „soziale Wohltat", die man, wenn es knapp wird, einsparen kann. Der sozial abgepufferte Kapitalismus ist vielmehr als Antwort auf die Erfahrung des Faschismus und die Herausforderung des Kommunismus erkämpft worden. Er ist eine Tat angewandter Aufklärung. Diese beruht auf der Einsicht, nur Menschen, die eine Wohnung und einen sicheren Arbeitsplatz und damit eine materielle Zukunft haben, sind oder werden Bürger, die sich die Demokratie zu eigen und sie lebendig machen. Die einfache Wahrheit lautet: Ohne materielle Sicherheit keine politische Freiheit. Also keine Demokratie, also Bedrohung aller durch neue und alte totalitäre Regime und Ideologien.

Doch nicht, dass der Kapitalismus mit immer weniger Arbeit immer mehr produziert, sondern dass er die Initiative zu einem neuen Gesellschaftsvertrag blockiert, beraubt ihn seiner Legitimation. Wer heute über Arbeitslosigkeit nachdenkt, darf nicht als Gefangener der alten Begriffe sich im Streit über den „zweiten Arbeitsmarkt", die „Teilzeitoffensive", die so genannten „versicherungsfremden Leistungen" oder über die Lohnfortzahlungen im Krankheitsfall verirren und verlieren, sondern muss fragen: Wie wird Demokratie jenseits der Sicherheiten der Arbeitsgesellschaft möglich? Was als Ende und Verfall erscheint, muss umgemünzt werden in eine Gründerzeit für neue Ideen und Modelle, die Staat, Wirtschaft und Gesellschaft für das 21. Jahrhundert öffnen.

Dies bedeutet: Wir müssen in die zivile Gesellschaft investieren. Müssen ihr Kompetenzen und Macht delegieren, und zwar in jeder Hinsicht, technologisch (Informationsmedien), ökonomisch (Grundfinanzierung), Ausbildung (Zertifikate, die auch am Arbeitsmarkt gelten).

Wie verhalten sich die Werte und Ziele der „Erwerbsgesellschaft" und der „Selbstorganisation der zivilen Gesellschaft" zueinander? Nicht im Sinne eines Entweder-Oder, sondern eines Sowohl-Als-auch. Entscheidend dürfte in Zukunft die Durchmischung von formeller Arbeit und freiwilliger Selbstorganisation sein, der Abbau von rechtlichen und Mobilitätsbarrieren zwischen beiden Sektoren, Schaffung von Aus- und Umstiegsmöglichkeiten (im Jahres-, Wochen-, Monatsrhythmus).

Auf diese Weise würde zweierlei ermöglicht: Zum einen würde das Monopol gebrochen, das sinnvolle, anerkannte, öffentliche Tätigkeit mit Erwerbsarbeit gleichsetzt. Der Arbeitsmarkt würde entlastet, Arbeitslosigkeit also abgebaut. Zum anderen würden durch öffentliche Arbeit neue politische Handlungs- und Identitätszentren in der und gegen die fragmentierte Gesellschaft geschaffen. Es entstünden die (materiellen und kulturellen) Grundlagen für einen „solidarischen Individualismus", wie ihn dieses Land, [...] historisch noch nicht gekannt hat.

Danach haben Arbeitslose in Zukunft eine neue Option: Sie können entscheiden, ob sie arbeitslos bleiben oder in freiwilligen Selbstorganisationen tätig werden wollen. Dieses Modell bietet Überraschungen. Es könnte – zu Ende gedacht – auf die Abschaffung von Arbeitslosigkeit hinauslaufen, und zwar nicht dadurch, dass neue (Teilzeit-)Arbeit geschaffen wird, sondern dass die Selbstorganisation der Gesellschaft be- und gelebt wird.

Wenn das „amerikanische Modell" auf eine Kombination von Vollbeschäftigung und working poor hinausläuft, dann könnte das „deutsche (europäische) Modell" eine Kombination von Erwerbsarbeit und grundfinanzierter Mitwirkung in der zivilen Gesellschaft zum Ziel haben. Diejenigen, die sich in Selbstorganisationen engagieren, stehen ja nicht mehr „dem Arbeitsmarkt zur Verfügung" und sind in diesem Sinne keine „Arbeitslosen" mehr. Sie sind aktive Bürger, die sich für das Allgemeinwohl engagieren und dafür eine (zeitlich begrenzte) Grundsicherung erhalten.

Das skizzierte Szenario läuft auf ein Plädoyer hinaus: Die unsichtbare Praxis der sozialen Selbsthilfe und politischen Selbstorganisation muss sichtbar gemacht werden. Ihr muss ökonomisches, organisatorisches und politisches Gewicht verliehen werden. Dies wird nur möglich, wenn wir in die zivile Gesellschaft investieren – und dadurch sozusagen die Demokratie demokratisieren. Was wir brauchen, ist ein Bürger-Staat-Bündnis für zivile Gesellschaft – notfalls gegen Arbeit und Kapital. Aber dieses Bündnis sollte alle einschließen, denen die Demokratie am Herzen liegt.

(Ulrich Beck, Kapitalismus ohne Arbeit, in: Der SPIEGEL 20/1996, S. 140 ff.)

Aufgaben

33. *Welches Bild zeichnet der Autor von der Arbeitsgesellschaft? Wie begründet er seinen Standpunkt?*
34. *Was versteht der Autor unter „Arbeit"?*
35. *Beschreiben Sie das Verhältnis Arbeitsgesellschaft/Zukunft der Demokratie!*
36. *Nehmen Sie kritisch zu dieser Position Stellung!*

1.4 Konjunkturpolitik: Staatliche Steuerung als Therapie?

▶ *Theorien und Konzeptionen der Wirtschaftspolitik*

Wirtschaftspolitik lässt sich definieren als „Gesamtheit der Maßnahmen politischer Entscheidungsträger, die darauf abzielen, den Ablauf des wirtschaftlichen Geschehens zu ordnen, zu beeinflussen oder unmittelbar festzulegen" (H. Giersch, Allg. Wirtschaftspolitik, Wiesbaden 1960, S. 14). Als unmittelbarer Entscheidungsträger beeinflusst der Staat allein durch sein ökonomisches Gewicht als öffentliche Hand den Wirtschaftsprozess erheblich. Umstritten ist jedoch, an welchen Ansatzpunkten und mit welchen Instrumenten der Staat steuernd in wirtschaftliche Abläufe eingreifen soll. Damit sind im Wesentlichen die Fragen der Konjunkturpolitik und Strukturpolitik angesprochen. Die Auffassungen differieren zwischen der Forderung nach weitgehendem Rückzug des Staates aus der Prozesspolitik und Beschränkung auf eine stetige Ordnungspolitik einerseits und der Forderung nach einer weitgehenden Einflussnahme auf die Produktionsentscheidungen der Unternehmen durch Gebote und Verbote andererseits.
Im Streit um die Konjunkturpolitik verknüpfen sich ökonomische und politische Fragen sehr eng. Die jeweilige Wirtschaftslage hat in Demokratien eine erhebliche Bedeutung für die politische Stabilität. Die größte Herausforderung für die Wirtschaftspolitik liegt gegenwärtig darin, die Beschäftigungsmöglichkeiten zu verbessern. Weil das „magische Viereck" hinsichtlich der Vollbeschäftigung eine überdimensionale Verzerrung aufweist, sollen die Streitfragen zur Konjunkturpolitik hieran erörtert werden.
Staatliche Eingriffe in die Wirtschaft sind ein zweischneidiges Schwert. Unternehmer- wie Arbeitnehmerverbände wehren sich vehement, wenn Politiker sich auch nur dem Verdacht aussetzen an ihre Kompetenzen zu rühren. Staatlicher Dirigismus ist Produzenten und Konsumenten in gleichem Maße verhasst. Andererseits wird der Regierung Schlafmützigkeit und Untätigkeit vorgeworfen, wenn sie eine wirtschaftliche Krise nicht rechtzeitig erkannt und erfolgreich bekämpft hat. Ist der Staat nur gefordert, wenn das Kind in den Brunnen gefallen ist?
Da sich die praktische Wirtschaftspolitik in aller Regel an bestimmten Theorien orientiert, sollen im Folgenden die Grundzüge der beiden Theorien vorgestellt werden, die maßgeblichen Einfluss auf die Gestaltung der Wirtschaftsentwicklung der Bundesrepublik hatten und haben.

▶ *Keynes – Wundermittel gegen Arbeitslosigkeit?*

Wie wir oben (→ III/2.) ausgeführt haben, beeinflussen Konjunkturschwankungen unmittelbar auch die Beschäftigungsentwicklung. Die Phasen des Abschwungs und der Rezession sind gesamtwirtschaftliche Fehlentwicklungen, die konjunkturelle Arbeitslosigkeit verursachen.
Die jahrzehntelang vorherrschende Theorie zur Konjunktursteuerung war die von Keynes, entwickelt unter dem Eindruck der verheerenden Weltwirtschaftskrise von 1929, die alle Industriestaaten erfasste und Millionen von Menschen ihrer Arbeitsplätze beraubte. Nach der klassischen Wirtschaftstheorie hätte nun das Absinken der Löhne die Unternehmen veranlassen müssen mit geringeren Lohnkosten die Produktion neu anzukurbeln und damit wieder Arbeitskräfte einzustellen. Aber die Krise verstärkte sich und die Massenarbeitslosigkeit hielt an. Warum versagten die Selbstheilungskräfte des Marktes?
Keynes ging davon aus, dass die Höhe der Produktion oder des Volkseinkommens und damit die Beschäftigung in einer Volkswirtschaft von der Höhe der Gesamtnachfrage abhängig ist. Die Gesamtnachfrage setzt sich aus der Nachfrage der privaten Haushalte nach Konsumgütern, aus der Nachfrage der Unternehmen nach Investitionsgütern, aus der Nachfrage des Staates nach Gütern und Dienstleistungen und der Nachfrage des Auslandes nach Exportprodukten zusammen.

Nach seiner Auffassung ist die entscheidende Ursache für eine konjunkturelle Arbeitslosigkeit ein **kurzfristig gesamtwirtschaftlicher Nachfragemangel.** Also komme es darauf an, die Gesamtnachfrage so zu steuern oder eventuell anzuregen, dass Vollbeschäftigung erreicht und erhalten werde **(nachfrageorientierte Globalsteuerung).**

Material 41

Die Lehre von Keynes

Die Analyse, auf der Keynes seine damals geradezu revolutionäre Theorie aufbaute, ging von folgenden Erkenntnissen aus:
Setzen in einer Krise mit hoher Arbeitslosigkeit alle Unternehmer die Löhne drastisch herab, dann sinken auch die Einkommen der privaten Haushalte und die gesamtwirtschaftliche Konsumnachfrage geht zurück. Folglich sehen die Unternehmen keine besseren Absatzchancen für ihre Produkte. Die rückläufige Nachfrage hemmt die Bereitschaft der Unternehmen neue Arbeitsplätze zu schaffen. Die **Krise** wird verstärkt.
Für Keynes wird somit die gesamtwirtschaftliche Nachfrage zum wichtigsten Bestimmungsgrund für die Beschäftigung.
Noch einmal die kritische Situation: Die Konsumnachfrage ist gesunken, eine Erhöhung der Löhne ist nicht möglich, sonst wird die Produktion erst recht unrentabel. Die Investitionsgüternachfrage steigt nicht, solange Absatzchancen sich nicht verbessern und vom Ausland kommen keine Impulse, weil auch dort Krisenstimmung und Arbeitslosigkeit herrschen. Bleibt nur der **Staat.**
Auch der Staat hat – infolge rückläufiger Steuereinnahmen – in der Krise weniger zur Nachfrage beigetragen. Dies, so Keynes, sei die Wurzel des Übels. Weder die Privathaushalte noch die Unternehmen seien in der Krise imstande sich weiter zu verschulden. Der Staat müsse dies tun und als Ersatznachfrager in die Lücke treten. Über fiskalpolitische Maßnahmen (Ausgaben- und Einnahmenänderung im Staatshaushalt) könne er eine Belebung der Nachfrage erreichen. Nur wenn dafür vorübergehend Haushaltsdefizite in Kauf genommen werden **(deficit spending),** kann der Staat durch gezielte Dosierung seiner Investitionen die Initialzündung geben, die letztlich aus der Krise herausführt. Kommt der Aufschwung wieder in Gang, steigen auch die Steuereinnahmen und das Haushaltsdefizit bzw. die Staatsschulden lassen sich wieder tilgen. Zusätzliche staatliche Investitionsausgaben verstärken mittelbar auch die Nachfrage der Unternehmen und der Privathaushalte und führen zu so genannten Multiplikatoreffekten. (Autorentext)

Aufgaben

37. *Analysieren Sie die Theorie Keynes nach folgenden Kriterien: Strategie, Ursache, Rezept, Träger, Ziel, Ansatz im Wirtschaftskreislauf.*
38. *Entwickeln Sie ein Schaubild, dass die Ursachen der Arbeitslosigkeit und die „Therapie“ verdeutlicht!*
39. *Diskutieren Sie, ob Sie Keynes den Ehrentitel „Retter des Kapitalismus“ geben würden!*

▶ *Antizyklische Globalsteuerung*

Unter dem Schock der ersten tief greifenden Rezession (1966/67) nach den „Wirtschaftswunderjahren“ und der erstmals bedrohlich anwachsenden Arbeitslosigkeit entschloss sich die Regierung der Großen Koalition die bis dahin geübte staatliche Zurückhaltung aufzugeben und mit der gesetzlichen Fixierung eines konjunktursteuernden Instrumentariums eine aktive Wirtschaftspolitik einzuleiten.
Auf der Grundlage der keynesschen Theorie, aber ohne die Elemente der Sozialen Marktwirtschaft anzutasten, entwickelte der damalige Wirtschaftsminister Karl Schiller eine neue wirtschaftspolitische Konzeption, die **„anti-**

zyklische Globalsteuerung", die ihren rechtlichen Ausdruck im Gesetz zur Förderung der Stabilität und des Wachstums der Wirtschaft (Stabilitätsgesetz) fand.

Antizyklisch heißt diese Politik, weil sie durch Gegensteuern die Ausschläge des Konjunkturzyklus – sowohl nach oben in der hektischen Boomphase, wie auch nach unten in der rasanten Talfahrt – rechtzeitig auffangen, abmildern und den Konjunkturverlauf in eine möglichst stetige Aufwärtsentwicklung steuern sollte. Um die jeweiligen politischen Entscheidungsprozesse abzukürzen sah das Gesetz einen umfangreichen Kodex von Steuerungsinstrumenten vor, die sich je nach Bedarf abrufen ließen.

Die aktivere Rolle des Staates zielte dabei nicht auf die direkte Einschränkung der freien Entscheidung der einzelnen Wirtschaftssubjekte, sondern strebte eine umfassende und vorbeugende Beeinflussung globaler Größen wie Investitionen, Einkommen und Konsum an.

Material 42

Finanzpolitische Instrumente des Stabilitätsgesetzes

Instrumente	Wirtschaftslage Rezession	Hochkonjunktur
Beeinflussung der öffentlichen Nachfrage (Staat)		
Beeinflussung der privaten Nachfrage		
Beeinflussung der unternehmerischen Nachfrage		

Maßnahmen:

1. Zusätzliche Ausgaben, finanziert mit Mitteln der Konjunkturausgleichsrückgabe;
2. Beschränkung der Abschreibungsmöglichkeiten und Aussetzung der degressiven Abschreibung;
3. Erhöhung des Lohn-, Einkommens- und Körperschaftssteuersatzes bis zu zehn Prozent;
4. Ausgabesperrung bei Bund und Ländern zur Schuldentilgung, Bildung einer Konjunkturausgleichsrücklage;
5. Kreditaufnahme des Bundes bis zu fünf Milliarden DM auf dem Geld- und Kapitalmarkt;
6. Herabsetzung des Lohn-, Einkommens- und Körperschaftssteuersatzes bis zu zehn Prozent;
7. Investitionsbonus, d.h. von der Einkommens- oder Körperschaftststeuerschuld können bis zu 7,5 % der Anschafffungs- oder Herstellungskosten bestimmter Investitionsgüter abgezogen werden;
8. Beschränkung der Kreditaufnahmemöglichkeiten der öffentlichen Hand.

Während sich das Konzept der Globalsteuerung in der Überwindung der Rezession von 1966/67 bewährte (vgl. → S. 162, M 12) und die Hoffnung sogar aufkeimte, dass die Konjunktur mit Hilfe der globalen Steuerung machbar geworden sei, ist inzwischen unter dem Eindruck neuer wirtschaftlicher Krisen das Vertrauen in die Möglichkeiten vernünftiger staatlicher Steuerung des Wirtschaftsgeschehens erheblich erschüttert. Von Befürwortern marktwirtschaftlicher Lösungen werden am Konzept der Globalsteuerung neben außenwirtschaftlichen Einflüssen die Rückschläge auf die Unfähigkeit der Politiker zurückgeführt die von Keynes geforderte Verringerung der Staatsschulden in der Hochkonjunktur durchzuführen.

Gerade dieses Verhalten aber ist das unerläss-

liche Pendant zur Politik des „deficit spending“ im Konjunkturtief; sobald es stürmisch aufwärts geht, muss der Staat dem heißlaufenden Wirtschaftskreislauf den Treibstoff entziehen um Staatsschulden zu tilgen und eine Rücklage für die nächste Krise zu hamstern. Bittere Pillen also, wo doch alles – so scheint es – vor Gesundheit strotzt. Höhere Steuern als Konjunkturrücklage, weniger Transferzahlungen – auch im reizempfindlichen sozialen Netz –, Streichung von Subventionen, und dies alles zusätzlich zu den reduzierten Staatsaufträgen an die Wirtschaft.
Der Finanzminister, der eine solche Linie vertritt, muss schon magische Kräfte der Überzeugungskraft mobilisieren, wenn er gegenüber der Phalanx der Interessengruppen, die gegen ihn aufmarschieren, nicht den Boden unter den Füßen verlieren will. Nicht nur die Opposition wird gegen ihn auftrumpfen, auch aus den Reihen der Koalition, der eigenen Partei, werden sich viele kopfschüttelnd von ihm abwenden, nicht zuletzt die Amtskollegen, deren Ressorthaushalte Kürzungen zu befürchten haben. Wird der Kanzler – angesichts des sich ankündigenden nächsten Wahlkampfes – ihm noch den Rücken stärken? Und wer wird seine Position in den Massenmedien wirksamer vertreten können um Wählerstimmen zu mobilisieren – der Finanzminister, mit unpopulären Sparplänen, oder die lautstark protestierenden Interessenverbände?

Aufgaben

40. *Tragen Sie die angegebenen Maßnahmen (M 42) so in die obige Tabelle ein, dass der Wirkungsmechanismus des Stabilitätsgesetzes erkennbar wird.*
Erläutern Sie am Beispiel der Steuersenkung die mögliche Wirkung der Maßnahme!
41. *Erörtern Sie die Schwierigkeiten geeignete Maßnahmen für eine antizyklische Konjunktursteuerung richtig zu dosieren und sie auch politisch durchzusetzen (siehe vorstehenden Autorentext S. 185 f.)!*
42. *Welche konjunkturpolitischen Instrumente halten Sie in der gegenwärtigen Situation für anwendbar?*
43. *Nehmen Sie Stellung zur Behauptung: „Die antizyklische Globalsteuerung scheiterte an der Unfähigkeit der Politik Heilungsprozesse mit Schmerzen einzuleiten und durchzuhalten statt mit Narkotika.“!*

▶ *Neoliberalismus: Selbstheilungskräfte des Marktes*

Das Versagen der Globalsteuerung in den 80er-Jahren entfachte eine neue wirtschaftspolitische Diskussion. Als Gegenposition zu Keynes plädierte **Milton Friedman,** der Begründer der Schule der **Monetaristen,** für eine Verstetigung der Geld- und Finanzpolitik anstelle der oft abrupt wechselnden staatlichen Interventionen im Konjunkturverlauf. Zentrales Steuerungsinstrument für die Beeinflussung der Konjunktur ist die Geldmenge. Eine Regulierung der Geldmenge mit dem vorrangigen Ziel der Preisniveaustabilität wirke wesentlich stärker, schneller und zielgenauer auf die Konjunktur als staatliche Eingriffe, die eher destabilisierend wirkten und die Konjunkturschwankungen erst hervorriefen statt zu dämpfen, weil die Wirtschaft mit unerwartet wechselnden Bedingungen (Steuerquote, Zinssätzen, Staatsaufträgen) konfrontiert werde, die ihre Reaktionsfähigkeit auf die Signale des Marktes schwäche. Bei konstanten Rahmenbedingungen und langfristig verlässlicher Finanz- und Wirtschaftspolitik würden die Marktkräfte die nötigen Anpassungen selbst herbeiführen, soziale Probleme wie die Überwindung der Arbeitslosigkeit zu lösen.
Verstetigend wirke auch eine Geldpolitik der Bundesbank, die vorsehe, das Geldmengenwachstum behutsam innerhalb einer gewissen Bandbreite zu steuern (vgl. Geldpolitik).
Ein Schulbuch fasst die Position der Monetaristen so zusammen:

Material 43

Das monetaristische Konzept

Entscheidende Bestimmungsgröße für Veränderungen des Volkseinkommens sind Veränderungen der Geldmenge. Für die Geldpolitik speziell fordern die Monetaristen eine Regelbindung, nach der die Expansion des Geldvolumens dem realen Wachstum der Wirtschaft angepasst werden soll. Dadurch soll eine Stop-and-go-Politik bei der Geldpolitik vermieden werden. Diese Regel ist eng verknüpft mit der Überzeugung der Monetaristen, dass der private Sektor der Wirtschaft immanent stabil sei und konjunkturelle Störungen nur einer fehlindizierten Wirtschaftspolitik zu verdanken seien.
Daraus resultiert die Forderung, die Konjunkturpolitik auf die Geldpolitik zu beschränken, so wie es Milton Friedman vor Studenten der Harvard Universität ausgedrückt hat: „Die Fiskalpolitik ist sehr wichtig (lange Pause) – nur nicht für die Steuerung der Konjunktur“.

(Uwe Taenzer, Grundlagen der Wirtschaftswissenschaften, Teil 3, S. 224)

Zu Beginn der 80er-Jahre geriet die sozialliberale Regierung in eine durch hohe Massenarbeitslosigkeit gekennzeichnete Stabilisierungskrise. Beschäftigungsprogramme der Regierung hatten einen großen Aufwand an Haushaltsmitteln erfordert, ohne ein Anwachsen der Arbeitslosigkeit aufhalten zu können. Die antizyklischen Instrumente waren stumpf geworden, auch weil man erkannte, dass die hohe Arbeitslosigkeit kein konjunkturelles, sondern überwiegend ein strukturelles Problem ist.
Mit dem Regierungswechsel 1982/83 wird eine wirtschaftspolitische Wende eingeleitet. Die Regierung Kohl rückt im Laufe der 80er-Jahre von der Globalsteuerung ab und setzt stärker auf die Wirkung einer angebotsorientierten Wirtschaftspolitik, die die Rahmenbedingungen für die Unternehmen nachhaltig verbessern sollte. Neoliberale Vertreter dieser Variante berufen sich auf das „Say'sche Theorem“: ein zusätzliches Angebot schaffe sich selbst seine Nachfrage und lasse staatliche Maßnahmen zur Nachfragesteuerung überflüssig werden. Durch eine Verbesserung der Gewinnerwartung der Unternehmen solle zusätzlich Nachfrage entstehen, die zu neuen Arbeitsplätzen führt. Dagegen sehen sie in einer staatlich garantierten Vollbeschäftigung und einem stark ausgeweiteten sozialen Netz eine Gefahr, die die Unternehmer wegen der hohen Kosten entmutige neue Arbeitsplätze zu schaffen. In diesem Konzept werden die Selbstheilungskräfte des Marktes betont, der Staat wird eher als Störfaktor denn als Stabilisator empfunden.

Material 44

Angebotsorientierte Politik

Die angebotsorientierte Politik als eine neoklassisch ausgerichtete Position geht langfristig von der Annahme der Vollbeanspruchung der Produktionsmöglichkeiten bei Vollbeschäftigung aus. Die Möglichkeit einer dauerhaften Nachfragelücke zieht sie nicht in Betracht. Zwar befreit sie den Staat nicht gänzlich von seiner beschäftigungspolitischen Verantwortung. Sie soll sich aber nicht auf die fallweise Steuerung der gesamtwirtschaftlichen Nachfrage erstrecken, die lediglich inflatorische Impulse auslöse, sondern darin bestehen, Wirtschaftswachstum und Beschäftigung durch die *Beseitigung angebotsseitiger Störungen* mittelfristig zu fördern. Auf diese Weise will sie mehr Arbeitsplätze rentabel machen. Instrumente der Angebotspolitik sind vor allem die generelle Stärkung der *Investitionsfähigkeit der Unternehmen,* daneben die Erleichterung der Existenzgründung kleinerer und mittlerer Unternehmen, die Förderung von Forschung und Entwicklung, die Erhöhung der Mobilität der Arbeitskräfte. All diese Aktivitäten sollen die Anpassungsfähigkeit der Wirtschaft an ungelöste Angebotsprobleme wie veränderte außenwirtschaftliche Rahmenbedingungen und Anpassungsschwierigkeiten im Strukturwandel erhöhen.
Von der Seite der Finanzpolitik ist die Stetigkeit der Ausgabenentwicklung und vor allem der *Abbau der hohen Haushaltsdefizite* durch ein unterdurchschnittliches Wachstum der Staatsausgaben Voraussetzung der Angebotspolitik. Einhergehend mit der relativen Ausgabenkürzung empfiehlt der Sachverständigenrat eine Revision der Ausgabenstruktur in Richtung auf eine Stärkung des investiven Anteils, z.B. durch einen Abbau der Subventionen und eine Privatisierung öffentlicher Leistungen. Zur Flankierung hält er auf der Einnahmenseite Steuererhöhungen bei den direkten Steuern für vertretbar. Vom Abbau des strukturellen Haushaltsdefizites und damit der Höhe der Neuver-

schuldung erwartet er Zinssenkungen und Investitionsanregungen für die Privatwirtschaft. Die zunehmende private Investitionstätigkeit führt auch zu einer Förderung des Produktivitätswachstums und damit zu einer Kostenentlastung und *Stärkung der internationalen Wettbewerbsfähigkeit.* Bedenken gegen eine dauerhaft hohe Staatsverschuldung wie in der zweiten Hälfte der 70er-Jahre erhebt er vor allem aus wachstumspolitischer Sicht aus drei Gründen:

- Anstieg des Anteils der Zinszahlungen an den staatlichen Gesamtausgaben, damit Einengung – des privaten Investitionsspielraumes.
- Einschränkung des konjunkturpolitischen Handlungsspielraumes in der Rezession.
- Verdrängung privater Investitionen durch Zinssteigerungen.

Eine Konsolidierung und Umstrukturierung der öffentlichen Haushalte muss mit einer Verringerung der Lohnquote einhergehen. Dazu muss das Wachstum der Reallöhne dauerhaft geringer als das der Arbeitsproduktivität ausfallen. Die damit einhergehende Verbesserung der Gewinnsituation der Unternehmen soll ihre Eigenkapitalbasis stärken und die private Investitionstätigkeit anregen. Im Vordergrund steht bei dieser Betrachtung der Kostenaspekt der Löhne, nicht der Nachfrageaspekt.

(Fritz Rahmeyer, Konzepte der Stabilitätspolitik; in: Verbrauchererziehung-Informationsdienst zur wirtschaftlichen Bildung, Heft 4/1984, S. 23f., hrsg. vom Institut für wirtschafts- und sozialwissenschaftl. Bildung, Münster)

Aufgaben

44. Analysieren Sie die Theorie Friedmans (M 43) nach folgenden Kriterien: Strategie, Ursache, Rezept, Träger, Ziel, Ansatz im Wirtschaftskreislauf!

45. Entwickeln Sie anhand des Textes M 44 ein Schaubild, das die „Therapie“ der Angebotstheorie verdeutlicht!

46. Vergleichen Sie die beiden wirtschaftspolitischen Konzepte (Nachfrage-/Angebotstheorie) hinsichtlich des Stellenwertes der Geld- und Finanzpolitik und der Rolle des Staates!

47. Überprüfen Sie, welchen wirtschaftspolitischen Konzepten die Strategien gegen Arbeitslosigkeit eher zuzuordnen sind!

48. Besorgen Sie sich Parteiprogramme und untersuchen Sie sie nach ihrem wirtschaftspolitischen Konzept!

▶ *Die Geldpolitik der Deutschen Bundesbank bis 1998* (s. EZB, S. 482)

Material 45

Letzte Verwarnung

Neben dem Staat kann in der Bundesrepublik die Deutsche Bundesbank die Konjunktur durch ihre Maßnahmen beeinflussen. Die Deutsche Bundesbank als Notenbank der Bundesrepublik regelt den Geldumlauf und die Kreditversorgung der Wirtschaft. Als „Hüterin der Währung" ist sie bei allen Maßnahmen, die die Geldversorgung der Bundesrepublik betreffen, unabhängig von Weisungen der Bundesregierung, wenn auch verpflichtet die allgemeine Wirtschaftspolitik der Regierung zu unterstützen.
Für ihre vornehmste Aufgabe, die Sicherung der Währung, stehen der Bundesbank eine Reihe geldpolitischer Instrumente zur Verfügung, mit denen sie Kreditvolumen und Kreditkosten beeinflussen kann.

Material 46

Bundesbankgesetz

§ 3 Die Deutsche Bundesbank regelt mithilfe der währungspolitischen Befugnisse, die ihr nach diesem Gesetz zustehen, den Geldumlauf und die Kreditversorgung der Wirtschaft mit dem Ziel, die Währung zu sichern, und sorgt für die bankmäßige Abwicklung des Zahlungsverkehrs im Inland und mit dem Ausland.

§ 12 Die Deutsche Bundesbank ist verpflichtet, unter Wahrung ihrer Aufgabe die allgemeine Wirtschaftspolitik der Bundesregierung zu unterstützen. Sie ist bei der Ausübung der Befugnisse, die ihr nach dem Gesetz zustehen, von Weisungen der Bundesregierung unabhängig.

Material 47

Diskontsatz

Die Diskontpolitik bezieht sich auf den Zahlungsverkehr mit Wechseln. Wir kennen Wechselgeschäfte vielfach von Autokäufen her, aber auch zwischen den Unternehmen werden viele Geschäfte mit Wechseln abgewickelt. Wenn man das Auto heute schon kaufen will, das Geld aber noch nicht ganz zur Verfügung hat, bezahlt man oft mit einem Wechsel. Wenn der Wechsel fällig ist, muss man ihn einlösen. Wenn der Autohändler in der Zwischenzeit selbst das Geld benötigt, kann er den Wechsel bei seiner Bank einreichen (diskontieren) und dafür Geld erhalten. Natürlich berechnet die Bank für die Zeit bis zur Fälligkeit Zinsen, weil sie ja dem Autohändler nichts anderes als einen Kredit gegeben hat, für den der Wechsel als Sicherheit dient. Der Zins bei Wechselkrediten nennt sich Diskont. Die Bank kann nun, wenn sie selbst Geld benötigt, diesen Wechsel bei der Bundesbank einreichen (rediskontieren) und dafür Geld erhalten. Auch in diesem Fall muss sie der Bundesbank Zinsen zahlen.
Die Höhe dieser Zinszahlungen, d.h. der Diskontsatz, wird von der Bundesbank festgelegt. Will die Bundesbank die Geldversorgung einschränken, so erhöht sie den Diskontsatz. Damit wird der Wechselkredit teurer. Will die Bundesbank, dass mehr Geld in Umlauf kommt, wird sie den Diskontsatz senken. Die Bundesbank kann auch die Menge an Wechseln, die die einzelne Bank rediskontieren will, beschränken (Rediskontkontingente).

(Lernbereich Wirtschaft 10, S. 13)

Die Bundesbank hat noch weitere Instrumente:

- Durch Lombardkredite gegen Verpfändung von Wertpapieren zu bestimmten Zinsen **(Lombardzinssatz)** verfügt sie über ein weiteres Mittel zur Regelung der Zentralbankgeldmenge.
- **Mindestreservesätze** schreiben den Banken vor, welchen Teil ihrer Kundeneinlagen sie bei der Bundesbank zinslos festlegen müssen; die Erhöhung dieser Sätze entzieht, ihre Senkung verleiht den Banken Liquidität und damit Kreditspielraum.
- Die **Offenmarktpolitik** verfolgt durch Verkauf und Ankauf von Wertpapieren, meist vom Staat ausgegebenen Geldmarktpapieren, das gleiche Ziel der Liquiditätssteuerung.
- Überhöhte Geldzuflüsse aus dem Ausland, die die Währungsstabilität gefährden, können durch erhöhte Mindestreservesätze für Auslandsgelder und Bardepotbestimmungen zum Teil stillgelegt werden.
- **Rediskont-Kontingente** setzen Höchstgrenzen für die Geldversorgung der Banken auf dem Weg der Rediskontierung von Wechseln.

Diese Steuerungsmittel der Bundesbank erwiesen sich in den Siebzigerjahren als nicht mehr ausreichend. Angesichts der internatio-

nalen Wirtschafts- und Währungskrise entwickelte die Bundesbank neue, besser greifende Möglichkeiten zur Steuerung der Geldmenge.
Um die Geldpolitik transparenter und besser vorhersehbar zu machen und um die Wachstumsrate nach Möglichkeit zu stabilisieren legt die Bundesbank von Jahr zu Jahr ein **Geldmengenziel** fest, d.h. einen Prozentsatz, um den die Geldmenge nach Lage der wirtschaftlichen Prognosen im kommenden Jahren wachsen soll. Da aber unvorhergesehene Umstände zu starken Abweichungen von den geplanten Steigerungssätzen führten, ging man dazu über, statt fester Prozentsätze einen etwas weiteren „Korridor" zu öffnen, z.B. zwischen vier und sechs Prozent Wachstum der Geldmenge. Von solch einem Geldmengenziel soll auch eine Signalwirkung ausgehen, welche Tarifpartner und Politiker „zur Raison rufen" soll, die jeweiligen Vorstellungen über Lohn- und Preiserhöhungen oder über das Ausmaß der Staatsverschuldung in den Rahmen der Geldpolitik einzuordnen.

Material 48

Die Entwicklung der Geldmenge in der Bundesrepublik

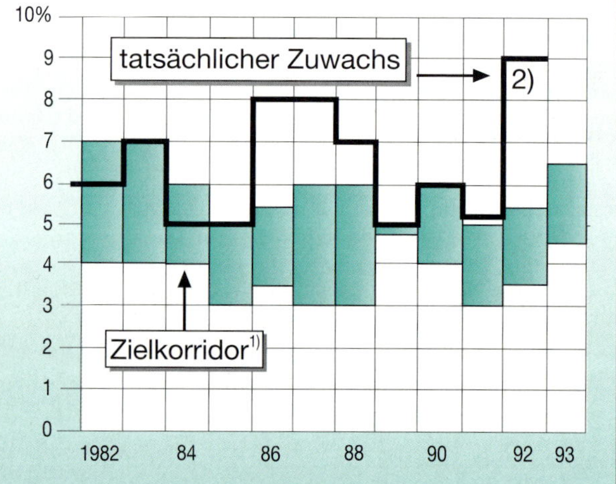

1)Definition Geldmenge: bis 1988 Zentralbankmenge, ab1988 M3.
2)Tatsächlicher Zuwachs für 1992 geschätzt.
(Quelle:Bundebank - © Handelsblatt-Grafik)

Zentralbankgeldmenge: Bargeldumlauf (in Händen der Nichtbanken) + Mindestreserve-Soll der Geschäftsbanken (bei der Deutschen Bundesbank)

(Quellen: Bundesbank und Handelsblatt vom 16. Dezember 1992, S. 14)

Aufgaben

49. *Beschreiben Sie Aufgabe und Stellung der Deutschen Bundesbank (M 46).*
50. *Erläutern Sie die verschiedenen geldpolitischen Instrumente und stellen Sie die Wirkungsweise des Diskontsatzes in einem Schaubild dar.*
51. *Begründen Sie die Unterschiede zwischen Geldmengenvorgabe mit tatsächlicher Entwicklung der Geldmenge.*
52. *Beschreiben Sie die neue Geldpolitik! Prüfen Sie, welchem wirtschaftspolitischem Konzept die neue Geldpolitik zuzuordnen ist.*
53. *Das Verhalten der Bundesbank orientiert sich fast ausschließlich an der Geldwertstabilität. Erörtern Sie mögliche Zielkonflikte zwischen Bundesregierung und Bundesbank.*

1.5 Der Aufschwung Ost – die neue Herausforderung der Wirtschaftspolitik

Die wirtschaftlichen und sozialen Probleme, die sich durch den Umbruch von der Plan- zur Marktwirtschaft in den neuen Bundesländern ergeben haben, stellen die neue gewaltige Herausforderung für die Wirtschaftspolitik dar.
Mit der Ankopplung der aus der Zentralverwaltungswirtschaft entlassenen, krisengeschüttelten DDR-Wirtschaft an die soziale Marktwirtschaft verbanden sich in der Bevölkerung Zuversicht und Hoffnung auf ein rasches Gelingen der Reform. Doch die alten Unternehmen der DDR erwiesen sich im internationalen Wettbewerb als nicht überlebensfähig. Der dramatische Zusammenbruch von Industrie, Handel und Gewerbe in der DDR führte zu einer Massenarbeitslosigkeit, dem Sorgenkind des Vereinigungsprozesses. Über diese mit dem Umbauprozess auftretenden Schwierigkeiten täuschten sich fast alle, sodass der Strukturbruch sich bis heute langwierig und kostspielig hinzieht.
Welche Hindernisse beeinträchtigen den Aufbau-Ost? Dazu ist zunächst ein Blick auf das ehemalige Wirtschaftssystem der DDR notwendig.

Material 49

▶ *Erfahrungen der Zentralverwaltungswirtschaft der DDR*

Unter der Leitfrage: „Warum wurde in der DDR-Wirtschaft wertvolle Substanz unökonomisch verwendet und zum Teil verschleudert?" sollen zentrale Probleme dieses Systems erklärt werden.

◆ Die ideologische Begründung ist in der marxschen Politökonomie zu finden, genauer in der sog. **Arbeitswertlehre.** Marx (→ VI/3.2, S. 338 ff.) hat sie nicht selbst entwickelt, sondern in den Lehren damaliger Wirtschaftstheoretiker vorgefunden. Es handelt sich um eine Theorie, die den Wert der Wirtschaftsgüter nicht von der Nachfrage am Markt abhängig sieht (subjektive Werttheorie), sondern diesen Wert objektiv gegeben sieht in der für die Herstellung aufgewendeten Arbeit (objektive Werttheorie). Marx präzisierte: Der Wert der Güter hängt ab von der „gesellschaftlich notwendigen Arbeit“, das heißt von der nach dem Stand der Produktivkräfte durchschnittlich notwendigen Arbeit. Diese Theorie kam seiner philosophischen Überzeugung entgegen, wonach der Mensch sich in der Arbeit im Laufe der Geschichte gleichsam erst selbst als gesellschaftliches Wesen hervorbringt. Arbeit wird deshalb zum „ersten Bedürfnis“ des sozialistischen Menschen und zum zentralen Wert einer sozialistischen Gesellschaft. Das objektive Wertgesetz, das Marx angeblich entdeckt hat, hilft „dem sozialistischen Staat, den sozialistischen Betrieben und Wirtschaftseinheiten zu entscheiden, was für die Gesellschaft gut und vorteilhaft ist (FDJ-Lehrbuch Politische Ökonomie 1984, S. 230).

Damit wird ein Markt unnötig. Die Preise der Güter bilden sich nicht nach Angebot und Nachfrage, sondern werden von der Planbehörde aufgrund der Berechnung des notwendigen Arbeitsaufwandes festgesetzt. Der Preis ist nicht mehr Indikator für die Knappheit eines Gutes, sondern eine willkürlich veränderbare Rechengröße in den Wirtschaftsplänen. Nicht die am Markt in Nachfrage sichtbar werdenden Wünsche von Konsumenten lenken die Produktionsentscheidungen, sondern politische Prioritäten der herrschenden Partei.

Das grundsätzliche Problem, das sich ergibt, wenn der Preis in seiner Funktion als Knappheitsindikator aufgehoben wird, lässt sich an vielen Phänomenen der DDR-Wirtschaft in unterschiedlichen Bereichen beobachten:

- **Verdeckte Arbeitslosigkeit:** In der DDR durfte es keine Arbeitslosen geben. Aber die Betriebe erfuhren, abgeschottet vom Weltmarkt, nicht den Druck ihre Arbeitsproduktivität zu steigern. „Wenn die Exportaufträge ausbleiben, spielen die Leute Karten“, hieß es 1984 in einem Bericht über Zeiss-Jena. In der Landwirtschaft der DDR waren 1988 noch 10,8 % aller Erwerbstätigen beschäftigt, davon mehr als die Hälfte mit Planungsaufgaben; in der Bundesrepublik Deutschland waren es 4,9 %. Dennoch lagen die Hektarerträge und andere Messzahlen im Westen erheblich über denen der DDR.

- **Vernachlässigung des „Kapitalstocks“:** Die Produktionsanlagen der DDR waren durchweg überaltert und wurden schwer vernachlässigt, weil der Rentabilitätsdruck für den Einsatz von Kapital fehlte, der vom Marktpreis ausgeht. Zum Zeitpunkt der Wiedervereinigung betrug der Produktivitätsrückstand der DDR-Industrie gegenüber der Bundesrepublik im Schnitt 50 %, obwohl der Energieverbrauch in der DDR zugleich um 30 bis 50 % höher lag. Die Kosten der Produktion einer Tonne Kalidünger betrugen 1989 in der DDR DM 480,-; der am Weltmarkt erzielbare Preis lag aber nur zwischen DM 200,- und 300,-. Die Herstellung einer hochwertigen Kamera kostete in der DDR etwa DM 1 000,-; sie konnte im Westen aber nur für DM 400,- abgesetzt werden.

- **Vergeudung von Ressourcen:** Extrem niedrige Mieten führten zum Verfall der alten Wohnsubstanz. Der niedrige Brotpreis führte zur Verfütterung von Brot an das Vieh, weil es billiger war als Viehfutter. Die zentrale Versorgung der neuen Wohnsiedlungen mit Energie und Wasser erfolgte mit pauschaler Abrechnung, zum Teil ohne die Möglichkeit den Verbrauch individuell zu messen. Die Verbraucher hatten weder Anlass noch auch häufig überhaupt die Möglichkeit zum Sparen. Die zahlreichen Beispiele für unkontrollierte Verseuchung von Luft, Wasser und Boden in vielen Regionen der DDR sind inzwischen bekannt geworden. Man behandelte die Natur wie im Frühkapitalismus als freies Gut; sie hatte keinen Preis, der zur Schonung zwang.

Die bisherigen Hinweise beschränken sich auf die ökonomischen Probleme. Man muss aber zur Bewertung des Systems auch den Zusammenhang zwischen **Wirtschaftsordnung** und **politischer Ordnung** beachten:

- Wenn der Staat direkt oder indirekt der einzige Arbeitgeber, Verteiler von Wohnungen, von Berufs- und Karrierechancen ist, gibt es faktisch keine freie Wahl von Ausbildung, Beruf und Arbeitsplatz und jeder soziale Protest ist zugleich ein politischer, weil er sich gegen die Regierung richtet. Das trifft zu, völlig unabhängig davon, ob es sich, wie in der DDR, um eine ideologisch begründete Monopolherrschaft einer Partei handelt.

- Wenn der Staat über die Festsetzung von Mengen und Preisen Produktion und Verteilung lenkt, lenkt er nicht nur die Wirtschaft, sondern zum erheblichen Teil auch das kulturelle Leben: z.B. über Papierkontingente für Zeitungen und Bücher, über Zuteilung oder Verweigerung von Baumaterial für private und öffentliche Bauten, vom Gartenhäuschen bis zur Kirche.◆

(aus: B. Sutor, Politik. Ein Studienbuch ..., Paderborn 1994, S. 256)

Aufgaben

54. *Vergleichen und erörtern Sie die Funktionen des Preises in der Markt- und in der Zentralverwaltungswirtschaft. Zeigen Sie am Wirtschaftskreislauf (S. 153) die Unterschiede auf!*
55. *Formulieren Sie in eigenen Worten die Mängel und Strukturfehler der Zentralverwaltungswirtschaft!*
56. *Diskutieren Sie, welche Probleme sich aus dieser Ausgangslage für die wirtschaftliche Entwicklung in den neuen Bundesländern ergeben!*

▶ *Eine strukturpolitische Aufgabe: Erhaltung industrieller Kerne*

Ziel des Umstrukturierungs- und Erneuerungsprozesses in den neuen Bundesländern ist es, ein ausgewogenes Verhältnis zwischen Wirtschaftssektoren und Wirtschaftsregionen herzustellen um die Lebensverhältnisse der Bevölkerung insgesamt zu verbessern und allzu große Unterschiede auszugleichen. Damit rücken beim Neuaufbau in den neuen Bundesländern stärker **strukturpolitische** als konjunkturpolitische Fragen in den Vordergrund. Wie weit kann, darf, soll man diesen Prozess den Marktkräften überlassen?
Das Hauptinstrument staatlicher Strukturpolitik sind Subventionen (finanzielle Unterstützungsleistungen) in Form direkter Finanzhilfen und in Form von Steuerbegünstigungen.
In der sektoralen Strukturpolitik kann man nach der Zielsetzung der Hilfen unterscheiden zwischen

- Erhaltungs- und Anpassungssubventionen (z.B. für Bergbau, Stahl- und Werftindustrie, für Landwirtschaft, für die Bundesbahn): Dabei ist es schwer, die Grenze zwischen bloßer Erhaltung und wirksamer Anpassung zu finden.
- Entwicklungssubventionen (Förderung neuer Techniken, z.B. in der Energieversorgung und im Umweltschutz).

In der regionalen Strukturpolitik geht es um die Stärkung der Wirtschaftskraft und um die Schaffung von Arbeitsplätzen in benachteiligten Regionen (früher z.B. Förderung der „Zonenrandgebiete“, Regionalprogramme).

Material 50

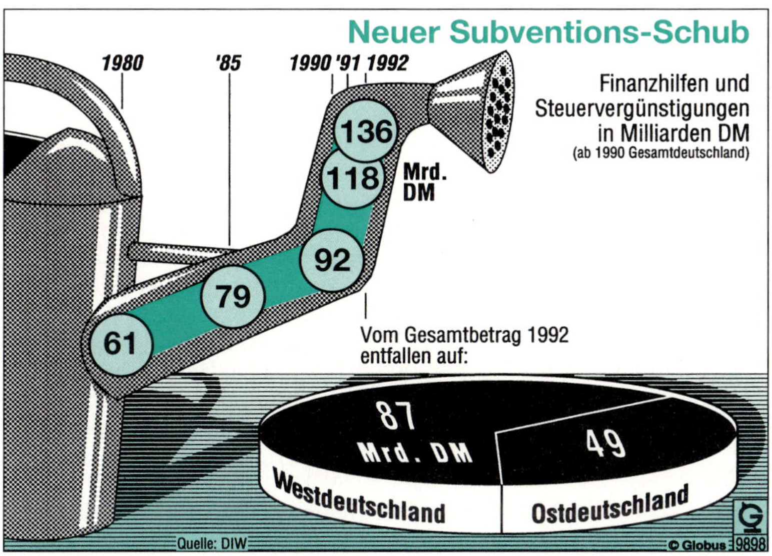

Als der vor allem auch von westlichen Politikern erwartete und in Aussicht gestellte rasche Aufschwung auf sich warten ließ, entfachte sich ein Streit um die angemessene Politik der Treuhandanstalt. Ihr war die Aufgabe übertragen die mehr als 10 000 bis dahin „volkseigenen Betriebe“ möglichst bald zu privatisieren. Aber privatisieren lässt sich nur, was ökonomisch sanierungsfähig scheint und sich in absehbarer Zeit am Markt als rentabel zu behaupten verspricht. Angesichts der wirtschaftlichen Lage in den neuen Bundesländern stellt sich die Frage, ob man nicht stärker als bisher zu einer staatlichen Industriepolitik übergehen sollte um überhaupt ein gewisses Maß an Großindustrie (Werften, Bergbau, Chemie, Maschinenbau) zu erhalten. Dies hieße die Umkehr der Reihenfolge, nämlich erst sanieren auf staatliche Kosten und erst später privatisieren.

Material 51

Es mehren sich die Einwürfe von Wirtschaftsexperten in Medien und Wissenschaft, die eine aktive Industriepolitik Ost und den Erhalt eines entwicklungsfähigen industriellen Kernbestandes in ein kritisches Licht rücken. Es wird der Eindruck erweckt, als pumpten die ostdeutschen Landesregierungen in Zusammenarbeit mit dem Bund Milliardenbeträge in unrentable „Mammut-Kombinate“ der Ex-DDR und schnürten damit den Kräften des Marktes die Luft ab. Tausende von Arbeitnehmern würden nur in eine andere Form der Arbeitslosigkeit überführt und ihnen werde ein falsches Gefühl beruflicher Sicherheit vermittelt.

Diese wenig sachdienlichen Mahnungen und Warnungen, die vielleicht aus betriebswirtschaftlicher Sicht ein Quantum Vernunft enthalten, gehen an der Sache vorbei und können einer volkswirtschaftlichen Gesamtschau in den neuen Bundesländern nicht standhalten. Unzulässigerweise werden hier ordnungspolitische Grundsätze, die für die Beurteilung der Entwicklungen in einer etablierten, funktionierenden Marktwirtschaft sinnvoll und richtig erscheinen, auf eine Umbruchszeit übertragen, die ohne historisches Beispiel ist.

Es kann nicht oft genug betont werden, dass es um die sozialverträgliche Umwandlung einer sozialistischen Kommandowirtschaft in Soziale Marktwirtschaft geht. Hierbei handelt es sich um einen Prozess der Umstrukturierung, für den es keine Lehrbücher oder erprobte Rezepte gibt, sodass die reinen Lehren vom freien Markt und die daran anknüpfenden wirtschaftspolitischen Empfehlungen nicht zum Maßstab einer ganzheitlich orientierten Regierungspolitik gemacht werden können.

Es kann nicht das Ziel unserer Wirtschaftspolitik sein, die neuen Bundesländer zu einer verlängerten Werkbank des Westens abzuqualifizieren. „Wir wollen die Brötchen nicht allmorgendlich aus Helmstedt oder Goslar importieren, sondern auch bei uns soll ein florierendes Bäckerhandwerk entstehen. Wir wollen nicht zu Bittstellern der westdeutschen Chemieindustrie werden, [...] sondern wir wollen unsere umweltverträgliche High-Tech-Chemie 2000 im Industriegebiet Halle-Merseburg-Bitterfeld fortentwickeln.“

Die diesen Beispielen zugrunde liegende Philosophie muss Leitlinie unseres Handelns sein. Ansonsten könnte man auch mit Blick auf Gesamtdeutschland sagen: Wir führen unsere Automobile aus Japan oder Korea ein und nehmen von einer eigenständigen Kraftfahrzeugproduktion in Deutschland Abstand.

Den vom gegenwärtigen Strukturwandel betroffenen Industrieunternehmen in den neuen Bundesländern muss eine angemessene Chance zur Anpassung an veränderte wirtschaftliche Rahmenbedingungen gegeben werden. Und diese Chance muss länger dauern als nur 24 Monate. [...]

(N. Münch, in: Handelsblatt vom 14. 1.1993)

Material 52

Eine neue Zauberformel geistert seit einiger Zeit durch die wirtschaftspolitische Diskussion: die Erhaltung industrieller Kerne. Gemeint ist damit, der Staat solle durch gezielte Förderprogramme historisch gewachsene, aber durch Anpassungskrisen gefährdete Industriestandorte in den jungen Bundesländern vor dem Untergang bewahren. Gedacht wird dabei vor allem an langfristige Hilfsaktionen zugunsten regional konzentrierter Industriebranchen wie etwa des Schiffbaus in Mecklenburg-Vorpommern, der Chemie in Sachsen-Anhalt, der Stahlindustrie in Brandenburg oder des Maschinenbaus in Sachsen und Thüringen. [...] Wenn sich für sie trotz der laufenden Sanierungsbemühungen und trotz Aussicht auf einen goldenen Handschlag in der nächsten Zeit keine Interessenten finden, dann spricht eigentlich nichts mehr dafür, dass sie jemals wieder lebensfähig werden. Es kommt dann die Stunde der Wahrheit mit der politischen Frage, ob eine steuerfinanzierte Notsituation in einen Dauerzustand übergehen darf. Nach Förderung von Industriekernen zu rufen heißt letztlich, diese Frage mit einem klaren Ja zu beantworten. Man muss indes kein marktwirtschaftlicher Purist sein, um zu erkennen, dass dieser Weg in eine Sackgasse führt. [...] Alle Erfahrungen mit erfolgreichen Prozessen der wirtschaftlichen Wiederbelebung von traditionellen Industrieregionen lehrt, dass sich der Wiederaufstieg nicht in enger Arbeitsteilung mit dem verbleibenden alten industriellen Kern vollzieht, sondern weitgehend unabhängig von ihm. Schottland zum Beispiel hat heute trotz der dramatischen Schrumpfung seiner alten Stahlindustrie Anfang der Achtzigerjahre eine niedrigere Arbeitslosenquote als der Süden Englands, und zwar vor allem, weil es gelang, ausländische Unternehmen aus modernen und mobilen Industriebranchen in den Norden der britischen Insel zu locken – nicht etwa, weil der Fortbestand eines Restes an altem Industriekern neue Wachstumsimpulse setzte! [...]

Aus finanzpolitischer Sicht wäre eine dauerhafte Förderung von Industriekernen in den neuen Bundesländern kaum tragbar. Kann sich der Staat noch das Alimentieren kleiner, dahinsiechender Randbranchen leisten, so würde die massive Unterstützung einer Reihe großer Industriezweige in Ostdeutschland alle denkbaren fiskalischen Möglichkeiten sprengen. [...]

Aus wettbewerbspolitischer Sicht schließlich wäre eine dauerhafte Subventionierung von Industriekernen eine in Deutschland neue Dimension des Sündenfalls: Im Unterschied zu einer generellen Regionalförderung etwa durch Zulagen oder Sonderabschreibungen für jede Art von Investitionen in den neuen Ländern lässt sich eine branchenspezifische Förderung auch beim besten Willen nicht als Ausgleich allgemeiner Standortnachteile rechtfertigen. Sie ist ganz offensichtlich eine gezielte Wettbewerbsverzerrung zugunsten bestimmter, manchmal sogar namentlich bekannter Anbieter, die der Staat zu vertreten hat. Dies mag für kleine Branchen wie den Bergbau, wo letztlich alle Unternehmen irgendwie am Subventionstropf hängen, noch hingenommen werden. In größeren und ansonsten gesunden Industriezweigen wie etwa der Chemie oder dem Maschinenbau würde es sehr schnell zum Skandal. Bereits heute gibt es zuhauf Klagen von westlichen Firmen und ihren Arbeitnehmern über die hochsubventionierte östliche Konkurrenz.

(Karl-Heinz Paqué, „Faule Kerne", in: DIE WOCHE vom 11.3.1993)

Aufgaben

57. *Vergleichen Sie die kontroversen Standpunkte zur Industriepolitik (M 51, M 52)! Skizzieren Sie den wirtschaftspolitischen Ansatz der Autoren Münch und Paqué (vgl. → 1.4, S. 183 ff.)*
58. *Diskutieren Sie, welche Position Ihnen am Erfolg versprechendsten erscheint!*
59. *Informieren Sie sich über die gegenwärtige Wirtschaftslage in den neuen Bundesländern (Daten zur Produktion, Investitionsfähigkeit, Beschäftigung)!*
60. *Stellen Sie fest, welche strukturpolitischen Maßnahmen zur Förderung des Wachstums und der Beschäftigung angewandt werden!*

2. Ökologischer Umbau der Marktwirtschaft: Ökonomie oder Ökologie?

Baumsterben

Umwelt als Werbeargument
(Der Spiegel, 10/95, S. 146/147)

Wir **wollen etwas ändern**

Auch bei uns wird etwas verändert.

Natürlich ist uns bewusst, dass wir mit unserem Vorhaben auch Kritik ernten werden. Denn als Mineralölkonzern stehen wir häufig im Mittelpunkt der Diskussion, insbesondere wenn es um die Umweltproblematik oder um die Höhe der Kraftstoffpreise geht. Aber sollen wir einen solchen Schritt deshalb unterlassen?

Abgesehen davon sollen Sie wissen, dass auch in unserem eigenen Unternehmen etwas verändert wird. Natürlich werden wir nicht aufhören, Benzin und Öl zu verkaufen. Aber: Wir wollen es so gut wie möglich machen. Deshalb liegt zum Beispiel der Schwerpunkt unserer Forschung in der Entwicklung möglichst umweltverträglicher Produkte und Technologien. Von jeher gehört die Shell hier zu den Vorreitern, sodass wir glauben, gerade auf diesem Gebiet auch in Zukunft wichtige Impulse geben zu können.

Aber nicht nur das: Überall da, wo es etwas zu verbessern gibt, werden wir versuchen, es zu optimieren. Offenheit, Verantwortung und partnerschaftliches Miteinander werden in Zukunft eine noch größere Rolle in unserer Unternehmenskultur spielen.

Shell. Wir kümmern uns um mehr als Autos.

Waldgift: Stickoxide aus Autoverkehr

Betrachtet man gegenwärtige Programme von Parteien oder Werbebroschüren der Industrie, könnte man den Eindruck gewinnen, dass die Frage *„Ökonomie oder Ökologie?“* sich heute so nicht mehr stellt. Die „Ökologische Soziale Marktwirtschaft“, Anfang der Achtzigerjahre von den GRÜNEN in die politische Diskussion gebracht, ist längst zum übergreifenden Konsens geworden. Politik und Wirtschaft beschwören ihr Bemühen *Ökologie und Ökonomie* in Einklang zu bringen. Die Wirtschaftswissenschaft hat die Teildisziplin „Umweltökonomie“ eingerichtet, wobei diese Bezeichnung vorgibt, dass das frühere Gegensatzpaar zu einer Einheit geworden ist. Gestritten wird scheinbar nur noch über den richtigen Weg und die besseren Instrumente.

Wendet man sich von den Titeln, Festtagsreden und Hochglanzbroschüren ab und richtet den Blick auf politische Alltagsprobleme, wird man allerdings schnell ernüchtert feststellen, dass die Formel *„entweder Ökonomie oder Ökologie!“* ihre Relevanz nicht verloren hat. Beim Flughafenausbau, beim Braunkohleabbau, beim Bau neuer Autobahnen oder bei der Diskussion um die Kernenergie beispielsweise scheinen nach wie vor ökologische und ökonomische Interessen und Perspektiven unvereinbar.

Geht man von der ursprünglichen Bedeutung der beiden Begriffe aus, liegen sie nicht weit auseinander: Beide werden vom griechischen Wort „oikos“ (Haus) her gebildet. *Ökonomie* befasst sich mit dem Haushalten angesichts knapper Güter, zu denen heute unumstritten auch die Umweltgüter (Luft, Wasser, Boden) gezählt werden. *Ökologie* im weiteren Sinne untersucht das Verhältnis der Lebewesen zu ihrer Umwelt, wobei der wirtschaftende Mensch hier eine unbestreitbar wichtige Rolle spielt.

Stehen nun Ökonomie und Ökologie in einem unversöhnbaren Gegensatz? Oder handelt es sich um zwei verschiedene Perspektiven mit letztlich gleicher Zielsetzung? Müssen wir (existenzielle) Risiken als Preis für wirtschaftlichen Fortschritt in Kauf nehmen? Oder sollte sich die Ökonomie in den Dienst der Ökologie stellen? Zu diesen Fragen liefern die folgenden Kapitel Beiträge, wobei der Schwerpunkt auf den Bereich „Luftverschmutzung“ gelegt wurde (→ V/5.2 und XI/2). Der Stellenwert der anderen Umweltgüter „Boden“ und „Wasser“ als unverzichtbare Bestandteile eines funktionierendes Ökosystems soll damit allerdings nicht relativiert werden.

Material 1

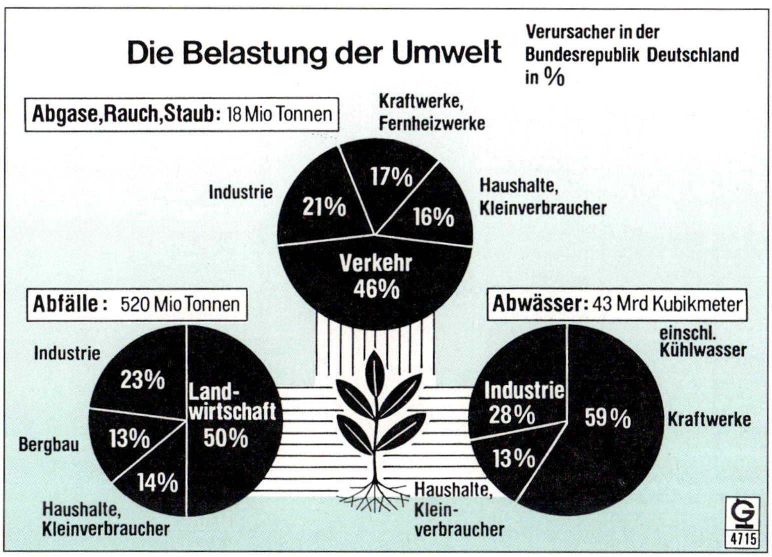

2.1 Luftverschmutzung in der Bundesrepublik Deutschland

Material 2

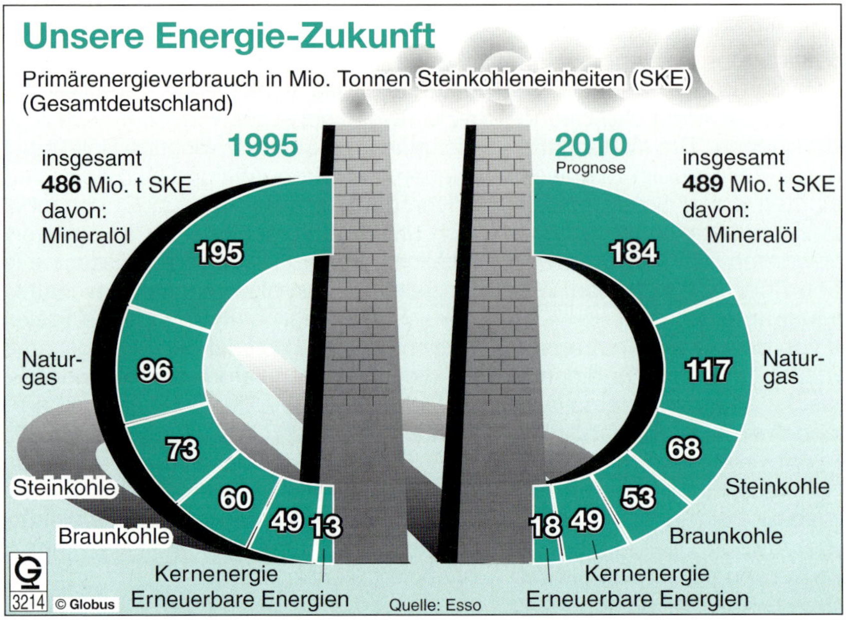

Material 3

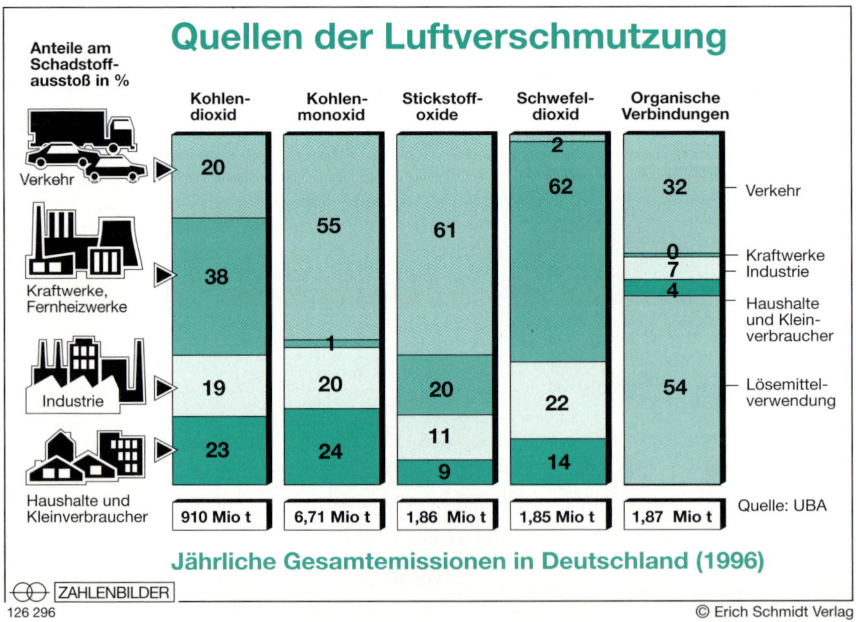

Aufgaben

1. *Unterscheiden Sie zwischen Ursachen und Verursachern der Luftverschmutzung!*
2. *Informieren Sie sich (im Biologie- oder/und Chemieunterricht) über Folgen der Emission der genannten Schadstoffe!*
3. *Erstellen Sie mithilfe von Material 6 und 7 eine Liste der von der Luftverschmutzung Betroffenen!*

2.2 Die Kosten der Luftverschmutzung

Material 4

Kostenrechnung der Industrie

Deutschland ist eine Industrienation mit hoher Wohlfahrt, die kaum über Bodenschätze verfügt und mehr als andere Länder auf den Export heimischer Produkte angewiesen ist. Unternehmerische Investitionen in neue Anlagen, Verfahren und Produkte sind damit entscheidende Voraussetzung sowohl für Beschäftigung und Wohlstand als auch für Fortschritt im Umweltschutz.

Bei den jährlichen Ausgaben für den Umweltschutz nimmt Deutschland mit 1,7 Prozent des Bruttosozialproduktes eine internationale Spitzenstellung ein. Den überwiegenden Teil dieser Last trägt bei uns die Industrie. Sie hat im Westen Deutschlands seit 1971 mehr als 260 Milliarden Mark für die Umwelt ausgegeben, mit einem ständig steigenden jährlichen Aufwand, der 1990 bereits die Grenze von 20 Milliarden überschritt.

Der eigentliche Nachholbedarf liegt beim Verkehr, den privaten Haushalten und der öffentlichen Hand samt den Hinterlassenschaften sozialistischer Staatswirtschaft in der früheren DDR. Die Zahl der propagierten Abgaben und die angestrebten Belastungen – bei denen es häufig nur um das Eintreiben von Geld geht – sind horrend. Allein die von Bonn unterstützte EG-Steuer auf Kohlendioxid-Emissionen und Energie soll für uns zur Jahrtausendwende auf 38 Milliarden Mark steigen, wovon 14 Milliarden auf die Industrie entfielen.

(Prof. Dr. Wolfgang Ritter, Vorsitzender des Steuer-Ausschusses beim Bundesverband der Deutschen Industrie; in: Die Woche v. 4.3.1993, S. 12)

Material 5

Umweltschutzausgaben 1994

(Ausgaben von Staat und Privatwirtschaft)	in % des BIP*	in Mio. Dollar
Dänemark	1,9	1237
Deutschland**	1,7	14424
USA	1,6	80446
Schweden	1,5	1948
Schweiz	1,5	1891
Großbritannien	1,4	8837
Japan	1,3	26035
Niederlande	1,3	2254
Österreich	1,3	1130
Frankreich	1,1	7746

* BIP: Bruttoinlandsprodukt
** alte Bundesländer

(Quelle: Institut der deutschen Wirtschaft, Schätzung; nach: Globus-Kartendienst v. 27.6.1994)

Aus den vorstehenden Materialien ergeben sich folgende Fragen:

- Sind die Ausgaben für den Umweltschutz in der Bundesrepublik unverhältnismäßig hoch?
- Sind die entstehenden finanziellen Belastungen gerecht und ökonomisch vernünftig verteilt?

Um in der Beantwortung dieser Fragen weiterzukommen müsste man zunächst den tatsächlichen *„ökonomischen Wert“* der Umweltbelastung feststellen. Dafür reicht die Ermittlung von Schadstoffmengen, Ursachen und Verursachern nicht aus. Als Erster hat sich der Wirtschaftswissenschaftler Lutz Wicke bei seinen Untersuchungen Mitte der Achtzigerjahre bemüht den ökonomischen „Wert“ von „Umweltverbrauch“ zu messen. In seiner ökologischen Schadensbilanz hat er versucht die jährlichen Kosten, die aus der Umweltzerstörung für die Bundesrepublik (damals ohne DDR) entstehen, zu ermitteln.

▶ Ökologische Schadensbilanz

Material 6

Ökologische Schadensbilanz der Bundesrepublik Deutschland („rechenbare“ Schäden) Mitte der Achtzigerjahre

Schadensposition	Schadenskosten (in Mrd. DM pro Jahr)
Luftverschmutzung (erfragte Schäden)	rund 48,0 Mrd. DM[1]
– Gesundheitsschäden	– über 2,3-5,8
– Materialschäden	– über 2,3
– Tierschäden	– über 0,1
– Schädigung der Freilandvegetation	– über 1,0
– Waldschäden	– über 5,5-8,8
Gewässerverschmutzung	weit über 17,6 Mrd. DM
– Ertragsausfälle der Fischereiwirtschaft	– weit über 0,25
– Kosten der Trink- und Brauchwasserversorgung	
– Verringerter Freizeit- und Erholungswert	– weit über 9,0
– Ästhetikverluste bei den Anwohnern	– über 7,0
– Weitere „rechenbare“ Schäden	– über 1,0
(z.B. Seevogelopfer, Tankerunfälle)	über 0,35
Bodenbelastung	weit über 5,2 Mrd. DM
– Tschernobyl und „Tschernobyl-Vermeidungskosten“	– über 2,4
– Altlastensanierung	– über 1,7
– Kosten der Biotop- und Arterhaltung	– über 1,0
– Sonstige Bodenkontaminationen („Erinnerungsposten“)	weit über 0,1
Lärm	über 32,7 Mrd. DM
– Produktivitätsverluste	– über 3,0
– „Lärmrenten“	– über 0,4
– Wohnwertverluste	– über 29,3
Summe der „rechenbaren“ Schäden	weit über 103,4 Mrd. DM
Gesamtbeurteilung der Schätzung: äußerst vorsichtige Gesamtermittlung aller Umweltschäden	

[1] Bei den einzeln aufgeführten Schadenspositionen fehlen eine Reihe sehr wichtiger Schadenskomponenten, wie z.B. im Bereich Gesundheit die luftverschmutzungsbedingten Herz- und Kreislauferkrankungen. Außerdem sind die allermeisten immateriellen Schäden, wie die Beeinträchtigung des menschlichen Wohlbefindens und die Schadenspositionen „Verminderung des Existenz- und Vermächtniswertes einer intakten Umwelt“, darin nicht enthalten. Auf diese groben Unterschätzungen ist die Diskrepanz zwischen dem Gesamtwert der Einzelpositionen und den 48 Mrd. DM erfragten Schäden zurückzuführen. Auch diese 48 Mrd. DM stellen die absolute Untergrenze des Schadens dar, da die „Zahlungsbereitschaft für bessere Luft“ und nicht die wesentlich höhere „Entschädigungsforderung für schlechtere Luft“ erfragt worden ist.

(aus: Lutz Wicke, Umweltökonomie, München (Franz Vahlen Verlag) 1989, S. 96)

Material 7

Zahlungsbereitschaft für „Ferienluft“

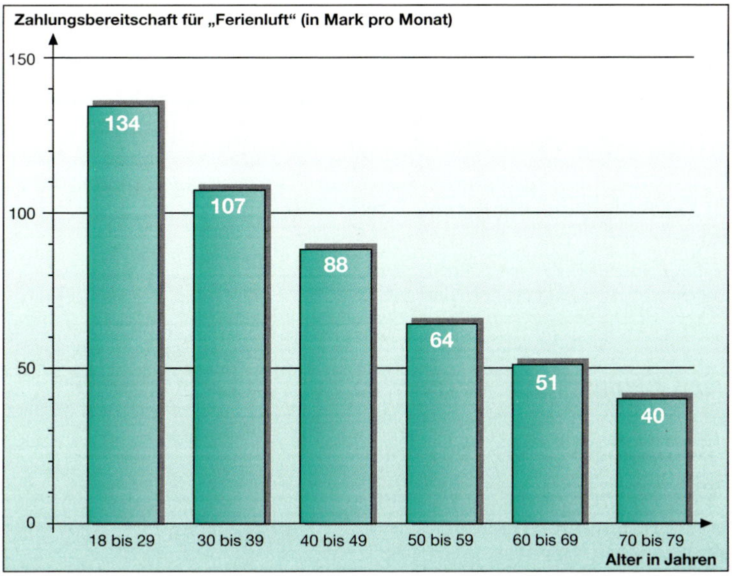

(Quelle: H. Schulz Der monetäre Wert besserer Luft, Frankfurt/Bern und New York 1985, S. 239; nach: Lutz Wicke, a.a.O., S. 73)

Nach den Ermittlungen von Lutz Wicke lagen die „rechenbaren“ Umweltschäden in der Bundesrepublik bei jährlich 104 Mrd. DM. Die einschränkende Formulierung „rechenbar“ verweist schon auf die enormen methodischen Schwierigkeiten einer Quantifizierung ökologischer Schäden.
Das lässt sich am Schadensposten „Atemwegserkrankungen“ beispielhaft verdeutlichen: *Zunächst müssen die Kosten von stationärer und ambulanter Behandlung in diesem Bereich erfasst werden. Darüberhinaus müsste berechnet werden, welchen „Wert“ nicht behandelte Schädigungen ausmachen und welche Folgekosten sich aus den Erkrankungen (z.B. Arbeitsausfälle, Schadenersatzforderungen etc.) ergeben. Nach weiteren Berechnungen müsste schließlich ermittelt werden, welcher Anteil der Atemwegserkrankungen tatsächlich durch Luftverschmutzung verursacht wurde.* Die hier angestellten Überlegungen verdeutlichen nicht nur die Komplexität der Schadensberechnung. Sie zeigen auch, dass über weite Strecken nur eine *Abschätzung* der ökonomischen Kosten möglich ist.
Methodisch angreifbar sind auch die Zahlungsbereitschaftsanalysen (Material 7), die auf eine *subjektive monetäre Bewertung* von Natur- und Lebensqualitätsverlusten aus Sicht der betroffenen Bürger abzielen.
Schließlich muss davon ausgegangen werden, dass die Kenntnisse über ökologische Folgen von Schadensprozessen, über Auswirkungen von Zerstörung auf komplexe Ökosysteme auf lokaler, regionaler und globaler Ebene so lückenhaft sind, dass eine umfassende Bewertung von Schäden kaum möglich ist.
Vieles spricht dafür, dass die tatsächliche Schadensbilanz weit über den von Wicke sehr vorsichtig kalkulierten Zahlen liegt. Neuere Berechnungen des Umwelt- und Prognose-Instituts Heidelberg legten die jährlichen Öko-Kosten auf 475 Mrd. DM fest. Andere jüngere Schadensbilanzen mit modifizierten methodischen Annahmen und Berechnungsverfahren liegen sogar bei bis zu 1000 Mrd. DM im Jahr.
Neben der methodischen Problematik muss in der Beurteilung von Schadensbilanzen auch ihr politischer Stellenwert berücksichtigt werden.

◆ Der wesentliche Stellenwert derartiger umfassender, auf Verdichtung von komplexen Sachverhalten abzielender Berechnungen ist politischer Art. Sie können ein hohes

Maß an Aufmerksamkeit mit Aufforderungscharakter zur raschen und verstärkten Aktion in der Politik und der medialen Öffentlichkeit auf sich ziehen. In einer griffigen Zahl kann jetzt das ganze Ausmaß der Umweltkrise zusammengefasst werden, und das in einer Sprache, die von allen in einer Wirtschafts- und Konsumgesellschaft am besten verstanden wird und die Vergleiche mit der dominierenden Größe in Politik und Öffentlichkeit überhaupt, dem BSP, erlaubt.◆

(Christian Leipert, Die volkswirtschaftlichen Kosten der Umweltbelastung; in: Beilage zum Parlament 10/1991, S. 33)

Material 8

Die ökologische Schuldenfalle

Unter Berufung auf Berechnungen des Fraunhofer-Institutes[1], wonach jährlich in der Bundesrepublik Umweltschäden bis zu einer Summe von 600 Milliarden Mark entstehen, sagte der Abgeordnete Reinhard Bütikofer[2], die Bundesrepublik erkaufe sich „ein bisschen Wachstum durch eine um Zehnerpotenzen größere Schädigung“ der Umwelt. Die Umweltpolitik der letzten Jahre sei der Herausforderung nicht gewachsen gewesen. Sie werde dominiert von einer einseitigen Philosophie des Grenzwerts, die regelmäßig nur frage, was der Umwelt noch an Belastungen zugemutet werden könnte – „und nicht, wie viel vermieden werden kann“. Tatsächlich müsse „durch marktwirtschaftliche Lenkung“ von vornherein das Entstehen von Schäden verhindert werden. Mindestens 500 Mark monatlich Umweltschäden pro Kopf allein in der alten Bundesrepublik ergäben eine wachsende „ökologische Verschuldung“, die „von den Generationen nach uns mit Zins und Zinseszins abzuzahlen“ sein werde. Im Zusammenwirken mit fehlenden ökologischen Innovationen könne sich daraus eine „brutale Schuldenfalle“ entwickeln, aus der es auch wirtschaftlich kein Entrinnen mehr gebe.

1 Fraunhofer-Institut für Systemtechnik und Innovationsforschung (ISI), Karlsruhe

2 Abgeordneter der Grünen im Landtag von Baden-Württemberg

(Peter Henkel, in: Frankfurter Rundschau vom 5.3.1993, S. 1)

Material 9

Mit bestem Dank zurück

„Ich jedenfalls verleih’ nie wieder etwas!“

Aufgaben

4. *Führen Sie in Ihrem Kurs/Ihrer Jahrgangsstufe eine Umfrage zur Zahlungsbereitschaft für „Ferienluft“ durch! Vergleichen Sie Ihre Ergebnisse mit Material 7 und erörtern Sie die methodische Problematik von Zahlungsbereitschaftsanalysen!*
5. *Berechnen Sie das Verhältnis der Ergebnisse!*
6. *Diskutieren Sie den Wert von Schadensbilanzen!*
7. *Erläutern Sie das Problem der „ökologischen Schuldenfalle“!*
8. *Erörtern Sie, inwiefern es ökonomisch notwendig ist, ökologische Sachverhalte zu berücksichtigen!*

2.3 Prinzipien und Instrumente der Umweltpolitik: Was ist umweltpolitisch möglich?

Material 10

MANagement

Krisen-MANagement bei der Waldbegehung

Umweltpolitik muss sich an folgenden **Prinzipien** orientieren:

Verursacherprinzip Der Grundgedanke ist, dass derjenige die Kosten der Vermeidung oder Beseitigung einer Umweltbelastung tragen soll, der für ihre Entstehung verantwortlich ist. Wer schädigt, zahlt dafür. **Kooperationsprinzip** Umweltschutz ist eine gemeinsame Aufgabe, zu der alle Gruppen ihren Beitrag leisten müssen. Dazu bedarf es einer umfassenden Kooperationsbereitschaft zwischen Wirtschaft, Staat und Bürgern. Dieses Prinzip setzt auf eine einvernehmliche Durchsetzung umweltpolitischer Ziele (Einsicht vor Zwang). **Gemeinlastprinzip** Weil die Erhaltung der Umwelt im Interesse aller liegt, soll die Gemeinschaft für die Kosten des Umweltschutzes und der Schädigungen aufkommen. Umweltpolitische Maßnahmen werden aus öffentlichen Mitteln finanziert. **Vorsorgeprinzip** Die Grundannahme dieses Prinzips ist es, dass es in der Regel billiger ist, Umweltschäden von vornherein zu vermeiden, als sie nachträglich wieder zu beseitigen. Die Natur soll so genutzt werden, dass Umweltschäden erst gar nicht entstehen.	**Chancen/Risiken** Verantwortlichkeit für umweltbewusstes Handeln geht verloren. Technologische Innovationen könnten blockiert werden. Anreiz für umwelttechnologische Innovationen. Verantwortungsbewusstsein für umweltgerechtes Handeln wird gefördert. Einzelpersonen (v.a. auch sozial Schwächere) werden kaum überfordert. Internationale Wettbewerbsfähigkeit ist gefährdet. Kosten für Umweltzerstörung können vermieden werden. Langfristige Schädigungskosten könnten vermieden werden. Einzelpersonen (v.a. sozial Schwächere) und Betriebe könnten überfordert werden. Unabsehbare Belastung für öffentliche Haushalte entstehen. Unverbindliche Kompromisse statt notwendige „schmerzhafte“ politische Entscheidungen.

Aufgaben

9. *Ordnen Sie die aufgelisteten Chancen und Risiken den vier Prinzipien der Umweltpolitik zu!*
10. *Verdeutlichen Sie die Prinzipien an konkreten Beispielen (z.B. Müllentsorgung, Luftverschmutzung durch den Straßenverkehr, Umweltverträglichkeitsprüfungen, Absichtserklärungen der Industrie zur freiwilligen Schadstoffreduzierung etc.)!*
11. *Erörtern Sie, welche Prinzipien den nachfolgend beschriebenen Instrumenten der Umweltpolitik zugrunde liegen!*

Material 11

Instrumente der Umweltpolitik

Die politischen Kontroversen um den ökologischen Umbau der Marktwirtschaft drehen sich weniger um die Prinzipien der Umweltpolitik als um die angemessenen umweltpolitischen Instrumente.

Ordnungsrechtliche Normen

- Ge- und Verbote, Auflagen, z.B. nach dem
- Bundesemissionsschutzgesetz, Abfallbeseitigungsgesetz, Wasserhaushaltsgesetz, Bundes-Naturschutzgesetz, Waschmittelgesetz, Chemikalien-, Pflanzenschutz-, Düngemittelgesetz, Benzin-Bleigesetz, Atomgesetz, jeweils nebst Durchführungsverordnungen u.a.m.:
- Umweltverträglichkeitsprüfung und andere Zulassungs- und Genehmigungsverfahren.

Marktwirtschaftliche Instrumente

- Verteuerung der Nutzung von Umweltressourcen in Form von:
- Lenkungsabgaben mit Ermäßigung oder Befreiung, wenn der Schadstoffausstoß vermindert oder ganz vermieden wird;
- Finanzierungsabgaben mit steuerähnlicher Funktion, bestimmt zur Finanzierung eines bestimmten Umweltschutzvorhabens (z.B. Altlastenabgabe für Altlastensanierungsprogramm);
- Öko-Steuern: Verknüpfung der Lenkungs- und Finanzierungsfunktionen (z.B. erhöhte Energiesteuer);
- Umweltlizenzen oder -zertifikate;
- Ausweitung des Umwelthaftungsrechts.

2.4 Auf dem Weg zur ökologischen Marktwirtschaft: Reglementierung oder Markt?

Seit den Achtzigerjahren hat die Kontroverse um die angemessenen Instrumente beim Umbau der Marktwirtschaft begonnen.
Gegner und Kritiker einer marktwirtschaftlichen Ordnung behaupteten damals, diese sei in der Umweltfrage prinzipiell an ihre Grenzen gestoßen. Markt bedeute ungehemmtes Wachstum und profitorientierte Ausbeutung der Natur. Dem müsste durch ordnungsrechtliche Maßnahmen, durch Auflagen und Verbote, entgegengewirkt werden. Manche sprachen sogar von der Unvermeidbarkeit einer „Öko-Diktatur".
Die Befürworter der Marktwirtschaft schließen staatliche Auflagen und Verbote zum Schutz der Umwelt nicht grundsätzlich aus. Sie glauben jedoch, mithilfe des Marktes eher die Umweltproblematik lösen zu können. Dieser Ansicht liegt die Idee zugrunde den Verbrauch und die Belastung von Naturkosten in die Preise eingehen zu lassen um ökonomische Anreize für umweltschonendes Verhalten zu erzeugen:

◆ Die Umweltpolitik schreitet von der Nachsorge zur Vorsorge voran. Das ist heute Konsens. Aber was heißt Vorsorge?
In konventioneller Juristen-Denke heißt Vorsorge das Vordringen der staatlichen Regelung in die Frühstadien der Produktion. Recyclingge-

rechtes Produzieren soll durch detaillierte Verbote und Gebote über die Stoffzusammensetzung erzwungen werden. Und die Schadstoffvermeidung wird durch Kompositionsvorschriften an die Entwicklungslabors erzwungen. Entsprechend komplizierter und zeitraubender werden die Genehmigungsverfahren. Ein Alptraum, finde ich. Und ziemlich unrealistisch. In wie vielen Ländern der Erde sind derartige Vorschriften überhaupt durchsetzbar? Und was hilft es der Umwelt, wenn es ein paar bürokratische grüne Inseln gibt?

Aber haben wir Alternativen? Ja, es gibt sie. Wir müssen dafür sorgen, dass die Preise die ökologische Wahrheit sagen. Das wäre mein umweltpolitisches Ziel für die Neunzigerjahre, – und danach.

Was heißt das? Der Verbrauch von Natur muss etwas kosten. Nicht so sehr dadurch, dass es bürokratisch mühsam ist, an den Naturverbrauch heranzukommen, wie das bei Genehmigungsverfahren der Fall ist. Eher dadurch, dass Landversiegelung, Energie, Rohstoffe, Wasser einen ökologischen Preis bekommen.

Dann hat derjenige den ökonomischen Vorteil, der mit diesen wertvollen Gütern besonders sparsam umgeht. Dann entwickelt sich das rohstoffsparende (und nicht nur das recyclingfreundliche!) Produzieren wie von selbst. Dann wird Altmetall, Glas, Plastik und Altpapier zum realen Wertstoff. Dann kommt das Flächenrecycling endlich in Gang. Und dann macht der Markt auch der Energieverschwendung ein Ende. ◆

(Ernst U. von Weizsäcker, in: Frankfurter Rundschau vom 31.3.1992, S. 6)

Die nachfolgenden Abschnitte stellen die Diskussion um drei unterschiedliche Instrumente der Umweltpolitik zur Bekämpfung der Luftverschmutzung vor:

- Die Großfeuerungsanlagenverordnung und die Technische Anleitung zur Reinhaltung der Luft (TA-Luft) als ordnungsrechtliche Auflage seit Mitte der Achtzigerjahre.
- Die Diskussion um die Ausgestaltung einer „Öko-Steuer" zur marktwirtschaftlichen „Um-Steuerung" seit Anfang der Neunzigerjahre.
- Umweltlizenzen als mögliches staatliches Lenkungsinstrument der Zukunft.

▶ *Auflagen: Wer nicht mitmacht, scheidet aus!*

Die Großfeuerungsanlagenverordnung von 1983 und die Technische Anleitung zur Reinhaltung der Luft (TA-Luft) von 1986 haben die Luftreinhaltung in der Bundesrepublik nachhaltig geprägt.

Die Großfeuerungsanlagenverordnung unterwirft alle mit fossilen Brennstoffen (Kohle, Öl, Gas) befeuerten **Kraftwerke** scharfen Emissionsbegrenzungen. Altanlagen durften nur noch für eine Übergangszeit ohne die erforderlichen technischen Neuerungen betrieben werden. Seitdem hat die Elektrizitätsindustrie in der Bundesrepublik ein aufwendiges Programm zur Emissionsverringerung abgewickelt:

◆ Die Kraftwerke mussten nicht nur mit einfachen Filtern, sondern mit einer kompletten chemischen Fabrik ausgestattet werden. Die Rauchgasentschwefelungsanlage eines 300-MW-Blocks eines Braunkohlekraftwerkes ist mit ungefähr 60 m so hoch wie ein 20-stöckiges Hochhaus. Sie wiegt betriebsbereit etwa 10 000 Tonnen und benötigt die Fläche eines halben Fußballfeldes. Eine solche Anlage filtert bis zu 95 % des Schwefeldioxids aus den Abgasen. ◆

(nach: Informationen zur politischen Bildung, 219, S. 11)

Die TA-Luft verpflichtet **fast die gesamte Industrie** insbesondere Staub-, Schwefeldioxid- und Stickoxidemissionen deutlich zu reduzieren. Von diesem Gesetz waren ca. 50 000 industrielle Anlagen (z.B. Hochöfen, Stahlwerke, Bleihütten, Kokereien, Zementwerke, Chemieanlagen, Mineralölraffinerien) betroffen.

Die Erfolge dieser restriktiven Regelungen können sich sehen lassen:

Der Schadstoffausstoß von Kraftwerken und Industrie wurde zum Teil auf einstellige Prozentwerte reduziert. Nach einer Übergangszeit wurden zahlreiche Altanlagen, deren Modernisierung sich nicht mehr lohnte, stillgelegt. Die Luftverunreinigung konnte wesentlich verringert werden. Die Filteranlagen sind weltweit auf modernstem technologischen Stand. Sie werden inzwischen auch an

Industriebetriebe anderer Industrieländer verkauft. Die Industrie für Umwelttechnologie erhielt Aufträge in Milliardenhöhe.
Trotz dieser unbestreitbaren Erfolge kritisieren Gegner ordnungsrechtlicher Umweltpolitik deren ökonomische Nebenwirkungen. Außerdem verweisen sie darauf, dass die Politik bei der Festlegung von Normen und Grenzwerten auf die Beratung über das technisch Machbare durch Experten der Industrie angewiesen ist.

Material 12

Zimmermanns Rettung des deutschen Waldes

Material 13

Kostengünstiger Umweltschutz

„Reine Umweltschützer" werden sagen: Was kümmert mich, was Umweltschutz kostet; Hauptsache, er wird durchgesetzt und damit die Umwelt verbessert. Aber dies ist ein Trugschluss. Dazu ein Beispiel aus der Mineralölwirtschaft: Die Entschwefelungsanlage einer modernen Raffinerie filtert heute mit zwei Reaktoren etwa 95 % des Schwefeldioxids aus den Abgasen heraus. Will man den Entschwefelungsgrad um 1 % auf 96 % steigern, steigen die Baukosten für einen dritten Reaktor um 20 %. Nun lässt sich mit einer zusätzlich nachgeschalteten Reinigungsanlage die Umweltentlastung noch weiter auf 98,5 % Entschwefelung verbessern. Damit aber verdoppeln sich bereits die Baukosten für die Umweltschutzanlage. Soll die Raffinerie aufgrund staatlicher Anordnung gar einen Reinigungsgrad von 99,5 % erreichen, muss schließlich sogar mit den dreifachen Investitionskosten gerechnet werden. Das heißt: Um bei einer einzelnen Anlage zusätzlich 4,5 % Schwefeldioxid aus den Abgasen herauszuholen, könnte man mit dem gleichen Geld dafür sorgen, drei andere Anlagen überhaupt erst einmal zu 95 % zu entschwefeln und damit im Extremfall insgesamt die 30fache Menge an Schwefeldioxid aus den Abgasen zu entfernen.
Wenn man diesen Kostensachverhalt aber nicht berücksichtigt, tut man nicht nur zu wenig für die Umweltverbesserung, sondern lädt die betroffenen Unternehmen dazu ein, sich auf die „wirtschaftliche Unvertretbarkeit" oder die Unverhältnismäßigkeit einer nachträglichen Anordnung zu berufen, weil Umweltschutz dann wirklich – unnötig – viel teurer ist, als er sein müsste. (Berechtigter) Widerstand oder langwierige Rechtsstreitigkeiten bis zu den höchsten Gerichtsinstanzen wären dann oft das Ergebnis, und das bedeutet zumindest temporäres Nichtstun und keine Entlastung der Umwelt.
Die möglichen Kostenersparnisse durch flexiblere, marktwirtschaftliche Lösungen im Umweltsektor sind gewaltig: Der Rat von Sachverständigen für Umweltfragen hat 1974 errechnet, dass

eine Abwasserabgabe, die zu einer durchschnittlichen Reinigung der kommunalen Abwässer von 75 % führt, um ein Drittel billiger ist als eine Umweltauflage, bei der nach dem Rasenmäherprinzip jeder Kläranlage per Auflage ein 75%iger Reinigungsgrad vorgeschrieben ist. Pro Jahr können bei solchen Anforderungen (sie liegen heute wesentlich höher) eine halbe Milliarde Mark in der Bundesrepublik Deutschland gespart oder wesentlich mehr Kläranlagen gebaut werden. Mit marktwirtschaftlichen Lösungen kann man [...] auch die kostengünstigsten Umweltschutzmaßnahmen anregen. Erst dadurch können viele Umweltschutzmaßnahmen in der (wirtschaftspolitischen) Realität durchgesetzt werden. Außerdem spart die Volkswirtschaft Kosten in Milliardenhöhe oder für die gleichen Mittel kann wesentlich mehr Umweltschutz realisiert bzw. können ggf. dadurch Milliardenschäden (siehe Waldsterben) vermieden werden. Anders ausgedrückt:
Wer mehr Markt im Umweltschutz aus ökologischen Gründen fordert und durchsetzt, realisiert dann auch einen ökonomischeren, d.h. effizienteren Umweltschutz und schafft dadurch gleichzeitig bessere Voraussetzungen für mehr Umweltschutz! Außerdem können durch stärkeren Einsatz von marktorientierten Instrumenten auch die Wachstumsbedingungen der Wirtschaft verbessert und damit die irrige Meinung ausgeräumt werden, dass Wirtschaftswachstum und eine saubere Umwelt sich gegenseitig ausschlössen.

(Lutz Wicke, in: Aus Politik und Zeitgeschichte, B 32 vom 10. August 1985; abgedruckt in: Informationen für politische Bildung, Heft 219 (1988), S. 32)

Aufgaben

12. *Unterscheiden Sie zwischen beabsichtigten umweltpolitischen Wirkungen und ökonomischen Nebenwirkungen der Auflagenpolitik!*
13. *Erläutern Sie das von Lutz Wicke beschriebene „Rasenmäherprinzip“!*

In den USA wurde versucht die Auflagenpolitik durch marktwirtschaftliche Elemente zu flexibilisieren. In die Diskussion ist diese Politik unter der Bezeichnung „Glockenpolitik“ eingegangen:

◆ Als Beispiel soll ein Unternehmen herangezogen werden, das mit zwei Betrieben unterschiedlicher Umweltreinheit produziert: Anlage 1 emittiere jährlich 800 t, Anlage 2 insgesamt 400 t SO2. Durch die Verfügung der Regierung werde die Schadstoffmenge um ein Viertel gesenkt, worauf sich das Gesamtunternehmen einzurichten hat (vgl. Material 14). Welche Politik steht dem Unternehmen offen? Es könnte beide Anlagen um 25 % sauberer machen, was annahmegemäß sehr kostspielig ist, weil die Kosten für die weitere Schadstoffminderung bei Anlage 2 sehr hoch sind. Mit weniger Geld ließe sich dagegen die Neuanlage 1 erheblich sauberer machen.
Die ‚Glocken-Politik‘ löst das Dilemma wie folgt: Beide Betriebe stehen unter einer „ideellen“ Glocke; sie werden also als eine Gesamtheit betrachtet. Der Unternehmer kann entscheiden, wie er die Auflage kostengünstigst erfüllt. Annahmegemäß erledigt er das durch Investition in Anlage 1, wo er nicht nur auf 600 t (von ursprünglich 800 t), sondern mit wenig Geld auf 500 t zurückgeht. In seiner Altanlage 2 macht er gar nichts, sodass diese weiterhin 400 t emittiert. Das Gesamtergebnis liegt mit 900 t genau innerhalb der Auflage 25 % weniger Schadstoffausstoß zu haben. Denn vor der Grenzwertverschärfung hatte das Unternehmen 1200 t Schadstoffe produziert.
Rigoristische Umweltpolitik müsste die Minderung an jeder Quelle fordern; damit erhöhen sich jedoch die Kosten erheblich, weil auch Anlagen betroffen wären, die nur mit großem Aufwand gereinigt werden könnten.
Volkswirtschaftlich ist diese Politik die „teurere“; die Umweltinvestitionen werden von den Unternehmen in den Preisen an die Endverbraucher weitergegeben. Für denselben Umwelteffekt muss dann im Durchschnitt mehr bezahlt werden, als ließe man das Unternehmen selbst entscheiden, wo die größte Gesamtwirkung erzielt werden kann. ◆

(Peter Czada: Wirtschaftspolitik, 1988, S. 123 ff.)

Material 14

Glockenpolitik

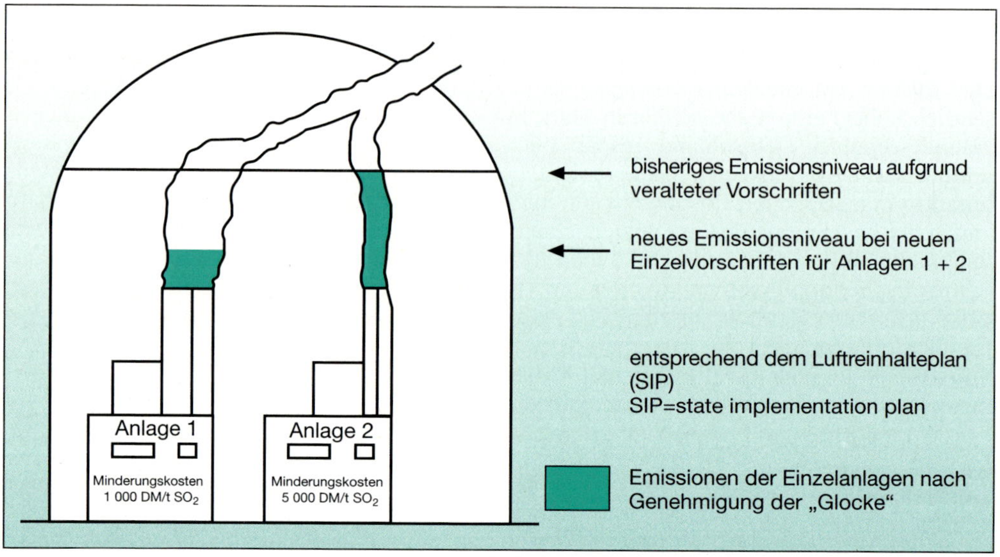

Da Anlage 1 mit den (deutlich) niedrigeren spezifischen Vermeidungskosten die neuen gesetzlichen Anforderungen übertrifft und damit die eigentlich vorgeschriebene Emissionsminderung von Anlage 2 mehr als „übernimmt“, darf Letztere das bisherige Emissionsniveau beibehalten. Aus der Glocke entweichen maximal gleich viel – oder je nach Vorschrift der Glocken-Politik – sogar weniger Tonnen SO (Überkompensation).

(Nach: Environmental Protection Agency. Emission Reduction Banking. Publ. NO BA-115, Washington/D.C. 1980, S. 11. Aus: L. Wicke, Instrumente der Umweltpolitik; in: Wirtschaftswissenschaftliches Studium, Feb. 1984, S. 81)

Aufgaben

14. *Untersuchen Sie, inwiefern die „Glockenpolitik“ geeignet ist die politischen und ökonomischen Defizite der Auflagenpolitik zu beheben!*
15. *Umwelt kennt bekanntlich keine Grenzen. Überlegen Sie, wie mithilfe der „Glockenpolitik“ der Gesamtschadstoffausstoß bundesdeutscher und polnischer Kraftwerke kostengünstig reduziert werden könnte!*

▶ *Die Öko-Steuer: Mit Steuern steuern?*

Umweltsteuern versuchen das Verhalten von Unternehmen und Verbrauchern über den Preis für Umweltgüter zu steuern. Umweltgerechtes Verhalten soll sich lohnen und belohnt werden. „Preislösungen“ sind marktwirtschaftliche Instrumente. Sie schreiben nicht vor, sondern bieten ökonomische Anreize. Über Sinn und Wirksamkeit von Umweltsteuern als umweltpolitisches Lenkungsinstrument herrscht heute ein parteienübergreifender Konsens. Die Kontroverse geht darum, wo die Besteuerung ansetzen soll und wie weit sie in ihrer Wirksamkeit gehen darf.

Material 15

Konzepte der großen Parteien

Anreize für umweltgerechtes Verhalten in Produktion und Konsum können auch durch eine ökologisch geleitete Gestaltung des Steuersystems ausgelöst werden. Dieser Tatsache sind wir bereits in der Vergangenheit durch konkrete Entscheidungen gerecht geworden: bei der Durchsetzung bleifreien Benzins ebenso wie bei der Einführung des geregelten Drei-Wege-Katalysators.
Die Umstellung der Kfz-Steuer auf eine emissionsbezogene Steuer, die neben Stickoxiden (NOx) und Kohlenwasserstoffen (HC) auch Kohlendioxid (CO2) und Russpartikel einbezieht, ist dafür ebenfalls erforderlich [...]
Für Steuern und Abgaben in der Umweltpolitik gilt für uns: Im Vordergrund steht der Anreiz für umweltfreundliches Verhalten, nicht dagegen das Aufkommen. Umweltbezogene Besteuerung darf nicht zum Vehikel einer Erhöhung der Staatsquote werden. Das Steuersystem muss nach möglichen Hindernissen für Umweltentlastungen durchforstet werden (z.B. Gleichstellung von aktiver und passiver Solartechnik).

(Beschluss der CDU zur Umwelt- und Energiepolitik auf dem Bundesparteitag am 11.-13.9.1989.)

Das wichtigste Element unseres Konzeptes ist die Mobilisierung der Kräfte des Marktes für den Umweltschutz durch eine ökologische Orientierung des Steuer- und Abgabensystems.
Im Mittelpunkt steht dabei die Verringerung von Energieumwandlung und eine sichere Energieversorgung ohne Atomkraft. Dies soll über die ökologische Besteuerung des Energieverbrauchs erreicht werden, die nur wirksam ist, wenn sie spürbar ausfällt.
Vorgesehen sind folgende Maßnahmen: In einem ersten Schritt wollen wir die Energiesteuern erhöhen und im Gegenzug die Besteuerung der Arbeitseinkommen verringern; wir wollen Kraftstoffe stärker besteuern, da der Straßenverkehr zum Umweltbelaster Nr. 1 geworden ist; die Kraftfahrzeugsteuer wird abgeschafft und aufkommensneutral auf die Mineralölsteuer umgelegt; für Fernpendler wird durch eine entsprechend gestaltete Entfernungspauschale ein Ausgleich geschaffen; mit einem neuen Energiegesetz wird der rationelle Einsatz von Energie durchgesetzt, erneuerbare Energien gefördert und durch neue Preis- und Tarifstrukturen beim Stromverbrauch Stromsparen und rationelle Stromnutzung begünstigt. Dazu ist ein linearer Stromtarif einzuführen.

(Arbeitsbericht der Gruppe „Fortschritt '90" der SPD vom 27.7.1989)

Material 16

Die neue Kraftfahrzeugsteuer belohnt die Halter von weniger umweltbelastenden Autos. Für besonders schadstoffarme Autos werden ab 1. Juli 1997 weniger Steuern fällig. „Dreckschleudern" werden dagegen teurer. Für die Fahrzeuge, die bereits heute als schadstoffarm anerkannt sind, bleiben die bisherigen Steuersätze bestehen.

Die neue Kfz-Steuer

Steuersatz je angefangene 100 ccm Hubraum in DM

Benziner bisher	Benziner ab 1. Juli 1997		Diesel bisher	Diesel ab 1. Juli 1997
18,80/21,60	41,60	„Stinker" ohne Kat (Erstzulassung vor/ab 1986)	42,70/45,50	65,50
13,20	33,20	„Stinker" mit ungeregeltem Kat	37,10	57,10
13,20	13,20	Euro-1-Norm erfüllt	37,10	37,10
13,20	12,00	Euro-2	37,10	29,00
13,20	10,00	Euro-3 und -4	37,10	27,00

Sonderfahrzeuge (Vans, Offroad): keine Steueränderung
Oldtimer: 375 DM im Jahr

Die Normen Euro-1 bis Euro-4 sind Schadstoffgrenzwerte

© Globus 4024

Material 17

Kritik des VCD

Steuergeschenke für Sprit schluckende Saurier

Als „ökologisch bedenklich“ hat der Verkehrsclub Deutschland (VCD) die Reform der Kfz-Steuer bezeichnet, deren geplante Verabschiedung am Freitag im Bundestag nach Intervention der EU abgesetzt wurde. Zwar sei es sinnvoll, dass die Emission gesundheitsschädlicher Abgase stärker berücksichtigt werde, doch verzichte der Gesetzentwurf auf konsequenten Klimaschutz.

Es sei fatal, dass die Emission des Treibhausgases Kohlendioxid (CO_2) nicht berücksichtigt werde. „Die Reform ist ein Sparpaket für besser Verdienende, wenn ein Sprit schluckender Klimakiller, wie der Porsche 911 Turbo mit 408 PS und 21 Liter Stadtverbrauch ein Steuergeschenk von 1000 DM erhält“, sagte VCD-Experte Gerd Lottsiepen.

Die Kfz-Steuer soll auch in Zukunft nach dem Hubraum und dem Schadstoffausstoß berechnet werden. Altautos ohne Katalysator werden um 20 DM/100 ccm teurer. Im Gegenzug soll die Kfz-Steuer für Pkw, die die Schadstoffgrenzwerte Euro 2 und 3 unterschreiten, auf 10 DM/100 ccm sinken.

Zur Konjunkturbelebung der Autoindustrie erhalten Euro 3-Fahrzeuge ein Steuergeschenk von bis zu 1000 DM bis zum Jahre 2002. So unterschiedliche Pkw wie der sparsame Daihatsu Cuore und der Porsche 911 Turbo unterschreiten Euro 3. Für den Porsche ist die 1000 DM Steuerersparnis bei 3.600 ccm Hubraum schnell eingefahren. Der Daihatsu Cuore (900 ccm Hubraum) kann dagegen nur 540 DM Steuer sparen.

Auch für so genannte „Drei-Liter-Autos“ will die Bundesregierung ein Steuergeschenk von 1000 DM verteilen. Dies bezeichnete Lottsiepen als „Augenwischerei“. Zurzeit sei kein Auto auf dem Markt, das weniger als fünf Liter verbraucht. Nach Ansicht des VCD ist eine Steuerbefreiung nur für solche Pkw sinnvoll, die Euro 3 erreichen und gleichzeitig wenig CO_2 produzieren.

(Verkehrsclub Deutschland e.V./Bundesverband, Pressemitteilung 36/96)

Material 18

Ökologische Steuerreform muss populär werden!

Was sind die Haupteinwände gegen eine ökologische Steuerreform?

1. Einwand: Es gibt einen Zielkonflikt zwischen Ergiebigkeit und Lenkungswirkung von Umweltsteuern.

Für die Finanzwissenschaft sind bislang Steuern kaum vorstellbar, deren Ergiebigkeit nicht nur mit dem Wirtschaftswachstum nicht mitwächst, sondern die sogar absolut über die Jahre abnimmt. Und dieses Letztere ist in der Tat das ökologische Ziel und Erfolgskriterium von Umweltsteuern. Andererseits ist die (von dem Verf., Anm. der Red.) vorgeschlagene Strategie eines über 20-30 Jahre ansteigenden Umweltsteuerpaketes so angelegt, dass in dieser Periode sowohl das Aufkommen laufend steigt als auch eine große Lenkungswirkung entfaltet wird. Also sticht der Einwand wenigstens in dieser Periode nicht. Auch danach lässt sich die Ergiebigkeit, wenn gewünscht, durch geringfügige und – was für Wirtschaft und öffentliche Finanzen gleichermaßen wichtig ist – vorhersagbare Schritte weiter stabilisieren. Im Übrigen sind die von mir genannten Faktoren Energie-, Land-, Wasserverbrauch und Abfall von einer Art, dass sie eben nicht „tendenziell gegen Null gehen“ [...].

Wo es aber zum Zielkonflikt kommt, muss klar gesagt werden, dass Umweltsteuern in erster Linie der Umwelt und nur in zweiter Linie der Finanzierung dienen. Die Erzielung von Einnahmen als „Nebenzweck“ neben einer Lenkungsfunktion ist aber mit dem Grundgesetz und der Abgabenordnung verträglich, wie auch das Bundesverfassungsgericht bestätigt hat.

2. Einwand: Umweltsteuern treffen die Armen mehr als die Reichen.

Es ist richtig, dass die meisten indirekten Steuern – und Umweltsteuern sind indirekte Steuern – die sozial Schwachen relativ stärker treffen. Andererseits trifft die Umweltverschlechterung ebenfalls die sozial Schwachen, die räumlich nicht ausweichen können, besonders hart. Und mit den gemachten Kompensationsvorschlägen lässt sich eine Sozialneutralität der ökologischen Steuerreform durchaus erreichen. Auch die „Reichen“ und die Dienstwagenfahrer bekommen Ökosteuern durchaus zu spüren. [...]

4. Einwand: Eine ökologische Steuerreform bringt unser ganzes Finanzwesen einschließlich der Gemeindefinanzierung durcheinander. Wenn die Umweltsteuern die Gewerbesteuer ersetzen würden, wären viele Gemeinden bald bankrott. Es ist richtig, dass jede Steuerreform, auch eine ökologische, die Stabilität der öffentlichen Haushalte erhalten muss und dabei auf die Verteilung zwischen EG, Bund, Ländern und Gemeinden achten muss. Aber eine Verteilungsneutralität ließe sich als Postulat aufstellen und durchhalten. Das wäre eine gewaltige Arbeit, aber eine lohnende. Im Übrigen würden die Gemeinden langfristig erheblich entlastet, wenn endlich Energie, Stoffströme, Wasser und Landnutzung ökologischer gehandhabt würden und damit weniger Ausputzfunktionen (unter denen die Gemeinden heute leiden) anfallen würden.

5. Einwand: Umweltsteuern sind unpopulär. [...] Die Infas-Umfrage vom August 1989 scheint dagegen zu sprechen. Im Übrigen gibt es in der Geschichte der Demokratie immer wieder Fälle, wo etwas Richtiges anfangs unpopulär ist und erst populär gemacht werden muss.

(Ernst Ulrich von Weizsäcker, Erdpolitik, Darmstadt 1990, S. 168-171)

Aufgaben

16. Vergleichen Sie die Konzepte der großen Parteien zur Besteuerung des Straßenverkehrs unter folgenden Aspekten:
- *Wo setzen die Maßnahmen an?*
- *Welche Verhaltensänderungen werden jeweils beabsichtigt/bewirkt?*
- *Welche Auswirkungen auf die Schadstoffmenge sind zu erwarten?*

17. Führen Sie eine Pro-Contra-Debatte zur ökologischen Steuerreform durch! Setzen Sie sich dabei mithilfe der Argumente von Ernst Ulrich von Weizsäcker mit den Einwänden der Gegner auseinander!

▶ *Umweltlizenzen: Darf/Soll Umwelt vermarktet werden?*

Preislösungen wie Umweltsteuern können dann sinnvoll sein, wenn sie Verhaltensänderungen zugunsten der Umwelt bewirken ohne Betriebe und Verbraucher zu überfordern. Wird die betriebliche Kostenlast zu hoch, könnten notwendige Investitionen ausbleiben, die Mehrkosten könnten auf die Verbraucher abgewälzt werden, dem zunehmenden Preisdruck wären Klein- und Mittelbetriebe weniger gewachsen als große Unternehmen.

Umweltlizenzen oder Umweltzertifikate stellen marktwirtschaftliche Lenkungsinstrumente dar, die solche Risiken zu vermeiden suchen. Sie setzen aber nicht am Preis, sondern an der Menge der verfügbaren Umweltgüter an. Die Anhänger von Umweltlizenzen sehen in dieser „Mengenlösung" das umweltpolitische Instrument der Zukunft.

Umweltlizenzen oder -zertifikate berechtigen ihren Inhaber die Umwelt mit einer bestimmten Schadstoffmenge, die nach den bestehenden Normen noch zulässig ist, zu belasten. Anders ausgedrückt: Die Umweltnutzungsrechte in der gerade noch gesetzlich erlaubten Gesamtmenge werden an die Nutzer, sprich: die Emittenten, in einer bestimmten Region verteilt oder verkauft. Die steuernde Wirkung geht von zwei Variablen aus:

- Umweltlizenzen können innerhalb einer Region auf andere Emittenten übertragen werden. Das Unternehmen A kann also, wenn es ihm gelungen ist, seine Schadstoffe zu reduzieren, seine Anrechte an ein anderes, z.B. neu gegründetes Unternehmen verkaufen; es erzielt dabei einen Preis, der einen Anreiz zum Einsparen von Umweltlasten schafft.
- Je nach technischem Fortschritt (z.B. von Filteranlagen) werden jährlich die Umweltlizenzen von staatlicher Seite „abgewertet" bzw. es werden Umweltlizenzen vom Markt genommen. Dadurch kann nur noch eine z.B. 5 % geringere Menge Schadstoffe emittiert

werden; der Umweltverbrauch sinkt. Wer den technischen Neuerungen nachhinkt, wird unter Druck gesetzt sie zur Schonung der Umwelt zu nutzen. Wer Umstellungsschwierigkeiten hat, kann notfalls – für eine Übergangszeit – von anderen Unternehmen Lizenzen kaufen. Der Verkaufswert ist allerdings durch die Verknappung gestiegen. Der Verkäufer kann Gewinne erzielen.

Material 19

Umweltlizenz

BUNDESUMWELT-LIZENZ

Diese Lizenz berechtigt zur Verbrennung von

zehn Litern bleifreiem Benzin

im Zeitraum
von 01. 01. 2000 – 31. 12. 2000.

Die Lizenz kann verkauft werden. Sie ist nicht personengebunden.

Die Bundesumweltministerin

Material 20

Verschmutzungsrechte schonen die Umwelt

Wenn alle ihre Kühe auf die Allmende treiben, dann ist die Gefahr groß, dass sie überweidet wird. Den Nutzen haben wenige Bauern, den Schaden die ganze Gemeinde. Hans-Jürgen Ewers, Lehrstuhlinhaber an der Universität Münster und Mitglied des Rates für Umweltfragen, macht mithilfe dieses Beispiels auf die Folgen falscher Anreizstrukturen aufmerksam. In einem solchen Fall müsse ein Land seine Institutionen (worunter Ökonomen vieles verstehen, so auch die Änderung des Bodenrechts) anpassen. Man müsse die Ressourcen eigentumsfähig machen, um dieses Internalisierungsproblem zu lösen, folgert er. Sonst laufe man Gefahr, dass Meere überfischt, Regenwälder abgeholzt, zu viele Giftstoffe ausgestoßen werden. Ewers plädiert für die (auf den ersten Blick widersinnige) Ausgabe von Verschmutzungsrechten zum Schutz der Umwelt, so auch auf der Tagung „Welt im Wandel“, zu der kürzlich das Frankfurter Institut – Stiftung Marktwirtschaft und Politik geladen hatte. So könne mit dem Lizenzmodell der Klimagefahr, die in dem steigenden Kohlendioxydausstoß liege, relativ problemlos entgegengewirkt werden, da es keine lokale Begrenzungen gebe, sondern nur auf die globale Gesamtgröße ankomme.
Nach diesem Modell gibt dann eine Klima-Behörde Lizenzen aus, die zum Kohlendioxydausstoß in bestimmter Höhe berechtigen. Dabei kann der Status quo bei der Erstzuteilung berücksichtigt werden. Im Lauf der Zeit berechtigt die Lizenz zu einem immer geringeren Kohlendioxydaustststoß. Diese Lösung hat nach Ansicht vieler Ökonomen einen großen Vorteil gegenüber der expliziten Zuteilung der Verschmutzungsmengen für jeden Produzenten durch eine Behörde: Die Möglichkeit, mit den Lizenzen zu handeln, stellt sicher, dass die Marktkräfte für die effizienteste Umweltnutzung (etwa Kohlendioxydausstoß) sorgen.
Eine andere Möglichkeit ist die Besteuerung von umweltbelastenden Gütern. Doch nach Ansicht von Ewers weist dieses Modell schwer wiegende Nachteile auf:
Zum einen würden denjenigen, die die größte Anpassungslast tragen müssten, die meisten Mittel entzogen. Zum anderen werde die Kompensation für die Industrie „zum Eiertanz“. Man bräuchte eine gigantische Behörde, die den Ausgleich vornehmen müsste, warnt Ewers.

(Blick durch die Wirtschaft, 11.8.95, abgedruckt in Vista 11/12 1995, S. 6)

Eine Politik, bei der mit dem Umweltverbrauch gehandelt wird, stößt häufig auf emotionale Barrieren. „Da handeln doch Kapitalisten mit unserer Umwelt!“, lautet der Haupteinwand. Bei einer Ablehnung der „Vermarktung der Umwelt“ sollte allerdings bedacht werden, dass die Umweltgüter tatsächlich schon heute vermarktet werden – allerdings fast zum Nulltarif. Marktwirtschaftliche Instrumente versuchen immerhin die Umwelt mit einem angemessenerern ökonomischen Wert zu versehen. Außerdem zielen gerade Mengenlösungen auf eine kontinuierliche Verringerung des Umweltverbrauchs ab; sie wollen dem maßlosen Umgang mit den vorhandenen Ressourcen Grenzen setzen.

Aufgaben

18. *Formulieren Sie „Spielregeln" für den Umgang mit Umweltlizenzen! Verteilen Sie in Ihrer Klasse Umweltlizenzen (vgl. Material 19) und verringern Sie schrittweise ihre Anzahl! Beobachten und diskutieren Sie (mögliche) Verhaltensweisen der Mitspieler!*
19. *Überprüfen Sie, inwieweit Mengenlösungen die ökonomischen und bürokratischen Risiken von Preislösungen verringern!*
20. *Diskutieren Sie die Zulässigkeit einer „Vermarktung der Umwelt"!*

Denkanstoß

Die „Allmende-Klemme"

Stellen Sie sich eine Weide vor, die für jedermann zugänglich ist, und mehrere Hirten, die ihr Vieh auf dieser regelmäßig weiden lassen. Weidet nicht zu viel Vieh, so wächst immer genügend Gras nach. Jeder Hirte der Hirtengemeinschaft hat in diesem Falle einen dauerhaften Vorteil, da er sein Vieh auch in Zukunft regelmäßig auf die Weide schicken kann. Nun überlegt sich ein Hirte: „Wenn ich ein oder zwei meiner Schafe noch zusätzlich zu meinen bisherigen auf die Weide treibe, vergrößere ich meinen Gewinn." Er hätte auf jeden Fall kurzfristig seinen individuellen Nutzen, und den eventuellen Schaden durch eine Überweidung und damit Zerstörung der Wiese würden langfristig alle, d.h. also die Gemeinschaft der Hirten tragen. Was ist, wenn viele Hirten so dächten? Es wäre einerseits immer wahrscheinlicher, dass die Weide zugrunde geht. Andererseits wäre derjenige Hirte, der dann nicht zusätzliches Vieh auf die Weide treibt, der Dumme, da er später auf keinen Fall für seine Zurückhaltung belohnt wird, sondern vielmehr den Schaden durch die zerstörte Weide mitzutragen hätte.
Diese Situation, dass der Einzelne hier geradezu verführt wird, auch etwas zur schnelleren Zerstörung des Gemeingutes beizutragen, nennt der amerikanische Biologe Hardin die ‚Tragödie des Gemeinwesens' – in Deutschland wurde daraus der häufig angeführte Begriff der „Allmende-Klemme".
Sicherlich fällt es Ihnen leicht, Beispiele aus Ihrem Alltag zu finden, in denen die Allmende-Klemme in unterschiedlichsten Ausformungen lauert. Immer wieder findet man, wo frei zugängliches, regenerierbares Gemeingut (hier „Allmende" genannt) nicht kontrolliert genutzt wird, einerseits „Schmarotzer", die sich einen individuellen Vorteil auf Kosten der Gemeinschaft verschaffen wollen, und andererseits (vielleicht aggressiv werdendere) Leidtragende.
Die Problematik der „Allmende-Klemme" wurde aber in der Neuzeit immer kritischer, weil die Allmende-Probleme globaler wurden: Im Mittelalter war es vielleicht nur die Weide, heute sind noch Treibhauseffekt und Ozonloch hinzugekommen.
Gibt es Auswege aus der Allmende-Klemme im Kleinen, im Alltäglichen? Gibt es Lösungen im globalen Rahmen? Die Leidtragenden werden wahrscheinlich nach einer Kontrolle der „Allmende" verlangen. Wie soll aber eine solche Kontrolle funktionieren?

(nach: Bertram Scholz: Die Allmende-Klemme. Kooperatives Handeln im Umweltschutz, in: Gegenwartskunde 2/1997, S. 218-221)

Methodische Anregungen:

- *Sie können die „Allmende-Klemme" in einem Rollenspiel handlungsorientiert erleben. Eine Spielanleitung und Materialien für ein solches Spiel finden sich in der Zeitschrift „Politik und Unterricht", Heft 1/1995, herausgegeben von der Landeszentrale für politische Bildung Baden-Württemberg, S. 7 ff. („Das Fischerspiel").*
- *Sie können nach Beispielen für „Allmende-Klemmen" aus Ihrem (Schul-)Alltag suchen, Lösungsansätze erörtern und deren Übertragbarkeit auf die regionalen und globalen ökologischen Herausforderungen diskutieren (→ IV/2.3 und 2.4 sowie XI).*

3. Ausblick: Ende der Wirtschaftspolitik im Zeitalter der Globalisierung?

Die Bekämpfung der Massenarbeitslosigkeit und der ökologische Umbau der Wirtschaft stellen auch in den nächsten Jahren, wenn nicht noch weit darüber hinaus, gewaltige Herausforderungen für die Wirtschaftspolitik dar.
Was wird die Politik leisten können? Kann sie erfolgreich sein?
Der Erfolg der Politik hängt auch davon ab, ob sie auf Wirtschaft wirksam Einfluss nehmen kann. In den vorangegangenen Kapiteln wurden dazu ordnungspolitische und prozesspolitische Instrumente vorgestellt.
Was geschieht aber, wenn sich die Wirtschaft mehr und mehr den Einflussmöglichkeiten nationaler Wirtschaftspolitik entzieht, indem sie sich im Zuge der Öffnung von Grenzen und Märkten verselbstständigt? Das Stichwort heißt „Globalisierung" und meint in unserem Zusammenhang die zunehmende Vernetzung der Weltwirtschaft.
Wird diese „Globalisierung" das Ende der nationalen Wirtschaftspolitik bringen?

Pessimisten befürchten,

- dass die „Globalisierung" zu einer kaum einschätzbaren Dynamik wirtschaftlicher Prozesse führen wird;
- dass im Zuge des harten internationalen Wettbewerbs die soziale Komponente unserer Marktwirtschaft keine Überlebenschance haben wird;
- dass große Unternehmen zunehmend „multinational" ausgebaut werden und sich auf die jeweils günstigsten Standorte verlagern;
- dass sie dadurch an Macht gewinnen die Politik unter Druck zu setzen;
- dass weltweit agierende Konzerne sich kaum mehr ökonomisch und politisch kontrollieren lassen;
- dass die Politik auf Dauer nicht in der Lage sein wird Werte wie Solidarität, Sozialverpflichtung und soziale Gerechtigkeit einzufordern und durchzusetzen;
- dass eine nationale Wirtschaft ohne nennenswerte industrielle Produktion auf Dauer nicht lebensfähig ist;
- dass Massenarbeitslosigkeit und Umweltzerstörung sich durch Abwandern der Unternehmen in Länder mit niedrigstem Lohnniveau und geringsten Umweltauflagen weiter verstärken;
- dass sich eine Harmonisierung des sozialen und ökonomischen Standards auf dem international niedrigsten gemeinsamen Nenner ergeben wird;
- dass sich Arbeitskämpfe verstärken werden und das Modell der „Sozialpartnerschaft" verdrängt wird.

Optimisten hoffen dagegen,

- dass der internationale Wettbewerb die Innovationsfähigkeit unserer Wirtschaft steigern wird;
- dass das hohe Lohnniveau, die sozialen und ökologischen Standards zusätzliche Innovationsanreize bilden;
- dass frühzeitige Strukturveränderungen, z.B. der ökologische Umbau, mittel- und langfristig Wettbewerbsvorteile bringen;
- dass die momentanen Einsparungen im sozialen Bereich lediglich notwendige Korrekturen, keinen grundlegenden Abbau des Sozialstaats bedeuten;
- dass das Modell der Sozialen Marktwirtschaft wie in der Vergangenheit auch in der Zukunft ein „Exportschlager" mit hoher Anziehungskraft bleiben wird;
- dass der soziale Frieden und der hohe Bildungsstandard weiterhin überragende Standortvorteile bleiben;
- dass die Soziale Marktwirtschaft wie in der Vergangenheit in der Lage sein wird trotz Strukturwandel die Zahl der Arbeitsplätze zu erhöhen;
- dass die Politik im Zuge der europäischen Integration „grenzübergreifende" wirtschaftspolitische Einflussmöglichkeiten gewinnen wird;
- dass die Öffnung der Märkte und die europäische Währungsunion Chancen für Wirtschaftswachstum und neue Arbeitsplätze bieten.

Aufgaben

1. *Informieren Sie sich über aktuelle Kontroversen zu den vorliegenden Befürchtungen und Hoffnungen!*
2. *Ein wissenschaftliches Team um Dennis L. Meadows hat 1972 (s. S. 140 ff./S. 493) und 1999 durch Computersimulationen versucht die Chancen für eine „dauerhaft tragbare Entwicklung" (s. S. 517) auf dem Erdball zu ermitteln. Stellen Sie fest, zu welchen abschließenden Erkenntnissen die Forscher jeweils gelangten (Material 21)! Formulieren Sie vor dem Hintergrund der verschiedenen Szenarien Aufgaben von Politik!*

Material 21

Für eine dauerhaft tragbare Entwicklung zu spät

Der Begriff von den „Grenzen des Wachstums" wurde 1972 geprägt. Bis dahin hatte man generell angenommen, das industrielle Wachstum werde weltweit andauern, bis schließlich jedes Land seine Bevölkerung in den Genuss eines hohen Lebensstandards gebracht haben würde. Bei unserem zweijährigen Forschungsprojekt für den Club of Rome entstand das Computermodell „World 3", das die Interaktionen zwischen fast 200 wesentlichen Variablen verfolgt, um Szenarien oder Bilder davon zu schaffen, wie die Welt sich bis Ende 2100 entwickeln könnte. Durch die Arbeit mit diesem Modell gelangten wir zu folgenden Erkenntnissen:

1. Falls die gegenwärtigen Trends in Bezug auf die Weltbevölkerung, die Industrialisierung, die Umweltverschmutzung und die Ausplünderung der natürlichen Rohstoffe unverändert weiterlaufen wie bisher, werden während der nächsten 100 Jahre die Grenzen des Wachstums auf diesem Planeten erreicht sein. Die höchstwahrscheinliche Folge ist ein ziemlich abruptes und unkontrollierbares Absinken sowohl der Bevölkerung als auch der industriellen Kapazität.
2. Es ist möglich, diese Wachstumstrends zu ändern und einen Zustand ökologischer und ökonomischer Stabilität zu erreichen, der sich bis weit in die Zukunft hinein aufrechterhalten lässt.
3. Falls die Menschheit sich entschließt, dieses zweite Ziel anzustreben, sind die Erfolgschancen umso größer, je früher mit den Bemühungen in diese Richtung begonnen wird. [...]

Inzwischen habe ich eine dritte Forschungsphase am World 3 abgeschlossen, um Szenarien zu entwickeln, die im Frühjahr veröffentlicht werden. Auf der Grundlage dieser Arbeiten komme ich zu dem Ergebnis, dass sich angesichts der vorherrschenden politischen, ökonomischen und kulturellen Wertvorstellungen ein Zusammenbruch – ein nicht zu kontrollierendes Absinken der Weltbevölkerung und der industriellen Tätigkeit – nicht mehr vermeiden lässt. Mit anderen Worten: Nach meiner Überzeugung ist es für eine dauerhaft tragbare Entwicklung zu spät [...]

Ich möchte in diesem Aufsatz darauf hinweisen, dass die Vorstellung einer dauerhaft tragbaren Entwicklung heute nicht mehr zu halten ist, jedenfalls nicht in dem Sinne, in dem dieser Begriff gemeinhin verstanden wird. Die heute am weitesten verbreitete Definition wurde in dem Bericht „Our Common Future" der Brundland-Kommission geprägt. Sie charakterisiert das Konzept der dauerhaft tragbaren Entwicklung als den Weg, „um alle Bedürfnisse der Gegenwart zu erfüllen, ohne die Möglichkeiten künftiger Generationen zu beeinträchtigen, die eigenen Bedürfnisse zu befriedigen".

Rein abstrakt stellt diese dauerhaft tragbare Entwicklung ein lockendes Ziel dar. Solange sie aber keine konkreten, sachlich gut begründeten Vorstellungen über die Tragfähigkeit des Erdballs zu Grunde legt, bleibt sie ein hohler Begriff, der keine brauchbare Planungsbasis bietet. Mehr noch: Die in ihr implizit enthaltene Voraussetzung, sie sei in der gegenwärtigen Politik begründet, bedeutet eine Ablenkung von zwei Schlüsselfragen zum Kollaps:

1. Was sind die höchstwahrscheinlich auslösenden Momente für einen Zusammenbruch?
2. Wie weit reichen die wahrscheinlichen demografischen und/oder wirtschaftlichen Niedergangserscheinungen – und wie bald ist mit ihnen zu rechnen?

Erst wenn es hinsichtlich dieser zwei Fragen zu einem Konsens kommt, wird es überhaupt möglich sein, damit zu beginnen, aktuell Maßnahmen zu erwägen und in Angriff zu nehmen, um das Ausmaß und die Folgen des Niedergangs zu mindern und die langfristigen Optionen unserer Spezies zu erkennen.

(Dennis L. Meadows, Der Kaiser ist längst nackt. Für eine dauerhaft tragbare weitere Wirtschaftsentwicklung ist es zu spät, SZ v. 13.11.99)

Politisches System – politische Prozesse

1. Stichwort: Demokratie als Zumutung und Herausforderung – eine Collage

▶ *Zum Umgang mit Collagen (→ XI/2.1)*

Der Einstieg in das Kapitel V erfolgt über eine Collage auf Seite 217-222.

→ In inhaltlicher Hinsicht sollten sich durch diesen Einstieg **Denkanstöße** und Motivation für eine **genauere Analyse der angesprochenen Probleme** ergeben; dabei soll durch die Collage verdeutlicht werden, dass politische Bildung auch auf unterschiedliche Politikbereiche („polity", „policy" und „polities") abzielt (→ I/1., S. 14).

→ Die Collage selbst bietet verschiedene Möglichkeiten zur **methodischen Reflexion;** so ist es z.B. möglich, die Teile der Collage einer **kategorialen Analyse** zu unterwerfen:
- Welche Bedeutung hat „symbolische" Politik?
- Welche Rolle spielt „populistisches" Verhalten?
- Welche „Erwartungen" werden an Politik, an Politiker gestellt?
- Wie ist es um „Möglichkeiten" und „Kompetenz" zur Lösung politischer Aufgaben bestellt?
- Welche „Interessen" sind erkennbar, welche „Konflikte"?
- Welche „Ziele" setzt sich Politik, wie ernst werden diese genommen?
- Welche „Erwartungen", „Defizite", „Wege aus der Krise" sind erkennbar?

→ Da die einzelnen Teile der Collage aus Zeitungen stammen, lässt sich auch ein **medienkritischer Akzent** setzen:
- Wie begegnet uns Politik in den Medien?
- Wie wird das Problem der Auswahl gelöst?
- Welche Themen / Inhalte werden breit und ausführlich behandelt, welche vernachlässigt?

→ Durch die Verknüpfung **(„Vernetzung")** inhaltlicher, methodischer und prozessualer Aspekte des Politischen wird die Collage zu einer Art **Knoten,** der nach einer Vertiefung in den einzelnen Kapiteln des Buches verlangt.

→ Insofern lässt sich aus dieser Collage eine **Gliederung für einzelne Unterrichtseinheiten** erarbeiten.

→ Der problemorientierte Ansatz dieser Collage soll nicht als Beleg für eine verbreitete Politikverdrossenheit missverstanden werden und eine „Verantwortungsverweigerung" (Friedrich Schorlemmer) legitimieren.
Sie soll vielmehr helfen, dass dort, wo **Politik als „Zumutung" empfunden** wird, diese angenommen und **als „Herausforderung" verstanden** wird.

Natürlich kann die Collage auch mithilfe eines üblichen Aufgabenpakets bearbeitet werden:

Aufgaben

1. *Suchen Sie in Zeitungsartikeln nach Belegen für die These von der ‚Machtvergessenheit‘ bzw. ‚Machtversessenheit‘ der Politiker.*
2. *Suchen Sie auch nach Beispielen für ‚symbolische‘ bzw. ‚populistische‘ Politik (→ S. 332 f.).*
3. *Stellen Sie Selbsteinschätzung und Fremdeinschätzung von Politikern einander gegenüber.*
4. *Diskutieren Sie – auch im Rückblick auf Kapitel III – die These Ulrich Becks vom ‚Kapitalismus ohne Arbeit‘ und die Folgen für das politische System.*
5. *Berechnen Sie eine Sitzverteilung (5 %-Klausel beachten!) für den Landtag von Rheinland-Pfalz aufgrund des Wahlergebnisses von 1996, bei der gemäß dem Anteil der Nichtwähler eine entsprechende Anzahl der 101 Parlamentssitze unbesetzt bleibt.*
6. *Diskutieren Sie:*

   a) (Inwieweit) Herrscht Konsens in Politik und Gesellschaft über die von Erhard Eppler formulierten längerfristigen Ziele („Projekte“) von Politik?

   b) Erkennen Sie Fortschritte bei der Realisierung dieser Ziele?

Material 1

Landtagswahlergebnis Rheinland-Pfalz vom 24.03.1996
... und das „etwas andere“ Wahlergebnis

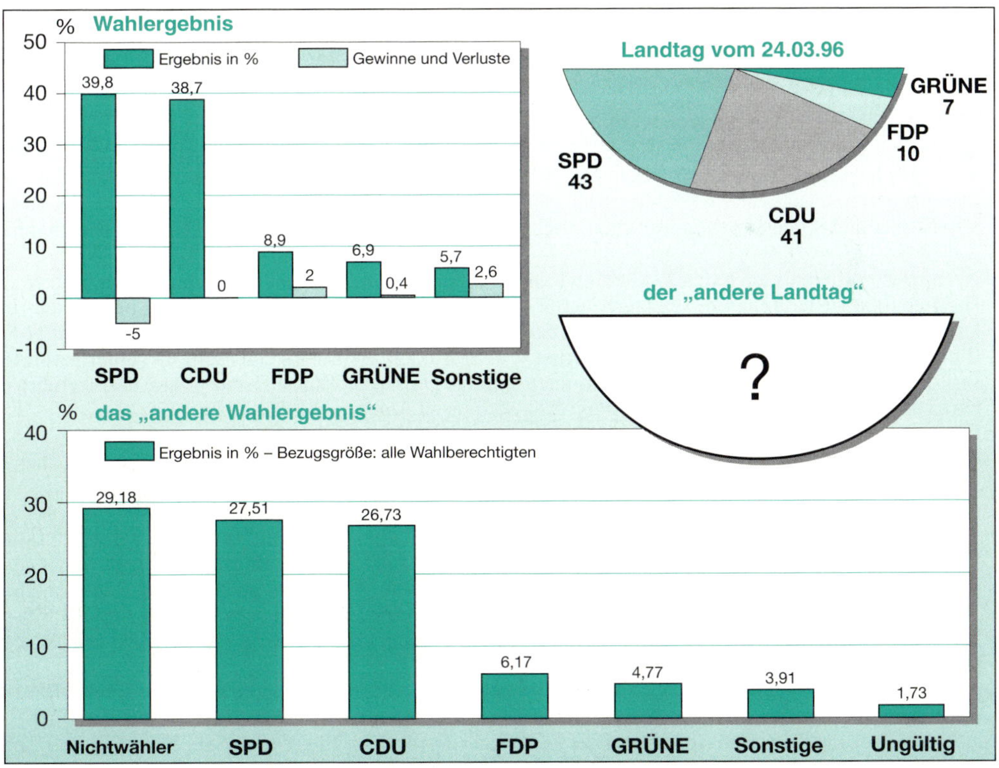

Material 2 Die CDU-Spendenaffäre im Überblick

Das Kohl-Geld: Bis zu zwei Millionen Mark will Helmut Kohl in den letzten Jahren von Spendern erhalten haben, deren Namen er nicht nennen möchte.
Der Hessen-Schatz: Von der Frankfurter Metallbank wurden 1983 etwa 20,8 Millionen Mark auf drei Konten der Schweizerischen Bankgesellschaft verschoben. Nach Lesart der Hessen handelt es sich um legale Parteigelder.
Millionen in der Schweiz: Seit Anfang der Sechzigerjahre hatte die Bundes-CDU Geheimkonten bei der Schweizerischen Bankgesellschaft in Zürich. Bis Ende der Siebzigerjahre wurden über Konten des Geldhauses Millionen der SV abgewickelt. Das Geld floss dann weiter nach Luxemburg und wurde mitunter bar über die Grenze geschafft.
Die 100.000-Mark-Spende: Im Jahre 1994 hat der Waffenhändler Karlheinz Schreiber dem CDU-Fraktionschef Wolfgang Schäuble eine Spende über hunderttausend Mark zukommen lassen. Es gibt widersprüchliche Versionen darüber, welche Wege das Geld nahm.
Die Schreiber-Million: Der Waffenhändler Karlheinz Schreiber überreichte im August 1991 dem CDU-Steuerberater Horst Weyrauch einen Betrag über eine Million Mark. Bei dem Treffen in der Schweiz war auch der damalige Schatzmeister Walther Leisler Kiep anwesend. Das Geld wurde zwischen Weyrauch und Lüthje geteilt, darüber hinaus wurden 300.000 Mark für Prozesskosten Kieps verwendet.
Die Fraktionskasse: Ende 1996 wurde ein so genanntes Alt-Konto der Bundestagsfraktion in Höhe von 1,146 Millionen Mark aufgelöst. Das Geld wurde in bar übergeben, tauchte jedoch in keinem Rechenschaftsbericht auf. (nach einem Bericht der SZ vom 11.2.00)

Material 3

(DIE ZEIT, 17.2.00)

Material 5

Die Parteien: „machtversessen – machtvergessen"?

(→ S. 280, M 8)

Material 4 Die Medien – eine vierte Gewalt?!

Vielleicht haben wir nicht genug nachgefragt. [...] Im Grunde sagt damit Wolfgang Schäuble, dass seine Partei den Herrschaftsstil von Helmut Kohl billigte und dass manche zwar etwas ahnten von der Kassenpraxis, aber nichts Genaus wissen wollten. Vielleicht haben auch wir Journalisten nicht genug nachgefragt? [...]
Irgendwann schien es auch den Medien nicht mehr opportun, an dem großen Monument zu kratzen. [...] Die Republik steuerte in den Neunzigerjahren einen europäischen Kurs. Der soziale Grundkonsens blieb leidlich gewahrt. [Da...] erschien es nörgelig, an das zu erinnern, was verschüttet wurde: eine lebendige Konfliktdemokratie, in welcher politische Alternativen verhandelt, Selbstverständigungsdebatten geführt und Institutionen wie das Parlament ernst genommen werden. Die Endlos-Kanzlerschaft hatte dazu geführt, dass einzig Erfolg und Misserfolg als Kriterien verblieben, nach denen man Politik bemaß. [...]
Die Affäre hat ohne jeden Zweifel ihre reale und gewaltige Dimension, ein Sprengsatz für die CDU, das Parteiensystem und nicht zuletzt für die Köpfe. Und doch spielt sie sich auch auf einer virtuellen Ebene ab. Das ist das Event, auf das wir warten. [...] Zwischen 4,8 und 5,8 Millionen Zuschauer schalten den *Brennpunkt* an, wenn es um Kohls oder Schäubles Wahrheiten geht. Es gibt eine wirkliche Affäre. Und eine wirkliche Konkurrenz auf dem Medienmarkt gibt es auch. [...] Eine „Hetzjagd"? Nicht im politischen Sinne. Ebenso wenig werden Menschenrechte verletzt, wie Kohl dräut. [...]: „es geht Ihnen doch gar nicht um die Wahrheit, [...] ". Doch, es geht um die Wahrheit, aber nicht nur. Sie wollen auch einfach Bilder und Stoff. 100 000 Mark, [...] habe der Spiegel der Witwe des Piloten bezahlt, die über sozialdemokratische Fluggäste aus Düsseldorf plaudert. Falls die Informantin noch Brisanteres biete, wolle ihr das Magazin eine weit höhere Summe zahlen, [...]. Das hat Gründe [...] Wenn der *Spiegel* es fertig brächte, erstmals einen Bundespräsidenten aus dem Amt zu hebeln – wäre das nicht die ganz eigene Story, die sogar die Kohl-Affäre ausstechen würde?
„Den Fisch ertränken" nennt Ruprecht Eser (ZDF) das. Die schiere Fülle, in der die Medien die Affäre abhandeln, relativiert ihre Dimension. Im Overkill steckt eine Gefahr. (DIE ZEIT, 10.2.00)

Material 6

Der Bauch des Volkes

[...] Der Populismus ist vielmehr eine Herrschaftstechnik, mittels deren sich Politiker im scharfen demokratischen Konkurrenzkampf gegen andere Politiker zu behaupten versuchen.
Populistische Politiker schauen dem Volk aufs Maul, sagt man. Aber weil das Maul dem Kopf ja noch recht nahe ist, legen sie lieber das Ohr an seinen Bauch. Karriere machen sie, indem sie dessen Geräuschen Worte verleihen und öffentliche Resonanz.
Die Politik wird in diesen Zeiten zu einem eigentümlichen Vexierspiel. Die Politiker tun zwar noch immer so, als lösten sie ununterbrochen große Probleme, obwohl alle Insider wissen, dass die korporative Verflechtung der Gruppeninteressen, die Zwänge eines globalen Kapitalismus und die Entscheidungsvorgaben suprastaatlicher Agenturen kaum noch irgendeinen Bewegungsspielraum gewähren.
Aber hinter ihrer demonstrativen Geschäftigkeit steht vor allem der blanke Zwang, jene vagabundierenden Motive wieder einzufangen, jenen Treibsand auf die Waagschale der eigenen Partei zu leiten, damit sich diese am Sonntag der Wahl zu ihren Gunsten neigt.
[...]
Jedem verantwortlichen Aktivbürger, der sich öffentlich äußert, und erst recht jedem verantwortlichen Politiker, der für eine Sache um öffentliche Aufmerksamkeit wirbt, wären drei Dinge zuzumuten: erstens, dass er alle in zumutbarer Zeit beschaffbaren Informationen in der strittigen Sache zur Kenntnis nimmt. Zweitens, dass er entgegenstehende Motive und Argumente im Lichte unparteiischer Prinzipien prüft und die Folgewirkungen seines Vorschlags auf alle Betroffenen kalkuliert. Und drittens, dass seine öffentlichen Äußerungen nicht kurzfristiger Opportunität entspringen, sondern an Prinzipien orientiert sind, zu denen er sich auch noch morgen bekennen kann.
In der Kampagne gegen die Aussiedler wurden alle drei Prinzipien verletzt. [...] [Man] hätte wissen können (oder wusste es gar), dass die Aussiedler wegen ihres niedrigen Durchschnittsalters keineswegs unsere Rentenkasse belasten, dass selbst die älteren unter ihnen nur zum Teil einen Rentenanspruch haben und überdies ihre Beschäftigungsquote überdurchschnittlich hoch ist.
Und weiterhin hätte [...] [man] reflektieren müssen, dass die vordringliche Konsequenz einer Kritik am ethnischen Fremdenrecht der Deutschen nicht die Ausbürgerung der Aussiedler, sondern die Einbürgerung der hier seit langem lebenden Ausländer sein müsste.
Und schließlich hätte [...] [man] prüfen müssen, ob [...] [man] langfristig in einer politischen Kultur leben will, in der eine von Ressentiments diktierte Verdrängungskonkurrenz von Minderheiten zur Normalität wird.
[...]

(Helmut Dubiel, in: Der SPIEGEL Nr. 18/1996, S. 89 f.)

Material 7

Aufgerufen zur Abstimmung

Material 8

„Ich bin mein Geld wert"

Arbeitsminister Norbert Blüm (CDU) über Kritik an Parteien und Politikern

[...] Bei uns gehört die allgemeine Politikerbeschimpfung inzwischen zum amüsanten Zeitvertreib. Und selbst wenn auf einer Party die Stimmung in Langeweile zu kippen droht, reden über Politiker hält wach und gibt dem Small talk wieder Stoff für schöne sektglasbewaffnete Süffisanz.

Warum auch nicht? Schließlich hat die Demokratie auch einen unbestreitbaren Unterhaltungswert. Attacke, Konfrontation, Konflikt gehören zum demokratischen Geschäft. Macht wird mit der Zustimmung der Wähler gewonnen und nicht von Gottes Gnaden verliehen – Gott sei Dank!

Ich bin eines von den Objekten der allgemeinen Volksbelustigung: ein Politiker. Ich beschwere mich nicht. Meinen Job habe ich mir selber ausgesucht. Aber ich entschuldige mich auch nicht, Politiker, gar Berufspolitiker zu sein. Mit Demutsgesten kann ich nicht dienen.

Ich bin mein Geld wert. Ich würde es auch für weniger machen. Aber warum denn? So nützlich wie jeder Sparkassendirektor und ein mittelmäßiger Bundesligafußballspieler bin ich auch. Meine Normalschicht endet in der Regel mit der üblichen Spätschicht, und viel später als die Frühschicht beginne ich auch nicht. Meine 35-Stunden-Woche erreiche ich gewöhnlich zwischen Dienstag und Mittwoch. Ich schätze die 35-Stunden-Woche so sehr, dass ich bequem zwei von der Sorte in einer Woche unterbringe.

Warum soll ich dem Gemüsemann dankbar sein, dass ich mit meinem Geld meinen Salat bei ihm kaufe? Er erhält sein Geld vom Kunden, ich vom Steuerzahler. Der ist mein Kunde, und wenn unseren Kunden die Ware nicht mehr gefällt, verliert der Gemüsemann sein Geschäft und ich mein Amt.

[...]

Ich gehöre sogar einer Partei an. Gott sei bei uns. Denn immer, wenn es schwierig wird, erfasst die deutsche Seele eine waberige Sehnsucht nach parteiloser Neutralität. Aber es gibt ihn leider nicht, den parteilosen Standpunkt. Wir sind immer an einen Standort gebunden und sehen alles durch eine Perspektive beschränkt. Wir sind deshalb immer allein oder im Haufen Partei.

Parteien bündeln die Meinungsvielfalt, ermöglichen den Wettbewerb der Alternativen, sind lebenswichtig für die Demokratie. Und diese Parteien sind nun zum Brennpunkt der Politikerverachtung geworden. Sicher, sie sind zu fett geworden, nehmen sich zu wichtig, haben sich eingeigelt. Aber so schlimm, wie sie gemacht werden, sind sie auch wieder nicht.

Unsere Bundesrepublik wäre ohne Parteien nicht zu dem geworden, was sie ist – ein freiheitlicher und sozialer Rechtsstaat. Sie ist die beste Republik, die wir in unserer nicht immer glücklichen Geschichte auf die Beine gebracht haben. Und diese Bundesrepublik haben die viel gescholtenen etablierten Parteien mitgeschaffen.

(Der SPIEGEL Nr. 26/1992, S. 20)

Material 9

Zerstörung vor Vollendung?

Material 10

Erbarmen mit den Politikern – Eine Handreichung

[...] Es ist deshalb an der Zeit, vom Elend der Politiker zu sprechen, statt sie zu beschimpfen. Dieses Elend ist existenzieller Natur. Um es mit einem gewissen Pathos auszudrücken: Der Eintritt in die Politik ist der Abschied vom Leben, der Kuss des Todes.

Das Erste, was am Dasein dieser Gezeichneten auffällt, ist die unerhörte Langeweile, der sie sich aussetzen. Politik als Beruf ist das Reich des Immergleichen, der erbarmungslosen Wiederholung. Wer jemals das Unglück gehabt hat, an einer Sitzung teilzunehmen, der kennt die Lähmung, die selbst den Gutwilligsten ergreift, wenn er gezwungen ist, den umständlichen, jeder Überraschung baren Ausführungen, Einlassungen, Erörterungen und Bedenken zuzuhören, die bei solchen Anlässen vorgebracht werden. Nun besteht aber die Haupttätigkeit eines Politikers zweifellos darin, dass er an Sitzungen teilnimmt. Alles sitzt. Gremien sitzen, Fraktionen sitzen, Ausschüsse, Unterausschüsse, Räte, Kuratorien, Präsidien, Vorstände, Städte, Kreis-, Land- und Wirtschaftstage, Verbände, Kammern, Kommissionen, Gesprächsrunden, Diskussionsrunden, Elefantenrunden. Ein Berufspolitiker bringt mithin Jahre, möglicherweise sogar Jahrzehnte seines Lebens mit Sitzungen zu. Die Folgen können nicht ausbleiben.

Zweitens. Es genügt, einen Blick in das Büro oder auch nur in das Schließfach eines Abgeordneten zu werfen, um zu ermessen, womit er den größten Teil seiner verbleibenden Zeit beschäftigt ist: mit der Lektüre einer nie versiegenden Flut von „Unterlagen“, Akten, Rundschreiben, Eingaben, Vorlagen, Anträgen, Gutachten, Schriftsätzen, Anfragen, Entschließungen, Richtlinien, Bulletins, Dossiers, Resolutionen, Protokollen, Umfrageergebnissen, Haushaltsplänen, Grundsatzprogrammen, Untersuchungsberichten, Gesetzentwürfen, Positionspapieren... Nur wer mit der entsetzlichen Prosa vertraut ist, in der solche Schriftstücke abgefasst sind, weiß, was das bedeutet. [...]

Drittens. Nicht nur entgeht dem Politiker vieles, er darf auch nichts äußern: Es ist ihm allenfalls im engsten Kreis erlaubt, mitzuteilen, was er denkt, wenn er denkt. Andererseits darf er auch nicht schweigen. Vielmehr verlangt man von ihm, dass er fortwährend redet. Das Nichtssagende dieser Reden ist unter solchen Umständen kein Mangel, sondern ein Vorzug. [...]

Viertens. Die permanente Werbung für die eigene Person ist vielleicht die peinlichste Zumutung, der ein Mensch sich aussetzen kann. Es gehört zu den Berufspflichten des Politikers, sich die albernsten Kopfbedeckungen, vom Tirolerhütchen bis zum Indianerschmuck, aufzusetzen, Säuglinge und Elefanten zu tätscheln, Bierfässer anzuzapfen, an den ödesten Karnevalssitzungen und den widerwärtigsten Talk-Shows teilzunehmen. Keine Putzfrau ließe sich auf diese Weise erniedrigen. Stoische Selbstverleugnung, zwanghaftes Grinsen und plumpe Anbiederung gehören zum selbstverständlichen Pensum eines Wahlkämpfers. [...]

(Hans Magnus Enzensberger, in: zickzack, Suhrkamp 1997)

Material 11

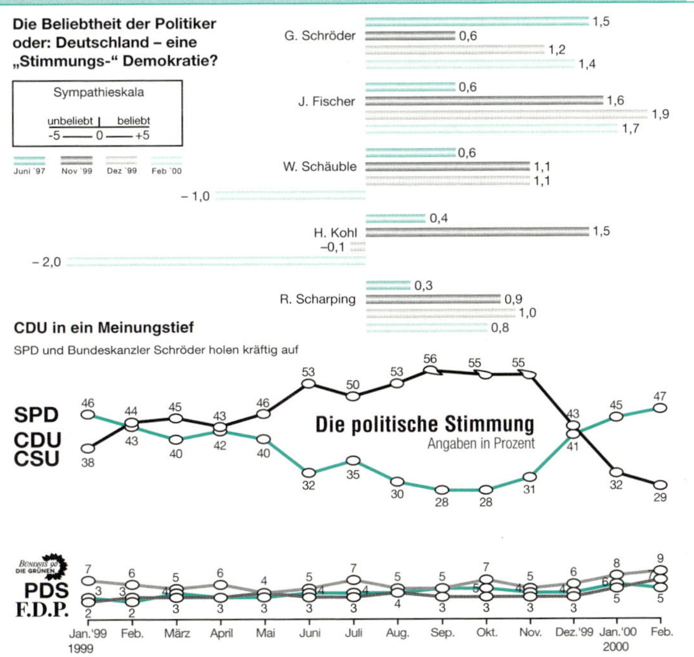

(nach: Süddeutsche Zeitung, 21.06.1997 und 11.12.1999, ergänzt um Angaben für Feb. 2000; Das Parlament, Nr. 9 v. 25.02.2000)

Material 12

„Berliner Rede“ von Bundespräsident Roman Herzog

Es ist ja nicht so, als ob wir nicht wüssten, dass wir Wirtschaft und Gesellschaft dringend modernisieren müssen [...] Ich behaupte: Wir haben kein Erkenntnisproblem, sondern ein Umsetzungsproblem [...] Dabei leisten wir uns auch noch den Luxus, so zu tun, als hätten wir zur Erneuerung beliebig viel Zeit: Ob Steuern, Renten, Gesundheit, Bildung, selbst Medien, denen billige Schlagzeilen oft wichtiger sind als saubere Information, die Fachleute, die sich oft zu gut dafür sind, in klaren Sätzen zu sagen, „was Sache ist“.

Statt dessen gefallen wir uns in Angstszenarien. Kaum eine neue Entdeckung, bei der nicht zuerst nach den Risiken und Gefahren, keineswegs aber nach den Chancen gefragt wird. Kaum eine Anstrengung zur Reform, die nicht sofort als „Anschlag auf den Sozialstaat“ unter Verdacht gerät [...] Solche Debatten führen nicht mehr zu Entscheidungen, sondern sie münden in Rituale, die immer wieder nach dem gleichen Muster ablaufen, nach einer Art Siebenstufen-Programm:

1. Am Anfang steht ein Vorschlag, der irgendeiner Interessengruppe Opfer abverlangen würde.
2. Die Medien melden eine Welle „kollektiver Empörung“.
3. Spätestens jetzt springen die politischen Parteien auf das Thema auf, die einen dafür, die anderen dagegen.
4. Die nächste Phase produziert ein Wirrwarr von Alternativvorschlägen und Aktionismen aller Art, bis hin zu Massendemonstrationen, Unterschriftensammlungen und zweifelhaften Blitzumfragen.
5. Es folgt allgemeine Unübersichtlichkeit, die Bürger werden verunsichert.
6. Nunmehr erschallen von allen Seiten Appelle zur „Besonnenheit“.
7. Am Ende steht meist die Vertagung des Problems. Der Status quo setzt sich durch. Alle warten auf das nächste Thema [...]

Wir streiten uns um die unwichtigen Dinge, um den wichtigen nicht ins Auge sehen zu müssen. Wissenschaftliche und politische Scheingefechte werden so lange geführt, bis der Bürger restlos verwirrt ist [...]

Ich vermisse bei unseren Eliten in Politik, Wirtschaft, Medien und gesellschaftlichen Gruppen die Fähigkeit und den Willen, das als richtig Erkannte auch durchzustehen [...]

(zitiert nach: Welt am Sonntag, 24.04.1997)

Material 13a

„Kapitalismus ohne Arbeit“

(→ S. 180 ff., M 40)

Material 13b

(Es gibt die) Überzeugung, „dass die Menschen nicht nur durch Gesetze, sondern aus Einsicht das ihrem eigenen Wohle Dienende zu tun bereit sind“. (Ludwig Erhard, „Vater des Wirtschaftswunders“)
Das wäre doch ein Motto für ein – richtig verstandenes – Bündnis für Arbeit. (Ein Denkanstoß)

Material 14

„Beanstandung? Wieso?“

Material 15

Erhard Eppler: „2 Projekte“ für die Zukunft:

1. Wie soll der Sozialstaat in den nächsten 20 Jahren aussehen, wo wir nicht nur in einem Europa mit gemeinsamer Währung arbeiten werden, sondern in einer globalisierten Weltwirtschaft?
2. Wie kann man den [...] ökologischen Umbau optimal mit der Schaffung von Arbeitsplätzen verbinden?

(Der Spiegel Nr. 49/1996, S. 14)

2. Parteien und demokratische Willensbildung

2.1 Grundinformation: Politische Parteien

▶ *Verfassungsrechtliche Stellung und politische Funktion der Parteien*

Politische Parteien sind die wichtigsten Organisationen für die politische Integration des Volkes in einer demokratisch verfassten Gesellschaft; dem trägt unsere Verfassung Rechnung. *Das Grundgesetz versteht die politischen Parteien* als aus dem gesellschaftlichen Bereich hervorgehende Vereinigungen, die in besonderer Weise am politischen Prozess mitwirken, jedoch kein Monopol haben den Willensbildungsprozess des Volkes zu bestimmen (Art. 21 GG). Diese **Mitwirkungsfunktion der politischen Parteien** lässt sich in verschiedene Teilfunktionen aufgliedern:

- *Personalrekrutierung:* Parteien wählen Personen aus und präsentieren sie bei Wahlen zur Besetzung politischer Ämter.
- *Interessenartikulation:* Parteien formulieren öffentlich Erwartungen und Forderungen gesellschaftlicher Gruppen und Kräfte an das politische System.
- *Programmfunktion:* Parteien integrieren unterschiedliche Interessen in eine Gesamtvorstellung von Politik, in ein politisches Programm, für das sie um Zustimmung und um Mehrheit werben.
- *Partizipationsfunktion:* Parteien stellen eine Verbindung her zwischen Bürgern und politischem System; sie ermöglichen politische Beteiligung von Einzelnen und Gruppen mit Aussicht auf Erfolg.
- *Legitimationsfunktion:* Indem Parteien die Verbindung herstellen zwischen Bürgern, gesellschaftlichen Gruppen und dem politischen System, tragen sie zur Verankerung der politischen Ordnung im Bewusstsein der Bürger und bei den gesellschaftlichen Kräften bei.

Aus dem Charakter der Parteien **nach Art. 21 GG** ergeben sich

Rechte	*und*	**Pflichten**
Gründungsfreiheit	↔	Innerparteiliche Demokratie (→ S. 225 ff.)
Betätigungsfreiheit	↔	Rechenschaftspflicht über die Herkunft der Mittel (→ 228 ff.)
Mehrparteienprinzip	↔	Verfassungskonformität (s. S. → S. 225)

Material 1

Aus zwei Entscheidungen des Bundesverfassungsgerichtes

In der Demokratie von heute haben die Parteien allein die Möglichkeit, die Wähler zu politisch aktionsfähigen Gruppen zusammenzuschließen. Sie erscheinen als das Sprachrohr, dessen sich das mündig gewordene Volk bedient, um sich artikuliert äußern und politische Entscheidungen fällen zu können. [...] Heute ist jede Demokratie zwangsläufig ein Parteienstaat, da eine Verfassung, „welche alle Inhaber oberster Gesetzgebungs- und Regierungsgewalt aus Wahlen des Volkes oder Wahlen oder sonstigen Bestimmungsbefugnissen volksgewählter Staatsorgane hervorgehen lässt, nicht zum Leben erweckt und nicht am Leben erhalten werden kann, wenn sich nicht frei aus der Gesellschaft irgendwelche Gruppen bilden, die ihre Häupter als Bewerber um die verschiedenen Wahlämter (Parlamentsmitglieder, Präsidenten, Minister u. dgl.) präsentieren“. [...] (BVerfGE 1, 223 f.)
Die Parteien wirken an der politischen Willensbildung des Volkes mit. Sie haben aber kein Monopol, die Willensbildung des Volkes zu beeinflussen. Neben ihnen wirken auch die einzelnen Bürger und vor allem Verbände, Gruppen und Vereine auf den Prozess der Meinungs- und Willensbildung ein. (BVerfGE 20, 114)

Aufgaben

1. *Erklären und belegen Sie die einleitend gemachten Aussagen über verfassungsrechtliche Stellung und politische Funktion der Parteien an den hier dokumentierten Rechtsgrundlagen!*
2. *Informieren Sie sich über die Parteienstruktur und über das politische Verhalten der Parteien in der Weimarer Republik! Erörtern Sie, inwieweit „Lehren" aus dieser Zeit gezogen wurden!*

▶ *Geschichte und System der Parteien*

Die **Geschichte** der politischen Parteien ist eng verknüpft mit der Entwicklung des Parlamentarismus und der neuzeitlichen Demokratie:

◆ Die politischen Parteien im heutigen Sinn entwickelten sich mit dem Parlamentarismus in England nach der glorreichen Revolution (Whigs und Tories), wenn ihnen auch noch die feste organisatorische Bindung fehlte. Den eigentlichen Anstoß für die Bildung von Parteiorganisationen gab die Demokratisierung des Wahlrechts im Laufe des 19. Jahrhunderts. Um genügend Wähler mobilisieren zu können, waren die Parteien gezwungen, sich als Massenorganisation zu etablieren. Die Organisationsform der Massenpartei war besonders typisch für die labour party, die die Liberalen im 20. Jahrhundert fast ganz verdrängte.
In Frankreich gab es Parteigruppen schon in den repräsentativen Versammlungen der Revolution von 1789 (Jakobiner, Girondisten). Die Wahl des Präsidenten und die vielfältigen Möglichkeiten, Parteianhängern Ämter zu verschaffen (Patronageparteien), waren in den USA die parteibildenden Faktoren.
In Deutschland entstanden die ersten Parteien nach der Revolution von 1848. Es bildeten sich dabei vier politische Hauptrichtungen: die konservativen Parteien, die bürgerlichen Liberalen, das katholische Zentrum, die Sozialdemokratie, von der sich 1919 die Kommunistische Partei abspaltete. Ihre heutige Bedeutung erreichten die Parteien jedoch erst mit der vollen Parlamentarisierung und der Einführung des allgemeinen gleichen Wahlrechts 1918, wenn sie auch in der Weimarer Verfassung nicht positiv erwähnt wurden. ◆

(Ackermann/Landfried/Wagner/Wehling: Politik – Ein einführendes Studienbuch, Hamburg 1980, S. 55)

Die Entwicklung des **Parteiensystems** in der Bundesrepublik Deutschland war zunächst lange Zeit durch einen Trend zum Zweiparteiensystem mit einer „dritten Kraft" (CDU/CSU, SPD, FDP) gekennzeichnet, nachdem im ersten Bundestag noch zwölf Parteien vertreten waren. Zu diesem Konzentrationsprozess trugen verschiedene Gründe bei:

- Die Einführung der 5 %-Klausel erschwerte den kleineren Parteien den Zugang zum Parlament.
- Durch Urteil des Bundesverfassungsgerichts wurden Parteien, die nicht auf dem Boden des Grundgesetzes standen, verboten (Art. 21 Abs. 2 GG).
- Da sich im Gegensatz zur Weimarer Republik die Wirtschafts-, Sozial- und Staatsordnung der Bundesrepublik Deutschland relativ schnell stabilisierte, gab es für die Bildung neuer Parteien wenig Ansatzpunkte.
- Zunächst die CDU/CSU und später auch die SPD entwickelten sich zu **Volksparteien**, die ein breites Spektrum von Interessen und Gruppen integrierten und repräsentierten.

Die genannten Gründe haben bisher Veränderungen des Parteiensystems schon im Ansatz verhindert, zumal rechts- und linksextreme Gruppen keine Basis in der Bevölkerung fanden.
Nachdem die aus der alternativen und außerparlamentarischen Bewegung hervorgegangenen GRÜNEN zur Parlamentspartei geworden sind und sich nach der Vereinigung mit Teilen der DDR-Demokratiebewegung zum Bündnis 90/DIE GRÜNEN entwickelt haben, haben wir heute eher ein Vier-Parteien-System; die aus der Staatspartei der DDR, der SED, hervorgegangene PDS findet nur in den neuen Bundesländern Anhängerschaft.

▶ Stichwort: Volksparteien

Material 2

Volkspartei:
- sozial unterschiedliche Mitgliederschaft;
- Wähler aus zahlreichen und verschiedenen sozialen Gruppen;
- weltanschaulich-programmatische Pluralität.

(Karikatur aus: Vorwärts Nr. 23 vom 8.6.1978)

▶ Parteiverbot bei Verfassungswidrigkeit

Im Grundgesetz ist nach den Erfahrungen aus der Weimarer Republik Vorsorge getroffen worden zum Schutz der politischen Ordnung gegen deren „Überwindung". Als äußerstes Mittel zur Abwehr verfassungswidriger Aktivitäten bzw. Parteien ermöglicht das Grundgesetz in Art. 18 die *Verwirkung von Grundrechten* und in Art. 21 (2) ein *Parteiverbot*. Für ein Parteiverbot gelten folgende Verfahrensregeln (§§ 43 ff. BVerfGG):

- Antragsberechtigt sind Bundestag, Bundesrat, Bundesregierung oder – wenn die Partei auf das Gebiet eines Landes beschränkt ist – die Landesregierung.
- Die Entscheidung trifft das Bundesverfassungsgericht; das Urteil hat Gesetzeskraft.
- Die Feststellung der Verfassungswidrigkeit durch das Bundesverfassungsgericht hat die Auflösung der Partei und das Verbot Ersatzorganisationen zu schaffen zur Folge.

In der Geschichte der Bundesrepublik hat es bisher zwei Parteiverbote gegeben. 1952 gegen die *Sozialistische Reichspartei (SRP)* und 1956 gegen die *Kommunistische Partei (KPD)*.
Die Überwachung gegen die Verfassung gerichteter Aktivitäten obliegt den Innenministern des Bundes und der Länder, die regelmäßig Verfassungsschutzberichte erstellen. Das **Konzept der „wehrhaften" oder „streitbaren Demokratie"** lässt den Staatsorganen und Behörden einen Ermessensspielraum für den Verbotsantrag (Opportunitätsprinzip), will die politische Auseinandersetzung mit extremen Gruppierungen ermöglichen.

2.2 Innerparteiliche Demokratie

Die Forderung des Grundgesetzes nach innerparteilicher Demokratie als Ordnungsprinzip wird im Abschnitt „Innere Ordnung" des Parteiengesetzes (§§ 6-16 PartG) näher ausgeführt.

▶ Prinzipien innerparteilicher Demokratie

Dies sind demnach:
- Souveränität der Mitgliederversammlung
- Mehrheitsprinzip
- Grundrechte, besonders das Recht auf freie Meinungsäußerung und auf Chancengleichheit für die Mitglieder

- Geheime Wahlen, Möglichkeit geheimer Abstimmungen
- Delegationsprinzip (→ Schaubild M 3)
- Annuitätsprinzip
- Wählbarkeit
- Rechenschaftsbericht, -pflicht
- Schiedsgerichtsbarkeit

Die Prinzipien innerparteilicher Demokratie gelten zunächst für die **Organisation der Parteien**; sie haben bestimmte Gliederungen, Organe und Verfahrensweisen zur Folge (→ Material 3).

Material 3

Schema der Gliederungen und Organe der Parteien

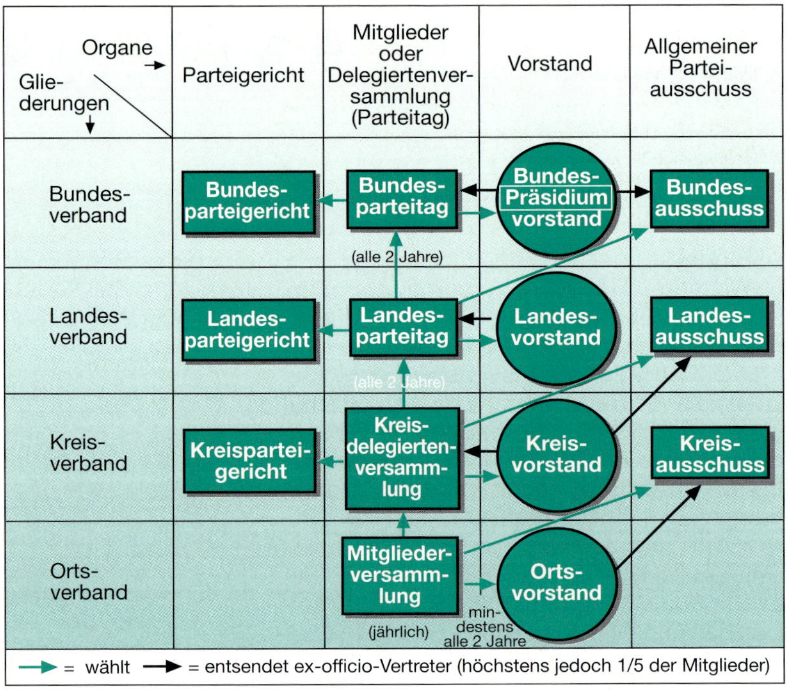

(Nach: Bodo Zeuner, Innerparteiliche Demokratie, Colloquium Verlag, Berlin 1970, S. 53, ergänzt)

► *Probleme innerparteilicher Willensbildung*

Innerparteiliche Demokratie als Ordnungsprinzip gilt aber auch in einem funktionalen Sinn, als **Kennzeichen der Willensbildungs- und Entscheidungsprozesse in einer Partei.** Bei der Verwirklichung ergeben sich hier verschiedene *Problemkreise:*

- Wie kann das Verhältnis „Basis – Führung" im Sinne innerparteilicher Demokratie gestaltet werden?
- Inwieweit sind die Mandatsträger einer Partei (Fraktions- und Regierungsmitglieder) an Parteiprogramm und Parteitagsbeschlüsse gebunden?
- Inwieweit kann eine Richtungsänderung in der Zielsetzung einer Partei von der Parteibasis initiiert und durchgesetzt werden?

Zur letztgenannten Frage lassen sich unterschiedliche Tendenzen feststellen:

- Beim Godesberger Programm der SPD (1959) und den Freiburger Thesen der FDP (1971) ging die Initiative von der Parteiführung aus und fand auf den Parteitagen eine Mehrheit bei den Delegierten; an der „Basis“ setzte sich die Richtungsänderung erst nach und nach durch.

- Beim Positionswechsel der SPD in sicherheitspolitischen Fragen zwischen 1979 und 1983 wurde der Willensbildungsprozess von Teilen der Führungsspitze im Verein mit der Basis getragen und vollzog sich schrittweise in Beschlüssen von Bezirks- und Landesparteitagen.
- Den Vorgang der Annäherung der SPD an die Koalitionsposition in der Asylfrage in den 90erJahren beschreibt die Karikatur (→ Material 4).

Material 4

Asylpolitisches Wendemanöver

Material 5

Das Parteiengesetz betont die Mitwirkung der Mitglieder an der Willensbildung der Partei, wobei es auf den Schutz der innerparteilichen Minderheiten abhebt. Parteiausschlussverfahren, über die Schiedsgerichte entscheiden, sind nur rechtswirksam, wenn ein Mitglied „vorsätzlich gegen die Satzung oder erheblich gegen Grundsätze oder Ordnung der Partei verstößt und ihr damit schweren Schaden zufügt“. (§ 10 Abs. 4 PartG) [...]

Ungeachtet aller gesetzlichen Vorkehrungen sind die Einflussmöglichkeiten des einfachen Parteimitgliedes verhältnismäßig beschränkt. Das liegt einmal an der Teilnahmslosigkeit und Gleichgültigkeit vieler Parteimitglieder („Parteileichen“), zum anderen an den Versuchen der Parteibürokratie, sich von der „Basis“ abzukapseln, und drittens schließlich an den unverzichtbaren Sachzwängen einer modernen und großen Parteidemokratie, die eben auch entschiedene Führung und schnelle Entscheidungen benötigt. [...]

Sicherlich, die Notwendigkeit hauptamtlicher Funktionäre, der Informationsvorsprung der Parteispitze und die immer mehr um sich greifende Spezialisierung der Politik bewirken eine gewisse Verselbstständigung des Parteiapparates. Jedoch darf der innerparteiliche Willensbildungsprozess keineswegs ausschließlich von oben nach unten verlaufen. Ämterhäufung und (damit verbunden) Machtballung stellen schwerwiegende Probleme für jede Partei der Bundesrepublik Deutschland dar. Eine Verbesserung des innerparteilichen Meinungsaustausches ist zum Abbau verhärteter Parteistruktur genauso vonnöten wie eine stärkere Mobilisierung der Mitglieder.

Innerparteiliche Demokratie bedeutet schließlich auch, dass die einzelnen parteiinternen Gruppen ihre Kontroversen weitgehend öffentlich kundtun. Vielfach herrscht in den Parteien (und auch bei der Wählerschaft) der Glaube vor, das offene Austragen von innerparteilichen Konflikten beweise die Schwäche, Unglaubwürdigkeit und mangelnde Einmütigkeit einer Partei. Eine Partei, die Meinungsverschiedenheiten nicht von oben vertuscht, gilt häufig als „zerstritten“ und „uneins“. Dies kann im Extremfall tatsächlich so sein, wenn die unterschiedlichen Positionen derart weit auseinander liegen, dass sich eine Übereinstimmung in Grundpositionen nicht mehr erreichen lässt. Flügelkämpfe dürfen nicht ein Ausmaß annehmen, dass sie die Energien der Politiker binden und innere Auseinandersetzungen die programmatischen Vorstellungen der Partei überlagern. In der Regel jedoch befruchten innerparteiliche Differenzen die politische Diskussion. Es vermag daher auch ein Zeichen von Stärke und Dynamik zu sein, wenn eine Partei sie duldet und sie nicht mit dem beliebten Ruf nach „Geschlossenheit“ abwürgt.

(Eckehard Jesse, in: Informationen zur politischen Bildung, Nr. 171/1977, S. 22 f.)

Material 6

„Ein zeitloses Problem"

[...] Ein Kieler Genosse hat sich empört, dass wir das einkommensabhängige Kindergeld, obwohl ein Parteitag der SPD es vor vier Jahren beschlossen hat, jetzt nicht durchgesetzt haben. Die Empörung nutzt ja nicht, lieber Norbert, wir hatten nicht allein die Stimmen, weder im Bundestag noch erst recht nicht im Bundesrat, um das zu verwirklichen. Der Kampf geht ja noch weiter. Das Gleiche gilt für die Ergänzungsabgabe. Dein Rezept, dass wir für Gesetze eintreten und dafür stimmen und uns dann, wie ich annehmen muss, hinterher überstimmen lassen von einer gemeinsamen Mehrheit des allergrößten Teils der FDP, der ganzen CDU und der ganzen CSU, führt zu chaotischen Ergebnissen. Du musst die Koalition nach der zweiten oder dritten derartigen Abstimmung aufgeben. Es ist doch völlig unmöglich, dass die die Regierung führende Partei bei Gesetzgebungsbeschlüssen unterliegt. Das ist Gesinnungspolitik, aber keine Politik, mit der du eine Koalition aufrechterhalten kannst. [...]"

(Helmut Schmidt als Bundeskanzler vor der Funktionärskonferenz der SPD in Bad Godesberg im Oktober 1981, zitiert nach: FAZ, 5.10.1981, S. 7)

Aufgaben

3. *Erörtern Sie, inwieweit die Probleme funktionsbedingt sind und wie sie ggf. gemildert werden könnten!*
4. *Diskutieren Sie, ob die Vorstellung eines ausschließlich von unten nach oben ablaufenden Entscheidungsprozesses dem Prinzip innerparteilicher Demokratie gerecht wird!*
5. *Erstellen Sie für die Ordnungsprinzipien innerparteiliche Demokratie, Führerprinzip und demokratischer Zentralismus je ein Schaubild und grenzen Sie diese gegeneinander ab! (Zu „demokratischer Zentralismus" → S. 346, M 5)*

2.3 Parteien in der Krise (→ VI./3.)

▶ *Parteienfinanzierung*

In der Geschichte der Bundesrepublik Deutschland hat sich die Parteienfinanzierung immer wieder als schwieriges, zu Kritik Anlass gebendes Feld erwiesen.

Bundesverfassungsgerichtsurteile:

1958: Verbot der unbegrenzten steuerlichen Abzugsfähigkeit von Spenden

1966: Verbot der Finanzierung der Aufgaben nach Art. 21 GG aus Steuermitteln

1986: Begrenzung der steuerlichen Abzugsfähigkeit von Spenden

1992: Bundesverfassungsgericht erklärt wesentliche Punkte der Parteienfinanzierung für verfassungswidrig:

- Die Gesamtsumme der staatlichen Mittel darf die Summe der „selbst erwirtschafteten Einnahmen" nicht übersteigen (relative Obergrenze);
- die staatlichen Zuwendungen dürfen in den nächsten Jahren nicht erhöht werden (absolute Obergrenze);
- der Chancenausgleich ist nicht geeignet die Unterschiede zwischen den Parteien auszugleichen;
- Spenden sind nur bis zur Höhe von 60 000 DM steuerlich abzugsfähig, Spenden von Unternehmen sind überhaupt nicht mehr abzugsfähig;
- Für Spenden über 20 000 DM muss die Herkunft offen gelegt werden;
- Der Sockelbetrag entfällt.

„Diskussionspunkte":

- Kritisiert wird, dass die Wahlkampfkostenerstattung in Abhängigkeit von der Zahl der Wählerstimmen zum einen die etablierten, großen Parteien begünstige und zum anderen Wahlkampfwerbung zum Hauptausgabenbereich mache (→ S. 238 ff.).

- Die Regelung zur Offenlegung von Großspenden wurde vielfach durch zwischengeschaltete „Spenden-Sammelorganisationen" umgangen.
- In einer Reihe von Fällen wurden Großspenden über gemeinnützige Vereinigungen und Organisationen an Parteien weitergeleitet, sodass die steuerpflichtige Spende voll der Partei zukam („Geldwaschanlagen"). (→ s. S. 218)

Material 7

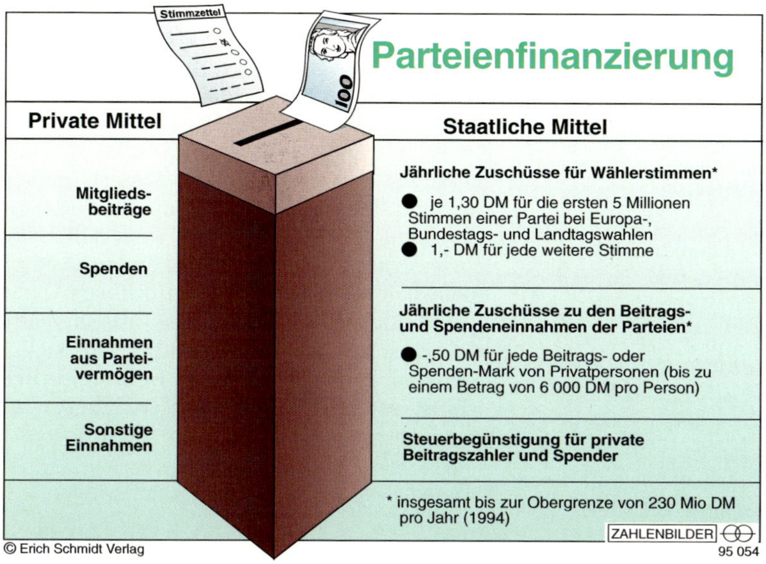

Material 8

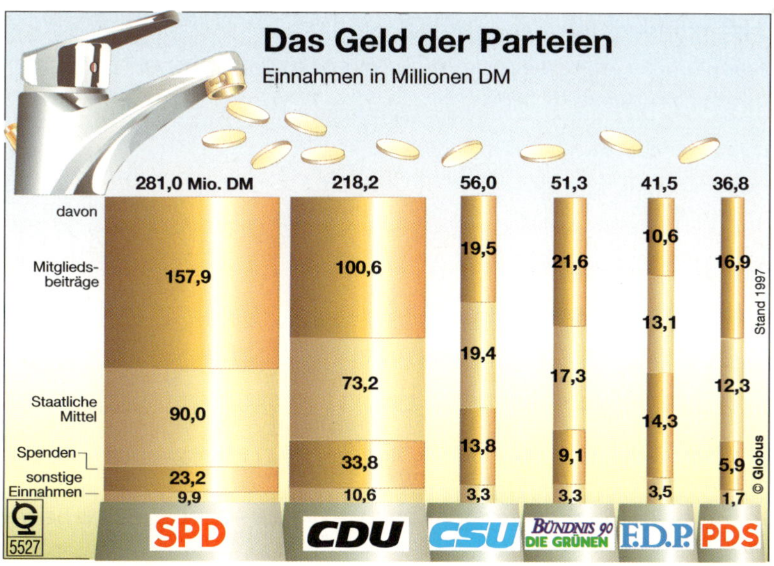

Ein Kommentar zur Situation der Parteienfinanzierung in den 80er-Jahren entwickelt **Kriterien für eine Beurteilung** des Problems:

Material 9

[...] Unter diesen Gesichtspunkten betrachtet, muss der Versuch, das Finanzleben der Parteien gesetzlich und steuerlich so zu ordnen, dass legale Korrektheit und demokratische Kultur sich miteinander verbinden, als gescheitert betrachtet werden. Drei Ziele bestimmen die offiziellen Regeln: Transparenz, (relative) Chancengleichheit und Sauberkeit der Parteienfinanzierung. Die Gleichheit kann wohl, so muss man das sarkastisch sehen, am ehesten darin als hergestellt betrachtet werden, dass alle etablierten Parteien Dreck am Stecken haben und ein gemeinsames Interesse daran besteht, aufgedeckte Umgehungsmanöver nicht an die große Glocke zu hängen [...].

Wenn man also ein Musterbeispiel für ein Syndrom aus Legalität, Halblegalität und Illegalität, aus demokratischem Pathos und windiger Geschäftstüchtigkeit sucht – das System der Parteifinanzierung bietet es in klassischer Schönheit. Dass es die Parteien selbst sind, die dieses System sowohl geschaffen haben als auch missbrauchen, begründet einen permanenten Infektionsherd für die demokratische Glaubwürdigkeit.

Aber nicht nur die fortgesetzte Bedrohung der Moral, sondern auch die mit den Kosten wachsende politische Ineffektivität des Parteiensystems spricht für die Korruptionsgefahr im Sinne der politischen Kultur. Die Ausweitung des Finanz- und Kostenaufwandes beschleunigt nämlich zwei gefährliche Prozesse. Zum einen verführt sie dazu, vor dem Wettbewerb substanzieller politischer Ideen auszuweichen in die Materialschlacht letztlich verdummender Massenpropaganda: je mehr Plakate, desto weniger dahinter. Die zweifellos verbesserte personelle und intellektuelle Ausstattung der Parteizentralen kann diesen politischen Verkitschungs-Prozess nicht ausgleichen. Zum anderen aber koppeln sich die Parteien mit der diffusen Verselbstständigung ihres Finanzaufkommens um ein Weiteres von den Bürgern ab – was sich übrigens auch in der geringen Beitragsehrlichkeit selbst der eingeschriebenen Mitglieder widerspiegelt [...].

(Robert Leicht, „Trübe Finanzquellen der Parteien"; in: Süddeutsche Zeitung, 2.9.1981)

Aufgaben

6. *Vergleichen Sie die Zusammensetzung der Einnahmen für die verschiedenen Parteien!*
7. *Setzen Sie sich mit dem Kommentar Robert Leichts auseinander! Was kritisiert er, wovor warnt er, welche Lösungen bietet er an?*
8. *Diskutieren Sie, inwieweit die jetzt geltende Regelung den Zielen Robert Leichts und dem BVerfG-Urteil von 1992 gerecht wird!*

▶ *Parteiendemokratie in der Krise?*

Aufgaben

9. *Setzen Sie sich mit der Kritik auseinander. Ziehen Sie auch andere Abschnitte des Buches hinzu, insbesondere (→VI/3. und V/5.2)!*
10. *Versuchen Sie am Ende der Bearbeitung der Kapitel V und VI – erneut – eine persönliche Urteilsbildung!*

Material 10

Vier Kritikpunkte

Die Kritik an den politischen Parteien lässt sich auf vier Hauptpunkte zurückführen:

① Das Volk komme nicht zu Wort, sondern werde durch die politischen Parteien ersetzt, die aber ihrerseits ihrer Funktion als Sprachrohr des Volkes nicht gerecht würden. Frage also: »Entmündigen die Parteien das Volk?«

② Die Parteien versagten vor der Lösung dringender Gemeinschaftsaufgaben. Frage also: »Haben die Parteien ein Defizit an Problemlösungskompetenz oder besteht gar parteilich bedingtes ›Staatsversagen‹?«

③ Die Parteien höhlten den verfassungsrechtlichen Grundsatz der Gewaltenteilung aus; das habe schädliche Rückwirkungen auf die Funktionsfähigkeit des ganzen Systems. Frage also: »Stellen sich die Parteien als Monopolmächte dar?«

④ In den Parteien dominiere das Eigeninteresse an Macht, Posten und Geld. Frage also: »Beuten die Parteien den Staat aus?«

(Hans Herbert von Arnim, Demokratie ohne Volk, München 1993, S. 91)

Material 11

Ein Befund

Die politische Partizipation 1990
(alte Bundesländer, N = 2180 ab 16 Jahre, Januar 1990)

In Prozent von	Insgesamt	Männer	Frauen	16-29 J.	30-45 J.	45-59 J.	60-J.	Volksschule	Höhere Schule
Gehe regelmäßig zur Wahl	67	72	64	51	76	74	70	63	73
Unterrichte mich laufend	57	68	48	48	63	63	57	48	69
Unterhalte mich öfters über Politik	43	55	33	43	47	46	35	34	54
Besuche Veranstaltungen zu polit. Fragen	11	15	8	9	14	12	10	7	16
Habe mich vor Wahl für eine Partei eingesetzt	10	12	8	5	9	10	15	10	9
Beteilige mich an Protestdemonstrationen, für Protestgruppen	7	7	7	13	9	4	2	3	11
Betätige mich politisch in Partei / Verband / Verein	7	10	4	5	10	7	5	4	10

(Quelle: Umfragen 3061 und 5031 des Instituts für Demoskopie vom Januar 1990; nach: Junges Wort-Informationsdienst. 13.9.90, S. 3; hier zitiert nach: Wolfgang Rudzio, Das politische System der Bundesrepublik Deutschland, Opladen 3. Aufl. 1991 (UTB 1280), S. 484)

Material 12

Zwei Positionen

Ermöglicht die parteienstaatliche Ausgestaltung unserer politischen Ordnung in bestmöglichem Maße Beteiligung der Bürger, sachgerechte Entscheidungen, Handlungsfähigkeit und Minderheitenschutz?

- **von Arnim:**

In der Demokratie, in der das Volk Ausgangspunkt und Bezugspunkt aller öffentlichen Gewalt zu sein hat, geben letztlich zwei Kriterien die Beurteilungsmaßstäbe ab: der Grad der möglichen Selbstbestimmung der Bürger, und zwar aller Bürger, und die inhaltliche Richtigkeit der Ergebnisse. Direktdemokratische Entscheidungen erlauben aber einen höheren Grad an Bürgermitwirkung als Entscheidungen von Repräsentanten. Der Bürger hat mehr Möglichkeiten, auf den Inhalt der Entscheidung einzuwirken als bei Entscheidungen durch Repräsentanten. Deshalb sind Volksentscheide, am Maßstab der Bürgermitwirkung gemessen, den Entscheidungen durch Repräsentanten grundsätzlich vorzuziehen. Deshalb ist auch die Wahl des Bürgermeisters oder eines Staatspräsidenten direkt durch das Volk der indirekten, durch die Volksvertretung vermittelten Wahl grundsätzlich vorzuziehen. Direktdemokratische Entscheidungen haben einen demokratischen »Mehrwert«.

Allerdings ist die Selbstentscheidung des Volkes nicht der alleinige Grundwert in der Demokratie. Daneben tritt, wie schon erwähnt, auch die inhaltliche Richtigkeitserwartung. Geboten ist also ein Vergleich nicht nur anhand des Kriteriums »Intensität der Bürgermitwirkung«, sondern auch anhand des zu erwartenden Maßes an inhaltlicher Richtigkeit. Demokratie ist nicht nur Entscheidung durch das Volk, sondern auch Entscheidung für das Volk. Gegen Volksbegehren und Volksentscheid könnte deshalb als schlüssiger Einwand nur die Behauptung vorgebracht werden, durch sie würde die politische Willensbildung qualitativ verschlechtert. Gegen die Direktwahl der Bürgermeister könnte schlüssig nur eingewandt werden, dadurch würden weniger geeignete Personen an die Spitze der Gemeinde gewählt oder auf andere Weise der Ablauf und die Ergebnisse der gemeindlichen Willensbildung verschlechtert.

Angesichts des feststehenden höheren Grades an demokratischer Mitwirkung, die Direktentscheidungen des Volkes verschaffen, trifft den Gegner allerdings eine gesteigerte Beweislast hinsichtlich des behaupteten geringeren Grades an inhaltlicher Richtigkeit. Besteht Unentschiedenheit in Bezug auf die zu erwartende inhaltliche Richtigkeit, so muss die eindeutig größere Mitwirkungskomponente direktdemokratischer Entscheidungsverfahren grundsätzlich für sie den Ausschlag geben. Es gilt also eine Art verfassungstheoretische Vermutung für den Einbau direktdemokratischer Institutionen (eine Feststellung, deren kommunalpolitische Brisanz kaum überschätzt werden kann). Diese, wie mir scheint, in einer Demokratie an sich selbstverständliche Feststellung wird in der Praxis dennoch alles andere als selbstverständlich angesehen – die tatsächliche Argumentationslage in der Bundesrepublik ist sogar regelmäßig eine umgekehrte. Vielleicht hängt dies auch damit zusammen, dass Demokratie, auch auf kommunaler Ebene, in Deutschland nicht von unten erkämpft, sondern von oben »gewährt« worden ist; vielleicht auch damit, dass unmittelbare Volksrechte geeignet sind, den Einfluss der Repräsentanten (einschließlich der Parteien) zu schmälern, diese aber ihrerseits – zusammen mit den kommunalen Spitzenverbänden, die in der Praxis ja die Verbände der Repräsentanten sind – zentralen Einfluss auf die öffentliche Diskussion haben.

(Hans Herbert von Arnim, Demokratie ohne Volk, München 1993)

• Scheer:

Die Forderung nach mehr unmittelbarer Bürgerbeteiligung, Mit- und Selbstbestimmung steht auf der Tagesordnung einer aktiver und mobiler gewordenen Gesellschaft. Mit deren allgemeiner Demokratisierung werden die Parteien aber nicht sekundär.

Eine Aktivbürgerschaft kann nicht aufgrund ihres größeren Engagements, ihres vermeintlich oder tatsächlich größeren Bewusstseins für sich in Anspruch nehmen, für die anderen zu sprechen. Jede Demokratisierung kann nur innerhalb gesamtgesellschaftlicher Struktur- und Rahmenbedingungen stattfinden. Eine völlige Dezentralisierung mit vollständiger demokratischer Autonomie ist aber demokratisch nicht vertretbar.

Hier beginnt die vorrangige Aufgabe von Parteien, die gesamtgesellschaftlichen Struktur- und Rahmenbedingungen zu gestalten, die Prioritäten im ökologisch, ökonomisch, zeitlich und bewusstseinsmäßig begrenzten Handlungsspielraum zu setzen und die Alternativen abzuwägen, die sich der Reichweite und der Legitimation einer räumlich und zahlenmäßig begrenzten Aktivbürgerschaft und damit den Möglichkeiten direkter Demokratie entziehen: von der allgemeinen Gesetzgebung bis zur Währungs- und Außenpolitik.

Parteien sind kein Mittel direkter und unmittelbarer Demokratie, sondern mit ihrem Handlungsbezug auf die parlamentarische Ebene und hierüber auf die staatliche Ebene ein Mittel indirekter, mittelbarer Demokratie. Als parlamentarische Parteien vertreten sie nicht nur die Aktivbürgerschaft, sondern ebenso die politisch Inaktiven, die das gleiche Recht auf Interessen- und Bedürfnisberücksichtigung haben. Parteien zielen auf zentral zu fällende Entscheidungen. Für diesen Bereich sind Parteien die einzige demokratische aktive Beteiligungsmöglichkeit des Bürgers.

Die Renaissance einer direkten Demokratie in Verbindung mit der Ablehnung einer repräsentativen Parteiendemokratie reduziert die politische Beteiligung auf die Anlässe, für die sich eine Aktivbürgerschaft mobilisieren lässt. Sie führt zur Spaltung der Bürgerschaft in aktive und passive, in Eliten und Mitläufer [...]

Es gilt nicht, die Notwendigkeit der Formen direkter Demokratie in Frage zu stellen, sehr wohl aber ihre eingeschränkte politische Reichweite zu erkennen und den politischen Theorien entgegenzutreten, die sie als einen Ersatz für die Parteiendemokratie betrachten. Mehr direkte Demokratie ist nötig, um eine Gesellschaft, die den Lebensbereich jedes Einzelnen erfasst und berücksichtigt, zu bauen. Mehr Parteiendemokratie und der Parlamentarismus sind nötig, um der Krisengefahr des Wohlfahrtsstaates und darüber hinaus der Menschheit begegnen zu können. Ohne mehr unmittelbare Demokratie ist der Schritt nicht zu vollziehen, der über materiellen Lebensstandard auch zu mehr Lebensqualität führt. Hierzu zählt die Demokratisierung der gesellschaftlichen Lebensbereiche, am Arbeitsplatz, im Wohnbereich u.a.m. Ohne leistungsfähige Parteiendemokratie überlassen wir die Lösung der Zukunftsfragen allein privatkapitalistischen und bürokratischen Mächten, die die Parteien an den Rand des Geschehens drücken, wo sie als einflusslose Wählerinitiativen für diese oder jene politische Linie vor sich hin vegetieren würden. Die Gefahr, dass die Parteiendemokratie ins politische Abseits geraten könnte, ist unverkennbar. Da aber eine demokratische Zukunft ohne Parteien nicht mehr denkbar ist, gilt es, vor allem mit demokratischem Realismus für die Zukunft dieser Parteiendemokratie zu arbeiten.

(Hermann Scheer, Parteien kontra Bürger? München 1979, S. 214 ff.)

Material 13 (→ S. 218 und 228f.)

Reformvorschläge in der Diskussion

- Begrenzung der Amtszeit der Mandatsinhaber z.B. auf acht oder zehn Jahre.
- Begrenzung des Einflusses der politischen Parteien und damit Maßnahmen gegen eine Entwicklung, die den Staat zur „Beute“ der Parteien macht.
- Innere Reformen der Parteien, die dem Transparenzgebot und damit stärker dem Gebot innerparteilicher Demokratie entsprechen.
- Kontrolle der Spenden und Finanzen der Parteien durch den Bundesrechnungshof oder durch ein vergleichbares unabhängiges Gremium.
- Korrektur des Parteiengesetzes (z.B. Aufnahme strafrechtlicher Sanktionen, Verbot von Firmenspenden).
- Stärkung der Untersuchungsausschüsse: mehr Rechte für die Opposition.

3. Wahlen und politischer Willensbildungsprozess

3.1 Grundinformation: Wahlen

► *Grundfunktionen von Wahlen*

Wahlen erfüllen drei grundlegende Funktionen:

- **Integration der Meinungen:** Wahlen sind Mittel und Form demokratischer Herrschaftsbestellung, in der sich durch die Auswahl von Personen und Programmen politische Meinungen zum Zwecke politischer Willensbildung integrieren.
- **Legitimation von Herrschaft:** Wahlen sind mehr als eine bloße Bestellungstechnik; durch die Wahl legitimieren die Wähler bestimmte Personen zur Ausübung bestimmter Herrschaftsfunktionen.
- **Repräsentation des Volkes:** Die Gewählten repräsentieren die Wähler, sind berechtigt im Namen der Wähler verbindliche politische Entscheidungen zu treffen.

► *Merkmale demokratischer Wahlen*

Um als demokratisch gelten zu können müssen Wahlen nach bestimmten **Wahlrechtsgrundsätzen** ausgestattet sein:

„Die Abgeordneten des deutschen Bundestages werden in allgemeiner, unmittelbarer, freier, gleicher und geheimer Wahl gewählt." (Grundgesetz Art. 38)

Aus diesen Wahlrechtsgrundsätzen lassen sich die **Merkmale demokratischer Wahlen** im Sinne des Grundgesetzes so bestimmen:

- **Freiheit der Auswahl:** Der Wähler muss eine Entscheidung zwischen mehreren Wahlvorschlägen treffen können. Wahl bedeutet immer Auswahl. Zugleich muss der Bürger eine ausreichende Informationsbasis für die Auswahl besitzen, müssen Informations-, Meinungs- und Pressefreiheit gewährleistet sein.
- **Konkurrenz:** Die Freiheit auszuwählen hat nur dann einen Sinn, wenn konkurrierende unterschiedliche Angebote zur Wahl anstehen. Das setzt die autonome Willensbildung in Parteien voraus.
- **Chancengleichheit:** Für die Parteien, die sich zur Wahl stellen, müssen annähernd gleiche Wettbewerbschancen gegeben sein.
- **Kontrolle von Herrschaft durch Entscheidung auf Zeit:** Nur wenn Wahlen in regelmäßigen, nicht zu weit auseinander liegenden Abständen stattfinden, Wahlen also Entscheidungen auf Zeit sind, sind sie ein wesentliches Mittel Herrschaft zu kontrollieren und die Möglichkeit des Machtmissbrauchs einzuschränken.

► *Wahlssysteme*

Als Verfahren aus der Wahlentscheidung der Bürger die gewählten Repräsentanten des Volkes zu ermitteln, bieten sich – wenn Parteien vorhanden sind – zwei Wahlsysteme an:

	Verhältniswahl	**Mehrheitswahl**
Wahlgebiet/ Wahleinheit	Das gesamte Wahlgebiet ist die Wahleinheit.	Wahlkreise, in die das Wahlgebiet eingeteilt ist und deren Zahl der Zahl der zu vergebenden Parlamentssitze entspricht
Auswahl zwischen	Wahllisten der Parteien	Personen, die im jeweiligen Wahlkreis kandidieren
Zuteilung der Mandate	Jede Partei erhält so viele Sitze, wie ihrem prozentualen Stimmenanteil entspricht.	In jedem Wahlkreis ist die Person gewählt, die – die meisten Stimmen erhält (relatives Mehrheitswahlrecht); – die Mehrheit der Stimmen erhält, ggf. Stichwahl (absolutes Mehrheitswahlrecht).
Parlament	Die Gewählten einer Liste/Partei bilden im Parlament eine Fraktion.	

Kriterien für die Beurteilung der Wahlsysteme können nach Woyke/Steffens (Stichwort Wahlen, Opladen 1978, S.26) folgende **politische Ziele** sein, die mit dem Wahlsystem erreicht werden sollten:

- Einfache Regierungsbildung und Stetigkeit der Regierung;
- angemessene Vertretung der Opposition;
- Verbindung von Wählern und Abgeordneten;
- Verständlichkeit des Wahlrechts, Beteiligung der Wähler;
- Chance zum Machtwechsel;
- gerechte Vertretung verschiedener gesellschaftlicher Gruppen;
- Chancen für neue Parteien.

Je nachdem für welches Wahlsystem man sich entscheidet, sind die Auswirkungen – das Verhältnis zwischen prozentualen Stimmenanteilen und der Sitzverteilung – ganz unterschiedlich.

Zwei Beispiele:

Material 1

Mehrheitswahlrecht in Großbritannien:

		Konservative	Labour	Liberale (ab 1983: + SDP)
1951	Stimmen	47,2 %	48,2 %	2,4 %
	Sitze	322	294	6
1983	Stimmen	43,5 %	28,3 %	26 %
	Sitze	397	209	23
1997	Stimmen	31 %	45 %	17 %
	Sitze	163	419	45

Die britische Wahlnacht – ein Polit-Thriller: [...] Eine ungeheure Dynamik in den Folgen also; doch die Schubkräfte in den Ursachen waren viel geringer: Eine Verschiebung von nur 10,5 Prozent der Wähler zugunsten der Labour Party löste diesen Erdrutsch im Unterhaus aus, der Tony Blairs Partei die größte Mehrheit aller Zeiten, den Konservativen jedoch mehr als eine Halbierung ihrer Parlamentsfraktion brachte. Die Liberalen gar erfreuen sich fast einer Verdopplung ihrer Mandate, obwohl sie über einen Prozentpunkt an Stimmen verloren; trotzdem bleiben sie auch im neuen Parlament gewaltig unterrepräsentiert.

(Nomos, Kleine Ursache, große Wirkung, in. Die ZEIT, 9.05.1997, S. 2)

Verhältniswahlrecht in der Weimarer Republik

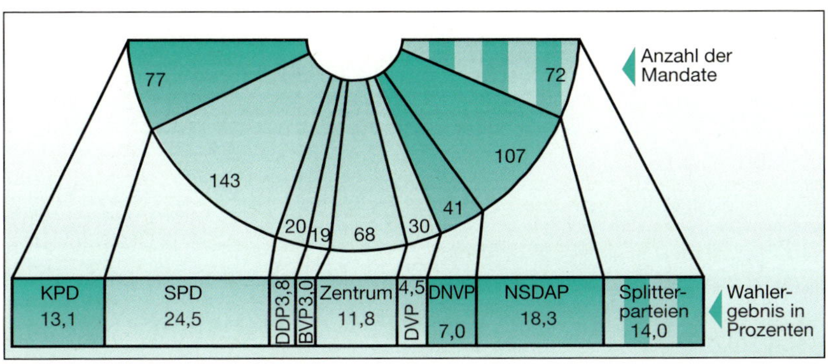

▶ Das Wahlsystem der Bundesrepublik Deutschland

Das Wahlsystem der Bundesrepublik Deutschland versucht Schwächen des Verhältniswahlrechts und des Mehrheitswahlrechts auszugleichen, indem es Elemente beider Wahlsysteme verbindet; es heißt **personalisiertes Verhältniswahlrecht.**

Seine Ausprägung basiert auf den Erfahrungen der Weimarer Republik, deren reines Verhältniswahlrecht bei der Existenz extremer Parteien und vielen Klein- und Kleinstparteien zu einer Zersplitterung der politischen Kräfte im Reichstag führte und keine tragfähigen politischen Mehrheiten schuf.

- Unser Wahlsystem modifiziert die **Verhältniswahl** so, dass der Einzug von Splitterparteien ins Parlament verhindert und die Regierungsbildung erleichtert wird. Die wahlkreisbezogene Personenwahl stärkt die Bindung zwischen Wählern und Abgeordneten.
- Die **5 %-Klausel**: Bei der Sitzverteilung werden seit 1953 nur Parteien berücksichtigt, die mindestens 5 % der abgegebenen gülti-

Material 2

gen Zweitstimmen erhalten haben oder in mindestens 3 Wahlkreisen ein Direktmandat errungen haben; auf der letztgenannten Grundlage zog letztmals die DP (Deutsche Partei) 1957 nach 6 gewonnenen Direktmandaten bei einem Stimmenanteil von 3,4 % mit Abgeordneten in den Bundestag ein. Kritiker wenden ein, die Sperrklausel enthalte ein Moment der Willkür (D. Sternberger) und verhindere die Entstehung neuer Parteien.

- Die **Zuteilung der Sitze** erfolgte zunächst nach dem *d'Hondtschen Höchstzahlenverfahren* und seit 1987 nach dem *Niemeyerschen Verfahren:* das erstere begünstigte etwas die starken Parteien, das jetzige etwas die schwächeren Parteien.
- Bei der Wahl kann die Stimme für die **Landesliste (Zweitstimme)** einer anderen Partei gegeben werden als die für den **Direktkandidaten (Erststimme).** Diese Möglichkeit lässt die personenbezogene Wahl des Wahlkreisabgeordneten zu und kann zur Wahl einer Koalition genutzt werden: **Stimmen-Splitting.**
- Gewinnt eine Partei mehr Direktmandate, als ihr nach dem Zweitstimmenanteil Mandate zustehen, so behält sie diese **Überhangmandate.**

Material 3

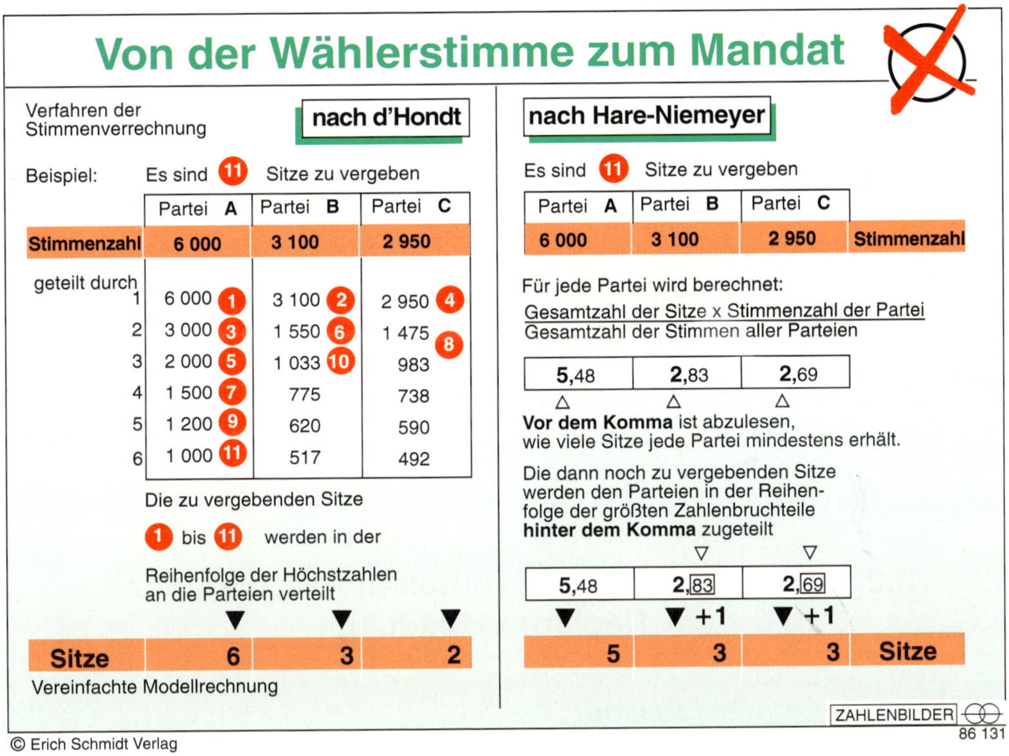

Es gibt unterschiedliche Methoden, die Zahl der Abgeordnetensitze, die den Parteien zufallen, nach dem Verhältnis der für diese abgegebenen Stimmen zu bemessen (Verhältniswahl). Bei dem d'Hondtschen Verfahren (d'Hondt: belgischer Mathematiker) werden die Stimmenzahlen der einzelnen Parteien fortlaufend durch 1, 2, 3, 4, usw. geteilt (Grafik); es ist für die größeren Parteien günstiger als für die kleinen. Diesen Nachteil gleicht das Verfahren nach Niemeyer (Grafik) durch eine andere Berechnungsgrundlage aus.

Im Herbst 1996 beschloss der Bundestag ab der 15. Legislaturperiode – also ab dem Jahr 2002 – das Parlament von derzeit 672 auf 598 Abgeordnete zu verkleinern. Dementsprechend wird die Zahl der Wahlkreise von derzeit 328 auf 299 reduziert.

Aus Anlass der Verkleinerung des Bundestags wird sich die Wahlkreiskommission des Bundestags auch mit der Größe der Bundestagswahlkreise befassen.

Material 4

Laut Bundeswahlgesetz soll die Bevölkerungszahl eines Wahlkreises nicht von der durchschnittlichen Bevölkerungszahl der Wahlkreise um mehr als 25 Prozent nach oben oder unten abweichen; beträgt die Abweichung mehr als 33,3 Prozent, ist eine Neuabgrenzung vorzunehmen, so ein Urteil des Bundesverfassungsgerichtes.

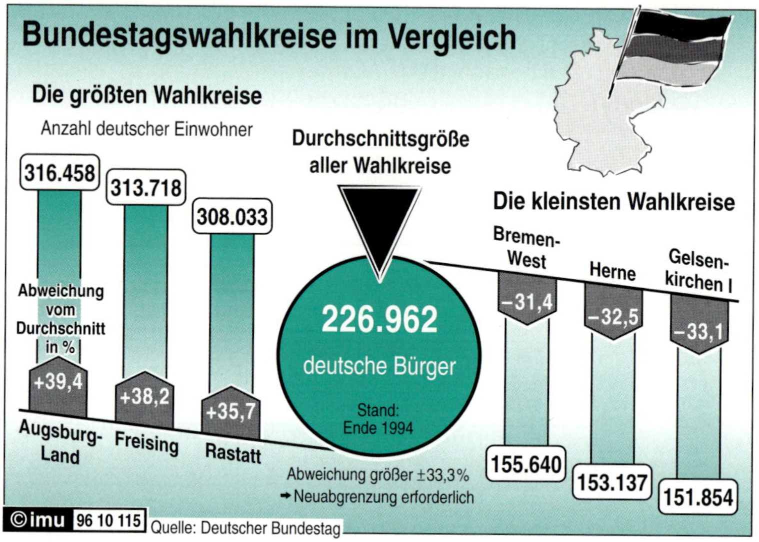

(Quelle: Deutscher Bundestag, nach: imu-bildinfo Nr. 96 10 115)

3.2 Wahlkampf – Wählerverhalten – Wahlergebnis – Regierungsbildung

▶ *Grundinformation: Wahlkampf*

Wahlkampf, das Werben der Parteien um Stimmabgabe und Stimme des Wählers, hat vornehmlich zwei Funktionen:

- Die **Mobilisierung der eigenen Anhänger**: Jede Partei versucht ihre Wähler und Anhänger zu aktivieren *(Stammwähler)* und sie mit Argumenten zu versehen, damit sie bei Nachbarn, Freunden, Arbeitskollegen für die eigene Partei Stimmen werben.

- Die **Gewinnung neuer und unentschlossener Wähler:**

Jede Partei versucht zusätzliche Wähler zu gewinnen: Wähler, die bisher eine andere Partei gewählt haben *(Wechselwähler)*, die sich noch nicht entschieden haben (*Unentschlossene)*, die erstmals wählen *(Jungwähler, Erstwähler)* oder die bisher nicht gewählt haben (*Nichtwähler)*.

Material 5

Übersicht zur Bedeutung unterschiedlicher Wahlkampfaktivitäten

	1. Hauptziele	2. Beteiligungschancen für Mitglieder und Wähler
Plakatierung	– Demonstration politischer Präsenz nach außen – Verstärkung vorhandener Einstellungen durch Slogans, Symbolik, Personen	– Mitgliedermobilisierung zum „Kleben“ der Plakate – keine inhaltliche Beteiligung
Kundgebung/ Parteiveranstaltung	– öffentliche Selbstdarstellung der Parteien – Präsentation der Spitzenakteure	– Mitgliedermobilisierung durch Angebot des Besuchs der Veranstaltung – Reaktion des Wählers auf Akklamation beschränkt
Werbebroschüren	– flächendeckende Präsentation parteipolitischer Leistungsbilanzen – Möglichkeit differenzierter Sachinformation – Sympathiewerbung	– Bürger als Konsument politischer Werbung ohne Beteiligungschance, Mitgliedermobilisierung als Verteiler
Straßenwahlkampf	– Demonstration politischer Präsenz – direkte Bürgeransprache – personale Sympathiewerbung	– Mitgliedermobilisierung durch personelle Präsenz an den Info-Tischen – Möglichkeit unmittelbarer Politiker-Bürger-Ansprache
Anzeigenkampagne	– Kurzinformation mit hohem Verbreitungsgrad – Möglichkeit kurzfristiger Reaktionen – Kandidatenvorstellung	– zumeist zentral geplant, keine Beteiligungschance
Podiumsdiskussionen/ Diskussionsveranstaltungen	– direkter Vergleich politischer und personeller Alternativen – direkte Sachinformationen	– Möglichkeit der Zwischenfrage oder Diskussionsbeiträge durch Plenum teilweise gegeben
Sonderformen – Hausbesuche – Videoeinsatz	– direkter Bürger-Politiker-Kontakt – Sympathiewerbung – Multiplikatoreneffekt	– im bescheidenen Rahmen möglich (Mitglieder als Verteiler, Briefkastenaktionen usw.)

(Werner Simon/Franz-Josef Witsch-Rothmund Der Wahlkampf der Parteien; in: Ulrich Sarcinelli (Hg.), Wahlen und Wahlkampf in Rheinland-Pfalz, Opladen 1984, S. 132, gekürzt)

Zur Wahlkampfstrategie der Parteien gehört, dass sie ihre Wahlkampfaktivitäten in typische Phasen einteilen (Einstimmungsphase, Vorwahlkampf, Hauptwahlkampf) und dass sie sich für die Schlussphase noch eine Steigerung vorbehalten (z.B. Schlussplakat, evtl. auch als Überkleber).

Die Übersicht auf Seite 240 dokumentiert die Wahlkampfplanung der SPD im „Superwahljahr“ 1994:

Dabei zielt der Wahlkampf auf bestimmte Gruppen *(Zielgruppen)* – etwa Jungwähler, Frauen, einzelne Berufsgruppen –, hat dementsprechend ausgewählte Gegenstände (*Wahlkampfthemen)* und ist als Wahlwerbung angelegt. Im Wahlkampf werden verschiedene *Formen* (etwa Großveranstaltungen, Infostände) und *Mittel* eingesetzt: Plakate, Broschüren, Handzettel, Annoncen, aber auch Luftballons, Freibier, Kugelschreiber (Werbegeschenke). Die Durchführung des Wahlkampfes geschieht nach einer mit Werbefachleuten ausgearbeiteten, durchaus auch auf unterschwellige Beeinflussung angelegten *Wahlkampfstrategie.*

Kritisiert wird vor allem, dass anstelle rationaler politischer Argumente und differenzierter Sachaussagen zu sehr Schlagworte, Formeln, „inhaltsleere Waschmittelwerbung“ im Vordergrund steht. Dabei muss jedoch bedacht werden, dass Wahlkampfführung und Wahlkampfstil auch vom Verhalten der Umworbenen abhängen (Was kommt an? Was zeigt Wirkung? Werden Argumente oder Schlagworte aufgegriffen?).

Wahlkampf zielt auf die Mobilisierung möglichst vieler Wähler, wobei eine hohe Wahlbeteiligung politisch wünschenswert ist, weil bei Wahlen die Bürger ihr *Mitwirkungs- und Kontrollrecht* wahrnehmen.

Material 6

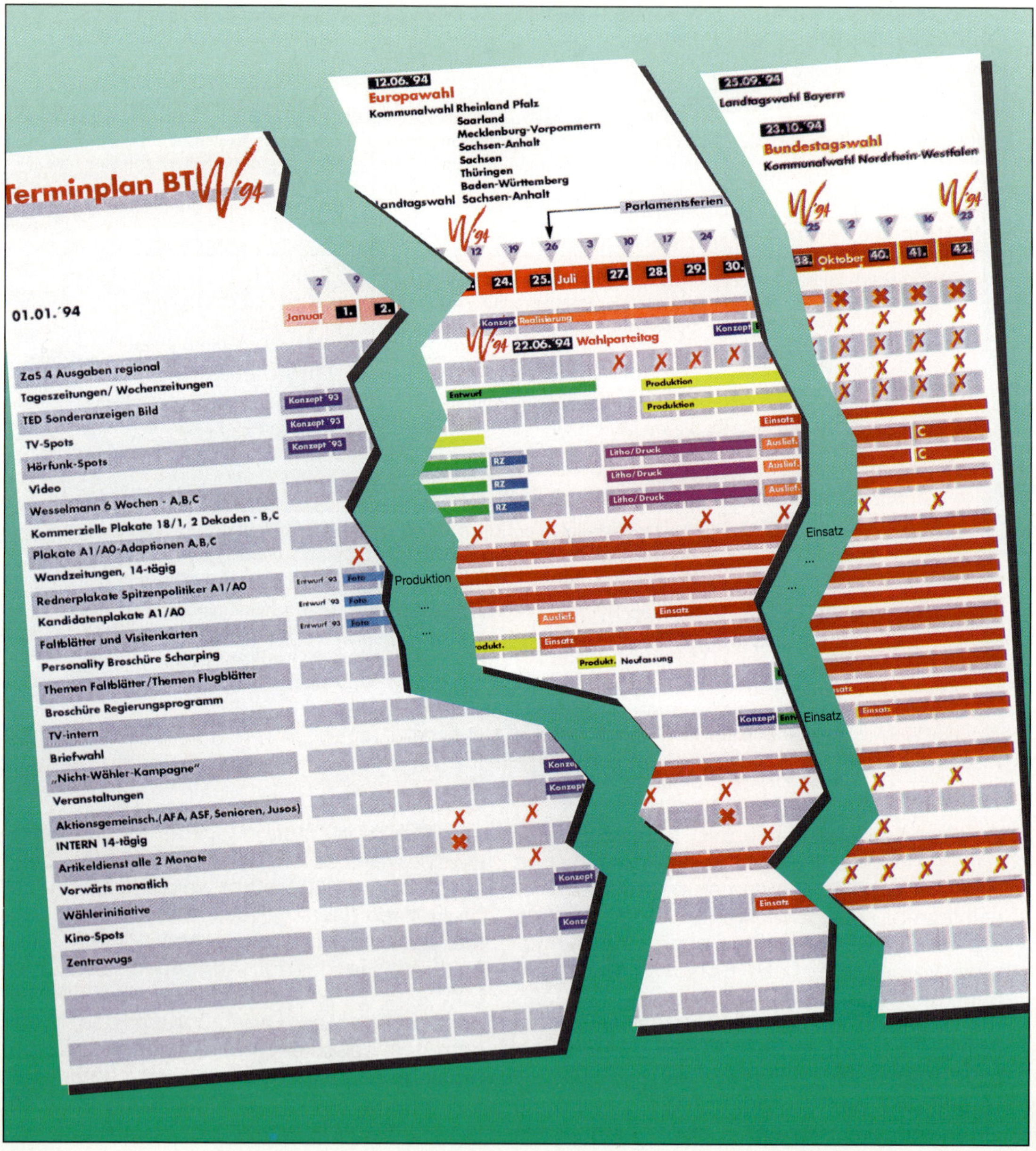

▶ Wahlslogans als zeitgeschichtliche Zeugnisse: 1949-1994

Die Journalistin Monika Toman-Banke hat die Wahlslogans seit 1949 untersucht und die Atmosphäre beschrieben, in der die Wahlkämpfe stattfanden. Das Interesse an einer Analyse von Wahlslogans skizzierte sie folgendermaßen:

◆ [...] der Slogan (ist) in der Einschätzung der Wahlkämpfer ein Synonym für das, worüber im Wahlkampf kommuniziert wird. Und eine wichtige Rolle spielt der Wahlslogan auch als zeitgeschichtliches Zeugnis. So kann er zu einem Symbol seiner Zeit werden, wenn er das, was die Parteien und/oder die Öffentlichkeit bewegt, im Sinne der Realitätsverdichtung zusammenfasst und in kurzer Form wiedergibt. Er kann aber auch zu einem Symptom seiner Zeit werden, wenn dies den Parteien nicht mehr gelingt. Dann ist er Indiz für politisches Unvermögen. Auch wenn sie weiterhin umstritten bleiben und über ihr Gefallen und Nichtgefallen diskutiert wird, haben Wahlslogans [...] mehr zu bieten, als ihnen zugetraut wird. Sie sind besser als ihr Ruf.◆

(Monika Toman-Banke, Die Wahlslogans von 1949-1994; in: Aus Politik und Zeitgeschichte 51-52/1994, S.47-55)

Material 7

	CDU	CSU	SPD	FDP
	Die Nachkriegskämpfe: hart und ideoligisierend			
1949	Die Ausgangssituation vor der Wahl 1949 war eigentlich von einem Konsens über das demokratische Prinzip des neuen Staates geprägt: Das Scheitern der Weimarer Republik, der Aufstieg der Nationalsozialisten, der Zweite Weltkrieg, die Teilung Deutschlands und die Stärke des sowjetischen Kommunismus boten den deutschen Parteien einen gemeinsamen Bezugsrahmen, aus dem nur Kommunisten und rechtsextreme Gruppen herausfielen.			
	1947 Hunger – Not Elend 1949 Vorwärts! Aufwärts! Der Erfolg der CDU Das ganze Deutschland soll es sein Zum ungeteilten Vaterland durch die CDU	*Was erzählt Euch der Heimkehrer vom sozialistisch-kollektivistischen Staat? Bleibt deshalb Eurer bayerischen Heimat treu! Wählt Christlich Soziale Union*	*Unser Ziel ist der Sozialismus! Wir rufen unsere Gesinnungsgenossen in Stadt und Land auf, uns auf diesem Weg zu folgen! Sozialdemokratische Partei Deutschlands Das ganze Deutschland soll es sein*	*Altbürger! – Flüchtlinge! Nicht gegeneinander – sondern miteinander! Für ein Deutschland in Einigkeit und Recht und Freiheit! Wählt FDP Freie Demokratische Partei (bisher LDP)*
1953	1953 verlief der Bundestagswahlkampf noch nach ähnlichen Mustern wie 1949. Auch er war stark ideologisierend, wenngleich es nicht mehr um grundsätzliche Richtungsbestimmungen ging.			
	Alle Wege des Marxismus führen nach Moskau! Darum CDU	*Denkt an uns Wählt für uns CSU*	*Wähle Links, wo das Herz schlägt! Wähle Sozialdemokraten! Prof. Erhard – CDU ruiniert die Wirtschaft! Wer SPD wählt – wählt den Aufbau!*	*Wählt FDP Dann wählt ihr Deutschland*
1957	Gegenüber einer dominanten CDU erschien die SPD im Wahlkampf chancenlos.			
	Keine Experimente! CDU Ludwig Erhard: Wohlstand für alle CDU	*Laßt uns weiterbauen Adenauer CSU*	*Wiedervereinigung in Freiheit! Schluss mit der Tatenlosigkeit! Sicherheit für alle! SPD Keine Wehrpflicht Darum SPD*	*Sie sagen: „Keine Experimente" und meinen Alleinherrschaft der CDU Wählt FDP! Freie Demokratische Partei*

	CDU	CSU	SPD	FDP

Die frühen Sechzigerjahre: Harmonie und Sicherheit

1961 In den Slogans des Wahlkampfes von 1961 spiegelte sich der Wandel der SPD zu einer gemeinwohlorientierten sozialreformerischen Volkspartei, der im Godesberger Programm 1959 programmatisch bestätigt worden war.

	CDU	CSU	SPD	FDP
1961	*Erfolg und Erfahrung CDU*	*Für Adenauer Erhard und die seit 12 Jahren erfolgreiche Mannschaft Darum: lieber wieder CSU*	*Wir sind eine Familie SPD*	*Erich Mende: ein freies Volk braucht Freie Demokraten FDP*

1965 Die Bundestagswahl 1965 wurde wie die vorausgegangenen Wahlen weder von großen weltpolitischen Ereignissen beeinflusst, noch galt sie als innen- und außenpolitische Weichenstellung. Beherrschendes Wahlkampfthema von SPD, CDU und CSU war die Sicherheit, die sich jedoch auf innen- und gesellschaftspolitische Bereiche bezog.

	CDU	CSU	SPD	FDP
1965	*Unsere Sicherheit*	*Unsere Sicherheit*	*Sicher ist sicher*	*Weiter auf neuen Wegen FDP nötiger denn je*

1969 Trotz seiner Popularität und anfänglicher wirtschaftlicher Erfolge scheiterte die Kanzlerschaft Ludwig Erhards. Nach seinem Rücktritt im November 1966 stand einer Großen Koalition zwischen CDU und SPD, die bereits im Wahljahr 1965 diskutiert worden war, nichts mehr im Wege. Als Nachfolger wurde im Dezember Kurt Georg Kiesinger zum Bundeskanzler gewählt. Die Dauer der Großen Koalition war durch innenpolitisch stürmische Jahre gekennzeichnet: Mitte der Sechziger erstarkte die NPD, 1968 wurde die DKP gegründet. Als Reaktion auf die große Koalition entstand 1967 die Außerparlamentarische Opposition (APO), die sich gegen jede Form von Unfreiheit, Unterdrückung, Hierarchie und Autorität gegen das „Establishment" und „faschistoide" Strukturen im Staatssystem richtete. Der APO gelang es, einen politischen und kulturellen Wandel in Gang zu bringen, der auch breite Schichten der Öffentlichkeit ergriff und dort die Bereitschaft förderte, etwas Neues zu wagen.

	CDU	CSU	SPD	FDP
1969	*CDU Sicher in die 70erJahre*	*CSU denken entschlossen handeln besser leben*	*Wir schaffen das moderne Deutschland. SPD Wir haben die richtigen Männer*	*F.D.P. Wir schaffen die alten Zöpfe ab!*

Die Siebzigerjahre: Konfrontation

1972 Mit dem Beginn der Regierung Brandt/Scheel kam es zwischen 1970 und 1973 zu einer entscheidenden Wende in der Ost- und Deutschlandpolitik. Beständige Verhandlungen ermöglichten den Abschluss von Verträgen, die zu einer Annäherung der Staaten, zur Normalisierung ihrer Verhältnisse und damit zur Entspannung in Deutschland beitrugen. Wurde diese Politik im westlichen und östlichen Ausland positiv bewertet, so führte sie in der Bundesrepublik zu einer Polarisierung zwischen Regierung und Opposition.

	CDU	CSU	SPD	FDP
1972	*The Daily Telegraph schreibt „Moscow votes for Brandt" auf gut deutsch Moskau wählt Brandt ... und Sie?*	*Wissen und Tatkraft Bayern für Deutschland CSU*	*Deutsche Wir können stolz sein auf unser Land. Wählt Willy Brandt SPD Sozialdemokraten*	*F.D.P. Laßt Vernunft walten*

1976 Als themenloses Personalplebiszit in vergifteter Atmosphäre wurde der Wahlkampf 1976 charakterisiert.

	CDU	CSU	SPD	FDP
1976	*Aus Liebe zu Deutschland: Freiheit statt Sozialismus CDU sicher sozial und frei*	*CSU / 1976 Deutschland vor der Entscheidung Freiheit oder Sozialismus*	*Der bessere Mann muß Kanzler bleiben: Helmut Schmidt. Deshalb SPD*	*Leistung wählen F.D.P. Die Liberalen*

1980 Die Härte des vorausgegangenen Wahlkampfes setzte sich 1980 fort. Dazu hatte nicht zuletzt die Personalentscheidung der CDU beigetragen. Schon sehr früh, aber nach heftigen, öffentlich ausgetragenen Querelen nominierte sie den CSU-Vorsitzenden Franz Josef Strauß zum Kanzlerkandidaten, der außerhalb Bayerns auf große Antipathien stieß.

	CDU	CSU	SPD	FDP
1980	*Franz Josef Strauß Kanzler für Frieden und Freiheit*	*Strauß wählen Den Sozialismus stoppen Am 5. Oktober beide Stimmen für die CSU*	*Bundeskanzler Helmut Schmidt: Sie können etwas für Ihr Land tun. Geben Sie Ihre Stimme meiner Partei. SPD*	*Diesmal geht's ums Ganze Für die Regierung Schmidt Genscher, gegen Alleinherrschaft einer Partei, gegen Strauß. Diesmal F.D.P. Die Liberalen*

	CDU	CSU	SPD	FDP

Die Achtzigerjahre: nach dem politischen Wechsel

1983 Der Wahlkampf für die Bundestagswahl am 6. März 1983 stand ganz unter dem Eindruck des vorausgegangenen Regierungswechsels. Vor allem die Wahlslogans der Union waren davon geprägt. Sie bewerteten den Wechsel als Neubeginn, machten den Wählern Hoffnung, versprachen Zuversicht und die Lösung anstehender Probleme.

CDU	CSU	SPD	FDP
Arbeitslosigkeit, Schulden, Pleiten *Nicht wieder SPD!* *Arbeit, Frieden, Zukunft* *Miteinander schaffen wir's*	*Hoffnung für Deutschland* *CSU* *Beide Stimmen Lichtblick* *6. März* *CSU*	*Im deutschen Interesse* *Deutschland braucht wieder einen Bundeskanzler, der es packt. Hans-Jochen Vogel*	*Freiheit braucht Mut.* *Deshalb F.D.P.* *Die Liberalen*

1987 Die künftige Entwicklung und die Erwartungen an die Zukunft spielten im Wahlkampf 1987 in den Slogans aller Parteien eine wichtige Rolle. Dabei zeichneten die Volksparteien völlig unterschiedliche Zukunftsbilder.

CDU	CSU	SPD	FDP
Weiter so, Deutschland *CDU* *Die Zukunft*	*Danke* *Ihr Vertrauen ist uns Auftrag für Bayern und Deutschland* *CSU*	*Damit unsere Kinder leben können: Umweltsünder hart packen.* *Mehrheit für gerechte Steuern*	*Zukunft durch Leistung*

Die Neunzigerjahre: gesamtdeutsche Wahlkämpfe

1990 Nach der Öffnung der Mauer am 9. November 1989, der Wirtschafts-, Währungs- und Sozialunion am 1. Juli 1990 und der Wiedervereinigung beider deutscher Staaten am 3. Oktober 1990 gab es im Wahlkampf zur ersten gesamtdeutschen Wahl nach 58 Jahren nur ein Thema, das alle anderen an den Rand drängte: die deutsche Einheit.

CDU	CSU	SPD	FDP
Ja zu Deutschland *Ja zur Zukunft* *Gemeinsam schaffen wir's* *CDU* *Freiheit* *Wohlstand, Sicherheit*	*Bayern stark für Deutschland* *CSU* *2. Dezember* *Bayerisch wählen.*	*Oskar Lafontaine* *Der Neue Weg* *SPD* *Ökologisch, sozial, wirtschaftlich stark*	*Genscher wählen. F.D.P. wählen* *F.D.P.* *Die Liberalen* *Das liberale Deutschland*

1994 An die Stelle der Einheits-Begeisterung von 1990 war im Superwahljahr 1994 eine realistische Sichtweise, wenn nicht sogar Ernüchterung getreten. Die wirtschaftliche Rezession war trotz prognostizierter Erholung immer noch spürbar, die Zahl der Arbeitslosen lag weiterhin auf hohem Niveau und die Wähler klagten über Abgaben und Steuern.

CDU	CSU	SPD	FDP
Damit es weiter aufwärts geht *Sicher in die Zukunft*	*Freiheit statt Volksfront* *CSU* *für Bayern wählen*	*Freu' Dich auf den Wechsel, Deutschland* *SPD*	*Diemal geht's um alles.* *F.D.P.* *Die Liberalen*

Wahlen mit Folgen: Erstmals Regierungsübernahme aus der Opposition

1998 U. a. durch den Einsatz professioneller Wahlkampfmethoden aus einer eigenen Wahlkampfzentrale („Kampa") gelang es der SPD, stärkste politische Kraft zu werden und den Kanzler zu stellen. Als Koalitionspartner boten sich Bündnis 90/Die Grünen an, die sich zuvor unter ihrem Fraktionschef Fischer („Oberrealo") auf eine Regierungsbeteiligung vorbereitet hatten. („GRÜN IST DER WECHSEL" – „NEUE MEHRHEITEN NUR MIT UNS").
Die CDU/CSU ging erneut mit Helmut Kohl in den Wahlkampf und setzte auf ihre 16-jährige Regierungserfahrung.

CDU	CSU	SPD	FDP
Sicherheit statt Risiko für Deutschland	*Macht Bayern stark in Deutschland* *(Mit Bayern gewinnt Deutschland)*	*Deutschland braucht einen neuen Kanzler*	*Es sind ihre Steuern – es ist ihre Wahl*

► Wahlplakate von 1949 bis heute – ein fächerverbindender Anstoß

Neben Wahlslogans eignen sich auch Wahlplakate zur Analyse und Bewertung als zeitgeschichtliche Dokumente.

Material 8

Der Handreichung zur Jahrgangsstufe 12 des Lehrplans (PZ-Information 5/96) ist ein großes Faltblatt der Bundeszentrale für politische Bildung (Bonn) beigelegt, das **96 (!) Wahlplakate aus der Zeit von 1949-1990** enthält, darunter auch das nebenstehende aus dem Jahr 1976.

Anstöße

1. *Analysieren und interpretieren Sie das Wahlplakat mithilfe der Anleitung für eine Bildinterpretation (→ VI/2.4, Exkurs, S. 312 f.)!*
2. *In Zusammenarbeit mit dem Fach Bildende Kunst können Sie über die Analyse der 96 Wahlplakate des Faltblattes (s.o.) ein Stück (Demokratie-)Geschichte der Bundesrepublik erarbeiten!*

► Wählerverhalten

Eine Bewertung des Wahlkampfes in der Bundesrepublik Deutschland sollte das Wählerverhalten, die wesentlichen Faktoren, die die Entscheidung des Wählers bestimmen, mitbedenken.
Den Sozialwissenschaften stehen verschiedene **Methoden der Wahlforschung** zur Verfügung, die in aller Regel miteinander kombiniert angewendet werden um verlässliche Aussagen über **Bestimmungsfaktoren des Wählerverhaltens** zu gewinnen:

- die *Auswertung der repräsentativen Wahlstatistik:* In ausgewählten, typischen Stimmbezirken werden die Stimmzettel nach Geschlecht und Altersgruppen getrennt abgegeben und ausgezählt;
- die *sozialstatistische Wahlanalyse:* In bestimmten Wahlkreisen wird geprüft, wie sich die Sozialstruktur auf den Stimmenanteil der Parteien auswirkt;
- die *Meinungsforschung:* Eine repräsentative Stichprobe von Wahlberechtigten wird nach den Gründen ihrer Wahlentscheidung befragt.

Material 9

Zunächst ist die Frage nach den Bezugssystemen zu stellen, innerhalb derer der Wähler seine politische Orientierung erwirbt (Schaubild 1, M 10). Man unterscheidet die Primärumwelt, also die direkten Bezugsgruppen wie Familie, Freunde, Kollegen, Arbeitsplatz und die Sekundärumwelt wie Vereine und Verbände, denen der potenzielle Wähler angehört. Die Stellung in diesem Bezugssystem und damit auch die Interessen des einzelnen Bürgers werden durch dessen gesellschaftlichen und sozialökonomischen Status bestimmt. Diese Interessen und Wertorientierungen bilden auch die Basis für die Einstellung gegenüber der Politik, insbesondere gegenüber Parteien, Kandidaten und bestimmten politischen Themen. Ein weiteres Bezugssystem bildet das politische System selbst. So verhalten sich die Wähler z.T. bei Bundestagswahlen anders als bei Kommunalwahlen. Aus dem zweiten Schaubild (M 10) können wir ersehen, dass die verschiedenen Faktoren des Wählerverhaltens in unterschiedlichem Maße beeinflusst werden können. Dabei sind die sozialökonomischen Bindungen (siehe Statistik über Sozialstruktur der Wählerschaft, M 13) der Wähler relativ stark und nicht leicht veränderbar.

(Ackermann/Landfried/Wagner/Wehling, Politik, Hamburg 1980, S. 67)

Material 10

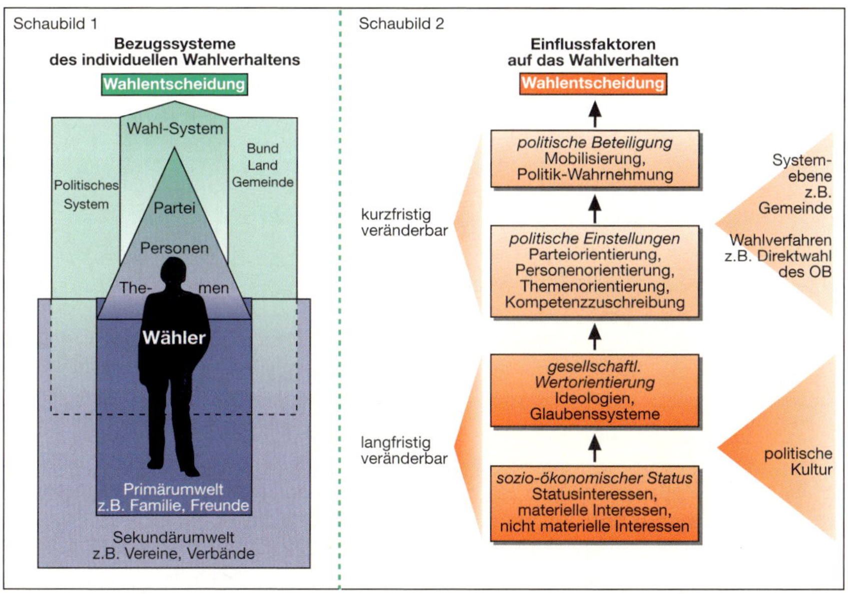

Die beiden Schaubilder zeigen einen Versuch Einflussfaktoren für das Wahlverhalten systematisch zu erfassen.

(H.P. Biege u.a., Zwischen Persönlichkeitswahl und Parteienentscheidung, Königstein 1978, S. 110)

Wertewandel und Wandel der Sozialstruktur (→ II/1.4: Soziale Milieus) haben Einfluss auf das Wählerverhalten, was sich in einer unbeständigeren Parteibindung bzw. einem Anstieg der Wechselwähler zeigt.

Material 11

Die Ära der ersten drei Jahrzehnte der Bundesrepublik war geprägt durch die zunehmende Konzentration der Wählerschaft auf die drei Traditionsparteien CDU/CSU, SPD und F.D.P. und eine bis an die Grenze der Erstarrung reichende Stabilität des individuellen Wahlverhaltens. Diese Konzentrationsphase erreichte Mitte der 70er-Jahre ihren Höhepunkt: Noch bei der Bundestagswahl 1976 konnten die Traditionsparteien 99 Prozent aller gültigen Stimmen auf sich vereinen.

Seither sind die deutschen Wähler immer unbeständiger geworden. Ihre Parteibindungen, insbesondere zu den großen Volksparteien, werden schwächer, und die Bereitschaft zur Wahl neuer Parteien, auch an den Rändern des Parteiensystems, nimmt zu. [...]

Noch Mitte der 70er-Jahre waren etwa 80 Prozent aller Wähler Stammwähler, die stets für dieselbe Partei votierten. Diese Wählergruppe ist inzwischen auf etwa 50 Prozent geschrumpft. Umgekehrt heißt das, dass nicht mehr nur 20 Prozent, sondern etwa die Hälfte der Wählerschaft grundsätzlich zum Wechsel der Wahlentscheidung bereit ist. Die Wechselwähler sind kaum durch politische Loyalitäten gebunden, sondern entscheiden sich aufgrund der aktuellen politischen Tagesfragen und den wahrgenommenen Problemlösungskompetenzen der politischen Parteien und ihrer Kandidaten. [...]

Die Wechselbereitschaft eines zunehmenden Teils der Wählerschaft ist nicht gleichzusetzen mit der Annahme, dass die traditionellen politischen Konfliktlinien ihre Bedeutung verloren haben. [...]

(Wilhelm Bürklin, Wählerverhalten und Wählerwanderungen; in: Das Parlament, Nr. 3/4 v. 13./20.1.1995, S. 12)

Material 12 (→ II/1.4 und VI/2.4)

Konfliktlinien im Parteiensystem der Bundesrepublik

50er- und 60er-Jahre

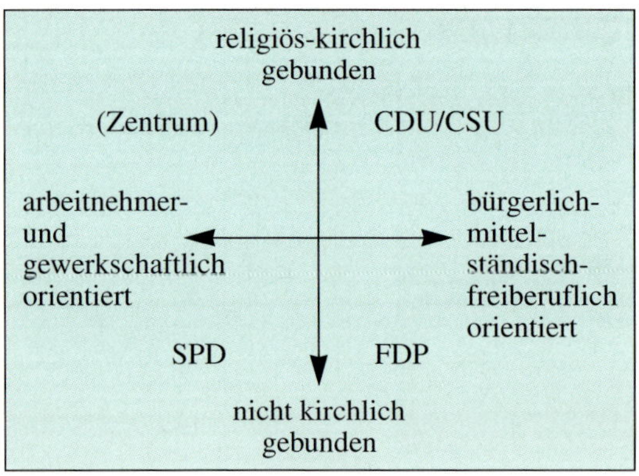

80er-Jahre

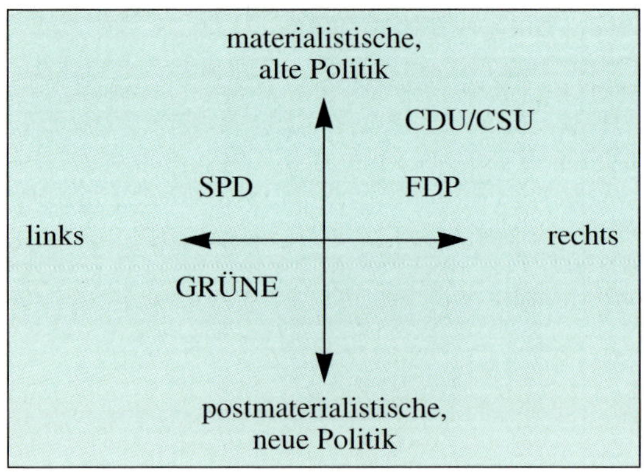

Im Gegensatz zur Weimarer Republik war die nationale Konfliktlinie (cleavage[1] Zentrum vs. Peripherie) in den Nachkriegsjahrzehnten gewissermaßen suspendiert. [...] Auch die agrarisch-industrielle Konfliktlinie (cleavage Stadt vs. Land) hatte nach der Mobilität als Kriegsfolge im Wirtschaftswunderland Bundesrepublik an Sprengkraft verloren. Prägend bleiben

[1] Unter cleavages verstehen Politikwissenschaftler „sozialstrukturelle Konfliktlagen“, die folgendermaßen gekennzeichnet sind:
- historisch angelegte Konflikte im sozialökonomischen bzw. sozialkulturellen Bereich;
- dauerhaft politisiert;
- längerfristig die politischen Konflikte prägend.

dagegen die Konfliktlinien zwischen Arbeitnehmer- und gewerkschaftlichen Interessen sowie bürgerlich-mittelständisch-freiberuflichen Interessen (cleavage Arbeit vs. Kapital) einerseits und zwischen religiös-kirchlich-konfessionell gebundenen sowie nichtreligiösen, liberalen, kirchlich ungebundenen Gruppen bzw. Wählern oder Parteianhängern (cleavage religiös vs. säkular) andererseits. Da sich diese beiden Konfliktlinien nicht völlig überlagern, sondern kreuzen (crosscutting cleavages), entstand daraus in den Fünfziger- und Sechzigerjahren ein Parteiensystem, dessen Anhängerschaft sich aus vier verschiedenen Stammgruppen rekrutierte (→ *Grafik*).

Die treuesten Stammwähler der Parteien entstammten genauso wie die aktiven Parteimitglieder und -funktionäre klar beschreibbaren sozialen Gruppen: die SPD gewerkschaftlich orientierten Gruppen, die nicht kirchlich gebunden waren; die CDU/CSU kirchlich gebundenen Gruppen, die dem Mittelstand entstammten (mit einigen deutlichen Bindungen zur katholischen Arbeitnehmerschaft); die FDP kirchlich ungebundenem, bürgerlichem alten Mittelstand; die noch existierende kleine Zentrumspartei repräsentierte typologisch das vierte Segment aus katholischer Arbeitnehmerschaft.

Im Laufe der Sechzigerjahre wirkten sich zunehmend Wandlungstendenzen in der Sozialstruktur auf die Rekrutierungsbasis der Parteien aus. Kirchliche Bindungen traten in der Bevölkerung genauso zurück wie Gegensätze zwischen den beiden großen Konfessionen. Der Dienstleistungssektor stieg weiter an und drängte den Primärbereich der Landwirtschaft in eine marginale Rolle, während der sekundäre Sektor der Industrie nur geringfügig zurückging, sich intern aber einschneidend nach Branchen, Produktpaletten und Größenverhältnissen veränderte. Im Zusammenhang damit wandelte sich die Berufsstruktur. [...]

Im Laufe der Sechzigerjahre hatten sich die Konfliktlinien mehr und mehr überlagert, sodass zu Zeiten der sozialliberalen Koalition (1969-1982) ein arbeitnehmerorientiertes, nicht religöses, aufstiegsorientiertes, dem neuen Mittelstand verbundenes Lager – eben das sozialliberale – einem katholisch geprägten, dem alten Mittelstand und der Unternehmerschaft nahe stehenden konservativen Lager gegenüberstand. Die beiden alten Konfliktlinien (Kapital vs. Arbeit und religiös vs. säkular) waren zu einem Rechts-Links-Gegensatz verschmolzen. [...]

Außerhalb dieser beiden Lager war politisches Niemandsland, sodass die drei im Bundestag vertretenen Parteien (einschließlich CSU) in den Siebzigerjahren 98-99 Prozent der Stimmen bei Bundestagswahlen auf sich vereinigen konnten. Diese scheinbar so stabile Lage veränderte sich in den Achtzigerjahren drastisch. Bereits in den Siebzigerjahren hatten Studentenbewegung, Bürgerinitiativbewegung, neue soziale Bewegungen für Frauen, Frieden und Umwelt Bewegung in die Politik gebracht. Ein Wertewandel – weg von den alten materiellen Werten (rechts-links-cleavage) hin zu neuen postmaterialistischen Werten (cleavage materialistische, „alte" Politik vs. postmaterialistische, „neue" Politik) – kündigte sich an.

Auf diese Weise entwickelte sich seit den Siebzigerjahren eine neue Konfliktlinie quer zur traditionellen Rechts-Links-Achse (→ *Grafik*). [...]

(Ulrich von Alemann, Parteien und Gesellschaft in der Bundesrepublik; in: Alf Mintzel/Heinrich Oberreuter (Hrsg.), Parteien in der Bundesrepublik Deutschland, Opladen 1992, S. 95-98)

Denkanstöße

SPD: Neue Mitte oder soziale Gerechtigkeit – Die SPD im Spannungsfeld von Modernisierern und Traditionalisten

CDU: Der lange Schatten Helmut Kohls: Kanzlerwahlverein oder Programmpartei?

F.D.P.: „Funktionspartei" ohne Funktion?

GRÜNE: Pragmatische Regierungspartei oder Sehnsucht nach Opposition?

PDS: Linke Alternative ode regionale Protestpartei?

Ein Vergleich der Parteipräferenzen in den sozialen Milieus zwischen dem Jahr 1984 und 1991 zeigt, dass einem veränderten Wahlverhalten Wandlungsprozesse in der Sozialstruktur der Wählerschaft zugrunde liegen.

Material 13 (→ II/1.4)

	SPD		Union		FDP		Grüne		Anteil an der Wahlbevölkerung	
	1984	1991	1984	1991	1984	1991	1984	1991	1984	1991
Konservatives gehobenes Milieu	17%	23%	59%	51%	13%	10%	1%	2%	10%	8%
Kleinbürgerliches Milieu	29%	26%	55%	45%	4%	6%	1%	3%	29%	22%
Traditionelles Arbeitermilieu	52%	45%	34%	19%	2%	4%	1%	4%	9%	5%
Traditionsloses Arbeitermilieu	49%	36%	31%	27%	2%	5%	6%	4%	8%	12%
Aufstiegsorientiertes Milieu	40%	32%	40%	35%	6%	10%	4%	4%	21%	25%
Technokratisch-liberales Milieu	39%	45%	36%	17%	10%	9%	7%	7%	11%	9%
Hedonistisches Milieu	42%	37%	17%	21%	2%	4%	27%	16%	8%	12%

Milieuschwerpunkte 1984

Milieuschwerpunkte 1991

Sinus unterteilt die westdeutsche Gesellschaft in neun soziale Milieus, in denen jeweils Menschen zusammengefasst werden, die sich hinsichtlich ihrer Lebensauffassung und Lebensweise ähneln. Zusammen ergeben diese Milieus ein Bild der (west-)deutschen Lebenswirklichkeit. Für zwei dieser Milieus, nämlich das „Neue Arbeitnehmermilieu" und das „Alternative Milieu" (Anteil an der Wahlbevölkerung 1991 fünf bzw. zwei Prozent) liegen keine Vergleichserhebungen vor: Sie sind deshalb hier nicht aufgeführt.

1) Hier finden sich hohe Einkommensgruppen und ausgeprägte Formalbildung; Klagen über Sittenverfall, Bildungslosigkeit, Werteverlust; Leistung gilt viel; Individualität; überdurchschnittlicher materieller Erfolg.
2) Kleine bis mittlere Einkommensgruppen; Sicherheit wichtig; man lebt, um etwas zu erreichen; Besitz bedeutet viel; traditionelle Werte wie Ehrfurcht, Fleiß, Pflichterfüllung, Verlässlichkeit.
3) Fach-, an- und ungelernte Arbeiter vor allem aus großstädtischen Industrierevieren; Solidarität wichtig; Nähe zu den Gewerkschaften; Streben nach materieller Sicherheit; man arbeitet, um zu leben; Sparsamkeit und einfache Lebensweise.
4) Geringer sozialer Status; viele Arbeitslose; alltägliche Unzufriedenheit; ausgeprägter Materialismus; man lebt von der Hand in den Mund und häufig über die Verhältnisse; Vernachlässigung der Daseinsvorsorge.
5) Realschulabschluss und mehr; Facharbeiter und Angestellte mit mittlerem Einkommen; erfolgsorientiert; Orientierung an Standards gehobener Schichten; prestigeträchtiger Konsumstil; viele berufstätige Frauen.
6) Überdurchschnittlich hohe Formalbildung; höhere Angestellte, Beamte, Selbstständige; Sachlichkeit, Vernunft, Fortschrittsdenken, Liberalität; leistungsorientiert, Selbstverwirklichung und soziales Prestige, hoher Lebensstandard, Zukunftsoptimismus.
7) Hoher Anteil von jüngeren Leuten; Men-

schen mit geringer Formalbildung („Abbrecher“) sind überrepräsentiert; un- und angelernte Arbeiter, ausführende Angestellte („Jobber“); mittlere bis kleine Einkommen dominieren; Arbeit ein notwendiges Übel; Individualität und „Echtheit“, Ungebundenheit und Spontaneität gelten viel; man möchte das Leben genießen, intensiv „hier und jetzt“ Leben; Vernachlässigung der Lebensplanung, Abgrenzung von „Spießern“.

(nach: Sinus Lebensweltforschung, Forschungsprojekt „Bewältigungsmuster in Ost- und Westdeutschland“, Heidelberg 1992, S. 21)

► *Wahlergebnis*

Material 14

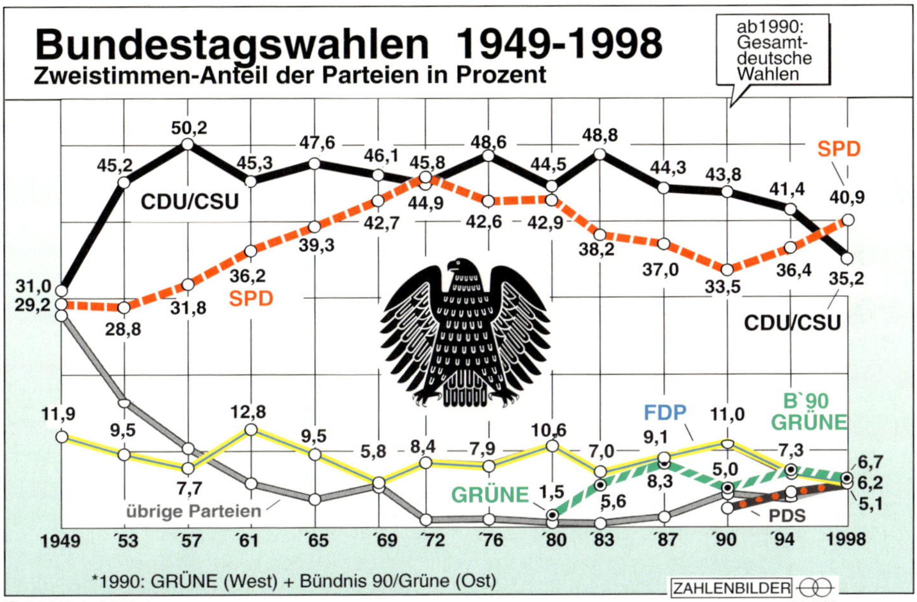

88 500

Während in den ersten Bundestag 1949 noch zwölf Parteien einzogen, waren nach den Wahlen von 1961 bis 1980 nur mehr vier Parteien (CDU, CSU, SPD, FDP) in Bonn vertreten. Zur Konzentration des Parteiensystems trug die 5-Prozent-Sperrklausel des Bundeswahlgesetzes bei. Letztlich Ausschlag gebend war aber die Bindung der Wähler an die großen Parteien CDU/CSU und SPD (die seit den 80er-Jahren abnimmt). Erst 1983 gelangte mit den Grünen eine neue Partei in den Bundestag. Im Zuge der deutschen Vereinigung glichen sich die parteipolitischen Strukturen in Ostdeutschland an die Westdeutschlands an. Eine Ausnahme stellt hier die PDS (Nachfolgerin der früheren DDR-Staatspartei SED) dar.
1949-1969 wurde der Bundeskanzler von der CDU gestellt. Nach dem Bruch ihres Regierungsbündnisses mit der FDP 1966 musste die CDU/CSU eine große Koalition mit der SPD eingehen. Die Wahlergebnisse 1969 ermöglichten es der SPD, mit der FDP zusammen zu regieren und erstmals den Bundeskanzler zu stellen. Die sozialliberale Koalition hielt bis zum Herbst 1982. Danach regierte das Bündnis aus CDU/CSU und FDP bis zur Wahl im Herbst 1998. Seitdem stellt in der neuen Regierungskoalition aus SPD und B’90/Grüne wieder die SPD den Bundeskanzler.

▶ Regierungsbildung

Die **formalen Regeln** für die Regierungsbildung enthält das **Grundgesetz** (vgl. Art. 62-64, 67 und 68, 121). Den *politischen Prozess der Regierungsbildung*, der sich innerhalb dieses formalen Rahmens abspielt, kann und will die Verfassung nicht beschreiben; er ist weitgehend *informeller Art.*

Politische Schritte *zur Regierungsbildung:*

- Parteitage entscheiden vor Wahlen über *Wahlprogramme* und evtl. *Koalitionsaussagen*, wählen ggf. einen *„Kanzlerkandidaten“.*
- *Partei- und Fraktionsführungen* verhandeln nach den Wahlen über die personelle Zusammensetzung der Regierung sowie über ein Sachprogramm für die Legislaturperiode; dieses wird in einer schriftlichen *Koalitionsvereinbarung* festgehalten.
- Ist die Einigung von Fraktionen (und ggf. Parteiflügeln) auf Personen und Programm einer neuen Regierung gelungen, teilen die Fraktionsvorsitzenden dem *Bundespräsidenten* dies informell mit, damit er seinen Vorschlag zur Kanzlerwahl gemäß Art. 63 (1) GG mit Aussicht auf Erfolg machen kann.
- Das neue Bundeskabinett berät über die *Regierungserklärung*, die der Bundeskanzler im Bundestag abgeben wird.

Material 15

Regierung und Opposition seit 1949

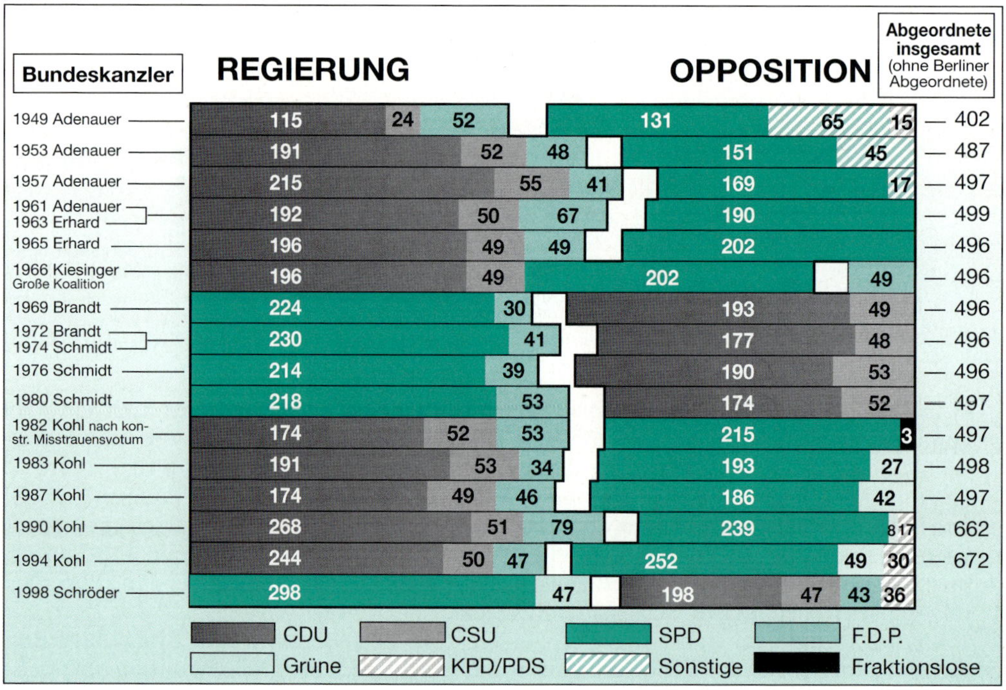

4. Grundinformation: Regierungssystem der Bundesrepublik Deutschland

Das Regierungssystem der Bundesrepublik Deutschland ist dadurch gekennzeichnet, dass

- das Demokratieprinzip (Art. 20 GG) zur repräsentativen Demokratie ausgestaltet ist;
- Repräsentation im Sinne der Konkurrenztheorie der Demokratie als partielle, d.h. Herrschaft begrenzende Repräsentation verstanden wird;
- Herrschaft gewaltenteilig ausgeübt wird.

▶ *Parlamentarisch-repräsentative Demokratie*

◆ Der Sinn des repräsentativen Systems liegt vor allem darin, das demokratische Prinzip der Volkssouveränität mit den Lebensbedingungen der modernen Massengesellschaft in Einklang zu bringen. Zwar sollen die Bürger mit der Mehrheit ihrer Stimmen die wesentlichen Weichenstellungen im politischen Gemeinwesen selbst vornehmen können. Aber das kann nicht mehr durch allsonntägliche Abstimmungen auf der Gemeindewiese geschehen. Dazu sind wir zu viele; und dafür sind die Verhältnisse zu kompliziert. Auch müssen die Verantwortlichkeiten klar sein; eine große anonyme Masse kann nicht Träger von Verantwortung sein.

Deshalb haben wir das repräsentative System. Dazu gehören die auf Zeit gewählten Abgeordneten. Sie sollen die Bevölkerung repräsentieren, sie also bei den Entscheidungen vertreten, d.h. Gesetze beschließen, Regierungen wählen und Maßnahmen der Verwaltung kontrollieren. Das Grundgesetz orientiert sich weitgehend am Gedanken der repräsentativen Demokratie.◆

(Richard v. Weizsäcker, Parteien müssen den Vertrauensverlust wettmachen – Das Grundgesetz hat sich weitgehend am repräsentativen Prinzip orientiert; in: Hartmut Klatt (Hrsg.), Der Bundestag im Verfassungsgefüge der Bundesrepublik Deutschland-Beiträge zum dreißigjährigen Bestehen des deutschen Bundestages, Bonn 1980, S. 145)

◆ Eine Republik, worunter ich eine Regierung verstehe, in der die Idee der Vertretung des Volkes verwirklicht ist, eröffnet bessere Aussichten; von ihr lässt sich das Heilmittel erhoffen, das wir suchen. [...] Die Auswirkung [...] besteht einerseits darin, dass die öffentliche Meinung geläutert und erweitert wird, indem sie den Filter einer ausgewählten Gruppe von Staatsbürgern passiert, deren Einsicht die Gewähr bietet, dass sie die wahren Interessen ihres Landes erkennen, und deren Patriotismus und Gerechtigkeitsliebe die Annahme zulässt, dass sie diese wahren Interessen nicht augenblicklichen Vorteilen opfern werden. Auf diese Weise kann es geschehen, dass die Stimme des Volkes dort, wo sie aus dem Mund der Volksvertreter spricht, eher dem Wohl der Allgemeinheit dient, als dort, wo das Volk selbst zusammentritt, um seinen Willen kundzutun.[...] ◆

(Aus: The Federalist Papers, Nr. 10 <Autor: James Madison>; zit. nach: Oberndörfer/Jäger, Klassiker der Staatsphilosophie II, Stuttgart 1971, S. 57 – 62, Auszug)

Material 1

Verfassungsorgane der Bundesrepublik Deutschland

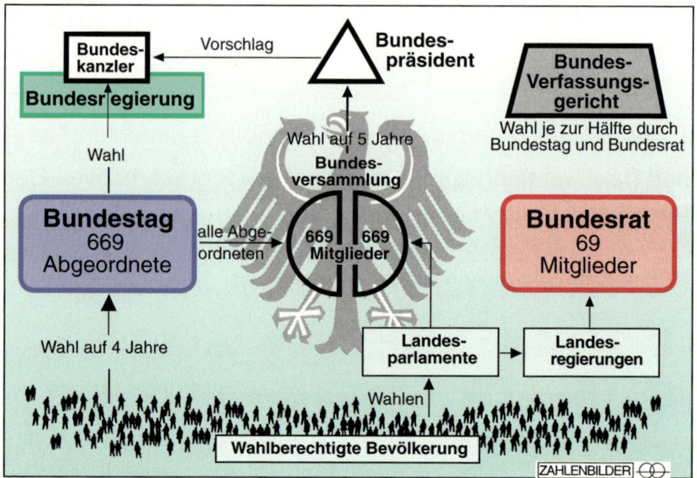

 62 110

Aufgabe

1. *Erläutern Sie Aufbau, Zusammensetzung und Funktion der Staatsorgane mithilfe des vorgegebenen Rasters:*

Staatsorgan	
GG-Artikel	
Wahl	
Amtsbefugnis	
Kontrolle	

▶ *Gewaltenverschränkung – „Checks and Balances“*

In den westlichen Demokratien haben sich verschiedene Formen der Machtverschränkung entwickelt, die auf dem **Prinzip der Gewaltenteilung** beruhen:

- temporale Gewaltenteilung: Staatsämter werden nur auf Zeit vergeben (→ S. 234 ff.);
- vertikale Gewaltenteilung: Föderalismus (→ S. 267 ff.);
- vitale Gewaltenteilung: Regierung und Regierungsfraktion(en) – Oppositionsfraktion(en) (→ S. 274 ff.);
- „vierte“ Gewalt: Kontrollfunktion der Massenmedien.

Kennzeichnend für das politische System der Bundesrepublik Deutschland ist nicht eine Gewaltenteilung im Sinne der Trennung, sondern eine **starke Gewaltenverschränkung**, ein System von **„Checks and Balances“,** von wechselseitiger Kontrolle und Einflussnahme zur wirksamen Machtbeschränkung. Die klassischen Funktionen des Regierens können einzelnen Institutionen nicht mehr eindeutig zugeordnet werden; Gewaltenteilung als Gestaltungsprinzip bleibt jedoch erhalten (→ S. 274, M 1). Eine Darstellung der Tätigkeit von Regierung und Parlament als den wichtigsten Trägern des politischen Prozesses darf sich nicht darauf konzentrieren, „Regierungsakte“ der Exekutive und die Gesetzgebung der Legislative isoliert voneinander zu betrachten *(institutioneller Ansatz).*
Es ist vielmehr nach den spezifisch politi-

schen Funktionen und den ihnen zugrunde liegenden politischen Strukturen innerhalb **des zentralen politischen Systems zu fragen** (*funktionaler Ansatz → M 2, M 3).*

Material 2

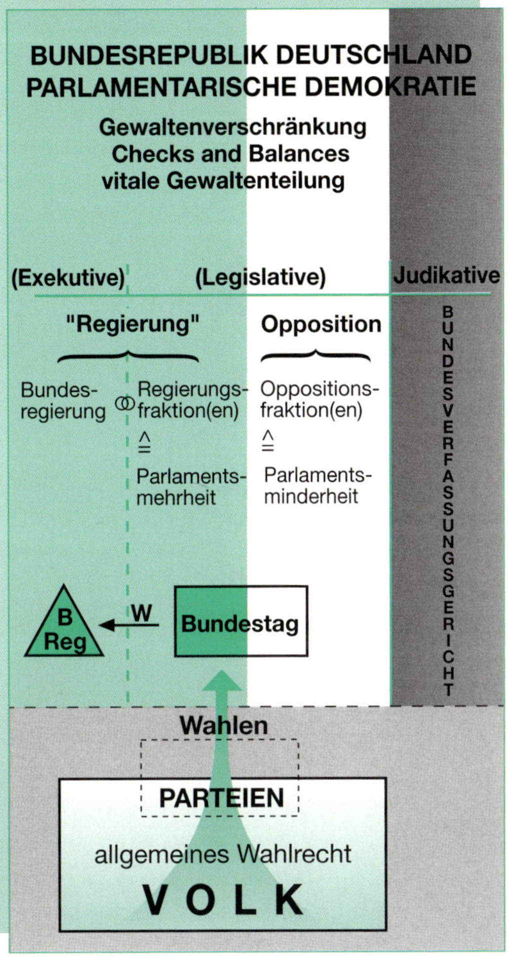

◆ **Charles de Montesquieu** (1689-1755) erlangte seine Wirkung v.a. durch die Übertragung des aufklärerischen Gedankenguts auf die Gesellschaftsordnung und deren Basis, das **Recht.**

MONTESQUIEUS ›Persische Briefe‹ (1721) prangern die Zustände in seiner franz. Heimat indirekt an. Wie VOLTAIRE hält er die engl. Gesellschaft für nachahmenswert.

Sein Hauptwerk ›De l'esprit des lois‹ (Vom Geist der Gesetze, 1748) orientiert sich besonders an englischen Vorbildern, vor allem an LOCKE.

Ansatzpunkt ist der Vergleich der Rahmenbedingungen einer Gesellschaft mit deren rechtl. Ausstattung. MONTESQUIEU geht vom *Naturrechtsgedanken* aus.

[...]

Gut ist eine Staatsform, wenn sie gemäßigt ist, denn nur dann garantiert sie Freiheit. Der Freiheit dient auch eine Beschränkung der Macht durch die Macht, die **Gewaltenteilung** in:

- *gesetzgebende Gewalt:* soll die Exekutive kontrollieren und besteht aus zwei Kammern, ein kontrollierendes Oberhaus (frz. corps des nobles) und ein gesetzgebendes Unterhaus;
- *vollziehende Gewalt* mit Vetorecht gegen die Legislative;
- *richterliche Gewalt,* die strikt von der Exekutive zu trennen ist.◆

(dtv-Atlas zur Philosophie, München (dtv 3329), S. 131)

► *Regierungssystem und politischer Entscheidungsprozess*

Eine Darstellung des Regierungssystems der Bundesrepublik Deutschland mithilfe des klassischen Prinzips der Gewaltenteilung erfasst die „Staatsorgane" formal-statisch und ordnet diesen Institutionen bestimmte Funktionen des Regierens zu. Der *politische Prozess im System* kann damit nur unzulänglich beschrieben werden. Dies versucht in seiner Weise das Schaubild auf S. 254.

Material 3

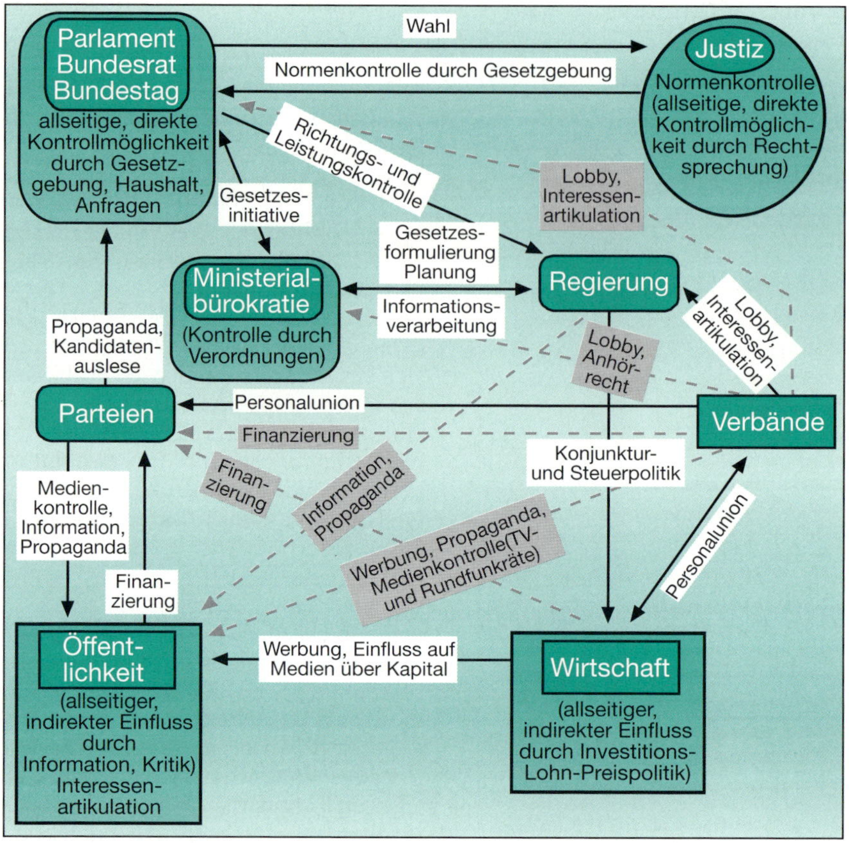

(Aus: Paul Noack, Was ist Politik? München (Droemer Knaur) 1973, S. 191)

Aufgaben

2. *Vergleichen Sie Intention und Aussage der voranstehenden Schemata (Material 1,2 und 3) miteinander und erläutern Sie den Unterschied zwischen informellen und formellen Prozessen im Regierungssystem (→ 5.1)!*
3. *Sozialwissenschaftliche Modelle bilden nicht die Wirklichkeit ab, sie bilden einen Bezugsrahmen und bieten ein begriffliches Instrumentarium zur Analyse komplexer Wirklichkeit unter bestimmten Aspekten (→ II/1.5). Untersuchen Sie diesen Sachverhalt durch Vergleich unterschiedlicher Modelle, die das Buch zur Analyse des politischen Prozesses enthält: neben den hier vorgestellten (→ Seiten 153, 259, 261, 264)!*

5. Politisches Entscheiden: Gesetzgebungsprozess

◆ Das Ingangsetzen und Steuern des Entscheidungsprozesses ist politisch relevantes Tun; wer auch immer es vermag, ‚regiert'.◆

(Thomas Ellwein, Einführung in die Regierungs- und Verwaltungslehre, Stuttgart 1966, S. 145)

Der **Gesetzgebungsprozess** ist zur Herausarbeitung der typischen **Merkmale und Strukturen des Regierungsprozesses** besonders geeignet, weil

- alle Staatsorgane daran in für sie typischer Weise beteiligt sind;
- alle relevanten gesellschaftlichen Gruppen versuchen darauf Einfluss zu nehmen;
- festgestellt werden kann, wo im Rahmen eines institutionalisierten Verfahrens politischer Handlungsspielraum bleibt und wie er ausgenutzt wird.

Das **Fallbeispiel Katalysator-Auto** ist besonders geeignet, weil

- es sich um eine zentrale umweltpolitische Entscheidung handelt, von der alle Bürger betroffen sind;
- es unsere Eingebundenheit in den Entscheidungsrahmen der Europäischen Gemeinschaft/Europäischen Union zeigt.

5.1 Was ist „Regieren"? – Regierungsfunktionen

Regieren umfasst die spezifisch **politische Ausübung von Staatsgewalt** in folgenden Teilbereichen:

- Akte der auswärtigen Gewalt (z.B. Abschluss von völkerrechtlichen Verträgen oder Regierungsabkommen);
- Akte der inneren Staatsführung (z.B. Richtlinienkompetenz, Haushaltsgesetz, Organisationsgewalt, Antrag auf Parteiverbot);
- Einwirkungen von Regierung und Parlament aufeinander (Misstrauensvotum, Parlamentsauflösung, Ausübung der Gesetzesinitiative).

Der komplexe Regierungsprozess erschließt sich nicht allein durch eine Analyse verfassungsmäßiger Institutionen und Kompetenzen. Die Frage nach verfassungsmäßigen Strukturen muss erweitert werden um die Suche nach spezifisch politischen Funktionen von staatlichen und gesellschaftlichen Gruppen und Kräften, die auf den Regierungsprozess einwirken. Der Aufdeckung solcher politischer Funktionen dient das Aufspüren von Nervenbahnen im zentralen politischen System **(nerves of government)**, die sehr oft informellen Charakter haben (Material 3).
Der eminent politische Charakter des Regierens wird dadurch deutlich, dass **Regierungsakte** in aller Regel gerade nicht auf einsamen Entschlüssen basierende Entscheidungen des Regierungschefs sind, sondern das **Ergebnis von Information und Beratung mit vielfältigen, am politischen Prozess beteiligten Kräften** darstellen.

▶ *Führen*

Zum Rüstzeug der Regierenden gehören unterschiedliche *Regierungsfunktionen: Führen* ist die politischste Regierungsfunktion: **„Wer führt, setzt Ziele, bestimmt die Mittel und setzt sie ein"** *(Thomas Ellwein).*

Die starke Stellung, mit der das Grundgesetz den Bundeskanzler ausgestattet hat, erleichtert ihm die Wahrnehmung der Führungsaufgaben.

Verfassungsrechtliche Stellung des Bundeskanzlers:

- Wahl des Kanzlers in der Regel durch absolute Mehrheit; so ist er nur sehr schwer zu stürzen (konstruktives Misstrauensvotum).
- Keine Konkurrenz durch den Bundespräsidenten, dessen politische Einflussmöglichkeiten weitgehend auf Krisensituationen beschränkt sind.
- Richtlinienkompetenz nach Art. 65 GG und § 1 GOBReg; dazu gehören insbesondere Auswahl der Bundesminister, Informationsrecht des Bundeskanzlers, Aufsicht über die Einheitlichkeit der Geschäftsführung in der Bundesregierung, Organisationsgewalt.

▶ *Planen*

Planen gehört ebenfalls zu den wichtigsten Regierungsfunktionen; für den Regierungsprozess ist es notwendig zu wissen, wer auf die Formulierung der Regierungsvorhaben Einfluss nimmt.
Da zukünftige Entwicklungen nur teilweise vorhersehbar sind, ist politische Planung nur bedingt möglich. Politische Führung verlangt auch die Flexibilität sich auf immer neue, veränderte politische Situationen einzustellen.
Gleichwohl ist ein *zukunftsorientierter Entwurf* zum Regieren notwendig um der politischen Betätigung eine Perspektive zu geben. *Je längerfristig jedoch Planungen angestellt werden, desto unbestimmter, allgemeine politische Ziele beschreibend, müssen sie sein.*

langfristig	↓	Wertorientierte Grunsatzentscheidung der Partei
		Langzeitprogramm einer Regierungspartei
		Wahlplattform
		Koalitionsvereinbarungen
		Regierungserklärung
kurzfristig	↓	Gesetzentwürfe

Die konkrete Planung der Regierungspolitik einer Legislaturperiode beginnt – nach Meinungs- und Informationsaustausch mit Mehrheitspartei, Kabinett, Koalition und Fraktion unter Berücksichtigung zu erwartender Zustimmung oder Ablehnung – im Bundeskanzleramt, für Ressortfragen auch in den einzelnen Ministerien.

▶ *(Sich) Informieren*

Um regieren zu können muss man *sich informieren.*
In der Informationsbeschaffung kann man geradezu eine Form der *Regierungstechnik* sehen. Der Zusammenhang zwischen Regieren und Informationsbeschaffung zeigt sich darin, dass politische Richtlinien oft nur Reaktionen auf bestimmte politische Situationen sind, über deren Bedeutung man informiert ist und die deshalb politisch beeinflusst werden sollen.
Der *Terminkalender des Bundeskanzlers* (s. S. 257) zeigt zwei wichtige Informationsquellen, die ihn in die Lage versetzen zu regieren (im Sinne von beeinflussen oder reagieren):

- Das *Aktenstudium* erlaubt ihm nach der Geschäftsordnung der Bundesregierung Einblick in die Tätigkeit der Ministerien.
- Die *Pressemappe* vermittelt eine Vorstellung, was in der in- und ausländischen Öffentlichkeit diskutiert wird.

Der hohen Bedeutung, die man im Bundeskanzleramt der Informationsbeschaffung beimisst, entspricht die Institutionalisierung der *Lagebesprechung* zu Beginn der täglichen Arbeit.
Der Regierung steht zur Informationsbeschaffung das *Presse- und Informationsamt* (PIA) zur Verfügung, das daneben eine zweite, für die Regierung nicht minder wichtige Funktion ausübt: Es hat die Tätigkeit der Regierung gegenüber der Öffentlichkeit „zu verkaufen", d.h. möglichst werbewirksam im Hinblick auf kommende Wahlen über die Arbeit der Bundesregierung zu berichten. Damit ist das PIA *Ohr und Sprachrohr* der Regierung.

Material 1 (→ S. 271, M 11)

Terminkalender des Bundeskanzlers vom 27. 1. bis 31. 1. 1997

Montag, 27. Januar	8.30 Uhr	Lage
	9.15 Uhr	Aktenstudium
	10.30 Uhr	Gespräch mit dem Vorsitzenden der CDU/CSU-Bundestagsfraktion
	11.30 Uhr bis 13.30 Uhr	Gespräch mit dem niederländischen Ministerpräsidenten
	14.00 Uhr	Deutscher Bundestag: Gedenkstunde für die Opfer des Nationalsozialismus
	16.00 Uhr bis 17.30 Uhr	Gespräch mit der Konferenz Evangelikaler Publizisten
	18.00 Uhr	Besucher aus USA (Präsident einer bekannten Universität)
	20.30 Uhr	Gespräch mit dem Chef des Bundeskanzleramtes und den Staatsministern im Bungalow
Dienstag, 28. Januar	7.30 Uhr	Lage
	8.00 Uhr bis 10.00 Uhr	Gespräch mit den Partei- und Fraktionsvorsitzenden der Koalition
	10.00 Uhr bis 13.00 Uhr	Kabinett (Jahreswirtschaftsbericht)
	13.30 Uhr	Redebesprechung
	15.00 Uhr bis 17.00 Uhr	Sitzung der CDU/CSU-Bundestagsfraktion; am Rande Gespräche mit Abgeordneten
	19.00 Uhr bis 21.30 Uhr	Verabschiedung des Präsidenten der Bundesvereinigung der Deutschen Arbeitgeberverbände, Festrede Bundeskanzler (Hotel in Bonn)
Mittwoch, 29. Januar	7.30 Uhr	Aktenstudium
	9.00 Uhr	Lage
	11.00 Uhr bis 14.00 Uhr	Festakt 100. Geburtstag Ludwig Erhard, Festrede Bundeskanzler (Hotel in Bonn), anschl. Gespräche mit ausländischen Gästen, u.a. Ministerpräsident Juncker/Luxemburg
	15.00 Uhr	Redebesprechung
	16.00 Uhr	Ausländischer Besucher (England)
	17.30 Uhr	Ausländischer Besucher (Polen)
	18.30 Uhr	Aktenstudium
Donnerstag, 30. Januar	8.00 Uhr	Lage
	9.00 Uhr bis 12.00 Uhr	Deutscher Bundestag: Regierungserklärung durch den Bundeskanzler und Aussprache (Deutsch-tschechische Erklärung)
	13.00 Uhr bis 19.00 Uhr	Besuch des spanischen Ministerpräsidenten mit Delegation/Deutsch-spanische Konsultationen
	19.30	Präsidium der CDU
Freitag, 31. Januar	8.00 Uhr	Lage
	9.00 Uhr bis 12.00 Uhr	Deutscher Bundestag: Regierungserklärung durch den Bundeskanzler und Aussprache (Gemeinsame Verantwortung für mehr Beschäftigung in Deutschland)
	12.30 Uhr bis 13.15 Uhr	Interview
	13.30 Uhr bis 15.30 Uhr	Besprechung mit dem Chef des Bundeskanzleramtes und den Staatsministern
	16.00 Uhr	Abfahrt nach Ludwigshafen
	19.30 Uhr	Klassentreffen

Informationen aus dem Ausland erhält die Regierung auch durch den unmittelbar dem Kanzleramt unterstellten *Bundesnachrichtendienst* (BND). Da der Chef des Bundeskanzleramts zugleich die Tätigkeit der drei Geheimdienste überwacht (neben dem BND sind dies der dem Bundesinnenminister unterstellte *Bundesverfassungsschutz* und der dem Verteidigungsminister unterstehende *Militärische Abschirmdienst*/MAD), ist das Kanzleramt Zentrum nicht nur offener, sondern auch geheimer Informationen aus dem In- und Ausland.

▶ *Koordinieren*

„Regieren heißt auch Aufgaben und Apparate koordinieren“ *(Thomas Ellwein)*. Ein hoher Anteil der politischen Aufgaben kann nicht von einem Ministerium oder von dem Bundeskanzler allein bewältigt werden. Damit wird die Koordination von Regierungsvorhaben zu einer wichtigen politischen Aufgabe, bei der der politische Wille der Kabinettsmitglieder, der Koalition, der Mehrheitsfraktionen, der Opposition und der Öffentlichkeit zu beachten sind. Dem Bundeskanzler steht mit der **Organisationsgewalt,** die ihm aus Art. 64 GG erwächst, ein wichtiges Koordinationsinstrument zur Verfügung. Danach legt er den Geschäftsbereich der einzelnen Bundesminister in Grundzügen fest. Freilich kann der Kanzler diese Gewalt nicht unpolitisch ausüben, d.h. nicht ohne Rücksicht auf die Machtverhältnisse in der Regierung, Koalition und bei der Parlamentsmehrheit.

▶ *Entscheiden*

Alle Regierungsfunktionen zielen auf *Entscheiden:* **„Es regiert, wer Entscheidungsmöglichkeiten kennt und unter ihnen auswählt“** *(Thomas Ellwein)*. Entscheidungsprozesse in einer parlamentarischen Demokratie lassen sich besonders gut bei der Gesetzgebungsarbeit aufzeigen. Man würde das Politische am Regierungsprozess verkennen, wenn man im formellen Beschluss des Bundestages den eigentlichen Regierungsakt sehen würde (vgl. dazu das Beispiel um die Einführung des Katalysators → 5.2). Andererseits wäre es auch unzutreffend, Regierungsentscheidungen als einsame Beschlüsse des Kanzlers anzusehen, denen die Mehrheitsfraktionen notgedrungen zustimmen müssen. Der Bundeskanzler hat jedoch – ausgestattet mit der Richtlinienkompetenz und der Autorität des Koalitionsführers – besondere Möglichkeiten auf den Willensbildungs- und Entscheidungsprozess Einfluss zu nehmen.

5.2 Phasen des politischen Entscheidungsprozesses

▶ *Ein Phasenmodell politischen Entscheidens*

Mit Ellwein unterscheiden wir **vier Phasen im politischen Entscheidungsprozess:**

1. Phase: Entschluss zur Regelung
2. Phase: Ermittlung der Regelungsmöglichkeiten
3. Phase: Politische Entscheidung
4. Phase: Formelle Entscheidung

Die Schritte zu unterscheiden hilft uns den komplizierten Ablauf politischen Entscheidens zu beschreiben, zu analysieren und – damit erst – ihn zu verstehen. In diesem Sinne dient uns das *Phasen-Modell* als *analytisches Instrument* um eine komplexere Wirklichkeit zu erschließen.

Bei politisch bedeutsamen Gesetzgebungsvorhaben wird das Nacheinander der „Schritte“ deutlich relativiert. Die vier *„Schritte“* stehen nämlich *in einem engen inneren Zusammenhang:*

- Der *Entschluss zur Regelung* wird in aller

Regel dann gefasst, wenn Grundzüge einer Regelungsmöglichkeit sich bereits abzeichnen oder gar beschlossen sind.

- Die *politische Entscheidung* geht mit der *Ermittlung der Regelungsmöglichkeiten* Hand in Hand, d.h. sie fällt bei der Suche nach der konkreten Lösung des Problems oft schrittweise als Akt der Auswahl einzelner Regelungselemente.
- Die *formelle Entscheidung* und die *politische Entscheidung* sind zwei Seiten einer Medaille, weil formelle und informelle Vorgänge ineinander verschränkt sind.

Ist die angestrebte Regelung nicht zumutbar und mehrheitsfähig, kann der Entscheidungsprozess zum Erliegen kommen, in eine frühere Phase zurückgeworfen werden oder kann das Vorhaben endgültig scheitern.

Eine 5. Phase – verfassungsrechtliche Prüfung und ggf. erneute politische Entscheidung – kann sich anschließen, wenn die überstimmte Minderheit oder vom Gesetz Betroffene sich in ihren Rechten verletzt sehen und die verfassungsgerichtliche Überprüfung in Gang setzen.

Phasen des politischen Prozesses	**Zeittafel**	**Entscheidungsträger**	**Kategorien des Politischen**
1. Phase: Entschluss zur Regelung		Bundesregierung: Parteiprogramme Koalitionsabsprache Regierungserklärung	Problem/Konflikt Aufgabe Funktionszusammenhang Beteiligte/Betroffene Urteilsprägende Wertkategorien: VERANTWORTBARKEIT, ZUMUTBARKEIT, GERECHTIGKEIT
2. Phase: Ermittlung der Regelungsmöglichkeiten		Ministerium: Ministerialbürokratie Parteien, Verbände, Kirchen, Medien	Interessen Interpretationen Institutionen Machtverhältnisse Zielkonflikte/Verfassungskonformität
3. Phase: politische Entscheidung		Koalition Fraktion(en) Bundesregierung selten: Entwurf quer durch die Fraktionen	Durchsetzungsmöglichkeiten Koalitionsmöglichkeiten
4. Phase: formelle Entscheidung		Bundestag Bundesrat Bundespräsident	Prozeduren Rechtslage
5. Phase: verfassungsrechtliche Prüfung		Bundesverfassungsgericht Landesregierung Abgeordnete Fraktion	Verfassungskonformität
6. Phase: neue politische Entscheidungen (△ 3. und 4. Phase)		Koalition Fraktionen Bundestag Bundesrat Bundespräsident	wie 3. und 4. Phase WIRKSAMKEIT

Aufgaben

1. *Arbeiten Sie die Zeittafel M 2 in das Phasenschema ein und strukturieren Sie den Entscheidungsprozess!*
2. *Erstellen Sie während der Bearbeitung des Fallbeispiels die fallspezifische Ausprägung des Entscheidungsablaufs!*
3. *Vergleichen Sie diesen Entscheidungsprozess mit dem bei anderen Gesetzgebungsverfahren: Reform des Paragraphen 218 StGB (→ II/4.), Ratifizierung außenpolitischer Verträge (→ IX)!*

Material 2

Zeittafel zum Gesetzgebungsverfahren um das Katalysatorauto

1983

21.7. Kabinettsbeschluss zur Einführung abgasarmer Autos ab 1.1.1986

1984

9.2. Umweltdebatte im Bundestag; Entschließung abgasarme Autos ab 1.1.1986 einzuführen.

3.7. Kabinettsbeschluss: Ablehnung der Pläne Zimmermanns zur Einführung abgasarmer Autos ab 1.1.1986.

15.9. Sondersitzung des Bundesrates unterstützt geplanten Stufenplan.

19.9. Kabinettsbeschluss: Stufenplan = verbindliche Einführung des Katalysatorautos ab 1989, zuvor steuerliche Vergünstigungen.

20.9. Aktuelle Stunde im Bundestag.

7.11. Gesetzesentwurf für Kaufanreize (Steuervergünstigungen).

16.11. Bundesrat fordert eine sofortige Kraftfahrzeugsteuerbefreiung für schadstoffarme Autos.

17./18.11. Die Bundesländer (BW, BY, NS, RP, NRW) erheben ab sofort keine KFZ-Steuer für umweltfreundliche Autos.

28.11. Neuer Gesetzentwurf der Koalition (Steuerbefreiung bis zu 10 Jahren; für Altfahrzeuge ohne Umrüstung = Erhöhung der Steuern; Mineralölsteuer gesenkt ab 1.4.1985).

6.12. 1. Lesung im Bundestag und Überweisung an Ausschüsse.

1985

14.3. 3. Lesung und Schlussabstimmung zur Änderung der Mineralölsteuer.

21.3. Die EG-Umweltminister beschließen das umweltfreundliche Auto ab 10. Oktober 1988 einzuführen. Die Bundesregierung beschließt Steuervergünstigungen für schadstoffarme Autos ab 1. Juli in Kraft treten zu lassen.

28.3. Aktuelle Debatte zum EG-Kompromiss; Entschließung der Koalitionsfraktionen die Entscheidung hinsichtlich Tempolimit nach Abschluss des Großversuchs zu fällen.

2.4. EG-Kommission billigt Pläne der BReg zur steuerlichen Förderung des umweltfreundlichen Autos.

29.6. Die EG-Umweltminister einigen sich auf einen Kompromiss in der Frage der Höchstgrenze für Autoabgase in der EG (hinter US-Vorschriften).

▶ *1. Phase: Entschluss zur Regelung*

Politisch ist in dieser 1. Phase der Entschluss zur Aufnahme eines Problems in den innerhalb der Legislaturperiode zu verwirklichenden **Prioritäten-Katalog**. Dafür sind drei Gesichtspunkte ausschlaggebend:

- das *eigene politische Wollen* (Werthorizont, politische Zielvorstellung);
- die *Durchsetzungschancen* (koalitionspolitischer Zusammenhang – Mehrheitsverhältnisse in Bundestag und Bundesrat);
- die *erwartete Resonanz bei den Wählern* (Blick auf Wahlen).

Im Regelfall reift der „Entschluss zur Regelung“ schrittweise heran. Über Parteiprogramm, Wahlaussage und Koalitionsvereinbarung konkretisiert er sich in der Regierungserklärung. Bei unserem Beispiel jedoch wurde er während der Legislaturperiode unter dem Eindruck einer beginnenden öffentlichen Diskussion „spontan“ gefasst, wobei Regierung und Opposition die Gesetzesinitiative ergriffen.

▶ 2. Phase: Ermittlung der Regelungsmöglichkeiten

Die Ermittlung der Regelungsmöglichkeiten ist im Wesentlichen ein politischer Vorgang. Einmal muss geklärt werden, ob sachlich denkbare und politisch gewollte Regelungen mit der *Verfassung* vereinbar sind. Zum anderen muss der Kabinettsentwurf mit *Fraktions- und Parteispitzen* abgestimmt werden. Ein weiteres zentrales Problem in dieser Phase ist die Berücksichtigung der *Interessen von Verbänden*. Dabei gilt es, die Sachkompetenz der Verbände nutzbar zu machen, zugleich aber deren Einfluss zu kanalisieren und transparent zu halten und so zu verhindern, dass Partikularinteressen Grundlage einer allgemein verbindlichen Regelung werden.

Material 3

Ablauf des Entscheidungsprozesses in der Regierung

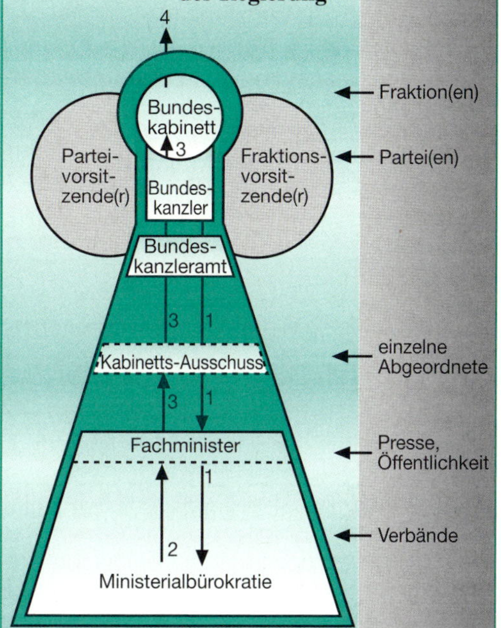

1. Kabinettsbeschluss 3. Kabinettsvorlage
2. Referentenentwurf 4. Gesetzesentwurf der BReg

Aufgabe

4. *Interpretieren Sie das Schaubild zum Entscheidungsprozess der Regierung und wenden Sie es auf unser Fallbeispiel an!*

Material 4

„Fassen wir also unsere Überlegungen noch einmal zusammen ..."

Material 5

Interessenverbände und politischer Willensbildungsprozess

Mittel zur Wahrnehmung der Verbandsinteressen im politischen Willensbildungsprozess:

- gegenüber den politischen Parteien
  Mitgliedschaft von Verbandsmitgliedern in politischen Parteien
  Bereitstellen von „Wählermassen"
  materielle (finanzielle) Wahlhilfe
- immaterielle Wahlhilfe (z.B. Aufruf)
  Spenden an Parteien zur allgemeinen Parteifinanzierung
- gegenüber dem Parlament
  Verbandsmitglieder und Verbandsfunktionäre als Abgeordnete
  Lobbyismus – Vorsprache bei Abgeordneten
  Hearings
- gegenüber der Regierung
  Vorsprache und Gutachtenerstellung bei Ministerialbürokratie
  Kontakte mit Regierungschef und Ministern

▶ 3. Phase: Politische Entscheidung

Der nachfolgende, aus verschiedenen Quellen zusammengestellte Kommentar beschreibt die Schwierigkeiten der Entscheidungsfindung:

◆ ...In der Tat ist von den forschen Ankündigungen des ersten Kabinettsbeschlusses jetzt nur noch wenig zu spüren. Dabei muss man sich aber weniger über den eingeschlagenen Rückwärtsgang verwundern als darüber, wie plötzlich 1983 Zimmermanns Interesse für den Wald wuchs; denn noch Wochen vor dem Epoche machenden Umweltbeschluss kommentierte er einen Gesetzentwurf des SPD-regierten Hessen, der zur Reinhaltung der Luft möglichst bald bleifreies Benzin für die Autos vorsah, als „Weltfremdheit".

Klarer wird das Ganze jedoch, wenn man die Vorgänge betrachtet, die sich in aller Stille in jenen Wochen vollzogen. Den Stein ins Rollen brachte Bundespräsident Carstens, als er nach einer seiner Wanderungen im Juli 1983 Bundeskanzler Kohl in einem privaten Gespräch vom drastischen Sterben des Waldes berichtete, woraufhin dieser das Thema sofort auf die Tagesordnung der nächsten Kabinettssitzung brachte. Nun konnte es auf einmal gar nicht schnell genug gehen. Vor allem einer drängte auf rasche Taten. Friedrich Zimmermann, der gerade erst auf den Umweltzug gehüpft war, kam sogleich mit einem Plan zur Sache. Vom 1. Januar 1986 an, so schlug er vor, sollten Autos in der Bundesrepublik nur noch bleifreies Benzin verbrennen und gleichzeitig nur noch Autos neu zugelassen werden, die mit einem Katalysator ausgerüstet seien.

Nicht zuletzt hoffte der Innenminister mit diesem Plan auf glänzende Chancen sein angekratztes Image aufzuputzen; und sicherlich würde er sich mit Blick auf künftige Wahlergebnisse gerne als „Retter des Waldes" feiern lassen. Die kraftvolle Tat, die ohne Absprache getroffen wurde, war jedoch nur eine Willenskundgebung, faktisch, rechtlich und politisch nicht abgesichert.

Und so ist es nicht verwunderlich, dass die Debatte über die Einführung abgasarmer Autos jetzt erst richtig eröffnet wurde. Sowohl Mineralölkonzerne als auch Autoindustrie liefen Sturm. In den nächsten Wochen bombardierten sie die Ministerialbürokratie mit Gutachten. Die Autolobby führte mehrere Kontaktgespräche mit Minister Zimmermann und erreichte sogar ein Spitzengespräch mit Kanzler Kohl. Die Autoindustrie erklärte, die Zeit für die technische Umstellung sei zu kurz, und beschwor die Gefahr, dass durch Absatzverluste Arbeitsplätze verloren gehen würden. Der von ihnen favorisierte Stufenplan wurde zunächst einmal von Zimmermann unbeeindruckt zurückgewiesen.

Doch Zimmermann hatte seine Rechnung nicht nur ohne die Autoindustrie, sondern ebenso wenig mit der EG gemacht. Die Verwirklichung des Kabinettsbeschlusses würde bedeuten, dass von 1986 an kein gängiger Fiat oder Renault in der Bundesrepublik mehr zugelassen werden dürfte. Die Europäische Gemeinschaft warnte entschieden vor einem nach EG-Recht verbotenen deutschen Alleingang, der einen Handelskrieg zur Folge haben könnte.

Durch den Widerstand der EG, nach deren Zeitplan die Abgasentgiftung nach amerikanischen Werten erst von 1995 an verbindlich vorge-

schrieben werden soll, muss Zimmermann den Plan seinen Vorschlag europaweit durchzusetzen fürs Erste einmal begraben.
In der Bundesrepublik hat er dagegen nahezu jede Unterstützung:
– Einhellig wollen die Umweltschutzorganisationen, dass der Kampf gegen das Waldsterben endlich ernsthaft geführt wird.
– Auch die Parteien von der CDU bis zu den GRÜNEN drängen auf Aktivität.
Es fällt jedoch auf, dass Zimmermann im Frühsommer immer weniger von gesetzlichem Zwang als vielmehr von finanziellen Anreizen spricht, wenn es um den Übergang zum umweltfreundlichen Auto geht. Der Grund: Die Umrüstung der Autos wird für den Verbraucher sehr teuer. Als Anreiz plant der Innenminister deshalb für die Dauer von 4 Jahren jeden Umweltwagen beim Kauf mit 1.000 DM zu subventionieren. Damit wagt er sich zweifellos bis an den Rand der Verfassung, denn es ist zu überlegen, ob diese Kaufprämie nicht schon einen Widerspruch zu unserer marktwirtschaftlichen Ordnung darstellt.
Für Finanzminister Stoltenberg spielen in erster Linie finanzielle Gründe eine Rolle, weswegen er von dem Milliardenprojekt überhaupt nichts wissen will. Auch der damalige Wirtschaftsminister Lambsdorff (FDP) und Verkehrsminister Dollinger (CSU) stellen sich gegen die Pläne Zimmermanns. Aber dieser will kämpfen.
Der Kabinettsbeschluss zum 3. Juli 1984 macht jedoch seine letzten Hoffnungen zunichte. Sein Plan zur Einführung des abgasarmen Autos ab 1986 wird abgelehnt, weil ein solcher Alleingang nicht mit dem EG-Recht vereinbar sei.
Nun setzen wieder die Denkprozesse der Ministerialbürokratie ein. Mit dem daraus hervorgehenden neuen Konzept, das vorsieht ab 1986 umweltfreundliche Autos steuerlich zu begünstigen, sie aber erst ab 1989 verbindlich zu machen, können sich auch die übrigen Minister anfreunden. Am 19.9.1984 wird der Stufenplan im Kabinett angenommen. Die Regierung ist damit weit hinter ihrer Zielangabe zurückgeblieben.
Der Bundesrat unterstützte auf seiner Sondersitzung den Vorschlag – allerdings nur mit der Mehrheit von sechs unionsregierten Ländern. Dem baden-württembergischen Ministerpräsidenten Späth (CDU), dessen Land die größten Waldschäden aufweist, war der Plan nicht weitgehend genug. Und Holger Börner (SPD) mahnte, wer sich der stufenweisen Einführung anschließe, handle gegen den Schutz der Wälder.
Ähnlich drastische Vorwürfe machte die Opposition in der Aktuellen Stunde im Bundestag: Sie warf der Regierung vor den Entschließungsantrag des Parlaments in der Umweltdebatte vom 9.2.1984 missachtet zu haben.
Spätestens jetzt mussten die Vertreter der Regierung gemerkt haben, dass es unvernünftig ist, sich zu kühnen, durch wahltaktisches Kalkül geleitete Entschließungen sich verleiten zu lassen, anstatt zuerst ein angemessenes Handlungskonzept auszuarbeiten, das gegenüber allen Beteiligten zumutbar ist. Was bleibt, ist einmal die Erkenntnis, dass die Entscheidung immer mit einem Zwang zum Kompromiss verbunden sein muss und zweitens die Frage, ob dieser Kompromiss in unserem Fall der Sache dient und versucht allen Seiten gerecht zu sein oder ob es lediglich ein fauler Kompromiss mit mehr kosmetischem Charakter ist.
Bis zum Ende des Gesetzgebungsverfahrens bleiben Fragen. Der Beschluss beendet nicht die Debatte, sondern entfacht sie neu. Und abermals steht Bonn unter dem Druck zu handeln. Jedenfalls muss sich die Bundesregierung schnell über flankierende Maßnahmen – z.B. Tempolimit – zu ihrem langsam wirkenden Katalysatorprogramm klar werden.◆

(H. Kurz)

Das **Aushandeln und Durchsetzen eines Kompromisses**, der

– mit der *eigenen Wert- und Zielvorstellung* gerade noch vereinbar ist,

– die einander entgegengesetzten Forderungen gesellschaftlicher Gruppen *einigermaßen zufriedenstellt* und

– dem *politischen Gegner möglichst wenig Ansatzpunkte* für weiter gehende politische Initiativen gibt,

das heißt, **die politische Entscheidung vollzieht sich in wesentlichen Teilen im Informellen.** Das *Formale*, das *institutionalisierte Verfahren*, stellt nur den äußeren Rahmen dar, ist nur die Außenseite des Geschehens, ist aber deshalb nicht überflüssig; es sichert die *Rechtswirksamkeit* und die *Zurechenbarkeit politischer Entscheidungen.*

Dabei hängt das Gelingen von der **Zusammenarbeit zwischen Regierung und Regierungsfraktionen** einerseits **und** zwischen **den Koalitionspartnern** andererseits ab. Politisch gewichtigstes Gremium ist dabei die Geprächsrunde der Parteivorsitzenden der Koalitionsparteien beim Bundeskanzler.

▶ 4. Phase: Formelle Entscheidung

Material 6

Gang der Gesetzgebung

Zusatzinformation zum Gang der Beratungen im Bundestag

1. Beratung (Lesung) im Bundestag

- Aussprache über Grundzüge des Gesetzesvorhabens
- Überweisung an Ausschüsse
- Ausschussberatung (→ S. 277, M 5)
- Detail-Beratung durch „Fachleute" der Fraktionen
- Anhörung von Sachverständigen („Hearings")

2. Beratung (Lesung) im Bundestag

- Berichterstattung der Ausschüsse
- Aussprache und Abstimmung über Änderungsvorschläge

3. Beratung (Lesung) im Bundestag

- nochmalige Aussprache über Grundzüge des Gesetzes
- ggf. noch einmal Änderungen
- Schlussabstimmung

Zusatzinformation: **Vermittlungsausschuss**
Er besteht aus je 16 Mitgliedern des Bundestages und des Bundesrates, die gemeinsam beraten und einen Vermittlungsvorschlag ausarbeiten. Auch die Bundesratsmitglieder sind dabei nicht weisungsgebunden (Vgl. Art. 77 (2) und (3) GG).

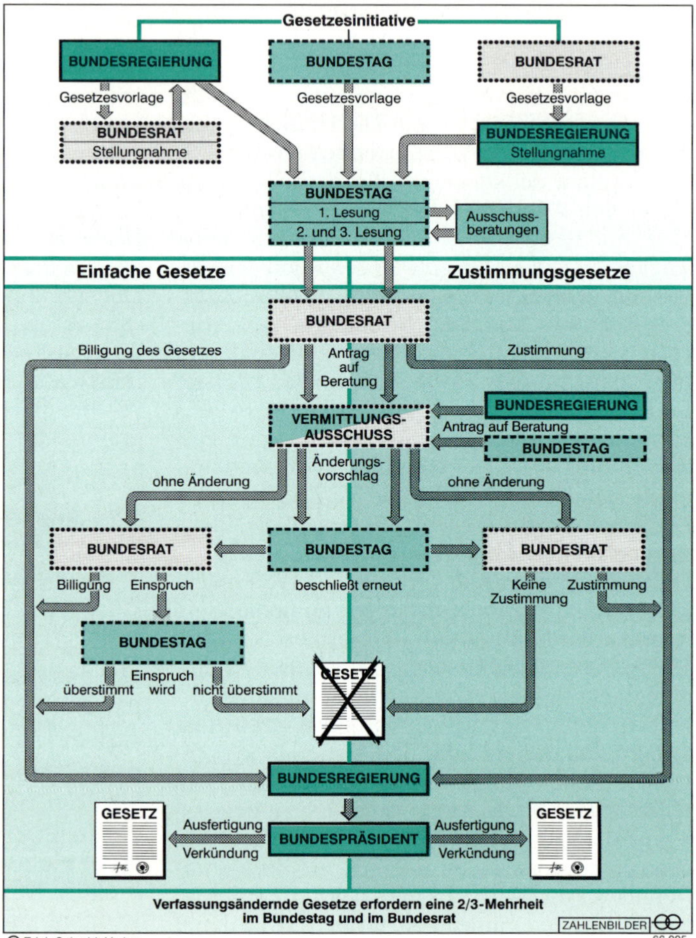

Aufgaben

5. *Beschreiben Sie mithilfe des Schemas und Zeittafel M 2 den formalen Ablauf der Entscheidung!*
6. *Informieren Sie sich mithilfe des folgenden Abschnittes 5.4 (Bundesrat und Föderalismus) umfassender über Fragen der Gesetzgebung!*
7. *Warum ist es unabdingbar, dass informell-politische Vereinbarungen der jeweils Regierenden dem formellen Entscheidungsprozess unterworfen werden?*

5.3 Probleme des Regierens am Beispiel Gesetzgebung

▶ *Zum Prozesscharakter politischen Entscheidens*

Die Beschäftigung mit dem Entstehen des Gesetzes macht den Prozesscharakter politischen Entscheidens deutlich. Bei wichtigen, sachlich schwierigen und politisch kontroversen Gesetzgebungsgegenständen müssen Phasen des Entscheidungsprozesses mehrmals durchlaufen werden, kann sogar das Scheitern des Vorhabens drohen.

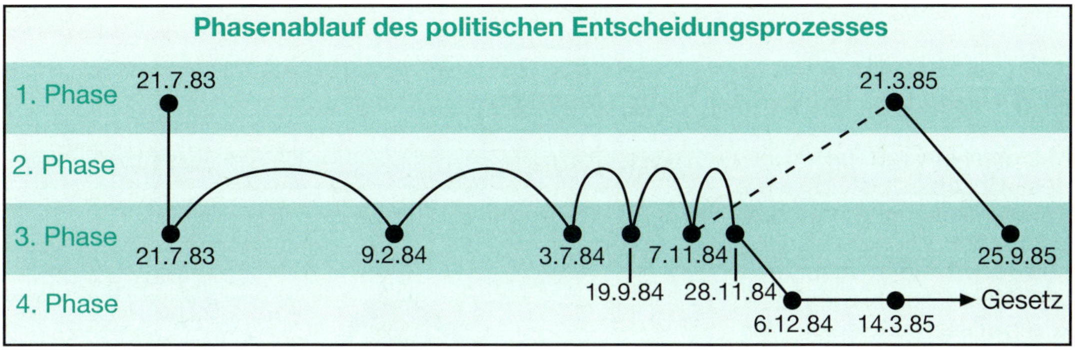

▶ *Politische Gesichtspunkte im Entscheidungsprozess*

Wir haben in der Analyse des Gesetzgebungsverfahrens eine Reihe von Gesichtspunkten herausgearbeitet, die jeweils das *Politische* in den einzelnen Phasen ausmachen:

- *Aufnahme in die Prioritätenliste des Regierungsprogramms,*
- *Abhängigkeit von Wert- und Weltanschauungsfragen,*
- *Mehrheitsaussichten in Bundestag und Bundesrat,*
- *Rücksicht auf Partikularinteressen,*
- *Wirkung in der Öffentlichkeit (Presse, Hörfunk, Fernsehen),*
- *Rücksicht auf Wahlen,*
- *in bestimmten Fällen auch Rücksicht auf das Ausland; Entscheidung der EU.*

Teils ziehen sich diese Gesichtspunkte durch das gesamte Verfahren, teils ist ihre Zuordnung zu einzelnen Phasen abhängig von der Gesetzesmaterie.
In einer verfassungspolitisch unsicheren Situation müssen Regierung und Regierungsfraktion dabei stets abwägen, ob sie den Bedenken der Opposition nicht durch Kompromisse entgegenkommen und damit eine breite Basis für eine Lösung schaffen. Sonst besteht die Gefahr, dass die überstimmte Minderheit den Weg der verfassungsgerichtlichen Überprüfung des Gesetzes geht. (→ II/4.)
Im Zusammenhang mit dem Thema „Gesetzgebung" ließe sich darstellen, dass die Zeit nach 1949 vom Streit um ganz unterschiedliche Gesetzgebungsvorhaben geprägt wurde und dass die jeweiligen Konflikte kennzeichnend für einzelne Phasen unserer Nachkriegsgeschichte (→ VI/2.4, S. 308 ff.) waren; so ließe sich eine **„Typologie" politischer Entscheidungssituationen** entwickeln:

1956	Wehrpflicht (Außen)politische Weichenstellung; nächtliche Debatten
1967/68	Notstandsgesetze Zumutbarkeit der Entscheidung „Große Koalition"/Verhältnis Regierung – Opposition
1973	Grundlagenvertrag Die Regierung verhandelt den Vertrag; geringer außenpolitischer Handlungsspielraum des Parlaments Neue Ostpolitik / Friedenspolitik

1972/76 Mitbestimmungsgesetze
„Mehr Demokratie wagen“, parlamentarische Mitregierung / Fraktionen als Entscheidungsträger / Zwang zum Kompromiss / Blick auf Wahlen

1983/85 Katalysator-Auto
Nationale Entscheidung im europäischen Kontext
Ökologisches Bewusstsein

1990 Einigungsvertrag
Vereinigungspolitik und Verantwortung der Siegermächte / 2 + 4-Verhandlungen / Innere Einheit

1974 und 1995 Reform des § 218 StGB
Ethische Normen als Gegenstand politischen Entscheidens
Werte und Wertewandel

► *Wirkung und Wirksamkeit des Gesetzes*

Mit dem In-Kraft-Treten eines Gesetzes ist dessen Wirksamkeit im Sinne des politischen Willens des Gesetzgebers noch nicht gewährleistet, zumal wenn es – wie in unserem Beispiel – der Abstimmung, Absprachen und Vereinbarungen innerhalb der Europäischen Union bedarf und wenn die Regelung ein bestimmtes Verhalten der Bürger nicht unmittelbar erzwingt.

Material 7

Material 8

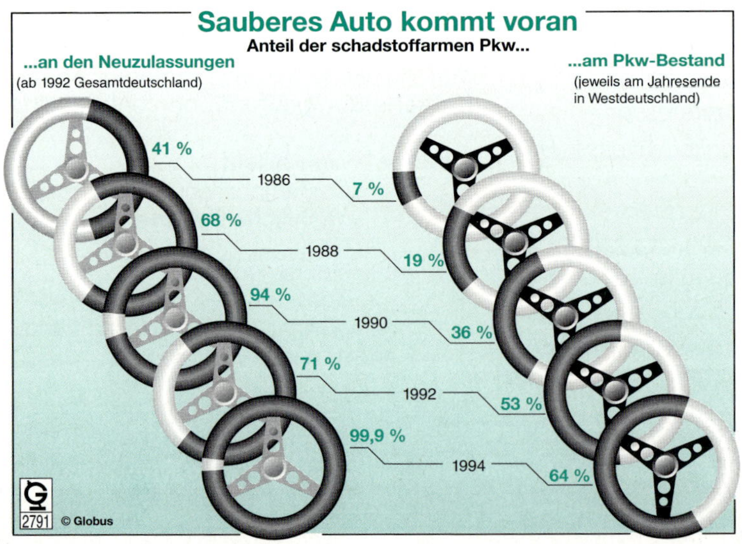

5.4 Grundinformation: Bundesrat – Föderalismus

▶ *Zusammensetzung und Zuständigkeit des Bundesrates*

Material 9

© Erich Schmidt Verlag

Der Bundesrat

Die 69 Stimmen der Bundesländer im Bundesrat

Nordrhein-Westfalen	✓✓✓✓✓✓
Bayern	✓✓✓✓✓✓
Baden-Württemberg	✓✓✓✓✓✓
Niedersachsen	✓✓✓✓✓✓
Hessen	✓✓✓✓✓
Sachsen	✓✓✓✓
Rheinland-Pfalz	✓✓✓✓
Berlin	✓✓✓✓
Sachsen-Anhalt	✓✓✓✓
Thüringen	✓✓✓✓
Brandenburg	✓✓✓✓
Schleswig-Holstein	✓✓✓✓
Mecklenburg-Vorpommern	✓✓✓
Hamburg	✓✓✓
Saarland	✓✓✓
Bremen	✓✓✓

ZAHLENBILDER 64 510

Wer regiert in den Ländern?
(Stand: 01/2001)

SPD allein
Niedersachsen: SPD
Sachsen-Anhalt: SPD (Minderheitsregierung)

SPD-geführte Koalitionen
NRW: SPD/Grüne
Rheinland-Pfalz: SPD/FDP
Brandenburg: SPD/CDU
Schleswig-Holstein: SPD/Grüne
Mecklenburg-Vorp.: SPD/PDS
Hamburg: SPD/Grüne
Bremen: SPD/CDU

CDU bzw. CSU allein
Bayern: CSU
Sachsen: CDU
Thüringen: CDU
Saarland: CDU

CDU-geführte Koalitionen
Baden-Württemberg: CDU/FDP
Hessen: CDU/FDP
Berlin: CDU/SPD

Mitwirkung bei der Gesetzgebung des Bundes:

- Ausübung des Initiativrechts (Art. 76 Abs. 1 GG).
- Stellungnahme zu den Gesetzesvorlagen der Bundesregierung, bevor diese im Bundestag eingebracht werden (Art. 76, Abs. 2 GG).
- Anrufung des und Mitwirkung im Vermittlungsausschuss gegen vom Bundestag beschlossene Gesetze (Art. 77 Abs. 2 GG).
- Einlegen des Einspruchs gegen vom Bundestag beschlossene Gesetze bei einfachen Gesetzen bzw.
- Erteilung oder Verweigerung der Zustimmung bei Zustimmungsgesetzen.

Weitere Mitwirkungsrechte des Bundesrates:

- Mitwirkung beim Erlass von Rechtsverordnungen des Bundes (Art. 80 GG); dabei sind Rechtsverordnungen, die auf zustimmungspflichtigen Gesetzen beruhen oder das Bahn-, Post- und Fernmeldewesen betreffen, zustimmungsbedürftig.
- Mitwirkung beim Erlass von Verwaltungsvorschriften des Bundes; wenn diese auch Länderbehörden binden, sind sie zustimmungspflichtig.
- Wahl der Hälfte der Richter des Bundesverfassungsgerichts (Art. 94 Abs. 1 Satz 2 GG).
- Anrufung des Bundesverfassungsgerichts in den Fällen
  - der Organklage (Art. 93 Abs. 1 Ziff. 1 GG),
  - der Präsidentenanklage (Art. 61 Abs. 1 GG),
  - des Parteiverbots (Art. 21 Abs. 2 GG),
  - der Fortgeltung von Recht als Bundesrecht (Art. 124-126 GG).
- Zustimmung zur Ernennung des Generalbundesanwalts und der Bundesanwälte.
- Bestellung der Präsidenten der Landeszentralbanken.

▶ Der Bundesrat im politischen Kräftefeld

Möglichkeiten ...

Der Bundesrat hat zunächst eine **administrativ-gestaltende Funktion**. Er versteht sich als Korrektiv des Bundestages unter Landesaspekten und will das spezifische Element der Verwaltung zur Geltung bringen.
Auch wenn der Bundesrat kein Leitungsorgan, sondern ein **Mitwirkungsorgan** ist, er vermag durch Gesetzesinitiativen, Stellungnahmen und gelegentliche Grundsatzdebatten auf den politischen Prozess einzuwirken. Diese **politisch-innovierende Funktion** kommt besonders zum Tragen bei Problemen, von denen die Länder wegen der Aufgabenverteilung unmittelbarer als der Bund betroffen sind, oder bei grundsätzlichen Fragen und politischen Aufgaben (Gesundheitsbereich, Umweltschutz, Strafvollzug; Verträge mit der Sowjetunion und Polen 1972; Einführung des abgasarmen Autos 1984).
Darüber hinaus nimmt der Bundesrat auch eine **opponierende Funktion** wahr; die Bundesratsmehrheit kann gegen die Mehrheit im Bundestag entscheiden.

... und Grenzen?

◆ Nach der Regelung des Grundgesetzes ist der Bundesrat nicht eine zweite Kammer eines einheitlichen Gesetzgebungsorgans, die gleichwertig mit der ‚ersten Kammer' entscheidend am Gesetzgebungsverfahren beteiligt wäre [...] Dies zeigt schon die Verkündigungsformel für Gesetze, die selbst beim Zustimmungsgesetz nicht lautet: ‚Bundestag und Bundesrat haben das folgende Gesetz beschlossen', sondern: ‚Der Bundestag hat mit Zustimmung des Bundesrats das folgende Gesetz beschlossen'.
Nach Art. 77 Abs. 1 GG werden die Bundesgesetze vom Bundestag beschlossen. Der Bundesrat wirkt bei der Gesetzgebung lediglich mit (Art. 50 GG) [...] Dabei ist wesentlich, dass das Erfordernis der Zustimmung zu einem Gesetz nach dem Grundgesetz die Ausnahme ist. Die Zustimmung ist nur in bestimmten, im Grundgesetz einzeln ausdrücklich aufgeführten Fällen erforderlich, in denen der Interessenbereich der Länder besonders stark berührt wird (BVerfGE 1, 76[79]). Aus diesem Grundsatz lässt sich ein allgemeines Kontrollrecht des Bundesrates nicht herleiten: Da die meisten Bundesgesetze Länderinteressen irgendwie berühren, würde die für Kompetenzvorschriften selbst notwendige Klarheit verloren gehen, wollte man eine so weit und allgemein gefasste Kompetenz des Bundesrates annehmen. ◆

(BVerfGE 37, 363)

Insgesamt ist das Verhältnis Bund – Länder als **kooperativer Föderalismus** ausgestattet, der allerdings deutlich zu Lasten der Länderparlamente geht. (→ S. 269)

Aufgaben

8. *Erläutern Sie mithilfe der vorstehenden Materialien Stellung und Funktion des Bundesrates!*
9. *Prüfen Sie, inwieweit die im Schema „Checks and Balances" vorgenommene Zuordnung des Bundesrates zum „Parlament" zutreffend ist (→ S. 274, M 1)!*
10. *Diskutieren Sie, wodurch parteipolitisch orientierten Entscheidungen des Bundesrates Grenzen gesetzt sind!*

▶ *Föderalismus:*

Bundesstaatlichkeit als **Element der Gewaltenteilung**

Begründungen für den Föderalismus:

- eine *historisch-emotionale* Begründung spielte im Parlamentarischen Rat eine größere Rolle: Mannigfaltigkeit und Individualität der Gliedstaaten und „Stämme";
- eine *rationale* Begründung: Die westlichen Alliierten verlangten 1948 eine u.a. „föderative" Regierungsform in Abkehr vom Zentral-

staat des Nationalsozialismus; dies war mit unterschiedlicher Gewichtung auch der Wille der deutschen Parteien.

Vorzüge einer bundesstaatlichen Ordnung:

- sie verhindert entsprechend den Prinzipien Demokratie und Parlamentarismus eine Funktions- und Machtkonzentration bei einer kleinen Spitze;
- die Notwendigkeit gesetzlicher Regelungen ist im regionalen Bereich oft besser zu beurteilen;
- die Opposition im Bund hat in Ländern die Möglichkeit eines verantwortlichen Regierens;
- die Verwaltung ist regional leichter überschaubar und kontrollierbar;
- weltanschauliche Spannungen belasten die Legislative des Bundes weniger;
- die moderne Industrie- und Massengesellschaft ist besser zu gliedern (bessere soziale Integration);
- der Ausbau der Infrastruktur kann leichter gesteuert werden.

▶ *Zum parteipolitischen Abstimmungsverhalten Bundesrat*

Das parteipolitische Verhalten der Länderregierungen fand schon immer seine Grenzen an den **spezifischen Länderinteressen**.
So lässt sich etwa in der Frage des Länderfinanzausgleichs durchweg eine Koalitionsbildung „arm gegen reich“ ausmachen. Die *gemeinsamen Interessen der neuen Bundesländer* könnten hier zu einer *„Verschiebung der Mehrheitsverhältnisse“* im Bundesrat führen.

5.5 Grundinformation: Bundespräsident

Das Zitat

◆ *„Das Fragenstellen ist das schärfste Schwert, das der Bundespräsident hat. Denn Fragen kann man nicht verbieten.“*
(Bundespräsident Roman Herzog vor Offizieren der Führungsakademie der Bundeswehr) ◆
(Allgemeine Zeitung Mainz, 12.12.1996, S. 2)

Das Zitat

◆ *„Ich will zuhören, damit niemand ungehört bleibt. Ich will Gesprächsfäden neu knüpfen, wo sie abgerissen sind, zwischen Ost und West, zwischen Jung und Alt.“*
(Johannes Rau in seiner Antrittsrede als Bundespräsident am 1.7.1999) ◆

▶ *Die Personen:*

Theodor Heuss 1949-1959
Heinrich Lübke 1959-1969
Gustav Heinemann 1969-1974
Walter Scheel 1974-1979
Karl Carstens 1979-1984
Richard v. Weizsäcker 1984-1994
Roman Herzog 1994-1999
Johannes Rau seit 1999

Material 10 ▶ *Das Amt*

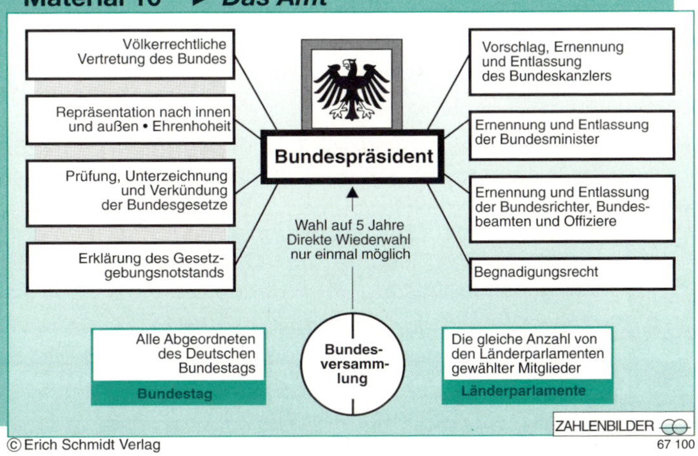

▶ Der Bundespräsident: Staatsnotar oder politische Institution?

Das Amt des Staatsoberhauptes ist nach den Erfahrungen mit dem letzten Reichspräsidenten der Weimarer Republik mit weniger Macht ausgestattet worden. Insbesondere hat der Bundespräsident **keine politischen Initiativrechte**; gleichwohl gibt es eine Reihe von Situationen, in denen er **politisch gestaltend wirken** kann:

- **Mitwirkung im Gesetzgebungsverfahren:**
Es gibt Beispiele, wo ein Bundespräsident nach formaler und materialer Prüfung eines Gesetzes mit der Unterschrift gezögert hat (z.B. Änderungsgesetz zum § 218 StGB in der 1. Fassung – Fristenlösung – 1974), wo er die Unterschrift verweigerte (Wehrdienstnovelle 1976).

- **Wahl des Bundeskanzlers:**
Erreicht ein Kandidat für das Amt des Bundeskanzlers nicht die absolute Stimmenmehrheit (Art. 63 Abs. 4 GG), sondern verfügt nur über eine relative Mehrheit, so hat der Bundespräsident zu entscheiden, ob er den betreffenden Politiker gleichwohl zum Bundeskanzler ernennt oder ob er durch Auflösung des Bundestags und Anberaumung einer neuen Bundestagswahl den Bürgern die politische Entscheidung über die Neubesetzung dieser Verfassungsorgane wieder überträgt.

- **Schwierige politische Situationen:**
In schwierigen politischen Situationen und bei bestimmten politischen Themen (Wahlkämpfe, Ausländerfeindlichkeit) – besonders dann, wenn das politische Klima stark emotionalisiert ist – kann und soll der Bundespräsident durch öffentliche Ansprachen mäßigend und ausgleichend auf die Situation einwirken.

Dabei beruht die **Wirkung seines Handelns** vor allem auf dem **öffentlichen Respekt vor dem Amt** und dem **Ansehen der Person** des Bundespräsidenten, der sich aus dem politischen Tagesstreit ja gerade heraushält.
Das Amt des Bundespräsidenten ist jedoch nicht unpolitisch. Bemerkenswert ist in diesem Zusammenhang, dass den Koalitionswechseln der Jahre 1969 und 1982 jeweils die Wahl eines Bundespräsidenten gegen den Willen der führenden Regierungspartei vorausging; man sprach von „einem Stück Machtwechsel“ bzw. von einer „Tendenzwende“.
Die bisherigen Bundespräsidenten haben in verschiedenem Maße versucht über die repräsentativen und integrativen Funktionen hinausgehend politischen Handlungsspielraum (Mitträger der Regierungsgewalt, politisches Machtgewicht) zu erlangen.

Aufgaben

11. *Erstellen Sie eine Synopse über Stellung und Funktion des Bundespräsidenten und des Reichspräsidenten der Weimarer Republik anhand folgender Kategorien:*
    - *Legitimation (Wahl);*
    - *Stellung gegenüber Regierungschef und Parlament;*
    - *Funktion und Rechte im Gesetzgebungsprozess, bei Regierungskrise, bei Parlamentsauflösung, im Rahmen der Notstandsregelungen!*
12. *Suchen Sie von der Rolle des Reichspräsidenten in der Weimarer Republik ausgehend nach Gründen für die veränderte Stellung des Bundespräsidenten!*
13. *Vergleichen Sie den Terminkalender des Bundespräsidenten mit dem des Bundeskanzlers (→ S. 257, Material 1)!*

Material 11 (→ S. 257, M 1)

Terminkalender des Bundespräsidenten vom 28.2.-8.3.1995

Dienstag, 28.2.95

08.00 Uhr	Abflug ab Köln / Bonn
10.25 Uhr	Ankunft Tirana / Albanien
11.30 Uhr	Gespräch mit dem Staatspräsidenten
12.35 Uhr	Ansprache vor dem Parlament
16.00 Uhr	Gespräch mit dem Vorsitzenden des Ministerrates
17.00 Uhr	Gespräch mit den Vorsitzenden der politischen Parteien
18.45 Uhr	Gespräch mit dem Präsidenten des Verfassungsgerichts
20.00 Uhr	Abendessen, gegeben von dem Präsidenten der Republik Albanien; Ansprache des Bundespräsidenten

Mittwoch, 1.3.95

08.00 Uhr	Frühstück mit albanischen Intellektuellen
09.10 Uhr	Gemeinsame Fahrt mit dem albanischen Präsidenten nach Kavaja
10.10 Uhr	Begrüßung durch den Bürgermeister; Weiterfahrt zum Wasserwerk; Begrüßung der beiden Projektleiter von deutschen Projekten der Technischen Zusammenarbeit
12.00 Uhr	Gemeinsame Pressekonferenz
15.45 Uhr	Flug nach Rom
17.00 Uhr	Ankunft Flughafen Ciampino
19.30 Uhr	Gespräch mit dem italienischen Staatspräsidenten

Donnerstag, 2.3.95

08.15 Uhr	Frühstück mit dem Präsidenten des italienischen Verfassungsgerichts
09.15 Uhr	Gespräch mit dem italienischen Ministerpräsidenten
10.00 Uhr	Fahrt zum Vatikan
10.30 Uhr	Vier-Augen-Gespräch mit Papst Johannes Paul II.
12.15 Uhr	Pressekonferenz
13.50 Uhr	Abflug nach Köln / Bonn

Freitag, 3.3.95

08.30 Uhr	Privater Termin
11.00 Uhr	Gespräch mit dem Vorstand der CDU / CSU im Europaparlament
16.15 Uhr	Abflug nach Hamburg
19.30 Uhr	Beginn des 75. Ostasiatischen Liebesmahls

Samstag, 4.3.95

08.55 Uhr	Flug von Hamburg nach Stuttgart
10.30 Uhr	Festakt zur Verleihung des Theodor-Heuß-Preises
13.30 Uhr	Fahrt nach Passau
18.00 Uhr	Privater Termin

Sonntag, 5.3.95

09.20 Uhr	Fußweg vom Hotel zum Dom
09.30 Uhr	Gottesdienst zur Eröffnung der Misereor-Fastenaktion 1995
13.00 Uhr	Fahrt nach München
14.30 Uhr	Rückflug nach Köln / Bonn

Montag, 6.3.95

09.30 Uhr	Eintreffen des Präsidenten der Republik Korea; Begrüßung mit militärischen Ehren
09.45 Uhr	Gespräch
12.45 Uhr	Mittagessen im Gästehaus Petersberg; Toast des Bundespräsidenten
16.00 Uhr	Hintergrundgespräch Rede Deutsche Gesellschaft f. Ausw. Politik
19.35 Uhr	Abfahrt zu Gästehaus Petersberg
20.00 Uhr	Eintreffen des koreanischen Präsidenten; Begrüßung; Fototermin; Defilee der 250 zum Abendessen geladenen Gäste
20.20 Uhr	Tischansprache; Erwiderung

Dienstag, 7.3.95

10.00 Uhr	Gespräch mit dem australischen Premierminister
11.15 Uhr	Verabschiedung des koreanischen Präsidenten
14.00 Uhr	Gespräch mit dem BDV-Präsidenten Wittmann

Mittwoch, 8.3.95

10.00 Uhr	Vizeadmiral Weyher, Inspekteur der Marine
11.00 Uhr	Abschiedsbesuch des Botschafters aus Portugal
14.00 Uhr	Gespräch mit dem italienischen Ministerpräsidenten
15.00 Uhr	Gespräch mit dem Vorstand des Politologen-Verbandes
17.00 Uhr	Friedrich-Ebert-Stiftung: Ansprache anlässlich des 70. Jahrestages der Gründung
18.30 Uhr	Empfang; Gelegenheit zu Gesprächen

5.6 Grundinformation: Bundesverfassungsgericht

▶ *Organisation und Befugnisse*

Der Bundestag – durch einen Wahlmännerausschuss – und der Bundesrat wählen je zur Hälfte die Mitglieder des ersten und zweiten Senats sowie – im Wechsel – die Präsidentin/ den Präsidenten und die oder den Stellvertreter(in).

Material 12

Das Bundesverfassungsgericht entscheidet

auf Antrag	mit	über	Erläuterung/Beispiel
BTag, BReg, LReg	2/3-Mehrheit der Mitglieder des Senats	Verwirkung von Grundrechten	
BTag, BRat BReg (LReg)		Verfassungswidrigkeit von politischen Parteien	SRP-Verbot 1952 KPD-Verbot 1956
Abgeordnete Wahlberechtigte Fraktionen	einfacher Mehrheit der Mitglieder des Senats	Wahlprüfung Mandatsprüfung	NPD-Klage 1969
BTag, BRat		Präsidentenanklage	
BTag		Richteranklage	Gegen Bundesrichter
BPräs, BTag BRat, BReg Ständ. Ausschuss		Organstreitigkeiten zwischen obersten Bundesorganen	Out of area-Einsätze der Bundeswehr 1994
BReg, LReg		Bund-Länder-Streitigkeiten	Länderfinanzausgleich 1999/Urteil zur Reform des §218 1993
BReg, LReg, 1/3 d. Mitgl. d. BTages		abstrakte Normenkontrolle	Verfassungsmäßigkeit eines Gesetzes

ein Gericht		konkrete Normenkontrolle	~, das das Gericht anwenden muss
ein Gericht		Nachprüfung von Völkerrecht	
ein LVerfG		Abweichen eines LVerfG von BVerfGE oder LVerfGE	
BTag, BRat BReg, LReg		Fortgelten von Recht als Bundesrecht	Konkordats-Urteil 1967
Gemeinde Gemeindeverbände		Verfassungsbeschwerde	BGesetz, LGesetz verletzt Art. 28 GG
Jedermann		Verfassungsbeschwerde	Volkszählungs-Urteil 1983 Kruzifix-Entscheidung 1995

▶ *Stichwort: Verfassungsauslegung*

Bei der Verfassungsinterpretation unterscheidet man zwischen

- der doktrinellen (wissenschaftlichen) Auslegung, vorgenommen von Rechtswissenschaftlern, z.B. in Verfassungskommentaren, und
- der authentischen Auslegung, vorgenommen vom Gesetzgeber oder vom Bundesverfassungsgericht.

Rechtlich bindend ist nur die **authentische Verfassungsinterpretation.** Die Verfassungsinterpretation unterliegt rechtlichen Regeln. In einem Verfassungskommentar werden diese Regeln so umschrieben:

◆ Eine einzelne Verfassungsbestimmung kann nicht isoliert betrachtet und allein aus sich heraus ausgelegt werden. Sie steht in einem Sinnzusammenhang mit den übrigen Vorschriften der Verfassung, die eine innere Einheit darstellt. Aus dem Gesamtinhalt der Verfassung ergeben sich gewisse verfassungsrechtliche Grundsätze und Grundentscheidungen, denen die einzelne Verfassungsbestimmung untergeordnet ist [...] Jede Verfassungsbestimmung muss so ausgelegt werden, dass sie mit den elementaren Verfassungsgrundsätzen und Grundentscheidungen des Verfassungsgesetzgebers vereinbar ist [...] Maßgebend für die Auslegung einer Verfassungsvorschrift ist der in dieser zum Ausdruck kommende objektivierte Wille des Verfassungsgebers, so wie er sich aus dem Wortlaut der Verfassungsbestimmung und dem Sinnzusammenhang ergibt, in den diese hineingestellt ist [...] Jede verfassungskonforme Auslegung findet ihre Grenzen dort, wo sie mit dem Wortlaut und dem klar erkennbaren Willen des Gesetzgebers in Widerspruch treten würde [...] Der Staat spricht nicht in den persönlichen Äußerungen der an der Entstehung des Gesetzes Beteiligten, sondern nur im Gesetz selbst. Der Wille des Gesetzgebers fällt zusammen mit dem Willen des Gesetzes. ◆

(Schmidt-Bleibtreu/Klein, Kommentar zum Grundgesetz für die Bundesrepublik Deutschland, 7. Aufl. Neuwied und Berlin 1990, S. 127 und 129)

Verfassungsgerichtsentscheidungen finden sich in → II/4. (Schwangerschaftsabbruch) und → IX/3. (Grundlagenvertrag).

6. Grundlagen und Probleme parlamentarischer Regierungsweise

6.1 Parlamentarisches Regierungssystem – ein System von „Checks and Balances“

Die Darstellung des Gewaltenteilungsprinzips innerhalb der verfassungsmäßigen Ordnung der Bundesrepublik Deutschland (→ S. 252 f.) zeigte, dass man die Funktion des Parlaments nur unzureichend mit dem Begriff Legislative umschreiben kann, weil einerseits das Parlament nicht allein für die Gesetzgebung verantwortlich ist und andererseits weitere Aufgaben von Bundestag und Bundesrat wahrgenommen werden.
Das politische **Prinzip der Gewaltenteilung** ist nicht als *strikte Gewaltentrennung, sondern* als **System wechselseitiger Kontrolle und Einflussnahme** (Checks and Balances) ausgebildet.

‚Vitale‘ Gewaltenteilung:

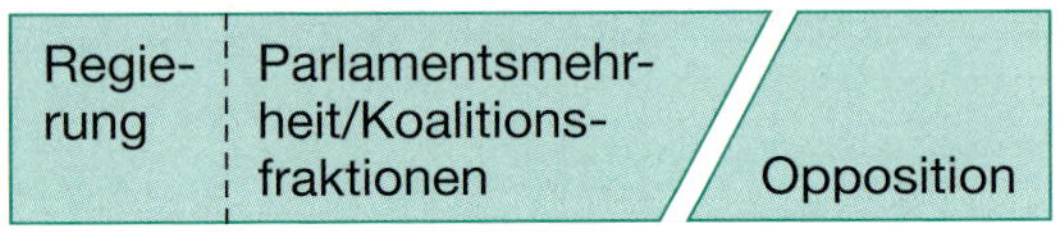

Der Opposition steht die Parlamentsmehrheit und die in der Koalition mit den Mehrheitsfraktionen verbundene Regierung gegenüber.

Material 1

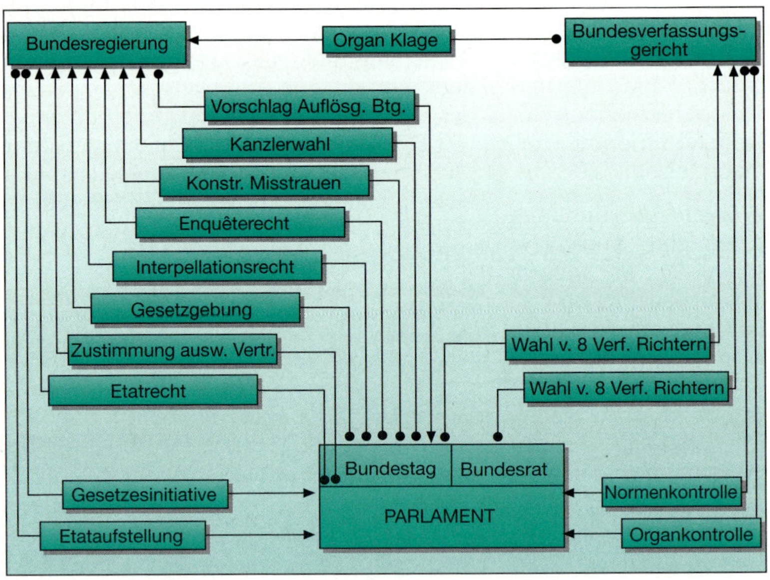

Es ist die Aufgabe der Opposition, die Regierung abzuschminken, während die Vorstellung läuft.
(Jacques Chirac)

6.2 Zur Wahrnehmung der Parlamentsfunktionen

▶ *Die Wahlfunktion: Ist der Bundestag Garant handlungsfähiger Regierungen?*

Die Wahl des Regierungschefs durch das Parlament ist ein typisches Merkmal für ein parlamentarisch-repräsentatives Regierungssystem. Diese Wahlfunktion kann so in den Vordergrund treten, dass bei Bundestagswahlen die Abgeordneten quasi in die Funktion von Wahlmännern für eine *Kanzlerwahl mit plebiszitärem Charakter* geraten. Dies kann für die Bundestagswahlen von 1953, 1957, 1965, 1972, 1980, 1983, 1987, 1990 und 1994 angenommen werden, wobei jeweils der Wahlsieg der Regierungsparteien als Zustimmung zur Politik von Adenauer, Erhard, Brandt, Schmidt und Kohl gewertet wurde. Der plebiszitäre Charakter der Bundestagswahlen wurde 1998 besonders deutlich, als es erstmals in der Geschichte der Bundesrepublik dem Kanzlerkandidaten der Opposition gelang, die regierende Koalition von CDU/CSU und FDP unter Kanzler Helmut Kohl abzulösen. Mit dem Slogan „Deutschland braucht einen neuen Kanzler“ trat Gerhard Schröder als Herausforderer des bisherigen Regierungschefs an und errang, zusammen mit dem Koalitionspartner Bündnis 90/Die Grünen, die Kanzlermehrheit im Parlament.
Die nicht auf den Anfang der Legislaturperiode beschränkte Wahlfunktion sichert politische Stabilität bei Regierungskrisen:

- 1972 verlor die sozialliberale Regierungskoalition ihre knappe Mehrheit im Bundestag. Der Oppositionsführer scheiterte am 27.4.1972 mit dem konstruktiven Misstrauensvotum; er hatte gleichfalls keine Mehrheit im Parlament. Es bestand eine Patt-Situation. Nachdem anschließend der regierende Bundeskanzler Willy Brandt bei der Abstimmung über die Vertrauensfrage keine Mehrheit bekam, löste der Bundespräsident das Parlament auf. Die Neuwahlen vom 19.11.1972 brachten klare Mehrheitsverhältnisse zugunsten der sozialliberalen Koalition.
- 1982 zerbrach das Regierungsbündnis aus SPD und FDP, das bei den Bundestagswahlen von 1980 unter Kanzler Helmut Schmidt mit eindeutiger Mehrheit bestätigt worden war. Eine neue Mehrheit aus CDU/CSU und FDP wählte durch ein **konstruktives Misstrauensvotum** Helmut Kohl zum neuen Bundeskanzler. Der neue Kanzler suchte eine Bestätigung durch den Wähler und stellte – verfassungsrechtlich nicht unumstritten – die Vertrauensfrage, was nach negativem Ausgang zu Neuwahlen führte.

Material 2

Vertrauensfrage und konstruktives Misstrauensvotum

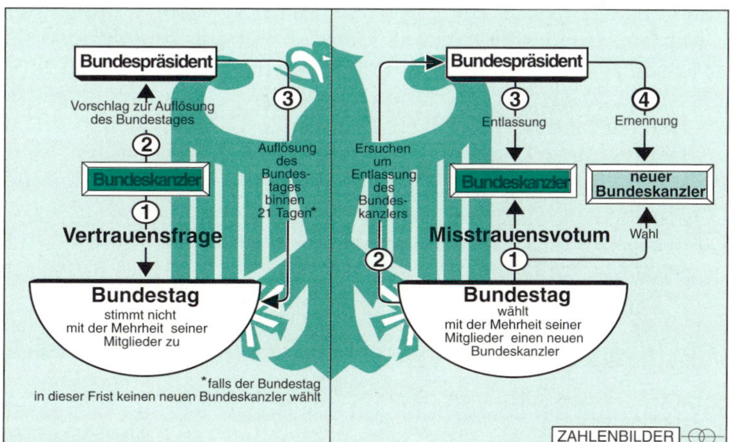

67 115

▶ Die Artikulationsfunktion: Repräsentiert und diskutiert der Bundestag die Interessen der Bevölkerung?

Material 3

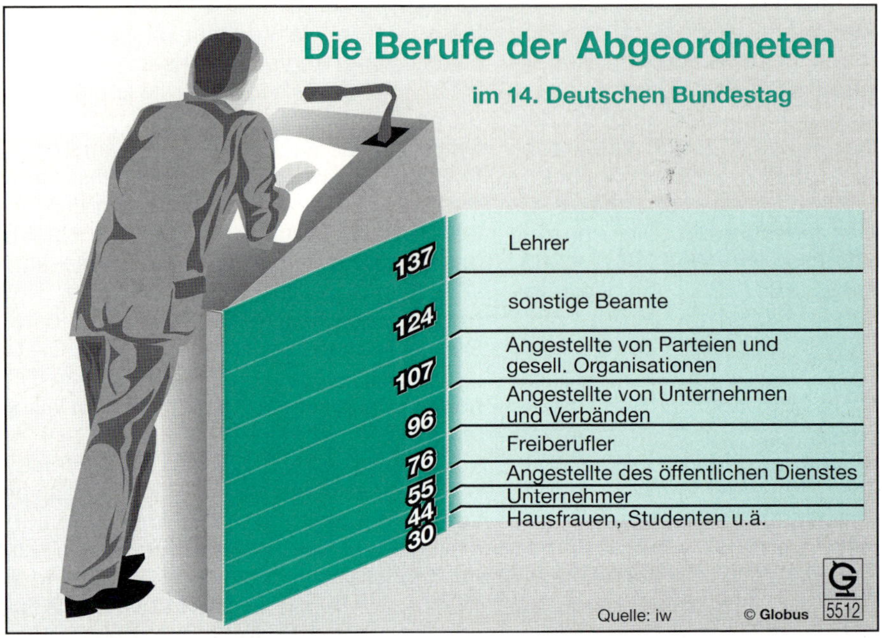

Material 4

Der „durchschnittliche" Bundestagsabgeordnete

Ein Abgeordneter des Bundestages ist im Durchschnitt 50 Jahre alt, männlich, evangelisch, verheiratet und hat zwei Kinder. Er sitzt zum dritten Mal im Bundestag, zudem kann er ein abgeschlossenes Studium aus dem Bereich Rechts- und Staatswissenschaften und einige Jahre Berufserfahrung vorweisen. [...]

177 von insgesamt 672 Abgeordneten – mehr als ein Viertel – sind weiblich, während es in der vorangegangenen Legislaturperiode nur knapp ein Fünftel waren [...] 205 Abgeordnete sitzen zum ersten Mal im Bonner Parlament [...]

Bei der beruflichen Bildung der Abgeordneten steht das Universitäts- oder Fachhochschulstudium deutlich an der Spitze (423). Die meisten haben Rechts- und Staatswissenschaften (126), Pädagogik (79) oder Ingenieurwesen (63) studiert. 250 Abgeordnete können eine abgeschlossene Lehre vorweisen [...]

Beim Familienstand fällt auf, dass in dieser Legislaturperiode 45 allein Erziehende im Bundestag sitzen, in der letzten waren es nur 31. Erstmals geben zwei Abgeordnete an, in einer schwulen, beziehungsweise lesbischen Lebensgemeinschaft zu wohnen.

Bei der Religionszugehörigkeit führen die Protestanten (224) weiter knapp vor den Katholiken (212). [...]

(Süddeutsche Zeitung, 06.04.1995)

▶ Die Initiativfunktion: Ist der Bundestag Beweger oder Bremser der Politik?

Eine Erörterung der Initiativfunktion des Bundestages setzt die Kenntnis seiner Struktur und Arbeitsweise voraus; die beiden Übersichten M 5 und M 6 zeigen den Bundestag als **„arbeitsteiliges Fraktionenparlament"**.

Material 5

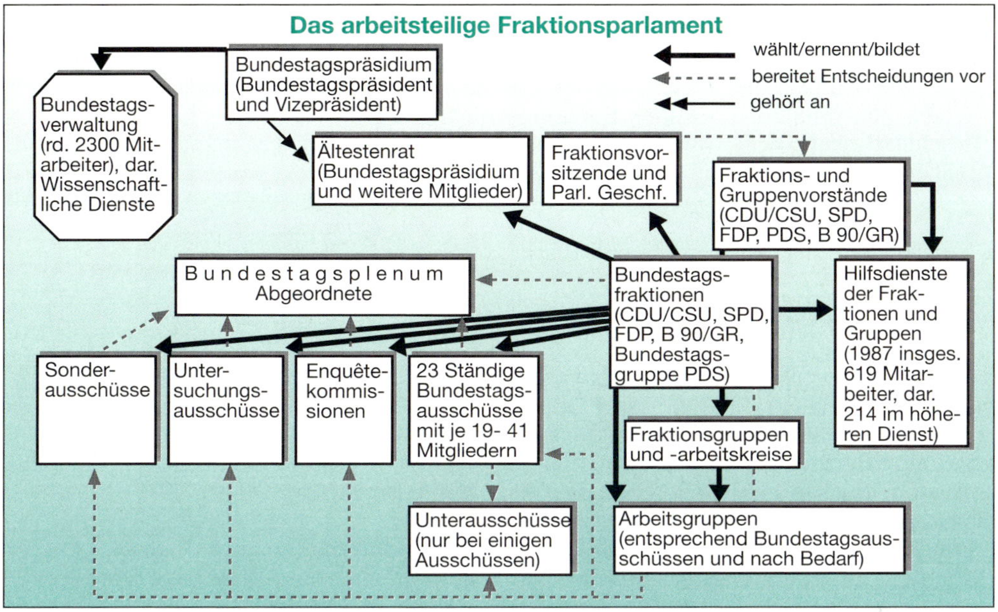

(nach: Wolfgang Rudzio, Das politische System der Bundesrepublik Deutschland, Leske+Budrich (Opladen) 1991, S. 238, ergänzt: Stand November 1995)

Material 6

Die ständigen Ausschüsse des 14. Bundestags

Ausschussmitglieder; **fett** = Ausschussvorsitz

SPD	CDU/CSU	B'90/Grüne	FDP	PDS	Ausschuss	Ausschussmitglieder
7	5	1	1	1	Ausschuss für Wahlprüfung, Immunität und Geschäftsordnung	15
13	10	2	2	**2**	Petitionsausschuss	29
18	14	3	3	2	Auswärtiger Ausschuss	40
18	14	3	3	2	Innenausschuss	40
7	5	1	1	1	Sportausschuss	15
14	**11**	2	2	2	Rechtsausschuss	31
18	14	**3**	3	2	Finanzausschuss	40
19	**15**	3	3	2	Haushaltsausschuss	42
18	**14**	3	3	2	Ausschuss für Wirtschaft und Technologie	40
12	**9**	2	2	1	Ausschuss für Ernährung, Landwirtschaft und Forsten	26
18	14	3	3	2	Ausschuss für Arbeit und Sozialordnung	40
17	14	3	2	2	Verteidigungsausschuss	38
14	11	2	2	2	Ausschuss für Familie, Senioren, Frauen und Jugend	31
14	11	2	2	2	Ausschuss für Gesundheit	31
19	**15**	3	3	2	Ausschuss für Verkehr, Bau- und Wohnungswesen	42
17	14	3	2	2	Ausschuss für Umwelt, Naturschutz und Reaktorsicherheit	38
7	**5**	1	1	1	Ausschuss für Angelegenheiten der neuen Länder	15
7	5	**1**	1	1	Ausschuss für Menschenrechte und humanitäre Hilfe	15
17	14	3	**2**	2	Ausschuss für Bildung, Forschung und Technikfolgenabschätzung	38
12	**9**	2	2	1	Ausschuss für wirtschaftliche Zusammenarbeit und Entwicklung	26
7	**5**	1	1	1	Ausschuss für Tourismus	15
16	**13**	3	2	2	Ausschuss für Angelegenheiten der Europäischen Union	36
7	5	1	1	1	Ausschuss für Kultur und Medien	15

ZAHLENBILDER 64 113

zu Material 6

Der 1994 gewählte 13. Bundestag setzte 22 ständige Ausschüsse ein. Die Besetzung der Ausschüsse richtet sich nach der Stärke der Fraktionen. Als fachlich abgegrenzte Beratungsorgane befassen sich die Ausschüsse mit den ihnen überwiesenen Vorlagen und Fragen, berichten dem Plenum über ihre Beratungsergebnisse und legen ihm Empfehlungen zur Beschlussfassung vor. – Anzahl der Ausschuss- und Unterausschusssitzungen 1990 – 1994: 2688, der Plenarsitzungen: 243.

▶ *Die Gesetzgebungsfunktion: Ist der Bundestag Gesetzgeber oder Abstimmungsautomat?*

Das bisher dargestellte Verhältnis zwischen Regierung, Mehrheitsfraktion(en) und Opposition spiegelt sich auch im Bereich der Gesetzgebung. Kanzler und Kabinett sind darauf angewiesen, dass durch Gesetzgebung ihr Regierungsprogramm in politische Wirklichkeit umgesetzt wird. Die Regierung, die um eine Mehrheit für ihre Vorlagen bemüht ist, muss es zulassen, dass es bei der Beratung in den Ausschüssen zu einer Art **„parlamentarischer Mitregierung“** als Preis für eine spätere Zustimmung kommt.
Inhalt und Charakter der Gesetzgebung machen diese in der heutigen Situation zu einer ganz wesentlichen Regierungsfunktion:

◆ Das Gesetz, das nicht mehr Selbstschutz der bürgerlichen Gesellschaft vor dem monarchischen Staat, sondern Mittel einer auf Zeit von der Gesellschaft gewählten Regierung ist, ihr politisches Programm zu verwirklichen, wird wesentlich von der Regierung diktiert. Parteistruktur macht das Parlament dabei zur Hilfstruppe der Regierung.◆

(D. Grimm, Aktuelle Tendenzen in der Aufteilung gesetzgeberischer Funktionen, ZPart, 1 [1970], S. 459)

Eine parlamentarische Mitregierung ergibt sich insbesondere durch die Beteiligung der Länder im Bundesrat an der Gesetzgebung des Bundes, wobei der Bund zunehmend im Bereich der konkurrierenden Gesetzgebung mit Hinweis auf die „Wahrung der Rechts- und Wirtschaftseinheit“ bzw. der „Wahrung der Einheitlichkeit der Lebensverhältnisse“ (vgl. Art. 72 GG) in *die Gesetzgebungskompetenz der Bundesländer eingegriffen* hat. Diese Machteinbuße der Länder wurde allerdings zumindest teilweise ausgeglichen durch eine *erweiterte Mitsprache der Länder bei der Gesetzgebung des Bundes* **(Zustimmungsgesetze).**

▶ *Die Kontrollfunktion: Ist der Bundestag wachsamer Wächter oder paktierende Partner der Regierung?*

Gibt es trotz der geschilderten Parteistruktur im Verhältnis zwischen Regierung und Parlament **wirksame Kontrolle** durch den Bundestag?
Wo Kontrolle nicht im Sinne negativer Sanktionen angewendet wird, nimmt auch die Mehrheitsfraktion Kontrollrechte wahr. Die unterschiedliche Wahrnehmung der Kontrolle im Parlament schildert Thaysen so:

◆ Während die Mehrheit durch möglichst verborgene Kontrolle möglicher öffentlicher Kritik an der Regierung zuvorkommen und damit möglichen Einbußen ihrer eigenen Machtposition vorbeugen und diesbezügliche Kritik möglichst unwirksam zu halten versucht, ist die Opposition bemüht, möglichst öffentlich und laut durchschlagend und unmittelbar zu kritisieren, mit dem Ziel, die Regierung abzulösen.◆

(U. Thaysen, Parlamentarisches Regierungssystem der Bundesrepublik Deutschland, Opladen 1976, S. 65)

Bei der Wahrnehmung des **Interpellationsrechts** wird die unterschiedliche Motivation der Kontrolle deutlich:

- Große Anfragen, legitimiert als Form der Richtungskontrolle, werden von der Opposition zuweilen zum Anlass für einen Generalangriff oder einer Abrechnung mit der Regierung benutzt, während die Redner der Mehrheit eine Erfolgsbilanz „ihrer“ Regierung vortragen.
- Bei Kleinen Anfragen, die im Zeichen der Sach- und Leistungskontrolle stehen, wird ebenfalls eine unterschiedliche Taktik erkennbar, wo es um Hinweise auf Missstände oder fehlende gesetzliche Regelung geht.

Material 7

Dekalog der parlamentarischen Kontrollrechte (nach Thaysen)

1. Konstruktives Misstrauensvotum und Verweigerung des Vertrauens	Art. 67 GG Art. 68 GG	→ absolute Mehrheit
2. Garantien des freien Mandats (Rederecht, Indemnität, Immunität)	Art. 38 GG Art. 46 GG	→ jeder Abgeordnete
3. Öffentlichkeit der Verhandlungen des Bundestages		
– Recht der Herbeirufung von Ministern durch jedes Mitglied des Bundestages		→ jeder Abgeordnete
– Große und Kleine Anfrage		→ Fraktion (mindestens 5 % der Abg.)
– Schriftl. gestellte Frage – mdl. beantw. Schriftl. gestellte Frage – schriftl. beantw.		
– Fragestunde (mdl. gestellte Frage, mdl. beantwortet)		→ jeder Abgeordnete (zwei Fragen pro Sitzungswoche)
– Zwischenfrage		→ jeder Abgeordnete
– Hearing		→ 1/4 der Abgeordneten
4. Budgetrecht: Haushalts- u. Finanzkontrolle	Art. 110 GG Art. 114 GG	→ Bundestagsmehrheit
5. Parlamentarische Mitregierung durch Gesetzgebung	Art. 76 GG	→ Bundestagsmehrheit
6. Enquête-Kommission zur Vorbereitung von Entscheidungen		→ 1/4 der Abgeordneten
7. Petitionswesen	Art. 17 GG	→ Plenum
8. Wehrbeauftragter	Art. 45b GG	→ Plenum
9. Untersuchungsausschüsse	Art. 44 GG	→ 1/4 der Abgeordneten
10. Staatsanklage	Art. 61 GG	→ 2/3 der Abgeordneten

6.3 Parlamentarismuskritik und Reformvorschläge

Die Geschichte der Bundesrepublik ist auch eine Geschichte von Kontroversen um die Ausgestaltung des Demokratieprinzips in einer parlamentarischen Demokratie.

Aufgaben

1. *Fassen Sie zusammen: Welche Kritikpunkte am parlamentarischen Regierungssystem werden in 6.3 vorgetragen!*
2. *Ordnen Sie – soweit möglich – die Kritikpunkte den fünf Parlamentsfunktionen (→ 6.2) zu!*
3. *Diskutieren Sie die Reformvorschläge:*
   - *Welchen „Schwächen" sollen sie entgegenwirken?*
   - *Wie praktikabel sind sie?*
   - *Mit welchen Widerständen (Interessen) muss gerechnet werden?*

▶ Die Parteien: „machtversessen – machtvergessen"? (→ V/2.3)

Besonderes Aufsehen erregte 1992 die Parteienkritik des damaligen Bundespräsidenten Richard von Weizsäcker, der den sich ausbreitenden Parteieneinfluss in Staat und Gesellschaft kritisierte und zugleich die „Machtversessenheit" bei der Lösung politischer Aufgaben und Probleme beklagte.

Material 8

Von Weizsäcker

[Im] Parteiengesetz [...] ist nicht mehr von einer bloßen Mitwirkung „bei der politischen Willensbildung des Volkes" die Rede, sondern nun wird daraus die Mitwirkung „auf allen Gebieten des öffentlichen Lebens", „indem sie", wie es weiter heißt, „insbesondere auf die Gestaltung der öffentlichen Meinung Einfluß nehmen". Was heißt eigentlich hier Einfluß nehmen? Ist Mitwirken bei und Einfluß nehmen auf dasselbe? Ist dies so vom Grundgesetz gewollt? Der Einfluß der Parteien geht ohnehin über den politischen Willen, von dem allein die Verfassung redet, weit hinaus. Die Parteien wirken an der Bildung des gesamten gesellschaftlichen Lebens aktiv mit. Sie durchziehen die ganze Struktur unserer Gesellschaft [...].

Der Einfluß [geht] weit über den öffentlichen, staatlichen Bereich hinaus. Er reicht direkt oder indirekt in die Medien und bei der Richterwahl in die Justiz, aber auch in die Kultur und den Sport, in kirchliche Gremien und Universitäten. Es geht darum, sich an der Bildung der Meinungen im kleinen und im großen zu beteiligen und den Zuspruch umfassend vorzubereiten und auszubauen, den man bei der nächsten Wahl gerne finden möchte.

Wenn das Parteiengesetz die Parteien legitimiert, auf die Gestaltung der öffentlichen Meinung Einfluß zu nehmen, dann fördert es damit – ob gewollt oder nicht – eine Entwicklung, die zu einem Mißstand geworden ist [...]

Die Parteien haben sich zu einem ungeschriebenen sechsten Verfassungsorgan entwickelt, das auf die anderen fünf einen immer weitergehenden, zum Teil völlig beherrschenden Einfluß entwickelt hat. Ich rede noch nicht darüber, welches Ausmaß ihres Einflusses notwendig und wünschenswert ist und wie die Gesellschaft auf sie reagiert. Was ich hier nur meine, ist dies: Die fünf Organe, von denen unser Grundgesetz spricht, müssen sich nach klaren Verfassungsrichtlinien orientieren. Damit werden Ausmaß und Kontrolle ihrer Machtbefugnisse bestimmt. Vergleichbare Vorschriften gibt es aber für die mächtigste Institution in unserem staatlich-gesellschaftlichen Leben, nämlich die Parteien, nicht [...]

Nach meiner Überzeugung ist unser Parteienstaat [...] machtversessen auf den Wahlsieg und machtvergessen bei der Wahrnehmung der inhaltlichen und konzeptionellen politischen Führungsaufgabe [...].

(Die Zeit Nr. 26/1992, S. 3 f.; aus lizenzrechtlichen Gründen ist dieser Text nicht in reformierter Rechtschreibung gedruckt.)

► *Interfraktionelle Initiative ‚Parlamentsreform'*

Die Kritik des früheren Bundespräsidenten zielt in die gleiche Richtung wie die „Interfraktionelle Initiative ‚Parlamentsreform'", in der fast 200 Abgeordnete des Bundestags aus allen Fraktionen Reformvorschläge erarbeiten. Eine herausragende Rolle spielte dabei die frühere Vizepräsidentin des Bundestages, Hildegard Hamm-Brücher, die den Einfluss der Fraktionen (als verlängerter Arm der Regierung bzw. der Parteiführung der Koalitionspartner) begrenzen wollte und das Parlament als Ganzes in seiner Kontrollfunktion gegenüber der Exekutive stärken wollte.

Von den Vorschlägen dieser Gruppe zur Veränderung der Geschäftsordnung des Bundestages hat die Mehrheit des Plenums bisher nur wenige Ideen (z.B. zur Flexibilisierung der Redeordnung) aufgenommen; eine Stärkung der Kontrollfunktion des Bundestages ließe sich durch Übernahme der Vorschläge realisieren (→ M 9).

Material 9

Interfraktionelle Initiative Parlamentsreform

❶ Vorschläge zur Stärkung des politischen Gewichts des Parlaments gegenüber der Exekutive:	❷ Vorschläge zur offeneren und lebendigeren Gestaltung der Debatten:	❸ Vorschläge zur Verbesserung der Mitwirkungsrechte des einzelnen Abgeordneten, u.a. durch:
– Einführung einer regelmäßigen Kabinettsberichterstattung (Regierungsbefragung) – Auskunftspflicht der Bundesregierung über die Ausführung der Beschlüsse des Bundestages – Möglichkeit Berichte und Auskünfte der Regierung als unvollständig zu beanstanden und auf die Tagesordnung des Bundestags zu setzen – Vollständigkeit der verwendeten Materialien bei Gesetzesentwürfen der Bundesregierung; Möglichkeit des Abgeordneten bei unbefriedigenden Antworten auf mündliche Anfragen Beantwortung durch den zuständigen Bundesminister zu verlangen – Grundsätzlich öffentliche Ausschusssitzungen	– Ermöglichung zusätzlicher Wortmeldung bei Debatten, die länger sind als eine Kurzrunde – Ermöglichung von Grundsatzdebatten einmal im Halbjahr über grundsätzliche politische und/oder gesellschaftliche Probleme mit offenen Wortmeldungen	– Aufhebung der bisherigen Begrenzung der Rededauer und der Auflage Erklärungen zuvor schriftlich vorzulegen – Einladung der Antragsteller zu den Beratungen über ihre Anträge

(nach Rudolf Hocevar, Neue Initiativen zur Verfassungs- und Parlamentsreform in der BRD; in: Zeitschrift für Parlamentsfragen 3/1988, S. 437)

▶ Der „leere Bundestag“

Zuweilen ist auch das nur mäßig besetzte Plenum des Bundestages Anlass für Kritik; die Darstellung des Arbeitspensums einer/eines Abgeordneten zeigt, dass die Teilnahme an Parlamentssitzungen nur gut ein Viertel der Zeit beansprucht.

Material 10

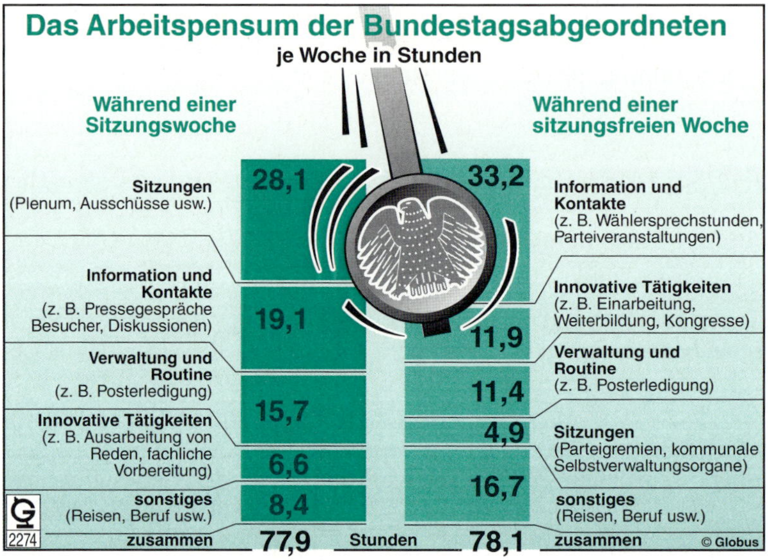

▶ Stärkere Bürgerbeteiligung durch Plebiszite? (→ VI/2.4)

Schließlich wird – besonders nach dem Engagement von DDR-Bürgerrechtlern im Herbst 1989 (→ VI/1. und 2.4 sowie IX/4.) – ein Diskussionsfaden der 70er- und 80er-Jahre wieder aufgegriffen und die Einführung unmittelbarer Formen demokratischer Beteiligung (z.B. Volksabstimmungen) gefordert:

Material 11

PRO und CONTRA

• PRO

Mit dem Ruf „Wir sind das Volk“ haben die Bürgerinnen und Bürger selbst den Zusammenbruch des totalitären Herrschaftssystems in der ehemaligen DDR herbeigeführt und damit die Vereinigung der beiden deutschen Staaten ermöglicht. Doch bei der weiteren Gestaltung der staatlichen Vereinigung musste das Volk sehr rasch wieder von der politischen Bühne abtreten und sich in die Rolle des ohnmächtigen Zuschauers drängen lassen. [...] Doch auch im Westen klagten und klagen immer mehr Bürgerinnen und Bürger über einen Mangel an echten demokratischen Mitwirkungsmöglichkeiten.
Dieses Problem wird dadurch noch verschärft, dass die Politik heute immer öfter vor weit reichenden Entscheidungen steht, deren Konsequenzen – etwa bei der gentechnischen Züchtung neuer Arten, der Freisetzung radioaktiver Substanzen oder dem globalen Experiment der Klimaerwärmung – oftmals erst nach Generationen sichtbar werden. Dann aber ist es für eine Korrektur oder Rücknahme solcher Entscheidungen zu spät. Sie sind irreversibel.
Herkömmliche Willensbildungsverfahren werden der Dimension und Bedeutung derartiger

Entscheidungen vielfach nicht mehr gerecht. [...] Immer mehr Menschen wollen, gerade bei solch wichtigen Fragen, mitreden und mitentscheiden. [...]

Als 1949 das Grundgesetz verabschiedet wurde, waren gerade erst vier Jahre seit dem Untergang des Dritten Reiches vergangen. Zweifel an der Demokratiefähigkeit der Deutschen, die sich ja die Demokratie nicht erkämpft, sondern sie weitgehend von den Siegermächten geschenkt bekommen hatten, waren damals verbreitet und verständlich. [...] Heute aber, nach 40 Jahren demokratischer Entwicklung, wird die Beschränkung auf den repräsentativen Parlamentarismus der gewachsenen demokratischen Kultur und dem zunehmenden Bedürfnis der Bürgerinnen und Bürger nach Teilhabe nicht mehr gerecht.

Der vom „Kuratorium für einen demokratisch verfassten Bund deutscher Länder" 1991 vorgelegte Verfassungsentwurf eröffnet deshalb den Bürgerinnen und Bürgern [...] auf Bundesebene die Möglichkeit zu Volksbegehren und Volksentscheid. Anders als bei Wahlen, bei denen vielfältige Sachthemen und Personalentscheidungen ineinander verwoben sind, können so die Bürgerinnen und Bürger auch in politischen Sachfragen unmittelbar und verbindlich entscheiden. Damit soll auch dem Gefühl politischer Ohnmacht und der daraus resultierenden Resignation und Militanz entgegengewirkt sowie die Legitimation und Akzeptanz politischer Entscheidungen erhöht werden. Dabei kann die Volksgesetzgebung die parlamentarische Gesetzgebung nicht ersetzen, sondern bestenfalls ergänzen.

(Bernd Guggenberger/Ulrich K. Preuß/Wolfgang Ullmann, Eine Verfassung für Deutschland, München/Wien 1991, S. 67-69)

• CONTRA

Es ist nicht notwendig, aber auch nicht zweckmäßig und nicht wünschenswert, das durch das Grundgesetz errichtete System der parlamentarischen Demokratie durch erweiterte Möglichkeiten unmittelbarer Bürgerbeteiligung zu ergänzen.

Der ausschlaggebende Grund für diese verfassungspolitische Beurteilung ist, dass eine derartige Verfassungsänderung die Gefahr mit sich bringt, die den Kern der parlamentarischen Demokratie bildende Vermittlungsaufgabe und Entscheidungsaufgabe der gewählten Volksvertretung, der parlamentarisch verantwortlichen Regierung und der politischen Parteien zu beeinträchtigen. Das System der parlamentarischen Demokratie würde nicht verstärkt, sondern geschwächt.

Die ins Auge gefassten erweiterten Möglichkeiten unmittelbarer Bürgerbeteiligung sind im Regelfall auf der Ebene des Bundes nicht geeignet, die von ihnen verschiedentlich erwarteten Vorteile zu erreichen. Eine etwa bestehende „Politikverdrossenheit" könnte nicht abgebaut, die gesuchte Akzeptanz und Integrationsfähigkeit politischer Entscheidungen kann nicht erwartet werden. Denn die in Betracht kommenden Verfahren „unmittelbarer Bürgerbeteiligung" stellen in Wahrheit nur außerparlamentarische Aktionsmöglichkeiten der politischen Parteien dar; sie sind eine der Richtigkeitsgewähr parlamentarischer Verfahren entbehrende, andere Form der mittelbaren Demokratie.

Die Beurteilung der Enquête-Kommission Verfassungsreform (Schlussbericht, Dezember 1976) – mit der die wohl begründete Entscheidung des Parlamentarischen Rates bestätigt wurde – ist heute so richtig wie damals: Volksbefragung, Volksbegehren, Volksentscheid und andere Formen der Volksinitiative sind „keine geeigneten Instrumente [...] die Legitimation und Handlungsfähigkeit der repräsentativ-parlamentarischen Demokratie zu verstärken. Es besteht vielmehr die Gefahr, dass sie die Bedeutung des Parlaments verringern und die Funktions- und Integrationsfähigkeit der freiheitlichen demokratischen Grundordnung der Bundesrepublik insgesamt beeinträchtigen."

(Prof. Dr. Badura, Stellungnahme für die Gemeinsame Verfassungskommission, Juni 1992)

7. Politische Entscheidung vor Ort: Ein Golfplatz in Mommenheim?

Das Vorhaben politisches Entscheiden im lokalen bzw. regionalen Raum – also „vor Ort“ – zu untersuchen, kann unterschiedlich weit gefasst werden. Daher bedürfen die Überlegungen und Anregungen im Buch einer selbstständigen Konkretisierung, die Materialien einer Ergänzung. Beim vorgeschlagenen Themenbeispiel sind die **Zusammenarbeit mit dem Fach Erdkunde** und das Hinzunehmen vom Materialien aus dem Erdkundebuch geboten.

Vorschlag 1: Durchführen einer Rollendiskussion: Anhörung im Rahmen des Genehmigungsverfahrens.

Dabei sollten mindestens folgende Rollen besetzt sein:

- Betreibergesellschaft des Golfplatzes
- Wasserwirtschaftsamt
- Gemeinderat (ggf. nach polit. Gruppen differenziert)
- Naturschutz-Gruppe.

Aufgabe: Erarbeiten Sie zu dem geplanten Golfplatz Argumente aus der Sicht der „Rolle“. Bringen Sie Ihre Meinung beim „Erörterungstermin“ ein!

Mögliche Gesichtspunkte für die Auswertung der Rollendiskussion:

- Ökonomie ↔ Ökologie
- öffentliches Interesse ↔ Anlieger-Interesse
- lokale politische Entscheidung ↔ allgemeine Parteigebundenheit/-präferenz
- politische Gesichtspunkte bei einer lokalen Entscheidung (→ V/2.3, 5.2 u. 5.3).

Vorschlag 2: Entwickeln eines Planspiels

Nach Abschluss und Auswertung der Rollendiskussion, die Sie durchgeführt haben, könnten Sie auf dieser Erfahrungsgrundlage selbst ein Planspiel entwerfen und dazu **Situationsbeschreibung, Rollenkarten** und **Materialien** selbst erstellen bzw. zusammenstellen. Dabei können Sie sich orientieren am Planspiel im Buch → **III/1.1, S. 111 ff.**

Vorschlag 3: Vergleich politischen Entscheidens auf verschiedenen Ebenen

Ziel wäre hier herauszufinden, welche Unterschiede es bei politischem Entscheiden auf den verschiedenen Ebenen gibt und worin das Gemeinsame besteht. Dazu bietet das Buch selbst Materialien:

- lokal/regional: Golfplatz in Mommenheim?
- Bund: Katalysator-Auto → **V/2.2**
- Europa: Katalysator-Auto und → **X/2. u. 4.** sowie ergänzend in der Handreichung zu Jgst. 13 (PZ-Information 6/96) ein umweltpolitisches Planspiel zum Entscheidungsverfahren in der Europäischen Union.

▶ *Materialien für eine Rollendiskussion*

Material 1

Situationsbeschreibung

Die Gemeinde Mommenheim gehört zur Verbandsgemeinde Nierstein-Oppenheim und liegt im Osten des rheinhessischen Hügellandes verkehrsgünstig zwischen den Verdichtungsräumen Rhein-Main im Norden (15 km zur Landeshauptstadt Mainz) und Rhein-Neckar im Süden (25 km zum Mittelzentrum Worms). In der ländlichen Gemeinde Mommenheim sind Landwirtschaft und Weinbau bedeutend.

Das Vorhaben: Auf 82 Hektar, zwischen Mommenheim uns Schwabsburg, soll eine moderne Golfanlage, ein 18-Loch-Platz, der an internationale Standards anknüpft, entstehen. Mit diesem sportlichen Angebot verknüpft ist auch Werbung für die Region. Die Golfanlage Domtal wird auch Spaziergängern und Naturfreunden offen stehen, die hier dank neu eingerichteter Biotope auf ihre Kosten kommen. Im Klubhaus sollen ein Weinmuseum und eine Verkaufsstelle für Rheinhessenwein eingerichtet werden. In der Gastronomie, Verwaltung und Pflege des Golfplatzes Domtal werden laut Betreibergesellschaft 17 bis 20 Arbeitsplätze geschaffen.

Material 2

Domtal liegt immer zentral!

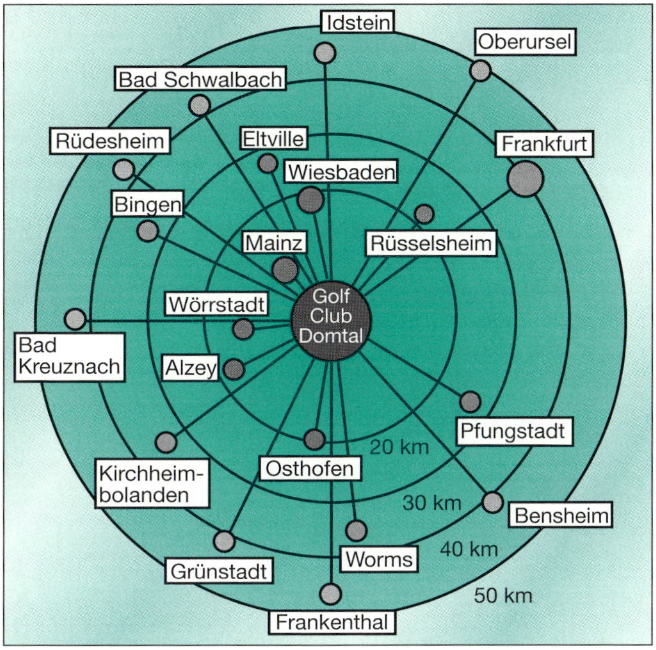

Material 3

Golfspezifische Infrastruktur-einrichtungen

Alle Golfplätze verfügen über ein bestimmtes Angebot an golfspezifischen Infrastruktureinrichtungen, z.B.:

- Klubhaus mit Gastronomie, Verwaltung, Sanitär- und Umkleideräume, Golfgeschäft („Pro-Shop“)
- Geräte- und Lagerschuppen für den Maschinenpark
- Abschlag- und Regenhütten
- Schuppen für die Pumpenanlage der Bewässerung
- Gebäude für die Hallen-Übungsanlage („Indoor“-Anlage)
- Parkplatz mit 50-250 Stellflächen (abhängig von der Mitgliederzahl)
- Zufahrtsstraßen
- sonstige Ausrüstungsgegenstände wie Warnschilder, Abschlagsmarkierungen, Papierkörbe, Fahnenstangen, Abschlagsmatten, Bänke
- Spiel- und Übungseinrichtungen (vgl. M 6).

Material 4

Nach mehrfacher Überprüfung der Geländestruktur ergab sich eine Fläche, die für das Vorhaben optimal geeignet war. Diese Flächenbeschaffung war das erste schwierige Handicap. Es wurde mit ca. 80 Eigentümern eine Einigung erzielt. Für den Landschaftsplaner war es kein Problem drei Flächen, die weiterhin landwirtschaftlich genutzt werden, in das Golfgelände zu integrieren um den Platz dadurch noch interessanter zu gestalten.

	Pacht
Landwirtschaft	100 – 120 DM/ha
Golfplatz	520 DM/ha

Material 5

Vergleich der Umweltauswirkungen von Ackerland und Dauergrünland im Vergleich zu Golfplatzelementen

	Ackerland	Dauergrünland	fairways semiroughs	Abschläge	greens
Vermeidung von					
– Erosionen	–	+	+	+	(+)
– Bodenimmissionen (Überdüngung)	–	0/–	0	–	–
– Beunruhigung der Tierwelt	+	+	–	–	–
Erhaltung der					
– Bodenstruktur	–	+/0	0/–	–	–
– Pflanzenartenvielfalt	–	+/0	0/–	0/–	–
– Tierartenvielfalt	0/–	+/0	0/–	–	–

+ = positiv   0 = mittel   – = negativ

(Quelle: Bundesforschungsanstalt für Naturschutz und Landschaftsökologie (unveröffentlicht), aus: FRITZ 1987, S. 24)

Material 6

Pflege und Unterhaltung

- *Greens (Grüns) – ca. 2 % der Gesamtfläche*
Pflegeintensität:
tägliche Mahd – Schnitthöhe 0,4-0,7 cm; sehr hohe Düngergaben; hoher Biozideinsatz (Herbizide, Fungizide, z.T. auch Insektizide); mechanische Pflegemaßnahmen, wie Vertikutieren; Bewässern

- *Tees (Abschläge) – ca. 1 % der Gesamtfläche*
Pflegeintensität:
Mahd 2-3 x pro Woche – Schnitthöhe 0,8-2 cm; hoher Dünger- und Biozideinsatz; Vertikutieren; Bewässern

- *Fairways (Spielbahnen) – ca. 40 % der Gesamtfläche*
Pflegeintensität:
Mahd 2 x pro Woche – Schnitthöhe 1,5-2 cm; hohe Düngergaben, Biozideinsatz;

- *Semi-roughs (Randbereiche der Spielbahnen) – ca. 10 % der Gesamtfläche*
Pflegeintensität:
Mahd 1-2 x pro Monat – Schnitthöhe ca. 4 cm; teilweise Düngung und Biozideinsatz

- *Hard-roughs (Übergangszonen zu unbespielten Bereichen – Rauhes) – ca. 27 % der Gesamtfläche*
Pflegeintensität:
Mahd 1-2 x pro Jahr

- *Nicht bespielte roughs (Zwischen- oder Randflächen) – ca. 20 % der Gesamtfläche*
Pflegeintensität:
nur gelegentliche Pflegemaßnahmen zur Erhaltung bestimmter Biotoptypen oder natürliche Sukzession

Material 7

Düngemittelverbrauch (kg/ha/Jahr)

auf LNF und Golfplätzen im Vergleich

Nutzung	Stickstoff	Phosphat	Kali	Magnesium	Nitrorot
Maisanbau	180	78	132	–	–
Getreide	130	78	132	–	–
Grünland	150	70	80	–	300
Golf-Greens	800	80	130	36	1500
Abschlag	330	72	120	16	200
Bahnen	50	–	–	–	100

(Quelle: RPM 1988, S. 11; nach: Schemel, Umweltverträgliche Freizeitanlagen-Berichte des Umweltbundesamtes 5/1987, S. 222)

Material 8

Mittleres Rheinhessen:

- mittlerer Niederschlag: 500 mm/Jahr
- 1991, 1992, 1993: 220 – 250 mm/Jahr
- potenzielle Verdunstung: 750 mm/Jahr

- Wassermenge für Bewässerungszwecke: 21 000 cbm
- Zum Vergleich: Trinkwasserverbrauch 1988 von Mommenheim (1860 Einwohner): 89 800 cbm

Wasserbedarf und -gewinnung des Golfplatzes Mommenheim

(nach Berechnung der Kreisverwaltung Mainz-Bingen, Untere Wasserbehörde):

Wassermenge für Bewässerungszwecke:
21 000 cbm[1]

- Zur Verfügung stehendes Niederschlagswasser: 4 500 cbm (= 80 % des Jahresniederschlags)
- Einspeisung von Grundwasser in die geplanten Teiche: 12 000 cbm

[1] Angaben pro Spielsaison: Mai bis September

(Quelle: Wasserversorgung Rheinhessen)

Politische Ordnung und politische Theorie

1. Stichwort: Demokratische Tradition im Herbst 1989 – Plakate und Bilder

Material 1a

Demokratiebewegung im Herbst 1989 – Forderungen und Parolen bei den Montagsdemonstrationen in Leipzig und bei einer Kundgebung in Ostberlin am 4.11.89:

Material 1b

Die andere Basis auf der Straße: nach der Wahl von Egon Krenz zum Staatsratschef

„Wir bleiben hier!“

Leipzig, 23. Oktober 1989

Die „Wende“ in der DDR (→ IX/4., S. 448ff.) bezog ihre Dynamik zunächst aus den demokratischen Parolen („Wir sind das Volk“) und Forderungen, in denen sich Kritik und Widerspruch gegen Praxis und Theorie des DDR-Herrschaftssystems äußerte.
– Im Frühjahr 1990 traten dann nationalstaatliche Forderungen („Wir sind ein Volk“) hinzu, die zur deutschen Einheit am 3.10.1990 führten.
Parolen und Forderungen des Herbstes 1989 lassen sich hinsichtlich des Geforderten und der – dahinter stehenden – Begründung auf Ideen der abendländischen Politiktradition (Vorstellungen, Ziele und Maßstäbe) beziehen bzw. spiegeln diese wider.

Material 1c

Aufgaben

Analysieren Sie Spruchbänder und Parolen und stellen Sie Zusammenhänge zu den Ideen und Theorien der Klassiker des politischen Denkens her:
- *Montesquieu: Gewaltenteilung / Rechtsstaatsprinzip*
- *Rousseau: Volkssouveränität; (rationale) Legitimation von Herrschaft*
- *Locke: Toleranzprinzip und Mehrheitsregel*
- *Kant: Sittliche Autonomie des Menschen begründet Grund- und Menschenrechte*
- *Marx: Aufhebung von Entfremdung und Ausbeutung*

2. Demokratisches Selbstverständnis: Entstehung – Ausprägung – Entwicklung

2.1 Historisch-ideengeschichtliche Bezüge – europäische Denktradition

In der Geschichte der Menschheit sind auf die Frage, wie und nach welchen Prinzipien das politische Zusammenleben der Menschen gestaltet werden soll, höchst unterschiedliche Antworten gegeben worden. Die Beschäftigung mit den Klassikern politischen Denkens ergibt, dass die Antwort, die jeweils gegeben wird, abhängig ist vom Blickwinkel, unter dem die Frage „Wie ist politische Ordnung möglich? – Wie soll sie gestaltet werden?“ gestellt wird. Dabei ist die Frage vom jeweiligen zeitbezogenen geistesgeschichtlichen Vorverständnis (Menschenbild und Denkweise) ebenso geprägt wie von den zeitgebundenen situativen Bedingungen (politische und wirtschaftliche Verhältnisse; biografische Einflüsse).

► Überblick und Anregung: Klassiker des politischen Denkens

Als Anregung für mögliche Fragestellungen und intensivere Beschäftigung folgt hier ein Überblick über die wichtigsten Autoren. Es ist der Versuch gemacht, jeweils eine grundlegende Fragestellung und die Antwort darauf mit wenigen Stichworten anzugeben. Die Details der geschichtlich-politischen Zusammenhänge können dabei ebenso wenig erkennbar werden wie die Systematik der Theorien. Der Überblick will also die genauere Lektüre nicht ersetzen, sondern anregen. Dabei wird es nötig sein, die zu analysierenden Texte, etwa mithilfe des Geschichtsbuches, auf die jeweilige Zeitproblematik zu beziehen.

Material 1

Platon (427 – 347):
Das Ziel der Staatskunst ist Gerechtigkeit. Sie besteht in der harmonischen Ordnung (der Seele und der Gesellschaft) durch den Staatsmann und Philosophen, der, von der Idee des Guten geleitet, das Rechte erkennt und tut.

Aristoteles (384 – 322):
Was ist der Sinn des gemeinschaftlichen Lebens in der Polis und wie soll es geordnet sein? Der Mensch bedarf zu seinem Glück des Lebens in der Polis. Politik ist die Praxis, die eine gute Ordnung der Polis verwirklichen soll. Eine gute Ordnung vermeidet die Extreme.

Thomas von Aquin (1225 – 1274)
Nach welchen Prinzipien ist die irdische menschliche Gesellschaft zu ordnen?
Die menschliche Person bedarf zu ihrer Entfaltung der Hilfe der Gesellschaft, diese wiederum einer leitenden Kraft, die die vielen Sonderinteressen auf das Gemeinwohl (bonum commune) hinlenkt und ihm unterordnet.

Machiavelli (1467 – 1527)
Muss sich die Politik immer nach moralischen Normen richten?
Der Staatsmann, der sich in der Politik nur nach der Moral richtet, kann sich in der Welt, wie sie nun einmal ist, nicht behaupten, sondern verstößt gegen die Staatsräson: Erwerb und Erhaltung der Macht.

John Locke (1632 – 1704) und Charles Montesquieu (1689 – 1755)
Wie können die natürlichen Rechte der Menschen, besonders Freiheit und Eigentum, gegen die Übergriffe mächtiger Träger der Staatsgewalt geschützt werden?
Locke: Die Unterordnung der Bürger unter die Inhaber politischer Ämter beruht auf vertraglicher Vereinbarung und hat den Zweck, Freiheit und Eigentum der Bürger zu schützen. Die Bürger behalten das Recht, die Träger der (legislativen und exekutiven) Gewalt abzuberufen und neu zu bestellen.
Montesquieu: Freiheit ist nur gewährleistet, wo es eine Pluralität von Machtträgern und ein Gleichgewicht sozialer Gruppen gibt. Daher soll die legislative Gewalt von der exekutiven und diese von der judikativen getrennt sein, sodass alle drei sich gegenseitig im Zaum halten.

Jean-Jacques Rousseau (1712 – 1778)
„Wie findet man eine Gesellschaftsform, die mit der ganzen gemeinsamen Kraft die Person und das Vermögen jedes Gesellschaftsgliedes verteidigt und schützt und in der jeder Einzelne, obgleich er sich mit allen vereint, dennoch nur sich selbst gehorcht und so frei bleibt wie vorher!" (Contrat Social I 6)
„Jeder von uns stellt gemeinschaftlich seine Person und seine ganze Kraft unter die oberste Leitung des allgemeinen Willens, und wir nehmen jedes Mitglied als untrennbaren Teil des Ganzen auf." (ebda.)
Dieser Gesellschaftsvertrag überführt die Individuen des Naturzustandes in eine kollektive Existenz, in der allein die politische Einheit und Gleichheit aller die Freiheit garantieren soll. Es bedarf dazu keiner Gewaltenteilung und keiner institutionell gesicherten Freiheitsrechte; sie wären sogar schädlich, da sie den Gemeinwillen durch individuelle und gruppenspezifische Interessen verunreinigen würden.

Immanuel Kant (1724 – 1804)
Wie ist angesichts der „ungeselligen Geselligkeit" des Menschen „das größte Problem für die Menschengattung" zu lösen: die „Erreichung einer allgemeinen, das Recht verwaltenden bürgerlichen Gesellschaft"? (in: Idee zu einer allgemeinen Geschichte in weltbürgerlicher Absicht)
Bürgerliche Gesellschaft wäre ein Zustand, in dem der Mensch zu Freiheit, Gleichheit und wirtschaftlicher Selbstständigkeit gelangt. Er ist nur in Annäherung zu erreichen, denn: „aus so krummem Holze, als woraus der Mensch gemacht ist, kann nichts ganz gerade gezimmert werden".

Karl Marx (1818 – 1883)

Wie kann die Entfremdung des Menschen, seine Ausbeutung und Versklavung in der industriellen Gesellschaft aufgehoben werden?

„Die positive Aufhebung des Privateigentums, als die Aneignung des menschlichen Lebens, ist daher die positive Aufhebung aller Entfremdung, also die Rückkehr des Menschen aus Religion, Familie, Staat etc. in sein menschliches, d.h. gesellschaftliches Dasein“ (Ökonomisch-philosophische Manuskripte III).

Fazit und Leitmotiv

◆ Philosophische Kritik der Zustände als Verpflichtung zum Umdenken, als Ansatz der Reform: das ist der Ursprung aller wissenschaftlichen Politik seit der sokratisch-platonischen Frage nach der Polis; denn die Aufgabe des Philosophen ist es, in der Reflexion auf das Gute Ziele des politischen Handelns als richtig zu begründen oder als unrichtig zu verwerfen, und hierin stimmt er mit der wahren, das heißt, auf das menschenwürdige Leben bezogenen Politik überein. ◆

(Hans Maier, in: Klassiker des politischen Denkens, Bd. I, 4. Aufl. 1972, S. XIf.)

Dem können auch wir uns nicht entziehen; daher hat ein Zugriff zur Frage nach der politischen Ordnung, der sich zunächst – zumindest exemplarisch – mit Klassikern des politischen Denkens beschäftigt, den Vorzug, dass er uns

- hilft Kategorien zu erfassen, zu verstehen und anzuwenden, die für politische Ordnung wesentlich und unverzichtbar sind;
- die Wechselwirkung zwischen geschichtlicher Situation und menschlichem Denken bewusst macht;
- anregt früher gegebene Antworten daraufhin zu prüfen, inwieweit sie noch wichtig sind für das Finden unserer eigenen Antwort;
- ermöglicht die ideengeschichtliche „Verortung“ unserer heutigen Fragestellung vorzunehmen und so deren Zeitbezogenheit zu erkennen.

Auf diese Weise gewinnen wir Abstand von unserem eigenen Vorverständnis (Aspekt: **Ideologiekritik)** und machen uns bewusst, wie unsere Fragestellung und damit Grundzüge unseres Selbstverständnisses in geschichtlichen Erfahrungen verwurzelt sind (Aspekt: **Identitätsstiftung).**

Einen ersten Überblick über das neuzeitlich-abendländische Denken über Politik und politische Ordnung vermittelt der folgende Auszug aus dem dtv-Atlas zur Philosophie:

Material 2

Als geistige histor. Epoche bezeichnet man v.a. das 17. und 18. Jh. als **Aufklärung.** Eine klassische **Definition** von Aufklärung gibt I. Kant (1783):

„Aufklärung ist der Ausgang des Menschen aus seiner selbst verschuldeten Unmündigkeit. Unmündigkeit ist das Unvermögen, sich seines Verstandes ohne Leitung eines anderen zu bedienen.“

Aufklärung ist also bestimmt durch den Gebrauch der *Vernunft* und die eigenständige Leistung des denkenden *Individuums.* Charakterist. für die Aufklärung ist somit ferner eine Distanz zu Tradition und Autorität, die Hochschätzung der *Freiheit* und die positive Bewertung der Fähigkeit zu einer vernünftigen Lösung aller Fragen. Diese Neubegründung wird in zwei Richtungen versucht:

1) Der **Rationalismus** (v.a. in Frankreich und Deutschland): Seine Hauptvertreter behaupten die Möglichkeit, aus reinen Prinzipien des *Denkens* den Aufbau der Wirklichkeit zu erkennen. Die log. Ordnung der Welt ermöglicht es, sie deduktiv zu erfassen. Vorbild ist die Methode der Mathematik, aus wenigen, sicheren Axiomen zu schließen.

Die Wirklichkeit besteht aus zwei (Descartes), einer (Spinoza) oder vielen (Leibniz) Substanzen und ist von Gott vollkommen eingerichtet.

2) Der **Empirismus** (v.a. in Großbritannien, später auch in Frankreich z.T. als Materialismus): Von Fr. Bacon über Hobbes, Locke, Berkeley bis Hume sieht er die Grundlage der Erkenntnis in der (Sinnes-)*Erfahrung*. Wirklich sind nur einzelne Gegenstände und Phänomene. Der richtige Vernunftgebrauch kann diese ordnen und induktive Schlüsse aus ihnen ziehen.

Die Wirksamkeit dieses Ansatzes liegt v.a. in der Entstehung der Naturwissenschaft, aber auch in der Betonung des Einzelnen in der Rechts- und Staatsphilosophie.

Viele Philosophen der Aufklärung weisen bed. Leistungen auch auf anderen Gebieten auf, als Mathematiker, Physiker, Politiker oder Diplomaten.

Die Skepsis gegen Überlieferung und Autorität führt zu einer krit. Haltung gegen die **Religion:**

Die Prüfung durch die Vernunft versucht, den „Aberglauben“ aus ihr auszuscheiden und durch eine rationalere Frömmigkeit zu ersetzen.

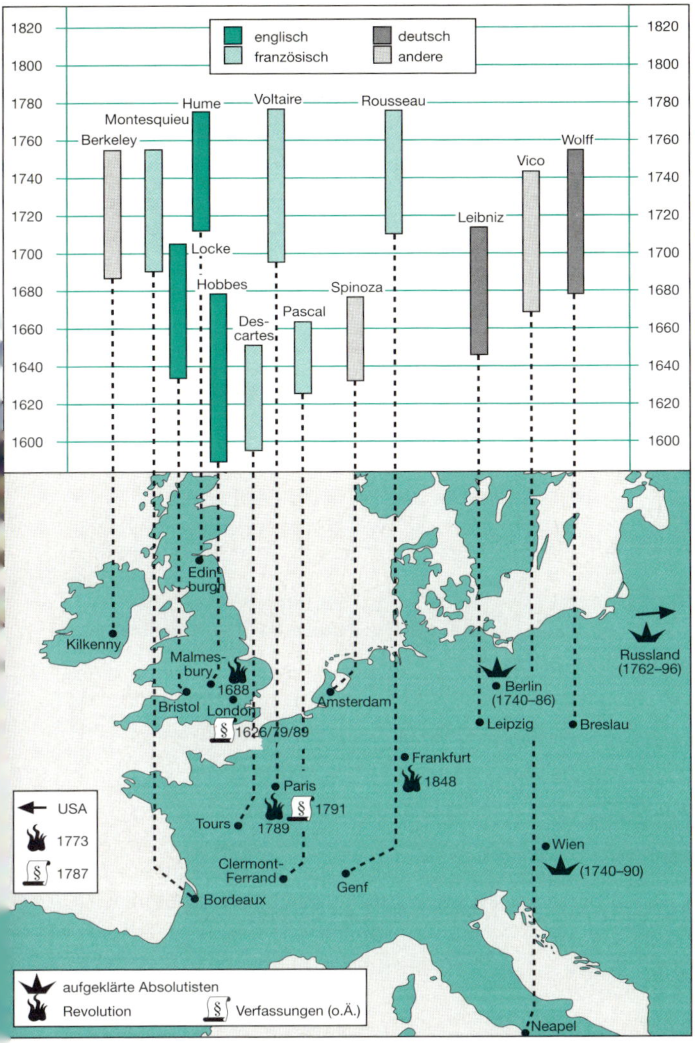

Aus: dtv-Atlas Philosophie, © 1991 Deutscher Taschenbuch Verlag, München)

Bes. Anliegen der Aufklärer ist die *Toleranz* unter Religionsgemeinschaften. Eine typ. Erscheinung ist der *Deismus*:

> Gott hat die Welt perfekt erschaffen, greift aber danach nicht mehr in sie ein.

Der Einsatz der Mathematik und die Methode der Beobachtung führen zum Durchbruch in der **Naturwissenschaft.** Bedeutendstes Beispiel ist NEWTON:

> Seine Mechanik (1687) ist umfassende quantitative Naturerklärung, die streng kausal und ohne unnötige Hypothesen funktioniert.

In die Zeit fällt eine Fülle von wiss. Entdeckungen. Der Fortschritt in der Bewältigung der Natur begründet in der Aufklärung z.T. einen *Fortschrittsglauben.*

Gesellschaftlich ist das Zeitalter bestimmt durch den Aufstieg des *Bürgertums,* begünstigt durch wirtschaftl. Entwicklungen. Dieser Prozess wird begleitet vom *Liberalismus:* Als Wirtschaftstheorie fordert er freies Gewerbe und Handel.

Seine Devise:

> »Laissez faire, laissez passer.« (Lasst machen, lasst gehen.)

Dazu kommt die philosoph. Fundierung der Rechte des Einzelnen gegenüber dem Staat und dem Mitbürger.

> In England entstehen wichtige Rechtstexte, die diese Freiheiten garantieren: z.B. ›Habeas-Corpus-Akte‹ (1679) und ›Declaration of Rights‹ (1689).

Wichtige Ergebnisse in der Rechtsphilosophie sind neue Formulierungen von *Naturrecht* und *Menschenrechten,* z.B.

›Virginia Bill of Rights‹ (USA 1776): »Alle Menschen sind von Natur aus frei ... und besitzen ... angeborene Rechte, nämlich das Recht auf Leben und Freiheit, dazu die Möglichkeit, Eigentum zu erwerben und zu behalten sowie Glück und Sicherheit anzustreben und zu erreichen.«

Für die Organisation des **Staates** hat das Denken der Aufklärung tief greifende Folgen. Die Philosophie formuliert wichtige Prinzipien

- Vertragstheorie: Die Herrschaft ist als Vertrag zwischen Volk und Regierung anzusehen.
- Volkssouveränität: Die Staatsgewalt liegt beim Volk.
- Gewaltenteilung: Um Machtmissbrauch auszuschließen, soll die Gewalt in versch. (sich gegenseitig) kontrollierende Organe aufgeteilt sein. Der klass. Ausdruck dieser Forderung findet sich bei LOCKE und MONTESQUIEU.
- die Forderung nach demokrat. Beteiligung aller an der Macht.

Die Durchsetzung gelingt auf versch. Wegen. In England setzt sich die konstitutionelle *Monarchie* durch (Königreich bei demokrat. Rechten, die durch verfassungsartige Texte garantiert sind). Auf dem Kontinent ergibt sich der *„aufgeklärte Absolutismus“* nach dem Prinzip:

> »Nichts durch das Volk, alles für das Volk.«

In Frankreich versucht die *Revolution* von 1789 die Verwirklichung der neuen Ideen über den Staat und die Rechte seiner Bürger.

(dtv-Atlas Philosophie, © 1991 Deutscher Taschenbuch Verlag, München, S. 102 f.)

▶ *Hobbes – Rousseau – Locke*

Die nachfolgende Beschäftigung mit drei Klassikern vermittelt zugleich verschiedene Vorgehensweisen einer Auseinandersetzung:

dargebotenes Material	Aufgabenstellung
1 „Vertragstexte“ für zwei Theoretiker	spontanes Entscheiden und Begründen
Hobbes **2** Stichwortartige Zusammenfassung nach leitenden Aspekten	**3** am Textauszug Hobbes belegen **4** Titelbild des Buches von Hobbes interpretieren
Rousseau **5** Beschreibung der Theorie durch einen Politikwissenschaftler	Anlegen einer Zusammenfassung entsprechend **2**
Locke **3** Textauszug Locke Ergebnisse der eigenen Beschäftigung	**6** Textanalyse anhand von Leitfragen **7** einen „Vertrag“ wie **1** formulieren

Material 3

Zwei Entwürfe für einen Gesellschaftsvertrag

G E S E L L S C H A F T S V E R T R A G A

§ 1: Ich unterstelle mich, unter der Bedingung, dass alle anderen es auch tun, unter die oberste Leitung des allgemeinen Willens.

§ 2: Jedes Mitglied ist untrennbarer Teil des Ganzen.

§ 3: Jeder bleibt in der neuen Gesellschaftsform so frei wie zuvor und gehorcht nur sich selbst.

....

Datum Unterschrift

G E S E L L S C H A F T S V E R T R A G B

§ 1: Ich unterstelle mich aus freiem Willen, unter der Bedingung, dass alle anderen es auch tun, einem Herrscher.

§ 2: Der Herrscher verfügt über eine unbegrenzte Amtsgewalt.

§ 3: Der Herrscher hat die Aufgabe, für den inneren und äußeren Frieden zu sorgen.

....

Datum Unterschrift

Aufgaben

1. *Würden Sie einen der beiden Gesellschaftsverträge unterschreiben?*
2. *Klären Sie im Gespräch Chancen und Risiken jedes Vertrages!*

Material 4a

Hobbes

Thomas Hobbes (1588 – 1679), berühmter englischer Staatstheoretiker, Gegner der puritanischen Revolution und der Republik Cromwells, zur Zeit von dessen Herrschaft in der Emigration in Frankreich, Befürworter der Stuart-Restauration von 1660. Sein Hauptwerk, der „Leviathan", 1651 geschrieben, vergleicht im Titel den Staat mit dem menschenverschlingenden Ungeheuer aus dem Alten Testament; er will damit zum Ausdruck bringen, dass die Menschen sich zu einer unkündbaren und umfassenden Einheit zusammenschließen müssen, wenn sie aus dem Naturzustand herauskommen und zum Frieden finden wollen. Zeitgeschichtlicher Hintergrund sind die schrecklichen englischen Religionskriege.

Zeit	1628 Petition of rights 1629 – 1640 Suspendierung des Parlaments 1642 – 1660 Die puritanische Revolution 1650 – 1658 Diktatur Oliver Cromwells 1660 Restauration der Stuart-Herrschaft 1660 – 1685 Karl II. Stuart
Denkweise	naturwissenschaftlich-mechanistisches Denken
Menschenbild	Die Menschen sind von Natur aus weder friedlich noch vernünftig: Kampf eines jeden gegen jeden anderen
politische Ordnung	Ordnung durch Zwang *Herrschaftsvertrag als Unterwerfungsvertrag* absolute Herrschaft Leviathan Gehorsamspflicht, solange der Leviathan seine Schutzfunktion (äußere und innere Sicherheit) erfüllt

Material 4b

„Zusammenfassend lässt sich über Hobbes' Bedeutung, der von vielen als der größte politische Theoretiker der englischsprachigen Welt bezeichnet wird, Folgendes sagen: 1. Der geschichtliche Ausgangspunkt von Hobbes ist der Versuch, eine Einigung seines von Religionskriegen zerrissenen Staates, England, zu erreichen. Dieses Ziel vor Augen, ist Hobbes zum Begründer des aufgeklärten Absolutismus geworden. Denn in dem autoritärsten Staat kennt das Individuum seine größte Vervollkommnung. 2. Um dies zu erreichen, setzt er den Staat, den er als einen künstlichen Gott begreift, als ein Wesen, das ebenso unerschütterlich wie inhaltslos vorhanden ist, als einen allumfassenden Regulator des sozialen Lebens ein. 3. Dieser Staat, der über den Gesetzen steht, ist zwiegesichtig: Er versucht, den Schutz des Individuums zu gewährleisten, indem er dessen persönliche Freiheit negiert. 4. Dennoch ist der Gedankengang von Hobbes im Grunde individualistisch. Denn sein absoluter Staatsbegriff wird gerechtfertigt durch das Glück, das Wohlergehen des Einzelnen. Dieser individualistische Grund kann daher später auch gegen den absoluten Staat gewendet werden. 5. Der absolute Staat als Garant von Frieden und Sicherheit ist die Folge eines pessimistischen Menschenbildes. Der Urtrieb des Menschen ist der Totschlag oder, wie Hobbes es im Leviathan ausdrückt: »Der reine Naturzustand, das heißt der Zustand der absoluten Freiheit, in dem es weder Oberherrschaft noch Untertanen gibt, ist eine Anarchie oder ein Zustand des Krieges.« Von dieser Anschauung werden später konservative Staatsvorstellungen abgeleitet, die auf einen starken Staat abzielen. 6. Die Methode von Hobbes ist rein rationalistisch; er sieht den Menschen als einen Mechanismus an, der beherrschbar ist, wenn sein Funktionieren erkannt wird. Hobbes betrachtet das Erscheinen seines Werkes im Jahre 1642 als das Gründungsdatum der modernen Politikwissenschaft."

(aus: Paul Noack, Was ist Politik?, München (Droemer Knaur) 1973, S. 41)

Material 4c

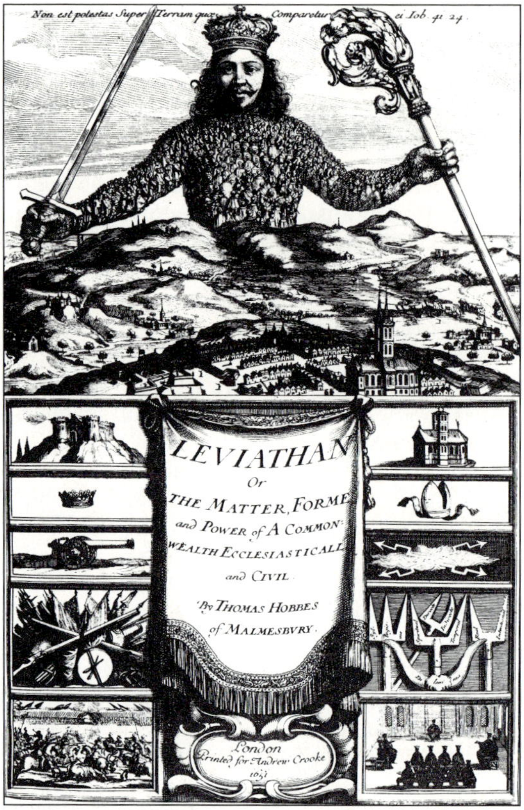

◆ [...] Der ersten englischen Ausgabe wurde ein Titelblatt gegeben, das in der Kürze des allegorischen Bildes zu fassen suchte, was Hobbes unter Herrscher, Staat und Königtum verstand. Für den Entwurf dieses Titelblattes hatte Hobbes einen überragenden Stecher gewinnen können. Wenzeslaus Hollar aus Prag [...]
Hollar hatte Schwieriges zu meistern und fand zu einer Lösung, die lakonischer nicht sein könnte: Als Gestirn steigt der Leviathan hinter den Hügeln auf, mit Schwert und Bischofsstab regiert er das Land. Allein, es ist nicht das alttestamentarische Ungeheuer, dessen Schrecklichkeit der zürnende Gott seinem stolzen Knecht Hiob beschrieb, Hobbes' Leviathan trägt ein menschliches Antlitz mit auffällig individuellen Zügen – oft wollte man darin die Gesichtszüge von Karl I., von Cromwell, ja von Hobbes selbst erkennen. Der Leib dieses Herrschers wird von winzigen Menschenkörpern geformt: es sind die Stände, seine Untertanen. Man sieht sie vom Rücken; sie bleiben ohne Gesicht, doch nicht ohne Gestalt. In feinster Präzision gibt der Stecher sie als einzelne Figuren wieder. Als Menge, nicht als Masse blicken sie zum Herrscher auf.
Dieser, so Hobbes, sei die Seele, welche den ganzen Körper belebe und in Bewegung setze. [...]◆

(Hans Jakob Meier, in: FAZ, 14.5.97 S. Nr. 5)

Material 4d

◆ Der große Leviathan (so nennen wir den Staat) ist ein Kunstwerk oder ein künstlicher Mensch, – obgleich an Umfang und Kraft weit größer als der natürliche Mensch, welcher dadurch geschützt und glücklich gemacht werden soll. Bei dem Leviathan ist derjenige, welcher die höchste Gewalt besitzt, gleichsam die Seele, welche den ganzen Körper belebt und in Bewegung setzt: die Obrigkeiten und Beamten stellen die künstlichen Glieder vor; die von der höchsten Gewalt abhängenden Belohnungen und Bestrafungen, wodurch jeder Einzelne zur Erfüllung seiner Obliegenheiten angehalten wird, vertreten die Stelle der Nerven; das Vermögen einzelner Personen ist hier die Kraft, so wie das Glück des Volkes das allgemeine Geschäft; die Staatsmänner, von welchen die nötigen Kenntnisse erwartet werden, sind das Gedächtnis; Billigkeit und Recht eine künstliche Vernunft; Einigkeit ist gesunder, Aufruhr hingegen kranker Zustand und Bürgerkrieg der Tod. Die Verträge endlich, welche die Teile dieses Staatskörpers verbinden, sind jenem bei Erschaffung der Welt von Gott gebrauchtem Machtworte gleich: Es werde oder lasst uns Menschen machen ...
Die Absicht und Ursache, warum die Menschen bei allem ihrem natürlichen Hange zur Freiheit und Herrschaft sich dennoch entschließen konnten, sich gewissen Anforderungen, welche die

bürgerliche Gesellschaft erfordert, zu unterwerfen, lag in dem Verlangen: sich selbst zu erhalten und ein bequemeres Leben zu führen; oder mit anderen Worten, aus dem elenden Zustande eines Krieges aller gegen alle gerettet zu werden. Dieser Zustand ist aber notwendig wegen der menschlichen Leidenschaften mit der natürlichen Freiheit so lange verbunden, als keine Gewalt da ist, welche die Leidenschaften durch Furcht vor Strafe gehörig einschränken kann, und auf Einhaltung der natürlichen Gesetze und der Verträge dringt. Alles was die natürlichen Gesetze fordern, wie z.B. Gerechtigkeit, Billigkeit und kurz, andern das zu tun, was wir wünschen, dass es uns von andern geschehe, ist, wenn die Furcht vor einer Zwangsmacht wegfällt, den natürlichen Leidenschaften, dem Zorne, Stolze und den Begierden aller Art gänzlich zuwider.

Gesetze und Verträge können an und für sich den Zustand des Krieges aller gegen alle nicht aufheben; denn sie bestehen in Worten, und bloße Worte können keine Furcht erregen; daher fördern sie die Sicherheit der Menschen allein und ohne Hilfe der Waffen gar nicht. Hat man sich vor keiner allgemeinen Macht zu fürchten, so können Gesetze, welche alsdann jemand nur deshalb beobachtet, weil er sieht, dass sie von andern beobachtet werden, ebenso wenig verpflichten als hindern, dass ein jeder es für erlaubt halte, so viel als möglich durch Stärke und Klugheit für seine Sicherheit zu sorgen [...]

Um aber eine allgemeine Macht zu gründen, unter deren Schutz gegen auswärtige und innere Feinde die Menschen bei dem ruhigen Genusse der Früchte ihres Fleißes und der Erde ihren Unterhalt finden können, ist der einzig mögliche Weg hierzu der: dass jedweder alle seine Macht oder Kraft einem oder mehreren Menschen übertrage, wodurch der Willen aller gleichsam in einen Punkt vereinigt wird; sodass dieser eine Mensch, oder diese eine Gesellschaft eines jeden Einzelnen Stellvertreter werde, und ein jeder die Handlungen jener so betrachte, als habe er sie selbst getan, weil sie sich dem Willen und Urteile jener freiwillig unterworfen haben. Dies fasst aber noch etwas mehr in sich als Übereinstimmung und Eintracht: denn es ist eine wahre Vereinigung in eine Person, und beruht auf dem Vertrage eines jeden mit einem jeden, wie wenn ein jeder zu einem jeden sagte: ‚Ich übergebe mein Recht, mich selbst zu beherrschen, diesem Menschen oder dieser Gesellschaft unter der Bedingung, dass du ebenfalls dein Recht über dich ihm oder ihr abtretest.‘ Auf diese Weise werden alle Einzelnen eine Person und heißen Staat oder Gemeinwesen. So entsteht der große Leviathan oder, wenn man lieber will, der sterbliche Gott, dem wir unter dem ewigen Gotte allein Frieden und Schutz zu verdanken haben. Dieses von allen und jedem übertragene Recht bringt eine so große Macht und Gewalt hervor, dass durch sie die Gemüter aller zum Frieden unter sich gern geneigt gemacht, und zur Verbündung gegen auswärtige Feinde leicht bewogen werden. Dies macht das Wesen eines Staates aus, dessen Definition folgende ist:

Staat ist eine Person, deren Handlungen eine große Menge Menschen, kraft der gegenseitigen Verträge eines jeden mit einem jeden, als ihre eigenen ansehen, damit dieselben nach ihrem Gutdünken die Macht aller zum Frieden und zur gemeinschaftlichen Verteidigung anwende [...] ◆

(Leviathan. Introd.: II; zitiert nach: Möbus, Polit. Theorien II, S. 296/298)

Aufgabe

3. *Belegen Sie an Bild (M4c) und Text (M4b) die Kennzeichnung der politischen Theorie von Hobbes in M4a!*

Material 5

Rousseau

Sein Grundmotiv drängt sich schon in den ersten Sätzen des *Gesellschaftsvertrages* in den Vordergrund: »Der Mensch ist frei geboren und trotzdem überall in Ketten. Er glaubt, Herr über die anderen zu sein, und niemand ist in Wahrheit mehr Sklave. Wie ist diese Veränderung vor sich gegangen? Das weiß ich nicht. Was kann sie rechtfertigen? Diese Frage glaube ich lösen zu können.« Wonach er fragt, ist: Wie ist es zu rechtfertigen, dass der Mensch sich in der Gesellschaft selbst bindet? Und was er will, ist, die Basis einer neuen Politik zu schaffen. Um an diese Basis heranzukommen, bedient er sich eines altbekannten Mittels: des Gesellschaftsvertrages. Doch dieser Vertrag ist bei ihm weder ein Vertrag zwischen Individuen, die sich gegenseitig schützen wollen, noch ein Kontrakt zwischen Individuum und Souverän. Mit diesem Vertrag, so wie ihn Rousseau sieht, verbindet sich jeder mit jedem.

Damit löst Rousseau das große Problem, das die liberalen Theoretiker bisher weder zu lösen vermochten noch lösen wollten: wie nämlich Gleichheit und Freiheit miteinander zu verbinden seien. Denn: Wenn jeder Bürger frei in seinen Lebensäußerungen ist, stellt sich automatisch Ungleichheit in seinen Lebensumständen ein. Will man aber, dass alle gleich sein sollen, muss die Freiheit des Einzelnen beschnitten werden. Es ist dies eine Frage, an der die politische Theorie bis heute herumlaboriert.

[...]

Indem sich bei Rousseau jeder an jeden ausliefert, liefert er sich keinem Einzelnen aus. So ist jeder an jeden gebunden, ohne jemandem als Person untertan zu sein. Das theoretisch Geniale an dieser Konstruktion ist, dass damit die Freiheit des Einzelnen gerettet ist, aber ebenso der Gehorsam, den er dem Ganzen schuldet. Dieser Gehorsam wird nun dem *allgemeinen* Willen (volonté générale) des Volkes zugetragen.

[...]

Es ist also von diesem neuen Souverän, dem *allgemeinen Willen* des Volkes, zu sagen: Seine Macht ist 1. nicht übertragbar, 2. unteilbar, 3. unfehlbar, 4. absolut.

In der Absolutheit des *allgemeinen Willens* liegt die Fragwürdigkeit der Konstruktion. Wenn Hobbes – mit anderer Ableitung – die Begründung des absoluten Staates gegeben hatte, so wird nun die höchste Instanz einfach ausgewechselt, der Anspruch des Absoluten bleibt. Denn an die Stelle der Souveränität des Monarchen tritt die des Volkes (Volkssouveränität). Und dieser Staat ist noch allmächtiger, noch totaler als bei Hobbes, niemand kann sich ihm entziehen.

[...]

Denn bei ihm werden die Freiheitsrechte des Individuums einfach fallen gelassen; der Bürger geht mit seinem Willen ganz in den allgemeinen Willen ein, und wer sich gegen den allgemeinen Willen stellt, stellt sich damit absolut gegen den Staat, den er im Namen des Volkes repräsentiert. Rousseau selbst ist sich freilich der Widersprüchlichkeit zwischen Wirklichkeit und Konstruktion bewusst geworden. Er ist sich darüber im Klaren, dass zwischen Idee und Wirklichkeit eine tiefe Kluft liegt, dass er menschliche Harmonie annimmt, wo doch der Widerstreit der Interessen herrscht. Also greift er zu Hilfskonstruktionen, die einen neuen Menschen schaffen sollen. Erst wenn der geschaffen ist, stimmt auch die Theorie. Auch darin ist Rousseau ein Vorläufer moderner Ideologie, deren Verwirklichung nicht von einem Menschen ausgeht, wie er – positiv oder negativ – geworden ist, sondern vom Menschen eines neuen Typs. Um ihn zu schaffen, greift er, wie schon Platon, zu den Mitteln der Erziehungsdiktatur.

(aus: Paul Noack, Was ist Politik?, München (Droemer Knaur) 1973, S. 52-54, Auszug)

Aufgabe

4. Fassen Sie Rousseaus Theorie – nach vorstehendem Beispiel bei Hobbes (→ M4b) – zusammen!

Zwischenbilanz

Thomas Hobbes (1588 – 1679) und *Jean-Jacques Rousseau (1712 – 1778)* stehen mit am Beginn neuzeitlicher abendländischer Denktradition und haben heutiges politisches Denken wesentlich mitgeprägt. Ihnen ist gemeinsam die Suche nach rationaler anstelle von traditionaler Begründung politischer Herrschaft, die Vorstellung, dass politische Ordnung nur dann legitim sein könne, wenn sie in irgendeiner Weise auf der Zustimmung der Menschen beruhe. Dennoch haben sie in ihren Vertragstheorien sehr unterschiedliche politische Ordnungen entworfen und begründet, weil ihre Zeit, ihr Menschenbild und ihre Denkweisen verschieden waren.

So eindeutig die Ordnungskonzepte von *Hobbes* und *Rousseau* zunächst scheinen, so verschieden werden sie heute interpretiert:

Hobbes gilt den einen als Theoretiker des Absolutismus und als Anwalt totalitärer Herrschaft, in der alle Lebensbereiche dem Willen und den Interessen des absoluten Herrschers unterworfen sind; andere (etwa Guggenberger) sehen in seiner politischen Theorie „das Grundmuster aller neuzeitlich-revolutionären Infragestellung von Herrschaft", weil die Legitimität des Leviathan rein funktional begründet ist und jedes Versagen des Staates hinsichtlich der Schutzfunktion den Einzelnen von seiner Gehorsamspflicht entbindet.

Rousseau gilt den einen mit Blick auf die Prinzipien Volkssouveränität und Selbstbestimmung als Mitbegründer heutiger Demokratievorstellung, den anderen wegen der Verknüpfung dieser Prinzipien mit einem apriorischen Gemeinwohl als Wegbereiter totalitärer Demokratie.

Locke

Aufgaben

5. *Erarbeiten Sie anhand des Textes Lockes Antwort auf die Grundfrage „Wie ist politische Ordnung möglich?", indem Sie*
   a) Naturzustand und Menschenbild im Sinne Lockes kennzeichnen;
   b) die Prinzipien für politische Ordnung, die er daraus folgert, nennen und im Sinne des Autors begründen;
   c) das Konzept Lockes in einem Schaubild veranschaulichen.
6. *Vergleichen Sie das Konzept Lockes mit dem von Hobbes hinsichtlich*
   - *Naturzustand;*
   - *Menschenbild;*
   - *Prinzipien für politische Ordnung.*

   Hinweis: Ein ergänzender Locke-Text findet sich in VI/2.2, S. 302, M7.
7. *Formulieren Sie für Locke den Gesellschaftsvertrag (→ S. 294)!*

Material 6

Es ist ein Zustand vollkommener Freiheit, innerhalb der Grenzen des Naturgesetzes seine Handlungen zu lenken und über seinen Besitz und seine Person zu verfügen, wie es einem am besten scheint – ohne jemandes Erlaubnis einzuholen und ohne von dem Willen eines anderen abhängig zu sein. Es ist überdies ein Zustand der Gleichheit, in dem alle Macht und Rechtsprechung wechselseitig sind, da niemand mehr besitzt als ein anderer: Ist doch nichts offensichtlicher, als dass Lebewesen von gleicher Art und gleichem Rang, die unterschiedlos zum Genuss derselben Vorteile der Natur und zum Gebrauch der gleichen Fähigkeit geboren sind, auch gleich gestellt leben sollen, ohne Unterordnung oder Unterwerfung.

[...]

Ist dies zwar ein Zustand der Freiheit, so ist es doch nicht ein Zustand der Zügellosigkeit. Obwohl der Mensch in diesem Zustand die unkontrollierbare Freiheit besitzt, über seine Person und seinen Besitz zu verfügen, hat er doch nicht die Freiheit, sich selbst oder irgendein in seinem Besitz befindliches Lebewesen zu zerstören, es sei denn, ein edlerer Zweck als die bloße Erhaltung erfordere es. Im Naturzustand herrscht ein natürliches Gesetz, das für alle verbindlich ist. Die Vernunft aber, welcher dieses Gesetz entspringt, lehrt alle Menschen, wenn sie sie nur um Rat fragen wollen, dass niemand einem anderen, da alle gleich und unabhängig sind, an seinem Leben, seiner Gesundheit, seiner Freiheit oder seinem Besitz Schaden zufügen sollen.

[...]

Wenn der Mensch im Naturzustand [...] der absolute Herr seiner eigenen Person und seiner Besitztümer ist, dem Größten gleich und niemandem untertan, warum sollte er auf seine Freiheit verzichten? Warum sollte er seine Selbstständigkeit aufgeben und sich der Herrschaft und dem Zwang einer anderen Gewalt unterwerfen? Die Antwort liegt auf der Hand: obwohl er nämlich im Naturzustand ein solches Recht hat, so ist doch die Freude an diesem Recht eher ungewiss, da er fortwährend den Übergriffen anderer ausgesetzt ist. Denn da jeder in gleichem Maße König ist wie er, da alle Menschen gleich sind und der größere Teil von ihnen nicht genau die Gerechtigkeit und die Billigkeit beachtet, so ist die Freude an seinem Eigentum, das er in diesem Zustand besitzt, sehr ungewiss und sehr unsicher. Das lässt ihn bereitwillig einen Zustand aufgeben, der bei aller Freiheit voll von Furcht und ständiger Gefahr ist. Und nicht grundlos trachtet er danach und ist dazu bereit, sich mit anderen zu einer Gesellschaft [...] zu vereinigen zum gegenseitigen Schutz ihres Lebens, ihrer Freiheiten und ihres Vermögens, was ich unter der allgemeinen Bezeichnung Eigentum zusammenfasse.

So ist der Anfang und die tatsächliche Begründung einer politischen Gesellschaft nichts anderes als die Übereinkunft einer der Mehrheitsbildung fähigen Zahl freier Menschen, sich zu vereinigen und sich einer solchen Gesellschaft einzugliedern. Dies und einzig dies gab oder vermochte den Anfang zu geben für jede rechtmäßige Regierung der Welt.

Bei der Schwäche der menschlichen Natur, die stets bereit ist, nach der Macht zu greifen, würde es [...] eine sehr große Versuchung sein, wenn dieselben Personen, die die Macht haben, Gesetze zu geben, auch noch die Macht in die Hand bekämen diese Gesetze zu vollstrecken. Dadurch könnten sie sich selbst von dem Gehorsam gegen die Gesetze, die sie geben, ausschließen und das Gesetz in seiner Gestaltung wie in seiner Vollstreckung ihrem eigenen persönlichen Urteil anpassen. Schließlich würde es dazu kommen, dass sie von den übrigen Mitgliedern der Gemeinschaft gesonderte Interessen verfolgen würden, die dem Zweck der Gesellschaft und Regierung zuwiderlaufen.

Deshalb wird in wohl geordneten Staaten, in denen das Wohl des Ganzen gebührend berücksichtigt wird, die Legislative in die Hände mehrerer Personen gelegt, die nach einer ordnungsgemäßen Versammlung selbst oder mit anderen gemeinsam die Macht haben, Gesetze zu geben, die sich aber, sobald dies geschehen ist, wieder trennen und selbst jenen Gesetzen unterworfen sind, die sie geschaffen haben. Dies ist eine neue und starke Verpflichtung für sie, darauf bedacht zu sein, dass sie ihre Gesetze zum öffentlichen Wohl erlassen.

Da aber die Gesetze, die auf einmal und in kurzer Zeit geschaffen werden, eine immer währende und dauernde Kraft haben und beständig vollstreckt oder befolgt werden sollen, ist es notwendig, dass eine ständige Gewalt vorhanden ist, die auf die Vollziehung der erlassenen und in Kraft bleibenden Gesetze achten soll.

Die Legislative (ist) nur eine Gewalt, die treuhänderisch zu bestimmten Zwecken handelt. Es verbleibt dem Volk, [...] die Legislative abzuberufen oder zu ändern, wenn es der Ansicht ist, dass die Legislative dem in sie gesetzten Vertrauen zuwiderhandelt. Denn da alle Gewalt, die im Vertrauen auf einen bestimmten Zweck übertragen wird, durch diesen Zweck begrenzt ist, so muss, wenn dieser Zweck vernachlässigt oder ihm zuwidergehandelt wird, dieses Vertrauen notwendigerweise verwirkt sein und die Gewalt in die Hände derjenigen zurückfallen, die sie erteilt haben und die sie nun von Neuem vergeben können, wie sie es für ihre Sicherheit und ihren Schutz am besten halten.

(John Locke: The Second Treatise of Government (Auszüge); aus: Politik und Unterricht, Sonderheft 1984 der Landeszentrale Baden-Württemberg, S. 21ff.)

▶ *Demokratie und freiheitlicher Verfassungsstaat*

Erfahrungen aus der Geschichte und von den Klassikern politischen Denkens geprägte Prinzipien und Gestaltungselemente sind als **„regulative Ideen“** in unsere heutige *Grundfrage politischer Ordnung* eingegangen:

Wie ist politische Ordnung in Freiheit möglich?

Die nachfolgend genannten Ideen bestimmen als Aspekte und Antwortelemente bereits unsere Frage mit:

- die Idee der wertgebundenen Ordnung (Platon, Aristoteles);
- die Idee der Menschenwürde (Stoa; christliches Naturrecht; Kant);
- die Idee der Rechtsstaatlichkeit und der Menschenrechte (Locke);
- die Idee der Volkssouveränität und der politischen Beteiligung aller Bürger (Bodin; Hobbes; Rousseau);

- die Idee der Herrschaftskontrolle durch Gewaltenteilung (Locke; Montesquieu; The Federalist);
- die Idee der Sozialstaatlichkeit und der sozialen Grundrechte (Lassalle; katholische Soziallehre; protestantische Sozialethik).

In diesem Verständnis lautet die grundlegende Antwort: **Demokratie** und **Freiheitlicher Verfassungsstaat.**

Zum Begriff und zur ideengeschichtlichen Einordnung unseres Demokratieverständnisses:

◆ Am Anfang stehen die Tatsachen, dass jedem einzelnen Menschen ein ursprüngliches Verlangen nach Freiheit, Recht und Frieden innewohnt, und dass sich diese Werte unmittelbar und objektiv aus dem Prinzip der Menschenwürde herleiten. Auf welche Weise und bis zu welchem Grade sie sich dann unter den tatsächlichen Gegebenheiten menschlichen Zusammenlebens verwirklichen lassen, das ist die Grundfrage der Politik überhaupt. Es geht um das Problem: „Wie kann Herrschaft, die um des Friedens willen notwendig ist, so eingerichtet und ausgeübt werden, dass sie nicht nur die Freiheit und die Rechte des Einzelnen möglichst wenig beeinträchtigt, sondern aus dieser Freiheit hervorgeht und auf diesen Rechten fußt?"

Das Bemühen, dieses Problem zu lösen, macht den zentralen Inhalt der europäischen politischen Theorie von der Antike bis zur Neuzeit aus und führte zur Entwicklung des freiheitlichen Verfassungsstaates, in dem alle Bürger die gleichen politischen Rechte besitzen. Das Element dieses republikanischen Staates ist das Prinzip der Volkssouveränität, nach welchem die Kompetenz für die Stiftung der politischen Ordnung sowie die politische Willensbildung bei der Bevölkerung als Gesamtheit liegen. Dieser Grundsatz der Volkssouveränität ergibt sich notwendigerweise aus der Allgemeinheit des menschlichen Anspruchs auf Freiheit und Recht. Auch die Volkssouveränität gehört mithin nicht zu jeder Spielart von Demokratie, sondern nur zu derjenigen, in der Volk als „gesamte Bevölkerung" verstanden wird. [...] Der freiheitliche Verfassungsstaat erfüllt daher sein Konzept in dem Maße, in dem er demokratisiert wird. So erklärt es sich, dass er in dem historischen Augenblick, in dem mit ihm Ernst gemacht wurde, nämlich im Zeitalter der Französischen Revolution, den Namen Demokratie erhielt, nachdem er in den theoretischen Schriften der vorangegangenen Jahrhunderte vorzugsweise Republik genannt worden war.◆

(Hans Buchheim, Der demokratische Verfassungsstaat und das Problem der Demokratisierung der Gesellschaft, hrsg. von der Landeszentrale für politische Bildung Rheinland-Pfalz, Mainz 1975, S. 1 – 3)

Aufgabe

8. *Erläutern Sie mithilfe des Textes von Hans Buchheim das Verhältnis von Demokratie und freiheitlichem Verfassungsstaat!*

▶ *Wichtige Bezugsquelle unseres politischen Selbstverständnisses*

Denkanstöße

1. *Demokratische Tradition seit 1848?*
2. *Theoretiker als „Väter" des Grundgesetzes?*
3. *Weiterentwicklung durch Urteile des Bundesverfassungsgerichts?*

Material 7

Wichtige Bezugspunkte unseres politischen Selbstverständnisses

„Regulative Ideen“ (Ergebnis und Ausgangspunkt)
- Menschenrechte und Grundrechte
- Rechtsstaatlichkeit und Verfassungsstaat
- Volkssouveränität und Partizipation
- Herrschaftskontrolle durch Gewaltenteilung
- liberales Repräsentativsystem
- Sozialstaatlichkeit und soziale Grundrechte

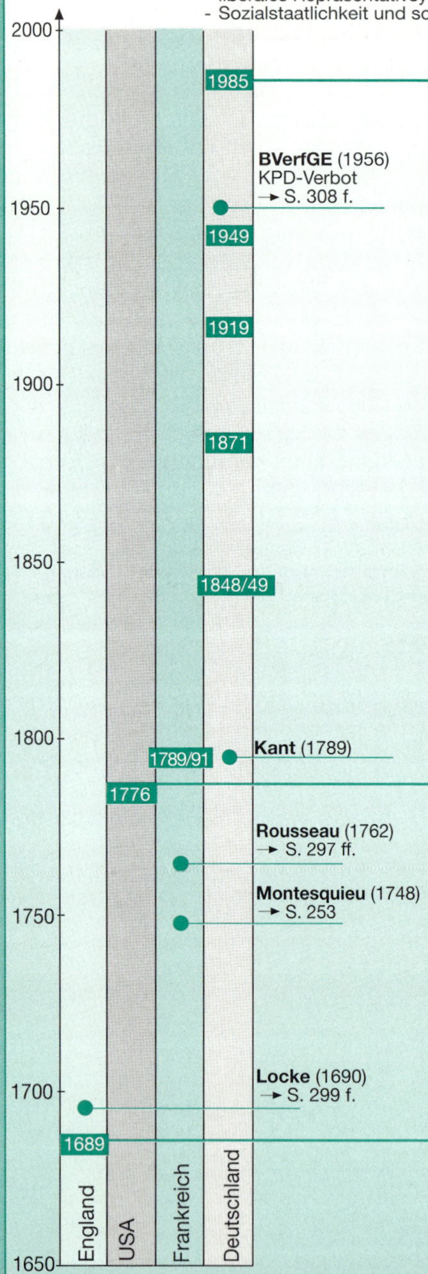

BVerfGE (Brokdorf-Urteil): „Kräfteparallelogramm“

An diesem Prozess sind die Bürger in unterschiedlichem Maße beteiligt. Große Verbände, finanzstarke Geldgeber oder Massenmedien können beträchtliche Einflüsse ausüben, während sich der Staatsbürger eher als ohnmächtig erlebt. In einer Gesellschaft, in welcher der direkte Zugang zu den Medien und die Chance, sich zu äußern, auf wenige beschränkt ist, verbleibt dem Einzelnen neben seiner organisierten Mitwirkung in Parteien und Verbänden im Allgemeinen nur eine kollektive Einflussnahme durch Inanspruchnahme der Versammlungsfreiheit für Demonstrationen. Die ungehinderte Ausübung des Freiheitsrechts wirkt nicht nur dem Bewusstsein politischer Ohnmacht und gefährlichen Tendenzen zur Staatsverdrossenheit entgegen. Sie liegt letztlich auch deshalb im wohl verstandenen Gemeinwohlinteresse, weil sich im Kräfteparallelogramm der politischen Willensbildung im Allgemeinen erst dann eine relativ richtige Resultante herausbilden kann, wenn alle Vektoren einigermaßen entwickelt sind.

Amerikanische Unabhängigkeitserklärung

Wir halten folgende Wahrheiten für unbedingt einleuchtend: Alle Menschen sind gleich geschaffen. Sie sind vom Schöpfer mit bestimmten unveräußerlichen Rechten begabt. Dazu gehören das Recht auf Leben, Freiheit und das Streben nach Glück. Um diese Rechte zu sichern, sind unter den Menschen Regierungen eingesetzt, diese wieder leiten ihre Machtvollkommenheit her von der Zustimmung der Regierten. Wenn immer eine Regierungsform diese Zwecke gefährdet, ist es das Recht des Volkes, sie zu ändern oder abzuschaffen und eine neue Regierung einzusetzen.

John Locke: „Vertragsherrschaft“

Jeder Mensch ist gleich. Da aber der größte Teil kein getreuer Beobachter der Gerechtigkeit und des Rechts ist, ist die Freude an dem Eigentum, das er in diesem Land besitzt, überaus unsicher. Das macht ihn willens, diese Situation aufzugeben, die, wie frei auch immer, voll Furcht und beständiger Gefahren ist. Es ist daher nicht grundlos, wenn er einen Ausweg sucht und bereit ist, sich mit anderen zusammenzutun, um sich ihr Leben, ihre Freiheit und ihre materiellen Güter […] gegenseitig zu bewahren […] Im Naturzustand [d.h. in der Vereinzelung] fehlen ihnen viele Möglichkeiten dazu. Das erste und grundlegende Gesetz aller Staaten ist die Einrichtung der legislativen Gewalt. Die legislative Gewalt ist nicht nur die höchste Gewalt des Staates, sie ist auch heilig und unabänderlich in den Händen, in welche die Gemeinschaft sie einmal gelegt hat. […] so verbleibt dennoch dem Volk die höchste Gewalt, die Legislative zu entfernen oder zu ändern, wenn es findet, dass die Legislative dem in sie gesetzten Vertrauen zuwiderhandelt. […] und die Gewalt fällt an das Volk zurück, das ein Recht hat, seine ursprüngliche Freiheit wieder an sich zu nehmen und durch Einrichtung einer neuen Legislative für seine eigene Wohlfahrt und Sicherheit zu sorgen.

2.2 Von der politischen Theorie zur Verfassung

▶ *Ausgestaltung des Grundgesetzes: Antworten auf Fragen der Politiktradition*

Die Orientierung an Elementen der oben beschriebenen abendländischen Politiktradition für die Verfassungswirklichkeit der Bundesrepublik wurde vor der Ausformulierung des Grundgesetzes debattiert. Ehe der Parlamentarische Rat vom 1.9.1948 bis zum 8.5.1949 das Grundgesetz erarbeitete, tagte vom 10. – 23.8.1948 im Schloss Herrenchiemsee ein „Verfassungskonvent", in dem die „regulativen Ideen" (s.o.) und ihre Umsetzung in den Verfassungstext erörtert wurden.
Eine herausragende Rolle spielte bei diesen 13-tägigen Beratungen der Völkerrechtler und spätere Bundestagsvizepräsident Professor Dr. Carlo Schmid, der in einem Fernsehinterview des ZDF („Zeugen des Jahrhunderts") über **Fragen und Maßstäbe** reflektierte, denen sich die **Verfassungsgeber** stellten:

- *Wie entsteht der neue Staat?*
  Durch die Länder ***oder*** *als „Gesamtakt" des Volkes?*
  → Idee der Volkssouveränität und der politischen Beteiligung der Bürger
- *Wie wird das Verhältnis von Bund und Ländern geregelt?*
  Starke Bundeskompetenzen ***oder*** *Bund „Kostgänger" der Länder?*
  → vertikale Gewaltenteilung
- *Welchen Stellenwert bekommen die Grundrechte?*
  Programmcharakter ***oder*** *„einklagbare Rechte" – einschließlich der sozialen Grundrechte?*
  → Idee der wertgebundenen Ordnung
  → Idee der Sozialstaatlichkeit und der sozialen Grundrechte
- *Wie wird das Verhältnis des Individuums zum Staat definiert? (Diskussion um Todesstrafe, Kriegsdienstverweigerung, Berufsfreiheit)*
  Liegt das „Primäre" bei der Menschenwürde und den Freiheitsrechten ***oder*** *bei der Aktivität des Staates / beim Regieren?*
  → Idee der Rechtsstaatlichkeit und der Menschenrechte
- *Welche Kompetenzen erhält das Verfassungsgericht?*
  Sind Exekutive und Legislative in ihren Funktionen weitgehend unabhängig ***oder*** *verankert man eine umfassende Organ- und Normenkontrolle durch das BVerfG?*
- *Wie wird die Stellung des Staatspräsidenten / des Kanzlers – auch aus den Erfahrungen mit „Weimar" – definiert?*
  „Ersatzkaiser" ***oder*** *parlamentarische Kontrolle der Exekutive?*
  → Idee der Herrschaftskontrolle durch Gewaltenteilung

Aufgabe

9. *Untersuchen Sie, für welche Alternativen sich die Mitglieder des Parlamentarischen Rates im Grundgesetz entschieden!*

▶ *Carlo Schmid – eine Mindmap*

Der Text „Carlo Schmid: zur Person", der anlässlich des 100. Geburtstages von Carlo Schmid von dem Hochschullehrer und früheren SPD-Politiker Peter Glotz verfasst wurde, lässt sich in einer **Mindmap** zusammenfassen.

Aufgabe

10. *Vervollständigen Sie nach Lektüre des Textes von Peter Glotz das Mindmap-Schema!*

Material 8

Carlo Schmid – zur Person

Jetzt verklingen die Lobgesänge anlässlich des 100. Geburtstags wieder. Carlo Schmid, der erste und letzte Humanist, der in die engste Führung der deutschen Sozialdemokratie vorgestoßen war, wird wieder vom Vertiko geräumt. Ein großer Durchsetzer war er nicht, aber ein faszinierendes Beispiel für den Machtwillen der Nachkriegs-SPD.
Carlo Schmid, Sohn einer französischen Mutter und eines württembergischen Vaters, ein melancholischer Bildungsbürger mit anfallsartig auftretendem Handlungstrieb, hat ganze Generationen von Lehrern, Ingenieuren, Abteilungsleitern und Abitur-Ehefrauen für die SPD gewonnen.
[...]
Man muss sich die Bandbreite vorstellen: der abgefallene Leninist Wehner, der Westemigrant Willy Brandt, der Weltkriegsoffizier Helmut Schmidt, aufgestiegene Handwerker wie Wilhelm Kaisen – und eben hochfliegend Jugendbewegte wie Schmid oder Waldemar von Knoeringen. Die Freiräume sind längst geschrumpft.
Schmid war ein Adept Stefan Georges, ein genauer Kenner Dantes, Machiavellis, Hölderlins, ein guter Bekannter Ernst Jüngers, Bewunderer Heideggers, ein Geistesaristokrat, der mühelos die Wendung von den „edlen Jünglingen“ über die Lippen brachte, und das in der noch halbproletarischen SPD der späten Vierziger- und frühen Fünfzigerjahre.
Die (autoritär geführte) Arbeiterpartei akzeptierte den Paradiesvogel. Die (demokratisch korrekte) Angestelltenkultur nach der Revolte von 1968 stieß ihn ab.
Schon der kometenhafte Aufstieg des Tübinger Völkerrechtsdozenten und späteren Kriegsverwaltungsrats in Lille in der SPD war ein erstaunlicher Vorgang.
[...]
Er amtierte schon vor seiner Wahl zum Landesvorsitzenden der SPD Württemberg-Hohenzollerns als solcher; und auf dem Parteitag, auf dem er für den Vorstand kandidierte, 1947 in Nürnberg, wurde er mit 335 von 344 Stimmen als Drittbester gewählt.
Dabei kam er weder aus dem KZ noch aus der Emigration. Schmid war zwar ein unbezweifelbarer Gegner der Nazis gewesen, hatte mit den Verschwörern vom 20. Juli 1944 Kontakte gehabt und bewahrte manchen, der in die Fänge der NS-Justiz geraten war, geschickt vor dem Schlimmsten. Aber wie jeder, der in diesem System überleben wollte, hatte er sich arrangieren müssen. Über „Stallgeruch“ verfügte der griechische und lateinische Zitate verströmende Bonvivant auch nicht. Er hatte Dante-Abende veranstaltet, keine Ortsvereinssitzungen. Dass ihm der Eintritt in eine Partei schwer fiel, verbarg er nicht. Gelegentlich sprach er von der „Drecklinie der politischen Parteien“.
Trotzdem verkündete der Mann, der Schmid das Parteibuch überreichte, der ehemalige Reichstagsabgeordnete Fritz Ulrich, während dieser Zeremonie stolz: „Der so viel umworbene, geistreiche und hoch begabte Carlo Schmid ist einer der Unsrigen, ist Mitstreiter für den demokratischen und humanitären Sozialismus geworden.“ Damals, vor einem halben Jahrhundert, stieß das sozialdemokratische Biotop das Fremde nicht ab. Gut, an die Spitze der Partei kam der Außenseiter auch damals nicht. Seine größte Wirkung entfaltete er in den allerersten Jahren seiner Mitgliedschaft in der SPD als Fraktionsführer und Vorsitzender des Hauptausschusses im Parlamentarischen Rat. Da war der brillante Jurist und hochgebildete Kenner der politischen Theorie in seinem Element. Mit seinem Kampf um den „fragmentarischen“, um den „provisorischen“ Charakter des Grundgesetzes hat er die deutsche Politik bis ins Jahr der Wiedervereinigung, 1990, beeinflusst.
Schmid war einer der wirkungsmächtigsten Väter jener Verfassung, die noch im Geschichtsbruch der Vereinigung so heilig erschien, dass die Enkel sie nicht zu verändern wagten. [...]
Der frankophone Europäer mit dem Drang zu einer großen Koalition musste sich zuerst dem lodernden Rigorismus des national gestimmten Kurt Schumacher, später der eisernen Strategie Herbert Wehners unterordnen.
[...]
Sein Einlenken gegenüber dem Vorsitzenden Schumacher war nicht Feigheit, sondern geradezu unausweichliche Taktik. Schumachers durch fast zwölf Jahre KZ-Haft untermauerter Machtanspruch war in jenen Jahren unwiderstehlich. Schmid hätte jeden Einfluss verloren, wenn er sich nachdrücklicher widersetzt hätte.
In Hunderten Gesprächen, ob mit den Besatzungsmächten, dem Kanzler Adenauer und seinen Beratern oder den eigenen Genossen, konnte er seiner Partei eine Hintertür offen halten und den neuen Kurs, den Brandt dann Anfang der sechziger Jahre einschlug, vorbereiten.

Schmid hat sich den Einfluss verschafft, den einer von seiner Statur in der Sozialdemokratie jener Jahre erobern konnte. Viel mehr war nicht drin. So geriet er auf die berühmte Planstelle des Vorzeige-Intellektuellen.

[...]

Die „Mischlingsnatur aus Geist und Sinnlichkeit" (Petra Weber) geriet langsam aus der Mode. [...] Das endete schließlich, auf dem Parteitag in Hannover 1973, mit der viel beschriebenen tragikomischen Szene seiner Abwahl aus dem Parteivorstand: „Ich heiße Carlo Schmid", sagte der alte Herr mit der Löwenmähne bei seiner Vorstellung, „bin 77 Jahre alt, also nicht mehr jusofähig, im Übrigen eine Zeit lang im Bundestag und auch sonst in der Partei tätig gewesen." Das Understatement half nicht. Schmid wurde abgewählt. [...]

Schmid starb 1979, hoch geehrt, mit 83 und ohne Illusionen. Der Lebensgefährtin der letzten Jahre diktierte er die Abschiedsworte: „Er genoss die Freuden und ertrug das Ungemach."

(Peter Glotz, Glanzvoller Außenseiter; in: Der Spiegel 52/1996, S. 42 f.)

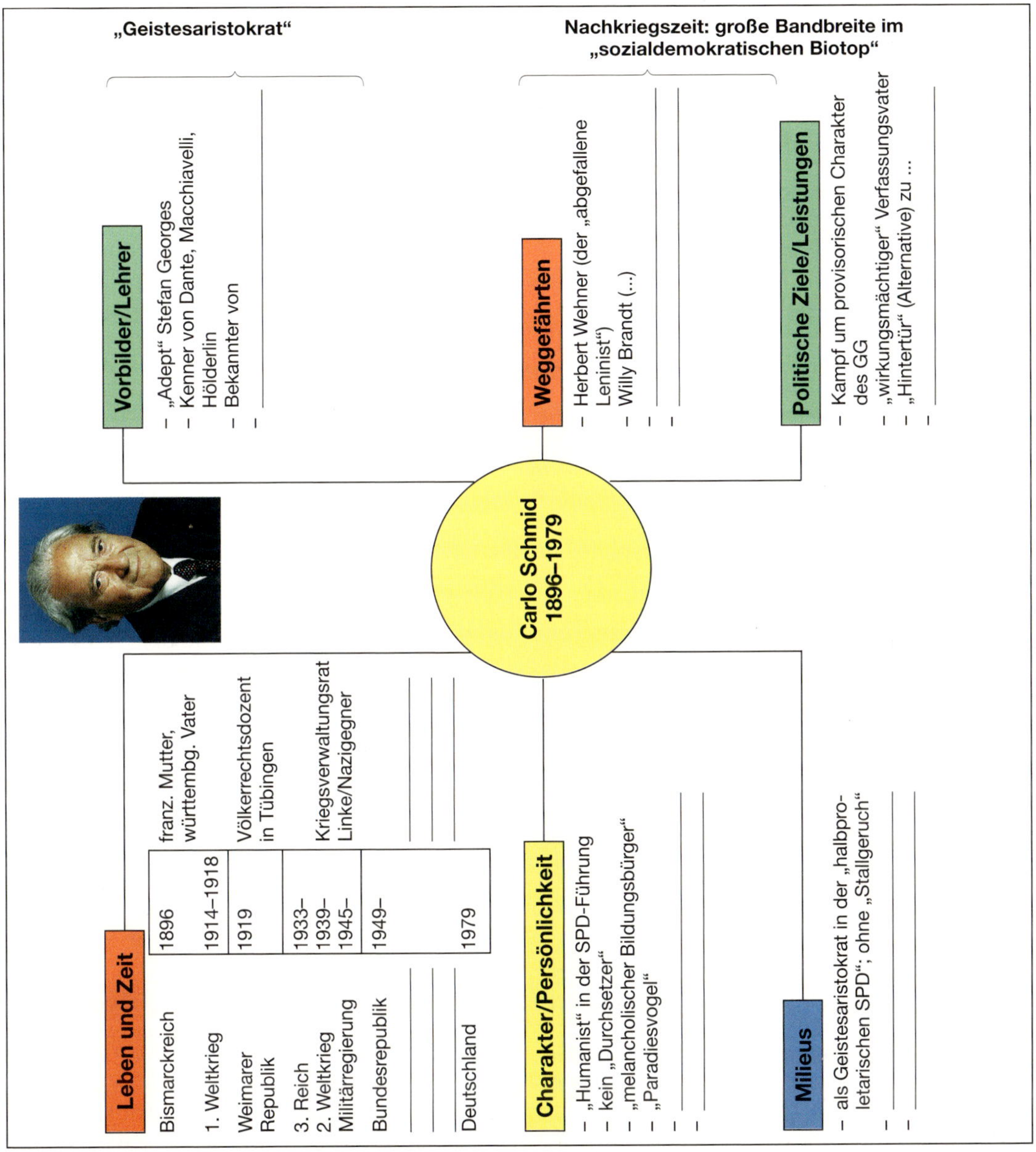

2.3 Grundinformation: Politische Ordnung des Grundgesetzes

▶ *Verfassungsprinzipien und „demokratischer Dekalog“*

Aus den Bestimmungen des Grundgesetzes in Art. 1; 20; 28 (1) und 79 (3) lassen sich folgende Merkmale des Selbstverständnisses unserer politischen Ordnung entnehmen:

- Die **Würde des Menschen** und die sich daraus herleitenden Menschenrechte haben als Grundlage jeder menschlichen Gemeinschaft vor-staatlichen Charakter; sie haben als anthropologische Annahmen und Aussagen vorpolitischen Charakter und binden als Werte zugleich alle Politik (**wertgebundene politische Ordnung**).
- Als **Grundprinzipien** für die Ausgestaltung der politischen Ordnung gelten:
  - die **republikanische Staatsform**
  - das **Demokratieprinzip**
  - das **Rechtsstaatsprinzip**
  - das **Sozialstaatsprinzip**
  - das **Bundesstaatsprinzip**
- Diese Merkmale der politischen Ordnung sind die zentralen Elemente unseres politischen Selbstverständnisses, sind Gestaltungsprinzipien des politischen Zusammenlebens und sind als Prinzipien der Politik entzogen: **Grundnormen des Grundgesetzes als Minimalkonsens**; sie dürfen auch durch verfassungsändernde Gesetze nicht berührt werden (Art. 79 [3] GG).
- Als **Verfassungsprinzipien** kennzeichnen sie die politische Ordnung der Bundesrepublik Deutschland als **demokratischen und sozialen Bundesstaat.**

Diese konstitutiven Elemente unseres politischen Selbstverständnisses sind **inhaltlich** näher bestimmt und in einem **Minimalkatalog** festgelegt in einem Urteil des Bundesverfassungsgerichts:

▶ *Freiheitlich-Demokratische Grundordnung*

◆ So lässt sich die freiheitliche demokratische Grundordnung als eine Ordnung bestimmen, die unter Ausschluss jeglicher Gewalt- und Willkürherrschaft eine rechtsstaatliche Herrschaftsordnung auf der Grundlage der Selbstbestimmung des Volkes nach dem Willen der jeweiligen Mehrheit und der Freiheit und Gleichheit darstellt.
Zu den grundlegenden Prinzipien dieser Ordnung sind mindestens zu rechnen:

- die Achtung vor den im Grundgesetz konkretisierten Menschenrechten, vor allem vor dem Recht der Persönlichkeit auf Leben und freie Entfaltung,
- die Volkssouveränität,
- die Gewaltenteilung,
- die Verantwortlichkeit der Regierung,
- die Gesetzmäßigkeit der Verwaltung,
- die Unabhängigkeit der Gerichte,
- das Mehrparteienprinzip und
- die Chancengleichheit für alle politischen Parteien mit dem Recht auf verfassungsmäßige Bildung und Ausübung einer Opposition. ◆

(BVerGE 2, 12f.)

▶ *Menschenwürde ...*

◆ Artikel 1 GG:
Die Würde des Menschen ist unantastbar. Sie zu achten und zu schützen ist Verpflichtung aller staatlichen Gewalt. ◆

Art. 1 GG macht die Menschenwürde zur **„Staatsfundamentalnorm“** (Grundgesetz-Kommentar von Maunz-Dürig-Herzog) unserer verfassungsmäßigen Ordnung. Die Formulierung von Art. 1 GG macht deutlich, dass Menschenwürde vorstaatliches Recht ist. Da sie nicht vom Staat verliehen ist, kann sie auch nicht entzogen werden. Sie entspricht dem Eigenwert des Menschen und ist ihm auch ohne Bezug zu Staat, Gesellschaft oder Politik eigen.

Die Verfassungsgerichtsbarkeit hat diese Auffassung unterstrichen:

◆ Der Mensch als Person ist Träger höchster geistig-sittlicher Werte und verkörpert einen sittlichen Eigenwert, der unverlierbar und auch jedem Anspruch der Gemeinschaft, insbesondere allen rechtlichen und politischen Zugriffen des Staates und der Gesellschaft gegenüber eigenständig und unantastbar ist. Würde der menschlichen Persönlichkeit ist dieser innere und zugleich soziale Wert- und Achtungsanspruch, der dem Menschen um dessentwillen zukommt.◆

(Bay VerfGH, zitiert in: EvStL. Stichwort „Menschenwürde“, Sp. 1554)

Menschenwürde wird nicht staatsrechtlich begründet, sondern anthropologisch:

- Stoa: Naturrecht
- Thomas von Aquin: Christliches Naturrecht
- Immanuel Kant: Sittliche Autonomie des Menschen

► *... und Grundrechte*

Wir verstehen die Grundrechte in erster Linie als verbriefte und geschützte Rechte des Einzelnen gegenüber anderen und gegenüber staatlicher Gewalt. Das folgende Zitat eröffnet einen zweiten Aspekt:

◆ Das Menschenbild des Grundgesetzes ist nicht das eines isolierten souveränen Individuums; das Grundgesetz hat vielmehr die Spannung Individuum – Gemeinschaft im Sinne der Gemeinschaftsbezogenheit und Gemeinschaftsgebundenheit der Person entschieden ohne dabei dessen Eigenwert anzutasten.◆

(BVerfGE, 4, 7, 15f.)

Insofern ermöglichen Grundrechte die Selbstverwirklichung aller erst dann, wenn diese Rechte nicht nur als subjektive Abwehrrechte, sondern zugleich auch als Elemente der Gestaltung der objektiven Ordnung verstanden werden.

Der *Doppelcharakter der Grundrechte* kann an Art. 5 GG verdeutlicht werden. Das Grundrecht der freien Meinungsäußerung ermöglicht einerseits dem Individuum die Teilnahme am politischen Willensbildungsprozess. Es sichert Mitwirkungsmöglichkeiten und zugleich den Einzelnen gegenüber staatlichen Machtansprüchen. Im Hinblick auf das Zusammenleben in der Gemeinschaft gibt Art. 5 GG andererseits Auskunft über einen wesentlichen Grundzug dieser Gesellschaft, indem eine (positive) Aussage über den politischen Willensbildungsprozess und die (negative) Abgrenzung staatlicher Kompetenz in diesem Bereich fixiert wurden.

Aufgabe

11. *Analysieren Sie den Grundrechtskatalog in Art. 2 – 19 GG und ordnen Sie die Grundrechte den Kategorien zu: Freiheitsrechte, Unverletzlichkeitsrechte, soziale Rechte; Menschenrechte – Bürgerrechte!*

► *Rechtsstaatlichkeit*

Das Grundgesetz nennt unseren Staat fast nur beiläufig „Rechtsstaat“ (Art. 28,1), normiert jedoch insgesamt die Elemente der Rechtsstaatlichkeit sehr streng. Es gibt also keine in der Verfassung auffindbare Kurzformel für Rechtsstaat. Es handelt sich vielmehr um einen geschichtlich gewordenen Begriff, der aufgrund bestimmter Erfahrungen mit immer weiteren Elementen angereichert wurde.

Elemente des Rechtsstaates

In der Fachliteratur werden meist folgende Elemente des Rechtsstaates genannt:

- die **Gewaltentrennung**: die staatliche Gewalt wird durch besondere, d.h. voneinander getrennte Organe der Gesetzgebung, der vollziehenden Gewalt und der Rechtsprechung ausgeübt (→ 1.);
- die **Bindung aller staatlichen Organe an die Verfassung**: die gesetzgebende Gewalt ist an die verfassungsmäßige Ordnung gebunden, d.h. die Rechtmäßigkeit eines Gesetzes hängt nicht nur von seinem – formalen – Zustandekommen ab, sondern auch von seiner inhaltlichen Vereinbarkeit mit dem Grundgesetz; die vollziehende Gewalt und die Rechtsprechung sind an Gesetz und Recht gebunden;
- die **Gesetzmäßigkeit der Verwaltung**: alle Eingriffe der vollziehenden Gewalt in Rechte des Bürgers müssen in einem Gesetz begründet sein (Vorbehalt des Gesetzes); die

Voraussetzungen von Eingriffen müssen im Gesetz klar und erkennbar umschrieben sein; die Mittel des Eingriffs müssen geeignet sein und dürfen den Einzelnen nicht übermäßig belasten; staatliche Machtäußerung wird so für den Einzelnen vorhersehbar und berechenbar;

- die **richterliche Kontrolle**: gegen alle Akte der staatlichen Gewalt steht jedermann der Rechtsweg offen („Rechtswegestaat“); die Richter sind unabhängig und weisungsungebunden; es gelten „prozessuale Grundrechte“ (Art. 101 – 104 GG);
- die **Garantie von Grundrechten**: der Grundrechtskatalog in den Artikeln 1 bis 19 GG ist die Basis unseres Rechtsstaatsverständnisses;
- die Anerkennung eines **Widerstandsrechts**: das Widerstandsrecht besteht gegenüber jedem, der es unternimmt, die verfassungsmäßige Ordnung zu stürzen (Art. 20 (4) GG) → S. 327f.;
- die **Grenzen der Verfassungsänderung**: der Artikel 79 (3) GG schließt aus, dass durch Grundgesetzänderungen die fundamentalen Prinzipien der Art. 1 und 20 GG. berührt werden.

Aufgaben

12. *Verschaffen Sie sich einen Überblick über die politische Ideengeschichte mit Hilfe des Geschichtsbandes und von Nachschlagewerken!*
13. *Stellen Sie die Verbindung zu den „regulativen Ideen“ her! (→ Material 7).*

▶ *Pluralistische Demokratie*

Schließlich ergibt sich als Merkmal unseres Demokratieverständnisses, dass unsere politische Ordnung sich als **pluralistische Demokratie** versteht.

Pluralismus als Prinzip unseres politischen Selbstverständnisses ist dadurch gekennzeichnet, dass er

◆ • [...] kein einheitliches, für alle verbindliches Weltbild oder gesellschaftliches Entwicklungsziel vorschreibt, sondern die Vielfalt der Auffassungen und Interessen als legitim betrachtet;

• Gemeinwohl nicht als eine feststehende, rational ermittelbare Größe begreift, sondern als eine regulative Idee, die zwar im Verhalten der politisch Handelnden den Zusammenhalt sicherstellen soll, aber mit unterschiedlichen Inhalten zu füllen ist, die Gegenstand des Ringens der pluralen Kräfte sind;

• die Gesellschaft durch ein ständiges Spannungsfeld von legitimen Konflikten und einem notwendigen Konsens gekennzeichnet sieht, der sich im Idealfall auf einige Mindestinhalte des Zusammenlebens und auf die wichtigsten verfassungs- und verfahrensmäßigen Grundsätze erstreckt;

• folglich nicht vom Ideal eines einheitlichen Volkswillens ausgeht, sondern die politische Konkurrenz um Machtanteile als ein notwendiges und erwünschtes Charakteristikum von Demokratie betrachtet.◆

(Klaus Dieter Böger / Hans Kremendahl, Informationen zur politischen Bildung, Heft 192, S. 21)

Die pluralistische Grundlage der Demokratie in der Bundesrepublik Deutschland hat das Bundesverfassungsgericht im KPD-Verbotsurteil von 1956 so zusammengefasst:

◆ Diese freiheitliche demokratische Ordnung nimmt die bestehenden, historisch gewordenen staatlichen und gesellschaftlichen Verhältnisse und die Denk- und Verhaltensweisen der Menschen zunächst als gegeben hin. Sie sanktioniert sie weder schlechthin, noch lehnt sie sie grundsätzlich und im Ganzen ab; sie geht vielmehr davon aus, dass sie verbesserungsfähig und -bedürftig sind. Damit ist eine nie endende, sich immer wieder in neuen Formen und unter neuen Aspekten stellende Aufgabe gegeben; sie muss in Anpassung an die sich wandelnden Tatbestände und Fragen des sozialen und politischen Lebens durch stets erneute Willensentschließungen gelöst werden. Die freiheitliche Demokratie lehnt die Auffassung ab, dass die geschichtliche Entwicklung durch ein wissenschaftlich erkanntes Endziel determiniert sei und dass folglich auch die einzelnen Gemeinschaftsentscheidungen als Schritte zur Verwirklichung eines solchen Endzieles inhaltlich von diesem her bestimmt werden könnten. Vielmehr gestalten die Menschen selbst ihre Entwicklung durch Gemeinschaftsentscheidungen, die immer nur in größter Freiheit zu treffen sind. Das ermöglicht und erfordert aber, dass jedes Glied der Gemeinschaft freier Mitgestalter bei den Gemeinschaftsentscheidungen ist. Freiheit der Mitbestimmung ist nur möglich, wenn die Gemeinschaftsentscheidungen – praktisch Mehrheitsentscheidungen – inhaltlich jedem das größtmögliche Maß an Freiheit lassen, mindestens aber ihm stets zumutbar bleiben. Anstelle eines vermeintlich vollkommenen Ausgleichs in ferner Zukunft wird ein relativer ständiger Ausgleich schon in der Gegenwart erstrebt. Wenn als ein leitendes Prinzip aller staatlichen Maßnahmen der Fortschritt zu sozialer Gerechtigkeit aufgestellt wird, eine Forderung, die im Grundgesetz mit seiner starken Betonung des Sozialstaats noch einen besonderen Akzent erhalten hat, so ist auch das ein der konkreten Ausgestaltung in hohem Maße fähiges und bedürftiges Prinzip. Was jeweils praktisch zu geschehen hat, wird also in ständiger Auseinandersetzung aller an der Gestaltung des sozialen Lebens beteiligten Menschen und Gruppen ermittelt. Dieses Ringen spitzt sich zu einem Kampf um die politische Macht im Staat zu. Aber es erschöpft sich nicht darin. Im Ringen um die Macht spielt sich gleichzeitig ein Prozess der Klärung und Wandlung dieser Vorstellungen ab. Die schließlich erreichten Entscheidungen werden gewiss stets mehr den Wünschen und Interessen der einen oder anderen Gruppe oder sozialen Schicht entsprechen; die Tendenz der Ordnung und die in ihr angelegte Möglichkeit der freien Auseinandersetzung zwischen allen realen und geistigen Kräften wirkt aber – wie noch dargelegt werden wird – in Richtung auf Ausgleich und Schonung der Interessen aller. Das Gesamtwohl wird eben nicht von vornherein gleichgesetzt mit den Interessen oder Wünschen einer bestimmten Klasse; annähernd gleichmäßige Förderung des Wohles aller Bürger und annähernd gleichmäßige Verteilung der Lasten wird grundsätzlich erstrebt. Es besteht das Ideal der sozialen Demokratie in den Formen des Rechtsstaates.◆

(BVerfGE 5; 85, 197 f.)

Aufgaben

14. Zeigen Sie, dass unterschiedliche Kennzeichnungen der politischen Ordnung der Bundesrepublik Deutschland verschiedene Aspekte unseres politischen Selbstverständnisses widerspiegeln: freiheitliche Demokratie; demokratischer Verfassungsstaat!

15. Stellen Sie die Elemente der „streitbaren" oder „abwehrbereiten Demokratie" zusammen: Art. 9 (2), 18, 21 (2) und 33 Grundgesetz!

Erkundung im Buch

Suchen Sie mithilfe des Inhaltsverzeichnisses und des Indexes geeignete Materialien um einige der nachfolgenden Thesen zu überprüfen!

Sozialwissenschaftliche Untersuchungen haben jedoch folgende **Defizite** festgestellt:

◆

- Schwache Interessen spielen im pluralistischen Meinungsspektrum kaum eine Rolle, lassen sich nur ungenügend organisieren und haben keine Durchsetzungsmöglichkeiten (Beispiel: Kinder, psychisch Kranke).
- Langfristige Interessen ziehen im pluralistischen Konkurrenzkampf – soweit sie überhaupt bekannt sind – regelmäßig den Kürzeren (Beispiel: Umwelt- und Energieerhaltungsinteressen gegenüber Arbeitsplatzinteresse).
- Neue Interessen haben es sehr schwer, in die relevante Gruppe zu berücksichtigender Interessen aufgenommen zu werden (Beispiel: das neu erwachte Interesse für Fußgänger oder Stadterhaltung).
- Allgemeine, übergreifende Interessen, die „eigentlich" jeder hat, lassen sich gegenüber spezielleren Interessen nur sehr schwer vertreten (Beispiel: Verbraucherinteressen oder das Interesse an Volksgesundheit).

Die empirische Bestandsaufnahme kommt also zu dem Schluss, dass in pluralistisch strukturierten Gesellschaften

- längst nicht alle Interessen vertreten werden,
- weil nicht alle organisierbar sind,
- die organisierbaren Interessen nicht alle konfliktfähig sind,
- und schließlich die konfliktfähigen nicht alle chancengleich und gleich mächtig sind.

So ist ganz offensichtlich ein kurzfristiges, spezielles und etabliertes Interesse (z.B. Lohnforderungen von Müllwerkern und Fluglotsen) leichter zu organisieren, konfliktfähiger und damit stärker als ein langfristiges, noch nicht etabliertes und allgemeines Interesse (wie z.B. Erhaltung der natürlichen Umwelt), falls es überhaupt vertreten wird. Diese Unterschiede führen dazu, dass im Pluralismus ganz bestimmte Interessen eher und stärker berücksichtigt werden als andere.

Für die am pluralistischen Interessenkonflikt und -ausgleich beteiligten Gruppen ist das Maß ihrer Konfliktfähigkeit von entscheidender Bedeutung. Diese wiederum beruht auf zwei Faktoren, nämlich

- der Organisationsfähigkeit, die dann hoch ist, wenn sich die betreffende Gruppe leicht abgrenzen lässt und wenn sie zudem noch ein Spezialinteresse verfolgt, sowie dem
- Sanktions- und Drohpotenzial einer Gruppe. Dieses richtet sich danach, ob eine Interessengruppe bestimmte Sanktionen androhen kann, die dann auch von ihren Mitgliedern befolgt werden, falls es zum Konflikt kommt. So ist es offensichtlich, dass die angedrohte Leistungsverweigerung (z.B. bei Lohn- oder Investitionsstreik) einen größeren Droheffekt hat als die unwahrscheinliche und zum größten Teil sogar unmögliche Kaufweigerung aller Verbraucher.

Auch ökonomisch begründete Macht, der Machtvorsprung des Kapitaleigners gegenüber dem Lohnabhängigen bei Auseinandersetzungen, wird hier als Problem gesehen.

Damit wird der Pluralismus auch zu einem Klassen- und Schichtenproblem, denn offensichtlich werden in einem solchen Modell die Interessen derjenigen, die die entscheidenden Posten besetzen und sich zu artikulieren verstehen, eher und stärker vertreten als die Interessen unterprivilegierter und wenig gebildeter Schichten. Empirische Untersuchungen zeigen, dass in pluralistischen Gesellschaftsordnungen bestimmte Interessen auf Kosten anderer bevorzugt berücksichtigt und auch befriedigt werden. In Wirklichkeit ist der Pluralismus also ein (bevorzugender) Minderheiten-, nämlich ein Mittel- und Oberschichtenpluralismus. Die große Mehrheit dagegen verfügt im pluralistischen Spiel nicht über die richtigen Karten. Schattschneider hat diese Kritik in einem bekannten Zitat zusammengefasst: „The flaw in the pluralist heaven is that the heavenly chorus sings with a strong upper-class accent. Probably about 90 per cent of the people cannot get into the pressure system.“ Kritische Pluralismusanalysen heben auch hervor, dass Interessengruppen, wenn sie wirklich die Interessen ihrer Mitglieder vertreten wollen, selbst demokratisch strukturiert sein sollten. Wenn dies nicht der Fall ist, handelt es sich allenfalls um einen Interessenpluralismus von Eliten. Die Frage, ob diese Verbandseliten die Interessen der Mitglieder vertreten, ist dann höchst ungeklärt und zweifelhaft.

(Böhret/Jann/Junkers/Kronenwett: Innenpolitik und politische Theorie – Ein Studienbuch, Opladen 3. Aufl. 1988, S. 175 – 177)

2.4 Entwicklung der Demokratie in der Bundesrepublik: Phasen und Konstellationen

Die Bundesrepublik hat eine Demokratiegeschichte. Es lässt sich aufzeigen, dass zu verschiedenen Zeiten je anderes an Demokratie diskutiert worden ist, weil das politische System jeweils bestimmte Probleme zu lösen vermochte und zugleich andere nicht bewältigte. Nicht gelöste Aufgaben und **Mentalitätsumbrüche** hinsichtlich der Erwartungen an Politik haben bestimmte **Phasen und Konstellationen** hervorgebracht. Die folgenden Materialien können Ausgangspunkt für eine Beschäftigung sein:

Material 9

Der neue Fernsehapparat und Stilmöbel symbolisierten das Lebensgefühl der späten Fünfzigerjahre.

Material 10

Jugend in der BRD: Rock-'n'-Roll-Rausch in den Fünfzigerjahren

Material 11

1968

Material 12

Mit Plakaten ihrer Idole Lenin, Rosa Luxemburg, dem südamerikanischen Guerilla-Führer Che Guevera und dem nordvietnamesischen Präsidenten Ho Chi Minh protestierte die außerparlamentarische Opposition 1968 in Berlin gegen den Krieg in Vietnam.

(Foto: Ullstein)

▶ Exkurs: Bildinterpretation (Bildanalyse)

Sachaspekte/Sachstruktur und methodischer Weg einer „Bildanalyse“ mit dem Ziel, die im Bild enthaltenen Aussagen über das Bildthema zu erkennen und das Bild als kulturgeschichtliches Symbol/Dokument zu verstehen. Erläutert am Beispiel einer Fotografie der 50er-Jahre (→ **M9, S. 311**).

1. Schritt:

> Bestimmung der Bildgegenstände/-motive.
> *Ziel:* Erkennen des Abbildsinnes.

Beispiel: Darstellung einer Familie im Wohnraum.

2. Schritt:

> Bestimmung der **Bildthematik**.
> *Ziel:* Erkennen der Bildthematik, abgeleitet aus den Bildgegenständen.

Beispiel: Freizeitverhalten einer Familie

3. Schritt:

> *Problemdefinition/Analyseziel:* Welche Aussagen über das Bildthema sind im Bild enthalten?

Beispiel: Wie wird das Freizeitverhalten der Familie beschrieben und beurteilt?

4. Schritt:

> *Problemlösung 1. Teil:* Erarbeitung der Symbolbedeutung der einzelnen **Bildgegenstände** im Problemzusammenhang (was steht wofür?)
> *Ziel:* Begründetes Verstehen der im Bild enthaltenen Bildthemabeurteilung (Symbolsinn, allegorischer Sinn).

Beispiel/Analyse:

a) Szene/Personen:

Kind → Zukunft – Unschuld – zu beschützende Tochter
Mann → Vater – Familienoberhaupt – schützend – privat
Frau → Mutter – dienstbereit – fürsorglich – offiziell

b) Raum/Mobiliar

Wohnraum → Leben im bürgerlichen Wohlstand in traditioneller Umwelt/Design in gepflegtem Repräsentationsraum
Fernseher → Leben mit technischem Fortschritt (Information, Statussymbol)

Deutung 1: Die Kleinfamilie lebt nach traditionellen Rollenschemata, in einem von traditionellem Design geprägten Repräsentationsraum (Privatsphäre) und mit großem Interesse am technischen Fortschritt.

5. Schritt:

> *Problemlösung 2. Teil:* Erarbeitung der Symbolbedeutung der **bildnerischen Gestaltungsstruktur** im Problemzusammenhang.
> *Ziel:* Begründetes Verstehen der in der Bildgestaltung enthaltenen Bildthemabeurteilung/Aussagen über Bildthema.

Beispiel/Analyse:

a) Wohnraum hell – dunkel geteilt	→	Familie lebt in geteilter Welt (begrenzt/ dunkel – offen, irreal/hell).
b) Fernsehgerät abgeschaltet, Dekoration auf dem Gerät	→	Versuch der Einbeziehung des technischen Gerätes/Maschine/Fortschritts in traditionelle Lebenswelt.
c) Anordnung/Zuordnung	→	Sicherheit und Vertrauen durch körperliche Nähe; hoch motivierte, neugierige Ausrichtung auf die zu erwartende Bildinformation/Scheinwelt aus der Außenwelt; keine Interaktionen, keine Kommunikation.

Deutung 2: Durch die Bildgestaltung wird ein auffälliger Bruch mit natürlichem Freizeitverhalten/Familienleben deutlich: Der technische Fortschritt verdrängt das **interaktive Kommunikations- und Handlungsverhalten** der Familienmitglieder untereinander und nach außen, durch ein unreflektiertes **passives Konsumverhalten**, das die Begrenztheit der privaten Welt sprengt.

6. Schritt:

Problemlösung: Formulierung des Bildinhaltes bzw. der Bildaussage, d.h. Interpretation zum Bildthema – Zusammenfassung aller Teildeutungen zu einem Gesamturteil (Werkinterpretation).

Beispiel: Das Bild veranschaulicht einen auffallenden Gegensatz zwischen traditionellem Rollenverhalten in vertrautem Milieu und den durch den technischen Fortschritt verursachten Verhaltensänderungen (passives, isoliertes, uniformes Konsumieren anstelle interaktiven, produktiven Produzierens).

7. Schritt:

Verallgemeinerung des Bildinhaltes, Entwicklung einer allgemein gültigen Aussage.
Ziel: Verstehen der übertragbaren Botschaft.

Beispiel: Appell: Gefahr droht. Das neue Medium Fernsehen (Technik) verändert trotz noch gültiger Traditionen das familiäre Zusammenleben grundlegend. Das vielschichtige natürliche, interaktive, produktive Kommunikationsverhalten wird durch ein passives, beziehungsfeindliches Konsumieren einer unkontrollierbaren Scheinwelt verdrängt. Wie kann man der Gefahr begegnen?

8. Schritt:

Beurteilung des Bildes als kulturgeschichtliches Symbol auf der Grundlage des erkannten Bildinhaltes und unter Auswertung weiterer Informationsquellen.
Ziel: Verstehen der historischen Bedingungen und Verhältnisse, die die Thematik, Gestaltung und Aussage des Bildes geprägt haben.

Beispiel: (u.a. etwa) Die Familie ist stolz auf den erreichten Wohlstand und technischen Fortschritt. Sie präsentiert und nutzt das Erreichte selbstbewusst und selbstverständlich. Der sich anbahnende Konflikt zwischen gewohnten traditionellen Verhaltensmustern und den durch den technischen Fortschritt erzwungenen Verhaltensänderungen (Anpassungszwänge, passiver Konsum statt interaktives Handeln) wird (noch) nicht in seiner Tragweite erkannt. Den Herausforderungen der Zeit wird vertrauensvoll mit traditionellen Lösungsstrategien begegnet.

(Den Beitrag verdanken wir unserem Kollegen Rainer Kettenring, Fachleiter für Bildende Kunst)

Arbeitsaufträge

16. *Suchen Sie mithilfe der vier Bilder „Lebensgefühl und Politikverständnis“ Ende der 50er-Jahre bis Ende der 60er-Jahre zu beschreiben!*
17. *Umschreiben Sie mithilfe der folgenden Materialien Motive und Zielrichtungen des Umbruchs: Was an Demokratie wird „fragwürdig“, was erschien bisher, was erscheint jetzt „demokratisch“?*

Material 13

Die Jugend in ganz Europa geht 1968 auf die Barrikaden, auch in der Bundesrepublik.

Material 14

Deutschland-Chronik

1967

27. Mai – 4. Juni

Der Staatsbesuch des persischen **Schahs Reza Pahlawi** löst in der BRD Proteste und Kundgebungen aus, die sich einerseits gegen die Zustände im Iran, andererseits gegen die Verhältnisse an den westdeutschen Universitäten richten.

In West-Berlin als Zentrum der studentischen Protestbewegung ereignen sich am 2.6. vor der Oper schwere Zusammenstöße zwischen Studierenden (»Schah, Schah, Scharlatan«), schahtreuen Persern (»Jubelperser«) und Polizei; dabei trifft Kriminalobermeister Karl-Heinz Kurras den Studenten Benno Ohnesorg tödlich. Die folgenden politischen Unruhen signalisieren Konflikte zwischen Staat bzw. Konsumgesellschaft und einer unzufriedenen jungen Generation, vor allem der »linken« Studentenbewegung.

Die heterogenen oppositionellen Gruppen außerhalb des parlamentarischen Repräsentativ- und Parteiensystems formieren sich als **Außerparlamentarische Opposition** (APO). Hauptgründe: 1. der Generationenkonflikt, vor allem das Unbehagen am »bürgerlichen« Staat und seiner »repressiven« Konsumgesellschaft (»Kapitalismus«, »Establishment«), die der »Demokratisierung« bedürfen; 2. das Fehlen einer großen parlamentarischen Oppositionspartei, vor allem wegen der Großen Koalition der SPD mit der CDU/CSU; 3. die verzögerte Reform des Bildungswesens, vor allem der Hochschulen, die trotz steigender Studentenzahlen (Massenuniversität) am Leitziel der »Ordinarienuniversität« festhalten; 4. die Faszination marxistischer, existentialistischer, anarchistischer und psychoanalytischer Ideen, die – beeinflusst vor allem von der »Kritischen Theorie« (Frankfurter Schule: Theodor W. Adorno, Max Horkheimer, Herbert Marcuse) – das politische Bewusstsein Jugendlicher prägen; 5. die »linken« Studentenorganisationen, vor allem der Sozialistische Deutsche Studentenbund (SDS), die nicht nur die Hochschulen, sondern zugleich auch die bestehende politische Ordnung »revolutionieren« wollen; 6. internationale Einflüsse: Studentenbewegung im Ausland, vor allem in Berkeley und Paris; Proteste gegen Vietnamkrieg, NATO und Notstandsgesetze; Rezeption der Ho-Chi-Minh- und Mao-Zedong-Ideen (Große Proletarische Kulturrevolution in der Volksrepublik China 1966 – 1969).

1968

2./3. April

Kaufhausbrandstiftung in Frankfurt a.M. Als Täter werden Andreas Baader, Gudrun Ensslin, Thorwald Proll und Horst Söhnlein festgenommen. Sie wollen damit gegen den »Völkermord« in Vietnam protestieren.

Bereits am 24.5.1967 hatten in West-Berlin die Mitglieder der Kommune I, Fritz Teufel und Rainer Langhans, Flugblätter (Verfasser Dieter Kunzelmann) verteilt, die dazu ermunterten, Warenhäuser wie am 22.5.1967 in Brüssel anzuzünden und so gegen den Vietnamkrieg zu protestieren: »Burn, warehouse, burn!«
Die Brand- und Sprengstoffanschläge markieren die Trennung zwischen **APO und Terrorismus.** Er erstrebt durch systematische Androhung oder Anwendung von organisierter Gewalt gegen Sachen und Menschen, die bestehenden Herrschaftsverhältnisse langfristig zu beseitigen oder zu verändern.

(aus: Hans Georg Lehmann, Deutschland-Chronik 1945-1995, Bonn/Bundeszentrale für politische Bildung 1995, Schriftenreihe Bd. 332, S. 165 u. 167)

► *Stichwort: Terrorismus*

① Mai 1967: „Genossen, wir haben Fehler gemacht“

Material 15a

„Fabelhaft“, sagte die Journalistin Ulrike Marie Meinhof, als sie im Mai 1967 von einer der großen studentischen Protestversammlungen aus Berlin in die Hamburger „konkret“-Redaktion zurückkehrte.
Was die 33-jährige Journalistin begeistert hatte, war das erste studentische „Sit-in“, das einer berühmt gewordenen Rede folgte. Der Schriftsteller Peter Schneider hielt sie am 5. Mai 1967 im Audimax der Freien Universität Berlin:
„Wir haben Fehler gemacht, wir legen ein volles Geständnis ab: Wir sind nachgiebig gewesen, wir sind anpassungsfähig gewesen, wir sind nicht radikal gewesen ...
Wir haben in aller Sachlichkeit über den Krieg in Vietnam informiert, obwohl wir erlebt haben, dass wir die unvorstellbarsten Einzelheiten über die amerikanische Politik in Vietnam zitieren können, ohne dass die Phantasie unserer Nachbarn in Gang gekommen wäre, aber dass wir nur einen Rasen zu betreten brauchen, dessen Betreten verboten ist, um ehrliches, allgemeines und nachhaltiges Grauen zu erregen. Wir haben ruhig und ordentlich eine Universitätsreform gefordert, obwohl wir herausgefunden haben, dass wir gegen die Universitätsverfassung reden können, so viel und so lange wir wollen, ohne dass sich ein Aktendeckel hebt, aber dass wir nur gegen die baupolizeilichen Bestimmungen zu verstoßen brauchen, um den ganzen Universitätsaufbau ins Wanken zu bringen.
Da sind wir auf den Gedanken gekommen, dass wir erst den Rasen zerstören müssen, bevor wir die Lügen über Vietnam zerstören können, dass wir erst die Marschrichtung ändern müssen, bevor wir etwas an den Notstandsgesetzen ändern können, dass wir erst die Hausordnung brechen müssen, bevor wir die Universitätsordnung brechen können.“
Am Ende seiner Rede sagte Peter Schneider: „... dass wir gegen den ganzen alten Plunder am sachlichsten argumentieren, wenn wir aufhören zu argumentieren und uns hier in den Hausflur auf den Boden setzen. Das wollen wir jetzt tun.“
Die 2000 Studenten setzten sich, und sie blieben auch sitzen, als sie aufgefordert wurden, das Gebäude zu verlassen. Der Rektor rief die Polizei. Es war der erste Einsatz der Ordnungsmacht auf dem Gelände der Freien Universität Berlin.

(Stefan Aust, Der Baader-Meinhof-Komplex, Droemersche Verlagsanstalt Th. Knaur Nachf./München 1989, S. 44f.; © Hoffmann und Campe Verlag, Hamburg 1985)

② Mai 1968: „Vom Protest zum Widerstand“

Nach dem Attentat auf den Studentenführer Rudi Dutschke im April 1968 kommt es in zahlreichen Städten zu Protestkundgebungen, Krawallen, Ausschreitungen und Straßenschlachten. Die Verabschiedung der Notstandsgesetze Ende Mai heizt die Situation weiter an. Ulrike Meinhofs Kolumnen in der Zeitschrift „konkret“ spiegeln die Entwicklung dieser Monate leitmotivisch: „Gegen-Gewalt“ (Februar), „Kampf in den Metropolen“ (März), „Vom Protest zum Widerstand“ (Mai), „Notstand-Klassenkampf“ (Juni).

③ Mai 1970: Von der Brandstiftung zur Stadtguerilla

Im Oktober 1968 werden die Frankfurter Kaufhaus-Brandstifter zu je drei Jahren Zuchthaus verurteilt; sie können sich der Strafe zunächst entziehen. Andreas Baader wird im April 1970 verhaftet und im Mai in einer spektakulären Aktion befreit. Diese Aktion gilt als die Geburtsstunde der RAF (Baader-Meinhof-Gruppe). Ulrike Meinhofs Sprung aus dem Bibliotheksfenster bei dieser Befreiungsaktion war „auch ein Sprung aus der Politik in das Reich des Unpolitischen und eine Kriegserklärung an den Rechtsstaat" (Freimut Duve).

Material 15b

Aufsehen erregte damals ein Kommentar der »konkret«-Kolumnistin Ulrike Meinhof: »Das progressive Moment einer Warenhausbrandstiftung liegt nicht in der Vernichtung der Waren, es liegt in der Kriminalität der Tat, im Gesetzesbruch.« In der ZEIT hielt man die ehemalige Studentenzeitung »konkret« für viel zu links, doch die Artikel »der Meinhof« las man immer. Einige Redakteure kannten sie recht gut von den Partys, auf denen sich Hamburger Intellektuelle begegneten. Auch Bucerius schätzte die Journalistin (»eine empfindsame, sogar anschmiegsame Persona«, »im Umgang angenehm und liebenswert») und diskutierte gerne mit ihr.

Am 14. Mai 1970 beteiligte sich Ulrike Meinhof an der gewaltsamen Befreiung des Strafgefangenen Andreas Baader. Ein Mittäter verlor bei dem Überfall die Nerven und schoss einen älteren Angestellten nieder. Zwei Tage vor der Tat hatte Ulrike Meinhof noch ZEIT-Literaturchef Dieter E. Zimmer spät abends angerufen. Sie schien ihm ziemlich deprimiert. Wissen wollte sie, ob man sie denn wegen ihrer radikalen Meinung für immer ins Abseits gestoßen habe, sodass eine Rückkehr unmöglich sei. Es war offensichtlich der letzte Selbstzweifel vor dem Schritt in den Untergrund.

(Karl-Heinz Janßen, Die Zeit in der ZEIT – 50 Jahre einer Wochenzeitung, Hamburg 1996, S. 229f.)

④ Juli 1970: „Natürlich kann geschossen werden"

In der Ausgabe 25/1970 (S. 74) veröffentlicht DER SPIEGEL eine Tonbanderklärung der Gruppe, von Ulrike Meinhof gesprochen. Gewaltanwendung und Schusswaffengebrauch werden vorbehaltlos bejaht: „Wir sagen natürlich, die Bullen sind Schweine, wir sagen, der Typ in Uniform ist ein Schwein, das ist kein Mensch, und so haben wir uns mit ihm auseinander zu setzen. Das heißt, wir haben nicht mit ihm zu reden, und es ist falsch, überhaupt mit diesen Leuten zu reden, und natürlich kann geschossen werden." Das „Konzept Stadtguerilla" der RAF zielt darauf ab, das „Faschistoide am Polizeistaat Bundesrepublik" durch gezielte Aktionen „herauszukitzeln".

Im Juni 1972 wird nach einer Serie von sechs Anschlägen der Kern der RAF verhaftet.

Knapp vier Jahre später wird Ulrike Meinhof erhängt in ihrer Zelle aufgefunden.

Festnahme von Ulrike Meinhof

⑤ „Deutscher Herbst" 1977

In der Folgezeit gelten Anschläge und Aktionen von RAF-Terroristen der 2. Generation stets auch der Gefangenenbefreiung.

- 7.4.1977 – Generalbundesanwalt Siegfried Bubach und zwei Begleiter werden in Karlsruhe ermordet.
- 30.7.1977 – Jürgen Ponto, Vorstandsvorsitzender der Dresdner Bank, wird in seinem Haus erschossen.
- 5.9.1977 – Hans Martin Schleyer, Präsident der Arbeitgeberverbände und des Bundesverbandes der deutschen Industrie, wird in Köln entführt. Sein Fahrer und drei Polizisten werden getötet.

Material 15c

Staatsräson oder Verteidigung von Recht und Grundgesetz?

Die Forderung der RAF: Freilassung von elf inhaftierten Gesinnungsgenossen im Austausch gegen Schleyer und die Einstellung der Fahndung – sonst werde die Geisel sofort erschossen. Bundeskanzler Helmut Schmidt (SPD), [...] sein Kabinett und ein Krisenstab unter Einschluss der Opposition mit Helmut Kohl (CDU) legen die Linie fest: Zeit gewinnen, um Schleyers Versteck ausfindig zu machen, die Terroristen hinhalten, ihre Forderungen aber ablehnen. An die Medien wird appelliert, zurückhaltend zu berichten. [...] Zum Schein geht man auf den Wunsch der Häftlinge ein, in andere Länder ausgeflogen zu werden. [...]

Nach der Entführung der Lufthansa-Boeing „Landshut" am 13. Oktober durch arabische Terroristen spitzt sich die Lage dramatisch zu: Angehörige der Passagiere drängen das Kanzleramt nachzugeben. Die Familie Schleyer fordert ein Einlenken.

Die demütigende Situation in der gekaperten Maschine auf dem Irrflug über fünf Stationen nach Mogadischu gipfelt in der sinnlosen Ermordung von Flugkapitän Jürgen Schumann vor den Augen der Passagiere. Am 18. Oktober stürmt das Spezialkommando GSG 9 die Maschine und rettet alle Geiseln. Die Befreiungsaktion erhöht das Risiko für Schleyer. Die Terroristen im Stammheimer Gefängnis sehen für sich keinen Ausweg mehr. Mit offenbar seit langem von Anwälten eingeschmuggelten Waffen töten sich Andreas Baader und Jan Carl Raspe. Gudrun Ennslin erhängt sich, Irmgard Möller überlebt selbst zugefügte schwere Verletzungen. Tags darauf, 43 Tage nach seiner Entführung, findet man Hanns Martin Schleyer tot im Kofferraum eines Autos.

(Autorentext in Anlehnung an einen Artikel von Hans H. Heckmann, in: Allgemeine Zeitung Mainz, 4.9.1997, S. 6)

⑥ Nach 1977

Die Nachfolgegeneration der RAF setzt die Welle der Gewalt fort.

► *Phasen und Konstellationen – ein Überblick*

Eine Beschäftigung mit der Demokratiegeschichte der Bundesrepublik kann helfen, heutige Diskussionen um die Ausgestaltung der Demokratie besser zu verstehen. Die folgenden Materialien dokumentieren die Phasen und Konstellationen dieser Demokratiegeschichte, sie beschreiben nicht die (Ereignis-)Geschichte der Bundesrepublik, der zeitgeschichtliche Rahmen kann nur durch Hinweise und Stichworte angedeutet werden und ist selbstständig zu ergänzen mithilfe

- des Geschichtsbuches und des Geschichtsunterrichts;
- einer Erkundung im ‚Haus der Geschichte der Bundesrepublik Deutschland' in Bonn;
- einer Vor- und Nachbereitung dieses Besuches mithilfe der CD-Rom: Erlebnis Geschichte, Heureka Klett, CD-Rom Windows, Klett-Nr.: 456131.

Anregungen

- *Verschaffen Sie sich einen Überblick über fünf Jahrzehnte Demokratiegeschichte.*
- *Untersuchen Sie ggf. arbeitsteilig – einzelne ‚Phasen und Konstellationen'.*
- *Ziehen Sie im Buch mindestens hinzu: → II/1. 2-4,6; II/3; V/3.2; V/6.3.*

Material 16

Als der Parlamentarische Rat im Jahre 1948 in Bonn am Rhein die Verfassung der zweiten deutschen Republik (West) entwarf, war ihm nicht nur das Nazireich vor Augen, sondern auch die Weimarer Republik mit ihrer fragilen Ökonomie, ihrer hauchdünnen Mittelschicht, die der Polarisierung nichts entgegensetzen konnte. Man beriet in einer historisch einmaligen Situation. Nie zuvor hatte in einer Gesellschaft eine derartige Tabula rasa geherrscht, selten ein so hohes Maß an faktischer **Gleichheit** der Bürger. Und nie zuvor konnte man mit einer Verfassung die Feinmechanik einer Gesellschaft so gründlich beeinflussen.

> **Gleichheit.** Die Deutschen nach dem Krieg waren ein nivelliertes Volk. Die Idee der Gleichheit hat sich aus Nationalsozialismus und Trümmern in den modernen Sozialstaat hinübergerettet.

Die Väter des Grundgesetzes haben ganze Arbeit geleistet. Nicht nur, dass sie Paragraphen formulierten, die in ihrem liberalen Geist geradezu sensationell waren, wie etwa die Passage über das politische Asyl. Gemeinsam mit anderen gesellschaftlichen Kräften – und weit über die Verfassung hinaus – schuf man damals ein fein gesponnenes, wohl austariertes Netz an Mitbestimmungsrechten, Kontroll- und Korrektivinstanzen, dessen Sinn und Zweck vor allem Konfliktkontrolle war, Umverteilung, Abfederung sozialer Ungleichheiten, Kontrolle der Kontrolleure und so fort. Resultat war eine politische und ökonomische Prosperitätsmaschine, eine Musterdemokratie, die auf der Welt ihresgleichen suchte und innerhalb zweier Jahrzehnte eine moderne Mittelklassegesellschaft ganz neuen Typs schuf. Wirtschaftswunder nannte man das damals, aber es war natürlich alles andere als ein Wunder. Eine effektive Verwaltungsdemokratie mit eindeutig staatsplanerischen Zügen bügelte die demokratischen Defizite der Deutschen West aus. Kapitalistische Dynamik entfaltete sich auf einer quasisozialistischen Grundlage. Nehmen wir, als kurzes Beispiel nur, die Wohnungsbaupolitik: Ende der Fünfziger- bis Mitte der Sechzigerjahre pumpte der westdeutsche Staat mittels einer waschechten Zwangsanleihe dreißig Milliarden Mark in den Wohnungsbau. Ergebnis: Die Ware Wohnen blieb unnatürlich billig, bis weit in die Achtzigerjahre hinein.

Das **Modell Deutschland,** das aus dieser Prosperität entstand, bezog seinen Treibstoff aus lauter historischen Anomalien. Da war der Verdrängungswille der Kriegsgeneration, die ihre Schuldgefühle in jenem Fleiß kompensierte, der die Wirtschaft erst ihre Schubkraft verlieh. Da war eine de facto nicht vorhandene, also auch nicht riskante Außenpolitik – die Bundesrepublik Deutschland blieb ja drei Jahrzehnte lang tatsächlich ein Vasall der USA. Und es gab eine schöne, glatte **Mauer,** die obendrein den Vorteil hatte, dass sie von den anderen errichtet worden war, weshalb man sich ihretwegen kein schlechtes Gewissen machen musste darüber. [...]

> **Modell Deutschland.** Dreißig Jahre lang lief im Westteil der Republik ein Programm zur „Vermittelklassizierung". Der Preis dafür: die geschlossene Gesellschaft.

> **Mauer.** Die Mauer beschützte die Westdeutschen vor der Armut und der Melancholie des Ostens. Sie war ein Instrument zur Ausgrenzung des östlichen Elements in der deutschen Kultur.

Jede Gesellschaft verfügt über ein bestimmtes, in langen historischen Erfahrungen erlerntes Wertset, das gleichzeitig ihre Konflikte reguliert. Jede Gesellschaft hat auch eine innere Utopie, deren Konfiguration ihr nicht immer ganz bewusst ist. Der Konsens der späten Westrepublik lässt sich mit der Formel „Wertewandel plus Wachstum" beschreiben. [...]

(Matthias Horx, Trendbüro: Trendbuch 1, Düsseldorf 1996, S. 212 ff.)

1957

▶ *1. Phase: „Keine Experimente"*

Themen wie Wiederaufbau und Wirtschaftswunder, Westintegration und Wiederbewaffnung bestimmen zunächst die Innenpolitik der Bundesrepublik. Bei aller Auseinandersetzung auch um Richtungen politischer Entwicklung gibt es jedoch mit Blick auf das Demokratieverständnis für mehr als ein Jahrzehnt einen weit reichenden Konsens für eine **„streitbare" Demokratie, abwehrbereit** gegenüber Rechts- und Linksextremismus und **„antitotalitär"**.

Material 17

In Fortführung des im SRP-Urteil ausgesprochenen Grundsatzes, das Grundgesetz sei eine wertgebundene Verfassung, heißt es im KPD-Urteil von 1956, dass Einschränkungen einer ungebundenen Freiheit zulässig seien. Zum Zwecke der Verteidigung der freiheitlichen demokratischen Grundordnung müssen Einschränkungen der politischen Betätigungsfreiheit der Gegner hingenommen werden. Das Grundgesetz habe sich bemüht, zwischen dem Prinzip der Toleranz und dem Bekenntnis zu unantastbaren Grundwerten einen Kompromiss zu finden, dessen Folge Einschränkungen der ungebundenen Freiheit sein können.
Für die Politikwissenschaft hat Ernst Fraenkel diesen Gedanken später mit den Worten formuliert: „Die pluralistische Theorie des Gemeinwohls bestreitet keineswegs, dass es weite Gebiete des staatlichen und gesellschaftlichen Lebens gibt, über deren Ordnung ein consensus omnium (eine Übereinstimmung aller) vorliegt; ja sie betont mit Nachdruck, dass auf Dauer ein Staat nicht lebensfähig ist, in dem weder über ein Minimum fundamentaler noch über zahlreiche detaillierte Fragen der Wirtschaft, Gesellschaft und Politik eine weitgehende Übereinstimmung besteht."
Damit ist gesagt, dass es zwar ein Minimum von Einschränkungen der Freiheitsrechte geben muss, um ein rücksichtsvolles Zusammenleben zu ermöglichen, dass aber bei einer Verteidigung der Freiheit die Freiheit selbst nicht zu weit eingeschränkt werden dürfe.

Streitbare Demokratie

Ergänzend hat das Bundesverfassungsgericht im Urteil gegen die KPD 1956 darauf hingewiesen, dass das Bekenntnis zu einer streitbaren Demokratie bestimmend für das Denken des Parlamentarischen Rats gewesen ist.

(Hans-Helmuth Knütter, in: Informationen zur politischen Bildung, Heft 165/ Demokratie, Neudruck 1992, S. 29)

Dieser Konsens wird gefördert durch eine Politik des sozialen Ausgleichs. Eine Sozialanalyse der Gesetzgebung der 50er-Jahre ergibt folgendes Bild:

- Wiederaufbauphase aus der Trümmerlandschaft des Zweiten Weltkriegs mit einer Privilegierung des Eigentums. Beispiele: Begünstigung des Mittelstandes, Steuerpolitik der Investitionsanreize und der mittelständischen Existenzsicherung, Wohnungsbauförderung.
- Parallel zum wirtschaftlichen Aufschwung soziale Ausgleichs- und Einbindungsmaßnahmen. Beispiele: 1950 Kriegsopferversorgung, 1951 Montan-Mitbestimmung (→ III/ 1.2), 1952 Lastenausgleich (mildert Schäden und Verluste, die durch Zerstörung und Vertreibung in der Kriegs- und Nachkriegszeit entstanden sind), 1953 Vertriebene (regelt Rechtsstellung und Eingliederung der Vertriebenen und Flüchtlinge), 1956 Sozialer Wohnungsbau (für Bezieher niedriger Einkommen, kinderreiche Familien, Vertriebene und Kriegsopfer), 1957 Rentenreform sowie Altershilfe für Landwirte, 1959 Wohngeld, Jugendarbeitsschutz, Sozialhilfe, 1961 Vermögensbildung.

Material 18

[...] Wir haben es geschafft: Das neue Auto steht vor der Tür. Alle Nachbarn liegen im Fenster und können sehen, wie wir für eine kleine Wochenendfahrt rüsten. Jawohl, wir leisten uns etwas, wir wollen etwas haben vom Leben; dafür arbeiten wir schließlich alle beide, mein Mann im Werk und ich als Sekretärin wieder in meiner alten Firma.

(nach: Praxis Geschichte 6/1996, S. 23)

Material 19

Erst zu Beginn der 60er-Jahre zeichnet sich eine ernste Krisensituation ab. Im ‚Haus der Geschichte der Bundesrepublik Deutschland' in Bonn ist dieser **Umbruch zur „unzufriedenen Republik"** im Thementext für den Ausstellungsteil 60er-Jahre so beschrieben:

Material 20

Unzufriedene Republik
A Discontented Republic

„Die Lage war noch nie so ernst!"
Adenauer entgleitet die politische Führung.
Fehler und Pannen mehren sich.
Immer mehr Bundesbürger fragen:
„Brauchen wir eine neue Regierung?"

Marktwirtschaft und Planwirtschaft,
NATO und Warschauer Pakt
prägen die Wirklichkeit in West und Ost.
Das politische Klima ist frostig – Kalter Krieg.
Mit dem Bau der Berliner Mauer
verfliegt die Hoffnung
auf eine rasche Wiedervereinigung.
Fehler und Versäumnisse werden offenkundig.
Der alte Kanzler Adenauer
gibt auf neue Fragen keine Antworten.

Eine Krise folgt der anderen:
Ärger um die Bundespräsidentenwahl,
Verluste der CDU bei der Bundestagswahl,
Fehlgriffe in der „Spiegel"-Affäre.
Die SPD-Opposition gewinnt Profil.
Die eigene Partei zwingt Adenauer zum Rücktritt, Wirtschaftsminister Ludwig Erhard wird Nachfolger.
Eine Epoche deutscher Nachkriegsgeschichte endet.

▶ 2. Phase: „Alle reden vom Wetter. Wir nicht."

Neben Krisen und Affären fordern die Große Koalition der Jahre 1966-1969 – demokratietheoretisch umstritten, weil die Opposition im Parlament nicht einmal mehr über 10 % der Sitze verfügt – und die Verabschiedung der Notstandsgesetze 1968 die Auseinandersetzung um „Demokratie". Der Streit um den Einsatz der Bundeswehr auch bei innerem Notstand polarisiert und bringt vor allem Teile der Jugend in eine Gegnerschaft zu den Etablierten. Das politische System wird als spätkapitalistisch, scheindemokratisch, ja undemokratisch „entlarvt", ein **Rätesystem** gefordert.

Mit Witz und Originalität protestieren Studenten gegen das Establishment: Die Köpfe von Marx, Engels und Lenin karikieren einen Werbeslogan der Deutschen Bundesbahn.

Material 21

Das „verunsicherte Establishment"

[...] Bei den Münchner Auseinandersetzungen ging es um Grundfragen sozialdemokratischer Politik. Ich habe sie damals in zugespitzter Form so gestellt: Haben wir trotz Vollbeschäftigung, starker Gewerkschaften und umfassender Sozialgesetzgebung noch immer eine Klassengesellschaft, die nur durch Klassenkampf verändert werden kann? Ist unser Staat wirklich eine Agentur des Monopolkapitals, die zerschlagen werden muss? Ist die Vollsozialisierung der Produktionsmittel wirklich das Wundermittel, das alle gesellschaftlichen Widersprüche beseitigt? Bezieht sich der Freiheitsbegriff nur auf das Kollektiv der Arbeiterklasse oder auf das einzelne Individuum? Ist ein dogmatischer Marxismus mit seinem erkenntnistheoretischen und politischen Absolutheitsanspruch wirklich der Weg zur besseren Lebensqualität? Sind Kompromiss, Pluralismus und parlamentarische Demokratie wirklich Fäulniserscheinungen des Spätkapitalismus? [...]

(Hans-Joachim Vogel, Nachsichten. Meine Bonner und Berliner Jahre, München 1996, S. 14)

Material 22

Die „Entlarvung des Systems"

Das Repräsentationsprinzip – der Kern des Parlamentarismus – wurde als Verfassungsnorm erdacht, gewollt und verwirklicht mit einer genauen repressiven Aufgabe, die schon von Anfang an einen Befriedungscharakter trug. Es galt, friedlich aber wirksam die Mehrheit der Bevölkerung von den Machtzentren des Staates fern zu halten. Zugleich bot zwar nicht das liberale Repräsentationsprinzip, gewiss aber die parlamentarisch ebenso denkbare Form der imperativen Vertretung von Reform- und Umwälzungsansprüchen abhängiger Massen diesen die Möglichkeit, den Basis-Konflikt auf die staatliche Ebene zu übertragen und den Klassenkampf mit den Mitteln des politischen Staates auszufechten. [...]

Fraglos ist das Parlament als „Legislative" und als Körperschaft, in der Volksinteressen gesetzgeberisch Ausdruck finden sollten, gegenüber der „Exekutive" bis zur Bedeutungslosigkeit herabgesunken. Es ist nicht mehr in der Lage, selbstständig Entscheidungen zu treffen, da es als Ganzes nicht mehr an den konkreten Vorbereitungen der Gesetze und an der Aufarbeitung des Materials beteiligt wird. [...]

Und genau das ist für eine erfolgreiche Herrschaftsmethode unerlässlich; dass ein Teil der politischen und gesellschaftlichen Oligarchien sichtbar im Parlament tätig (also dem Schein nach öffentlich kontrollierbar), sichtbar vom Volke gewählt (damit zum Herrschaftsakt demokratisch legitimiert) und sichtbar Träger von Macht (und in der Lage, moralisch verpflichtende Wählerwünsche durchzusetzen) ist. Wäre dem anders, würde die Bevölkerung sich gar nicht auf das parlamentarische Spiel einlassen, und sie würde die Wahlen nicht mehr als den wesentlichen Ausdruck ihrer politischen Freiheit betrachten. [...]

(J. Agnoli, Die Transformation der Demokratie, Berlin 1967, S. 59ff.)

Material 23

Die „System-Alternative"

[...] Das Rätesystem als Inbegriff einer politisch-sozialen Ordnung ist:

A. eine Form radikaler direkter Demokratie.

B. In seiner praktischen Anwendung bedingt es den Übergang zu sozialistischen Eigentums- und Wirtschaftsformen.

C. In Verbindung mit der sozialistischen Zielsetzung erhält es oftmals einen betont klassenkämpferischen Charakter und wird nicht selten mit der Idee einer „Diktatur des Proletariats" verknüpft.

Zu A: Die klassische Form der **direkten Demokratie** besteht darin, dass das Volk, d.h. die Gesamtheit der erwachsenen und politisch mitwirkungsberechtigten Bürger eines Gemeinwesens keinen Herrscher über sich duldet, sondern alle gemeinsamen Angelegenheiten in der allgemeinen Volksversammlung unmittelbar selber regelt. [...] Eine andere Möglichkeit, die Grundsätze der direkten Demokratie zu bewahren, besteht darin, die Rechtssprechungs-, Gesetzgebungs-, Regierungs- und Verwaltungsbefugnisse zwar zu delegieren, die Delegierten aber strengster Kontrolle durch das Volk zu unterwerfen. Dies versucht das Rätesystem, und zwar durch folgende Praktiken und Institutionen.

1. Alle leitenden Positionen werden durch Wahl besetzt.
2. Die Urwähler treten als geschlossene Wahlkörper auf der untersten Ebene des gesellschaftlichen Lebens in Aktion und bilden ihren politischen Willen in den Versammlungen dieser Urwahlkörper.
3. Die Urwähler fällen eine möglichst große Zahl der erforderlichen Entscheidungen selbst und überlassen so wenig wie möglich ihren gewählten Vertretern.
4. Die gewählten Vertreter sind in ihren Entscheidungen nicht frei, sondern an Mandate ihrer Wähler gebunden.
5. Sie unterliegen der dauernden Kontrolle durch die Urwähler, müssen ihnen laufend Rechenschaft geben und können jederzeit durch sie abberufen werden.
6. Die gewählten Vertreter sollen möglichst ehrenamtlich tätig sein, auf keinen Fall jedoch ein erheblich höheres Einkommen beziehen als ihre Wähler.
7. Dieser Gedanke wird bis zu der Forderung nach der sozialen Homogenität von Wählern und Gewählten zugespitzt, d.h. die gewählten Vertreter sollen möglichst derselben sozialen Schicht angehören wie die Wähler.

Zu B: Da auch die Wirtschaftsleitung zu den leitenden Funktionen der Gesellschaft gehört, müssen die Grundsätze des Rätesystems ebenfalls auf sie angewendet werden, d.h. Wirtschaftspolitik und Wirtschaftsleitung werden strenger, unmittelbarer demokratischer Kontrolle durch das Volk bzw. im Betrieb durch die dort tätigen Arbeitnehmer unterworfen. Da in einem Wirtschaftssystem des Privateigentums die Wirtschaftsleitung den (privaten) Eigentümern der Produktionsmittel von rechtswegen als Befugnis zusteht, würde das Rätesystem ihre faktische Enteignung und eine bestimmte Form von Sozialisierung der Produktionsmittel (nämlich ihre Überführung in sog. „Arbeiterselbstverwaltung") bedeuten.

Zu C: Insofern das Rätesystem sich gegen die Innehabung von bisher nicht demokratisch gewählten und nur unzulänglich demokratisch kontrollierten gesellschaftlichen Führungspositionen richtet (Bürokratie, Wirtschaftsleitung), führen seine Vertreter, zumindest vor ihrem endgültigen Siege und vor der Verwirklichung des Rätesystems, einen Klassenkampf gegen mangelhaft kontrollierte Berufspolitiker, Bürokraten und Kapitalisten. Gewisse Verfechter des Rätesystems leiten nun aus der Tatsache und den Erfordernissen dieses Klassenkampfes die Notwendigkeit ab, für eine Übergangszeit Kapitalisten und sonstige Spitzenfunktionäre des alten Herrschaftssystems vom Wahlrecht auszuschließen und ihnen auch sonst die vollen bürgerlichen Rechte vorzuenthalten.

(Peter von Oertzen, Freiheitliche demokratische Grundordnung und Rätesystem; in: Politische Bildung 2 (1969), H. 1, S. 18–20)

► 3. Phase „Mehr Demokratie wagen!"

1969

Material 24

Willy Brandt: Mehr Demokratie wagen

Unser Volk braucht wie jedes andere seine innere Ordnung. In den siebziger Jahren werden wir aber in diesem Lande nur so viel Ordnung haben, wie wir an Mitverantwortung ermutigen. Solche demokratische Ordnung braucht außerordentliche

Geduld im Zuhören und außerordentliche Anstrengung, sich gegenseitig zu verstehen.
Wir wollen mehr Demokratie wagen. Wir werden unsere Arbeitsweise öffnen und dem kritischen Bedürfnis nach Information Genüge tun. Wir werden darauf hinwirken, dass nicht nur durch Anhörungen im Bundestag, sondern auch durch ständige Fühlungnahme mit den repräsentativen Gruppen unseres Volkes und durch eine umfassende Unterrichtung über die Regierungspolitik jeder Bürger die Möglichkeit erhält, an der Reform von Staat und Gesellschaft mitzuwirken. Wir wenden uns an die im Frieden nachgewachsenen Generationen, die nicht mit den Hypotheken der Älteren belastet sind und belastet werden dürfen; jene jungen Menschen, die uns beim Wort nehmen wollen – und sollen. Diese jungen Menschen müssen aber verstehen, dass auch sie gegenüber Staat und Gesellschaft Verpflichtungen haben.
Wir werden dem Hohen Hause ein Gesetz unterbreiten, wodurch das aktive Wahlalter von 21 auf 18, das passive von 25 auf 21 Jahre herabgesetzt wird. Wir werden auch die Volljährigkeitsgrenze überprüfen.
Mitbestimmung, Mitverantwortung in den verschiedenen Bereichen unserer Gesellschaft wird eine bewegende Kraft der kommenden Jahre sein. Wir können nicht die perfekte Demokratie schaffen. Wir wollen eine Gesellschaft, die mehr Freiheit bietet und mehr Mitverantwortung fordert.

(Aus der Regierungserklärung Willy Brandts [Bundeskanzler 1969-1974] v. 28.10.1969; nach: Begegnungen und Einsichten – Die Jahre 1960 -1975, Hamburg 1976)

„Wir stehen nicht am Ende unserer Demokratie, wir fangen erst richtig an." und „Keine Angst vor Experimenten." – Willy Brandts leitmotivische Sätze während der Aussprache über seine Regierungserklärung sind die Antwort der aus der Bundestagswahl 1969 hervorgegangenen sozialliberalen Koalition auf die Anfrage an Demokratie der 68er-Bewegung. Brandts erste Regierungsjahre sind zwar stärker von der neuen Ost- und Deutschlandpolitik bestimmt (→ IX/3), gleichwohl beginnt auch der Versuch einer ‚Reform von oben', einer ‚Demokratisierung der Gesellschaft'.
Charakteristische Reformgesetze: 1970 Lohnfortzahlung im Krankheitsfall (Arbeiter werden den Angestellten gleich gestellt), 1971 Bafög, 1972 Betriebsverfassung, Rentenreform, 1973 Gleichstellung Zivildienst und Wehrdienst (rechtlich und materiell), 1975 Volljährigkeit sowie aktives und passives Wahlrecht mit 18 Jahren, Strafrechtsreform, 1976 paritätische unternehmerische Mitbestimmung in Großunternehmen, Reform der § 218 StGB, 1977 Reform des Ehe- und Familienrechts, 1980 Elterliche Sorge statt elterliche Gewalt.
Die Reformen kommen nur langsam voran, zeitgleich entstehen Bürgerinitiativen sowie alternative und ‚bunte' Bewegungen – oft an und wegen einzelner Großvorhaben. Demokratietheoretisch werden **basisdemokratische Forderungen** laut, wie sie später im Grundsatzprogramm der Grünen, die sich zunächst als außerparlamentarischen Opposition verstehen, exemplarisch zusammengefasst sind:

Material 25

Grundsatzprogramm: Die Grünen

Wir halten es für notwendig, die Aktivitäten außerhalb des Parlaments durch die Arbeit in den Kommunal- und Landesparlamenten sowie im Bundestag zu ergänzen. Wir wollen dort unseren politischen Alternativen Öffentlichkeit und Geltung verschaffen. Wir werden damit den Bürger- und Basisinitiativen eine weitere Möglichkeit zur Durchsetzung ihrer Anliegen und Ideen eröffnen. [...] Unsere Politik wird von langfristigen Zukunftsaspekten geleitet und orientiert sich an vier Grundsätzen: sie ist ökologisch, sozial, basisdemokratisch und gewaltfrei.

Basisdemokratisch
Basisdemokratische Politik bedeutet verstärkte Verwirklichung dezentraler, direkter Demokratie. Wir gehen davon aus, dass der Entscheidung der Basis prinzipiell Vorrang eingeräumt werden muss. Überschaubare, dezentrale Basiseinheiten (Ortsebene, Kreisebene) erhalten weitgehende Autonomie und Selbstverwaltungsrechte zugestanden. [...]

Gewaltfrei
Wir streben eine gewaltfreie Gesellschaft an, in der die Unterdrückung von Menschen durch den Menschen und Gewalt von Menschen gegen Menschen aufgehoben ist. Unser oberster Grundsatz lautet: Humane Ziele können nicht mit inhumanen Mitteln erreicht werden. Gewaltfreiheit gilt uneingeschränkt und ohne Ausnahme zwischen allen Menschen, also ebenso innerhalb sozialer Gruppen und der Gesellschaft

als Ganzem als auch zwischen Volksgruppen und Völkern. Das Prinzip der Gewaltfreiheit berührt nicht das fundamentale Recht auf Notwehr und schließt sozialen Widerstand in seinen mannigfachen Varianten ein, [...] bedeutet also nicht die Passivität der Betroffenen. Der Grundsatz der Gewaltfreiheit bedeutet vielmehr, dass zur Verteidigung lebenserhaltender Interessen von Menschen gegenüber einer sich verselbstständigenden Herrschaftsordnung unter Umständen auch Widerstand gegen staatliche Maßnahmen nicht nur legitim, sondern auch erforderlich sein kann (z.B. Sitzstreiks, Wegesperren, Behinderung von Fahrzeugen). [...]

Demokratisierung von Staat und Verwaltung
Die Überbürokratisierung einer hierarchischen Verwaltung mit all ihren Nebenwirkungen unterbindet die Eigeninitiative der Bürger. Die Undurchschaubarkeit, hinter der sich wirtschaftliche und politische Einzelinteressen verbergen, wird zu einer Gefahr für die Demokratie. Die GRÜNEN fordern deshalb:

- Die Verfilzung zwischen Parlamenten, Regierungen, Bürokratien und der Wirtschaft durch Beraterverträge, Zuwendungen, Aufsichtsratsitze ist zu unterbinden.
- Den Aufbau demokratisch kontrollierter, bürgernaher Selbstverwaltung, anstelle zunehmender Monopolisierung wirtschaftlicher Macht und ständig wachsender zentraler Verwaltungsapparate.
- Konsequente Dezentralisierung und Vereinfachung der Verwaltung.
- Die Verwaltungs- und Selbstbestimmungsrechte und der Anteil an Finanzmitteln für Länder, Regionen, Kreise, Kommunen und Stadtteile sind zu stärken.
- Rückhaltlose, rechtzeitige und verständliche Information des Bürgers über alle Verwaltungsmaßnahmen.
- Initiativen und Verbände müssen das Recht haben, in ihrem Bereich von Verwaltungen und Parlamenten gehört zu werden und Informationen zu erhalten. Außerdem sollten sie das Klagerecht gegen Vewaltungsmaßnahmen, auch über Ländergrenzen hinweg, erhalten.
- Die unübersehbare Flut des Beiratsunwesens ohne Bürgernähe und klar definierte Zuständigkeit ist durch die Schaffung von Beratungs- und Entscheidungsgremien (Wirtschafts- und Sozialräte) auf allen Ebenen zusammenzufassen und zu ersetzen. Diese Gremien müssen überall (Kommune, Landkreis, Bezirk, Land und Bund) bei volkswirtschaftlich wichtigen Planungen und Entscheidungen gehört werden. Sie haben Entscheidungen zu treffen über die öffentliche Investitionspolitik und sind im Zusammenwirken mit dem jeweiligen politischen Gremium für den wirtschaftlichen Bereich des Haushalts zuständig.
- Aufhebung der 5 %-Klausel.
- Volksbegehren und Volksentscheid zur Stärkung der direkten Demokratie.

(Die GRÜNEN – Das Bundesprogramm, Bonn 2/1983, Auszüge)

▶ 4. Phase: „In der Zeit der Not ist der Mittelweg der Tod“

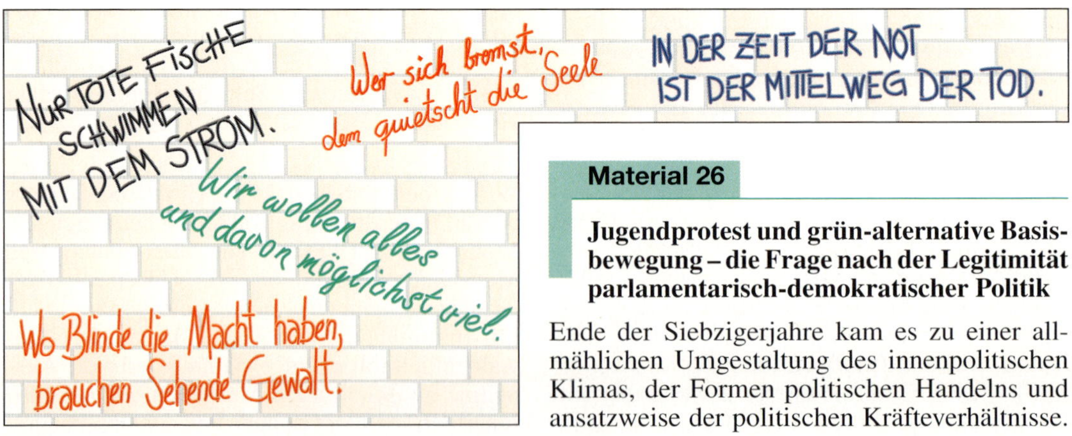

Material 26

Jugendprotest und grün-alternative Basisbewegung – die Frage nach der Legitimität parlamentarisch-demokratischer Politik

Ende der Siebzigerjahre kam es zu einer allmählichen Umgestaltung des innenpolitischen Klimas, der Formen politischen Handelns und ansatzweise der politischen Kräfteverhältnisse.

Die Ölkrisen 1973 und 1978, chronische Arbeitslosigkeit mit relativ hohen Inflationsraten, Umweltskandale und zuletzt die atomare Nachrüstung führten zu einem rapiden Abklingen des Zukunftsoptimismus und einer latenten Verweigerungshaltung gegenüber Großtechnologie und Reformglauben.
Insbesondere Teile der Jugend zweifeln immer stärker an den Problemlösungskapazitäten der etablierten Kräfte und ziehen sich in verschiedene Formen alternativer Lebensweise zurück. In Zusammenhang mit zunehmend entmutigenden Erfahrungen mit der Staatsgewalt, in Zusammenhang mit Demonstrationen und Hausbesetzungen schwanken viele zwischen Resignation und Gewaltbereitschaft. Mit zunehmender Verbreitung und Stärkung von Umweltschutzbewegung und Friedensbewegung gewinnen diese an politischer Kraft und stellen teilweise nicht nur das staatliche Gewaltmonopol, sondern auch die verfassungsrechtlich fundierte Form politischer Willensbildung in Frage. [...]

(Rainer Kohlhaas, Formen und Probleme der Demokratie, Freiburg/Würzburg (Verlag Ploetz) 1984, S. 17)

Material 27

An den Grenzen der Mehrheitsdemokratie

● **pro**

„Wir nähern uns in vielen von der Politik mitzuentscheidenden Fortschrittsfeldern politischen Pattsituationen, bei der Kernenergie nicht weniger als bei der modernen Waffentechnologie und den neuen Medien, bei der Umweltchemie nicht anders als bei der Gentechnologie, bei Flughafenplanungen nicht anders als bei großflächigen Stadtsanierungsvorhaben. Auch wo keine Steine fliegen und keine Fensterscheiben bersten – die Zweifel an der Weisheit der Regierenden sitzen tief, die Folge- und Gehorsamsbereitschaft auf Seiten der Herrschaftsunterworfenen schwindet. Die Befürwortung von Gewalt nimmt zu. Wir haben – unter dem Dach der einen – längst zwei Gesellschaften, die miteinander immer weniger zu tun haben, vielfach nicht mehr dieselbe Sprache sprechen, die die Wirklichkeit an jeweils anderen Maßstäben bemessen und in jeweils anderen Kategorien auslegen, die von gänzlich unvereinbaren Sehnsüchten, Erwartungen und Aspirationen umgetrieben werden.
Es gibt kaum ein öffentliches Problem, ein politisches Vorhaben von einigem Rang, zu dem sich nicht Bürger auf dem Weg über die „Bürgerinitiative“ zu Worte melden. Mittlerweile sind mehr Bürger in Initiativen tätig, als alle im Bundestag vertretenen Parteien, zusammengenommen, Mitglieder aufweisen. Erstaunlich ist die Tatsache schon, dass viele Bürger ihre Meinung, ihre Interessen und Besorgnisse nicht mehr auf der Parteischiene, über Abgeordnete und Parteigremien, in den politischen Prozess einbringen, sondern sich unmittelbar und selbst aktiv artikulieren – auf einem Weg, den die Funktionslogik der repräsentativen Parteiendemokratie keineswegs untersagt, der jedoch als „Regel-Ausnahme-Fall“ eher quer zu ihr liegt. Viele haben die Mitwirkung in Bürgerinitiativen als das ganz Andere der herkömmlichen Parteiarbeit erlebt, bei vielen hat sich der soziale Lerneffekt so ausgewirkt, dass sie für die Parteiarbeit aufseiten der „Etablierten“ „verloren“ sind.
Unser Parteien- und Regierungssystem war und ist hervorragend geeignet, Gruppenkonflikte und Verteilungskämpfe zu dämpfen und zu schlichten. Dies erfordert nämlich keinen weit reichenden Konsens, wohl aber eine annähernde Konfliktfreiheit im Grundsätzlichen. Tief greifende Wertkonflikte sind auf der Basis dieses Systems jedoch kaum auszufechten. Wird um die Überzeugung in den letzten Dingen und nicht mehr nur um Geld, Macht, Einfluss und Privilegien gerungen, so könnten die Grenzen seiner Integrationsfähigkeit sehr schnell erreicht sein. Der Parteienstaat ist vor allem deshalb in wachsendem Maße mit dem Problem des Entzuges von Zustimmung konfrontiert, weil die Politik an neuen Kriterien gemessen wird, für die weder die Wirtschafts- noch die Staatsordnung primär die Legitimationsgrundlage abgeben. Die Erfahrung, dass man auch „in Freiheit“, „demokratisch“ und sogar wohlstandsgesegnet in die Katastrophe schlittern kann, dass die politischen und institutionellen Grund- und Menschenrechtsgarantien noch längst nicht die bedrohlichen Schatten neuzivilisatorischer Inhumanität, ja des gattungsweiten Rückfalls in die Barbarei zu bannen vermögen, diese Erfahrung hat im ideenpolitischen Einzugsbereich der neuen sozialen Bewegungen eine Verunsicherung des demokratischen Verfassungsbewusstseins entstehen lassen. [...]
Mit den belastbaren Gemeinsamkeiten einer gelebten politischen Kultur ist es gewiss nicht weit her. Im Zeichen der Säkularisierung und Positivierung sozialer Normen leben wir wohl eher von Restbeständen. Die kulturellen, historisch gewachsenen Besonderheiten verschwinden auf

dem Wege zur Welteinheitskultur. Die weltweite Dynamik von Wirtschaft, Wissenschaft und Technik hat einen alles überwabernden uniformen Zivilisationskonsens heraufgeführt, uns eine „Ökumene der Ideologien" beschert, welche die Ausbildung jener kulturellen „Besonderung" gerade verhindert, die die Voraussetzung für regionale wie nationale „Identität" darstellt. Schrumpfen aber die Gemeinsamkeiten, verliert eine Gemeinschaft ihre Identität, so liegt es nahe, dass sich ihre Mitglieder einen Ausgleich in neuen Bindungen suchen. Die verlorene Besonderung im Großen wird so durch die kleinere Besonderung mit gleichartig Betroffenen kompensiert: „Wir Bauern von Wyhl!", „Wir Bewohner des Frankfurter Westends!", „Frauen gegen Atomraketen!". Vieles spricht dafür, dass sich die isolierten Widersetzlichkeiten und die Verweigerungen des Einzelfalls zur organisierten Systemopposition gegen die herrschende Mehrheit bündeln und aufsummieren. [...]

Was man unter Berufung auf die Mehrheit von gestern heute politisch veranlassen und ins Werk setzen darf und was nicht – ohne erneut (in Neuwahlen) den Souverän zu fragen –, ist eine nur politisch, also mit Blick auf die jeweils aktuellen Gesamtumstände entscheidbare Frage. Als politisches Brecheisen eignet sich die Mehrheitsberufung jedoch nicht. Sie ist ein Instrument, das einer sensiblen Hand bedarf, soll es nicht mehr Schaden als Nutzen bringen. Im Fall des Falles, also dort, wo die Bewahrung des inneren Friedens gefährdet erscheint, ist die alleinige Berufung auf den Satz „Mehrheit ist Mehrheit" ein demokratiepolitischer Sprengsatz (wenn vielleicht auch mit Zeitzünderwirkung). Die Mehrheitsregel wird dort ad absurdum geführt, wo gerade die einseitige Berufung auf sie das ihr zugrunde liegende verfahrenspolitische Ziel selbst, den Erhalt des Bürgerfriedens einer Rechtsgemeinschaft, aufs Spiel setzt. Wenn über das Verfahren selbst keine Einheit mehr gestiftet werden kann, dann ist zur Vermeidung von Schlimmerem zunächst die inhaltliche Begründung aufgerufen, unter Umständen auch die Einbeziehung alternativer Entscheidungsmuster wie Konsens, Proporz, vertragsähnliche Vereinbarungen zur Berücksichtigung dissentierender Minderheiten, die einer „offenen" Gesellschaft nicht minder gut zu Gesicht stehen wie die „ungebremste" Herrschaft der Stimmenmehrheit. [...]

(Bernd Guggenberger, An den Grenzen der Mehrheitsdemokratie; in: FAZ, 30.10.1982)

Material 28

● ... und contra

Die entscheidende Frage ist nicht die nach der Abschaffung, sondern die nach der Qualität der Herrschaft. Willy Strzelewicz hat das Naheliegende wiederholt herausgearbeitet: Autorität ist nicht geschwunden, sondern der Autoritätstyp hat sich gewandelt. Es handelt sich seither nicht mehr um auf Unterwerfung beruhende Herrschaftsautorität (wie man sie in Anlehnung an die Begrifflichkeit Max Webers bezeichnen könnte), sondern um Auftragsautorität (Willy Strzelewicz). Auftragsautorität, weil die Regierenden im Auftrag der Regierten in ihre Ämter kommen, rechenschaftspflichtig sind und ihre Autorität durch die am Auftrag zu messende und im Rahmen der allgemein verbindlichen Normen zu erbringende Leistung auszuweisen haben.

Kennzeichnend für die Verfahrensweise sind der Kompromiss und die ihm zugrunde liegenden Prämissen: Auftragserteilung in der allgemeinen Wahl durch Mehrheitsentscheidung bedeutet, dass sich die Minderheit nur deswegen und unter der Voraussetzung einordnet, dass die jeweilige Mehrheit nicht berechtigt ist, der Minderheit die Chance zu nehmen, selbst Mehrheit zu werden. Folglich kommt es auf eine ziemlich präzise zu bestimmende Qualität politischer Willensbildung an. Sie muss auf den Prinzipien legitimer Vielfalt und nichtdiskriminierender Konkurrenz beruhen; sie muss, mit einem Wort, auch kontroversen und oppositionellen Kräften die Wettbewerbs- und Mitwirkungschance gewährleisten, was sich im Fortbestand öffentlicher Kritik- und Meinungsfreiheit und in der Garantie politisch wichtiger Grundrechtsbereiche ausdrückt. Die Legitimität der Mehrheitsentscheidung folgt nicht aus sich selbst, sondern aus der vorausgesetzten politischen Gleichberechtigung aller Staatsbürger. Auftragsautorität setzt die Freiheit der Einzelnen voraus, weil nur so Rechenschaftsforderung, Kritik und Abberufung der Regierungen möglich ist. Den oft grundsätzlich vermuteten Gegensatz zwischen Autorität – oder Herrschaft – und Freiheit gibt es in diesem Falle nicht, es sei denn, man verwechselt Freiheit mit asozialer Willkür. Die Legitimitätsbasis der Menschenrechtsidee, freiheitliche Ordnung überhaupt, geht vielmehr von der kunstvollen gegenseitigen Begrenzung der allen gleichermaßen zustehenden Freiheitsrechte und Freiheitsräume aus. Nur eine derartige Begrenzung kann den gegen Übermächtigung geschützten Freiheitsbereich des Individuums gewährleisten. Freiheitsrecht weist auf den universalen und geordneten Geltungsanspruch hin, denn anders verlöre der Begriff Recht jede Bedeutung. Es bedarf daher einer Durchsetzungsmacht, die bekanntlich auch das Monopol legitimer Gewaltanwendung – eben zum Zweck der Rechtsdurchsetzung – verwaltet. Legitim ist sie in der Demokratie nur – so können wir annehmen –, wenn die Verfahren der Auftragserteilung und Besetzung der Entscheidungspositionen dieser Durchsetzungsmacht jedem die gleiche Mitwirkungschance eröffnen.

(Heinrich Oberreuter, Abgesang auf einen Verfassungstyp? Aktuelle Herausforderungen und Missverständnisse der parlamentarischen Demokratie; aus: Politik und Zeitgeschichte, B 2/83, S. 19-31/Auszüge)

▶ *Stichwort: Widerstandsrecht*

Material 29a

Stichwort: Widerstandsrecht

Schon manche Protestbewegung hat sich zur Rechtfertigung gewalttätiger Aktionen auf das von der Verfassung verbürgte Widerstandsrecht berufen – stets zu Unrecht. Zwar wurde 1968 das bis dahin ungeschriebene Widerstandsrecht im Grundgesetz positiviert: „Gegen jeden, der es unternimmt, diese Ordnung zu beseitigen, haben alle Deutschen das Recht zum Widerstand, wenn andere Abhilfe nicht möglich ist". Ganz offenkundig aber begründet diese Regelung keine Rechtfertigung gewalttätiger Aktionen. Der Staatsrechtler Prof. Helmut Ridder sagt dazu: „dass die von Protestbewegungen in das Widerstandsrecht des Art. 20 Abs. 4 gesetzten Erwartungen auch juristisch falsch sind, liegt auf der Hand, da solche Aktionen unter ‚intakter' Gerichtsbarkeit usw. stattfinden; über den politischen Illusionismus dieser Erwartungen braucht kein Wort verloren zu werden." Auf einem anderen Blatt steht, was überhaupt mit dem „legalisierten" Widerstandsrecht im Grundgesetz gewonnen sein, also in welchen Fällen es zum Zuge kommen soll.

(Allgemeine Zeitung Mainz, 04.03.1997, S. 2)

Material 29b

→ S. 300, M7 (Brokdorf-Urteil)

Material 30

Wyhl, 1975: KKW-Gegner durchbrechen die Sperren der Polizei.

Gorleben 1997

Material 31

Die Machtprobe um den Castor: Gorleben – und was nun?

Etwa hundert Castor-Kästen reisen jedes Jahr durch die Bundesrepublik, und kein Hahn kräht danach. Der Sixpack mit der Versandadresse Gorleben indes hält die Republik in Atem. Was ist das Besondere an diesen Containern? Technisch ist der Transport unnötig und strahlenbiologisch unbedeutend. Unnötig: Für die Behälter hätte man ebenso gut Aufbewahrungshallen in Kraftwerksnähe errichten können. Unbedeutend: Hätten die Demonstranten statt der versuchten Blockade sämtliche Zigarettenautomaten im Wendland demontiert, dann wäre wirkungsvollere Gefahrenabwehr im Interesse der Gesundheit geleistet worden.

Aber den streitenden Teilnehmern der Prozession geht es ums Prinzip – und um taktische Vorteile. Mit den provozierenden Transporten nach Gorleben, wo seit nunmehr zwanzig Jahren gegen Atomanlagen Widerstand geleistet wird, zwingt die Industrie die Bundesregierung zu einem starken Engagement. Der Hintergrund: Sie strebt eine „standortunabhängige Genehmigung" für den Europäischen Druckwasserreaktor an, das Kernkraftwerk der nächsten Generation. So erhielt die Anti-AKW-Bewegung ein willkommenes Symbol, eine mobile Kaaba, zu der man mit Kind und Kegel pilgern kann. Taktisches Kalkül der Gegenaktionen: Sie sollen so teuer werden, dass die Politik die Transporte beendet; und was immer die Industrie mit dem Müll anstellen will, ihre Absichten sollen durchkreuzt werden – bis dahin, dass die Gerichte den atomrechtlichen „Entsorgungsnachweis" nicht mehr akzeptieren und bestehende Genehmigungen für Kernkraftwerke widerrufen werden könnten.

Zu einer solchen Ermattungsstrategie ist nur eine Fundamentalbewegung fähig. Und in der Tat: Dies ist die einzige Protestbewegung, der ein Generationenwechsel gelungen ist; sie ist zugleich die einzige, der die Veränderungen seit 1989 nichts anhaben konnten – nicht einmal die Massenarbeitslosigkeit. Die Bewegung ist so vital, weil sie Seelennot artikuliert, nämlich die Angst vor einer Verseuchung der Welt. Diese Angst ist nicht lächerlich oder böswillig, sondern ein Drama für jeden, den sie befällt.

Sie verleitet auch moderate Menschen, die ansonsten mit beiden Beinen in dieser Gesellschaft stehen, die Verbindlichkeit parlamentarisch beschlossener Gesetze in Frage zu stellen. Der zivile Ungehorsam gegen den Castor-Transport ist ja nicht, wie einst bei der Apo, als Signal an die Mehrheit zu verstehen, sondern er zielt dezidiert auf das Verhindern mehrheitlich beschlossener Politik. Und da wird es kritisch. Es kann nicht richtig sein, dass sich jemand nur zum Betroffenen zu erklären braucht, damit er Mehrheitsregel und Gewaltmonopol außer Kraft setzen darf. Das gilt für Kernkraftgegner ebenso wie für Lebensschützer und Rechtsradikale, die bei Gelegenheit auch jene fadenscheinige Rhetorik der Toleranz pflegen, die jedem Mitbewegten freistellt, ob er legal oder militant handeln will.

Eine Demokratie ist nur dann stabil, wenn die meisten Mitbürger das politische System für überwiegend gerecht und vernünftig halten. Wenn es um Grundsätzliches mit Langzeitwirkung geht, muss deshalb ein Konsens gesucht werden, der über parlamentarische oder demoskopische 51 Prozent hinausreicht. Man mag argumentieren, auf diese Weise würde die Mehrheit zur Gefangenen der Minderheit. Das stimmt. In einer Demokratie ist die Mehrheit hin und wieder die Gefangene der Minderheit. In manchen Fällen verlangt das sogar die Verfassung, in anderen ist es keine Frage des Staatsrechts, sondern der Staatskunst. Die technische Weltgestaltung durch Kernenergie ist ein solcher Fall. [...]

(Gero von Randow, in: Die Zeit, 07.03.1997, S. 1)

→ S. 331ff., Stichwort: Symbolische Politik

▶ *5. Phase: ? ... ?*

Aufgabe

17. Suchen Sie selbst – ausgehend von der Collage in V/1. und Ihren bisherigen Untersuchungsergebnissen – die Gegenwart zu charakterisieren!

Dazu ist nachfolgend noch ein weiterer Aspekt zur Diskussion gestellt:

Material 32

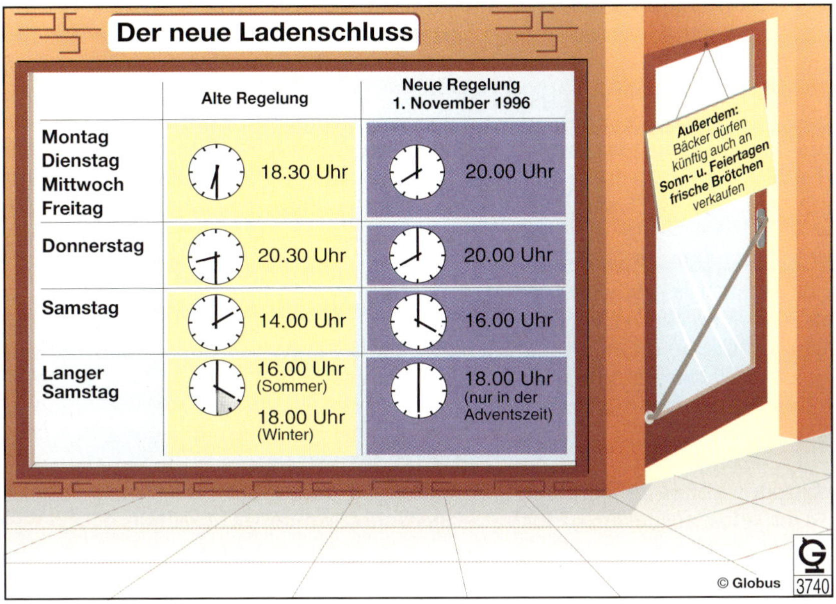

Material 33

Zum Grundrecht auf den Feierabend

Eines Tages werden Historiker die Bundesrepublik der späten Neunzigerjahre etwa so beschreiben: Es war ein Land, in dem die Geschäfte immer zur selben Zeit schlossen und am Sonntag gar nicht erst aufmachten, ein Land, in dem es kein allgemeines Tempolimit auf der Autobahn gab, dafür aber ein Ladenschlussgesetz, das von Gewerkschaftlern, Unternehmern und Politikern wie ein elftes Gebot gehütet wurde: Ihr sollt nicht einkaufen, wann es euch gefällt. Tatsächlich lässt sich das Drama der erstarrten Republik an keinem Beispiel so anschaulich vorführen wie am Gesetz über den Ladenschluss, einer vierzig Jahre alten, längst überholten Regelung, die den »mündigen Bürger« zum Diener eines sinnlosen Prinzips macht.

Der real existierende Sozialismus ist zusammengebrochen, die DDR in den Kulissen der Geschichte verschwunden; der Schwulen-Paragraph wurde abgeschafft, das Eherecht reformiert, die Preisbindung aufgehoben, demnächst sollen sogar uneheliche Kinder den ehelichen gleich gestellt werden – nur das Ladenschlussgesetz von 1956 hat alle Wirren der Zeit überstanden, bis 1996 praktisch unverändert, 1989 nur um einen »Dienstleistungsabend« erweitert, wie der lange Donnerstag im Amtsdeutsch heißt. [...]

Das Ladenschlussgesetz war nicht nur sakrosankter als das Grundgesetz, sondern offensichtlich auch der Garant jener Art von Zivilisation, die in Deutschland »Volksgemeinschaft« genannt wird. Sprecher des Einzelhandels und der Gewerkschaften warnen in seltener Eintracht vor den schrecklichen Folgen einer Freigabe der Ladenschlusszeiten: Millionen von Familien würden ihr Grundrecht auf den gemeinsamen Feierabend verlieren, das soziale Gefüge der Gesellschaft bräche zusammen. Abgesehen davon, dass nicht nur Verkäufer und Verkäuferinnen, sondern auch Polizisten, Busfahrer, Kellner und Drucker Familien haben, fragt man sich, wieso Gesellschaften, die keinen Ladenschluss kennen, noch nicht in Chaos und Anarchie versunken sind, wie es zum Beispiel die Franzosen schaffen, abends und sonntags einkaufen zu dürfen und trotzdem ein Familienleben zu haben. In Deutschland dagegen, wo die meisten Gewaltverbrechen an langen Wochenenden unter Familienangehörigen passieren, wurde sogar ein wenig Klassenkampf inszeniert, um den gesetzlichen Ladenschluss zu rechtfertigen. [...]

So spielt auch bei der Diskussion um den Ladenschluss der deutsche Dreisatz eine entscheidende Rolle: »Haben wir schon immer so gemacht, wo kämen wir hin, wenn ..., da könnte ja jeder kommen!« Ende 1989 wollte Arbeitsminister Blüm die Ladenschlusszeiten bis zum Jahre 1992 »europäisieren«, er wurde zurückgepfiffen. Ein Gesetzentwurf, der es Familienbetrieben erlaubt hätte, ihre Öffnungszeiten selbst festzulegen, versackte 1993 im Bundestag. 1995 kündigte Wirtschaftsminister Rexrodt eine Neuregelung an. Er stützte sich dabei auf ein Gutachten des Münchener Instituts für Wirtschaftsforschung, das 50 000 neue Arbeitsplätze und ein zusätzliches »Marktpotential« von zwanzig Milliarden Mark für den Einzelhandel bei einer Lockerung des Ladenschlusses errechnet hat. Die Koalition arbeitete eine »kleine Lösung« aus – die Geschäfte sollten ihre Öffnungszeiten an Werktagen zwischen 6 und 20 Uhr selbst festlegen –, doch dann meldeten die Abgeordneten von CDU und CSU »weiteren Diskussionsbedarf« an und brachten den Regierungsentwurf zu Fall. Die Debatte um den Ladenschluss dreht sich im Kreis, während ratlose Experten sich die Köpfe zerbrechen, wie man neue Arbeitsplätze schaffen und die Verödung der Innenstädte aufhalten könnte.

Ende Juni 1996 schien die Quadratur des Kreises geglückt. Der Bundestag beschloss nach einer aufgeregten Debatte mit knapper Mehrheit, 327 zu 322 Stimmen, eine Reform des Ladenschlusses: Vom 1. November an sollten die Geschäfte montags bis freitags von 6 bis 20 Uhr aufmachen können, an Samstagen bis 16 Uhr. Dafür sollten der Dienstleistungsdonnerstag und der lange Samstag entfallen. Alle, die sich schon auf eine anständige Alternative zu Barbara Eligmann und Peter Bond gefreut hatten, mussten freilich erfahren, dass die Freude verfrüht war. Die SPD, die dem Asylkompromiss zugestimmt hatte, wollte diesmal Rückgrat zeigen und kündigte eine »Kampagne« gegen längere Öffnungszeiten an. Die Gewerkschaften riefen zum »Widerstand« auf. Selbst wenn das Gesetz alle Hürden im Bundestag und Bundesrat nehmen sollte, könnte es praktisch an den Tarifverträgen scheitern: Die gelten bis Ende 1996 und in den neuen Ländern zum Teil bis Ende 1997. Und niemand kann die Gewerkschaften hindern, bei Verhandlungen über neue Tarifverträge auch über Ladenschlusszeiten zu sprechen. [...]

Die absurde Klamotte um den Ladenschluss ist das schönste, aber nicht das einzige Beispiel dafür, wie eine verkrustete, übersättigte und unterforderte Gesellschaft es vorzieht, auf hohem Niveau zu verelenden, statt sich dem begrenzten Risiko von Reformen auszusetzen. [...]

(Henryk M. Broder, Volk und Wahn, 1. Aufl. Hamburg/Spiegel-Buchverl.: Hamburg/Hoffmann und Campe 1996, S. 49 ff., Auszüge)

2.5 Politische Streitkultur

▶ *Streit – ein Element von Freiheit*

In den vergangenen fünf Jahrzehnten hat sich in Deutschland in den leidenschaftlichen Debatten um kontroverse Themen ein Bewusstsein entwickelt, dass politischer Streit auf Elemente einer politischen Kultur angewiesen ist. Als beispielhafte Stationen dieser Debatten können angesehen werden:

50er-Jahre → Wiederbewaffnung

60er-Jahre → Notstandsgesetze

70er-Jahre → Nutzung der Kernenergie

80er-Jahre → Nachrüstungsdebatte

90er-Jahre → Änderung des Asylrechts

Aufgaben

18. *Diskutieren Sie die folgenden „Tugenden der Demokratiefähigkeit!*
19. *Nehmen Sie am Ende der Beschäftigung mit Kapitel VI und Kapitel VIII/1 das Gespräch über diese „Tugenden“ erneut auf!*

„Tugenden der Demokratiefähigkeit“

Gedanken bei der Lektüre von Christian Graf von Krockow, Gewalt für den Frieden, München 1983, S. 53ff.

- **Toleranz**

Dem Wortsinn nach meint Toleranz zunächst das „Dulden“ anderer Anschauungen; darüber hinaus jedoch Vielfalt – eine Vielfalt, die reicher macht, weil der Andersdenkende mir – so wie ich ihm – zu neuen Einsichten verhelfen kann. Toleranz zielt also auf Freiheit zur Vielfalt und ermöglicht Offenheit für das Kommende.

- **Kompromissbereitschaft**

Der Kompromiss ist in Deutschland ausgesprochen unpopulär. Kompromiss – für viele immer noch der faule Kompromiss, der Verrat an Prinzipien. Kompromissfähigkeit rangiert bei allzu vielen an der Grenze zur Charakterschwäche. Eine positive Beschreibung des Wesens des Kompromisses stammt von Theodor Wilhelm: „Wo Kompromisse geschlossen werden“, sagt er, „wird das Subjekt in Abhängigkeit gebracht. Abhängigkeit von anderen Menschen, die das Subjekt in seiner Willkür einschränken. Die Selbstherrlichkeit des Ichs wird ganz entschieden eingeschränkt.“ So weit das Zitat. Kompromissfähigkeit schafft also die Anerkennung des anderen in seinem Anderssein. Deswegen verlangt sie auch danach, dass der Kompromiss nicht als Ärgernis oder als allenfalls taktische Maßnahme auf Zeit gesehen wird, die man abwirft, sobald man die Macht dazu hat und es ohne Nachteile für einen möglich erscheint.

- **Mäßigung**

Sie ist eng mit Kompromissbereitschaft und Toleranz verwandt und in den westlichen Demokratien das Ergebnis eines langen geschichtlichen Prozesses. Hierzu gehört etwa, dass Mehrheiten ihre Macht nicht rücksichtslos ausspielen, wobei sie möglicherweise streng legal vorgehen und besten Gewissens Minderheiten in den Widerstand treiben. Mehrheitsentscheidungen müssen für die unterlegene Minderheit zumutbar sein.

- **Konfliktfähigkeit**

„Konflikt ist ein Grundelement der Freiheit“, so Ralf Dahrendorf. Konflikte gehören zum Alltag einer Demokratie und sind notwendig, weil sie für Veränderungsmöglichkeiten und Reformfähigkeit sorgen. Sie bewahren unsere Gesellschaft vor Erstarrung und spiegeln vielfältige, einander zum Teil widersprechende Interessen wider.

In Deutschland beobachten wir hingegen eine tief verwurzelte Konfliktscheu: Parteien gelten als stark, wenn sie Einigkeit demonstrieren, und als schwach, wenn es Flügel gibt und auf Parteitagen kontrovers diskutiert wird. In einer offenen Gesellschaft können die auf unterschiedlichen Anschauungen und Interessen beruhenden Konflikte dann produktiv statt destruktiv ausgetragen werden, wenn allgemeine Verfahrensregeln, die Verfassung und Rechtsstaat anbieten, beachtet werden. Insofern ist

- **Sensibilität für Spielregeln**

eine wichtige Ergänzung der Konfliktfähigkeit. Prinzipiell müssen alle Interessen und Auffassungen zum Zuge kommen und dürfen nicht vorweg ausgeschlossen werden. Andernfalls besteht die Gefahr, dass sich Teile der Gesellschaft auf Dauer nicht mehr an die Spielregeln halten. Die Folgen wären dann Resignation oder Aufbegehren.

Freiheitsfeindliche Ordnungen zeichnen sich übrigens u.a. auch dadurch aus, dass sie die Bedeutung formaler Spielregeln gegenüber den Inhalten und Zielen für unwichtig halten.

In einer offenen und liberalen Gesellschaft dagegen sollte man das Wort der Herausgeberin der „Zeit“, der Gräfin Dönhoff, bedenken: „Nicht das Ziel ist das entscheidende, sondern die Mittel, mit denen man es zu erreichen trachtet.“

- **Vertrauen und Misstrauen**

Westliche Gesellschaften leben von einer Dialektik von Vertrauen und Misstrauen. Weil Macht zu Machtmissbrauch werden kann, gibt es Gewaltenteilung als System wechselseitiger Kontrolle und Einflussnahme.

Gewaltenteilung ist insofern auf der einen Seite Ausdruck eines institutionalisierten Misstrauens. Aber andererseits kommt kein Gemeinwesen ohne eine wenigstens gewisse Vorgabe von Vertrauen aus:

Wer nur dem Volk, den „Bewegten draußen im Lande“ die Wahrheit, die Weisheit, den Durchblick, die Güte unterstellt, andererseits aber „denen da oben“ in allen etablierten Parteien, ob links oder rechts, Arglist, Verblendung, Unfähigkeit oder gar Verrat an lebenswichtigen Prinzipien unterstellt, macht politisches Miteinander unmöglich.

Material 34

a)
September 1949 im Hotel Petersberg bei Bonn: Das berühmte „Teppich-Foto" zeigt Bundeskanzler Konrad Adenauer bei seinem Antrittsbesuch bei den Hohen Kommissaren, von denen er das Besatzungsstatut entgegennehmen soll. Die Hohen Kommissare stehen auf einem Teppich; als ein Protokollbeamter Adenauer einen Platz außerhalb des Teppichs zuweist, betritt dieser wie selbstverständlich den Teppich und zeigt so seinen Anspruch auf Gleichbehandlung und Gleichberechtigung.

b)
Dezember 1970 in Warschau: Mit seinem Kniefall am Denkmal für das Warschauer Ghetto zeigt Bundeskanzler Willy Brandt seine Erschütterung über die deutschen NS-Verbrechen.

c)
Protest gegen die NATO-Nachrüstung vor dem Raketenlager in Mutlangen, 2.9.1983

d)
September 1984 an der Gedenkstätte an die Schlachten des 1. Weltkrieges bei Verdun: Bundeskanzler Helmut Kohl und der französische Staatspräsident François Mitterrand demonstrieren mit einem Händedruck die deutsch-französische Aussöhnung und Freundschaft.

Material 35

Als Joseph Beuys aus Anlass der Dokumenta 1987 die ersten von 10 000 Eichen pflanzte, war das eine Realhandlung, die als Symbol wirkte. Ein einziger Baum oder zwei wären nicht mehr als der Hinweis gewesen, dass es gelte, Bäume zu pflanzen, und dass Kunst und Leben nicht zweierlei sind. 10 000 Eichen, das war ein doppeltes Symbol und eine tätliche Veränderung der Wirklichkeit in einem. Ironische Symbolik enthielt die Wahl der Eiche, die doch der Stammbaum der Deutschen sein sollte, während diese drauf und dran waren, ihrem Wald den Garaus zu machen. Symbolisch war die Aktion als Verweis auf das, was Not tat und auf die Aufgabe von Kunst in dieser Zeit. Real war sie, indem sie über den symbolischen Verweis hinaus selbst schon unternahm, was sie herausfordern wollte. Die Realhandlung selbst wäre ein Stück substantieller Wirklichkeit gewesen, ohne sonst etwas sein zu müssen. Sie wurde zur Symbolhandlung, durch den demonstrativen Akt und den Kontext, in der einer sie formte, der die Aufmerksamkeit zu mobilisieren vermochte, die zur Tat hinzutreten musste, um ihren symbolischen Überschuss hervortreten zu lassen.

Symbol ist eine Sache oder Handlung nicht an sich, sondern durch das Sprachspiel und den Handlungszusammenhang, die sie dazu machen. Symbol ist kein Ding, sondern eine lebendige, soziale Relation, die aufleben und erlöschen kann, je nach dem Wandel der sozialen Lebensform, in der sie sich entfaltet. [...]

(aus: Thomas Meyer, Die Inszenierung des Scheins – Essay-Montage, Frankfurt/M. (es NF 666) 1992, S. 52)

Aufgaben

20. *Untersuchen Sie den „Symbolgehalt" der vier Situationen und des Umschlagbildes des Buches!*
21. *Suchen Sie für „symbolische Politik" „von oben" bzw. „von unten" – weitere (?) Beispiele! Sammeln Sie, analysieren Sie, dokumentieren Sie Ihre Ergebnisse!*

Material 36

Strategien der Inszenierung

Symbolische Politik ist Ausdruck systematisch verzerrter Kommunikation und nutzt sie rückverstärkend aus. Sie beruht auf der Ungleichheit der Verteilung von Kommunikationschancen. Auf dem ungleichen Zugang zu den Medien der Veröffentlichung. Und auf der ungleichen Möglichkeit, Voraussetzungen und Folgen einzelner Kommunikationen zu überschauen. Sie gedeiht auf dem Nährboden der Konstruktion der Welt in den Bildern der Medien. Sie ist aber weder mit ihr identisch noch ihre unmittelbare Folge.

Symbolische Politik von oben nutzt die Asymmetrie der Kommunikationschancen für strategisches Handeln in den Formen von vorgeblicher Kommunikation. Es geht ihr um die Durchsetzung von Zwecken, über die ein wahrhaftiger Austausch von Informationen und Argumenten gerade verweigert wird.

Symbolische Politik von unten nutzt die Gesetze der Erzeugung der Weltbilder in den Medien gegen den Strich, um die Kommunikation den verweigerten Gleichheitsbedingungen wieder anzunähern. Symbolische Politik ist Kommunikation, die sich als Handeln verstellt.

Es gehört zu den eigentümlichen Verstellungen symbolischer Politik, dass sie auch von unten lanciert werden kann, wenn sie von oben kommt und umgekehrt. [...]

Symbolische Politik von unten, die den Aufstand dramatisch spielt, um den Konsens wiederherzustellen, ist ein Grenzfall. Sie ist immer transitorisch, denn sie geht, während sie den Schein produziert, in dessen öffentliche Demontage und damit in ein Dialogangebot über. Sie ist symbolische Politik, die den Schein, den sie erzeugt, durchschaubar macht und sich selbst im Prozess der Inszenierung aufhebt.

(aus: Thomas Meyer, a.a.O., S. 177 und S. 185)

Denkanstoß

„Politics without policy!" – Zur Schablonenhaftigkeit von Sprache in der Politik vgl.: Erhard Eppler, Kavalleriepferde beim Hornsignal – Die Krise der Politik im Spiegel der Sprache, Frankfurt/M. (es NF 788) 1992, S. 138-183.

▶ Stichwort: Ideologie im Alltag

Denkanstoß

- *Funktionen ideologischer Elemente: Rechtfertigung, Idealisierung, Stabilisierung, Verschleierung, Ablenkung, Sündenbock, Freund-Feind-Denken.*
- *Gesichtspunkte für die Bewertung: Anthropologie, Menschenwürde, Geschichtsbild, Utopie, Darstellung der Realitäten, Begrifflichkeit/Leerformeln.*

Material 37

„Heidelberger Manifest" (1981)

Mit großer Sorge beobachten wir die Unterwanderung des deutschen Volkes durch Zuzug von vielen Millionen von Ausländern und ihren Familien, die Überfremdung unserer Sprache, unserer Kultur und unseres Volkstums. Allein im Jahre 1980 hat die Zahl der gemeldeten Ausländer trotz Anwerbestopp um 309 000 zugenommen, davon 194 000 Türken. Gegenüber der zur Erhaltung unseres Volkes notwendigen Zahl von Kindern werden jetzt jährlich kaum mehr als die Hälfte geboren. Bereits jetzt sind viele Deutsche in ihren Wohnbezirken und an ihren Arbeitsstätten Fremdlinge in der eigenen Heimat.
Der Zuzug der Ausländer wurde von der Bundesregierung aus Gründen des heute als fragwürdig erkannten hemmungslosen Wirtschaftswachstums gefördert. Die deutsche Bevölkerung wurde bisher über Bedeutung und Folgen nicht aufgeklärt. Sie wurde auch nicht darüber befragt. Deshalb rufen wir zur Gründung eines parteipolitisch und ideologisch unabhängigen Bundes auf, dessen Aufgabe die Erhaltung des deutschen Volkes und seiner geistigen Identität auf der Grundlage unseres christlich-abendländischen Erbes ist. Auf dem Boden des Grundgesetzes stehend wenden wir uns gegen ideologischen Nationalismus, gegen Rassismus und gegen jeden Rechts- und Linksextremismus.
Völker sind (biologisch und kybernetisch) lebende Systeme höherer Ordnung mit voneinander verschiedenen Systemeigenschaften, die genetisch und durch Traditionen weitergegeben werden. Die Integration großer Massen nichtdeutscher Ausländer ist daher bei gleichzeitiger Erhaltung unseres Volkes nicht möglich und führt zu den bekannten ethnischen Katastrophen multikultureller Gesellschaften.
Jedes Volk, auch das deutsche Volk, hat ein Naturrecht auf Erhaltung seiner Identität und Eigenart in seinem Wohngebiet. Die Achtung vor anderen Völkern gebietet ihre Erhaltung, nicht aber ihre Einschmelzung („Germanisierung"). Europa verstehen wir als einen Organismus aus erhaltenswerten Völkern und Nationen auf der Grundlage der ihnen gemeinsamen Geschichte. „Jede Nation ist die einmalige Facette eines göttlichen Plans" (Solschenizyn).
Das Grundgesetz der Bundesrepublik Deutschland geht nicht aus vom Begriff „Nation" als der Summe aller Völker innerhalb eines Staates. Es geht vielmehr aus vom Begriff „Volk", und zwar vom deutschen Volk. Der Bundespräsident und die Mitglieder der Bundesregierung leisten den Amtseid: ‚Ich schwöre, dass ich meine Kraft dem Wohle des deutschen Volkes widmen, seinen Nutzen mehren, Schaden von ihm wenden werde.' Somit verpflichtet das Grundgesetz zur Erhaltung des deutschen Volkes.
Die Präambel des Grundgesetzes verpflichtet auf das Ziel der Wiedervereinigung. Wie soll diese möglich bleiben, wenn sich die Teilgebiete ethnisch fremd werden? Die jetzt praktizierte Ausländerpolitik, welche die Entwicklung zu einer multirassischen Gesellschaft fördert, widerspricht dem Grundgesetz, das alle Deutschen der Bundesrepublik zur Bewahrung und Verteidigung der Lebensrechte unseres Volkes verpflichtet.
Welche Zukunftsorientierung verbleibt den Hunderttausenden von Kindern, die heute sowohl in ihrer Muttersprache wie in der deutschen Sprache Analphabeten sind? Welche Zukunftshoffnung haben unsere eigenen Kinder, die in Klassen mit überwiegend Ausländern ausgebildet werden? Werden sich die Abermilliarden für die Verteidigung unseres Landes am Ende einer solchen Entwicklung lohnen?
Allein lebensvolle und intakte deutsche Familien können unser Volk für die Zukunft erhalten. Nur eigene Kinder sind die alleinige Grundlage der deutschen und europäischen Zukunft.
Da die technische Entwicklung Möglichkeiten bietet und in gesteigertem Ausmaß bieten wird,

alle Ausländerbeschäftigung überflüssig zu machen, muss es oberster Grundsatz zur Steuerung der Wirtschaft sein: nicht die Menschen zu den Maschinen zu bringen, sondern die Maschinen zu den Menschen.
Das Übel an der Wurzel zu packen heißt, durch gezielte Entwicklungshilfe die Lebensbedingungen der Gastarbeiter in ihren Heimatländern zu verbessern – und nicht hier bei uns. Die Rückkehr der Ausländer in ihre angestammte Heimat wird für die Bundesrepublik Deutschland als eines der am dichtesten besiedelten Länder der Welt nicht nur gesellschaftliche, sondern auch ökologische Entlastung bringen.
Um weiteren Widerhall in der Öffentlichkeit zu erreichen, fordern wir alle Verbände, Vereinigungen, Bürgerinitiativen usw. auf, die sich der Erhaltung unseres Volkes, seiner Sprache, Kultur und Lebensweise widmen, einen Dachverband zu gründen, der kooperative wie individuelle Mitgliedschaften ermöglicht. Jeder Verband soll dabei seine volle Selbstständigkeit und Eigenständigkeit behalten. Über die Aufgaben dieses Bundes soll auch zur Wahrung seiner parteipolitischen und ideologischen Unabhängigkeit ein wissenschaftlicher Beirat wachen.
Eine Pressestelle soll die Öffentlichkeitsarbeit übernehmen.

Für den HEIDELBERGER KREIS:

Prof. Dr. phil. habil. Bambeck, Prof. Dr. Fricke, Prof. Karl Götze, Prof. Dr. phil. Haberbeck, Prof. Dr. rer. nat. Illies, Prof. Dr. theol. Manns, Prof. Dr. Dr. Oberländer, Bundesminister a.D., Prof. Dr. jur. Rasch, Prof. Dr. Riedl, Prof. Dr. med. Schade, Prof. Dr. rer. pol. Schmidt-Kahler, Prof. Dr. rer. nat. Schröcke, Prof. Dr. med. Schurmann, Prof. Dr. phil. Siebert, Prof. Dr. phil. Stadtmüller.

(Nach: Deutsche Wochen-Zeitung und Tageszeitung; Quelle: Heitmeyer 1991, S. 67f.)

▶ Stichwort: Gewalt im Alltag

Denkanstoß

Wann ist Gewalt?

Material 38

„Wir sind gewaltbereit“

Mitglieder einer rechten Jugendclique über ihr provokantes Auftreten

In Beverstedt verbreitet eine Clique von jungen Leuten Angst. Sechs aus der Gruppe schilderten ihre Verhaltensweisen. Da sie Strafverfahren erwarten, wollten sie Tarnnamen haben. [...]
Leisetreter, 18, Müller, ist ein Anführer mit betont leiser Sprechweise – eine Glatze mit zwei Ohrringen, auf die alle sehen. Langer, 24, Schlosser, gibt als Ältester den Ton an bei der Rechtfertigung von Gewalttätigkeit wie auch Drill, 21, der den Aufstiegserwartungen seiner Eltern nicht genügte, seine Lehre abbrach und gegenwärtig bei der Bundeswehr dient. [...]

Leisetreter: Wir sind nicht gewalttätig.
Drill: Wir sind gewaltbereit.
Langer: Wenn man jetzt zugequatscht wird, wenn so rumdiskutiert wird und wenn man dann nicht weiterkommt, dann haut man einfach zu.
SPIEGEL: Also seid ihr doch gewalttätig?
Langer: Nein, die Leute haben ja selber Schuld.

Warum quatschen die uns denn zu? Die wissen ja, dass wir gewaltbereit sind.
SPIEGEL: Was ist das anderes als gewalttätig?
Drill: Gewaltbereitschaft ist, wenn ich irgendwo hingehe und ich werde zugequatscht, und ich sag' zu dem, verpiss dich, sonst hau' ich dir eins aufs Maul. Und er quatscht weiter, und dann hau' ich ihm eins aufs Maul, das ist für mich Gewaltbereitschaft. Wenn ich aber auf eine Party gehe und schnapp' mir den Nächstbesten und hau' dem eins aufs Maul, dann bin ich gewalttätig.

(DER SPIEGEL 44/1996, S. 149)

3. Politik und Politikverständnis

3.1 Grundtypen politischen Denkens – oder: Von den drei Wurzeln der Politik

Der Heidelberger Politikwissenschaftler Dolf Sternberger hat in seiner Schlussvorlesung im Sommer 1972 versucht, Problemstellungen und Betrachtungsweisen in der politischen Theorie auf Grundtypen zu reduzieren, denen man die einzelnen Denker zuordnen kann. Wir zitieren daraus:

„*Von den drei Wurzeln der Politik*

Wir haben es in unserer Welt und Sprache nicht mit einem einzigen Begriff des Politischen, nicht mit einem einzigen Bedeutungsstrang, einer einzigen Tradition der Theorie, einer einzigen Klasse von Phänomenen zu tun, sondern mit deren dreien. Politik erwächst nach Begriff und Erscheinung aus drei getrennten Wurzeln: der aristotelischen oder anthropologischen, der machiavellistischen oder dämonologischen, der augustinischen – auch leninischen – oder eschatologischen.

Aus der ersten resultiert die Lehre vom Staat und der Staatsverfassung und von der Politik als derjenigen gemeinschaftlichen Tätigkeit, die auf ‚Glückseligkeit' in der organisierten menschlichen Gesellschaft gerichtet ist. Aus der zweiten resultiert die Lehre von den Kunstmitteln der Herrschaft, ihrer Gewinnung und Erhaltung, einschließlich der Mittel der Gewalt und des Krieges. Aus der dritten Wurzel erwachsen die Lehren von der großen Veränderung und ihrer Vorbereitung [...]

Wir nennen die erste Wurzel die aristotelische deswegen, weil kein Autor der Antike oder der Moderne das Politische mit solcher Genauigkeit und solcher Entschiedenheit als den Bezirk der gemeinsamen Lebensordnung bestimmt hat wie eben Aristoteles [...] Niccolo Machiavelli aber hat in seinem Buch über den ‚Fürsten' (‚Il Principe') die moderne Theorie des Politischen exemplarisch ausgesprochen – ohne übrigens das Wort ‚politisch' zu gebrauchen -, nämlich als Technik des subjektiven Machtstrebens im Streit mit allen Arten von Widerständen, als Lehre von den kriegerischen und diplomatischen, kühnen und listigen, grausamen und milden Mitteln zu dem einen Zweck der Herrschaft.

Die beiden Denker und die beiden Bücher handeln von durchaus verschiedenen Gegenständen. Aristoteles handelt vom Staat, Machiavelli vom Herrscher. Aristoteles handelt von der Verfassung, Machiavelli von der Macht. Aristoteles handelt von Institutionen und von Gesetzen, Machiavelli von Unternehmungen und Verfahrensweisen. Aristoteles handelt von dem einen großen Zweck des menschlichen Zusammenlebens, Machiavelli von den Mitteln der Herrschaft über Menschen. Und doch heißen diese verschiedenen Gegenstände in unserem heutigen Sprachgebrauch gleichermaßen ‚politisch'; das ist sehr verwirrend, und um uns in dieser Verwirrung zurechtzufinden, darum unterscheiden wir die aristotelische und die machiavellistische Wurzel des Politischen.

Ihnen beiden haben wir ein nicht minder wirkungsmächtiges Werk der abendländischen Geistesgeschichte gegenüber – und an die Seite gestellt, nämlich den ‚Gottesstaat' des Kirchenvaters Augustin [...] Bei Augustin zuerst finden wir die Theorie von den zwei Klassen, den Kindern des Lichts und den Kindern der Finsternis, den Nachfolgern Abels und den Nachfolgern Kains. Ausdrücklich sprach er von den ‚zwei menschlichen Genossenschaften (oder: Staaten), deren eine vorherbestimmt ist, in Ewigkeit mit Gott zu herrschen, während die andere mit dem Teufel die ewige Strafe auf sich zu nehmen hat.' (Gottesstaat XV, 1) [...]

Auch diese eschatologischen Motive sind in den heute verbreiteten Begriff der Politik eingegangen. Sie geistern überall dort nach, wo Politik als Erwartung und Betreibung der großen Veränderung, Entlarvung des Staates, Denunziation der ‚Herrschenden' als böse, Warnung vor Beteiligung, Zwei-Klassen-Theorie in säkularer Gestalt – der bösen Ausbeuter und der guten Ausgebeuteten –, als Überwindung des zeitlichen ‚Systems' und Anbruch eines ‚Reiches der Freiheit' aufgefasst und praktiziert wird. Wobei die Unterschiede zwischen christlicher und leninistischer Endzeithoffnung und -verwirklichung auf der Hand liegen [...] Ein solcher Begriff des Politischen hat mit dem machiavellistischen nur die Tendenz der Entlarvung, mit dem aristotelischen gar nichts gemein. Er wächst aus ei-

ner dritten Wurzel, die wiederum von den beiden vorigen scharf zu unterscheiden ist [...]
Ein Versuch der Versöhnung, freilich ohne große Hoffnung, kann mit Hilfe der Hypothese gemacht werden, das Merkmal des Politischen sei der Friede. Es zeigt sich dann, dass den drei Begriffen, Traditionen und Bereichen, die da allesamt unter dem Namen der Politik figurieren, auch dreierlei Arten von Frieden zugehören: der Friede durch Regelung des Streits, der der aristotelischen Politik entspricht, der Friede durch Unterdrückung des Streits, der die machiavellistische Politik kennzeichnet, und der Friede durch Erlösung vom Streit, wie er als leitende Vision aller eschatologischen Politik innewohnt, der christlichen wie der säkularen [...]
Die drei Arten von Frieden kommen so wenig miteinander überein wie die drei Begriffe des Politischen. Der Verfassungsfriede ist nicht der imperiale oder hegemoniale Friede, und keiner von beiden ist der absolute Friede [...]"

Zum Streit zwischen den drei Konzepten führt Sternberger aus:

„① So hören wir die machiavellistische Kritik sagen: Alles ist Interesse, Kampf um Macht, Vereinbarung ist nur ein Waffenstillstand. Der Staat ist aus Eroberung entstanden [...], nicht aus dem Bedürfnis des Zusammenschlusses [...], wie Platon meint, und er ist kein Gebilde der Natur, wie ihm Aristoteles erwidert [...]

② Und die eschatologische Kritik stimmt ein. Wie wir es von Augustin gehört haben: Kain wurde der Staatengründer, am Anfang steht der Brudermörder. Oder von Karl Marx und Friedrich Engels: ‚Die moderne Staatsgewalt ist nur ein Ausschuss, der die gemeinsamen Geschäfte der ganzen Bourgeoisie-Klasse verwaltet' [...] Der Friede wird erst kommen [...], nämlich der absolute Friede oder die Aufhebung der gesellschaftlichen Widersprüche, was dasselbe ist.

③ Was hat der Aristoteliker, was hat die ‚anthropologische' Politik darauf zu erwidern? Gegen den fröhlichen Machiavellisten wie gegen den ingrimmigen Eschatologiker führt er das historische Argument ins Feld: Wie auch immer es bei der faktischen Entstehung von Staaten zugegangen sein mag – auch der auf lauter Fluch errichtete Staat wird gezwungen, mit der Zeit eine Art von Recht und Gesittung zu entwickeln! (Jakob Burckhardt) [...]

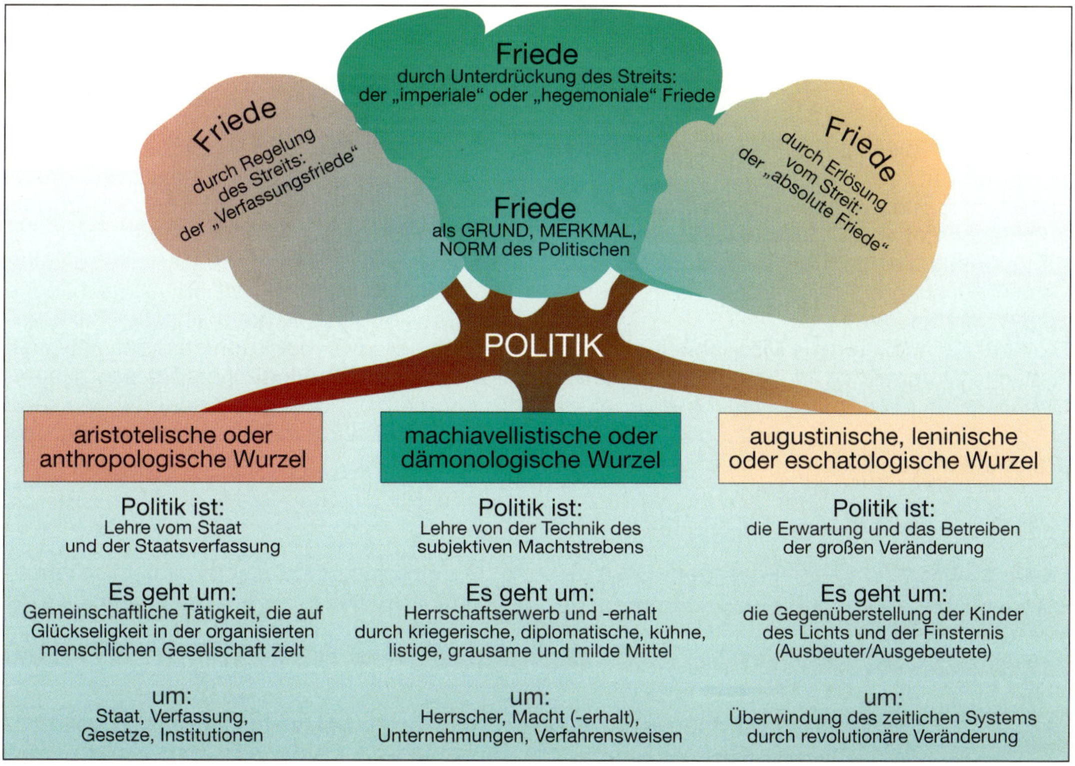

Vielleicht lässt sich dieses historische Argument in einem Satz zusammenfassen: Der einzige geschichtlich erkennbar gesicherte Friedensbereich ist gerade derjenige des Staates – ob wir an die griechische Polis, an das mittelalterliche Regnum mit seinem Landfrieden denken oder an den modernen Verfassungsstaat mit seiner geregelten Gesetzgebung, seiner unabhängigen Gerichtsbarkeit, seinem Wettstreit der Parteien, seinem kanalisierten Interessenkompromiss, seiner immer weiter greifenden gesellschaftlichen Beteiligung an den Entscheidungsprozessen – und freilich auch mit seiner Zwangsgewalt [...]"◆

(zit. nach: F.A.Z. vom 28.9.1972; vgl. Dolf Sternberger, Drei Wurzeln der Politik, 2 Bde., Frankfurt/Main 1978)

Aufgaben

1. *Formulieren Sie die Grundgedanken der hier unterschiedenen drei Theorien mit eigenen Worten (→ 2.1 und 3.2)!*
2. *Charakterisieren Sie die drei Positionen, indem Sie die Bedeutung ihrer Schlüsselbegriffe umschreiben (Politik, Staat, Macht, Herrschaft, Gewalt, Interesse, Streit, Friede, Verfassung)!*
3. *Formulieren Sie die gegenseitige Kritik der drei Positionen mit eigenen Worten!*
4. *Diskutieren Sie, welche der drei Positionen durch die politische Praxis – der Inneren Politik, der internationalen Politik – eher bestätigt wird!*
5. *Welche unterschiedlichen Mittel und welche Chancen sehen Sie aus den drei Positionen, den zwischenstaatlichen Frieden in der heutigen Welt zu sichern (→ VIII/1., X. und XI.)?*
6. *Ordnen Sie Hobbes, Rousseau und Locke (→ VI/2.1) den Grundtypen politischen Denkens zu. Begründen Sie!*

3.2 Grundinformation: Marxismus

Im Rahmen dieses Kapitels legen wir den Schwerpunkt auf Marxismus als wissenschaftlicher Erklärungsansatz für Gesellschaft und deren Entwicklung, versuchen aber darüber hinaus die Intention des ganzen marxistisch-leninistischen Lehrgebäudes in Grundzügen darzustellen.
Die Materialien bieten die Möglichkeit die marxistische Perspektive in den Themenfeldern Gesellschaft (dichotomisches Modell), Wirtschaft (Politökonomie), politische Ordnung (Parteitheorie) und internationale Beziehungen (Revolutionstheorie und friedliche Koexistenz) aufzugreifen und eingehender zu bearbeiten.
Karl Marx (1818-1883) und Friedrich Engels (1820-1895) gelten als die Begründer der „Theorie des wissenschaftlichen Sozialismus", die den Anspruch erhebt, sozialistische Zielvorstellungen und die politische Praxis sozialistischer und kommunistischer Parteien durch eine umfassende Analyse der „Bewegungsgesetze" der gesellschaftlichen und ökonomischen Entwicklung wissenschaftlich zu begründen.

▶ *Grundgedanken des klassischen Marxismus*

Helmut Seiffert fasst die Grundgedanken der marxistischen Philosophie so zusammen:

Grundgedanken von Marx

◆ ① Die Geschichte wird interpretiert als die Geschichte von Klassenkämpfen.

② Die Geschichte hat mehrere Epochen durchlaufen, in denen die Klassenkampfsituation jeweils eine andere war. Zu unterscheiden sind: die Epoche der Sklaverei, die Feudalzeit und die Epoche der Bourgeoisie.

③ In dieser bisher letzten, gegenwärtigen Epoche haben sich die Klassengegensätze ver-

einfacht: Nur zwei Klassen, Bourgeoisie und Proletariat, stehen einander gegenüber.
Kennzeichnend für Marx‘ feines Geschichtsverständnis ist, dass die Bourgeoisie für ihn nicht einfach ein „Buhmann“ ist. Ihre Stellung wird vielmehr relativiert: sie hat selbst ihre Zeit gehabt; sie hat in Bezug auf das Feudalzeitalter revolutionär gewirkt, und sie lebt weiterhin davon, „sämtliche gesellschaftlichen Verhältnisse fortwährend zu revolutionieren“. „Veränderung“ und „Revolution“ betrachtet also auch Marx keineswegs als Tätigkeiten, die etwa dem Proletariat vorbehalten seien.

④ Marx interpretiert die Wirtschaftsgeschichte als einen Konflikt zwischen den „Produktionsverhältnissen“ und den „Produktivkräften“. Die Produktionsverhältnisse sind die gegebenen rechtlichen und sozialen Ordnungen, die Produktivkräfte dagegen die lebendige Initiative der Menschen, die Neues schaffen wollen.
In diesem Sinne wurden zunächst die Produktivkräfte der Bourgeoisie durch die Produktionsverhältnisse des Feudalzeitalters gehemmt; diese mussten daher gesprengt werden. Und nun zeigt sich das gleiche Verhältnis auf der nächsten Stufe: die bourgeoisen Produktionsverhältnisse hemmen wiederum die Produktivkräfte – und diese Produktivkräfte werden repräsentiert durch den Proletarier, den Industriearbeiter, der seine Arbeitskraft wie eine Ware verkaufen muss.

⑤ Die zunächst vereinzelten Proletarier solidarisieren sich allmählich zu einer Klasse, und das heißt: zur politischen Partei (aus welcher Marx'schen Gleichsetzung der sowjetische Marxismus seine Rechtfertigung beziehen wird).

⑥ Durch die Krise der Bourgeoisie und die Erstarkung des Proletariats kommt es schließlich zur Revolution: das Proletariat „begründet seine Herrschaft“, wie Marx im Manifest noch zurückhaltend sagt; später, in der Kritik des Gothaer Programms, heißt es dann: „revolutionäre Diktatur des Proletariats“.

⑦ Diese Diktatur des Proletariats ist eine unerfreuliche, aber unvermeidbare „Übergangsperiode“, denn es liegt auf der Hand, dass die Zustände der kapitalistischen Gesellschaft nicht von heute auf morgen verschwinden können.
Daher besteht die kommunistische Gesellschaft aus zwei Phasen; einer Übergangsphase (die man später „sozialistische“ Gesellschaft nennen wird) und der zweiten Phase der eigentlichen kommunistischen Gesellschaft, in der dann das Prinzip gilt: „Jeder nach seinen Fähigkeiten, jedem nach seinen Bedürfnissen!“

Wir sehen: in der Marx'schen Lehre finden sich bereits alle wichtige Motive des späteren ausgebauten Marxismus beisammen.◆

(Helmut Seiffert, Einführung in die Wissenschaftstheorie, Band 2, München 10. Aufl. 1996 [seit der 8. Aufl. 1983 überarbeitet und erweitert], S. 298f.)

Aufgabe

7. Weisen Sie in den nachfolgend skizzierten „Bausteinen“ die Grundgedanken des klassischen Marxismus nach!

Material 1

Zur Marx'schen Erkenntnistheorie

„Die Philosophen haben bisher nur die Welt interpretiert, von jetzt an kommt es darauf an, die Welt zu verändern.“

Der Physiker beobachtet Naturprozesse entweder dort, wo sie in der prägnantesten Form und von störenden Einflüssen mindest getrübt erscheinen, oder, wo möglich, macht er Experimente unter Bedingungen, welche den reinen Vorgang des Prozesses sichern. Was ich in diesem Werk zu erforschen habe, ist die kapitalistische Produktionsweise und die ihr entsprechenden Produktions- und Verkehrsverhältnisse. Ihre klassische Stätte ist bis jetzt England. Dies der Grund, warum es zur Hauptillustration meiner theoretischen Entwicklung dient. Sollte jedoch der deutsche Leser pharisäisch die Achseln zucken über die Zustände der englischen In-

dustrie- und Ackerbauarbeiter oder sich optimistisch dabei beruhigen, dass in Deutschland die Sachen noch lange nicht so schlimm stehn, so muss ich ihm zurufen: De te fabula narratur!
An und für sich handelt es sich nicht um den höheren oder niedrigeren Entwicklungsgrad der gesellschaftlichen Antagonismen, welche aus den Naturgesetzen der kapitalistischen Produktion entspringen. Es handelt sich um diese Gesetze selbst, um diese mit eherner Notwendigkeit wirkenden und sich durchsetzenden Tendenzen. Das industriell entwickeltere Land zeigt dem minder entwickelten nur das Bild der eignen Zukunft. [...]
In England ist der Umwälzungsprozess mit Händen greifbar. Auf einem gewissen Höhepunkt muss er auf den Kontinent rückschlagen. Dort wird er sich in brutaleren oder humaneren Formen bewegen, je nach dem Entwicklungsgrad der Arbeiterklasse selbst. Von höheren Motiven abgesehen, gebietet also den jetzt herrschenden Klassen ihr eigenstes Interesse die Wegräumung aller gesetzlich kontrollierbaren Hindernisse, welche die Entwicklung der Arbeiterklasse hemmen. Ich habe deswegen u.a. der Geschichte, dem Hinhalt und den Resultaten der englischen Fabrikgesetzgebung einen so ausführlichen Plan in diesem Bande eingeräumt. Eine Nation soll und kann von der andern lernen. Auch wenn eine Gesellschaft dem Naturgesetz ihrer Bewegung auf die Spur gekommen ist – und es ist der letzte Endzweck dieses Werks, das ökonomische Bewegungsgesetz der modernen Gesellschaft zu enthüllen –, kann sie naturgemäße Entwicklungsphasen weder überspringen noch wegdekretieren. Aber sie kann die Geburtswehen abkürzen und mildern.

(Karl Marx: Aus dem Vorwort zu ‚Das Kapital')

Material 2

Geschichte als Geschichte von Klassenkämpfen

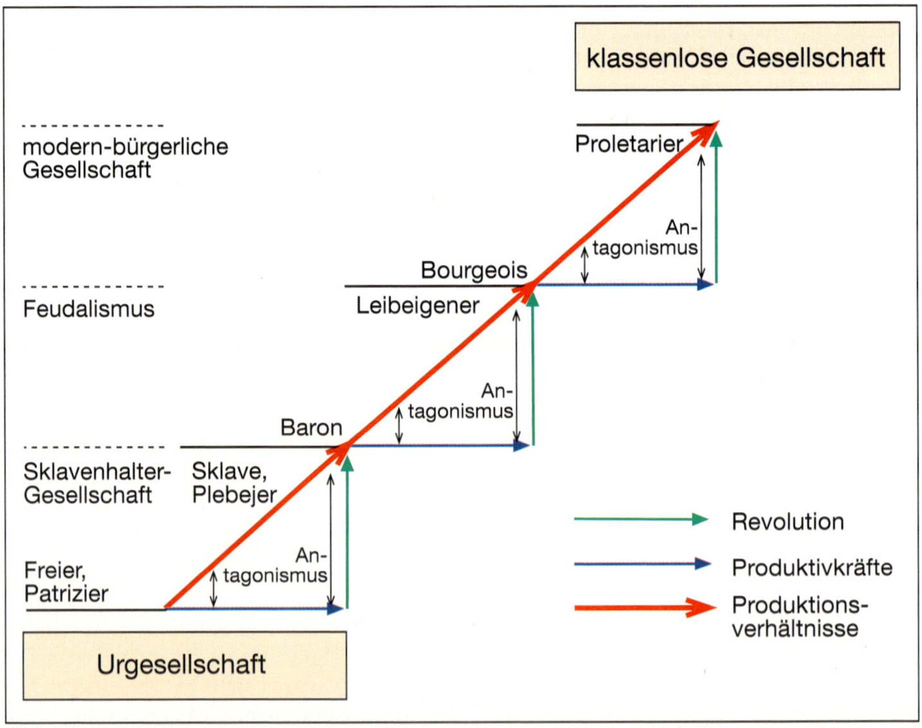

(Aus: dtv-Atlas Philosophie, © 1991 Deutscher Taschenbuch Verlag, München)

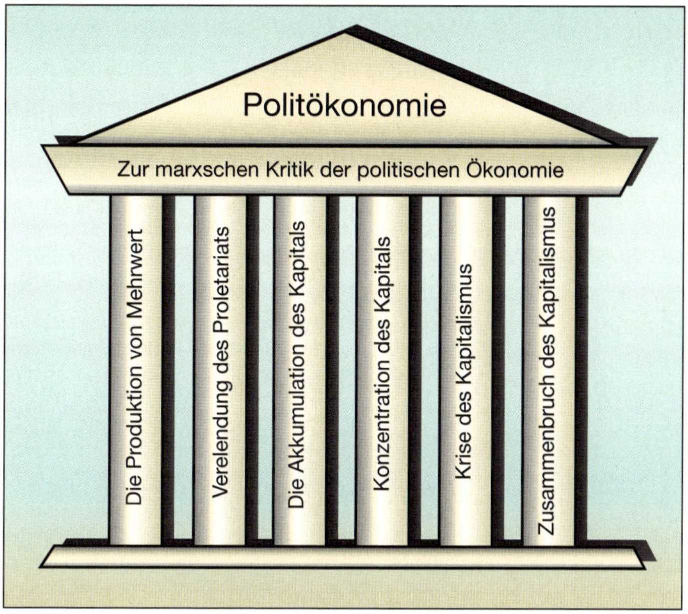

Das Endziel der Geschichte: Die klassenlose Gesellschaft

Die Gesellschaft ist nach der Überwindung der Reste der Klassenstruktur in ihrer Endphase – der kommunistischen – Gesellschaft gekennzeichnet durch:

- Vergesellschaftung der Produktionsmittel
- Aufhebung der Entfremdung
- Überwindung der Klassenstruktur der Gesellschaft
- Absterben des Staates
- den „neuen" Menschen

▶ *Von Marx zu Lenin: Revolutionstheorie*

Lenin (1870-1924) hat zu Beginn unseres Jahrhunderts die marxistische Theorie entscheidend ergänzt und erweitert:

- Durch die imperialistische Ausbeutung der Kolonien sei der Kapitalismus in ein neues, höchstes und letztes Stadium des **Imperialismus** getreten; gleichwohl führten die umfassenden Akkumulationsprozesse zu einer unvermeidlichen Selbstauflösung des Kapitalismus in den westlichen Industriestaaten (→ **Imperialismustheorie**).
- Die Arbeiterklasse könne und müsse – im noch feudalen Russland im Verein mit den Bauern – die geschichtlich unvermeidbare Entwicklung beschleunigen und die Revolution in jedem einzelnen Land gezielt herbeiführen (→ **Revolutionstheorie**).
- Dabei komme der kommunistischen Partei, die aus einer kleinen Gruppe von Berufsrevolutionären mit besonders entwickeltem Bewusstsein besteht, die Führungsrolle als „Avantgarde des Proletariats" zu. (→ **Parteitheorie**).

Aufgabe

8. *Formulieren Sie mithilfe des Textes und des Schaubildes (Material 3, S. 342) die Revolutions- und Parteitheorie Lenins!*

Material 3

	Revolution bei Marx	Revolutionstheorie Lenins
Voraus-setzungen:	ökonomische und soziale Voraussetzungen – Kapitalismus auf einer hohen wirtschaftlichen Stufe – Industrieproletariat stellt die Mehrheit der Bevölkerung oder hat zumindest bedeutendes Ausmaß	revolutionäre Situation – Selbstauflösungsprozesse im Imperialismus; Krise der herrschenden Klasse – Verschärfung der Gegensätze zwischen herrschender Klasse und den unterdrückten Massen – Fähigkeit der revolutionären Klasse das alte System zu beseitigen
Ort:	gleichzeitiger Sieg der Revolution in mehreren kapitalistischen Ländern = Weltrevolution	„Die Ungleichmäßigkeit der ökonomischen und politischen Entwicklung ist ein unbedingtes Gesetz des Kapitalismus. Hieraus folgt, dass der Sieg des Sozialismus ursprünglich in wenigen oder sogar in einem einzeln genommenen kapitalistischen Lande möglich ist." (1915 Werke 21, S. 345)
Träger:	Industrieproletariat – Avantgarde der Arbeiterklasse – demokratische Organisation	„Ein siegreicher Kämpfer für den Demokratismus kann das Proletariat nur unter der Bedingung werden, dass sich die Masse der Bauernschaft seinem revolutionären Kampf anschließt [...] Es gibt] kein anderes Mittel als die revolutionär-demokratische Diktatur des Proletariats und der Bauernschaft." (1905, Werke 9, S. 47f.)
Verlauf und Mittel:	friedlich, solange keine gewaltsamen Hindernisse seitens der gesellschaftlichen Machthaber in den Weg gelegt werden	Ohne revolutionäre Theorie kann es auch keine revolutionäre Bewegung geben [...] Wir müssen die politische Erziehung der Arbeiterklasse, die Entwicklung ihres politischen Bewusstseins aktiv in Angriff nehmen [...] Und nun behaupte ich: 1. Keine einzige revolutionäre Bewegung kann ohne eine stabile und die Kontinuität wahrende Führerorganisation Bestand haben; 2. je breiter die Masse ist, die spontan in den Kampf hineingezogen wird, die die Grundlage der Bewegung bildet und an ihr teilnimmt, umso dringender ist die Notwendigkeit einer solchen Organisation und umso fester muss diese Organisation sein (denn umso leichter wird es für allerhand Demagogen sein, die unentwickelten Schichten der Masse mitzureißen); 3. eine solche Organisation muss hauptsächlich aus Leuten bestehen, die sich berufsmäßig mit revolutionärer Tätigkeit befassen; 4. je mehr wir die Mitgliedschaft einer solchen Organisation einengen, und zwar so weit, dass sich an der Organisation nur diejenigen Mitglieder beteiligen, die sich berufsmäßig mit revolutionärer Tätigkeit befassen und in der Kunst des Kampfes gegen die politische Polizei berufsmäßig geschult sind, umso schwieriger wird es in einem autokratischen Lande sein, eine solche Organisation „zu schnappen", und 5. umso breiter wird der Kreis der Personen aus der Arbeiterklasse und aus den übrigen Gesellschaftsklassen sein, die die Möglichkeit haben werden, an der Bewegung teilzunehmen und sich in ihr aktiv zu betätigen. [...] (W.I. Lenin, Was tun? Brennende Fragen unserer Bewegung. In: LW [= W.I. Lenin, Werke] Bd. 5 Berlin [Ost] 1959, S. 480-483)
Ergebnis:	Diktatur des Proletariats als kurze Übergangsperiode, dann Kommunismus (Assoziation = freie Entwicklung aller)	

Das Basis-Überbau-Modell: Das Sein bestimmt das Bewusstsein

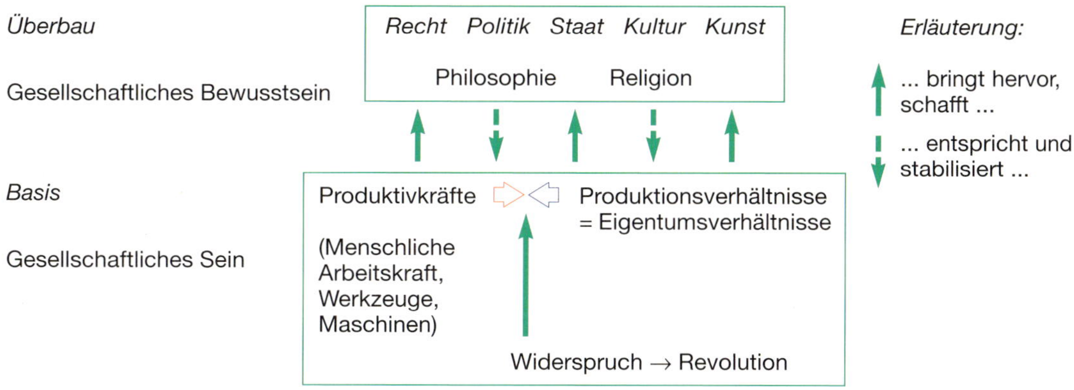

Dialektik und Histomat (= Historischer Materialismus)

Bei Hegel bedeutet „Dialektik" in der Geschichte etwa: die Geschichte besteht in einer Abfolge von drei Zeitaltern, die die Glieder eines dialektischen Dreischnittes darstellen; dieser Dreischnitt ist gleichzeitig der des „Geistes" als subjektiven, objektiven und absoluten Geistes.

Bei Marx hingegen bilden nicht unmittelbar die Geschichtsepochen selbst die Schritte der dialektischen Bewegung. Sondern: die jeweiligen gesellschaftlich-ökonomischen Konflikte jeder Epoche werden in gewisser Weise parallel gesehen und erst die Eigenart und die Ergebnisse dieser jeweils analogen Auseinandersetzungen stellen die Dialektik der Geschichte dar.

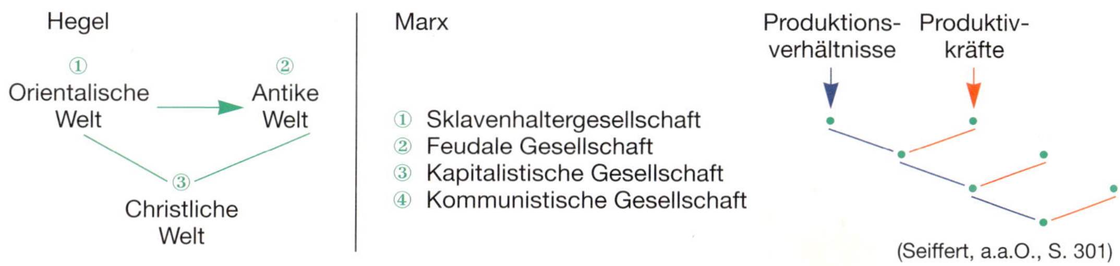

(Seiffert, a.a.O., S. 301)

Die Politökonomie: Die sozioökonomischen Widersprüche im Kapitalismus

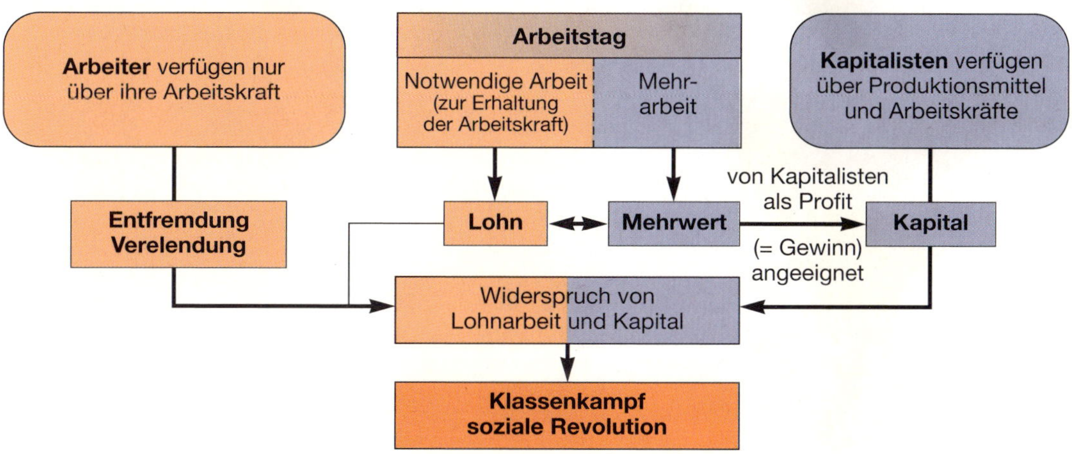

3.3 40 Jahre DDR – ein zeitgeschichtlicher Rückblick

► *Kunst als „Zeitzeuge" – Vorschlag für ein fächerverbindendes Projekt*

Denkanstöße

- *Fünfmal Auftragskunst der DDR, wobei die zu unterschiedlichen Zeiten in Auftrag gegebenen Werke „Lebenswirklichkeit" je anders interpretieren.*
  Interpretieren Sie die Bilder. Wenden Sie dabei die Schritte der Bildinterpretation an! *(→ VI/2.4 – Exkurs S. 311f.)*
- *Entwickeln Sie mit bzw. in dem Fach Bildende Kunst ein Projekt, das Kunst als „Zeitzeugen" heranzieht. Als Anregung ist empfohlen: Handreichung zur Jahrgangsstufe 12 des Lehrplans, (PZ-Information 5/1996, S. 109-116.*

Material 4

a) **1958**
Otto Schutzmeister: Brigade des Baggers 431 im VEB Braunkohlewerk Nachterstedt

b) **1964**
Fritz Skade: Mutti kommt heim,
Öl auf Holz, 110 x 115 cm,
Gewerkschaftlicher Dachverband
FDGB i.L. Berlin

c) **1975/77**
Sighard Gille:
Brigadefeier – Gerüstbauer,
Öl auf Leinwand,
169 x 150 cm und
169 x 78 cm,
Staatliche Museen zu Berlin, Nationalgalerie

d) **1988**
Christoph Wetzel:
Eine alltägliche Geschichte,
Öl auf Hartfaser,
145 x 200 cm,
Maxhütte Unterwellenborn GmbH i.L.

▶ *Zwischen ideologischem Anspruch und Wirklichkeit im DDR-Alltag: Der real existierende Sozialismus*

Das Selbstverständnis des Staates DDR als „sozialistische Demokratie“ (→ IX/2) und die Abgrenzungspolitik der DDR-Führung gegen westliche Einflüsse hatte auch innenpolitische Folgen: Das System erstarrte zu einem **„politbürokratischen Zentralismus“.**

Material 5

Der demokratische Zentralismus der SED

Die marxistisch-leninistische Partei ist die bewusste Vorhut der Arbeiterklasse. Das heißt, sie muss eine Arbeiterpartei sein, die in erster Linie die besten Elemente der Arbeiterklasse in ihren Reihen zählt, die ständig ihr Klassenbewusstsein erhöhen. Die Partei kann ihre führende Rolle als Vorhut des Proletariats nur erfüllen, wenn sie die marxistisch-leninistische Theorie beherrscht, die ihr die Einsicht in die gesellschaftlichen Entwicklungsgesetze vermittelt. Daher ist die erste Aufgabe zur Entwicklung der SED zu einer Partei neuen Typs die ideologisch-politische Erziehung der Parteimitglieder und besonders der Funktionäre im Geiste des Marxismus-Leninismus [...]
Die marxistisch-leninistische Partei beruht auf dem Grundsatz des demokratischen Zentralismus:
Dies bedeutet die strengste Einhaltung des Prinzips der Wählbarkeit der Leitungen und Funktionäre und der Rechnungslegung der Gewählten vor den Mitgliedern. Auf dieser innerparteilichen Demokratie beruht die straffe Parteidisziplin, die dem sozialistischen Bewusstsein der Mitglieder entspringt. Die Parteibeschlüsse haben ausnahmslos für alle Parteimitglieder Gültigkeit, insbesondere auch für die in Parlamenten, Regierungen, Verwaltungsorganen und in den Leitungen der Massenorganisationen tätigen Parteimitglieder.
Demokratischer Zentralismus bedeutet die Entfaltung der Kritik und Selbstkritik in der Partei, die Kontrolle der konsequenten Durchführung der Beschlüsse durch die Leitungen und die Mitglieder. Die Duldung von Fraktionen und Gruppierungen innerhalb der Partei ist unvereinbar mit ihrem marxistisch-leninistischen Charakter. Die marxistisch-leninistische Partei wird durch den Kampf gegen den Opportunismus gestärkt. Die Arbeiterklasse ist keine nach außen abgeschlossene Klasse. Der Geist des Opportunismus wird ständig durch bürgerliche Kräfte in sie hineingetragen und ruft dadurch Unsicherheit und Schwankungen in ihren Reihen hervor. Deshalb ist der schonungslose Kampf gegen alle opportunistischen Einflüsse die unerlässliche Voraussetzung für die Stärkung der Kampfkraft der Partei. Höchste Klassenwachsamkeit ist unbedingte Pflicht eines jeden Parteimitgliedes ...

(Protokoll der ersten Parteikonferenz der SED, Berlin 1949; zit.: Die KPD/SED an der Macht, Köln 1963, S. 444f.)

Aufgaben

9. *Beschreiben Sie den Zusammenhang von Anspruch und Wirklichkeit!*
10. *Umschreiben Sie Probleme des „Lebens“ in der DDR!*
11. *Wo können sich aus diesen Erfahrungen mit Politik Belastungen ergeben? (→ IX/4.)*

Material 6

Die Elemente des real existierenden Sozialismus geißelt ein SED-Funktionär

Michael Schumann auf dem außerordentlichen Parteitag der SED im Dezember 1989:

Unser Parteitag hat schon am ersten Beratungstag mit Nachdruck erklärt: Wir brechen unwiderruflich mit dem Stalinismus als System.
Uns allen hier im Saal – dem einen früher, dem anderen später – ist bewusst geworden, dass für die Krise unseres Landes und unserer Partei die Mitglieder einer inzwischen hinweggefegten Führung die persönliche Verantwortung tragen: Erich Honecker und sein Politbüro konnten vor allem deshalb einen derartigen Schaden anrichten, weil ein Geflecht von Strukturen, allgegenwärtige Apparate und eine Rechtfertigungsideologie einen derartigen Machtmissbrauch ermöglichten bzw. absegneten.
Die Symptome des Machtmissbrauchs liegen inzwischen offen zutage:

- Konzentration der Macht in den Händen eines arroganten Alleinherrschers,
- Steuerung der Wirtschaft durch eine Kommandozentrale, der es an Verständnis für elementare Bedürfnisse der produktiven und sozialen Bereiche der Gesellschaft und für Lebensqualität der Bevölkerung fehlte,

- Reglementierung und bürokratische Zentralisation von Kultur, Wissenschaft und Bildung, die einen Teil unserer kritischen Geister außer Landes trieb,
- politische Entmündigung der Bürger unserer Republik und Kriminalisierung Andersdenkender,
- Verwandlung der Medienlandschaft in eine trostlose Informationswüste und eine widerliche Hofberichterstattung,
- Ausgrenzung der Parteibasis aus allen innerparteilichen Willensbildungs- und Entscheidungsprozessen.

Im Umfeld dieses Machtmissbrauchs breitete sich der Morast der Korruption und der persönlichen Bereicherung aus.
Honecker und seine Umgebung [...] gingen auf Gegenkurs zur Perestrojka und Glasnost [...] In Ablehnung von Perestrojka und Glasnost wurde die Losung „Sozialismus in den Farben der DDR“ begründet. Heute muss man diese Zeit als „Stalinismus in den Farben der DDR“ bezeichnen.

(Frankfurter Allgemeine Zeitung vom 19. Dezember 1989. Der Text ist ein Auszug aus dem Dokument „Zur Krise der Gesellschaft und zu ihren Ursachen, zur Verantwortung der SED“, das von einer Arbeitsgruppe zur Vorbereitung des SED-Sonderparteitages zusammengestellt wurde.)

Anderthalb Jahrzehnte vorher hatte der im November 1976 aus der DDR ausgebürgerte Liedermacher Wolf Biermann in seiner „Legende vom Sozialistischen Gang“ gezeigt, wie wenig der real existierende Sozialismus der DDR dem hohen Anspruch marxistischer Theorie entsprach. Am Konflikt um den Ausreiseantrag eines Klempners wurden Machtmissbrauch, Arroganz, ‚kleinbürgerliche Gesinnung und Phrasendrescherei der DDR-Funktionäre deutlich.

Material 7

Wolf Biermann: Legende vom sozialistischen Gang

Einleitung:

In der DDR gibt es ein geflügeltes Wort. „Das geht seinen sozialistischen Gang.“ Das wird von Funktionären oft bierernst gesagt – „Das geht seinen sozialistischen Gang!“ – Es wird aber auch oft in etwas drolliger Weise gebraucht: „Naja, das geht so alles sein’ sozialistischen Gang ...“ Es wird aber auch gesagt, wenn einer zu einem Arbeiter sagt, der ’nen Kipper fährt, wo Mörtel mit transportiert wird: „Hör mal zu, ick brauch’ auf meine Datsche ’en bisschen Mörtel.“ Ja – für seine Senkgrube oder was. „Und könntest du mir mal so ’ne Tonne rüberschlenzen?“ Dann sagt er: „Ick fahr mal ’ne kleine Biege über Grünau“; und dann haut er die drei, vier Tonnen da raus. Und dann sagt der Arbeiter auch: „Is klar Kumpel; das geht sein’ sozialistischen Gang.“

Is ja auch ein bisschen was Wahres dran!

Legende vom sozialistischen Gang

1

Ihr großen Helden, macht Pause! Kommt ran!
Hört an die Geschichte vom kleinen Mann
Paul Kunkel, Klempner, DDR-Prolet
Der seit Fünfundvierzig am Schraubstock steht
Im Klinikum Buch die Drecksarbeit macht
Und dabei singt. Und flucht. Und lacht
– der alte Narr hat sich eingereiht
in jene Zahl, die zum Himmel schreit:
Die Bürger mit Antrag – ach, viele mal zehn
Tausend! wolln alle nach Westen gehn.
Sie wollen vom glücklichsten Land der Welt
Nach dorthin, wo die Krise bellt
– Hier nimmt die Gerechtigkeit anderen Lauf:
Mit Staub von dreißig Jahren drauf
Pauls dünne Kaderakte im Schrank
– und alles geht sein’ sozialistischen Gang

2

Die Kaderleiterin schreckensbleich
Der Klinikdirektor ruft mal gleich
Im MfS[1] an: Dann MfGe[2]
Und beide geben ihm ihr Okay –
wo leben wir denn! Das hat keinen Zweck:
Der Mensch muss raus! So was muss weg!
Der Be-ge-eller[3] kommt grade rein
Unterschreibt den fristlosen Kündigungsschein
Aus seiner Mördergrube macht
Er hier beim Chef kein Herz. Er lacht
Und stöhnt: Wer hätte das gedacht
Dass Kunkel gemeinsame Sache macht
Mit den Faschisten in Bonn! mit Strauß!
Genosse Direktor, der Mensch muss raus!
Wir sind hier im Krankenhaus doch nicht krank!
– das geht jetzt sein’ sozialistischen Gang

---

1 Ministerium für Staatssicherheit
2 Ministerium für Gesundheitswesen
3 Betriebsgewerkschaftsleitungsmann

3
Der Be-ge-eller trommelt dann
mal kurz die BGL zusammn;
Kollegen, klar, ihr alle wisst
dass K. ein Fall geworden ist
Für unsere Organe. Ihr wisst auch warum:
Mit 50 Jahren so frech! so dumm!
Nach drüben will er! Zum Klassenfeind!
Klar, dass ihm keiner 'ne Träne nachweint
Wir werden auch nicht, uns selbst zum Hohn
Den Mann hier halten mit gutem Lohn
Ich war schon eben zum Chef hoch und
Hab unterschrieben. Der Kündigungsgrund:
Herr Kunkel ist nicht mehr tragbar hier
In unserer Klinik. Ich meine: wir. Wir
Wir haben die Macht hier, Gottseidank
– geht alles sein' sozialistischen Gang!

4
Doch eine Kollegin der BGL
Steht auf und fragt: Warum – so schnell?
Und überhaupt. Paul Kunkel war
Ein Arbeitstier seit 30 Jahr
Und für die Kinder, wie du weißt
Hat er das Karussel geschweißt!
Und dann steht ja gar nicht fest
Ob man den Paule Kunkel lässt!
Ich, nur als Mensch, stimm da nicht zu
Und unterschreiben durftest du
Erst, wenn wir einverstanden sind
Es gibt Gesetze. Und ich find
Das überhaupt 'n Ding. Und schon
Ein Fall für die Konfliktkommission
Das darf nicht auf die lange Bank
– dann geht das sein' sozialistischen Gang!

5
Der Specker starrt die Kollegin an
Und knirscht mit seinem Kuchenzahn
Na gut, na schön – ich ahnte nicht
dass hier noch einer für den spricht!
Und zur Kollegin knurrt er kalt:
So wirst du hier bei mir nicht alt
In unserer BGL. So nicht!
Wer nicht knallhart mit Kunkel bricht
Wird spüren, wer in unserm Staat
Die Macht hat! – Und da trat
Jene berühmte Stille ein
In der die Leut' nach innen schrein
Abstimmung! Hand hoch! gegen Paul!
– der Bonze steht mit offnem Maul:
Nicht ein Kollege hebt die Hand
– nun geht es sein' sozialistischen Gang

(Text aus: Begleitheft zur CD, Wolf Biermann, Das geht sein' sozialistischen Gang; CD-Nr.: LC 6148, Verlag 2001, Frankfurt/Main 1996)

6
In der Gewerkschaft geht es rund
Sie reden sich die Zungen wund:
Kollegen! Kunkel, das ist klar
dass der ein Feind ist. Ist und war!
Er will aus dem Staat, der gedeiht
(und wie du keinen bessren findst!)
Der sich dem Wohl des Volkes weiht
Nach drüben will er! wo sie grinst
Die Krise! Wer nach drüben will
Nachdem er 30 Jahre still
Mit uns genossen hat das Glück
Und will nun in den Sumpf zurück
Den lassen wir – wie sag ich's bloß –
Doch nicht auf unsre Kranken los!
Nun stimmt schon zu – und macht halblang
– dann geht das sein' sozialistischen Gang

7
Es bleibt dabei, sie sagen nein!
Und alles Drohen alles Schrein
Der Leitungskader macht ja nur
Aus Angst die Leute doppelt stur
Nichts hilft: entlassen werden kann
Ohne Gewerkschaft hier kein Mann
Sonst geht am Ende Kunkel Paul
Noch vor Gericht und nimmt sich Kaul
Als Anwalt. Lenin lehrt zum Glück:
Zwei Schritte vor – vier Schritte zurück
Wenn es nicht möglich ist, den K.
Zu feuern, bleibt am Ende ja
Die Ausweisung nach Westen. So
Zum guten End sind alle froh
Und sind ihn los, diesen Gestank
– und alles geht sein' sozialistischen Gang.

8
Der Brief an Kunkel kommt sehr bald
„Zur Klärung eines Sachverhalts"
Wird er geladen. Und er geht
Ins MdI[4]. Und vor ihm steht
In vollem Wichs ein Offizier
Der sagt: Sie unterschreiben hier
dass Sie freiwillig rübergehn
– Paul Kunkel bleibt die Pumpe stehn
Er stammelt: Ja, ich meine: Nein!
Wie soll das noch mein Wille sein?
Wie kann ich jetzt noch rübergehn
Wo hinter mir die Kumpels stehn
– ich meine: hier auf Arbeit, die
Kollegen. Nein, nein, lassen Sie!
Ich bin auch lieber ... mittenmang
– jetzt gehts ja den sozialistischen Gang ...

---

[4] Ministerium des Innern

Die Dynamik internationaler Beziehungen im 20. Jahrhundert

Unser Interesse im Geschichts- und Sozialkundeunterricht an Weltpolitik beruht auf der Erkenntnis, dass das **Kernproblem** – die Sorge um **Friedensstiftung und Friedenssicherung** – unsere Existenz in elementarer Weise berührt.

Das schwer überschaubare, weil sehr komplexe Feld internationaler Beziehungen mit seinen außergewöhnlich dynamischen Prozessen gewinnt seine Strukturierung aus der **übergeordneten Leitfrage**: *Wie kann unter den Bedingungen der internationalen Politik zwischenstaatlicher und internationaler Frieden politisch gestiftet und gesichert werden?* Die sichtbare Verschränkung von Vergangenheitsdimension, Gegenwarts- und Zukunftsbedeutung fordert die sich ergänzende Anwendung der den Fächern **Geschichte und Sozialkunde** eigenen Methoden, der *historisch-genetischen bzw. politisch-strukturellen Betrachtungsweise.*

Die Auswahl der Themenfelder orientiert sich an den **Kriterien** *objektive Betroffenheit, permanente Aktualität* und an den *Prozessmustern der internationalen Politik* – Konfrontation, Koexistenz, Kooperation, Integration (→ VIII.1.4). Die **Themen** sind *historisch-genetisch angelegt*, zugleich ist aber das Prinzip leitend, das *spezifisch Politische am Gegenstand* deutlich zu akzentuieren.

1. Die Grundkonstellation der internationalen Beziehungen 1917 – 1945 – 1989

Das Kapitel knüpft an den Nachwirkungen imperialistischer Politik am Ende des 19. und zu Beginn des 20. Jahrhunderts an und zeigt die **Grundkonstellation** der internationalen Beziehungen der Folgezeit *in einem orientierenden Längsschnitt* durch das Aufblenden von *drei Zeitaufnahmen* auf:

1917 weil in diesem Epochenjahr der ideologische Konflikt entsteht und das Ende der europäischen Vorherrschaft eingeleitet wird;

1945 weil die Blockbildung als charakteristisches Merkmal der Nachkriegsordnung hier ihren Ausgangspunkt hat.

1989/90 weil der deutliche Umbruch in Ostmitteleuropa und im Ost-West-Verhältnis mit dem Ende der Teilung Deutschlands und Europas das Ende dieser Nachkriegsordnung belegt.

Die weitere Entwicklung:

Die nach der weltgeschichtlichen Zäsur aufkeimenden Hoffnungen auf eine einheitliche friedliche Welt bleiben unerfüllt. Vielfältige und vermehrt ausbrechende, zumeist regionale Konflikte entstehen, die eine neue ‚Weltunordnung' in den Strukturen der internationalen Staatenwelt signalisieren. Die „führenden Staaten" versuchen durch gemeinsame Aktivitäten bis hin zur militärischen Erzwingung des Friedens diesen neuartigen Gefahren entgegenzuwirken.

Aufgabe

1. *Beschreiben Sie die Darstellung der politischen Lage auf den Bildern! Achten Sie auf Personen und Symbolik! Stellen Sie Gemeinsamkeiten und Unterschiede zusammen!*

Prägend für die internationalen Beziehungen im 20. Jahrhundert ist der **Ost-West-Gegensatz** mit seinen weit reichenden, durchdringenden Auswirkungen auf die anderen Felder der internationalen Politik, wobei der politisch-militärischen Konfrontation ein **Macht- und Ideologienkonflikt** zwischen Ost und West zugrunde liegt.

1917

1945

1989

1995
Unterzeichnung des bosnischen Friedensvertrags am 14. Dezember 1995 in Paris (v. l. n. r. stehend die Staatschefs bzw. Regierungschefs Gonzalez/Spanien, Clinton/USA, Chirac/Frankreich, Kohl/Deutschland, Major/Großbritannien, Tschernomyrdin/Russland; sitzend Milosevic/Serbien, Tudjman/Kroatien, Izetbegovic/Bosnien)

1.1 Der Macht- und Ideologienkonflikt zwischen Ost und West (Entstehung und Phasen)

▶ *Die Entstehung des Konflikts 1917*

Seit 1917 stehen sich **zwei Ordnungskonzepte mit globalem Geltungsanspruch** unversöhnlich gegenüber:

- ein bürgerlich-liberales Konzept: Wilson (→ M3, S. 358f.) und
- ein revolutionäres sozialistisch-kommunistisches Konzept: Lenin (→ M2, S. 357f.)

▶ *Die latente Phase 1917 – 1933*

Der 1917 entstandene **Konflikt kommt** in den folgenden Jahren **nicht zum Ausbruch**, da einerseits die USA trotz weltweiter wirtschaftlicher Interessen sich zu einem politisch-militärischen Isolationismus bekennen (Nichtbeitritt zum Völkerbund), die Sowjetunion andererseits sich zunächst der innenpolitischen Konsolidierung widmet; sie schwankt in der Folgezeit zwischen der Hoffnung auf Weltrevolution (Komintern) und Schritten, auf diplomatischem Weg aus der Isolierung herauszufinden (Rapallo).

▶ *Die Phase der Überlagerung 1933 – 1945*

Die Phase der Überlagerung, deren genauer zeitlicher Beginn schwer zu fassen ist, ist gekennzeichnet weniger von ideologischen Konflikten als vielmehr von **machtpolitischen Auseinandersetzungen**. Den expansionistischen Mächten (Deutschland, Japan und auch Italien) stehen jene Staaten gegenüber, die in dieser Phase nicht zuletzt aus innenpolitischen Gründen an der Erhaltung des Status quo interessiert sind (Großbritannien, Frankreich, USA und – zumindest bis zum Hitler-Stalin-Pakt – die Sowjetunion).

Die nationalsozialistische Expansion führt zur **Anti-Hitler-Koalition**, einem Zweckbündnis ideologisch sich diametral gegenüberstehender Partner.

▶ *Entstehung und Phasen des Ost-West-Gegensatzes 1917 – 1945*

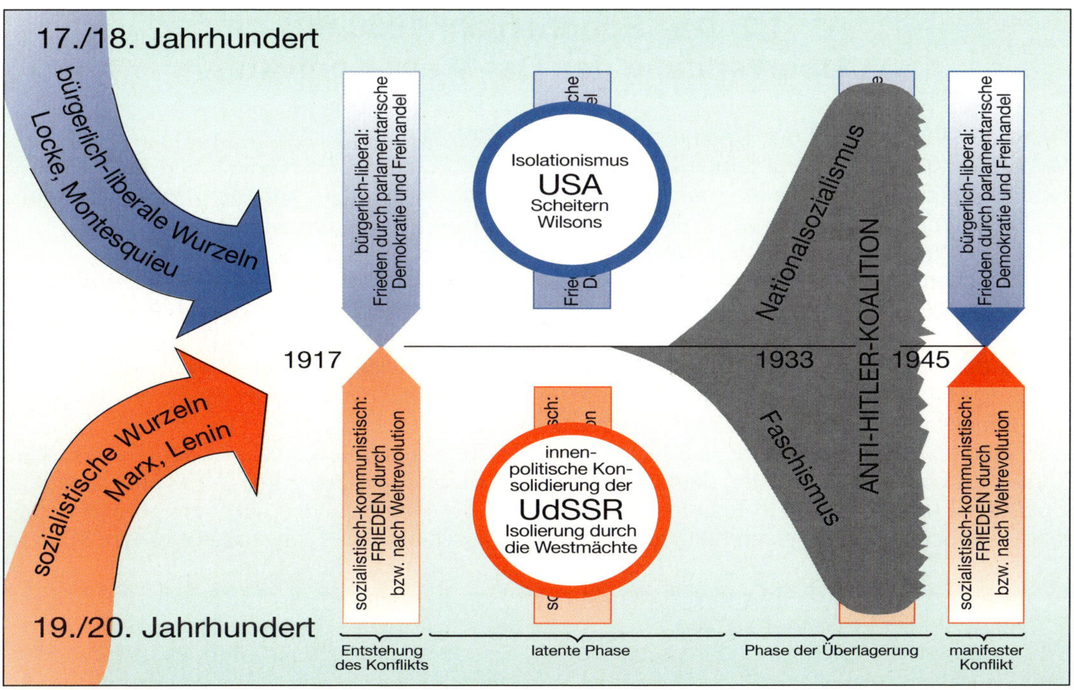

Aufgabe

2. *Beschreiben und erklären Sie mithilfe der Erläuterungen zu den Schaubildern und ggf. der Zeittafel in 2. die Interpretation des Ost-West-Gegensatzes als Macht- und Ideologien-Konflikt! Belegen und begründen Sie die gewählte grafische Veranschaulichung!*
3. *Schreiben Sie nach der Bearbeitung der Kapitel VII und VIII/2 das Schaubild bis in die Gegenwart fort!*

► *Die manifeste Phase seit 1945*

Die manifeste Phase des Konflikts **setzt mit Ende des Zweiten Weltkrieges ein** und dauert bei unterschiedlicher Ausprägung (Prozessmuster) bis 1989/90 an. Bereits die Atlantik-Charta und die Stellungnahme Stalins dazu, dass „die praktische Anwendung dieser Prinzipien notwendigerweise an die Umstände, Bedürfnisse und historischen Eigenarten der bestimmten Länder angepasst werden muss" (Ernst Nolte: Deutschland und der Kalte Krieg, München, Zürich 1974, S. 161), machen die unterschiedlichen Vorstellungen deutlich. Die Friedensvorstellung Roosevelts („Eine Welt") und in ihrer Konsequenz die Bildung der UNO (Weltschiedsrichter USA) und die Vorstellung Stalins einer Friedenssicherung durch Hegemonie (Annexion, Satellitenstaaten, Sowjetisierung Osteuropas) prallen aufeinander.

1.2 Das Epochenjahr 1989/90: Überwindung des Ost-West-Konflikts

Das Jahr 1989 markiert den Beginn epochaler Veränderungen in den Strukturen der Weltpolitik. Der jahrzehntelang die internationale Politik bestimmende Gegensatz zwischen der westlichen Welt unter der Führung der USA und der östlichen Welt unter Führung der Sowjetunion ging zu Ende. Entschärft durch die sowjetische Reformpolitik unter Gorbatschow, wurde dem Ost-West-Konflikt durch den Niedergang der kommunistischen Regime in Ost- und Mitteleuropa 1989/90 und den Zerfall der Sowjetunion 1991 die politische Grundlage entzogen. Durch die Überwindung der politischen Spaltung Europas und der Teilung Deutschlands wandelten sich die sicherheitspolitischen Rahmenbedingungen grundlegend, sodass alte Strukturen neu überdacht und vielfach gänzlich neu formuliert werden mussten.
Wie stellt sich die Weltordnung im ausgehenden 20. Jahrhundert dar?

Material 1

Die Welt im ausgehenden 20. Jahrhundert Handlungsrahmen künftiger Politik

I. Fast ein halbes Jahrhundert lang beschrieben „Ost" und „West" die beiden Heerlager im Konflikt der verfeindeten Blöcke. Dann ging der kalte Krieg zu Ende. Mit einem Male wurden Ost und West wieder zu Himmelsrichtungen.
Hoffnung keimte damals in den Herzen. Nun könne endlich jene „Eine Welt" entstehen, von der die Überlebenden der zwei großen Kriege 1914-18 und 1939-45 geträumt hatten. Schwerter würden zu Pflugscharen umgeschmiedet und „kein Volk mehr wider das andere ein Schwert aufheben". Und die westlichen Prinzipien der Demokratie, des freien Marktes und der Menschenrechte hätten rund um den Erdball ein für

allemal gesiegt: Ende der Geschichte, vor uns Jahrhunderte der Langeweile!
Seitdem sind vier Jahre vergangen. Die Hoffnung ist verflogen. Was wir mittlerweile schaudernd miterlebt haben, war die Rückkehr der Geschichte im Harnisch. Wenn das Zeitalter nach dem kalten Krieg überhaupt schon seine Signatur gefunden hat, so ist sie mit Blut geschrieben: Weltunordnung, nicht Weltordnung; Stammeskriege, nicht Völkerkonsens; Auflösung der Strukturen, nicht Verfestigung.
II. Allmählich sickert dieser Befund ins Bewusstsein der Zeitgenossen [...] Düsternis ist Trumpf, trotz aller Lichtblicke in Südafrika, im Nahen Osten, in Nordirland [...] [Brzezinski, ein polnischer Amerikaner,] diagnostiziert die Gefahr weltweiter Anarchie. Er glaubt nicht an eine friedliche Entwicklung auf dem Gebiet der ehemaligen Sowjetunion. Ostmitteleuropa (Europa II") werde in Anlehnung an die Brüsseler Gemeinschaft („Europa I") seine inneren Schwierigkeiten wohl überwinden, wohingegen dem „dritten Europa" – dem Balkan und dem Baltikum, der Ukraine, Weißrussland, Moldawien – auf Jahrzehnte hinaus schwere Krisen bevorstehen. Das „eurasische Geviert" zwischen Adria und Sinkiang hält Brzezinski für einen Raum höchster Gefährlichkeit.
Amerika klassifiziert er weiterhin als peerless global power, eine unerreichte Weltmacht. Sie vermag nicht alles allein, kann aber als „katalytische Nation" Koalitionen bauen, Adhoc-Verbünde des Handelns. Im Gemeinschafts-Europa („kopflos und seelenlos") sieht Brzezinski ebenso wenig einen Führungsrivalen wie in Japan („kein soziales Modell, keine Botschaft von Belang") [...]
Eine Zweiteilung der Welt, gekoppelt mit lähmender Handlungsunfähigkeit der großen Akteure – dieses Bild malen (auch andere Autoren) [...]
III. Wie triftig oder fragwürdig diese Befunde im Detail auch sein mögen, in einem stimmen sie alle überein. Einem Mehr an Sicherheit in unserer Weltregion nach dem Ende des kalten Krieges steht ein Zuwachs an Instabilität gegenüber. Die große Bedrohung, die zur einheitlichen Reaktion zwang, weil sich dahinter die Gespenster einer Invasion auf breiter Front und letztlich des Atomkrieges erhoben, ist verschwunden. Von den Inseln der Barbarei in allernächster Nähe, den Ausbrüchen aggressiver Ethno-Nationalismen jenseits der Linie, an der einst der eiserne Vorhang Europa entzweischnitt, den grauenvollen Stammesfehden in den fernen Landstrichen der dritten Welt geht eine vergleichbare Gefährdung unserer Existenz nicht aus.
Dadurch entfällt der selbstverständliche Zwang zum Eingreifen. Ob die Europäische Union, die NATO, die Vereinten Nationen intervenieren oder nicht, wird zu einer Sache der freien Entscheidung [...] In den meisten Fällen werden die großen Organisationen nein sagen zur Einmischung, nur in seltenen Fällen ja. Vor die Wahl gestellt, müssen die Völker die nüchterne Einschätzung ihrer konkreten Interessen und die kalte Einsicht in die Begrenztheit ihrer Mittel über die Impulse der abstrakten Moral und des menschlichen Mitleids stellen. Die Lehre von Bosnien, die Lehre von Somalia ist klar: Wo gute Werke nur mit Unterstützung von Infanteriebataillonen, Panzerbrigaden und Bombergeschwadern zu vollbringen sind, bleiben der Caritas enge Grenzen gezogen. Wir müssen also lernen, mit unserer Hilflosigkeit zu leben, ohne uns deswegen als unmoralische Monster vorzukommen. Hilfloses Zusehen ist nicht dasselbe wie hartherziges Wegschauen.
Drei Grundbefürchtungen sind heute im Schwange. Manche ängstigen sich vor einem **Kampf der Kassen,** einem Handelskonflikt zwischen den Industriemächten in der Zone des Friedens, ihrem Tauziehen um Märkte, Arbeitsplätze, ökonomische Suprematie. Die Wirtschaft wird dabei zur Fortsetzung des Krieges mit anderen Mitteln; die Opfer werden nicht nach Millionen Gefallenen gezählt, sondern nach Millionen Arbeitslosen. Viele warnen vor einem weltweiten **Kampf der Klassen:** dem Nord-Süd-Konflikt nach dem Ost-West-Konflikt, einem Krieg der Habenichtse gegen die Besitzenden, geführt auch mit Drogen, Viren, Massenvernichtungswaffen.
Andere schließlich beschwören einen **Kampf der Rassen,** besser: einen Zusammenprall der Kulturen so der Harvard-Professor Sam Huntington in seinem Essay „The Clash of Civilizations" (siehe ZEIT Nr. 33/1993). Danach werden sich die Verwerfungslinien zwischen den großen Weltkulturen unausweichlich in die Schützengräben der Zukunft verwandeln. Morgenland wider Abendland: Islam gegen Christentum, Konfuzianismus gegen den Westen, „The West against the Rest". Spengler lässt grüßen ...
(Theo Sommer, in: Die Zeit, 31.12.1993, S. 1)

Aufgaben

4. *Erörtern Sie die These Theo Sommers von der „Weltunordnung“ näher; belegen Sie dabei mit Begriffspaaren aus dem Text, worin er den Unterschied zur „Weltordnung des Ost-West-Konflikts“ sieht!*
5. *Präzisieren Sie die Befunde am Beispiel regionaler Konflikte der 90er-Jahre!*
6. *Diskutieren Sie Theo Sommers „drei Grundbefürchtungen“ im Schlussteil seines Beitrags!*

In der „Charta von Paris“ 1990 (→ M11, S. 362) erklärten die KSZE-Staaten feierlich das Ende des Kalten Krieges und verpflichteten sich auf eine Wertegemeinschaft, die Hoffnungen auf ein Zeitalter ohne Krieg und Gewalt aufkeimen ließ. Der Euphorie des Pariser Gipfeltreffens folgte rasch die Ernüchterung. Nachdem die vom Ost-West-Konflikt verordnete „Disziplin“ abgestreift ist, sind ältere, verdeckte Konflikte wieder aufgebrochen, neue, teils erheblich schwerere entstanden. Bürgerkriege und Völkermord gab es nicht mehr nur in den kriegsträchtigen Regionen Afrikas, Nah- und Mittelost, Süd- und Südostasien, sondern erstmals wieder auch in Europa, im ehemaligen Jugoslawien. Die zunehmenden ethnischen, religiösen, nationalen und regionalen Konflikte in Osteuropa und in den Nachfolgestaaten der Sowjetunion verdeutlichen, dass Friedenssicherung in anderer Weise Aufgabe geblieben ist. Diese Aufgabe ist nicht leichter geworden, weil die Konflikte sich nicht mehr auf unterschiedliche ideologische Konzepte reduzieren lassen. Ob die internationale Politik in einer weltpolitischen Lage der Ungewissheit und Unsicherheit Institutionen und Wege zur friedlichen Regelung der Konflikte finden wird, ist keineswegs gewiss.

2. Das System der internationalen Beziehungen seit 1917

Einen Überblick über die internationalen Beziehungen seit 1917 und Hilfestellung für eine Vertiefung der oben dargestellten Phasen der Entwicklung geben die nachfolgenden Materialien:

▶ *Zeittafel 1917 – 1945*

Die Entstehung des Konflikts 1917

1917 Februarrevolution in Russland, Abdankung des Zaren
Eintritt der führenden Wirtschaftsmacht USA in den 1. Weltkrieg
Russische Oktoberrevolution (Rätedemokratie, Sozialisierung des Bodens) → M 2

1918 Vierzehn-Punkte-Erklärung Wilsons (Grundlagen für Weltfriedensordnung) → M 3

Die latente Phase des Konflikts 1917 – 1933

ab 1917 Phase des Kriegskommunismus in Russland bis 1921

1918 Bürgerkrieg zwischen Roten und Weißen; Intervention der Alliierten und wirtschaftliche Not

1918 bis 1920 Friedensvertrag von Brest-Litowsk; Verzichtfrieden Russlands gegenüber Deutschland

1919 Gründung der Dritten Internationale (Komintern) zur Organisation der Weltrevolution
Versailler Friedensvertrag; Französisches Hegemonialstreben auf dem europäischen Kontinent setzt sich durch, Deutschland scheidet als Großmacht aus; Pariser Vorortverträge; Errichtung von Kleinstaaten (Cordon sanitaire) zum Schutz vor Bolschewismus aus westlicher Sicht
Gründung des Völkerbundes mit den Aufgaben: kollektive Friedenssicherung und allgemeine Abrüstung; zunächst nur Siegerstaaten (GB, F, I und Japan) vertreten, kein Beitritt der USA aus Furcht, die außenpolitische Entscheidungsfreiheit werde eingeschränkt

1921 Niederschlagung des Kronstadter Aufstandes
Einführung der NEP durch Lenin (Umorientierung der Wirtschaftspolitik)

1922 Vertrag von Rapallo (Aufnahme diplomatischer Beziehungen zwischen Russland und Deutschland auf der Grundlage der Gleichberechtigung)

ab 1924 Innenpolitische Machtkämpfe nach dem Tod Lenins enden mit dem Aufstieg Stalins; Stalins Konzept der Politik des Sozialismus in einem Land setzt sich gegen Trotzkis Konzept der permanenten Revolution durch
Dawes-Plan; USA als Gläubigerland beteiligen sich wieder an den Reparationsverhandlungen der Siegermächte

1929 Beginn der Weltwirtschaftskrise; USA bleiben weiterhin führende Wirtschaftsmacht (New Deal)
Young-Plan (Reparationsverhandlungen)
Ostpaktsystem und Nichtangriffspakte der Sowjetunion

Die Phase der Überlagerung 1933 – 1945

1933 Machtergreifung Hitlers
Aufnahme diplomatischer Beziehungen der Sowjetunion mit USA

1934 Eintritt der Sowjetunion in den Völkerbund

1935 Beschluss des VII. Komintern-Kongresses zur Eindämmung der faschistischen Bedrohung

1937 Neutralitätsgesetz (Verbot von Waffenlieferungen der USA an Krieg führende Staaten, Handelsbeziehungen bleiben aufrechterhalten)

1939 Hitler-Stalin-Pakt; Nichtangriffspakt und Aufteilung der Interessensphären in Ostmitteleuropa
Angriff Deutschlands auf Polen, Beginn des zweiten Weltkrieges

1941 Pacht-Leih-Gesetz ermöglicht uneingeschränkte Lieferungen kriegswichtiger Güter der USA zunächst an England, dann auch an die Sowjetunion
Angriff Hitlers auf Sowjetunion führt zur Bildung der Anti-Hitler-Koalition; gemeinsame Strategie zur Vernichtung Hitlers
Atlantik-Charta → M 4

8.5.1945 Bedingungslose Kapitulation Deutschlands

Material 1

„Fieberkurve“ der amerikanisch-sowjetischen Beziehungen 1945 – 1988

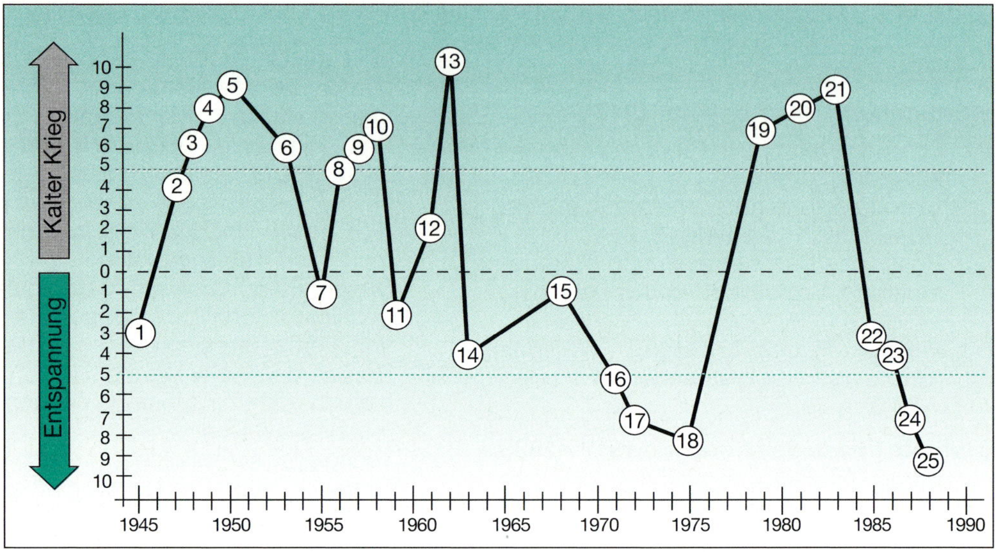

Höhe- und Tiefpunkte im Verhältnis von USA und UdSSR

1. 1945 Ende des Krieges in Europa bzw. Asien; Gründung der UNO
2. 1947 Truman-Doktrin/Marshall Plan
3. 1948 Kommunistischer Umsturz in der ČSSR bzw. Beginn der sowjetischen Blockade Berlins
4. 1949 Gründung der Nato bzw. komm. Staatsgründung in China und der DDR
5. 1950 Ausbruch des Korea-Krieges
6. 1953 Tod Stalins bzw. Waffenstillstand in Korea
7. 1955 Genfer Gipfelkonferenz der vier Siegermächte
8. 1956 „Doppelkrise“ von Ungarn und Suez
9. 1957 Sowjetischer Sputnik
10. 1958 Sowjetisches Berlin-Ultimatum
11. 1959 Gipfeltreffen in Camp David
12. 1961 Bau der Berliner Mauer
13. 1962 Kuba-Krise
14. 1963 Vertrag über Stopp von Atomtests und „heißen Draht“
15. 1968 Kernwaffensperrvertrag; Ende des „Prager Frühlings“
16. 1971 Berlin-Abkommen
17. 1972 SALT 1-Vertrag; Kodex über weltpolitische Zurückhaltung
18. 1975 Schlussakte der KSZE in Helsinki
19. 1979 Nato-Doppelbeschluss; sowjetische Besetzung Afghanistans
20. 1981 Kriegsrecht in Polen; amerikanische Handelssanktionen gegen UdSSR
21. 1983 Abbruch aller Rüstungskontrollverhandlungen in Genf
22. 1985 Gipfeltreffen in Genf
23. 1986 Gipfeltreffen in Reykjavik
24. 1987 Einigung in Genf über Abbau der Mittelstreckenraketen; Unterzeichnung dieses INF-Vertrages beim Gipfeltreffen in Washington
25. 1988 Gipfeltreffen in Moskau; Fortsetzung des sowjetischen Rückzugs aus Afghanistan; Waffenstillstandsabkommen für Iran/Irak, Angola/Namibia; überwachter Abbau von Mittelstreckenraketen

Bewegung und Schärfe der Konfrontation und der Detente (Entspannung) werden von Jahr zu Jahr an markanten Ereignissen verdeutlicht. Dabei stehen die amerikanisch-sowjetischen Beziehungen im Mittelpunkt.

(Hans Wassmund, Die Supermächte und die Weltpolitik, Beck'sche Reihe Nr. 388, C. H. Beck'sche Verlagsbuchhandlung, München)

▶ 1989/90: Überwindung des Ost-West-Konflikts

08.12.1987	INF-Vertrag (Vertrag über Abbau der Mittelstreckenraketen)
05.06.1990	Londoner Erklärung der NATO (Gewaltverzicht)
02.08.1991	Der UN-Sicherheitsrat (Mitglieder u.a. USA und SU) verurteilt einstimmig die Invasion des Irak in Kuwait (Beginn der Golfkrise)
12.09.1990	Abschluss des „2 + 4 Vertrages“ (Friedensvertrag für Deutschland)
03.10.1990	Herstellung der Deutschen Einheit
21.11.1990	Charta von Paris für ein neues Europa (KSZE-Staaten beschließen Wertegemeinschaft)
01.04.1991	Auflösung des Warschauer Paktes
31.07.1991	USA und SU unterzeichnen START-Vertrag zur Verringerung atomarer Langstreckenraketen
17.01.1991	Golfkrieg (Alliierte Streitmacht unter Oberkommando der USA greift mit politischer und militärischer Duldung der SU den Irak an
25.12.1991	Auflösung der Sowjetunion; Bildung der GUS
20.12.1991	Nato-Kooperationsrat (sicherheitspolitische Zusammenarbeit und gemeinsame Konfliktverhinderung von Nato und Reformstaaten Mittel- und Osteuropas)
10.01.1994	NATO-Länder billigen Partnerschaft für den Frieden (sicherheitspolitische Zusammenarbeit mit osteuropäischen Staaten)
26.06.1994	Israelisch-palästinensisches Autonomieabkommen unter Schirmherrschaft der USA und Russlands
21.11.1995	Abkommen von Dayton (Friedensvertrag für Bosnien)
14.12.1995	Bosnischer Friedensvertrag in Paris
27.05.1997	Sicherheitsvertrag der Nato mit Russland; Bildung des Nato-Russland-Rates (→ S. 428, M 28)

Aufgaben

1. *Beschreiben Sie die Beziehungen zwischen den Weltmächten USA und Sowjetunion/Russland in den einzelnen Phasen.*
2. *Welche Veränderungen belegen das Ende des Ost-West-Konflikts?*
   Belegen Sie, auf welchen Ebenen die neuen Formen der Zusammenarbeit stattfinden.

▶ Zum Epochenjahr 1917

Material 2

Bedeutung der Oktoberrevolution

Mit dem Sieg der Großen Sozialistischen Oktoberrevolution brach die Arbeiterklasse Russlands auf einem Sechstel der Erde der objektiven Gesetzmäßigkeit der gesellschaftlichen Entwicklung Bahn und begann, ihre historische Mission zu verwirklichen.

Im Bündnis mit der werktätigen Bauernschaft hatte die Arbeiterklasse unter Führung Lenins und der bolschewistischen Partei die Herrschaft der Bourgeoisie und der Gutsbesitzer in Russland gestürzt. Die Arbeiterklasse übernahm die politische Macht und errichtete die Diktatur des Proletariats. Vom ersten Tage an begann die Sowjetunion mit der Umgestaltung der sozialökonomischen Verhältnisse. Mit der Übergabe des Bodens und der industriellen Produktionsmittel in die Hände des Volkes wurde nach ihrer politischen Entmachtung auch die ökonomische Macht der Gutsbesitzer und der Bourgeoisie gebrochen. Die wirtschaftlichen Kommandostellen übernahm der sozialistische Staat. Die Sowjetmacht schuf das sozialistische Eigentum an den entscheidenden Produktionsmitteln und befreite die Arbeiterklasse von kapitalistischer Ausbeutung. Sie begann die Grundlagen der sozialistischen Gesellschaftsordnung zu errichten. Damit unterschied sie sich grundlegend von allen bisherigen Revolutionen der Menschheitsgeschichte.

Die Große Sozialistische Oktoberrevolution hatte nicht nur das alte Russland entschieden verändert. Unter ihrem Einfluss veränderte sich das internationale Kräfteverhältnis grundlegend zugunsten des Friedens, der Demokratie und des Sozialismus. Mit dem Ausbruch Russlands aus dem bis dahin weltbeherrschenden System des Imperialismus und der Errichtung des ersten sozialistischen Staates standen sich zwei einander entgegengesetzte gesellschaftliche Systeme – das imperialistische und das sozialistische – gegenüber. [...]

Innerhalb des imperialistischen Systems kam es unter den Auswirkungen der Oktoberrevolution zu gewaltigen revolutionären Erhebungen, die in einer Reihe kapitalistischer Hauptländer die Herrschaft der imperialistischen Bourgeoisie erschütterten.

Eine mächtige Welle antiimperialistischer nationaler Befreiungskämpfe erfasste das Hinterland des Imperialismus, die kolonialen und abhängigen Länder, und leitete die Krise des imperialistischen Kolonialsystems ein. Die junge Sowjetmacht wurde zum Zentrum für den Befreiungskampf der Arbeiterklasse und der Volksmassen aller Länder gegen Imperialismus, Kolonialismus und Krieg.

Unter diesen völlig veränderten internationalen Bedingungen bildete sich die allgemeine Krise des Kapitalismus, die mit dem ersten Weltkrieg begonnen hatte, voll heraus. Sie erwuchs aus der Zuspitzung aller Widersprüche des Kapitalismus in seinem imperialistischen Stadium und ergriff sämtliche Seiten des kapitalistischen Gesellschaftssystems: die Wirtschaft und Politik, die Ideologie und Kultur. Die allgemeine Krise des Kapitalismus ist gekennzeichnet durch seine ständig fortschreitende Zersetzung und seine innere Schwächung. Sie ist die Epoche des Niedergangs und des Verfalls des Kapitalismus bis zu seinem völligen Untergang.

Mit der Großen Sozialistischen Oktoberrevolution begann die neue welthistorische Epoche des Übergangs vom Kapitalismus zum Sozialismus, „die Epoche des Kampfes der beiden entgegengesetzten Gesellschaftssysteme, die Epoche der sozialistischen und der nationalen Befreiungsrevolutionen, die Epoche des Zusammenbruchs des Imperialismus und der Liquidierung des Kolonialsystems, die Epoche des Übergangs immer neuer Völker auf den Weg des Sozialismus, die Epoche des Triumphes des Sozialismus und Kommunismus im Weltmaßstab.“

(Geschichte. Lehrbuch für Klasse 9 (Volk und Wissen, Volkseigener Verlag) Berlin 1980, S. 43f.)

Material 3

Das Friedensprogramm des amerikanischen Präsidenten Wilson: Die „14-Punkte-Erklärung“ (Auszug)

I. [...] Friedensverträge, öffentlich beschlossen [...] Die Diplomatie [soll] [...] frei und vor aller Öffentlichkeit sich abspielen.

II. Absolute Freiheit der Schifffahrt auf der See ...

III. [...] Aufhebung sämtlicher wirtschaftlicher Schranken und die Festsetzung gleichmäßiger Handelsbedingungen zwischen sämtlichen Nationen [...]

IV. [...] Garantien [...] dass die nationalen Rüstungen auf den niedrigsten Grad der [...] inneren Sicherheit [...] herabgesetzt werden.

V. [...] freie [...] absolut unparteiische Neuordnung aller kolonialen Ansprüche, gegründet auf [dem] Grundsatz, dass bei Entscheidung aller [...] Fragen der Souveränität die Interessen der betroffenen Bevölkerung das gleiche Gewicht haben müssen wie die berechtigten Ansprüche der Regierung [...]

VI. Die Räumung des gesamten russischen Gebietes [...]

VII. Belgien [soll] geräumt und wiederhergestellt werden [...]

VIII. Das gesamte französische Gebiet müsste befreit und die verwüsteten Teile wiederhergestellt [...], Elsass-Lothringen [zurückgegeben werden].

IX. [...] Berichtigung der Grenzen Italiens [...] gemäß den klar erkennbaren Nationalitäten [...]

X. Den Völkern Österreich-Ungarns [...] sollte die freieste Möglichkeit autonomer Entwicklung gewährt werden.

XII. Dem türkischen Teil des [...] osmanischen Reiches sollte eine gesicherte Souveränität [...] den anderen Nationalitäten, die sich jetzt unter türkischer Herrschaft befinden, sollte eine [...] absolute [...] Möglichkeit der autonomen Entwicklung verbürgt [...] werden.

XIII. Ein unabhängiger polnischer Staat sollte errichtet werden, der die von unbestreitbar polnischer Bevölkerung bewohnten Gebiete umfassen soll, [ihm soll] freier und sicherer Zugang zum Meere [...], politische und ökonomische Unabhängigkeit [...], territoriale [Unverletzlichkeit] [...] garantiert werden

XIV. Eine [...] Gesellschaft der Nationen muss auf Grund eines besonderen Bundesvertrages gebildet werden zum Zweck der Gewährung gegenseitiger Garantien für politische Unabhängigkeit und territoriale [Unverletzlichkeit] [...] für die großen und kleinen Staaten [...] Gerechtigkeit allen Völkern und Nationalitäten [...], Recht [...], unter den gleichen Bedingungen der Freiheit und Sicherheit miteinander zu leben, [ob] stark oder schwach [...] Das Volk der Vereinigten Staaten [...] [ist] zur Verteidigung dieses Grundsatzes [...] bereit [...], alles zu opfern [...] Der höchste und letzte Krieg für menschliche Freiheit ist gekommen.

(zitiert nach: W. J. Mommsen, Imperialismus, Hamburg 1977, S. 262ff.)

▶ Zum Epochenjahr 1945

Material 4

Grundsätze der „Atlantik-Charta" 1941

- „Erstens, ihre Länder streben nach keiner Vergrößerung, weder auf territorialem Gebiet noch anderswo.
- Zweitens, sie wünschen keine territorialen Veränderungen, die nicht mit dem frei zum Ausdruck gebrachten Wunsch der betreffenden Völker übereinstimmen.
- Drittens, sie achten das Recht aller Völker, sich die Regierungsform zu wählen, unter der sie leben wollen. Sie wünschen die obersten Rechte und die Selbstregierung der Völker wiederhergestellt zu sehen, denen sie mit Gewalt genommen wurden.
- Viertens, sie werden ... danach streben, dass künftig alle Staaten, große und kleine, Sieger und Unterlegene, gleicherweise Zugang zum Handel und den Rohmaterialien der Welt haben, die sie für das Gedeihen ihrer Wirtschaft benötigen.
- Fünftens, sie wünschen die engste Zusammenarbeit aller Nationen auf wirtschaftlichem Gebiet, um bessere Löhne, wirtschaftlichen Fortschritt und soziale Sicherheit zu gewährleisten.
- Sechstens, nach der endgültigen Vernichtung der Nazityrannei hoffen sie auf einen Frieden, der allen Nationen die Möglichkeit bietet, innerhalb der eigenen Grenzen sicher zu leben, und der allen Menschen die Sicherheit gibt, in ihren Ländern frei von Not und Furcht zu leben.
- Siebtens, ein solcher Friede würde allen Menschen gestatten, ungehindert die Meere und Ozeane zu überqueren.
- Achtens, sie glauben, dass alle Nationen der Welt, sowohl aus praktischen wie aus sittlichen Gründen, dazu kommen werden, auf Gewaltanwendung zu verzichten. Da kein künftiger Friede aufrechtzuerhalten ist, solange die Rüstungen zu Land, zur See und in der Luft von Nationen weiterhin zum Angriff außerhalb der Grenzen eingesetzt werden, glauben sie auch, dass es wesentlich ist, diese Nationen zu entwaffnen, bis ein umfassendes und dauerndes System der allgemeinen Sicherheit geschaffen wurde. Ebenso werden sie jeden Schritt, der dazu dient, friedliebenden Völkern die erdrückende Last der Rüstung zu erleichtern, unterstützen und fördern."

Dieses Programm, das wie nach dem Ersten Weltkrieg zugleich im nationalen Interesse der USA lag, war mit dem Gedanken der „Einen Welt" verknüpft. Denn es sollte überall auf der Welt Geltung haben und nach den Interessengegensätzen der Zwischenkriegszeit einen neuen Konsens in der Weltpolitik herbeiführen.

(Funkkolleg Geschichte, Studienbegleitbrief 9, Weinheim 1980, S. 96)

Material 5

Stalin im April 1945 über das Ende des Krieges:

Dieser Krieg ist nicht wie in der Vergangenheit; wer immer ein Gebiet besetzt, erlegt ihm auch sein eigenes gesellschaftliches System auf. Jeder führt sein eigenes System ein, so weit seine Armee vordringen kann. Es kann gar nicht anders sein.

(Aus: A. Hillgruber, Europa in der Weltpolitik der Nachkriegszeit (1945 – 1963), München/Wien 1979, S. 13)

Material 6

Der amerikanische Botschafter in Moskau, Averell Harriman, führte im April 1945 bedeutungsvoll aus:

Die russischen Pläne zur Errichtung von Satellitenstaaten stellen eine Bedrohung für die Welt und für uns dar. Wenn die Sowjetunion erst einmal die Kontrolle über ihre Nachbarregionen erlangt hat, wird sie versuchen, die nächsten angrenzenden Länder zu durchdringen.

(Aus: W. Loth, Die Teilung der Welt-Geschichte des Kalten Krieges 1941 – 1955, München 1980)

▶ *Zur Phase des „Kalten Krieges"*

Material 7

Truman-Doktrin und Containment-Politik

Um die friedliche, ungezwungene Entwicklung der Nationen sicherzustellen, haben die Vereinigten Staaten sich an führender Stelle an der Errichtung der Vereinten Nationen beteiligt. Die Vereinten Nationen sollen dauernde Freiheit und Unabhängigkeit für alle ihre Mitgliedstaaten ermöglichen. Wir werden unser Ziel jedoch nicht verwirklichen, wenn wir nicht bereit sind, den freien Völkern zu helfen, ihre freien Einrichtungen und ihre nationale Integrität gegenüber aggressiven Bewegungen zu erhalten, die ihnen totalitäre Regimes aufzwingen wollen. Das ist nichts weiter als ein offenes Zugeständnis der Ansicht, dass totalitäre Regimes, die freien Völkern durch direkte oder indirekte Aggression aufgezwungen werden, die Grundlagen des internationalen Friedens und damit die Sicherheit der Vereinigten Staaten untergraben.

In einer Anzahl von Ländern waren den Völkern kürzlich gegen ihren Willen totalitäre Regimes aufgezwungen worden. Die Regierung der Vereinigten Staaten hat mehrfach gegen Zwang und Einschüchterung bei der Verletzung des Jalta-Abkommens in Polen, Rumänien und Bulgarien protestiert. Und weiter muss ich feststellen, dass in einer Anzahl anderer Staaten ähnliche Entwicklungen stattgefunden haben.

(Europa-Archiv, Februar 1947, S. 819f.)

Material 8

Zwei-Lager-Theorie

Das sowjetische Gegenstück zur Containment-Politik, die Lehre von den „zwei Lagern", wurde in der Erklärung zur internationalen Lage und Gründung des Kommunistischen Informationsbüros (Kominform) vom 27.9.1947 entwickelt. Dort heißt es, es seien zwei Lager entstanden:

„das imperialistische, antidemokratische Lager, dessen Hauptziel die Weltherrschaft des amerikanischen Imperialismus und die Zerschlagung der Demokratie ist, und das antiimperialistische und demokratische Lager, dessen Hauptziel die Untergrabung des Imperialismus, die Festigung der Demokratie und die Liquidierung der Überreste des Faschismus ist. Der Kampf der beiden einander entgegengesetzten Lager – des imperialistischen und des antiimperialistischen – erfolgt zu einem Zeitpunkt einer weiteren Zuspitzung der allgemeinen Krise des Kapitalismus, der Schwächung seiner Kräfte und der Stärkung der Kräfte des Sozialismus und der Demokratie. Aus diesem Grunde legt das imperialistische Lager und seine führende Kraft, die USA, eine besonders aggressive Aktivität an den Tag. Diese Aktivität äußert sich gleichzeitig in allen Richtungen: in militärisch-strategischen Maßnahmen, wirtschaftlicher Expansion und ideologischem Kampf. Der Truman-Marshall-Plan [...] ist lediglich der europäische Bestandteil des Gesamtplanes einer expansionistischen Weltpolitik, die die USA in allen Weltteilen betreiben."

(Keesing's Archiv der Gegenwart 16/17 (1946/47), S. 1208)

Material 9

Aus dem Programm der Kommunistischen Partei der Sowjetunion von 1961:

Die friedliche Koexistenz der sozialistischen und kapitalistischen Staaten ist eine objektive Notwendigkeit der Entwicklung der menschlichen Gesellschaft. Der Krieg kann und darf nicht als Mittel zur Lösung internationaler Streitfragen dienen. Friedliche Koexistenz oder ein katastrophaler Krieg – nur so wird die Frage von der Geschichte gestellt. Sollten sich die imperialistischen Aggressoren dennoch erdreisten, einen neuen Weltkrieg zu entfesseln, so werden die Völker eine Ordnung, die sie in verheerende Kriege stürzt, nicht länger dulden. Sie werden den Imperialismus hinwegfegen und zu Grabe tragen.
Friedliche Koexistenz setzt voraus: Verzicht auf Kriege als Mittel zur Lösung von Streitfragen zwischen den Staaten, Entscheidung dieser Fragen durch Verhandlungen; Gleichberechtigung, Verständigung und Vertrauen unter den Staaten, Berücksichtigung der Interessen des anderen; Nichteinmischung in die inneren Angelegenheiten, jedem Volk muss das Recht zugestanden werden, alle Fragen seines Landes selbstständig zu entscheiden; strikte Respektierung der Souveränität und der territorialen Integrität aller Länder; Ausbau der wirtschaftlichen und kulturellen Zusammenarbeit auf der Grundlage der vollständigen Gleichheit und des gegenseitigen Vorteils.

(R. Thomas, Marxismus und Sowjetkommunismus II, Stuttgart 1971)

Die friedliche Koexistenz ist ihrem Wesen nach eine spezifische Form des Klassenkampfes zwischen Sozialismus und Kapitalismus, in der die sozialistischen Staaten den Kampf gegen die Kriegspolitik der imperialistischen Staaten und für die Erhaltung und Festigung des Friedens führen sowie günstige internationale Bedingungen für den Aufbau des Sozialismus und Kommunismus sowie den Kampf des internationalen Proletariats um die Beseitigung des Imperialismus und für die revolutionäre Umgestaltung der Gesellschaft schaffen. Sie wird als friedlicher Wettbewerb des Sozialismus mit dem Kapitalismus auf ökonomischem und sozialem Gebiet ausgetragen, in dem die sozialistischen Staaten die wirtschaftliche und politische Stärke des sozialistischen Weltsystems sowie seinen internationalen Einfluss unablässig vergrößern.

(Militärlexikon, Militärverlag Berlin (Ost), 1973/2, S. 110 ff.)

Material 10

Breschnew-Doktrin

[...] Wir können jedoch nicht damit einverstanden sein, dass feindliche Kräfte ihr Land vom Weg des Sozialismus stoßen und die Gefahr einer Lostretung der Tschechoslowakei von der sozialistischen Gemeinschaft heraufbeschwören. Das sind nicht mehr nur ihre Angelegenheiten. Das sind die gemeinsamen Angelegenheiten aller Kommunistischen und Arbeiterparteien und aller durch Bündnis, durch Zusammenarbeit und Freundschaft vereinten Staaten. Das sind die gemeinsamen Angelegenheiten unserer Staaten, die sich im Warschauer Pakt vereinigt haben [...]
Die Grenzen der sozialistischen Gemeinschaft haben sich bis in das Herz Europas, bis zur Elbe und bis zum Böhmerwald vorgeschoben. Und wir werden niemals damit einverstanden sein, dass diese historischen Errungenschaften des Sozialismus, die Unabhängigkeit und Sicherheit aller unserer Völker in Gefahr geraten. Wir werden niemals zulassen, dass der Imperialismus auf friedlichem oder unfriedlichem Wege, von innen oder von außen, eine Bresche in das sozialistische System schlägt und das Kräfteverhältnis in Europa zu seinen Gunsten verändert [...]

(Breschnjew-Doktrin, Brief der Sowjetunion, Polens, Ungarns, Bulgariens und der DDR an das ZK der KPC vom 15.7.1968: Zeiten und Menschen, Paderborn Bd. 2, S. 413)

Material 11

Charta von Paris (Auszüge)

Wir, die Staats- und Regierungschefs der Teilnehmerstaaten der Konferenz über Sicherheit und Zusammenarbeit in Europa, sind in einer Zeit tief greifenden Wandels und historischer Erwartungen in Paris zusammengetreten. Das Zeitalter der Konfrontation und der Teilung Europas ist zu Ende gegangen. Wir erklären, dass sich unsere Beziehungen künftig auf Achtung und Zusammenarbeit gründen werden. Europa befreit sich vom Erbe der Vergangenheit. Durch den Mut von Männern und Frauen, die Willensstärke der Völker und die Kraft der Ideen der Schlussakte von Helsinki bricht in Europa ein neues Zeitalter der Demokratie, des Friedens und der Einheit an.
Nun ist die Zeit gekommen, in der sich die jahrzehntelang gehegten Hoffnungen und Erwartungen unserer Völker erfüllen: unerschütterliches Bekenntnis zu einer auf Menschenrechten und Grundfreiheiten beruhenden Demokratie, Wohlstand durch wirtschaftliche Freiheit und soziale Gerechtigkeit und gleiche Sicherheit für alle unsere Länder. Die zehn Prinzipien der Schlussakte werden uns in diese im Zeichen hoher Aufgaben stehende Zukunft leiten [...]

(Quelle: Charta für ein neues Europa. Erklärung des Gipfeltreffens der „Helsinki"-Staaten in Paris am 21. November 1990)

Material 12

Die weitere Entwicklung...

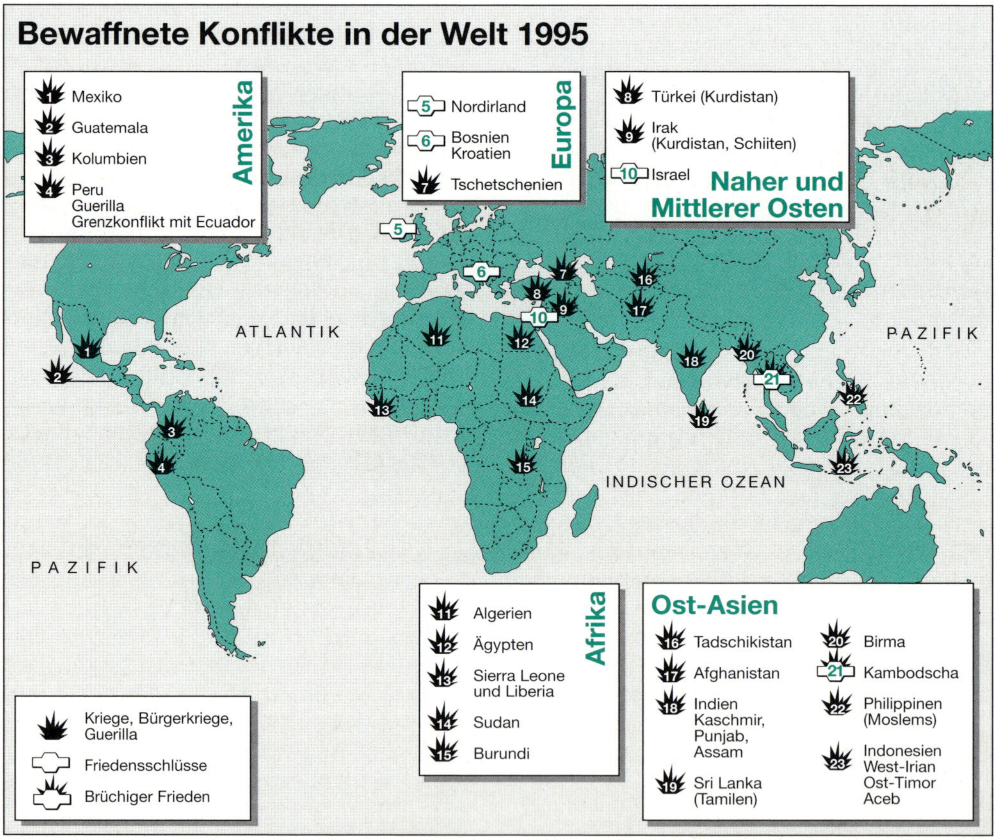

(Das Parlament, Nr. 16/17 v. 12./19.04.1996, S. 1)

VIII

Stabilität und Wandel der internationalen Politik

1. Strukturen internationaler Politik heute

1.1 Krisen und Konflikte als Realität der neuen „Weltunordnung“

Zwei Bürger im Gespräch

Bürger:
Nichts Bessers weiß ich mir an Sonn- und Feiertagen
Als ein Gespräch von Krieg und Kriegsgeschrei,
Wenn hinten, weit, in der Türkei,
Die Völker aufeinander schlagen.
Man steht am Fenster, trinkt sein Gläschen aus
Und sieht den Fluss hinab die bunten Schiffe gleiten;
Dann kehrt man abends froh nach Haus
Und segnet Fried‘ und Friedenszeiten.

Anderer Bürger:
Herr Nachbar, ja! so lass ich‘s auch geschehn,
Sie mögen sich die Köpfe spalten,
Mag alles durcheinander gehn;
Doch nur zu Hause bleib‘s beim Alten.

(Goethe, Faust 1. Teil)

◆ „Seit 1945 umfasst das internationale System die 5 Erdteile, die gesamte Menschheit [...] Die Erschütterung an einem Punkt des Erdballs teilt sich allmählich dem ganzen Planeten mit.“◆

(Raymond Aron, Frieden und Krieg, Frankfurt/M. 1986, S. 435)

Nach dem Ende des **Ost-West-Konflikts**, der mit seiner **bi-polaren Struktur** die Welt einerseits in zwei unversöhnliche Lager trennte, sie andererseits aber auch auf eine starre, jahrzehntelang stabile Ordnung fixierte, schien nach dem Zusammenbruch des **„sozialistischen Lagers“** erstmals im **Golfkrieg** 1990/91 mit der Kooperation der beiden Großmächte USA und UdSSR die Hoffnung auf eine **neue Weltordnung** realistisch: Einvernehmliches Handeln der internationalen Staatengemeinschaft, die Solidarität der in den UN versammelten nahezu 200 Staaten der Erde würden nun den Störenfried zur Ordnung rufen und ihn, von der Staatengemeinschaft als Aggressor verurteilt und isoliert, in seiner aussichtslosen Lage auch ohne Gewaltanwendung zum Einlenken bewegen.
Schon im Golfkrieg aber trog diese Hoffnung, und inzwischen geriet die Welt mit einer Vielzahl ethnischer, religiöser und sozialer Konflikte eher in eine neue **Welt-Unordnung:** Man spricht von einem **Krisenbogen**, der sich von Zentralafrika über Nordafrika, den nahen und mittleren Osten und das südöstliche Europa bis in den Süden der früheren Sowjetunion erstreckt: nicht mehr der große Kalte Krieg, sondern viele kleine heiße Kriege, in denen Millionen von Menschen vertrieben werden und umkommen.
Raymond Arons Überzeugung von der einen Welt ist uns heute dank einer weltweiten Berichterstattung in den Medien eine Selbstverständlichkeit. Vor allem Bilder und Meldungen zu Naturkatastrophen, Hungersnöten, Terroranschlägen oder kriegerischen Auseinandersetzungen irgendwo auf der Erde erreichen uns oft schon nach wenigen Stunden, wobei die Vielzahl von Beteiligten, Interessen, Standpunkten, Zielsetzungen und Lösungsvorschlägen in einem ständigen Hin und Her zunächst eher verwirrend und abschreckend auf uns wirken. Dann stellt sich **Betroffenheit** ein, wir erkennen in der Vielschichtigkeit **(Komplexität)** Zusammenhänge **(Interdependenz)**, fragen nach Ursachen, suchen nach Möglichkeiten zur Hilfe und fordern, dass **internationale Organisationen** nicht nur den in Not geratenen Menschen möglichst rasch helfen, sondern einen Beitrag zur gewaltfreien Beilegung von Konflikten leisten.

Material 1

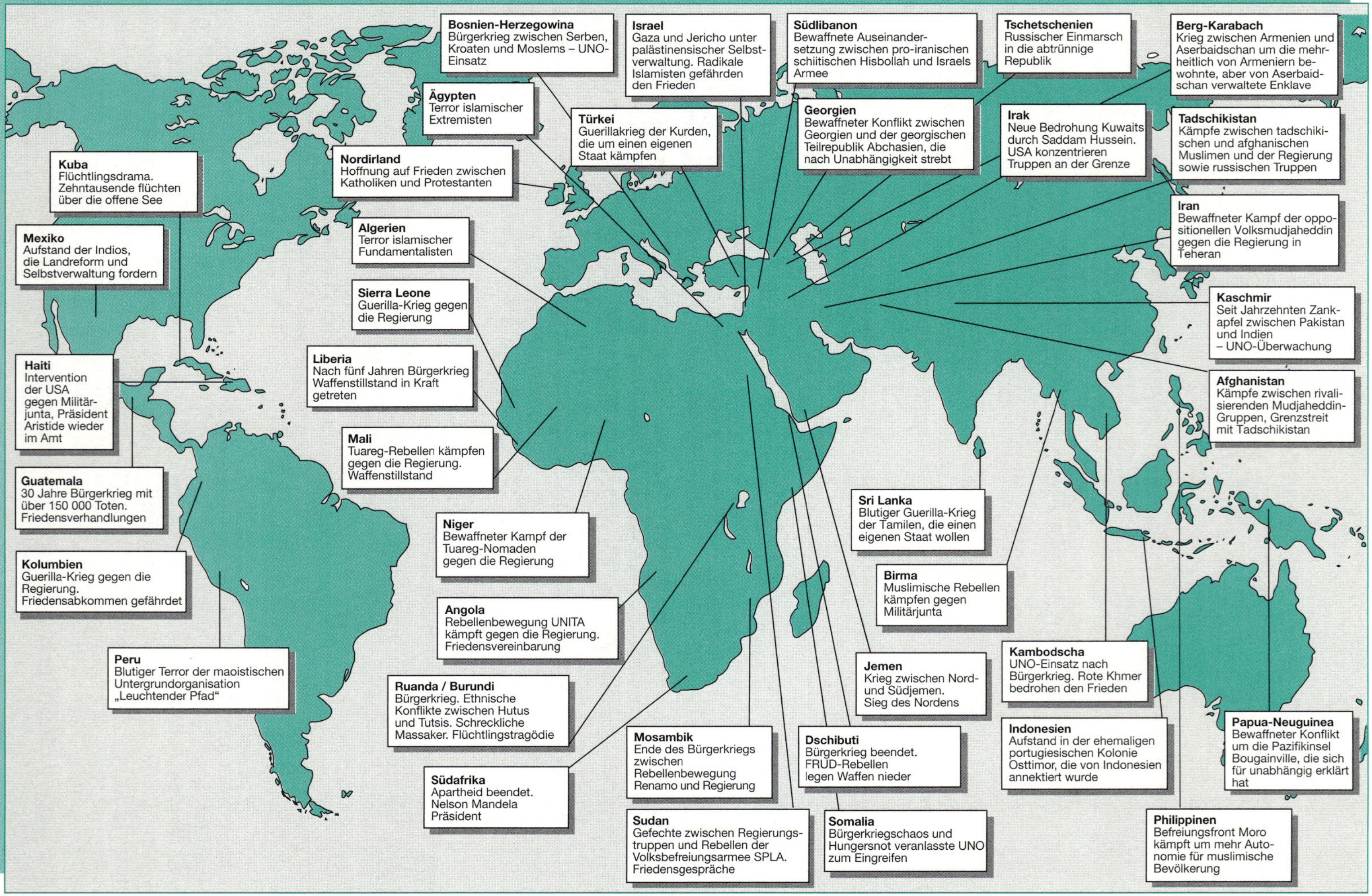

(IAP-Dienst „Sicherheitspolitik“ Nr. 1/1995, S. 9)

Material 2

„Wer kümmert sich schnellstens um das Problem in Zaire?“

(AZ vom 06.11.1996, S. 2)

Material 3

Kriege und Regionen

Pro Jahr geführte Kriege nach Regionen 1945–1994

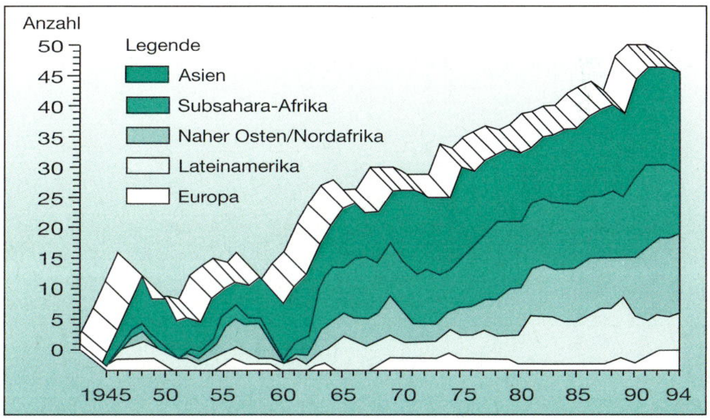

(Quelle: AKUF)

Material 4

Kriegsursachen

(Uli Jäger / Volker Matthies, Krieg in der Zweidrittel-Welt, Stuttgart/Tübingen 1992, S. 6. © Verein für Friedenspädagogik, Tübingen)

Aufgaben

1. *Präzisieren Sie die These von der neuen Weltunordnung anhand der Materialien 2 – 4! Greifen Sie dabei zurück auf Theo Sommers Beitrag „Die Welt im ausgehenden 20. Jahrhundert“, S. 352 f.! Erörtern und konkretisieren Sie die dort formulierten „drei Grundbefürchtungen!*
2. *Aktualisieren Sie Material 12, S. 362, indem Sie Konflikte streichen und/oder ergänzen! Versuchen Sie den Konflikten Kriegsursachen (vgl. Material 4) zuzuordnen!*

1.2 Frieden als Aufgabe und Ziel nationaler und internationaler Politik

Material 5

Was ist Frieden?

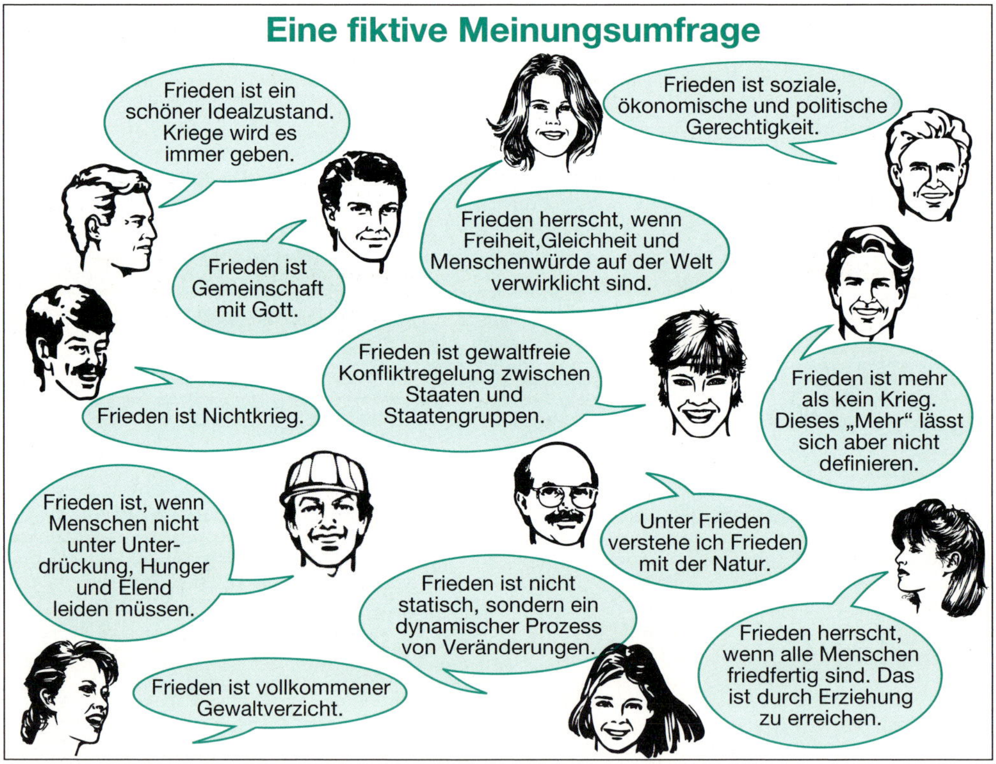

(ISB (Hrsg.), Handreichung für den Sozialkundeunterricht am Gymnasium, Donauwörth 1993, S. 131)

Material 6

Formen der Gewalt

Gewalt liegt dann vor, wenn Menschen so beeinflusst werden, dass ihre aktuelle körperliche und geistige Verwirklichung geringer ist als ihre potentielle Verwirklichung.
Diese Aussage mag mehr Probleme aufwerfen als lösen. Es wird jedoch deutlich werden, warum wir den eng gefassten Begriff von Gewalt ablehnen, demzufolge Gewalt eine bloße physi-

sche Beschädigung oder ein Angriff auf Leib und Leben ist. [...]
Gewalt wird [...] definiert als die Ursache für den Unterschied zwischen dem Potentiellen und dem Aktuellen, zwischen dem, was hätte sein können und dem, was ist. Gewalt ist das, was den Abstand zwischen dem Potentiellen vergrößert oder die Verringerung dieses Abstands erschwert.
Wenn das Aktuelle nicht vermeidbar ist, liegt keine Gewalt vor. Eine Lebenserwartung von nur dreißig Jahren war in der Steinzeit kein Ausdruck von Gewalt, aber dieselbe Lebenserwartung heute (ob auf Grund von Kriegen, sozialer Ungerechtigkeit oder beidem) wäre nach unserer Definition als Gewalt zu bezeichnen.
Außer diesen Typen von **indirekter Gewalt** gibt es auch die **direkte Gewalt,** die die Möglichkeiten der Verwirklichung nicht nur unterdrückt, sondern diese sogar zerstört.
Eine weitere Unterscheidung ist die zwischen **physischer** und **psychischer Gewalt.** Mit physischer Gewalt fügt man Menschen physischen Schmerz zu; ihre extremste Form ist das Töten. Die Gewalt, die gegen die Psyche gerichtet ist, umfasst u.a. Manipulation, Gehirnwäsche, Indoktrination verschiedenster Art, Drohungen usw. Also alle Techniken, die auf die Verminderung der geistigen Möglichkeiten abzielen.
Der Typ von Gewalt, bei dem es einen Akteur gibt, bezeichnen wir als **direkte** (personale Gewalt, die Gewalt ohne einen direkten Akteur als **strukturelle** oder **indirekte Gewalt.**
In beiden Fällen können Individuen im doppelten Sinne der Wörter getötet, geschlagen oder verletzt werden und durch den strategischen Einsatz von Zuckerbrot und Peitsche manipuliert werden. Aber während diese Konsequenzen im ersten Fall auf konkrete Personen als Akteure zurückzuführen sind, ist das im zweiten Fall unmöglich geworden: hier tritt niemand in Erscheinung, der einem anderen direkt Schaden zufügen könnte; die Gewalt ist in das System eingebaut und äußert sich in ungleichen Machtverhältnissen und folglich in ungleichen Lebenschancen.

Rolf Lehmann (Hrsg.), Erziehung zum Frieden, Evangelischer Gemeindedienst für Württemberg, Stuttgart o.J., S. 80 f.)

Material 7

Dimensionen des „positiven“ Friedens

(nach: DGFK-Informationen 3/1973, S. 23)

Material 8

Prozessmuster / Austrag	Feindschaft		Macht	Koexistenz	Kooperation / Harmonisation	Integration
Modus	Gewalt: direkt		indirekt	Kompromiss	Anpassung	Recht
Mittel	Krieg Blockade	militär. Drohung Boykott	Druck Ausbeutung Ökonomische Drohung	Konferenz Verhandlung	Hilfe	Wahlen Abstimmung
Instrument	Militär	Militär Wirtschaft	wirtschaftl. Stärke	Diplomatie	Beschlüsse Mehrheitsbeschlüsse	Verfassung

(E. O. Czempiel, Beilage Parlament Nr. 20, 1974)

Aufgaben

3. *Führen Sie in Ihrem Kurs eine Befragung „Was ist Frieden?" durch! Ordnen Sie die unterschiedlichen Friedensvorstellungen den Materialien 5 – 8 zu!*
4. *Definieren Sie die Begriffe „negativer Frieden", „positiver Frieden" und „Frieden als Prozess"! Vergleichen und diskutieren Sie ihre Reichweite, praktische Verwendbarkeit und Wünschbarkeit!*
5. *Überlegen Sie, welcher Friedensbegriff in der öffentlichen Diskussion/in der Politik zugrunde liegt, wenn von „Friedenssicherung" oder „Friedensverträgen" die Rede ist!*

1.3 Formen und Möglichkeiten internationaler Konfliktregelung unter sich verändernden Strukturen des internationalen Systems

An drei Konflikten, die vor allem uns Europäer betroffen und die internationalen Beziehungen erheblich geprägt haben, soll nachfolgend untersucht werden, wie sehr Verlauf und Regelung dieser Konflikte durch die jeweilige internationale Konstellation mitbestimmt war.

▶ *Der arabisch-israelische Konflikt*

- 1947: UN-Vollversammlung billigt die Teilung Palästinas in einen jüdischen und arabischen Teilstaat.
- 1947/48: Israels **Unabhängigkeitskrieg** gegen seine Nachbarn Ägypten, Irak, Libanon, Syrien und Transjordanien.
- 1956: Im **Sinai-Feldzug** führt Israel zusammen mit Frankreich und Großbritannien einen Angriff gegen Ägypten (dies hatte den Suez-Kanal verstaatlicht) und erweitert sein Staatsgebiet (Gaza-Streifen, Sinai). Auf Druck der UN muss es aber seine Truppen aus Sinai

wieder abziehen, bleibt aber für die arabische Welt fortan als Bundesgenosse westlicher Kolonialpolitik diskreditiert.

- 1967 **Sechstagekrieg**: In einem Überraschungsangriff fügen die israelischen Streitkräfte Ägypten, Syrien und Jordanien eine demütigende Niederlage zu, die Golanhöhen, die Westbank mit der Altstadt von Jerusalem und die Sinai-Halbinsel werden von Israel anektiert; verheerende politisch-psycholog. Folgen für Israels Gegner in Nahost.

- 1973 **Jom-Kippur-Krieg**: Okt. 1973: Syrisch-ägypt. Überraschungsangriff auf Israel. Die USA ergreifen Partei für Israel, die UdSSR für die Araber, beide fordern eine sofortige Feuereinstellung, unterstützen aber ihre Seite mit Waffenlieferungen. In schweren Luft- und Panzerkämpfen gewinnt Israel militärische Überlegenheit, obwohl auch Jordanien, Saudi-Arabien, Kuwait, Marokko und Tunesien Israels Gegner unterstützen. Die Supermächte können eine direkte militär. Konfrontation ihrer Flottenverbände im Mittelmeer nur knapp vermeiden.
Nov./Dez.: Die „Erdölwaffe", ein Lieferboykott arabischer Erdölförderländer gegen westl. Industrieländer, zwingt Westeuropa zu drastischen Energiesparmaßnahmen wie „Sonntagsfahrverboten" und verursacht erhebliche Störungen der Weltwirtschaft. Die Bundesregierung fügt sich dem Ölboykott und untersagt den USA Waffenlieferung in das Kriegsgebiet aus ihren Depots in der BRD; Spannungen USA-BRD; EG fordert Israel zum sofortigen Rückzug auf, auch Japan nimmt eine pro-arabische Haltung ein.

- 1974: Nachdem die beiden Großmächte die Einstellung der Kämpfe erzwungen haben, setzen die **UN** ihre Möglichkeiten des **Krisenmanagements** ein (Blauhelmeinsätze in Pufferzonen zwischen den Fronten, Vermittlungsversuche, Zionismus-Resolution der UN-Vollversammlung; Reisediplomatie, humanitäre Hilfe u.a.m.), bleiben letztlich aber erfolglos in ihrem Bemühen um Beendigung dieses fast 50-jährigen Nahost-Konflikts, vor allem weil USA und UdSSR den Sicherheitsrat mit ihrem Veto zum Schutz ihrer „Klienten" blockieren.

- Verhandlungen gelingen dann schrittweise durch Vermittlung der USA, wie zunächst der **Friedensvertrag von Camp David** zwischen Ägyptens Präsident **Anwar-el-Sadat** und Israels Ministerpräsident **Menachem Begin** 1978; beide erhalten den Friedensnobelpreis, Anwar-el-Sadat wird im Oktober 1981 als „Verräter" von arabischen Terroristen ermordet. 1991 beginnt die **Madrider Nahost-Friedenskonferenz**; unter Schirmherrschaft der USA und UdSSR nehmen Israel, Syrien, Libanon, Ägypten, Jordanien und Palästinenser Verhandlungen auf („Land gegen Frieden"), erreichen aber nur geringe Fortschritte. Die USA „erzwingen" ab 1993 direkte Verhandlungen zwischen Israel und den Palästinensern, die Schritte zur Verständigung einleiten, den Palästinensern begrenzte Autonomie sichern (Selbstverwaltung unter ihrem Präsidenten Arafat, Abzug der Armee aus Hebron u.a. Städten) und zur gegenseitigen Anerkennung Israels und der PLO führen. Auch zwischen Jordanien und Israel kommt es zur Annäherung, zwischen Israel und Syrien scheinen die Gegensätze vor allem wegen der strategisch wichtigen Golanhöhen vorerst unüberbrückbar. Die Ermordung des israelischen Ministerpräsidenten Rabin durch einen religiös-fanatischen Israeli 1995 bringt nach Neuwahlen auch den Likud-Block in die von Ministerpräsident Netanjahu geführte Regierung, was den Friedensprozess zunächst ins Stocken bringt, aber nicht verhindern kann, dass mit dem Hebron-Abkommen im Januar 1997 ein weiterer wichtiger Schritt beim Rückzug der Israelis aus den besetzten Gebieten möglich wird.

Gegenseitiges Misstrauen, israelische Siedlungsprogramme und palästinensische Attentate blockieren den Nahost-Friedensprozess auch über die schwierigsten Verhandlungen zwischen Israel und den Palästinensern von Wye. Unter massivem Druck des US-Präsidenten Bill Clinton und mit Unterstützung des jordanischen Königs Hussein wurde nach zähen Verhandlungen der **Wye-Pakt** „LAND FÜR SICHERHEIT" unterzeichnet. Er umfasst **vier Kernelemente:** israelischer Truppenrückzug aus weiteren 13 % der besetzten Gebiete, palästinensische Sicherheitsgarantien (Festnahme und Strafverfolgung von mutmaßlichen Terroristen), Änderung der Palästinenser-Charta (Zerstörung des Staates Israel wird als Ziel gestrichen) sowie Handels- und Verkehrszusagen.

Material 9

Stellung der UNO im Nahostkonflikt – Konfliktparteien und -strukturen (80er-Jahre)

Verbündete, Industriestaaten, Entwicklungsländer

USA — UdSSR

Konfliktfelder
- geostrategische und wirtschaftliche Interessen
- Verhältnis zu Israel
- Verhältnis zu den arabischen Staaten

ARABISCHE WELT

Islam.-fundamentalist. Regierungen — Radikale Regierungen — Gemäßigte Regierungen

Konfliktfelder
- Existenzrecht Israels
- Verhandlungen mit Israel
- Verhältnis zur PLO
- Palästin. Nationalstaat
- Verhältnis zu den Großmächten

PALÄSTINA

BESETZTE GEBIETE (Westbank, Gaza-Streifen)

Palästinenser ⟺ Israel. Besatzung

Palästinenser: Radikale — Gemäßigte

Israel. Besatzung: Siedler — Militärverw. — Politik

Radikale: PLO, Islam. Fundamentalisten

Gemäßigte: Honoratioren

Konfliktfelder
- Palästinensischer Nationalstaat oder Konföderation mit Jordanien
- Existenzrecht Israels
- Verhandl. mit Israel
- Terror
- Landnahme oder Rückgabe
- Verhandlungen mit der PLO

ISRAEL (KERNGEBIET)

Juden ⟺ Israelische Araber

Juden: „Versöhnler" — Realisten — Radikale/Konservative

Israelische Araber: Gemäßigte — Radikale

„Versöhnler": „Frieden Jetzt"-Bewegung, Radikale Linke

Realisten: Maarach, Likud, Liberale

Radikale/Konservative: Relig. Orthodoxe Gush Emunim, Kach-Partei (Kahane)

Gemäßigte: Honoratioren

Radikale: PLO, Islam. Fundamentalisten

Konfliktfelder
- Israel = weltlicher oder jüdischer Staat
- Gleichberechtigung und Integration der israelischen Araber
- Verhältnis zu Israel
- Verhältnis zur PLO
- Verhältnis zu Jordanien
- Politische und wirtschaftliche Gleichberechtigung

(Georg Breithecker, in: Israel und der Nahost-Konflikt, Heft 3/1988 der Reihe POLITIK UND UNTERRICHT, Landeszentrale für polit. Bildung, Baden-Württemberg, S. 11)

Material 10

Zwischen Terror und Diplomatie

▶ Der Golfkrieg 1990/91

In der veränderten weltpolitischen Konstellation des Jahres 1990 entwickelt sich in der Golf-Region ein neuer Konflikt: Religiöser Fanatismus (von Iran ausgehender Fundamentalismus mit radikaler Ablehnung westlicher Gesellschaftsformen und Lebensstile), aggressive Hegemonialpolitik des irakischen Staatschefs Saddam Hussein, das ungelöste Palästinenserproblem und die Sorge des Westens um eine sichere Ölversorgung aus dem Persischen Golf geben einem regionalen Konflikt globale Bedeutung.

2. August 1990:
Irakische Truppen überfallen und besetzen das Ölscheichtum Kuwait. Damit kontrolliert Saddam Hussein rund 20 % der Welterdölreserven. Der UN-Sicherheitsrat fordert den „sofortigen und bedingungslosen Rückzug".

6. August:
Der UN-Sicherheitsrat beschließt ein Handels-, Finanz- und Militärembargo gegen den Irak.

8. August:
US-Präsident Bush beordert erste Truppenverbände an den Golf; 12 von 20 arabischen Staaten stimmen einer gesamtarabischen Streitmacht zum Schutz Saudi-Arabiens zu.

12. August:
Saddam Hussein propagiert eine „globale Lösung" und sucht sich zum Anwalt und Führer der arabischen Staaten zu stilisieren, indem er die Beilegung der Krise verknüpft mit dem Abzug der Israelis aus Palästina, der Syrer aus dem Libanon und der Amerikaner aus Saudi-Arabien und der Golfregion.

25. August:
Der UN-Sicherheitsrat billigt Gewalteinsatz gegen den Irak zur Durchsetzung des Embargos.

September:
Hussein annektiert Kuwait als 19. irakische Provinz. USA und UdSSR fordern bedingungslosen Rückzug. Frankreichs Präsident Mitterand schlägt den UN einen Nahost-Friedensplan vor.
Der Irak droht mit Angriffen gegen Israel, falls die internationale Streitmacht am Golf (25 Staaten sind beteiligt, darunter auch arabische Staaten, nicht die Bundesrepublik) gegen ihn vorgehen werden; er ist inzwischen politisch und militärisch vollkommen isoliert, nur der Sudan und die Palästinenser sind für ihn.

29. November:
Mit seiner 12. Golfresolution setzt der UN-Sicherheitsrat dem Irak eine Frist bis zum 15. Januar 1991. Danach sind „alle notwendigen Mittel" gestattet um den Irak zurückzuschlagen; intensive diplomatische Bemühungen, Vermittlungsversuche und Bittgänge (UN, EU, USA, UdSSR sowie Kurt Waldheim, Edward Heath, Willy Brandt u.a.) zur gewaltfreien Beilegung der Krise scheitern an Husseins Unnachgiebigkeit.

17. Januar 1991:
Die Alliierten beginnen mit schweren Luftangriffen auf militärische Ziele; nach einer zweitägigen Bodenoffensive kapituliert der Irak und akzeptiert die Bedingungen der UN, muss aber bis heute wiederholt unter Androhung militärischer Sanktionen zur Einhaltung der UN-Resolutionen (Konflikt mit den Kurden im Norden des Irak, Rüstungsbeschränkungen) gezwungen werden.

▶ Der Bosnien-Konflikt: Beispiel für einen neuen Typ von Konflikt in Europa

Geschichtliche Dimension

Der Vielvölkerstaat Jugoslawien entstand als Ergebnis der Niederlage der Achsenmächte im 1. Weltkrieg aus Makedonien, Serbien und den zuvor österreich-ungarischen Gebieten Bosnien, Kroatien und Slovenien. Der ethnischen Vielfalt (s. Karte) entsprachen die sprachliche und religiöse Zersplitterung als Ergebnis jahrhundertelanger Besetzung durch osmanisch-muslimische (Serbien) bzw. habsburgisch-christliche Vorherrschaft: Slovenen und Kroaten sind überwiegend katholisch, Serben, Makedonier und Montenegriner orthodox, in Bosnien-Herzegowina leben überwiegend Muslime, serbo-kroatisch, slovenisch und mazedonisch bildeten deutliche Sprachbarrieren zwischen den so verschiedenen Bevölkerungsteilen Jugoslawiens. Der historisch und kulturell-ethnisch dominierende Konflikt zwischen einerseits Serben und andererseits Slovenen/Kroaten verschärfte sich noch, als deutsche Truppen 1941 den Vielvölkerstaat besetzten, den Faschisten Ante Pavelic an die Spitze eines Vasallenstaates

Material 11

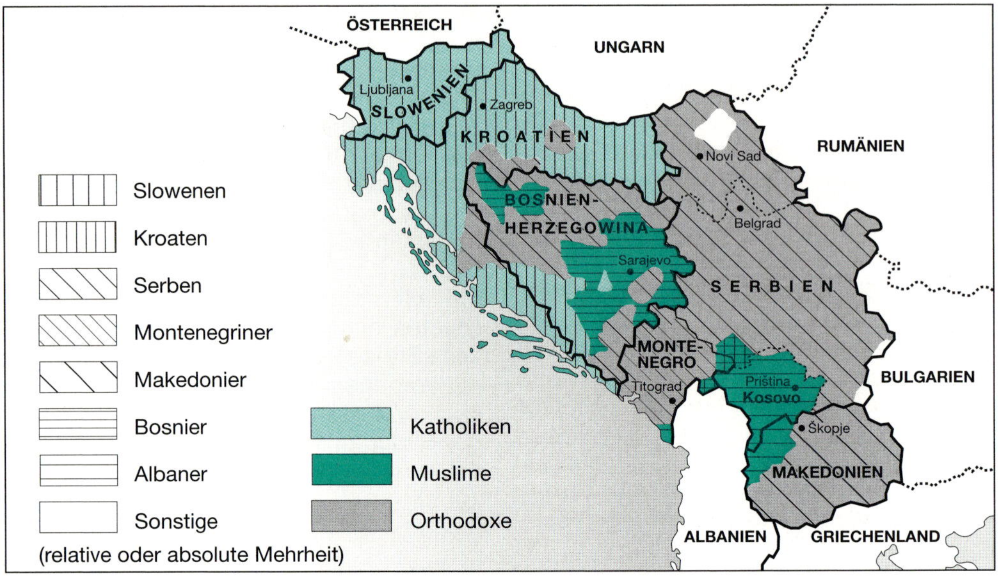

(nach: Fritz Blumöhr u. a., Internationale Politik – Grundlage/Ziele/Probleme, Bamberg (C. C. Buchners Verlag) 1996, S. 122)

„Kroatien“ (Slovenien, Kroatien und Bosnien) brachten und die faschistische Ustascha nun die Serben massakrierte um sich für frühere Unterdrückung an ihnen zu rächen. Tito organisierte den Partisanenkrieg gegen die Besatzungsmacht und integrierte nach 1945 als charismatischer Führer das verarmte Land trotz aller Gegensätze zum „Sozialistischen Bundesstaat Jugoslawien“.
Autoritär (Kontrolle der Presse, Ausschalten jeglicher Opposition etc.) und zugleich mit Distanz zum Ostblock regierte er, wie er selbst gesagt haben soll, „ein Land mit zwei Alphabeten, drei Sprachen, vier Religionen, fünf Nationalitäten, die in sechs Republiken leben [...]“.
Nach dem Zusammenbruch des Kommunismus in Osteuropa gewannen auch in Jugoslawien wieder, von Klammer und Druck der sozialistischen Ideologie befreit, die alten separatistischen und nationalistischen Tendenzen die Oberhand. Der Aufstand der Kosovo-Albaner wurde 1981 von den Serben noch brutal niedergeknüppelt, gegen die Unabhängigkeitserklärung Kroatiens und Sloveniens im Juni 1991 aber war die serbisch dominierte Bundesarmee machtlos. Nach wenigen Scharmützeln im Norden verlagerten sich die Kämpfe der Nationalitäten, Religionen, Kulturen und Sprachen um ihre Siedlungsgebiete nach Bosnien.

Interessen und Ziele

Kroatien strebt einen Rückzug der serbischen Armee aus kroatischen Gebieten (Krajina) an. Außerdem möchte es seinen Anspruch und Einfluss auf kroatisch besiedelte Teile Bosniens geltend machen. Zur Durchsetzung dieses Zieles sind der kroatischen Regierung auch militärische Mittel recht.
Die von Moslems dominierte Regierung Bosnien-Herzegowinas will die Anerkennung des gesamten Territoriums des ehemaligen Bundesstaates Bosniens als Bestandteil des eigenen Staates mit einer Regierung, einer Verwaltung, einer Armee. Nach dem Scheitern politischer Initiativen setzt die Regierung auf ihre Armee um an die Serben verlorene Gebiete wieder zurückzuerobern.
Die **bosnischen Serben** wollen einen eigenen unabhängigen Staat, der einen Großteil des bosnischen Gebietes umfasst. Dieser Staat soll rein serbisch besiedelt sein. Zur Durchsetzung der Ziele dient ihnen ihre Armee, die zu Beginn des Krieges große Gebietsgewinne erzielen kann, die dann „ethnisch gesäubert“ (Ermordung, Vertreibung) werden. Fern-

ziel ist die Eingliederung in das serbisch dominierte Restjugoslawien (Serbien): die Gründung eines „Großserbiens“.
Die **bosnischen Kroaten** sind zu einer Föderation mit der bosnischen Regierung bereit. Sie kämpfen zeitweilig an ihrer Seite gegen die bosnischen Serben.

Serbien, das seine Position niemals offiziell bekundet hat, unterstützt die bosnischen Serben offen militärisch und wirtschaftlich. Offensichtlich laufen die Pläne der serbischen Regierung auf ein „Großserbien“ hinaus, das alle von Serben – auch in der Minderheit – besiedelten Gebiete umfasst.

Material 12

Die Aufteilung Bosniens

Material 13

Wesentliche Daten und Ereignisse der Balkankriege

1991 **Juni:** Slowenien und Kroatien erklären ihre Unabhängigkeit; dagegen setzt Jugoslawien seine Bundesarmee ein; Kämpfe dauern nur drei Tage.

Dezember: Aufständische Serben erklären die Unabhängigkeit der Krajina in Kroatien; erneute Kämpfe; UNO vermittelt Waffenstillstand und entsendet 14 000 Blauhelme nach Kroatien; Krajina bleibt serbisch kontrolliert.

1992 **März:** Bosnische Muslime und Kroaten stimmen für die Unabhängigkeit ihrer Republik; die bosnischen Serben boykottieren das Referendum; die EU erkennt Bosnien an; Beginn der Kämpfe.

April: Serben beginnen mit Belagerung Sarajewos; Leiden, Opfer unter Zivilbevölkerung.

Oktober: UN-Sicherheitsrat beschließt Flugverbot für militärische Flüge über Bosnien-Herzegowina.

1993 Beginn des Krieges zwischen den zuvor verbündeten Moslems und Kroaten; die bosnischen Serben unter General Mladic, mit Serbiens Unterstützung stärks-te Kriegspartei, beginnt mit „ethnischen Säuberungen“, der planmäßigen Vertreibung und Ermordung v.a. von Muslimen.

Januar: Die EU-Vermittler Vance und Owen legen einen Friedensplan für Bosnien vor (zehn halb autonome Regierungen unter einer Zentralregierung); die bosnischen Serben lehnen ab; die EU setzt weiter auf politische Lösung des Konflikts.

April: UN-Sicherheitsrat verschärft Sanktionen gegen Serbien.

Mai: UN-Sicherheitsrat richtet Schutzzonen für die Bevölkerung ein, die von den bosnischen Serben immer wieder missachtet werden.

Juni: Vance-Owen-Plan wird für gescheitert erklärt; die EU-Vermittler legen einen neuen Plan zur Dreiteilung des Landes vor, der von bosnischen Moslems und Kroaten abgelehnt wird.

1994 **Februar:** NATO-Kampfflugzeuge schießen bei Kontrollflügen über Bosnien vier serbische Maschinen ab: erster Kampfeinsatz der NATO im UN-Auftrag.

Dezember: Friedensplan der Bosnien Kontaktgruppe (USA, Russland, GB, F, BRD) sieht Zweiteilung des Landes und Anschluss der bosnischen Serben an Serbien vor; die bosnische Regierung lehnt ab.

1995 **Juni:** NATO und EU beschließen Aufstellung einer schnellen Eingreiftruppe zum Schutz der UN-Blauhelme.

Juli: Serben erobern die UN-Schutzzonen Srebenica und Zepa; Massenmorde an der Bevölkerung.

August: Kroaten erobern Krajina zurück; NATO beginnt trotz russischer Vorbehalte mit systematischen Luftangriffen gegen serbische Stellungen; sie zwingen diese zum Abzug ihrer schweren Waffen aus der Umgebung von Sarajewo (Aufhebung der Belagerung der Stadt) und zur Vereinbarung eines Waffenstillstands unter Führung der USA (Bill Clinton).

Oktober: Waffenstillstand in Kraft.

November: Muslime und Kroaten festigen in Dayton/USA durch Abkommen ihre Föderation; Bosnien, Kroatien und Serbien vereinbaren unter massivem Druck der USA das Friedensabkommen von Dayton.

Dezember: Friedensabkommen von Dayton in Paris unterzeichnet; NATO setzt unter Beteiligung Russlands 60 000 Soldaten ein zur Durchsetzung und Sicherung des Friedensabkommens; Bundeswehrkontingent erstmals beteiligt, nachdem das BVerfG die Klage der SPD abgewiesen hat.

1996 **Januar:** Humanitäre Hilfe, Wiederaufbauhilfe durch UN und EU.

September: EU organisiert und beaufsichtigt erste Wahlen zur bosnischen Selbstverwaltung; der Moslem Izetbegovic wird 1. Vorsitzender im Rat.

... und die Kosten
Ca. 250.000 Tote, 175.000 Verwundete, ca. 4,5 Mio. Flüchtlinge und auf ca. 40 Mrd. US-Dollar geschätzte Kriegsschäden.

1998 beginnen serbische Truppen im Kosovo mit massiver Unterdrückung der Kosovo-Albaner, die sich vergebens gegen die serbische Übermacht mit ihrer „Kosovo-Befreiungsarmee" (UCK) wehren und zu Hunderttausenden nach Albanien und Mazedonien vertrieben werden. Das Milosevic-Regime ignoriert weltweite Proteste gegen diese Gräueltaten ebenso wie politische Vermittlungsbemühungen und militärische Drohungen (UNO, NATO, EU).

19. März: Verhandlungen von Rambouillet und Paris um Autonomie für das Kosovo scheitern, Serbien lehnt einen Friedensplan ab und intensiviert die Vertreibung der Kosovaren.

24. März: NATO-Kampfflugzeuge, darunter deutsche „Tornados", beginnen Luftangriffe ohne Auftrag des UN-Sicherheitsrats zur Abwehr einer **„humanitären Katastrophe"** gegen serbische Luftabwehr, Truppen, Kasernen, Brücken, Ölraffinerien und wichtige Industrieanlagen; auch zivile Objekte werden zerstört. Serben setzen ihre Gräueltaten im Kovoso fort („ethnische Säuberungen"). In Westeuropa mehren sich Zweifel und Kritik an Sinn und Legitimation der Luftangriffe angesichts der Schäden, der zivilen Opfer und der fortdauernden Vertreibungen; vor allem die Bundesregierung gerät unter wachsenden innenpolitischen Druck pazifistischer Parteien/Gruppen.

April–Mai: Der Vermittlungsversuch des russischen Unterhändlers Tschernomyrdin scheitert ebenso wie der Friedensplan der G8-Staaten.

31. Mai–3. Juni: Intensivierung der Luftangriffe; die NATO plant notfalls den Einsatz von Bodentruppen. Unter wachsendem militärischen Druck stimmt das serbische Parlament und schließlich auch Milosevic dem **Friedensplan der G8-Staaten** zu:

- Ende der NATO-Angriffe
- Demilitarisierung der UCK
- Sofortige, kontrollierte Einstellung der serbischen Gewalt und Repression im Kosovo
- Rückkehr der Flüchtlinge unter militärischem Schutz der UN mit „wesentlicher" Teilnahme der NATO; auch russische Einheiten beteiligt
- Vorläufige Verwaltung des Kosovo nach einer Resolution des UN-Sicherheitsrates
- Wirtschaftlicher Wiederaufbau mit internationaler Unterstützung.

Juni: „Stabilitätspakt für den südlichen Balkan" auf Initiative des deutschen Außenministers Joschka Fischer.

Das Friedensabkommen für Bosnien-Herzegowina (Dayton-Abkommen)

Material 14

Geschafft, der Friede steht

Material 15

Die Kernpunkte des Abkommens

Das paraphierte Friedensabkommen für Bosnien-Herzegowina besteht aus zehn Artikeln, elf Zusätzen und 102 Karten

Souveräner Staat
aus zwei Einheiten: muslimisch-kroatische Föderation (51 Prozent) und Serbische Republik (49 Prozent).

Freie Wahlen
in sechs bis neun Monaten.

Neue Verfassung
mit Garantie von Menschenrechten.

Sarajevo
wiedervereinigt unter muslimischer Verwaltung.

Feindliche Armeen
ziehen sich zurück. Drei Kilometer breite Pufferzonen.

Internationale Streitmacht
unter NATO-Kommando soll den Frieden erhalten.

Flüchtlinge
haben das Recht, in ihre Heimat zurückzukehren.

Kriegsverbrechen
Alle Kriegsparteien müssen bei der Verfolgung kooperieren.

Waffenembargo
gegen Ex-Jugoslawien, Handelsembargo gegen Serbien und Montenegro werden aufgehoben.

Goražde
wird durch einen Korridor mit Sarajevo verbunden. Frühere UN-Schutzzonen Žepa und Srebenica gehören zu Serbien.

Brcko-Korridor
zwischen Osten und Westen Serbiens: fünf Kilometer. Über den Status von Brcko entscheidet eine Schlichtungskommission innerhalb eines Jahres.

Aufgaben

6. *Erstellen Sie zum Bosnien-Konflikt ein Schaubild, das die Strukturen, Ebenen, Beteiligten und Interessen verdeutlicht (vgl. M 9 zum Nah-Ost-Konflikt)!*
7. *Ermitteln Sie „Sieger“ und „Verlierer“ des Friedensabkommens von Dayton!*
8. *„Für viele Menschen ist dies kein gerechter Friede, aber ein besserer Friede war nicht zu erreichen.“ Setzen Sie sich mit dieser Äußerung des bosnischen Präsidenten Izetbegovic auseinander! Diskutieren Sie das Ergebnis von Dayton vor dem Hintergrund der verschiedenen Friedensbegriffe (→ VIII/1.2) und der aktuellen Lage in Bosnien-Herzegowina!*
9. *Analysieren und vergleichen Sie die vier skizzierten Konflikte mit Hilfe der in M 16 angegebenen Kategorien! Versuchen Sie erkennbare Modi, Mittel und Instrumente in das Prozessmuster von Czempiel (M 8) einzuordnen!*
10. *Erörtern Sie, inwieweit alle vier Konflikte zu „Konflikten neuen Typs“ werden (M 17)!*
11. *Erörtern Sie die veränderten Rollen der UNO/USA, NATO, EU und SU/Russlands im Nah-Ost-Konflikt, im Bosnien-Konflikt und im Kosovo-Konflikt!*

Material 16

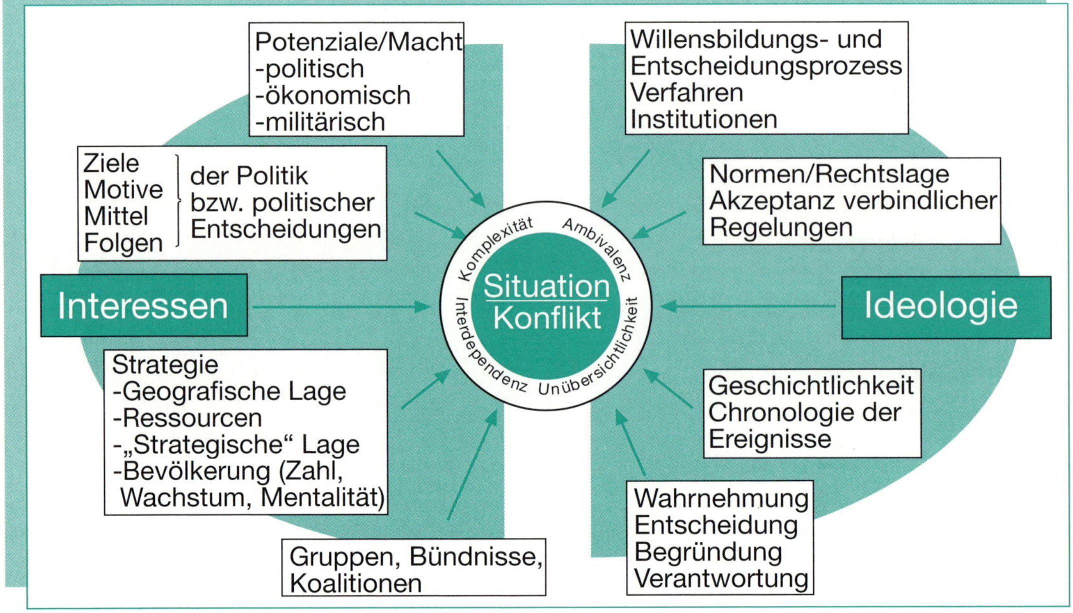

Material 17

Aus dem Lehrplan:

Die Schülerinnen und Schüler sollen die Besonderheiten internationaler Konflikte in der Umbruchphase nach Ende des Ost-West-Konflikts/des Kalten Krieges analysieren.

Mögliche Aspekte:

- Ausbruch von Konflikten, die durch den Ost-West-Macht- und Ideologienkonflikt verdeckt waren bzw.
- Chancen zur Entschärfung früherer Konflikte unter den sich wandelnden Bedingungen internationaler Politik (Kooperation der Großmächte bei der Regelung regionaler Konflikte);
- Existenz von Konfliktpotenzialen durch militärische Aufrüstung bzw. wirtschaftliche und politische Unterstützung von Staaten und Regionen durch die beiden Supermächte;
- „neue" Austragungsformen und Regeln internationaler Politik in einer Zeit des Umbruches bzw. der „Unübersichtlichkeit";
- Prägung/Verschärfung von Konflikten durch nationale, ethnische und religiöse Fundamentalismen;
- Unsicherheit über das Selbstverständnis und die Handlungsmöglichkeiten von Staaten und internationalen Organisationen in einer Zeit des Wandels und des Umbruchs (NATO: von der Politik des Containment über ein Konzept der Abschreckung bzw. des Gleichgewichts zur Politik der „Partnerschaft für den Frieden" mit Russland/Osteuropa).

(Lehrplan für das Leistungsfach Sozialkunde/MSS, hg. vom Ministerium für Bildung, Wissenschaft und Weiterbildung Rheinland-Pfalz, Mainz 1995, S. 33)

► *Versuch einer zusammenfassenden Strukturierung der Kriege*

Der Nahost-Konflikt war fast 45 Jahre lang, bis 1989, Teil der **Ost-West-Bipolarität**: Mittlere und kleinere Staaten waren den **Hegemonialmächten** USA und UdSSR untergeordnet (politisch-ideologisch, ökonomisch, militärisch). Israel und seine arabischen Widersacher benötigten zur Selbstbehauptung Unterstützung und Absicherung durch die

Von der Bipolarität zur Multipolarität

◆ Tatsächlich war der Kalte Krieg ein großer Vereinfacher der internationalen Verhältnisse. Es gab eine klare Lage: zwei gegeneinander gerichtete Bündnisse, zwei unvereinbare Ideologien und zwischen den Lagern eine in die politische Landschaft gezogene und gesicherte Grenze. Heute sind an die Stellen der bipolaren Ordnung multipolare und anarchische Strukturen getreten.◆

(Klaus-Dieter Schwarz, Was bewegt die Weltpolitik?; in: Information für die Truppe Nr. 10/1993, S. 21)

Regionalisierung

◆ Auch im Nahen und Mittleren Osten und in Nordafrika haben sich die Handlungsspielräume der regionalen Antagonisten erweitert. Allerdings gibt es dort eine Region, die sich von allen übrigen Weltregionen unterscheidet: den Persischen Golf, wo rund 65 Prozent der bekannten Weltölvorkommen lagern und wo die westlichen Industrieländer einen künftig wieder wachsenden Anteil ihres Energiebedarfs decken.

Deshalb kann es sich der Westen nicht leisten, diese Region dem Regionalisierungstrend zu überlassen.◆

(Klaus-Dieter Schwarz, a.a.O., S. 26)

Ökonomisierung

◆ Mit dem Ende des Ost-West-Konflikts ist an die Stelle des Primats internationaler Sicherheitsstrukturen die Dominanz internationaler Wirtschaftsstrukturen getreten.◆

(Klaus-Dieter Schwarz, a.a.O., S. 28)

Renationalisierung

◆ Ethnische Gruppen in multi-ethnischen Großstaaten, ethnische Minderheiten in Nationalstaaten, aber auch manchmal die Majoritäten in solchen Staaten bilden eine militant gewendete kollektive Identität aus und leiten daraus die Forderung nach einem eigenen Staate oder nach Verringerung der Präsenz nationsfremder Individuen und Gruppen auf „ihrem" Territorium ab. Die Gründe für dieses Verhalten sind vielfältiger Natur und reichen vom (über globale Kommunikation vermittelten) Bewusstsein der eigenen Unterdrückung bis hin zur Angst vor dem Tempo der Globalisierung, die Statusunsicherheit und Orientierungsprobleme mit sich bringt und bedrohlichen Charakter annehmen kann.◆

(Wilfried von Bredow/Thomas Jäger, Die Außenpolitik Deutschlands – Alte Herausforderungen und neue Probleme; in: Aus Politik und Zeitgeschichte, 4.1.1991, S. 28)

USA bzw. UdSSR und sicherten dafür in ihrer Region auch Interessen und Präsenz ihrer Schutzmacht, bis zur **stellvertretenden Konfliktaustragung**. Schließlich waren auch nur die beiden Supermächte in der Lage, diesen Konflikt politisch zu beherrschen und eine Ausweitung bzw. Eskalation mit der Vernichtung einer der beiden Seiten zu verhindern. Die Präsenz der Hegemonialmächte blieb zwar immer mit dem Risiko ihrer direkten militärischen Konfrontation verbunden, stabilisierte jedoch auch den Nahen und Mittleren Osten in einer Art **Patt-Stellung**.

Mit dem Ende der Ost-West-Bipolarität konnten die zuvor in Bündnissen „disziplinierten" Staaten des Nahen und Mittleren Ostens zunehmend ihre Entscheidungs- und Handlungsfreiheit zurückgewinnen. Die verfestigten Strukturen gerieten nach 1989 in Bewegung; der UN-Sicherheitsrat handelte im Golfkrieg erstmals einmütig und einstimmig, die **„neue Weltordnung"** (US-Präsident George Bush) schien als Ausdruck der Weltgemeinschaft **„kollektive Sicherheit"** ohne Krieg zu ermöglichen, der Krieg am Golf folglich unmöglich, weil der Aggressor sich mit den UN insgesamt konfrontiert sah und ein Waffengang für ihn völlig aussichtslos bleiben musste. Hussein aber nahm dennoch den Krieg in Kauf, offenbar im Vertrauen auf seine schlagkräftige Streitmacht und in der vagen Hoffnung auf anti-israelische und anti-westliche Verbündete in der arabischen Welt; zum anderen glaubte er seinen **Anspruch auf Vormachtstellung** in der Golf-Region nur militärisch durchsetzen zu können. So beweisen Kriegsausbruch und Verlauf abermals die Irrationalität und Brutalität einer primär mit militärischen Mitteln operierenden Machtpolitik. Im Mischungsverhältnis von militärischen und politisch-diplomatischen Mitteln und Methoden der Konfliktaustragung [...] dominierte im Nahost-Konflikt bis 1973 der Krieg, erst danach wurde der Konflikt zunehmend durch die Supermächte politisch kontrolliert und entschärft bis zum Friedensvertrag zwischen Israel und den Palästinensern (1995), zwischen Israel und Jordanien (1995) und den noch andauernden Verhandlungen zwischen Israel und Syrien. **Die UN** spielten dabei als Forum für Rededuelle, humanitäre Aufgaben und Blauhelm-Puffer-Einsätze eher eine Nebenrolle. Im Golfkonflikt, nach dem Ende der Ost-West-Bipolarität, hätten Handlungsfähigkeit und Autorität der UN eine gewaltfreie Konfliktregelung im Sinne der **kollektiven Friedenssicherung** garantieren müssen, weil dem isolierten Aggressor nahezu alle Staaten der Erde gegenüberstanden. Die UN konnten jedoch ihre Resolutionen nur durchsetzen mit den Streitkräften der USA und (im Kern) einiger NATO-Staaten, die dabei zudem auch nationale Interessen verfolgten. Die überwiegende Mehrheit der Staaten war dagegen zu kollektivem Vorgehen gegen den völkerrechtlich eindeutigen Aggressor – aus welchen Gründen auch immer – nicht bereit (vgl. zur Bundesrepublik 1.5).

Auch im Falle der von den Serben jahrelang verübten Grausamkeiten und Massenmorde in **Bosnien** sah die Welt lange tatenlos zu, wie auch in vielen Bürgerkriegen und ethnischen Konflikten in Afrika. Dadurch gab die internationale Staatengemeinschaft Kriegsverbrechern und „warlords" häufig ein Gefühl der Sicherheit und Macht – mit furchtbaren Folgen für die betroffene Zivilbevölkerung. Zu wirksamen Handlungen unfähig zeigte sich – wie bislang in internationalen Krisen – die **Europäische Union**. Trotz großer Ankündigungen und Pläne (vgl. 3.2) blieb sie ein „Papiertiger", auch weil Deutschland, Österreich, die Niederlande u.a. historisch begründet eher die Kroaten unterstützten, während England und Frankreich Serbien, den ehemaligen Verbündeten in zwei Weltkriegen, nicht ganz im Stich lassen wollten. Unter Verschleierung der eigenen Handlungsunfähigkeit oder/und aus Fehleinschätzung ethnischer Gewaltpotentiale ließ die EU jahrelang durch ihre Beauftragten verlauten, der Konflikt könne nicht militärisch, sondern nur politisch gelöst werden. Was nach politischer Klugheit klang, verschaffte ein Alibi beim Abwarten. In jedem Fall hat die EU in Bosnien das Vertrauen verspielt zur Regelung innereuropäischer Konflikte solchen Ausmaßes in der Lage zu sein. Die **USA**, traditionell als „anmaßender Weltpolizist" kritisiert, hatten sich seit 1990 maßgeblich im Golfkrieg, danach in Somalia und Haiti gegen militärische Machthaber und Clans mit Rückendeckung und im Auftrag der UN engagiert. Während des Golfkriegs wurden sie dafür massiv – auch aus der Bundesrepublik – wegen ihrer wirtschaftlichen Interessen angegriffen („Kein Blut für Öl!", „Amis raus aus Kuwait"), in Somalia waren sie schmerzlich gescheitert. An der raschen Beendigung des grausamen Krieges im ehemaligen Jugoslawien hatten sie zunächst kein vitales Interesse, zumal die Europäer (EU) diesen Konflikt vor ihrer Haustür ja selbst in die Hand nehmen und politisch beilegen wollten. Auch erwies sich ein Vorgehen über den UN-Sicherheitsrat als schwierig, da **Russland** aus historischen und religiösen Gründen ein gegenüber den slawischen Serben gemäßigtes, nicht-militärisches Vorgehen favorisierte. Erst der Präsidentschaftswahlkampf in den USA ab Sommer 1995 hat dem amtierenden Präsidenten Bill Clinton – so die vorherrschende Erklärung – in einem Engagement in Bosnien eine Chance geboten sich als Friedensstifter zu beweisen. In der Tat hat die NATO unter energischer Führung der USA mit Luftangriffen innerhalb weniger Wochen die Bereitschaft der Serben zu einem Waffenstillstand und einer akzeptablen Friedensregelung „herbeigebombt". Eigene Verluste waren dabei entgegen der jahrelang geäußerten Befürchtungen, die Tausende von Toten auf Seiten der Friedenstruppen vorausgesagt hatten, kaum zu beklagen. Das Friedensabkommen von Dayton war trotz der Beteiligung der Bosnien-Kontaktgruppe faktisch eine diplomatische Leistung der USA, zumal es gelang, russische Truppen in die militärische Überwachung der Bestimmungen durch die NATO zu integrieren.

► *Die „vergessenen Kriege" und die Rolle der Medien in der internationalen Politik*

Ein Blick auf die Weltkarte der Krisen und Konflikte (1.1, Material 2) genügt um festzustellen, dass sich die Aufmerksamkeit der Weltöffentlichkeit heute nur auf einen kleinen Teil der Kriege richtet. Nur wenige werden zu „Brennpunkten des Weltgeschehens" (vgl. Material 17). Für diese selektive Wahrnehmung ist nicht etwa die kürzere Dauer oder das geringere Ausmaß an Brutalität der von uns kaum wahrgenommenen **„vergessenen Kriege"** verantwortlich. Die jahrelangen grausamen Bürgerkriege in **Liberia** und **Sierra Leone** (seit 1989), im **Sudan** (seit 1983), in **Birma** (seit 1948), **Kashmir** (seit 1992) oder **Tadschikistan** (seit 1992), die allenfalls am Rande oder kurzzeitig beachtet wurden, können stellvertretend für viele genannt werden. Zweifellos spielen die räumliche Nähe (z.B. **Bosnien, Haiti** 1993), politische und wirtschaftliche Interessen (z.B. **Kuwait, Naher Osten**) der westlichen Industrienationen eine wichtige Rolle bei der Wahrnehmung von Konflikten. Von entscheidender Bedeutung für die politische und humanitäre Zuwendung ist aber auch die Anwesenheit der Medien in Spannungsgebieten. Spektakuläre Bilder kilometerlanger Flüchtlingsströme und hungernder Menschenmassen in Lagern (z.B. **Somalia** 1992, **Ruanda** seit 1993, **Zaire** 1996) erweisen sich als „medienwirksam“: Sie stoßen weltweit auf Interesse. Hinter den Kameras der Fernsehteams ziehen Hilfsorganisationen notgedrungen von Krisengebiet zu Krisengebiet. Die Präsenz in den Medien zählt um die Spendengelder, die auch und vor allem nach erschütternden Fernsehreportagen fließen, zu erhalten. Das humanitäre Engagement lässt schnell nach, wo die Aufmerksamkeit der Weltöffentlichkeit nicht mehr vorhanden ist.

Aber die **Macht der Medien** erreicht auch die Politik. An dramatischen Bildern können Politiker auf Dauer nicht vorbei: sie geraten in Zugzwang. Der freie Kriegsjournalismus im **Vietnamkrieg** Ende der Sechziger-, Anfang der Siebzigerjahre setzte die USA außen- und innenpolitisch unter erheblichen Druck. Und als 1995 mitten im amerikanischen Präsidentschaftswahlkampf aus **Bosnien** oder dem **Südlibanon** blutige Szenen über die Bildschirme flimmerten, musste der Präsident zumindest Stellung beziehen. Meist erwartet die Bevölkerung demokratischer Staaten in solchen Situationen von ihren politischen Repräsentanten und den internationalen Organisationen schnelles Handeln, was zuweilen zu hektischer politischer Betriebsamkeit führt.

Auf der anderen Seite werden die Medien auch in der internationalen Politik zum **Objekt der Politik**. Bei militärischen Einsätzen der UNO und NATO unter amerikanischer Federführung lässt sich diese Instrumentalisierung der Medien deutlich beobachten: Im **Golfkrieg** und bei den Kampfeinsätzen in **Bosnien** wurde das Zuschauerinteresse mit ausgewählten Bildern befriedigt. Diese Form der Zensur erweckte bei der eigenen Bevölkerung den Eindruck eines erfolgreichen „sauberen“ Krieges mit „chirurgischen Eingriffen“. Die Bilder suggerierten die computergesteuerte Vernichtung militärischer Ziele ohne schwerwiegende menschliche Opfer bei der Zivilbevölkerung oder bei den eigenen Soldaten. Dagegen versuchte der irakische Diktator Saddam Hussein mit Bildern von Opfern und zerstörten Gebäuden die Medien für seine Zwecke zu gebrauchen. Beim Einsatz der USA in **Somalia** 1992/93 standen die Kameraleute westlicher Nachrichtensender am Strand um die erfolgreiche militärische Landung den gespannten Zuschauern zu präsentieren. Die politische Bereitschaft sich in Somalia zu engagieren sank dann rapide, als es Clanführern gelang, Bilder getöteter und misshandelter US-Soldaten an die Medien und damit an die amerikanische Öffentlichkeit zu bringen. Die Berichterstattung vom Geiseldrama in **Peru** (1996/97) oder von Bombenattentaten in **Algerien** (1997) lässt vermuten, dass auch Rebellengruppen und Terroristen versuchen sich über die Medien ein Forum in der Weltöffentlichkeit zu verschaffen.

1.4 Internationale Politik zwischen Pazifismus und Bellizismus: Krieg als Fortsetzung der Politik mit anderen Mitteln?

Die Bilder von grausamen Kriegsszenen vor allem auch aus Europa und die ersten Kampfeinsätze der NATO außerhalb des Bündnisgebietes (out of area) haben die Debatte über die Legimität und Notwendigkeit militärischer Maßnahmen „als nichts anderes als eine Fortsetzung des politischen Verkehrs mit Einmischung anderer Mittel“ (General v. Clausewitz, 1780 – 1831) neu entfacht (vgl. Material 19, 21). In der Bundesrepubilk entstand innerhalb der Friedensbewegung und den ihr nahe stehenden Intellektuellen und Politikern eine leidenschaftliche Kontroverse um die Frage, ob man zum Schutz Unschuldiger auch mit Gewalt gegen Aggressoren vorzugehen verpflichtet sei (vgl. Material 21). Gleichzeitig meldeten kritische Stimmen auch Zweifel an einem überzogenen „Interventionismus“ an (Material 22).

Material 18

Hägars Abenteuer

Material 19

Clausewitz ins Cockpit

Pazifisten und „Bellizisten" (wie auch gewendete Friedensfreunde neuerdings heißen) verachten gleichermaßen Clausewitz. Dieser preußische Offizier, den alle zitieren und niemand liest, hat uns eine ebenso simple wie profunde Einsicht vererbt: Politik und Gewalt ergeben ein untrennbares Gewebe. Wer sich bloß auf die Glacéhandschuhe der Diplomatie verlässt, ohne dass dahinter eine gepanzerte Faust steckt, wird – muss – scheitern. Scheitern muss aber auch, wer nur mit Bomben wirft und keine politische Strategie mit langem Atem vorweisen kann.

Was das mit Ex-Jugoslawien zu tun hat? Auf westlicher Seite haben Politik und Gewalt drei Jahre lang wie verfeindete Verwandte gelebt. Die Folgen waren furchtbar: Hunderttausende von Toten und Vertriebenen; NATO und UN haben sich lächerlich gemacht; Bonn, Paris, London und Washington haben sich in wechselnden Kombinationen verhalten, als wären sie nicht Partner, sondern Gegner. Amerika hat durch Rhetorik geglänzt; die EU, die den Balkankrieg am Anfang arrogant für sich reklamiert hatte, musste sich als Papiertiger decouvrieren, mitsamt ihren Owens und Bildts.

Und warum? Weil sie alle ihren Clausewitz vergessen wollten. Weil sie wähnten – oder genauer: vorgaben –, allein mit guten Worten gegen stählerne Waffen vorgehen zu können. Wahrscheinlich haben sie sehr gut begriffen, dass Diplomatie nicht funktioniert, wenn auf der anderen Seite Menschen um Existentielles kämpfen: um Land und Macht, um Glauben und Selbstbehauptung. Der Westen hat drei Jahre lang Sarajewo verraten, dazu Muslimen-Enklaven wie Zepa, Gorazde und Srebrenica. Aber auch sich selbst hat der Westen verraten: indem er hehre Ziele sofort fallen ließ, wenn es galt, die entsprechenden Mittel aufzubieten.

Seit einer Woche bombt die NATO; tagtäglich vermeldet das Bündnis mit einigem Stolz, wie oft und wie akkurat. Vergessen sind auf einmal all die Vorwände: Man könne die Serben-Artillerie nicht aufspüren, geschweige denn treffen. Wenn die NATO aus der Luft zuschlüge, gerieten ihre UN-Soldaten am Boden ins Kreuzfeuer und müssten schmählich abziehen. [...]

Ohne Zweifel: Es war richtig, dass der Westen endlich (viel zu spät) die beiden Seiten der Clausewitzschen Medaille – Politik und Gewalt – zusammengefügt hat, statt darauf zu warten, dass Karadzic und Milosevic der friedensgefälligen Erleuchtung anheim fallen. Gewaltbereitschaft, zumal langfristige, hilft der Einsicht in solchen Fällen besser auf den Weg als das therapeutische Gespräch.

Dennoch: Wer in den Krieg einsteigt, muss wissen, wie er wieder aussteigen kann. Das heißt, Bomben müssen nicht bloß Geschütze zertrümmern, sondern einen politischen Weg freischlagen. Am Ende dieses Weges muss eine Vision der Gerechtigkeit auftauchen – eine Lösung, mit der alle halbwegs leben können. Die Aufteilung Bosniens zwischen Serbien und Kroatien wird der Gerechtigkeit kaum dienen, die massenhafte ethnische Säuberung in umgekehrter Richtung auch nicht. Kurzum: Die alten Dilemmas bleiben bestehen. Und deshalb wünscht man sich kein zweites Somalia: den plötzlichen Einstieg als Vorspiel zum schändlichen Ausstieg.

(Josef Joffe, in: Süddeutsche Zeitung)

Material 20

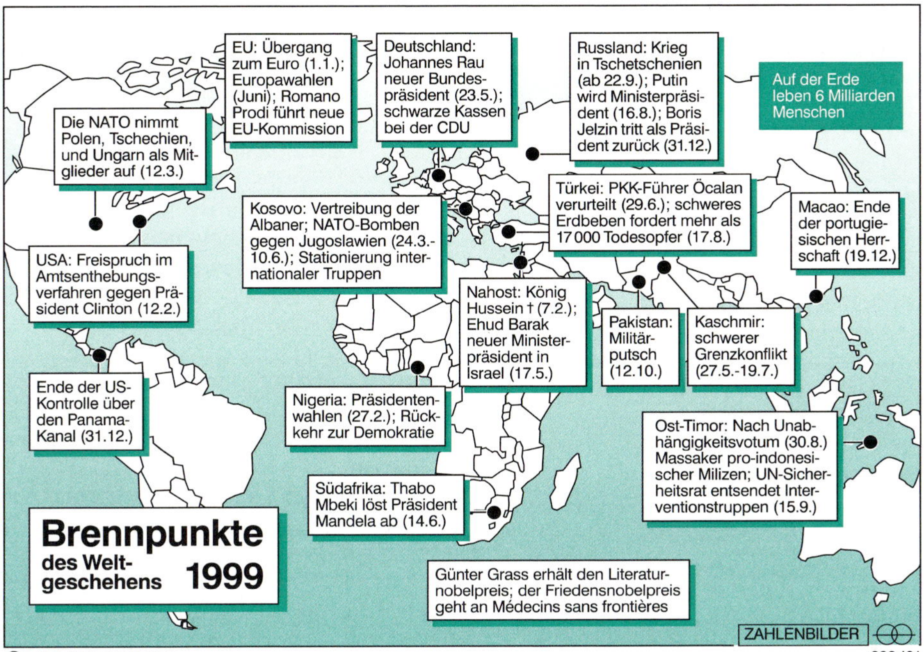

Material 21

„Ein Abgrund von Trauer“

Interview mit dem Philosophen Jürgen Habermas über die Intellektuellen und den Balkan-Krieg

SPIEGEL: Herr Habermas, sind Sie in der Bosnien-Frage nun auch zum Bellizisten mutiert? [...] Die Uno soll der serbischen Aggression nun mit Gewalt begegnen?

Habermas: Die Uno muss, in diesem Falle über die Nato-Streitkräfte, militärisch so stark gemacht werden, dass sie die Garantien einhalten kann, die sie für diese Schutzzonen gegeben hat. Entweder muss man da jetzt Ernst machen oder aus dem ganzen Schlamassel schnellstens heraus.

SPIEGEL: Bisher plädierten Sie für Raushalten. Was hat Ihren Meinungswandel bewirkt?

Habermas: Am schlimmsten ist, was dort Menschen Menschen antun. Aber schlimm ist auch, dass darüber die Uno kaputtgeht. Die Grünen streiten über Pazifismus und Bellizismus. [...] Nachdem die Sache in Jugoslawien erst einmal verfahren war, stand bei den täglichen Gräueln die unheimliche Alternative im Hintergrund, entweder selbst dort Krieg zu führen, um das Land zum Frieden zu zwingen, oder die Leute dort ihre Kriege führen zu lassen. Aber erst nach Srebrenica und Zepa ist diese Alternative unausweichlich geworden.

SPIEGEL: Warum haben Sie wie die meisten deutschen Intellektuellen zu den täglichen Gräueln geschwiegen?

Habermas: Ich habe seinerzeit Genschers Politik der Anerkennung Sloweniens und Kroatiens mehrmals kritisiert. Aber später – was sollte ich mich zu so einer schwer wiegenden Alternative äußern, solange sie noch nicht unausweichlich zu sein schien? Ich hatte immer Verständnis für einen hinhaltenden Kurs der – sagen wir – geringeren Verantwortung. Wer Krieg führt, ist bereit zu töten. Wer möchte denn diese Verantwortung übernehmen? Ich sah keinen Grund, irgendwen mit meiner Stimme, die ja sowieso nicht zählt, in einen Krieg zu treiben.

SPIEGEL: Hinhaltender Kurs bedeutete allerdings, ethnische Vertreibung und Genozid hinzunehmen.

Habermas: Ja, das zerrt an den Nerven – aber wer hatte diese Barbareien in erster Linie zu verantworten? Und wie aussichtsreich hätte man mit militärischen Mitteln intervenieren können, ohne die große Eskalation herbeizuführen? Moralisch gesehen, lädt der, der aktiv eingreift, die größere Verantwortung auf sich. Krieg heißt: töten, töten lassen, vorsätzlich das Risiko des Todes eingehen und unschuldige Opfer in Kauf nehmen.

Die Dynamik der Selbstzerstörung auf dem Balkan erinnert uns ja an die fast naturgeschichtliche Dramatik unseres eigenen Nationalismus, des europäischen Nationalismus im 19. und frühen 20. Jahrhundert. Wer war denn hier verantwortlich für 1870/71, für 1914/18 und 1939/45, wenn nicht die Beteiligten selbst? [...]

SPIEGEL: Auf dem Balkan ist heute immerhin die Weltgemeinschaft im Spiel, die UNO.

Habermas: Natürlich ist das eine andere Situation. Und weil die UNO zerbricht an der Fortsetzung ihrer bisherigen Politik, muss man sich jetzt wirklich entscheiden.

SPIEGEL: Und das macht den Krieg unausweichlich?

Habermas: Ich finde die Entscheidung furchtbar, Krieg zu führen. Doch in der nicht gewollten Konsequenz einer, wie ich fand, vertretbaren Politik des nicht-bellizistischen Engagierens hat man sich jetzt in eine Situation bringen lassen, die diese Alternative unausweichlich macht.

SPIEGEL: Die andere Möglichkeit wäre der vollständige Abzug der Blauhelme.

Habermas: Schweren Herzens halte ich es für besser, wenn die UNO das Feld nicht räumt und ernsthaft versucht, die eigenen Ankündigungen durchzusetzen. Zehntausende von Opfern haben sich in Bosnien auf UNO-Garantien verlassen, die nun nichts mehr wert sind. Das ist einfach unmöglich.

SPIEGEL: Und die Deutschen – sollten sie sich wegen ihrer historischen Hypothek vom Krieg auf dem Balkan weiter fern halten?

Habermas: Wer daran interessiert ist, dass die UNO instand gesetzt wird, mit der Rückendeckung einer internationalen Polizei Menschenrechte global durchzusetzen, kann nicht abseits stehen bleiben. Das geht aber nur mit einer Berufsarmee. Die allgemeine Wehrpflicht ist historisch ohnehin überholt. Es gibt auf Erden keine Instanz, die töten und das Risiko des eigenen Todes zur Pflicht machen dürfte. [...] Die historische Hypothek, die Sie erwähnen, mag eine gewisse Zurückhaltung rechtfertigen, aber nicht die Inkonsequenz, nur die Soldaten anderer Nationen vorzuschicken. [...]

(Der Spiegel 32/1995, S. 34 f., gekürzt)

Material 22

Bündnis ohne Grenzen

Die Nato in Bosnien: Ein historischer Einschnitt

[...] Ist Bosnien die erste in einer langen Reihe künftiger Nato-Friedensexpeditionen rund um den Globus? Seitdem das Bundesverfassungsgericht deutscher Beteiligung an derlei Unternehmen grünes Licht gegeben hat, bewegt diese Frage auch hierzulande die Gemüter. Blüht uns eine Militarisierung unserer Außenpolitik? Oder erhält nun die Menschenrechtspolitik, bisher weithin eine Sache der Überzeugung und des Mundwerks, endlich eine gepanzerte Faust? Wie viele „Kriege für den Frieden“ soll die Nato führen? An wie vielen muss die Bundesrepublik sich beteiligen?

Die Befürchtungen sind so übertrieben wie die Hoffnungen. In der Wirklichkeit unserer konfliktgeschüttelten Welt sind dem Interventionismus Schranken gesetzt. Die dritte Welle der Gewaltsamkeit im 20. Jahrhundert – nach den Kriegen erst zwischen Staaten, dann zwischen Ideologien nun die blutigen Auseinandersetzungen innerhalb einzelner Staaten – überfordert alle. Es gibt zu viele Krisen. Das Eingreifen ist kostspielig. Und die Wirkung der Interventionen bleibt fragwürdig oder flüchtig – siehe Somalia. Am Ende bleibt nur ein brauchbarer Maßstab: das Interesse – das nationale, das europäische, das atlantische Interesse. Es mag geographisch durch Nähe begründet sein, politisch durch Sympathie, wirtschaftlich durch Abhängigkeit. In jedem Fall bedarf es der Übereinkunft. Konsens jedoch fällt im westlichen Bündnis schwer, wo nicht Hass oder Furcht den Kitt der Gemeinsamkeit liefern, sondern widersprüchliche moralische Regungen oder subjektive Nützlichkeitserwägungen walten.

Der Begriff „Staatsräson“ ist aus der Mode geraten. Es ist an der Zeit, ihn wieder hervorzuholen und mit deutschem, europäischem, atlantischem Inhalt zu füllen. Die Purzelbäume der amerikanischen Bosnien-Politik in den vergangenen vier Jahren, auch das Wackeln und Fackeln der Europäer auf dem Balkan, erklären sich daraus, dass niemand mehr klare Kriterien hat. Doch dem militärischen Mittel kann Erfolg nur beschieden sein, wenn der politische Zweck, erkennbar und einleuchtend dargestellt, es legitimiert.

(Theo Sommer, in: Die Zeit, 1.12.1996)

Aufgaben

12. *J. Joffe spricht sich für eine „Renaissance" von Ideen des Preußengenerals v. Clausewitz aus. Verdeutlichen Sie die „beiden Seiten der Clausewitzschen Medaille", die aus seiner Sicht dabei beachtet werden sollten!*
13. *Der Philosoph Habermas rechtfertigt in einem Spiegel-Interview seinen Sinneswandel zur Bereitschaft auch militärische Mittel zu befürworten! Welche Argumente führt er dafür an und welche Folgen sieht er für die deutsche Außenpolitik und die Bundeswehr?*
14. *Zeigen Sie Grenzen auf, die der Journalist Theo Sommer in seinem Artikel „Bündnis ohne Grenzen" dem NATO-Bündnis bei Interventionen out of area empfiehlt!*
15. *Führen Sie in Ihrem Kurs eine Pro-Contra-Debatte zum Thema „Krieg als Mittel der Politik?!" durch! Nutzen Sie die angebotenen Materialien 18 – 22 als Argumentationsgrundlagen!*

1.5 Kollektive Sicherheit durch die Vereinten Nationen (UN)?

► *Geschichte und Organisation*

Aus der Geschichte sind Modelle bekannt den Frieden für größere Regionen und längere Zeiträume zu sichern. Die ***„Pax Romana"*** und ***„Pax Britannica"*** z.B. waren Ausdruck des Bemühens durch ein *Hegemonialsystem* einer Großmacht wenigstens einen wichtigen Teil der Welt zu beherrschen und damit zu „befrieden". Nach dem **Gleichgewichtssystem** suchten die Staaten Europas im „europäischen Konzert" durch Gleichgewicht und Kooperation zwischen den fünf Großmächten Frankreich, England, Russland, Preußen und Österreich die im Wiener Kongress geschaffene Ordnung Europas und damit den Frieden zu erhalten; in beiden Systemen wirkten diplomatische u n d militärische Modi, Mittel und Instrumente zusammen.

Unter dem Eindruck der Schrecken beider Weltkriege unternahmen europäische Staaten und die USA verstärkte Anstrengungen mit der Gründung des **Völkerbundes** (nach dem 1. Weltkrieg) und der **Vereinten Nationen** nach dem 2. Weltkrieg ein wirksames System zur weltweiten Friedenssicherung zu schaffen. Demnach sollte **kollektive Sicherheit** verwirklicht werden, indem alle Mitgliedstaaten, tendenziell also alle Staaten der Welt, sich verpflichteten

- im Interesse der Sicherheit zu handeln,
- sich jedweder Angriffsdrohung oder Aggression zu enthalten und
- einem etwaigen Aggressor, wer immer es auch sein sollte, gemeinsam (kollektiv) entgegenzutreten.

► *Charta, Organisation und Institutionen der Vereinten Nationen*

Material 23

Aus der Charta der Vereinten Nationen

Art. 1: Die Vereinten Nationen setzen sich folgende Ziele: 1. den Weltfrieden und die internationale Sicherheit zu wahren und zu diesem Zweck wirksame Kollektivmaßnahmen zu treffen, um Bedrohungen des Friedens zu verhüten und zu beseitigen, Angriffshandlungen und andere Friedensbrüche zu unterdrücken und internationale Streitigkeiten oder Situationen, die zu einem Friedensbruch führen könnten, durch friedliche Mittel nach den Grundsätzen der Gerechtigkeit und des Völkerrechts zu bereinigen oder beizulegen; 2. freundschaftliche, auf der Achtung vor dem Grundsatz der Gleichberechtigung und Selbstbestimmung der Volker beruhende Beziehungen zwischen den Nationen zu entwickeln und andere geeignete Maßnahmen zur Festigung des Weltfriedens zu treffen; 3. eine internationale Zusammenarbeit herbeizuführen, um internationale Probleme wirtschaftlicher, sozialer, kultureller und humanitärer Art zu lösen und die Achtung vor den Menschenrechten und Grundfreiheiten für alle Unterschiede der Rasse, des Geschlechts, der Sprache oder der Religion zu fordern und zu festigen; 4. ein Mittelpunkt zu sein, in dem die Bemühungen der Nationen zur Verwirklichung dieser gemeinsamen Ziele aufeinander abgestimmt werden.

Art. 2: Die Organisation und ihre Mitglieder handeln im Verfolg der in Artikel 1 dargelegten Ziele nach folgenden Grundsätzen: 1. Die Organisation beruht auf dem Grundsatz der souveränen Gleichheit aller ihrer Mitglieder. 2. [...] 3. Alle Mitglieder legen ihre internationalen Streitigkeiten durch friedliche Mittel so bei, dass der Weltfriede, die internationale Sicherheit und die Gerechtigkeit nicht gefährdet werden. 4. Alle Mitglieder unterlassen in ihren internationalen Beziehungen jede gegen die territoriale Unversehrtheit oder die politische Unabhängigkeit eines Staates gerichtete oder sonst mit den Zielen der Vereinten Nationen unvereinbare Androhung oder Anwendung von Gewalt. [...]

Material 24

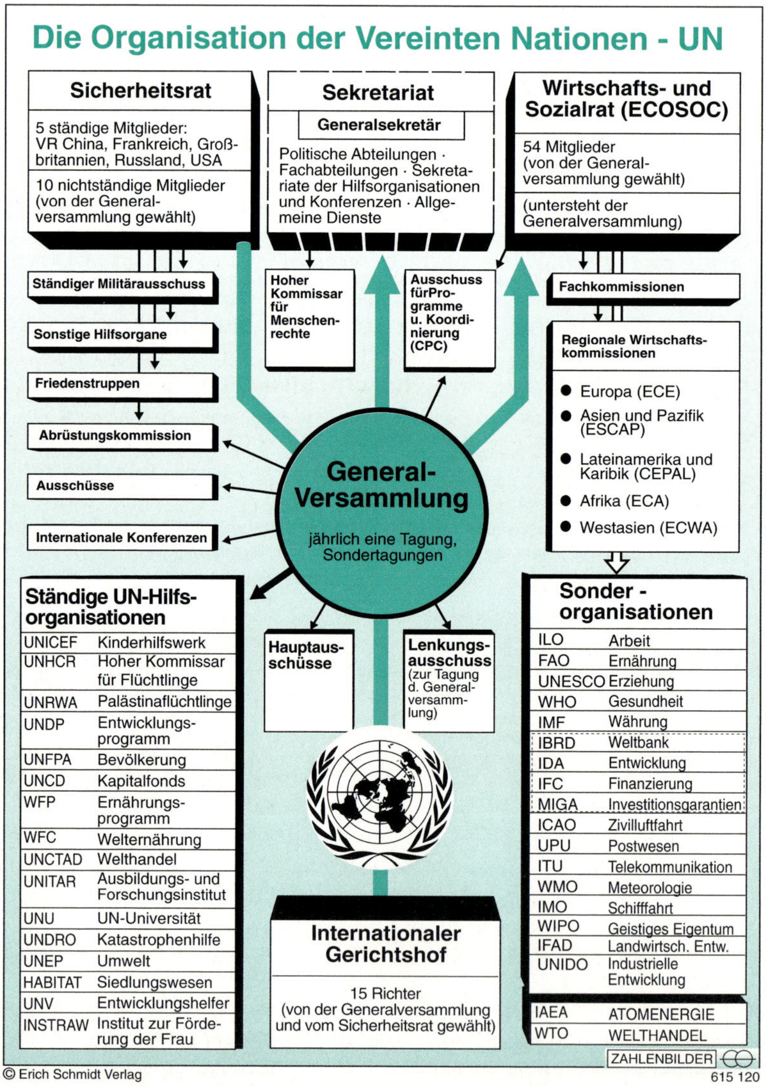

Material 25

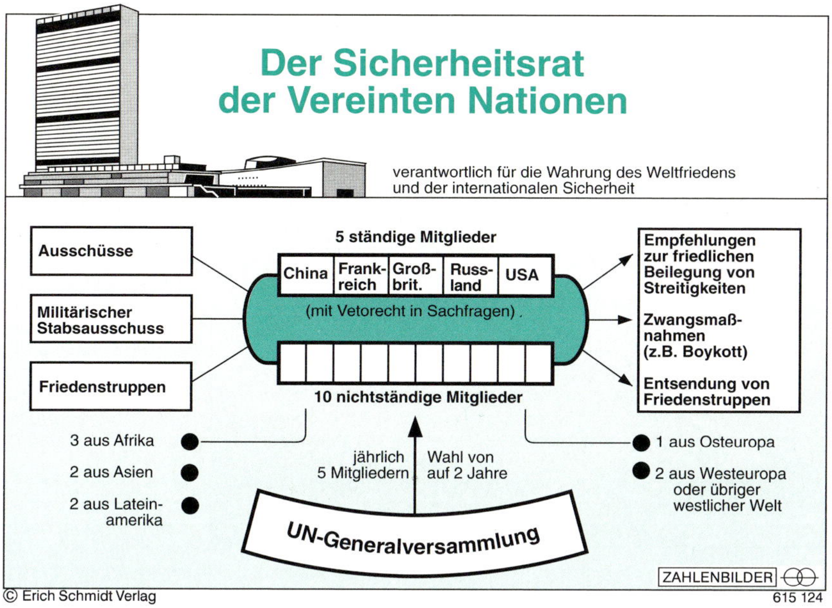

Der Sicherheitsrat besteht aus fünf ständigen Mitgliedern – den Atommächten USA, Russland, Großbritannien, Frankreich und China – und aus zehn nichtständigen Mitgliedern, von denen die Generalversammlung jährlich fünf für eine Dauer von zwei Jahren wählt. Unter den nichtständigen Mitgliedern sind jeweils 3 afrikanische, 2 asiatische, 2 lateinamerikanische, 1 osteuropäischer und 2 westeuropäische oder andere westliche Staaten. Jedes Mitglied des Sicherheitsrats hat eine Stimme. Alle Beschlüsse zu politischen Sachfragen bedürfen der Zustimmung von neun Mitgliedern, unter denen sich die fünf ständigen Mitglieder befinden müssen. Der Einspruch (das Veto) eines ständigen Mitglieds kann also eine Beschlussfassung verhindern.

Material 26

Die Feuerwehr im Einsatz

Material 27

Sicherheitsrat – Vollversammlung, Generalsekretär

Bei dem Bemühen um internationale Konfliktregelung und Friedenssicherung liegen die entscheidenden Funktionen bei Vollversammlung, Sicherheitsrat und Sekretariat. Auf sie bleiben die folgenden Darstellungen deshalb beschränkt.
Der **Sicherheitsrat** war ursprünglich als eine Art Weltpolizei in Gestalt der fünf Großmächte konzipiert um mögliche Friedensbrecher abzuschrecken und tatsächliche zu bestrafen; seine Wirkung sollte institutionell gesichert werden, indem in ihm

- alle fünf Großmächte als ständige Mitglieder vertreten waren,
- alle Beschlüsse mit Zustimmung der ständigen Mitglieder gefasst werden mussten (Vetorecht der Großmächte) und
- Sicherheitsfragen ausschließlich dem Sicherheitsrat vorbehalten bleiben.

Mit dem Entstehen des Ost-West-Konflikts begannen die beiden Rivalen USA und UdSSR im Bemühen das Eingreifen des Sicherheitsrats und damit auch des Gegners in die eigenen Einflusssphäre zu verhindern sich gegenseitig zu blockieren. So war mit dem Sicherheitsrat die UNO insgesamt gelähmt, wenn ein internationaler Konflikt wichtige Interessen einer der beiden Großmächte tangierte. Erst mit dem Ende der Ost-West-Konfrontation nach 1989 trat hier ein grundlegender Wandel ein. Die Entscheidungs- und Handlungsfähigkeit der UN im Golfkrieg wurde als sensationell empfunden, das System kollektiver Sicherheit schien erstmals zu funktionieren und einen internationalen Konflikt ohne Krieg beizulegen. Die UN und zugleich die Hoffnungen auf eine neue Weltordnung scheiterten an der Irrationalität eines diktatorischen Regimes ebenso wie wenig später im Bosnienkrieg am nationalen, religiösen und politischen Fanatismus ethnischer Gruppen.

Die Funktionen der **Vollversammlung** lassen sich in fünf Gruppen einteilen:

① *Streit schlichtende und friedenserhaltende Tätigkeit:* Untersuchung von Konfliktfällen, Appelle an die Konfliktparteien, Vermittlungsversuche, Aufträge an den Generalsekretär.

② *Überwachungsaufgaben:* Weisungs- und Kontrollbefugnis gegenüber allen Organen der UN mit Ausnahme des Sicherheitsrats.

③ *Interessenartikulation:* Einzelstaaten oder Staatengruppen können ihre Interessen zum Ausdruck bringen, Forderungen stellen, ggf. Resolutionen durchsetzen.

④ *Quasi-legislative Tätigkeit:* Auch Entschließungen mit qualifizierter Mehrheit besitzen keine Rechtsverbindlichkeit; dennoch kommt ihnen eine gewisse legitimierende Wirkung zu, indem sie sich auf die „Weltmeinung" auswirken. Deshalb bemühen sich alle Staaten ihre Außenpolitik zumindest dem Anschein nach mit den Zielen und Prinzipien der UN in Einklang zu bringen, auf jeden Fall aber eine Verurteilung der eigenen Politik durch die Vollversammlung zu verhindern.

⑤ *Wahlfunktion der Vollversammlung:* vgl. Schaubild Material 24.

(nach: Rittberger, Die Vereinten Nationen, Politische Bildung 3/1967, S. 37 ff.)

Der **Generalsekretär** der UN besitzt zwar ein Initiativrecht gegenüber dem Sicherheitsrat in Fragen der Friedenssicherung, faktisch sind seine Möglichkeiten in konkreten Konfliktfällen wirksam zu werden eng begrenzt. Sein Aktivwerden setzt den Wunsch oder doch zumindest die Duldung der Konfliktgegner voraus sowie die Unterstützung durch den Sicherheitsrat bzw. die Vollversammlung. Eindeutige Stellungnahmen zu politischen Streitfragen und damit das Parteiergreifen für die eine oder andere Seite würden ihm die Unterstützung durch Vollversammlung und Sicherheitsrat entziehen und ihm damit die Möglichkeit nehmen beratend und vermittelnd auf die Konfliktgegner einzuwirken. Der Erfolg seiner „Makler-Rolle" ist damit auch in seiner Persönlichkeit, seinem Ansehen, seinem Verhandlungsgeschick zu sehen.

▶ *Peace-Keeping-Functions der Vereinten Nationen: Die UN als Weltpolizei?*

Material 28

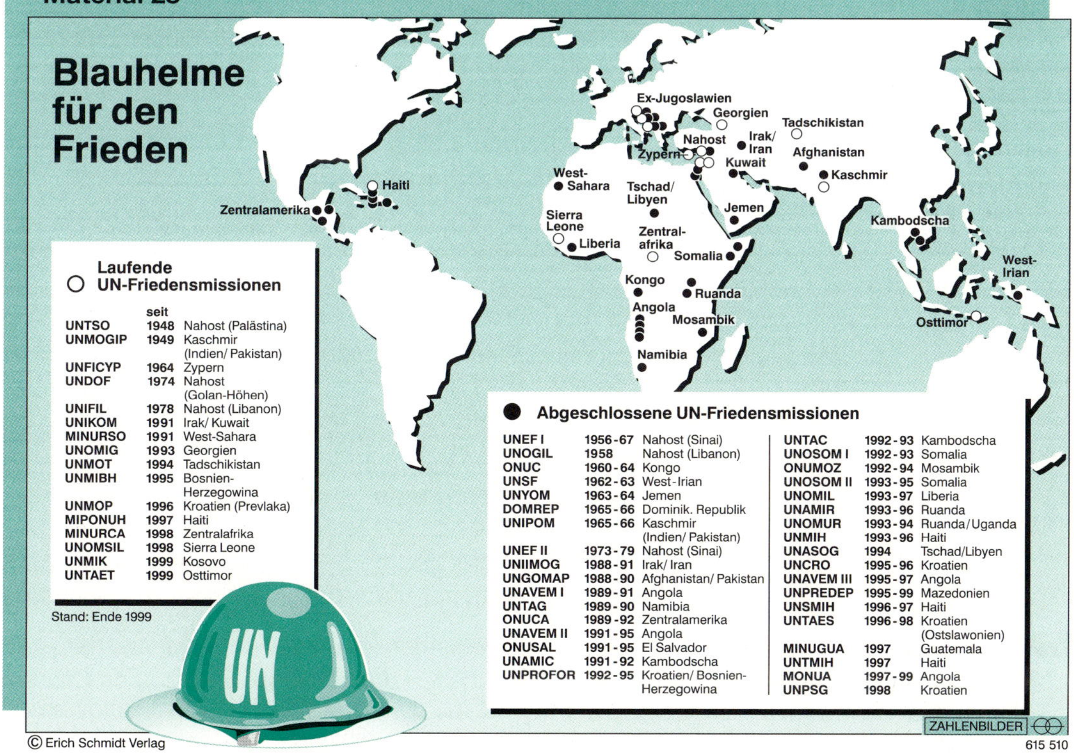

▶ Möglichkeiten und Grenzen der UN als Entwicklungshelfer (Abbau von Konfliktursachen)

Hunger und materielle Not, Unterdrückung und Ausbeutung, soziale und rechtliche Benachteiligung sind Quellen von Konflikten auch zwischen den Staaten. Auf die **Entwicklungspolitik** der Vereinten Nationen kann hier nicht näher eingegangen werden. Verwiesen sei an dieser Stelle nur auf die zahlreichen Sonder- und Unterorganisationen der UN. Hier haben die Vereinten Nationen während ihres bisher 45-jährigen Bestehens beachtliche Erfolge zu verzeichnen und z.B. in den Bereichen Zölle und Handel, Währungen und Finanzen, Post, Fernmeldewesen ein hohes Maß an weltweiter Annäherung, Kooperation und Integration bewirkt. Auch die rechtlichen, sozialen und kulturellen Hilfsprogramme der UN finden weltweit Anerkennung. Legt man bei der Beurteilung dieser Aktivitäten den positiven Friedensbegriff zu Grunde, so müssen die hier nur angedeuteten Programme und Maßnahmen der UN als wichtiger Beitrag zum Weltfrieden angesehen werden, insofern sie mit dazu beitragen, rechtliche, materielle, kulturelle und soziale Benachteiligung und Unterdrückung abzubauen. Dieses muss anerkannt werden trotz zunehmender Kritik an Arbeitsweise und Effizienz einiger Sonderorganisationen wie der FAO und der UNESCO im Westen. So haben die USA, mit Abstand größter Beitragszahler, 1984 ihren Austritt aus der UNESCO erklärt, weitere westliche Länder wie Großbritannien und Frankreich wollen sich ihnen anschließen.

Vielfältig sind die Bemühungen der UN seit ihrer Gründung um die Formulierung und Durchsetzung von **Menschenrechten**. Der nachfolgende knappe Überblick hierzu berücksichtigt auch regionale Ansätze:

1945 UN-Charta (Bezug auf Menschenrechte in Präambel und Art. 1)

1948 Allgemeine Erklärung der Menschenrechte durch die UN-Vollversammlung (Programmatische Verpflichtung der Unterzeichnerstaaten auf ein Ziel hin)

1950 Europäische Konvention zum Schutz der Menschenrechte und Grundfreiheiten (rechtswirksam zwischen den Unterzeichnerstaaten; Bürger dieser Staaten können nach Ausschöpfen des innerstaatlichen Rechtswegs Organe des Europarates,
- die Europäische Kommission für Menschenrechte und
- den Europäischen Gerichtshof für Menschenrechte anrufen.)

1966 Menschenrechtspakte der Vereinten Nationen:
- Internationaler Pakt über wirtschaftliche, soziale und kulturelle Rechte (Arbeitsrecht, Schutz von Ehe und Familie, Erziehung und Kultur u.a.m.)
- Internationaler Pakt über staatsbürgerliche und politische Rechte (vergleichbar unseren Grundrechten).

1975 KSZE-Schlussakte von Helsinki

Eine wirksame Durchsetzung dieser Menschenrechte ist mangels eines überstaatlichen Exekutionsorgans nicht möglich. Regierungen der Unterzeichnerstaaten können jedoch gegen andere Staaten bei einem Berichterstattungsorgan der UN Beschwerde einlegen (Staatenbeschwerde); eine moralisch-politische Einwirkung auf den betreffenden Staat ist nach einem sehr komplizierten Verfahren möglich. Bei dem Versuch Menschenrechte in den internationalen Beziehungen zu verwirklichen zeichnen sich somit Grundprobleme ab:

- Völkerrechtssubjekte sind nicht Einzelpersonen, sondern Staaten. Vor dem Internationalen Gerichtshof in Den Haag können nur Staaten auftreten.

- Menschenrechte sind im Völkerrecht somit nur über die Staaten durchsetzbar. Die Entwicklung läuft jedoch dahin, Menschenrechte im Völkerrecht zu kodifizieren und dem Individuum über seinen Staat hinaus Beschwerde- und Klagerecht einzuräumen.

- Die UN-Charta verpflichtet die Vereinten Nationen zwar dazu, sich für die Beachtung der Menschenrechte einzusetzen; das Prinzip der Nichteinmischung in die inneren Angelegenheiten der einzelnen souveränen Staaten (Art. 2,7 der Charta) setzt diesem Tätigwerden aber enge Grenzen.

Das Prinzip der souveränen Gleichheit aller Staaten untersagt es einer Regierung, sich mit Kritik und Ratschlägen in die Regierungspraxis anderer Staaten einzumischen. Da Menschenrechte aber immer verbindlicher im Völkerrecht verankert werden, sind Menschenrechtsverletzungen nicht mehr nur eine innere Angelegenheit von Einzelstaaten. Bei eklatanten Menschenrechtsverletzungen in einem Land können andere Regierungen diplomatische Mittel bis hin zur Staatenbeschwerde bei den UN einsetzen, zu rechtlich-politischen und wirtschaftlichen Vergeltungsmaßnahmen greifen und so vor allem durch gemeinsames Vorgehen Verbesserungen erreichen.

▶ *Defizite und Reformvorschläge*

Ob und wie weit die UN mit ihren **Peace-Keeping-Einsätzen** (Material 28) Krisen eindämmen oder zumindestens deren Eskalation verhindern konnten, vermag niemand exakt zu sagen. Sie können zwar politische und vor allem militärische „Zwerge" in die Schranken verweisen, bleiben aber in den weltweit zunehmenden Bürgerkriegen und in Konflikten zwischen mittleren, gut gerüsteten Staaten ohnmächtig, auch weil sie über **keine eigenen Machtmittel** verfügen und damit auf die Bereitschaft der Mitgliedsstaaten, vor allem der USA mit ihren überragenden militärischen Möglichkeiten angewiesen sind. Die **ungewissen Erfolge** vieler UN-Missionen wie im Nahen Osten, die **Misserfolge** in vielen ethnischen Konflikten und Stammeskriegen in Afrika (z.B. Somalia, Ruanda, Zaire, Liberia [...]) und im Jugoslawienkrieg, die **Unfähigkeit** in Konfliktherde am südlichen Rand der ehemaligen Sowjetunion einzugreifen, die **steigenden Kosten** der Weltorganisation für die ausufernde Zahl von Einsätzen bei gleichzeitiger **sinkender Zahlungsmoral** der Mitglieder, nicht zuletzt aber auch die Abneigung der wichtigsten Mitgliedsstaaten auf **nationale Souveränitätsrechte** zu verzichten **beschädigen** in einer seit 1989 zunehmend unübersichtlichen und konfliktreichen Staatenwelt **Autorität und Effizienz** der Vereinten Nationen.

Ein **Reformvorschlag** zielt deshalb auf die Schaffung einer etwa 10 000 Mann starken ständigen **UN-Eingreiftruppe unter eigenem Kommando** ab, die sofort eingesetzt werden und die Eskalation von Krisen verhindern könnte.

In der **Vollversammlung** sind alle der inzwischen knapp 200 Mitgliedsstaaten gleichberechtigt mit einer Stimme vertreten, trotz riesiger Unterschiede bezüglich Wirtschaftsleistung, Größe, Bevölkerungszahl und Macht. Ihre Resolutionen finden als Ausdruck der Universalität (Weltmeinung, Weltgewissen) oft großes moralisches Gewicht, haben aber nur empfehlenden Charakter.

Kritik am **Sicherheitsrat** wurde bis 1989 vor allem wegen seiner Veto- und Pattpolitik geübt; das noch immer gültige Veto-Recht und die herausragende Stellung der fünf ständigen Mitglieder (USA, Russland, China, Frankreich, Großbritannien), ohne deren Zustimmung die UN insgesamt handlungsunfähig bleiben, verstärken in Ländern der südlichen Hemisphäre den **Zweifel an der Objektivität** der Weltorganisation, vor allem, wenn der Sicherheitsrat (wie im Golfkrieg) den Militäreinsatz der USA und ihrer Verbündeten legitimiert („United Nations of America"). Reformvorschläge zielen darauf hin, die **Zahl der ständigen Mitglieder** zu erhöhen (z.B. um Deutschland und Japan), auch um einen afrikanischen und lateinamerikanischen Staat, und bei der Wahl der zehn **nichtständigen Mitglieder** mehr Entwicklungsländer zu berufen. Bei einer größeren Zahl von Mitgliedern darf dann aber das Veto eines Einzelnen den Sicherheitsrat und damit die UN nicht mehr blockieren, was die **Abschaffung des Vetorechts** erfordern würde. Diskutiert wird auch die Zulässigkeit von **Interventionen in innerstaatliche Konflikte** aus humanitären Gründen, seitdem im Golfkrieg zugunsten der Kurden und in Somalia zugunsten der hungernden Bevölkerung Präzedenzfälle für eine Nachrangigkeit des Souveränitätsprinzips (vgl. Charta der Vereinten Nationen) geschaffen wurden.

Im Kosovo-Konflikt konnten die UN diese Handlungsfähigkeit nicht erreichen, denn im Sicherheitsrat legten China und Russland ihr Veto ein. Daraus leitete die NATO für sich die umstrittene Legitimation ab, zur „Vermeidung einer humanitären Katastrophe" auch ohne UN-Mandat einen Luftkrieg gegen Serbien zu führen.

Material 29

Agenda für den Frieden

Vorschläge des UN-Generalsekretärs Boutros Ghali zur Friedens- und Sicherheitspolitik der Vereinten Nationen

1. Vorbeugende Diplomatie

ZIEL Das Entstehen von Streitigkeiten zu verhüten, den Ausbruch offener Konflikte zu verhindern, oder Konflikte, die bereits ausgebrochen sind, rasch wieder einzugrenzen

MITTEL Diplomatische Gespräche; Vertrauensbildende Maßnahmen; Frühwarnsysteme, die rechtzeitig auf Spannungen hinweisen; formelle Tatsachenermittlung; vorbeugender Einsatz von UN-Truppen; vorsorgliche Einrichtung entmilitarisierter Zonen

2. Friedensschaffung

ZIEL Nach Ausbruch eines Konflikts die feindlichen Parteien zu einer Einigung zu bringen

MITTEL

Friedliche Mittel
z.B. Vermittlung, Verhandlungen, Schiedsspruch, Entscheidungen durch den Internationalen Gerichtshof

Gewaltlose Sanktionen
z.B. Wirtschafts- und Verkehrsblockade, Abbruch der Beziehungen

Friedensdurchsetzung
durch speziell ausgebildete, ständig abrufbereite bewaffnete UN-Truppen

Militärische Gewalt
zur Aufrechterhaltung oder Wiederherstellung des Weltfriedens und der internationalen Sicherheit, wenn alle friedlichen Mittel versagen

3. Friedenssicherung

ZIEL Die Lage in einer Konfliktzone zu entschärfen oder zu stabilisieren; die Einhaltung der Vereinbarungen zwischen den Konfliktparteien zu überwachen und durchzusetzen

MITTEL Entsendung von Beobachtermissionen; Einsatz von UN-Friedenstruppen zur Untersuchung von Grenzverletzungen, zur Grenzkontrolle, zur Beobachtung von Wahlen, Überwachung von Waffenstillstands- und Friedensvereinbarungen, Bildung einer Pufferzone zwischen gegnerischen Mächten, Wahrnehmung von Polizeiaufgaben, Sicherung humanitärer Maßnahmen usw.; umfassendes Konfliktmanagement

4. Friedenskonsolidierung

ZIEL Den Frieden nach Beendigung eines Konflikts zu konsolidieren; die Konfliktparteien zum friedlichen Wiederaufbau anzuhalten

MITTEL

Nach einem Konflikt innerhalb eines Landes
z.B. Entwaffnung der verfeindeten Parteien, Wiederherstellung der öffentlichen Ordnung, Einsammeln der Waffen, Minenräumung, Repatriierung von Flüchtlingen, Ausbildung und Beratung von Sicherheitskräften, Wahlüberwachung, Schutz der Menschenrechte, Reform oder Neuaufbau staatlicher Institutionen

Nach einem internationalen Krieg
z.B. gemeinsame Projekte, die der wirtschaftlichen und sozialen Entwicklung dienen und das gegenseitige Vertrauen stärken (Landwirtschaft, Energie- und Wasserwirtschaft, Verkehr usw.); Abbau der Schranken zwischen den Nationen durch Kulturaustausch, Reiseerleichterungen, gemeinsame Jugend- und Bildungsprogramme

ZAHLENBILDER 615 500

Aufgaben

16. *Erläutern Sie das Schaubild über die Organisation der UN! Wieweit lassen sich Parallelen zu nationalen Regierungssystemen aufzeigen?*
17. *Welche Unter- und Sonderorganisationen der UN kennen Sie aus den Medien? Welche stehen im Mittelpunkt, welche am Rand der Aufmerksamkeit?*

18. *Ordnen Sie die Karikaturen (M 26 und 27) zeitlich ein und erklären Sie die verschiedenen Beurteilungen der UN mit Hilfe des Abstimmungsverfahrens im UN-Sicherheitsrat (M 25)!*
19. *Erstellen Sie ein Werbeplakat für die UN, das auf die Leistungen der Organisation verweist!*
20. *Setzen Sie sich kritisch mit der Rolle der UN als „Weltpolizei“ im Nah-Ost-Konflikt, Golfkrieg, Bosnienkrieg, Kosovokrieg (vgl. 1.3) oder in einem aktuellen Konflikt auseinander! Welche Verdienste/Defizite sind erkennbar? Wo liegen die Ursachen von Defiziten?*
21. *Diskutieren Sie die Reformvorschläge zur Behebung bestehender Defizite der Vereinten Nationen!*

1.6 Für Frieden und Sicherheit: Zur künftigen Bedeutung von NATO und Bundeswehr im Rahmen der internationalen Konfliktregelungen

▶ *Die NATO – ein Auslaufmodell?*

Material 30

Material 31

Auf dem Trockenen

(Handelsblatt vom 27./28. Dezember 1991)

Material 32

Theo Sommer: Zapfenstreich für den Atlantikpakt

Der Nordatlantikpakt ist das erfolgreichste Militärbündnis der Geschichte. In vierzig Jahren Kalten Krieges hat er, allen internen Reibungen und Zerrungen zum Trotz, fest zusammengehalten. Seiner Entschlossenheit ist es zu verdanken, dass der Frieden in mehreren gefährlichen Ost-West-Krisen erhalten blieb, ohne dass ein Fußbreit westlichen Bodens verloren ging: [...] am Ende durfte er miterleben, wie sich das Wesen der Sowjetmacht in seinem innersten Kern verwandelte.
Man mag dies getrost einen Sieg nennen: auf alle Fälle ist es ein Triumph der Bestimmtheit und Beharrlichkeit [...] Das Bündnis hat seinen Zweck erfüllt. In seiner alten Form, seiner bis-

herigen Organisationsstruktur, seiner ursprünglichen Zielsetzung ist es überlebt. Die Gewöhnung allein bietet keinen ausreichenden Rechtfertigungsgrund, krampfhaft daran festzuhalten. Bloß: Was könnten, was sollten die neue Gestalt und die künftigen Zwecke der NATO sein? Militärisch ist die Antwort eindeutig. Im Osten steht kein Gegner mehr. Es gibt nicht länger eine akute, spezifische Bedrohung, allenfalls ein höchst hypothetisches Risiko. Die Frontlinie von ehedem hat sich in nichts aufgelöst [...]

Gleichwohl bleiben Vorsicht und Vorsorge geboten. Eine abgespeckte NATO behält während der Übergangsphase als Rückversicherung gegen ein Wiederaufleben des alten Denkens in Moskau oder anderen Republik-Hauptstädten ihren guten Sinn. Wenn freilich in der ehemaligen Sowjetunion die Reformer und Abrüster weiterhin die Politik bestimmen, dann wird die atlantische Allianz an einen Punkt gelangen, wo sie sich viel kühnere Schritte leisten kann[...] Dann könnte – warum eigentlich nicht? – die atlantische Allianz sich auch wieder dem Zuschnitt eines klassischen Bündnisses nähern: ohne große Truppenstationierungen auf fremdem Boden [...]

Dagegen steht zunächst einmal die Trägheit des Apparats. Der klammert sich an die lieb gewonnenen Bedrohungsvorstellungen oder sucht mit der Lupe nach neuen Gefahren. Grenzkriege oder ethnische Konflikte im ehemaligen Ostblock – als ob das Fälle für die NATO wären! Wanderungswellen aus dem Osten oder dem Süden – als ob ihnen mit Waffengewalt gewehrt werden könnte! Vielerlei Unruheherde in der Dritten Welt – als ob sie die Allianz etwas angingen. Diese Art von verzweifelter Jagd nach neuen Bedrohungen ist [...] töricht [...] Die NATO in ihrer gegenwärtigen Form wird zu einem auslaufenden Modell, sobald kein Zweifel mehr möglich ist, dass die Ost-West-Entspannung Bestand hat.

(in: Die ZEIT vom 25.11.1991, S. 1)

▶ *Die „alte" NATO: Mitglieder – Organisation – Aufgaben*

Material 33

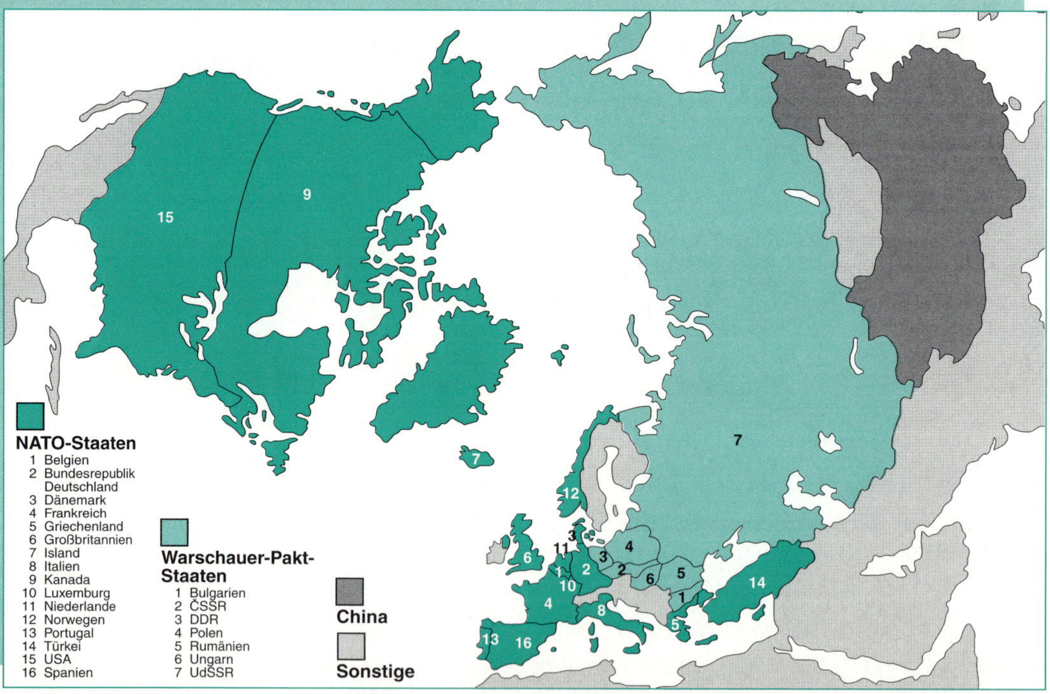

(Weißbuch 1975, S. 25)

Material 34

Zivile und militärische Struktur der NATO

Die sechzehn Mitgliedsregierungen des Bündnisses beraten sich und koordinieren ihre Politik im Nordatlantikrat. Der Rat ist damit das oberste Gremium des Bündnisses. Er tagt normalerweise zweimal im Jahr auf Ministerebene in Gegenwart der sechzehn Außenminister. In ständiger Sitzung kommt der Rat mindestens einmal in der Woche zusammen – bei Bedarf häufiger – und zwar auf der Ebene der ständigen Vertreter im Rang von Botschaftern. Bei Beratungen über Fragen der integrierten Verteidigung tagt der Rat in Gegenwart von nur fünfzehn Vertretern (d.h. ohne Frankreich) im Ausschuss für Verteidigungsplanung (DPC). Zu ihrer Unterstützung haben der Rat und der DPC eine Reihe von Ausschüssen eingesetzt, von denen die wichtigsten im nachstehenden Organigramm wiedergegeben sind. Diese Ausschüsse, die sich mit allen Aspekten der Tätigkeit der NATO befassen, tagen unter dem Vorsitz eines Angehörigen des Generalsekretariats. Der Generalsekretär der NATO ist der Vorsitzende des Rats und des DPC. Er leitet darüber hinaus das Generalsekretariat, das sich aus Angehörigen aller sechzehn Mitgliedsstaaten zusammensetzt.
Die höchste militärische Instanz des Bündnisses ist der Militärausschuss, der den Rat und den DPC berät und den alliierten Kommandobehörden Weisungen erteilt. Es besteht aus den Stabschefs der vierzehn Mitgliedsländer, die sich an der integrierten Verteidigung beteiligen.

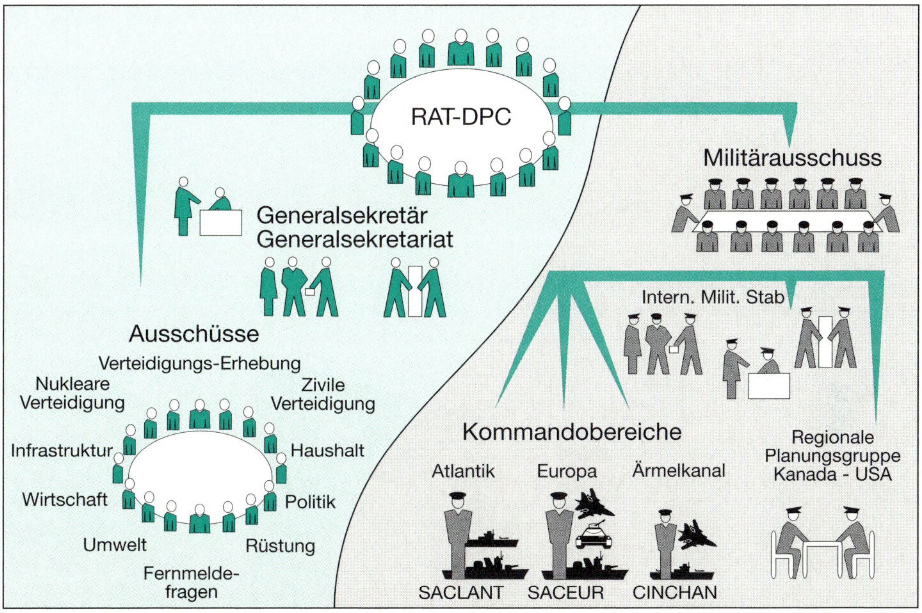

(Quelle: NATO, Tatsachen und Dokumente, Brüssel 1971, S. 84)

Bis 1990 war die NATO ein militärisches **Defensivbündnis** gegen die Sowjetunion und den Warschauer Pakt und Verkörperung des Führungsanspruches der USA. Beides entsprach den damaligen Bedürfnissen Westeuropas.
Kernstück des NATO-Vertrags war und ist der Artikel 5, der die Mitgliedsstaaten verpflichtet sich im Falle eines bewaffneten Angriffes auf einen Bündnispartner gegenseitig Beistand zu leisten. Die Entscheidung über den **Bündnisfall** schließt keine Automatik des Truppeneinsatzes mit ein, sondern ist immer eine souveräne Entscheidung der Bündnispartner darüber, wie sie ihrer Verpflichtung nachkommen wollen. Der Beistand gilt nur für die Ver-

teidigung. Über den Bündnisfall entscheidet der NATO-Ministerrat einstimmig. Diese relativ lockere formale Bündnisverpflichtung wird politisch wesentlich dadurch verstärkt, dass die meisten NATO-Mitglieder Teile ihrer Armee als **NATO-integrierte Streitkräfte** eingerichtet haben.

Material 35

Die Aufgaben der Allianz (Auszug aus dem Harmel-Bericht 1967)

Die atlantische Allianz hat zwei Hauptfunktionen. Die erste besteht darin, eine ausreichende militärische Stärke und politische Solidarität aufrecht zu erhalten, um gegenüber Aggressionen und anderen Formen von Druckanwendung abschreckend zu wirken und das Gebiet der Mitgliedstaaten zu verteidigen, falls es zur Aggression kommt. [...] Die Möglichkeit einer Krise kann nicht ausgeschlossen werden, solange die zentralen politischen Fragen in Europa, zuerst und zunächst die Deutschlandfrage, ungelöst bleiben. Außerdem schließt die Situation mangelnder Stabilität und der Ungewissheit noch immer eine ausgewogene Verminderung der Streitkräfte aus. Unter diesen Umständen werden die Bündnispartner zur Sicherung des Gleichgewichts der Streitkräfte das erforderliche militärische Potential aufrecht erhalten und dadurch ein Klima der Stabilität, der Sicherheit und des Vertrauens schaffen.
In diesem Klima kann die Allianz ihre zweite Funktion erfüllen: die weitere Suche nach Fortschritten in Richtung auf dauerhaftere Beziehungen, mit deren Hilfe die grundlegenden politischen Fragen gelöst werden können. Militärische Sicherheit und eine Politik der Entspannung stellen keinen Widerspruch, sondern eine gegenseitige Ergänzung dar. Die kollektive Verteidigung ist ein stabilisierender Faktor in der Weltpolitik. Sie bildet die notwendige Voraussetzung für eine wirksame, auf größere Entspannung gerichtete Politik. [...] Die Beteiligung der UdSSR und der Vereinigten Staaten wird zur wirksamen Lösung der politischen Probleme Europas erforderlich sein. [...]

(NATO-Informationsabteilung (Hrsg.), NATO-Handbuch, Brüssel 1973, S. 60 – 62)

► *Die „neue“ NATO: Mitglieder – Organisation – Aufgaben*

Material 36

(Karikatur von 1991)

Material 37

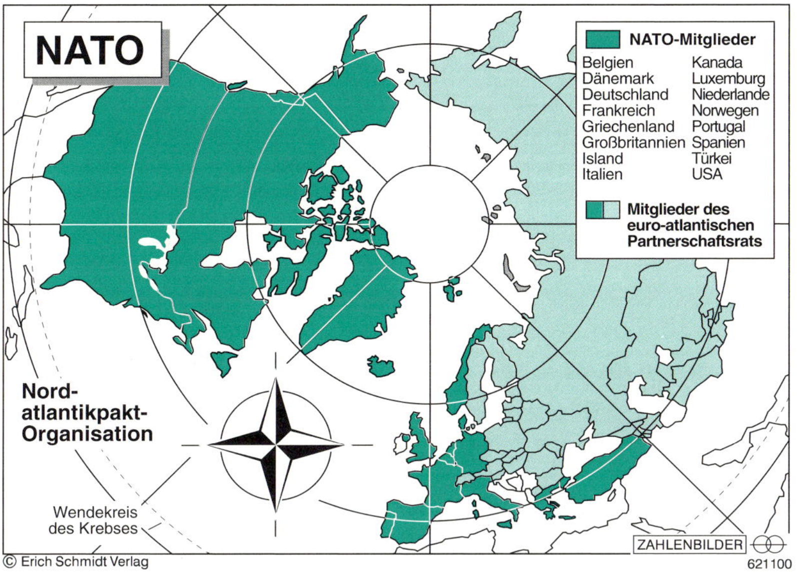

1999 sind ferner
- Polen
- Tschechien
- Ungarn

der NATO als Mitglieder beigetreten (Osterweiterung).

Material 38

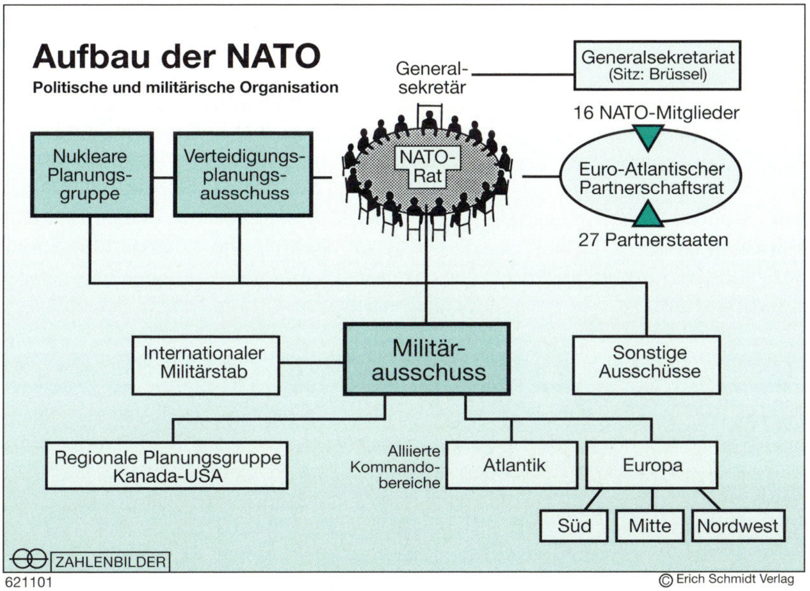

Seit dem Gipfel in Washington anlässlich ihres 50-jährigen Bestehens im April 1999 hat die NATO ein **neues strategisches Konzept**. Es stellt das vorläufige Resultat einer fast zehnjährigen Anpassung des Bündnisses an die sich ständig verändernden sicherheitspolitischen Herausforderungen nach der Überwindung des Kalten Krieges dar. Bereits 1991 war in Rom ein Konzept beschlossen worden, das die Strategien der „Vorwärtsverteidigung" und „Flexible response" abgelöst hatte und Einsätze von Krisenreaktionsstreitkräften außerhalb des Bündnisgebietes unter UN- bzw. OSZE-Mandat ermöglichte. Seit 1991 sind jedoch weitere tief greifende Ereignisse hinzugekommen: Der Zerfall der Sowjetunion, blutige innerstaatliche Konflikte in Europa, Kampfeinsätze der Allianz im Kosovo-Konflikt ohne UN-Mandat, Osterweiterung, das Angebot an Russland zur strategischen Partnerschaft. **Fünf Streitfragen** zum neuen Konzept zeichneten sich im Vorfeld des Washingtoner Gipfels ab:

1. **Geltungsbereich**: NATO-Gebiet oder global?
2. **Legitimation** von Militäreinsätzen: Mandat durch UN/OSZE oder Selbstmandatierung?
3. Soll auf die Option auf den **Ersteinsatz von Atomwaffen** verzichtet werden?
4. **Aufgabenbereich:** Nur Kernfunktion „kollektive Verteidigung“ oder erweiterter Sicherheitsbegriff (u.a. Terrorismusbekämpfung, Weiterverbreitung von Massenvernichtungswaffen, Sicherung der Rohstoffversorgung)?
5. **„Europäische Pfeiler“:** Wie kann die Handlungsfähigkeit der Allianz erhöht werden? Militäreinsätze der Europäer ohne USA?

Material 39

Das neue strategische Konzept im Überblick

- Konsolidierung und Wahrung der positiven Veränderungen seit 1989
- Aufrechterhaltung der Kernfunktion „kollektive Verteidigung“
- Mehr Verantwortung für Europa (Aufbau der „Europäischen Verteidigungs- und Sicherheitsidentität“, Befähigung zu eigenem sicherheitspolitischen Handeln im Rahmen der WEU)
- Sicherung der engen Bindungen zwischen Nordamerika und Europa (starke und dynamische Partnerschaft)
- Wahrung einer gerechten Friedensordnung in Europa auf der Grundlage der gemeinsamen Werte Demokratie, Menschenrechte und Rechtsstaatlichkeit
- Verwirklichung grundlegender Sicherheitsaufgaben im euro-atlantischen Raum:
  - stabiles euro-atlantisches Sicherheitsumfeld
  - Abschreckung und Verteidigung
  - aktive Konfliktverhütung und Krisenbewältigung einschließlich Krisenreaktionseinsätze (UN/OSZE-Mandat wird angestrebt, aber Entscheidung von „Fall zu Fall“)
  - Förderung der Partnerschaft, der Zusammenarbeit und des Dialogs zwischen der Allianz und anderen Staaten im euro-atlantischen Raum
- Intensivierung politischer und militärischer Partnerschaften mit Russland und weiteren Staaten in Europa
- Offenheit für Beitritt neuer Mitglieder
- Fähigkeit und Bereitschaft zur Reaktion auf schwer vorhersehbare Risiken (auch im globalen Kontext), welche die Sicherheit und Stabilität des Bündnisses gefährden können (erweiterter Sicherheitsbegriff)
- Aktiver Beitrag zur Fortentwicklung von Abrüstungs- und Nichtverbreitungsabkommen
- Anpassung der Streitkräfte an das neue Konzept (wirksame Erfüllung der Anforderungen des gesamten Spektrums der Bündnisaufgaben)

(nach: Bulletin des Presse- und Informationsamtes der Bundesregierung vom 3. Mai 1999, S. 222–231)

Material 40

Alte und neue NATO-Strategie

Die Sicherheitspolitik der NATO ruht nun auf drei Säulen. Die seit 1967 geltende (auf dem Bericht des belgischen Außenministers Harmel basierende) Formel „Verteidigung + Entspannung = Sicherheit“ ist passé.

(Grafiken: Auswärtiges Amt, swp)

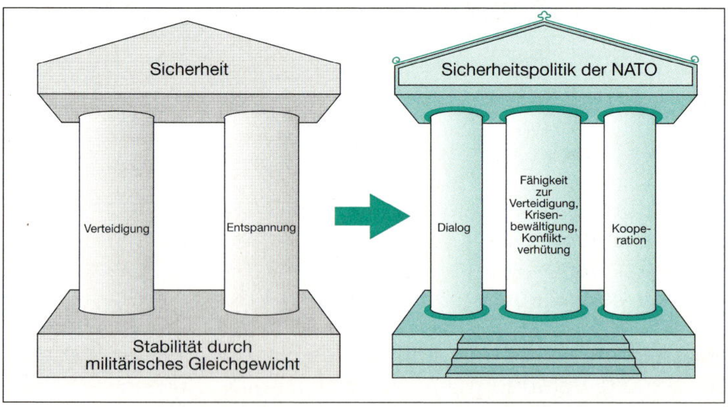

► *Strukturelle und konzeptionelle Probleme der NATO-Osterweiterung*

Der epochale Umbruch in Europa 1989–1991 (Fall der Mauer, Deutsche Einheit, Auflösung des WP und der früheren Sowjetunion, Entstehen von 14 neuen Staaten in Mittel- und Südosteuropa) veränderte grundlegend die sicherheitspolitischen Rahmenbedingungen in Europa: Der Hauptgegner der NATO und damit die direkte Bedrohung Westeuropas existierten nicht mehr; gleichzeitig barg der Umbruch in Mittel- und Osteuropa neue sicherheitspolitische Risiken und verstärkte zum einen das Bedürfnis der NATO, ihre Einfluss- und Sicherheitssphäre nach Osten auszuweiten, und damit korrespondierend den Wunsch früherer Warschauer-Pakt-Staaten, ihre soeben gewonnene Unabhängigkeit und Freiheit als Mitglieder im NATO-Bündnis abzusichern.

So konnten anlässlich des 50-jährigen Bestehens der Allianz am Gipfeltreffen in Washington vom 23.–25. April 1999 drei „Neue" als vollwertige NATO-Mitglieder an den Beratungen teilnehmen: **Polen, Ungarn** und die **Tschechische Republik**.

Die NATO will weiterhin für neue Mitglieder offen sein, unter **drei Grundvoraussetzungen**:

- Bereitschaft zur friedlichen Konfliktlösung,
- Anerkennung des NATO-Sicherheitskonzepts,
- Bekenntnis zu Demokratie, Rechtsstaatlichkeit und Menschenrechten.

Material 41

[Seit dem Zusammenbruch des Warschauer Pakts] hat die Allianz drei Probleme: Sie muss ihre Struktur von einer US-dominierten atlantischen Verteidigungsallianz umbauen hin zu einem „präventiven Verteidigungsbündnis" mit starker europäischer Komponente. Präventiv nicht nur im Sinne diplomatischen Krisenmanagements, sondern auch im Vorhalten militärischer Krisenreaktionskräfte. Europäisch im Sinne möglicher militärischer Einsätze ohne US-Beteiligung mit beispielsweise dem Euro-Korps.

Zu diesen Veränderungen gehört nicht nur die Rückkehr Frankreichs und der Eintritt Spaniens in die militärische Organisation des Bündnisses, sondern auch eine Befehls- und Kommandostruktur, die den neuen Aufgaben, dem neuen Charakter der Allianz Rechnung trägt. Sie muss sich über das Aufnahmebegehr der mittel- und osteuropäischen Staaten klar werden, ohne die Aussicht auf eine europäische Sicherheitsstruktur mit russischer Beteiligung zu verbauen [...]

Aber die Osterweiterung folgt längst anderen Regeln. Mit einer um Polen, Tschechien und Ungarn gewachsenen NATO kann Moskau leben. Und das ist entscheidend, um eine gesamteuropäische Sicherheitsstruktur weiter offen zuhalten. Die ist ohne Moskau nicht möglich. Die Drohungen aus Moskau, man werde im Falle der Osterweiterung hart reagieren oder sich enger an Peking anlehnen, klingen eher abstrus und signalisieren, dass Moskau sich im Grunde mit der Osterweiterung abgefunden hat, aber dafür einen politischen Preis fordert. Der geringste ist, die neuen Mitglieder von Atomwaffen und ausländischen Truppen frei zu halten. Maßnahmen, deren Kosten niemand im Westen zu tragen bereit ist.

Schwieriger schon ist die Forderung, die Balten auf keinen Fall aufzunehmen, also quasi eine russische Einflusszone anzuerkennen. Dem wird man zwar richtigerweise nicht nachgeben, aber den Balten signalisieren, sie dürften wohl anklopfen, aber nicht eintreten. Interessant ist schließlich die russische Idee, der NATO zwar nicht militärisch, aber politisch beitreten zu wollen. Eine Art russischer Variante der bisherigen französischen NATO-Mitgliedschaft. Eine Variante, die westlichen Interessen entgegenkäme, die Russen mit am Tisch zu haben, sie zu informieren, zu konsultieren, gemeinsam – aber auch allein – handeln zu können.

Frieden in Bosnien, auch die fast schon in Vergessenheit geratene konventionelle europäische Abrüstung, sind ohne Russland nicht zu erreichen. Ohne Einbindung Russlands wäre die Osterweiterung für die Nato eine Sackgasse.

(Frankfurter Rundschau, 25.6.1996, S. 3, von Jochen Siemens)

Material 42

Russischer Alptraum

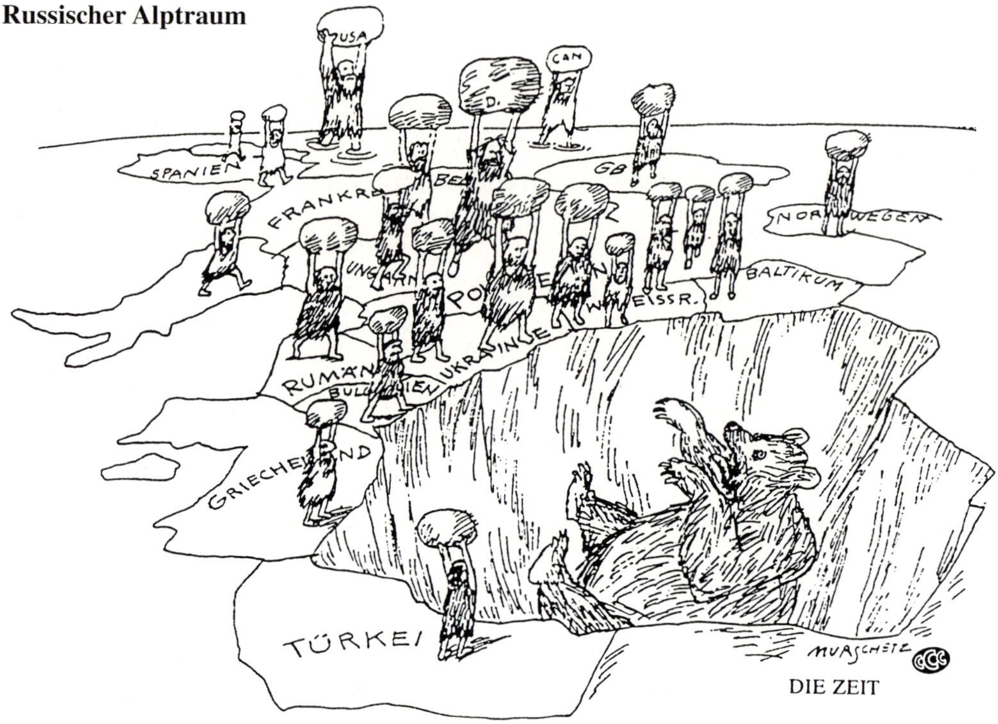

DIE ZEIT

Aufgaben

22. *Zeigen Sie anhand der Karikaturen (Material 30 und 31) Aspekte der „Identitätskrise“ der NATO nach dem Zusammenbruch des Warschauer Paktes auf!*
23. *Stellen Sie in einer Synopse „alte“ und „neue“ NATO nach folgenden Gesichtspunkten gegenüber:*
    Mitglieder, Struktur, Aufgaben/Strategie, Reichweite, Grad der Verbindlichkeit!
    Stellen Sie fest, was von der „alten“ NATO geblieben, was weggefallen, was hinzugekommen ist!
24. *Diskutieren Sie – auch mit Blick auf die aktuelle Diskussion – inwieweit die Reformen der NATO eine ausreichende Existenzberechtigung verleihen. Erörtern Sie dabei auch,*
    - *ob die NATO weiterhin den Führungsanspruch der USA verkörpert*
    - *ob die NATO zu Einsätzen out of area unter eigener Regie (vgl. Bosnien) legitimiert ist*
    - *welche Folgen militärische Fehlschläge bei Einsätzen out of area haben könnten (Glaubwürdigkeit, Bündnisverpflichtung)!*

    Berücksichtigen Sie auch den Kommentar „Bündnis ohne Grenzen“ (Material 22)!
25. *Führen Sie in Ihrem Kurs eine Pro-Contra-Debatte zur Frage der NATO-Osterweiterung durch! Berücksichtigen Sie die verschiedenen in Material 41 erwähnten Erweiterungsoptionen und deren Folgen!*

1991–1992

Material 43

„Sie haben uns entdeckt, Helmut ...“
(Zur deutschen Haltung im Golfkrieg 1990/91)

Material 44

„Vorsicht, in Deckung bleiben!“
(Der Spiegel vom 24. August 1992)

1992
Die Bundesregierung zieht eine Beteiligung am Militäreinsatz der Alliierten gegen den Irak im Golfkrieg nicht einmal in Erwägung. Demonstrationen vor allem in der BRD: „Kein Blut für Öl!“

1992
Gegen heftige Proteste von SPD und Grünen im Bundestag beschließt die Bundesregierung Soldaten der Bundeswehr in NATO-Aufklärungsflugzeugen (AWACS) und bei Lebensmittelabwürfen über Bosnien mitfliegen zu lassen.

1994
Klage der Fraktionen der SPD und FDP beim Bundesverfassungsgericht gegen geplante Bundeswehrbeteiligung an NATO-Einsätzen in Bosnien; sie wird am 12.07.1994 abgewiesen.

1994

Material 45

Urteil des Bundesverfassungsgerichts

Am 12.7.1994 verkündete das Bundesverfassungsgericht das Urteil zu Auslandseinsätzen der Bundeswehr unter UN-Mandat.

Das Bundesverfassungsgericht (BVerfG) beschied: „Art. 24, Abs. 2 des GG ermächtigt den Bund, sich zur Wahrung des Friedens einem System gegenseitiger kollektiver Sicherheit einzuordnen. Diese Ermächtigung berechtigt den Bund nicht nur zum Eintritt in ein solches System und zur Einwilligung in damit verbundene Beschränkungen seiner Hoheitsrechte. Sie bietet vielmehr auch die verfassungsrechtliche Grundlage für die Übernahme der mit der Zugehörigkeit zu einem solchen System typischerweise verbundenen Aufgaben und damit auch für eine Verwendung der Bundeswehr zu Einsätzen, die im Rahmen und nach den Regeln dieses Systems stattfinden.

Jedenfalls wird durch Art. 87a des GG der Einsatz bewaffneter deutscher Streitkräfte im Rahmen eines Systems gegenseitiger kollektiver Sicherheit, dem die Bundesrepublik Deutschland gemäß Art. 24, Abs. 2 GG beigetreten ist, nicht ausgeschlossen.

Während die auswärtige Gewalt von der Verfassung weitgehend dem Kompetenzbereich der Exekutive zugeordnet wird, sehen die grundgesetzlichen Regelungen über die Wehrverfassung für den Einsatz bewaffneter Streitkräfte grundsätzlich eine Beteiligung des Parlaments vor. Die auf die Streitkräfte bezogenen Regelungen des GG sind in den verschiedenen Stufen ihrer Ausformung stets darauf angelegt, die Bundeswehr nicht als Machtpotential allein der Exekutive zu überlassen, sondern als Parlamentsheer in die demokratisch-rechtsstaatliche Verfassungsordnung einzufügen, das heißt dem Parlament einen rechtserheblichen Einfluss auf Aufbau und Verwendung der Streitkräfte zu sichern. Das GG verpflichtet die Bundesregierung, für einen Einsatz bewaffneter Streitkräfte die grundsätzliche vorherige, konstitutive Zustimmung des deutschen Bundestags einzuholen. [...] Bei Einsätzen bewaffneter Streitkräfte im

Rahmen von Resolutionen des Sicherheitsrats ist die vorherige Zustimmung des Bundestages unabhängig davon erforderlich, ob den Streitkräften Zwangsbefugnisse nach Kapitel VII der Satzung der VN eingeräumt sind und wie die Kommandostrukturen ausgestaltet sind. Eine unterschiedliche Behandlung der verschiedenen Einsatzformen von Friedenstruppen verbietet sich, weil die Grenze zwischen den traditionellen Blauhelm-Einsätzen und solchen mit der Befugnis zu bewaffneten Sicherungsmaßnahmen in der Realität fließend geworden sind.“ [...]

(IAP-Dienst „Sicherheitspolitik“, Nr. 15 bis 16/12. August 1994, S. 18)

1995

Material 46a

Katerstimmung bei den Grünen

Auseinandersetzung nach dem Bosnien-Votum im Bundestag

Bei den Grünen hat sich die Auseinandersetzung zwischen Teilen der Partei und der Bundestagsfraktion über deren Abstimmungsverhalten zum Bosnien-Antrag der Bundesregierung verschärft. [...]
Es sei gegen zwei Grundwerte der Partei verstoßen worden: „Die innerparteiliche Demokratie und die Gewaltfreiheit.“

(FAZ, 08.12.1995)

Material 46b

1995

Material 47

Die SPD-Linke in der Bosnien-Frage gespalten

Minderheit spricht von einem Verrats-Beschluss / „Inhaltliche und grundsätzliche Bedenken“

(FAZ, 08.12.1995)

1996

Material 48

Längerer Aufenthalt und neuer Auftrag für die Bundeswehr in Bosnien

Rühes Pläne / Die Nato und das „Post-Ifor-Mandat“ / Lob und Zustimmung aus der SPD

(FAZ, 29.08.1996)

1999

1999: Die Bundeswehr erstmals in ihrer Geschichte mit „Tornados“ an Kampfeinsätzen der NATO (gegen Serbien) beteiligt

SPIEGEL: Wie fühlt sich einer aus der Generation, die in Opposition zum Krieg aufgewachsen ist, der aus einer Partei kommt, die ganz wesentlich pazifistisch orientiert ist?

Außenminister Fischer: Ja, ich war zu Beginn ein Anhänger des Appeasement, aus guten Gründen. Seit Srebrenica aber habe ich meine Position verändert. Mir war klar geworden, das Appeasement gegenüber Milosevic immer nur zu weiteren Massengräbern führen wird [...]

(SPIEGEL Nr. 16 v. 19.04.1999, S. 38)

Material 49

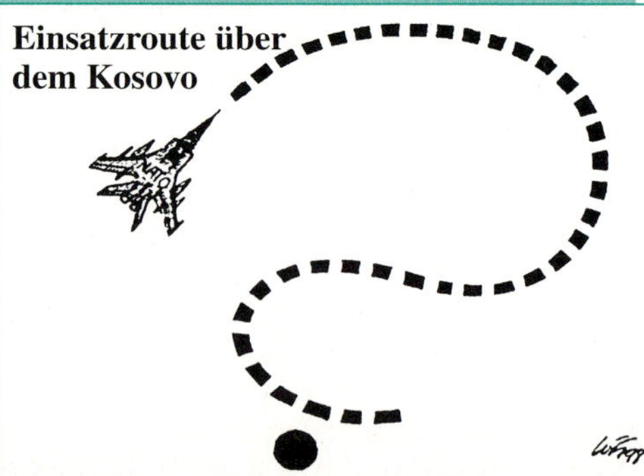

(Stuttgarter Zeitung vom 10. Juni 1998)

1999

SPIEGEL: Es gab eine Rollenverteilung: Die Amerikaner erledigen das Grobe, die Europäer kümmern sich nach alter Tradition um die Diplomatie [...]
Bundeskanzler Schröder: Die Briten, Niederländer, Franzosen, auch die Italiener, letztlich auch wir, wenn auch nicht in dieser Größenordnung, haben einen angemessenen Beitrag auch zu den militärischen Maßnahmen gebracht [...] Die Entscheidung zum Krieg hat eine fundamentale Veränderung der deutschen Außen- und Sicherheitspolitik bedeutet. Ich behaupte: Keine andere Regierung als unsere hätte sie so treffen können und so ausgehalten [...] Nach dem Ende des Kalten Krieges, nach der Einheit in Deutschland fehlen uns die Argumente, in der internationalen Politik eine Sonderrolle zu beanspruchen [...] Und bezogen auf den Balkan habe ich immer gesagt: Gerade weil wir Deutschen Schuld auf uns geladen haben, können wir massive Menschenrechtsverletzungen nicht hinnehmen und abseits stehen mit der wohlfeilen Ausrede, die Abstinenz habe mit unserer Geschichte zu tun.
(SPIEGEL Nr. 23 v. 7.6.1999, S. 33)

Aufgaben

26. *Beschreiben Sie anhand der Materialien 43 bis 48 den „deutschen Lernprozess" seit 1991! Ergänzen und aktualisieren Sie gegebenfalls!*
27. *Analysieren Sie die BVerfGE von 1994, indem Sie*
    - *die GG-Artikel, auf die sich die Entscheidung bezieht, nachschlagen*
    - *die Hürden, die das BVerfG für einen Bundeswehreinsatz vorsieht, aufzeigen*
    - *die Begründungen zur Zuständigkeit des Parlaments und zu verschiedenen Einsatzformen nachzeichnen.*
28. *Die BVerfGE zum Einsatz der Bundeswehr „out of area" wird allgemein als ein historischer Einschnitt bewertet. Anhänger der Entscheidung und der nachfolgenden Entwicklung sprechen von einer „Normalisierung", Kritiker von einer „Militarisierung" der deutschen Außenpolitik. Diskutieren Sie diese kontroversen Einschätzungen vor dem Hintergrund aktueller Bundeswehreinsätze!*

▶ *Bundeswehr und Gesellschaft*

Seit der deutschen Einheit 1990 hat sich die Bundeswehr wesentlich verändert. Sie stand gleich zu Beginn vor zwei wesentlichen Herausforderungen: Integration der ehemaligen Nationalen Volksarmee bei gleichzeitiger drastischer Reduzierung der Streitkräfte, wie es die internationalen Verträge im Zusammenhang mit der deutschen Einheit vorsahen. Beide Herausforderungen können heute als weitgehend bewältigt angesehen werden.
Die neue sicherheitspolitische Situation, die durch den Zusammenbruch des Warschauer Paktes entstanden war, machte auch in den Folgejahren einen Abbau der Personalstärke der Bundeswehr möglich (Material 50), zumal auch der Verteidigungsetat von den Sparmaßnahmen im Zusammenhang mit der Finanzierung der Einheit deutlich in Mitleidenschaft gezogen wurde (Material 51). Natürlich musste sich auch die Bundeswehr mit ihren überwiegend in die NATO integrierten Streitkräften seit 1991 auf die neue Strategie der NATO einstellen, die auch Einsätze „out of area" vorsah (vgl. Material 39, 40). Den entscheidenden Einschnitt brachte dann die verfassungsgerichtliche Klärung der umstrittenen GG-Artikel zugunsten eines Einsatzes der Bundeswehr im Rahmen kollektiver Sicherheitssysteme im Jahr 1994 (vgl. Material 45), was einen weiter gehenden Einsatz deutscher

Soldaten im ehemaligen Kroatien und Bosnien nach sich zog.

Mit dem weiteren Abbau der Personalstärke der Bundeswehr und der relativen Zunahme der Anträge auf Kriegsdienstverweigerung stellt sich die Frage nach der Wehrgerechtigkeit neu. Gleichzeitig fordern Anhänger einer Berufsarmee angesichts möglicher Kampfeinsätze der Bundeswehr nach Frankreich auch in Deutschland die allgemeine Wehrpflicht abzuschaffen.

Material 50

„Ich habe Lust im weiten Feld zu streiten mit dem Feind ...“

Material 51 (Schaubild: IAP 5/96, S. 7)

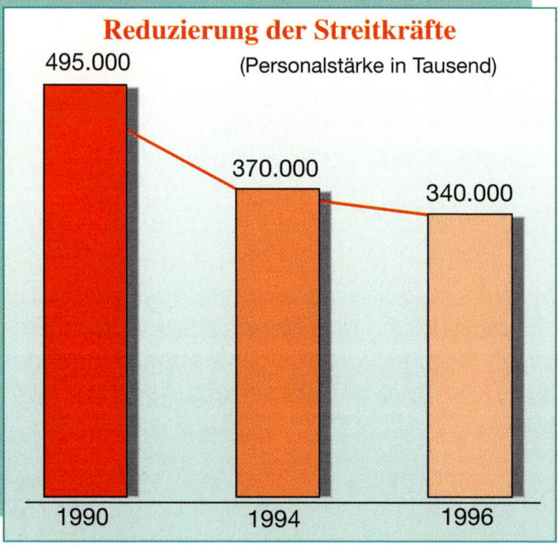

Material 52 (Schaubild: IAP 5/96, S. 7)

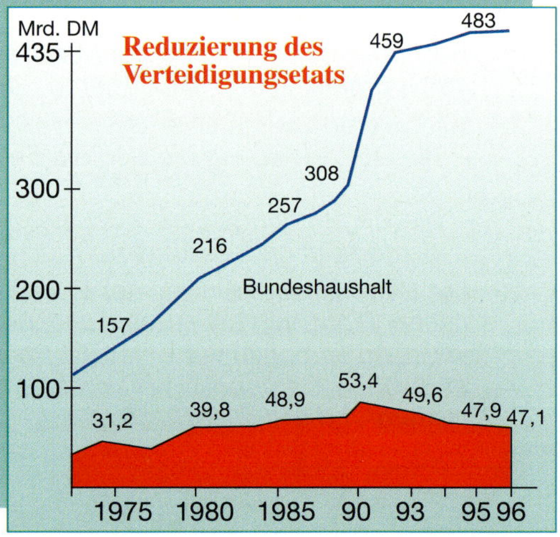

Material 53

Der Auftrag der Bundeswehr

Am 19. Februar 1992 vom Kabinett billigend zur Kenntnis genommen

Die grundlegende politische Aufgabe der Streitkräfte ist der Schutz der territorialen Integrität Deutschlands, der Sicherheit seiner Bürger und der freiheitlich-demokratischen Lebensordnung gegen äußere Gefahren sowie die wirksame Wahrnehmung von Bündnisverpflichtungen. Außerdem nehmen die Streitkräfte eine Unterstützungsfunktion wahr bei der Abwehr von Gefahren für den Bestand oder die freiheitlich-demokratische Grundordnung des Bundes oder eines Bundeslandes sowie bei Naturkatastrophen, besonders schweren Unglücksfällen und zur dringenden Nothilfe oder zur humanitären Hilfe im nationalen oder internationalen Rahmen. Darauf aufbauend kann der Auftrag der Bundeswehr wie folgt definiert werden:

Die Bundeswehr hat den Auftrag, im Zusammenwirken mit anderen staatlichen, gesellschaftlichen und wirtschaftlichen Kräften Deutschlands

(1) das deutsche Staatsgebiet und seine Bürger sowohl national als auch zusammen mit den Streitkräften der Verbündeten gegen Gewaltandrohung oder -anwendung von außen zu schützen,

(2) gemäß Verfassungsauftrag hoheitliche Aufgaben als Teil der staatlichen Exekutive wahrzunehmen,

(3) einen Beitrag im Rahmen der deutschen Bündnisverpflichtungen zu leisten,
(4) einen Beitrag zur Politik- und Bündnisfähigkeit Deutschlands durch Bereitstellung angemessener militärischer Instrumente zu leisten,
(5) einen Beitrag zur Gestaltung gesamteuropäischer Stabilität durch Wahrung sicherheitspolitischen Gleichgewichts, vertiefte Zusammenarbeit mit den Verbündeten und enge Kooperation mit allen europäischen Partnern zu leisten,
(6) nach einer – im Hinblick auf unterschiedliche Auffassungen zur Auslegung des Grundgesetzes Art. 87a – Ergänzung des Grundgesetzes für Einsätze gem. Kapitel VII der Charta der Vereinten Nationen beizustehen.

(Ortwin Buchbender u.a., Wörterbuch zur Sicherheitspolitik, Herford und Bonn 1992, S. 23)

Material 54

Artikel 4, Abs. 3 GG

Niemand darf gegen sein Gewissen zum Kriegsdienst mit der Waffe gezwungen werden. Das Nähere regelt ein Bundesgesetz.

Artikel 12a, Abs. 2 GG

Wer aus Gewissensgründen den Kriegsdienst mit der Waffe verweigert, kann zu einem Ersatzdienst verpflichtet werden. Die Dauer des Ersatzdienstes darf die Dauer des Wehrdienstes nicht übersteigen. Das Nähere regelt ein Gesetz, das die Freiheit der Gewissensentscheidung nicht beeinträchtigen darf und auch eine Möglichkeit des Ersatzdienstes vorsehen muss, die in keinem Zusammenhang mit den Verbänden der Streitkräfte und des Bundesgrenzschutzes steht.

Material 55

Zivildienstplätze

Belegte Plätze nach Tätigkeiten
Gesamtzahl: 121 347 (Stand: 15.8.1995)

Pflegehilfe und Betreuungsdienste	59 687	(49,2 %)
Handwerkliche Tätigkeiten	17 481	(14,4 %)
Mobile soziale Hilfsdienste	13 082	(10,8 %)
Krankentransport, Rettungsdienst	7 805	(6,4 %)
Versorgungstätigkeiten	6 829	(5,6 %)
Tätigkeiten im Umweltschutz	4 819	(4,0 %)
Individuelle Schwerstbehindertenbetreuung (ISB)	4 732	(3,9 %)
Gärtnerische und landwirtschaftliche Tätigkeiten	2 959	(2,4 %)
Kraftfahrdienste	2 463	(2,0 %)
ISB von Kindern	779	(0,6 %)
Kaufmännische und Verwaltungstätigkeiten	643	(0,5 %)
Spitzensportler	68	(0,0 %)

(Mitteilungen des Bundesbeauftragten für den Zivildienst; zitiert nach: Soldat und Technik 10/1995, S. 617)

▶ *Wehrpflicht oder Berufsarmee?*

Schlagzeilen: Wehrpflicht – das „legitime Kind unserer Demokratie“ – „Hat die Bundeswehr noch Zukunft“? – „Bundesregierung und SPD wollen bei der Wehrpflicht bleiben“ – „Wir brauchen Profis für die Sicherheit!“ – „Berufsarmee – Großer Irrtum“ [...]

Material 56

Nur noch Freiwillige

Nur zur Abwehr einer Notlage, nicht aus noch so einleuchtenden Opportunitätsgründen darf deshalb der Staat die Wehrpflicht durchsetzen – und er darf sie nicht unbegrenzt aufrecht erhalten, wenn die Notlage entfallen ist. Ginge es nur nach Effizienz, ließe sich auch eine Dienstpflicht für Polizisten oder Krankenschwestern mit denselben guten Argumenten rechtfertigen, wie sie für die Wehrpflicht vorgebracht werden. Das aber erlaubt das Grundgesetz gerade nicht. So wie es verfassungsrechtlich unzulässig wäre, Wehrpflichtige zu Einsätzen zu zwingen, die nicht unmittelbar der Landesverteidigung dienen (wer in Bosnien dient, tut dies freiwillig), so ist es auch unzulässig, die Wehrpflicht durchzusetzen, wenn die Sicherheit des Landes nicht mehr unmittelbar gefährdet ist. Deswegen sind die Tage der allgemeinen Wehrpflicht faktisch wie rechtlich gezählt. Und deswegen steht auch nicht der Ausweg offen, an ihre Stelle eine neue Zwangspflicht zu setzen, eine allgemeine Dienstpflicht, über die vielerorts schon nachgedacht wird. Die Frage ist nicht, ob es jungen Männern und vielleicht Frauen schaden könnte, wenn sie ein Jahr ihres Lebens im

Dienst an der Gemeinschaft verbringen – wahrscheinlich nicht. Die Frage ist vielmehr, ob der Staat sie dazu zwingen kann. Bernhard Gertz, der Vorsitzende des Bundeswehrverbandes, erinnert sich an ein Gespräch mit der Präsidentin des Bundesverfassungsgerichts, der Nachfolgerin von Bundespräsident Herzog. Sein Eindruck: Die allgemeine Dienstpflicht würde in Karlsruhe scheitern, weil das Grundgesetz den Staat und damit auch den Gesetzgeber verpflichtet, „jeweils den geringstmöglichen Eingriff zu wählen nach dem Grundsatz der Verhältnismäßigkeit und den Bürger zur Erfüllung staatlicher Aufgaben nur mit dem zu belasten, was unabdingbar ist".

Das Grundgesetz setzt klar Schranken. Wenn die Verteidigung des Staates den Rückgriff auf den Zwangsdienst von jungen Männern nicht mehr erfordert, dann müssen Freiwillige für seinen Schutz sorgen. Und wenn Krankenhäuser und Gesundheitsfürsorge Mitarbeiter brauchen, dann müssen sie sich ans Arbeitsamt wenden, nicht aber an den Zivildienst.

(Christoph Bertram, in: Die Zeit Nr. 28 vom 5.7.96)

Material 57

Wehrpflicht unabdingbar

Bundespräsident Roman Herzog: „Ich halte [...] die Wehrpflicht für unabdingbar. Ich stehe aber auch zur Verpflichtung des Parlaments, sie glaubwürdig zu begründen, gerecht zu vollziehen und den Wehrdienst als die gegenüber dem Zivildienst vorrangige Pflicht öffentlich herauszustellen.

Die Wehrpflicht ist ein so tiefer Eingriff in die individuelle Freiheit des jungen Bürgers, dass ihn der demokratische Rechtsstaat nur fordern darf, wenn es die äußere Sicherheit des Staates wirklich gebietet. Sie ist also kein allgemein gültiges ewiges Prinzip, sondern sie ist auch abhängig von der konkreten Sicherheitslage. Ihre Beibehaltung, Aussetzung oder Abschaffung und ebenso die Dauer des Grundwehrdienstes müssen sicherheitspolitisch begründet werden."

Material 58

Pro Wehrpflicht

① Der Kalte Krieg ist vorüber, aber ein Zustand des stabilen Friedens ist in Europa noch nicht erreicht. Heute wirkt Russland schwach, sein Ehrgeiz trägt einen defensiven Zuschnitt, der den Westen nicht gefährdet. Doch ist Verlass darauf, dass es so bleibt? Für den Fall, dass es wieder anders kommen sollte, empfiehlt sich unter allen Umständen eine solide Rückversicherung. Sie liegt darin, dass die Bundeswehr sich das erhält, was die Hardthöhen-Planer „Wiederaufwuchsfähigkeit" nennen: die Möglichkeit, die Truppenstärke einer aufs Neue wachsenden Bedrohung anzupassen. Diese Möglichkeit verbürgt jedoch nur eine Wehrpflichtarmee. [...]

② Es fehlt noch an genauen Kalkulationen, aber eine Berufsarmee wird auf jeden Fall teurer als eine Wehrpflichtigen-Armee. Um 20 bis 25 Prozent, ist die allgemeine Annahme – es sei denn, man reduzierte die Bundeswehr weit schneller auf 250 000 oder gar 200 000 Mann als derzeit sicherheitspolitisch ratsam erscheint. [...]

③ Eine Bundeswehr, die nicht mehr Jahr für Jahr 160 000 Wehrpflichtige durch die Kasernen schleuste, nähme eine andere Färbung an – nicht wegen ihrer Generäle und Admiräle, sondern wegen des Menschentyps, der sich freiwillig in ihre Reihen drängte. Es wären nicht länger Wehrpflichtige, die dem sozialen Milieu verbunden bleiben, aus dem sie gekommen sind. Eher wären es Leute mit Haudegengesinnung, Legionärsmentalität und stramm rechter politischer Einstellung. [...]

④ Die Bundeswehr bürgt heute für ein hohes Maß an Wehrgerechtigkeit. Derzeit werden alle Tauglichen „gezogen". Sie leisten entweder Wehrdienst oder Ersatzdienst. Der hohe Anteil der Verweigerer ist dabei ironischerweise eine entscheidende Voraussetzung, dass Wehrgerechtigkeit waltet. [...] Wer indes die Wehrpflicht abschafft, der macht auch dem Zivildienst den Garaus. [...]

⑤ Größer als das Misstrauen gegenüber den Berufssoldaten muss das Misstrauen gegenüber den Berufspolitikern sein. Wenn erst einmal die Verklammerung der Bundeswehr mit den lebendigen Kräften der Gesellschaft aufgebrochen wäre, könnte in der Politik leicht kein Halten mehr sein.

(Theo Sommer, in: Die Zeit, 1.3.1996)

2. Der Ost-West-Konflikt (1945/49 – 1989/91)

Mit der Öffnung der Mauer (1989), der Vereinigung der beiden deutschen Staaten (1990), dem Auseinanderbrechen der früheren Sowjetunion und der Auflösung des Warschauer Paktes ist der Ost-West-Konflikt 1991 zu Ende gegangen, als historische Epoche „Nachkriegszeit" abgeschlossen. Dieser Konflikt hat mit seiner bipolaren Struktur und seinen ungeheuren Konfliktpotentialen rund 45 Jahre lang die Welt bis in das Denken und Empfinden der Menschen hinein in Atem gehalten, zumal man sich mehrmals an den Rand eines Atomkrieges manövriert hatte. Das Ende dieses „Kalten Krieges", des Macht- und Ideologiekonflikts zwischen Ost und West , löste nachträgliches Erschrecken und große Erleichterung zugleich aus.

In Gegenwart und Zukunft hinein – und dies bestimmt unser Erkenntnisinteresse heute – wirkt dieser Konflikt bzw. seine Überwindung noch fort bzw. nach:

- Die in diesem Konflikt erfahrene Art der Konfliktsteuerung prägt unser Denken.
- Frieden und Sicherheit müssen neu definiert, Konfliktregulierung und Zusammenarbeit unter veränderten Bedingungen praktiziert werden.
- Durch das Wegfallen der Ost-West-Überprägung verändern sich in zahlreichen Regionen der Erde bestehende Konflikte, neue brechen auf.
- Heutige Institutionen haben in dieser Zeit ihren Anfang genommen, sind davon – noch – bestimmt.
- „Altlasten" aus viereinhalb Jahrzehnten Wettrüsten sind zu bewältigen.

Anregungen

1. *Orientieren Sie sich in Kapitel VII über den Ost-West-Macht- und Ideologienkonflikt!*
2. *Suchen Sie in den Kapiteln VII, VIII.1, IX, X und XI Belege zu den Aussagen!*
3. *Ziehen Sie zur Bearbeitung des Teilkapitels selbstständig die relevanten Materialien aus den Kapiteln VI bis XI mit heran!*
4. *Besonders ergiebig ist eine – ggf. arbeitsteilige – parallele Bearbeitung von VIII/2 und IX. Vorschläge dazu auf Seite 426!*
5. *Stellen Sie bei bzw. nach der Beschäftigung mit dem Ost-West-Konflikt seine „Nachwirkungen" in den einzelnen Bereichen zusammen. Diskutieren Sie deren Wirksamkeit!*

2.1 Der Kalte Krieg (1945/47 – 1962)

► *Entstehen*

Die Ausgangslage:

Mit dem Sieg der **Anti-Hitler-Koalition** über das faschistische Deutschland (Besetzung, Aufteilung in Besatzungszonen) traten die ideologischen, ökonomischen und politischen Gegensätze vor allem zwischen den beiden Großmächten USA und SU bald deutlich zutage. Die Beherrschung und politische Umgestaltung Mittel- und Osteuropas durch die Sowjetunion sowie wachsende Uneinigkeit der Sieger über die Behandlung Deutschlands ließen die Spannungen zwischen „**Ost**" und „**West**" – diese geographischen Begriffe wurden nun zu Synonymen für unüberbrückbare politisch-militärische Gegensätze, – rasch ansteigen; das „One-World-Konzept" des Jahres 1945 war 1948 gescheitert (s. dazu VII/1. und 2., VIII/1.6 und IX/1. u. 2.).

Aus westlicher Sicht:

Material 1

Rede des britischen Oppositionsführers Winston Churchill in Fulton (USA) am 5. März 1946:

Ein Schatten ist über die Schauplätze gefallen, die der alliierte Sieg noch vor kurzem erhellte.

Niemand weiß, was die Sowjetunion und die internationale Organisation des Kommunismus in nächster Zukunft zu tun gedenken oder wo die Grenzen, sofern es solche überhaupt gibt, ihrer expansionistischen Pläne und Bekehrungsabsichten liegen. Vor Stettin an der Ostsee bis nach Triest an der Adria hat sich ein eiserner Vorhang über den Kontinent gesenkt. Dahinter liegen die Hauptstädte der vormaligen Staaten Zentral- und Osteuropas: Warschau, Berlin, Prag, Wien, Budapest, Belgrad und Sofia. Alle diese berühmten Städte und die umwohnende Bevölkerung befinden sich in der Sowjetsphäre, wie ich sie nennen muss, und sind in der einen oder anderen Form nicht nur dem sowjetischen Einfluss ausgesetzt, sondern unterstehen in hohem und in vielen Fällen in steigendem Maße der Kontrolle Moskaus [...] Die von den Russen beherrschte polnische Regierung wurde aufgemuntert, ungeheure und unberechtigte Übergriffe auf deutsches Gebiet zu unternehmen; eine Massenaustreibung von Millionen Deutscher findet statt, in schrecklichem, bisher ungeahntem Ausmaß. Den in diesen osteuropäischen Staaten sehr kleinen kommunistischen Parteien wurde eine Machtstellung eingeräumt, die ihrer zahlenmäßigen Stärke keineswegs entspricht, und sie versuchen nun allenthalben, die Kontrolle vollständig zu erlangen. In fast allen Fällen herrscht ein Polizeiregime, und es gibt mit Ausnahme der Tschechoslowakei keine wahre Demokratie [...]

In Berlin versuchen die Russen, eine Art kommunistische Partei in der von ihnen besetzten Zone Deutschland aufzuziehen, indem sie einer Gruppe links stehender deutscher Parteiführer besondere Vorteile einräumen [...]

Wenn die Sowjetregierung jetzt versucht, durch eigenmächtiges Vorgehen ein prokommunistisches Deutschland in ihren Gebieten zu errichten, wird das neue, ernsthafte Schwierigkeiten in der britischen und amerikanischen Zone hervorrufen und den geschlagenen Deutschen die Macht geben, sich zwischen den Sowjets und den westlichen Demokratien an den Meistbietenden zu verkaufen.

Welche Schlussfolgerungen aus diesen Tatsachen man auch ziehen mag – und es handelt sich um Tatsachen –, dies ist sicher nicht das befreite Europa, für dessen Aufbau wir gekämpft haben. Auch ist es keineswegs ein Europa, das die notwendigen Voraussetzungen für einen dauernden Frieden bringt.

(Winston S. Churchill, Der Zweite Weltkrieg, Bern/Stuttgart 1954, S. 1102-04)

Material 2

Die Expansion der Sowjetunion in Europa seit 1940

Annektiert o. unter sowjetischer Verwaltung

	Jahr	Land	Bevölkerung (in Mio)
1	1940	Teile Finnlands	0,5
2	1940	Estland	1,1
3	1940	Lettland	2,0
4	1940	Litauen	3,0
5	1945	Teil Ostpreußens	1,2
6	1945	Teil Polens	11,8
7	1945	Teil der Tschechoslowakei	0,7
8	1945	Teil Rumäniens	3,7
			Insgesamt 24,0 auf 475.300 qkm

Von der Sowjetunion kontrolliert

A	1945	Sowjetische Besatzungszone Deutschlands	18,8
B	1945	Polen*	26,5
C	1946	Bulgarien	7,2
D	1946	Albanien	1,2
E	1947	Ungarn	9,8
F	1948	Rumänien	16,1
G	1948	Tschechoslowakei	12,3
			Insgesamt 91,9 auf 1.019.200 qkm

* einschließlich deutsche Gebiete unter polnischer Verwaltung

(Harald Wust, ... den Frieden sichern, Bonn 1983, S. 17)

Material 3

Low-Karikatur von 1952: Stalins stählerner Schnauzbart verdeckt halb Europa, die Germania wird zersägt, John Bull schnallt den Riemen enger und Eisenhower kommandiert seine Verbündeten.

Aus östlicher Sicht:

Material 4

Informationsbericht des Sekretärs des ZK der KPdSU, G. M. Malenkow, über die Außenpolitik der KPdSU auf der Informationskonferenz von Vertretern einiger kommunistischer Parteien Ende Sept. 1947 in Polen:

Es bildeten sich zwei entgegengesetzte Richtungen in der internationalen Politik heraus. Die eine Politik wird von der Sowjetunion und den Ländern der neuen Demokratie verfolgt. Die Außenpolitik der Sowjetunion und der demokratischen Länder ist auf die Untergrabung des Imperialismus, auf die Sicherstellung eines festen demokratischen Friedens zwischen den Völkern und auf den größtmöglichen Ausbau der freundschaftlichen Zusammenarbeit der friedliebenden Völker gerichtet [...] In der anderen Richtung der internationalen Politik ist die herrschende Clique der amerikanischen Imperialisten führend. In dem Bestreben, die Positionen zu festigen, die das amerikanische Monopolkapital während des Krieges in Europa und Asien erobert hat, hat diese Clique nun den Weg der offenen Expansion betreten, den Weg der Versklavung der geschwächten kapitalistischen Länder Europas, der Versklavung der kolonialen und abhängigen Länder, den Weg der Vorbereitung neuer Kriegspläne gegen die UdSSR und die Länder der neuen Demokratie, wobei sie sich des Vorwandes eines Kampfes gegen die „kommunistische Gefahr" bedient. Den klarsten und konkretesten Ausdruck fand diese Richtung der Politik des amerikanischen Kapitals in den Plänen von Truman und Marshall [...] Die weise Stalinsche Außenpolitik des Sowjetstaates erlaubte es uns, wie vor dem Kriege auch während des Krieges die inneren Gegensätze im Lager des Imperialismus richtig auszunützen, und das war eine der wichtigsten Voraussetzungen unseres Sieges im Kriege. Wir gehen von der Tatsache aus, dass für eine längere Periode die Existenz zweier Systeme, des Kapitalismus und Sozialismus, unvermeidlich ist, und verfolgen den Kurs loyaler, gutnachbarlicher Beziehungen zu allen Staaten, die den Wunsch zu freundschaftlicher Zusammenarbeit unter den Bedingungen der Anerkennung des Grundsatzes der Gegenseitigkeit und der Erfüllung übernommener Verpflichtungen bekunden [...] Eine Politik der unentwegten Unterstützung verfolgen die UdSSR und die Länder der neuen Demokratie gegenüber den kolonialen und abhängigen Ländern, die für ihre nationale Befreiung vom imperialistischen Joch kämpfen. Das sind die Grundlagen der Außenpolitik der KPdSU (B).◆

(Das Ostpaktsystem. Dokumentensammlung von Boris Meissner. Bd. XVIII der Dokumente, herausgegeben von der Forschungsstelle für Völkerrecht und ausländisches öffentliches Recht der Universität Hamburg, Frankfurt/Main und Berlin 1955, S. 87 – 88)

Material 5

Kalter Krieg: von den reaktionärsten und aggressivsten Kräften der imperialistischen Großbourgeoisie betriebene Politik der Verschärfung internationaler Spannungen, um diese nach innen und außen zum Vorwand für eine weitere Forcierung der Aufrüstung wie auch für die Vorbereitung und Entfesselung von ihnen geplanter Aggressionen zu nehmen; auch der durch die imperialistische Politik hervorgerufene Zustand der internationalen Spannungen und der Kriegsgefahr. Die Politik des k.K. gehört zum Arsenal der Kampfarten der → *Globalstrategie* des USA-Imperialismus und dient der Weltreaktion vor allem zur Verwirklichung ihrer aggressiven und konterrevolutionären Pläne gegenüber den sozialistischen und antiimperialistischen Staaten. Die Formen des k.K. sind vielseitig und variabel. Sie umfassen: antikommunistische und antisowjetische Hetze; Revanchepropaganda gegen sozialistische und antiimperialistische Staaten (→ *psychologische Kriegführung*); Störung der politischen, ökonomischen und kulturellen Beziehungen zwischen den Staaten; Bildung von aggressiven Militärkoalitionen und von Aggressionsstützpunkten um das sozialistische Weltsystem; Drohung mit militärischer Gewaltanwendung; Spionage- und Diversionstätigkeit gegen sozialistische und antiimperialistische Staaten sowie andere aggressive Handlungen und feindselige Maßnahmen. Zu den bisher gepflogenen Formen des k.K. gehörte als spezifische auch die als permanente potentielle Aggressionsdrohung gegen die DDR gerichtete → *Alleinvertretungsanmaßung* der aggressivsten imperialistischen und militaristischen Kräfte der BRD. Die sozialistischen Staaten kämpfen mit den anderen Friedenskräften in aller Welt konsequent für die Beendigung der Politik des k.K. und für die Sicherung des Weltfriedens (→ *friedliche Koexistenz*).

(aus: Kleines politisches Wörterbuch, Dietz-Verlag/(Ost) Berlin 1973, S. 390 f.)

Aufgaben

6. *Rollendiskussion: Versuchen Sie der jeweils anderen Seite die „Schuld" am Entstehen des Kalten Krieges zuzuweisen. Ziehen Sie dazu auch Materialien aus VII, VIII.1.6 und IX.1 und 2 heran!*
7. *Zeigen Sie durch Auswertung von Rollendiskussion und Materialien, wie Ereignisse gegensätzlich wahrgenommen und bewertet werden!*

▶ Erscheinungsbild

Material 6

Die Weltmächte USA und UdSSR um 1960

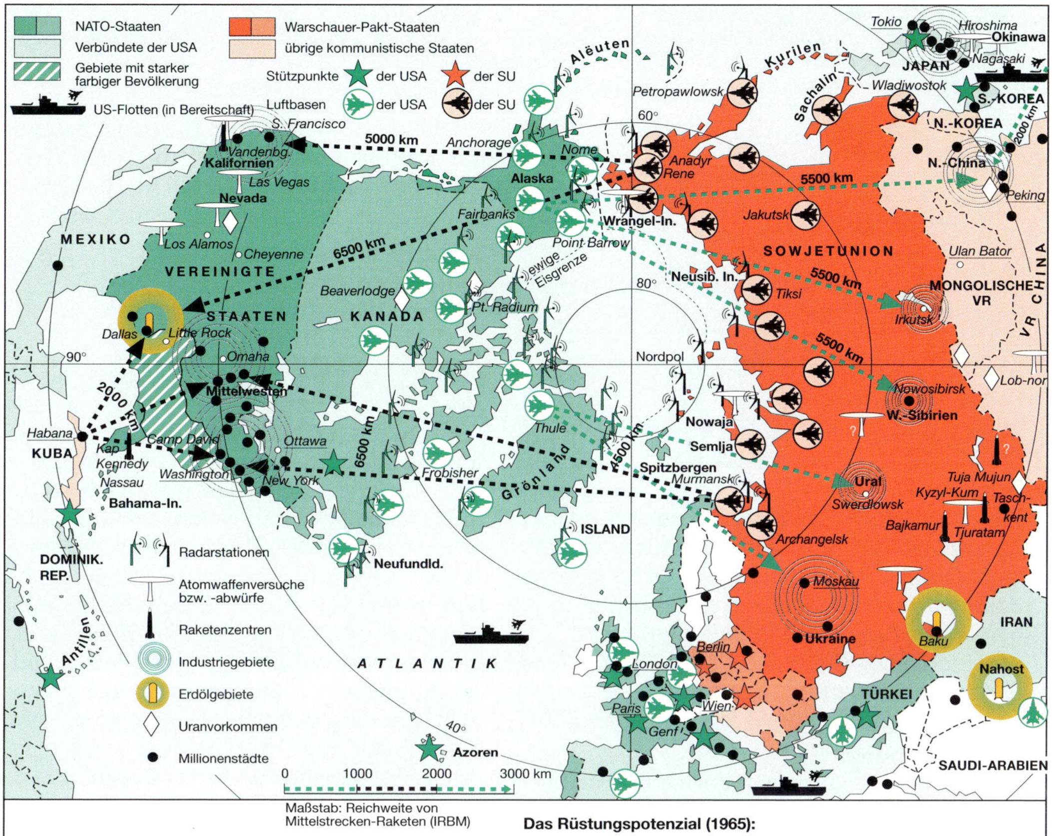

USA und UdSSR (1964)

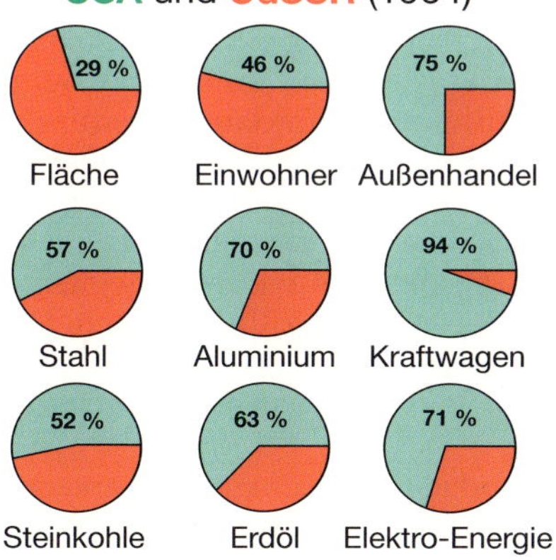

Das Rüstungspotenzial (1965):

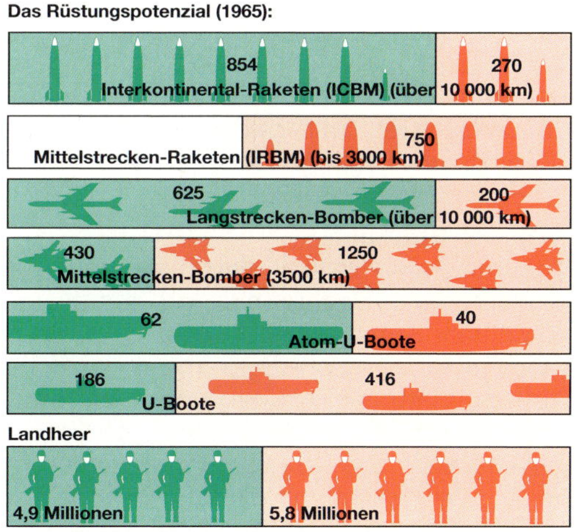

(Aus: dtv-Atlas Weltgeschichte, Band 2, ©1966, 1991 Deutscher Taschenbuch Verlag, München)

Material 7

Außen- und Sicherheitspolitische Konzeption (→ M 12, S. 415)
seit Anfang der 50er Jahre

Konventionelle Trägersysteme (Langstreckenbomber, Trägerflugzeuge) Beginn **Erste Raketengeneration** (Kurz- bis Mittelstreckenraketen) **Atomares ↓ Übergewicht der USA** **Konzept der massiven Vergeltung** (massive retaliation)	↔	**Politik des „CONTAINMENT“** (Eindämmen, Eingrenzen) Globales Pakt- und Stützpunktsystem um den Ostblock	**„ROLL BACK“** (Zurückrollen, Zurückdrängen) In Spannungszentren nicht realisierbar (DDR 17.6.1953, Ungarn Oktober 1956)

(aus: Günter Walpuski, Verteidigung + Entspannung = Sicherheit, Bonn 5. Aufl. S. 21, 1984)

Konfliktebenen und -formen

Oberste Ebene:
(Abgeleiteter) militärischer Konflikt mit sehr hoher Spannung, wird als eigentlicher Konflikt wahrgenommen und bestimmt weitgehend die Ost-West-Bipolarität (Abgrenzung, gegenseitige Destabilisierung, Rüstungswettlauf, Drohpolitik, Feindbilder); Kriegsgefahr, da Sicherheit primär durch die Androhung gegenseitiger Vernichtung angestrebt wird: Entwicklung und Stationierung riesiger Waffenarsenale: „Rüstungswahnsinn“, „Overkill-Capability“, „Gleichgewicht des Schreckens“.

Mittlere Ebene:
Politisch-ökonomischer Konflikt, wachsendes Sicherheitsbedürfnis beider Blöcke strebt nach Festigung und Ausweitung der eigenen Machtbasis (politisch, ökonomisch) durch Sicherung und Ausdehnung der eigenen Einflusssphären mit der Entwicklung von Bündnis- und Paktsystemen und „Wettlauf“ um Einfluss in der 3. Welt.

Unterste Ebene:
Ideologischer Konflikt zwischen den Ordnungsmodellen Sozialismus und Liberalismus als primäre Konfliktebene; nur geringe Spannung, da sozialistische Systeme in westlichen Staaten unattraktiv bleiben und keine ernsthafte Bedrohung westlicher politischer Systeme darstellen; das kommunistische Ziel einer „Weltrevolution“ bleibt zunächst auf Länder der 3. Welt beschränkt (Kuba, Jemen, Angola, Vietnam u.a.).

Gründe für den Kalten Krieg

◆ Mit wachsendem Abstand von den Ereignissen hat sich in der **zeitgeschichtlichen Forschung** inzwischen die Einsicht weitgehend durchgesetzt, dass man den Kalten Krieg nicht verstehen kann, wenn man den Blick einseitig auf die eine oder die andere Seite richtet. Methodisch arbeitet man zur Erklärung derartiger politischer Prozesse nicht mehr mit dem Schema von Ursache und Wirkung, sondern mit dem der **Interaktion.** Die Ereignisse und Entwicklungen werden gedeutet als Ergebnisse wechselseitig bedingter Handlungen. Für diese lassen sich zwar objektivierbare Faktoren (der Lage, des wirtschaftlichen und militärischen Potentials, des politischen Systems, der Ideologie) ausmachen. Aber bestimmend für die jeweiligen Entscheidungen der Akteure ist ihre **Perzeption,** ihre Auffassung der Möglichkeiten und vor allem der Absichten der anderen Seite.
Mit Hilfe dieses Erklärungsansatzes lässt sich heute über die Gründe des Kalten Krieges etwa Folgendes sagen:

- Zwischen den westlichen Demokratien mit der Vormacht USA und der Sowjetunion bestand trotz der Kriegskoalition gegen Deutschland (und Japan) ein fundamentaler Gegensatz in Ideologie, politischem und wirtschaftlichem System.
- Das dadurch bedingte Misstrauen führte zu ganz unterschiedlicher Definition der jeweiligen Interessen, zu machtpolitischer und schließlich auch zu rüstungspolitischer Konkurrenz. [...] ◆

(Bernhard Sutor, Politik. Ein Studienbuch ..., Paderborn 1994, S. 383 f.

Aufgaben

8. *Beschreiben Sie das Erscheinungsbild des Kalten Krieges!*
9. *Bestimmen Sie das Kriterium für die Hierarchie der Konfliktebenen. Ordnen Sie nach anderen Kriterien, wie Kausalität, Bedrohlichkeit, ...!*
10. *Fügen Sie den ‚Gründen für den Kalten Krieg' (Sutor-Text) Ihre Ergebnisse an!*
11. *Schreiben Sie ein Lexikon-Stichwort: Kalter Krieg!*

▶ *Die Kuba-Krise 1962 – Höhepunkt oder Wende?*

Material 8

Seit Mitte Oktober 1962: Die Amerikaner haben durch Luftaufnahmen die Sicherheit gewonnen, dass in Kuba Raketenstellungen gebaut werden. Als mögliche Gegenmaßnahmen werden Luftangriffe oder Blockade genannt. In seiner Rede am 22. Oktober legt sich der amerikanische Präsident der Öffentlichkeit gegenüber fest:

„... Diese rasche Umwandlung Kubas in einen wichtigen strategischen Stützpunkt – durch das Vorhandensein dieser großen, weit reichenden und eindeutig offensiven Waffen zur Massenvernichtung – stellt eine ausdrückliche Bedrohung des Friedens und der Sicherheit aller amerikanischen Staaten [...] dar".

James Reston berichtet „mit höchster amtlicher Billigung", dass „Schiffe, die weitere Offensivwaffen nach Kuba bringen, entweder umkehren oder sich einer Durchsuchung und Beschlagnahme fügen oder kämpfen müssen. Wenn sie versuchen, die Blockade zu durchbrechen, wird ihnen ein Warnschuss vor den Bug gefeuert werden; ergeben sie sich dann immer noch nicht „werden sie angegriffen".

Seit 21. Oktober 1962: Die auf der ganzen Welt stationierten amerikanischen Truppen sind in Alarmbereitschaft versetzt, die B-52-Bomberstaffeln mit Atombomben in der Luft. Zuvor sind der sowjetische Botschafter Dobrynin über den Schritt und seine Gründe unterrichtet und die NATO-Partner verständigt worden.

23. Oktober 1962: Auch die sowjetischen Streitkräfte werden in Alarmbereitschaft versetzt. Das amerikanische Vorgehen wird als „Akt der Piraterie" bezeichnet. Der amerikanische Präsident legt den Beginn der Seeblockade auf den 24. Oktober, 9.00 Uhr Ostküstenzeit (15 Uhr MEZ), fest. Die Blockadezone wird von 800 auf 500 Seemeilen verringert, um den Weg der Schiffe bis an die Blockadengrenze zu verlängern und damit der sowjetischen Regierung mehr Spielraum für Entscheidungen zu geben.

Zu dieser Zeit befinden sich mehrere Schiffe auf dem Weg nach Kuba, vermutlich auch solche mit Raketenwaffen. Auch sowjetische Kriegsschiffe werden im Krisengebiet gesehen. Der Zeitpunkt des Zusammenstoßes kann errechnet werden.

Kuba-Seeblockade 1962: US-Zerstörer (vorn), US-Flugzeug, sowjetischer Frachter

24. Oktober 1962: Etwa eine Viertelstunde vor dem errechneten Zusammenstoß meldet die amerikanische Aufklärung, dass einige sowjetische Schiffe beigedreht haben, andere weiterfahren. Der Tanker „Bukarest“ wird durch die Blockadengrenze ebenso durchgelassen wie ein Passagierschiff der DDR; dagegen wird ein libanesischer Frachter durchsucht.

26. Oktober 1962: Chruschtschow schlägt in einem Schreiben an den Präsidenten vor, die Sowjetunion werde die Raketen auf Kuba demontieren, falls die Vereinigten Staaten ihre Raketen aus der Türkei abziehen. Der amerikanische Präsident antwortet:

„Wie ich Ihrem Schreiben entnehme, sind die Kernpunkte Ihrer Vorschläge, die [...] im Allgemeinen annehmbar erscheinen, die folgenden:
1. Sie würden sich bereit finden, diese Waffensysteme auf Kuba unter angemessener Beobachtung und Überwachung der Vereinten Nationen zu entfernen, und sich unter geeigneten Garantien verpflichten, die weitere Einfuhr solcher Waffen nach Kuba einzustellen.
2. Wir wären unsererseits bereit, nach Ausarbeitung entsprechender Vorkehrungen durch die Vereinten Nationen für die Durchführung und weitere Beachtung dieser Absprachen
a) alsbald die gegenwärtig wirksamen Quarantänemaßnahmen aufzuheben und
b) Sicherheiten gegen eine Invasion Kubas zu geben.“
Allerdings unterstreicht Kennedy, dass die „Vorbedingung [...] in der Einstellung der Arbeiten an den Raketenbasen auf Kuba besteht oder in Maßnahmen, um solche Waffen unbrauchbar zu machen, und zwar mit wirksamen internationalen Garantien. Die Aufrechterhaltung dieser Bedrohung oder ein Hinausziehen dieser Diskussion über Kuba durch Verknüpfung dieser Probleme mit den umfassenden Fragen der europäischen und der Weltsicherheit würde ohne Frage zu einer Verschärfung der Kuba-Krise und zu einer ernsten Gefährdung des Weltfriedens führen.“
Kennedy geht nicht auf die Gegenforderung Chruschtschows ein.

28. Oktober 1962: Radio Moskau bringt eine Botschaft Chruschtschows an den amerikanischen Präsidenten: „Ich habe großes Verständnis für ihre Besorgnis und die Besorgnis des amerikanischen Volkes angesichts des Umstandes, dass die Waffen, die Sie offensiv nennen, tatsächlich gefährlich sind [...] Die sowjetische Regierung hat ergänzend zu früher schon erteilten Anweisungen über die Einstellung der Arbeiten an den Anlagen zur Stationierung von Waffen jetzt schon die Anordnung getroffen, jene Rüstungen, die Sie als offensiv bezeichnen, zu demontieren, zu verladen und in die Sowjetunion zurückzuführen“.
Der amerikanische Präsident begrüßt Chruschtschows „staatsmännische Entscheidung“ in seiner Antwort. Er fügt hinzu, die Blockade Kubas werde abgebrochen, sobald die Vereinten Nationen „die notwendigen Schritte“ unternommen hätten. Castro erklärt dazu, die amerikanischen Garantien reichten ihm nicht aus.

30. Oktober 1962: Der Generalsekretär der Vereinten Nationen, U Thant, besucht Kuba und überzeugt sich davon, dass der Abbau der Raketenstellungen schon begonnen hat.

11. November 1962: Ein amerikanischer Regierungssprecher teilt mit, dass sich auf Kuba keine sowjetischen Raketen mehr befinden.

7. Januar 1963: Das Thema Kuba-Krise wird auf gemeinsamen Antrag der Vereinigten Staaten und der Sowjetunion von der Tagesordnung des Sicherheitsrates gestrichen.

10. Juni 1963: Präsident Kennedy kündigt in einer Rede eine Veränderung der Außenpolitik der Vereinigten Staaten an und spricht dabei von einer „Strategie des Friedens“. Er erklärte, in der Sowjetunion hätten „konstruktive Veränderungen“ stattgefunden, die „Lösungen in Reichweite bringen könnten, die heute noch jenseits unserer Möglichkeiten zu liegen scheinen“. Er meint, „dass unsere Probleme von Menschen gemacht sind [...] und also von Menschen gelöst werden können“.

(Daten und Texte nach: Böttcher u.a., Friedenspolitik, Baden-Baden 1975, S. 245 ff.; Etzioni, Das Kennedy-Experiment, in: Krippendorff (Hrsg.), Friedensforschung, Köln/Berlin 1970 (NWB), S. 393 ff.; Etzioni, Die aktive Gesellschaft, Opladen 1975, S. 185 f.; Holsti u.a., Das Messen von „Affekt“ und „Reaktion“ in internationalen Reaktionsmodellen, in: Krippendorff (Hrsg.), Friedensforschung a.a.O.)

Material 9

Einer der Verfasser, damals Student der Politikwissenschaft in Frankfurt/Main, erinnert sich:

Die Spannung an diesem 22., 23., 24. Oktober stieg in dem Maße, wie der sowjetische Konvoi aus 18 Frachtern, zahlreichen U-Booten und Kriegsschiffen sich der Absperrkette der US-Kriegsmarine näherte, unaufhaltsam, unaus-

weichlich das Aufeinanderprallen! Würde der sowjetische Konvoi stoppen? Würde die US-Armada andernfalls das Feuer eröffnen oder zurückweichen? Konnte überhaupt noch eine der beiden Seiten „klein beigeben“ und das Gesicht verlieren im Kräftemessen und Muskelspiel des Kalten Kriegs? In der Vorlesung von Prof. Carlo Schmid über „Außenpolitik“ kein anderes Thema, danach beim Essen in einer kleinen Wirtsstube in Ffm.-Bockenheim erst recht nicht, auch nicht im Radio ... Fragen, Bedrückung, Angst: Würden die Amerikaner ...? Konnten die Sowjets jetzt überhaupt noch ...? Würde ein Schlagabtausch im Atlantik vor Kuba das Pulverfass Erde zünden?
„Kinder, lasst euer Geld stecken, noch ein paar Stunden, dann brauchen wir alle kein Geld mehr!“ Der Wirt schickte uns weg, auf dem Weg ins Studentenheim immer wieder ängstliche Blicke über den Himmel, ob da nicht schon ein Atomblitz zuckte und wir uns – wie auf der Penne gelernt – flach auf den Bürgersteig werfen würden, an eine Hauswand gepresst, die Kollegmappe als Schutz gegen Hitze, Strahlung und Druckwelle über den Kopf gezogen ... (Autorentext)

Exkurs: Mauerbau in Berlin 1961

Material 10a

– eine Episode

Am Donnerstag zogen Sowjetpanzer auf. Und die Situation am Freitag, dem 27. Oktober, nahm sich für amerikanische Rundfunkhörer in einer CBS-Reportage so aus: „Der Kalte Krieg hat heute Abend eine neue Dimension erreicht. Amerikanische und russische Kampftruppen gingen, zum ersten Mal in der Geschichte, gegeneinander in Stellung. Bis jetzt war der Ost-West-Konflikt von Stellvertretern ausgetragen worden, von Deutschen und von anderen. Aber heute Abend gingen die Supermächte auf Konfrontation: zehn russische Panzer gegenüber sechs amerikanischen Pattons, kaum 80 Meter voneinander entfernt, am Übergang Friedrichstraße.“
Die Szene war gespenstisch und, obwohl jeweils Hunderte von Neugierigen auf beiden Seiten zuschauten, brandgefährlich. „Mich durchfuhr ein Stich, als die Panzer anrollten“, erinnerte sich Sydney Gruson von der New York Times noch Jahre später. „Clay spielte ein höchst riskantes Spiel. Jederzeit konnte ein Malheur passieren.“ Clay berichtete dem Präsidenten, an der Grenze sei eine Pattsituation entstanden und vermutlich würden sich die Russen bald zurückziehen – nach Clays Meinung blufften die Sowjets wieder einmal.
In diesem Augenblick wurde ihm ein Zettel mit der Nachricht gereicht, dass 20 weitere Sowjetpanzer auf den Checkpoint Charlie zurollten. „Hier gibt es nur eine Änderung, Mr. President“, sagte Clay. „Weitere 20 Sowjetpanzer rollen an. Da sieht man, dass sie gut rechnen können.“
„Wie meinen Sie das?“, fragte Kennedy. „Nun, wir selbst haben 30 Tanks in Berlin“, sagte Clay, also haben sie 20 weitere Panzer herbeigeholt, sodass einer auf jeden der unseren kommt. Das ist ein weiteres Indiz dafür, dass sie nichts unternehmen werden.“
Kennedy: „Ich sehe, dass ihr da drüben nicht eure Nerven verloren habt.“ Clay: „Mr. President, wir machen uns keine Sorgen wegen unserer Nerven, wir machen uns Sorgen wegen der Nerven in Washington.“
Am Tag darauf zogen sich die sowjetischen Panzer kurz nach 10.30 Uhr ohne Aufhebens zurück – wie es Clay in der Nacht vorausgesagt hatte. 30 Minuten später zogen die Amerikaner ab. Die Konfrontation hatte 16 Stunden gedauert.

(Peter Wyden, Wir machen Berlin dicht. Mauerbau in Berlin 1961 – Vorabdruck, in: Der Spiegel, Nr. 42 u. 43/1989)

Material 10b

Drohgebärden der Weltmächte im Kalten Krieg: Amerikanische und sowjetische Panzer stehen sich im August 1961 in Berlin an der Friedrichstraße gegenüber. (Ullstein)

Material 11

Vertragspolitik nach der Kuba-Krise

- Verbesserung des Krisenmanagements durch die Errichtung einer unmittelbaren Nachrichtenverbindung zwischen Moskau und Washington („Heißer Draht“, Juni 1963). Verbesserung September 1971 (Satellit).
- Einstellung von Kernwaffenversuchen in der Atmosphäre, im Weltraum und unter Wasser („Test-Stopp-Abkommen“, August 1963).
- Abkommen über die friedliche Erforschung und Nutzung des Weltraumes einschließlich des Mondes und anderer Himmelskörper (Januar 1967).
- Respektierung Lateinamerikas als atomwaffenfreie Zone (Februar 1967).
- Abkommen über jede mögliche Hilfeleistung an Astronauten im Falle eines Unglücks und über die Bergung von Weltraumprojekten (Dezember 1967).
- Ratifizierung eines Konsularvertrages zwischen der Sowjetunion und den Vereinigten Staaten (Juni 1968).
- Unterzeichnung eines auf der Siebzehnmächte-Abrüstungskonferenz in Genf erarbeiteten amerikanisch-sowjetischen Vertragsentwurfs über die Nichtweitergabe (Non-Proliferation) von Kernwaffen (Juli 1968).
- Vertrag über das Verbot der Stationierung von Atomwaffen und anderen Massenvernichtungswaffen auf dem Meeresboden (Meeresbodenvertrag, 11. Februar 1971).
- Konvention über das Verbot der Entwicklung, Produktion und Lagerung bakteriologischer und toxischer Waffen (10. April 1972).

(nach: G. Walpuski, a.a.O.)

Aufgaben

12. *Gestalten Sie den Ablauf der Ereignisse als Folge täglicher kurzer Rundfunk-Nachrichtensendungen (Tonbandaufnahme)!*
13. *Beschreiben Sie die Verhaltensweisen der Konfliktparteien. Beziehen Sie die Episode aus den Ereignissen beim Mauerbau in Berlin mit ein!*
14. *Analysieren Sie die Ereignisse nach der Kuba-Krise. Welche Lehren haben die politisch Verantwortlichen in Moskau bzw. Washington aus der Krise gezogen?*

2.2 Verteidigung + Entspannung = Sicherheit (1962 – 1987/91)

Beim Mauerbau in Berlin 1961 mit direkter Konfrontation am Checkpoint Charly und mehr noch in der Kuba-Krise 1962 führte der Kalte Krieg zur äußersten Zuspitzung, an den Rand des Atomkrieges: **„Schock der Kuba-Krise“**. Mit der Entwicklung treffgenauer Interkontinentalraketen – die Sowjetunion hatte bereits 1958 mit dem ‚Sputnik‘ die USA ‚schockiert‘ – und einer großen Zahl einsatzfähiger Atomsprengköpfe erreichten beide Supermächte das **„atomare Patt“**: Sie blockierten sich von nun an mit einem lückenlosen Spektrum von Waffensystemen so umfassend mit der Möglichkeit gegenseitiger Vernichtung, dass sich keiner von ihnen dieser Umklammerung des Schreckens entziehen konnte.
Der finanzielle Aufwand zur Aufrechterhaltung des Gleichgewichts des Schrecken wuchs wegen der stets notwendigen Modernisierung bzw. Neuentwicklung von Waffensystemen stetig. Die **Rüstungskosten** belasteten zunehmend die Staatshaushalte aller Beteiligten.

Diese drei „Triebfedern“ bewirkten eine Veränderung des Denkens, die Einsicht, dass fortan Sicherheit nicht mehr bloß durch Waffen, sondern letztlich nur durch Politik zu erreichen und zu erhalten ist (→ **IX/3**). Im Westen wird diese **„Zwei-Säulen-Theorie“** offizielle Politik durch den Harmel-Bericht 1967 (VIII/1.6, S. 397), dem ein Jahr später beim NATO-Außenminister-Treffen das **‚Signal von Reykjavik‘** folgt, das umfassende Gesprächsangebot an den Warschauer Pakt:

Sicherheit		
Verteidigung		+ Entspannung
Krisen-management	Wettrüsten • atomar und • konventionell	und zugleich Rüstungskontrolle Vertragspolitik • kontrollierte Aufrüstung • Rüstungsbegrenzung • Abrüstung

▶ *Wettrüsten: „Wer zuerst schießt, stirbt als Zweiter!“*

Material 12

Außen- und sicherheitspolitische Konzeptionen

seit Anfang der 60er-Jahre

Beginn
Zweite Raketengeneration
(Langstrecken-, Interkontinentalraketen, mobile Abschussbasen)

Atomares | Patt

↓

Konzept der angemessenen Reaktion
(flexible response)

↔

Politik des „STATUS QUO“
Von der **KONFRONTATION** zur **KOOPERATION**
1. Respektierung der jeweiligen Einflusssphäre
2. Wahrung des politischen Besitzstandes (Berlin 13.8.61, Kuba-Krise Herbst 62, CSSR 21.8.68)
In Randzonen: weiterhin Streben nach Erhaltung oder Erweiterung des Einfluss- bzw. Machtbereichs: dabei Vermeidung unmittelbarer Konfrontation

3. Territoriale Besitzstandsgarantien
4. Anerkennung der Existenz zweier deutscher Staaten

seit Anfang der 70er-Jahre

Beginn
Dritte Raketengeneration
MRV, MIRV, MARV, FOBS, ABM, Cruise Missiles
Neue Waffentechnologien
PGM, FAE, Neutronensprengkopf

gewaltiges | Ansteigen der
Vernichtungs- | kapazitäten
(Overkill | capacities)
Hohe Rüstungs- | kosten
nahezu nukleare | Parität der Großmächte

↓

Verbessertes Konzept der angemessenen Reaktion

↔

Politik der KOOPERATION
System d. Abschreckung ergänzen durch System von Vereinbarungen

seit **Beginn der 80er-Jahre:**
wieder stärker **Politik der Konfrontation**
Vernachlässigung der Zielsetzung Entspannung

Verteidigung
\+ **Entspannung**

= **Sicherheit**

(Günter Walpuski: Verteidigung + Entspannung = Sicherheit, Bonn 1984, 5. Auflage, Anlage 1)

Material 13

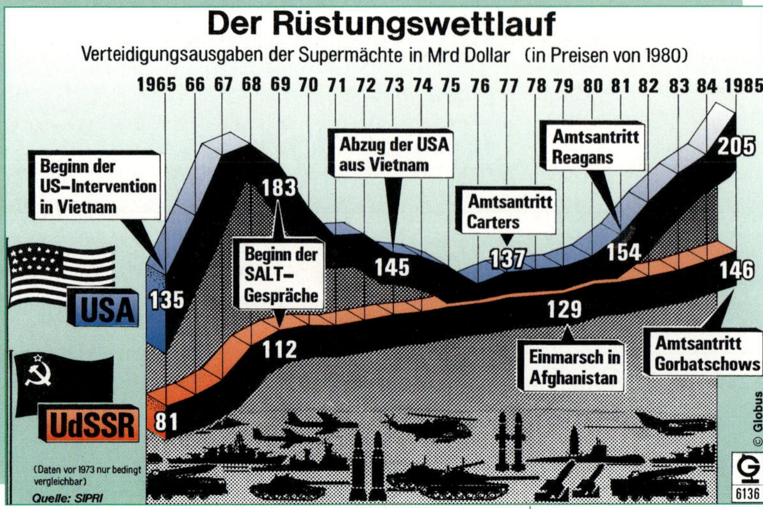

Material 14

► ... und Rüstungskontrolle

Rüstungskontrolle (arms control) erweist sich als mühsames, schwergängiges Geschäft im Spannungsfeld von Interessenwahrnehmung und Vorteilssuche einerseits und Risikobegrenzung und Verständigungsbereitschaft andererseits, mit Fort- und Rückschritten in den Feldern – und dies oft nebeneinander. Charakteristisch: mehrjährige Verhandlungen ohne oder mit bescheidenem Ergebnis; Verträge, die unterschrieben, aber nicht ratifiziert werden, an die sich beide Seiten gleichwohl halten; Verträge, die beiden Seiten ihre Aufrüstungsprogramme ‚belassen', die zum ‚Füllen' von Lücken ermutigen.
Verhandelt wird auf zunächst zwei, später drei Ebenen:

- **ab 1969 Strategische Offensivwaffen und Raketenabwehrsysteme → USA + Sowjetunion SALT (Strategic Arms Limitation Talks)**
- **seit 1982 START (Strategic Arms Reduction Talks)**

Material 15

Es kommt nun das Merkwürdige: Während es bis zum Ende der Sechzigerjahre Interkontinental-Raketen (ICBM), das heißt: Angriffswaffen waren, die den Frieden gewährleisteten, waren es nunmehr Verteidigungswaffen, nämlich Anti-Raketen-Raketen (ABM), die diesen Frieden wiederum gefährdeten. Wieso das? Wenn es einer der Supermächte gelingt, ein Raketensystem zu entwickeln, das die anfliegenden Raketen abfängt, dann hat sie einen Vorteil errungen, der es ihr eines Tages geraten erscheinen lassen könnte, selbst anzugreifen. Denn:

Material 16

Karikatur von 1977

Wer den Gegenschlag nicht mehr befürchten muss, kann sich den ersten Schlag leisten. Deshalb sah das *SALT I-Abkommen,* das der US-Präsident Nixon im Mai 1972 in Moskau unterschrieb, eine Beschränkung der ABM-Stellungen auf die Hauptstadt und ein weiteres Zentrum vor.

Eine Zeit lang hatte es – durch den Abschluss der bilateralen SALT I- (Strategic Arms Limitation Talks) und SALT II-Verträge (1972, 1979) – den Anschein, als werde durch eine Selbstbeschränkung der Supermächte auf dem Gebiet offensiver strategischer Waffen eine Verlangsamung des Rüstungswettlaufs erreicht. Seit Mitte der Siebzigerjahre begann dann ein erneuter Rüstungswettlauf. Sowohl die amerikanische „Neutronenbombe“ wie die „Cruise Missiles“ (niedrig fliegende selbststeuernde Marschflugkörper) sollten das westliche System der „flexible response“ (abgestufte Abschreckung) stützen. Die Stationierung von auf Europa gerichteten modernen Mittelstreckenraketen (SS 20) durch die Sowjetunion führte Ende der Siebzigerjahre zum Nachrüstungs-Beschluss der NATO (1979) und anschließend zu erheblichen inneren Widerständen in deren europäischen Mitgliedsstaaten. Dahinter steht die Angst, dass mit der Umschaltung von der Entspannungspolitik der Siebzigerjahre auf eine Ära der Konfrontation der Supermächte (Afghanistan-Einmarsch der UdSSR 1979) die Kriegsgefahr für Europa weiter gesteigert werde.

(aus: Paul Noack, Was ist Politik, a.a.O., S. 266 f.)

Material 17

Salt II
Höchststärken

		Gegenwärtige Umfänge		Voraussichtliche Umfänge 1985 mit Salt II-Vertrag		Vermutete Umfänge 1985 ohne Salt II-Vertrag	
		USA	UdSSR	USA	UdSSR	USA	UdSSR
① Interkontinental-Raketen (ICBM) mit mehreren Sprengköpfen	① höchstens 820	550	300	464	820	465	1300
② U-Boot-Fernraketen (SLBM) mit mehreren Sprengköpfen	①+② höchstens 1200	496	96	736	352	768	500
③ Bomber mit Cruise Missiles (ALCM)	①+②+③ höchstens 1320	0	0	120	0	120	0
④ land- oder seegestützte Fernraketen: landgestützt		504	950	504	360	504	100
④ land- oder seegestützte Fernraketen: seegestützt		160	848	0	624	0	600
⑤ Interkontinental-Bomber ohne Cruise Missiles	①-⑤ höchstens 2250	348	150	225	90	250	200
	Summe:	2058	2344	2049	2246	2107	2700

(Quelle: The Washington Post FAZ.-Graphik Sturm)

Material 18

„Die Gegenseite hat unseren Abrüstungsvorschlag angenommen. Was haben wir da falsch gemacht?“

- **ab 1973 konventionelle Streitkräfte in Europa → NATO + Warschauer Pakt MBFR (Mutual Balanced Force Reduction)**

Die Gespräche kommen trotz vieler Verhandlungsrunden und einer Unzahl von Vorschlägen nicht zu einem Ergebnis und sind in mehrfacher Hinsicht charakteristisch für die Probleme bei der Rüstungskontrolle.
Umstritten war und blieb, wie viele Streitkräfte jede Seite tatsächlich hat – die NATO zählte 150000 Rotarmisten mehr! –, wie ‚Feldköche‘ und Zivilbedienstete zu zählen sind. Umstritten war und blieb, was Parität bedeutet: historisch gewachsene Kräfteverhältnisse erhalten, weil sie sich als friedensbewahrend erwiesen haben, oder militärische Überlegenheit abbauen und geographische ‚Disparitä-

ten' berücksichtigen; anders gesagt: heißt Parität ,gleiche Maßnahmen' oder ,gleiche Wirkung' der Maßnahmen.

Alle eingebrachten Vorschläge blieben so sehr an den je eigenen militärischen und bündnispolitischen Vorteilen orientiert, dass die andere Seite nicht darauf einzugehen vermag.

- **ab 1982 eurostrategische Waffen → USA + Sowjetunion (landgestützte Mittelstreckenraketen) INF (Intermediate Range Nuclear Forces)**

Zunächst kommen auch diese Gespräche zu keinem Abschluss. Eine Kompromissformel, die die beiden Verhandlungsführer P. Nitze und J. Kwizinski im Vier-Augen-Gespräch bei einem „Waldspaziergang" entwickeln, findet bei beiden Regierungen keine Zustimmung. Erst 5 Jahre später kam es hier zum Durchbruch → 2.3

Aufgaben

15. Beschreiben Sie den Wandel des westlichen sicherheitspolitischen Konzepts!
16. Welche Art der Rüstungskontrolle gelingt im SALT II-Vertrag?
17. Kennzeichnen Sie insgesamt den Verlauf der Rüstungskontrollbemühungen (Schema)!

► ... im Spiegel (innen)politischer Widersprüche

Material 19

Rüstungswettlauf	Technisch-ökonomische Konsequenzen	Politisch-soziale Folgen

„Militärisch-industrieller-Komplex" entzieht sich tendenziell der Kontrolle durch die Politik; Lösung sozialer Fragen wird vernachlässigt

Endlose Fortsetzung der „Rüstungsspirale": „self-fulfilling prophecy": Erstarrung und Verkrustung des Systems

„Militärisch-industrieller Komplex" als „Vernetzung" einer umfassenden Rüstungskooperation; enorme Belastung der Staatshaushalte; Gefahr technischen Versagens bei ungeheuren Waffenarsenalen

Riesige, umfassende Militärapparate in Wissenschaft, Wirtschaft und Technik verflechten sich

Entwicklung und Produktion kostspieliger Waffensysteme ist nur Großmächten möglich, Sicherheitsbedürfnis kleiner u. Mittelstaaten nur unter dem „atomaren Schirm" der Großen zu realisieren

Destabilisierung, Gefährdung des „Gleichgewichts des Schreckens" durch Ringen um militärische Überlegenheit und Fähigkeit zum Gegenschlag nach einem eventuellen atomaren Überraschungsangriff

Politische Vormachtstellung der Großmächte wird auch rüstungstechnisch gesichert; „Disziplinierung" der Bündnispartner, Blocksicherung

Verzerrte Wahrnehmung des Gegners, „Lernpathologie", „Verdummungsprozess" des Internationalen Systems

Steigender Verbrauch bzw. Vergeudung von Ressourcen aller Art (Geld, Rohstoffe, Arbeitskräfte, wissenschaftliche Forschung zur Produktion moderner Waffensysteme) und Finanzierung der Militärhaushalte

Drohung nur glaubwürdig, wenn in der Gesellschaft mehrheitl. akzeptiert; dazu Feindbilder notwendig, Propaganda, Wehrerziehung, „geistige Aufrüstung"

Rüstungswettlauf der Supermächte mit dem Ziel „Second Strike-Capability" (Zweitschlagskapazität)

Streben nach militärischer Überlegenheit führt zur Entwicklung/Stationierung immer neuer Waffensysteme

Abschreckung und Drohpolitik erfordern ein lückenloses Spektrum an einsatzfähigen Waffen

Erhöhtes Kriegsrisiko wegen vermeintlichen oder tatsächlichen Vorsprungs einer Seite, Überschätzung der eigenen, Unterschätzung der gegnerischen Kapazität

Rüstungsdynamik bewirkt „instabiles Gleichgewicht"

Material 20

Widerstand gegen die Nachrüstung: 1983, „Die-in“ von Friedensmarschierern in Stuttgart

Material 21

Aufgaben

18. *Beschreiben Sie die „Pathologie“ von Rüstungswettlauf und Rüstungskontrolle! Ordnen Sie dazu auch das „Puzzle“ (M 19)!*
19. *Diskutieren Sie die Wirkungen der Sicherheitspolitik* in der *und* auf die *Gesellschaft. Ziehen Sie geeignete Materialien aus II.2.6 und VI.2.4 hinzu!*

► *Der KSZE-Prozess*

Alle europäischen Staaten sowie die USA und Kanada als NATO-Partner in einen gesamteuropäischen Dialog über Sicherheit und Zusammenarbeit in Europa einzubinden und vertrauensbildende Maßnahmen zu ermöglichen und zu vereinbaren, war jenseits der Rüstungskontrolle die zweite Ebene des Entspannungsprozesses. Auch hier waren unterschiedliche Ausgangspunkte zu überwinden; Anfang 1973 kamen die Gespräche in Helsinki in Gang, 1975 wurde die **KSZE-Schlussakte** unterschrieben, kein völkerrechtlicher Vertrag, sondern eine politische Absichtserklärung, jedoch mit hoher Bindungswirkung.

Material 22

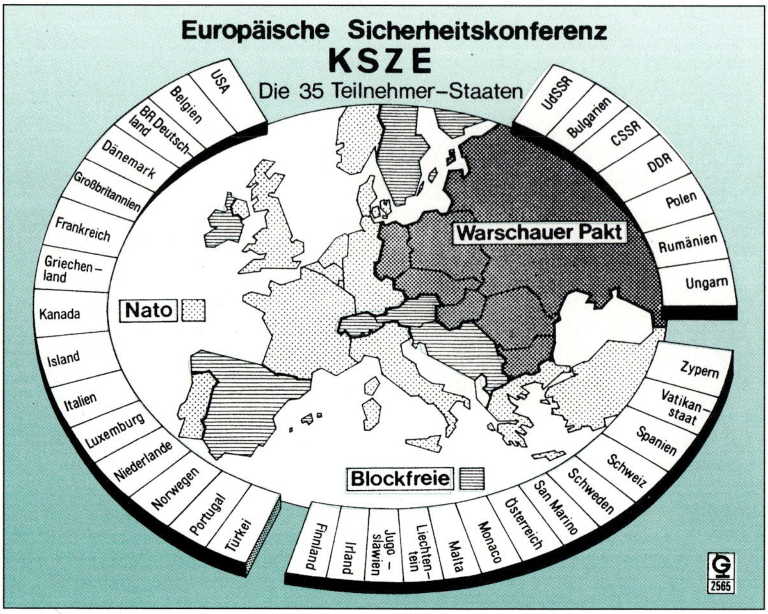

Material 23

Die „drei Körbe" der Konferenz über Sicherheit und Zusammenarbeit in Europa

Korb 1:

- Achtung der Souveränität
- Keine Androhung oder Anwendung von Gewalt
- Unverletzlichkeit der Grenzen
- Territoriale Integrität der Staaten
- Friedliche Regelung von Streitfällen
- Nichteinmischung in innere Angelegenheiten
- Achtung der Menschenrechte und Grundfreiheiten
- Gleichberechtigung und Selbstbestimmungsrecht der Völker
- Erfüllung völkerrechtlicher Verpflichtungen

Korb 2:

- Zusammenarbeit in Wirtschaft, Wissenschaft, Technik und Umweltschutz

Korb 3:

- Kontakte und Begegnungen für Familien
- Familienzusammenführung
- Eheschließung zwischen Bürgern verschiedener Staaten
- Reisen aus persönlichen oder beruflichen Gründen
- Verbesserungen für den Tourismus
- Begegnungen der Jugend
- Sport
- Austausch von Information
- Bessere Arbeitsbedingungen für Journalisten
- Kulturelle Zusammenarbeit
- Zusammenarbeit im Bereich Bildung

Korb 1:
Fragen der Sicherheit in Europa

Korb 2:
Zusammenarbeit in den Bereichen der Wirtschaft, der Wissenschaft und der Technik sowie der Umwelt

Korb 3:
Zusammenarbeit in humanitären und anderen Bereichen

KSZE – Folgetreffen
1977/78 Belgrad:
Weitergehende Absprachen über vertrauensbildende Maßnahmen wie vorherige Absprache von Manövern, Austausch von Manöverbeobachtern; Kritik an Menschenrechtsverletzungen in Osteuropa.
1980/83 Madrid:
Förderung der Familienzusammenführung, der Religions- und Gewissensfreiheit in Osteuropa; Spannung wegen Verhängung des Kriegsrechts in Polen.
1984/86 Stockholm:
„Konferenz zu Vertrauens- und Sicherheitsbildenden Maßnahmen in Europa“ (KVAE); Ost und West informieren über alle Aktionen von Landstreitkräften.
1986/89 Wien:
Kontroverse um Priorität von Sicherheitsfragen (SU) oder Einhaltung von Menschenrechten in Osteuropa.
1990 Paris:
NATO und WP erklären feierlich das Ende des Kalten Krieges; „Charta für Europa“ unterzeichnet.
1992 Helsinki:
Stärkung der KSZE-Institutionen; Vereinbarung von Obergrenzen für die Streitkräfte durch Staatschefs der KSZE-Mitglieder.
1994 Budapest:
KSZE-Handlungsfähigkeit zur Konfliktverhütung und Friedenserhaltung gestärkt.

KSZE – Wirkungen in Osteuropa
1977 entsteht in Prag die Gruppe „Charta 77“, eine Menschen- und Bürgerrechtsbewegung, die sich ausdrücklich auf die Schlussakte von Helsinki beruft. Auch in der Sowjetunion und den anderen Staaten des Warschauer Paktes berufen sich Dissidenten (Sacharow, Solschenizyn) immer wieder auf die Schlussakte.
Es kommt aber auch mehrfach zur Ausweisung westlicher Journalisten, die mit Berufung auf die Prinzipien des Korbes 1 vorgenommen werden.
Zum Zusammenhang zwischen KSZE-Schlussakte und demokratischem Aufbruch in der DDR → VI/1, S. 288 ff. und IX/4, S. 448 ff.

Dieses Zeichen war zum Symbol der offiziell unerwünschten Friedensbewegung in der DDR geworden. Doch auch die Friedensbewegungen in der Bundesrepublik haben das Symbol aufgenommen und mit der Parole „Frieden schaffen ohne Waffen“ ergänzt.

Aufgaben

20. *Erörtern Sie, welche „Körbe“ jeweils im Interesse des Westens bzw. des Ostens liegen!*
21. *Untersuchen die Wirkungen der Schlussakte – auch für die Deutsche Frage (→ IX/3)!*
22. *Versuchen Sie nun zusammenfassend zu beschreiben, wie sich die Säulen „Verteidigung“ bzw. „Entspannung“ in den zweieinhalb Jahrzehnten entwickelt haben!*

2.3 Die Überwindung des Ost-West-Konflikts

▶ *Der Durchbruch: Der INF-Vertrag von 1987*

Der Durchbruch gelingt schließlich dem sowjetischen Staatspräsidenten Michael Gorbatschow und dem US-Präsidenten Ronald Reagan am 8.12.1987 in Genf mit dem Abschluss des INF-Vertrages, der – nun sehr viel weiter gehend als der „Waldspaziergangs-Kompromiss“ – die vollständige Vernichtung aller landgestützten Mittelstreckenwaffen vorsieht („Doppelte Nulllösung“):

Material 24

Der dreifache Durchbruch

Mit einem dürren „Wir sind sehr zufrieden" bedachte der allzeit emotionslose George Shultz ein Ereignis, das in der Tat das Etikett „historisch" verdient. Den Außenministern der beiden Supermächte und vor allem ihren Verhandlungsteams [...] ist ein absolutes Novum in der Geschichte der Abrüstungsdiplomatie gelungen. Sie haben zumindest im Prinzip einen Vertrag zu Papier gebracht, der zum ersten Mal nicht bloß das Verhältnis der Kräfte festschreibt oder gar nur (wie bei SALT) deren Aufwuchs reguliert. Dieses Mittelstreckenabkommen will erstmals wirklich Waffen beseitigen – etwa 1500 Sprengköpfe auf sowjetischer und 364 auf amerikanischer Seite –, wenn es ratifiziert und dann getreulich in die Praxis umgesetzt wird.

Der Abbauprozess soll drei Jahre dauern, dann werden die Zeughäuser der beiden Großmächte von allen Mittelstreckengeschossen in der 500- bis 5000-Kilometer-Kategorie geräumt worden sein. Für die ersatzlose Verschrottung ganzer Waffensysteme kennt die Geschichte kein Beispiel, aber auch nicht für das zweite Novum, welches das erste überhaupt erst möglich machen wird: ein „aufdringliches Überwachungsregime". [...] Dazu braucht es Inspektoren am Ort, in den Fabriken und Arsenalen, die lüpfen, was seit Menschengedenken der Staaten höchstes Geheimnis ist. Zumal die Sowjetunion hat sich seit 65 Jahren strikt geweigert, solche legalisierten Spione ins Land zu lassen. In Genf aber brach sie schließlich mit dieser Uralt-Tradition, welche die Bolschewisten nahtlos von den Zaren übernommen hatten [...]

Ein dritter, nicht minder historischer Durchbruch läuft unter dem Begriff „asymmetrische Verringerung". Auch hier hat Gorbatschows Russland zumindest im Prinzip angeboten, was der Westen zu Recht stets gefordert hat: Wer sehr viel mehr besitzt, soll auch mehr in die Abrüstungsmasse einbringen. Beide Seiten gehen zwar, dem geheiligten Gleichheitsgebot gehorchend, bei den INF-Raketen auf null, doch die Sowjetunion muss dabei viermal mehr opfern, weil sie zuvor so viel mehr aufgestellt hatte. Dieser Präzedenzfall sollte nun zum Prinzip werden; denn es gibt kaum eine Waffenkategorie – nuklear, chemisch, konventionell –, wo Moskau nicht mehr in Reserve hat als Washington oder gar der gesamte Westen.

Doch verbirgt sich hinter dieser dreifachen Wasserscheide in der Geschichte der Großmachtspolitik eine bittere, gleich doppelte Ironie. Erstens: Die Toasts in Genf und die kommenden Feierlichkeiten in Washington wären entbehrlich gewesen, wenn sich Moskau vor genau zehn Jahren nicht auf das abenteuerliche Spiel mit dem SS-20-Aufbau eingelassen hätte. Es half nichts, dass Helmut Schmidt schon im Oktober 1977 öffentlich protestierte; es bewirkte auch nichts, dass die NATO mit dem Doppelbeschluss vom Dezember 1979 [...] Verhandlungen nachdrücklich anmahnte. Stur legten die Sowjets weiter zu – mit etwa 50 SS-20 pro Jahr –, und ließen es sich auch nicht nehmen, nach jeder neuen Tranche von einem „ungefähren Gleichgewicht" zu fabulieren. Als im November 1983 die ersten Raketenteile in England und in der Bundesrepublik landeten, brach Moskau gar brüsk die Verhandlungen ab.

Zweitens: Das „historische Ergebnis" von Genf (Schewardnadse) – also Gleichstand bei jeweils null – hätte kein Mensch feiern können, wenn sich jene politischen Kräfte in Britannien, den Benelux-Ländern und in der Bundesrepublik durchgesetzt hätten, welche die Nachrüstung um fast jeden Preis verhindern wollten. Weshalb hätte sich Breschnew auch auf vertragliche Abrüstung einlassen sollen, solange er noch hoffen konnte, dass ihm die innere Entwicklung in Westeuropa gratis bescheren würde, was er sonst in der Münze der SS-20 hätte bezahlen müssen? Hierzulande, wie auch bei unseren Nachbarn, waren selbst klassische Parteien bereit, sich mit der „halben null" zu begnügen – sprich „null" im Westen und ein paar hundert Raketen im Osten. Deshalb gilt es bei aller Erleichterung über den glücklichen Ausgang von Genf nicht zu vergessen, dass in der realen Politik – zumal da, wo es um die ultima ratio der Atomwaffen geht – Nervenstärke und Entschlossenheit so wichtig sind wie Kompromiss- und Visionsfähigkeit. Auf diesem doppelten Fundament konnte in Genf vor allem auch ein hervorragender Maßstab für die Zukunft der Abrüstung aufgestellt werden – wenn die nächsten 97 Prozent jener 50 000 Atomwaffen an der Reihe sind, die heute auf der ganzen Welt lagern. Dieser Prozess wird um ein Vielfaches schwieriger sein. Denn hier geht es primär nicht um Waffen „in und für Europa", sondern um Raketen mit unvorstellbarer Zerstörungskraft, welche die Macht und Sicherheit der Großmächte direkt berühren.

(Josef Joffe, Süddeutsche Zeitung vom 26.11.1987)

▶ *Überwundenes und Ungelöstes*

Rüstungskontrolle

- Vertrag von 22 Staaten der NATO und des WP über konventionelle Abrüstung in Europa und den Verzicht auf Anwendung von Gewalt (KSE-Vertrag und VSBM-Abkommen vom 19.11.1990): Jedes der beiden Bündnisse soll zwischen Atlantik und Ural nicht mehr als 20.000 Kampfpanzer, 20.000 Artilleriewaffen und 6.800 Kampfflugzeuge behalten und überzählige Systeme zerstören.
- Auflösung des Warschauer Paktes (Frühjahr 1991).
- START-Vertrag zwischen den USA und der SU über die Reduzierung der strategischen Waffen um mehr als 35 Prozent (31.7.1991).
- Abrüstungsinitiative von US-Präsident Bush zur Vernichtung aller in Europa stationierten taktischen Atomwaffen (30.9.1991).
- Vorschlag von Präsident Gorbatschow darüber hinaus alle see- und luftgestützten taktischen Atomwaffen einzubeziehen und seine Zusage über die im START-Vertrag vereinbarten Grenzen hinaus einseitig abzurüsten (6.10.1991).

Material 25

„... packen wir die Verschrottung an!“

Material 26

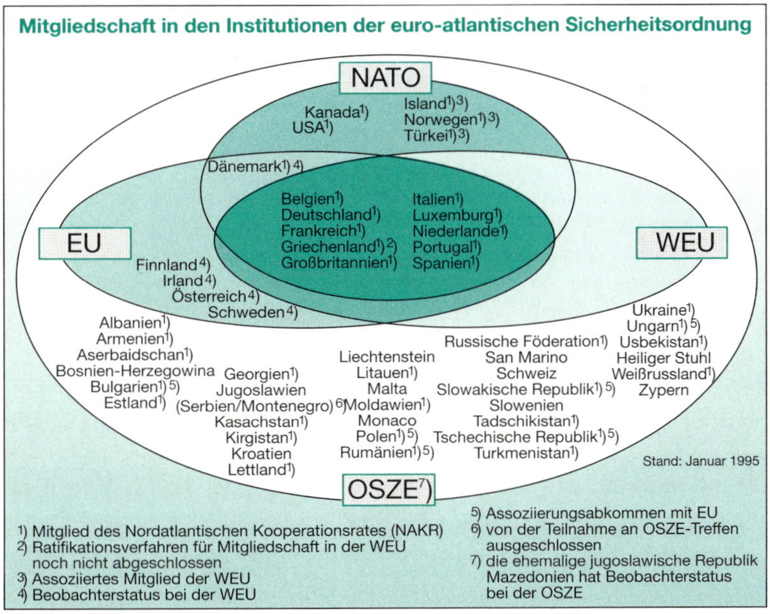

(NATO-Faltblatt, hg. v. Presse- und Informationsamt der Bundesregierung, aktualisiert)

Material 27

Material 28

Grundakte über Beziehungen zwischen Russland und der NATO (Auszug)

Russland und die NATO betrachten sich nicht als Feinde. Sie teilen das Ziel die Spuren früherer Konfrontation und Rivalität zu überwinden und das gegenseitige Vertrauen und die Zusammenarbeit zu stärken.

I. Prinzipien
Gemeinsame Verpflichtung auf die Grundsätze:
- gleiche Partnerschaft
- Anerkennung der vitalen Rolle, die Demokratie, politischer Pluralismus, Rechtsstaatlichkeit, Achtung der Menschenrechte und der bürgerliche Freiheiten sowie die Entwicklung freier Marktwirtschaften für die Entwicklung einer gemeinsamen, wachsenden und umfassenden Sicherheit spielen
- Verzicht auf Gewalt
- Achtung der Souveränität, Unabhängkeit und territorialen Integrität aller Staaten
- Konfliktverhütung und Beilegung von Streitigkeiten mit friedlichen Mitteln

II. Der Ständige Gemeinsame NATO-Russland-Rat
- tagt zweimal jährlich auf der Ebene der Außen- und der Verteidigungsminister;
- Ziel: Konsultation, Kooperation und gemeinsame Entscheidungen und Aktionen.

III. Bereiche der Konsultation und Kooperation:
- Sicherheit im euro-atlantischen Bereich
- Konfliktverhütung inklusive Krisenmanagement und Konfliktlösung
- gemeinsame Operationen einschließlich Friedensmission
- Rüstungskontrolle, atomare Sicherheit
- Verhinderung der Ausbreitung von ABC-Waffen
- Konversion der Rüstungsindustrie; Bekämpfung des Terrorismus und des Drogenhandels

IV. Politisch-militärische Angelegenheiten:
- NATO hat keine Absicht Atomwaffen auf dem Gebiet der neuen Mitglieder zu stationieren.
- Überarbeitung des KSE-Vertrags: bedeutende Verringerung der Rüstung.

Anlässlich der Vertragsunterzeichnung am 27.05.1997 in Paris teilt der russische Präsident Boris Jelzin mit, dass „jetzt alle gegen die NATO-Staaten gerichteten russischen Atomwaffen entfernt werden."

Material 29 (→ S. 354)

Weitere Materialien in den Abschnitten VII, VIII/1.6, IX/4. und X/4.

Aufgaben

23. Verschaffen Sie sich einen Überblick über die weitere Entwicklung und beschreiben Sie den Stand der „Überwindung" des Kalten Krieges (→ VIII 1.6 und X)!

24. Versuchen Sie, die (Nach-)Wirkungen für Gegenwart und Zukunft umfassend zu bestimmen!

Das geteilte Deutschland im Ost-West-Konflikt

▶ *Zwei Staaten – Eine Nation → Ein Staat – ..(?)..*

Reisemöglichkeiten und Bewegungsfreiheit in den 16 Bundesländern zwischen Rhein und Oder sind für uns (heute) eine Selbstverständlichkeit.
Als 1964 drei Redakteure der Wochenzeitung DIE ZEIT von Hamburg aus eine Reise nach Thüringen, Brandenburg und Sachsen unternahmen, überschrieben sie ihren Reisebericht mit der Überschrift „Reise in ein fernes Land". Die 11 Länder der westdeutschen Bundesrepublik waren von der kommunistisch regierten DDR durch einen „Eisernen Vorhang" aus Stacheldraht und Minenfeldern getrennt; die ehemalige Reichshauptstadt war durch eine Mauer geteilt, an der DDR-Grenzpolizisten mit Waffengewalt die Flucht von DDR-Bewohnern in den Westen verhinderten.
Deutschland und Berlin waren Schnittstellen eines Macht- und Ideologien-Konflikts zwischen Ost und West und mehrere hundert Menschen haben den Versuch von einem in den anderen Teil Deutschlands zu fliehen mit dem Leben bezahlt; eine Situation, die für uns heute unvorstellbar ist, die allerdings für Jahrzehnte zur deutschen „Normalität" gehörte und an deren (Ver-)Änderbarkeit niemand glaubte. Ja, der Gedanke, dass die Deutschen in absehbarer Zeit in einem vereinigten Land wieder zusammenleben könnten, wurde angesichts der Einbindung der beiden deutschen Staaten in die westlichen und östlichen Militärbündnisse NATO und Warschauer Pakt selbst von engagierten Befürwortern der Deutschen Einheit Mitte der Achtzigerjahre als „Lebenslüge" abgetan.
Völlig überraschend bot sich 1989/1990 im Zuge des Zusammenbruchs der sowjetischen Hegemonialmacht den Deutschen die Chance der staatlichen Vereinigung.
In unserem Sprachgebrauch erinnert die Formulierung „die fünf neuen Bundesländer" an den Zustand vor dem 3.10.1990, dem Tag der staatlichen Vereinigung, an die frühere Existenz der DDR, der von Ostberlin aus regierten Deutschen Demokratischen Republik, in der die kommunistische Einheitspartei SED – in enger Anlehnung an und in starker Abhängigkeit von der Sowjetunion – den alleinigen Führungsanspruch einer marxistisch-leninistischen Avantgarde beanspruchte **(vergl. → S. 338 ff.)**
Die Euphorie über den Fall der Mauer und die staatliche Vereinigung in den Jahren 1989/90 wich rasch einer Ernüchterung. Im Alltag wurden die Bürger im Osten mit den kalten Mechanismen einer marktwirtschaftlichen Ordnung und insbesondere mit Massenarbeitslosigkeit konfrontiert; den Westdeutschen wurden „Solidaritätszuschläge" und finanzielle Opfer abverlangt, was in einer Zeit schwerer ökonomischer Probleme **(vergl. → S. 154 ff.)** nicht auf ungeteilte Zustimmung stieß. Gelegentlich war von neuen Mauern – in den Herzen und Köpfen der Menschen in Ost und West – die Rede.
Die Überwindung der Folgen der Teilung Deutschlands bleibt voraussichtlich bis weit ins nächste Jahrhundert eine zentrale politische Aufgabe, die alle Deutschen betrifft und die nicht spannungsfrei zu bewältigen ist.
Ein Blick auf die **historische Dimension** der Deutschen Frage mag verdeutlichen, wie sehr sich Zukunftsaufgaben eines Landes aus der politischen Vergangenheit ergeben.

▶ *Ost-West-Konflikt und Deutsche Frage – verzahnte Konfliktfelder*

Die Abhängigkeit der Deutschen Frage von der Entwicklung des Ost-West-Konflikts wird stärker bewusst, wenn beide Konfliktfelder miteinander verzahnt analysiert werden. Die folgende Übersicht bietet eine Alternative zur Systematik der Kapitel **VIII/2 und IX**.

① **Eiserner Vorhang und Kalter Krieg 1945/47 – 1961/62**

„Ein Schatten ist über die Schauplätze gefallen, die der alliierte Sieg noch vor kurzem erhellte. [...] Von Stettin an der Ostsee bis nach Triest an der Adria hat sich ein Eiserner Vorhang über den Kontinent gesenkt.“ (Churchill, 1946)

Der Kalte Krieg
(→ S. 405 ff.)

Deutschland im Zeitalter des Kalten Krieges
(→ S. 432 ff.)

② **Die Kuba-Krise als Wende: Entspannungspolitik 1961/62 – 1989**

„Friede unmöglich, Krieg unwahrscheinlich.“
(R. Aron, 1968)

Verteidigung + Entspannung = Sicherheit
Helsinki
(→ S. 414 ff.)

Von der Konfrontation zur Kooperation
(→ S. 437 ff.)

③ **Perestroika und Glasnost: Überwindung des Ost-West-Konflikts 1985 – 1990**

Der Spiegel: „Erwarteten Sie (1985 nach Ihrem Amtsantritt), die gesamte Nachkriegsordnung, die Teilung der Welt in zwei große Machtblöcke, könnte vorbei sein?“

Gorbatschow: „Unbedingt. [...] Wir stehen vor erdumfassenden ökologischen Bürden, vor einer Lösung des Problems der globalen Sicherheit, der atomaren Gefahr für alle und einer Internationalisierung der Wirtschaft.“
(Spiegelgespräch 1996)

Die Überwindung des Ost-West-Konflikts
(→ S. 421 ff.)

Perestroika in der DDR
(→ S. 448 ff.)

1. 1945/46: Bedingungslose Kapitulation und Beginn der Ost-West-Konfrontation

▶ *8. Mai 1945: „Konkursmasse Deutschland"*

MILITÄRREGIERUNG–DEUTSCHLAND
KONTROLLGEBIET DES OBERSTEN BEFEHLSHABERS

PROKLAMATION Nr. I

AN DAS DEUTSCHE VOLK:

Ich, General Dwight D. Eisenhower, Oberster Befehlshaber der Alliierten Streitkräfte gebe hiermit Folgendes bekannt:

I.

Die Alliierten Streitkräfte, die unter meinem Oberbefehl stehen, haben jetzt deutschen Boden betreten. Wir kommen als ein siegreiches Heer; jedoch nicht als Unterdrücker. In dem deutschen Gebiet, das von Streitkräften unter meinem Oberbefehl besetzt ist, werden wir den Nationalsozialismus und den deutschen Militarismus vernichten, die Herrschaft der Nationalsozialistischen Deutschen Arbeiter Partei beseitigen, die NSDAP auflösen sowie die grausamen, harten und ungerechten Rechtsätze und Einrichtungen, die von der NSDAP geschaffen worden sind, aufheben. Den deutschen Militarismus, der so oft den Frieden der Welt gestört hat, werden wir endgültig beseitigen. Führer der Wehrmacht und der NSDAP, Mitglieder der Geheimen Staats-Polizei und andere Personen, die verdächtigt sind, Verbrechen und Grausamkeiten begangen zu haben, werden gerichtlich angeklagt und, falls für schuldig befunden, ihrer gerechten Bestrafung zugeführt.

II.

Die höchste gesetzgebende, rechtsprechende und vollziehende Machtbefugnis und Gewalt in dem besetzten Gebiet ist in meiner Person als Oberster Befehlshaber der Alliierten Streitkräfte und als Militär-Gouverneur vereinigt. Die Militärregierung ist eingesetzt, um diese Gewalten unter meinem Befehl auszuüben. Alle Personen in dem besetzten Gebiet haben unverzüglich und widerspruchslos alle Befehle und Veröffentlichungen der Militärregierung zu befolgen. Gerichte der Militärregierung werden eingesetzt, um Rechtsbrecher zu verurteilen. Widerstand gegen die Alliierten Streitkräfte wird unnachsichtlich gebrochen. Andere schwere strafbare Handlungen werden schärfstens geahndet.

III.

Alle deutschen Gerichte, Unterrichts-und Erziehungsanstalten innerhalb des besetzten Gebietes werden bis auf Weiteres geschlossen. Dem Volksgerichtshof, den Sondergerichten, den SS Polizei-Gerichten und anderen ausserordentlichen Gerichten wird überall im besetzten Gebiet die Gerichtsbarkeit entzogen. Die Wiederaufnahme der Tätigkeit der Straf-und Zivilgerichte und die Wiedereröffnung der Unterrichts- und Erziehungsanstalten wird genehmigt, sobald die Zustände es zulassen.

IV.

Alle Beamte sind verpflichtet, bis auf Weiteres auf ihren Posten zu verbleiben und alle Befehle und Anordnungen der Militärregierung oder der Alliierten Behörden, die an die deutsche Regierung oder an das deutsche Volk gerichtet sind, zu befolgen und auszuführen. Dies gilt auch für die Beamten, Arbeiter und Angestellten sämtlicher öffentlichen und gemeinwirtschaftlichen Betriebe, sowie für sonstige Personen, die notwendige Tätigkeiten verrichten.

DWIGHT D. EISENHOWER
General
Oberster Befehlshaber
Allierte Streitkräfte

VI/1

CA/GI 19d.

Das sechsbändige Handbuch der Geschichte der Bundesrepublik Deutschland bringt in seinem Anfangskapital mit einem sehr anschaulichen Bild seinen Lesern die besondere Situation Deutschlands nahe:

◆ Nach dem Ende des 2. Weltkriegs konnte man auf den großen Wasserstraßen und an den Küsten Deutschlands Schiffe mit einer ausgezackten blau-weiß-rot-weiß-blauen Flagge sehen. Die Leute an Land kannten sie nicht. Heute weiß fast niemand mehr von ihr, nicht einmal im Lexikon findet man ihr Bild. Es ist die Signalflagge „C" aus dem internationalen Signalbuch; sie bedeutet „Zustimmung". Die deutschen Schiffe hatten diese Flagge zu führen. Nach dem Kontrollratsgesetz Nr. 39 vom 12. Nov. 1946 galt sie jedoch nicht etwa als neue National- und Handelsflagge Deutschlands, sondern als „Erkennungsflagge der Alliierten Kontrollbehörden". Deshalb war sie im Unterschied zur internationalen Signalflagge ausgezackt. Deutsche Hoheitszeichen gab es nicht mehr. Die schwarz-weiß-rote Fahne mit dem Hakenkreuz der Nationalsozialisten war verboten. Die schwarz-rot-goldenen Farben hätte zumindest Frankreich nicht zugelassen. So kam es zu der Signalflagge. Ihr waren gemäß dem Kontrollratsgesetz „keine Ehrenbezeugungen zu erweisen"; sie war „nicht zum Gruß von Kriegs- oder Handelsschiffen irgendeiner Nation zu dippen". Die deutschen Schiffe trugen kein Symbol, nur

Als sich Russen und Amerikaner am 25. April 1945 auf der zerstörten Elbbrücke bei Torgau die Hände reichten, gab es zwischen den Westmächten und der Sowjetunion bereits Spannungen, vor allem wegen der Polenfrage. Churchill schlug deshalb dem neuen amerikanischen Präsidenten vor, sich auf die vereinbarten Zonen erst zurückzuziehen, wenn einvernehmliche Regelungen gefunden wären. Doch Truman lehnte die „Politik der Faustpfänder" ab. (Ullstein)

ein Erkennungszeichen für die Konkursmasse DEUTSCHLAND, ein viergeteiltes Reich ohne selbstbestimmte Staatsgewalt.◆

(Geschichte der Bundesrepublik Deutschland, hrsg. v. K.D. Bracher, Th. Eschenburg, C.J. Fest und E. Jäckel, 6 Bände, Stuttgart 1983 ff., Bd. 1, S. 21)

Es gab nach der **bedingungslosen Kapitulation** *vom 8. Mai 1945* keine deutschen Behörden mehr; die Staatsgewalt wurde von den *vier Siegermächten* USA, Sowjetunion, Großbritannien und Frankreich als *Siegerrecht* ausgeübt.

Staatsrechtliche Grundlagen für die Militärregierung der Siegermächte waren in der *Kapitulationsurkunde*, in der *„Erklärung in Anbetracht der Niederlage Deutschlands"* und in den *Beschlüssen der Potsdamer Konferenz* niedergelegt.

Anlässlich der Zusammenkunft der Siegermächte in Berlin am 5. Juni 1945 hatte die Bevölkerung von der sowjetischen Militärregierung den Befehl erhalten für jedes Haus je eine der vier alliierten Fahnen anzufertigen. Die Order stellte die Berliner vor große Probleme – wie die Verwaltung durch vier verschiedene Mächte überhaupt.

8. Mai 1945 Bedingungslose Kapitulation der Deutschen Wehrmacht

Die Oberbefehlshaber der vier Siegermächte übernehmen im Auftrag ihrer Regierungen die oberste Staatsgewalt.

Rechtsstellung und Machtbefugnis der Militärregierung in Deutschland gründen sich auf der bedingungslosen Übergabe nach der vollständigen Niederlage Deutschlands.

Den Deutschen müsse klargemacht werden, so hieß es in einer Direktive der amerikanischen Regierung an den Oberbefehlshaber der Besatzungstruppen vom 25.04.1945, dass „Deutschlands rücksichtslose Kriegsführung und der fanatische Widerstand der Nazis die deutsche Wirtschaft zerstört und Chaos und Leiden unvermeidlich gemacht haben, und dass sie nicht der Verantwortung für das entgehen können, was sie selbst auf sich geladen haben". Deutschland werde „nicht besetzt zum Zwecke seiner Befreiung, sondern als ein besiegter Feindstaat. Ziel der Sieger sei nicht die Unterdrückung, sondern die Besetzung Deutschlands, um gewisse wichtige alliierte Absichten zu verwirklichen [...] Hauptziel der Alliierten (sei) es, Deutschland daran zu hindern, je wieder eine Bedrohung des Weltfriedens zu werden".

5. Juni 1945 „Erklärung in Anbetracht der Niederlage Deutschlands"

In dieser Juni-Deklaration übernehmen die Alliierten „die oberste Regierungsgewalt in Deutschland, einschließlich aller Befugnisse der deutschen Regierung, des Oberkommandos der Wehrmacht und der Regierungen, Verwaltungen oder Behörden der Länder, Städte und Gemeinden". Konkret wird die Exekutivgewalt den Oberbefehlshabern übertragen, und zwar jedem „in seiner eigenen Besatzungszone und gemeinsam in allen Deutschland als Ganzes betreffenden Angelegenheiten".

17.07. – 02.08.1945: Potsdamer Konferenz

Die drei Siegermächte USA, Sowjetunion und Großbritannien einigen sich auf eine Reihe von Grundsätzen für die einheitliche Behandlung Deutschlands während der Besatzungszeit.

① Die Übereinkunft enthält politische und wirtschaftliche Grundsätze, die während der Periode der Kontrolle eine Behandlung von *Deutschland als Einheit* gewährleisten sollten.

② Vor allem die folgenden Maßnahmen sollten diese einheitliche Behandlung sicherstellen:
Demilitarisierung: völlige militärische Abrüstung; auch Abbau der Rüstungsfabriken.
Denazifizierung: Auflösung aller NS-Organisationen, Abschaffung von typischen NS-Gesetzen. Bestrafung von Kriegsverbrechern. Individuelle Entnazifizierung, Verbot von Propaganda.

Dezentralisierung: politische Verwaltung soll von der örtlichen Selbstverwaltung ausgehen. Für ganz Deutschland soll es nur eine zentrale Verwaltung unter alliierter Kontrolle, aber keine deutsche Regierung geben.
Demokratisierung: Umgestaltung Deutschlands auf demokratischer Grundlage als Voraussetzung einer friedlichen Mitarbeit in internationalen Organisationen.

③ Die oberste Gewalt lag bei den vier Oberbefehlshabern, von denen *jeder in seiner Besatzungszone* und sie *gemeinsam* als Mitglieder des Alliierten Kontrollrates *für ganz Deutschland* zuständig waren.

Ursache für die Politik der Sieger, Deutschland bis zur bedingungslosen Kapitulation zu bekämpfen, *war die verbrecherische Naziherrschaft*. Mit *Hitler* war am 30. Jan. 1933 ein Parteiführer an die Macht gekommen, der sich mit seinen Zielen in einen schroffen Gegensatz zu Tradition und politischer Kultur der westlichen Zivilisation brachte. Die Konstanten seiner Weltanschauung (Lebensraumfrage und Rassenfrage) hatte er schon 1924 in seinem Buch *Mein Kampf* ausgesprochen:

◆ Demgegenüber müssen wir Nationalsozialisten unverrückbar an unserem außenpolitischen Ziele festhalten, nämlich dem Deutschen Volk den ihm gebührenden Grund und Boden auf dieser Erde zu sichern. Und diese Aktion ist die einzige, die vor Gott und unserer deutschen Nachwelt einen Bluteinsatz gerechtfertigt erscheinen lässt.◆

(Hitler, Adolf: Mein Kampf, 85. Aufl., S. 739)

◆ Hätte man zu Kriegsbeginn und während des Krieges einmal zwölf- oder fünfzehntausend dieser hebräischen Volksverderber so unter Giftgas gehalten, wie Hunderttausende unserer allerbesten deutschen Arbeiter aus allen Schichten und Berufen es im Felde erdulden mussten, dann wäre das Millionenopfer an der Front nicht vergeblich gewesen. Im Gegenteil: zwölftausend Schurken zur rechten Zeit beseitigt, hätte vielleicht einer Million ordentlicher, für die Zukunft wertvoller Deutschen das Leben gerettet.◆

(Hitler, Adolf: ebenda, S. 772)

Der Sorge um die Volkszahl entspricht die Idee von der Ausweitung des Lebensraumes, der Sorge um den Rassewert des deutschen Volkes der Kampf gegen die Juden.
Die beiden Konstanten Hitlerscher Weltanschauung (Lebensraumfrage und Rassenfra-

Deutschland nach der Potsdamer Konferenz

(Geschichte der Bundesrepublik Deutschland, hrsg. v. K.D. Bracher, Th. Eschenburg, C.J. Fest und E. Jäckel, Bd. 1, S. 322)

Rassewert =
Volkswert → Nationalismus ↔ Internationalismus
+ Persönlichkeitswert → Führerprinzip ↔ Demokratie
+ Selbsterhaltungstrieb → Heroismus ↔ Pazifismus

ge) wuchsen zu einer pseudowissenschaftlichen Theorie zusammen, die die Geschichte als Kampf ethnisch-biologischer Gruppen ansah.

Das Gesetz der Geschichte werde durch einen gnadenlosen Lebenskampf bestimmt, wobei bei wachsender Volkszahl der enger werdende Lebensraum durch Krieg erweitert werden müsse. Stagniert oder sinkt die Volkszahl, wird man schwächer und verliert Lebensraum.

Neben der Volkszahl ist der Rassewert entscheidendes Kriterium eines Volkes. Die jeweils entgegengesetzten Eigenschaften trennen die „germanische“ von der „jüdischen“ Rasse und machen deren Feindschaft aus.

Mit der Abgrenzung von der „jüdischen Rasse“ mit den entsprechenden Eigenschaften artikulierte der Nationalsozialismus zugleich seine Feindschaft zu den Ländern, in denen die Juden einen maßgeblichen Einfluss hätten: In Moskau sei 1917 durch die Oktoberrevolution das „Weltjudentum“ an die Macht gekommen, während in den USA das „Finanzjudentum“ der Wallstreet entscheidenden Einfluss ausübe.

Hitlers Politik und Weltanschauung führten dazu, dass nach dem deutschen Angriff auf die Sowjetunion die beiden Exponenten des Kapitalismus und des Kommunismus ihren seit 1917 bestehenden fundamentalen Antagonismus verdrängten um den gemeinsamen Gegner zu vernichten. Für die Zeit nach dem Sieg über Hitler überlegte man, wie das deutsche Problem gelöst werden sollte. Der britische Historiker A.J.P. Taylor sagte:

Das deutsche Problem hat zwei verschiedene Seiten: Wie können die Völker Europas gegen wiederholte Anfälle deutscher Aggression gesichert werden? Und wie kann das deutsche Volk eine ruhige, friedliche Form der politischen Existenz finden?

Aufgaben

1. *Erörtern Sie mögliche Antworten auf diese Frage!*
2. *Prüfen Sie an folgender Darstellung der Nachkriegsentwicklung, ob und wieweit die Politik nach 1945 an dieser Frage orientiert blieb!*

Der 8. Mai war ein Tag der Befreiung. Er hat uns alle befreit von dem menschenverachtenden System der nationalsozialistischen Gewaltherrschaft.

Niemand wird um dieser Befreiung willen vergessen, welche schweren Leiden für viele Menschen mit dem 8. Mai erst begannen und danach folgten. Aber wir dürfen nicht im Ende des Krieges die Ursache für Flucht, Vertreibung und Unfreiheit sehen. Sie liegt vielmehr in seinem Anfang und im Beginn jener Gewaltherrschaft, die zum Krieg führte.

Wir dürfen den 8. Mai 1945 nicht vom 30. Januar 1933 trennen.

(Bundespräsident Richard v. Weizsäcker am 8. Mai 1985 in seiner großen Rede anlässlich des 40. Jahrestages des Kriegsendes)

▶ Von der Anti-Hitler-Koalition zur Ost-West-Konfrontation

Die Übereinstimmung der vier Siegermächte überdauerte nur kurze Zeit den Sieg über Hitler-Deutschland. Zunehmend wurden Interessengegensätze deutlich, weil z.B. die Sowjetunion unter „Demokratisierung" – ihrem eigenen Selbstverständnis entsprechend – die Förderung kommunistischer Bewegungen verstand, während die drei Westmächte – eigener Anschauung gemäß – unter Demokratie eine westlich orientierte, pluralistische und gewaltenteilige Ordnung verstanden.

Der **Formelkompromiss** des Potsdamer Abkommens trug nicht weit. Zum **Bruch** kam es **zwischen Ost und West** wegen der Frage der Reparationen:

Das Potsdamer Abkommen sah eine Entflechtung und Zerschlagung deutscher Konzerne und der deutschen Kriegsindustrie vor. Die Landwirtschaft sollte zur Sicherung des deutschen Eigenbedarfs entwickelt werden, wobei die Sieger Deutschland als Einheit behandeln wollten. Diese Bestimmung führte zusammen mit der Frage der Reparationen zu ersten Konflikten: Der Grundsatz für Reparationen lautete, jede Siegermacht nimmt Reparationen aus ihrer Zone. Die Sowjetunion sollte zusätzlich 25 % der Reparationen aus den Westzonen erhalten, wobei 3/5 dieser zusätzlichen Lieferungen im Austausch gegen Nahrungsmittel und Rohstoffe aus der Sowjetzone geliefert werden sollten. Über die Art der Reparationen gab es Streit: Die Amerikaner verstanden darunter in erster Linie Demontagegüter, während die Sowjets zusätzlich Lieferungen aus der laufenden Produktion verlangten. Sicher wollten sie auf diese Weise auch zu einer Mitsprache über die Produktion im Ruhrgebiet kommen. Der wechselseitige Handel Demontagegüter – Lebensmittel funktionierte nicht; die Versorgung der westdeutschen Bevölkerung war ohne zusätzliche Lieferungen aus der Ostzone gefährdet. Nach einer ergebnislos verlaufenden Außenministerkonferenz in Moskau glaubte der US-Außenminister Marschall im Frühjahr 1947, dass eine Einigung mit den Sowjets unmöglich geworden sei. Im Hinblick auf die Situation in Deutschland bemerkte er: „Der Patient stirbt, während die Ärzte beraten." Um Deutschland nicht zum „Armenhaus Europas" werden zu lassen, das anfällig für radikale Strömungen werden könnte, orientierte Washington allmählich seine Außenpolitik um und entwickelte ein Hilfsprogramm für die Europäer.

◆ Das Leben der Deutschen schien sich auf drei Fragen zu konzentrieren: Wie werde ich satt? Wo kann ich unterkommen? Wann finde ich meine Familie wieder?
[...]
Die Zahl der Obdachlosen ging in die Millionen. Ein Zimmer diente in vielen Fällen als Wohnraum für eine ganze Familie. Keller und Böden, Baracken und Wellblechhütten, Ruinen und Lager nutzte man als Unterschlupf.
[...]
Ein unabsehbarer Menschenstrom bewegte sich auf den Landstraßen, die Leute fuhren in Güterwagen und auf den Dächern der Eisenbahn oder hingen wie Trauben an den Waggons. Hallen und Perrons der Bahnhöfe waren zu Schlafsälen geworden. [...]
Die tägliche Kalorienmenge schwankte zwischen 1500 in der amerikanischen und etwa 1200 in der französischen Zone, sank dort aber zeitweise bis auf 850, ja sogar 750 Kalorien. Der durchschnittliche Kalorienverbrauch einer Person hatte 1936 in Deutschland bei 3100 gelegen; während des Krieges sank der Stand nicht unter 2000. [...]

Lebensmittelkarte Hamburg 1945

Margarine	75 g	=	566 Kcal.
Butter	200 g	=	1 540 Kcal.
Schmalz	125 g	=	1 110 Kcal.
Fleisch	450 g	=	540 Kcal.
Fisch	300 g	=	210 Kcal.
Käse	62,5 g	=	100 Kcal.
Quark	125 g	=	110 Kcal.
Zucker	500 g	=	2 000 Kcal.
Marmelade	250 g	=	500 Kcal.
Nährmittel	2 000 g	=	7000 Kcal.
Brot	10100 g	=	24 240 Kcal.
Magermilch	1 500 g	=	600 Kcal.
in 28 Tagen		=	38 516 Kcal.

◆

(aus dem Handbuch „Geschichte der Bundesrepublik Deutschland", Band 1: „Jahre der Besatzung 1945–1949", a.a.O., S. 61–63, Auszug)

2. Deutschland im Zeitalter des „Kalten Krieges“

▶ *Staatsgründung in West und Ost*

Anhand der fünf Karikaturen lässt sich das Verhältnis zwischen den vier Siegermächten untereinander und zu den Deutschen vor der Staatsgründung in Ost und West erläutern:

① Ost und West sind getrennt durch einen Eisernen Vorhang, der sich nur öffnet um aneinander vorbeizureden.

② Amerikaner und Briten ziehen die Konsequenz aus der wachsenden Uneinigkeit und Spannung zwischen Ost und West und gründen die BIZONE; die Welt erwartet den Beitritt der französischen Zone (Trizone als Vorläufer der Bundesrepublik).

(Zur Karikatur: In der Wiege liegen bereits die britische und die amerikanische Zone und die Krankenschwester erklärt: „Vielleicht kommt noch einer.“)

③/④ Die Herren in Deutschland sind nach wie vor die Sieger; für das (eine) deutsche Volk gibt es nun zwei Staaten, in denen die Alliierten das letzte Wort haben.

⑤ Die ersten Gehversuche der neuen Republik: Zwischen Bangen und Hoffen ...

Aufgabe

1. Stellen Sie mithilfe der Karikaturen und der Übersicht „Stationen der Spaltung" einen zeitlichen und politischen Zusammenhang her zwischen
– Außenministerkonferenzen (vor allem 2. Konferenz: Juni/Juli 1946 in Paris)
– Juli 1948: Währungsreform/Blockade/Luftbrücke
– Münchner Ministerpräsidentenkonferenz Mai 1947
– Bizone/Wirtschaftsrat
– Londoner 6-Mächte-Konferenz/Frankfurter Dokumente
– Rittersturzkonferenz, Herrenchiemsee: Verfassungskonvent – Parlamentarischer Rat: Grundgesetz

(Weitere Hilfsmittel: dtv-Atlas zur Weltgeschichte Band 2, Informationen zur politischen Bildung 157: Die Entstehung der Bundesrepublik Deutschland)

Stationen der Spaltung

3.5.1946	Der US Oberbefehlshaber General Clay stoppt Reparationslieferungen an andere Besatzungszonen, weil Lebensmittellieferungen aus der Ostzone ausbleiben.
30.6.1946	Aus Furcht vor weiteren Ernährungsschwierigkeiten stimmen im Kontrollrat die Westmächte dem sowjetischen Antrag zu, die Freizügigkeit zwischen Westzonen und Ostzone aufzuheben.
6.9.1946	Rede des amerikanischen Außenministers Byrnes in Stuttgart: Die USA wollen sich in Europa engagieren und über eine Gesundung Deutschlands zu einer Gesundung Europas beitragen. Wenn man Deutschland nicht als wirtschaftliche Einheit behandeln kann, muss das Industrie-Niveau im Westen erhöht werden. Die Deutschen sollen die Hauptverantwortung für ihre eigenen Angelegenheiten bekommen und die Möglichkeit erhalten auf einen ehrenvollen Platz unter den Nationen zurückzukehren.
19.9.1946	Churchill-Rede in Zürich: Auf der Grundlage einer deutsch-französischen Partnerschaft soll man die Vereinigten Staaten von Europa schaffen.
1.1.1947	Bizone = Vereinigtes Wirtschaftsgebiet mit gemeinsamen Gremien der amerikanischen und britischen Zone.
12.3.1947	Truman-Doktrin: Die USA bieten den vom Kommunismus bedrohten Staaten (hier Griechenland und Türkei) Hilfe an. Sie wollen eine weitere kommunistische Expansion nicht dulden.
5.6.1947	Ankündigung des Marshallplanes: Die US-Finanzhilfe zum Wiederaufbau Europas (Angebot auch an die osteuropäischen Staaten; SU lehnt ab).
20.3.1948	Der Kontrollrat wird arbeitsunfähig, nachdem der sowjetische Vertreter nicht mehr teilnimmt.
Mai 1948	„Volksrat" in der sowjetischen Zone zur Ausarbeitung einer Verfassung.
März und Juni 1948	Die Londoner Sechs-Mächtekonferenz (USA-GB-F-Benelux-Länder) verabschiedet die Londoner Empfehlungen (= Frankfurter Dokumente) zur Bildung eines westdeutschen Staates.
Juni 1948	Nach der Währungsreform in den Westzonen und in Westberlin beginnt die Blockade Westberlins durch die Sowjets (bis Mai 1949).
21.9.1949	Nach In-Kraft-Treten des Grundgesetzes (23.5.1949), Bundestagswahlen (14.8.1949), Kanzlerwahl (15.9.1949) und Regierungsbildung (20.9.1949) tritt das Besatzungsstatut in Kraft.
7.10.1949	Gründung der DDR; der „Volksrat" erklärt sich zur „Volkskammer".

◀ Die Teilung Deutschlands manifestierte sich besonders in der Integration der beiden deutschen Staaten in die Militärbündnisse von NATO und Warschauer Pakt. Gemeinsam mit den „Waffenbrüdern“ bzw. „Klassenbrüdern“, mit den „Verbündeten“ bzw. den „Kameraden“ des jeweils eigenen Militärpaktes grenzten sich die Deutschen im „Kalten Krieg“ voneinander ab.
▼

▲
Vor der Gründung der Bundesrepublik schickten Bürger Vorschläge und Entwürfe für die Gestaltung der künftigen Nationalflagge nach Bonn: „Schwarz-weiß-rot“ oder „Schwarz-rot-gold“? – Anknüpfen an vertraute nationale Symbole oder bewusste Neuschöpfung? – Betonung des eigenen Nationalbewusstseins oder Übernahme nationaler Symbole der Sieger? – Die Vielfalt der Entwürfe spiegelt auch die Unsicherheit über die nationale Identität der Deutschen.

▶ *Legitimationsgrundlagen der beiden deutschen Staaten*

Seit Gründung der Bundesrepublik und der DDR 1949 gab es für 40 Jahre eine unterschiedliche Legitimationsgrundlage für die beiden deutschen Staaten:
Die Legitimität der politischen Ordnung in der **Bundesrepublik Deutschland** beruht auf dem in freien Wahlen ausgeübten Selbstbestimmungsrecht der Bevölkerung der Bundesrepublik Deutschland. Sie entspricht damit den aus westlicher Politiktradition erwachsenden Grundlagen für eine parlamentarisch-repräsentative Demokratie (→ S. 290 ff.).
Die Partei- und Staatsführung der **DDR** begründete zwischen 1949 und 1989 ihre Legitimation mit der historischen Mission der Arbeiterklasse und der Führung der marxistisch-leninistischen Partei, einer Avantgarde, die in der Phase der Diktatur des Proletariats die Grundlage für den Aufbau einer klassenlosen Gesellschaft schaffen sollte (→ S. 338 ff.).

Material 1

Regierungserklärung Adenauers zur Deutschlandpolitik anlässlich der Gründung der DDR im Oktober 1949

Ihnen, meine Damen und Herren vom Deutschen Bundestag, als den legitimierten Vertretern des deutschen Volkes, habe ich folgende Erklärung abzugeben.

Die jüngsten Vorgänge in der Ostzone und in Berlin sind kennzeichnend für den tragischen Weg des deutschen Volkes seit 1933. Sie unterstreichen mit aller Klarheit und Deutlichkeit noch einmal die Zerreißung des deutschen Gebiets in zwei Teile, in einen östlichen Teil, bewohnt von rund 18 Millionen Deutscher, die in der Unfreiheit sowjetischer Satellitenstaaten dahinleben, und einen westlichen Teil mit 45 Millionen Einwohnern, der sich zwar noch nicht im vollen Besitz der Freiheit befindet, in dem aber die Souveränitätsrechte eines demokratischen Staates immer mehr in deutsche Hände gelegt werden und in dem – ich hebe das auf das Nachdrücklichste hervor – die Menschen sich der persönlichen Freiheit und Sicherheit erfreuen, ohne die ein menschenwürdiges Dasein für uns nicht denkbar ist.

(Beifall.)

Ich habe von dem Schicksalsweg des deutschen Volkes seit 1933 gesprochen. Um der historischen Wahrheit willen muss man davon sprechen, dass die Tragik des deutschen Volkes nicht erst 1945 mit der Kapitulation, die bedingungslos die gesamte militärische und staatliche Macht den Siegern übergab, begann, sondern 1933 mit der Machtergreifung Hitlers.

(Sehr richtig! in der Mitte und bei der SPD.)

Man kann und darf die Periode von 1933 bis 1945 nicht trennen von dem, was sich seit 1945 ereignet hat.

(Sehr gut! bei der SPD.)

Beide Epochen hängen eng zusammen. Um der Verantwortung willen, die wir vor dem deutschen Volk übernommen haben, und um dem deutschen Volk und dem Ausland ein klares Bild von dem zu geben, was jetzt ist, ist eine kurze Zusammenfassung der Ereignisse seit 1945 nötig.

Entgegen dem Potsdamer Abkommen vom 2. August 1945, in dem beschlossen wurde, Deutschland während der Besetzungszeit als eine politische und wirtschaftliche Einheit zu betrachten, trat schon sehr bald eine verschiedene Auffassung über die Deutschland gegenüber zu beobachtende Haltung unter den Alliierten zutage. In der Sowjetzone wurden schon im Jahre 1945 im Gegensatz zu den drei anderen Zonen Zentralverwaltungen eingerichtet, die den unverkennbaren Zweck hatten, die ganze sowjetische Zone staatlich einheitlich zu organisieren. Diese Bestrebungen wurden aufs Nachdrücklichste gefördert durch die am 12. Juni 1947 erfolgte Bildung einer Wirtschaftskommission. Die wirtschaftliche und die politische Trennung der Sowjetzone von dem übrigen Deutschland wurde weiter gefördert durch die Einsetzung des so genannten Ersten Volkskongresses am 6. Dezember 1947, die Einberufung des Zweiten Volkskongresses am 18. März 1948, die Schaffung eines Volksrates am gleichen Tag, die Erteilung des Auftrags an den Volksrat, eine Verfassung auszuarbeiten, und schließlich durch die Verabschiedung dieser Verfassung durch den Volksrat am 19. März 1949.

Diese Volkskongresse sind nicht aus Wahlen, das heißt aus freien Wahlen, an denen sich jeder hätte frei beteiligen können, hervorgegangen. Für den Dritten Volkskongress durfte nur eine Einheitsliste aufgestellt werden. Die in der vom Volksrat beschlossenen Verfassung vom 19. März 1949 vorgesehenen Wahlen für eine Volkskammer wurden nicht abgehalten. Der Volksrat etablierte sich am 7. Oktober 1949 im Widerspruch mit der von ihm selbst beschlossenen Verfassung als provisorische Volkskammer. Gleichzeitig wurde erklärt, dass Wahlen, die schon mehrfach in Aussicht gestellt waren, bis zum 15. Oktober 1950 verschoben würden. Nach dem völligen Zusammenbruch aller staatlichen Organisationen in Deutschland mit der bedingungslosen Kapitulation kann aber eine Organisation in Deutschland nur dann den Anspruch darauf erheben, ein legitimer Staat zu sein, wenn sie auf dem freien Willen der Bevölkerung beruht.

(Lebhafte Zustimmung.)

Es wird niemand behaupten können, dass die nunmehr geschaffene Organisation der Sowjetzone auf dem freien Willen der Bevölkerung dieser Zone beruht.

(Sehr richtig!)

Sie ist zustandegekommen auf Befehl Sowjetrusslands und unter Mitwirkung einer kleinen Minderheit ihm ergebener Deutscher.

[...]

Ich stelle Folgendes fest. In der Sowjetzone gibt es keinen freien Willen der deutschen Bevölkerung.

(Lebhafte Zustimmung rechts, in der Mitte und bei der SPD.)

Das, was jetzt dort geschieht, wird nicht von der Bevölkerung getragen und damit legitimiert.

(Sehr gut!)

Die Bundesrepublik Deutschland stützt sich dagegen auf die Anerkennung durch den frei bekundeten Willen von rund 23 Millionen stimmberechtigter Deutscher. Die Bundesrepublik Deutschland ist somit bis zur Erreichung der deutschen Einheit insgesamt die alleinige legitimierte staatliche Organisation des deutschen Volkes.

(Lebhafter Beifall und Händeklatschen rechts, in der Mitte und bei der SPD.)

Hieraus ergeben sich innerpolitisch und außenpolitisch Folgerungen, die ich im Einzelnen wiederzugeben mir heute versagen muss.

Die Bundesrepublik Deutschland fühlt sich auch verantwortlich für das Schicksal der 18 Millionen Deutschen, die in der Sowjetzone leben.

(Lebhafte Zustimmung rechts, in der Mitte und bei der SPD.)

Sie versichert sie ihrer Treue und ihrer Sorge.

(Erneuter Beifall.)

Die Bundesrepublik Deutschland ist allein befugt, für das deutsche Volk zu sprechen.

(Die Auswärtige Politik der Bundesrepublik Deutschland, hrsg. v. Auswärtigem Amt, Köln 1972, S. 155 f.)

Material 2

Aus einem DDR-Schulbuch für Staatsbürgerkunde (1976)

Du und deine Zeit
Die Oktoberrevolution – eine Wende in der Geschichte der Menschheit

Jahrhundert, du zwanzigstes,
sei uns gepriesen!
Es singt dir zum Ruhme
der Völker Millionenchor.
Was Propheten gedeutet
und was Astronomen verhießen,
hast du verwirklicht
wie keine Zeit zuvor.

Jahrhundert, zwanzigstes:
Schlachtfeld, auf dem sich messen
das, was veraltet, und das,
was künftig wird sein.
Streiks, Barrikaden,
das Schlachten des Weltkrieges
– indessen
Oktober siebzehn:
„Aurora" hieß Morgenschein.
(Johannes R. Becher)

So sieht der Dichter Johannes R. Becher unsere Zeit. Das zwanzigste Jahrhundert ist das Jahrhundert der tiefsten gesellschaftlichen Umwälzung in der ganzen bisherigen Geschichte der Menschheit. Die Veränderungen begannen mit der Großen Sozialistischen Oktoberrevolution: Die Arbeiterklasse Russlands, geführt von der Partei Wladimir Iljitsch Lenins, stürzte im Bündnis mit den werktätigen Bauern und anderen fortschrittlichen Kräften den Kapitalismus in ihrem Lande. Sie errichtete den ersten sozialistischen Staat der Welt. Damit ergriff zum ersten Mal in der Geschichte eines Landes die Arbeiterklasse das Steuer des Staates. In der Sowjetunion wurde der Sozialismus aus einer Idee zur Wirklichkeit. Das war der erste Schritt zum notwendigen Sieg des Sozialismus über den Kapitalismus auf der ganzen Welt.
Die Welt wurde im Jahre 1917 in zwei Lager gespalten: in das Lager des erstarkenden Sozialismus und in das Lager des sterbenden Kapitalismus. Der Kampf zwischen beiden Lagern trat von nun an in den Mittelpunkt der Weltgeschichte. Eine neue weltgeschichtliche Epoche hatte begonnen. Ihr Hauptinhalt ist der Übergang vom Kapitalismus zum Sozialismus.
Die Oktoberrevolution und der Ausbau des Sozialismus und Kommunismus in der Sowjetunion wurden zum Vorbild für den Kampf der Arbeiterklasse und anderer fortschrittlicher Kräfte in allen Ländern der Erde. Deshalb wurde die Haltung zur Sowjetunion und der Partei Lenins das wichtigste Merkmal eines Revolutionärs unserer Zeit.

(Staatsbürgerkunde, Lehrbuch für Klasse 7, VEB Volk und Wissen, Berlin 1976, S. 6)

3. Von der Konfrontation zur Kooperation

▶ *1958-62: Wandel im Ost-West-Verhältnis*

In der Kuba-Krise 1962 befanden sich die Supermächte USA und Sowjetunion mit ihren Verbündeten am Rand der atomaren Selbstvernichtung. Das „atomare Patt" erzwang eine neue Politik: Die USA realisierten seit dem „Sputnik-Schock" von 1958, dass die Sowjetunion mit ihren Interkontinentalraketen auch das Territorium der USA mit Atomwaffen angreifen konnte. Die Sowjetunion akzeptierte, dass ihr ideologisches Ziel einer weltweiten proletarischen Revolution nicht ohne den Preis eines Atomkrieges zu verwirklichen war. Das Konzept der „friedlichen Koexistenz" ließ zwar auch weiterhin internationalen *ideologischen* Klassenkampf zu, verzichtete aber ausdrücklich auf das Mittel *militärischer* Auseinandersetzung.

„Es wird hier dauernd vom Frieden gesprochen – meine Herren, der Friede bin ich!"

Die Deutschen in der Bundesrepublik und in der DDR hatten zuvor erfahren, dass sich im Zuge des **Kalten Krieges** die Spaltung vertiefte. Die gewaltsame Niederschlagung des Aufstandes am **17. Juni 1953** hatte zur Festigung der stalinistischen Diktatur geführt. Für die verfassungsmäßig gebotene Politik der „Wahrung der Einheit der Nation" schienen in dieser weltpolitischen Situation die Voraussetzungen zu fehlen. Enttäuscht und hilflos mussten Westdeutsche und vor allem die Berliner wenige Jahre später den Bau der Mauer am **13. August 1961** in Berlin hinnehmen.

Nachdrückliche Hinweise und Erinnerungen, insbesondere des damaligen regierenden Bürgermeisters von Berlin, Willy Brandt, an die westlichen Rechte und Pflichten in ganz Berlin führten nicht zu einer Intervention der **Westmächte**, weil ihre *drei* **„Essentials"** nicht angegriffen worden waren: *Anwesenheit der Alliierten in Berlin, freier Zugang nach Berlin, Lebensfähigkeit Westberlins*.

Wegen des Mauerbaus wollten die USA keinen militärischen Konflikt mit der Sowjetunion riskieren und man kann annehmen, dass das Ende der Massenflucht aus der DDR und die damit verbundene Stabilisierung des status quo ihren Interessen in der sich abzeichnenden Ost-West-Entspannung nicht zuwiderlief.

In Berlin reagierten der Regierende Bürgermeister Willy Brandt und sein Pressesprecher Egon Bahr auf die Hinnahme des Mauerbaus durch die Westmächte so: „Der Vorhang ging auf, und die Bühne war leer".

Bundeskanzler Konrad Adenauer (1949 – 1963) bot 1962 dem sowjetischen Ministerpräsidenten Nikita Chruschtschow einen 10-jährigen Burgfrieden in der Deutschlandfrage an, in der der status quo unverändert bleiben sollte. Im Oktober 1962 erklärte der erste Bundeskanzler, „dass die Bundesregierung bereit (sei), über vieles mit sich reden zu lassen, wenn unsere Brüder in der Zone ihr Leben so einrichten könnten, wie sie es wollen. Menschliche Überlegungen spielen hier für uns eine noch größere Rolle als nationale."

Bundeskanzler Ludwig Erhard (1963 – 1966) legte im März 1966 die so genannte „Friedensquote" vor. Darin kam die Bundesregierung in behutsamer Weise dem Wunsch der osteuropäischen Staaten nach Regelung der Grenzfragen entgegen, indem sie die Bereitschaft erklärte dem östlichen Sicherheitsbedürfnis durch Vereinbarungen über einen Gewaltverzicht entgegen zu kommen.

Die Bundesregierung signalisierte weiterhin, dass Fortschritte in der Entspannungs- oder Abrüstungspolitik nicht länger von Fortschritten in der deutschen Frage abhängig gemacht werden sollten: Die bisherige Formel „Entspannung durch Wiedervereinigung" wurde

▶ weiter auf S. 440

▶ Exkurs: Erschließen und Aufbereiten eines Textes

Gleichklang deutscher mit US-amerikanischer Politik gefordert.

US-Präsident Kennedy (Jan. 1961 – 22. Nov. 1963)

Innenpolitische Situation der DDR:
- 1945/49 Teilung Deutschlands
- keine demokratische Legitimation (17.6.1953/13.8.1961)
- keine eigene nationale Identität
- der Westen/West-Berlin als Schaufenster
- Ulbricht, der „letzte Stalinist“ in der „zurückgebliebenen“ DDR

◆ „Die amerikanische Strategie des Friedens lässt sich durch die Formel definieren, dass die kommunistische Herrschaft nicht beseitigt, sondern verändert werden soll [...] Die erste Folgerung, die sich aus einer Übertragung der Strategie des Friedens auf Deutschland ergibt, ist, dass die Politik des Alles oder Nichts ausscheidet. Entweder freie Wahlen oder gar nicht, entweder gesamtdeutsche Entscheidungsfreiheit oder ein hartes Nein, entweder Wahlen als erster Schritt oder Ablehnung, das alles ist nicht nur hoffnungslos antiquiert und unwirklich, sondern in einer Strategie des Friedens auch sinnlos. Heute ist klar, dass die Wiedervereinigung nicht ein einmaliger Akt ist, der durch einen historischen Beschluss an einem historischen Tag auf einer historischen Konferenz ins Werk gesetzt wird, sondern ein Prozess mit vielen Schritten und vielen Stationen. Wenn es richtig ist, was Kennedy sagte, dass man auch die Interessen der anderen Seite anerkennen und berücksichtigen müsse, so ist es sicher für die Sowjetunion unmöglich, sich die Zone zum Zwecke einer Verstärkung des westlichen Potentials entreißen zu lassen. Die Zone muss mit Zustimmung der Sowjets transformiert werden. Wenn wir so weit wären, hätten wir einen großen Schritt zur Wiedervereinigung getan. Nun kann es kaum Zweifel geben, dass Änderungen in der Zone besonders schwer zu erreichen sind. Die Zone ist in der politischen Entwicklung zurückgebliebener als Polen, Ungarn und die Sowjetunion. Und das hat seine Gründe. Ulbricht konnte sich halten, nicht obwohl, sondern gerade weil er der letzte Stalinist ist. Die Erfahrungen des Jahres 1953 haben dem Kreml gezeigt, wie gefährlich es in seinem Sinne ist, wenn in der deutschen Zone Erleichterungen für die Menschen gewährt werden. Denn gerade weil es sich um den Teil eines gespaltenen Volkes handelt, schlagen anders als etwa in Polen oder in der Sowjetunion soziale und wirtschaftliche Forderungen sofort um in politische und nationale. Das Gefälle zur Bundesrepublik ist da. Und es ist durch die 18-jährige kommunistische Herrschaft nicht zu beseitigen gewesen. Aus der Forderung nach geringeren Normen ist am 16. Juni 1953 auf dem Wege von der Stalinallee bis zum Hause der Ministerien die Forderung nach freien Wahlen geworden. Die Zügel glitten dem Ulbricht-Regime aus der Hand und konnten nur von den sowjetischen Panzern wieder aufgenommen werden. Das Ergebnis war eine Befestigung der Stellung Ulbrichts.[...] Die selbstverständliche und von niemandem in Frage gestellte Weigerung die Zone als einen rechtmäßigen Staat anzuerkennen,

Januar 1961: Amtsantritt von US-Präsident Kennedy – kommunistische Herrschaft nicht **beseitigen,** sondern **verändern.**

Bahr: Übertragung auf Deutschland bedeutet: keine Politik des Alles oder Nichts. (Beispiele)

ZIEL: weiterhin Wiedervereinigung; jedoch: nicht „einmaliger Akt“, sondern „Prozess“.

METHODE/ STRATEGIE: Interessen der anderen Seite ins Kalkül ziehen.

KONKRET: für SU **unmöglich** die DDR aufzugeben (Verstärkung des westlichen Potentials); **möglich:** Transformation („Schritt zur Wiedervereinigung“).

RISIKO: Im geteilten Deutschland werden soziale und wirtschaftliche Forderungen rasch zu politischen und nationalen (17.6.1953). Dies muss man einkalkulieren; sonst: Verfestigung der Stellung der Stalinisten (Ulbricht).

Amerikanische Chinapolitik als Beispiel:
- Nationalchina (Formosa) als Bündnispartner
- Nichtanerkennung der VR China
- Geheimverhandlungen in Genf

Erneut Gleichklang mit amerikanischer Politik betont.

Einkalkulierung sowjetischer Interessen und historischer Erfahrungen (17.6.1953).

Innenpolitische Taktik: Das Neue als Variante des bereits Bekannten/Gesagten.

Auch zum Abschluss: Betonung des Gleichklangs mit dem Westen.

darf uns nicht lähmen. Jahrelang haben die Botschafter Rotchinas und der Vereinigten Staaten in Genf und Warschau miteinander verhandelt, ohne dass deshalb die USA Rotchina anerkannt hätten oder man auch nur behauptet hat, diese Gespräche seien eine Anerkennung [...] Uns hat es zunächst um die Menschen zu gehen und um die Ausschöpfung jedes denkbaren und verantwortbaren Versuchs, ihre Situation zu erleichtern. Eine materielle Verbesserung müsste eine entsprechende Wirkung in der Zone haben. Ein stärkeres Konsumgüterangebot liegt in unserem Interesse. In der Sowjetunion ist der Konsumwunsch gewachsen und hat zu positiven Wirkungen beigetragen. Es ist nicht einzusehen, warum es in der Zone anders sein sollte. Ich sehe nur den schmalen Weg der Erleichterung für die Menschen in so homöopathischen Dosen, dass sich daraus nicht die Gefahr eines revolutionären Umschwunges ergibt, die das sowjetische Eingreifen aus sowjetischem Interesse so zwangsläufig auslösen würde. Die Bundesregierung hat in ihrer letzten Regierungserklärung gesagt, sie sei bereit, über Vieles mit sich reden zu lassen, wenn unsere Brüder in der Zone sich einrichten können, wie sie wollten. Überlegungen der Menschlichkeit spielen hier für uns eine größere Rolle als nationale Überlegungen. Als einen Diskussionsbeitrag in diesem Rahmen möchte ich meine Ausführungen verstanden wissen. Wir haben gesagt, dass die Mauer ein Zeichen der Schwäche ist. Man könnte auch sagen, sie war ein Zeichen der Angst und des Selbsterhaltungstriebes des kommunistischen Regimes. Die Frage ist, ob es nicht Möglichkeiten gibt, diese durchaus berechtigten Sorgen dem Regime graduell so weit zu nehmen, dass auch die Auflockerung der Grenzen und der Mauer praktikabel wird, weil das Risiko erträglich ist. Das ist eine Politik, die man auf eine Formel bringen könnte: Wandel durch Annäherung. Ich bin fest davon überzeugt, dass wir Selbstbewusstsein genug haben können, um eine solche Politik ohne Illusion zu verfolgen, die sich außerdem nahtlos in das westliche Konzept der Strategie des Friedens einpasst, denn sonst müssten wir auf Wunder warten, und das ist keine Politik."◆

(H.v.Siegler [Hg.], Wiedervereinigung und Sicherheit Deutschlands, Bd. I: 1944 – 1963, Bonn, 6. erw. Aufl. 1976, S. 336 f.)

KONSEQUENZ: **einerseits** keine Anerkennung der DDR als „rechtmäßiger Staat", **andererseits** Überwindung der derzeitigen Lähmung.

Im Zentrum: menschliche Erleichterung für die Bürger der DDR.

Gemeinsames Interesse: materielle Verbesserungen durch mehr Konsumgüter; jedoch: Politik der kleinen Schritte („homöopathische Dosen"), Vermeidung eines revolutionären Umschwungs/ Gefahr sowjetischer Intervention.

▭	Thema, Grundbegriffe oder Namen
～～	Bahrs Konzept
——	wesentlicher Inhalt
◯	Hilfe zur Gliederung des Satzes

umgekehrt: Fortschritte in der deutschen Frage sollten nicht länger Voraussetzung, sondern Ergebnis eines Entspannungsprozesses sein. Die „Friedensnote“ wurde als Zeichen der Verständigungs- und Friedensbereitschaft der Bundesregierung in Ost und West gewürdigt; es gelang der Bundesregierung, sich vorsichtig in die Entspannungspolitik des Westens einzufädeln.

Bundeskanzler Kurt-Georg Kiesinger (1966 – 69) intensivierte die Kontakte zu den osteuropäischen Staaten, was im Januar 1967 zur Aufnahme von diplomatischen Beziehungen zu Rumänien führte. Gleichwohl lehnte er unter Hinweis auf deutsche Rechtsstandpunkte die staatliche Anerkennung der DDR und die Respektierung bzw. Anerkennung der Oder-Neiße-Grenze ab.

► Ost- und Deutschlandpolitik der sozialliberalen Koalition

„Wandel durch Annäherung“

Nicht nur für diejenigen, die nicht mit einer zeitlich absehbaren Änderung des sowjetischen Herrschaftssystems rechneten, hatte die Politik des Abwartens und des Festhaltens an Rechtsstandpunkten unter den weltpolitischen Bedingungen der Sechzigerjahre Nachteile:

- Es wurde zunehmend schwieriger, den Alleinvertretungsanspruch der Bundesrepublik Deutschland zu begründen und durchzusetzen. Mit den Ländern der Dritten Welt kam es zu einer Art Handel: Nichtanerkennung der DDR gegen Wirtschaftshilfe der Bundesrepublik Deutschland.
- Die politische Weltkonjunktur stand – ausgehend vom status quo – auf Entspannungskurs. (Erste Erfolge in der Abrüstungsfrage: Atomteststopp-Abkommen, Respektierung der Einflusssphären in Berlin bzw. in Kuba.) Das deutsche Beharren auf Rechtsstandpunkten wurde von den Verbündeten mehr und mehr als Störung empfunden.
- Der Bau der Berliner Mauer am 13. August 1961 markierte einen wichtigen Einschnitt in der deutschen Nachkriegsgeschichte: Die Westmächte gaben zu verstehen, dass sie keinen Anlass sahen an der entstandenen Situation etwas zu ändern, solange ihre Rechte und Interessen in West-Berlin unangetastet bleiben.

Der Verhinderung eines weiteren Auseinanderlebens der Deutschen sollte eine Politik des „Wandels durch Annäherung“ gegenüber dem Osten dienen, die der Berliner Pressesprecher und spätere Unterhändler bei den Vertragsverhandlungen, Egon Bahr, während einer Tagung der Evangelischen Akademie Tutzing am 15.7.1963 erläuterte. Er sagte u.a.:

► **s. Exkurs auf S. 438/439**

Aufgaben

1. *Ordnen Sie dieses Konzept (s. Exkurs auf S. 438/439) in die Entspannungspolitik ein, die in den Jahren vor Konzipierung dieser Vorstellungen von den Großmächten betrieben wurde! Welche Aussagen entdecken Sie zu dem bereits bekannten Zielkonflikt Deutsche Frage – Internationale Sicherheit? Welche Auffassung vertritt Bahr über Ursachen bzw. über die Beseitigung internationaler Spannungen?*
2. *Versuchen Sie unterschiedliche Akzente in einer veränderten Priorität politischer Werte zu entdecken (Selbstbestimmungsrecht, nationale Einheit)! Bedenken Sie dabei, dass Priorität nicht die Aufgabe anderer Ziele bedeuten muss, sondern u.U. nur deren zeitliche Verschiebung!*

Elemente des Konzepts „Wandel durch Annäherung“ waren schon in die Politik der **Großen Koalition (1966 – 1969)** unter Bundeskanzler *Kiesinger* und Außenminister *Brandt* eingegangen; *Bahr* war damals Chef des Planungsstabes im Auswärtigen Amt. Noch eindeutiger prägte sein Konzept die Politik der **sozialliberalen Koalition** *Brandt/Scheel* **ab 1969**. Die neue Regierung ging offiziell von der Existenz zweier deutscher Staaten aus und bot der DDR Verhandlungen zur Verbesserung der Beziehungen an. Im März 1970 traf sich Brandt mit dem damaligen Ministerpräsidenten der DDR *Stoph* in Erfurt, im Mai in Kassel. Die Ausgangspositionen beider Seiten für Verhandlungen waren Brandts

„20 Punkte von Kassel" einerseits, ein *Vertragsentwurf Ulbrichts* von Dezember 1969 andererseits.
Ein **Grundlagenvertrag** konnte erst ausgehandelt werden, nachdem die Bundesrepublik den *Moskauer* und den *Warschauer Vertrag* ratifiziert hatte und die 4 Mächte ein *Berlin-Abkommen* erreicht hatten. Weil die verschiedenen Vertragspartner ein unterschiedliches Interesse am Zustandekommen der Vereinbarungen hatten, traten die Verträge und Abkommen Zug um Zug in Kraft; zwischen der Ratifizierung der Ostverträge und dem In-Kraft-Setzen des Berlin-Abkommens wurde ein **„Junktim"** vereinbart.

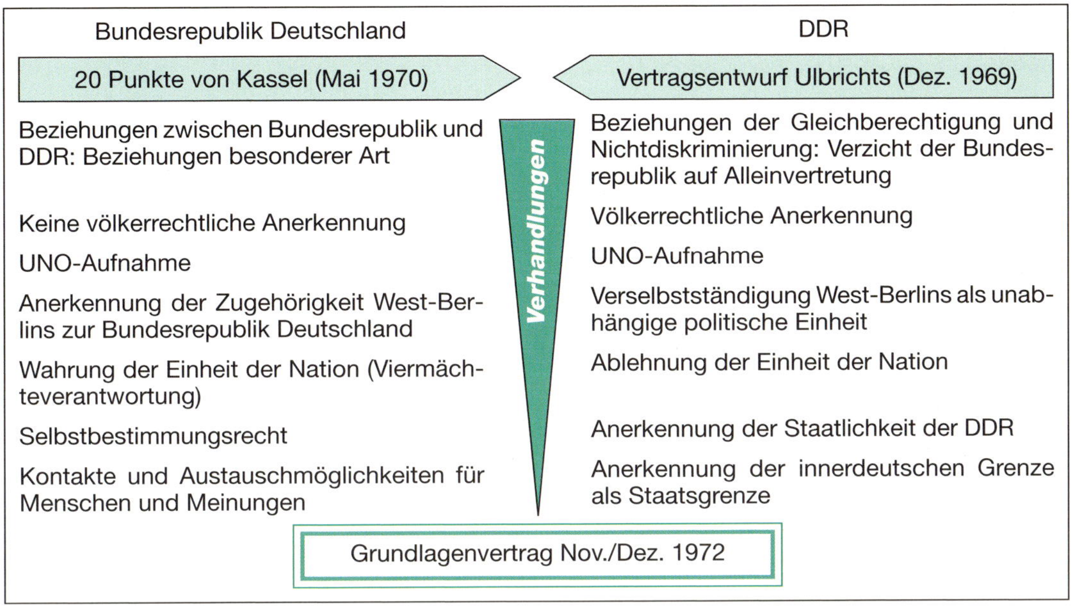

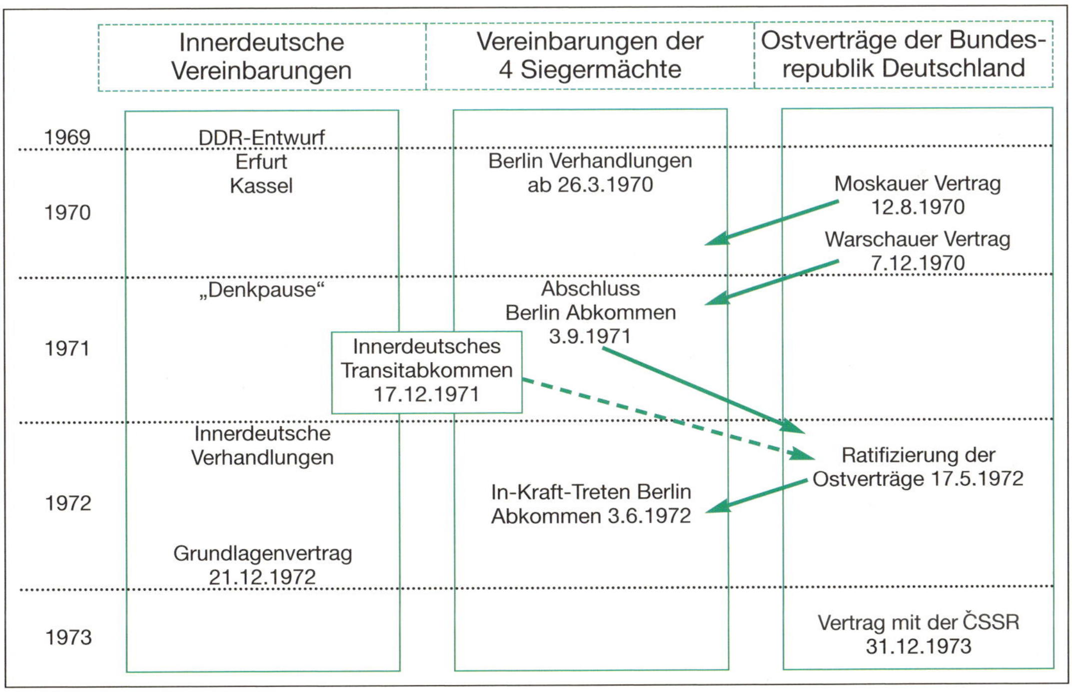

Die wichtigsten Inhalte der Ostverträge

- Zum Zweck der Entspannung, der Normalisierung friedlicher Beziehungen gehen die Vertragspartner vom Status quo (der „wirklichen Lage“) aus.
- Die Vertragspartner erklären Gewaltverzicht gemäß der UN-Charta.
- Die bestehenden Grenzen sind unverletzlich und werden respektiert; es werden keine gegenseitigen Gebietsansprüche erhoben.
- Der jeweilige Vertrag „berührt nicht“ früher abgeschlossene Verträge.
- Weitere Schritte zur Normalisierung werden in Aussicht genommen. (Neben Absichtserklärungen zur Entwicklung wirtschaftlichen, wissenschaftlichen und kulturellen Austauschs und zur Förderung des Planes der KSZE wird zwischen Bonn und Moskau vereinbart, dass entsprechende Abkommen mit der DDR, Polen und der ČSSR folgen sollen und alle Verträge „ein einheitliches Ganzes“ bilden sollen.)
- Zwischen der Bundesrepublik Deutschland und der DDR werden normale Beziehungen auf der Basis der Gleichberechtigung aufgenommen. Beide Seiten erklären, dass kein Staat den anderen international vertreten kann. Sie werden „Ständige Vertretungen“ austauschen. (In einer Reihe zusätzlicher Vereinbarungen zwischen der Bundesrepublik Deutschland und der DDR wurden Einzelfragen geregelt: Kommission zur Grenzmarkierung, Handelsfragen, Familienzusammenführung, Reiseerleichterungen, UN-Mitgliedschaft, Rechte der vier Mächte, Ausdehnung von Abkommen auf Berlin, Arbeitsmöglichkeiten von Journalisten. Andere Fragen blieben umstritten und z.T. ausdrücklich offen: Die Frage der Staatsangehörigkeit, Vermögensfragen und vor allem die „nationale Frage“.)
- Zu allen Verträgen formuliert die Bundesregierung in einem „Brief zur deutschen Einheit“ ihren politischen Vorbehalt bezüglich des Selbstbestimmungsrechts des deutschen Volkes und seiner Einheit.

Material 1

Vertrag über die Grundlagen der Beziehungen zwischen der Bundesrepublik Deutschland und der Deutschen Demokratischen Republik

Die Hohen Vertragschließenden Seiten eingedenk ihrer Verantwortung für die Erhaltung des Friedens,
in dem Bestreben, einen Beitrag zur Entspannung und Sicherheit in Europa zu leisten,
in dem Bewusstsein, dass die Unverletzlichkeit der Grenzen und die Achtung vor der territorialen Integrität und der Souveränität aller Staaten in Europa in ihren gegenwärtigen Grenzen eine grundlegende Bedingung für den Frieden sind,
in der Erkenntnis, dass sich daher die beiden deutschen Staaten in ihren Beziehungen der Androhung oder Anwendung von Gewalt zu enthalten haben,
ausgehend von den historischen Gegebenheiten und unbeschadet der unterschiedlichen Auffassungen der Bundesrepublik Deutschland und der Deutschen Demokratischen Republik zu grundsätzlichen Fragen, darunter zur nationalen Frage,
geleitet von dem Wunsch, zum Wohle der Menschen in den beiden deutschen Staaten die Voraussetzungen für die Zusammenarbeit zwischen der Bundesrepublik Deutschland und der Deutschen Demokratischen Republik zu schaffen,
sind wie folgt übereingekommen:

Artikel 1

Die Bundesrepublik Deutschland und die Deutsche Demokratische Republik entwickeln normale gutnachbarliche Beziehungen zueinander auf der Grundlage der Gleichberechtigung.

Artikel 2

Die Bundesrepublik Deutschland und die Deutsche Demokratische Republik werden sich von den Zielen und Prinzipien leiten lassen, die in der Charta der Vereinten Nationen niedergelegt sind, insbesondere der souveränen Gleichheit aller Staaten, der Achtung der Unabhängigkeit, Selbstständigkeit und territorialen Integrität, dem Selbstbestimmungsrecht, der Wahrung der Menschenrechte und der Nichtdiskriminierung.

Artikel 3

Entsprechend der Charta der Vereinten Nationen werden die Bundesrepublik Deutschland und die Deutsche Demokratische Republik ihre Streitfragen ausschließlich mit friedlichen Mitteln lösen und sich der Drohung mit Gewalt oder der Anwendung von Gewalt enthalten. Sie bekräftigen die Unverletzlichkeit der zwischen ihnen bestehenden Grenze jetzt und in der Zukunft und verpflichten sich zur uneingeschränkten Achtung ihrer territorialen Integrität.

Artikel 4

Die Bundesrepublik Deutschland und die Deutsche Demokratische Republik gehen davon aus, dass keiner der beiden Staaten den anderen international vertreten oder in seinem Namen handeln kann.

Artikel 5

Die Bundesrepublik Deutschland und die Deutsche Demokratische Republik werden friedliche Beziehungen zwischen den europäischen Staaten fördern und zur Sicherheit und zur Zusammenarbeit in Europa beitragen.

Sie unterstützen die Bemühungen um eine Verminderung der Streitkräfte und Rüstungen in Europa, ohne dass dadurch Nachteile für die Sicherheit der Beteiligten entstehen dürfen.

Die Bundesrepublik Deutschland und die Deutsche Demokratische Republik werden mit dem Ziel einer allgemeinen vollständigen Abrüstung unter wirksamer internationaler Kontrolle der internationalen Sicherheit dienende Bemühungen um Rüstungsbegrenzung und Abrüstung, insbesondere auf dem Gebiet der Kernwaffen und anderer Massenvernichtungswaffen unterstützen.

Artikel 6

Die Bundesrepublik Deutschland und die Deutsche Demokratische Republik gehen von dem Grundsatz aus, dass die Hoheitsgewalt jedes der beiden Staaten sich auf sein Staatsgebiet beschränkt. Sie respektieren die Unabhängigkeit und Selbstständigkeit jedes der beiden Staaten in seinen inneren und äußeren Angelegenheiten.

Artikel 7

Die Bundesrepublik Deutschland und die Deutsche Demokratische Republik erklären ihre Bereitschaft, im Zuge der Normalisierung ihrer Beziehungen praktische und humanitäre Fragen zu regeln. Sie werden Abkommen schließen, um auf der Grundlage dieses Vertrages und zum beiderseitigen Vorteil die Zusammenarbeit auf dem Gebiet der Wirtschaft, der Wissenschaft und Technik, des Verkehrs, des Rechtsverkehrs, des Post- und Fernmeldewesens, des Gesundheitswesens, der Kultur, des Sports, des Umweltschutzes und auf anderen Gebieten zu entwickeln und zu fördern. Einzelheiten sind in dem Zusatzprotokoll geregelt.

Artikel 8

Die Bundesrepublik Deutschland und die Deutsche Demokratische Republik werden Ständige Vertretungen austauschen. Sie werden am Sitz der jeweiligen Regierung errichtet.

Die praktischen Fragen, die mit der Einrichtungen der Vertretungen zusammenhängen, werden zusätzlich geregelt.

Artikel 9

Die Bundesrepublik Deutschland und die Deutsche Demokratische Republik stimmen darin überein, dass durch diesen Vertrag die von ihnen früher abgeschlossenen oder sie betreffenden zweiseitigen und mehrseitigen internationalen Verträge und Vereinbarungen nicht berührt werden.

Artikel 10

Dieser Vertrag bedarf der Ratifizierung und tritt am Tage nach dem Austausch entsprechender Noten in Kraft.

ZU URKUND DESSEN haben die Bevollmächtigten der Hohen Vertragschließenden Seiten diesen Vertrag unterzeichnet.

GESCHEHEN in Berlin, am 21. Dezember 1972, in zwei Urschriften in deutscher Sprache.

Für die Bundesrepublik Deutschland

Für die Deutsche Demokratische Republik

Brief zur deutschen Einheit

der Regierung der Bundesrepublik Deutschland an die Regierung der Deutschen Demokratischen Republik

Bundesminister für besondere Aufgaben beim Bundeskanzler

Bonn, den 21. Dezember 1972

An den
Staatssekretär beim Ministerrat
der Deutschen Demokratischen Republik
Herrn Dr. Michael Kohl
Berlin

Sehr geehrter Herr Kohl!

Im Zusammenhang mit der heutigen Unterzeichnung des Vertrages über die Grundlagen der

Beziehungen zwischen der Bundesrepublik Deutschland und der Deutschen Demokratischen Republik beehrt sich die Regierung der Bundesrepublik Deutschland festzustellen, dass dieser Vertrag nicht im Widerspruch zu dem politischen Ziel der Bundesrepublik Deutschland steht, auf einen Zustand des Friedens in Europa hinzuwirken, in dem das deutsche Volk in freier Selbstbestimmung seine Einheit wiedererlangt.

Mit vorzüglicher Hochachtung Bahr ◆

Exkurs: Berlin

- Im Londoner Protokoll vom 12.9.1944 legten Briten, Russen und Amerikaner fest, dass Deutschland zum Zweck der Besatzung
in vier Zonen eingeteilt wird, deren je eine einer der vier Mächte zugewiesen wird und
in ein besonderes Berliner Gebiet, das gemeinsam von den vier Mächten besetzt wird.

Eine alliierte Regierungsbehörde (Kommandantura) wird gegründet, um gemeinsam die Verwaltung des Gebietes von „Groß-Berlin“ auszuüben.

- Zwischen dem 20.4.1945 und dem 2.5.1945 erobert die Rote Armee Berlin.
- 8.5.1945: Kapitulation der Deutschen Wehrmacht; Amerikanische Truppen haben zu diesem Zeitpunkt Thüringen und Teile Sachsens (1/3 der Fläche der späteren sowjetischen Besatzungszone/DDR) erobert.
- Im Juli 1945 verlassen sowjetische Truppen die Westsektoren von Berlin und amerikanische, britische und französische Besatzungstruppen rücken hier ein. Die Amerikaner hatten sich zuvor aus Thüringen und Sachsen zurückgezogen.
- Der sich verstärkende Ost-West-Gegensatz kulminiert in der Blockade West-Berlins (24.6.1948 – 12.5.1949).
- Nach Gründung der Bundesrepublik Deutschland erhält Berlin einen Sonderstatus (siehe Abbildung unten):

Das Grundgesetz und die West-Berliner Landesverfassung erklären Berlin ohne Einschränkung zu einem Land der Bundesrepublik Deutschland; die drei westlichen Alliierten dagegen betonen in einem Genehmigungsschreiben ihre Rechte als Sieger und formulieren Vorbehalte gegen die Gleichsetzung West-Berlins mit den übrigen Bundesländern.

Der Sonderstatus West-Berlins wird dadurch geprägt, dass

- einerseits für Sicherheits- und Statusfragen die oberste Verantwortung bei den Siegermächten liegt, dass aber
- andererseits im Interesse der Lebensfähigkeit und Bindung West-Berlins an die Bundesrepublik
die Vertretung im Bundesrat,
die Vertretung im Bundestag,
die Außenvertretung durch den Bund,
die Übernahme der Bundesgesetzgebung

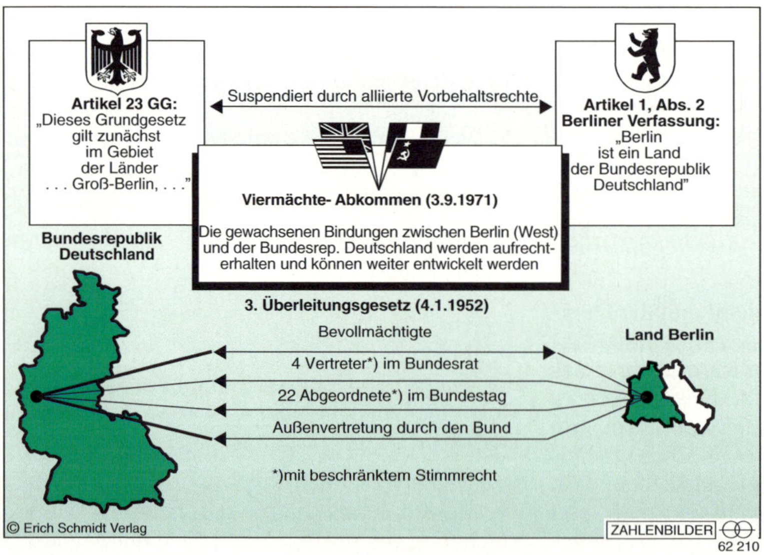

Die Bundesrepublik Deutschland und das Land Berlin (1949 – 1990)

mit dem Ziel geregelt wurde die Eingliederung West-Berlins in das Rechts-, Wirtschafts- und Finanzsystem der Bundesrepublik Deutschland zu gewährleisten. (Der Sonderstatus West-Berlins kam u.a. dadurch zum Ausdruck, dass die West-Berliner Abgeordneten im Bundesrat und Bundestag nur ein eingeschränktes Stimmrecht hatten. Die Wahl der Abgeordneten erfolgte nicht durch die Bevölkerung, sondern durch das Abgeordnetenhaus. Außerdem unterlagen West-Berliner nicht der Wehrpflicht.)

- 27.11.1958: Sowjetisches Berlin-Ultimatum. Ziel der Sowjetunion: Umwandlung West-Berlins in eine „entmilitarisierte Freie Stadt".
- 25.7.1961: US-Präsident Kennedy formuliert die drei Essentials („unverrückbaren Grundsätze") der amerikanischen Berlin-Politik:
  das Recht der Alliierten auf Anwesenheit in West-Berlin,
  das Recht auf freien Zugang nach Berlin,
  das Recht der West-Berliner Bevölkerung über ihre Zukunft selbst zu bestimmen und ihre Lebensweise frei zu wählen.
- 13.8.1961: Mauerbau
- 3.9.1971: Viermächteabkommen über Berlin: Nachdem die Bundesrepublik im Moskauer und im Warschauer Vertrag die bestehende Lage anerkannt hatte (Gewaltverzicht, Respektierung der Grenzen und damit der Nachkriegsordnung), akzeptierte die Sowjetunion die bestehenden Bindungen zwischen der Bundesrepublik und West-Berlin sowie die Berlin-Präsenz des Bundes. Inhalt der Vereinbarungen waren auch Reise- und Besuchsregelungen sowie ein Gebietsaustausch. Statusfragen blieben unberührt; ebenso blieben die besatzungsrechtlichen Beschränkungen.
- 21.12.1972: Grundlagenvertrag zwischen der Bundesrepublik und der DDR. Von westdeutscher Seite wird der Versuch gemacht West-Berlin voll in die Vereinbarungen mit der DDR einzubeziehen; das gelingt nur zum Teil. Beide Seiten verständigen sich im Vertrag darauf, dass Abkommen und Regelungen zwischen der Bundesrepublik und der DDR jeweils auch auf Berlin (West) ausgedehnt werden *können*. Dies bedeutet, dass über die Einbeziehung West-Berlins immer wieder neu verhandelt werden muss.

Zusammenfassung

Die Ost- und Deutschlandpolitik der sozialliberalen Koalition

- ging 1969 aus von der „bestehenden Lage", vom Status quo, von den „Realitäten";
- berührte nicht früher abgeschlossene Verträge (die „Rechtslage");
- schloss Vereinbarungen, Verträge und Regierungsabkommen, die zu einer „Normalisierung" und Entwicklung friedlicher Beziehungen zwischen Ost und West führen sollten, um so
  - einen Beitrag für den Frieden in Europa zu ermöglichen,
  - einem weiteren Auseinanderleben der Deutschen in den beiden deutschen Staaten entgegenzuwirken,
  - menschliche Erleichterungen und
  - Versöhnung auch mit den Völkern Osteuropas

zu bewirken.

Die Ostpolitik der sozialliberalen Koalition und insbesondere der Grundlagenvertrag waren zu Beginn der Siebzigerjahre in der Bundesrepublik heftig umstritten.
Dreh- und Angelpunkt war das Wiedervereinigungsgebot im Schlusssatz der Präambel des Grundgesetzes:

◆ Das gesamte Deutsche Volk bleibt aufgefordert, in freier Selbstbestimmung die Einheit und Freiheit Deutschlands zu vollenden. ◆

Die Bayerische Staatsregierung stellte am 28.5.1973 beim Bundesverfassungsgericht den Antrag den Grundlagenvertrag für „mit dem Grundgesetz nicht vereinbar und deshalb nichtig" zu erklären. Folgende Argumente wurden zur Begründung des Antrages vorgelegt:

- Der Vertrag verstoße gegen das Gebot der Wahrung der staatlichen Einheit Deutschlands.
- Er beruhe auf der vom Grundgesetz verworfenen Rechtsauffassung vom Untergang des Deutschen Reiches und dem Neuentstehen zweier unabhängiger Staaten auf dem Gebiet des alten Reiches.
- Die Bundesrepublik könne nach Abschluss des Vertrages nicht mehr für Gesamtdeutschland handeln.

- Der Vertrag verletze das grundgesetzliche Wiedervereinigungsgebot und erkenne die DDR als mit der Bundesrepublik gleichberechtigten, unabhängigen und selbstständigen Staat an.
- Aus der bisherigen Demarkationslinie mache der Vertrag eine freiwillig und vertraglich vereinbarte Staatsgrenze.
- Es sei nicht gelungen, im Vertrag ein besonderes Verhältnis zwischen der Bundesrepublik Deutschland und der DDR zu konstituieren.

Das Bundesverfassungsgericht entschied am 31.7.1973:

◆ *Aus den Leitsätzen zum Urteil:*
(2) Der Grundsatz des judicial self-restraint zielt darauf ab, den von der Verfassung für die anderen Verfassungsorgane garantierten Raum freier politischer Gestaltung offen zu halten.
(4) Aus dem Wiedervereinigungsgebot folgt: Kein Verfassungsorgan der Bundesrepublik Deutschland darf die Wiederherstellung der staatlichen Einheit als politisches Ziel aufgeben, alle Verfassungsorgane sind verpflichtet, in ihrer Politik auf die Erreichung dieses Zieles hinzuwirken [...] und alles zu unterlassen, was die Wiedervereinigung vereiteln würde."
Aus dem Urteil:
(Der Grundlagenvertrag) „ist in der sich aus den Gründen ergebenden Auslegung mit dem Grundgesetz vereinbar."

Aus der Begründung:
„• Die Bundesrepublik Deutschland ist [...] als Staat identisch mit dem Staat „Deutsches Reich", – in Bezug auf seine räumliche Ausdehnung allerdings „teilidentisch".

- Die DDR gehört zu Deutschland und kann im Verhältnis zur Bundesrepublik nicht als Ausland angesehen werden.
- Aus dem Wiedervereinigungsgebot folgt zunächst: Kein Verfassungsorgan [...] darf die Wiederherstellung der staatlichen Einheit als politisches Ziel aufgeben [...] Die Abschätzung der Chancen ihrer Politik ist ihre [...] Sache. Hier hat das Gericht weder Kritik zu üben noch seine Auffassung über die Ansichten der Politik zu äußern.
- Wir haben von der im Grundgesetz vorausgesetzten, in ihm „verankerten" Existenz Gesamtdeutschlands mit einem deutschen (Gesamt-)Staatsvolk und einer (gesamt-)deutschen Staatsgewalt auszugehen. Wenn heute von der „deutschen Nation" gesprochen wird, die eine Klammer für Gesamtdeutschland sei, so ist dagegen nichts einzuwenden, wenn darunter auch ein Synonym für das „deutsche Staatsvolk" verstanden wird [...] Versteckte sich hinter dieser neuen Formel „deutsche Nation" nur noch der Begriff einer im Bewusstsein der Bevölkerung vorhandenen Sprach- und Kultureinheit, dann wäre das rechtlich die Aufgabe einer unverzichtbaren Rechtsposition. Letzteres stünde in Widerspruch zum Gebot der Wiedervereinigung [...]
- Der Vertrag kann so ausgelegt werden, dass er mit keiner der dargelegten Aussagen des Grundgesetzes in Widerspruch gerät.
- Die DDR ist im Sinne des Völkerrechts ein Staat [...] Diese Feststellung ist unabhängig von einer völkerrechtlichen Anerkennung der DDR durch die Bundesrepublik Deutschland. Eine solche Anerkennung hat die Bundesrepublik Deutschland nicht nur nie förmlich ausgesprochen, sondern im Gegenteil wiederholt ausdrücklich abgelehnt.
- Der Vertrag ist kein Teilungsvertrag, sondern ein Vertrag, der weder heute noch für die Zukunft ausschließt, dass die Bundesregierung jederzeit alles [...] tut, dass das deutsche Volk seine staatliche Einheit wieder organisieren kann.
- Für die Frage, ob die Anerkennung der Grenze [...] mit dem Grundgesetz vereinbar ist, ist entscheidend [...], dass (zwei Staaten) auf dem Fundament des noch existierenden Staates „Deutschland als Ganzes" existieren, dass es sich also um eine staatsrechtliche Grenze handelt ähnlich denen, die zwischen den Ländern der Bundesrepublik verlaufen.◆

▶ Zwischen Normalisierung und Abgrenzung: Deutschlandpolitik 1972 – 1989

Material 2

Im deutschen Graben

Material 3

„Jede weitere Normalisierung ihrer Beziehungen zum kapitalistischen Ausland muss die DDR-Führung mühsam durch ein Mehr an Abgrenzung ausgleichen, wenn sie nicht innere Instabilität riskieren will. Denn sowenig die DDR-Führung Angriffe auf ihre Staatsgrenzen befürchten muss, so sehr ist ihre Sorge um die Loyalität ihrer Bürger berechtigt. Auch heute blicken Ostdeutsche unverändert nach Westen und hoffen, eines Tages doch noch vom anderen ins eine Deutschland wechseln zu können.“

(Der Spiegel Nr. 34/1976, S. 20)

Material 4

Die Entwicklung der innerdeutschen Beziehungen seit dem Grundlagenvertrag

1972 — **Grundlagenvertrag**
Art. 1: „normale gutnachbarliche Beziehungen“
Art. 7: „durch Abkommen in vielen Bereichen Zusammenarbeit verbessern“

	+	–
1973	– Abkommen über Gesundheits- und Finanzprobleme	– Verdoppelung des Zwangsumtausches beim DDR-Besuch
1974		– Begriff der „Deutschen Nation“ wird aus DDR-Verfassung gestrichen
1976	– Post- und Fernmeldeabkommen	– Ausweisung eines ARD-Korrespondenten wegen „gröbster Diffamierung der DDR“
1977	– Arbeitserleichterungen für Journalisten	
1978	– Vereinbarung über telefonische Durchwahl	– Besuchsgenehmigung der CDU/CSU-Bundestagsfraktion in Potsdam zurückgenommen
1979	– Vereinbarungen über Autobahnbau und Eisenbahnverkehr	– „Spiegel“-Büro in Ostberlin wegen „böswilliger Verleumdung“ geschlossen
1980	– Abkommen über eine Verbesserung des Berlinverkehrs	– DDR verschiebt den Besuch von Bundeskanzler Schmidt in der DDR
1981	– Bundeskanzler Schmidt besucht die DDR	– Erhöhung des Zwangsumtausches – Umbauarbeiten an der Mauer
1982	– Autobahn Hamburg-Berlin eröffnet	
1983	– Abkommen: Übergabe der S-Bahn in Westberlin von der DDR-Reichsbahn an die Westberliner Verkehrsbetriebe	– Vorübergehende Schließung der ständigen Vertretung in Ostberlin, da 55 DDR-Bürger dort Zuflucht gesucht hatten um in die Bundesrepublik auszureisen
1985	– Bilanz seit 1972: Verdreifachung des Warenverkehrs BRD ↔ DDR Verdoppelung des Reiseverkehrs von West → Ost	
1987	– Städtepartnerschaft Saarlouis – Eisenhüttenstadt – Umweltabkommen – Honecker-Besuch in der Bundesrepublik – Milliarden-Kredit für die DDR	

4. Perestrojka in der DDR – Revolutionäre Umgestaltung und Wende im Herbst 1989

WIR SIND DAS VOLK „Es ist wahr: Wir werden aus Objekten zu Subjekten des politischen Handelns. Wir können stolz sein."
Friedrich Schorlemmer, Mitbegründer des Demokratischen Aufbruchs

Im September 1987 besuchte der damalige Staats- und Parteichef der DDR, Erich Honecker, die Bundesrepublik Deutschland. Das bei Staatsbesuchen übliche Zeremoniell, der Fahnenschmuck und das Abspielen der Nationalhymnen erweckten zwiespältige Gefühle, die auch in den Tischreden der beiden Regierungschefs zur Sprache kamen.

Helmut Kohl sprach von dem „Bewusstsein für die Einheit der Nation" und betonte zugleich, dass *„in Deutschland [...] zwei Staaten bestehen, die viele praktische Fragen miteinander regeln müssen."*
Erich Honecker sprach auch von einer gemeinsamen Verantwortung der beiden deutschen Staaten, bezog dies aber auf den Frieden und die Entspannung in Europa. *„Gutnachbarliche Zusammenarbeit zwischen der Bundesrepublik und der DDR" sei nur möglich, wenn die Beziehungen „so gestaltet werden, wie zwischen souveränen Staaten üblich."*

► *November 1989: „Wir sind das Volk"*

Am 7. Oktober 1989 wollte die *DDR-Führung* mit großem Aufwand den 40. Jahrestag ihrer Staatsgründung feiern und bereitete diesen Tag mit großem propagandistischen Aufwand vor. Zugleich hielt sie am eigenen Machtmonopol fest, obwohl sich bei den osteuropäischen Nachbarn wahrhaft revolutionäre Veränderungen abzeichneten: Im Spätsommer 1989 diskutierte das *Moskauer Parlament* über die Einführung des Streikrechts, in *Warschau* wurde der katholische Repräsentant der Solidarnosč Ministerpräsident und in Budapest löste sich die kommunistische Partei selbst auf; die Ungarn debattierten über Neutralität, den Austritt aus dem Warschauer Pakt und proklamierten am Jahrestag des Volksaufstandes von 1956 eine Republik nach westeuropäischem Muster.
Möglich wurde all dies durch die **Politik der Perestrojka** *(Umgestaltung) von Staats- und Parteichef* **Gorbatschow** in der Sowjetunion, der auch die bis dahin geltende Breschnew-Doktrin von der begrenzten Souveränität der Mitgliedstaaten des Warschauer Paktes aufgab.
SED-Chef Honecker hatte dieser Entwicklung nur noch einen Kinderreim entgegenzusetzen:

Und Kurt Hager, SED-Politbüromitglied, formulierte es im Juli 1989 wie folgt: „Der Sozialismus ist die erste Gesellschaftsformation in der Geschichte, die es dem Menschen gestattet, Mensch zu sein."

Wenige Tage nach Abschluss der 40-Jahr-Feiern in der DDR, bei denen **Gorbatschow** gemahnt hatte: *„Wer zu spät kommt, den straft das Leben“*, wurde Erich Honecker – ausgelöst durch die Massenflucht aus und die Demokratiebewegung in der DDR – abgelöst.

Auch sein Nachfolger **Egon Krenz** *(Partei- und Politbürochef vom 18.10. bis zum 3.12.1989)* stand bald mit dem „Rücken zur Wand“, als er aufgefordert wurde, „Demokratie“ zu buchstabieren, zu realisieren:

Im wahrsten Sinne des Wortes

Die demokratische Aufbruchstimmung wurde am 4. Nov. 1989 von dem DDR-Schriftsteller Stefan Heym bei einer Massendemonstration auf dem Berliner Alexanderplatz in Worte gefasst:

> „Es ist, als habe einer die Fenster aufgestoßen, nach Jahren der geistigen, wirtschaftlichen und politischen Stagnation, nach Dumpfheit und Mief, Phrasengewäsch, bürokratischer Willkür und Blindheit.“

Material 1

Parolen anlässlich des 35-jährigen Bestehens der DDR (1984)

Der Dank gilt Dir, Partei!
Die Lehre von Karl Marx ist allmächtig, weil sie wahr ist.
Es lebe die DDR – unser sozialistisches Vaterland.
Die Partei, die allen zum Wohle dient, besitzt unser volles Vertrauen.
Die Gründung der DDR – Wendepunkt in der Geschichte unseres Volkes und Europas.
Alles für das Wohl des Volkes – das ist der Sinn des Sozialismus.
Millionen regieren mit:
- 340.000 Bürger in Ausschüssen der Nationalen Front
- 2,3 Millionen als gewählte Funktionäre der Gewerkschaften
- 541.000 als Elternvertreter
- 238.000 als Mitglieder der Konfliktkommissionen
- 300.000 in Beiräten des Handels
- 250.000 als ehrenamtliche Mitglieder der ABI (Arbeiter- und Bauerninspektion)
- 54.000 in Schiedskommissionen
- 52.000 als Schöffen

Parolen bei Demonstrationen in Ostberlin und Leipzig Oktober/November 1989:

Stell Dir vor, es ist Sozialismus und keiner geht weg.
Eure Politik war und ist zum Davonlaufen.
Wir sind das Volk.
Wir bleiben hier.
Visafrei bis Hawaii.
Auf die Dauer ohne Mauer.
Lieber häufig übermüdet, als ständig überwacht.
Wer die Wahl fälscht, hat die Qual.
Macht die Volkskammer zum Krenz-Kontrollpunkt.
Rücktritt ist Fortschritt.
Privilegien für alle.
Es geht nicht mehr um Bananen, jetzt geht's um die Wurst.
Jetzt oder nie – Demokratie.
Demokratie in ihrem Lauf hält auch kein Ochs und Esel auf.
Oktoberrevolution 1989.

Die **Forderungen der Demokratiebewegung** ließen sich an den mitgeführten Transparenten ablesen, die sich fundamental von den abgestandenen Lösungen und Parolen unterschieden, die bisher das Straßenbild in der DDR geprägt hatten (→ S. 288 f.).
Die **Öffnung der Mauer** *in Berlin am* **9. Nov. 1989** war gewiss das spektakulärste Ereignis im revolutionären Herbst 1989. Staatsrechtlich und politisch war die **Verfassungsänderung vom 1.12.1989** von besonderer Bedeutung: die SED verzichtet auf den in der Ideologie des Marxismus-Leninismus begründeten Führungsanspruch als Avantgarde der Arbeiterklasse. Folgerichtig zerfiel die Macht des SED-Politbüros mit dem gesamten „politbürokratischen Zentralismus".

Chronik

8.8.1989	Die Ständige Vertretung der Bundesrepublik in Ostberlin wird wegen Überfüllung durch Flüchtlinge geschlossen.
Aug./Sept. 1989	DDR-Bürger erzwingen durch Besetzung der westdeutschen Botschaften in Budapest, Warschau und Prag ihre Ausreise in die Bundesrepublik.
Sept. 1989	Nach Abbau der Grenzsperren zwischen Ungarn und Österreich kommt es zu einer ersten Massenflucht von DDR-Bürgern.
Anfang Okt. 1989	Mehr als 10.000 DDR-Bürger, die in den Botschaften von Warschau und Prag Zuflucht gesucht hatten, dürfen in einer ersten Ausreisewelle über die DDR in die Bundesrepublik ausreisen, ab Mitte Oktober direkt aus derČSSR in die Bundesrepublik.
9.11.1989	Nach Öffnung der Grenzen ist eine direkte Ausreise von Übersiedlern in die Bundesrepublik möglich.

Unter der Parole „Wir sind das Volk – Wir bleiben hier" wuchs parallel – und gleichsam als Alternative – zur Ausreisewelle aus der DDR der Massenprotest in der DDR.
Im „Neuen Forum", im „Demokratischen Aufbruch" und in kirchlichen Gruppen wurden Forderungen nach einer umfassenden Reform des politischen und gesellschaftlichen Systems der DDR gestellt.
Die Partei- und Staatsführung, die noch bis zum 9. Okt. 1989 mit Polizeigewalt gegen friedliche Demonstranten vorgegangen war, geriet unter Zugzwang.

9.10.1989	Feiern anlässlich des 40. Jahrestages der Staatsgründung der DDR
8./9.10.1989	Gewaltsames Vorgehen Ostberliner Polizeiorgane gegen Demonstranten
18.10.1989	Rücktritt des bisherigen Partei- und Staatschefs Erich Honecker sowie weiterer führender SED-Funktionäre. Der bisherige Honecker-Vertraute Egon Krenz wird Nachfolger als Staats- und Parteichef.
7.11.1989	Rücktritt der Regierung der DDR
8.11.1989	Rücktritt des alten und Neuwahl eines Politbüros durch das Zentralkomitee
9.11.1989	Öffnung der Mauer in Berlin; Volksfeststimmung.
22.11.1989	SED, Blockparteien, Kirchen und Oppositionsgruppen verständigen sich in Gesprächen am „Runden Tisch" und vereinbaren für den 6. Mai 1990 freie Wahlen.
1.12.1989	Die Volkskammer streicht nach einer Viertelstunde Debatte den SED-Führungsanspruch aus Art. 1 der DDR-Verfassung.
3.12.1989	Rücktritt von Honecker-Nachfolger Egon Krenz; Verlagerung des Machtzentrums von der Partei (Generalsekretär, Politbüro, ZK) auf staatliche Organe (Ministerpräsident, Regierung, Volkskammer).
8. bzw. 15.12.1989	Die SED wählt Gregor Gysi zum neuen Parteichef und verzichtet in einem neuen Statut auf ihren traditionellen Führungsanspruch. Umbenennung in PDS (Partei des Demokratischen Sozialismus).

Material 2

Die Tragik des Reformers

Material 3

Partei
Politbüro unter Leitung des Generalsekretärs der SED:
Fällt die politischen Grundsatzentscheidungen. Lenkt die Arbeit aller staatlichen und gesellschaftlichen Organisationen über Parteimitglieder in diesen Organisationen. Die von der SED vorgegebene politische Grundlinie ist auch für die in der Nationalen Front zusammengeschlossenen sonstigen Parteien und deren Vertreter in allen Gremien verbindlich.

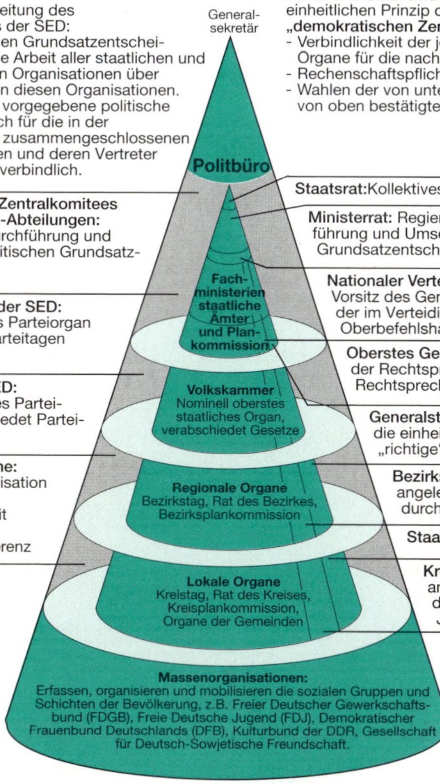

Sekretariat des Zentralkomitees der SED und ZK-Abteilungen: Vorbereitung, Durchführung und Kontrolle der politischen Grundsatzentscheidungen

Zentralkomitee der SED: Formell höchstes Parteiorgan zwischen den Parteitagen

Parteitag der SED: Nominell oberstes Parteiorgan. Verabschiedet Parteiprogramme

Regionale Organe: SED-Parteiorganisation der Bezirke
Bezirksleitung mit Sekretariat
Delegiertenkonferenz

Lokale Organe: SED-Parteiorganisation der Kreise
Kreisleitung mit Sekretariat
Delegiertenkonferenz
Grundorganisation

Partei und Staat sind nach einem einheitlichen Prinzip organisiert, dem **„demokratischen Zentralismus“:**
- Verbindlichkeit der jeweils höchsten Organe für die nachgeordneten Organe
- Rechenschaftspflicht der gewählten Organe
- Wahlen der von unten vorgeschlagenen und von oben bestätigten Kandidaten

Staatsrat: Kollektives Staatsoberhaupt

Ministerrat: Regierung, die die Durchführung und Umsetzung der politischen Grundsatzentscheidungen leitet.

Nationaler Verteidigungsrat: unter Vorsitz des Generalsekretärs der SED, der im Verteidigungsfall Oberbefehlshaber ist.

Oberstes Gericht: Höchstes Organ der Rechtsprechung, leitet die Rechtsprechung aller Gerichte

Generalstaatsanwalt: Kontrolliert die einheitliche und politisch „richtige“ Rechtsanwendung

Bezirksgericht: angeleitet und kontrolliert durch das Justizministerium

Staatsanwalt des Bezirks

Kreisgericht angeleitet und kontrolliert durch das Justizministerium

Staatsanwalt des Kreises

Eine Schülerkarikatur:

(Dargestellt ist, dass wie beim Spiel „Fang den Hut“ die Hülle der Parteiorganisation abgesprengt wird, die zuvor die staatlichen Institutionen überdeckt hatte.)

Material 4

DDR-Volkskammerwahl 18. März 1990

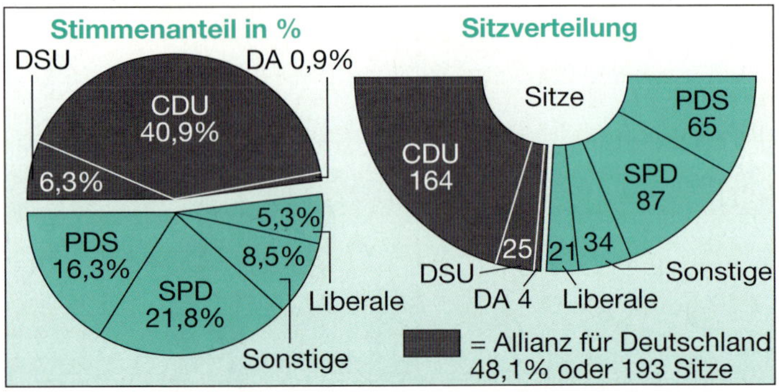

Erste freie Volkskammerwahl in der DDR am 18. März 1990

24 Parteien bzw. Wahlbündnisse hatten sich zur Wahl gestellt, 12 errangen Sitze in der Volkskammer. 93,2 % der 12,4 Millionen Wahlberechtigten gingen wählen

Überraschendes Wahlergebnis

Nicht die in der Weimarer Republik im Osten Deutschlands besonders erfolgreiche und in der DDR 1989 wieder gegründete SPD (21,8 %), sondern die CDU der DDR konnte einen großen Wahlerfolg erringen (40,9 %; mit der Deutschen Sozialen Union, DSU, und dem Demokratischen Aufbruch, DA, zusammen in der Allianz für Deutschland sogar 48,1 %). Unerwartet war auch das relativ gute Abschneiden der Nachfolgeorganisation der ehemaligen kommunistischen SED (Sozialistische Einheitspartei), der PDS (Partei des Demokratischen Sozialismus), 16,3 %.

Material 5

Einigungsvertrag mit der DDR für den Beitritt zur Bundesrepublik Deutschland

Die Bundesrepublik Deutschland und die Deutsche Demokratische Republik – entschlossen, die Einheit Deutschlands in Frieden und Freiheit als gleichberechtigtes Glied der Völkergemeinschaft in freier Selbstbestimmung zu vollenden, ausgehend von dem Wunsch der Menschen in beiden Teilen Deutschlands, gemeinsam in Frieden und Freiheit in einem rechtsstaatlich geordneten, demokratischen und sozialen Bundesstaat zu leben, in dankbarem Respekt vor denen, die auf friedliche Weise der Freiheit zum Durchbruch verholfen haben, die an der Aufgabe der Herstellung der Einheit Deutschlands unbeirrt festgehalten haben und sie vollenden, im Bewusstsein der Kontinuität deutscher Geschichte und eingedenk der sich daraus ergebenden besonderen Verantwortung für eine demokratische Entwicklung in Deutschland, die der Achtung der Menschenrechte und dem Frieden verpflichtet bleibt, in dem Bestreben, durch die deutsche Einheit einen Beitrag zur Einigung Europas und zum Ausbau einer europäischen Friedensordnung zu leisten, in der Grenzen nicht mehr trennen und die allen europäischen Völkern ein vertrauensvolles Zusammenleben gewährleistet, in dem Bewusstsein, dass die Unverletzlichkeit der Grenzen und der territorialen Integrität und Souveränität aller Staaten in Europa in ihren Grenzen eine grundlegende Bedingung für den Frieden ist – sind übereingekommen, einen Vertrag über die Herstellung der Einheit Deutschlands mit den nachfolgenden Bestimmungen zu schließen:

Kapitel 1 – Wirkung des Beitritts

Artikel 1 – Länder

(1) Mit dem Wirksamwerden des Beitritts der Deutschen Demokratischen Republik zur Bundesrepublik Deutschland gemäß Artikel 23 des Grundgesetzes am 3. Oktober 1990 werden die Länder Brandenburg, Mecklenburg-Vorpom-

mern, Sachsen, Sachsen-Anhalt und Thüringen Länder der Bundesrepublik Deutschland. Für die Bildung und die Grenzen dieser Länder untereinander sind die Bestimmungen des Verfassungsgesetzes zur Bildung von Ländern in der Deutschen Demokratischen Republik vom 22. Juli 1990 (Ländereinführungsgesetz, GBI. I Nr. 51 S. 955) gemäß Anlage II maßgebend. (2) die 23 Bezirke von Berlin bilden das Land Berlin.

Artikel 2 – Hauptstadt

Hauptstadt Deutschlands ist Berlin. Die Frage des Sitzes von Parlament und Regierung wird nach der Herstellung der Einheit Deutschlands entschieden.

Kapitel II – Grundgesetz

Artikel 3 – In-Kraft-Treten des Grundgesetzes

Mit dem Wirksamwerden des Beitritts tritt das Grundgesetz für die Bundesrepublik Deutschland vom 23. Mai 1949 in der Fassung vom 21. Dezember 1983 (BGB), I S. 1481) in den Ländern Brandenburg, Mecklenburg-Vorpommern, Sachsen, Sachsen-Anhalt und Thüringen sowie in dem Teil des Landes Berlin, in dem es bisher nicht galt, mit den sich aus Artikel 4 ergebenden Änderungen in Kraft, so weit in diesem Vertrag nichts anderes bestimmt ist.

Artikel 4 – Beitrittsbedingte Änderungen des Grundgesetzes

Das Grundgesetz für die Bundesrepublik Deutschland wird wie folgt geändert:

1. Die Präambel wird wie folgt gefasst: „Im Bewusstsein seiner Verantwortung vor Gott und den Menschen, von dem Willen beseelt, als gleichberechtigtes Glied in einem vereinten Europa dem Frieden der Welt zu dienen, hat sich das Deutsche Volk kraft seiner verfassungsgebenden Gewalt dieses Grundgesetz gegeben. Die Deutschen in den Ländern Baden-Württemberg, Bayern, Berlin, Brandenburg, Bremen, Hamburg, Hessen, Mecklenburg-Vorpommern, Niedersachsen, Nordrhein-Westfalen, Rheinland-Pfalz, Saarland, Sachsen, Sachsen-Anhalt, Schleswig-Holstein und Thüringen haben in freier Selbstbestimmung die Einheit und Freiheit Deutschlands vollendet. Damit gilt dieses Grundgesetz für das gesamte Deutsche Volk.“

Für das Gelingen des Vereinigungsprozesses waren freilich noch die **„äußeren Aspekte“ der deutschen Einheit** zu regeln:

Die **Zustimmung**

a) insbesondere der **Sowjetunion**

10.02.90 Besuch von Bundeskanzler Kohl in Moskau: Die Sowjetunion respektiert die Entscheidung der Deutschen in einem Staat zu leben. Zeitpunkt und Weg sollten die Deutschen selbst bestimmen.

16.07.90 Besuch des Bundeskanzlers in der Heimat des sowjetischen Staatspräsidenten Gorbatschow im Kaukasus. SU akzeptiert, dass Deutschland über seine Bündniszugehörigkeit selbst entscheidet. Die sowjetischen Truppen sollen innerhalb von 4 Jahren aus der DDR abziehen. Deutschland gewährt der SU umfangreiche Wirtschaftshilfe. (Gesprächsergebnisse werden in einem deutsch-sowjetischen Generalvertrag festgelegt, der am 13.9.1990 in Bonn unterzeichnet wird.)

b) der **vier Siegermächte** im Rahmen des „2 + 4 Prozesses“ zur deutschen Einigung

14.02.90 Ottawa: Verständigung über die Aufnahme von Verhandlungen

14.03.90 Erste Verhandlungsrunde von hohen Beamten in Bonn

05.05.90 Erstes Außenministertreffen in Bonn

14.06.90 Zweites Außenministertreffen in Ostberlin (Bündnisfrage)

17.07.90 Drittes Außenministertreffen in Paris (Polnische Westgrenze)

12.09.90 Abschlusstreffen der Außenminister in Moskau: Im „Vertrag über die äußeren Aspekte der deutschen Einheit“ verzichten die 4 Alliierten auf ihre Vorbehaltsrechte für Berlin und Deutschland als Ganzes.

c) der **europäischen Partner in der EG**

25./26.06.90 Deutsche Einigung ist Beratungsgegenstand im Europäischen Rat in Dublin.

d) der **Natopartner der Bundesrepublik**

05.07.90 „Londoner Erklärung“ der NATO: neues Verteidigungskonzept (Verzicht auf atomaren Erstschlag und Neubewertung des Verhältnisses zum Warschauer Pakt, Gewaltverzichtsangebot).

e) sowie der Unterzeichnerstaaten der Europäischen Konferenz für Sicherheit und Zusammenarbeit **(KSZE)**

01.10.90 KSZE-Konferenz in New York segnet die „Vereinbarungen über die äußeren Aspekte der Einheit einschließlich der Fragen der Sicherheit der Nachbarstaaten" (v.a. Anerkennung der Westgrenze Polens) ab.

21.11.90 KSZE-Konferenz in Paris: „Pariser Charta für ein neues Europa" (→ S. 362, M 11)

Die Zusammenhänge verdeutlicht das Schaubild.

Material 6

Stationen der Wiedervereinigung

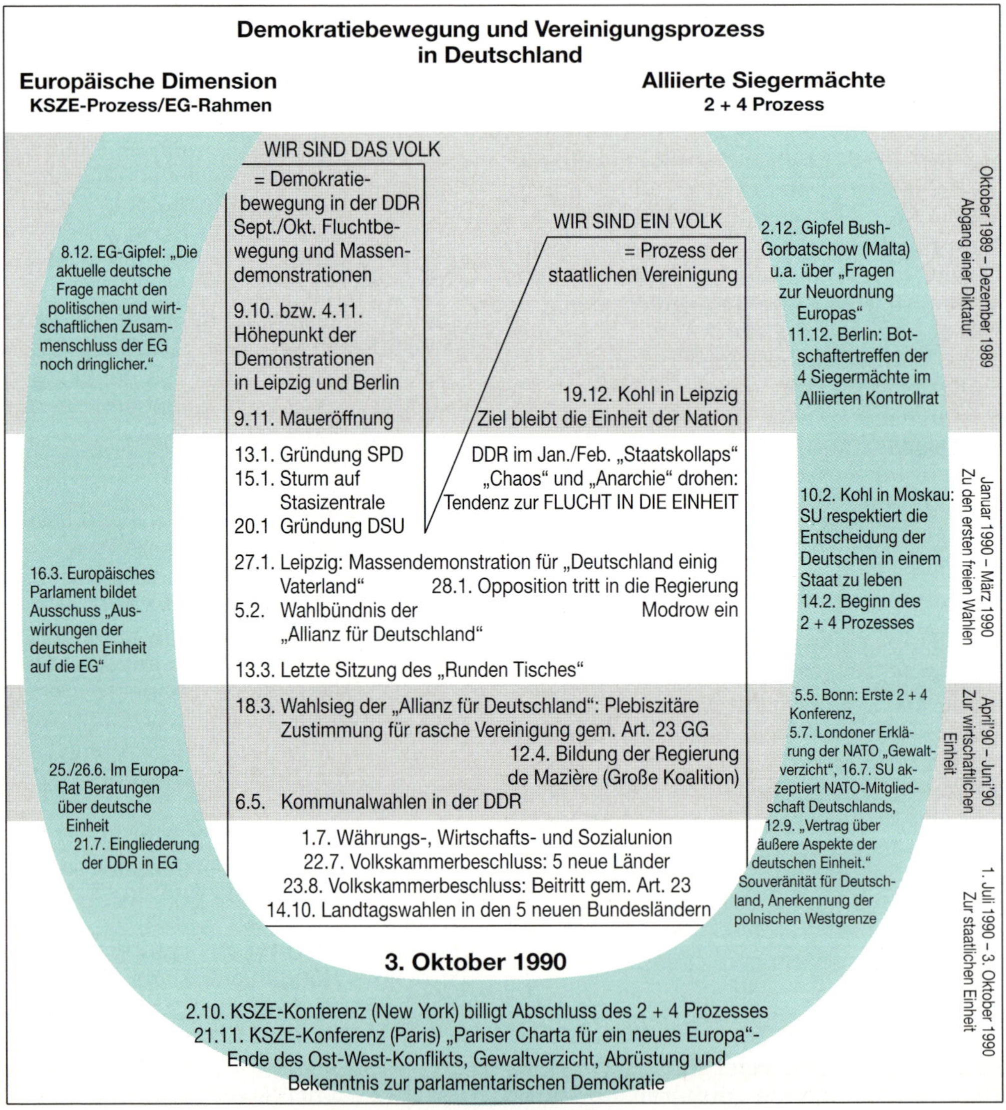

▶ „Jetzt wächst zusammen, was zusammengehört“ (Willy Brandt)

Im Verhältnis der Deutschen zueinander sind Ernüchterung und Alltag eingekehrt. Dies spiegelt sich auf einem Mauerrest in Berlin, den man als eine Art Denkmal stehen ließ.

Vier Zeilen wurden – jeweils im Abstand von einigen Monaten – auf dieses Stück Mauer aufgesprüht:

„WIR SIND DAS VOLK“

→ die Parole vom Herbst 1989

„WIR SIND EIN VOLK“

→ die Akzentverschiebung von demokratischen zu nationalstaatlichen Forderungen vom Frühjahr 1990

„WIR SIND VIELLEICHT EIN VOLK“

→ ein Ostberliner, enttäuscht, dass sich nicht alle Träume mit der Einheit erfüllten, sprühte diese 3. Zeile

→ und ein Westberliner Sponti fügte eine 4. Zeile hinzu:

„ICH BIN VOLKER“

Das Wortspiel in der letzten Zeile ist nicht ohne Hintersinn: Anstelle von „wir“ das „ich“ und die Steigerung – der Komparativ – zu Volk heißt „Volker“ und zielt auf das Individuum. Eigentlich sympathisch in einem Land, das unter der Nazi-Parole „Du bist nichts – Dein Volk ist alles“ in die Katastrophe unseres Jahrhunderts marschierte.
Dass der Individualismus von Volker nicht das letzte Wort ist, belegt ein 5. Graffito eines Ostberliners:

„WIR SIND WAS FOLGT“

Man kann diesen Satz so interpretieren, dass sich wegen der zwischen Ost- und Westdeutschland bestehenden Unterschiede ein politischer Gestaltungsauftrag (für Politik und Bürger) zur Vollendung der Einheit ergibt.
Dazu gehört auch, dass man sich mit dem „Unbehagen am Vereinigungsprozess“ auseinander setzt, das Joachim Gauck und Frank Castorf in einem SPIEGEL-Gespräch artikulieren.

„WIR WAREN DAS VOLK“

Riesentransparent auf dem Alexanderplatz am 9. November 1999 – 10 Jahre nach dem Fall der Mauer.

Aufgaben

1. *Gauck und Castorf haben jeweils ganz unterschiedliche Erinnerungen an die DDR. Unterscheiden Sie!*
2. *Das Unbehagen am Vereinigungsprozess offenbart ebenfalls Unterschiede zwischen den Gesprächspartnern. Benennen Sie diese Unterschiede und suchen Sie auch nach Gemeinsamkeiten. (Beachten Sie dabei insbesondere auch den Stellenwert, den sie dem Freiheitsbegriff und einer Utopie in ihrer Diskussion zumessen.)*
3. *Auch das Bild, das Gauck und Castorf von den Menschen in Ost und West zeichnen, ist unterschiedlich. Skizzieren Sie typisches Verhalten von Bürgern im Westen und in der ehemaligen DDR!*

Material 7

Unbehagen am Vereinigungsprozess
Spiegel-Gespräch mit Frank Castorf und Joachim Gauck

Schön dick

ist die Stasi-Akte des heutigen Intendanten der Berliner Volksbühne Frank Castorf. Zu DDR-Zeiten galt der Theaterregisseur als „Klassik-Schänder“ und Regimekritiker, der sich mit jeder seiner Inszenierungen Schwierigkeiten einhandelte. 1981 wurde er strafversetzt in die vorpommersche Provinz. Seit 1992 leitet der 45-Jährige die Volksbühne und machte sie zu einem der führenden Theater der Republik, auf jeden Fall zum umstrittensten. In seinem Büro traf er, auf Vermittlung des SPIEGEL, mit dem Bundesbeauftragten für die Stasi-Akten, Joachim Gauck, zusammen. Der 56-Jährige war in der DDR Pfarrer und Mitbegründer der Bürgerbewegung. Er und Castorf artikulieren, auf sehr unterschiedliche Art, das Unbehagen vieler Ostdeutscher am Vereinigungsprozess der neuen Republik.

SPIEGEL: Herr Castorf, „Freiheit macht arm" heißt Ihr Theaterprojekt zum Jahrestag des Mauerfalls – macht Unfreiheit reich?

Castorf: Ja, ich glaube, dass man in diesem kollektiv Totalitären, in dem wir aufgewachsen sind, seine eigene Individualität und damit auch seine eigene Freiheit sehr viel radikaler finden konnte als in einer Gesellschaft, die eigentlich nur auf einem missverstandenen Individualismus beruht und das Kollektive verdammt.

Gauck: Die Freiheit haben Sie sich offensichtlich anders vorgestellt.

Castorf: Ich hab' mir gar nix vorgestellt. Ich habe ja nicht aktiv am Untergang des anderen Systems gearbeitet. Ich hab' mich da nicht unfrei gefühlt.

SPIEGEL: Haben Sie sich unfrei gefühlt in der DDR, Herr Gauck?

Gauck: Nein, denn ich wollte mich nicht unfrei fühlen. Aber ich war unfrei. Und das war Castorf natürlich auch. Aber wenn du dir jeden Tag sagst, ich bin ein Sklave, ich bin ein Sklave – da kann man kein sinnvolles Leben führen. Ich hab' dieses System immer abgelehnt. Und trotzdem hat es einen geheimnisvollen Sinn, dass ich unter diesem System denken und glauben gelernt habe. Mein Glaube wäre ein anderer, wenn ich in der schönen Stadt Lübeck aufgewachsen wäre. Er hätte nicht diese Tiefe, er wäre ganz anders. Ich empfinde auch einige Gedichte, die in der Zeit der Unterdrückung entstanden sind, tiefer als diejenigen, die in der Freiheit entstanden. Es gibt eine bestimmte Art des Einverständnisses der Unterdrückten. Viele empfinden es als Verlust, dass dieses Einverständnis, dass diese Form von Verbundenheit nun nicht mehr existiert.

Castorf: Die DDR war mir fremd aus ihrer schlagenden depressiven Kleinbürgerlichkeit. Da ich aus 'ner kleinbürgerlichen Atmosphäre komme, musste ich das nicht noch mal als Gesellschaftszustand erleben. Wir hatten nie das Reich der Freiheit. Wirklich nicht. Jetzt lebe ich im Reich der Notwendigkeit. Ich bin gut ausgestattet, und ich kann mich da sehr frei bewegen, wenn ich funktioniere. Man ist Verkäufer bunter Waren, mehr nicht. Man fühlt sich überflüssig, nicht frei.

Gauck: Kann sein, dass die Bedrohtheit uns besser machte. Zumindest uns Pastoren und Künstler, wenn wir uns mal zu einer Minderheitenkultur rechnen dürfen. Tatsächlich macht aber die Bedrohtheit die Mehrheit der Menschen krank. Diktatur macht krank. [...]

Castorf: Bedrohtheit, na ja, in Wahrheit ist das doch ein kaltes Spiel gewesen in der DDR. [...] Jeder wusste, man hat nicht gearbeitet. Jeder wusste, wie man sich zu verhalten hatte. Man ging hin zur 1.-Mai-Demonstration und verschwand an der ersten U-Bahn-Station. Alle wussten, dass unser Kaiser nackt ist. Keiner hat es gesagt. Es gab wenige Kinder, die schon vor dem Herbst 1989 gesagt haben: Der Kaiser ist ja splitternackt. Und dieser Zynismus, dieser Umgang mit dem Alltag, mit der Politik, mit den Utopien, die wunderbar sind, aber nie eintreten, diese Verlogenheit hat viele Ostler geprägt. Diese Haltung hilft auch heute, diese neue Welt anzusehen und sich nicht darin zu verlieren, sondern mit Freiheit etwas anderes einzufordern. Und wenn da vorher eine Sehnsucht war, dann die nach Woolworth.

Gauck: Unsinn. Das ist doch eine Denunziation. Da war immer die Sehnsucht nach Veränderung, nach Freiheit. Nein, nein, nein, nein. Als wir anfingen loszugehen, da hat keiner an Woolworth gedacht, sondern an die Stasi und an die SED-Bezirksleitung. Wir wollten nicht mehr so eingegrenzt sein – visafrei nach Hawaii. Es hat niemand auf die Protestplakate BMWs aufgemalt, wir haben darauf Honecker in Knastkleider gesteckt, und wir haben „Stasi in die Produktion" gerufen. Und die Slogans wie „Wir sind das Volk" waren eine wunderbare Rückkehr zu dem, was die Franzosen in ihrer Revolution erfunden haben: Freiheit ist dann glaubhaft, wenn wir auch die Möglichkeiten haben, frei zu sein.

Castorf: Ich höre nicht so gern das Wort Revolution. Also, da wird mir etwas übel, wie ich meine Landsleute in Erinnerung habe als Revolutionäre. Das waren doch alles Leute mit der Mentalität nordamerikanischer Streikbrecher, und die lagen da im ungarischen Unterholz und jammerten auf sächsisch: „Nie mehr minderwertig. Freiheit, Helmut, Helmut." Ich hatte damals bereits einen Pass und war mit meiner Freundin auf Mallorca und hörte das alles im Fernsehen und dachte: Mit denen habe ich nichts zu tun.

Gauck: Wer in Mallorca sitzt, darf sich nicht beschweren über die, die nach ihm nach Mallorca wollen.

Castorf: Jeder soll nach Mallorca fahren, aber das hat doch mit Freiheit nichts zu tun. [...]

Gauck: Freiheit macht ungleich. Und deshalb macht sie Angst. Das war seit Anfang der Welt so. Als die Freiheit gedacht wurde, waren einige glücklich und andere ängstlich. Warum soll das heute anders sein, gerade in diesem Land, wo der Gehorsam so belohnt wurde? Wir haben eine wirklich satte Gehorsamstradition und eine höchst brüchige Freiheitstradition. Deshalb ist mit dem Erringen der Freiheit Angst verbunden. Das Furchtbare ist, dass sogar die Menschen, die früher Mut gehabt haben, die '89 aufgestanden sind, sich in eine neue Ohnmacht zurückfallen lassen. Das ist mein großes Problem mit dem Ankommen in der neuen Gesellschaft. Einige, mit denen ich zusammen aufgebrochen bin, meinen: Ohnmacht ist doch viel schöner. Da kann man leichter meckern und lauter meckern – und dann kriegt man noch auf die Schulter geklopft von denen, die im Westen unglücklich sind und reich. Ne, das ist eine furchtbare Masche. [...] Der Westen ist für uns eine demokratische Alternative gewesen. Wir lebten in einem System, das am Ende war, aber nun haben wir den Eindruck: Wir jungen Demokraten aus dem Osten kommen in eine Spätzeit der Demokratie. So mancher feiert die Feste auf den Kraterrändern. Diese Leute haben keine Hoffnungen mehr. Aber wehe uns aus dem Osten, wenn wir genauso werden. Für mich ist Freiheit ganz real. Es ist nicht der Himmel, aber erfahrbare Freiheit. Da kannst du schreiben und sprechen. Die Regierung geht weg, wenn sie abgewählt ist, oder du kannst sogar den Staat verklagen, Gewaltenteilung existiert. Mein Gott, das haben wir im Osten seit '33 nicht gehabt. Da kann ich doch nicht hergehen und plötzlich das Spätzeitgefühl der Altwessis transportieren: Oh, wie ist das alles entfremdet.
Castorf: Bestimmte Repressionen, die seh' ich in dieser Gesellschaft, in der bürgerlichen genauso wie in dieser so genannten sozialistischen der DDR. Ich lass' mir meine eigene Initiative nicht wegnehmen, da nicht, hier nicht. Dieser radikale Egoismus ist in dieser Gesellschaft nur dann möglich, wenn er sich einfunktionieren lässt in Verkaufbarkeit. [...] Diese Gesellschaft hat keinen utopischen Ansatz, der über den heutigen Tag hinausgeht, in der Politik nicht, in der Wirtschaft nicht. Es fehlt ein religiöses oder meinetwegen ideologisches Element in dieser Gesellschaft. [...] Und viele, die hier sind, kommen nicht klar mit dieser neuen Freiheit, sich frei zu bewegen, seinen Erfolg zu organisieren – und da wächst die Sehnsucht nach dem Totalitären, da wächst auch die Sehnsucht, einen Feind zu haben, dem man es zeigen kann. Dieser Feind ist ja nicht mehr vorhanden.
Gauck: Doch. Die Wessis. Funktioniert doch.
Castorf: Aber kaum in dem Sinne. Es gibt etwas, das man hier an den Mauerwänden liest: „Ich habe Hass, Hass." Man weiß nicht mehr, wogegen. Man hat eigentlich das Ziel, das Feindbild verloren. Und dieser Hass, das ist vielleicht noch das einzige Gefühl.
Gauck: Es geht um unsere Prägung. Es gibt einen bestimmten Typus, der spricht täglich sein Stoßgebet: „Lieber Gott, bitte erhalte mir die Ungerechtigkeit und das Unglück, damit ich jeden Tag einen Grund habe, unglücklich zu sein und mich zu beklagen." Diese Haltung haben wir nicht gesucht. Sie ist durch Unfreiheit jahrelang gewachsen. Unbewusst möchten wir, dass alles so bleibt, wie wir es gelernt haben. Wir trauen uns nicht, uns in der Freiheit zu versuchen. [...] Nun gucken wir uns mal nicht nur die große Politik an, sondern wir schauen uns unsere Kindergärten an, unsere Schulen und die Betriebsräte in den Betrieben. Da merken wir, dass dieser Staat nicht nur das Kapital und seinen Marktmechanismus mit sich bringt. Er führt mit sich eine Mitgift aus der Französischen Revolution, wo nicht nur bestimmte Klassen und Schichten wie im Sozialismus und wie im Absolutismus, sondern wo jedermann eingeladen ist zur Partizipation. Und dieses Mehr an Partizipation nicht zu benennen, halte ich für eine Sünde. Das ist eine Sünde wider den Geist der Demokratie.
Castorf: Aber ich sehe, dass man sehr einsam ist und dass nur noch familiäre Verbindungen, kleinste Gemeinschaften funktionieren. Ich finde schon, wenn zwei verschiedene Psychologiesysteme aufeinander kommen, dass man die Verpflichtung hat, daraus etwas Neues zu bauen. Tatsächlich machen wir das nicht. Damit meine ich jetzt West- und Osteuropa. Wir wollen uns nicht darauf einstellen, dass dieses Osteuropa sich dramatisch verändert und dass es auf uns zukommen wird in einer hysterischen Vermischung von 19. Jahrhundert, also der Abwesenheit von Demokratie, mit der nordamerikanischen Konsumhaltung des 20. Jahrhunderts und der Technologie des 21. Jahrhunderts. Die Politik ist museal, nichts weiter.
Gauck: Die Bundesrepublik, die ich heute treffe, ist nicht die von 1951. Und dies zu übersehen ist für mich der Wille zum Unglücklichsein. Es ist den Westdeutschen zu danken, dass sie seit dem

Krieg gelernt haben, Demokraten zu sein. Ich bin den Westdeutschen dankbar, dass sie uns mit den Ostdeutschen nicht allein gelassen haben. Sie haben ihren '68er Entwicklungsschritt gemacht, der hat die Nation verändert. Ich hab' '68 vieles an den westdeutschen Unis für Blödsinn gehalten, weil für mich '68 Prag war. Was haben die für lustige Vorgänge da drüben im Westen, hab' ich gedacht. Die wollen den Sozialismus – und das fand ich recht merkwürdig. Also, ich konnte das nicht ernst nehmen. Aber heute weiß ich, in diesem Land des Gehorsams war das etwas ganz Tolles.

Castorf: Ich glaube das, Herr Gauck, aber wenn ich hochsteige und auf diese Gesellschaft Deutschland gucke, dann sehe ich eine ganz bepisst kleinbürgerliche Abschottung von allen Problemen, nur das Selbstüberleben ist wichtig. Und so sind auch die furchtbar demokratischen Gewerkschaften strukturiert, die sich nicht mehr dafür interessieren, wie die Gesellschaft funktioniert, sondern nur noch Besitzstand wahren. Ich sehe eine große, große Kraftlosigkeit in dieser Gesellschaft. Und ich sehe da 'ne große Unfreiheit.

SPIEGEL: Wo kommt die her, die Unfreiheit? Wer verordnet die?

Castorf: Die steckt in den Menschen drin, aus dem Reich vor '45 und aus der DDR und das wird durch die familiären und gesellschaftlichen Strukturen reproduziert. Und die Toleranz ist nur ein Anzug.

Gauck: Nach 40 Jahren Entwicklung zur Demokratie im Westen denkt man eigentlich, wenn man als Ossi frisch in der Demokratie ankommt: Jetzt kommen wir in das Land, wo Zivilcourage wie Wasser vom Berge fließt. Tatsächlich erleben wir das nicht. Sie, Herr Castorf, haben wie ich diese elementare Sehnsucht nach dieser vollendet heilen Welt. Und jeder, der fühlt, hat vielleicht auch ein Stück dieser Sehnsucht. Wenn man Sie anschaut, dann sind Sie eben nicht der, über den Sie reden, sondern Sie sind einer, der aufgrund dieser Sehnsucht seinen Weg geht.

(Der Spiegel 45/1996, S. 73 ff.)

Die Sehnsucht, „dass alles so bleibt, wie wir es gelernt haben" (Gauck), also eine Art ‚DDR-Nostalgie', offenbart sich auch in den Wahlergebnissen bei Landtags- und Bundestagswahlen: Während die Nachfolgepartei der kommunistischen SED in der DDR, die PDS, bei Wahlen im Westen gar nicht erst antritt oder Ergebnisse weit unter der 5%-Grenze erzielt, stellt sie in den neuen Bundesländern einen beachtlichen Machtfaktor dar.

Material 8

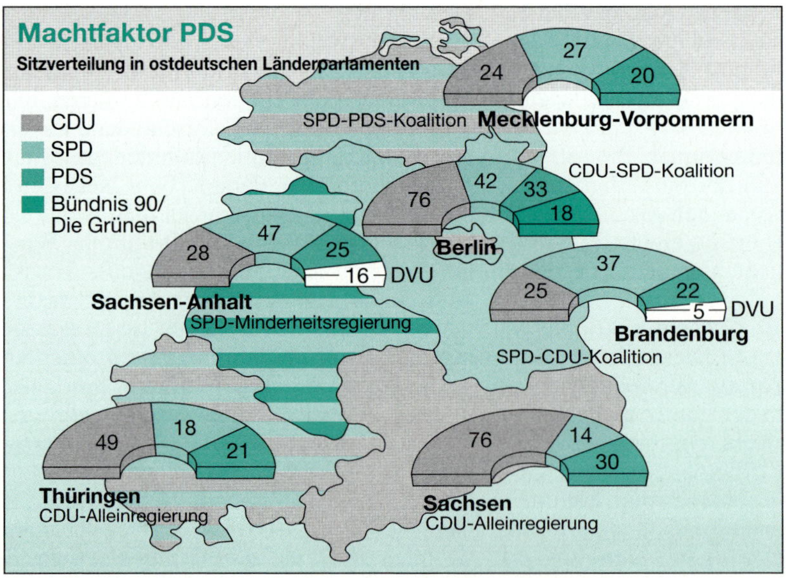

(Der Spiegel 52/1996, S. 26; fortgeschrieben Stand 1.1.2000)

Aufgaben

4. *Vergleichen Sie die Stärke der im Bundestag vertretenen Parteien in den Landtagen ost- und westdeutscher Länder.*
5. *Welche Koalitionsmöglichkeiten ergeben sich auf Grund der Stärke der PDS im Osten? Vergleichen Sie dies mit der Situation in westdeutschen Länderparlamenten!*

Zwei Denkanstöße

- **Der einzelne Mensch**
  Benennen Sie die Straße für die Zeit nach 1990 neu!

„Wo ich schon überall gewohnt habe, ohne ein einziges Mal umzuziehen ...“

(Karikatur von Wolfgang Hicks; Quelle: Haus der Geschichte, Bonn)

• Volk-Nation

Setzen Sie die Karikaturenreihe für 1990 fort!

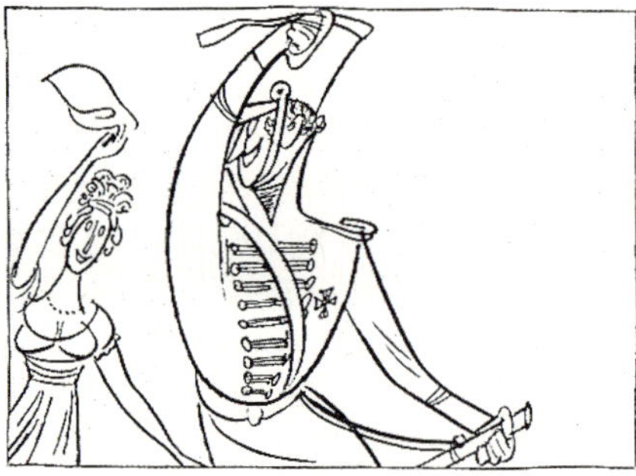

1813

1848

1871

1919

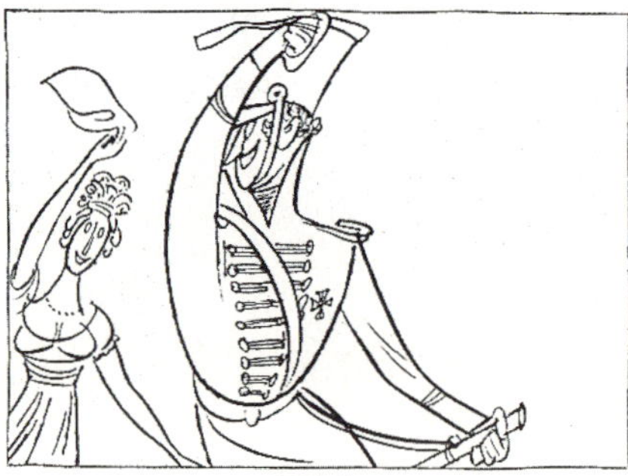

1933

1949

„Nationalerinnerungen liegen tiefer in der Menschenbrust, als man gewöhnlich glaubt. Man wage es nur, die alten Bilder wieder herauszugraben ...“, spottet schon Heinrich Heine. Wenn sie dann, wie hier von H. E. Köhler (von 1913 bis 1949) an sechs wichtigen Stationen ausgegraben werden, ertönt unüberhörbar immer wieder das Geschrei von einem „neuen Deutschland“, das es immer „sein soll“. Frage: Wie oft noch? ...

X

Handlungsfeld Europa

1. Europa – ein Modell für die Welt von morgen?

▶ *Die europäische Einigung in geschichtlich-politischer Perspektive*

Europa war zu keiner Zeit seiner Geschichte eine politische Einheit. Aber bestimmte geistig-kulturelle Gemeinsamkeiten haben ein gewisses Zusammengehörigkeitsgefühl bewirkt, das besonders zu Zeiten gemeinsamer Bedrohung stark wurde und schon seit dem späten Mittelalter immer wieder auch Einigungspläne hervorbrachte. Der **kulturelle Raum**, der in dieser Weise als Europa verstanden und oft auch beschworen wurde, umfasst die von der griechisch-römischen Antike und vom lateinischen Christentum geprägten Völker. Allerdings hat er sich nie definitiv gegen die orthodox-byzantinisch geprägten Völker abgegrenzt, wohl aber gegen den Islam.

Der Erste Weltkrieg brachte das Ende der Vormachtstellung der europäischen Mächte in der Welt und den Aufstieg der „Flügelmächte“ USA und Sowjetunion (Epochenjahr 1917 → VII/1.1). Es überrascht daher nicht, dass die Idee politischer Einigung Europas jetzt neuen Auftrieb erhielt. In Westeuropa sorgte die Katastrophe des Zweiten Weltkriegs für ein Ende des aggressiven Nationalismus und es verbreitete sich die Einsicht, dass nur ein politischer **Verbund** Bestand und Selbstbehauptung der Völker Europas sichern könnte. Mit der Überwindung des Ost-West-Konflikts (Epochenjahr 1989) wurde die Diskussion über ein das gesamte Europa umfassendes „Europäisches Haus“ neu belebt.

▶ *Das „Europäische Haus“: Idee – Baustelle – Zukunftsentwurf*

Material 1

Gorbatschows Idee des europäischen Hauses

Nachdem ich mich auf eine neue politische Perspektive eingestellt hatte, konnte ich die mehrfarbige, einem Flickenteppich ähnelnde politische Landkarte Europas nicht mehr auf die herkömmliche Weise akzeptieren. Der Kontinent hat an Kriegen und Tränen mehr als genug gehabt. Als ich das Panorama dieser schwer geprüften Länder an mir vorüberziehen ließ und über die gemeinsamen Wurzeln dieser so vielgestaltigen, doch im Wesentlichen gemeinsamen europäischen Kultur nachdachte, wurde ich mir in zunehmendem Maße der Künstlichkeit und Zeitweiligkeit der gegenwärtigen Konfrontation der Blöcke und der veralteten Vorstellung vom „Eisernen Vorhang“ bewusst. Möglicherweise kam mir auf diesem Weg die Idee des gemeinsamen europäischen Hauses in den Sinn […]
Europa ist in der Tat ein gemeinsames Haus, wo Geografie und Geschichte die Geschicke von Dutzenden von Ländern und Völkern eng miteinander verwoben haben. Natürlich hat jedes Land seine eigenen Probleme und möchte seine Eigenständigkeit bewahren und seinen eigenen Traditionen folgen. Um die Metapher weiter auszuführen, könnte man daher sagen: Das Haus ist ein gemeinsames, aber jede Familie hat darin ihre eigene Wohnung, und es gibt auch verschiedene Eingänge. Doch nur zusammen, gemeinschaftlich und indem sie die vernünftigen Regeln der Koexistenz befolgen, können die Europäer ihr Haus bewahren, es vor Feuersbrunst und anderen Katastrophen schützen, es besser und sicherer machen und es in einwandfreiem Zustand halten […]

(M. Gorbatschow, Perestroika. Die zweite russische Revolution, München 1987, S. 252 f.)

Material 2

(Karikatur von 1989)

Material 3

(Handelsblatt, 30.12.1989)

Material 4

Material 5

„Doppelhaus mit Brandmauer"

Material 6

Das Konzept des Europas der konzentrischen Kreise beschreibt ein Modell für die Ausgestaltung des „Europäischen Hauses" nach dem Ende des Ost-West-Konflikts. Kennzeichnendes Merkmal ist der von außen nach innen ansteigende Integrationsgrad. Innerer Kreis ist die EG nach Vollendung des Binnenmarktes und Schaffung der Politischen Union sowie der Wirtschafts- und Währungsunion als höchster Integrationsstufe, in der die Nationalstaaten eine untergeordnete Rolle spielen. Um diesen Kern bilden die EFTA-Länder, die rechtlich und politisch eng mit der EG zusammenarbeiten, ohne bereits sämtliche Integrations- und Umstrukturierungsschritte mittragen zu müssen, den engsten Kreis. Der dritte konzentrische Kreis setzt sich aus den mit der EG assoziierten osteuropäischen Ländern nach der demokratischen Revolution zusammen, die mit der Lösung von wirtschaftlichen und politischen Problemen schrittweise zum Kern Europas zurückkehren. Die KSZE als allumfassende Struktur bildet den vierten Zirkel Europas, der – entsprechend institutionell ausgebaut – eine permanente Vertiefung gesamteuropäischer Zusammenarbeit ermöglichen könnte.

(W. Weidenfeld/W. Wessels (Hg.), Europa von A – Z, Bonn 1991, S. 348)

▶ Motive und Ziele der europäischen Einigung

Für die europäische Einigung gab und gibt es zahlreiche Motive und Ziele:

- Die *gemeinsame geschichtliche und kulturelle Tradition*: abendländischer Kulturkreis aus Christentum, Hellenismus und Römischer Antike; Prinzip rationaler Lebensbewältigung, Freiheit und Verantwortung des Individuums, gemeinsame ethische Normen (Aufklärung).
- Der *Funktionsverlust Europas* in der Weltpolitik und die Erwartung gemeinsamer Macht: Verlagerung der Machtzentren nach Osten (Moskau) und Westen (Washington) aus Europa heraus seit dem 1. Weltkrieg, Entstehung weiterer Weltmächte (China, Japan, Regionen auf der südlichen Hemisphäre), Selbstbehauptung Europas im Ost-West-Konflikt, im Nord-Süd-Konflikt, Rückgewinn von Einflussmöglichkeiten auf die Weltpolitik nach dem Ende des Ost-West-Konflikts.
- Das *Bedürfnis nach Sicherheit und Frieden*: Jahrhundertelang Kriege zwischen europäischen (National)Staaten, verheerende Folgen beider Weltkriege für den politischen und kulturellen Fortbestand der „alten Welt"; Schutz vor sowjetischer Expansion nach dem zweiten Weltkrieg, Verhinderung von Konflikten zwischen den europäischen Staaten, Abbau von Vorurteilen und Ressentiments zwischen den Nachbarstaaten nach der Öffnung des „Eisernen Vorhangs", Kontrolle über Massenvernichtungswaffen.
- Die *gemeinsame Bewältigung „nationaler Probleme"*: Energie- und Rohstoffversorgung, Wirtschafts- und Währungspolitik, Sozial- und Beschäftigungspolitik, Asylpolitik, Bekämpfung organisierter Kriminalität, Umweltschutz, regionale Entwicklungspolitik können nur noch gemeinsam gelingen.
- Das *Streben nach Freizügigkeit (Mobilität) und Wohlstand*: Aufhebung der Beschränkungen im Waren-, Personen- und Kapitalverkehr, Öffnung der Grenzen, Schaffung eines Europäischen Marktes, dadurch Intensivierung von Produktion und Handel, Wohlstand durch höhere Einkommen und anhaltende wirtschaftliche Stabilität, gemeinsame Forschung, gemeinsame Wirtschaftsprojekte, Verbesserung der Infrastruktur zwischen den Ländern, internationale Wettbewerbsfähigkeit des Standorts „Europa", Bekämpfung der Arbeitslosigkeit, Abbau von ökonomischen und sozialen Disparitäten (auch zwischen Ost- und Westeuropa bzw. zwischen Nord- und Südeuropa).
- Die *Absicht, gemeinsam einen Beitrag zur Lösung* der weltweiten Probleme des Hungers und der Unterentwicklung, der globalen ökologischen Bedrohungen und der Friedenssicherung zu leisten.

Den europäischen Zentralstaat als Ziel des Einigungsprozesses hält man heute weder für wünschenswert noch für realisierbar. Damit bleiben **zwei grundlegende Zielalternativen**, zwischen denen eine Vielzahl politischer Varianten denkbar ist, übrig:

① **Das Europa der Staaten** (Europa der Vaterländer), in dem die Nationalstaaten ihre Souveränität behalten und durch ein System von Verträgen und Absprachen eine enge Kooperation anstreben.

② **Der europäische Bundesstaat**, in dem die Nationalstaaten Teile ihrer Souveränität auf supranationale Organe der Gemeinschaft übertragen, deren Entscheidungen dann für alle Mitgliedsstaaten verbindlich sind.

Aufgaben

1. *Unterscheiden Sie zwischen Europa als geografischem und kulturellem Raum! Informieren Sie sich über die Europa betreffenden politischen Bündnissysteme/Institutionen (EFTA, NATO, WEU, OSZE, EU, Europarat)! Vergleichen Sie sie hinsichtlich ihrer Reichweite (Mitglieder), ihrer Aufgaben und dem Grad der politischen Verbindlichkeit (→ VIII/1.6 und 2.3)!*
2. *Veranschaulichen Sie Gorbatschows Idee des „gemeinsamen europäischen Hauses" in einer Skizze! Wie begründet Gorbatschow die Notwendigkeit seiner Idee?*
3. *Die Karikaturen (Material 2 bis 5) zeigen verschiedene Sichtweisen des „Europäischen Hauses". Ordnen Sie sie zeitgeschichtlich ein! Begründen Sie Ihre Reihenfolge und unterscheiden Sie die verschiedenen Vorstellungen von Europa!*

4. *Stellen Sie aus Ihrer Sicht den aktuellen Zustand der Baustelle des „Europäischen Hauses“ oder Ihre Wunschvorstellung vom fertigen „Europäischen Haus“ zeichnerisch dar! Vergleichen Sie Ihre Entwürfe mit den Zielvorstellungen „Europa der Staaten“ und „Europäischer Bundesstaat“ und diskutieren Sie sie in Ihrem Kurs!*
5. *Erstellen Sie im Auftrag des Europäischen Parlaments ein/e Werbeplakat/Werbeschrift zum Thema „Europäische Einheit ist notwendig!“*

2. Der westeuropäische Einigungsprozess: EWG – EG – EU

► *Zeittafel der europäischen Integration*

1952 Vertrag zur **Montanunion** (EGKS), auch Pariser Vertrag genannt: **Deutschland, Frankreich, Italien, BENELUX-Staaten**

1954 **Europäische Verteidigungsgemeinschaft** (EVG) als Versuch zur polit.-militärischen Integration scheitert an der Ablehnung durch die französische Nationalversammlung

1957/58 **Römische Verträge**: Gründung der EWG (Zollunion, Vergemeinschaftung der Agrarpolitik); Gründung der **Europäischen Atomgemeinschaft** (EURATOM)

1959 Gründung der EFTA (European Free Trade Association): CH, A, P, GB, DK, N, und S vereinbaren Abbau der Handelsschranken, keine übergreifenden wirtschaftspolit. Ziele

1965 Fusion der Exekutiven der drei Gemeinschaften EWG, EGKS und EURATOM zur EG

1966 Der **„Luxemburger Kompromiss“** beendet eine lange EWG-Krise. Frankreich hatte sich geweigert, Mehrheitsabstimmungen als Ausdruck supranationaler Kompetenz des Rats zu akzeptieren und statt dessen auf Einstimmigkeit bestanden. Der Luxemburger Kompromiss ließ fortan beide unvereinbaren Prinzipien nebeneinander bestehen; von der Möglichkeit zu Mehrheitsentscheidungen machte man fortan jedoch praktisch keinen Gebrauch.

1968-70 **Vollendung der Zollunion**: Alle Zölle im gewerblichen und Agrarbereich fallen weg.

1971 Beschluss des Ministerrats zur **Errichtung einer Wirtschafts- und Währungsunion**

1972 Beitrittsverträge mit **GB, IR und DK**; Norwegen lehnt nach Volksabstimmung ab. Mit dem **„Europäischen Fonds für Regionalentwicklung“** beschließen die Staats- und Regierungschefs eine gezielte Förderung der strukturschwachen Regionen der Gemeinschaft (Griechenland, Süditalien, Irland, später folgen Spanien, Portugal und die neuen Bundesländer in Deutschland.

1975 **Lomé-Vertrag** zwischen der EG und 46 Entwicklungsländern **A**frikas, der **K**aribik und des **P**azifik (AKP-Staaten): Hilfe zur wirtschaftlichen Entwicklung, bessere Absatzchancen im EG-Markt

1979 **Europäisches Währungssystem** (EWS)
Erste Direktwahl des Europa-Parlaments in Straßburg

1981 **Beitritt Griechenlands** zur EG

1984 2. Direktwahl des Europa-Parlaments

1986 **„Einheitliche Europäische Akte“**: Beschluss, den Binnenmarkt mit den

4 Grundfreiheiten bis 1992 zu verwirklichen, die Wirtschafts- und Währungspolitik weiter anzunähern, den grenzüberschreitenden Umweltschutz auszubauen.

1986 Beitritt **Spaniens und Portugals**

1989 3. Direktwahl des Europa-Parlaments

1992 Die zwölf Staaten unterzeichnen in Maastricht den „Vertrag **über die Europäische Union" (Maastrichter Vertrag)**. Sie erweitern die Bereiche der Politik, in denen sie nun zusammenarbeiten. Hinzu kamen jetzt Bildung, Kultur, Gesundheitswesen, Verbraucherschutz, Industrie, Entwicklungshilfe, Außen- und Sicherheitspolitik, Justiz, Inneres. Außerdem: Einigung über **Wirtschafts- und Währungsunion**.

1993 Der Binnenmarkt ist seit dem 1. Januar verwirklicht. Am 1. November tritt der Maastrichter Vertrag in Kraft. Damit ist die **EU gegründet**.

1994 4. Direktwahl des Europa-Parlaments

1995 Das **Abkommen von Schengen** tritt in Kraft: Die meisten EU-Länder schaffen die Personenkontrollen an den Binnengrenzen ab. Erweiterung der EU um **Österreich, Finnland und Schweden**. Norwegen lehnt nach Volksabstimmung ab.

1996 Stabilitätspakt zur Sicherung einer stabilen EURO-Währung

1997 Vertrag von Amsterdam: Schengener Abkommen ausgedehnt, Beschäftigungspolitik, Neugestaltung der Institutionen

1998 Festlegung der Staaten, die zur Wirtschafts- und Währungsunion beitreten dürfen, Einrichtung der Europäischen Zentralbank in Frankfurt.

1999 1. Januar 1999: EURO als einheitliche EU-Währung
Javier Solana wird der erste „Hohe Vertreter für die GASP" und wenig später Generalsekretär der WEU. Die Doppelfunktion macht die angestrebte Integration der WEU in die EU bis Ende 2000 sichtbar.

► *Binnenmarkt und Maastrichter Vertrag*

Material 1

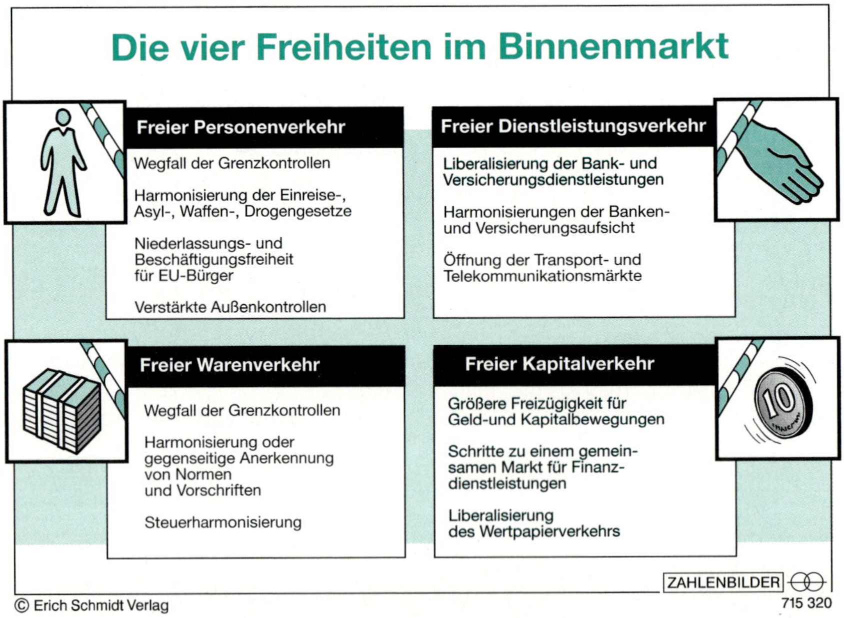

Material 2

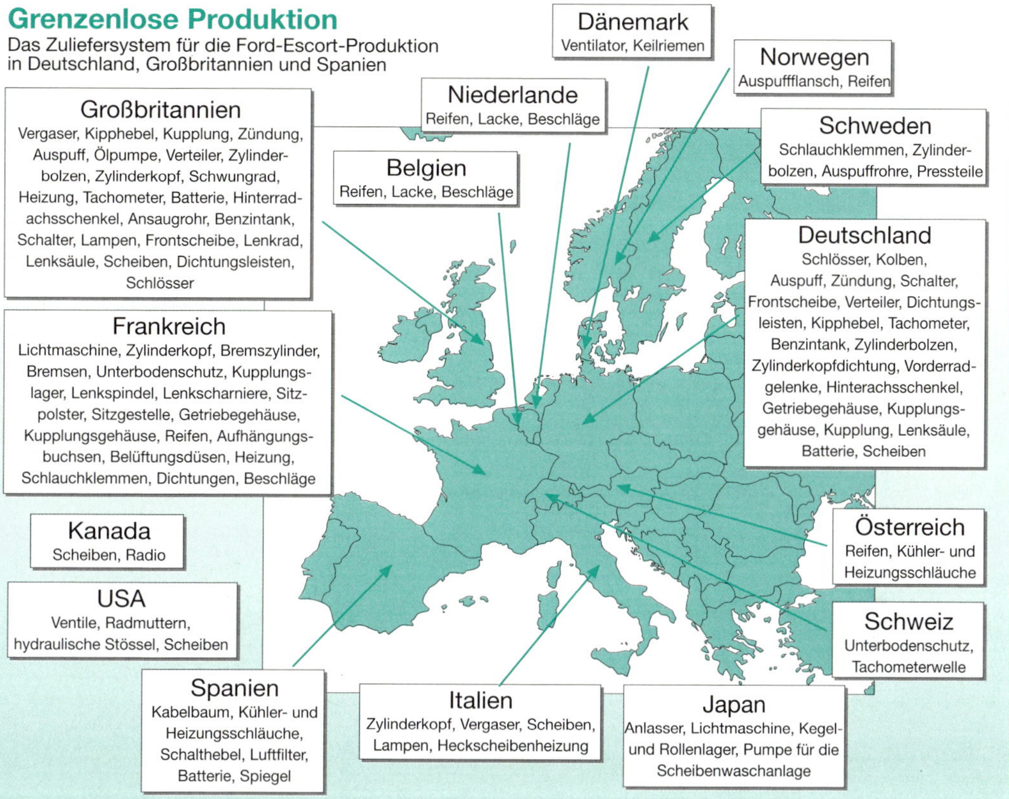

Material 3a

Die Beschlüsse von Maastricht

- Gründung der Europäischen Union mit föderalem Aufbau, in der Entscheidungen so bürgernah wie möglich getroffen werden (Grundsatz der Subsidiarität).
- Beginn einer Gemeinsamen Außen- und Sicherheitspolitik (GASP) mit dem Ziel gemeinsamer Verteidigung.
- Enge Zusammenarbeit der Union in der Rechts- und der Innenpolitik, vor allem im Asylrecht, bei der Einwanderungspolitik, bei der Bekämpfung der internationalen Kriminalität, des Terrorismus, des Drogenhandels.
- Gründung einer Wirtschafts- und Währungsunion (WWU) mit dem Ziel einer gemeinsamen Währung und der dafür nötigen Errichtung einer Europäischen Zentralbank.
- Neues Verfahren der Gesetzgebung in der EG mit erweiterten Rechten und Zuständigkeiten des Europäischen Parlaments.
- Bildung eines „Ausschusses der Regionen“ mit beratender Funktion bei der Gesetzgebung der EG.
- Einführung einer Unionsbürgerschaft neben der jeweiligen Staatsangehörigkeit.
- Wahlrecht jedes EG-Bürgers bei Kommunal- und Europawahlen an seinem Wohnsitz innerhalb der EG, unabhängig von seiner Staatsangehörigkeit.
- Ernennung eines Bürgerbeauftragten („Ombudsman“) durch das Europäische Parlament.
- Überprüfung des Vertrages auf einer Folgekonferenz 1996.

(Aus: 22 Fragen zu Europa, hg. vom Presse- und Informationsamt der Bundesregierung, Bonn 1995)

Material 3b

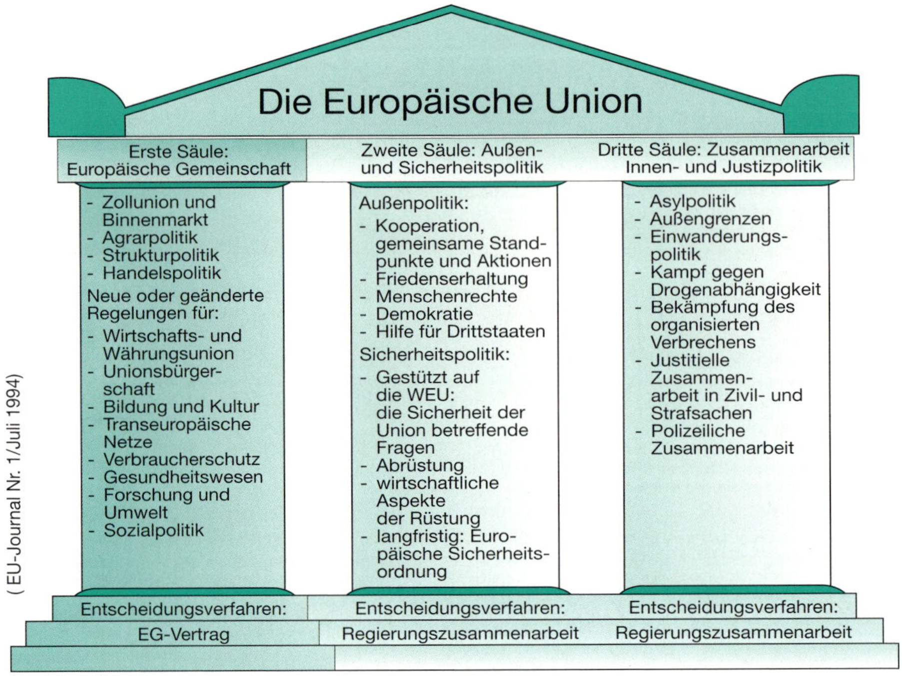

(EU-Journal Nr. 1/Juli 1994)

Material 3c

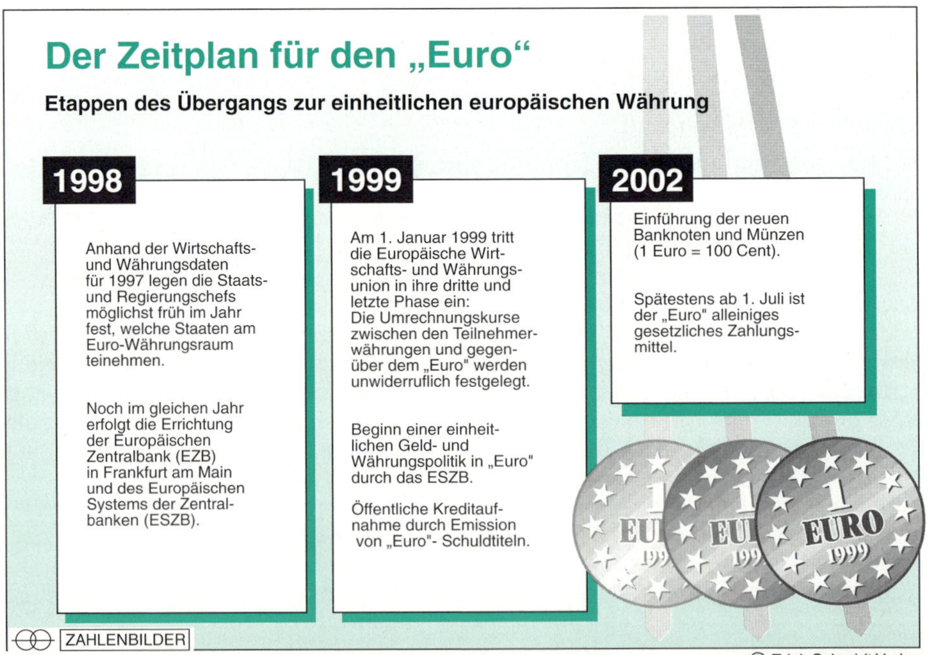

715 535

▶ Die europäischen Institutionen

Der **Europäische Rat**: Jährlich mehrmals stattfindende Sitzungen der Staats- bzw. Regierungschefs der EG-Staaten. Er berät Grundsatzfragen der europäischen und internationalen Politik und sucht die politische Koordination zwischen den Mitgliedstaaten zu verbessern.

Der **Ministerrat**: Entscheidungsinstanz, als „Legislative" der Gemeinschaft, erlässt Richtlinien und Verordnungen bes. im Bereich der Wirtschafts- und Finanzpolitik.

Der Ministerrat ist das einzige effektive Machtzentrum in der Gemeinschaft, aber bisher oft weniger ein Gemeinschaftsorgan als ein Instrument der nationalen Regierungen. Seine Mitglieder sind nicht der Gemeinschaft, sondern nur ihren jeweiligen Regierungen gegenüber verantwortlich.

Die **Europäische Kommission**: Sie besitzt das Vorschlagsrecht für die Beratungen und Beschlüsse des Ministerrats, von ihr müssen alle Initiativen ausgehen, sie ist das eigentliche Gemeinschaftsorgan. Ob und wann der Ministerrat über die Vorschläge der Kommission

Material 4

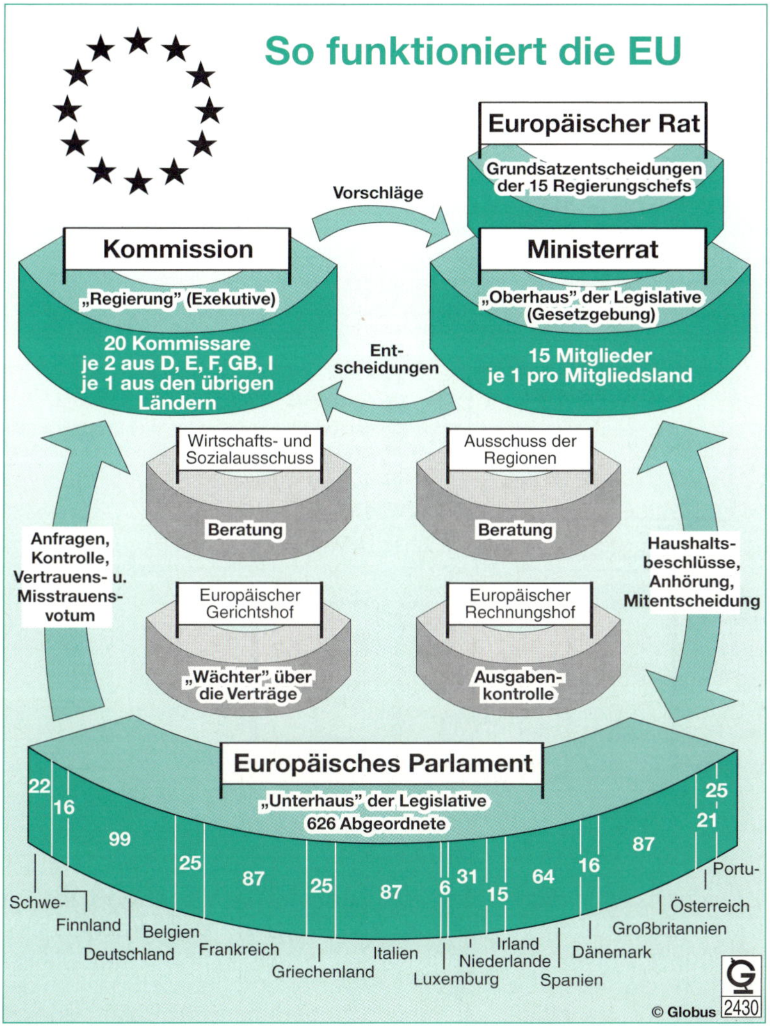

Material 5

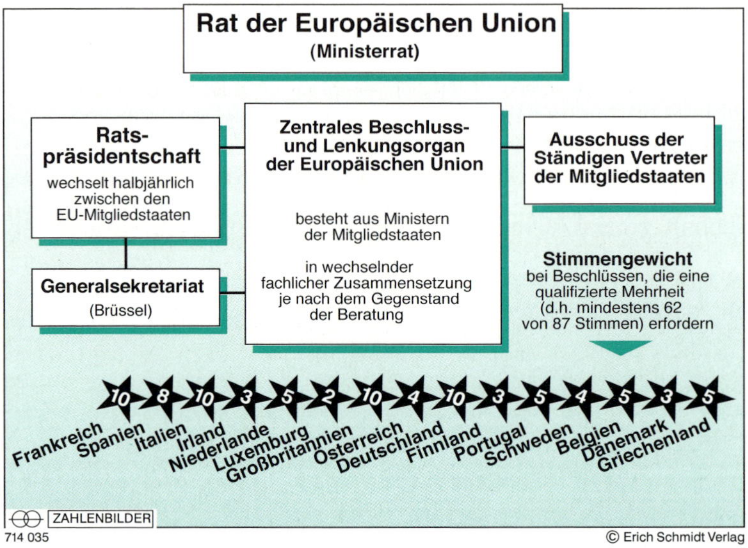

Die Stimmengewichtung wurde auf dem Gipfel von Nizza im Dezember 2000 neu geregelt.

Material 6

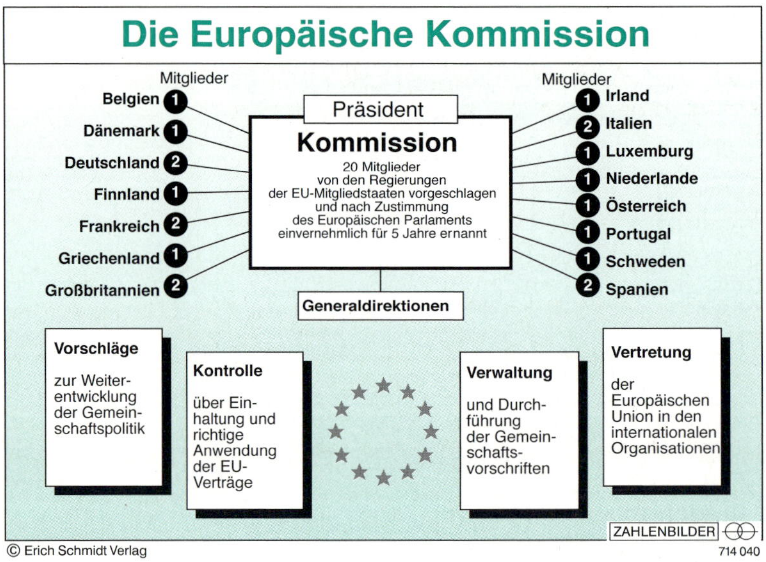

berät und entscheidet, ist jedoch nicht vorgeschrieben. So kann die Kommission auf die im Ministerrat wirksamen nationalen Interessen und Vorbehalte nur Einfluss nehmen, indem sie einmal über die Öffentlichkeit für die politischen Zielsetzungen der Gemeinschaft wirbt und zum anderen ihre Vorschläge und Initiativen so zu „Paketen" zusammenfasst, dass darin für jedes Mitgliedsland wenigstens ein deutlicher Vorteil enthalten ist, der ihm die Zustimmung zu dem ganzen „Paket" erleichtert. Das **Europäische Parlament**, bis 1979 aus

Delegierten der nationalen Parlamente zusammengesetzt, hat trotz der bisherigen vier Direktwahlen (1979, 1984, 1989, 1994) nur einen begrenzten Einfluss. Die parlamentarischen Funktionen (Wahlfunktion/Regierungsbestellung, Kontrollfunktion, Gesetzgebungsfunktion, Initiativfunktion, Budgetrecht, Ratifizierung von Verträgen) können vom EP nur eingeschränkt wahrgenommen werden, da ihm wesentliche Befugnisse fehlen. Allerdings wurden die Möglichkeiten der Mitwirkung im Rahmen der Gesetzgebung seit 1986 (zuletzt im Maastrichter und Amsterdamer Vertrag) schrittweise erweitert. Außerdem verstand es das Parlament, seinen begrenzten Handlungsspielraum gegenüber Kommission und Ministerrat immer wieder geschickt auszunutzen.

Material 7

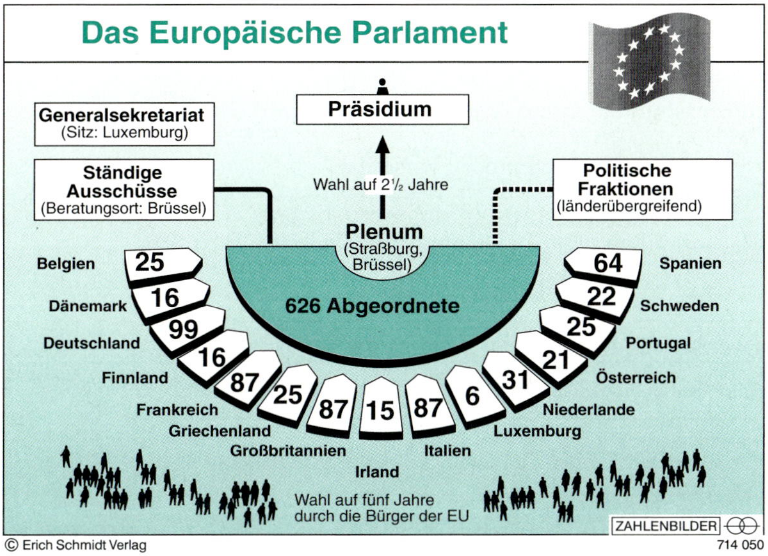

Material 8

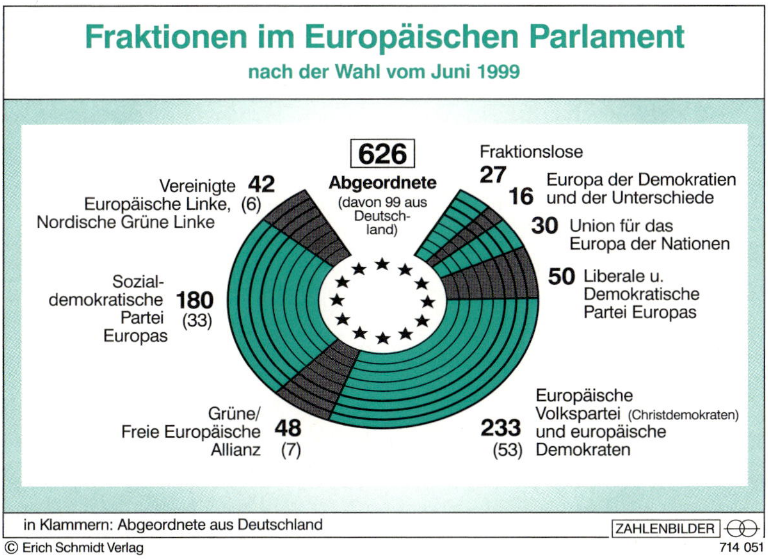

Material 9

Zwei Gesetzgebungsverfahren in der EG

„Zusammenarbeit“ (Art. 189c des EG-Vertrages), „Mitentscheidung“ (Art. 189b EGV, nach In-Kraft-Treten des Vertrages über die Europäische Union)

Die **Kommission** formuliert einen „Vorschlag“

er wird weitergeleitet an

das Europäische Parlament zur ersten Lesung

den **WSA** und/oder den **Regionalausschuss** zur Stellungnahme („Anhörung“)

danach geht er zurück an

die **Kommission,** die ihren „Vorschlag“ nun überarbeiten kann

danach kommt der „Vorschlag“ an

den **Rat der Minister** zur ersten Lesung; der Rat formuliert einen „Gemeinsamen Standpunkt“ (GP)

und leitet ihn an

das **Europäische Parlament** zur zweiten Lesung

bis hierhin sind beide Verfahren gleich; von nun an unterscheiden sie sich:

Zusammenarbeit nach 189c EGV

das **Parlament** kann den „GP“ billigen, ändern oder ablehnen

danach zurück an

die **Kommission;** sie kann Änderungen des EP einarbeiten oder begründet abweisen

erneute und letzte Vorlage beim

Rat der Minister zur zweiten Lesung und endgültigen Beschlussfassung (Verordnung oder Richtlinie); einstimmig, wenn Änderungen von EP oder Kommission abgelehnt werden, sonst mit qualifizierter Mehrheit

Mitentscheidung nach 189b EGV

das **Parlament** kann a) den „GP“ billigen, b) ändern, c) seine Ablehnung ankündigen

der **Rat der Minister** verfährt nun so: Fall a): Rat beschließt endgültig; Fall b): Rat billigt Änderungen des EP und beschließt endgültig; oder: Rat billigt Änderungen nicht: Vermittlungsausschuss; Fall c): Vermittlungsausschuss

Vermittlungsausschuss (aus Rat und EP) findet a) gemeinsamen Entwurf b) keinen gemeinsamen Entwurf

Fall a): Billigen **Rat** *und* **EP** den „gemeinsamen Entwurf“, ist die Vorlage als Verordnung oder Richtlinie beschlossen; lehnt **Rat** *oder* **EP** den „gemeinsamen Entwurf“ ab, ist die Vorlage gescheitert. Fall b): Vorlage ist gescheitert

(Aus: Europa 2000, omnia 6/1995)

Material 10

© Erich Schmidt Verlag

Das Stichwort:

◆ **Misstrauensvotum**

Das Misstrauensvotum ist die stärkste Waffe des Europaparlaments gegen die EU-Kommission. Die Volksvertretung kann damit den Kommissionspräsidenten und die 19 Kommissare bei schwer wiegendem Fehlverhalten oder gravierender Untätigkeit geschlossen zum Rücktritt zwingen. Gegen einen einzelnen Kommissar ist dieses Mittel nicht anwendbar, ebenso wenig wie gegen den EU-Ministerrat. Um erfolgreich zu sein, muss ein Misstrauensantrag zwei Drittel der abgegebenen Stimmen und die Mehrheit der 626 Abgeordneten (314 Stimmen) erhalten (Artikel 144 EG-Vertrag). Die auf diese Weise abgewählte Kommission führt bis zur Ernennung ihrer Nachfolgerin die Geschäfte weiter. Die Folge wäre eine schwere institutionelle Krise, da das Verfahren der Auswahl der Kandidaten bis zu ihrer Amtseinsetzung mehrere Monate dauern kann und die amtierende Kommission ihre politische Glaubwürdigkeit verloren hat. Seit der ersten Direktwahl 1979 hat das Europaparlament dreimal vergeblich versucht, die EU-Kommission durch einen Misstrauensantrag zu stürzen. ◆

(Allgemeine Zeitung Mainz, 22.02.1997, S. 2)

Aufgaben

1. *Zeigen Sie anhand der Zeittafel „Durchbrüche" und „Rückschläge" bei der europäischen Integration auf! Unterscheiden Sie zwischen Entwicklungen in den Bereichen Wirtschaft, Politik, Mitglieder (Erweiterung)! Erklären Sie Reihenfolge und Zusammenhänge!*
2. *Produzieren Sie für einen Radiosender eine Kurzreportage zum Binnenmarkt und zu den Maastrichter Beschlüssen für eine Jugendsendung!*
3. *Erstellen Sie aus der Übersicht über die europäischen Institutionen ein Puzzle, das Sie den Kursmitgliedern zum Zusammensetzen vorlegen!*
4. *Spielen Sie in einem Planspiel den Europäischen Gesetzgebungsprozess nach! Eine Spielvorlage enthält die Handreichung zum Lehrplan (Jahrgangsstufe 13).*
5. *Suchen Sie anhand der Materialien 4, 9 und 10 nach Möglichkeiten des Parlaments die Kommission/den Ministerrat zu kontrollieren bzw. unter Druck zu setzen!*
6. *Nehmen Sie mit einem Europaabgeordneten Ihres Wahlkreises Kontakt auf und führen Sie ein Interview über seine Arbeit und die Erfolge des Europäischen Parlaments durch! Organisieren Sie einen Besuch beim Europäischen Parlament in Straßburg!*

3. Die Europäische Union – ein Krisengebilde?

► *Karikaturen zu europäischen Problemfeldern*

Material 1

(EG-Magazin vom
15. Dezember 1986)

Material 2

Material 3

„Schau an, die Literatur hat aber doch enorme Fortschritte gemacht seit Moses".

Material 4

Material 5

(©Haus der Geschichte, Bonn)

Material 6

Material 7

(© Haus der Geschichte, Bonn)

Material 8

Material 9

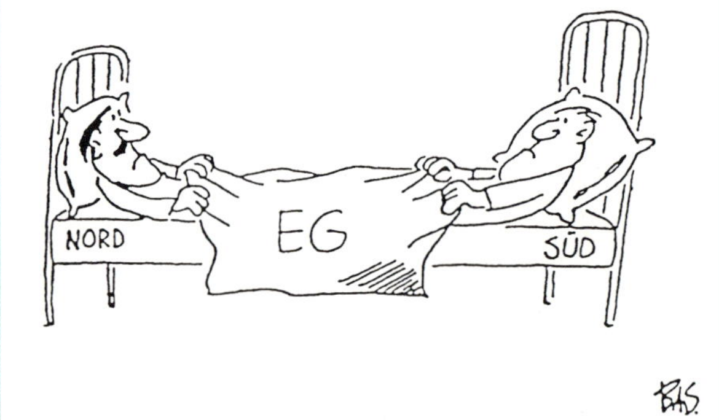

(FAZ, 26.09.1985)

Material 10

Material 11

„... nur noch wenige tausend Tage“

Material 12

Wie im Rat der Minister ein Kompromiss gefunden wird.

Material 13

Ausgebucht bis zum Jahr 2000

Aufgaben

1. *Ermitteln Sie bei einer Straßenbefragung Einstellungen, Erwartungen und Ängste zur Europäischen Union!*
2. *Führen Sie eine Karikaturenrallye (Material 1 bis 13) durch, indem Sie*
   - *zunächst die Karikaturen (in Gruppen) arbeitsteilig analysieren*
   - *sich einen kurzen Überblick über alle Karikaturen verschaffen*
   - *sich gegenseitig ihre Arbeitsergebnisse (aus dem 1. Arbeitsschritt) vorstellen!*
3. *Ordnen Sie die in den Karikaturen veranschaulichten Problemfelder den Aspekten „Funktionskrise", „Konzeptionskrise" und „Legitimationskrise" (Material 14) zu!*
4. *Erörtern Sie, welche Problemfelder/Krisenaspekte aus Ihrer Sicht noch immer aktuell, welche bereits überholt sind!*

▶ *Europa in der Krise – eine Analyse Mitte der 90er-Jahre*

Material 14

Seit Mitte der 80er-Jahre hat die Europäische Integration an neuer Dynamik gewonnen. Aus dem Europa der Zehn, der EG, ist ein Europa der Fünfzehn, die EU, geworden und das Ende der Fahnenstange, sieht man auf die Liste der beitrittswilligen Staaten, ist noch lange nicht erreicht. Die EU ist heute das politische Kraftzentrum in Europa. Die Einheitliche Europäische Akte brachte neuen Schwung in die wirtschaftliche Integration. Dieser Weg wurde mit den Beschlüssen zur Wirtschafts- und Währungsunion konsequent weiterverfolgt. Der Maastrichter Vertrag beinhaltete aber auch wichtige Impulse in Richtung politischer Integration: Die Umbenennung der Gemeinschaft in „Union" war tatsächlich mehr als eine kosmetische Veränderung.

Obwohl der Einigungsprozess spürbar in Bewegung gekommen ist, befindet sich Europa in einer Krise, die (in Anlehnung an eine Analyse von B. Sutor) drei Aspekte aufweist:

Erstens kann man von einer *Funktionskrise* sprechen, weil gerade der Fortschritt bei der „negativen Integration" (Abbau von Hindernissen für Handel und Verkehr, Grenzen und Grenzkontrollen) sich als politisch nicht ausreichend vorbereitet erweist. Mit dem Binnenmarkt öffneten sich die Grenzen, ohne dass z.B. das System der innereuropäischen Sicherheit ausreichend entwickelt wurde. Der Weg zur Währungsunion stellt sich aus heutiger Sicht als zwingend und unumkehrbar dar. Es bleiben aber Zweifel, ob es rechtzeitig gelingt, die divergierenden wirtschafts- und sozialpolitischen Rahmenbedingungen ausreichend in Einklang zu bringen. Schritte zur „positiven Integration" (z.B. gemeinsame Wirtschaftspolitik) gelingen nur sehr mühsam, wobei sich die Sorge um Souveränitätsverlust und Preisgabe vertrauter Gewohnheiten ebenso als hemmend erweisen wie die komplizierten Verwaltungs- und Rechtssysteme, die sich über Jahrhunderte hinweg in den einzelnen Staaten entwickelt haben. Die Theorie des Funktionalismus, nämlich die Annahme, dass die wirtschaftliche Integration auch weiter gehende politische Integrationsprozesse nach sich ziehe, wird zwar immer wieder bestätigt, enthält aber einen Denkfehler, wenn sie davon ausgeht, dass eine politisch nicht ausreichend vorbereitete wirtschaftliche Integration ohne gravierende Reibungsverluste und Fehlentwicklungen möglich sei.

Die Krise im europäischen Integrationsprozess kann *zweitens als Konzeptionskrise* gesehen werden. Der institutionellen Ausgestaltung der EU liegt der Gedanke zugrunde, dass wesentliche Entscheidungen in Europa nationenübergreifend geregelt werden. Die politische Praxis weicht davon ab, wenn es einzelnen Ländern gelingt, durch ihr Abstimmungsverhalten im Ministerrat Obstruktionspolitik zu betreiben oder anzudrohen. Politische Alleingänge sind nach wie vor an der Tagesordnung, wenn nationale Interessen im Vordergrund stehen. Informell und oft auf bilateraler Ebene werden in solchen Situationen „politisch-ausgedünnte" Vereinbarungen ausgehandelt, die dann im Ministerrat konsensfähig sind, aber von den Bürgern kaum verstanden werden. Es ist noch nicht absehbar, ob und wohin sich die europäischen Institutionen in nächster Zeit weiterentwickeln werden, ob es möglich ist, weitere Politikbereiche (z.B.

Außenpolitik) aus dem Konsensprinzip, also nationaler Souveränität, herauslösen zugunsten einer wirksamen und nachvollziehbaren gemeinsam ausgeübten Souveränität. Die weitere Vertiefung der politischen Integration wird zusätzlich erschwert durch die seit dem Ende des Ost-West-Konflikts aufgetretene Herausforderung sich weiteren Ländern, vor allem im wirtschaftlich schwächeren Osteuropa, zu öffnen. Es ist derzeit nicht erkennbar, wie das Dilemma gleichzeitig notwendig gewordener Vertiefung und Erweiterung konzeptionell gelöst werden soll.

Schließlich kann man *drittens* von einer *Legitimationskrise* sprechen. Im Maastrichter Vertrag wurden die Befugnisse des Parlaments, gemessen an den weit reichenden Vorgaben in den verschiedensten Politikbereichen, nur spärlich erweitert. Nach wie vor können die europäischen Institutionen demokratischen Maßstäben, die auf nationaler Ebene gelten, nicht standhalten. Dem Europäischen Parlament muss man immerhin bescheinigen, dass es sich redlich bemüht, weitere Kompetenzen zu erstreiten. Seine Arbeit wird aber vom Bürger nicht ausreichend wahrgenommen, zumal die wichtigen politischen Entscheidungen immer noch auf europäischen Gipfeln und in Brüssel gefällt werden. Fehlende demokratische Strukturen sind ein ausgezeichneter Nährboden für eine latent vorhandene Europafeindlichkeit. Die Legitimationskrise erweitert sich zur *Akzeptanzkrise,* wo es nicht gelingt, die in ganz Europa grassierenden Ängste vor zentralstaatlicher Bevormundung, Bürokratisierung und Identitätsverlust abzubauen. Die Idee der Subsidiarität, eines „Europa der Regionen“ und die Vorteile, die Europa bietet, sind vielen Bürgern noch zu wenig greifbar. Sie bleiben es wohl auch, solange sich die politischen Institutionen Europas nicht demokratisch darstellen und politische Entscheidungsprozesse und Zuständigkeiten nicht transparent sind.

Trotz aller Kritik ist die hier beschriebene Krise Europas so lange positiv und fruchtbar, solange der Integrationsprozess lebendig bleibt und damit das Bemühen Krisenphänomene zu überwinden. Diese historische Chance hat Europa heute in einer sich verändernden Welt. Bei aller Offenheit und Unbestimmtheit, wohin sich Europa im nächsten Jahrhundert entwickelt und entwickeln soll: Stagnation oder gar eine Renaissance nationalstaatlicher Strukturen wären die größeren Übel.

(Autorentext in Anlehnung an Bernhard Sutor)

Material 15

... und bewegt sich doch!

4. Die Europäische Union als Chance und Herausforderung – politische Vertiefung oder/und Erweiterung

Nach dem Ende des Ost-West-Konflikts und dem fast zeitgleichen In-Kraft-Treten des Vertrags von Maastricht (Vertrag über die Europäische Union) steht die Europäische Union vor einem Dilemma: Einerseits sind institutionelle Reformen unausweichlich, denn das auf ursprünglich sechs Mitgliedsstaaten (1957) ausgelegte Institutionssystem passt nicht mehr auf fünfzehn und mehr Mitglieder und es hat in seiner demokratischen Weiterentwicklung mit der politischen Kompetenzverlagerung auf die europäischen Organe nicht Schritt gehalten **(Demokratiedefizit)**. Darüber hinaus enthält der Maastrichter Vertrag feste Vorgaben für eine weitere Integration in drei Bereichen („drei Säulen" von Maastricht, vgl. Material 3): **Wirtschafts- und Währungsunion, Gemeinsame Außen- und Sicherheitspolitik, europäische Innenpolitik.** Eine weitere Vertiefung der Integration zwischen den Mitgliedsstaaten oder einer Teilgruppe der Mitgliedsstaaten war und ist eine Konsequenz dieser Beschlüsse.

Andererseits stand die EU plötzlich vor der geschichtlichen Herausforderung sich den Beitrittswünschen der ungeduldig wartenden Staaten Osteuropas öffnen zu müssen. Die zeitgleiche Vertiefung und **Erweiterung der Union** stehen in einem Wechsel- und Spannungsverhältnis. Die Befürworter einer Vertiefung argumentieren, dass erst eine innere Festigung auf der Grundlage des Maastrichter Vertrages die EU für die Herausforderungen im Osten handlungsfähig mache. Die Gegner einer schnellen Vertiefung befürchten, dass ein „Europa der zwei Geschwindigkeiten" zu einer „Spaltung Europas" (R. Dahrendorf) führe, indem ein weiter entwickeltes **Kerneuropa** sich zunehmend von den ökonomisch schwachen südlichen Mitgliedsstaaten und beitrittswilligen Ländern im Osten entferne.

Im Folgenden werden einzelne Aspekte der Vertiefung (Demokratiedefizit, Wirtschafts- und Währungsunion, Kerneuropa, Gemeinsame Außen- und Sicherheitspolitik) und die Erweiterungsproblematik dargestellt.

▶ *Demokratiedefizit in der EU: Mehr Demokratie – aber wie?*

◆ Es gehört zu den Grundregeln der parlamentarischen Demokratie, dass die Staatsgewalt, also die Ausübung der Hoheitsrechte, durch das Prinzip der Gewaltentrennung (und durch die Grundrechte) eingeschränkt wird.

Diese Grundregeln sollten natürlich auch für die EU gelten, also beachtet werden, wenn Hoheitsrechte auf sie übertragen werden. Das ist bisher nicht in wünschenswertem Maße der Fall: Das Europäische Parlament kann (noch) keine Gesetzesvorlagen einbringen und nicht in allen Bereichen gemeinsamer Politik bei der Gesetzgebung mitentscheiden. Warum ist das so?

Ein kurzer Rückblick ist nötig in die Zeit, als die EWG gegründet wurde und die Verträge ausgehandelt wurden, die zu gemeinsamer Ausübung einiger Hoheitsrechte verpflichteten.

Wer teilt denn Hoheitsrechte mit wem? Staaten untereinander, so heißt es. Aber wer vertritt die Staaten bei völkerrechtlichen Vertragsverhandlungen? Natürlich: die Regierungen. Die Regierungen verhandelten also über die Beschneidung ihrer eigenen Macht. Auf wen sollten sie, wollten sie ihre Rechte übertragen?

Ein Europäisches Parlament, gewählt von den Völkern, konnte nicht gleich geschaffen werden. Also fanden die Regierungen einen Kompromiss, der es allen erleichterte, Hoheitsrechte zu teilen: Sie übertrugen die gesetzgeberischen Rechte der EWG auf den Rat, in dem alle Regierungen mit Ministern vertreten sind, letztlich also auf sich selbst. So waren die Regierungen auf EWG-Ebene an der Ausübung der Hoheitsrechte, die sie als Einzelregierung aufgeben mussten, weiterhin maßgeblich beteiligt.

Für den Anfang war das verständlich, wohl auch vernünftig. In den Jahrzehnten seither hat sich aber einiges geändert. Das EP wird inzwischen von den Bürgern der Staaten der EU direkt gewählt. Aber immer noch erlässt der Rat in den meisten Fällen allein die Gesetze in der EU, an denen die nationalen Parlamente „daheim" nur noch teilweise und das EP noch nicht ausreichend beteiligt sind. Das ist die Situation, die als

„Demokratie-Defizit“ benannt und kritisiert wird.

Das Bundesverfassungsgericht in Karlsruhe hat jedoch in der Begründung eines Urteils zum Vertrag über die Europäische Union im Oktober 1993 festgestellt, dass die bisher der Union übertragenen Befugnisse die Entscheidungs- und Kontrollzuständigkeiten des Deutschen Bundestages nicht so weit beeinträchtigten, dass das Demokratieprinzip verletzt wäre. In dieser Urteilsbegründung heißt es: „Die Europäische Union ist nach ihrem Selbstverständnis als Union der Völker Europas ein auf eine dynamische Entwicklung angelegter Verbund demokratischer Staaten; nimmt er hoheitliche Aufgaben wahr und übt dazu hoheitliche Befugnisse aus, sind es zuvörderst die Mitgliedstaaten, die dies über die nationalen Parlamente demokratisch zu legitimieren haben.“

Die Europäische Union muss aber im Laufe ihrer Entwicklung weitere Hoheitsrechte erhalten, die bisher noch uneingeschränkt den Mitgliedsstaaten zustehen. Eine solche Übertragung hängt in jedem Falle von der Zustimmung der nationalen Parlamente ab.

Entscheidend wird sein, dass bei der weiteren Entwicklung der Europäischen Union auch die demokratische Kontrolle durch das Europäische Parlament ausgebaut wird; so kann, gemeinsam mit der föderalen Kontrolle des Ministerrats, den Entscheidungen der EU demokratische Legitimität vermittelt werden.◆

(Claus D. Grupp, Europa 2000. Der Weg zur Europäischen Union, 5. Aufl. Köln 1994, S. 21)

Material 1

Dieter Grimm: Der Mangel an europäischer Demokratie

Ohne Zweifel ist eine Stärkung des Europäischen Parlaments überfällig, seit die Gemeinschaft von einem zwischenstaatlichen Bündnis zum eigenständigen Träger öffentlicher Gewalt geworden ist und ein beträchtlicher Teil des innerstaatlich geltenden Rechts von den Exekutivorganen der Gemeinschaft erlassen wird. Es wäre allerdings illusorisch, schon davon eine Beseitigung des Demokratiedefizits zu erwarten. Parlamentarismus ist nicht mit Demokratie identisch.

Angesichts der außerparlamentarischen Voraussetzungen parlamentarischer Demokratie muss man die Frage stellen, ob die EG als demokratisiert gelten könnte, wenn das Europäische Parlament die in den nationalen Verfassungen üblichen Kompetenzen erhielte. Die Antwort fällt negativ aus. Dem Parlament würde der politisch-soziale Unterbau fehlen, von dem seine demokratische Leistungsfähigkeit abhängt [...]

Ohne ein europäisches Staatsvolk und einen europäischen politischen Diskurs kann sich das Europäische Parlament aber nicht in eine Volksvertretung verwandeln. Darin liegt der fundamentale Unterschied zwischen der europäischen Integration im 20. Jahrhundert und der deutschen Reichsgründung im 19. Jahrhundert. In Deutschland mit einer einheitlichen Sprache und gemeinsamen Kultur hatte sich längst eine Nation herausgebildet und mehr als ein halbes Jahrhundert auf einen Nationalrat gedrängt, ehe dieser 1871 entstand [...]

Das europäische Demokratiedefizit ist [...] strukturell bedingt und kann durch institutionelle Reformen nicht prinzipiell behoben werden. Die Errungenschaften des demokratischen Verfassungsstaats lassen sich vorerst in vollem Umfang nur auf nationaler Ebene wahren.

Wenn das zutrifft, muss es Konsequenzen für die künftige Gestaltung Europas haben. Lässt sich die EG auf lange Sicht nicht in einen demokratischen Verfassungsstaat verwandeln, dann darf sie nicht weiter auf eine bundesstaatliche Struktur hin entwickelt werden, sondern muss ein Zweckbündnis bleiben, auch wenn seine Befugnisse durchaus steigen können [...] Zugleich muss, wenn das demokratische Prinzip vorerst nur im nationalen Rahmen voll verwirklicht werden kann, darauf geachtet werden, dass den nationalstaatlichen Parlamenten hinreichende Politiksubstanz verbleibt.

(Der Spiegel vom 19. Oktober 1992, S. 57 – 59)

Aufgaben

1. *Konkretisieren Sie das Demokratiedefizit und seine Entstehung (vgl. Text von C. Grupp) mithilfe der Zeittafel und der Materialien zu den europäischen Institutionen (→ 2.)!*
2. *Formulieren und diskutieren Sie Reformvorschläge für Kommission, Ministerrat und das Europäische Parlament! Orientieren Sie sich dabei an den Befugnissen von Bundestag und Bundesrat!*

3. Für D. Grimm (Material 1) kann das europäische Demokratiedefizit „durch institutionelle Reformen prinzipiell nicht behoben werden"! Erläutern und diskutieren Sie diese Auffassung!

▶ Die Wirtschafts- und Währungsunion (WWU) – Katalysator für die EU?

Pünktlich zum 1. Januar 1999 wurde in der Umsetzung der Maastrichter Beschlüsse (s. S. 468) die Geldpolitik, die bisher von den Nationalstaaten bestimmt wurde, vereinheitlicht und europäisiert: *vereinheitlicht,* weil mit diesem Stichtag die **Europäische Zentralbank** in Frankfurt am Main (EZB) nach dem Muster der *Bundesbank* (s. S. 189) unabhängig die Verantwortung für die Geldwertstabilität der gemeinsamen Euro-Währung übernommen hat; *europäisiert*, weil elf EU-Länder nach Erfüllung der notwendigen strengen Konvergenzkriterien (Preisstabilität, begrenztes Haushaltsdefizit, niedriges Zinsniveau, Währungsstabilität) bereit waren, unwiderruflich auf ihre Währungssouveränität zu verzichten und der Wirtschafts- und Währungsunion (WWU) beizutreten. Der neue Euro-Kapitalmarkt wurde damit zum zweitgrößten der Welt, der Euro neben dem Dollar zur globalen Leitwährung. Außer ökonomischen haben bei diesem Integrationsschritt von Beginn an politische Überlegungen eine Rolle gespielt (siehe Material 4). Vor allem hoffte man, dass die gemeinsame Währung als Katalysator für eine weitere politische Vertiefung der EU dienen könnte.

Material 2

Stabilitäts- und Wachstumspakt

Um die Einhaltung der *Konvergenzkriterien* auch nach dem Eintritt in die WWU zu sichern, haben sich die Teilnehmerstaaten auf einen Sanktionsmechanismus geeinigt, der in Gang gesetzt wird, wenn einzelne Teilnehmer die Obergrenze beim *Haushaltsdefizit* um mehr als drei Prozent ihres Bruttoinlandsprodukts (BIP) überschreiten. Er sieht zunächst eine unverzinsliche Einlage des betroffenen Landes von höchstens 0,5 Prozent seines BIP bei der EZB vor. Wird das übermäßige Defizit auch nach Ablauf einer bestimmten Frist nicht beseitigt, kann die Einlageverpflichtung in eine Geldbuße umgewandelt und später erhöht werden. Die restlichen Konvergenzkriterien werden durch die vergemeinschaftete Geldpolitik der EZB zentral gesichert.

Geldmengensteuerung durch die EZB

Die EZB verfolgt bei der Geldmengensteuerung vorrangig das Stabilitätsziel. Dem Wechselkursziel, das sehr stark von der konjunkturellen Entwicklung zwischen Euro- und Dollarraum abhängig ist, ist sie nicht verpflichtet. Um ihren Stabilitätsauftrag zu erfüllen verfügt die EZB über geldpolitische Instrumente, die sich z. T. mit den ehemaligen Instrumenten der Bundesbank (s. S. 189) decken, z.B. Mindestreserve, Offenmarktpolitik, ständige Faszilitäten.

Material 3

Euro: Der Startschuss ist gefallen

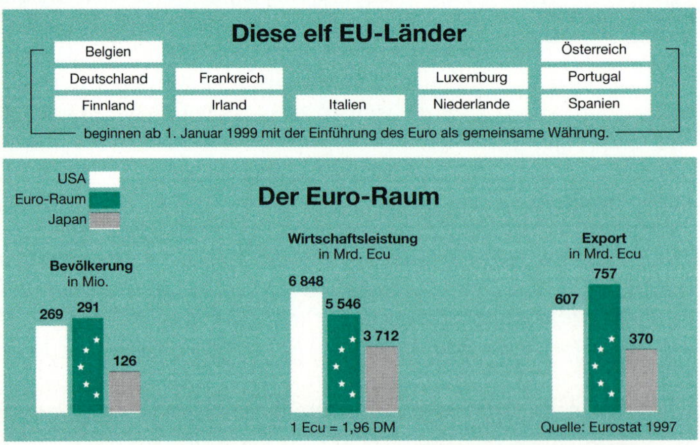

(nach Globus 4839, verändert)

Material 4

Pro und Kontra Wirtschafts- und Währungsunion

Argumente der Befürworter

- Die Währungsunion ist die unverzichtbare monetäre Ergänzung zum Binnenmarkt.
- Es entfallen Wechselkursrisiken, Kurssicherungs- und Transaktionskosten.
- Erhöhte Planungssicherheit für Unternehmen
- Warenaustausch und gegenseitige Direktinvestitionen werden verstärkt.
- Durch die Belebung des Handels kann ein erheblicher Beitrag zu Wachstum und Beschäftigung erwartet werden (v.a. im exportabhängigen Deutschland).
- Es entsteht ein gemeinsamer Finanzmarkt mit breiteren und attraktiveren Anlege- und Finanzierungsmärkten als bisher.
- Der EURO wird aufgrund der strengen Beitrittskriterien, der EZB und des Stabilitätspakts eine stabile und harte Währung werden.
- Im internationalen Währungsgefüge kann der EURO eine wichtigere Rolle – unabhängiger von Dollarschwankungen – spielen als nationale Währungen (Leitwährungscharakter).
- Von der internationalen Preistransparenz und dem grenzüberschreitenden Wettbewerb werden Unternehmen und Verbraucher ökonomisch profitieren.
- Die Währungsunion kann als Motor weitere politische Integrationseffekte nach sich ziehen. Sie zwingt die nationalen Ökonomien zur Konvergenz (Grundsteintheorie).
- Der EURO fördert als gemeinsame Währung die europäische Identität (Europäisches „Nationalbewusstsein").
- Die Währungsunion sichert durch ihre Unumkehrbarkeit die bisherigen Integrationserfolge.
- Sie bindet das ökonomisch starke Deutschland unlösbar in Europa ein und beseitigt Befürchtungen der Nachbarländer vor einer deutschen Hegemonie in Europa. Die WWU ist für Deutschland eine „außenpolitische Notwendigkeit" (H. Schmidt).
- Die WWU wird einen hohen Anreiz für alle zunächst noch nicht beteiligten Staaten darstellen von sich heraus die Stabilitätskriterien zu erfüllen.

Argumente der Gegner

- Die Währungsunion darf erst eingeführt werden, wenn die Konvergenz der teilnehmenden Volkswirtschaften durch eine Integration der Wirtschaftspolitiken in einer Politischen Union gesichert ist (Krönungstheorie).
- Es wird in das Budgetrecht der nationalen Parlamente eingegriffen ohne ausreichende Legitimationsbasis über das Europäische Parlament (Legitimationslücke).
- Nur wenige Hartwährungsländer werden den Sprung in die Währungsunion schaffen („Club der Reichen"). Der Abstand zu den wirtschaftlich schwächeren Ländern wird sich vergrößern.
- Es kommt zu einer Spaltung Europas im „Europa der zwei Geschwindigkeiten".
- Es wird nur geringe ökonomische Effekte bei großem Aufwand geben, falls nur ein kleiner Teil der EU-Staaten die Währungsunion bilden.
- Um eine Abkoppelung der schwächeren Länder zu verhindern, ist ein kostenaufwendiges Transfersystem (Alimentation der „armen" Länder) notwendig.
- Die Gleichschaltung der nationalen Konjunkturverläufe könnte zu stärkeren Konjunkturausschlägen führen.
- Die Hartwährungsländer geben eine funktionstüchtige, am Markt bewährte und von den Bürgern angenommene Währung (quasi ein Markenprodukt) gegen eine unbekannte Währung (quasi ein no-name-Produkt) auf (Identitätsverlust).
- Die WWU bedeutet ein gravierender nationaler Souveränitätsverlust im zentralen Bereich der Geldpolitik.
- Trotz gemeinschaftlicher Disziplinierungsversuche betreiben einzelne Staaten eine Verschuldungspolitik auf Kosten der anderen, da die Währungsunion nicht rückgängig zu machen ist (mangelnde Wirksamkeit des Stabilitätspaktes).
- Es besteht die Gefahr der politisch motivierten Aufnahme von Weichwährungsländern in die WWU.
- Die WWU ist ein Hemmnis für die Osterweiterung der EU, da die Hürden für einen Beitritt immer höher werden.
- Die Währungsunion wird dominiert durch das ökonomisch überlegene Deutschland. Die Einführung des EURO bedeutet die verkappte Herrschaft der D-Mark.

Aufgaben

4. Unterscheiden Sie bei den Argumenten der Befürworter und Gegner zwischen verschiedenen Argumentationsebenen (ökonomisch, politisch, institutionell, psychologisch)! Ordnen Sie komplementäre Argumente einander zu!
5. Überprüfen Sie, welche der geäußerten Hoffnungen und Befürchtungen sich aus der heutigen Sicht bewahrheitet haben/übertrieben waren/noch immer aktuell sind! Aktualisieren Sie gegebenenfalls das vorliegende Material!
6. Führen Sie mithilfe von Material 4 im Kurs eine Pro-Kontra-Debatte zur WWU durch!

► Die Gemeinsame Außen- und Sicherheitspolitik (GASP): EU – ein politischer Zwerg?

Material 5

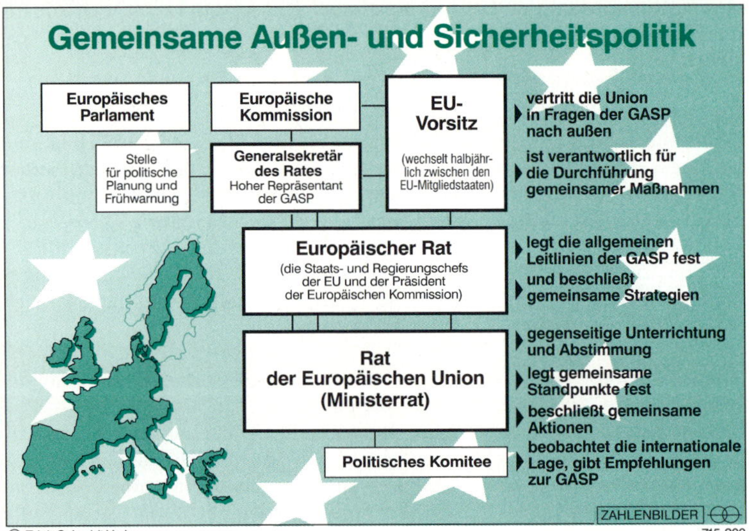

© Erich Schmidt Verlag 715 200

Material 6

Von einer gemeinsamen Außenpolitik kann nicht die Rede sein

Im Vertragswerk von Maastricht mit seinem Umfang von nahezu 250 Seiten sind der Gemeinsamen Außen- und Sicherheitspolitik (GASP) gerade fünf Seiten gewidmet: Es ist der in elf Paragraphen gegliederte Artikel J. Er stellt zu Beginn apodiktisch fest: „Hiermit wird eine Gemeinsame Außen- und Sicherheitspolitik eingeführt [...]“

Das war und ist in doppelter Hinsicht falsch. Die EU hat auch „nach Maastricht“ keine wirklich eigenständige Außen- und Sicherheitspolitik entwickelt, wie das Kriegsdrama auf dem Balkan zur Genüge gezeigt hat. Mühsam wurde immer wieder versucht, unterschiedliche nationale Standpunkte auf einen Nenner zu bringen. Die Differenzen, die hinter den Kulissen und manchmal auf der Bühne ausgetragen wurden, waren (und sind) dennoch so tief gehend, dass von der EU als einem eigenständigen und wirkungsvollen außenpolitischen Akteur auf dem Balkan nicht die Rede sein kann. Das wirft die Frage auf, ob sich eine Gemeinsame Außen- und Sicherheitspolitik per Vertrag überhaupt erzwingen lässt.

Die Behauptung, „hiermit“ sei eine Gemeinsame Außen- und Sicherheitspolitik eingeführt, ist, zweitens, auch deshalb falsch, weil der Versuch, die nationalen Außenpolitiken der EU-Staaten zu koordinieren, nicht neu ist. Der Vorläufer der GASP war die auf dem Haager Gipfel von 1969 vorgeschlagene Europäische Politische Zusammenarbeit (EPZ); sie wurde mit der Einheitlichen Europäischen Akte von 1986 auf eine völkerrechtlich verbindliche Grundlage gestellt und erhielt ein eigenes Sekretariat. Auch danach blieben jedoch, wie vor allem der Golf-Krieg Anfang 1991 zeigte, die Nationalstaaten die entscheidenden Akteure.

Die eigentlichen Ziele der GASP sind weiter gesteckt: Da werden unter anderem „die Wahrung der gemeinsamen Werte, der grundlegenden Interessen und der Unabhängigkeit der Union", weiter „die Stärkung der Sicherheit der Union und ihrer Mitgliedstaaten in allen ihren Formen" sowie „die Wahrung des Friedens und die Stärkung der internationalen Sicherheit" aufgezählt (J.1).

Unverändert bleibt jedoch die GASP wie zuvor die EPZ eine Domäne der Regierungszusammenarbeit: Anders als die Wirtschafts- und Währungsdinge, die in Maastricht „integriert", also vergemeinschaftet wurden und damit die tragende Säule der europäischen Konstruktion bilden, verblieben die beiden anderen Säulen – neben der GASP die Zusammenarbeit in der Justiz- und Innenpolitik – in nationaler Souveränität. Letztlich stellt das kurze Kapitel des EU-Vertrages über die Gemeinsame Außen- und Sicherheitspolitik nur ein erweitertes Instrumentarium bereit, mit dessen Hilfe die nationalen Politiken zu einer gemeinsamen Politik koordiniert werden sollen. [...]

Übereinstimmung herrscht darüber, dass die GASP einen personell verstärkten und materiell besser ausgerüsteten Apparat braucht. Die Rede ist von verbesserten Analysekapazitäten, mit deren Unterstützung die Minister früher auf kommende Probleme oder Krisen vorbereitet werden könnten („Frühwarnsystem"); mithilfe eines solchen Apparates könnte auch die Koordination zwischen den Hauptstädten schneller und effizienter betrieben werden. Sein Generalsekretär könnte dann zum Beispiel mit im Rundruf gefassten Entschließungen zu Tagesproblemen an die Öffentlichkeit treten. Das klingt bescheiden, wäre jedoch ein Fortschritt im Vergleich zum gegenwärtigen Zustand.

Noch heikler werden die Dinge, wenn Sicherheitsfragen oder gar Themen der Verteidigung berührt werden. Der EU-Vertrag spricht zwar davon, dass zur GASP „auf längere Sicht" eine gemeinsame Verteidigungspolitik gehöre, „die zu gegebener Zeit zu einer gemeinsamen Verteidigung führen könnte" (J.4). Doch schon die Formulierungen zeigen, wie schwierig die Diskussion darüber in Maastricht war. So wurde auch eine „Erklärung zur Westeuropäischen Union", die dem Vertrag beigefügt ist und welche die WEU als „Verteidigungskomponente der EU" bezeichnet, von der Konferenz nur „zur Kenntnis genommen". Nach wie vor ist umstritten, ob die WEU – was Deutschland und Frankreich befürworten – 1998, wenn ihre Vertragsverlängerung ansteht, in die EU integriert werden solle. Großbritannien beharrt kompromisslos darauf, dass die Nato einziger Träger europäischer Sicherheit bleiben müsse.

[...]

(G. Nonnenmacher, in: F.A.Z. v. 29.März 1996)

Aufgaben

7. *Erläutern Sie mithilfe des Kommentars von G. Nonnenmacher das Organisationsschema der GASP!*
8. *Verdeutlichen Sie die institutionellen Grenzen, die einer gemeinsamen Außenpolitik gesetzt sind! Überprüfen Sie die Effizienz der GASP am Beispiel des Bosnien – Konflikts (vgl. Kapitel 1.2)!*
9. *Diskutieren Sie ausgehend von Nonnenmachers Kritik*
   - *die angesprochenen „personellen und materiellen Verbesserungen"*
   - *Mehrheitsentscheidungen im Ministerrat anstelle von „Regierungszusammenarbeit"!*
10. *Aufgrund der Erfahrungen in den Balkankriegen wurde 1999 das Amt des Hohen Vertreters für die GASP eingerichtet und mit dem bisherigen Generalsekretär der NATO, J. Solana, besetzt. Solana übernahm gleichzeitig das Amt des Generalsekretärs der WEU. Außerdem wurde beschlossen die WEU bis Ende 2000 in die EU zu integrieren und bis 2002 eine europäische Eingreiftruppe für Kriseneinsätze (Euro-Korps) zu schaffen. Informieren Sie sich über den Stand der institutionellen Weiterentwicklung der GASP und aktualisieren Sie entsprechend das Organisationsschema (Material 5)!*

▶ Kerneuropa – ein Ausweg aus der Integrationskrise?

Die Idee, einen Teil der integrationsbereiten und -fähigen EU-Mitgliedsstaaten bei der Vertiefung schneller vorangehen zu lassen, um bei der Integrationsgeschwindigkeit nicht von den langsamen oder integrationsunwilligsten Mitgliedern abhängig zu sein, ist nicht neu. Sie hat sich als Prinzip in der politischen Praxis längst durchgesetzt, zum Beispiel beim Europäischen Währungssystem (vgl. Zeittafel S. 465 f.), an das nicht alle Staaten ihre Währungen binden konnten oder wollten, und bei der 1989 beschlossenen Sozialcharta der EU, wo sich Großbritannien der Festschreibung von sozialen Mindeststandards für Arbeitnehmer verweigerte mit der Folge, dass die Sozialcharta auch ohne London zur Geltung kam. Auch der Maastrichter Vertrag enthält dieses Prinzip des „Europa der zwei Geschwindigkeiten", denn es war von Beginn an klar, dass nicht alle Staaten die strengen Stabilitätskriterien für eine sofortige Aufnahme in die Währungsunion erfüllen könnten. So wundert es nicht, dass das dem Modell **„Kerneuropa"** zugrunde liegende Prinzip bereits in mehreren Begriffen in der politischen Diskussion auftauchte: Es war vom „Vorpreschen" einzelner Staaten (vor allem von Frankreich und Deutschland als „Motor" der Integration), von der „Diversifizierung Europas" (Frankreichs ehemaliger Ministerpräsident Eduard Balladur), vom Europa der „konzentrischen Kreise" (→ M 6) und davon die Rede, dass Europa mehr und mehr die Form einer „Pagode" (Theo Sommer, DIE ZEIT) annehme. Trotzdem sorgte die Idee eines Kerneuropa, entfaltet in einem Positionspapier der CDU/CSU-Fraktion im Jahr 1994 (so genanntes **„Schäuble-Papier"**) innen- und außenpolitisch für große Aufregung.

Material 7

Überlegungen zur europäischen Politik („Schäuble-Papier") – Auszüge –

Der europäische Einigungsprozess ist an einen kritischen Punkt seiner Entwicklung gelangt. Wenn es nicht gelingt, in den nächsten zwei bis vier Jahren eine Lösung für die Ursachen dieser gefährlichen Entwicklung zu finden, dann wird die Union sich entgegen der im Maastrichter Vertrag beschworenen Zielsetzung eines immer engeren Zusammenwachsens unaufhaltsam zu einer lockeren, im Wesentlichen auf einige wirtschaftliche Aspekte beschränkten Formation mit verschiedenen Untergruppierungen entwickeln. Mit einer solchen „gehobenen" Freihandelszone wären die existentiellen Probleme der europäischen Gesellschaften und ihre äußeren Herausforderungen nicht zu bewältigen [...]
Deutschland hat aufgrund seiner geografischen Lage, seiner Größe und seiner Geschichte ein besonderes Interesse, ein Auseinanderdriften Europas zu verhindern, durch das es in seine alte Mittellage zurückversetzt würde. Diese Lage zwischen Ost und West hat es Deutschland in der Vergangenheit erschwert, seine innere Ordnung eindeutig auszurichten und eine dauerhafte stabile außenpolitische Balance zu errichten [...]
Nach dem Ende des Ost-West-Konfliktes muss eine stabile Ordnung auch für den östlichen Teil des Kontinents gefunden werden. Daran hat Deutschland ein besonderes Interesse, weil es aufgrund seiner Lage schneller und unmittelbarer als andere von den Folgen östlicher Instabilität betroffen wäre. Die einzige Lösung dieses Ordnungsproblems, mit der ein Rückfall in das instabile Vorkriegssystem und die Rückkehr Deutschlands in die alte Mittellage verhindert werden kann, ist die Eingliederung der mitteleuropäischen Nachbarn in das (west-)europäische Nachkriegssystem und eine umfassende Partnerschaft zwischen diesem und Russland. Ein stabilitätsgefährdendes Vakuum, ein Zwischen-Europa darf es nicht wieder geben [...] Deutschland hat also ein fundamentales Interesse an der Osterweiterung der Union; aber ein eben solches an ihrer vertiefenden Verfestigung, weil erst diese die Voraussetzung für die Erweiterung schafft [...]
Der Ausbau einer flexiblen Methode der Integration [...] erscheint umso notwendiger, als [...] die Schwierigkeiten einer institutionellen Weiterentwicklung [...] schon mit allen heutigen Mitgliedern der Union außerordentlich groß sind und mit den künftigen Mitgliedern nicht geringer werden dürften [...]
Daher muss sich neben der Effizienzsteigerung des Entscheidungsverfahrens und der Demokratisierung der Willensbildung der Union der feste Kern von integrationsorientierten und kooperationswilligen Ländern, der sich bereits herausgebildet hat, weiter festigen. Zu ihm gehören zzt. fünf bis sechs Länder. Der Kern darf nicht abgeschlossen, muss hingegen für jedes Mitglied offen sein, das willens und in der Lage ist, seinen Anforderungen zu entsprechen.

Der feste Kern hat die Aufgabe, den zentrifugalen Kräften in der immer größer werdenden Union ein starkes Zentrum entgegenzustellen [...] Zu diesem Zweck müssen die Länder des festen Kerns sich nicht nur selbstverständlich an allen Politikbereichen beteiligen, sondern darüber hinaus erkennbar gemeinschaftsorientierter handeln als andere und gemeinsame Initiativen einbringen, um die Union weiterzuentwickeln. Belgien, Luxemburg und die Niederlande sollten daher stärker in die deutsch-französische Zusammenarbeit einbezogen werden.

Den Kern des festen Kerns bilden Deutschland und Frankreich. Sie waren von Beginn des europäischen Einigungsprozesses an sein Motor. Ihr Sonderverhältnis steht vor einer Bewährungsprobe, weil sich [...] Interessen und Wahrnehmungsdifferenzierungen gerade auch in ihrem Verhältnis zueinander zeigen. In Frankreich gibt es Befürchtungen, dass die Norderweiterung (und erst recht die um Österreich) und später die Osterweiterung zu einer lockeren Formation führen, in der Deutschland einen entscheidenden Machtzuwachs erfahren und somit die zentrale Position einnehmen könnte. Deswegen ist die Frage einer – vorhergehenden – Vertiefung für Frankreich von zentraler Bedeutung [...]

Entscheidend ist natürlich, dass Deutschland durch seine Politik unter Beweis stellt, dass es unverändert und gerade jetzt an dem Ziel eines starken, handlungsfähigen, integrierten Europa festhält [...]

(CDU/CSU-Fraktion des Deutschen Bundestages: Überlegungen zur europäischen Politik, Bonn 1. September 1994, S. 4 – 10)

Material 8

Auszüge aus einem Zeitungsinterview des Vorsitzenden der CDU/CSU-Fraktion im Deutschen Bundestag Wolfgang Schäuble

Frage: Auf Ihr „Kerneuropa"-Papier folgte ein tagelanges Bombardement aus den wichtigsten europäischen Hauptstädten. Hat Sie das überrascht?

Schäuble: Wir haben damit gerechnet. Die Unruhe war sogar beabsichtigt, weil wir das notwendige Nachdenken über Europa voranbringen wollten [...]

Frage: Bei allen guten Vorsätzen: Die Wirkung war eine dramatische Zersplitterung.

Schäuble: Nein, bestenfalls schöpferische Unruhe. Die Wirkung war ganz positiv: Über Europa wird jetzt intensiver diskutiert. Die Kontroverse ist notwendig: Wir sind doch alle für Pluralismus und nicht Friedhofsruhe. Wir wollen nicht spalten, sondern die europäische Einigung voranbringen [...]

Frage: Trotzdem lese ich aus diesem Papier kleineuropäische Sonderbündelei heraus, die London mit einem Entweder-Oder konfrontiert.

Schäuble: Nein. Wir sagen: Diejenigen, die integrationsfähig und -willig sind, sollen den Motor für einen Wagen spielen, in dem möglichst alle möglichst bald Platz nehmen [...]

Frage: Wenn alle dabei sind, wozu ein Kern?

Schäuble: Dazu gehört die realistische Einsicht, dass im Augenblick nicht alle dem Kern angehören können. Aber das darf nicht dazu führen, dass jene, die einen Schritt weiter in der Integration gehen können, dies nicht dürfen [...] Die Einigung wird ein dynamischer Prozess sein müssen, auch mit Spannungen. Kann es denn anders gehen? Diejenigen, die schon ein Stück weiter sind, weiter können oder weiter wollen, müssen sich ihrer Verantwortung bewusst sein. Vielleicht war der Begriff vom „Kern" unglücklich gewählt, weil andere sich ausgegrenzt fühlen könnten. Wir meinen „Kern" im Sinne eines „Magneten", der die anderen anzieht.

(Süddeutsche Zeitung vom 12. September 1994, S. 9)

Aufgaben

11. *Präzisieren Sie das im „Schäuble Papier" beschriebene Kerneuropa (Mitgliedsländer, Aufgaben, institutionelle Weiterentwicklung, Motive/Interessen)!*
12. *Verdeutlichen Sie den Unterschied zwischen dem Modell „Kerneuropa" und bisherigen Integrationsformen mit unterschiedlicher Geschwindigkeit (Integration „à la carte")!*
13. *Erörtern Sie, worin die politische „Sprengkraft" (begrifflich und inhaltlich) des „Schäuble-Papiers" liegt!*
14. *Diskutieren Sie das Modell „Kerneuropa" mit verteilten Länderrollen (z.B. Deutschland, Frankreich, Portugal, Schweden, Österreich, Polen)!*

▶ Die Osterweiterung: Wie viele Mitglieder kann/soll sich die EU leisten?

Die EU strebt laut Präambel des EG-Vertrages „einen immer engeren Zusammenschluss der europäischen Völker“ an und will „die Europa trennenden Schranken“ abschaffen. „Alle anderen Völker Europas, die sich zu den gleichen hohen Zielen bekennen“, werden aufgefordert „sich diesen Bestrebungen anzuschließen“. Somit kann jeder europäische Staat Antrag auf Aufnahme in die EU stellen. Zwar hat die EG mit Griechenland, Spanien, Portugal, Irland und Ostdeutschland bereits ökonomisch schwächere Länder aufgenommen, jedoch zeitversetzt in vier Schritten. Zudem befinden sich die osteuropäischen Antragsteller in einer ungleich schwierigeren wirtschaftlichen Situation: Sie sind dabei, ihre Volkswirtschaften von der sozialistischen Planwirtschaft auf die Marktwirtschaft umzustellen. Einig ist man sich in Ost und West, dass die europäische Integration vor einer einzigartigen historischen Herausforderung und Chance steht. Strategie, Zeitpunkt und Reichweite der Osterweiterung sind dagegen innerhalb der EU heftig umstritten.

Material 9

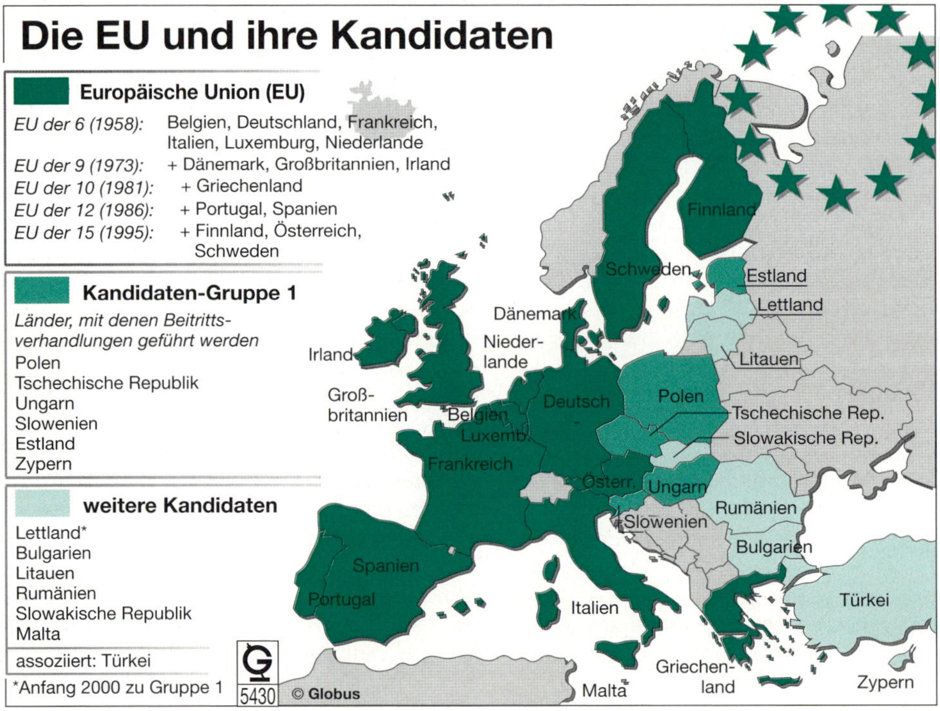

Material 10

Erst vertiefen, dann erweitern!

Grundsätzlich wurde *(von Kritikern)* angemerkt, ob Maastricht nicht „eine gigantische Nebensache“ (Dahrendorf) angesichts der neuen Probleme (Gesamt-)Europas sei und Europa eher spalte als vereine. Maastricht verfolge eine falsche Strategie, nämlich Vertiefung vor Erweiterung, Abgrenzung statt Offenheit. [...]

Mit Maastricht aber – so die Kritiker, für die Beitrittserleichterungen Priorität besaßen – wolle die Europäische Union die Beitrittshürde von vornherein „so hoch anlegen“, daß das Anstreben einer neuen Mitgliedschaft fast aussichtslos werde.

Die Logik von Maastricht war aber eine andere: Erst mußte der Reformbedarf innerhalb der EG zumindest in den wichtigsten Feldern gedeckt werden (Nutzung der positiven Effekte des Binnenmarktes durch eine Wirtschafts- und Währungsunion, Zusammenarbeit in der Innen- und Justizpolitik als Folgeüberlegung zum Binnenmarkt, Handlungsfähigkeit in der Außen- und Sicherheitspolitik etc.). Dann erst konnte die Gemeinschaft die „Probleme des Ostens“ zu ihren Problemen machen.

Die schon vor dem Umbruch in Osteuropa angestauten Aufgaben sollten abgearbeitet werden, um die EG vor dem Hintergrund der neuen Herausforderungen im Osten handlungsfähig zu organisieren. Denn die Attraktivität der Europäischen Union für die osteuropäischen Länder liegt in ihrer wirtschaftlichen Stärke und in ihrer politischen Leistungskraft. Wenn die Grundlagen hierfür zur Disposition gestellt werden, wenn mit der Gemeinschaft nicht mehr eine gestaltende Kraft assoziiert wird, erlahmt die Nachfrage nach Beitritten und Hilfen sehr schnell. Es ist also im ureigensten Interesse der osteuropäischen Staaten, wenn die Europäische Union nicht in eine große Freihandelszone mutiert. Zudem bekam der Maastrichter Vertrag seinen letzten Schliff in einer Phase, als es darauf ankam, daß die EG stabiler Faktor („Anker“) in der Zeitenwende in Europa ist. [...]

Integration schließt einen Beitritt osteuropäischer Staaten nicht per se aus. Es ist vielmehr die Frage des Zeitpunktes.

(Melanie Piepenschneider, Rütteln an den Grundfesten; in: Das Parlament Nr. 14 v. 8.4.1994, S. 2; aus lizenzrechtlichen Gründen nicht in reformierter Rechtschreibung gedruckt)

Material 11

Die historische Herausforderung annehmen!

Ich bin Ihnen für die Ehre sehr dankbar, vor dem Europäischen Parlament sprechen zu dürfen, und ich kann mir kaum vorstellen, diese Gelegenheit besser zu nutzen als mit dem Versuch, drei Fragen zu beantworten: 1. Warum beantragt die Tschechische Republik, deren Präsident ich bin, die Mitgliedschaft in der EU? 2. Warum ist es im Interesse von ganz Europa, die EU zu erweitern? 3. Welches sind nach meiner Ansicht die allgemeineren Aufgaben, denen die EU heute gegenübersteht? [...]

Die tschechischen Länder liegen genau im Zentrum von Europa und empfinden sich manchmal selbst als dessen Herz. Aus diesem Grund waren sie stets in einer besonders exponierten Lage und blieben von keinem europäischen Konflikt verschont. Denn viele europäische Konflikte begannen oder endeten dort. Wie andere mitteleuropäische Staaten waren wir stets auf dramatische Weise an den Kreuzungen aller Arten europäischer Denkrichtungen und geopolitischer Interessen. Dies macht uns für die Tatsache, dass uns alles, was in Europa geschieht, im Grunde mitbetrifft, und dass alles, was mit uns geschieht, Europa im Grunde mitbetrifft, besonders empfänglich. [...]

Warum sollte die Europäische Union stufenweise erweitert werden? Europa wurde durch Gewalt künstlich geteilt, und aus diesem Grund musste diese Teilung früher oder später kollabieren. Die Geschichte hat den Fehdehandschuh hingeworfen, und Sie können, wenn wir wollen, diese Herausforderung annehmen. Tun wir dies nicht, kann eine große Chance, einen Kontinent der freien und friedlichen Zusammenarbeit zu schaffen, vertan werden. Nur ein Narr, der aus den Jahrtausenden europäischer Geschichte nichts gelernt hat, kann glauben, Ruhe, Frieden und Wohlstand könnten für immer in dem einen Teil Europas gedeihen, ohne dass berücksichtigt werden müsse, was in dem anderen Teil geschieht [...]. Die Herausforderung muss einfach angenommen werden. [...]

Westeuropa bewegte sich fast 50 Jahre lang zu seinem heutigen Integrationsniveau hin. Es ist klar, dass neue Mitglieder, vor allem die, welche die Folgen der kommunistischen Herrschaft abzuschütteln versuchen, nicht über Nacht in die Europäische Union aufgenommen werden können, ohne dass das feine Garn, aus dem sie gewoben ist, zu zerreißen droht. Dennoch liegt die Perspektive ihrer Erweiterung und die Ausdehnung ihres Einflusses und Geistes in ihrem eigentlichen Interesse und im eigentlichen Interesse Europas als Ganzes. Es gibt ganz einfach keine bedeutsame Alternative zu diesem Trend. Alles andere wäre ein Rückfall in die Zeiten, als die europäische Ordnung nicht auf Konsens, sondern auf Gewalt beruhte. Und die bösen Dämonen liegen auf der Lauer. Leere, Verfall der Werte, Angst vor Freiheit, Leiden und Armut, Chaos – dies ist der Nährboden, auf dem sie gedeihen. Diese Gelegenheit darf ihnen nicht gegeben werden. [...]

Die EU gründet sich auf ein breites Band von Werten, die in der Antike und im Christentum wurzeln und die sich über 2000 Jahre hinweg zu den heutigen Fundamenten der modernen Demokratie, des Gesetzes und der bürgerlichen Gesellschaft entwickelten. Es kann deshalb nicht behauptet werden, der EU fehle ein eigener Geist, aus dem all die konkreten Prinzipien entstehen, die ihr zugrunde liegen. Dennoch scheint dieser Geist eher schwer erkennbar zu sein. Er scheint vielmehr hinter Bergen systematischer, technischer, administrativer, ökonomischer, monetärer und sonstiger Maßnahmen versteckt zu sein. Und deshalb können viele letztlich den verständlichen Eindruck haben, die EU sei – um es etwas salopp auszudrücken – nicht mehr als endlose Diskussionen darüber, wie viele Karotten von irgendwo exportiert werden können, wer die Menge festlegt, wer sie überprüft und wer schließlich den Missetäter bestraft, der gegen diese Verordnungen verstößt.

Deshalb scheint mir die vielleicht wichtigste Aufgabe, die sich die EU heute stellt, eine neue, wirklich klare Reflexion über die europäische Identität, eine neue wirklich klare Aussage über die europäische Verantwortung, ein verstärktes Interesse an der eigentlichen Bedeutung der europäischen Integration mit all ihren weiteren Auswirkungen auf die gegenwärtige Welt und die Wiedererlangung ihres Ethos bzw., wenn Sie wollen, ihres Charismas zu sein. Die Lektüre des Maastricht-Vertrags allein wird trotz seiner historischen Bedeutung kaum begeisterte Befürworter der EU hervorbringen. [...]

Meine Damen und Herren, ich komme aus einem Land zu Ihnen, das fast 60 Jahre lang keine Freiheit und Demokratie kannte. Sie werden es mir vielleicht glauben, wenn ich sage, dass gerade diese geschichtliche Erfahrung es mir ermöglichte, auf der tiefgreifendsten Ebene auf die revolutionäre Bedeutung der heutigen europäischen Integration zu reagieren. Und vielleicht glauben Sie mir, wenn ich sage, dass die wirkliche Tiefe dieser Erfahrung mich zwingt, meine Sorge um das tatsächliche Ergebnis dieses Prozesses auszudrücken und Möglichkeiten zu erwägen, wie er gestärkt und unumkehrbar gemacht werden kann.

(Vaclav Havel, Präsident der Tschechischen Republik, in: Europäisches Parlament und EU-Erweiterungen. Europa-Dossier Nr. 3, Bonn 1995)

Material 12

Kopenhagener Kriterien:

Der Europäische Rat beschloss 1993 in Kopenhagen, dass die assoziierten mitteleuropäischen Staaten (MOE-Länder) Mitglieder in der EU werden können, sobald sie „die erforderlichen wirtschaftlichen und politischen Bedingungen erfüllen“:

- institutionelle Stabilität, demokratische und rechtsstaatliche Ordnung, Wahrung der Menschenrechte, Minderheitenschutz;
- funktionsfähige Marktwirtschaft und die Fähigkeit dem Wettbewerb in der EU standzuhalten;
- Fähigkeit, sich die aus der EU-Mitgliedschaft erwachsenden Verpflichtungen und Ziele zu eigen zu machen.

Prinzipien des Beitrittsprozesses:

Der Europäische Rat hat 1997 in Luxemburg den Beitrittsprozess eingeleitet. Es gelten folgende Prinzipien:

- Alle zehn MOE-Länder und Zypern gehen mit den gleichen Rechten und Voraussetzungen in den Prozess hinein („Differenzieren ohne zu diskriminieren“).
- Die Verhandlungen werden individuell geführt und können mit jedem Kandidaten zu unterschiedlichen Zeitpunkten begonnen und abgeschlossen werden. Kandidaten, die später mit den Verhandlungen beginnen, können ggf. früher zum Abschluss kommen („Überholspur“).

Aufgaben

15. *Vergleichen Sie die beiden Positionen zur Erweiterung der EU (vorrangige Aufgaben, Beurteilung des Maastrichter Vertrags, zentrale Argumente/Argumentationsebenen, Perspektivität, Adressaten)!*
16. *Erörtern Sie Chancen und Risiken einer schnellen Osterweiterung (v.a. aus der Sicht Deutschlands und seiner östlichen Nachbarn)! Berücksichtigen Sie dabei verschiedene Optionen hinsichtlich der Zahl der aufzunehmenden Staaten!*
17. *Diskutieren Sie aus der Perspektive verschiedener Länder (z.B. Portugal, Deutschland, Tschechien) die schnelle Aufnahme von Polen, Ungarn und Tschechien in die EU! Sollten mit der Türkei Beitrittsverhandlungen aufgenommen werden?*

5. Eurovision – Europa im Jahr 2002

Der nachfolgende „Bericht aus der Zukunft" ist ein Versuch mit der Phantasie zehn Jahre in die Zukunft zu reisen. Er zeigt, wie sich der Autor B. Birke Anfang 1993 das Europa der Zukunft vorstellte. Vieles erscheint aus heutiger Sicht überholt, manches Problem ist aber immer noch aktuell. In einem ersten Schritt sollte der Bericht auf den neuesten Stand gebracht werden. Er kann jedoch auch als Aufforderung verstanden werden selbst einmal die Phantasiereise aus der eigenen Gegenwart in die europäische Zukunft zu wagen ...

Material 1

Wir schreiben das Jahr 2002. Der EG-Gipfel im Dezember in Helsinki hat gerade einen historischen Wendepunkt markiert. Die Staats- und Regierungschefs der 17 westeuropäischen Staaten haben beschlossen, grünes Licht für die Beitrittsverhandlungen mit Polen, Ungarn, der Tschechei, der Slowakei und Slowenien zu geben. Über das weitere Vorgehen bezüglich der Anträge der Türkei, Maltas, Zyperns, der Ukraine, Weißrusslands, Georgiens und Russlands solle der Junigipfel in Genf entscheiden.
Lange war gestritten worden, ob die 17 warten sollten, bis auch die vier Südländer endlich die Voraussetzungen für die Einführung des EURO, der europäischen Einheitswährung, erfüllen. Eine qualifizierte Mehrheit setzte sich zuletzt jedoch durch: die Zweifel an der Umsetzung des 12. italienischen Konvergenzprogramms waren zu groß. Griechenlands Staatsverschuldung gebe nach wie vor großen Anlass zur Sorge ebenso wie die iberische Inflationspolitik, hieß es auf der Abschlusspressekonferenz, auf der jedoch großes Verständnis für die einwanderungsbedingt extrem hohe Arbeitslosigkeit in Spanien und Portugal zum Ausdruck gebracht wurde. Mit Genugtuung nahmen die Staats- und Regierungschefs der 17 den Jahresbericht der Präsidentin der Europäischen Zentralbank entgegen. Maggie Thatcher, eigens aus Bonn nach Helsinki gereist, stellte in ihrer bekannt resoluten Art die Fakten vor. Die eiserne Hand der EURO-Notenbankführung bei der Inflationsbekämpfung trage Früchte, so Frau Thatcher, die nach ihrer Scheidung vom langjährigen Ehemann Dennis und ihrem ersten Herzinfarkt erstaunlich frisch wirkte. Nach der gravierenden Wirtschaftskrise Mitte der 90er Jahre und dem nachfrageorientierten Kurs von Wirtschaftskommissar Wolfgang Roth aus der Bundesrepublik sei nun die durchschnittliche Preissteigerungsrate in den 13 Währungsunionsländern der Gemeinschaft wieder von 9,5 auf 8,2 Prozent gefallen. Thatcher begrüßte ausdrücklich, dass die meisten südamerikanischen und asiatischen Währungen ihren Kurs jetzt an den EURO und nicht mehr an den Dollar peggen. Das unterstreiche die gewachsene Bedeutung des nunmehr unbestreitbar mächtigsten Handelsblocks der Welt.
Mit Blick auf den schwelenden Handelskonflikt zwischen Europa und der NAFTA, der nord- und mittelamerikanischen Freihandelszone, einer- und Japan andererseits geben die Staatschefs den Handelsministern den Auftrag, neue Importquoten auszuhandeln. Nach Freigabe der Einfuhr japanischer Fahrzeuge sei deren Anteil vor allem in Italien und Frankreich sprunghaft gestiegen, hieß es. Der Gesamtanteil fernöstlicher Autos läge nunmehr bei mehr als 40 Prozent in der EG.
Bekräftigt wurden auf dem Gipfel die jüngsten Friedenskommissionen der Eurotruppe. Verteidigungskommissar Volker Rühe erläuterte die angespannte Situation in der Sahelzone. Gleichzeitig sprach er sich für eine Verstärkung der friedenserhaltenden Maßnahmen der Westeuropäischen Union in Kuba aus. Heftig diskutiert wurden Vorschläge des KSZE-Präsidenten Hans Dietrich Genscher, NATO und WEU im Nordatlantikkooperationsrat aufgehen zu lassen, um damit eine KSZE-Verteidigungsidentität zu schaffen. Während eine Mehrheit von EG-Staaten einen solchen Schritt nach dem Abbau der amerikanischen Truppenpräsenz auf symbolische 10 000 in Mitteleuropa befürworteten, wollten Staaten wie Schweden, Deutschland, Norwegen und Großbritannien nicht auf Konfrontationskurs zu US-Präsident Al Gore gehen. Der Nachfolger von Bill Clinton hatte davor gewarnt, die Rolle der Amerikaner durch die Schaffung einer EG-dominierten KSZE-Verteidigungsidentität zu schwächen. Auch die Interessen des von weiterem Zerfall bedrohten Russlands müssten in Betracht gezogen werden, so Gore in einer Botschaft an den EG-Gipfel.

Beschlossen wurde auf dem historisch bedeutenden Treffen in Helsinki auch die weitere Regionalisierung. Eine besondere Studiengruppe war eigens von der EG-Exekutive, der Regierungs-Kommission, eingerichtet worden. Kommissionspräsident Franz Vranitzky hatte den früheren spanischen Regierungschef, Felipe Gonzáles, und den deutschen Alt-Bundeskanzler Helmut Kohl beauftragt, die Auflösung der bisher 17 EG-Staaten in Regionen zu prüfen. In ihrem Bericht hatten Gonzáles und Kohl sich für die Abschaffung bisheriger Staatsgrenzen ausgesprochen.

Angeregt wurde die Bildung verschiedener kulturell und sprachlich homogener Regionen: so sollten die Wallonie und Nordfrankreich, das französische und spanische Katalonien sowie das Baskenland ebenso einheitliche Regionen bilden wie das östliche Österreich und Südtirol, Nordirland und Irland sowie Flandern und die Niederländer, um nur einige Beispiele zu nennen.

Der Europäische Rat billigte die Ergebnisse der Studie und will die Regionalisierung bis Mitte des Jahrzehnts abschließen, vorausgesetzt, es gelingt, über den neuen Anpassungsfonds den Südländern endlich den Einstieg in die Währungsunion zu ermöglichen.

Die Regionen sollen wie die Nationalstaaten bisher autonom bleiben, streng nach dem seinerzeit in Edinburgh, Kopenhagen und Oslo bekräftigten Grundsatz der Subsidiarität. Die Wirtschafts-, Verteidigungs-, Umwelt-, Immigrations- und Außenpolitik würde weiterhin von Brüssel aus gemeinsam betrieben.

Für die Zusammensetzung des abwechselnd in Straßburg und Brüssel tagenden Europaparlaments ergebe sich keine Änderung, steht im Gipfelkommuniqué. Die Vertragsrevision von Maastricht habe schon die Weichen gestellt. In der Tat: denn dort sind nicht nur die Kompetenzen des Parlamentes auf alle EG-Politikbereiche ausgedehnt und die Direktwahl des Regierungs-Kommissionspräsidenten durch die Abgeordnetenkammer, sondern auch streng bevölkerungsproportionale Sitzzahlen für die Mitgliedsländer nach Regionen festgelegt worden.

Mit den Helsinkier Beschlüssen sind nun jedenfalls die Weichen für die Zukunft gestellt: die Gemeinschaft ist für die anstehenden Aufgaben gerüstet. Die Erweiterungsverhandlungen mit den Osteuropäern werden zwar zu einem neuen Umverteilungskampf ähnlich wie in den 90er-Jahren führen, aber bei gebesserten Wirtschaftsaussichten scheinen die zusätzlichen Ausgaben verkraftbar.

Klar werden müssen sich die Staats- und Regierungschefs nun nur, wo die EG ihre Grenze ziehen will: denn seitdem Russland formell an die Gemeinschaftstür geklopft hat, läuft eine heiße politische Diskussion. Wirtschaftlich wäre der Beitritt des Riesenimperiums, das der frühere amerikanische Präsident Ronald Reagan in den längst vergessenen Zeiten des Kalten Krieges noch „Reich des Bösen“ genannt hatte, nur mit enormen Opfern für die EG-Bevölkerung möglich. Die Opferbereitschaft scheint jedoch nach der Aufnahme von mehr als 15 Millionen legalen und illegalen Einwanderern und durch die bevorstehende Aufnahme der Osteuropäer nahezu erschöpft. Politisch böte sich der EG allerdings die einmalige Chance, sich als absolute Weltmacht und Säule der KSZE zu formieren.

Die EG hat keine Wahl: Sie muss die Herausforderung annehmen, schließlich schreiben wir das Jahr 2002 ...

(Das Parlament, 1.1.1993; Autor: Burkhard Birke)

Die Sicherung der Welt als Lebensraum – eine politische Aufgabe

„Macht euch die Erde untertan!"

Seit 1971 D. und D. Meadows in ihrem Bericht an den Club of Rome ‚Die Grenzen des Wachstums' die Endlichkeit des Lebensraums Erde auf die internationale Tagesordnung gesetzt hatten, schwankten zwar Intensität und Schwerpunkte des Bedrohungsbewusstseins – die politische Aufgabe ‚Die Sicherung der Welt als Lebensraum' verschwand aber nicht mehr von der Agenda der internationalen Politik.
Das Bewusstsein von der Begrenztheit der Rohstoffvorräte aktualisierte sich in den Ölkrisen der Siebziger- und Achtzigerjahre (→ III/3.4) um dann von den Gefahren der Übernutzung der Meere, der dramatisch wachsenden Bevölkerung in der Dritten Welt, der damit verbundenen Bodenerosion in den Randtropen und zuletzt der Zerstörung der Regenwälder abgelöst zu werden. Neuerdings verschmelzen diese bisher thematisch oder regional begrenzten Risikoszenarien mit globalen ökologischen Gefahren.

Auch die Zunahme von Armutsflüchtlingen wird nicht mehr nur als Herausforderung für unsere Hilfsbereitschaft, sondern zunehmend als Bedrohung unseres Lebensstils und unserer Sicherheit angesehen.
Das Aufbrechen unkalkulierbarer Konflikte in Bosnien, Tschetschenien, Ruanda hat die euphorische Stimmung nach der Auflösung des Ost-West-Konfliktes gründlich verdorben und zusätzliche Risiken sichtbar werden lassen. Eine ‚Weltrisikogesellschaft' entsteht.
Das Vertrauen in die Beherrschbarkeit dieser Entwicklungen hat trotz aller wissenschaftlich-technischen Fortschritte eher abgenommen. Ein Grund liegt im grenzüberschreitenden Ausmaß der Risiken: Tschernobyl, Ozonloch und Treibhauseffekt sind Chiffren für die Globalisierung der Risiken.
Andererseits umfasst ‚Globalisierung' das gesamte Feld des weltweiten Austauschs von Waren, Kapital und Information, das traditionell unter Welthandel firmierte. Die ‚Globalisierung der Märkte' dominiert neuerdings selbst die innerstaatliche Sozialpolitik. Wo bisher nur ‚Global Players' exklusiv den Weltmarkt nutzten, besetzen heute Millionen PC-Nutzer weltweite Kommunikationswege: im ‚global village' tauschen Technik-Freaks wie Eine-Welt-Aktivisten ihre Erfahrungen aus: ‚Global denken – lokal handeln' gehört für immer mehr Menschen zur Alltagserfahrung.
Diese doppelte Globalisierung verändert den Erfahrungsraum der Bürger und weitet ihr Verantwortungsbewusstsein: Dritte-Welt-Gruppen betreiben Eine-Welt-Läden, Autoren von Umweltbüchern schreiben über ‚Erdpolitik'.
Die Politik der Staaten hinkt diesen Entwicklungen eher hinterher. Hoffnungsvoll stimmt, dass die UN sich 1992 in Rio de Janeiro mit der Agenda 21 erstmals einen Zielrahmen gab, der diese Anliegen als gemeinsame politische Aufgabe zu bündeln versuchte.
Wenn auch die ‚Sicherung der Welt als Lebensraum' als politische Zukunftsaufgabe erkannt worden ist, neigen Politiker wie Bürger leicht dazu, vor der moralischen Last wie vor

der sachlichen Komplexität und der Reichweite der zu treffenden Entscheidungen zu resignieren und sich lösbarer erscheinenden Aufgaben und besonders eigenen Problem(ch)en zuzuwenden; gegenüber den globalen Herausforderungen zieht man stattdessen in der ‚Festung Europa' die Zugbrücke hoch.
Wenn aber ‚Zukunftsfähigkeit' die Aufgabe von Schule ist und als Leitmotiv für den Unterricht ‚Lernen für die Zukunft' gilt, müssen sich Lehrer und Schüler der Thematik stellen und Wege suchen diese mentalen Zugangsbarrieren zu überwinden.
Außerdem fordert das Thema eine Öffnung für fächerübergreifende Zugänge. Geografische, historische und ethische Dimensionen stehen gleichberechtigt neben den politischen.
Eine Hilfe um diese Barrieren zu überschreiten könnte eine **‚Zukunftswerkstatt'** sein, die als Methode den Anspruch erhebt, abseits von Zukunftspessimismus und Fortschrittseuphorie ‚einen praktikablen Weg zur Hervorbringung von kreativen Zukunftsvisionen' zu eröffnen (Burow 1995).
Es ist natürlich auch denkbar unter Umgehung dieses Methodenvorschlags, unmittelbar in die materialgestützte Bearbeitung der Themen in Kap. 2 einzusteigen.

1. Zukunftswerkstatt: Globale Verantwortung braucht globales Denken

▶ *Zukunftswerkstatt als Methode*

Die **Zukunftswerkstatt** ist als Methode seit den Sechzigerjahren von Robert Jungk entwickelt und vor allem in der Friedens- und Umweltbewegung angewandt worden. Sie versteht sich als *basisdemokratisch, integrativ, ganzheitlich, kreativ, kommunikativ* und *provokativ*. Sie versucht die moralisch-ethische mit der sachlichen Dimension des Gegenstands zu verbinden. Dabei verknüpft sie in jedem ihrer Schritte intuitiv-emotionales mit analytisch-rationalem Lernen (M1).
(Die Darstellung folgt: Weinbrenner, P./Häcker, W., Theorie und Praxis der Zukunftswerkstätten; in: Burow, O.-A./Neumann-Schönwetter, M. (Hrsg.), Zukunftswerkstatt in Schule und Unterricht, Hamburg 1995.)

Ziele:

a) **Denken in Alternativen**

Ausgehend von Schlüsselproblemen der heutigen Welt versucht die Zukunftswerkstatt „zu den Idealen einer zukünftigen, friedlichen und sozialverträglichen Welt" zu gelangen, „von der Industriegesellschaft zur postindustriellen Gesellschaft; vom Wachstumsparadigma zum Begrenzungsparadigma; vom materialistischen zum postmaterialistischen Denken; vom Haben zum Sein; von Otto Normalverbraucher zu Öko-Paul".

b) **Globales Denken**

◆ Der ganzheitliche Ansatz dieser Methode zwingt dazu, die *Welt als Ganzes* und die *Menschheit als Gattung* anzuschauen und sie auf ihre Zukunftsfähigkeit zu befragen. Globales Denken kann hierbei auf mindestens vier Ebenen entwickelt werden:

① *Globales Denken heißt grenzüberschreitendes Denken.* Hier geht es insbesondere um die vielfältigen Verflechtungen der Bundesrepublik mit der übrigen Welt. Welche Waren führen wir ein und wo liegen die Schwerpunkte der deutschen Exportwirtschaft? Welche Abhängigkeit besteht im Hinblick auf die internationalen Kapitalmärkte (zum Beispiel vom Dollar und seinem Wechselkurs, Zinsabhängigkeiten, Zahlungsbilanzdefizite und -überschüsse)? Von welchen Rohstoffen ist die Bundesrepublik abhängig, auf welche rohstoffliefernden Länder ist sie angewiesen? Wie hoch ist der Energieverbrauch der einzelnen Länder im Hinblick auf ihren Anteil an den Weltenergiereserven?

② *Globales Denken heißt übernationales Denken.* Die Prinzipien der nationalen Souveränität sind nach *Aurelio Peccei* (1981) „ein Haupthindernis auf dem Wege zum gemeinschaftlichen Heil der Menschheit". Es sollte diskutiert werden, in welchen Bereichen nationale Souveränitätsrechte zugunsten globaler Entscheidungen, die im übergeordneten Menschheitsinteresse zu treffen sind, aufgegeben werden müssen.

③ *Globales Denken heißt interdependentes und strukturelles Denken.* Hier geht es um das Auffinden der globalen Faktoren wie Wirtschaftswachstum, Beschäftigung, Erziehung, Ernährung, Gesundheit, Rohstoffe, Energie, Bevölkerung usw., die insgesamt die großen Linien der Weltentwicklung determinieren. Globales Denken ist insofern interdependentes und strukturelles Denken, weil die einzelnen Faktoren in einem engen Beziehungsgeflecht von Ursachen und Wirkungen bzw. Wechselwirkungen stehen und erst im Aufdecken solcher Beziehungen und Abhängigkeiten ein Bewusstsein von der Einheit der Welt entwickelt werden kann.

④ *Globales Denken heißt perspektivisches Denken.* Globales Denken ist schließlich abhängig von der Fähigkeit, ein Bewusstsein von der räumlichen und zeitlichen Randexistenz des Menschen zu haben. Dieses Bewusstsein kann durch perspektivisches Denken entwickelt werden. Perspektivisches Denken heißt hier, eine Vorstellung von der *Endlichkeit der Welt* und ihren Möglichkeiten zu entwickeln. Perspektivisches Denken muss aus der Einsicht in die Endlichkeit der Welt und das Überlebensinteresse der Gattung Mensch die Sicherung der Zukunft als globale Aufgabe politischen und gesellschaftlichen Handelns begreifen. Gesucht werden Lebensformen, in denen die Menschen ein neues „symbiotisches Verhältnis" zur Natur entwickeln. Schülerinnen und Schüler müssen begreifen, dass sie mit reaktivem oder adaptivem Denken und Handeln ihre Zukunft verspielen, dass sie Zukunft nur gewinnen können, wenn sie sie in ihrem Denken und Handeln antizipieren. Globales und perspektivisches Denken führt so notwendigerweise zu alternativem Denken, das eingefahrene Bewusstseins- und Verhaltensmuster unter dem Gesichtspunkt der Erhaltung und Schonung der natürlichen Lebensgrundlagen zum Ziel hat. Die Zukunftswerkstatt stellt hierfür ein methodisches Arrangement bereit, das viele bereits bekannte, so genannte „aktivierende Methoden" (Rollenspiel, Planspiel, Projektarbeit usw.) integriert und damit vielfältige Möglichkeiten des selbstbestimmten problemorientierten Lernens eröffnet.◆

c) **Fazit**

◆ Die Zukunftswerkstatt erscheint als kongeniale Methode, um auch in der Schule in den wirtschafts- und sozialwissenschaftlichen Unterrichtsfächern das neue Politikfeld „Zukunftspolitik" zu erschließen und die neue Schlüsselqualifikation „Zukunftsfähigkeit" zu entwickeln.◆

(Weinbrenner/Häcker, a.a.O., S. 50 f.)

Anwendung

Gegenstand einer Zukunftswerkstatt könnten beispielsweise folgende Weltprobleme sein:

- Wüstenbildung und Raubbau am Tropischen Regenwald
- Welternährung
- Weltbevölkerung, Migration, Flüchtlinge oder Themen, zu denen im Folgenden Materialien bereitgestellt werden:

- **Fairer Handel in der ‚einen Welt' → 2.4**
- **Neue Leitbilder für eine zukunftsfähige Gesellschaft → 2.3.**

▶ *Das Strukturmodell einer Zukunftswerkstatt*

Bei aller thematischen Offenheit und teilnehmerbezogenen Flexibilität von Zukunftswerkstätten sind sie als eigenständige Methode durch ein formales Strukturmodell mit klarem Regelwerk bestimmt. Wie Material 1 zeigt, gliedert sich eine Zukunftswerkstatt in drei Hauptphasen sowie eine vorbereitende und nachbereitende Phase. Die Doppelspirale macht auf die Integration *von intuitiv-emotionalem* und *rational-analytischem Lernen* aufmerksam.

Material 1

(R. Jungk/N.R. Müllert: Zukunftswerkstätten, München 1989, S. 221)

Vorbereitungsphase

In der Vorbereitungsphase geht es insbesondere um folgende Aktivitäten:

① *Themenfindung:* Als Themen für die Zukunftswerkstatt eignen sich alle Probleme und Fragestellungen, die von einer Gruppe Betroffener als dringend lösungsbedürftig und im Prinzip auch lösbar angesehen werden. Zukunftswerkstätten knüpfen an gesellschaftliche Krisensymptome an, zum Beispiel Energiekrise, Wachstumskrise, Ausbildungs- und Arbeitsplatzkrise, Umweltkrise, technische Katastrophen (Seveso, Bhopal, Challenger, Tschernobyl). Wichtig ist, dass alle Teilnehmer sich einig darüber werden, welches Problem für die meisten von ihnen von Bedeutung ist.

② *Raumausstattung:* Der Raum für eine Zukunftswerkstatt sollte groß genug sein, um allen Teilnehmern genügend Bewegungsspielraum zu ermöglichen. Die sterilen Sitzordnungen von Klassen- und Seminarräumen sind ungeeignet und sollten durch das Ausräumen der Tische und die Bildung einer halbkreisförmigen Sitzordnung verändert werden. Es müssen genügend Tafeln, Stellwände bzw. Zimmerwände zum Aufhängen von Papierbögen und Arbeitsblättern zur Verfügung stehen. Ideal sind Tagungsstätten mit Großraum nebst Gruppenräumen sowie vielen Rückzugsmöglichkeiten zur Entspannung und Erholung (Cafeteria, Bibliothek, Schwimmbad, Tischtennis, Clubecken usw.). Sehr angenehm sind Räume mit Teppichboden.

③ *Arbeitsmaterial:* Zur laufenden Dokumentation der Werkstattergebnisse werden große Papierbögen (Packpapier) oder Druckrollenpapier benötigt, dazu Klebeband und Filzstift sowie Schreibmaschine und ein Schnellkopierer.

④ *Gruppengröße:* Die optimale Teilnehmerzahl liegt bei ungefähr 20 Personen. Bei Gruppen über 30 Personen ist der Einsatz mehrerer Moderatoren notwendig. Es sollten immer genügend Gruppenräume bzw. Nischen für Kleingruppen von ca. drei bis sieben Personen zur Verfügung stehen.

⑤ *Zeitplanung:* Unabhängig von der Zeitplanung muss in jeder Zukunftswerkstatt gewährleistet sein, dass die drei Hauptphasen (Kritikphase, Phantasiephase und Verwirklichungsphase) in jedem Fall durchschritten werden.

⑥ *Einstimmung*: Hierzu gehört ein Austausch über Interessen und Erwartungen an die Zukunftswerkstatt. Außerdem sollten kurz Geschichte, Zielsetzung und Verfahren der Zukunftswerkstatt erläutert werden. Die einzelnen Phasen werden genau beschrieben: die für jede Phase geltenden „Spielregeln“ werden erläutert, aufgeschrieben und bleiben während der ganzen Zukunftswerkstatt sichtbar an der Wand.

Kritikphase

In dieser ersten Hauptphase geht es um eine möglichst präzise und radikale Kritik gegenwärtiger Missstände und ungelöster sozialer Verhältnisse. Es wird in folgenden Schritten vorgegangen:

① *Kritiksammlung:* Der Moderator formuliert zunächst provozierende Leitfragen, wie etwa: „Was stört Sie?“, „Was haben Sie zu kritisieren?“ oder „Wovor haben Sie Angst, was bedrückt Sie?“, „Worüber empfinden Sie Wut und Empörung?“ Die Teilnehmer sollen sich in kurzen Stichworten äußern; alle Aussagen werden auf einem Papierbogen protokolliert. Die Teilnehmer können auch ihre Kritikpunkte auf einem DIN-A4-Blatt mit großer Schrift notieren und dieses Blatt in die Mitte des Kreises legen und laut vorlesen.

② *Systematisierung und Bewertung:* Nach der Kritiksammlung sollen die Kritikpunkte nach Problembereichen zusammengestellt werden. Danach findet eine Bewertung dieser Problembereiche durch die Gruppe statt, und zwar in der

Form, dass jeder Teilnehmer etwa drei bis fünf Punkte nach Belieben und Interesse auf die einzelnen Problembereiche verteilt.

③ *Thematische Schwerpunkte bilden:* Durch diese Bewertung kristallisieren sich Problemthemen heraus, von denen die Teilnehmer meinen, dass sie vorrangig diskutiert werden sollen. Die Kritikphase endet mit der für alle Teilnehmer deutlich sichtbaren Zusammenstellung dieser vorrangigen Problembereiche.

Phantasiephase

In dieser Phase geht es darum, die in der Kritikphase aufgedeckten Probleme, Schwierigkeiten, Ängste und Befürchtungen ins Positive zu wenden. Die Teilnehmer werden durch den Moderator ermuntert, ihrer Phantasie freien Lauf zu lassen. Es wird ihnen zugestanden, dass sie alle Macht und alles Geld haben, um sich ihre neue Zukunft zu schaffen. In der Regel werden die Problemschwerpunkte der Kritikphase aufgenommen und in Arbeitsgruppen durch die Entbindung sozialer Phantasie und utopischen Denkens positiv gewendet. Auch diese Phase ist wieder in einzelne Schritte untergliedert, und zwar

① *Kritikpunkte positiv umformulieren:* Hier wird zu jedem Kritikpunkt eine positive Alternative gesucht. Das ist jedoch erst die Vorbereitung für die eigentliche Phantasie- oder Utopiephase, denn diese Umformulierungen enthalten in der Regel noch keine Phantasien oder Utopien. Dies geschieht im nächsten Schritt, dem

② *Brainstorming:* Hier werden die Teilnehmer aufgefordert, in Stichworten möglichst phantasievolle Vorschläge zur Problemlösung zu entwickeln, ohne Rücksicht auf irgendwelche Gesetze, Vorschriften, ökonomische oder soziale Zwänge. Alles ist möglich, alles ist machbar.

③ *Systematisierung und Bewertung:* Die von den Teilnehmern geäußerten Ideen werden im nächsten Schritt systematisiert und wiederum durch Punktvergabe bewertet. Die besten Ideen, also diejenigen mit den höchsten Punktzahlen, werden dann im nächsten Schritt von den Kleingruppen weiterentwickelt.

④ *Ausarbeitung und Konkretisierung eines utopischen Entwurfs:* In diesem letzten Schritt sollen die Ideen so weit konkretisiert werden, dass sie zu möglichst vollständigen und anschaulichen Projektskizzen bzw. „utopischen Entwürfen" ausgearbeitet werden. Die Gruppen überlegen sich dann, in welcher Weise sie den anderen Gruppenmitgliedern ihre Ergebnisse in möglichst anschaulicher Form präsentieren. Hierzu bieten sich vielfältige Darstellungsformen an (Kurzgeschichte, Rollenspiel, Pantomime, Gedicht, Gesang, Collage, Comic, Gruppenbild usw.).

Verwirklichungsphase

In dieser dritten Hauptphase geht es darum, die Zukunftsentwürfe und sozialen Phantasien mit den realen Verhältnissen der Gegenwart zusammenzubringen sowie Wege und Strategien zu ihrer Durchsetzung zu finden. Jetzt darf die bis dahin aufgestaute Kritik wieder voll zum Zuge kommen, ohne dass die Zukunftsentwürfe gleich wieder erdrückt werden. Vielmehr sind auch in dieser Phase wieder Erfindungsreichtum und soziale Phantasie notwendig, um möglichst vielfältige, neuartige und Erfolg versprechende Wege zur Verwirklichung der besseren Zukunft zu finden. Auch diese letzte Phase wird in mehrere Verwirklichungsschritte untergliedert, und zwar

① *Kritische Prüfung der utopischen Entwürfe:* Hierbei sollen die Entwürfe auf ihre Realisierbarkeit unter den gegenwärtigen und noch zu schaffenden Bedingungen überprüft werden. „Inwieweit lassen sie sich schon jetzt in Angriff nehmen? Gibt es bereits reale Ansätze in der gewünschten Richtung? Welche Hindernisse stehen ihnen entgegen? Welche Beharrungskräfte müssen überwunden werden? Wie beurteilen Fachleute, Wissenschaftler, Politiker ihre Erfolgschancen?"

② *Entwicklung von Durchsetzungsstrategien:* „Woran muss unbedingt festgehalten werden? Wie müsste vorgegangen und taktiert werden, um wenigstens Teile zu retten? Welche politischen und ökonomischen Voraussetzungen wären notwendig? Gibt es Bündnispartner, die für eine Unterstützung in Frage kommen? Soll man offen vorgehen oder so lange wie möglich ohne große Publizität arbeiten?"

③ *Planung eines gemeinsamen Projekts bzw. einer Aktion:* Keine Zukunftswerkstatt sollte folgenlos bleiben. Im günstigsten Fall entwirft die Gruppe selbst einen Projektplan bzw. bereitet eine gemeinsame Aktion vor, um Neuerungen, Vorstellungen oder Utopien zu verwirklichen. „Was muss bei einem solchen Unternehmen bedacht werden? Wie sieht es mit der Finanzierung aus? Wer engagiert sich und mit welchem Einsatz? Wie wird die Öffentlichkeit hergestellt? Welche Repressalien sind zu befürchten und wie ist ihnen zu begegnen? Welche Absicherungen des Projekts sind möglich, welche sollten vorgenommen werden?“

Nachbereitungsphase

Da alle Zukunftswerkstätten letztlich dazu beitragen sollen, eine bessere, das heißt *sozial- und umweltverträgliche* Zukunft vorzubereiten, sollten sie nicht auf der Ebene eines intellektuellen Spielvergnügens verbleiben, sondern unmittelbar in die Gesellschaft und ihre Verhältnisse positiv verändernd eingreifen. Daher umfasst die Konzeption der Zukunftswerkstatt grundsätzlich eine nachbereitende Phase, und zwar als Idee einer „permanenten Werkstatt“ beziehungsweise einer „weiterführenden Werkstattarbeit“.

(Weinbrenner, P./Häcker, W., Theorie und Praxis der Zukunftswerkstätten; in: Burow, O.-A./Neumann-Schönwetter, M. (Hrsg.), Zukunftswerkstatt in Schule und Unterricht, Hamburg 1995, S. 50ff.)

Bei der Medien- und Materialauswahl sollte Wert auf emotionalisierende, suggestive und kontroverse Inhalte und Formen gelegt werden.
So eignen sich besonders Hintergrundmusik, Dias und große Photos für die Kritik- und die Phantasiephase. Für die Verwirklichungsphase eignen sich gedruckte Materialien aus den folgenden Teilkapiteln, aber auch aus Kap. IV/2.

2. Leben in der ‚EINEN WELT‘

2.1 Gemeinsame Probleme – gegensätzliche Interessen

‚Die Sicherung der Welt als Lebensraum – eine politische Aufgabe‘ integriert ein Themenfeld, das bisher unterrichtlich auf zwei deutlich getrennte Themen verteilt war:

- Der Nord-Süd Konflikt und
- Umweltprobleme/Umweltschutz.

Die Überschrift „Leben in der ‚Einen Welt‘“ behauptet, dass beide Problemfelder in Zukunft unter den Leitideen gemeinsamer Betroffenheit und gemeinsamer Verantwortung zu behandeln sind.
Neben der gemeinsamen Formulierung der Weltprobleme sind zur Schärfung des Problembewusstseins die unterschiedliche Betroffenheit und die noch unterschiedlichere Handlungskompetenz verschiedener Staaten- oder Personengruppen zu analysieren.
Der Zustand der Erde wird schon in unserer Gesellschaft sehr kontrovers gesehen. Zwischen ignorant optimistisch gefärbtem ‚Weitermachen wie bisher‘ und apokalyptisch inspirierten Bußpredigten schwankt je nach Gemütslage und politischer Orientierung die Haltung unserer Bürger.
Schwieriger, aber genauso notwendig scheint es, vor einer Beurteilung samt nachfolgenden Therapievorschlägen die andere Seite zu hören – in diesem Fall die Bewohner der Dritten Welt. Ihr Part ist nicht mehr allein Opfer von Hunger und Unterentwicklung oder ‚Nutznießer‘ unserer Hilfe – also Objekt von Politik – zu sein, sondern als Mitbewohner der Erde, als Subjekt, mitzuwirken bei der beschleunigten Zerstörung oder bei der pfleglichen Erhaltung der Erde.
Zuerst soll ein Vergleich der Lage von Industrie- und Entwicklungsländern versucht werden; dabei taucht u.a. das Problem der Vergleichsmaßstäbe auf. Ein für die materielle Lage der Industriestaaten geläufiger Maßstab, das Bruttosozialprodukt (M8), ist für Entwicklungsländer umstritten. Es wird seit einigen Jahren durch einen ‚Human development index‘ (HDI) der UNDP, einer UN-Organisation, ergänzt (M10).
Die Problematik eines Zugriffs über ‚Eine Welt‘ soll ebenfalls bedacht werden:

① ‚Eine Welt‘ suggeriert einen Zustand der Vergleichbarkeit, der den Alltagserfahrungen der Bewohner von Industrie- und Entwicklungsländern Hohn spricht.

② ‚Eine Welt' suggeriert ein solidarisches Bewusstsein, das weder im Alltagsleben der Erste-Welt-Bewohner noch in der Politik der Industriestaaten bisher eine wesentliche Rolle spielte; ein solches Etikett könnte ideologisch insoweit missbraucht werden, als dass es die Bereitschaft zum Wandel einschläfern hilft.

③ Damit ist die ‚Eine Welt' ein uneingelöster Auftrag, eine wertbesetzte Handlungsmaxime, unter der das Feld der ungelösten ‚Weltprobleme' sachlich analysiert und politisch gestaltet werden sollte.

Anhand einer **Collage** (M 1–7) werden Probleme, die die gesamte Menschheit betreffen, aufgezeigt. An diesen sollten dann die jeweils unterschiedlichen oder teilweise sogar gegensätzlichen Interessen verschiedener Staaten oder Bevölkerungsgruppen entwickelt werden. Anhand der RIO-Konferenz 1992 soll dann ein Wendepunkt hin zu einer integrierten Globalen Politik markiert werden.

▶ *Weltprobleme – Eine Collage*

Material 1a

Letzte Meldung

Titelzeilen vom 4. November 1996:

Mehr als eine Million Menschen auf der Flucht
Frankfurter Allgemeine Zeitung

Drohende Flüchtlingskatastrophe in Ostzaire
Neue Zürcher Zeitung

Eine Million Flüchtlinge vom Hungertod bedroht
Süddeutsche Zeitung

Flüchtlinge kämpfen um letzte Nahrung
Frankfurter Rundschau

Material 1b

(→ VIII/1.1, S. 365 M 2)

Material 1c

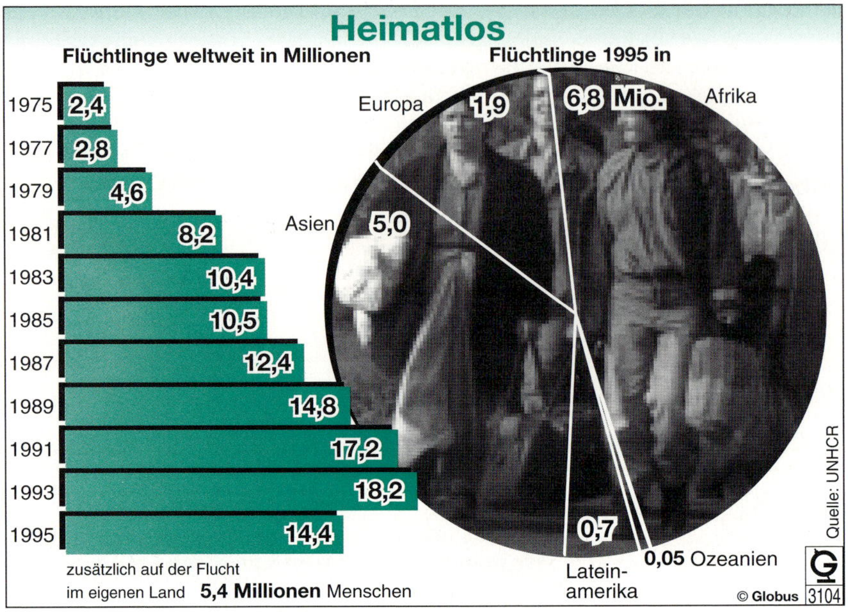

Material 1d

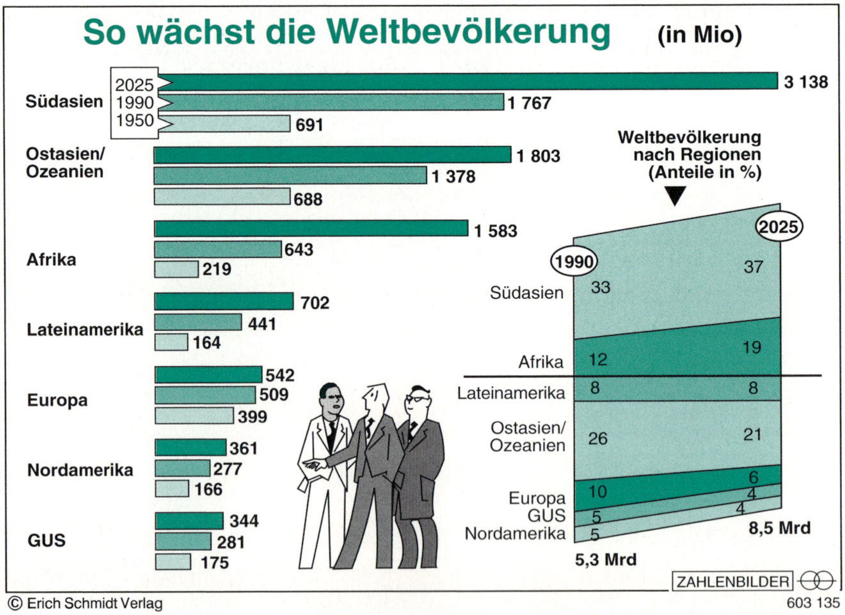

Material 2a

Armut ist eine Gefahr für die Demokratie, weil sie aus hungrigen Menschen zornige Menschen machen kann.

(Bakili Muluzi, Präsident von Malawi seit 21. Mai 1994, nach den ersten freien Wahlen im Land)

Material 2 b

Anteile am Weltsozialprodukt und am Welthandel 1990 und 1994 in % nach PPP-$

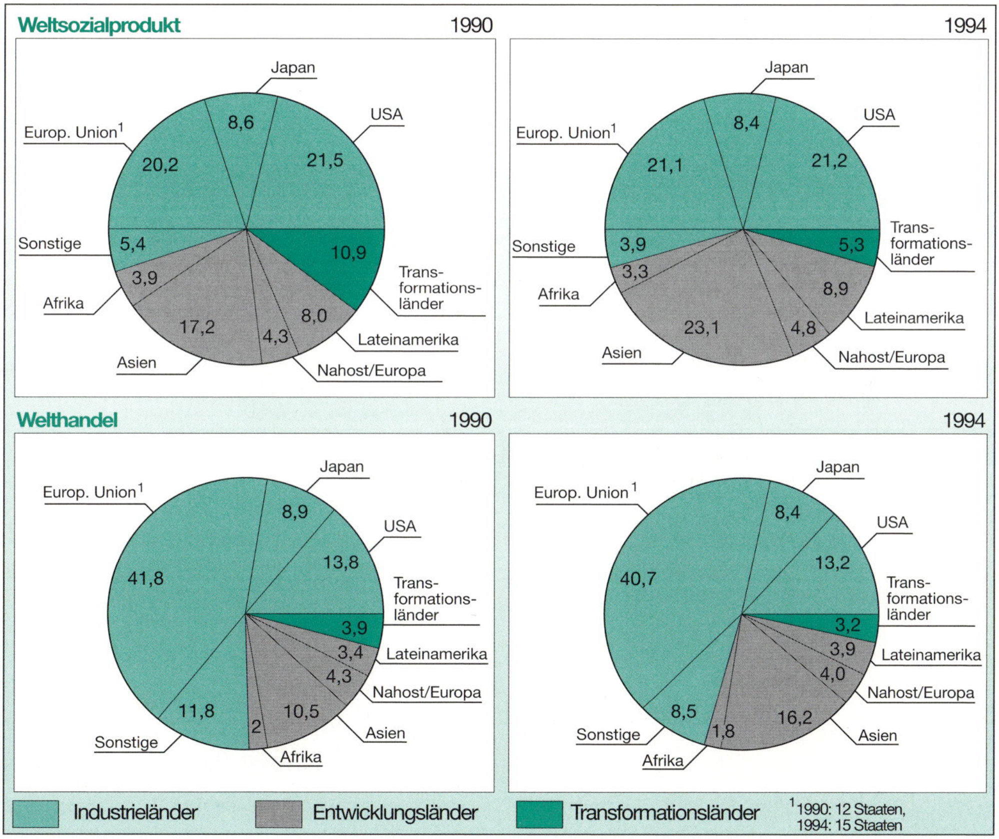

(nach: Ingomar Hauchler (Hg.), (Globale Trends 1996, © Stiftung Entwicklung und Frieden, Frankfurt (Fischer) 1995, S. 150)

Material 2c

Globale wirtschaftliche Disparitäten

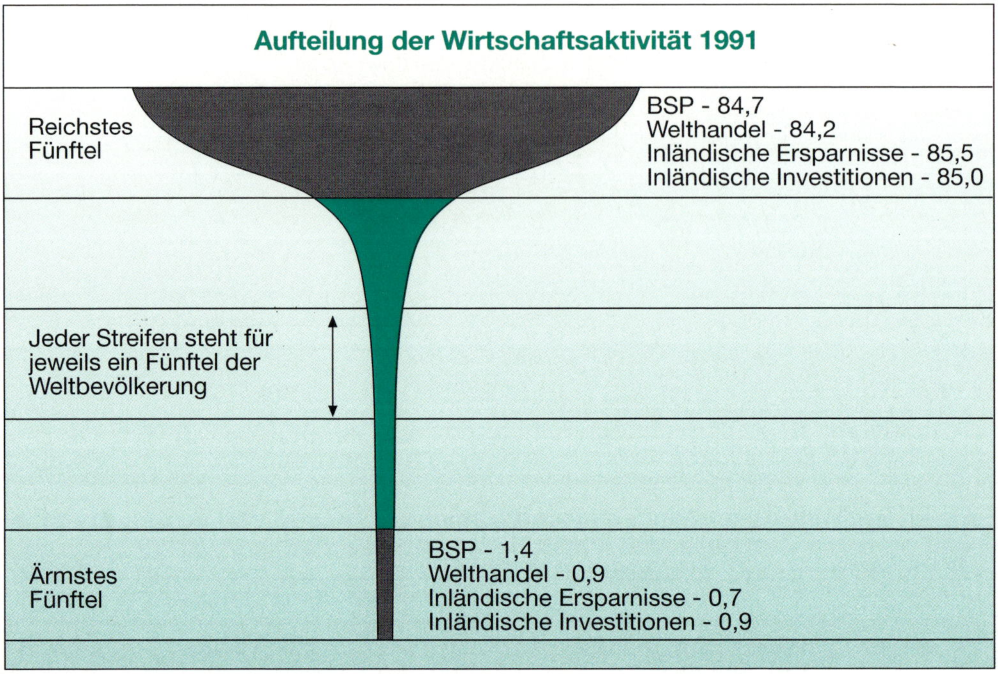

(Bericht über die menschliche Entwicklung, Kurzfassung, Bonn 1994, S. 18)

Material 2d

JEDER DRITTE IST ARM. 1,3 Milliarden Menschen oder ein Drittel der Weltbevölkerung leben in Armut. Mit diesem Problem wachsen die sozialen Spannungen, aber auch die Umweltprobleme. Zum Beispiel zwingen karge Böden und wachsende Einwohnerzahl zur Abholzung der Wälder; dies führt zu Erosion – ein Teufelskreis, der schwer zu durchbrechen ist.

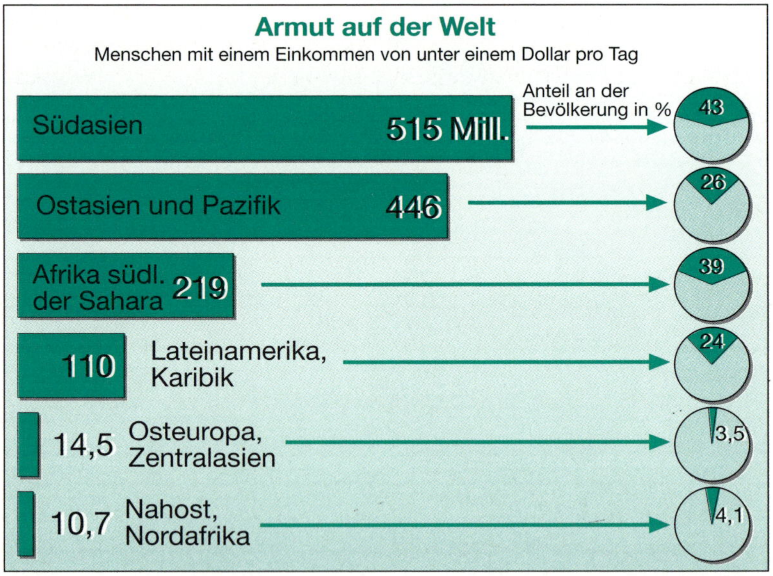

(Süddeutsche Zeitung, 23.12.1996)

Material 3a

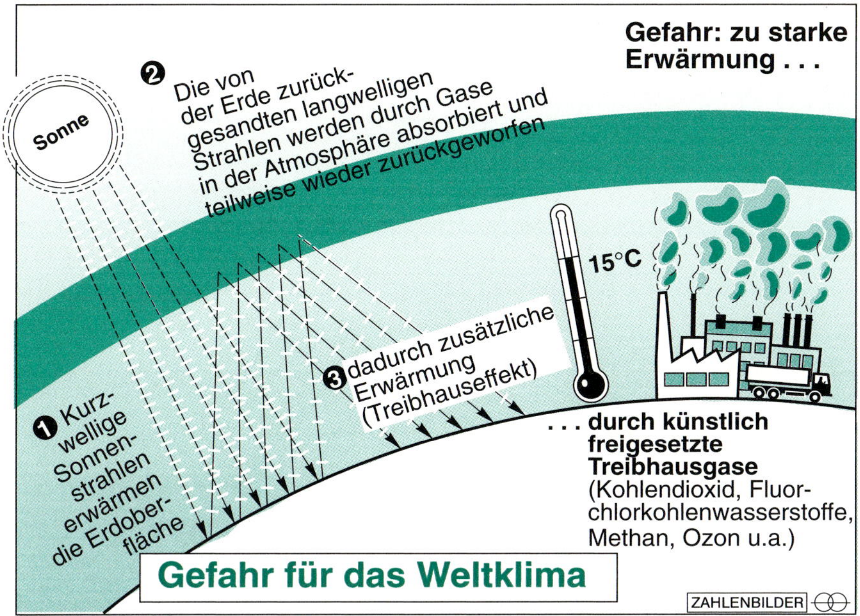

© Erich Schmidt Verlag 665 050

Material 3b

Ozonloch
Der Killer greift Deutschland an
(Bild, 19.3.93, S. 19)

Ozonloch über Hamburg – aber nur für einen Tag
(Hamburger Abendblatt, 19.3.93, S. 9)

Ihr zerstört Bangladesch – mit Euren Autos
(Frankfurter Rundschau, 2.6.92, S. 6)

Die Natur antwortet mit Katastrophen
(Frankfurter Allgemeine Zeitung)

EG verschärft Klimakrise
(Südwest Presse, 25.11.92)

Material 4a

Material 4b

Was tun?

Die Leute, die über uns zu bestimmen geruhen, die Erwachsenen, müssen bedenken, dass wir, die Kinder und Jugendlichen, in der Welt leben müssen, die sie uns überlassen. Ihnen ist das ja egal. Ihr Leben ist sowieso schon bald vorbei. Aber wir fangen gerade erst an zu leben. Es ist unsere Zukunft, mit der sie spielen.

(14-jährige Schülerin, Quelle: Grefe, C./I. Jerger-Bachmann: Das blöde Ozonloch – Kinder und Umweltängste, München 1992)

Material 5

Material 6 → III/3.4, S. 140ff.

„Raumschiff Erde“

Die Beziehungen zwischen Ökonomie und natürlicher Umwelt, die man in zwei Jahrhunderten industrieller Produktionsweise als „offenes System“ begriff, weil genügend natürliche Ressourcen (Boden, Rohstoffe, Luft, Wasser) vorhanden schienen, erweisen sich als geschlossener Kreislauf. Der amerikanische Wirtschaftswissenschaftler Kenneth Boulding vergleicht die Erde mit einem Raumschiff: „Die Vorräte an Bord sind begrenzt, aber die Zahl der Astronauten des Raumschiffes nimmt stark zu. Produktion und Konsum verursachen immer größere Abfallmengen und Schadstoffe, die im Raumschiff selbst untergebracht werden müssen und dort die Lebensbedingungen beeinträchtigen. Die Trinkwasserversorgung wird durch die Abfallproduktion in Frage gestellt, und die Klimaanlage arbeitet nicht mehr richtig: Die Luft zum Atmen wird knapp und verseucht. Die Erde ist damit ein geschlossenes System, das außer Sonnenenergie keine Ströme von der Außenwelt empfängt oder an sie abgibt. Daraus folgt, dass die Menschheit langfristig nur dann überleben kann, wenn die Abfälle nicht dauernd zunehmen. Sonst würde das Raumschiff Erde zu einem Abfallhaufen ohne Leben.“

(K. Boulding/G. Braun, Economics of Pollution, New York 1971; zit. in: Funkkolleg Sozialer Wandel, Brief 3, S. 77)

Material 7

1990·2000 Noch immer nehmen die ökologischen Probleme zu. Fritjof Capra sieht sie als „Facetten einer einzigen Krise, die auf überkommenen Werten beruht". Zum Beweis fertigte er eine Karte von der „Interdependenz der Weltprobleme" an.

Das Netz der Weltprobleme

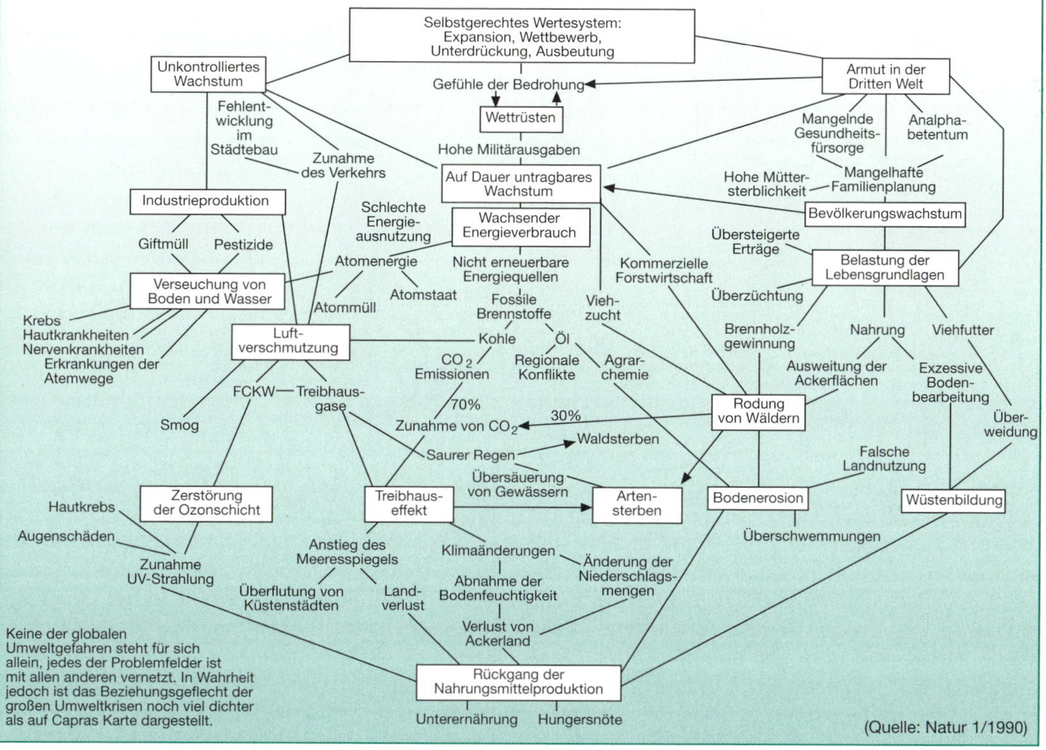

(Quelle: Natur 1/1990)

Material 8

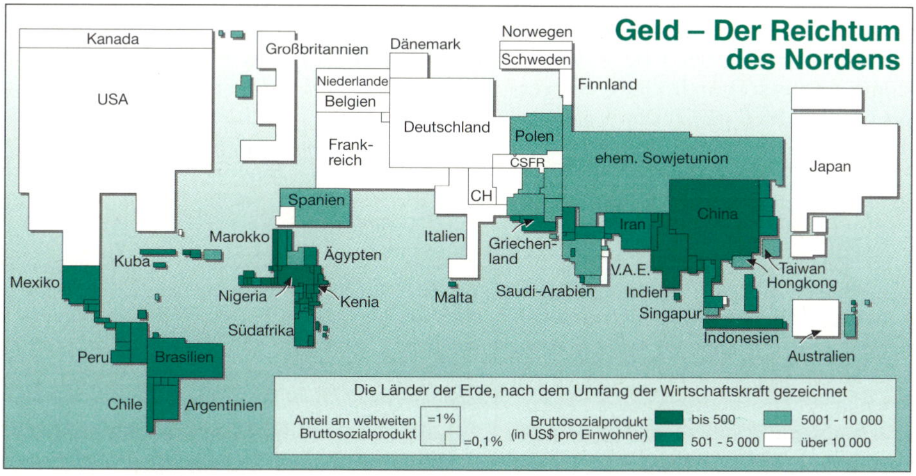

(Quellen: M. Kidron u. R. Segal, The State of the World Atlas/Encyclopaedia Britannica; nach einer Grafik von Wolfgang Schliephack, in: Ein Gipfel für die Erde, ZEIT-Schriften 1/1992, S. 26)

Material 9

Ihr Mitbürger des Südens!

Ihr wisst: Der fruchtbare und knappe Boden Afrikas wird vom Wind bis Nordeuropa verfrachtet. Die Wälder, die ihn zusammenhielten, sind weitgehend von euren Bauern gerodet. Rodung durch Feuer, falsche Bodennutzung und der hohe Bevölkerungsanstieg mit seinem Land- und Brennholzbedarf rächen sich nun! Desertifikation beraubt die Menschen zunehmend ihrer Lebensgrundlagen und treibt die ruinierten Bauern als Umweltflüchtlinge in die Städte. Hier belasten sie die ohnehin schon überstrapazierten natürlichen Ressourcen. Grund- und Trinkwasser sind knapp und immer mehr Menschen bedienen sich aus den Flüssen, die durch Müll und Abfälle jeder Art verseucht sind. Die Choleraepidemien in Lateinamerika zu Beginn der 90erJahre zeigen, dass diese Verschmutzung gestoppt werden muss. In vielen tropischen Ländern dringen Kleinbauern in die letzten Regenwälder ein und zerstören sie durch Brandrodung. Sie vernichten damit unschätzbare genetische Potenziale, auf die die Menschheit zukünftig angewiesen sein wird. Eure Wälder müssen vor weiterer Vernichtung bewahrt bleiben, um das Weltklima im Gleichgewicht zu halten, um den Treibhauseffekt zu bremsen. Es ist eine Verpflichtung der gesamten Menschheit gegenüber, an dieser Zukunftsaufgabe mitzuwirken. Die Welt kann sich eine solche Umweltzerstörung nicht länger leisten, denn diese macht ja an den nationalen Grenzen nicht halt! Wir können auch das Produktions- und Konsummodell der Industrieländer nicht auf den gesamten Süden übertragen. Es ist wahr, wir im Norden haben als 20 %-Minderheit einen überzogenen Lebensstil entwickelt, daran gibt es nichts zu be-

Ihr Bewohner des Nordens!

Wir geben euch Recht. Die ökologischen Schäden bei uns sind verheerend. Das Wasser ist häufig verseucht, die Böden sind zerstört oder ausgelaugt, die Wälder abgeholzt.

Doch das kommt nicht von der Natur. Ihr habt uns euer Produktionssystem aufgezwungen, unsere Bodenschätze rücksichtslos ausgebeutet, unsere Böden für Weltmarktprodukte in Beschlag genommen. Ihr Reichen im Norden habt jahrhundertelang an euch gerafft, was die Erde zu bieten hat – im Süden nicht anders als bei euch im Norden. Ein Reicher bei euch verdient hundertmal so viel wie ein Armer bei uns. Die heutige Verteilung der Umweltbelastungen ist für uns nicht akzeptabel. Während ihr seit den 80er-Jahren uns weniger gebt als an euch zurückfließt, eignet ihr, die ihr nur ein Fünftel der Erdbevölkerung ausmacht, euch drei Viertel aller Bodenschätze und Nahrungsmittel an und blast z.B. 80 % allen Kohlendioxyds in die Atmosphäre. Da wir nicht die Macht haben, euch etwas wegnehmen zu können, wollen wir wenigstens die Güter der Erde genauso nutzen wie es für euch selbstverständlich ist und uns nehmen, was geblieben ist. Wenn die Natur plötzlich mehr geschont werden muss als ihr es in der Vergangenheit für nötig gehalten habt, dann fangt selbst damit an. Warum sollen denn die tropischen Regenwälder unter Schutz gestellt werden, die Wälder des Nordens aber weiterhin als Reichtumsquelle ausgebeutet werden dürfen? Für uns ist das Öko-Imperialismus und der Versuch, unsere Ressourcen zu kontrollieren. Die gehören aber uns, sie sind keine „gemeinsamen Güter der Menschheit", sondern die einzige Möglichkeit, aus der Armut herauszukommen. Für uns ist es unannehmbar, dass ihr uns einen einfachen Lebensstil aufnötigen wollt, während ihr im Norden fortfahrt, die Weltressourcen durch die Produktion von Luxusgütern schönigen. Das ändert aber nichts an der Tatsache, dass die endlichen Ressourcen in wenigen Jahren ausgebeutet, die Belastungsgrenzen der Umwelt in kürzester Zeit überschritten wären, wenn die an Zahl ständig wachsende Mehrheit im Süden den Standard des Nordens für sich beansprucht. Umweltschonung, Einsparung, Vermeidung von Belastungen sind das Gebot der Stunde. Es ist fünf Minuten vor Zwölf! Solidarisch gilt es, die gemeinsamen Güter der Menschheit für die kommenden Generationen zu bewahren. Wir müssen endlich zum nachhaltigen, dauerhaften Umgang mit Land und Wasser, mit Erde und Atmosphäre übergehen. Schließlich sitzen wir alle in einem Boot. Keine Hälfte der Welt kann ohne die andere überleben!

zu zerstören. Für uns kann Umweltschonung nicht das Hauptproblem sein, sondern die um sich greifende Verschuldung unserer Länder, die Verelendung der Menschen. Wir wollen zuerst einmal Entwicklung und nicht Umweltschutz, sonst würde das Reichtumsgefälle zwischen euch und uns verewigt. Es kann und wird keine nachhaltige Entwicklung zu euren Bedingungen geben, solange die Hälfte der Menschen der Dritten Welt unter den Bedingungen extremer Armut lebt. Die ökologische Krise ist eure Krise des Überflusses. Ihre Wurzeln liegen bei euch – weltweit. Wir lassen uns nicht in ein gemeinsames Boot ziehen, das ihr steuert und in dem ihr bereits die besten Plätze belegt habt.

(Wulf Schmidt-Wulfen, in: Praxis Geographie 11/1994, S. 4)

Material 10 a

Regionale Unterschiede bei der menschlichen Entwicklung

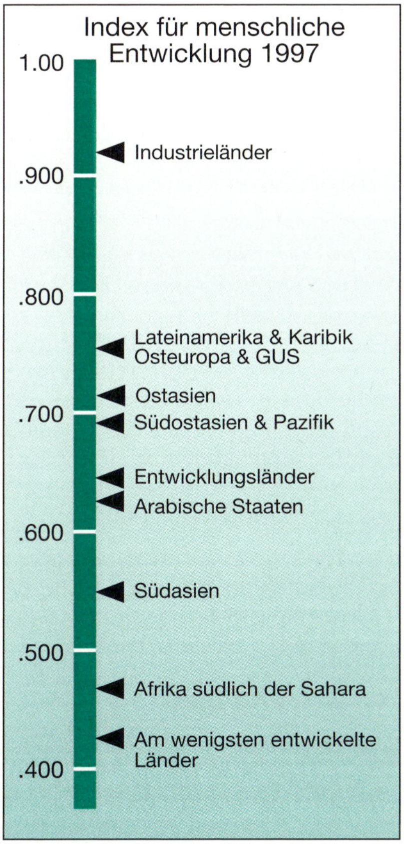

(Quelle: Human Development Report Office; Bericht über die menschliche Entwicklung, Bonn 1999, S. 162)

Material 10 b

Berechnung des Index für „menschliche Entwicklung" (HDI)

Der HDI setzt sich aus drei Komponenten zusammen, für die Mindest- und Höchstwerte festgelegt wurden:

- **Lebensdauer,** gemessen als Lebenserwartung zwischen 25 und 80 Jahren,
- **Wissen,** gemessen als Alphabetisierung Erwachsener (zwei Drittel) zwischen 0 und 100 Prozent sowie als Dauer des Schulbesuchs (ein Drittel) zwischen 0 und 15 Jahren,
- **Lebensstandard,** gemessen als Pro-Kopf-Einkommen in realer Kaufkraft (PPP) zwischen 200 und 40.000 US-$.

Für jeden der drei Bereiche ergeben sich Werte auf einer Skala zwischen 0 und 1. Die Lebensdauer-Komponente beträgt bei einer durchschnittlichen Lebenserwartung von 55 Jahren 0,5; die Alphabetisierungskomponente des Wissens ergibt bei einer Alphabetisierung von 75 % 0,75. Der Durchschnitt der Werte für Lebensdauer, Wissen und Lebensstandard ergibt den HDI. Je näher dieser bei 0 liegt, umso größer die Mangelsituation im Bereich der „menschlichen Entwicklung" (UNDP 1994).

(nach: Ingomar Hauchler (Hg.), Globale Trends 1996, Stiftung Entwicklung und Frieden, Frankfurt (Fischer) 1995, S. 51)

Aufgaben

1. a) *Entwickeln und beschreiben Sie aktuelle Weltprobleme aus den Materialien M1 – M 7, 9, und 10!*
   b) *Stellen Sie die Inhalte von M1d und 2c in einer anderen Form dar (z.B.: Tabelle oder Kreisdiagramm). – Prüfen Sie die Wirkung Ihrer Darstellungsform auf Mitschüler und diskutieren Sie den Zusammenhang von Darstellungsweise und Wirkung!*
   c) *Stellen Sie auf der Grundlage von M7 Interdependenzen zwischen verschiedenen Problembereichen her. Ergänzen Sie gegebenenfalls das Modell!*
2. a) *Stellen Sie aus den Reden des Nordens an den Süden und der Erwiderung des Südens nach Problembereichen geordnet die Argumente tabellarisch gegenüber (M9)!*
   b) *Formulieren Sie die Kernkonflikte zwischen Nord und Süd (M9)!*
   c) *Überprüfen Sie die Behauptungen von M9 im Lichte der Materialien (M1 – 5)!*
3. *Welche Probleme wirft der in M9 benutzte Entwicklungsbegriff auf? – Ziehen Sie Erdkundebücher und Lexika hinzu!*
4. a) *Zeigen Sie, dass in der aktuellen Lage die Behauptung, wir lebten alle in der ‚Einen Welt', eine verschleiernde oder sogar eine ideologische Wirkung/Absicht haben kann!*
   b) *Inwiefern beweisen die Materialien die Notwendigkeit einer aktiven ‚Eine-Welt-Politik' der Staatengemeinschaft!*
5. *Nehmen Sie Stellung zu der Behauptung, ‚die Menschheit im Raumschiff Erde verhalte sich wie dumme Mieter in einem schlecht geführten Haus'!*

2.2 RIO 1992 – ein Wendepunkt im globalen Verteilungskonflikt

Die ‚UNO-Konferenz Umwelt und Entwicklung' (UNCED) in Rio de Janeiro vom 1. – 12. Juni 1992 (RIO-'92) kann als Meilenstein auf dem Weg in ‚unsere gemeinsame Zukunft auf diesem Planeten' (Bundesumweltminister Töpfer) gesehen werden.
Auch wenn die Umweltpolitik seitdem national wie international wenig Fundamentales veränderte, wird die Bedeutung des Gipfels in Rio Bestand haben.
Erstmals wurde nationale Umweltpolitik globalen Lösungsansätzen untergeordnet; erstmals gelang es den Ländern der Dritten Welt, als Machtfaktor ihre entwicklungspolitischen Interessen in ein gemeinsames Entscheidungspaket der Staatengemeinschaft zu integrieren. Erstmals trafen sich in Rio hohe und höchste Repräsentanten aller UNO-Mitgliedsstaaten unter Beachtung durch die internationale Öffentlichkeit zu einem **Earth Summit** bei dem verbindliche Ziele, Verhaltensregeln und Institutionen beschlossen wurden, verbunden mit nationalen Verpflichtungserklärungen und Zeitplänen zur Prüfung der Ergebnisse.

Wie erklären sich die veränderte Wahrnehmung und die objektive Bedeutungszunahme des Welt-Umweltgipfels?

► *Der Paradigmenwechsel in den internationalen Beziehungen*

① Seit Jahrzehnten wird insbesondere in den Industriestaaten die Diskussion um Umweltthemen emotional und zunehmend politisch wirksam geführt.
Um ‚Waldsterben', Sommersmog, Wasser- und Luftverschmutzung, Giftmüll kreisen viele erbitterte Gespräche der Bürger und es werden seit Jahren auch politische Lösungen versucht: Entschwefelung von Kraftwerken, Katalysator für Autoabgase, Müllsortierung mit dem Grünen Punkt deuten auf politische Aktivität und gestiegenes Verantwortungsbe-

wusstsein und Engagement der Bürger und Politiker hin. Ein Beispiel dafür bietet die Metamorphose der Umweltschützer von einer Bürgerbewegung zu einer stabilen 10 %-Partei im Deutschen Bundestag.
Zusätzlich gewinnt seit den 80er-Jahren das Umweltthema neue internationale Dimensionen: Tschernobyl, Ozonloch, Treibhauseffekt machen es schwerer, Verursacher zu identifizieren und Abhilfemöglichkeiten zu organisieren. Täter und Opfer haben ein diffuses gemeinsames Bedrohungsgefühl (U. Beck: ‚Risikogesellschaft', 1986), aber weder gemeinsame Kommunikationskanäle noch handlungsfähige Institutionen.
Zu den Umweltbedrohungen fügen sich für die Menschen der ‚Ersten Welt' noch Ängste, die um Bevölkerungsexplosion verbunden mit Kriegen, Migration und weiterer Umweltbelastung kreisen. Durch die Verquickung von wirtschaftlichen mit ökologischen, von lokalen mit globalen Faktoren erhöhen sich Unsicherheiten und Ängste. Das Erstarken von ausländerfeindlichen, isolationistischen politischen Strömungen hat in der Unfähigkeit der eigenen nationalen Regierungen glaubwürdig darauf zu reagieren eine Hauptursache.

② Auf dem Gebiet der Nord-Süd-Beziehungen haben sich die Themen verändert und die Gewichte zwischen den Staatengruppen verschoben.
Seit den 70er-Jahren ist der verbreitete Optimismus zerfallen, alle Staaten der Dritten Welt könnten durch eine Imitation des ‚Nördlichen' Entwicklungsmodells in einer nachholenden Modernisierung den Rückstand aufholen. Dabei kam es zu einer Spaltung der Dritten Welt. Den Staaten Ostasiens (4 Tiger: Süd-Korea, Taiwan, Hong-Kong, Singapur) gelang im Schlepptau Japans dieser erhoffte ökonomische Modernisierungsprozess. Dessen Krönung stellte 1996 die Aufnahme Süd-Koreas in die OECD (die Organisation der bedeutendsten marktwirtschaftlichen Industriestaaten) dar. Mittlerweile ziehen die Tiger weitere Staaten in ihrer Nachbarschaft nach sich, die sich wie z.B. Malaysia zunehmend selbstbewusst im internationalen Konzert in Szene setzen.
Auf der anderen Seite fielen die meisten Staaten Schwarz-Afrikas infolgedessen sowohl in ihrem Lebensstandard als auch in ihrem Anteil am Welthandel noch weiter zurück. Sie sind keine gewichtigen ökonomischen Partner für die Industriestaaten mehr. Ihre machtpolitische Rolle als Verbündete im Ost-West-Konflikt ist nach dem Zerfall der Sowjetunion ersatzlos entfallen. Die in dieser Zeit angehäuften Waffenarsenale sowie eine Reihe von europäisch protegierten unfähigen Politikern erzeugen oder verstärken noch Hunger und Gewalt in diesen Staaten. Somalia, Zaire und Liberia stehen für dieses Erbe. Ausnahmen sind lediglich im südlichen Afrika zu sehen. Die Staaten Afrikas sind wieder in die Abhängigkeit von internationaler Hilfe zurückgefallen ohne eigenständige Perspektive. Dies gilt selbst für ein potentiell reiches Land wie Nigeria.

③ Die Auflösung der bipolaren Struktur der internationalen Beziehungen, die Spaltung der Entwicklungsländer als Gruppe sowie das neuentstandene Bewusstsein, insbesondere in der Ersten Welt, um die Gefährdung des Planeten Erde, hat den Druck auf die Regierungen der Ersten Welt erhöht die globalen Klimaprobleme zu lösen, gleichzeitig aber den Schwellenländern und den ärmsten Staaten eine neue Verweigerungsmacht gegeben. Sie sind dabei, die ökologische Asymmetrie (Leidtragende der Umweltschäden zu sein, ohne etwas dagegen tun zu können) zu ihren Gunsten und zu Lasten der Industriestaaten zu verändern.
Der freie Welthandel ausschließlich zu den Konditionen der Ersten Welt und Almosen für die Dritte Welt wird abgelöst durch eine neue Agenda, in der Umwelt-, Welthandels- und Entwicklungspolitik zu einem Paket zusammengeschnürt werden.
Mit der UN-Umweltkonferenz (RIO '92) verbinden sich erste Hoffnungen auf eine solche komplexe ‚Erdpolitik' (E.-U. v. Weizsäcker). Die Abschlussdokumente sind ein erster Beleg für ein gemeinsames Problembewusstsein und ein schwacher Hinweis auf eine gemeinsame Handlungsbereitschaft.

In den folgenden beiden Kapiteln sollen sowohl Denkanstöße für die ökologische Herausforderung als auch Hinweise für eine Umgestaltung der Weltwirtschaftsbeziehungen gegeben werden.

Aufgaben

6. a) *Suchen Sie für die drei Dimensionen des ‚Paradigmenwechsels der internationalen Beziehungen' je eine Überschrift!*
   b) *Suchen Sie in M11 – 13 Belege für den beschriebenen Paradigmenwechsel!*
   c) *Befragen Sie Erwachsene Ihrer Umgebung, inwiefern ihnen dieser Vorgang bewusst ist!*
7. a) *Erarbeiten Sie aus den Materialien M13 und 14 verschiedene Ziele und Methoden der Weltumweltpolitik nach Rio. Versuchen Sie eine Abschätzung ihrer Durchsetzbarkeit!*
   b) *Untersuchen Sie, inwieweit Industrie- und Entwicklungsländer ihre Interessen in die Abschlussdokumente einbringen konnten!*
   c) *Stellen Sie fest, inwieweit die Rio-Konferenz die von Ihnen bisher formulierten Weltprobleme (s. Aufgabe 1a) aufgegriffen hat. Versuchen Sie etwaige Defizite zu erklären!*
8. a) *Interpretieren Sie die Rolle Deutschlands auf der Rio-Konferenz (M15 u.a.)!*
   b) *Deutschland hat in Rio verbindliche Zusagen zur Klimapolitik gemacht (M14). Ermitteln Sie den derzeitigen Stand der deutschen Politik!*

Material 11

Zur politischen Dynamik globaler Gefahren

Risikogesellschaft

Das so genannte Nullrisiko liegt jenseits der Versicherbarkeit

Die Ökologie hat eine eindrucksvolle Erfolgsgeschichte vorzuweisen. Heute liegt die Verantwortung für den Zustand der Natur bei Ministern und Managern. Der Nachweis, dass „Nebenfolgen" von Produkten oder Produktionsverfahren die Lebensgrundlagen gefährden, kann heute Märkte zum Einsturz bringen, politisches Vertrauen ebenso zerstören wie ökonomisches Kapital. [...]

Hier setzt nun meine Theorie der Weltrisikogesellschaft an. Ihre Pointe ist die Unterscheidung von industriell, also entscheidungsabhängig erzeugten Risiken, die im Prinzip kontrollierbar sind, und Gefahren, die den Kontrollanspruch der Industriegesellschaft unterlaufen haben: Die Institutionen und Normen der Industriegesellschaft – Risikokalkül, Versicherungsprinzip, Unfallbegriff, Katastrophenschutz, Nachsorge – versagen. Umstrittene Technologien und Industrien entziehen sich der privaten Versicherbarkeit. Dies gilt für die Kernenergie, für die Gentechnologie, aber auch für weitere Bereiche hochriskanter chemischer Produktionen. Was für jeden Autofahrer selbstverständlich ist, nämlich sein Fahrzeug nur mit Versicherungsschutz zu benutzen, wurde im Hochindustrialismus für ganze Industriezweige und Zukunftstechnologien suspendiert. Es gibt also glaubwürdige „technologische Pessimisten", die den Betreibern, die die Harmlosigkeit ihrer Technologien behaupten, widersprechen: Versicherungsexperten, denen ihr ökonomischer Realismus verbietet, das Mammutgeschäft mit dem technischen „Nullrisiko" einzugehen. Die Weltrisikogesellschaft operiert jenseits der Versicherbarkeitsgrenze.

Die Entscheidungen des „technisch-ökonomischen Fortschritts" sind noch nationalstaatlich und betrieblich organisiert, doch in ihren bedrohlichen Folgen sind wir heute Mitglieder einer Weltrisikogesellschaft. Die Sicherheit und Gesundheit der Bürger zu gewährleisten, ist keine nationalstaatlich zu lösende Aufgabe mehr. Die These der Weltrisikogesellschaft lautet also: Die Verwandlung der Nebenfolgen industrieller Produktion in globale ökologische Krisenherde ist kein Umweltproblem unserer Welt, sondern eine tief greifende Institutionenkrise der nationalstaatlichen Industriemoderne. Solange diese Entwicklungen im Begriffshorizont der Industriegesellschaft gesehen werden, bleiben sie als negative Nebenfolgen scheinbar verantwortbaren und kalkulierbaren Handelns „Restrisiken". Ihre systemerodierenden, die Rationalitätsgrundlagen delegitimierenden Folgen bleiben unerkannt.

Von einer Weltrisikogesellschaft zu sprechen, erfordert, dass die globalen Gefährdungen handlungsprägend werden und die Ausbildung internationaler Institutionen ermöglichen. Dass es solche Impulse gibt, zeigt sich daran, dass die Mehrzahl der internationalen Umweltvereinbarungen während der letzten zwei Jahrzehnte geschlossen wurden. Doch hier handelt es sich bestenfalls um den legendären Tropfen auf dem heißen Stein.

[...]

(Ulrich Beck; in: Süddeutsche Zeitung vom 31.01.1996, S. XI)

Ulrich Beck ist Professor für Soziologie in München und Verfasser des Buches „Risikogesellschaft – Auf dem Weg in eine andere Moderne“.

Material 12

„Wenn die Klimaerwärmung unser Land unbewohnbar macht, werden wir mit unseren nassen Füßen in eure Wohnzimmer marschieren.“ (Berlin 1995)

Es gibt immer mehr Gefahren, denen potenziell alle Menschen ausgesetzt sind. Wen nach einem Reaktorunfall die Nuklearwolken erreichen, entscheidet der Wind. Gegen grenzüberschreitende Umweltzerstörungen können sich Staaten nur unvollständig schützen. Wachsende Wüsten, die Abholzung von Taiga und Regenwald schädigen auch unser Klima. Je größer die menschlichen Eingriffe in die Natur werden, desto häufiger betrifft, was in fernen Regionen geschieht, das eigene Leben.

Wenig Zukunft hätte der Versuch, den Wohlstand der Industrieländer (plus einer Handvoll Schwellenländer) ökologisch abzusichern und den Rest der Welt sich selbst zu überlassen. Mit einem Limes die „neuen Barbaren“ fernzuhalten – das wird kaum gelingen. Zwar laufen Szenarios um, die den wohlhabenden Ländern eine Fortsetzung ihrer ökologisch besänftigten Lebensweise versprechen. Mobile Streitkräfte sollten weltweit Armutsrevolten frühzeitig ersticken, elektronisch gesicherte Grenzen den Zustrom der Armen absperren. Umweltschäden ließen sich nach und nach ausgleichen, ohnehin sei Anpassen billiger als Verhindern. All das ist Wunschdenken. Reichtum ist nur ungefährdet unter einer von drei Voraussetzungen: Entweder ist er den Notleidenden unbekannt, oder sie nehmen ihre Notlage als selbstverschuldet beziehungsweise als schicksalhaft hin, oder der Reichtum ist für sie unerreichbar. Keine dieser Voraussetzungen trifft mehr zu. In dieser vernetzten Welt wissen zu viele inzwischen zu viel. Die Botschaften von Hunger und Überfluss, von Reformen und Revolten erreichen potenziell jede und jeden. Auch die Mittel sich zu wehren, vom Terrorismus bis zur Migration, sind zu verfügbar, als dass sich große Teile der Weltbevölkerung in ein wachsendes Elend fügen werden. Entschlossene Akteure, etwa fundamentalistische Bewegungen oder ethnische Gruppen, haben schon Zeichen ihrer Chaosmacht gesetzt. Aber das Unruhepotenzial reicht weit über sie hinaus. „Wenn die Klimaerwärmung unser Land unbewohnbar macht, werden wir mit unseren nassen Füßen in eure Wohnzimmer marschieren“, hat erst kürzlich Atiq Rahman aus Bangladesh bei der Berliner Klima-Konferenz angekündigt. Eine Festung Europa würde durch äußere Bedrohungen und innere Spannungen so bedrängt werden, dass soziale Stabilität nicht mehr zu erreichen wäre.

Und: Die Länder des Südens besinnen sich auf die ihnen zuwachsende Stärke. Das gilt nicht nur für die wachsende Marktmacht der Schwellenländer, es gilt auch für die Verhandlungsmacht der ärmeren Staaten. Ohne sie sind internationale Abkommen etwa zum Klimaschutz nicht zu erreichen, und sie können mit globalen Konsequenzen drohen, wenn sie sich nach dem Vorbild des Nordens ohne Rücksicht auf die Folgen industrialisieren und dazu noch die Erde ihrer Senken berauben.

(BUND/Misereor (Hg.), Zukunftsfähiges Deutschland, Basel 1996, S. 274f.)

Material 13

Stationen zur globalen Umweltpolitik

1972 D. Meadows u.a. ‚Die Grenzen des Wachstums' – Bericht des Club of Rome
1972 UNO-Umweltkonferenz in Stockholm
1973/79 Ölpreiskrisen
1980 ‚Global 2000' Bericht an den amerikanischen Präsidenten
1985 Ozonloch über der Antarktis entdeckt
1987 Montreal-Protokoll zum Schutz der Ozonschicht
1988 Zwischenbericht der Enquete-Kommission des Deutschen Bundestags ‚Vorsorge zum Schutz der Erdatmosphäre'
1989 E.U. v. Weizsäcker: ‚Erdpolitik'
1991 Verhandlungen über eine ‚Klimarahmenkonvention'
1992 UNO-Konferenz für Umwelt und Entwicklung in Rio de Janeiro (→ M 14)

1994 Klimarahmenkonvention (KRK) tritt in Kraft
1995 Erste Konferenz der Vertragsparteien der KRK in Berlin
1996 Ständiger Sitz des Sekretariats der KRK in Bonn eingerichtet
1996 ‚Konvention zur Bekämpfung der Desertifikation' tritt in Kraft (Agenda 21, Kap. 12)
1997 Weltklima-Konferenz in Kyoto
1998 KRK-Konferenz in Buenos Aires

Material 14

Die Ergebnisse von Rio '92

Die Klimaschutz-Konvention

Darin verpflichten sich die [...] Unterzeichnerstaaten, das „Klimasystem zum Wohle heutiger und künftiger Generationen der Menschheit zu schützen". Jeder Staat muss regelmäßig veröffentlichen, wie viel er an Treibhausgasen in die Atmosphäre bläst, und Programme starten, die diesen Ausstoß senken, sodass der Anteil des Kohlendioxids in der Atmosphäre sich auf einem Niveau stabilisiert, das eine gefährliche, vom Menschen verursachte Störung des Klimasystems verhindert. Die Industrieländer müssen den Ausstoß von CO_2 und anderen Treibhausgasen auf das Niveau von 1990 zurückbringen. Das bedeutet: Der CO_2-Ausstoß muss sich in den Industrieländern erheblich senken. Allerdings wurde hierfür kein verbindlicher Termin festgesetzt.

Die Vertragsstaaten werden in jährlichen Folgekonferenzen die Einhaltung der Verpflichtungen überprüfen und über notwendige Veränderungen beraten und entscheiden. Die erste dieser Vertragsstaatenkonferenzen hat im März/April 1995 in Berlin stattgefunden.

Die Bundesregierung strebt an, die CO_2-Emissionen bis zum Jahr 2005 um 25 bis 30 % (bezogen auf das Jahr 1987) zu senken.

Die Artenschutz-Konvention

Sie regelt „den Erhalt der Artenvielfalt, den nachhaltigen Gebrauch ihrer Bestandteile und das faire und gleichberechtigte Teilen der Erträge, die aus der Verwendung der genetischen Ressourcen erwachsen". Die Länder verpflichten sich, bedrohte Tiere und Pflanzen in ihren angestammten Lebensräumen zu erhalten. Die gefährdeten Arten und Biotope und die Ursachen ihrer Gefährdung sollen identifiziert und überwacht werden. Die Entwicklungsländer sollen bei der Erfüllung ihrer Verpflichtungen von den Industrieländern finanziell unterstützt werden.

Die erste Vertragsstaatenkonferenz fand im Dezember 1994 auf den Bahamas statt, die zweite im November 1995 in Djakarta. Die USA haben die Konvention nicht unterzeichnet.

Walderklärung

Eine rechtlich verbindliche Konvention zum Schutz der Tropenwälder konnte bisher nicht erreicht werden. Die Entwicklungsländer betonen ihr souveränes Recht auf Nutzung der auf ihrem Territorium stehenden Wälder, während die Industrieländer die Erhaltung und Wiederherstellung der ursprünglichen Regenwälder als eine Aufgabe der Weltgemeinschaft ansehen. In Rio wurde als Kompromiss eine unverbindliche Walderklärung verabschiedet, die Grundsätze zur Waldbewirtschaftung und Walderhaltung festlegt.

Deklaration von Rio

In der rechtlich unverbindlichen Deklaration sind 27 Grundsätze [...] festgelegt worden, die im Bereich Umwelt und Entwicklung künftig das Verhalten der Staaten untereinander und von Staaten zu ihren Bürgern bestimmen sollen. Sie betont das Recht auf Entwicklung unter Beachtung des Umweltschutzes, fordert Armutsbekämpfung und eine angemessene Bevölkerungspolitik, stellt fest, dass die Industrieländer als wesentliche Verursacher der bisherigen globalen Umweltschäden eine besondere Verantwortung haben. Sie weist auf die Pflicht der Staaten hin, über Vorhaben mit möglicherweise grenzüberschreitenden Umweltauswirkungen vorab und in Notfallsituationen sofort zu informieren.

Agenda 21

Die Agenda 21 (der Name verweist auf das bevorstehende 21. Jahrhundert) gibt allen Staaten detaillierte, aber nur politisch (also nicht rechtlich) verbindliche Handlungsanweisungen für alle wesentlichen Bereiche der Umwelt- und Entwicklungspolitik: Armutsbekämpfung, Bevölkerungspolitik, Gesundheitsschutz, Siedlungspolitik, Klimaschutz, Waldschutz, Bekämpfung der Wüstenbildung, ländliche Entwicklung, Schutz der Meere, der Wasserreserven, Umgang mit gefährlichen Abfällen.

Die Agenda 21 stellt fest, dass die Kosten für die Maßnahmen grundsätzlich von den jeweiligen Ländern selbst aufzubringen sind, dass aber die Industrieländer den Entwicklungsländern dabei helfen müssen.

(Claus D. Grupp, Welt im Wandel, Köln 5. Auflage 1996, S. 57)

Material 15

In Rio heilig gesprochen (Quelle: Ein Gipfel für die Erde. ZEIT-Schriften 1/1992, S. 91)

2.3 Die ökologische Herausforderung: Neue Leitbilder für eine zukunftsfähige Weltgesellschaft

(vgl. Meadows, IV/3., S. 215)

Neben dem jährlich über der Antarktis aufreißenden **‚Ozonloch'** ist die globale Klimaveränderung **(‚Treibhauseffekt')** im Bewusstsein vieler Bürger und Politiker zur ökologischen Hauptaufgabe der internationalen Staatengemeinschaft geworden. Vermehrte Klimaanomalien im letzten Jahrzehnt (Stürme, Hitzewellen, Überschwemmungen) und düstere Prognosen vom Abschmelzen der Gletscher, einem Anstieg des Meeresspiegels und einer Ausbreitung der Wüsten haben das öffentliche Bewusstsein geschärft. Fachleute wie Politiker fühlten sich veranlasst gezielt nach Auswegen zu suchen. Der Energieverbrauch der Industriestaaten wurde als ein Kern des Problems erkannt und nationale wie internationale Auswege gesucht.

Es wurden gesetzliche Emissionsgrenzwerte festgelegt, nationale (CO_2)-Reduktionsziele vereinbart, handelbare ‚Verschmutzungsrechte' erdacht und zuletzt Wälder und Meere als schutzbedürftige ‚Schadstoffsenken' erkannt. Seit einige Entwicklungsländer, insbesondere China, sich anschicken ihren Energieverbrauch auf Weltniveau weiterzuentwickeln, steht unsere Art zu Wirtschaften erstmals wieder grundsätzlich auf dem Prüfstand.

Der Ruf nach veränderten Leitbildern für die Menschheitsentwicklung war in früheren Jahrhunderten vor allem das Metier von Propheten. Die letzten Jahrzehnte haben auch hier bemerkenswerte Veränderungen im öffentlichen Bewusstsein mit sich gebracht. Die früher an den Rand der Gesellschaft abgedrängten ‚Apokalyptiker' haben regen Zuwachs aus der Mitte der Gesellschaft bekommen.
Naturwissenschaftler bilden mittlerweile den Kern der Systemkritiker. C. Sagan, H.P. Dürr oder Ökonomen wie H.Ch. Binswanger und E.U. v. Weizsäcker setzen das fort, was in Deutschland in den 60er- und 70er-Jahren mit den Namen R. Jungk oder H. v. Dithfurth begonnen hatte. Begriffe wie ‚nachhaltige Entwicklung (Sustainable Development)' (→ Kap. IV/2.) oder Konzepte wie ‚Erdpolitik' sind Gegenstand gesellschaftlicher Diskussion. Der neueste Beweis für den gesellschaftlichen Aufstieg alternativer Modelle liefert die Studie ‚Zukunftsfähiges Deutschland', die das Wuppertal-Institut für Klima, Umwelt, Energie im Auftrag von BUND und (sic!) MISEREOR durchgeführt und 1996 veröffentlicht hat.
Im gesellschaftlichen Bereich gibt es in vielen Industriestaaten seit langem anerkannte Organisationen, in denen sich Bürger persönlich oder durch Spenden engagieren: Das Spektrum reicht von weltweit tätigen Hilfsorganisationen wie Misereor und Brot für die Welt, über Umweltorganisationen wie BUND und Greenpeace bis zu lokalen Ruanda-Komitees und Eine-Welt-Läden.
In Zusammenhang mit der RIO-Konferenz haben diese Positionen auch in der internationalen Politik an Ansehen gewonnen. Im Zentrum der nationalen Politik stehen sie aber deshalb noch lange nicht.
Die folgenden Materialien sollen anregen sich mit diesen Alternativen auseinander zu setzen, aber vor allem die Diskussion um die Zukunft der Erde **eigenständig weiterzuverfolgen und möglichst auch mitzugestalten.**

Material 16

Energieverbrauch in Industrie- und Entwicklungsländern

	Energieverbrauch pro Kopf (in kg Öleinheiten)	Jährliches Wachstum des Energieverbrauchs (in %)
	1993	1980 – 93
Entwicklungsländer insgesamt	**760**	**–**
Entwicklungsländer mit niedrigem Einkommen	353	5,4
Äthiopien	23	6,0
Ghana	96	2,7
Indien	242	6,7
Simbabwe	471	5,5
VR China	623	5,1
Entwicklungsländer mit mittlerem Einkommen	1563	–
Papua-Neuguinea	238	2,4
Jamaica	1096	1,9
Venezuela	2369	2,3
Algerien	955	5,0
Indonesien	321	7,5
Marktwirtschaftliche Industrieländer	**5245**	**1,6**
Deutschland*	4170	0,0
USA	7918	1,4
Japan	3642	2,7
Frankreich	4031	2,0
Großbritannien	3718	1,0

* früheres Bundesgebiet

(Quelle: Weltbank, Weltentwicklungsbericht 1995)

Material 17

Beobachtete, zehnjährige geglättete Fluktuationen 1851 – 1988 der nordhemisphärisch gemittelten bodennahen Lufttemperatur

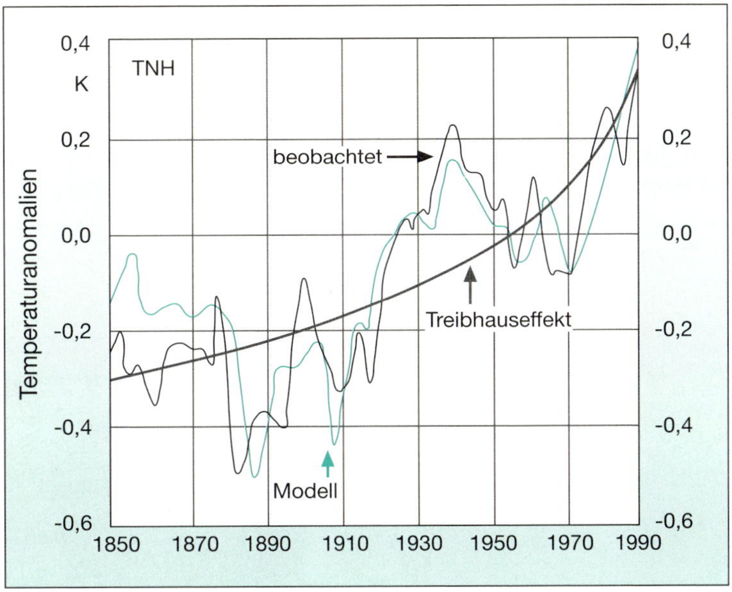

Reproduktion durch das Frankfurter statistische (multiple) Klimamodell und daraus abgeschätzter Treibhaus-Anteil

(Quelle: C.-D. Schönwiese, Globale Klimaänderungen in Vergangenheit und Zukunft, in: Geographische Rundschau 2/1993, S. 79, © Omnia)

Material 18

Energieszenario für China

Seit geraumer Zeit erreicht die chinesische Wirtschaft zweistellige Zuwachsraten. Vor allem wächst die energieintensive industrielle Produktion und damit auch der Energieverbrauch. Die chinesische Führung setzt nämlich bisher auf „nachholende Entwicklung“, also auf Nachahmung dessen, was die Industrieländer vorgelebt haben. Sollte sich dieses Wirtschaftswachstum Chinas unverändert fortsetzen, ist deshalb vorhersehbar, dass die energiebedingten CO_2-Emissionen zur Destabilisierung des Klimas mit noch nicht abschätzbaren Auswirkungen auf die ganze Erde führen werden.

Diskutiert wird zur Zeit, wie die Wirtschaftsentwicklung Chinas gestaltet werden muss, damit dieses Katastrophenszenario nicht Wirklichkeit wird. Gesucht wird ein Weg, der die negativen Auswirkungen der industriellen Entwicklung im Westen vermeidet und die positiven Trends aufnimmt, um zu ressourcen- und energiesparender Entwicklung zu kommen.

Gegenwärtig verursacht ein Chinese im Durchschnitt einen energiebedingten CO_2-Ausstoß von etwa 2 t pro Jahr. Zum Vergleich: Ein Deutscher produziert ca. 12 t, ein US-Amerikaner sogar 20 t. Trotzdem liegt China wegen seiner großen Bevölkerung (rund 1,2 Milliarden Menschen) mit etwa 10 % des weltweiten CO_2-Ausstoßes auf dem dritten Platz hinter den USA (25 %) und der GUS. Würde sich die chinesische CO_2-Produktion pro Kopf an den US-Standard angleichen, dann entließe das Land mehr CO_2 in die Atmosphäre als heute die ganze Menschheit, nämlich 24 Milliarden t pro Jahr.

Der Energieverbrauch pro Kopf ist heute in China noch vergleichsweise gering: Er beträgt nur 23 Gigajoule im Jahr, während ein US-Bürger 295 Gigajoule verbraucht. Gleichzeitig aber brauchen Chinesen zur Herstellung einer Einheit Sozialprodukt viermal so viel Energie wie US-Amerikaner und zehnmal so viel wie Japaner. Hier müssten Reformen ansetzen: Die Energieeffizienz muss mindestens auf das heutige Niveau Japans erhöht werden.

Die Abhängigkeit Chinas von der ökologisch besonders belasteten Kohleverbrennung als Energiequelle ist ein Problem. In den 80er-Jahren lag der Anteil der Kohle an der Gesamtenergieversorgung Chinas bei 76 %; er wird sich künftig kaum verringern. Die chinesische Führung erklärt zwar, dass sie sich der ökologischen Probleme des Wirtschaftswachstums bewusst sei, aber sie nennt als alternative Energieträger neben der Kohle nur die ebenfalls ökologisch bedenklichen Optionen Wasserkraft (Staudamm-Großprojekte) und Kernkraft.

(Globale Trends 1996, a.a.O., S. 324)

Material 19

Mentale Sackgasse

(Quelle: Geografie heute, Heft 146/1996)

Material 20

Die weitestgehende Lösung

Material 21

Wertprämissen einer zukunftsfähigen Politik:

① Künftige Generationen haben die gleichen Lebensrechte wie die jetzt lebenden.

② Jeder Generation wurde die Erde treuhänderisch übergeben – Jede hat die Pflicht, sie kommenden Generationen intakt zu hinterlassen.

③ Jeder Mensch hat das gleiche Recht, global zugängliche Ressourcen zu nutzen.

(nach: BUND/MISEREOR (Hrsg): Zukunftsfähiges Deutschland – Ein Beitrag zu einer global nachhaltigen Entwicklung, Basel 1996, nach S. 28)

Material 22

Leitlinien für die Ressourcen

① Von einer erneuerbaren Ressource darf nicht mehr genutzt werden, als sich in der gleichen Zeit regeneriert.

② Es dürfen nur so viel Stoffe in die Umwelt entlassen werden, wie dort aufgenommen werden können.

③ Die Umsätze von Energie und Stoffen müssen auf ein risikoarmes Niveau abgesenkt werden.

(BUND/MISEREOR (Hrsg.): Zukunftsfähiges Deutschland, Basel 1996, S. 31)

Material 23

Brundtland-Bericht 1987

Unsere gemeinsame Zukunft

[...] Nationale Regierungen und internationale Organisationen werden sich zunehmend der Tatsache bewusst, dass Fragen wirtschaftlicher Entwicklung und der Umwelt nicht länger voneinander zu trennen sind [...] Diese Überlegung führte zu einer Erweiterung unserer Auffassung von ‚Entwicklung'. Wir erkannten, dass ‚Entwicklung' mehr ist als nur wirtschaftliches Wachstum in Entwicklungsländern [...] **„Dauerhafte Entwicklung"** wird somit für die Entwicklungs- wie die Industrieländer zum Entwicklungsziel [...]

Die Verbindung von Entwicklung und Umwelt ist in allen Ländern notwendig, reich und arm. Eine dauerhafte Entwicklung erfordert, dass nationale und internationale politische Maßnahmen in allen Ländern verändert werden. Dauerhafte Entwicklung will die Bedürfnisse und Ziele der Gegenwart verwirklichen ohne die Fähigkeit zu verlieren, diese auch in der Zukunft zu verfolgen. [...]

Erleichtert würde [...] [dies] durch politische Ordnungen, die sich durch eine wirksame Mitbestimmung der Bürger bei der Entscheidungsfindung auszeichnen sowie durch ein Mehr an Demokratie im internationalen Entscheidungsprozess [...]

Das Ziel einer dauerhaften Entwicklung und die vielfältigen Verflechtungen der globalen Umwelt- und Entwicklungsprobleme werfen für nationale wie internationale Institutionen, die in aller Regel mit festen Vorgaben und genau umrissenen Zuständigkeitsbereichen ins Leben gerufen wurden, große Probleme auf. Die Reaktion der Regierungen auf das Tempo und den Umfang des globalen Wandels war bisher gekennzeichnet von dem Widerstreben, daraus in ausreichendem Maße Schlüsse für das eigene Verhalten zu ziehen. Die zu bewältigenden Probleme sind sowohl miteinander verflochten als auch Teil eines größeren Ganzen. Ihre Lösung braucht umfassende Lösungsansätze und öffentliche Mitsprache [...]

Diese Verzahnung und Wechselwirkung der neuen Herausforderungen und Probleme stehen in scharfem Gegensatz zu unseren heutigen Institutionen. Die Mehrzahl der mit solchen Problemen konfrontierten Institutionen arbeitet ohne Bezug und isoliert vor sich hin – stets nur den meist relativ eng gefassten unmittelbaren Auftrag und die genau festgelegten Kompetenzen vor Augen [...]

Der Übergang zu dauerhafter Entwicklung [erfordert] eine Vielfalt öffentlicher politischer Entscheidungen, die komplex und politisch schwierig sind. Um eine Politik dauerhafter Entwicklung auf nationaler und internationaler Ebene durchzusetzen, werden enorme Bemühungen unternommen werden müssen, um die Öffentlichkeit zu informieren und deren Unterstützung sicherzustellen. Dabei können die Wissenschaft, private Gemeindegruppen und Nichtregierungsorganisationen eine wichtige Rolle spielen [...] Die Mehrzahl dieser Einrichtungen sind national oder lokal und damit wir den Übergang zu dauerhafter Entwicklung erfolgreich nehmen, werden ihre Kapazitäten erheblich gestärkt werden müssen. Die nationalen NRO beziehen ihre Stärke immer mehr aus der Verbindung mit ihrem Gegenüber in anderen Ländern und aus der Beteiligung an internationalen Programmen und Konsultationen. Die NRO in den Entwicklungsländern brauchen internationale Unterstützung – fachlich, moralisch und finanziell –, um ihre Aufgaben effektiv auszuführen [...]

Daher sollten die Regierungen dafür sorgen, dass die NRO in allen entsprechenden regierungsübergreifenden Organisationen offiziell konsultiert werden und sinnvoller beteiligt werden. Die internationalen NRO[1] müssen finanziell erheblich mehr unterstützt werden, damit sie ihren besonderen Aufgabenbereich für die Welt und zur Unterstützung der nationalen NRO erweitern können. Die Kommission ist der Meinung, dass vermehrte Unterstützung für diese Organisationen, die deren Funktionen erweitern hilft, eine unbedingt notwendige und kostengünstige Investition darstellt. Die Kommission empfiehlt, dass die Regierungen, Stiftungen und andere private und öffentliche Geldquellen diesen Organisationen eine hohe Priorität einräumen.

(Auszug aus dem Brundtland-Bericht der Weltkommission für Umwelt und Entwicklung, Eggenkamp Verlag, Greven 1987)

[1] NRO: Nicht-Regierungsorganisation

Material 24 (vgl. Meadows, IV/3., S. 215)

Vor der Klimawende

Ein Zeitalter geht zu Ende, anders als Sterndeuter und Kalendermacher erwarten. Die Kultivierung der Erde verändert in diesen Jahren unwiderruflich den Puls der Atmosphäre. Die Erde wird wärmer. Nach heutigem Wissen könnte die Menschheit bestenfalls den Wandel verlangsamen und damit noch etwas Zeit gewinnen. So wenig die Veränderungen des Klimas, etwa von Regen und Trockenheit, im Einzelnen abzuschätzen sind, sie werden jedenfalls soziale Katastrophen auslösen.

Anscheinend stolpert Homo sapiens blind dem Abgrund entgegen. Jeder Einzelne, die gesellschaftlichen Gruppen, die Regierungen, die multinationalen Organisationen haben gute und schlechte Gründe für ihr Handeln. Sie alle, wir alle haben aber nicht die Welt als Ganzes im Auge.

Verantwortung für die Welt

Dabei ist der Gedanke der Verantwortung für die Welt dem abendländischen Menschen gar nicht fremd. Bereits im Buch Genesis wird als seine Aufgabe definiert, den Garten Eden – also die ganze Welt – zu bauen und zu bewahren. Doch lediglich die Ureinwohner Australiens und Amerikas – „Steinzeitkulturen“, wie wir das sehen – fühlen sich für den Erdkreis verantwortlich.

Die Kultur der zivilisierten Menschheit ist die der Ausbeutung und beruht wesentlich auf einem Missverständnis des anderen biblischen Worts: „Macht euch die Erde untertan.“ Darauf beruft sich beispielsweise ausdrücklich der bayerische Ministerpräsident in seinem Kampf für die atomare Wiederaufarbeitungsanlage Wackersdorf. Kultur im ursprünglichen Sinn bedeutet Erschließen, also Abholzen, Roden, Ackern, Straßenbau. Anders hätte die Menschheit nicht sesshaft werden, keine Kultur im weiteren Sinn entwickeln können.

Die Neusiedler im Urwald von Brasilien verstehen denn auch das Niederbrennen des Regenwaldes noch ganz ursprünglich als Kulturtat, als ein „Saubermachen“ in der „Grünen Hölle“. Das ist im Grunde europäische, besonders deutsche Tradition.

Wir wissen es nun – seit wenigen Jahren – besser und handeln doch in der Mehrzahl wider besseres Wissen. [...]

Der westlichen Kultur der Ausbeutung liegt ein anderes Wertesystem zugrunde als einer – bestenfalls in Ansätzen vorhandenen – Kultur des Bewahrens. Aus dem Wertesystem ergeben sich die Prioritäten im privaten wie im politischen Alltag. Individuelle Beweglichkeit zum Beispiel ist eine Errungenschaft unserer Zivilisation, selbst wenn sie zur Bewegung um der Bewegung willen entartet. Daher hat das Auto seinen Zauber. Doch die Treibstoffvorräte sind endlich und Stickoxide – Folge besonders des Rasens im Wagen ohne Katalysator – sind ein erheblicher Klimafaktor. Das ist allgemein bekannt. Dennoch lehnt die deutsche Bundesregierung nahezu allein auf der Welt ein Tempolimit ab.

Der Preis höchster Erträge

Ein hoher Ertrag des Bodens ist die Hoffnung jedes Bauern, seit der Mensch ackert. Höchsterträge sind jedoch nur um den Preis extremer Verschwendung von Ressourcen und der Zerstörung der Natur zu erzielen. Und: Die Überdüngung trägt zur weiteren Aufheizung der Erde bei, indem die Überschüsse wachsen. In Europa und in Nordamerika wird traditionell auf betriebswirtschaftlich zweckmäßige Weise produziert, doch – in Kenntnis der volkswirtschaftlichen Konsequenzen – unökonomisch weil unökologisch. Das Ozonloch ist eine direkte Folge davon.

Betriebswirtschaftlich vernünftig ist es zum Beispiel, wenn ein Feuerlöschermittel-Hersteller viel Umsatz macht und entsprechenden Gewinn. Absurd jedoch ist, dass durch Feuerlösch-Übungen bei weitem mehr des – die Ozonschicht angreifenden – Löschmittels in die Atmosphäre gelangt als durch die Brandbekämpfung selbst. Ein Viertel der Menschheit braucht Brennholz für eine warme Mahlzeit – und zerstört aus Not und Armut den Wald, verursacht Dürre und Überschwemmungen. Das ist schrecklich, aber verständlich. Absurd ist, dass ganze Urwälder wegen einiger Edelholz-Stämme für Repräsentations-Schreibtische niedergemacht werden. Dies, weil Regierungen Devisen benötigen, lediglich, um Schuldzinsen an westliche Banken zu überweisen.

Der Gedanke einer „nachhaltigen", also auf Dauer möglichen Nutzung des Rohstoffs Holz wurde von Förstern in Europa entwickelt. Dennoch stirbt der Wald, weil Industrieproduktion im Prinzip noch immer von der Unerschöpflichkeit der „Ressourcen" Energie, Wasser, Luft und Erde ausgeht. Weil im Prioritätenkatalog der Regierungen Europas Umweltschutz ganz unten rangiert, werden die Produzenten kaum daran gehindert, umweltfeindlich zu wirtschaften.

„Was kann ich als Einzelner tun?" ist eine oft gestellte Frage gerade auch angesichts der nun drohenden Klima-Katastrophe. Zu resignieren wäre tödlich, führte letztlich zum Untergang der Menschheit. Wir erleben eine „Augen – zu – und – durch"-Mentalität des Weitermachens, selbst wenn erkennbar das Falsche geschieht. Dagegen anzugehen ist nicht sinnlos. Insbesondere gegen eine Politik wider besseres Wissen auf allen Ebenen hilft durchaus das Engagement der Bürger.

[...]

Entscheidend für eine Milderung des Klimaeffekts, den alle Verbrennungsprozesse (durch Kohlendioxid) auslösen, ist das Energiesparen. Die Bundesregierung ist daran kaum interessiert. Erneuerbare Energie will sie, anders als die risikoreiche Kernenergie, aus ideologischen Gründen nicht subventionieren. Sie fördert nicht den umweltfreundlichen Transport auf der Schiene, sondern baut Autobahnen und macht der Eisenbahn zusätzlich Konkurrenz mit der fragwürdigen Magnetschwebebahn. Milliarden Mark an Forschungsmitteln werden nicht für die Entwicklung dringend notwendiger Techniken zum Schutze der Erde und ihres Klimas ausgegeben, sondern zum Beispiel, um Menschen in den Weltraum zu schicken, oder um die Atomenergie gegen eine Lawine erkannter Risiken abzusichern.

Die – in großer Höhe die Erde schützende – Ozonhülle der Atmosphäre wird rund um den Globus seit 1969 dünner, ein Effekt, der zusätzlich zum rasant wachsenden antarktischen „Ozonloch" gemessen wird. Seit Anfang der siebziger Jahre weiß man von der verheerenden Wirkung der Fluor-Chlor-Kohlenwasserstoffe. Es ist wahr, in gewissen Anwendungsbereichen hat man bisher keine Alternative. Aber was ist wichtiger: die Montagehallenwand aus Hartschaumstoff oder ein lebenserhaltendes Klima? Um klimaverträgliche Techniken zu entwickeln, ist Fantasie nötig. Sie würde beflügelt durch staatliche Auflagen und finanzielle Anreize.

Sigmund Freud hat einmal, wie uns ein Leser der „Klimaserie" mitteilte – das entsprechende Manuskript wurde erst 1985 veröffentlicht –, die Vermutung geäußert, dass dem Urmenschen „die Not der Eiszeiten [...] die Anregung zur Kulturentwicklung gebracht" habe. Die Not der vermutlich alsbald spürbaren menschengemachten Warmzeit wird hoffentlich nicht zum Untergang der Menschheit führen, sondern beizeiten Kräfte freisetzen, die eine neue Industriekultur schaffen.

(Martin Urban, in: SZ-Texte 9/1988, S. 86f.)

Material 25

Die Entdeckung der Langsamkeit

Wuppertal-Institut skizziert ein „zukunftsfähiges Deutschland" (→ M 12)

Das derzeitige Wirtschafts- und Wohlstandsmodell der Bundesrepublik hat keine Zukunft, da es die natürlichen Lebensgrundlagen zerstört. Nur eine drastische Reduktion des Ressourcen- und Energieverbrauchs könne diese Entwicklung bremsen. Zu diesen Ergebnissen kommt die Studie „Zukunftsfähiges Deutschland", die das Wuppertal-Institut für Klima, Umwelt, Energie im Auftrag des Bundes für Umwelt und Naturschutz (BUND) und Misereor erarbeitet haben.

Nach dem Vorbild einer Untersuchung der Umweltschutzorganisation „Friends of the Earth" (FOE) für die Niederlande haben die Wuppertaler Forscher berechnet, was sich in Deutschland

aus ökologischer Sicht alles ändern müsste. Hauptkriterium der Wissenschaftler ist die ökologische Belastbarkeit der Natur. Bei ihren Berechnungen legen sie aber auch das Werturteil zugrunde, dass alle Ressourcen auf der Erde gleich verteilt sein müssten und jedem Menschen der gleiche Rohstoffverbrauch zustehe (→ M 21/22). Sie gehen in ihren Szenarien davon aus, dass künftige Generationen die gleichen Lebenschancen haben sollen wie die jetzige.
Im Faktenfall der Studie tragen die Wissenschaftler die westlichen „Umweltsünden" der Industriestaaten zusammen und berechnen, wie stark sich die Bundesbürger einschränken müssten. Für jeden von ihnen würden beispielsweise jährlich nahezu zwölf Tonnen Kohlendioxid (CO_2) in die Atmosphäre abgegeben. Als gerade noch verträglich gelte jedoch ein Kohlendioxid-Ausstoß von rund zwei Tonnen pro Kopf der Weltbevölkerung.
Um beim Nutzen von Rohstoffen eine internationale Gerechtigkeit herzustellen und zudem die Belange des Ökosystems Erde zu berücksichtigen, sei es notwendig, dass Industriestaaten wie Deutschland ihren Verbrauch um 80 bis 90 Prozent reduzierten. Außerdem müsse die Landwirtschaft flächendeckend auf den ökologischen Landbau umgestellt werden, damit Pestizide und Dünger nicht weiter den Boden belasteten. Da Erkenntnis allein noch keine Veränderung bewirkt, haben die Verfasser der Studie Leitbilder entwickelt, mit deren Hilfe die Ziele erreicht werden könnten. Die „Wendeszenarien" fassen die wesentlichen ökologischen Diskussionen und Projekte der letzten Jahre in Deutschland zusammen. Beispielsweise müsse ein „rechtes Maß für Zeit und Raum" wieder den Alltag der Menschen bestimmen. In einem Wertewandel könnte sich durch langsamere Geschwindigkeiten und kürzere Distanzen sogar eine „soziale Ästhetik herausbilden, die gelassene Zeitmaße und mittlere Entfernungsmaßstäbe als besonders gelungen empfindet". Der Hintergrund: Wenn ungebremste Mobilität bei Verbraucher und Wirtschaft nicht mehr die oberste Priorität hätte, könnte sich ein ökologisch verträglicheres Verkehrskonzept durchsetzen.
Um das derzeitige Wirtschaftssystem in eine ökologische Marktwirtschaft umzuwandeln, schlägt die Studie mehrere „Schlüsselprojekte" vor: den Abbau aller offenen und verdeckten Subventionen, die umweltschädlich wirken, eine ökologische Steuerreform und die Umorientierung der Wettbewerbspolitik auf Ziele der Ökologie und Ressourceneffizienz. Es reiche nicht aus, das Wirtschaftswachstum im Hinblick auf Ressourcenverbrauch und Emmissionen zu stoppen, es müsse schrumpfen.
Die Wuppertaler Wissenschaftler plädieren für einen neuen Lebensstil bei dem mehr die Qualität als die Quantität im Vordergrund steht („Gut leben statt viel haben"). Ein zukunftsfähiger ökologischer Konsum müsse sich an vier Kriterien messen lassen: Sparsamkeit, Regionalorientierung, gemeinsame Nutzung und Langlebigkeit. Es liegt nahe, sich nicht nur das Auto (nach dem Car-Sharing-Modell) mit anderen Menschen zu teilen, sondern auch weitere Güter, die die meiste Zeit nutzlos herumstehen: Waschmaschinen, Staubsauger, Rasenmäher und Skiausrüstungen.

(Oliver Bantle, in: Süddeutsche Zeitung vom 26.10.1995)

Aufgaben

9. *Legen Sie ein Dossier an zum Thema ‚Globale Klimaveränderung' (→ M3a, 7, 8, 16 bis 20 sowie IV/2)!*
   a) *Sammeln Sie Informationen aus Fachbüchern für Physik, Chemie, Biologie und Erdkunde über das Thema. Stellen Sie wissenschaftliche Kontroversen und offene Fragen dar!*
   b) *Sammeln Sie Berichte über Weltereignisse, die mit der ‚Globalen Erwärmung' verbunden werden!*
   c) *Machen Sie Interviews mit Mitschülern, Umweltaktivisten und politisch Verantwortlichen in der Gemeinde!*
10. a) *Erklären Sie am Beispiel China den Zusammenhang zwischen erfolgreicher Wirtschaftsentwicklung und globalen Klimaveränderungen (u.a. M9, 18)!*
   b) *Nehmen Sie Stellung zur Forderung an Staaten der Dritten Welt den Regenwald zu schonen und ihren Energieverbrauch zu dämpfen (M8b, 19, 24)!*

c) *Stellen Sie Informationen zur aktuellen Energiepolitik in Deutschland und Europa zusammen!*

11. a) *Inwiefern verlangen sowohl die Entstehung einer ,Weltrisikogesellschaft' als auch die weltweite Erwärmung neue ökonomische Leitbilder und zukunftsfähige Konzepte (M21 – 25; Kap. III/3.4 und IV/2)?*

b) *Trennen Sie langfristig-visionäre von kurzfristig-operativen Elementen der Wuppertal-Studie (M12, 21, 22, 25)!*

c) *Diskutieren Sie die Wertprämissen und handlungsbezogenen Leitlinien der Wuppertal-Studie (M21, 22, 25)!*

d) *Erarbeiten Sie an Ihnen bekannten Produkten das Prinzip der ,Nachhaltigkeit' (M6, 21, 25; Kap. III/3.4)!*

2.4 Globalisierung – oder durch ,fairen Handel' in die ,Eine Welt'

Im Folgenden sollen aktuelle Tendenzen der Weltwirtschaft insbesondere in Hinblick auf die Einbindung verschiedener Gruppen der Entwicklungsländer in den Welthandel untersucht werden (→ Kap. IV/3, S. 214).

Material 26

Hunger ist nicht Schicksal

Der Kongress ist hochgestimmt. In zehn Jahren, so verkündet der Redner, werde kein Kind dieser Erde mehr hungrig ins Bett gehen. Welch rührendes Versprechen, das da in Rom gemacht wird! Nur war das vor 22 Jahren, bei der letzten Welternährungskonferenz. Was aus dem feierlichen Gelübde wurde, das der damalige amerikanische Außenminister Henry Kissinger im Namen der Weltgemeinschaft ablegte, ist bekannt. Es folgten die Hungerkatastrophen im Sahel, in Äthiopien und Somalia; in Zaire steht die Welt vor dem nächsten Totentanz.

Nach gut 20 Jahren hat sich die Menschheit nun wieder zu einem Hungergipfel in Rom versammelt. Vieles hat sich geändert, nur eines nicht: Die Worte sind blumig, die Wirklichkeit ist trist geblieben. 840 Millionen Menschen leiden heute unter chronischer Unterernährung. Jeder fünfte ist regelmäßig am Ende des Tages hungrig, und ein Bett hat er schon zweimal nicht. In Rom aber wird „das fundamentale Recht, frei von Hunger zu sein", beschworen. UNO-Generalsekretär Butros Ghali verkündet gar „eine neue Generalmobilmachung gegen den Hunger". Aber der Ernährungsgipfel wird am Sonntag zu Ende gehen, ohne dass nur eine Mark mehr für den Kampf bereitgestellt wird. Der Hunger wird bleiben. Und wir in den reichen Ländern werden zum Schluss doch noch dafür zahlen.

Warum wird der Hunger bleiben? Es gibt viele Mythen, einige komplizierte Erklärungen, aber auch ein paar einfache Wahrheiten. Hunger ist zunächst einmal kein Schicksal, sondern in erster Linie eine Folge der Armut. Wer die Weltkarte des Hungers betrachtet, sieht sofort: Gehungert wird dort, wo das Wachstum der Wirtschaft nicht mit dem der Bevölkerung Schritt hält, vor allem also in Afrika.

Dann gibt es das Hungerparadox: Gerade Bauern hungern. Deshalb treiben die Länder Südasiens wie Bangladesh und Indien mit ihrem hohen Anteil an ländlicher Bevölkerung die Hungerstatistiken in die Höhe, obwohl ihre Wirtschaftsprognosen gut sind. Die Menschen sind von den Erträgen der kleinen Äcker abhängig; wenn die Ernte schlecht ist, haben sie kein Geld, sich Essen zu kaufen. Hunger ist also ein Verteilungsproblem in den Entwicklungsländern selbst. Nirgendwo auf der Welt sind die Einkommensunterschiede so krass wie dort. In Brasilien etwa verdient das wohlhabende Bevölkerungsfünftel 32-mal so viel wie die ärmsten 20 Prozent. Land und Produktionsmittel sind zu ungleich verteilt.

Einfache Wahrheiten

Zu den einfachen Wahrheiten zählt auch die Erkenntnis, dass die reichen Länder ihren Anteil an der globalen Hungerepidemie haben. Die EU etwa hat jahrelang ihre Fleischberge zu Dumpingpreisen nach Westafrika verscherbelt. Hunderttausende von Viehzüchter-Familien verloren ihre Existenz. Das ist nur ein krudes Beispiel für die Überschuss-Entsorgung, mit der die EU und die USA teure Kühlhäuser und Silos leer räumten und mit den künstlich verbilligten Produkten Teile der Nahrungsmittelerzeugung in den Drittwelt-Ländern zerstörten.

Auf die einfachste Wahrheit aber stößt, wer nach den Ursachen der großen Hungerdesaster der vergangenen Jahrzehnte in Biafra, Äthiopien und Somalia forscht. Stets ist der Hungerkatastrophe die politische Katastrophe vorausgegangen. So ist es auch heute in Afrika. Gehungert wird dort, wo Krieg und Vertreibung die Menschen daran hindern, ihre Äcker zu bestellen, wo Warlords und Diktatoren herrschen. Das ist so in Somalia und im Sudan, in Sierra Leone und Liberia, in Burundi und Zaire.

So weit die Diagnose. Bleibt die Frage: den Patienten sich selbst überlassen, ihm Medizin geben oder ihn zur Therapie zwingen? Das erste verbietet sich von selbst. Ihr humanitäres Selbstverständnis hindert die reichen Staaten daran, Hungernde einfach verrecken zu lassen. Im Medienzeitalter entgehen den Kameras selbst Katastrophen im tiefsten Afrika nicht mehr. Die Allmacht der Bilder zwingt uns zur Hilfe. Das war so in Somalia, das ist so in Ruanda, das wird so sein in Zaire.

Neuer Kolonialismus?

Und die Medizin? Wir kennen sie seit langem, aber verschreiben müssen sie sich die Drittwelt-Länder schon selbst. Im Englischen heißt das Rezept ‚good governance', und dahinter steht eine verantwortungsvolle Politik daheim, die sich am Wohl aller Bürger und nicht einer Clique oder Sippe orientiert. Dort, wo halbwegs gut regiert wird, in Botswana oder Indien, zum Beispiel, gibt es keine Hungerkatastrophen. Doch ist die Welt nicht so, wie sie sein könnte, gibt es nicht überall lautere Demokraten, herrschen nicht überall Regime, die einen Rest an sozialem Verantwortungsgefühl haben. Kleptokraten vom Schlage Mobutus werden nicht aufhören, ihre Länder auszuplündern. Folglich wird es immer Staaten geben, welche die Medizin verweigern, um so mehr, als sie nicht den Herrschern, sondern den Hungernden helfen würde.

Bleibt also nur die Zwangstherapie. Schon nach der Katastrophe in Somalia wurde ein ‚benevolenter Neo-Kolonialismus' gepredigt, sprich: Der Westen sollte eine Art Vormundschaft über die gescheiterten Drittwelt-Staaten übernehmen. Die Debatte war rasch beendet, zu sehr bewegte sich die Forderung jenseits des politisch Opportunen oder auch nur Wünschenswerten. Geblieben aber ist ein Gedanke, der die Praxis beherrschen sollte: Hilfe ja, aber nur unter bestimmten Auflagen. Meinungsfreiheit und Menschenrechte, Rechtssicherheit und Marktwirtschaft, lauten die Formeln. So steht's forsch auf dem Papier, in der Realität aber sind die Geber weniger entschieden. Warum nicht? Weil man die Regierung eines befreundeten oder strategisch wichtigen Landes nicht destabilisieren will.

Diese Unentschiedenheit hat aber ihren Preis. Denn am Ende müssen die reichen Länder Truppen in die Krisenregion schicken – wie jetzt in Zaire. Auch hier gibt es eine einfache Wahrheit: Eine Transall voller Soldaten kommt teurer als eine voller Hilfsgüter. Und die ist wiederum kostspieliger als konsequente Politik zuvor. Der zehnmonatige Somalia-Einsatz 1993 hat die Bundeswehr nicht weniger als 310 Millionen Mark gekostet, an Entwicklungshilfe aber hatte das heruntergewirtschaftete Land von Bonn zuletzt nur 43 Millionen im Jahr bekommen.

Doch hat solch nüchterne Kostanabwägung keinen Platz im politischen Kalkül. Sie taucht zum Beispiel in den Dokumenten des Gipfels von Rom gar nicht auf. Das ist eine merkwürdige Fehleinschätzung, die mit jeder Katastrophe teurer wird. Zaire, Ruanda, Somalia – in den letzten drei Jahren musste der Westen drei Hungerinterventionen in Folge finanzieren. Und die nächste kommt bestimmt.

Wer zahlt, schafft an. Das klingt brutal, und so ist es auch gemeint: Kleptokraten und Menschenschinder dürfen keine Freifahrt bekommen. Wer nicht gezielt den Hunger selbst bekämpft – durch vernünftige Agrarpolitik und Respekt vor den eigenen Bürgern –, darf auf Großzügigkeit nicht hoffen. Und die Menschen? Werden sie nicht erst recht leiden? Für sie muss die reiche Welt Nothilfe bereithalten. Auf Dauer wird den Hungernden mehr gedient sein, wenn die Geberländer deren Herrscher kraft wirtschaftlicher Potenz und politischer Konsequenz in die Pflicht nehmen. Das wäre eine gute Waffe gegen den Hunger. Nur braucht man dazu Mut und Ausdauer. Und beides fehlt.

(Reymer Klüver, in: Süddeutsche Zeitung vom 16./17.11. 1996, S. 4)

Viele Facetten der weltwirtschaftlichen Entwicklung werden derzeit unter einem Schlagwort zusammengefasst:

▶ *Globalisierung*

(a) Internationale Arbeitsteilung

In der Praxis ist **Globalisierung** die seit Jahrhunderten praktizierte Form der **Internationalen Arbeitsteilung.** Arbeitsteilig komplementär werden die unterschiedlichen Standortbedingungen von Stadt und Land oder von Regionen, Staaten und zuletzt Kontinenten zum Nutzen aller verbunden. In Deutschland bewirkte die Freihandelsidee im 19. Jahrhundert einen Abbau von Binnenzöllen. Dies wiederum war unabdingbare Voraussetzung für die erfolgreiche Industrialisierung. Auch nach dem Zweiten Weltkrieg standen Montanunion und EWG unter dem Leitmotiv ‚Wirtschaftlicher Aufschwung durch Abbau der Zölle' in Europa. International bemühen sich die großen Industriestaaten seit der Weltwirtschaftskrise um Stabilisierung ihrer Austauschbeziehungen durch Internationale Währungsabkommen (IMF) und Verträge zur Handelserleichterung. Träger und Promoter dieser Freihandelsidee sind heute das GATT und dessen Nachfolgeorganisation die WTO. Innerhalb des GATT spielen die 7 größten Industriestaaten (G7) eine beherrschende Rolle. In den letzten Jahrzehnten war die deutsche Wirtschaft immer Nutznießer dieser Arbeitsteilung: stetige Aufwertung der DM und Massenwohlstand.

(b) ‚Globalisierung' der 90er-Jahre

Beim G-7 Gipfel im Juni 1996 in Lyon bekundeten die Staats- und Regierungschefs der sieben größten marktwirtschaftlich organisierten Industrieländer „Globalisierung ist eine Quelle der Hoffnung für die Zukunft".
Seit Beginn der 80er-Jahre hat sich die Globalisierung durch drei Entwicklungen beschleunigt:

◆ ● Waren und Informationen zu transportieren ist sprunghaft billiger geworden. Die Frachtraten auf Flugzeugen und Containerschiffen sinken weiter; dank der weltweiten Computernetze sind ganz neue Formen der Arbeitsteilung möglich. Wer ein Telefon besitzt, ist an den Weltmarkt angeschlossen. Der Welthandel ist 1996 dreimal so schnell wie das Weltsozialprodukt gewachsen.

● Geld ist so leicht um die Welt zu schicken wie noch nie. Ob New York oder Singapur, es gibt nur noch einen einzigen Weltkapitalmarkt. Und wer den Anlegern die höchsten Renditen bietet, hat gewonnen.

● Die alten Industrieländer können die Regeln des Spiels nicht mehr alleine bestimmen. Neue selbstbewusste Volkswirtschaften in Asien erobern sich Weltmarktanteile. ◆

(Die Zeit, 3.1.1997, S. 9)

Die Arbeitsplatzbilanz der Integration Deutschlands in den Weltmarkt ist bislang positiv. Aber die Globalisierung hat insgesamt das Tempo der Innovation in der Wirtschaft erhöht. Schuldenberge lähmen jedoch den Staat. Wachstums- und Beschäftigungspolitik ist kaum noch möglich, Zukunftsinvestitionen in Bildung und Forschung werden gekürzt, die Massenarbeitslosigkeit hebt das Sozialsystem aus den Angeln (→ IV/3 und I/2.5). Deshalb empfinden auch viele Deutsche die Globalisierung derzeit als Bedrohung und übersehen die Chancen, die neue Märkte bieten.

(c) Die Staaten der Dritten Welt im Globalisierungsstrom

① **Globalisierungsgewinner: Tiger auf dem Sprung in die Weltarbeitsteilung**

Eine Gruppe der Entwicklungsländer hat jedoch trotz ihrer Startnachteile einen erfolgreichen Aufholprozess absolviert: die Staaten Ostasiens, auch ‚4 kleine Tiger' genannt, die von den UN in die Gruppe der NIC (newly industrialized countries = Schwellenländer) eingestuft werden.
Die in Europa propagierte Erwartung, dass Entwicklung nach europäischem Vorbild für Länder der 3. Welt möglich sei, hat sich in Ostasien überzeugend bestätigt.
Nachdem Japan das erste asiatische Wirtschaftswunderland geworden war, setzten nacheinander seine Nachbarn auf die gleiche Karte. Korea, Taiwan, Hong-Kong und Singapur gingen als die ‚Vier kleinen Tiger' in die Wirtschaftsgeschichte ein.
Sowohl der Umfang ihrer Exporte als auch besonders die Warenstruktur ihres Außenhandels zeigen die Dynamik des sich selbst tragenden Prozesses. Nach einem kurzen Intermezzo als ‚Verlängerte Werkbank' für Japan und Europa (Textilien, Leder) investierten alle gezielt in Infrastruktur, Grundstoff- und Schwerindustrie und seit den 80er-Jahren gezielt in Zukunftsbranchen wie Optik, Unterhaltungselektronik und Mikroelektronik.
Seit den 80er-Jahren investieren Japan und die Tiger verstärkt in ihren südostasiatischen

Nachbarstaaten und bauen in den ASEAN-Staaten Indonesien, Thailand, Philippinen u.a. ebenfalls Kapazitäten in Zukunftsindustrien auf. Im Zuge der Globalisierung der Weltwirtschaft, die durch die erfolgreiche Freihandelspolitik des GATT beschleunigt wurde, integrierten sich die südostasiatischen Staaten noch mehr in den Welthandel. Deutliches Zeichen der veränderten Gewichte, ist die Entwicklung der APEC (Asia-Pacific Economic Cooperation), in der die 7 Asean Staaten sowie u.a. USA und China eine pazifische Freihandelszone aufbauen werden.

② **Globalisierungsverlierer: Die Ärmsten und ihr Kampf um die Grundbedürfnisse**

Die 25 ärmsten Entwicklungsländer mit zusammen 570 Mio. Einwohnern werden von den UN zur Gruppe der LLDC (Least Developed Countries) zusammengefasst.

Die Menschen in diesen Ländern haben nicht nur schlechte materielle und kulturelle Lebensbedingungen verbunden mit verbreitetem Hunger, sondern gehören auch zu den Staaten, denen Modernisierungschancen über eine Integration in das Welthandelssystem auf absehbare Zeit verschlossen sind. Sie sind auf absehbare Zeit eher Opfer als Nutznießer des freien Weltmarktes.

Die Politik der Industriestaaten gegenüber den LLDCs läuft traditionell immer noch unter dem Etikett ‚Entwicklungshilfe'. Die Ziele von ‚Entwicklung' sind dabei immer zweifelhafter geworden: der Weg von der ‚Modernisierungsstrategie' der 60er-Jahre zur ‚Grundbedürfnisstrategie' zeigt die Einsicht in die verringerten Möglichkeiten der Entwicklungspolitik. Auch innenpolitisch ist ihr Stellenwert gesunken.

Entwicklungspolitik gehört im politischen Themenspektrum eher zu den weichen Themen. Mit Erfolgen sind keine Wahlen zu gewinnen; andererseits wird im Falle von gescheiterten oder umstrittenen Projekten das ‚verschwendete' Geld laut beklagt. Entwicklungspolitik ist ein Feld für sozial und oft zusätzlich religiös engagierte Menschen, die sich eher ungern ins politische Geschäft einmischen. Damit hat Entwicklungspolitik zwar eine kleine Gruppe überzeugter Anhänger, aber fast keine politische Lobby.

Material 27

Entwicklungspolitik ist Zukunftspolitik

Entwicklungspolitik hat die Aufgabe, unsere eigene Zukunft zu sichern. Dass es tatsächlich um nichts weniger als unsere Zukunftsfähigkeit geht, zeigen am deutlichsten zwei Perspektiven: *Perspektive Einwanderung:* [...] Politische Instabilität und wirtschaftliche Drangsal, steigende Bevölkerungszahlen oder schlicht Wassermangel – oft aber die Effekte potenzierende Kombination aller Faktoren – wird nach der Jahrtausendwende Millionen in Bewegung setzen [...] Es sei denn, eine vorausschauende Politik mobilisiert die Mittel, vor allem aber das Engagement, der sich abzeichnenden Massenwanderung entgegenzusteuern. Heute.

Perspektive Standortsicherung: Der Standort Deutschland wird sich nur sichern lassen, wenn er neue Absatzmärkte findet. Das schafft er aber bloß dann, wenn er sich den Zugang zu den Märkten in den aufstrebenden Schwellenländern sichert und gemeinsam mit ihnen an die Entwicklung der Märkte in den ärmsten Ländern geht. Das wiederum gelingt nur, wenn wir aktiv zu politisch stabilen Verhältnissen in diesen Regionen beitragen.

Die Perspektiven lassen erkennen, dass Entwicklungspolitik [...] [ein] Gebot politischer Klugheit [ist].

(Quelle: Reymer Klüver, Entwicklungshilfe ist Zukunftspolitik; in: Süddeutsche Zeitung, 4. Juli 1995)

► *Protektionismus – eine Sünde wider den Geist des Freihandels oder eine notwendige Voraussetzung für eine nachholende Entwicklung?*

Die vorherrschenden Mittel die eigene Wirtschaft vom internationalen Wettbewerb abzukoppeln sind:

① Tarifäre Handelshemmnisse:
- Importzölle ('Abschöpfungen' im EU-Code)
- Exportsubventionen ('Erstattungen')

② Nichttarifäre Handelshemmnisse:
- Mengenbeschränkungen (Kontingente)
- Qualitätsvorschriften (Normen, Gütesiegel, Veterinäratteste ...)
- Struktursubventionen für ganze Branchen oder Regionen.

Noch im letzten Jahrhundert, als Deutschland gegenüber England und Frankreich technisch im Rückstand lag, wurde gezielte Schutzzollpolitik sowohl zugunsten der ostelbischen Landwirtschaft als auch zum Schutz der Montanindustrie betrieben. Auch heute gibt es in allen Ländern hin und wieder den Ruf, unerwünschte Folgen der Globalisierung zu stoppen und Handelsbarrieren zur Rettung von gefährdeten Branchen zu errichten, die im freien Wettbewerb nicht überleben könnten. So werden beispielsweise in Deutschland der Bergbau und in der EU die Landwirtschaft gegen den Rest der Welt durch Schutzzölle bzw. Subventionen abgeschirmt. Der Wettbewerbsvorsprung billiger ausländischer Bauarbeiter soll durch gesetzlich vorgeschriebene Mindestlöhne bekämpft werden. Staaten der Dritten Welt – aber besonders auch sog. Schwellenländer – pflegen den gleichen Protektionismus. Langfristig gelten alle protektionistischen Maßnahmen als strukturpolitisch schädlich, da sie auf Dauer nichtkonkurrenzfähige Produktionsweisen konservieren. Kapital und Know How werden damit langfristig fehlgelenkt.

Material 28

▶ *Entwicklungsperspektiven*

Die Ausführungen über Freihandel und Protektionismus weisen bereits auf eine Voraussetzung für Wettbewerb hin, der allen beteiligten Nationen unter dem Regime des Freihandels vergleichbaren Nutzen bringen kann: ein annähernd gleicher Entwicklungsstand der Volkswirtschaften. **Entwicklungsländer** bringen diese Voraussetzungen, auf denen beiderseits nützlicher Handelsaustausch gedeihen kann, in der Regel nicht mit, auch wenn sie auf den ersten Blick z.B. aufgrund ihres niedrigen Lohnniveaus unschlagbar scheinen. Ihre Defizite in Ausbildung, Infrastruktur und Kaufkraft machen jenen Vorteil weitgehend zunichte; wenn überhaupt bleiben sie in der Rolle des Rohstofflieferanten oder des Zulieferers einfacher Konsumgüter. Die Standortgunst einiger Dritt-Welt-Staaten im Hinblick auf typische tropische Rohstoffe wird durch deren Substituierbarkeit oder durch die geringe Marktmacht der Produzenten zunichte gemacht, wie die ungünstige langfristige Entwicklung der Terms of Trade (z.B. bei Kaffee) hinreichend beweist. Die LLDCs haben in einem System des freien Welthandels keine Entwicklungschancen – ihr Schuldendienst liegt seit Jahren höher als die empfangene Entwicklungshilfe und frisst in manchen Staaten sämtliche Exporterlöse. Deshalb wären zeitlich befristete Regelungen der positiven Diskriminierung angebracht: Ein fairer Interessenausgleich zwischen Erster und Dritter Welt ist unter dem alleinigen Regime des Freihandels nicht denkbar. Wie in der Innenpolitik der Staaten sollten im Sinne einer ‚Weltsozialpolitik' Ausnahmeregelungen für Schwächere, seien es Rohstoffkartelle oder regionale Marktabschirmungen, Hilfe zur Selbsthilfe ermöglichen und somit langfristig gleiche Wettbewerbsbedingungen herstellen. Absatzhilfen für Waren der 3. Welt wie ‚TRANSFAIR' oder ‚Weltläden' stützen den Marktzugang für einzelne Produktgruppen genauso wie die LOMÉ-Abkommen der EU bestimmten Staaten helfen können. Der Aufbau stabiler Ökonomien in den ärmeren Regionen der Erde bleibt eine ungelöste Aufgabe der Weltgemeinschaft.
Die Chancen für Staaten der Dritten Welt solche Systemänderungen durchzusetzen, steigen in Verbindung mit ihrer zunehmenden Verweigerungsmacht im Rahmen einer globalen Umweltpolitik (→ 2.2).
Im Zusammenhang mit dem oben beschriebenen Paradigmenwechsel (→ 2.2) könnte

auch der gesunkenen öffentlichen Akzeptanz der Entwicklungshilfe aufgeholfen werden. Hilfe an die Ärmsten wird in Zukunft aus anderen Motiven heraus (M27) eher den Charakter einer akzeptierten Zukunftsinvestition erhalten.

Material 29

Fairer Handel

Im Zusammenhang mit Solidaritätsbewegungen sind in vielen Städten Dritte-Welt-Läden oder Eine-Welt-Läden entstanden. Sie werden von lokalen Initiativen, oft von Kirchengemeinden, ehrenamtlich betrieben und bieten „fair gehandelte" Produkte an, vor allem Nahrungs- und Genussmittel und Kunstgewerbe aus armen Ländern des Südens. Sie stammen von Kleinbauern und Genossenschaften und werden unter Ausschluss des Zwischenhandels und zu Preisen über dem Weltmarktniveau verkauft.
Die Arbeit hat zwei erklärte Ziele: Existenzsicherung für die Erzeuger und Bewusstseinsbildung über die ungerechten Strukturen des Welthandels. Die Gruppen beziehen ihre Produkte zum größten Teil von der Gesellschaft zur Förderung der Partnerschaft mit der Dritten Welt mbH (gepa), einer Handelsorganisation im Besitz kirchlicher und entwicklungspolitischer Gruppen. Sie hatte im Geschäftsjahr 1993/94 einen Umsatz von 50 Millionen DM und weist seit Jahren hohe Steigerungsraten auf. Die gepa arbeitet nur bedingt nach wirtschaftlichen Prinzipien, scheut sich auch nicht vor Verlusten, die dann von den Gesellschaftern getragen werden.
Der 1993 gegründete Verein Transfair verfolgt eine andere Strategie: Er vergibt Lizenzen an kommerzielle Abnehmer. Die Lizenznehmer beziehen die Produkte direkt von bei Transfair registrierten Herstellern und räumen ihnen dabei günstige Konditionen ein, etwa Vorfinanzierung und Abnahmegarantien zu Festpreisen über Weltmarktniveau. Dafür können sie ihre Waren mit dem Siegel Transfair versehen. Der Verein bestimmt und überwacht lediglich die Siegelvergabe: Import und Handel liegen in der Verantwortung der kommerziellen Unternehmen. So lassen sich die Vertriebsstrukturen des Handels, auch die der Supermärkte, nutzen und gleichzeitig soziale und ökologische Standards einführen. Bisher hat Transfair sich auf Kaffee und Tee konzentriert. Im Marktsegment „koffeinhaltiger Röstkaffee" erreichte der Verein 1994 einen Anteil von 0,98 Prozent (im Vorjahr 0,6 Prozent). Für die Zukunft ist eine Ausweitung auf weitere Produkte geplant, zum Beispiel auf Zucker. Der Verein finanziert sich überwiegend aus der Lizenz-Vergabe, zu einem kleinen Teil aus Zuschüssen der Förderer.
Ähnlich wie Transfair operieren die Organisatoren von Rugmark, die für indische Teppiche ohne Kinderarbeit schon 1995 einen Marktanteil von 30 Prozent erhoffen. Allerdings bleibt die Frage zu beantworten, was dann aus den Kindern und ihren Familien wird.
Weitere Projekte sind im Aufbau. Die Jury Umweltzeichen plant die Einführung ökologisch produzierter Waren aus armen Ländern des Südens, die als Zeichen einen blauen Engel erhalten sollen. Rattan-Möbel werden den Anfang bilden. Die Palmpool e.V. setzt sich für ökologische und soziale Standards von Kokosprodukten ein – eine Ausweitung des fairen Handels auf industriell gefertigte Waren. Kokosderivate sind in vielen Kosmetika und Pharma-Produkten enthalten.

(BUND/Misereor (Hg.), Zukunftsfähiges Deutschland S. 270f.)

Material 30

Epilog: „Die Reichen werden immer reicher und die Armen immer ärmer!" oder: Über „Edle Seelen" und moralische Erpressung

[...] „Dass wir auf Kosten der [...] Dritten Welt leben, dass unser Reichtum auf dem Elend und der Ausbeutung der Dritten Welt beruht, ist ein weit verbreitetes Vorurteil – bei Linken und Grünen aller Art, weltoffenen Christen, Friedensfreunden, Menschen guten Willens von der CDU bis zur RAF [...], kurzum: den *Edlen Seelen* [...] Wir sind nicht nur der Indifferenz gegenüber dem Elend angeklagt, sondern dessen aktiver Verursachung. [...] Unterentwicklung und Armut, sterbende Kinder, Epidemien, Flüchtlinge [...] sind die Folgen unseres Reichtums [...].
Dass die Industrieländer etwa drei Viertel des Weltsozialprodukts konsumieren, bedeutet nicht, dass sie auf Kosten der Entwicklungsländer leben. Das Weltsozialprodukt ist kein Kuchen, der

irgendwie existierte und dann verteilt werden könnte [...], sondern muss stets neu erarbeitet werden, kann verschieden groß ausfallen. Wie es der „Zufall" will, produzieren die Industrieländer sogar noch eine Kleinigkeit mehr, als sie konsumieren [...] Auch der Welthandel, der nur zu etwa 20 % auf Entwicklungsländer entfällt (davon über ein Drittel zwischen Entwicklungsländern selbst), ist angesichts der in Rede stehenden Größenordnungen des Weltsozialprodukts kein Vehikel des Reichtumstransfers – abgesehen davon, dass die abgestandene „Theorie" der säkularen Verschlechterung des „Terms of Trade" inzwischen keinen Hund mehr hinter dem Ofen hervorlocken kann. Übrigens exportieren Entwicklungsländer durchschnittlich mehr Industrieprodukte als Rohstoffe (Ausnahmen sind nur – ausgerechnet – die Golfstaaten sowie – auch sehr bezeichnend – Schwarzafrika), entfällt mehr als die Hälfte aller Rohstoffexporte auf Industrieländer. [...]

Schön und recht, aber stimmt es, nimmt man alles in allem, nicht doch, dass die Reichen immer reicher, die Armen immer ärmer werden? [...]

Dass der Lebensstandard in den Industrieländern „unaufhörlich" wächst, während „die Mehrheit der Entwicklungsländer kontinuierlich zurückfällt", „dass erstmals Grund zu der Annahme besteht, dass diese Kluft irreversibel ist und die Perspektive einer ‚nachholenden Entwicklung' möglicherweise gar nicht mehr besteht" [...], gehört zu den mit Inbrunst gehüteten Glaubensüberzeugungen der „Edlen Seelen". Was lehren die Zahlen? [...]

Historisch richtig ist die Beobachtung, dass die „Reichen immer reicher werden", auch wenn dies kein Naturgesetz ist. Falsch ist (mit wenigen Ausnahmen) aber die Behauptung, die Armen würden immer ärmer; äußerstenfalls werden sie nicht ganz so schnell reicher wie die reichen Länder. Viele der „armen" Länder sind heute erheblich reicher als die „reichen" noch um die Jahrhundertwende oder nähern sich diesem Stand rasch an. Richtig ist allerdings auch, dass die Lücke zwischen den Industrieländern als Gruppe und den lateinamerikanischen und asiatischen Entwicklungsländern seit Anfang des Jahrhunderts zugenommen hat. Selbst hier ist aber seit 1973 wenigstens für Asien eine Trendumkehr eingetreten; der Kontinent (der bekanntlich die Masse der Menschheit beherbergt) wächst seither schneller als die Gruppe der Industrieländer. [...]

Beide Kontinente zusammen genommen wachsen seit 1973 schneller als der OECD-Raum. Zu Panik (oder zu der Annahme, dass die Kluft zwischen Nord und Süd „irreversibel" ist), besteht kein Anlass!

(Jürgen H. Wolff, Entwicklungspolitik – Entwicklungsländer, München 1995, S. 239-246, Auszüge)

Aufgaben

12. a) *Sammeln Sie aktuelles Material zu Hungererscheinungen in Staaten der Dritten Welt und ordnen Sie Ihre Ergebnisse denen von M26 zu!*
    b) *Stellen Sie mithilfe der Materialien M26 – 30 Möglichkeiten der Selbsthilfe aus eigener Kraft zusammen!*
    c) *Informieren Sie sich über ein Projekt einer lokalen Dritte-(Eine)-Welt-Initiative (z.B. Ruanda-Kommitee)!*
    d) *Diskutieren Sie die Übertragbarkeit des Entwicklungsmodells der ostasiatischen Schwellenländer auf andere Entwicklungsländer (S. 523f.)!*
    e) *Entwerfen Sie ein Werbeplakat unter dem Titel ‚Entwicklungshilfe nützt uns allen' (M27)!*
13. a) *Stellen Sie den Argumentationsstrang von Text M26 (grafisch) dar!*
    b) *Nehmen Sie Stellung zu der Behauptung, der Reichtum des Nordens basiert auf dem Elend des Südens' (M26 und M30)!*
    c) *Ordnen Sie die Karikatur (M28) den Aussagen dieses Kapitels zu und interpretieren Sie Aussageziel und Darstellungsform!*
    d) *Erarbeiten Sie mit den Texten S. 521ff. Bedingungen und Grenzen der Integration der ärmsten Staaten in den Welthandel!*
    e) *Entwickeln Sie eine differenzierte Position zur Forderung der Industrieländer nach einem freien Welthandel!*
14. *Versuchen Sie eine aktuelle Bilanz der Deutschen Politik nach den Maßstäben einer zukunftsfähigen ‚Erdpolitik' (S. 513ff.)!*

Begriffsregister

Personenregister (Auswahl)

Glossar

Das Buch enthält kein Glossar. Wir regen vielmehr an, dass Sie, die Benutzerinnen und Benutzer des Buches, sich bei der Auseinandersetzung mit den Themen und Inhalten des Politischen **selbstständig und selbsttätig ein Glossar anlegen.** Besonders ergiebig ist es, wenn Sie gelegentlich Ihre Ausarbeitungen zu einzelnen Stichworten miteinander vergleichen und dabei Kriterien für die Gestaltung eines Glossars entwickeln. Ein solches Vorgehen kann mit Blick auf **wissenschaftspropädeutisches Arbeiten** in der gymnasialen Oberstufe und auf **Studierfähigkeit** als deren Ziel nachdrücklich empfohlen werden.

Weiterführende Literaturangaben

Die Bücher und Aufsätze, aus denen die Materialien des Buches entnommen sind, stellen durchweg grundlegende Literatur zum jeweiligen Thema dar. Wer zu diesen Büchern und Aufsätzen greift, findet dort auch weiterführende Literaturangaben. Eine abschließende Literaturliste bliebe auf den Zeitpunkt des Erscheinens des Buches fixiert. Da viele Schulen einen Internet-Anschluss haben oder bekommen (Aktion: „Schulen ans Netz") bzw. viele Schülerinnen und Schüler bereits privat darüber verfügen, regen wir an und empfehlen die **Literaturrecherche per Internet.** Sie haben Zugriff auf den Katalog der **Universitätsbibliothek Mainz** unter: **http://www.ub.uni-mainz.de/opac/opac-home.html**

Universitätsbibliothek Mainz

Jakob Welder Weg 6, 55128 Mainz
Telefon: (06131) 39-2633
Telefax: (06131) 39-4159
Email: info@mail.ub.uni-mainz.de

Online-Katalog

- Allgemeine Informationen
  Datenbestand - Häufig gestellte Fragen (FAQ) - Standortangaben
- WebOPAC
  Suche - Suche nach Zeitschriften - Hilfetext - Search WebOPAC in English
- Telnet-Zugang
  Telnet-Aufruf (login "opac") - Hilfetext - Tips bei Schwierigkeiten

Wenn Sie Fragen oder Anregungen zum OPAC haben, wenden Sie sich bitte an *opac-info@mail.ub.uni-mainz.de*

© Universitätsbibliothek Mainz, WWW-Redaktion
Letzte Aktualisierung: 14. August 1997
URL: http://www.ub.uni-mainz.de/opac/opac-home.html

Bildquellenverzeichnis

AFP, Bonn: S. 272, S. 362; AP, Frankfurt a. M.: S. 143 o., S. 411; © D. Leistner/ARCHITEKTON: S. 66; Archiv für Kunst und Geschichte, Berlin: S. 296; P. Bensch, Köln: S. 477 u.; Bildarchiv Preußischer Kulturbesitz, Berlin: S. 407, S. 437; Christo and Jeanne-Claude, Wrapped Reichstag, Berlin 1971–1995, W. Volz, Bilderberg: Umschlag; Bulls Pressedienst, Frankfurt a. M.: S. 92, S. 380; Bundesbildstelle, Bonn: S. 269, S. 305; Cartoon-Caricature-Contor, München: S. 15 (R. Schöpper), S. 31 (W. Hanel), S. 32 (H. Haitzinger), S. 33 (J. Wolter), S. 35 (LUFF), S. 42 (L. Murschetz), S. 43 (J. Tomaschoff/L. Ursinus), S. 90 u. (P. Leger), S. 106 (G. Mester), S. 124 (J. Wolter), S. 127 (P. Leger), S. 132 (H. Haitzinger), S. 146 (W. Hanel), S. 161 (J. Wolter), S. 165 (H. Haitzinger), S. 178 (H. Haitzinger), S. 179 (K.-H. Schoenfeld), S. 191 (W. Hanel), S. 202 (H. Haitzinger), S. 203 (J. Wolter), S. 206 (P. Leger), S. 219 (L. Murschetz), S. 220 (W. Horsch), S. 222 (H. Haitzinger), S. 225 (P. Leger), S. 227 (LUFF), S. 261 (J. Wolter), S. 266 (LUFF), S. 314 (F. Mussil), S. 365 (LUFF), S. 375 (H. Haitzinger), S. 385 (P. Leger), S. 386 (H. Haitzinger), S. 391 l. (H. Haitzinger) und r. (J. Wolter), S. 394 (W. Hanel), S. 398 (L. Murschetz), S. 399 l. (W. Hanel) und r. (H. Haitzinger), S. 400 (LUFF), S. 402 (J. Wolter), S. 416 M. (H. Haitzinger) und u. (J. Wolter), S. 417 (H. Haitzinger), S. 423 (H. Haitzinger), S. 447 (L. Murschetz), S. 448 (H. Haitzinger), S. 449 o. (W. Hanel) und u. (B. Bruns), S. 451 (LUFF), S. 459 o. (G. Mester), S. 462 o. (K. Böhle), S. 463 o. (K. G. Striepecke) und u. (L. Murschetz), S. 474 o. (P. Leger) und M. und u. (J. Wolter), S. 475 o. (W. Hanel) und M. (P. Leger) und u. (B. Mohr), S. 476 o. (P. Leger) und M. l. (BAS.) und M. r. (H. Haitzinger) und u. (J. Wilk), S. 477 o. (H. Haitzinger) und M. (G. Mester), S. 479 (P. Leger), S. 493 (R. Löffler), S. 503 (CORK), S. 506 l. (F. Behrendt) und r. (H. Firzluff), S. 513 (L. Murschetz), S. 516 u. (R. Löffler), S. 525 (H. Traxler); Deutsches Historisches Museum, Berlin: S. 311 M. r.; dpa, Frankfurt/Hamburg: S. 101/2, S. 112, S. 196 u., S. 327/2, S. 332/4, S. 335, S. 350 M. und u.; S. 419, S. 499; aus: Peter Kunzmann/Franz-Peter Burkard/Franz Wiedmann: dtv-Atlas Philosophie, illustriert von Axel Weiß. ©1991 Deutscher Taschenbuch Verlag, München: S. 293, S. 340; aus: Werner Hilgemann/Hermann Kinder: dtv-Atlas Weltgeschichte, Band 2, illustriert von Ruth und Harald Bukor. ©1966, 1991 Deutscher Taschenbuch Verlag, München: S. 409; aus: Th. Eschenburg – Geschichte der BRD 1, Stuttgart/Wiesbaden (DVA/Brockhaus): S. 432/5; foto present, Essen: S. 81 u./2; Globus Kartendienst, Hamburg: S. 15, S. 18, S. 24, S. 25, S. 26, S. 35, S. 37, S. 38, S. 44, S. 45, S. 47, S. 82, S. 84, S. 86, S. 95, S. 118, S. 119, S. 120, S. 130, S. 137, S. 138, S. 139, S. 156 o., S. 157 u., S. 158 o., S. 159, S. 160 o., S. 167, S. 168, S. 169, S. 193, S. 197, S. 198 o., S. 209, S. 229 u., S. 236, S. 266, S. 276, S. 282, S. 329, S. 373 u., S. 416, S. 420, S. 469, S. 482, S. 500 o.; Haus der Geschichte, Bonn: S. 321, S. 434/3; M. Hoch, Leipzig: S. 289/1; IFA-Bilderteam, Düsseldorf: S. 196 o.; H. E. Köhler/Wilhelm-Busch-Gesellschaft, Hannover: S. 419, S. 460; M. Marcks, Heidelberg: S. 93, S. 95/2, S. 97, S. 98; Klaus Mehner, Berlin: S. 316; B. Mitropoulos, Athen: S. 370; D. Pielert, Düsseldorf: S. 22, S. 188, S. 442, S. 462 u.; Sächsische Landesbibliothek, Dresden: S. 344 l.; A. Schoelzel, Berlin: S. 289/3; © Spellbound: S. 90 o.; Süddeutscher Verlag/Bilderdienst: S. 111, S. 311 m. l., S. 427 o., S. 428; Süddeutsche Zeitung/Graphik- & Kartenservice, München: S. 156 u., S. 157 o.; Transmedia, Stuttgart: S. 320; Ullstein Bilderdienst, Berlin: S. 311 u., S. 413, S. 427 u.; Zahlenbilder/Erich Schmidt Verlag, Berlin: S. 56, S. 85, S. 123, S. 124, S. 125, S. 135, S. 140, S. 147, S. 149, S. 155, S. 172, S. 176, S. 198 u., S. 229 o., S. 237, S. 249, S. 252, S. 264, S. 267, S. 269, S. 275, S. 277 u., S. 381, S. 384, S. 385, S. 387, S. 390, S. 395, S. 424, S. 444, S. 466, S. 468, S. 470, S. 471, S. 473, S. 484, S. 500 u., S. 503; weitere: Verlagsarchiv Schöningh, Paderborn.

Sollte trotz aller Bemühungen um korrekte Urheberangaben ein Irrtum unterlaufen sein, bitten wir darum, sich mit dem Verlag in Verbindung zu setzen, damit wir eventuelle Korrekturen vornehmen können.